*Neumann, Hugo*

# Handausgabe des Bürgerlichen Gesetzbuchs für das Deutsche Reich

*2 Band*

Neumann, Hugo

**Handausgabe des Bürgerlichen Gesetzbuchs für das Deutsche Reich**

*2 Band*

*Inktank publishing, 2018*

*www.inktank-publishing.com*

*ISBN/EAN: 9783747769447*

# Handausgabe

des

# Bürgerlichen Gesetzbuchs

für das Deutsche Reich

unter Berücksichtigung der sonstigen Reichsgesetze
sowie der Ausführungsgesetzgebung von Preußen, Bayern, Sachsen,
Württemberg und Baden für Studium und Praxis

bearbeitet von

**Dr. Hugo Neumann,**
Rechtsanwalt am Königl. Kammergericht zu Berlin.

---

**Zweiter Band.**
(IV.—V. Buch.)

**Zweite vermehrte und verbesserte Auflage.**

---

Berlin, 1900.
Verlag von Franz Vahlen.
W., Mohrenstraße 13/14.

# Der Inhalt des Bürgerlichen Gesetzbuchs.

## IV.—V. Buch.

## Systematische Uebersicht.

## §§ 1297—2385.

---

## Viertes Buch.

## Familienrecht.

### Erster Abschnitt. Bürgerliche Ehe.

#### Erster Titel. Verlöbniß . . . §§ 1297—1302



#### Zweiter Titel. Eingehung der Ehe . . §§ 1303—1322



#### Dritter Titel. Nichtigkeit und Anfechtbarkeit der Ehe §§ 1323—1347

### Vierter Titel.

### Wiederverheirathung im Falle der Todeserklärung . §§ 1348—1352



### Fünfter Titel. Wirkungen der Ehe im Allgemeinen . §§ 1353—1362



### Sechster Titel. Eheliches Güterrecht . §§ 1363—1563

#### I. Gesetzliches Güterrecht.

#### 1. Allgemeine Vorschriften . . . . §§ 1363--1372



#### 2. Verwaltung und Nutznießung . . . §§ 1373—1409

Siebenter Titel. Scheidung der Ehe . §§ 1564—1587



Achter Titel. Kirchliche Verpflichtungen . . . § 1588



## Zweiter Abschnitt. Verwandtschaft.

Erster Titel. Allgemeine Vorschriften . §§ 1589—1590



Zweiter Titel. Eheliche Abstammung . §§ 1591—1600



Dritter Titel. Unterhaltspflicht . . §§ 1601—1615

## Vierter Titel.

### Rechtliche Stellung der ehelichen Kinder . §§ 1616—1698

#### I. Rechtsverhältniß zwischen den Eltern und dem Kinde im Allgemeinen . . . §§ 1616—1625



#### II. Elterliche Gewalt . . . . . §§ 1626—1698



#### 1. Elterliche Gewalt des Vaters . . . §§ 1627—1683

2. Elterliche Gewalt der Mutter . . . §§ 1684—1698



## Fünfter Titel.

## Rechtliche Stellung der Kinder aus nichtigen Ehen . §§ 1699—1704

## Sechster Titel.

## Rechtliche Stellung der unehelichen Kinder . §§ 1705—1718



## Siebenter Titel. Legitimation unehelicher Kinder . . §§ 1719—1740

### I. Legitimation durch nachfolgende Ehe . . §§ 1719—1722



### II. Ehelichkitserklärung . . . . . §§ 1723—1740



## Achter Titel. Annahme an Kindesstatt . §§ 1741—1772

## Dritter Abschnitt. Vormundschaft.

### Erster Titel. Vormundschaft über Minderjährige . . §§ 1773—1895

#### I. Anordnung der Vormundschaft . . . §§ 1773—1792



#### II. Führung der Vormundschaft . . . §§ 1793—1836

## III. Fürsorge und Aufsicht des Vormundschaftsgerichts §§ 1837—1848



## IV. Mitwirkung des Gemeindewaisenraths . §§ 1849—1851

V. Befreite Vormundschaft . . . . §§ 1852—1857



VI. Familienrath . . . . . §§ 1858—1881



VII. Beendigung der Vormundschaft . . §§ 1882—1895

### Zweiter Titel. Vormundschaft über Volljährige . §§ 1896—1908



### Dritter Titel. Pflegschaft . . . §§ 1909—1921



## Fünftes Buch.

## Erbrecht.

### Erster Abschnitt. Erbfolge . . . . §§ 1922—1941

## Zweiter Abschnitt. Rechtliche Stellung des Erben.

### Erster Titel.

### Annahme und Ausschlagung der Erbschaft. Fürsorge des Nachlaßgerichts . . . . . . . §§ 1942—1966



### Zweiter Titel.

### Haftung des Erben für die Nachlaßverbindlichkeiten.

#### I. Nachlaßverbindlichkeiten . . . . . §§ 1967—1969



#### II. Aufgebot der Nachlaßgläubiger . . §§ 1970—1974



#### III. Beschränkung der Haftung des Erben . §§ 1975—1992

IV. Inventarerrichtung. Unbeschränkte Haftung des Erben . §§ 1993—2013



V. Aufschiebende Einreden . . . . §§ 2014—2017



Dritter Titel. Erbschaftsanspruch . §§ 2018—2031

### Vierter Titel. Mehrheit von Erben.



## Dritter Abschnitt. Testament.

### Erster Titel. Allgemeine Vorschriften . §§ 2064—2086



### Zweiter Titel. Erbeinsetzung . . §§ 2087—2099

## Dritter Titel. Einsetzung eines Nacherben . §§ 2100—2146

## Vierter Titel. Vermächtniß . . . §§ 2147—2191



## Fünfter Titel. Auflage . . . . §§ 2192—2196

## Sechster Titel. Testamentsvollstrecker . §§ 2197—2228



## Siebenter Titel.

## Errichtung und Aufhebung eines Testaments . §§ 2229—2264

Achter Titel. Gemeinschaftliches Testament . §§ 2265—2273



Vierter Abschnitt. Erbvertrag . . . §§ 2274—2302

## Fünfter Abschnitt. Pflichttheil . . . §§ 2303—2338



## Sechster Abschnitt. Erbunwürdigkeit . . §§ 2339—2345

## Siebenter Abschnitt. Erbverzicht . . §§ 2346—2352



## Achter Abschnitt. Erbschein . . . §§ 2353—2370



## Neunter Abschnitt. Erbschaftskauf . . §§ 2371—2385

# Verzeichniß der im zweiten Bande abgedruckten Gesetze.

## CPO.



## KO.

## *FG.*



## *GO.*



## *Zw.*



## *HGB.*

# Viertes Buch.
# Familienrecht.

## Erster Abschnitt.
## Bürgerliche Ehe.

Vorbemerkung zum IV. Buch. §§ 1297 ff.

1. Das Familienrecht umfaßt die Vorschriften, welche die rechtliche Seite der aus dem Familienverhältnisse (Ehe, I. Abschnitt §§ 1297—1588 und Verwandtschaft, II. Abschnitt §§ 1589—1772) folgenden Lebensverhältnisse regeln, sowie das Vormundschaftsrecht (III. Abschnitt §§ 1773—1921).

2. Die Vorschriften des Familienrechts sind in weitem Umfange zwingende Rechtssätze. Die rechtliche Natur der Vorschriften bleibt im Einzelnen festzustellen.

3. Die dem Familienrechte angehörenden Rechte sind Zustandsrechte absoluten Charakters. Sie wirken deshalb nicht nur im Verhältnisse der in dem familienrechtlichen Verbande stehenden Personen, sondern auch jedem Dritten gegenüber. Dementsprechend ist auch die Wirkung des in familienrechtlichen Rechtsstreitigkeiten erflossenen rechtskräftigen Urtheils durch C.P.O. §§ 629 (S. 722), 643 (Vorb. zu §§ 1591 ff.) geregelt.

4. Die auf familienrechtlicher Grundlage beruhenden Schuldverhältnisse unterliegen den allgemeinen Vorschriften des Rechtes der Schuldverhältnisse. Vgl. S. 128 Note 2.

5. Das Familienrecht des BGB. findet seine Ergänzung in den Vorschriften

a. der CPO. und der KO., soweit diese den besonderen familienrechtlichen Vorschriften Rechnung tragen;

b. des Gesetzes über die freiwillige Gerichtsbarkeit, von dem insbesondere die Abschnitte in Betracht kommen, welche die Vormundschaftssachen (FrG. §§ 35—64), die Annahme an Kindesstatt (FrG. §§ 65—68), den Personenstand (FrG. §§ 69—71), das Güterrechtsregister (FrG. §§ 159—162) betreffen;

c. der Reichsgesetze, welche das Verfahren bei der Eheschließung regeln.

α. Gesetz, betreffend die Eheschließung und Beurkundung des Personenstandes von Bundesangehörigen im Auslande vom 4. Mai 1870 (BGBl. S. 599).

β. Gesetz über die Beurkundung des Personenstandes und die Eheschließung vom 6. Februar 1875 (RGBl. S. 23).

Beide Gesetze sind in dem aus Art. 40 bzw. 46 des Einführungsgesetzes zum BGB. sowie aus FrG. § 186 sich ergebenden Wortlaute im III. Bande abgedruckt vgl. zu EG. Art. 40 bzw. Art. 46. Die einzelnen Gesetze und Vorschriften sind zu den betreffenden Stellen des BGB. in Bezug genommen.

Vorbemerkung zum I. Abschnitt.

Die Ehe als die Verbindung zwischen Mann und Frau zu ungetheilter, monogamischer Lebensgemeinschaft hat neben ihrer rechtlichen Natur auch eine religiöse und sittliche Seite. Die Ueberschrift „Bürgerliche Ehe" bringt zum Ausdrucke, daß das BGB. die Ehe nur in Ansehung ihrer, für alle Glaubensbekenntnisse gleichen, rechtlichen Seite regelt. Dieser Ueberschrift entspricht der § 1588, welcher ausdrücklich besagt, daß durch die Vorschriften dieses Abschnitts die kirchlichen Verpflichtungen in Ansehung der Ehe unberührt bleiben.

## Erster Titel.
## Verlöbniß.

1. Unklagbarkeit. **§ 1297.** Aus einem Verlöbnisse kann nicht auf Eingehung der Ehe geklagt werden.

2. Nichtigkeit des Strafgedinges. Das Versprechen einer Strafe für den Fall, daß die Eingehung der Ehe unterbleibt, ist nichtig.

**§ 1297.** I. **Freiheit der Willensbestimmung bei der Eheschließung.**

1. Die Unklagbarkeit des Verlöbnisses ist eine Konsequenz der modernen Rechtsentwickelung, welche jede unmittelbare oder mittelbare Erzwingung der Eheschließung als dem Wesen der Ehe widersprechend verwirft.

a. Bereits § 39 des Personenstandsgesetzes vom 6. Februar 1875 hat dem Verlöbnisse die Wirkung eines aufschiebenden, zum Einspruche gegen eine anderweit beabsichtigte Eheschließung berechtigendes Ehehinderniß genommen (vgl. jetzt Vorb. zu §§ 1303—1315 S. 707).

b. Die Vorschriften der CPO. §§ 888 Abs. 2, 894 Abs. 2 schließen die Zwangsvollstreckung auf Eingehung der Ehe aus. Diese Vorschriften sind neben § 1297 mit Rücksicht auf etwa dieser Vorschrift zuwider ergehende inländische und auf ausländische Urtheile (vgl. zu V) aufrechterhalten.

2. Auch die Vereinbarung einer Vertragsstrafe (§§ 339 ff.), welche lediglich das negative Interesse im Sinne des § 1298 im Voraus festsetzen soll, ist nichtig. Nichtigkeit vgl. zu § 139.

3. Die Klage auf das Erfüllungsinteresse ist nicht zugelassen. Vermögensrechtliche Wirkungen des Verlöbnißbruchs werden nur in dem durch §§ 1298 ff. bestimmten Maße anerkannt.

II. **Rechtsnatur des Verlöbnisses.**

1. Die juristische Konstruktion des Verlöbnisses ist von dem BGB. der Wissenschaft überlassen. Indem das BGB. Klage und Vertragsstrafe in § 1297 ausdrücklich ausschließt, bringt es zum Ausdrucke, daß ohne diese Vorschrift sowohl Klage als Vertragsstrafe zulässig wären. Demnach wird das Verlöbniß als ein Vertrag (vgl. § 305) angesehen werden müssen, so daß die allgemeinen Vorschriften über Rechtsgeschäfte (§§ 104 ff.) und Willenserklärungen (§§ 116 ff.) anwendbar sein müssen. Nichtigkeit einer gegen das Gesetz oder die guten Sitten verstoßenden Eheberedung, gleichgültig ob solcher Verstoß an sich oder nur deshalb anzunehmen ist, weil die Eheschließung von dem Eintritt einer unerlaubten oder unsittlichen Bedingung abhängig gemacht ist, ergiebt sich aus § 134, z. B. die Verlobung eines in gültiger Ehe lebenden Ehegatten vgl. RG. in Strafs. **24** 155, RG. **29**, 99.

2. Das Verlöbniß ist ein gegenseitiges Eheversprechen, für das eine Form nicht vorgeschrieben ist. Ob ein ernstlich gemeintes auf Eheschließung gerichtetes gegenseitiges Versprechen vorliegt, ist Thatfrage, für deren Beantwortung die Beobachtung der im bürgerlichen Leben üblichen Formen (Ringwechsel, Verlobungsanzeige) einen Anhalt gewähren kann (vgl. RG. in Straff. **10**, 117). Ein bloßes Liebes- oder Konkubinatsverhältniß ohne eine Willenseinigung über die demnächstige Begründung des familienrechtlichen Verhältnisses der Ehe ist kein Verlöbniß.

III. **Rechtswirkungen des Verlöbnisses.**

1. Civilrechtliche Wirkungen.

a. Schadensersatz bei Verlöbnißbruch §§ 1298 ff.

b. Erbverträge unter Verlobten §§ 2275, 2276, 2279, 2290. — Gemeinschaftliche Testamente der Verlobten sind nicht zugelassen vgl. § 2265.

c. Erbverzichtsvertrag unter Verlobten § 2347.

2. Sonstige Wirkungen.

a. Zeugnißverweigerungsrecht CPO. §§ 383, 385, vgl. auch § 393 Nr. 3. StPO. §§ 51, 57.

b. Die Verlobten gehören zu den „Angehörigen" im Sinne des Strafgesetzbuchs, StGB. § 52 Abs. 2.

**§ 1298.** Tritt ein Verlobter von dem Verlöbnisse zurück, so hat er dem anderen Verlobten und dessen Eltern sowie dritten Personen, welche an Stelle der Eltern gehandelt haben, den Schaden zu ersetzen, der daraus entstanden ist, daß sie in Erwartung der Ehe Aufwendungen gemacht haben oder Verbindlichkeiten eingegangen sind. Dem anderen Verlobten hat er auch den Schaden zu ersetzen, den dieser dadurch erleidet, daß er in Erwartung der Ehe sonstige sein Vermögen oder seine Erwerbsstellung berührende Maßnahmen getroffen hat.

3. Schadensersatzpflicht eines Verlobten.
a. Rücktritt vom Verlöbnisse.

Der Schaden ist nur insoweit zu ersetzen, als die Aufwendungen, die Eingehung der Verbindlichkeiten und die sonstigen Maßnahmen den Umständen nach angemessen waren.

Die Ersatzpflicht tritt nicht ein, wenn ein wichtiger Grund für den Rücktritt vorliegt.

---

3. Brautkinder sind mangels besonderer Vorschriften uneheliche Kinder. Vgl. zu § 1589. — Uebergangsbestimmung EG. Art. 208 Abs. 2.

IV. **Uebergang.** Vgl. ferner Note vor EG. Art. 198 S. 1477.

1. Eine Uebergangsvorschrift ist nicht gegeben.

a. Ob ein rechtsverbindliches Verlöbniß zur Zeit des Inkrafttretens des BGB. vorliegt, ist nach altem Rechte zu beurtheilen.

b. Die an sich nach altem Rechte zulässige Klage auf Eingehung der Ehe erscheint mit Rücksicht auf die absolute Vorschrift des § 1297 vom 1. Januar 1900 ab, selbst in rechtshängigen Sachen nicht mehr zulässig. Wohl aber können mit Rücksicht darauf, daß es sich um einen vorübergehenden Rechtszustand handelt (RG. v. 7. Dezember 1898, D. Jur.Ztg. 1899 S. 65) die nach altem Rechte etwa gegebenen umfassenderen Schadensersatzansprüche geltend gemacht werden (vgl. EG. Art. 170). Der durch die Aenderung der Gesetzgebung gebotene Uebergang von dem Anspruch auf Eheschließung zu dem Schadensersatzanspruch ist keine unzulässige Klageänderung CPO. § 268 Ziffer 3.

2. Ein nach altem Rechte wegen Formmangels nicht rechtswirksames Verlöbniß, welches nach dem 1. Januar 1900 fortgesetzt wird, kann dadurch ein nach §§ 1297 ff. gültiges Verlöbniß mit den sich aus diesen Vorschriften ergebenden Wirkungen werden.

3. Brautkinder EG. Art. 208 Abs. 2, vgl. zu III. 3.

V. **Internationales Privatrecht.**

1. Die Geschäftsfähigkeit einschließlich der etwa erforderlichen Zustimmung der Eltern oder des Vormundes ist nach EG. Art. 7 zu beurtheilen. Ist danach das Verlöbniß für die eine Partei nicht bindend, so ist auch die andere nicht gebunden. Vgl. Note II. 2.

2. Wegen der Form vgl. EG. Art. 11.

3. Für die im Inland anzuerkennenden Rechtswirkungen des Verlöbnisses ist entscheidend, daß der Zweck des § 1297 die Gewährleistung der Willensfreiheit bei der Eheschließung ist. Gegen diesen Zweck würde die Zulassung eines weitergehenden Schadensersatzanspruchs auf das Erfüllungsinteresse verstoßen. Es findet deshalb EG. Art 30 Anwendung.

4. Die Unzulässigkeit einer Klage auf Eheschließung ergiebt sich in allen Fällen aus § 1297.

5. Ausländische Urtheile auf Eingehung der Ehe sind in Deutschland nicht vollstreckbar, CPO. § 888 Abs. 2. Darüber hinaus würde aber auch ein ausländisches Urtheil, welches das Erfüllungsinteresse zuspricht, nicht anzuerkennen (CPO. § 328 Ziffer 4) und deshalb gemäß CPO. § 723 Abs. 2 nicht zu vollstrecken sein. Vgl. Note I. 3.

§ 1298. **§ 1298. I. Voraussetzungen des Schadensersatzanspruchs aus § 1298.**

1. Ein rechtswirksames Verlöbniß (vgl. § 1297 Note II).

a. Nicht genügend für den Anspruch aus § 1298 ist ein bedingtes Verlöbniß oder ein Versprechen, nach Möglichkeit oder Gelegenheit rc. die Ehe einzugehen.

b. Ein anfechtbares und angefochtenes Eheversprechen (vgl. zu § 142) kann unter Umständen den Anspruch auf das negative Interesse gemäß § 122 begründen. Jedoch würde dieser Anspruch nicht über den durch § 1298 anerkannten Anspruch hinausgehen können (§ 122 Abs. 1).

2. Rücktritt vom Verlöbnisse.

a. Rücktritt vom Verlöbnisse ist die Erklärung oder Bethätigung des Willens, das Eheversprechen nicht zu erfüllen. Der Rücktritt kann sich aus den Umständen (Abbruch des persönlichen oder brieflichen Verkehrs rc.) ergeben. Uebrigens kann ein derartiges Verhalten auch dem anderen Theile Anlaß zu einem begründeten Rücktritte (§ 1299) bieten. Der Rücktritt ist insofern eine empfangsbedürftige Willenserklärung, als ihr Vorliegen zum mindesten dem anderen Theile, wenn auch nur in konkludenter Weise bekannt geworden sein muß.

b. Ein in der Geschäftsfähigkeit beschränkter Verlobter bedarf zum Rücktritte nicht der besonderen Zustimmung des gesetzlichen Vertreters (§ 111). Vielmehr muß bei der persönlichen Natur des Verlöbnisses in der Zustimmung zum Verlöbniß auch die Einwilligung in die etwaige Aufhebung des Verlöbnisses gefunden werden.

3. Ein Schaden (§§ 249 ff.).

a. Daß die Aufwendungen und die Uebernahme der Verbindlichkeiten (vgl. §§ 256 f.) in Erwartung der Eheschließung erfolgt sind, gehört ebenso, wie die Behauptung, daß dritte Personen (z. B. Pflegeeltern, Stiefeltern, Großeltern, sonstige Verwandte) an Stelle der Eltern gehandelt haben, zur Klagebegründung. Jeder kann nur den ihm entstandenen Schaden ersetzt verlangen. Wegen der Abtretbarkeit der Ansprüche vgl. zu III.

b. Schaden aus anderen, nicht in Aufwendungen oder in der Uebernahme von Verbindlichkeiten bestehenden, das Vermögen oder die Erwerbsstellung (vgl. § 842) berührenden Maßnahmen, ist nur zu ersetzen, wenn erwiesen wird,

α. daß die Maßnahmen von dem anderen Verlobten in Erwartung der Eheschließung getroffen sind;

β. daß der unschuldige Verlobte selbst den Schaden erlitten hat.

Beispiele: Aufgeben oder Ausschlagen einer Stellung, Wohnsitzveränderung, Veräußerung von Papieren mit Kursverlust u. s. w.

4. (Abs. 2.) Für die Angemessenheit der den Schaden verursachenden Maßnahmen ist der Kläger beweispflichtig. (Vgl. Zur Auslegung des BGB. S. XLII.) CPO. §§ 286, 287. — Angemessenheit wird regelmäßig anzunehmen sein, wenn die Maßnahmen im beiderseitigen Einverständnisse der Verlobten getroffen sind.

II. **(Abs. 3.) Wichtiger Rücktrittsgrund.**

1. Die Einwendung, daß ein wichtiger Grund für den Rücktritt vorliegt, ist von dem Zurücktretenden zu beweisen.

2. Als rechtfertigender Grund ist stets das Vorliegen gesetzlicher Ehehindernisse sowie solcher Umstände anzusehen, die eine Ehescheidung rechtfertigen würden.

3. Die Verlöbnißzeit soll den Verlobten die Möglichkeit genauerer gegenseitiger Prüfung geben. Die Erkenntniß, nicht zu einander zu passen, muß dementsprechend als wichtiger Rücktrittsgrund wenigstens dann gelten, wenn verständige Gründe für diese Erkenntniß dem Zurücktretenden erst nach der Verlobung bekannt geworden sind.

4. Verzögerung der Eheschließung. Vgl. § 1299 Note 3.

III. Die Uebertragbarkeit des Anspruchs ist nicht beschränkt, §§ 398 ff.; vgl. dagegen § 1300.

**§ 1299.** Veranlaßt ein Verlobter den Rücktritt des anderen durch ein Verschulden, das einen wichtigen Grund für den Rücktritt bildet, so ist er nach Maßgabe des § 1298 Abs. 1, 2 zum Schadensersatze verpflichtet.

b. Veranlassung des anderen Verlobten zum Rücktritte.

**§ 1300.** Hat eine unbescholtene Verlobte ihrem Verlobten die Beiwohnung gestattet, so kann sie, wenn die Voraussetzungen des § 1298 oder des § 1299 vorliegen, auch wegen des Schadens, der nicht Vermögensschaden ist, eine billige Entschädigung in Geld verlangen.

c. Deflorationsanspruch.

Der Anspruch ist nicht übertragbar und geht nicht auf die Erben über, es sei denn, daß er durch Vertrag anerkannt oder daß er rechtshängig geworden ist.

---

IV. Verjährung § 1302.

V. Weitergehende Schadensersatzansprüche auf Grund einer etwa vorliegenden unerlaubten Handlung des Zurücktretenden richten sich nach §§ 823 ff.

**§ 1299.** 1. Verschulden ist eine vorsätzliche oder fahrlässige (vgl. Bd. I. S. 388 Note II. 1) Verletzung der durch das Verlöbniß begründeten sittlichen Pflichten. Die Natur des Verlöbnisses schließt eine unmittelbare Anwendung der §§ 276 ff. aus. Die Beweislast trifft denjenigen, der den Schadensersatzanspruch geltend macht.

2. Die Absicht, den anderen Theil zum Rücktritte zu veranlassen, ist nicht erforderlich. Vgl. übrigens die ähnliche Bestimmung des § 628 Abs. 2.

3. Ein wichtiger Rücktrittsgrund (§ 1298 Abs. 3) kann auch darin liegen, daß der andere Theil die Eheschließung über die den Verhältnissen angemessene Zeit hinaus wesentlich verzögert. Schuldhafte Verzögerung kann gegen den Zögernden die Anwendbarkeit des § 1299 begründen.

4. Die zum Schadensersatze verpflichtende Veranlassung zum Rücktritte kann auch in einem vor der Verlobung eingetretenen Umstande liegen, wenn derselbe schuldhafterweise dem anderen Theile verschwiegen wurde.

**§ 1300.** 1. Mit dem Schadensersatzanspruch aus § 1300 kann der Anspruch aus §§ 823, 825 konkurriren. Vgl. hierzu § 825 Note 1.

2. Die Unbescholtenheit bezieht sich nur auf die Geschlechtsehre. Vgl. die Rechtsprechung zu StGB. § 182 in Olshausen's Kommentar zu diesem Paragraphen.

a. Jungfräulichkeit der Braut zur Zeit der Gestattung der Beiwohnung ist nicht Erforderniß für den Schadensersatzanspruch. Auch eine geschiedene oder verwittwete Frau kann ihn gegebenenfalls geltend machen. Vgl. hierzu RG. **29** 101.

b. Eine Frauensperson, welche bereits vorher unehelich geschwängert worden war, wird regelmäßig, wenn nicht besondere Umstände (z. B. Zwang) vorlagen, als geschlechtlich bescholten zu gelten haben. RG. 17 250.

3. Wenn kein Verlöbniß (vgl. § 1297 Note II), sondern z. B. nur ein einseitiges Eheversprechen des Mannes vorlag, ist § 1300 nicht anwendbar. Die Anwendbarkeit des § 847 Abs. 2 kann unter Umständen in Frage kommen.

4. „Billige" Entschädigung bedeutet nicht, daß die Entschädigung eine wohlfeile, sondern daß sie eine nach Billigkeit unter Berücksichtigung aller Umstände (Stand, Vermögenslage rc.) zu bemessende sein soll. CPO. § 287. Vgl. auch BGB. § 315.

5. Abs. 2. Vgl. § 847 Abs. 2 sowie über die Bedeutung der Nichtübertragbarkeit die Bemerkungen zu §§ 399, 400 Note 1 und 2.

6. Verjährung des Anspruchs § 1302.

7. Die Ansprüche des Kindes und der Geschwängerten aus §§ 1705 ff., 1715 f. werden durch die Geltendmachung des Schadensersatzanspruchs aus § 1300 nicht berührt.

4. Rückforderung der Brautgeschenke.

**§ 1301.** Unterbleibt die Eheschließung, so kann jeder Verlobte von dem anderen die Herausgabe desjenigen, was er ihm geschenkt oder zum Zeichen des Verlöbnisses gegeben hat, nach den Vorschriften über die Herausgabe einer ungerechtfertigten Bereicherung fordern. Im Zweifel ist anzunehmen, daß die Rückforderung ausgeschlossen sein soll, wenn das Verlöbniß durch den Tod eines der Verlobten aufgelöst wird.

---

**§ 1301. I. Rückforderung der Brautgeschenke bei unterbliebener Eheschließung.**

1. Das Rückforderungsrecht aus § 1301 setzt kein Verschulden voraus, sondern lediglich das Unterbleiben der Eheschließung.

2. Als unterblieben ist die Eheschließung anzusehen,

a. wenn sie unmöglich geworden ist, z. B. beim Tode (vgl. zu II.) oder bei anderweiter Verheirathung eines der Verlobten;

b. wenn sich das Vorliegen eines trennenden Ehehindernisses, vgl. §§ 1323, 1330, ergiebt;

c. wenn von Seiten eines Verlobten der Rücktritt erfolgt ist (vgl. § 1298 Note I. 2) oder die Verlobung im beiderseitigen Einverständniß aufgelöst ist.

3. Der Rückforderungsanspruch ist ein Fall der Rückforderung wegen Nichteintritts des mit einer Leistung nach dem Inhalte des Rechtsgeschäfts bezweckten Erfolges, da Schenkung an den zukünftigen Ehegatten beabsichtigt war. Vgl. § 812 Note B. III. 3d (Bd. I S. 379).

a. Gegenstand der Rückforderung sind

α. die Geschenke, welche ein Verlobter dem anderen während des Verlöbnisses gemacht hat;

β. was zum Zeichen des Verlöbnisses gegeben ist (vgl. § 336 Draufgabe), namentlich also der Verlobungsring.

b. Umfang der Herausgabepflicht vgl. §§ 818, 819.

c. Unverjährbarkeit des Bereicherungsanspruchs als Einrede § 821.

d. Haftung des Dritten, welcher die Bereicherung unentgeltlich erworben hat § 822.

4. Einwendungen gegen den Bereicherungsanspruch.

a. Die Hingabe der Geschenke sei, obwohl während des Verlöbnisses, dennoch unabhängig davon, ob die Eheschließung stattfinden werde oder nicht, erfolgt. Da die Vorschrift des § 1301 (vgl. Satz 2) nicht zwingendes Recht ist, muß diese Einwendung zugelassen werden.

b. Die Eheschließung sei von Anfang an unmöglich gewesen (z. B. wegen eines trennenden Ehehindernisses) und der Leistende habe dies gewußt, § 815.

c. Der Leistende habe die Eheschließung gegen Treu und Glauben verhindert, § 815, namentlich also, daß er grundlos zurückgetreten sei (§ 1298) oder dem anderen Theile einen begründeten Anlaß zum Rücktritte gegeben habe (§ 1299).

**II. Die Auslegungsregel des Satz 2.**

1. Satz 2 ist nur anwendbar, wenn die Auflösung des Verlöbnisses die Folge des Todes ist. Ist die Auflösung bereits vor dem Tode erfolgt, so geht der in der Person des verstorbenen Verlobten etwa begründete Rückforderungsanspruch unbeschränkt auf die Erben über.

2. Im Falle der durch den Tod herbeigeführten Auflösung des Verlöbnisses treten an die Stelle des Verstorbenen dessen Erben als Rückforderungsberechtigte.

3. Gegenüber der Auslegungsregel des Satz 2 hat der Zurückfordernde darzuthun, daß der Schenkende die Rückforderung für den Todesfall nicht ausschließen wollte. Die Absicht, nur für den Fall schenken zu wollen, daß es zu einem gemeinschaftlichen Haushalte komme, kann sich z. B. aus der Natur des Geschenkes (Familienstücke, Andenken 2c.) ergeben. Uebrigens kann die Absicht für die einzelnen Geschenke verschieden sein, sodaß der Zurückfordernde hinsichtlich jedes einzelnen von ihm zurückgeforderten Gegenstandes die Nichtausschließung der Rückforderung beweisen muß.

**§ 1302.** Die in den §§ 1298 bis 1301 bestimmten Ansprüche verjähren in zwei Jahren von der Auflösung des Verlöbnisses an. 5. Verjährung.

## Zweiter Titel.
## Eingehung der Ehe.

---

**III. Sonstige in Betracht kommende Vorschriften.**

1. Wirkung der Auflösung des Verlöbnisses auf letztwillige Verfügungen §§ 2077 Abs. 2, 3, auf Erbvertrag § 2279.

2. Rückforderung der Brautgeschenke bei der Ehescheidung § 1584, bei Ehenichtigkeit §§ 1343, 1345.

**§ 1302.** 1. Verjährung §§ 194 ff.

2. Beginn der Verjährung ist von der Auflösung des Verlöbnisses ab zu rechnen. Vgl. § 1298 Note I. 2a; § 1301 Note I. 2.

3. Fristberechnung §§ 187 Abs. 1, 188.

4. Rechtskräftig festgestellter Anspruch § 218.

1. Das Eheschließungsrecht des BGB. ist im Wesentlichen den §§ 28—53 des Ges. über die Beurkundung des Personenstandes und die Eheschließung vom 6. Februar 1875 nachgebildet. Auf vorgenommene Aenderungen ist bei den einzelnen Bestimmungen aufmerksam gemacht. Vorbemerkung zum 2. Titel.

2. Das Gesetz über die Beurkundung des Personenstandes und die Eheschließung vom 6. Februar 1875 (RGBl. S. 23) selbst hat eine Reihe von Abänderungen durch EG. Art. 46 sowie durch FrG. § 186 erlitten. Das Gesetz ist in der nunmehr zu Recht bestehenden Fassung im III. Bande abgedruckt vgl. zu EG. Art. 46.

3. Das Gesetz, betreffend die Eheschließung und die Beurkundung des Personenstandes von Bundesangehörigen im Auslande vom 4. Mai 1870 (BGBl. S. 599) ist der erforderlichen Abänderung in EG. Art. 40 unterzogen und im III. Bande in der nunmehr geltenden Fassung abgedruckt vgl. zu EG. Art. 40.

4. Internationalprivatrechtliche Vorschriften über das Eheschließungsrecht enthält EG. Art. 13.

5. Bayerisches Reservatrecht. Das bayerische Reservatrecht (Versailler Bündnißvertrag vom 23. November 1870 Nr. III. § 3 Abs. 1 und Nr. I. des Schlußprotokolls von demselben Tage; vgl. RGes. betr. die Verfassung des Deutschen Reichs vom 16. April 1871 RGBl. S. 63 § 2) ist auch durch das BGB. nicht berührt worden. Bereits nach Art. 7 des bayerischen Gesetzes vom 17. März 1892, die Auslegung und Abänderung einiger Bestimmungen des Gesetzes vom 16. April 1868 / 23. Februar 1872 über Heimath, Verehelichung und Aufenthalt betreffend (G. u. VOBl. S. 51) ist der Mangel der polizeilichen Erlaubniß auf die Rechtsgültigkeit der Ehe ohne Einfluß. Hierbei verbleibt es auch nach dem bayerischen Ausführungsgesetze zum BGB. vgl. daselbst Art. 154, 159.

1. Aufschiebende Ehehindernisse, deren Verletzung die Gültigkeit der Eheschließung nicht beeinträchtigt, sondern höchstens mit Strafe belegt ist (zu 3), sind: Vorbemerkung zu §§ 1303—1315.

a. Mangel der Ehemündigkeit § 1303.
b. Mangel der Einwilligung der Eltern als solcher, nicht als gesetzlicher Vertreter §§ 1305—1308.
c. Anhängigkeit einer Nichtigkeits- oder Restitutionsklage gegen ein Urtheil, durch welches die frühere Ehe eines der Eheschließenden aufgelöst oder für nichtig erklärt ist § 1309 Abs. 2.
d. affinitas illegitima § 1310 Abs. 2.
e. Annahme an Kindesstatt § 1311.
f. Wartezeit der bereits verheirathet gewesenen Frau § 1313.
g. Auseinandersetzung mit den Kindern aus einer früheren Ehe § 1314.

I. Ehehindernisse. 1. Eheunmündigkeit.

**§ 1303.** Ein Mann darf nicht vor dem Eintritte der Volljährigkeit, eine Frau darf nicht vor der Vollendung des sechzehnten Lebensjahrs eine Ehe eingehen.

Einer Frau kann Befreiung von dieser Vorschrift bewilligt werden.

2. Beschränkte Geschäftsfähigkeit.

**§ 1304.** Wer in der Geschäftsfähigkeit beschränkt ist, bedarf zur Eingehung einer Ehe der Einwilligung seines gesetzlichen Vertreters.

Ist der gesetzliche Vertreter ein Vormund, so kann die Einwilligung, wenn sie von ihm verweigert wird, auf Antrag des Mündels durch

---

h. Mangel der Heirathserlaubniß der Militärpersonen, Landesbeamten und Ausländer § 1315.

i. Rechtshängigkeit der Anfechtungsklage gegen das Urtheil, durch das der Ehegatte des einen Eheschließenden für todt erklärt ist (§ 1349).

2. Trennende Ehehindernisse

a. mit der Wirkung der Ehenichtigkeit (impedimenta dirimentia publica) vgl. § 1323;

b. mit der Wirkung der Anfechtbarkeit der Ehe (impedimenta dirimentia privata) vgl. § 1330.

3. Strafvorschriften.

a. StGB. § 170; § 171 abgedruckt zu § 1309.

***StGB. § 170.*** *Wer bei Eingehung einer Ehe dem anderen Theile ein gesetzliches Ehehinderniss arglistig verschweigt, oder wer den anderen Theil zur Eheschliessung arglistig mittels einer solchen Täuschung verleitet, welche den Getäuschten berechtigt, die Gültigkeit der Ehe anzufechten, wird, wenn aus einem dieser Gründe die Ehe aufgelöst worden ist, mit Gefängniss nicht unter drei Monaten bestraft.*

*Die Verfolgung tritt nur auf Antrag des getäuschten Theils ein.*

b. Personenstandsgesetz § 69 in der Fassung des EG. Art. 46, vgl. daselbst.

**§ 1303. I. Ehemündigkeit.**

1. Ehemündigkeit des Mannes.

a. Volljährigkeit tritt mit Vollendung des 21. Lebensjahrs ein § 2. Altersberechnung § 187 Abs. 2. Für Mitglieder der landesherrlichen und der diesen gleichstehenden Familien EG. Art. 57. Personenstandsgesetz § 72 (zu EG. Art. 46).

b. Volljährigkeitserklärung (§§ 3—5) gewährt nach § 3 Abs. 2 dem für volljährig Erklärten die rechtliche Stellung eines Volljährigen und damit auch die Ehemündigkeit. Erforderniß elterlicher Einwilligung zur Eheschließung §§ 1305 ff.

c. Ein Dispens von dem Erfordernisse der Volljährigkeit ist für Männer nicht zugelassen. Geeignetenfalls muß die Volljährigkeitserklärung herbeigeführt werden.

2. Ehemündigkeit der Frau.

a. Altersberechnung § 187 Abs. 2. Erforderniß der Einwilligung des gesetzlichen Vertreters § 1304, der Eltern §§ 1305 ff.

b. Dispens. Zuständigkeit § 1322.

II. **Verbotswidrige Eheschließung Eheunmündiger.**

1. Der Mangel der Ehemündigkeit ist lediglich ein aufschiebendes Ehehinderniß. Die verbotswidrige Ehe ist aus dem Grunde der mangelnden Ehemündigkeit weder nichtig (§§ 1323 ff.), noch anfechtbar (§§ 1330 ff.). Anfechtbarkeit wegen Mangels der erforderlichen Zustimmung des gesetzlichen Vertreters (§§ 1304, 1331).

2. Strafvorschriften

a. gegen den bei der verbotswidrigen Eheschließung mitwirkenden Standesbeamten Personenstandsgesetz § 69 (zu EG. Art. 46);

b. gegen den Ehegatten, welcher dem anderen Ehegatten das Ehehinderniß arglistig verschweigt StGB. § 170, abgedruckt Vorb. zu §§ 1303—1315 Note 3.

das Vormundschaftsgericht ersetzt werden. Das Vormundschaftsgericht hat die Einwilligung zu ersetzen, wenn die Eingehung der Ehe im Interesse des Mündels liegt.

---

**§ 1304.** I. **Totale Unfähigkeit zur Abgabe gültiger Willenserklärungen.** Geschäftsunfähigkeit (§ 104), Bewußtlosigkeit, vorübergehende Geistesgestörtheit (§ 105) schließen gültige Eheschließung aus (§ 1325 Abs. 1).

II. **Beschränkte Geschäftsfähigkeit.**

1. Beschränkt geschäftsfähig sind

a. Minderjährige (§ 106); als solche kommen für die Eheschließung regelmäßig nur Frauen in Betracht (§ 1303), Männer nur insofern sie gegen das Verbot des § 1303 die Ehe eingehen (§ 1303 Note II. 1).

b. wegen Geistesschwäche, Verschwendung oder Trunksucht Entmündigte oder zu Entmündigende, letztere sofern sie gemäß § 1906 unter vorläufige Vormundschaft gestellt sind (§ 114).

2. Erforderniß der Einwilligung des gesetzlichen Vertreters (§ 1304) ist von dem Erfordernisse der Einwilligung der Eltern als solcher (§§ 1305—1308) zu unterscheiden.

a. Gesetzlicher Vertreter vgl. Bd. I S. 88 Note IV. A. a—c. Erforderlich ist die Einwilligung desjenigen gesetzlichen Vertreters, dem zur Zeit der Eheschließung die Sorge für die Person des beschränkt Geschäftsfähigen obliegt. Die von einem früheren gesetzlichen Vertreter ertheilt gewesene Einwilligung wirkt nicht fort.

b. Die Einwilligung (§ 183).

α. Die Einwilligung ist materiell an eine Form nicht gebunden (vgl. § 1331). Sie ist aber dem Standesbeamten in beglaubigter Form beizubringen oder sonst glaubhaft zu machen, Personenstandsgesetz § 45 (zu EG. Art. 46).

β. Die Einwilligung ist in Gemäßheit des § 183 bis zur Vornahme der Eheschließung widerruflich.

3. (Abs. 2.) Die vormundschaftsgerichtliche Ersetzung der Einwilligung.

a. Die Ersetzung der Einwilligung ist nur zugelassen, wenn der gesetzliche Vertreter ein Vormund oder Pfleger (§ 1915) ist, nicht aber, wenn die gesetzliche Vertretung auf der elterlichen Gewalt beruht. Ersetzung der elterlichen Einwilligung zur Verheirathung volljähriger Kinder § 1308.

b. Sind die Eltern, nachdem sie die elterliche Gewalt verloren haben (vgl. z. B. § 1765), Vormünder der Kinder geworden, so kommen sie lediglich als Vormünder in Betracht und fallen unter Abs. 2. Vgl. auch § 1306 Abs. 2.

c. Das Vormundschaftsgericht.

Sachliche und örtliche Zuständigkeit vgl. zu §§ 3—5 Note I sowie insbesondere FrG. § 43; ferner S. 982.

d. Das Verfahren richtet sich nach FrG.; vgl. S. 983 Note IV.

α. Antrag des Mündels § 1304, FrG. § 11.

β. Anhörung der Verwandten § 1847.

e. Materielles Erforderniß der vormundschaftsgerichtlichen Ersetzung der Einwilligung ist, daß die Eingehung der Ehe im Interesse des Mündels liegt § 1304 (vgl. § 5, andererseits § 1308 Abs. 1 S. 2 und Note 3 daselbst).

f. Wirksamwerden der die Einwilligung ersetzenden vormundschaftsgerichtlichen Verfügung Fr.G. § 53 (S. 748).

g. Beschwerde FrG. §§ 20, 59 (S. 983 f.).

4. Mangel der erforderlichen Einwilligung des gesetzlichen Vertreters.

a. Der Mangel begründet ein privates trennendes Ehehinderniß und macht die verbotswidrig geschlossene Ehe zu einer anfechtbaren (§ 1331).

Das Anfechtungsrecht steht zu

α. während der Dauer der beschränkten Geschäftsfähigkeit ausschließlich dem gesetzlichen Vertreter (§ 1336 Abs. 2) binnen sechs Monaten vom Tage der erlangten Kenntniß (§ 1339);

3. Erforderniß elterlicher Einwilligung. a. bei leiblichen Kindern.

**§ 1305.** Ein eheliches Kind bedarf bis zur Vollendung des einundzwanzigsten Lebensjahrs zur Eingehung einer Ehe der Einwilligung des Vaters, ein uneheliches Kind bedarf bis zum gleichen Lebensalter der Einwilligung der Mutter. An die Stelle des Vaters tritt die Mutter, wenn der Vater gestorben ist oder wenn ihm die sich aus der Vaterschaft ergebenden Rechte nach § 1701 nicht zustehen. Ein für ehelich erklärtes Kind bedarf der Einwilligung der Mutter auch dann nicht, wenn der Vater gestorben ist.

Dem Tode des Vaters oder der Mutter steht es gleich, wenn sie zur Abgabe einer Erklärung dauernd außer Stande sind oder wenn ihr Aufenthalt dauernd unbekannt ist.

---

β. nach Fortfall der Beschränkung ausschließlich dem beschränkt gewesenen Ehegatten binnen sechs Monaten seit dem Fortfalle (§§ 1331, 1339).
Das Anfechtungsrecht erlischt durch Genehmigung seitens des gesetzlichen Vertreters oder durch Ersetzung dieser Genehmigung durch das Vormundschaftsgericht oder durch Bestätigung der Ehe seitens des geschäftsfähig gewordenen Ehegatten § 1337.

b. Güterrechtliche Wirkung des Mangels der erforderlichen Einwilligung des gesetzlichen Vertreters § 1364.

5. Eheschließung zwischen dem Vormund oder einem seiner Verwandten in gerader Linie und dem Mündel (vgl. Mot. IV S. 12 ff., 82 f.).

a. Abweichend von dem früheren § 37 des Personenstandgesetzes, welcher durch EG. Art. 46 aufgehoben ist, ist die Eheschließung zwischen Vormund bzw. Pfleger (§ 1915) und Mündel nach BGB. zulässig. Nur ist der Vormund bzw. Pfleger von der gesetzlichen Vertretung bei dieser Eheschließung kraft Gesetzes ausgeschlossen (§ 1795 Abs. 1 Ziffer 1). Es muß ein besonderer Pfleger gemäß § 1909 bestellt werden. Die Einwilligung des kraft Gesetzes ausgeschlossenen gesetzlichen Vertreters wäre keine Einwilligung im Sinne des § 1304, mithin die Ehe von Seiten des Mündels anfechtbar (vgl. Note 4a).

b. Die Vormundschaft wird durch die Eheschließung zwischen Mündel und Vormund an sich nicht berührt. Das Vormundschaftsgericht kann indeß den Vormund gemäß § 1886 entlassen.

**§ 1305.** 1. Das Erforderniß elterlicher Einwilligung aus § 1305 ist von der Einwilligung des gesetzlichen Vertreters (§ 1304) zu unterscheiden. Das elterliche Einwilligungsrecht ist Ausfluß der den Eltern geschuldeten Ehrerbietung und ihrer persönlichen Interessen. Es wird selbst durch Verwirkung der elterlichen Gewalt (vgl. § 1680 Note 9) nicht beseitigt. Das Erforderniß der elterlichen Einwilligung ist an die Vollendung des 21. Lebensjahrs (Altersberechnung § 187 Abs. 2), nicht an die Volljährigkeit geknüpft. (Vgl. zu §§ 3—5 Note VI.). Auch das für volljährig erklärte Kind unter 21 Jahren bedarf der elterlichen Einwilligung. Nur die einem volljährigen, d. i. in diesem Zusammenhang einem für volljährig erklärten Kinde versagte Einwilligung kann gemäß § 1308 durch das Vormundschaftsgericht ersetzt werden.

Zu Abs. 2 vgl. § 1307 Note 3.

2. Eheliche Kinder (§ 1591; Uebergang EG. Art. 203; Int. PR. EG. Art. 18 f.) bedürfen in erster Linie der Einwilligung des Vaters. — § 1701 betrifft den Fall, daß das Kind einer nichtigen Ehe entstammt, deren Nichtigkeit nur dem Vater des Kindes, nicht auch der Mutter bekannt war. War die Nichtigkeit der Ehe beiden Eltern bekannt, so gilt das dieser Ehe entstammende Kind als unehelich § 1699. Uebergang E.G. Art. 207.

**§ 1306.** Einem an Kindesstatt angenommenen Kinde gegenüber steht die Einwilligung zur Eingehung einer Ehe an Stelle der leiblichen Eltern demjenigen zu, welcher das Kind angenommen hat. Hat ein Ehepaar das Kind gemeinschaftlich oder hat ein Ehegatte das Kind des anderen Ehegatten angenommen, so finden die Vorschriften des § 1305 Abs. 1 Satz 1, 2, Abs. 2 Anwendung. b. bei angenommenen Kindern.

Die leiblichen Eltern erlangen das Recht zur Einwilligung auch dann nicht wieder, wenn das durch die Annahme an Kindesstatt begründete Rechtsverhältniß aufgehoben wird.

**§ 1307.** Die elterliche Einwilligung kann nicht durch einen Vertreter ertheilt werden. Ist der Vater oder die Mutter in der Geschäftsfähigkeit beschränkt, so ist die Zustimmung des gesetzlichen Vertreters nicht erforderlich. c. Persönliche Natur des Einwilligungsrechts.

---

3. Den ehelichen Kindern stehen gleich

a. die durch nachfolgende Ehe Legitimirten §§ 1719 ff. Uebergang EG. Art. 209; Int. PR. EG. Art. 22.

b. die durch Ehelichkeitserklärung Legitimirten (§§ 1723 ff., 1736; Uebergang EG. Art. 209; Int. PR. EG. Art. 22). Die Vorschrift des Abs. 1 Satz 3 ist Ausnahme von § 1737 Abs. 2. Nach dem Tode oder in den dem Tode des Vaters gleichstehenden Fällen des § 1305 Abs. 2 lebt das Erforderniß der Einwilligung der unehelichen Mutter nicht wieder auf.

c. die an Kindesstatt Angenommenen vgl. zu § 1306.

4. Bei unehelichen Kindern (§§ 1705 ff.; Kinder aus nichtigen Ehen vgl. Note 2 und §§ 1699 ff.) steht das Recht der Einwilligung der Mutter zu. Diese verliert das Recht — abgesehen von den Fällen des Abs. 2 — durch Ehelichkeitserklärung des Kindes (vgl. Note 3 b) und durch Annahme des Kindes an Kindesstatt von Seiten Dritter; vgl. § 1306 Abs. 2.

5. Die verbotswidrige Eheschließung.

a. Der Mangel der erforderlichen elterlichen Einwilligung begründet weder Nichtigkeit noch Anfechtbarkeit der Ehe (§§ 1323 ff., 1330 ff.), hat auch keinen Einfluß auf das Pflichttheilsrecht oder den Unterhaltsanspruch (§§ 2333, 1611 Abs. 2).

b. Die mit der Uebertretung des Verbots verbundenen Rechtsnachtheile sind:

α. Der Tochter kann die ihr sonst zukommende Aussteuer verweigert werden, § 1621.

β. Die sonst mit der Verheirathung erlöschende elterliche Nutznießung am Kindesvermögen verbleibt dem Vater bzw. der Mutter bis zur Volljährigkeit, §§ 1661, 1686. Auch dieser Nachtheil trifft gemäß § 1303, abgesehen von dem seltenen Falle des § 1303 Note II, nur Töchter, da die elterliche Gewalt und damit die elterliche Nutznießung mit der Volljährigkeit und der dieser gleichstehenden Volljährigkeitserklärung erlischt (§ 1626 in Verbindung mit § 3 Abs. 2).

**§ 1306.** 1. Annahme an Kindesstatt vgl. §§ 1741 ff., 1757; Uebergang EG. Art. 209; Int. PR. EG. Art. 22.

2. Abs. 2 ist eine Ausnahme von § 1764. Vgl. auch § 1765 Abs. 2. Der Verlust des Einwilligungsrechts für die leiblichen Eltern ergiebt sich daraus, daß die Einwilligung an Stelle der leiblichen Eltern den Adoptiveltern zusteht.

3. Verbotswidrige Eheschließung vgl. zu § 1305 Note 5.

**§ 1307.** 1. Die Vorschrift des § 1307 bezieht sich in gleicher Weise auf den Fall des § 1305 wie auf den des § 1306.

2. Die Unzulässigkeit der Vertretung bezieht sich nur auf die Vertretung im Willen, nicht auf die bloße Erklärung des Willens; die Einwilligungs-

d. Richterliche Ersetzung der elterlichen Einwilligung.

**§ 1308.** Wird die elterliche Einwilligung einem volljährigen Kinde verweigert, so kann sie auf dessen Antrag durch das Vormundschaftsgericht ersetzt werden. Das Vormundschaftsgericht hat die Einwilligung zu ersetzen, wenn sie ohne wichtigen Grund verweigert wird.

Vor der Entscheidung soll das Vormundschaftsgericht Verwandte oder Verschwägerte des Kindes hören, wenn es ohne erhebliche Verzögerung und ohne unverhältnißmäßige Kosten geschehen kann. Für den Ersatz der Auslagen gilt die Vorschrift des § 1847 Abs. 2.

4. Verbot der Doppelehe.

**§ 1309.** Niemand darf eine Ehe eingehen, bevor seine frühere Ehe aufgelöst oder für nichtig erklärt worden ist. Wollen Ehegatten die Eheschließung wiederholen, so ist die vorgängige Nichtigkeitserklärung nicht erforderlich.

Wird gegen ein Urtheil, durch das die frühere Ehe aufgelöst oder für nichtig erklärt worden ist, die Nichtigkeitsklage oder die Restitutionsklage erhoben, so dürfen die Ehegatten nicht vor der Erledigung des Rechtsstreits eine neue Ehe eingehen, es sei denn, daß die Klage erst nach dem Ablaufe der vorgeschriebenen fünfjährigen Frist erhoben worden ist.

---

erklärung kann also auch durch einen Dritten als Boten des Einwilligungsberechtigten abgegeben werden. Vgl. Bd. I S. 87 Vorb. zu II.

3. Die Geschäftsunfähigkeit (§ 104 Ziff. 2 u. 3) ist ein dauernder Zustand, auf welchen § 1305 Abs. 2 anwendbar ist. Die nur vorübergehenden Zustände des § 105 Abs. 2 beseitigen nicht das Erforderniß elterlicher Einwilligung. Es muß die Wiederherstellung des normalen Zustandes abgewartet werden.

4. In der Geschäftsfähigkeit Beschränkte gelten für die Ertheilung der elterlichen Einwilligung als geschäftsfähig. In Frage kommen hier nur die wegen Geistesschwäche, Verschwendung oder Trunksucht Entmündigte oder zu Entmündigende; letztere nach Stellung unter vorläufige Vormundschaft. Vgl. § 114.

**§ 1308.** 1. Die Vorschrift des § 1308 bezieht sich auf Söhne und Töchter, die für volljährig erklärt sind (§ 3 Abs. 2). Dieselben bedürfen trotz der Ehemündigkeit bis zum vollendeten 21. Jahre der elterlichen Einwilligung gemäß §§ 1305 f. Vgl. hierzu § 1305 Note 1.

2. Wegen Zuständigkeit und Verfahren vgl. zu § 1304 Note II. 3 c—f.

3. Entscheidend ist an sich nicht das Interesse des Kindes (§ 1304), vielmehr ist vom Standpunkte des Vaters bzw. der Mutter aus zu prüfen, ob die Einwilligung ohne wichtigen Grund versagt wird. Vgl. § 1305 Note 1.

4. Ersetzung der Einwilligung durch das Gericht nimmt der Eheschließung die Verbotswidrigkeit im Sinne der §§ 1621, 1661 vgl. § 1305 Note 5 b.

**§ 1309.** I. **Verbot der Doppelehe.**

1. Die Vorschrift des § 1309 Abs. 1 S. 1 steht in Uebereinstimmung mit dem § 171 StGB. in der demselben durch EG. Art. 34 Nr. V gegebenen Fassung.

***StGB.*** *§ 171. Ein Ehegatte, welcher eine neue Ehe eingeht, bevor seine Ehe aufgelöst oder für nichtig erklärt worden ist, ingleichen eine unverheirathete Person, welche mit einem Ehegatten, wissend, dass er verheirathet ist, eine Ehe eingeht, wird mit Zuchthaus bis zu fünf Jahren bestraft.*

*Sind mildernde Umstände vorhanden, so tritt Gefängnisstrafe nicht unter sechs Monaten ein.*

*Die Verjährung der Strafverfolgung beginnt mit dem Tage, an welchem eine der beiden Ehen aufgelöst oder für nichtig erklärt worden ist.*

2. Die Auflösung der Ehe tritt ein
a. mit dem Tode eines der Ehegatten. Dies ergiebt sich ohne Ausspruch im Gesetz unmittelbar aus der persönlichen Natur der Ehe und mittelbar z. B. aus § 1482. Dem Standesbeamten ist der Tod nachzuweisen. Personenstandsgesetz § 45 (zu EG. Art. 46). Wegen des Falles der Todeserklärung vgl. §§ 1348 ff. § 1309.
b. mit der Rechtskraft des Ehescheidungsurtheils § 1564. Aufhebung der ehelichen Gemeinschaft im Sinne des § 1575 genügt nicht zur Eingehung einer neuen Ehe § 1586.

3. Die Nichtigkeit der Ehe.
a. Die Nichtigkeitserklärung der Ehe erfolgt
α. auf Grund der Nichtigkeitsklage §§ 1329 ff. oder
β. auf Grund der Anfechtungsklage §§ 1341, 1343.
b. Einer Nichtigkeitserklärung bedarf es nicht, wenn die Ehe unter Verstoß gegen die in § 1317 gegebene Formvorschrift abgeschlossen und auch in das Heirathsregister nicht eingetragen ist §§ 1324, 1329. In solchem Falle liegt ein als Eheschließung in Betracht zu ziehender Thatbestand überhaupt nicht vor. Vgl. § 1324 Note II, § 1326 Note II, 1.

4. Die Folgen der Uebertretung des Verbots.
a. Das Verbot der Doppelehe begründet nach § 1326 ein öffentliches trennendes Ehehinderniß nur, wenn die frühere Ehe eine gültige ist. Im Uebrigen liegt lediglich ein aufschiebendes Ehehinderniß vor, dessen Nichtbeobachtung nach StGB. § 171 zwar strafbar macht, die Gültigkeit der neuen Ehe aber nicht berührt.
b. Als Verstoß gegen § 171 StGB. gewährt die Doppelehe des einen Ehegatten dem anderen Ehegatten der älteren Ehe einen Scheidungsgrund gemäß § 1565.

II. **Wiederholung der Eheschließung.**

1. Als Mittel zur Beseitigung von Zweifeln über die Formgültigkeit der stattgehabten Eheschließung ist die Wiederholung der Eheschließung besonders zweckmäßig z. B. in den Fällen der §§ 1319, 1324 Abs. 2, 1325 Abs. 2.

2. Für die Form einer wiederholten Eheschließung gelten die gleichen Vorschriften wie für eine erstmalige Eheschließung (§§ 1316—1321), insonderheit sind das Aufgebot und die Eintragung in das Heirathsregister wiederholt vorzunehmen.

3. Die Wirkungen der wiederholten Eheschließung.
a. Abgesehen von dem Falle, daß die Wiederholung der Eheschließung die Bestätigung der früheren nichtigen oder anfechtbaren Ehe (§§ 1325 Abs. 2, 1337) bedeutet, treten die Wirkungen der wiederholten Eheschließung nur für die Zukunft ein. Wegen der wegen Formmangels nichtigen, aber in das Heirathsregister eingetragenen Ehe vgl. § 1324 Note II. 1.
b. War die bisherige Ehe nichtig, z. B. wegen bestehender Doppelehe und wird nach dem Tode des anderen Ehegatten der gültigen Ehe die nichtige Ehe nochmals abgeschlossen, so treten nunmehr erst und zwar für die Zukunft die Wirkungen der Ehe ein. Die rechtliche Stellung der in der nichtigen Ehe geborenen Kinder richtet sich nach §§ 1699 ff., von der Wiederholung der Eheschließung ab nach §§ 1719 ff.
c. War die Ehe, deren Abschließung wiederholt wird, schon vorher objektiv rechtsbeständig, so ist die Wiederholung der Eheschließung ein rechtlich unerhebliches Superfluum.

III. (Abs. 2.) **Wiederaufnahme des Verfahrens nach rechtskräftiger Auflösung oder Nichtigkeitserklärung der Ehe** (CPO. §§ 578 ff.).

1. Die Beseitigung des durch Nichtigkeits- oder Restitutionsklage angefochtenen Urtheils hat rückwirkende Kraft, so daß die durch das angefochtene rechtskräftige Urtheil ausgesprochene Scheidung oder Nichtigkeitserklärung in Wirklichkeit nicht erfolgt ist. Eine zweite Ehe ist, da die erste, anscheinend nicht bestehende Ehe in Wirklichkeit besteht, als Doppelehe gemäß § 1326

5. Blutschande. a. Verwandtschaft und Schwägerschaft.

**§ 1310.** Eine Ehe darf nicht geschlossen werden zwischen Verwandten in gerader Linie, zwischen vollbürtigen oder halbbürtigen Geschwistern sowie zwischen Verschwägerten in gerader Linie.

b. affinitas illegitima.

Eine Ehe darf nicht geschlossen werden zwischen Personen, von denen die eine mit Eltern, Voreltern oder Abkömmlingen der anderen Geschlechtsgemeinschaft gepflogen hat.

c. Uneheliche Abstammung.

Verwandtschaft im Sinne dieser Vorschriften besteht auch zwischen einem unehelichen Kinde und dessen Abkömmlingen einerseits und dem Vater und dessen Verwandten andererseits.

---

nichtig. Vgl. Planck D. JurZtg. 1899 S. 38; Wilmowski-Levy zu CPO. § 580 a. F. Note 2.

2. Abs. 2 verbietet mit Rücksicht auf die nach Note 1 sich ergebenden Wirkungen des Wiederaufnahmeverfahrens die Eingehung einer neuen Ehe.

a. Die Erledigung des Rechtsstreits kann eintreten durch rechtskräftiges Urtheil, Klagezurücknahme, Vergleich, Tod einer Partei (CPO. § 628).

b. Die vorgeschriebene fünfjährige Frist ist die Frist aus CPO. § 586 Abs. 2 S. 2.

3. Ob die etwa verbotswidrig geschlossene Ehe gültig oder nichtig ist, richtet sich nach dem Ergebnisse des Wiederaufnahmeverfahrens. In dieses kann der andere Ehegatte der zweiten Ehe als Nebenintervenient eintreten (CPO. § 66).

**§ 1310.** I. **Verwandtschaft und Schwägerschaft. Uneheliche Geschlechtsverbindung.**

1. Die Begriffe Verwandtschaft und Schwägerschaft sind in §§ 1589, 1590 bestimmt. In Abweichung von der Vorschrift des § 1589 Abs. 2 („Ein uneheliches Kind und dessen Vater gelten als nicht verwandt") bestimmt § 1310 Abs. 3, daß Verwandtschaft im Sinne dieser Vorschriften, d. i. im Sinne aller Vorschriften des § 1310 auch besteht

a. zwischen dem unehelichen Kinde einerseits und dem Vater und dessen Verwandten andererseits;

b. zwischen den Abkömmlingen des unehelichen Kindes einerseits und dem Vater des unehelichen Kindes und dessen Verwandten andererseits. Während „Abkömmlinge" nach dem sonstigen Sprachgebrauche des BGB. (vgl. S. 381 Note 4) sich nur auf solche Abkömmlinge bezieht, welche nach § 1589 mit dem Vater verwandt sind, greift vorliegend auch für den Begriff „Abkömmlinge des unehelichen Kindes" der Abs. 3 ein, so daß auch die unehelichen Abkömmlinge des unehelichen Kindes als Abkömmlinge desselben im Sinne § 1310 gelten.

2. Es ist somit für die Anwendung des Abs. 1 und des Abs. 2 des § 1310 völlig gleichgültig, ob die für die Prüfung des Verwandtschaftsverhältnisses zu berücksichtigenden Geburten eheliche oder uneheliche sind. Insonderheit ist darauf zu achten, daß die Anziehung des § 1310 Abs. 1 (vgl. §§ 1327, 1732) in Folge des ihm in § 1310 Abs. 3 gegebenen Inhalts, die uneheliche Blutsverwandtschaft mitumfaßt.

3. Der Beweis der unehelichen Vaterschaft wird im Falle des § 1310 nicht durch die Vermuthung aus § 1717 ersetzt, vgl. daselbst Note 1.

II. (Abs. 1.) **Das Ehehinderniß aus Abs. 1 ist ein öffentliches trennendes Ehehinderniß** (§ 1327).

1. Verwandte in gerader Linie vgl. die Note zu I und § 1589.

2. Vollbürtige und halbbürtige Geschwister. Zu den letzteren gehören im Sinne des § 1310 Abs. 1 insbesondere also auch die unehelichen Kinder desselben Vaters von verschiedenen Müttern (vgl. Note I). Die Verheirathung sog. zusammengebrachter Geschwister miteinander ist nicht verboten.

3. Verschwägerte in gerader Linie.

A. Stiefkinder und Eltern sowie Schwiegerkinder und Schwiegereltern. Die

**§ 1311.** Wer einen Anderen an Kindesstatt angenommen hat, darf mit ihm oder dessen Abkömmlingen eine Ehe nicht eingehen, solange das durch die Annahme begründete Rechtsverhältniß besteht. d. Annahme an Kindesstatt.

**§ 1312.** Eine Ehe darf nicht geschlossen werden zwischen einem wegen Ehebruchs geschiedenen Ehegatten und demjenigen, mit welchem der geschiedene Ehegatte den Ehebruch begangen hat, wenn dieser Ehebruch in dem Scheidungsurtheil als Grund der Scheidung festgestellt ist. e. Ehebruch.

Von dieser Vorschrift kann Befreiung bewilligt werden.

---

Schwägerschaft dauert fort, auch wenn die sie begründende (gültige) Ehe aufgelöst ist (§ 1590 Abs. 2).

b. Die Schwägerschaft erstreckt sich aber nicht auf Verwandte, welche nach Auflösung der Ehe geboren sind (vgl. zu § 1590).

c. Der Eheschließung zwischen einem Ehegatten und dem nachträglich geborenen Kinde des anderen wird regelmäßig die Vorschrift des § 1310 Abs. 2 entgegenstehen.

d. Eine nichtige Ehe begründet keine Schwägerschaft. § 1310 Abs. 2 kann eingreifen.

e. Die Anwendung des Abs. 3 ergiebt, daß die Ehe auch zwischen Personen, die in auf- oder absteigender Linie verwandt oder verschwägert sind, ferner zwischen Geschwistern verboten ist, auch wenn das Verwandtschafts- oder Schwägerschaftsverhältniß auf außerehelicher Geburt beruht. (Vgl. zu I.)

4. Bei Annahme an Kindesstatt vgl. § 1311.

III. (Abs. 2.) **Sog. affinitas illegitima.**

Das Ehehinderniß aus Abs. 2 wirkt lediglich aufschiebend, nicht trennend (§§ 1323, 1330). Eine gegen dieses Verbot geschlossene Ehe wird in ihrer Rechtsgültigkeit durch Abs. 2 nicht in Frage gestellt. Der Standesbeamte hat nicht von Amtswegen nachzuforschen, ob dieses Ehehinderniß vorliegt, sondern nur, wenn der Verkehr notorisch ist oder von dritten Personen, etwa auf Grund des Aufgebots, behauptet wird. Wird dem einen Ehegatten das Vorliegen dieses Ehehindernisses in der Person des anderen erst nach der Eheschließung bekannt, so kann deswegen unter Umständen Anfechtung der Ehe wegen Irrthums begründet sein, vgl. § 1333.

**§ 1311.** 1. Wegen der auf Annahme an Kindesstatt beruhenden Verwandtschaft §§ 1741 ff., 1757 ff., 1762 f. Das Eheverbot des § 1311 trifft nur die Ehe des Annehmenden einerseits mit dem Angenommenen und dessen Abkömmlingen andererseits. Hierunter fallen nur die Abkömmlinge, welche nach § 1589 mit dem Angenommenen verwandt sind. Vgl. § 1310 Note I. 1 b.

2. Das Ehehinderniß der Adoptivverwandtschaft ist lediglich aufschiebend. Im Falle der Zuwiderhandlung tritt mit der Eheschließung die Aufhebung des durch die Annahme an Kindesstatt zwischen den Ehegatten begründeten Rechtsverhältnisses ein. Näheres s. zu § 1771.

**§ 1312.** 1. Das Eheverbot des § 1312 begründet ein öffentliches trennendes Ehehinderniß (§ 1328). Bei nachträglicher Befreiung tritt Konvalescenz der Ehe gemäß § 1328 Abs. 2 ein.

2. Das Eheverbot erfordert (abweichend von Personenstandsgesetz § 33 Nr. 5) nicht Mitschuld derjenigen Person, mit welcher der Ehebruch begangen ist. Auch wenn diese Person zur Zeit des Ehebruchs garnicht wußte, daß der andere Theil verheirathet sei, greift § 1312 ein.

3. Nicht die bloße Thatsache des Ehebruchs begründet das Eheverbot des § 1312. Erforderlich ist vielmehr, daß der von den Eheschließenden begangene Ehebruch in dem Scheidungsurtheile, sei es im Tenor, sei es in den Gründen (vgl. RG. 30 144) als Grund der Scheidung festgestellt ist. Vgl. auch StGB. § 172 (zu § 1565).

*CPO. § 624. Wird wegen Ehebruchs auf Scheidung erkannt und ergiebt sich aus den Verhandlungen, mit welcher Person der Ehebruch begangen worden ist, so ist diese Person in dem Urtheile festzustellen.*

7. Wartezeit der Frau.

**§ 1313.** Eine Frau darf erst zehn Monate nach der Auflösung oder Nichtigkeitserklärung ihrer früheren Ehe eine neue Ehe eingehen, es sei denn, daß sie inzwischen geboren hat.

Von dieser Vorschrift kann Befreiung bewilligt werden.

8. Auseinandersetzung mit den Kindern aus früherer Ehe.

**§ 1314.** Wer ein eheliches Kind hat, das minderjährig ist oder unter seiner Vormundschaft steht, darf eine Ehe erst eingehen, nachdem ihm das Vormundschaftsgericht ein Zeugniß darüber ertheilt hat, daß er die im § 1669 bezeichneten Verpflichtungen erfüllt hat oder daß sie ihm nicht obliegen.

Ist im Falle der fortgesetzten Gütergemeinschaft ein antheilsberechtigter Abkömmling minderjährig oder bevormundet, so darf der überlebende Ehegatte eine Ehe erst eingehen, nachdem ihm das Vormundschaftsgericht ein Zeugniß darüber ertheilt hat, daß er die im § 1493 Abs. 2 bezeichneten Verpflichtungen erfüllt hat oder daß sie ihm nicht obliegen.

9. Behördliche Erlaubniß a. für Militärpersonen und Landesbeamte.

**§ 1315.** Militärpersonen und solche Landesbeamte, für die nach den Landesgesetzen zur Eingehung einer Ehe eine besondere Erlaubniß erforderlich ist, dürfen nicht ohne die vorgeschriebene Erlaubniß eine Ehe eingehen.

b. für Ausländer.

Ausländer, für die nach den Landesgesetzen zur Eingehung einer Ehe eine Erlaubniß oder ein Zeugniß erforderlich ist, dürfen nicht ohne diese Erlaubniß oder ohne dieses Zeugniß eine Ehe eingehen.

---

4. Befreiung.
a. Zuständigkeit § 1322.
b. Nachträgliche Befreiung § 1328 Abs. 2.

**§ 1313.** 1. Das Ehehinderniß der Wartezeit ist ein aufschiebendes Ehehinderniß. Die Bestimmung bezweckt bei ehelichen Kindern die Ungewißheit der Abstammung zu verhüten, vgl. § 1592.

2. Fristberechnung nach §§ 187 Abs. 1, 188. Die Frist läuft von dem Todestage bzw. von dem Eintritte der Rechtskraft des auf Scheidung oder Nichtigkeitserklärung lautenden Urtheils ab.

3. Eine frühere formwidrige Ehe, welche nicht in das Heirathsregister eingetragen ist, bedarf keiner Nichtigkeitserklärung (§§ 1324, 1329) und begründet auch nicht das Ehehinderniß der Wartezeit.

4. Zuständigkeit für die Befreiung § 1322. — Für Preußen ist das Amtsgericht zuständig Art. 11 d. AV. v. 16. November 1899 (GS. S. 562). Im Uebrigen vgl. zu § 1322.

5. Die Verletzung der Vorschrift des § 1312 beeinträchtigt nicht die Gültigkeit der verbotswidrig geschlossenen Ehe (§§ 1323, 1330). Fällt die Empfängnißzeit eines während der zweiten Ehe geborenen Kindes noch zum Theile in die Zeit der früheren Ehe, so findet § 1600 Anwendung.

**§ 1314.** 1. Abs. 1 will die Befolgung der zu Gunsten ehelicher (legitimirter §§ 1719, 1736, 1740, angenommener §§ 1557, 1761) Kinder für den Fall der Wiederverheirathung (§§ 1740, 1761) ihrer Eltern gegebenen Schutzvorschriften sichern. Vgl. die die Inventarisirung des Vermögens und die Auseinandersetzung anordnenden Vorschriften der §§ 1669, 1686, 1845, 1897, 1915.

2. Die Vorschrift begründet lediglich ein aufschiebendes Ehehinderniß. Die verbotswidrige Ehe wird in ihrer Gültigkeit nicht berührt (§§ 1323, 1330). Im Falle der Zuwiderhandlung kann nach § 1670 das Vormundschaftsgericht dem Zuwiderhandelnden die Verwaltung des Kindesvermögens entziehen.

**§ 1315.** 1. Das Ehehinderniß des § 1315 hat lediglich aufschiebende Wirkung (§§ 1323, 1330).

**§ 1316.** Der Eheschließung soll ein Aufgebot vorhergehen. Das Aufgebot verliert seine Kraft, wenn die Ehe nicht binnen sechs Monaten nach der Vollziehung des Aufgebots geschlossen wird. II. Eheschließung. 1. Aufgebot.

Das Aufgebot darf unterbleiben, wenn die lebensgefährliche Erkrankung eines der Verlobten den Aufschub der Eheschließung nicht gestattet.

Von dem Aufgebote kann Befreiung bewilligt werden.

---

2. (Abs. 1.) Militärpersonen und Landesbeamte.

a. Militärpersonen. Die Vorschrift bezieht sich nur auf die zum aktiven deutschen Heere oder zur Kaiserlichen Marine gehörigen Militärpersonen, einschließlich der Militärärzte und Beamten vgl. MilStGB. vom 20. Juni 1872 (RGBl. S. 174) § 4 und Anlage; RG. betr. die Verpflichtung zum Kriegsdienste vom 9. November 1867 (RGBl. S. 131) §§ 2, 13; Reichsmilitärgesetz vom 2. Mai 1874 (RGBl. S. 45) § 38.

*Reichsmilitärgesetz vom 2. Mai 1874 (RGBl. S. 45).*

*§ 40. Die Militärpersonen des Friedensstandes bedürfen zu ihrer Verheirathung der Genehmigung ihrer Vorgesetzten.*

*§ 60. Ausserdem gelten die folgenden Bestimmungen:*

. . . . . . . . . . . .

*4. Die vorläufig in die Heimath beurlaubten Rekruten und Freiwilligen bedürfen zur Verheirathung der Genehmigung der Militärbehörde.*

*Militärstrafgesetzbuch für das deutsche Reich vom 20. Juni 1872 (RGBl. S. 174).*

*§ 150. Wer ohne die erforderliche dienstliche Genehmigung sich verheirathet, wird mit Festungshaft bis zu drei Monaten bestraft; zugleich kann auf Dienstentlassung erkannt werden.*

*Auf die Rechtsgültigkeit der geschlossenen Ehe ist der Mangel der dienstlichen Genehmigung ohne Einfluss.*

b. Landesbeamte.

Für Preußen werden die noch bestehenden Vorschriften aufgehoben (Pr. AG. z. BGB. Art. 42), so daß fortab für die Landesbeamten ebensowenig wie bisher für die Reichsbeamten eine besondere Erlaubniß zur Verheirathung erforderlich ist.

Preußen: AG. z. BGB. Art. 43. Württ.: AG. z. BGB. Art. 256. Baden: AG. z. BGB. Art. 32.

3. (Abs. 2.) Ausländer.

Vgl. EG. Art. 13 Note I 2a.

**§ 1316.** 1. Verhältniß der Vorschrift zu dem bisherigen Reichsrechte.

a. Abs. 1 Satz 1 giebt den bisherigen § 44 Abs. 1 des Personenstandsgesetzes wieder.

b. Abs. 1 Satz 2 entspricht inhaltlich dem bisherigen § 51 des Personenstandsgesetzes. Die sechsmonatige Frist beginnt mit der Vollziehung des Aufgebots. Das Aufgebot ist mit dem Ablaufe der zweiwöchigen Aushängefrist aus § 46 Abs. 3 des Personenstandsgesetzes vollzogen. Die ersten Fristen sind nach §§ 187 Abs. 1, 188, die zweite Frist nach §§ 187 Abs. 2, 188 zu berechnen; vgl. § 187 Note 3.

c. Abs. 2 entspricht inhaltlich dem bisherigen § 50 Abs. 2 des Personenstandsgesetzes.

d. Abs. 3 entspricht inhaltlich dem § 50 Abs. 1 des Personenstandsgesetzes. Wegen der Zuständigkeit für die Befreiung vgl. § 1322 Abs. 2.

2. Die Uebernahme der Vorschriften des § 1316 aus dem Personenstandsgesetz in das BGB. soll nur vermeiden, daß das Aufgebot im BGB. überhaupt nicht erwähnt wird, nicht aber die Frage entscheiden, ob das Aufgebot formales oder materielles Eheschließungserforderniß ist. Daß es wesentlich formales Erforderniß ist, ergiebt sich aus § 1322 Abs. 2, wonach die

2. Wesentliche Förmlichkeiten d. Eheschließung. **§ 1317.** Die Ehe wird dadurch geschlossen, daß die Verlobten vor einem Standesbeamten persönlich und bei gleichzeitiger Anwesenheit erklären, die Ehe mit einander eingehen zu wollen. Der Standesbeamte muß zur Entgegennahme der Erklärungen bereit sein.

Die Erklärungen können nicht unter einer Bedingung oder einer Zeitbestimmung abgegeben werden.

---

Befreiung von dem Bundesstaate zu ertheilen ist, in welchem die Ehe geschlossen werden soll (verglichen mit § 1322 Abs. 1). Vgl. EG. Art. 13 Note I 1a.

3. Die näheren Vorschriften über das Aufgebot enthalten die §§ 44—50 des Personenstandsgesetzes (zu EG. Art. 46).

**§ 1317. I. Obligatorische Civilehe.**

1. EG. Art. 13 Abs. 3 bestimmt:

Die Form einer Ehe, die im Inlande geschlossen wird, bestimmt sich ausschließlich nach den deutschen Gesetzen.

2. Der § 41 des Personenstandsgesetzes in der ihm durch EG. Art. 46 gegebenen Fassung bestimmt, daß für die Eheschließung die Vorschriften des Bürgerlichen Gesetzbuchs maßgebend sind.

a. Das BGB. erkennt als die einzige Art der Eheschließung die in §§ 1316 bis 1321 geregelte obligatorische Civilehe an. Vgl. indeß zu 3.

b. Durch den dem § 67 des Personenstandsgesetzes (EG. Art. 46 III) zugefügten Abs. 2, wonach eine strafbare Handlung nicht vorliegt, wenn ein Geistlicher im Falle einer lebensgefährlichen, einen Aufschub nicht gestattenden Erkrankung eines der Verlobten zu der religiösen Feierlichkeit der Eheschließung ohne voraufgegangene standesamtliche Eheschließung schreitet, wird an dem Prinzipe der obligatorischen Civilehe nichts geändert. Eine religiöse Feierlichkeit der Eheschließung, welche ohne die in § 1317 vorgeschriebene Eheschließung vorgenommen wird, ist für das bürgerliche Recht ein nil actum.

3. Eheschließung vor ausländischen Konsuln vgl. EG. Art. 13 Note I 2a3.

II. **Wesentliche Förmlichkeiten der Eheschließung.**

1. Die wesentlichen Förmlichkeiten der Eheschließung sind möglichst eingeschränkt. Nichtigkeit der Ehe wegen Formmangels liegt nach § 1324 nur vor, wenn die in § 1317 vorgeschriebene Form nicht beobachtet ist. Heilung der wegen Formmangels nichtigen Ehe, welche in das Heirathsregister eingetragen ist, durch fortgesetztes eheliches Leben § 1324 Abs. 2.

2. Nach § 1317 zu beobachtende Form.

a. Erklärung eines jeden der beiden Verlobten, die Ehe mit dem anderen eingehen zu wollen. Die Erklärung, für welche eine solenne Form nicht wesentlich ist, soll in der in § 1318 vorgeschriebenen Weise erfolgen. — Da nach Abs. 2 die Erklärung nicht unter einer Bedingung oder Zeitbestimmung abgegeben werden kann, ist die bedingte oder befristete Erklärung nichtig. — Für Blinde, Taube, Stumme, Taubstumme und der deutschen Sprache nicht Mächtige bestehen keine besonderen Formvorschriften. Die Mittel der Verständigung sind nicht beschränkt, also neben Wort und Schrift auch die Geberdensprache zulässig. Vgl. RG. vom 20. Januar 1899 D. Jur. Ztg. 1899 S. 178.

b. Die Erklärung muß persönlich von den Verlobten abgegeben werden. Stellvertretung ist mithin ausgeschlossen.

c. Gleichzeitige Anwesenheit der Verlobten.

d. Die Erklärungen müssen vor einem Standesbeamten abgegeben werden.

α. Die Bestellung des Standesbeamten erfolgt gemäß Personenstandsgesetz § 3 für einen bestimmten Bezirk. Außerhalb dieses Bezirkes kann der Standesbeamte als solcher nicht anerkannt werden. — Oeffentliche Ausübung des Amtes eines Standesbeamten durch einen Nichtstandesbeamten § 1319.

β. Da man eine Erklärung nicht vor sich selbst abgeben kann, kann ein Standesbeamter nicht bei seiner eigenen Eheschließung als Standesbeamter fungiren. Verwandtschaft mit den Verlobten bildet keinen Ausschließungsgrund für den Standesbeamten.

**§ 1318.** Der Standesbeamte soll bei der Eheschließung in Gegenwart von zwei Zeugen an die Verlobten einzeln und nach einander die Frage richten, ob sie die Ehe mit einander eingehen wollen, und, nachdem die Verlobten die Frage bejaht haben, aussprechen, daß sie kraft dieses Gesetzes nunmehr rechtmäßig verbundene Eheleute seien. 3. Nichtwesentliche Förmlichkeiten der Eheschließung.

Als Zeugen sollen Personen, die der bürgerlichen Ehrenrechte für verlustig erklärt sind, während der Zeit, für welche die Aberkennung der Ehrenrechte erfolgt ist, sowie Minderjährige nicht zugezogen werden. Personen, die mit einem der Verlobten, mit dem Standesbeamten oder mit einander verwandt oder verschwägert sind, dürfen als Zeugen zugezogen werden.

Der Standesbeamte soll die Eheschließung in das Heirathsregister eintragen.

---

e. Bereitschaft des Standesbeamten zur Entgegennahme der Erklärungen.

Nachdem die Erklärung des Standesbeamten, daß die Verlobten nunmehr rechtmäßig verbundene Eheleute seien (vgl. den früheren § 52 des Personenstandsgesetzes), als wesentliches Erforderniß der Eheschließung in Wegfall gekommen ist (vgl. § 1318 Note 2), soll durch Abs. 1 S. 2 verhindert werden, daß die Eheschließung vor dem Standesbeamten bewirkt wird, ohne daß dieser bei der Eheschließung mitzuwirken gewillt ist. Lehnt der Standesbeamte eine Amtshandlung ab, so kann er dazu auf Antrag von dem Amtsgericht angewiesen werden. Personenstandsgesetz § 11 Abs. 3, FrG. §§ 69, 186.

III. Eheschließung Deutscher im Auslande.

1. Locus regit actum EG. Art. 11.

2. Gesetz, btr. die Eheschließung und die Beurkundung des Personenstandes von Bundesangehörigen im Auslande vom 4. Mai 1870 (BGBl. S. 599) in der Fassung des EG. Art. 40, vgl. daselbst und zu EG. Art. 13 Note I 2 b.

**§ 1318.** 1. Die Vorschriften des § 1318 sind Sollvorschriften. Ihre Nichtbeobachtung beeinträchtigt nicht die Gültigkeit der Eheschließung.

2. Der Ausspruch des Standesbeamten hat nach dem BGB., anders als nach dem früheren § 52 des Personenstandsgesetzes, nur deklaratorische Bedeutung. Vgl. § 1317 Note II. 2e. Der Standesbeamte erklärt die Verlobten nicht mehr für rechtmäßig verbundene Eheleute, sondern er stellt durch seine Erklärung fest, daß sie solche kraft „dieses Gesetzes", d. i. also kraft des „Bürgerlichen Rechtes" seien (vgl. die Ueberschrift dieses Abschnitts „Bürgerliche Ehe").

3. Zeugen. Den Volljährigen (§ 2) stehen für volljährig Erklärte gleich (§ 3 Abs. 2). — Aberkennung der bürgerlichen Ehrenrechte StGB. §§ 32—37. Das Geschlecht, die Staatsangehörigkeit und sonstige in § 1318 nicht erwähnte Eigenschaften sind für die Zeugnißfähigkeit unerheblich.

4. Eintragung in das Heirathsregister.

a. Den näheren Inhalt der Eintragung bestimmt § 54 des Personenstandsgesetzes (zu EG. Art. 46). Vgl. auch §§ 12 ff. des Personenstandsgesetzes.

b. Die Eintragung ist zwar nicht wesentliches Erforderniß der Eheschließung; es kommen aber der Thatsache der Eintragung gewisse Wirkungen zu, wenn auch die Eheschließung im Uebrigen wegen Formmangels nichtig ist. Vgl. § 1324 (Note I. 2), §§ 1329, 1344, 1345, 1699, 1771. Vgl. § 1326 Note II. 1.

5. Pflicht des Standesbeamten, die Eheschließung einer Frau, die ein minderjähriges eheliches Kind hat, dem Vormundschaftsgericht anzuzeigen. FrG. § 48, BGB. § 1697.

46*

4. Amtirender Nichtstandesbeamter.

**§ 1319.** Als Standesbeamter im Sinne des § 1317 gilt auch derjenige, welcher, ohne Standesbeamter zu sein, das Amt eines Standesbeamten öffentlich ausübt, es sei denn, daß die Verlobten den Mangel der amtlichen Befugniß bei der Eheschließung kennen.

5. Zuständiger Standesbeamter.

**§ 1320.** Die Ehe soll vor dem zuständigen Standesbeamten geschlossen werden.

Zuständig ist der Standesbeamte, in dessen Bezirk einer der Verlobten seinen Wohnsitz oder seinen gewöhnlichen Aufenthalt hat.

Hat keiner der Verlobten seinen Wohnsitz oder seinen gewöhnlichen Aufenthalt im Inland und ist auch nur einer von ihnen ein Deutscher, so wird der zuständige Standesbeamte von der obersten Aufsichtsbehörde des Bundesstaats, dem der Deutsche angehört, und, wenn dieser keinem Bundesstaat angehört, von dem Reichskanzler bestimmt.

Unter mehreren zuständigen Standesbeamten haben die Verlobten die Wahl.

6. Eheschließung vor einem unzuständigen Standesbeamten.

**§ 1321.** Auf Grund einer schriftlichen Ermächtigung des zuständigen Standesbeamten darf die Ehe auch vor dem Standesbeamten eines anderen Bezirkes geschlossen werden.

III. Ertheilung der zulässigen Befreiungen.

**§ 1322.** Die Bewilligung einer nach den §§ 1303, 1313 zulässigen Befreiung steht dem Bundesstaate zu, dem die Frau, die Bewilligung einer nach § 1312 zulässigen Befreiung steht dem Bundesstaate zu, dem der geschiedene Ehegatte angehört. Für Deutsche, die keinem Bundesstaat angehören, steht die Bewilligung dem Reichskanzler zu.

---

**§ 1319.** 1. Oeffentliche Ausübung ist eine von Jedermann wahrnehmbare Ausübung, welche sich nach Art der von einem amtlich bestellten Standesbeamten erfolgenden Amtsausübung vollzieht. Beispiele: Verfrühte Amtsführung einer als Standesbeamter in Aussicht genommenen aber noch nicht dazu bestellten Person; Vertretung des Standesbeamten durch einen ihm zwar für andere Geschäfte, aber nicht für das Standesamt bestellten Vertreter u. A. m.

2. Kenntniß der Verlobten, nicht nur eines von ihnen schließt die Anwendung des § 1317 aus.

**§ 1320.** 1. Abs. 1 ist eine Sollvorschrift, deren Nichtbeobachtung die Gültigkeit der Eheschließung nicht beeinträchtigt.

2. Wohnsitz §§ 7—11. Ob der gewöhnliche Aufenthalt einer Person an einem bestimmten Orte anzunehmen ist, hat zunächst der Standesbeamte, eventuell das Amtsgericht (Personenstandsgesetz § 11 Abs. 3, FrG. §§ 69, 186) zu entscheiden.

3. Abs. 3 will denjenigen Deutschen, welche weder Wohnsitz noch gewöhnlichen Aufenthalt im Inlande haben, die Möglichkeit, in Deutschland die Ehe zu schließen, gewähren. Sind beide Verlobte Ausländer, welche weder einen Wohnsitz, noch einen gewöhnlichen Aufenthalt im Inlande haben, so können sie die Eheschließung im Inlande erst vollziehen, nachdem einer von ihnen einen gewöhnlichen Aufenthaltsort im Inlande begründet hat.

4. Abs. 4. Ob die Zuständigkeit auf Grund des Wohnsitzes oder des gewöhnlichen Aufenthalts begründet ist, macht keinen Unterschied.

**§ 1321.** 1. Die Vorschrift entspricht dem früheren § 43 des Personenstandsgesetzes.

2. § 1321 bezieht sich nur auf den Eheschließungsakt vor dem Standesbeamten selbst, nicht auf die vorhergehenden Amtshandlungen, insbesondere nicht auf die Vornahme des Aufgebots; vgl. Personenstandsgesetz §§ 44, 49 (zu EG. Art. 46).

Die Bewilligung einer nach § 1316 zulässigen Befreiung steht dem Bundesstaate zu, in dessen Gebiete die Ehe geschlossen werden soll.

Ueber die Ertheilung der einem Bundesstaate zustehenden Bewilligung hat die Landesregierung zu bestimmen.

## Dritter Titel.

## Nichtigkeit und Anfechtbarkeit der Ehe.

---

**§ 1322.** Die in § 1322 erwähnten Befreiungsfälle betreffen:

1. § 1303 Befreiung von der Bestimmung über die Ehemündigkeit der Frauen. In Preußen erfolgt die Befreiung nach Art. 10 d. AB. vom 16. November 1899 (GS. S. 562) durch den Justizminister. Die Gesuche sind an die Amtsgerichte zu richten und von diesen zu befördern. (JMBl. 1899 S. 784.) Württ.: AG. z. BGB. Art. 255. Bad.: V. z. A. d. BGB. §§ 23—27.
2. § 1312 Befreiung von dem Eheverbote wegen Ehebruchs. In Preußen erfolgt die Befreiung durch den Justizminister (Art. 10 d. AB. vom 16. November 1899, GS. S. 562). Die Gesuche sind an das Landgericht zu richten und von diesem mit den Ehescheidungsakten und Bericht zu befördern. (JMBl. 1899 S. 784.)
3. § 1313 Befreiung von dem Ehehindernisse der Wartezeit. In Preußen erfolgt die Befreiung durch das Amtsgericht (Art. 11 d. AB. vom 16. November 1899, GS. S. 562).
4. § 1316 Befreiung von dem Aufgebote. In Preußen ist hierzu der Minister des Innern zuständig (Art. 12 d. AB. vom 16. November 1899, GS. S. 562).

**A. Verhältniß der Vorschriften des dritten Titels zu den allgemeinen Vorschriften.** Vorbemerkung zum 3. Titel.

Die Eheschließung als Rechtsgeschäft würde ohne die besonderen Vorschriften über die Nichtigkeit und Anfechtbarkeit, welche der dritte Titel enthält, den allgemeinen Vorschriften über die Rechtsgeschäfte (§§ 104—144) unterstehen. Der dritte Titel enthält die durch das Wesen der Ehe gebotenen Abweichungen von den allgemeinen Grundsätzen.

**Wirkung der Eheverbote.**

1. Nach § 134 gilt die Regel, daß das gegen ein gesetzliches Verbot verstoßende Rechtsgeschäft nichtig ist, wenn sich nicht aus dem Gesetze ein Anderes ergiebt. In diesem Titel werden die Wirkungen bestimmt, welche eine gegen die Eheverbote der §§ 1303 ff. verstoßende Eheschließung hat.

a. Nichtigkeit tritt nur in den Fällen ein, in welchen die Aufrechterhaltung der Ehe mit ihrem Wesen und mit der öffentlichen Ordnung nicht vereinbar sein würde (§§ 1323—1328).

b. Anfechtbarkeit tritt ein, wenn es sich um einen Mangel handelt, bei welchem wesentlich das Interesse des anfechtungsberechtigten Ehegatten darüber entscheiden muß, ob die Ehe bestehen bleiben soll oder nicht (§§ 1330, 1331—1335, 1350).

c. Wo weder Nichtigkeit noch Anfechtbarkeit festgesetzt ist, hat der Verstoß gegen das Eheverbot keine trennende Kraft, sog. aufschiebende Ehehindernisse. Ihre Nichtbeobachtung kann zwar den mitwirkenden Standesbeamten nach Personenstandsgesetz § 69 strafbar machen, nicht aber die Gültigkeit der Ehe beeinträchtigen. Vorb. zu §§ 1303—1315 (S. 707).

2. Bedeutung und Geltendmachung der Nichtigkeit und Anfechtbarkeit.

a. Nichtigkeit der Ehe bewirkt, daß die Ehe als nicht geschlossen anzusehen ist. Die Geltendmachung der Nichtigkeit gestaltet sich verschieden, je nachdem wenigstens der äußere Schein einer Ehe vorliegt oder es sich um eine formwidrig geschlossene, auch in das Heirathsregister nicht einge-

Vorbemerkung zum 3. Titel.

tragene Ehe handelt. Vgl. zu § 1329 Note I. 1a. — Abweichend von den allgemeinen Vorschriften (§ 141) ist die Nichtigkeit der Eheschließung mit Ausnahme der Fälle der Doppelehe (§ 1326) und der Verwandtenehe (§ 1327) heilbar.

b. Die Anfechtbarkeit bedeutet, daß die Ehe bis zur erfolgten Anfechtung als gültig behandelt wird, nach erfolgter Anfechtung aber von Anfang an als nichtig anzusehen ist. Im übrigen vgl. hierzu §§ 1341 ff.

3. Die allgemeinen Vorschriften der §§ 104—144 bleiben insoweit anwendbar, als sich nicht aus den besonderen Vorschriften ihre Unanwendbarkeit ergiebt.

**B. Das Verfahren in Ehesachen.**

I. **Das Verfahren in Ehesachen** ist in CPO. §§ 606—639 besonders geregelt. Das Verhältniß der Nichtigkeitsklage zur Klage auf Feststellung des Bestehens oder Nichtbestehens der Ehe vgl. zu § 1329 Note III.

II. **Der Ehenichtigkeits- und der Eheanfechtungsklage gemeinschaftliche** (für das materielle Recht bedeutsame) **Vorschriften:**

1. Prozeßfähigkeit in Ehesachen.

***CPO. § 612.*** *In Ehesachen ist ein in der Geschäftsfähigkeit beschränkter Ehegatte prozessfähig; dies gilt jedoch insoweit nicht, als nach § 1336 Abs. 2 Satz 2 des Bürgerlichen Gesetzbuchs nur sein gesetzlicher Vertreter die Ehe anfechten kann.*

*Für einen geschäftsunfähigen Ehegatten wird der Rechtsstreit durch den gesetzlichen Vertreter geführt. Der gesetzliche Vertreter ist jedoch zur Erhebung der Klage auf Herstellung des ehelichen Lebens nicht befugt; zur Erhebung der Scheidungsklage oder der Anfechtungsklage bedarf er der Genehmigung des Vormundschaftsgerichts.*

2. Einstweilige Verfügung zur Regelung der Rechtsverhältnisse der Ehegatten und der Kinder während der Dauer des Prozesses CPO. § 627, abgedruckt S. 860. Die Vorschrift beruht auf dem Gedanken, daß bis zur Rechtskraft des Urtheils die Nichtigkeit der Ehe nicht feststeht und daß bis dahin die Wirkungen der Ehe einstweilen anzuerkennen sind.

3. Tod eines Ehegatten vor Rechtskraft des Urtheils erledigt den Rechtsstreit in Ansehung der Hauptsache. CPO. § 628, abgedruckt S. 860. Die Frage, ob die Ehe nichtig war oder nicht, wird nach dem Tode eines Ehegatten nicht mehr mit Wirkung für und gegen alle (vgl. zu 4), sondern als Inzidentpunkt für die einzelnen Rechtsverhältnisse von Fall zu Fall entschieden. Vgl. § 1329 Note I. 1b, § 1341 Note II. 5.

4. Wirkung des rechtskräftigen Urtheils für und gegen Alle.

***CPO. § 629.*** *Das auf eine Nichtigkeitsklage oder eine Anfechtungsklage ergehende Urtheil wirkt, sofern es bei Lebzeiten beider Ehegatten rechtskräftig wird, für und gegen Alle. Ist jedoch die Nichtigkeitsklage auf Grund des § 1326 des Bürgerlichen Gesetzbuchs erhoben, so wirkt das Urtheil, durch welches sie abgewiesen wird, gegen den Dritten, mit dem die frühere Ehe geschlossen war, nur dann, wenn er an dem Rechtsstreite Theil genommen hat.*

*Diese Vorschriften gelten auch für ein Urtheil, durch welches das Bestehen oder Nichtbestehen einer Ehe festgestellt wird.*

5. Schutz gemeinschaftlicher minderjähriger Kinder der Ehegatten CPO. § 630, abgedruckt zu § 1635; vgl. auch §§ 1699 ff.

6. Vermerk der Nichtigkeitserklärung im standesamtlichen Heirathsregister. Personenstandsgesetz § 55 (EG. Art. 46).

**C. Sonstige Vorschriften.**

I. Rechtliche Stellung der Kinder aus nichtigen Ehen §§ 1699 ff.

II. Einfluß der Nichtigkeitserklärung auf letztwillige Verfügungen und Erbverträge §§ 2077, 2279.

**D. Uebergangsvorschrift** EG. Art. 198.

**E. Internationales Privatrecht** EG. Art. 13.

**§ 1323.** Eine Ehe ist nur in den Fällen der §§ 1324 bis 1328 nichtig. I. Nichtigkeit.

**§ 1324.** Eine Ehe ist nichtig, wenn bei der Eheschließung die im § 1317 vorgeschriebene Form nicht beobachtet worden ist. 1. Nichtigkeitsgründe. a. Formmangel.

Ist die Ehe in das Heirathsregister eingetragen worden und haben die Ehegatten nach der Eheschließung zehn Jahre oder, falls einer von ihnen vorher gestorben ist, bis zu dessen Tode, jedoch mindestens drei Jahre, als Ehegatten mit einander gelebt, so ist die Ehe als von Anfang an gültig anzusehen. Diese Vorschrift findet keine Anwendung, wenn bei dem Ablaufe der zehn Jahre oder zur Zeit des Todes des einen Ehegatten die Nichtigkeitsklage erhoben ist. Heilung des Formmangels durch Zeitablauf.

---

**§ 1323.** 1. Die Vorschrift des § 1323 bringt zum Ausdruck, daß Nichtigkeit der Ehe nur in den Fällen der §§ 1324—1328 vorliegt. Damit sind andere aus anderen Vorschriften etwa zu entnehmende Nichtigkeitsgründe, insbesondere also die Willensmängel der Mentalreservation, des Scherzes und der Simulation (§§ 116—118) ausgeschlossen. Vgl. wegen der hierdurch begründeten Anfechtbarkeit der Ehe § 1332.

2. Voraussetzung für das Vorhandensein einer Ehe ist, daß die nach den natürlichen Begriffen erforderlichen Voraussetzungen einer Ehe überhaupt vorliegen. Eheschließung zwischen zwei Personen desselben Geschlechts ist ein nullum actum. Ob ein sog. Zwitter Mann oder Frau ist, ist medizinische Thatfrage vgl. § 1 Note II. 1.

3. Die internationalrechtliche Vorschrift EG. Art. 13, sowie die Uebergangsvorschrift EG. Art. 198 bleiben durch § 1323 unberührt.

**§ 1324.** I. **Nichtigkeit wegen Formmangels.**

1. Nichtigkeit wird nur durch Verletzung der in § 1317 gegebenen Formvorschriften begründet. §§ 1318—1321 enthalten nur Sollvorschriften.

2. Die nach § 1324 wegen Formwidrigkeit eintretende Nichtigkeit hat eine verschiedene Bedeutung, je nachdem der Eheschließung wenigstens der Schein der Gültigkeit dadurch gegeben ist, daß die Ehe in das Heirathsregister (§ 1318 Note 4) eingetragen ist oder nicht.

a. Die nicht in das Heirathsregister eingetragene wegen Formwidrigkeit nichtige Ehe kommt als Ehe rechtlich überhaupt nicht in Betracht (vgl. § 1326 Note II. 1).

α. Heilung des Formmangels durch Zeitablauf (§ 1324 Abs. 2 und daselbst Note II) ist nicht zugelassen. Sie kann nicht mit Wirkung ex tunc gültig werden. Ihre Bestätigung (§ 141) kann nur in der Form einer ursprünglichen Eheschließung mit Wirkung von der Vornahme der Bestätigung ab erfolgen. Vgl. auch § 1309 Note II.

β. Geltendmachung der Nichtigkeit kann, ohne daß es einer Nichtigkeitsklage bedarf, von Jedermann, auch gutgläubigen Dritten gegenüber geltend gemacht werden (§§ 1329, 1344).

γ. Die Ehe bringt keine vermögensrechtlichen Wirkungen im Verhältnisse der Ehegatten untereinander hervor.

δ. Die in einer solchen Ehe geborenen Kinder sind schlechthin unehelich § 1699 Abs. 2.

ε. Eine derartige Eheschließung zwischen Adoptivvater und Adoptivkind läßt nicht die Verwirkung der elterlichen Gewalt eintreten § 1771 Abs. 2.

b. Die wegen Formmangels nichtige, aber in das Heirathsregister eingetragene Ehe kann gültig werden. Vgl. zu II.

II. **Heilung der auf Formmangel beruhenden Nichtigkeit.**

Ist die wegen Formmangels nichtige Ehe, in das Heirathsregister (§ 1318 Abs. 3), d. h. in das Heirathsregister eines deutschen Standesbeamten eingetragen, so bieten sich zwei Wege zur Beseitigung des Mangels.

b. Nichtigkeit der Eheschließungserklärung.

**§ 1325.** Eine Ehe ist nichtig, wenn einer der Ehegatten zur Zeit der Eheschließung geschäftsunfähig war oder sich im Zustande der Bewußtlosigkeit oder vorübergehender Störung der Geistesthätigkeit befand.

Bestätigung der Ehe.

Die Ehe ist als von Anfang an gültig anzusehen, wenn der Ehegatte sie nach dem Wegfalle der Geschäftsunfähigkeit, der Bewußtlosigkeit oder der Störung der Geistesthätigkeit bestätigt, bevor sie für nichtig erklärt oder aufgelöst worden ist. Die Bestätigung bedarf nicht der für die Eheschließung vorgeschriebenen Form.

---

1. Wiederholung der Eheschließung § 1309 Abs. 1 S. 2. Die aus dem allgemeinen Satze des § 141 sich ergebende Wirkung, daß die Ehe ex nunc, d. h. also nur für die Zukunft gültig wird, ist unannehmbar. Zwar würden die Kinder nach § 1719 die Stellung ehelicher Kinder erlangen, aber das stärkere Mittel der Wiederholung der Eheschließung kann nicht eine schwächere Wirkung als das schwächere Mittel des Zeitablaufs haben. Es muß deshalb — entgegen Prot. IV. S. 62 — die formnichtige, in das Heirathsregister aber eingetragene Ehe durch Wiederholung der Eheschließung von Anfang an gültig werden.
2. Heilung des Mangels mit Wirkung, daß die Ehe ex tunc, d. h. also von Anfang an als gültig angesehen wird, § 1324 Abs. 2. Uebergang: EG. Art. 198.

a. Ob die Ehegatten als Ehegatten miteinander gelebt haben, ist Thatfrage. Anders als in RG. 27 228 wird thatsächliche Trennung ohne Erhebung der Nichtigkeitsklage das Gültigwerden ausschließen, wenn durch die Trennung zum Ausdrucke gebracht wird, daß sich die Ehegatten nicht mehr als Ehegatten betrachten. Vgl. hierzu Prot. VI. S. 531 f. Fristberechnung §§ 187 Abs. 1, 188.

b. Daß die Nichtigkeitsklage (§ 1329) erhoben ist, ist Einwendungsthatsache. Klageerhebung CPO. §§ 253, 281. Zurücknahme der Klage beseitigt die Wirkungen der Klageerhebung CPO. § 271 Abs. 3. Versäumnißurtheil gegen den Nichtigkeitskläger gilt als Klagezurücknahme CPO. § 635.

III. **Eheschließung Deutscher im Auslande.**

Vgl. die dem § 1324 Abs. 2 entsprechende Vorschrift für den Fall, daß die Ehe in das Heirathsregister eines nach dem Gesetz v. 4. Mai 1870 zur Eheschließung ermächtigten Beamten eingetragen ist, in § 8a dieses Gesetzes (zu EG. Art. 40). Vgl. auch Prot. VI. S. 653 f.

**§ 1325.** 1. **Nichtigkeit der Eheschließungserklärung.**

I. Die Vorschrift des Abs. 1 entspricht der Vorschrift des § 105, nach der die von einem Geschäftsunfähigen (§ 104) oder im Zustande der Bewußtlosigkeit oder vorübergehenden Störung der Geistesthätigkeit abgegebene Willenserklärung nichtig ist.

II. **Bestätigung der wegen Nichtigkeit der Eheschließungserklärung nichtigen Ehe.**

1. Die allgemeine Vorschrift des § 141, daß die Bestätigung eines nichtigen Rechtsgeschäfts als erneute Vornahme zu beurtheilen ist, ergiebt, daß die Bestätigung als Eheschließung zu beurtheilen ist.

2. Die sich aus § 141 ergebenden Folgerungen sind für die Bestätigung der nach § 1325 Abs. 1 nichtigen Ehe nach zwei Richtungen modifizirt.

a. Die Bestätigung bedarf nicht der für die Eheschließung erforderlichen Form. Eine andere Formvorschrift besteht nicht, so daß nach dem Prinzipe des § 125 die Bestätigung formfrei und somit auch stillschweigend und durch konkludente Handlungen erfolgen kann.

b. Die Bestätigung hat rückwirkende Kraft; die bestätigte Ehe ist als von Anfang an gültig anzusehen.

3. In allen anderen Beziehungen ist die Bestätigung als erneute Eheschließung anzusehen. Daraus folgt:

a. Willensmängel, welche die Bestätigung betreffen, sind nicht nach §§ 116

**§ 1326.** Eine Ehe ist nichtig, wenn einer der Ehegatten zur Zeit der Eheschließung mit einem Dritten in einer gültigen Ehe lebte. c. Doppelehe.

**§ 1327.** Eine Ehe ist nichtig, wenn sie zwischen Verwandten oder Verschwägerten dem Verbote des § 1310 Abs. 1 zuwider geschlossen worden ist. d. Blutschande.

---

bis 118, 119, 123, sondern nach den für die Eheschließung maßgebenden Vorschriften, vgl. § 1323 Note 1, §§ 1332—1335, zu beurtheilen.

b. Die Bestätigung ist nichtig, wenn zur Zeit ihrer Vornahme einer der Ehegatten mit einem Dritten in gültiger Ehe lebt (§ 1326). Vgl. hierzu Planck D. JurZtg. 1899 S. 38.

4. Die Bestätigung ist anfechtbar, wenn der Bestätigende zur Zeit der Bestätigung in der Geschäftsfähigkeit beschränkt ist und die Zustimmung des gesetzlichen Vertreters fehlt, §§ 1304, 1331, 1337.

5. Die Aufhebung der ehelichen Gemeinschaft steht hier der Scheidung nicht gleich § 1586.

III. **Die Geltendmachung der Nichtigkeit** erfolgt durch Nichtigkeitsklage; vgl. zu § 1329.

**§ 1326.** I. **Entgegenstehende gültige Ehe.**

1. Nichtigkeit der Ehe wegen Bigamie (§ 1309) tritt nur ein, wenn die zur Zeit der Eheschließung bereits bestehende Ehe gültig, d. h. weder nichtig, noch anfechtbar und angefochten ist. Vgl. zu II und zu III.

2. Ist die erste Ehe gültig, so ist die zweite Ehe dauernd nichtig. Sie wird auch nach Auflösung der früheren Ehe nicht gültig.

Die neue Ehe bleibt auch nichtig, wenn die Eheschließung im Vertrauen auf die Richtigkeit der über den Tod eines früheren Ehegatten ausgestellten Sterbeurkunde erfolgte, der angeblich verstorbene Ehegatte zur Zeit der Eheschließung aber noch am Leben war. Die neue Ehe konvaleszirt solchenfalls auch nicht durch den nachträglichen Tod des fälschlich als verstorben Bezeichneten; Wiederholung der Eheschließung kann gemäß § 1309 erfolgen.

3. Sonderregelung bei Wiederverheirathung im Falle der Todeserklärung §§ 1348 ff.

II. **Entgegenstehende nichtige Ehe.**

1. Die wegen Formwidrigkeit nichtige, auch in das Heirathsregister nicht eingetragene Ehe kommt als Ehe rechtlich nicht einmal dem Scheine nach in Betracht und begründet kein Ehehinderniß im Sinne des § 1309. Vgl. daselbst Note I. 3b; ferner § 1318 Note 4b, § 1324 Note I. 2a, § 1329 Note I. 1a, zu §§ 1344—1347 Note 2.

2. In allen anderen Fällen der Nichtigkeit der früheren Ehe liegt bis zur Nichtigkeitserklärung oder Auflösung derselben zwar das aufschiebende, durch die Strafvorschrift StGB. § 171 gesicherte Ehehinderniß des § 1309 vor, Nichtigkeit der späteren Ehe tritt indeß nicht ein (§ 1326). Vgl. zu § 1309 Note I. Wiederaufnahmeverfahren gegen das die Nichtigkeit oder die Auflösung aussprechende Urtheil vgl. § 1309 Note III.

III. **Entgegenstehende anfechtbare Ehe.**

1. Vor der Anfechtung und bis zur rechtskräftigen Entscheidung über die Anfechtungsklage (§ 1341 f.) ist die Frage, ob die spätere Ehe eine Doppelehe ist oder nicht, eine offene. Die Frage wird im bejahenden Sinne beantwortet, wenn entweder das Anfechtungsrecht ausgeschlossen wird (§§ 1337 bis 1340) oder die Anfechtungsklage rechtskräftig abgewiesen ist.

2. Nach begründeter Anfechtung (§§ 1341, 1342) der anfechtbaren Ehe findet gemäß § 1343 Abs. 1 dieselbe Beurtheilung wie zu II statt.

IV. **Betheiligung des anderen Ehegatten der früheren Ehe** an dem Rechtsstreit über die auf Grund des § 1326 erhobene Nichtigkeitsklage.

1. Wirkung des Urtheils CPO. § 629, abgedruckt S. 722.

2. Legitimation zur Klageerhebung CPO. § 632 zu § 1329 Note II. 1.

**§ 1327.** 1. Während § 1310 Abs. 1 die Verwandtschaftsverhältnisse be-

e. Ehebruch.

**§ 1328.** Eine Ehe ist nichtig, wenn sie wegen Ehebruchs nach § 1312 verboten war.

Nachträgliche Befreiung.

Wird nachträglich Befreiung von der Vorschrift des § 1312 bewilligt, so ist die Ehe als von Anfang an gültig anzusehen.

2. Geltendmachung der Nichtigkeit.

**§ 1329.** Die Nichtigkeit einer nach den §§ 1325 bis 1328 nichtigen Ehe kann, solange nicht die Ehe für nichtig erklärt oder aufgelöst ist, nur im Wege der Nichtigkeitsklage geltend gemacht werden. Das Gleiche gilt von einer nach § 1324 nichtigen Ehe, wenn sie in das Heirathsregister eingetragen worden ist.

---

zeichnet, welche der Eheschließung entgegenstehen, wird in § 1310 Abs. 3 erläuternd hinzugefügt, daß im Sinne dieser Vorschrift auch zwischen dem unehelichen Kinde und dessen Abkömmlingen einerseits und dem Vater und dessen Verwandten andererseits Verwandtschaft besteht.

Indem Abs. 3 dem Abs. 1 einen bestimmten erweiterten Inhalt giebt, unterwirft er auch die in Abs. 3 getroffenen Personen dem Eheverbote des Abs. 1, so daß § 1327 auch auf die bezüglichen Fälle Anwendung findet.

Im Uebrigen vgl. zu § 1310.

2. Wegen der Adoptivverwandtschaft vgl. § 1311.

**§ 1328.** Die Befreiung (§§ 1312 Abs. 2, 1322 Abs. 1 und Note 2) kann auch nach der Eheschließung und bis zur rechtskräftigen Nichtigkeitserklärung mit heilender Wirkung (§ 1328 Abs. 2) ertheilt werden.

**§ 1329. I. Geltendmachung der Nichtigkeit.**

1. Die Fälle unbeschränkter Geltendmachung der Nichtigkeit durch Jedermann.

Die Geltendmachung der Nichtigkeit steht unbeschränkt zur Begründung von Ansprüchen und Einwendungen Jedermann nur zu,

a. wenn die Nichtigkeit der Ehe auf einem Formmangel beruht, auch die Ehe in das Heirathsregister nicht eingetragen ist. In diesem Falle liegt auch nicht einmal ein berücksichtigenswerther Schein einer Ehe vor. Vgl. § 1309 Note I. 3b, § 1324 Note I. 2a, § 1326 Note II;

b. wenn die Ehe bereits

α. durch Tod oder Scheidung oder Wiederverheirathung im Falle der Todeserklärung (§ 1348 Abs. 2) aufgelöst ist; die Aufhebung der ehelichen Gemeinschaft steht hier der Scheidung nicht gleich, § 1586.

β. mit Rücksicht auf einen konkurrirenden Nichtigkeits- oder Anfechtungsgrund für nichtig erklärt ist.

In diesen Fällen kommt die Frage der Nichtigkeit der Ehe lediglich für einzelne Nachwirkungen in Betracht, ohne daß noch ein öffentliches Interesse an einheitlicher Feststellung der Nichtigkeit oder Gültigkeit der Ehe vorliegt. Vgl. Titelvorb. B. II. 3 (S. 722).

2. In allen anderen Fällen gilt die dem äußeren Scheine nach vorhandene Ehe bis zu ihrer formalen Aufhebung durch Nichtigkeitserklärung als gültig.

a. Erfolgt aber demnächst die Nichtigkeitserklärung, so ist es vorbehaltlich der besonderen Ausnahmen der §§ 1344, 1346, 1347, 1699 ff. so anzusehen, als ob die Ehe nicht geschlossen wäre. Das die Nichtigkeit aussprechende Urtheil ist nur deklaratorisch.

b. Die Inzidentgeltendmachung der Ehenichtigkeit ist im öffentlichen Interesse zur Vermeidung widersprechender Urtheile über die Gültigkeit oder Nichtigkeit bestehender Ehen unzulässig. Die Feststellung der Nichtigkeit kann vielmehr nur mittelst Nichtigkeitsklage mit Wirkung für und gegen Alle erfolgen. Der frühere § 588 CPO. ist in § 1329 aufgegangen.

c. Im Interesse des materiellen Rechtes sind in der CPO. besondere Vorschriften über die Aussetzung des Verfahrens gegeben, wenn in einem Prozesse die Nichtigkeit oder Gültigkeit einer Ehe von Erheblichkeit ist; vgl. zu Note II 4.

II. **Prozessuale Vorschriften über die Nichtigkeitsklage** vgl. CPO. §§ 606 bis 639. § 1329.

1. **Aktiv- und Passivlegitimation.**

*CPO. § 632. Die Klage kann von jedem der Ehegatten sowie von dem Staatsanwalt erhoben werden, im Falle des § 1326 des Bürgerlichen Gesetzbuchs auch von dem Dritten, mit dem die frühere Ehe geschlossen war. Im Uebrigen kann die Klage von einem Dritten nur erhoben werden, wenn für ihn von der Nichtigkeit der Ehe ein Recht oder von der Gültigkeit der Ehe eine Verpflichtung abhängt.*

*Die von dem Staatsanwalt oder einem Dritten erhobene Klage ist gegen beide Ehegatten, die von einem Ehegatten erhobene Klage ist gegen den anderen Ehegatten zu richten.*

2. **Einstweilige Verfügungen zur Regelung des Interimistikums** CPO. § 627 S. 860.

3. **Wirkung für und gegen Alle.** CPO. § 629 (S. 722).

4. **Aussetzung des Verfahrens,** wenn die Nichtigkeit oder Gültigkeit der Ehe erheblich ist. (Beispiele: Streit über den Wohnsitz der Ehefrau § 10, über die Verjährung eines Anspruchs § 204, über den Unterhaltsanspruch der Ehegatten u. s. w.)

*CPO. § 151. Hängt die Entscheidung eines Rechtsstreits davon ab, ob eine Ehe nichtig ist, so hat das Gericht, wenn die Nichtigkeit nur im Wege der Nichtigkeitsklage geltend gemacht werden kann, auf Antrag das Verfahren auszusetzen und, falls die Nichtigkeitsklage noch nicht erhoben ist, eine Frist zur Erhebung der Klage zu bestimmen. Ist die Nichtigkeitsklage erledigt oder wird sie nicht vor dem Ablaufe der bestimmten Frist erhoben, so ist die Aufnahme des ausgesetzten Verfahrens zulässig.*

*CPO. § 155. In den Fällen der §§ 151—153 kann das Gericht auf Antrag die Anordnung, durch welche das Verfahren ausgesetzt ist, aufheben, wenn die Betreibung des Rechtsstreits verzögert wird, welcher die Nichtigkeit oder die Anfechtung der Ehe oder die Anfechtung der Ehelichkeit zum Gegenstande hat.*

Ist das Verfahren nach § 151 ausgesetzt, so kann die Partei, welche außerhalb des die Ehenichtigkeit betreffenden Rechtsstreits steht, in diesen Rechtsstreit gemäß CPO. § 69 in Verbindung mit CPO. § 629 Abs. 1 S. 1 als Streitgenosse ihres Gegners eintreten und so den Fortgang der Sache ihrerseits sichern. Die Partei ist aber hierauf nicht angewiesen, vielmehr kann sie, wenn der Nichtigkeitsprozeß verzögert wird, gemäß CPO. § 155 beantragen, daß die das Verfahren aussetzende Anordnung aufgehoben wird.

III. **Klage auf Feststellung des Bestehens oder Nichtbestehens einer Ehe.**

1. In der CPO. §§ 606, 617, 622, 629, 633, 638, 154 f. ist neben der Nichtigkeitsklage auch die im BGB. nicht erwähnte Klage auf Feststellung des Bestehens oder Nichtbestehens der Ehe geregelt. Die Nichtigkeitsklage, deren Antrag dahin lautet, die Ehe für nichtig zu erklären, ist dazu bestimmt, die Nichtigkeitserklärung einer formgültigen oder doch wenigstens in das Heirathsregister eingetragenen Ehe herbeizuführen (§ 1329). Für diejenigen Fälle, in denen eine Nichtigkeitserklärung nicht Platz zu greifen hat (vgl. zu 2), ist der Streit über das Bestehen oder Nichtbestehen einer Ehe nach allgemeinen prozessualen Grundsätzen, d. h. wenn ein rechtliches Interesse an der alsbaldigen Feststellung vorliegt (CPO. § 256) im Wege der Feststellungsklage zulässig. Diese Feststellungsklage ist durch die oben angeführten Bestimmungen der CPO. in derselben Weise, wie die anderen eherechtlichen Klagen geregelt. (Ausdehnung des Offizialprinzips, Wirkung des Urtheils für und gegen Alle; §§ 606 ff., 629 Abs. 2.)

2. **Anwendungsfälle für die eherechtliche Feststellungsklage** bieten insbesondere die Klagen auf Feststellung,

a. daß eine Ehe besteht;

II. Anfechtbarkeit.
1. Anfechtungsgründe.

**§ 1330.** Eine Ehe kann nur in den Fällen der §§ 1331 bis 1335 und des § 1350 angefochten werden.

a. Mangel d. erforderlichen Einwilligung des ges. Vertreters.

**§ 1331.** Eine Ehe kann von dem Ehegatten angefochten werden, der zur Zeit der Eheschließung oder im Falle des § 1325 zur Zeit der Bestätigung in der Geschäftsfähigkeit beschränkt war, wenn die Eheschließung oder die Bestätigung ohne Einwilligung seines gesetzlichen Vertreters erfolgt ist.

---

b. daß eine Eheschließung überhaupt nicht stattgefunden hat, bzw. daß die wegen Formmangels nichtige Ehe in das Heirathsregister nicht eingetragen ist;

c. daß eine (geschlossene) Ehe nicht mehr besteht, weil sie auf Nichtigkeits- oder Anfechtungsklage für nichtig erklärt oder durch Scheidung oder Wiederverheirathung im Falle der Todeserklärung (§ 1348 Abs. 2) aufgelöst ist.

3. Unzulässig ist die Klage auf Feststellung, daß eine Ehe nicht besteht, wenn die Voraussetzungen der Nichtigkeitsklage vorliegen. Alsdann fehlt es an dem für die Feststellungsklage erforderlichen Feststellungsinteresse (CPO. § 256, Mot. IV S. 103).

**§ 1330.** 1. Entsprechend der Vorschrift des § 1323 bringt § 1330 zum Ausdrucke, daß die Anfechtung der Ehe nur in den in § 1330 bezeichneten Fällen zugelassen ist und daß andere Anfechtungsgründe ausgeschlossen sind.

a. Anfechtbarkeit tritt insbesondere nicht ein,

α. bei Eheschließung unter Verstoß gegen die Vorschrift über die Ehemündigkeit § 1303;

β. bei Eheschließung ohne die erforderliche elterliche Zustimmung §§ 1305 bis 1308. Anders bei Mangel der erforderlichen Zustimmung des gesetzlichen Vertreters § 1331.

b. Anfechtungsgründe sind nur

α. Mangel der erforderlichen Zustimmung des gesetzlichen Vertreters § 1331.

β. Mangel des Eheschließungswillens § 1332.

γ. Irrthum über die Person oder über erhebliche persönliche Eigenschaften des anderen Ehegatten § 1333.

δ. Arglistige Täuschung über andere erhebliche Umstände als die Vermögensverhältnisse § 1334.

ε. Widerrechtliche Drohung § 1335.

ζ. Irrthum über den Tod des für todt erklärten Ehegatten der früheren Ehe § 1350.

2. Die nähere Ausgestaltung des Anfechtungsrechts und die Wirkung der Anfechtung ist abweichend von den allgemeinen Vorschriften der §§ 142—144 in den §§ 1336—1343 erfolgt.

3. Die internationalrechtliche Vorschrift des EG. Art. 13 sowie die Uebergangsvorschrift EG. Art. 198 bleiben durch die Vorschrift des § 1330 unberührt.

**§ 1331.** 1. Die in § 1331 behandelten Fälle sind

a. Eheschließung durch einen in der Geschäftsfähigkeit beschränkten (§§ 106, 114) Ehegatten ohne die nach § 1304 erforderliche Einwilligung des gesetzlichen Vertreters. — Mangel der elterlichen Einwilligung als solcher begründet keine Anfechtbarkeit, vgl. §§ 1305, 1330 Note 1 aβ.

b. Bestätigung der wegen Nichtigkeit der Eheschließungserklärung nichtigen Ehe durch den in der Geschäftsfähigkeit beschränkten Ehegatten ohne die erforderliche Einwilligung des gesetzlichen Vertreters. Vgl. hierzu § 1325 Note II.

2. Anfechtungsberechtigt ist nur derjenige Ehegatte, in dessen Person der Mangel aus §§ 1304, 1325 vorhanden ist. Indeß ist, solange der anfechtungsberechtigte Ehegatte die unbeschränkte Geschäftsfähigkeit noch nicht

§ 1332. Eine Ehe kann von dem Ehegatten angefochten werden, der bei der Eheschließung nicht gewußt hat, daß es sich um eine Eheschließung handle, oder dies zwar gewußt hat, aber eine Erklärung, die Ehe eingehen zu wollen, nicht hat abgeben wollen. b. Mangel des Eheschließungswillens.

§ 1333. Eine Ehe kann von dem Ehegatten angefochten werden, der sich bei der Eheschließung in der Person des anderen Ehegatten oder über solche persönliche Eigenschaften des anderen Ehegatten geirrt hat, die ihn bei Kenntniß der Sachlage und bei verständiger Würdigung des Wesens der Ehe von der Eingehung der Ehe abgehalten haben würden. c. Irrthum über die Person oder persönl. Eigenschaften.

---

erlangt hat, nur sein gesetzlicher Vertreter zur Anfechtung befugt § 1336 Abs. 2 S. 2. Dementsprechend ist auch die Prozeßfähigkeit des Ehegatten geregelt, C.P.O. § 612 Abs. 1 (abgedruckt S. 743).

3. Ausschließung der Anfechtung durch Genehmigung und Bestätigung § 1337.

4. Anfechtungsfrist §§ 1339, 1340.

5. Die Anfechtung selbst §§ 1341, 1342.

§ 1332. 1. Die Vorschrift betrifft

a. den unbewußten Mangel des erklärten Eheschließungswillens (Irrthum über den Inhalt der Erklärung oder über die Erklärungshandlung vgl. § 119);

b. den bewußten Mangel des Eheschließungswillens (vgl. §§ 116 Satz 2, 117, 118).

2. Der Unterschied von der allgemeinen Vorschrift des § 119 über Anfechtung wegen Irrthums liegt darin, daß der Nachweis des in § 1332 bezeichneten Irrthums zur Anfechtung ohne Weiteres genügt, daß es also nicht darauf ankommt, ob der Irrende ohne den Irrthum und bei verständiger Würdigung des Falles die Ehe doch abgeschlossen haben würde (§ 119).

3. Das negative Interesse kann im Falle der Anfechtung der Ehe auf Grund des § 1332 zwar nicht nach § 122, wohl aber geeignetenfalls auf Grund der §§ 1298 f., 1301 geltend gemacht werden. Vgl. übrigens § 1346 Satz 2.

4. Ausschließung der Anfechtung durch Bestätigung der Ehe nach Entdeckung des Irrthums § 1337 Abs. 2. Vgl. ferner über die Anfechtung §§ 1338—1343.

§ 1333. Die Anfechtungsgründe des § 1333 sind:

1. Irrthum über die Person, d. h. über die Identität der Person.

2. Irrthum über solche persönlichen Eigenschaften des anderen Ehegatten, welche den Irrenden bei Kenntniß der Sachlache und bei verständiger Würdigung (vgl. § 119) des Wesens der Ehe von der Eingehung der Ehe abgehalten haben würden.

a. Persönliche Eigenschaften ist enger als persönliche Verhältnisse (Reichstagskommission).

b. Als erhebliche persönliche Eigenschaften können in Betracht kommen: mangelnde Virginität oder vorhandene Schwangerschaft der Braut, geheime ekelhafte Krankheiten, Beiwohnungsunfähigkeit, entehrende Strafen. Daß der Ehemann Vater eines unehelichen Kindes ist, ist von dem O.Tr. (Strieth. Arch. 86 169) zur Begründung der Anfechtung der Ehe wegen Irrthums nicht zugelassen.

c. Irrthum über die Vermögensverhältnisse kann nicht als Irrthum über eine persönliche Eigenschaft angesehen werden. Vgl. auch § 1334 Abs. 2.

d. Ob für den Ehemann, der die außereheliche Schwängerung seiner Braut bei der Eheschließung kannte oder die ihm dieserhalb zustehende Anfechtung der Ehe unterlassen hat, die nachträgliche Entdeckung, daß die Ehe-

d. Arglistige Täuschung. **§ 1334.** Eine Ehe kann von dem Ehegatten angefochten werden, der zur Eingehung der Ehe durch arglistige Täuschung über solche Umstände bestimmt worden ist, die ihn bei Kenntniß der Sachlage und bei verständiger Würdigung des Wesens der Ehe von der Eingehung der Ehe abgehalten haben würden. Ist die Täuschung nicht von dem anderen Ehegatten verübt worden, so ist die Ehe nur dann anfechtbar, wenn dieser die Täuschung bei der Eheschließung gekannt hat.

Auf Grund einer Täuschung über Vermögensverhältnisse findet die Anfechtung nicht statt.

e. Drohung. **§ 1335.** Eine Ehe kann von dem Ehegatten angefochten werden, der zur Eingehung der Ehe widerrechtlich durch Drohung bestimmt worden ist.

2. Die Anfechtungsbefugniß. a. Anfechtung durch Vertreter. **§ 1336.** Die Anfechtung der Ehe kann nicht durch einen Vertreter erfolgen. Ist der anfechtungsberechtigte Ehegatte in der Geschäftsfähigkeit beschränkt, so bedarf er nicht der Zustimmung seines gesetzlichen Vertreters.

Für einen geschäftsunfähigen Ehegatten kann sein gesetzlicher Vertreter mit Genehmigung des Vormundschaftsgerichts die Ehe anfechten. In den Fällen des § 1331 kann, solange der anfechtungsberechtigte Ehegatte in der Geschäftsfähigkeit beschränkt ist, nur sein gesetzlicher Vertreter die Ehe anfechten.

---

frau noch ein zweites von einem anderen Manne herrührendes Kind außerehelich geboren hat, ein selbständiger Anfechtungsgrund ist, ist nach den Umständen des einzelnen Falles aus § 1333 zu beurtheilen. Vgl. R.G. 17 251.

**§ 1334.** Die Anfechtung wegen arglistiger Täuschung (vgl. § 123) ist nicht auf Täuschung über persönliche Eigenschaften (§ 1333) beschränkt. Auch die Täuschung über solche Umstände, die den Getäuschten bei Kenntniß der Sachlage und bei verständiger Würdigung des Wesens der Ehe von der Eingehung der Ehe abgehalten haben würden, berechtigt zur Anfechtung. Diese Umstände brauchen also weder zu den persönlichen Eigenschaften zu gehören, noch auch überhaupt die Person des anderen Ehegatten zu betreffen, wenn sie nur den getäuschten Ehegatten bei verständiger Würdigung des Wesens der Ehe, als eines in erster Linie sittlichen Verhältnisses, von der Eheschließung abgehalten haben würden; wenn z. B. dem Eheschließenden arglistig vorgespiegelt wird, daß seine Eltern mit der Ehe einverstanden seien.

2. Ist die Täuschung von Seiten eines Dritten verübt worden, so muß dem anderen Ehegatten nachgewiesen werden, daß ihm die Täuschung bei der Eheschließung bekannt war.

**§ 1335.** 1. Anfechtung wegen widerrechtlicher Drohung (vgl. § 123 Abs. 1).

2. Vermögensrechtliches Verhältniß bei Anfechtung der Ehe wegen Drohung § 1346.

3. Rechtsstellung der Kinder aus einer wegen Drohung angefochtenen Ehe §§ 1699 ff., 1704.

**§ 1336.** 1. Die Vorschriften des § 1336 gelten sowohl für die durch Erhebung der Anfechtungsklage (§ 1341) als auch für die durch Erklärung gegenüber dem Nachlaßgericht (§ 1342) erfolgende Anfechtung der Ehe.

2. Die Ausschließung eines Vertreters bezieht sich nur auf die Vertretung im Willen, nicht auf die Vertretung in der Erklärungshandlung. Daß durch § 1336 hinsichtlich der Anfechtungsklage die Vorschriften über den Anwaltszwang nicht berührt werden, ergiebt CPO. § 613. Vgl. Vorb. Note III. 3. S. 87.

**§ 1337.** Die Anfechtung der Ehe ist in den Fällen des § 1331 ausgeschlossen, wenn der gesetzliche Vertreter die Ehe genehmigt oder der anfechtungsberechtigte Ehegatte, nachdem er unbeschränkt geschäftsfähig geworden ist, die Ehe bestätigt. Ist der gesetzliche Vertreter ein Vormund, so kann die Genehmigung, wenn sie von ihm verweigert wird, auf Antrag des Ehegatten durch das Vormundschaftsgericht ersetzt werden; das Vormundschaftsgericht hat die Genehmigung zu ersetzen, wenn die Aufrechterhaltung der Ehe im Interesse des Ehegatten liegt.

b. Ausschließung der Anfechtung durch Genehmigung oder Bestätigung der Ehe.

In den Fällen der §§ 1332 bis 1335 ist die Anfechtung ausgeschlossen, wenn der anfechtungsberechtigte Ehegatte nach der Entdeckung des Irrthums oder der Täuschung oder nach dem Aufhören der Zwangslage die Ehe bestätigt.

Die Vorschriften des § 1336 Abs. 1 gelten auch für die Bestätigung.

---

3. Der Erweiterung der Geschäftsfähigkeit des beschränkt Geschäftsfähigen in Abs. 1 S. 2 entspricht die Regelung der Prozeßfähigkeit in CPO. § 612, abgedruckt S. 722.

4. Anfechtung durch den gesetzlichen Vertreter. Anfechtungsberechtigt ist derjenige gesetzliche Vertreter, welchem die Sorge für die Person zusteht.

a. Im Falle der Geschäftsunfähigkeit des Ehegatten ist Genehmigung des Vormundschaftsgerichts (FrG. §§ 35, 45) erforderlich. Ohne diese Genehmigung fehlt dem gesetzlichen Vertreter die Aktivlegitimation. Wegen der entsprechenden Vorschrift der Prozeßfähigkeit vgl. CPO. § 612 Abs. 2, abgedruckt S. 722.

b. In den Fällen des § 1331, d. i. Eheschließung oder Bestätigung einer nichtigen Ehe (§ 1325) durch den in der Geschäftsfähigkeit beschränkten Ehegatten, ist in Abweichung von § 1336 Abs. 1 nach § 1336 Abs. 2, solange die beschränkte Geschäftsfähigkeit fortdauert, nur der gesetzliche Vertreter, nicht auch der Ehegatte zur Anfechtung berechtigt. Der gesetzliche Vertreter bedarf in diesem Falle nicht der vormundschaftsgerichtlichen Genehmigung.

5. Vgl. die entsprechende Regelung bei Anfechtung der Ehelichkeit eines Kindes § 1595.

**§ 1337.** 1. Die Fälle des § 1331 sind Eheschließung oder Bestätigung einer nichtigen Ehe durch den in der Geschäftsfähigkeit beschränkten Ehegatten ohne Zustimmung des gesetzlichen Vertreters.

a. Wegen der Terminologie „Genehmigung" und „Bestätigung" vgl. Bd. I S. 99 Vorb. Nr. 2.

b. Das Vormundschaftsgericht (FrG. §§ 35, 45) kann die Genehmigung nur ersetzen, wenn die gesetzliche Vertretung auf Vormundschaft (Pflegschaft § 1915), nicht aber, wenn sie auf der elterlichen Gewalt beruht, vgl. § 1304 Abs. 2. Anhörung von Verwandten durch das Vormundschaftsgericht § 1847.

c. Beschwerderecht des beschränkt Geschäftsfähigen FrG. §§ 20, 59.

2. Fälle der §§ 1332—1335 (Irrthum, Täuschung, Drohung). Die Bestätigung kann gemäß Abs. 3 (§ 1336 Abs. 1) nicht durch einen Vertreter erfolgen. Bei beschränkter Geschäftsfähigkeit bedarf der Ehegatte nicht der Zustimmung seines gesetzlichen Vertreters.

Bei Geschäftsunfähigkeit ist die Bestätigung ausgeschlossen, da nach Abs. 3 nur § 1336 Abs. 1, nicht auch Abs. 2 anwendbar ist.

3. Unzulässigkeit der Anfechtung auf Grund von Thatsachen, welche der Anfechtungsberechtigte in einem früheren Prozesse geltend gemacht hat oder geltend machen konnte CPO. § 616, abgedruckt zu § 1573.

4. Bestätigung der Ehe nach Erhebung der Anfechtungsklage § 1341 Abs. 2.

c. Anfechtung nach Auflösung der Ehe.

**§ 1338.** Die Anfechtung ist nach der Auflösung der Ehe ausgeschlossen, es sei denn, daß die Auflösung durch den Tod des zur Anfechtung nicht berechtigten Ehegatten herbeigeführt worden ist.

d. Anfechtungsfrist.

**§ 1339.** Die Anfechtung kann nur binnen sechs Monaten erfolgen.

Die Frist beginnt in den Fällen des § 1331 mit dem Zeitpunkt, in welchem die Eingehung oder die Bestätigung der Ehe dem gesetzlichen Vertreter bekannt wird oder der Ehegatte die unbeschränkte Geschäftsfähigkeit erlangt, in den Fällen der §§ 1332 bis 1334 mit dem Zeitpunkt, in welchem der Ehegatte den Irrthum oder die Täuschung entdeckt, in dem Falle des § 1335 mit dem Zeitpunkt, in welchem die Zwangslage aufhört.

Auf die Frist finden die für die Verjährung geltenden Vorschriften der §§ 203, 206 entsprechende Anwendung.

Fristversäumniß durch den gesetzlich. Vertreter eines geschäftsunfähigen Ehegatten.

**§ 1340.** Hat der gesetzliche Vertreter eines geschäftsunfähigen Ehegatten die Ehe nicht rechtzeitig angefochten, so kann nach dem Wegfalle der Geschäftsunfähigkeit der Ehegatte selbst die Ehe in gleicher Weise anfechten, wie wenn er ohne gesetzlichen Vertreter gewesen wäre.

---

5. Die Bestätignng als nicht empfangsbedürftige Willenserklärung vgl. § 144 Note 1.

**§ 1338.** 1. Die Anfechtung einer aufgelösten Ehe ist ausgeschlossen, wenn die Auflösung erfolgt ist

a. durch den Tod des anfechtungsberechtigten Ehegatten. Das Anfechtungsrecht ist höchstpersönlich;

b. durch Scheidung, welcher hier die Aufhebung der ehelichen Gemeinschaft nicht gleichsteht § 1586;

c. durch Wiederverheirathung im Falle der Todeserklärung des anderen Ehegatten (§ 1348 Abs. 2).

2. Zulässig bleibt die Anfechtung im Falle des Todes des nicht anfechtungsberechtigten Ehegatten. Die Anfechtung richtet sich nach § 1342. — Diese Ausnahme gilt nicht bei der Anfechtung im Falle des § 1350 Abs. 2 letzter Halbsatz.

3. Ist die Auflösung der Ehe (vgl. zu 1a—c) nach Erhebung der Anfechtungsklage erfolgt, so kann die Nichtigkeit von Jedermann unbeschränkt geltend gemacht werden. Vgl. § 1343 Abs. 2.

**§ 1339.** 1. Die Wahrung der Frist ist von Amtswegen zu prüfen und von dem Anfechtenden darzuthun.

2. (Abs. 3.) Auf die Ausschlußfrist (vgl. Bd. I S. 102 Nr. 4) des Abs. 2 finden die die Verjährungsfrist betreffenden Vorschriften

a. über Hemmung des Fristlaufs bei Stillstand der Rechtspflege und sonstiger höherer Gewalt (§ 203)

b. über die Schutzfrist beim Mangel gesetzlicher Vertretung für einen geschäftsunfähigen oder in der Geschäftsfähigkeit beschränkten Ehegatten (§ 206)

entsprechende Anwendung. Vgl. auch § 1340 und die Note daselbst.

3. Die Anfechtungsfrist ist sowohl für die Anfechtung im Wege der Klage (§ 1341) als auch für die Anfechtung durch Erklärung gegenüber dem Nachlaßgerichte (§ 1342) zu beobachten.

**§ 1340.** Das Anfechtungsrecht des eines gesetzlichen Vertreters ermangelnden geschäftsunfähigen Ehegatten ist nach § 1339 Abs. 2 in Verbindung mit § 206 zu beurtheilen. Die nach § 206 laufende sechsmonatige Frist beginnt mit dem Wegfalle der Geschäftsunfähigkeit, also auch schon mit dem Eintritte beschränkter Geschäftsfähigkeit (vgl. § 1336 Abs. 1). Vgl. auch §§ 1595, 2283.

**§ 1341.** Die Anfechtung erfolgt, solange nicht die Ehe aufgelöst ist, durch Erhebung der Anfechtungsklage. *3. Die Anfechtungserklärung. a. Anfechtungsklage.*

Wird die Klage zurückgenommen, so ist die Anfechtung als nicht erfolgt anzusehen. Das Gleiche gilt, wenn die angefochtene Ehe, bevor sie für nichtig erklärt oder aufgelöst worden ist, nach Maßgabe des § 1337 genehmigt oder bestätigt wird.

**§ 1342.** Ist die Ehe durch den Tod des zur Anfechtung nicht berechtigten Ehegatten aufgelöst worden, so erfolgt die Anfechtung durch Erklärung gegenüber dem Nachlaßgerichte; die Erklärung ist in öffentlich beglaubigter Form abzugeben. *b. Erklärung gegenüber dem Nachlaßgerichte.*

---

**§ 1341.** I. Der einzige Fall der Anfechtung, welcher nach erfolgter Auflösung der Ehe überhaupt zulässig ist, ist der Fall des § 1342. Vgl. § 1338. Vgl. die entsprechende Regelung bei der Anfechtung der Ehelichkeit §§ 1596 f.

II. **Die Anfechtungsklage.**

Die Anfechtungsklage ist nicht nur Prozeßhandlung, sondern auch Rechtsgeschäft, insofern sie zugleich auch die Willenserklärung des anfechtungsberechtigten Ehegatten, die Ehe anfechten zu wollen, zum Ausdrucke bringt (vgl. zu § 1343 Abs. 2).

1. Die Erhebung der Klage CPO. § 253. Geschäftsunfähigkeit und beschränkte Geschäftsfähigkeit des Klägers oder des Beklagten, vgl. CPO. § 612 (S. 722). Klagenverbindung und Widerklage CPO. §§ 615, 281.

2. Dem bei Lebzeiten der beiden Ehegatten ergehenden Urtheile kommt Wirkung für und gegen alle zu CPO. § 629 (abgedruckt S. 722). — Im Falle sachlicher Abweisung der Klage hat die Anfechtung, weil unbegründet, Wirkung nicht gehabt. — Nach CPO. § 616, abgedruckt zu § 1573, tritt fortab ein Ausschluß derjenigen Anfechtungsgründe ein, welche in dem früheren Prozesse geltend gemacht sind oder geltend gemacht werden konnten.

3. (Abs. 2 S. 1.) Bei Zurücknahme der Klage (CPO. § 271) gilt die Klage nicht nur prozessual als nicht erhoben, sondern auch die in ihr liegende rechtsgeschäftliche Anfechtung als nicht erfolgt, sodaß sich auch nach Auflösung der Ehe Niemand auf diese Anfechtung berufen kann (vgl. § 1343 Abs. 2). Der beschränkt geschäftsfähige Ehegatte bedarf, insoweit er nach CPO. § 612 (S. 722) prozeßfähig ist, zur Zurücknahme der Klage nicht der Genehmigung des gesetzlichen Vertreters. Uebrigens schließt die Zurücknahme der Klage nicht die Erhebung einer neuen Klage aus, sofern sich nicht die Zurücknahme als Genehmigung oder Bestätigung der anfechtbaren Ehe darstellt.

4. (Abs. 2 S. 2.) Genehmigung oder Bestätigung der angefochtenen Ehe wird materiell wie die Zurücknahme der Klage behandelt. Vgl. zu 3. Die Ehe wird indeß in Ansehung der durch die Genehmigung oder Bestätigung geheilten Anfechtungsgründe unanfechtbar (§ 1337).

5. Tod eines Ehegatten während des Rechtsstreits bewirkt, daß der Rechtsstreit in Ansehung der Hauptsache als erledigt anzusehen ist (CPO. § 628, abgedruckt zu § 1564). Die in der Klageerhebung liegende Anfechtung selbst bleibt bestehen; es unterbleibt indeß die Entscheidung darüber, ob die Ehe anfechtbar war. Diese Frage kommt fortan lediglich für die einzelnen Nachwirkungen der Ehe in Betracht und wird mangels eines allgemeinen Interesses (vgl. § 1329 Note I. 1b) nicht mehr mit Wirksamkeit für und gegen alle im Anfechtungsprozesse entschieden. Die Nichtigkeit der Ehe kann auf Grund der in der Klageerhebung liegenden Anfechtung nunmehr von Jedermann, der ein rechtliches Interesse daran hat, insbesondere also auch von den Erben des verstorbenen Anfechtungsklägers als Inzidentpunkt geltend gemacht werden § 1343 Abs. 2. Neben der in der Klageerhebung liegenden Anfechtung bedarf es einer Anfechtungserklärung gegenüber dem Nachlaßgericht aus § 1342 nicht mehr. Vgl. Titelvorb. Note B. II. 3; für das gesetzliche Erbrecht der Ehegatten § 1931 Note 2.

Das Nachlaßgericht soll die Erklärung sowohl demjenigen mittheilen, welcher im Falle der Gültigkeit der Ehe, als auch demjenigen, welcher im Falle der Nichtigkeit der Ehe Erbe des verstorbenen Ehegatten ist. Es hat die Einsicht der Erklärung Jedem zu gestatten, der ein rechtliches Interesse glaubhaft macht.

4. Die Wirkung der Anfechtung.

**§ 1343.** Wird eine anfechtbare Ehe angefochten, so ist sie als von Anfang an nichtig anzusehen. Die Vorschrift des § 142 Abs. 2 findet Anwendung.

Die Nichtigkeit einer anfechtbaren Ehe, die im Wege der Klage angefochten worden ist, kann, solange nicht die Ehe für nichtig erklärt oder aufgelöst ist, nicht anderweit geltend gemacht werden.

---

**§ 1342.** 1. Die Vorschrift betrifft nur die Anfechtung in dem Falle, daß der nicht anfechtungsberechtigte Ehegatte vor Erhebung der Anfechtungsklage gestorben ist (vgl. § 1338 Note 2). In allen übrigen Fällen richtet sich die Anfechtung nach § 1341.

2. Auch auf den Anwendungsfall des § 1342 finden die Vorschriften der §§ 1336—1340 Anwendung.

3. Eine für und gegen Jedermann wirksame Entscheidung (CPO. § 629, abgedruckt S. 722) darüber, ob die Anfechtung begründet ist, findet im Falle des § 1342 nicht statt. Diese Feststellung erfolgt vielmehr von Fall zu Fall bei Geltendmachung der sich aus der Anfechtung ergebenden praktischen Folgen, mögen dieselben familienrechtlicher oder vermögensrechtlicher Art sein. Vgl. Titelvorb. Note B. II. 3.

4. Die Form der Anfechtung entspricht der für die Annahme und Ausschlagung einer Erbschaft vorgeschriebenen Form (§§ 1945, 1955). Oeffentliche Beglaubigung § 129 und Noten daselbst.

**§ 1343.** I. **Voraussetzungen der Anwendbarkeit des § 1343.**

1. Eine objektiv anfechtbare Ehe. Die zulässigen Anfechtungsgründe ergeben sich aus § 1330.

2. Eine dem Gesetz entsprechende Anfechtung §§ 1331—1336.

II. **Rechtslage vor der Anfechtung.**

1. Die anfechtbare Ehe gilt als rechtsbeständig. Es hängt ausschließlich von dem Anfechtungsberechtigten ab, ob er anfechten will oder nicht. Sein Anfechtungsrecht erlischt durch Nichtausübung innerhalb der Anfechtungsfrist (§§ 1339, 1340), durch Bestätigung bzw. Genehmigung (§ 1337) oder durch Auflösung der Ehe, es sei denn, daß die Auflösung durch den Tod des nicht anfechtungsberechtigten Ehegatten herbeigeführt ist (§ 1338).

2. Ein Dritter kann sich vor erfolgter Anfechtung auf die Anfechtbarkeit nicht berufen. Er muß aber, wenn er die Anfechtbarkeit, d. h. das Vorliegen eines Anfechtungsgrundes kennt oder kennen muß (§ 122 Abs. 2), bei Vornahme eines Rechtsgeschäfts oder im Falle eines Rechtsstreits (vgl. § 1344) damit rechnen, daß die Anfechtung erfolgen und damit die Nichtigkeit der Ehe mit Wirkung ex tunc herbeigeführt wird und daß er sich alsdann so behandeln lassen muß, als ob er bei Vornahme des Rechtsgeschäfts oder bei Eintritt der Rechtshängigkeit die Nichtigkeit kannte oder kennen mußte. Abs. 1 S. 2, § 142 Abs. 2. — Handelt es sich um eine Leistung, welche der Dritte dem einen Ehegatten schuldet und welche auf Grund ehelichen Güterrechts (vgl. z. B. §§ 1380, 1443, 1450) von dem anderen Ehegatten geltend gemacht wird, so wird der Dritte mit Rücksicht auf seine Kenntniß der Anfechtbarkeit regelmäßig hinterlegungsberechtigt sein; § 372 Abs. 2 S. 2.

III. **Rechtslage nach der Anfechtung.**

1. Die Wirkung der Anfechtung entspricht den allgemeinen Vorschriften des § 142, dessen Inhalt durch § 1343 Abs. 1 wiedergegeben ist.

III. Rechtswirkungen der nichtigen Ehe.
1. Schutz gutgläubiger Dritter.

**§ 1344.** Einem Dritten gegenüber können aus der Nichtigkeit der Ehe Einwendungen gegen ein zwischen ihm und einem der Ehegatten vorgenommenes Rechtsgeschäft oder gegen ein zwischen ihnen ergangenes rechtskräftiges Urtheil nur hergeleitet werden, wenn zur Zeit der Vornahme des Rechtsgeschäfts oder zur Zeit des Eintritts der Rechtshängigkeit die Ehe für nichtig erklärt oder die Nichtigkeit dem Dritten bekannt war.

Die Nichtigkeit kann ohne diese Beschränkung geltend gemacht werden, wenn sie auf einem Formmangel beruht und die Ehe nicht in das Heirathsregister eingetragen worden ist.

---

2. Die Geltendmachung der Nichtigkeit.

a. Anfechtung durch Erhebung der Anfechtungsklage (§ 1341).

α. Solange nicht die Ehe für nichtig erklärt oder aufgelöst ist (vgl. § 1329 Note I. 1b), kann die Nichtigkeit nicht anderweit geltend gemacht werden. Vgl. hierzu § 1329 Note I. 2. — Die Aufhebung der ehelichen Gemeinschaft steht hier der Scheidung nicht gleich, § 1586.

*CPO. § 152. Hängt die Entscheidung eines Rechtsstreits davon ab, ob eine im Wege der Anfechtungsklage angefochtene Ehe anfechtbar ist, so hat das Gericht auf Antrag das Verfahren auszusetzen. Ist der Rechtsstreit über die Anfechtungsklage erledigt, so findet die Aufnahme des ausgesetzten Verfahrens statt.*

CPO. § 155 vgl. zu § 1329 Note II. 4.

β. Ist die Ehe für nichtig erklärt oder aufgelöst (vgl. § 1329 Note I. 1b), so kann sich Jedermann, sowohl zur Begründung eines Anspruchs als auch zur Begründung einer Einwendung unbeschränkt auf die Nichtigkeit berufen.

b. Bei Anfechtung durch Erklärung gegenüber dem Nachlaßgericht (§ 1342) ist von der erfolgten Anfechtung ab die Geltendmachung der Nichtigkeit Jedermann unbeschränkt freigegeben.

Vorbemerkung zu §§ 1344—1347.

1. Die Nichtigkeit der Ehe, mag dieselbe unmittelbar auf Gesetz (§§ 1323 ff.) oder auf Anfechtung (§§ 1330 ff., 1350) beruhen, hat grundsätzlich die Wirkung, daß die Rechtsverhältnisse so zu beurtheilen sind, als ob die Ehe überhaupt nicht geschlossen ist.

2. Dieser Grundsatz (zu 1) ist uneingeschränkt nur in dem Falle durchgeführt, daß die wegen Formmangels (§§ 1317, 1324) nichtige Ehe in ein Heirathsregister nicht eingetragen ist, §§ 1344 Abs. 2, 1345 Abs. 2, 1699 Abs. 2. In diesem Falle liegt nicht einmal ein für die rechtliche Beurtheilung zu berücksichtigender Schein einer Ehe vor. Vgl. § 1326 Note II. 1.

3. In allen anderen Fällen der Nichtigkeit wird dem vorhandenen Scheine einer gültigen Ehe Rechnung getragen, wenn die Voraussetzungen der besonderen Ausnahmen vorliegen. Solche Ausnahmen bestehen

a. für das Rechtsverhältniß zu Dritten in § 1344;
b. für das Rechtsverhältniß der Ehegatten zu einander §§ 1345—1347;
c. für das Rechtsverhältniß zu den Kindern gemäß §§ 1699 ff.

**§ 1344. I. Unzulässige Einwendung der Ehenichtigkeit.**

1. Vgl. Vorb. zu §§ 1344—1347.

Der § 1344 enthält eine Schutzvorschrift zu Gunsten des Dritten, welcher sich im Vertrauen auf die Gültigkeit einer nichtigen, aber formgültig abgeschlossenen oder doch wenigstens in das Heirathsregister eingetragenen Ehe mit einem der (scheinbaren) Ehegatten auf Rechtsgeschäfte oder in einen Rechtsstreit einläßt. Der Schutz besteht darin, daß Einwendungen aus der Nichtigkeit der Ehe gegen die Wirksamkeit des Rechtsgeschäfts oder des in einem Rechtsstreit ergangenen Urtheils thunlichst abgeschnitten werden (vgl. §§ 407, 893, 1435, 2366, 2370).

2. Vermögensrechtliche Wirkungen unter d. Ehegatten.
a. Anspruch des gutgläubigen geg. d. schlechtgläubigen Ehegatten.

**§ 1345.** War dem einen Ehegatten die Nichtigkeit der Ehe bei der Eheschließung bekannt, so kann der andere Ehegatte, sofern nicht auch ihm die Nichtigkeit bekannt war, nach der Nichtigkeitserklärung oder der Auflösung der Ehe verlangen, daß ihr Verhältniß in vermögensrechtlicher Beziehung, insbesondere auch in Ansehung der Unterhaltspflicht, so behandelt wird, wie wenn die Ehe zur Zeit der Nichtigkeitserklärung oder der Auflösung geschieden und der Ehe-

---

2. Einwendungen gegen ein zwischen dem Dritten und einem der Ehegatten vorgenommenes Rechtsgeschäft.

a. Zu den zwischen zwei Personen vorgenommenen Rechtsgeschäften gehören auch die einseitigen Rechtsgeschäfte (vgl. Bd. I S. 53 Note b.) So muß z. B. der Mann eine von oder gegenüber der Ehefrau innerhalb der Schlüsselgewalt (§ 1357) erfolgte Kündigung eines Dienstboten, die Frau eine von dem Manne auf Grund des § 1358 ausgesprochene Kündigung trotz Nichtigkeit der Ehe gegen sich gelten lassen.

b. Namentlich sind demnach die auf Grund des ehelichen Güterrechts unter der Voraussetzung der Gültigkeit der Ehe wirksamen Rechtsgeschäfte auch bei Nichtigkeit der Ehe wirksam.

c. Der Schutz erstreckt sich nur auf die unmittelbar mit dem Ehegatten vorgenommenen Rechtsgeschäfte. Hat z. B. ein Dritter einen der Ehefrau gehörigen Gegenstand, welchen ein Anderer von dem mit der Ehefrau in Gütergemeinschaft lebenden Ehemann erworben hatte, von diesem Anderen im Vertrauen darauf erworben, daß die Ehe gültig und der Ehemann deshalb gemäß § 1443 zur Veräußerung befugt gewesen sei, so gewährt ihm, falls der Andere wegen Kenntniß oder verschuldeter Unkenntniß der Nichtigkeit unwirksam erworben hatte, der § 1344 keinen Schutz. Nicht ausgeschlossen ist, daß er durch die allgemeinen Vorschriften über den Erwerb im guten Glauben geschützt ist.

3. Einwendungen gegen ein rechtskräftiges Urtheil.

In Betracht kommen nur die zu Gunsten des Dritten ergangenen Urtheile, sei es, daß dem Dritten ein Anspruch zugesprochen, sei es, daß dem Ehegatten ein Anspruch aberkannt ist. Der Schutz reicht aber naturgemäß nur soweit, als das Urtheil bei Voraussetzung der Gültigkeit der Ehe auch gegen den anderen Ehegatten wirksam gewesen wäre. Vgl. §§ 1380, 1376; § 1435; § 1443; § 1450.

4. Die Vorschrift des § 1344 bezieht sich nur auf die Wirksamkeit des Rechtsgeschäfts bzw. des Urtheils. Sie gewährt dem Dritten hingegen nicht die Befugniß, behufs Befriedigung wegen seiner gegen einen Ehegatten begründeten Forderung sich an dasjenige Vermögen des anderen zu halten, welches, wenn die Ehe gültig gewesen wäre, der Zwangsvollstreckung von Seiten des Dritten unterlegen haben würde.

II. **Zulässige Einwendung der Ehenichtigkeit.**

1. Die Nichtigkeit der Ehe kann Dritten gegenüber gegen Rechtsgeschäfte und Urtheile (vgl. zu 1) geltend gemacht werden, wenn zur Zeit der Vornahme des Rechtsgeschäfts (vgl. § 130) oder des Eintritts der Rechtshängigkeit (vgl. §§ 407, 1435)

a. die Ehe für nichtig erklärt war, §§ 1329, 1343; oder

b. der Dritte Kenntniß von der Nichtigkeit oder von der Anfechtbarkeit der späterhin angefochtenen Ehe (§ 1343 Abs. 1; § 142 Abs. 2) hatte. Bloßes Kennenmüssen genügt nicht. Vgl. hierzu § 892 Note III.

2. Die Einwendung der Nichtigkeit ist Geltendmachung der Nichtigkeit im Sinne der §§ 1329, 1343 Abs. 2 und deshalb den aus diesen Vorschriften sich ergebenden Beschränkungen unterworfen. Vgl. hierzu und wegen des Anspruchs auf Aussetzung des Rechtsstreits CPO. §§ 151 f. zu §§ 1329, 1343.

3. Die Beweislast für die Zulässigkeit der Einwendung der Nichtigkeit trifft denjenigen, der sich auf die Nichtigkeit beruft.

gatte, dem die Nichtigkeit bekannt war, für allein schuldig erklärt worden wäre.

Diese Vorschrift findet keine Anwendung, wenn die Nichtigkeit auf einem Formmangel beruht und die Ehe nicht in das Heirathsregister eingetragen worden ist.

---

**§ 1345.** 1. Auch für § 1345 ist zu beachten, daß die Kenntniß der Anfechtbarkeit gemäß §§ 1343 Abs. 1, 142 Abs. 2 der Kenntniß der Nichtigkeit gleichsteht. Vgl. § 1344 Note II 1 b.

2. Die Einschränkung, welche die aus der Nichtigkeit der Ehe folgende grundsätzliche Beurtheilung der Rechtsverhältnisse (vgl. Vorb. zu §§ 1344 bis 1347 Note 1 und 2) unter den Ehegatten erleidet, bezieht sich nicht

a. auf die wegen Formwidrigkeit nichtige, auch in das Heirathsregister nicht eingetragene Ehe § 1345 Abs. 2;

b. auf andere als vermögensrechtliche Verhältnisse. Zu letzteren gehört insbesondere die Unterhaltspflicht (§§ 1578—1582, 1584).

3. Ohne die Vorschrift des § 1345 würde in allen Fällen der Nichtigkeit das vermögensrechtliche Verhältniß der Ehegatten, ohne Rücksicht auf die besonderen eherechtlichen Vorschriften zu beurtheilen sein. Es würden, abgesehen von besonderen zwischen den vermeintlichen Eheleuten obwaltenden Vertragsverhältnissen, die Vorschriften über die ungerechtfertigte Bereicherung (§§ 812 ff.) und über die Geschäftsführung ohne Auftrag in weitem Umfang eingreifen. Dabei würde die während bestehender Ehe für die gegenseitigen Ansprüche der Ehegatten durch § 204 vorgeschriebene Hemmung der Verjährung nicht eintreten, da auch diese Vorschrift eine rechtsbeständige Ehe voraussetzt.

4. Kenntniß. Für die Vorschrift des § 1345 kommt es auf die Kenntniß, nicht das Kennenmüssen der Ehegatten zur Zeit der Eheschließung an. Vgl. indeß bei Anfechtung wegen Drohung und Irrthum zu § 1346.

a. Kenntniß der die Nichtigkeit (bzw. der die Anfechtbarkeit §§ 1343 Abs. 1, 142 Abs. 2) begründenden Thatsachen ist nicht gleichbedeutend mit Kenntniß der Rechtswirkungen, welche diese Thatsachen für den Bestand der Ehe haben (vgl. § 892 Note III). Dies ist besonders wichtig bei Anwendbarkeit eines ausländischen Eherechts, EG. Art. 13.

b. Mala fides superveniens bleibt auch für die Thatbestände, welche erst nach Erlangung der Kenntniß eingetreten sind, außer Betracht. Entscheidend ist immer der Zeitpunkt der Eheschließung.

c. Die Beweislast für die Kenntniß ist in der Weise vertheilt, daß jeder der Ehegatten dem anderen die Kenntniß nachweisen muß.

d. Kenntniß beider Ehegatten oder Unkenntniß beider Ehegatten von der Nichtigkeit oder Anfechtbarkeit (§§ 1343 Abs. 1, 142 Abs. 2) schließt die Anwendung des § 1345 aus.

5. Das durch § 1345 begründete Recht.

a. In § 1345 wird einem Ehegatten (vgl. 1346) das Recht gegeben, von dem Zeitpunkte der Nichtigkeitserklärung (§§ 1329, 1341, 1343 Abs. 2) oder der Auflösung ab (vgl. § 1338 Note 1 u. 2) zu verlangen, daß das Verhältniß der Ehegatten in vermögensrechtlicher Beziehung in der zu 6 bezeichneten Weise behandelt werde. — Dieses Recht ist als solches unverjährbar. Vgl. § 194 Note I. Vgl. indeß § 1347 Abs. 1.

b. Die aus diesem Rechte folgenden einzelnen Ansprüche sind vom Wollen des Berechtigten abhängige Ansprüche. Wegen der Verjährung vgl. deshalb zu § 198 Note 2. Wegen der Fristsetzung von Seiten des anderen Ehegatten § 1347.

c. Der Berechtigte kann verlangen, daß das vermögensrechtliche Verhältniß nach den im Falle der Scheidung eingreifenden Vorschriften (vgl. zu 6) beurtheilt wird.

α. Wenn und solange der Berechtigte von diesem Rechte keinen Gebrauch

b. Bei Anfechtung wegen Drohung oder Irrthums.

**§ 1346.** Wird eine wegen Drohung anfechtbare Ehe für nichtig erklärt, so steht das im § 1345 Abs. 1 bestimmte Recht dem anfechtungsberechtigten Ehegatten zu. Wird eine wegen Irrthums anfechtbare Ehe für nichtig erklärt, so steht dieses Recht dem zur Anfechtung nicht berechtigten Ehegatten zu, es sei denn, daß dieser den Irrthum bei der Eingehung der Ehe kannte oder kennen mußte.

c. Ausübung des Rechtes.

**§ 1347.** Erklärt der Ehegatte, dem das im § 1345 Abs. 1 bestimmte Recht zusteht, dem anderen Ehegatten, daß er von dem Rechte Gebrauch mache, so kann er die Folgen der Nichtigkeit der Ehe nicht mehr geltend machen; erklärt er dem anderen Ehegatten, daß es bei diesen Folgen bewenden solle, so erlischt das im § 1345 Abs. 1 bestimmte Recht.

Der andere Ehegatte kann den berechtigten Ehegatten unter Bestimmung einer angemessenen Frist zur Erklärung darüber auffordern, ob er von dem Rechte Gebrauch mache. Das Recht kann in diesem Falle nur bis zum Ablaufe der Frist ausgeübt werden.

---

macht, findet die aus der Nichtigkeit sich ergebende Beurtheilung Anwendung. Vgl. zu 3.

β. Wegen der in dem Bestimmungsrechte liegenden facultas alternativa (§ 262 Note 1) und ihrer Ausübung oder Nichtausübung § 1347.

6. Rechtslage bei Scheidung und alleiniger Schuldigerklärung eines Ehegatten.

a. Unterhaltsanspruch §§ 1578—1582.

b. Widerruf der während des Braut- und Ehestandes gemachten Schenkungen § 1584.

c. Vermögensauseinandersetzung.

α. Gesetzlicher Güterstand §§ 1421 ff.

β. bei Gütertrennung werden die Vorschriften über die ungerechtfertigte Bereicherung (vgl. zu 3) durch die Vorschriften der §§ 1427 ff. ergänzt;

γ. bei allgemeiner Gütergemeinschaft §§ 1471 ff.; vgl. insbesondere § 1478;

δ. Errungenschaftsgemeinschaft § 1546;

ε. Fahrnißgemeinschaft §§ 1549, 1471 ff., 1478.

d. Die Verjährung der beiderseitigen Ansprüche (vgl. zu 5a und b) ist nach § 204 zu beurtheilen; vgl. § 1347 Abs. 1 Halbs. 1.

e. Praesumtio Muciana gilt in dem in § 1362 Abs. 2 gegebenen Umfange.

7. Ein Schadensersatzanspruch, der etwa nach den allgemeinen Vorschriften der §§ 823 ff. für einen Ehegatten gegen den anderen begründet ist, wird durch § 1345 nicht berührt.

**§ 1346.** 1. (Satz 1. Drohung.) Dem wegen Drohung anfechtungsberechtigten Ehegatten ist der Anfechtungsgrund (§§ 1343 Abs. 1, 142 Abs. 2) bei der Eheschließung bekannt. Nach der Fassung des § 1345 würde ihm deshalb das Wahlrecht nicht zustehen. Diese Folgerung wird durch § 1346 Satz 1 ausgeschlossen. Vgl. hierzu § 1704.

2. (Satz 2. Irrthum.) Durch Satz 2 wird die durch die allgemeine Vorschrift über Irrthum (vgl. § 122) gegebene Regelung auf die Eheschließung übertragen. Der Irrende irrt auf seine Gefahr. Zu Gunsten des anderen Theiles wird die Sache so angesehen, als ob dem Irrenden der Anfechtungsgrund des Irrthums bekannt war.

**§ 1347.** 1. (Abs. 1.) In § 1345 ist dem Berechtigten eine facultas alternativa gewährt, über deren Ausübung § 1347 die näheren Vorschriften giebt. Vgl. hierzu § 262 Note 1.

a. Die Ausübung der Wahl geschieht durch eine dem anderen Theile gegenüber abzugebende Erklärung (§§ 130 ff.). Die Erklärung kann auch

## Vierter Titel.

## Wiederverheirathung im Falle der Todeserklärung.

**§ 1348.** Geht ein Ehegatte, nachdem der andere Ehegatte für todt erklärt worden ist, eine neue Ehe ein, so ist die neue Ehe nicht deshalb nichtig, weil der für todt erklärte Ehegatte noch lebt, es sei denn, daß beide Ehegatten bei der Eheschließung wissen, daß er die Todeserklärung überlebt hat.

I. Wiederverheirathung des Ehegatten eines fälschlich für todt Erklärten.
a. Zulässigkeit.

Mit der Schließung der neuen Ehe wird die frühere Ehe aufgelöst. Sie bleibt auch dann aufgelöst, wenn die Todeserklärung in Folge einer Anfechtungsklage aufgehoben wird.

b. Wirkung auf die frühere Ehe.

---

von oder gegenüber dem Erben des einen oder des anderen Ehegatten abzugeben sein und abgegeben werden.

b. Die einmal wirksam gewordene Erklärung ist endgültig, wie durch Abs. 1 ausdrücklich festgestellt wird.

2. (Abs. 2.) Wegen der in Abs. 2 zugelassenen Setzung einer Ausschlußfrist vgl. Bd. I S. 102 Note 4.

3. Die Anwendung der Scheidungsvorschriften erfordert eine darauf gerichtete Willenserklärung des Berechtigten. Wenn und solange eine solche Erklärung nicht abgegeben wird, bleibt es bei den aus der Nichtigkeit der Ehe nach allgemeinen Grundsätzen sich ergebenden Folgen. Vgl. § 1345 Note 3.

**§ 1348. I. Wirkung der Todeserklärung in Ansehung der Ehe.**

1. Die Todeserklärung begründet die Vermuthung, daß der Verschollene in dem in dem Urtheile festgestellten Zeitpunkte gestorben sei (§ 18). Indeß wird die Ehe nicht durch die Todeserklärung aufgelöst, wie denn auch der die Todeserklärung überlebende Ehemann die Wiederherstellung des durch die Todeserklärung beendigten gesetzlichen Güterstandes nach §§ 1420, 1425 verlangen kann. Vgl. auch §§ 1544, 1547.

2. Die Todeserklärung begründet die Vermuthung und damit bis zu ihrer Widerlegung den Beweis des Todes. Der Ehegatte des für todt Erklärten ist somit zur Eingehung einer neuen Ehe legitimirt.

3. Ohne die Vorschrift des § 1348 würde, wenn der verschollene Ehegatte die Todeserklärung und die neue Eheschließung überlebt, die neue Ehe nach §§ 1309, 1326 dauernd nichtig sein. Hier greifen §§ 1348 ff. ein.

4. Uebergangsbestimmungen EG. Artt. 158, 159.

5. Internationales Privatrecht EG. Art. 9 Abs. 3, Art. 13 Abs. 2.

**II. Der Inhalt des § 1348 Abs. 1.**

1. Die Nichtigkeit der neuen Ehe aus dem Grunde des Bestehens der früheren Ehe kann überhaupt nur in Frage kommen, wenn der Verschollene zur Zeit der neuen Eheschließung noch lebte. Ist er zu dieser Zeit todt, so kommt, weil die frühere Ehe zur Zeit der späteren Eheschließung durch den Tod aufgelöst ist, Bigamie selbst dann nicht in Betracht, wenn der Verschollene die Todeserklärung überlebt hat.

2. Abs. 1 enthält eine Sondervorschrift (vgl. Note I. 3): die neue Ehe soll nicht schon deshalb nichtig sein, weil der für todt erklärte Ehegatte noch lebt (vgl. zu I), sondern Nichtigkeit der neuen Ehe gemäß §§ 1309, 1326 soll nur eintreten, wenn der verschollene Ehegatte zur Zeit der neuen Eheschließung noch lebt und beiden Ehegatten der neuen Ehe für diese Zeit die Kenntniß davon nachgewiesen wird, daß der für todt Erklärte die Todeserklärung, d. i. den Erlaß des die Todeserklärung aussprechenden Urtheils, überlebt hat. Auf die Kenntniß davon, daß er den in diesem Urtheile festgestellten Todeszeitpunkt oder den Zeitpunkt der Eheschließung überlebt hat, kommt es nicht an.

3. Durch die nur einem der Ehegatten der neuen Ehe innewohnende Kenntniß, daß der für todt Erklärte zur Zeit der Todeserklärung bzw. zur

c. Ehehinderniß bei Anfechtung der Todeserklärung.

**§ 1349.** Ist das Urtheil, durch das einer der Ehegatten für todt erklärt worden ist, im Wege der Klage angefochten, so darf der andere Ehegatte nicht vor der Erledigung des Rechtsstreits eine neue Ehe eingehen, es sei denn, daß die Anfechtung erst zehn Jahre nach der Verkündung des Urtheils erfolgt ist.

2. Anfechtung der neuen Ehe durch die Ehegatten derselben bei Lebensnachricht von dem für todt Erklärten.

**§ 1350.** Jeder Ehegatte der neuen Ehe kann, wenn der für todt erklärte Ehegatte noch lebt, die neue Ehe anfechten, es sei denn, daß er bei der Eheschließung von dessen Leben Kenntniß hatte. Die Anfechtung kann nur binnen sechs Monaten von dem Zeitpunkt an erfolgen, in welchem der anfechtende Ehegatte erfährt, daß der für todt erklärte Ehegatte noch lebt.

---

Zeit der Eheschließung noch lebt, wird die Gültigkeit der neuen Ehe an sich nicht berührt. Diese Kenntniß kann unter Umständen den anderen Ehegatten zur Anfechtung der Ehe wegen Täuschung (§ 1334) berechtigen. Im Uebrigen hat die Kenntniß für den Wissenden den Verlust des Anfechtungsrechts aus § 1350 sowie des Unterhaltsanspruchs aus § 1351 zur Folge.

III. (Abs. 2). **Auflösung der Ehe des für todt Erklärten.**

1. Mit der Schließung der neuen Ehe wird, vorausgesetzt daß der für todt Erklärte noch lebt, die frühere Ehe kraft Gesetzes aufgelöst. Bis zur Widerlegung der Vermuthung des § 18 gilt der im Todeserklärungsurtheile festgestellte Todestag auch als Tag, an welchem die Ehe durch den Tod des Verschollenen aufgelöst ist. Voraussetzung für die Anwendung des Abs. 2 Satz 1 ist, daß die neue Ehe nicht nichtig ist, insbesondere also, daß nicht Nichtigkeit der neuen Ehe wegen beiderseitiger Bösgläubigkeit der neuen Ehegatten gemäß Abs. 1 vorliegt. Aber auch jede andere kraft Gesetzes (§ 1323) oder kraft Anfechtung (§ 1330) eintretende Nichtigkeit schließt die Anwendbarkeit des Abs. 2 aus (vgl. § 1343). Die abweichende Bestimmung des E. II § 1333 ist im Bundesrathe gestrichen.
   Die Nichtigkeitsklage gegen die neue Ehe kann gemäß CPO. § 632 (abgedruckt S. 727) auch von dem Verschollenen erhoben werden. Diesem gegenüber ist ein Urtheil, wenn die Nichtigkeitsklage auf § 1326 gestützt war, nur wirksam, wenn er an dem Rechtsstreite Theil genommen hat, CPO. § 629 (S. 722).
2. Abs. 2 Satz 2 versagt der in Folge einer Anfechtungsklage erfolgenden Aufhebung der Todeserklärung die Einwirkung auf den Bestand der bereits geschlossenen Ehe. Vgl. CPO. §§ 957, 973. Die Anfechtung des Todeserklärungsurtheils als aufschiebendes Ehehinderniß § 1349.
3. Die nach Abs. 2 Satz 1 eintretende Auflösung der früheren Ehe hat alle Wirkungen der Eheauflösung, so daß fortab auch der Verschollene eine anderweite Ehe eingehen kann. Indeß ist die Gültigkeit seiner neuen Ehe davon abhängig, daß die die Auflösung seiner früheren Ehe bewirkende Wiederverheirathung des anderen Ehegatten zu einer gültigen Ehe führte (vgl. zu 1), daß diese Ehe insonderheit auch nicht auf Grund des § 1350 angefochten wird. Vgl. zu § 1350 Note II. 1.
4. Einfluß der Eheauflösung aus § 1348 Abs. 2 auf die elterliche Gewalt § 1637.

**§ 1349.** 1. Obwohl die bereits geschlossene Ehe durch die Anfechtung des Todeserklärungsurtheils nicht berührt wird (§ 1348 Abs. 2 Satz 2), wird in § 1349 ein aufschiebendes Ehehinderniß für den Fall festgesetzt, daß zur Zeit der beabsichtigten Wiederverheirathung das Todeserklärungsurtheil im Wege der Klage angefochten ist (vgl. CPO. § 976 Abs. 3). Die 10jährige Frist des § 1349 entspricht der Frist in CPO. § 958 Abs. 2. Vgl. hierzu § 1309 Abs. 2.

2. Das Ehehinderniß des § 1349 ist nur aufschiebend. Die Verletzung desselben bewirkt weder Nichtigkeit (§ 1323) noch Anfechtbarkeit (§ 1330) der verbotswidrig geschlossenen Ehe.

Die Anfechtung ist ausgeschlossen, wenn der anfechtungsberechtigte Ehegatte die Ehe bestätigt, nachdem er von dem Leben des für todt erklärten Ehegatten Kenntniß erlangt hat, oder wenn die neue Ehe durch den Tod eines der Ehegatten aufgelöst worden ist.

**§ 1351.** Wird die Ehe nach § 1350 von dem Ehegatten der früheren Ehe angefochten, so hat dieser dem anderen Ehegatten nach den für die Scheidung geltenden Vorschriften der §§ 1578 bis 1582 Unterhalt zu gewähren, wenn nicht der andere Ehegatte bei der Ehe- 3. Unterhaltsanspruch des vereinsamten Ehegatten der neuen Ehe.

---

**§ 1350.** I. **Das Anfechtungsrecht der Ehegatten der neuen Ehe.**

Nur den beiden Ehegatten der neuen Ehe (nicht auch dem für todt Erklärten) wird, um ihren gerechtfertigten Gewissensbedenken Rechnung zu tragen, ein Anfechtungsrecht gegeben. Für das Anfechtungsrecht sind, soweit nicht § 1350 Abweichendes vorschreibt, die §§ 1336 ff. maßgebend.

1. Die Anfechtung erfolgt ausschließlich durch Erhebung der Anfechtungsklage § 1341. Die Anfechtungserklärung aus § 1342 kommt nicht in Betracht, da nach Auflösung der Ehe die Anfechtung stets ausgeschlossen ist. Vgl. Abs. 2 und zu 3c.

2. Zur Begründung der Klage gehört, daß der für todt Erklärte zur Zeit der Klageerhebung noch lebt und daß die Frist des Abs. 1 S. 2 innegehalten ist.

3. Einwendungen, bzw. von Amtswegen (CPO. § 622) zu berücksichtigende Gründe für die Ausschließung der Anfechtungsklage:

a. Kenntniß des Anfechtenden zur Zeit der Eheschließung von dem Leben des für todt Erklärten. Es kommt also hier — anders wie in § 1348 — nicht auf die Kenntniß davon, daß der Verschollene die Todeserklärung überlebt hat, sondern auf die Kenntniß davon, daß er zur Zeit der Eheschließung noch gelebt hat, an.

b. Bestätigung der Ehe durch den Anfechtenden nach erlangter Kenntniß von dem Leben des für todt Erklärten (Abs. 2 Halbs. 1) vgl. zu § 1337.

c. Auflösung der neuen Ehe zur Zeit der Erhebung der Anfechtungsklage. Durch Abs. 2 Halbsatz 2 wird die Vorschrift des § 1338 (vgl. daselbst Note 2) insofern modifizirt, als die Anfechtung auf Grund des § 1350 auch dann ausgeschlossen wird, wenn die Auflösung der Ehe durch den Tod des nicht anfechtungsberechtigten Ehegatten herbeigeführt ist.

II. **Die Wirkung der Anfechtung.**

1. Die Anfechtung macht die anfechtbare Ehe von Anfang an nichtig (§ 1343 Abs. 1). Daraus ergiebt sich,

a. daß die frühere Ehe nicht gemäß § 1348 Abs. 2 aufgelöst ist, sondern weiter besteht;

b. daß eine anderweit von dem für todt Erklärten nach der Wiederverheirathung seines früheren Ehegatten eingegangene Ehe als Doppelehe gemäß §§ 1309, 1326 nichtig ist. Vgl. auch § 1348 Note III. 3.

2. Der Schutz Dritter hinsichtlich der zwischen ihnen und einem Ehegatten der angefochtenen Ehe vorgenommenen Rechtsgeschäfte oder anhängig gewordenen Rechtsstreitigkeiten richtet sich nach § 1344. Kenntniß der Anfechtbarkeit der späteren Ehe (vgl. §§ 1343, 142 Abs. 2) kann nur angenommen werden, wenn der Dritte weiß, daß der für todt Erklärte in dem für die Kenntniß nach § 1344 maßgebenden Zeitpunkte noch lebte. Zweifelhaft kann sein, ob ihm auch bekannt sein muß, daß die die Anfechtung ausschließenden Umstände (§ 1350 Note I. 3) nicht vorliegen. Vgl. hierzu die anderweite Auslegung bei Planck.

3. Für die Ehegatten der angefochtenen Ehe sind §§ 1345, 1347 mit den sich aus § 1351 ergebenden Abweichungen maßgebend. Vgl. hierüber zu § 1351.

schließung wußte, daß der für todt erklärte Ehegatte die Todeserklärung überlebt hat.

4. Unterhaltung der Kinder aus der früheren Ehe.

**§ 1352.** Wird die frühere Ehe nach § 1348 Abs. 2 aufgelöst, so bestimmt sich die Verpflichtung der Frau, dem Manne zur Bestreitung des Unterhalts eines gemeinschaftlichen Kindes einen Beitrag zu leisten, nach den für die Scheidung geltenden Vorschriften des § 1585.

## Fünfter Titel.

## Wirkungen der Ehe im Allgemeinen.

---

**§ 1351.** Ohne die Vorschrift des § 1351 würde sich das Verhältniß der Ehegatten der nach § 1350 angefochtenen Ehe ausschließlich nach §§ 1345, 1347 richten.

1. Nach § 1345 würden bei Gutgläubigkeit beider Ehegatten hinsichtlich des Anfechtungsgrundes lediglich die sich aus der Nichtigkeit ergebenden Folgen eintreten (§ 1345 Note 3). Hieran wird durch § 1351 für den Fall nichts geändert, daß der mit dem für todt Erklärten nicht verheirathet gewesene Ehegatte der neuen Ehe von seinem Anfechtungsrecht aus § 1350 Gebrauch macht. In diesem Falle finden Nachwirkungen der zweiten Ehe überhaupt nicht statt.

2. Macht derjenige Ehegatte der neuen Ehe, welcher mit dem Verschollenen verheirathet war, von seinem Anfechtungsrecht aus § 1350 Gebrauch, so setzt er seine alte Ehe wieder fort (vgl. § 1350 Note II. 1 a). Für ihn bildet die angefochtene Ehe eine weniger eingreifende Episode als für den anderen Ehegatten, der fortab wieder vereinsamt ist. Diesem wird deshalb als Ersatz für den Verlust erbrechtlicher Aussichten und für die sonstigen mit der Anfechtung der Ehe für ihn verbundenen Nachtheile der Unterhaltsanspruch aus § 1351 gegeben.

3. Der Unterhaltsanspruch wird schon dadurch ausgeschlossen, daß der nach § 1351 Berechtigte zur Zeit der Eheschließung wußte, daß der für todt Erklärte die Todeserklärung überlebt hat. Kenntniß davon, daß der Verschollene zur Zeit der Eheschließung noch lebte (vgl. § 1350) ist zur Ausschließung des Unterhaltsanspruchs nicht erfordert.

4. Verhältniß der Unterhaltspflicht des nach § 1351 unterhaltspflichtigen Ehegatten zur Unterhaltspflicht der Verwandten § 1608 Abs. 2. — Verhältniß des Unterhaltsanspruchs aus § 1351 bei Zusammentreffen mehrerer Unterhaltsberechtigter und unzureichendem Vermögen des Unterhaltspflichtigen § 1609 Abs. 2.

5. Vgl. im Uebrigen zu §§ 1578—1582. Der Unterhaltsanspruch im Konkurse. KO. § 3 Abs. 2 (zu § 1360 Note 4 c).

**§ 1352.** 1. Für die Anwendung des § 1352 ist es gleichgültig, welcher Ehegatte — Mann oder Frau — für todt erklärt worden ist. Im Uebrigen vgl. § 1585.

2. Einfluß der Eheauflösung aus § 1348 Abs. 2 auf die elterliche Gewalt § 1637.

Vorbemerkung zum 5. Titel.

1. Die in §§ 1353 ff. behandelten Wirkungen der Ehe im Allgemeinen treten, auch soweit sie vermögensrechtlicher Natur sind, ohne Rücksicht auf das für die Ehegatten geltende Güterrecht ein.

2. Die aus dem Wesen der Ehe sich ergebenden persönlichen Pflichten der Ehegatten gegen einander, obwohl in erster Linie sittlicher Natur, werden durch §§ 1353 ff. als Rechtspflichten anerkannt. Ihre Verletzung bildet nicht nur die Grundlage des Anspruchs auf Herstellung des ehelichen Lebens (Note 4), sondern kann auch das Recht auf Scheidung der Ehe begründen (§§ 1564 bis 1568). Die Vorschriften über die Ehescheidung bilden insofern eine Ergänzung oder Erläuterung der §§ 1353 ff., als jeder Scheidungsgrund mit

Ausnahme der Geisteskrankheit (§ 1569) zugleich eine Verletzung des durch die Ehe begründeten persönlichen Verhältnisses bedeutet. Vorbemerkung zum 5. Titel.

3. Die in §§ 1353 ff. geordneten gegenseitigen Ansprüche der Ehegatten unterliegen nicht der Verjährung, soweit sie auf die Herstellung des dem ehelichen Verhältnisse entsprechenden Zustandes für die Zukunft gerichtet sind § 194 Abs. 2.

4. Die Geltendmachung der aus dem ehelichen Verhältnisse sich ergebenden Ansprüche geschieht mittels der in CPO. §§ 606 ff. geregelten Klage auf Herstellung des ehelichen Lebens. JPrR. zu EG. Art. 14 Note IV.

a. Der Antrag bei der Klage auf Herstellung des ehelichen Lebens ist der im einzelnen Falle in Frage stehenden Zuwiderhandlung gegen die aus dem ehelichen Verhältnisse sich ergebenden Pflicht anzupassen. Mit der Klage auf Herstellung des ehelichen Lebens kann z. B. die Herstellung der häuslichen Gemeinschaft (§ 1567 Ziffer 1), die Führung des ehemännlichen Namens (§ 1355), die Entfernung einer Konkubine aus der ehelichen Wohnung gefordert werden.

b. Wegen der prozessualen Ausgestaltung vgl. CPO. §§ 606 ff., Sühneversuch CPO. § 608. Die Klage kann nur durch den Ehegatten persönlich, nicht durch einen gesetzlichen Vertreter erhoben werden CPO. § 612 Abs. 2 (S. 722). Erforderniß einer Spezialvollmacht CPO. § 613. Verbindung mit der Scheidungs- und Anfechtungsklage CPO. § 615.

c. Zwangsvollstreckung aus dem Urtheil auf Herstellung des ehelichen Lebens findet nicht statt CPO. § 888 Abs. 2.

d. Klage und Verurtheilung zur Herstellung der häuslichen Gemeinschaft als Voraussetzung der Scheidung wegen böslicher Verlassung § 1567.

5. Anderweite civilrechtliche Wirkungen der Ehe.

Die §§ 1353 ff. zählen die mit der Ehe im allgemeinen verbundenen Wirkungen nicht erschöpfend auf. Ergänzende Vorschriften:

a. Wohnsitz der Ehefrau § 10.

b. Hemmung der Anspruchsverjährung während der Ehe § 204.

c. Der Ehemann bedarf der Einwilligung seiner Frau zur Ehelichkeitserklärung seines unehelichen Kindes § 1726.

d. Wer verheirathet ist, kann nur mit Einwilligung seines Ehegatten an Kindesstatt annehmen oder angenommen werden § 1746; vgl. indeß daselbst Abs. 2.

e. Vormundschaftsrechtliche Vorschriften §§ 1783, 1887, 1900.

f. Gesetzliches Erbrecht der Ehegatten §§ 1931—1934. Pflichttheilsrecht §§ 2303 Abs. 2 ff., 2335—2337.

g. Gemeinschaftliches Testament kann nur von Ehegatten errichtet werden §§ 2265 ff.

h. Besonderheiten bei Erbverträgen unter Ehegatten §§ 2275 Abs. 2, 2276 Abs. 2, 2279 Abs. 2, 2280, 2290 Abs. 3, 2292; bei Erbverzichtsvertrag § 2347 Abs. 1.

i. Die Ehe ist Voraussetzung der ehelichen Abstammung §§ 1591 ff. und der Schwägerschaft § 1590.

k. Staatsangehörigkeit der Ehefrau Ges. über die Bundes- und Staatsangehörigkeit §§ 2, 5, 12, vgl. zu EG. Art. 41.

l. Strafantragsrecht des Ehemanns der beleidigten Ehefrau StrGB. § 195 (EG. Art. 34. VI).

m. Einfluß der Verheirathung des Kindes auf die elterliche Nutznießung § 1661.

6. Die Geschäftsfähigkeit der Frau wird weder durch die Ehe noch durch das eheliche Güterrecht beschränkt. Die Rechte des Mannes in Ansehung der Person und des Vermögens der Frau werden durch die Vorschrift des § 1358 und durch güterrechtliche Vorschriften gesichert, welche die Verfügungsfähigkeit der Frau in dem durch die einzelnen Güterstände erforderten Maße beschränken. (§§ 1395 ff., 1443 ff.) Für den Uebergang vgl. Art. 200 Abs. 4.

Prozeßfähigkeit der Ehefrau.

*CPO. § 52 Abs. 2. Die Prozessfähigkeit einer Frau wird dadurch, dass sie Ehefrau ist, nicht beschränkt.* Vgl. hierzu EG. Art. 200 Note 3.

1. Verpflichtung zur ehelichen Lebensgemeinschaft.

**§ 1353.** Die Ehegatten sind einander zur ehelichen Lebensgemeinschaft verpflichtet.

Stellt sich das Verlangen eines Ehegatten nach Herstellung der Gemeinschaft als Mißbrauch seines Rechtes dar, so ist der andere Ehegatte nicht verpflichtet, dem Verlangen Folge zu leisten. Das Gleiche gilt, wenn der andere Ehegatte berechtigt ist, auf Scheidung zu klagen.

---

7. Rechtsgeschäfte eines Ehegatten zu Gunsten des anderen, insbesondere Schenkung und Uebernahme der Bürgschaft seitens eines Ehegatten für den anderen, unterliegen den allgemeinen Vorschriften. Eine besondere Formalisirung ist nicht vorgesehen. Dem Schutze der Gläubiger dienen das Gesetz betr. die Anfechtung von Rechtshandlungen eines Schuldners außerhalb des Konkursverfahrens v. 21. Juni 1879 (Bd. I S. 74 ff.) sowie die entsprechenden Vorschriften der KO. §§ 29 ff. — Inoffiziose Schenkung unter Ehegatten § 2325 Abs. 3.

8. Gegenseitige Vertretungsmacht der Ehegatten.

Eine gesetzliche Vertretungsmacht für den Ehemann steht der Ehefrau innerhalb der Schlüsselgewalt (§ 1357), sowie der gütergemeinschaftlichen Ehefrau bei Verhinderung des Mannes und Gefahr im Verzuge (§§ 1450, 1549) zu. Im Uebrigen ist eine gegenseitige Vertretungsmacht der Ehegatten, insbesondere eine vermuthete Vollmacht nicht anerkannt. Die Vorschriften über die Geschäftsführung ohne Auftrag und über die Pflegschaft müssen aushelfen.

9. Die Ehefrau als Handels- und Gewerbefrau vgl. zu § 1356 Note 3. GewO. § 11 a z. EG. Art. 36.

10. Uebergangsvorschrift.

EG. Art. 199. Die persönlichen Rechtsbeziehungen der Ehegatten zu einander, insbesondere die gegenseitige Unterhaltspflicht, bestimmen sich auch für die zur Zeit des Inkrafttretens des Bürgerlichen Gesetzbuchs bestehenden Ehen nach dessen Vorschriften. Vgl. auch EG. Art. 200 Abs. 3.

11. Internationales Privatrecht. EG. Artt. 14, 16 Abs. 2.

**§ 1353.** 1. Der Umfang und Inhalt der ehelichen Lebensgemeinschaft sowie die Gültigkeit von Abreden (§ 138) der Ehegatten über die Ausgestaltung derselben im Einzelnen sind von Fall zu Fall aus dem sittlichen Wesen der Ehe zu beurtheilen. Vgl. auch RG. **23** 176.

2. Die von dem einen Ehegatten verlangte Herstellung der ehelichen Gemeinschaft kann von dem anderen abgelehnt werden,

a. wenn das Verlangen sich als Rechtsmißbrauch darstellt. Entscheidend ist, ob bei Zugrundelegung des sittlichen Wesens der Ehe dem sich weigernden Theile zugemuthet werden kann, die eheliche Gemeinschaft herzustellen. Unterhaltsgewährung während der Trennung § 1361.

b. wenn der die Gemeinschaft ablehnende Ehegatte berechtigt ist, auf Scheidung zu klagen (§§ 1564 ff.). In Betracht kommen nur die auf Verschulden beruhenden Scheidungsgründe der §§ 1564—1568. Der Scheidungsgrund der Geisteskrankheit kann schon deshalb nicht in Betracht kommen, weil für den Geisteskranken nicht auf Herstellung des ehelichen Lebens geklagt werden kann (CPO. § 612 Abs. 2. Vgl. übrigens auch R.Komm.Ber. Nr. 440b S. 91 f.).

Der Scheidungsberechtigte kann somit ohne Weiteres, d. h. ohne gerichtliche Erlaubniß die eheliche Gemeinschaft aufheben. Die Unterhaltsgewährung richtet sich nach § 1361. Vgl. RG. **17** 213, **30** 315. Die Berechtigung des sich fernhaltenden Ehegatten kann von dem anderen Theile durch Setzung einer Frist zur Herstellung des ehelichen Lebens oder Erhebung der Scheidungsklage gemäß § 1571 Abs. 1 u. 2 zum Erlöschen gebracht werden.

c. wegen des durch einstweilige Verfügung durch das Prozeßgericht gestatteten Getrenntlebens der Ehegatten im Falle der Scheidungs-, Nichtigkeits- oder Anfechtungsklage vgl. CPO. § 627 (zu § 1564).

**§ 1354.** Dem Manne steht die Entscheidung in allen das gemeinschaftliche eheliche Leben betreffenden Angelegenheiten zu; er bestimmt insbesondere Wohnort und Wohnung. 2. Entscheidungsrecht des Mannes.

Die Frau ist nicht verpflichtet, der Entscheidung des Mannes Folge zu leisten, wenn sich die Entscheidung als Mißbrauch seines Rechtes darstellt.

**§ 1355.** Die Frau erhält den Familiennamen des Mannes. 3. Name der Frau.

**§ 1356.** Die Frau ist, unbeschadet der Vorschriften des § 1354, berechtigt und verpflichtet, das gemeinschaftliche Hauswesen zu leiten. 4. Stellung der Frau im Hauswesen.

Zu Arbeiten im Hauswesen und im Geschäfte des Mannes ist die

---

**§ 1354.** 1. Der Wohnort ist der thatsächliche Aufenthaltsort, die Wohnung die innerhalb desselben den Ehegatten als Wohnung dienenden Räume. Wegen des Wohnsitzes vgl. Vorb. zu §§ 7—11 und § 10.

2. (Abs. 2.) Ob die Frau verpflichtet oder nicht verpflichtet ist, sich der Entscheidung des Mannes zu fügen, ist unter Berücksichtigung aller Umstände und des sittlichen Wesens der Ehe zu beurtheilen. Vgl. RG. 5 165, 6 149, 23 162. Die Entscheidung kann entweder in einer Feststellungsklage oder in einem auf Herstellung des ehelichen Lebens (§ 1567 Ziffer 1) oder auf Scheidung (§ 1567 Ziffer 2) gerichteten Rechtsstreit ergehen.

**§ 1355.** I. **Familienname der Ehefrau.**

1. Recht und Pflicht der Ehefrau zur Führung des ehemännlichen Namens.

a. Die Ehefrau ist nicht nur berechtigt, sondern auch verpflichtet, den Familiennamen des Mannes zu führen. Zur Durchführung der beiderseitigen Rechte dient die Klage auf Herstellung des ehelichen Lebens (vgl. Titelvorb. Note 4).

b. Der Klage steht die Einwendung entgegen, daß das Verlangen des Mannes ein Mißbrauch seines Rechtes ist (§ 1353 Abs. 2). Ein solcher Mißbrauch läge z. B. vor, wenn nach Sitte oder Vereinbarung die Frau zur Beifügung ihres Mädchennamens befugt wäre und der Mann dies untersagte.

2. Schutz des Namenrechts § 12.

3. Eheauflösung und Nichtigkeit.

a. Nach dem Tode oder der Todeserklärung des Mannes behält die Wittwe den Familiennamen des Mannes, da anderes nicht bestimmt ist.

b. Namensführung im Falle der Scheidung § 1577, der Aufhebung der ehelichen Gemeinschaft durch Urtheil § 1586.

c. Bei Nichtigkeit der Ehe.

α. Beruht die Nichtigkeit auf Formmangel und ist die Ehe auch nicht in das Heirathsregister eingetragen, so hat die vermeintliche Ehefrau die Befugniß zur Führung des ehemännlichen Familiennamens niemals erlangt. Vgl. § 1318 Note 4b.

β. In den sonstigen Fällen der Nichtigkeit und bei Anfechtbarkeit der Ehe ist die Frau bis zur Nichtigkeitserklärung oder Auflösung der Ehe berechtigt, den Familiennamen des Mannes zu führen.

4. Landesgesetzlicher Vorbehalt für die landesherrlichen Familien und die Familien des hohen Adels EG. Artt. 57, 58.

II. **Der Stand der Ehefrau.**

1. Stand im publizistischen Sinne.

Die Vorschriften über den Erwerb des Standes im publizistischen Sinne, namentlich also des Adelsstandes, gehören dem öffentlichen Rechte an und sind deshalb den Landesrechten zu entnehmen.

2. Stand im gesellschaftlichen Sinne.

Daß die Ehefrau den Stand des Mannes im sozialen Sinne theilt, ergiebt sich aus § 1353, ferner daraus, daß nach § 1360 sich der Unterhaltsanspruch der Frau nach den Verhältnissen des Mannes richtet.

Frau verpflichtet, soweit eine solche Thätigkeit nach den Verhältnissen, in denen die Ehegatten leben, üblich ist.

5. Vertretungsmacht der Frau innerhalb der Schlüsselgewalt.

**§ 1357.** Die Frau ist berechtigt, innerhalb ihres häuslichen Wirkungskreises die Geschäfte des Mannes für ihn zu besorgen und ihn zu vertreten. Rechtsgeschäfte, die sie innerhalb dieses Wirkungskreises vornimmt, gelten als im Namen des Mannes vorgenommen, wenn nicht aus den Umständen sich ein Anderes ergiebt.

Der Mann kann das Recht der Frau beschränken oder ausschließen. Stellt sich die Beschränkung oder die Ausschließung als Mißbrauch des Rechtes des Mannes dar, so kann sie auf Antrag der Frau durch das Vormundschaftsgericht aufgehoben werden. Dritten gegenüber ist

---

**§ 1356.** 1. Unbeschadet des nach § 1354 dem Ehemanne zukommenden Entscheidungsrechts ist die Ehefrau berechtigt und verpflichtet, das gemeinschaftliche Hauswesen zu leiten. Verletzung oder Mißbrauch des beiderseitigen Rechtes oder Nichterfüllung dieser Pflicht von Seiten der Ehefrau berechtigen den anderen Theil zur Klage auf Herstellung des ehelichen Lebens (Titelvorb. Nr. 4).

2. Beansprucht der Ehemann Arbeiten der Ehefrau im Hauswesen oder in seinem Geschäfte mittels Klage auf Herstellung des ehelichen Lebens, so ist er gegebenenfalls für die Ueblichkeit (Abs. 2) beweispflichtig.

3. **Handelsfrau und Gewerbefrau.**

a. Eine besondere Bestimmung über die für den selbständigen Betrieb eines Gewerbes durch die Frau erforderliche Zustimmung des Mannes enthält weder das BGB. noch das neue HGB. noch auch die Gewerbeordnung (§ 11 Abs. 2 der Gew.O. ist durch EG. Art. 36 aufgehoben, vgl. daselbst). Nach den allgemeinen Vorschriften, durch welche die Geschäftsfähigkeit der Ehefrau weder als solcher noch auf Grund des ehelichen Güterrechts beeinträchtigt wird, bedarf die Frau zum selbständigen Gewerbebetriebe nicht der Zustimmung des Mannes. Ebenso erlangt die Frau die Kaufmannsqualität, wenn nur die allgemeinen Voraussetzungen derselben (HGB. §§ 1 ff.) vorliegen, ohne Rücksicht darauf, ob der Mann dem Betriebe des Handelsgewerbes durch die Frau zugestimmt hat oder nicht.

b. Nach §§ 1354, 1356 ist zu beurtheilen, inwieweit dem Ehemanne die Befugniß zusteht, der Ehefrau den selbständigen Gewerbebetrieb zu untersagen. Der Ehemann hat hierzu die Klage auf Herstellung des ehelichen Lebens (Titelvorb. Note 4).

c. Inwieweit die Ehefrau der Zustimmung des Mannes bedarf, um über das von ihr eingebrachte oder das gütergemeinschaftliche Vermögen zu verfügen, bzw. dieses Vermögen dem Zugriffe der Gläubiger zu unterwerfen, ergiebt sich aus den Vorschriften des ehelichen Güterrechts. Nach §§ 1395—1399, 1405, 1412, 1442, 1443, 1452, 1459—1462, 1530—1533, 1549 ist, abgesehen von den Fällen der Gütertrennung (§§ 1426 ff.) und des Vorbehaltsguts, stets die Zustimmung des Ehemanns erforderlich, mag es sich um einzelne Geschäfte der Frau oder um den Gewerbebetrieb im Allgemeinen handeln. Ohne die ehemännliche Zustimmung haftet die Frau zwar persönlich aus ihren Geschäften, ihre Verfügungen über die zum Ehegute gehörenden Gegenstände sind aber dem Manne gegenüber unwirksam und die Gläubiger der Frau haben kein Zugriffsrecht bezüglich dieses Vermögens.

d. Betreibt thatsächlich die Ehefrau selbständig ein Erwerbsgeschäft und ist ein Einspruch des Mannes hiergegen nicht in das Güterrechtsregister (§ 1435, EG. z. HGB. Art. 4) eingetragen, so gilt nach §§ 1405, 1435, 1452, 1519, 1549 die Einwilligung jedem gutgläubigen Dritten gegenüber als ertheilt. Für die ausländische Ehefrau, welche im Inlande selbständig ein Gewerbe betreibt vgl. GewO. § 11a zu EG. Art. 36.

die Beschränkung oder die Ausschließung nur nach Maßgabe des § 1435 wirksam.

§ 1357. I. **Die Schlüsselgewalt der Ehefrau.**

1. Die Berechtigung aus § 1357 steht der Ehefrau ohne Rücksicht auf die Art des für die Ehegatten maßgebenden Güterstandes zu.

2. Der häusliche Wirkungskreis geht über den eigentlichen Haushalt hinaus. Er bestimmt sich nach den sozialen Verhältnissen der Ehegatten. Von einem häuslichen Wirkungskreise der Ehefrau wird regelmäßig nicht die Rede sein können, wenn die häusliche Gemeinschaft wider den Willen des Mannes von Seiten der Frau aufgehoben ist.

3. Innerhalb des häuslichen Wirkungskreises gewährt § 1357 der Frau

a. im Verhältnisse der Eheleute zu einander das Recht, die Geschäfte des Mannes zu besorgen.

α. Die Geschäftsbesorgung (vgl. Titelvorb. Bd. I. S. 302) umfaßt alle Maßnahmen, welche die Sorge für das Interesse des Ehemanns erforderlich macht.

β. Das durch die Geschäftsbesorgung zwischen den Ehegatten entstehende Verhältniß ist hinsichtlich der zu vertretenden Sorgfalt nach § 1359, im Uebrigen unter entsprechender Anwendung der Vorschriften über den Auftrag (§§ 662 ff.) zu beurtheilen.

γ. Ob das Recht der Geschäftsbesorgung der Ehefrau auch die Verpflichtung hierzu auferlegt, ist nach §§ 1356 Abs. 1, 1359 zu beurtheilen.

b. im Verhältnisse zu Dritten das Recht, den Ehemann zu vertreten.

α. Auf die Vertretung finden die allgemeinen Vorschriften der §§ 164—166, 181 Anwendung. Vgl. indeß zu β.

β. Die Vorschrift des § 164 Abs. 2 ist insofern durch § 1357 Abs. 1 S. 2 abgeändert, als die innerhalb des häuslichen Wirkungskreises liegenden, ohne erkennbaren Vertretungswillen vorgenommenen Rechtsgeschäfte der Frau als im Namen des Mannes vorgenommen gelten, wenn nicht die Umstände ein Anderes ergeben. Solcher Umstand kann namentlich das thatsächliche Getrenntleben der Ehegatten sein.

γ. Wegen der Möglichkeit des Kontrahirens mit sich selbst § 181, vgl. zu c.

c. Geschäftsbesorgung innerhalb des häuslichen Wirkungskreises durch die Ehefrau in ihrem eigenen Namen. Vgl. Bd. I S. 303 Note IV.

α. Geschäftsfähigkeit §§ 106 ff.

β. Die nach dem ehelichen Güterrechte zur wirksamen Vornahme von Rechtsgeschäften erforderliche Einwilligung des Mannes kann die Frau, wenn das Rechtsgeschäft sich innerhalb der Schlüsselgewalt hält, gemäß §§ 1357, 181 sich selbst ertheilen.

γ. Vornahme im eigenen Namen ist nur anzunehmen, wenn die Umstände oder ausdrückliche Abrede dies ergeben (§ 1357 Abs. 1 S. 2).

II. **Beschränkung und Ausschließung der Schlüsselgewalt.**

1. Die Beschränkung oder Ausschließung erfolgt mittels einer darauf gerichteten, von Seiten des Mannes oder seines Vormundes gegenüber der Frau vorzunehmenden Erklärung.

a. Im Verhältnisse der Ehegatten unter einander wird diese Maßregel, ob berechtigt oder unberechtigt, sofort wirksam (vgl. zu 2).

b. Im Verhältnisse zu Dritten wirkt die Abweichung von dem gesetzlichen Zustand ohne Eintragung in das Güterrechtsregister nur, wenn der Dritte Kenntniß von derselben hat; bloßes Kennenmüssen genügt nicht § 1435. Die Eintragung in das Güterrechtsregister erfolgt auf einseitigen Antrag des Mannes § 1561.

2. Schutz der Frau gegen mißbräuchliche Beschränkung oder Ausschließung der Schlüsselgewalt.

6. Kündigungsrecht des Mannes bei Beeinträchtigung der ehelichen Interessen durch Uebernahme persönlich zu bewirkender Leistungen Seitens d. Frau.

**§ 1358.** Hat sich die Frau einem Dritten gegenüber zu einer von ihr in Person zu bewirkenden Leistung verpflichtet, so kann der Mann das Rechtsverhältniß ohne Einhaltung einer Kündigungsfrist kündigen, wenn er auf seinen Antrag von dem Vormundschaftsgerichte dazu ermächtigt worden ist. Das Vormundschaftsgericht hat die Ermächtigung zu ertheilen, wenn sich ergiebt, daß die Thätigkeit der Frau die ehelichen Interessen beeinträchtigt.

Das Kündigungsrecht ist ausgeschlossen, wenn der Mann der Verpflichtung zugestimmt hat oder seine Zustimmung auf Antrag der Frau durch das Vormundschaftsgericht ersetzt worden ist. Das Vor-

---

a. Aufhebung des ehemännlichen Eingriffs durch das Vormundschaftsgericht.

α. Zuständigkeit des Vormundschaftsgerichts. Mehrere zuständige Gerichte FrG. § 4.

*FG. § 45. Wird in einer Angelegenheit, welche die persönlichen Rechtsbeziehungen der Ehegatten zu einander oder das eheliche Güterrecht betrifft, eine Verrichtung des Vormundschaftsgerichts erforderlich, so ist das Gericht zuständig, in dessen Bezirke der Mann seinen Wohnsitz oder in Ermangelung eines inländischen Wohnsitzes seinen Aufenthalt hat.*

*Ist der Mann ein Deutscher und hat er im Inlande weder Wohnsitz noch Aufenthalt, so finden die Vorschriften des § 36 Abs. 2 entsprechende Anwendung.*

*Hat der Mann die Reichsangehörigkeit verloren, die Frau sie aber behalten, so ist, wenn der Mann im Inlande weder Wohnsitz noch Aufenthalt hat, das Gericht zuständig, in dessen Bezirke die Frau ihren Wohnsitz oder in Ermangelung eines inländischen Wohnsitzes ihren Aufenthalt hat; hat sie im Inlande weder Wohnsitz noch Aufenthalt, so finden die Vorschriften des § 36 Abs. 2 entsprechende Anwendung.*

*Für die Zuständigkeit ist in Ansehung jeder einzelnen Angelegenheit der Zeitpunkt massgebend, in welchem das Gericht mit ihr befasst wird.*

> *FG. § 36 Abs. 2. Ist der Mündel ein Deutscher und hat er im Inlande weder Wohnsitz noch Aufenthalt, so ist das Gericht zuständig, in dessen Bezirke der Mündel seinen letzten inländischen Wohnsitz hatte. In Ermangelung eines solchen Wohnsitzes wird das zuständige Gericht, falls der Mündel einem Bundesstaat angehört, von der Landesjustizverwaltung, anderenfalls von dem Reichskanzler bestimmt.*

β. Das Verfahren richtet sich nach den allgemeinen Vorschriften des Gesetzes über die Angelegenheiten der freiwilligen Gerichtsbarkeit.

γ. Wirksamkeit der vormundschaftsgerichtlichen Verfügung.

*FG. § 53. Eine Verfügung, durch die auf Antrag die Ermächtigung oder die Zustimmung eines Anderen zu einem Rechtsgeschäft ersetzt oder dem Manne die im § 1358 Abs. 1 des Bürgerlichen Gesetzbuchs vorgesehene Ermächtigung zur Kündigung ertheilt oder durch welche die Beschränkung oder die Ausschliessung der nach § 1357 des Bürgerlichen Gesetzbuchs der Frau zustehenden Rechte aufgehoben wird, tritt erst mit der Rechtskraft in Wirksamkeit. Das Gleiche gilt von einer Verfügung, durch die auf Antrag des Kindes die Zustimmung der Mutter zur Ehelichkeitserklärung ihres Kindes ersetzt wird.*

*Bei Gefahr im Verzuge kann das Gericht die sofortige Wirksamkeit der Verfügung anordnen. Die Verfügung tritt mit der Bekanntmachung an den Antragsteller in Wirksamkeit.*

δ. Sofortige Beschwerde (FrG. § 60 Nr. 6) des Mannes oder der Frau (FrG. § 20) auch bei beschränkter Geschäftsfähigkeit (FrG. § 59).

b. Nach den Prot. II. Lesung soll neben dem Angehen des Vormundschaftsgerichts auch die Klage auf Herstellung des ehelichen Lebens zugelassen sein, Prot. IV. S. 106—108, 389.

III. Uebergangsvorschrift EG. Art. 199.

IV. Internationales Privatrecht EG. Artt. 14, 16 Abs. 2.

mundschaftsgericht kann die Zustimmung ersetzen, wenn der Mann durch Krankheit oder durch Abwesenheit an der Abgabe einer Erklärung verhindert und mit dem Aufschube Gefahr verbunden ist oder wenn sich die Verweigerung der Zustimmung als Mißbrauch seines Rechtes darstellt. Solange die häusliche Gemeinschaft aufgehoben ist, steht das Kündigungsrecht dem Manne nicht zu.

Die Zustimmung sowie die Kündigung kann nicht durch einen Vertreter des Mannes erfolgen; ist der Mann in der Geschäftsfähigkeit beschränkt, so bedarf er nicht der Zustimmung seines gesetzlichen Vertreters.

---

**§ 1358. I. Zweck der Vorschrift.**

I. Die Ehefrau ist weder als solche noch kraft ehelichen Güterrechts in der Geschäftsfähigkeit beschränkt. Sie bedarf zur Uebernahme von Verbindlichkeiten nicht der Zustimmung des Mannes. Während die Vorschriften des ehelichen Güterrechts die dem Ehemann an dem Frauenvermögen zustehenden Rechte sichern (vgl. § 1356 Note 3c), bezweckt § 1357 den Schutz des Ehemanns gegen Uebernahme von Verpflichtungen durch die Ehefrau, welche auf eine persönliche, die ehelichen Interessen beeinträchtigende Thätigkeit gerichtet sind.

II. **Die nach § 1358 kündbaren Rechtsverhältnisse.**

1. Vor der Eheschließung eingegangene Verpflichtungen fallen überhaupt nicht unter § 1358. Hier hat sich die Frau nicht als Frau des das Kündigungsrecht in Anspruch nehmenden Mannes verpflichtet. Die Vorschriften über das Recht, ohne Einhaltung einer Kündigungsfrist wegen eines wichtigen Grundes zu kündigen, greifen ein (§§ 626, 671 Abs. 3, 696, 723).

2. Von den nach der Eheschließung eingegangenen Verpflichtungen kommen diejenigen in Betracht, welche nach dem Inhalte des Schuldverhältnisses die Ehefrau zu einer in Person vorzunehmenden Leistung verpflichten (vgl. hierzu § 267 Note 1); hierzu kann auch u. Umständen die Vereinsmitgliedschaft der Ehefrau gehören. Gesindedienst vgl. zu IV. Hinsichtlich derjenigen Leistungen, deren persönliche Bewirkung durch die Ehefrau zwar die ehelichen Interessen beeinträchtigen würde, welche aber auch durch Dritte bewirkt werden können, ist die etwaige Verpflichtung zum Schadensersatze wegen Nichterfüllung nach allgemeinen Grundsätzen (§§ 275 ff.) zu beurtheilen. Inwieweit das Frauengut indeß in Anspruch genommen werden kann, richtet sich nach dem ehelichen Güterrechte (vgl. zu § 1356 Note 3c).

3. Sonderregelung für die Ehefrau als Vormund §§ 1783, 1887.

III. **Die Kündigung seitens des Mannes.**

1. Höchstpersönliche Natur der Kündigung § 1358 Abs. 3.

2. Voraussetzungen, deren Mangel die Kündigung unwirksam macht.

a. Ein nach § 1358 kündbares Rechtsverhältniß vgl. zu II.

b. Vormundschaftsgerichtliche Ermächtigung.

α. Zuständigkeit, Verfahren, Wirksamwerden, Beschwerde s. zu § 1357 II. 2.

β. Beeinträchtigung der ehelichen Interessen (vgl. §§ 1353, 1356) ist zwar materielles Erforderniß für die vormundschaftsgerichtliche Ermächtigung, der Mangel dieses Erfordernisses läßt aber die Wirksamkeit der Kündigung unberührt, wenn die vormundschaftsgerichtliche Ermächtigung vorlag.

3. Wirkung.

a. Die (berechtigte) Kündigung bewirkt Aufhebung des Rechtsverhältnisses für die Zukunft (vgl. Bd. I S. 175 Vorb. II), so daß fernerhin Leistungen nicht mehr geschuldet und wegen ihrer zukünftigen Nichtbewirkung Schadensersatz wegen Nichterfüllung nicht gefordert werden kann. Gleichgültig ist, ob der Dritte bei Begründung der Verpflichtung die Eigenschaft der Frau als Ehefrau gekannt hat oder nicht. Ob im Falle arglistiger Täuschung ein Schadensersatzanspruch gegen die Ehefrau besteht, ist nach allgemeinen Grundsätzen, die Vollstreckung in das Frauengut nach ehegüterrechtlichen Grundsätzen zu beurtheilen. Wirksamwerden der Kündigung §§ 130 ff.

7. Sorgfalt. **§ 1359.** Die Ehegatten haben bei der Erfüllung der sich aus dem ehelichen Verhältniß ergebenden Verpflichtungen einander nur für diejenige Sorgfalt einzustehen, welche sie in eigenen Angelegenheiten anzuwenden pflegen.

---

b. Die zur Zeit der Kündigung rückständigen Leistungen, deren Nachleistung nicht schon durch die Natur des Rechtsverhältnisses und der Leistung ausgeschlossen ist, werden durch die Kündigung nicht betroffen. Schadensersatz wegen Nichterfüllung vgl. zu II. 2.

c. Nicht ausgeschlossen ist, daß die Ehefrau die Garantie für die Nichtausübung des ehemännlichen Kündigungsrechts übernimmt. Vgl. §§ 306 ff. Note 2. Wegen des Interesseanspruchs vgl. zu II. 2.

d. Die Gegenansprüche der Frau für die bis zur Kündigung aufgewendete Thätigkeit richten sich nach dem besonderen Rechtsverhältnisse. Für den Dienstvertrag kann § 628, im Uebrigen § 323 zur entsprechenden Anwendung kommen.

e. Die Kündigung seitens des Ehemanns hindert die Frau und den Dritten nicht, unbekümmert um die Kündigung die Leistung zu bewirken bzw. entgegenzunehmen. Solchenfalls kann der Ehemann gegen die Ehefrau auf Herstellung des ehelichen Lebens (vgl. Titelvorb. Note 4) bzw. auf Scheidung (§§ 1564 ff.) klagen.

3. (Abs. 2.) Ausschließung der Kündigung.

a. Zustimmung des Ehemanns (Einwilligung oder Genehmigung §§ 182 ff.) zur Verpflichtung der Ehefrau. Höchstpersönliche Natur der Zustimmung Abs. 3.

b. Vormundschaftsgerichtliche Ersetzung der ehemännlichen Zustimmung.

α. Antragsberechtigt ist nur die Frau, nicht der Dritte.

β. Zuständigkeit, Verfahren, Wirksamwerden, Beschwerde s. zu § 1357 Note II. 2.

γ. Mißbrauch des ehemännlichen Rechtes vgl. § 1354 Abs. 2.

c. Während der Aufhebung der häuslichen Gemeinschaft ruht das Kündigungsrecht (§ 1358 Abs. 2 Satz 3). Indeß kann nur eine solche Aufhebung der häuslichen Gemeinschaft in Betracht kommen, welche nicht im ursächlichen Zusammenhange mit der die ehelichen Interessen beeinträchtigenden Verpflichtung steht. Aus welchem Grunde im Uebrigen die häusliche Gemeinschaft aufgehoben ist, ist für die Frage des Kündigungsrechts gleichgültig.

IV. **Gesindeverhältniß der Ehefrau.**

Die Anwendbarkeit des § 1358 auf das landesgesetzlich geregelte Gesindeverhältniß ist in EG. Art. 95 Abs. 2 vorgesehen.

V. **Verpflichtung des Ehemanns zu ehewidriger Thätigkeit** gewährt der Frau kein Kündigungsrecht. Ihr steht die Klage auf Herstellung des ehelichen Lebens, geeignetenfalls die Klage auf Scheidung (§§ 1567 f.) zur Verfügung.

**§ 1359.** 1. Die Beschränkung der Haftung auf die Sorgfalt quam suis schließt die Haftung für grobe Fahrlässigkeit nicht aus, § 277.

2. Die Vorschrift bezieht sich nur auf die gegenseitigen, sich aus dem ehelichen Verhältniß, insbesondere also auf die aus diesem Titel (§§ 1356 ff.) und die aus dem ehelichen Güterrechte sich ergebenden Verpflichtungen. Zu den letzteren gehört auch die Verwaltung des dem Ehemann überlassenen Frauenvermögens bei Gütertrennung (§ 1430).

3. Auf andere vermögensrechtliche Verhältnisse der Ehegatten, auch wenn sie aus einem aus Anlaß der Ehe entstandenen sonstigen rechtsgeschäftlichen Verkehre herrühren, findet nicht § 1359, sondern die allgemeine Regelung Anwendung.

4. Sonderregelung der ehemännlichen Haftung bei Verwaltung eines Gesammtguts §§ 1456, 1519 Abs. 2, 1549.

8. Die Unterhaltspflicht.
a. Inhalt der Unterhaltspflicht des Mannes.

**§ 1360.** Der Mann hat der Frau nach Maßgabe seiner Lebensstellung, seines Vermögens und seiner Erwerbsfähigkeit Unterhalt zu gewähren.

b. der Frau.

Die Frau hat dem Manne, wenn er außer Stande ist, sich selbst zu unterhalten, den seiner Lebensstellung entsprechenden Unterhalt nach Maßgabe ihres Vermögens und ihrer Erwerbsfähigkeit zu gewähren.

c. Unterhaltsgewährung α. nach Maßgabe der ehelichen Lebensgemeinschaft.

Der Unterhalt ist in der durch die eheliche Lebensgemeinschaft gebotenen Weise zu gewähren. Die für die Unterhaltspflicht der Verwandten geltenden Vorschriften der §§ 1605, 1613 bis 1615 finden entsprechende Anwendung.

---

**§ 1360.** 1. Voraussetzungen der Unterhaltspflicht.

a. Die Unterhaltspflicht des Mannes (Abs. 1) und die Unterhaltspflicht der Frau (Abs. 2) unterscheiden sich lediglich dadurch, daß der Mann schlechthin, die Frau aber nur dann unterhaltspflichtig ist, wenn der Mann außer Stande ist, sich selbst zu ernähren. Der Mann ist für diese Voraussetzung seines Unterhaltsanspruchs beweispflichtig. Daß die Unfähigkeit der Selbsterhaltung auf Verschulden beruht, ist unerheblich (vgl. dagegen § 1611).

b. Die Unterhaltspflicht der Ehegatten wird nicht, wie die Unterhaltspflicht der Verwandten (§ 1603) dadurch ausgeschlossen, daß der eigene standesgemäße Unterhalt des in Anspruch Genommenen gefährdet wird.

2. Das Maß des zu gewährenden Unterhalts richtet sich in beiden Fällen, sowohl für die Unterhaltspflicht des Mannes wie für diejenige der Frau, nach der Lebensstellung des Mannes. Innerhalb des durch die Lebensstellung des Mannes gebotenen Maßes findet die Unterhaltspflicht nur eine Grenze an der durch das Vermögen und die Erwerbsfähigkeit gegebenen Leistungsfähigkeit des in Anspruch Genommenen.

3. Umfang der Unterhaltspflicht.

a. Die Krankheits- und Kurkosten gehören zum Unterhalt, auch wenn die Krankheit eine verschuldete ist.

b. Die Abbüßung einer Gefängnißstrafe seitens der Ehefrau ändert, obwohl dem Ehemanne die Dienstleistung der Frau aus § 1356 Abs. 2 entgeht, nichts an seiner der Frau gegenüber bestehenden Verpflichtung, die Kosten ihres Unterhalts zu tragen.

c. Die Kosten der Vertheidigung der Ehefrau in einem gegen sie gerichteten strafrechtlichen Verfahren und die sonstigen Kosten des letzteren, sowie die Kosten eines von der Ehefrau geführten Rechtsstreits gehören nicht zum Unterhalte der Frau. Die Verpflichtung des Ehemanns zur Tragung dieser Kosten richtet sich nach dem ehelichen Güterrechte. Vgl. §§ 1387, 1388, 1402, 1415 Ziffer 3, 1416, 1463.

4. (Abs. 3.) Die Art und Weise der Unterhaltsgewährung.

a. Die Gewährung des Unterhalts hat — abgesehen von dem Falle gerechtfertigten Getrenntlebens der Ehegatten § 1361 — in der durch die Lebensgemeinschaft gebotenen Weise, d. h. also regelmäßig nicht durch Geldrente (§§ 1361, 1610), sondern durch Naturalleistung zu geschehen.

b. Die Verweisungen in Abs. 3.

§ 1605: In dem Falle, daß ein minderjähriger Ehegatte sich ohne elterliche Erlaubniß verheirathet hat und deshalb die elterliche Nutznießung am Kindesvermögen noch fortbesteht (§ 1305, 1661), kommt für die Bemessung der ehelichen Unterhaltspflicht die elterliche Nutznießung nicht in Betracht.

§ 1613: Unterhaltsanspruch für die Vergangenheit.

§ 1614: Unverzichtbarkeit des Unterhaltsanspruchs für die Zukunft. Befreiung durch Vorausleistung.

§ 1615: Tod des Berechtigten bzw. Verpflichteten. Beerdigungskosten.

48*

β. während berechtigten Getrenntlebens der Ehegatten.

**§ 1361.** Leben die Ehegatten getrennt, so ist, solange einer von ihnen die Herstellung des ehelichen Lebens verweigern darf und verweigert, der Unterhalt durch Entrichtung einer Geldrente zu gewähren; auf die Rente finden die Vorschriften des § 760 Anwendung. Der Mann hat der Frau auch die zur Führung eines abgesonderten Haushalts erforderlichen Sachen aus dem gemeinschaftlichen Haushalte zum Gebrauche herauszugeben, es sei denn, daß die Sachen für ihn unentbehrlich sind oder daß sich solche Sachen in dem der Verfügung der Frau unterliegenden Vermögen befinden.

Die Unterhaltspflicht des Mannes fällt weg oder beschränkt sich auf die Zahlung eines Beitrags, wenn der Wegfall oder die Beschränkung mit Rücksicht auf die Bedürfnisse sowie auf die Vermögens- und Erwerbsverhältnisse der Ehegatten der Billigkeit entspricht.

---

c. Die Geltendmachung des Unterhaltsanspruchs im Konkurse des Verpflichteten.

***KO.*** *§ 3 Abs. 2. Unterhaltsansprüche, die nach den §§ 1351, 1360, 1361, 1578—1583, 1586, 1601—1615, 1708—1714 des Bürgerlichen Gesetzbuchs gegen den Gemeinschuldner begründet sind, sowie die sich aus den §§ 1715, 1716 des Bürgerlichen Gesetzbuchs ergebenden Ansprüche können für die Zukunft nur geltend gemacht werden, soweit der Gemeinschuldner als Erbe des Verpflichteten haftet.*

d. Einstweilige Verfügungen in Ehesachen zur Regelung des Interimistikums CPO. § 627 zu § 1564. Sonstige prozessuale Vorschriften s. Bd. I S. 348 Vorb. Nr. 2.

5. Verhältniß des Unterhaltsanspruchs des Ehegatten zu anderen Unterhaltsansprüchen.

a. Inwieweit die Haftung des Ehegatten vor den unterhaltspflichtigen Verwandten begründet ist, § 1608.

b. Zusammentreffen mehrerer Unterhaltsansprüche gegenüber einem zu ihrer Befriedigung Unvermögenden § 1609 Abs. 2.

c. Zusammentreffen mit dem Anspruch eines geschiedenen Ehegatten § 1579 Abs. 1 S. 2; vgl. auch § 1351 Anfechtung der nach Todeserklärung des früheren Ehegatten geschlossenen Ehe.

6. Erfüllung der gesetzlichen Unterhaltspflicht durch einen Dritten als Geschäftsführer ohne Auftrag wider Willen des Verpflichteten § 679.

7. Verletzung der Unterhaltspflicht durch den Mann in Verbindung mit der Besorgniß zukünftiger erheblicher Gefährdung berechtigen die Frau zur Klage gegen den Mann auf Aufhebung

a. des gesetzlichen Güterstandes der Verwaltung und Nutznießung § 1418 Ziff. 2;
b. der Gütergemeinschaft § 1468 Ziffer 3;
c. der Errungenschaftsgemeinschaft § 1542;
d. der Fahrnißgemeinschaft §§ 1549, 1468 Ziffer 3.

8. Unterhaltspflicht geschiedener Ehegatten §§ 1578—1582.

9. Unterhaltsanspruch bei Anfechtung der nach der Todeserklärung des früheren Ehegatten geschlossenen Ehe § 1351.

**§ 1361. I. Unterhaltspflicht thatsächlich getrennt lebender Ehegatten.** Die Vorschrift des § 1361 setzt lediglich thatsächliches Getrenntleben und die berechtigte (§§ 1353 f.) Weigerung eines der Ehegatten, das eheliche Leben herzustellen, voraus. Welcher Ehegatte die Trennung verschuldet hat, ist für § 1361 gleichgültig.

1. Rechtslage bei befugter Trennung (§§ 1353 f.). Vgl. wegen Fristsetzung zu 2a β.

**§ 1362.** Zu Gunsten der Gläubiger des Mannes wird vermuthet, daß die im Besitz eines der Ehegatten oder beider Ehegatten befindlichen beweglichen Sachen dem Manne gehören. Dies gilt insbesondere auch für Inhaberpapiere und für Orderpapiere, die mit Blankoindossament versehen sind. — 9. Eigenthumsvermuthung a. zu Gunsten d. Gläubiger des Mannes.

Für die ausschließlich zum persönlichen Gebrauche der Frau be- — b. zu Gunsten d. Frau.

---

a. Der Unterhaltsanspruch richtet sich nach § 1360 mit folgenden Maßgaben:

α. Die Gewährung des Unterhalts hat mittelst einer auf drei Monate im voraus (§ 760) zu zahlenden Geldrente anstatt in der durch die eheliche Lebensgemeinschaft gebotenen Art und Weise (§ 1360 Abs. 3) zu erfolgen.

β. Die Unterhaltspflicht des Ehemanns kann gemäß § 1361 Abs. 2 beschränkt oder ausgeschlossen werden. Die für diese Bestimmung und ihre Anwendung maßgebenden Billigkeitsgründe bestehen darin, daß der Ehemann während der Trennung die Unterstützung der Ehefrau im Haushalt (§ 1356) entbehrt, daß die Unterhaltsgewährung außerhalb der ehelichen Gemeinschaft kostspieliger ist, daß in manchen Fällen das der ehelichen Nutznießung und Verwaltung unterliegende Frauengut nur unbedeutend, das Vorbehaltsgut bzw. der Erwerb der Frau aus ihrer Arbeit oder einem selbständig betriebenen Erwerbsgeschäft (§ 1367) aber sehr erheblich ist.

b. Der zur Führung eines abgesonderten Haushalts erforderliche Hausrath.

α. Die Herausgabepflicht tritt ohne Rücksicht darauf ein, ob die Sachen zum eingebrachten Vermögen oder zum Gesammtgut oder zum Vermögen des Ehemanns gehören. Die Einwendung, daß die Sachen für den Ehemann unentbehrlich sind, oder daß sich entsprechende Sachen in dem der Verfügung der Frau unterliegenden Vermögen befinden, hat der Ehemann zu beweisen.

β. Je mangelhafter der abgesonderte Haushalt der Ehefrau eingerichtet ist, desto größer wird ihr Bedarf und damit die ihr zu zahlende Unterhaltsrente zu bemessen sein. Der Ehemann hat demnach das Interesse, die Frau aus den für ihn entbehrlichen Sachen möglichst vollständig einzurichten.

γ. Vorbehaltenes Vermögen der Ehefrau, insonderheit die ihr gehörigen Kleider, Schmucksachen, Arbeitsgeräthe (§ 1366), sind herauszugeben, wie sich daraus ergiebt, daß dem Manne hieran ein Recht überhaupt nicht zusteht (vgl. § 1362).

2. Bei unbefugter Trennung.

a. Die Trennung ist unbefugt,

α. wenn ein Ehegatte die häusliche Gemeinschaft herzustellen sich weigert, obwohl er zu dieser Weigerung nach §§ 1353 f. nicht befugt ist;

β. wenn die zur Erhebung der Ehescheidungsklage gemäß § 1571 Abs. 2 gesetzte Frist fruchtlos verstrichen ist;

γ. wenn die Einwilligung in die Aufhebung der ehelichen Gemeinschaft zurückgenommen wird. Auf das aus dem Wesen der Ehe folgende Recht, die eheliche Gemeinschaft zu verlangen, kann für die Zukunft nicht verzichtet werden.

b. Im Falle unbefugter Trennung verbleibt es lediglich bei § 1360; die Gewährung des Unterhalts hat in der durch die eheliche Lebensgemeinschaft gebotenen Art zu geschehen und kann, soweit dies durch das Getrenntleben unmöglich gemacht wird, unterbleiben.

II. **Während des Scheidungs-, Ehenichtigkeits- oder Anfechtungsprozesses.**

Regelung durch einstweilige Verfügung CPO. § 627, abgedruckt zu § 1564.

III. **Aufhebung der ehelichen Gemeinschaft durch rechtskräftiges Urtheil.**

Die Aufhebung der ehelichen Gemeinschaft (§ 1575) steht nach § 1586 der Scheidung gleich, die Unterhaltspflicht richtet sich deshalb während dieser Aufhebung nicht nach § 1361, sondern, wie bei Scheidung, nach §§ 1578—1582.

stimmten Sachen, insbesondere für Kleider, Schmucksachen und Arbeitsgeräthe, gilt im Verhältnisse der Ehegatten zu einander und zu den Gläubigern die Vermuthung, daß die Sachen der Frau gehören.

**§ 1362. Gemeinschaftliches für Abs. 1 und Abs. 2.**

1. Die in § 1362 aufgestellten Eigenthumsvermuthungen gelten ohne Rücksicht auf das unter den Ehegatten bestehende eheliche Güterrecht. Sie beziehen sich nur auf bewegliche Sachen (§ 90), nicht auf Grundstücke; auf Forderungen nur, soweit dies in Abs. 1 S. 2 ausdrücklich vorgesehen ist.

2. Für den Fall des Konkurses gilt KO. § 45.

*KO. § 45. Die Ehefrau des Gemeinschuldners kann Gegenstände, welche sie während der Ehe erworben hat, nur in Anspruch nehmen, wenn sie beweist, dass dieselben nicht mit Mitteln des Gemeinschuldners erworben sind.*

Hat die Ehefrau die Vermuthung des § 1362 Abs. 1 widerlegt oder ist die zu ihren Gunsten sprechende Vermuthung des Abs. 2 unwiderlegt geblieben, so kann sie dennoch diejenigen Sachen, deren Erwerb während der Ehe ihr nachgewiesen ist, nur in Anspruch nehmen, wenn sie nachweist, daß dieselben nicht mit Mitteln des Gemeinschuldners erworben sind. Wegen des Anfechtungsrechts im Konkurse vgl. KO. §§ 29 ff.

3. Vgl. das Gesetz, btr. die Anfechtung von Rechtshandlungen eines Schuldners außerhalb des Konkurses v. 21. Juli 1879, abgedruckt Bd. I S. 74.

**II.** (Abs. 1.) **Die Vermuthung gegen die Ehefrau. (Sog. praesumtio Muciana.)**

1. Die Vermuthung gilt nur zu Gunsten der Gläubiger des Mannes, nicht auch zu Gunsten des Mannes selbst. Der Mann kann sich die Vortheile dieser Vermuthung auch nicht dadurch mittelbar verschaffen, daß er etwa den auf sein Eigenthum gestützten Herausgabeanspruch an einen Dritten, der zufällig auch sein Gläubiger ist, abtritt. Höchstens kann die Vermuthung für solchen Rechtsnachfolger des Mannes in Frage kommen, dem der Herausgabeanspruch im Wege der Zwangsvollstreckung gegen den Ehemann überwiesen (CPO. §§ 846 f.) oder zwecks Schuldentilgung abgetreten ist.

2. Die Vermuthung erstreckt sich auf die im Besitze eines oder beider Ehegatten befindlichen beweglichen Sachen (vgl. zu I. 1). Gleichgültig ist, ob es sich um mittelbaren oder unmittelbaren Besitz (vgl. § 868 Note II) handelt.

3. Zur Widerlegung der Vermuthung (CPO. § 292) liegt der Frau der Nachweis ihres Eigenthums (vgl. §§ 929 ff. u. Vorb. daselbst) ob. Eine Berufung auf die allgemeinen Eigenthumsvermuthungen der §§ 1006 f. ist, soweit dieselben im Widerspruche mit der Sondervorschrift des § 1362 stehen würden, natürlich ausgeschlossen.

Ein zweckmäßiges Sicherungsmittel für die Beweisführung bildet die Aufnahme eines Verzeichnisses gemäß §§ 1372, 1528, 1549. Vgl. CPO. § 286.

4. Für die Zwangsvollstreckung bleibt es bei den Bestimmungen CPO. §§ 808, 809, wonach der Gerichtsvollzieher die im Besitze eines Dritten, also auch der Ehefrau, befindlichen Sachen nur mit Zustimmung des Dritten pfänden darf. Ueber die Zwangsvollstreckung in das Geschäftsvermögen der Ehefrau vgl. Staub, Handelsgesetzbuch 6./7. Aufl. S. 35, ferner PrJMBl. 1900 S. 22 ff.

5. Konkurs, vgl. zu I. 2.

**III.** (Abs. 2.) **Die Vermuthung zu Gunsten der Ehefrau.**

1. Die Vermuthung gilt sowohl gegenüber den Gläubigern des Ehemanns als auch im Verhältnisse der Ehegatten zu einander.

2. Wegen der in Abs. 2 aufgeführten Sachen vgl. zu § 1366.

**IV. Uebergangsvorschrift** EG. Art. 199.

**V. Internationales Privatrecht** EG. Artt. 14, 16 Abs. 2.

# Sechster Titel.

## Eheliches Güterrecht.

Vorbemerkung zum 6. Titel.

**A. Uebergangsbestimmungen.**

**EG.** Art. 200. Für den Güterstand einer zur Zeit des Inkrafttretens des Bürgerlichen Gesetzbuchs bestehenden Ehe bleiben die bisherigen Gesetze maßgebend. Dies gilt insbesondere auch von den Vorschriften über die erbrechtlichen Wirkungen des Güterstandes und von den Vorschriften der französischen und der badischen Gesetze über das Verfahren bei Vermögensabsonderungen unter Ehegatten.

Eine nach den Vorschriften des Bürgerlichen Gesetzbuchs zulässige Regelung des Güterstandes kann durch Ehevertrag auch dann getroffen werden, wenn nach den bisherigen Gesetzen ein Ehevertrag unzulässig sein würde.

Soweit die Ehefrau nach den für den bisherigen Güterstand maßgebenden Gesetzen in Folge des Güterstandes oder der Ehe in der Geschäftsfähigkeit beschränkt ist, bleibt diese Beschränkung in Kraft, solange der bisherige Güterstand besteht.

**B. Das eheliche Güterrecht des BGB.**

**I. Geltungsbereich.**

1. Das eheliche Güterrecht gilt einheitlich für alle im EG. Art. 15 bezeichneten Ehen, welche nach dem Inkrafttreten des BGB. geschlossen werden.

**EG.** Art. 15 Abs. 1. Das eheliche Güterrecht wird nach den deutschen Gesetzen beurtheilt, wenn der Ehemann zur Zeit der Eheschließung ein Deutscher war.

2. Landesgesetzlicher Vorbehalt für die landesherrlichen Familien und die Familien des hohen Adels EG. Artt. 57, 58.

3. Internationales Privatrecht EG. Artt. 15, 16.

**II. Die Güterstände des BGB.**

1. Das gesetzliche Güterrecht tritt an sich ohne Weiteres, d. h. ohne Ehevertrag kraft Gesetzes mit der Eheschließung ein.

a. Der prinzipale gesetzliche Güterstand, d. i. die ehemännliche Verwaltung und Nutznießung der §§ 1363 ff.

α. tritt, von vertragsmäßiger Regelung (zu 2) abgesehen, nur dann nicht ein, wenn der Mann die Ehe mit einer in der Geschäftsfähigkeit beschränkten Frau ohne Einwilligung ihres gesetzlichen Vertreters geschlossen hat (§ 1364).

β. fällt fort, wenn auf Aufhebung der Verwaltung und Nutznießung gemäß § 1418 oder auf Aufhebung der ehelichen Gemeinschaft (vgl. §§ 1586 f.) rechtskräftig erkannt ist, ferner wenn über das Vermögen des Mannes Konkurs eröffnet (§ 1419) oder der Mann für todt erklärt ist (§ 1420).

b. Als subsidiärer gesetzlicher Gegenstand tritt die Gütertrennung der §§ 1426—1431 von vornherein (vgl. § 1426 Note I 2 und 3) ein,

α. wenn die Ehe mit einer in der Geschäftsfähigkeit beschränkten Frau ohne Genehmigung des gesetzlichen Vertreters geschlossen wird (§ 1364).

β. wenn der gesetzliche Güterstand ohne positive Regelung durch Ehevertrag ausgeschlossen ist (§ 1436).

2. Das vertragsmäßige Güterrecht (§§ 1432 ff.).

a. Die vertragsmäßige Regelung erfolgt durch Ehevertrag, welcher vor oder nach der Eheschließung zulässig (§ 1432) und der Formvorschrift des § 1434 unterworfen ist Im Uebrigen vgl. zu § 1432 ff.

b. Der Ehevertrag kann auch eine Abänderung des gesetzlichen Güterrechts in einzelnen Punkten festsetzen. Indeß erfordert nicht jede Abweichung von dem gesetzlichen Güterstande die Abschließung eines Ehevertrags. Diese ist vielmehr nur erforderlich, wenn die Abweichung generell zwischen den Ehegatten festgelegt werden soll, nicht aber, wenn durch einzelne Rechtsgeschäfte zwischen den Ehegatten von Fall zu Fall oder bis zu beliebigem Widerruf eine abweichende Gestaltung festgestellt wird. Solchenfalls entstehen aus dem Rechtsgeschäfte dieselben gegenseitigen Ansprüche

## I. Gesetzliches Güterrecht.

und Verbindlichkeiten wie unter Fremden. Die Ehegatten sind nach dieser Richtung besonderen Beschränkungen nicht unterworfen. Vgl. zu § 1377 Note III; Vorb. zu §§ 1391—1394 Note 6.

**III. Beweislast für das geltende Güterrecht und Verhältniß zu Dritten.**

1. Die Geltung des prinzipalen gesetzlichen Güterstandes ist die Regel. Demgegenüber hat derjenige, welcher den Nichteintritt oder die Beendigung des gesetzlichen Güterstandes behauptet, die Voraussetzungen dieser Abweichungen von der Regel zu beweisen. Insbesondere:

a. Verwaltung und Nießbrauch erstreckt sich auf das gesammte Vermögen der Frau (Eingebrachtes Gut § 1363), sofern und soweit nicht dargethan wird, daß es sich um Vorbehaltsgut handelt.

b. Daß Verwaltung und Nutznießung des Mannes kraft Gesetzes (§ 1364) oder durch Vertrag ohne anderweite positive Regelung (§ 1436) ausgeschlossen oder beendigt ist (§§ 1418—1420), hat derjenige zu beweisen, der es behauptet. Vgl. auch §§ 1426 ff.

2. Dritten gegenüber haben die Ehegatten, welche sich auf Ausschließung oder Aenderung der ehemännlichen Verwaltung und Nutznießung berufen, die Eintragung in das Güterrechtsregister oder die Kenntniß des Dritten gemäß § 1435 (vgl. daselbst) darzuthun. Das gilt insbesondere auch für das Vorbehaltsgut und für die Gütertrennung §§ 1371, 1431, 1435.

3. Entsprechend regelt GO. § 34 (abgedruckt zu § 1563) den Nachweis des Güterstandes gegenüber dem Grundbuchamte.

Vorbemerkung zum Untertitel 1. **Gesetzliches Güterrecht.**

1. Der prinzipale gesetzliche Güterstand (vgl. Titelvorb. B. II. 1. S. 755) der ehemännlichen Verwaltung und Nutznießung bezweckt nach dem ihm innewohnenden Grundgedanken, in erster Linie dem Ehemanne, welcher den ehelichen Aufwand zu tragen hat (§ 1389), die Mittel zur Unterhaltung der Familie zu gewähren. Vgl. § 1389 Note 3. — Eine Veränderung des Vermögensstandes wird in Ansehung des vorhandenen Vermögens durch den gesetzlichen Güterstand nicht herbeigeführt. Jeder Ehegatte behält das ihm gehörige Vermögen.

a. Das ehemännliche Recht ist nicht übertragbar (§ 1408), nicht pfändbar (CPO. § 861 S. 790) und damit gemäß K.O. § 1 auch nicht zur Konkursmasse des Ehemanns gehörig.

b. Auch die bereits von dem Ehemann erworbenen Früchte unterliegen nur beschränkt dem Zugriffe der Gläubiger des Mannes CPO. § 861 (S. 790).

c. Die Frau hat zur Durchsetzung sachgemäßer Verwaltung des Vermögens und Verwendung der Früchte seitens des Ehemanns Klage und Sicherungsmittel, eventuell den Anspruch auf Aufhebung der ehemännlichen Rechte, §§ 1389, 1391, 1394, 1418.

2. Das Verwaltungs- und Nutznießungsrecht des Mannes ist ein absolutes — Dritten gegenüber wirksames — die Veräußerung hinderndes Recht im Sinne des § 771 CPO. (Widerspruchsklage) vgl. CPO. § 774.

3. Die Regelung des ehemännlichen Rechtes entspricht im Wesentlichen der des Nießbrauchs. Indeß hat der Mann ein durch §§ 1376 und 1380 erheblich erweitertes Verwaltungsrecht. Eine allgemeine Verweisung auf die Vorschriften über den Nießbrauch findet sich indeß nur in § 1383 bezüglich des Erwerbes und des Umfanges der Nutzungen und in § 1384 bezüglich der Erhaltungskosten. Im Uebrigen sind die für die ehemännliche Verwaltung und Nutznießung geltenden Nießbrauchsvorschriften einzeln aufgenommen (vgl. §§ 1372, 1373, 1391, 1392, 1394, 1423).

4. Beweislast vgl. Vorb. Nr. III.

5. Das gesetzliche Güterrecht läßt das Vermögen des Mannes unberührt. Vgl. indeß § 1388. — Von Vermögensstücken, welche sich im Miteigenthume der Ehegatten befinden (z. B. gemeinsam empfangene Hochzeitsgeschenke), gehört der Antheil der Frau, sofern nicht die Ausschließungsgründe der §§ 1365 ff. vorliegen, zum eingebrachten Gute.

## 1. Allgemeine Vorschriften.

**§ 1363.** Das Vermögen der Frau wird durch die Eheschließung der Verwaltung und Nutznießung des Mannes unterworfen (eingebrachtes Gut). I. Regelmäßiger Eintritt der ehemännlichen Verwaltung u. Nutznießung.

Zum eingebrachten Gute gehört auch das Vermögen, das die Frau während der Ehe erwirbt.

**§ 1364.** Die Verwaltung und Nutznießung des Mannes tritt nicht ein, wenn er die Ehe mit einer in der Geschäftsfähigkeit beschränkten Frau ohne Einwilligung ihres gesetzlichen Vertreters eingeht. II. Nichteintritt der Verwaltung u. Nutznießung kraft Gesetzes.

**§ 1365.** Die Verwaltung und Nutznießung des Mannes erstreckt sich nicht auf das Vorbehaltsgut der Frau. III. Nichterstreckung des ehemännl. Rechtes auf das Vorbehaltsgut.

---

**§ 1363.** 1. § 1363 ergiebt als Regel, daß das Vermögen einer Ehefrau der ehemännlichen Verwaltung und Nutznießung des Ehemanns unterworfen ist. Daß und inwieweit diese Regel im einzelnen Falle nicht zutrifft, ist zu beweisen, vgl. Titelvorb. III. 1.

2. Eine obligatorische Verpflichtung der Frau zur Einbringung ihres Vermögens besteht nicht. Die Einbringung tritt vielmehr unmittelbar kraft Gesetzes ein und erfaßt das Vermögen (Aktiva und Passiva vgl. § 1412 Note I. 2) der Ehefrau in demjenigen Zustand, in dem es sich in diesem Zeitpunkte befindet. Die Ehefrau ist deshalb auch nicht zur Gewährleistung verpflichtet. Inwieweit die Ehefrau sich wegen Arglist dem Ehemanne gegenüber schadensersatzpflichtig macht, ist nach den allgemeinen Vorschriften über unerlaubte Handlungen (§§ 823 ff.) zu beurtheilen. Anfechtung der Ehe dieserhalb ist ausgeschlossen. § 1334 Abs. 2.

3. Die Verwaltung des Mannes, obwohl im gewissen Umfang (§§ 1375 ff.) an die Zustimmung der Frau gebunden, ist dennoch keine gemeinschaftliche, sondern wird von dem Manne im eigenen Namen und aus eigenem Rechte ausgeübt.

4. Wegen der nicht übertragbaren Rechte der Frau vgl. Mot. IV S. 166 f.

5. Nachträglicher Eintritt der ehemännlichen Verwaltung und Nutznießung bei Wechsel des Güterstandes. Vgl. § 1412 Note 2.

**§ 1364.** 1. Eheschließung ohne die erforderliche Einwilligung des gesetzlichen Vertreters §§ 1304, 1331.

2. In dem Falle des § 1364 tritt Gütertrennung nach Maßgabe der §§ 1426 ff. ein. Gutgläubigen Dritten gegenüber ist die Wirksamkeit dieses Güterstandes nach §§ 1431, 1435 von der Eintragung in das Güterrechtsregister abhängig.

3. Die Gütertrennung währt solange, bis eine vertragsmäßige Aenderung (§§ 1432 ff.) seitens der Eheleute bewirkt wird. Es tritt also nicht etwa die Verwaltung und Nutznießung des Mannes von selbst mit dem Zeitpunkt ein, in welchem die Frau ohne die Einwilligung ihres gesetzlichen Vertreters hätte heirathen können.

4. Abgesehen von dem in § 1364 geregelten Falle hat die Beschränkung der Ehefrau in der Geschäftsfähigkeit (§§ 106, 114) keinen Einfluß auf die Rechte des Ehemanns. Soweit die Mitwirkung der Frau bei der Vermögensverwaltung in Frage kommt, greifen in Ansehung der Vertretung die allgemeinen Vorschriften (§§ 1633, 1800, 1897, 1915) ein.

5. Die beschränkte Geschäftsfähigkeit des Mannes hindert nicht den Eintritt des gesetzlichen Güterstandes. Vgl. § 1409.

**§ 1365.** 1. Die Eigenschaft als Vorbehaltsgut ist von demjenigen zu beweisen, der sich darauf beruft. Vgl. Titelvorb. III (S. 756).

2. Auch in Ansehung des Vorbehaltsguts ist die Ausschließung der Verwaltung und Nutznießung gutgläubigen Dritten gegenüber nur nach Maßgabe der für das vertragsmäßige Güterrecht geltenden Bestimmung des § 1435 wirksam. Vgl. § 1371, verbunden mit § 1431.

I. Das Vorbehaltsgut. a. Gesetzl. Vorbehaltsgut. α. Persönl. Gebrauchsgegenstände.

**§ 1366.** Vorbehaltsgut sind die ausschließlich zum persönlichen Gebrauche der Frau bestimmten Sachen, insbesondere Kleider, Schmucksachen und Arbeitsgeräthe.

β. Arbeitsverdienst ꝛc.

**§ 1367.** Vorbehaltsgut ist, was die Frau durch ihre Arbeit oder durch den selbständigen Betrieb eines Erwerbsgeschäfts erwirbt.

b. Vertragsmäßiges Vorbehaltsgut.

**§ 1368.** Vorbehaltsgut ist, was durch Ehevertrag für Vorbehaltsgut erklärt ist.

---

3. Hinsichtlich des Vorbehaltsguts ist die Ehefrau vollkommen selbständig. Ihre Verfügungsfähigkeit wird, soweit das Vorbehaltsgut in Frage kommt, durch die Ehe nicht berührt. Dementsprechend steht auch das Vorbehaltsgut dem Zugriffe ihrer Gläubiger nach Maßgabe der allgemeinen Vorschriften unbeschränkt offen.

**§ 1366.** 1. Die in § 1366 genannten Sachen (§ 90) sind, das Eigenthum der Frau an denselben vorausgesetzt (vgl. Vorb. Nr. 5), Vorbehaltsgut der Frau auch dann, wenn sie aus dem Vermögen des Mannes angeschafft sind.

2. Auch auf die in § 1366 bezeichneten Sachen findet das Surrogationsprinzip des § 1370 Anwendung; vgl. indeß Mot. zu § 1519 E. I. a. E.

**§ 1367.** 1. Die Vorschrift des § 1367 bezieht sich nur auf den während der Ehe gemachten Erwerb. Das vor Eingehung der Ehe von der Frau in der in § 1367 erwähnten Weise erworbene Vermögen wird nach § 1363 eingebrachtes Gut, sofern nicht ein besonderer Ausschließungsgrund (§§ 1364, 1368) vorliegt.

2. Nicht unter § 1367 fällt der Erwerb, den die Frau als Gehülfin des Mannes (§ 1356) macht. Dieser Erwerb gebührt ebenso wie der durch andere Gehülfen gemachte dem Manne. Leistet hingegen die Frau im Geschäfte des Mannes über ihre aus § 1356 sich ergebende Verpflichtung hinaus Dienste gegen Entgelt, so wird dieser Entgelt nach § 1367 Vorbehaltsgut.

3. Das Prinzip des § 1367 ist: Was die Frau durch ihre (geistige oder körperliche) Arbeit erwirbt, soll ihr Vorbehaltsgut werden.

a. Gleichgültig ist, ob der Erwerb durch ihre Arbeit allein oder durch Arbeit in Verbindung mit ihrem eigenen Kapital im selbständigen Betrieb eines Erwerbsgeschäfts gemacht wird.

b. Selbständiger Betrieb der Frau liegt vor, wenn die Frau Unternehmerin des Erwerbsgeschäfts ist, der Betrieb auf ihren Namen erfolgt. Der selbständige Betrieb der Frau wird nicht dadurch ausgeschlossen, daß der Mann oder ein Dritter das Geschäft Namens der Frau als deren Vertreter (Prokurist, Handlungsbevollmächtigter) leitet. Betheiligung der Frau an einer offenen Handelsgesellschaft ist selbständiger Betrieb, hingegen Betheiligung in einem stillen Gesellschaftsverhältniß oder als Kommanditistin nur Vermögensanlage, nicht selbständiger Betrieb eines Erwerbsgeschäfts (vgl. § 1405). Vgl. auch Staub, Handelsgesetzbuch 6./7. Aufl. S. 31 Anm. 74.

4. Wegen der Verpflichtung der Frau, aus dem Vorbehaltsgute dem Manne einen Beitrag zur Bestreitung des ehelichen Aufwandes zu gewähren §§ 1427, 1371.

**§ 1368.** 1. Die Vorschrift setzt voraus, daß durch Ehevertrag (§§ 1432 ff., 1434) einzelne zum Frauenvermögen gehörige Gegenstände für Vorbehaltsgut erklärt werden.

2. Ist das gesammte (gegenwärtige und zukünftige) Frauenvermögen für Vorbehaltsgut erklärt, so ist der Vertrag so auszulegen, daß Gütertrennung (§ 1436) eintreten soll.

3. Der Ehevertrag des § 1368 kann auch nach Eingehung der Ehe abgeschlossen werden. Hervorzuheben ist, daß sowohl in KO. § 32 Nr. 2 (früher § 25) sowie in Nr. 4 des § 3 des Anfechtungsgesetzes (Bd. I S. 75) die Vorschriften gestrichen sind, nach denen die Sicherstellung oder Rückgewähr eines Heirathsguts oder des in die Verwaltung des Schuldners gekommenen Vermögens seiner Ehefrau von den Gläubigern angefochten werden kann.

**§ 1369.** Vorbehaltsgut ist, was die Frau durch Erbfolge, durch Vermächtniß oder als Pflichttheil erwirbt (Erwerb von Todeswegen) oder was ihr unter Lebenden von einem Dritten unentgeltlich zugewendet wird, wenn der Erblasser durch letztwillige Verfügung, der Dritte bei der Zuwendung bestimmt hat, daß der Erwerb Vorbehaltsgut sein soll.

c. Zuwendung an die Frau als Vorbehaltsgut.

**§ 1370.** Vorbehaltsgut ist, was die Frau auf Grund eines zu ihrem Vorbehaltsgute gehörenden Rechtes oder als Ersatz für die Zerstörung, Beschädigung oder Entziehung eines zu dem Vorbehaltsgute gehörenden Gegenstandes oder durch ein Rechtsgeschäft erwirbt, das sich auf das Vorbehaltsgut bezieht.

d. Surrogation.

---

**§ 1369.** 1. Erwerb von Todeswegen.

a. Erbfolge §§ 1922 ff., 1937. Vermächtniß § 1939. Pflichttheil §§ 2303 ff.

b. Annahme oder Ausschlagung einer Erbschaft oder eines Vermächtnisses, Verzicht auf den Pflichttheil seitens der Frau § 1406 Ziffer 1.

c. Letztwillige Verfügung ist einseitige Verfügung von Todeswegen, Testament § 1937. Nicht ausgeschlossen ist die Aufnahme der Bestimmung des § 1369 als einer einseitigen Verfügung in einen Erbvertrag § 2299. Anfechtung der letztwilligen Verfügung durch den Ehemann § 2080 Note 2.

d. Wegen der Verbindlichkeiten der Frau, welche in Folge des Erwerbes von Todeswegen für das Vorbehaltsgut entstehen § 1413.

2. Unentgeltliche Zuwendung unter Lebenden.

Schenkung §§ 516 ff., Ausstattung § 1624.

3. Nachträgliche Umwandlung des als Vorbehaltsgut Erworbenen in Eingebrachtes.

a. Die Bestimmung des Dritten bewirkt nur den Erwerb als Vorbehaltsgut, hindert aber nicht die nachträgliche Umwandlung in Eingebrachtes. Dies geschieht mittels Ehevertrags gemäß §§ 1432 ff.

b. Ist die Bestimmung in die Form einer Auflage (§§ 525, 1940) oder einer Bedingung gekleidet, so richten sich die Folgen der Nichteinhaltung der Bestimmung nach den hierfür maßgebenden Vorschriften. Ist der Pflichttheil mit einer derartigen Bedingung belastet, so findet § 2306 Anwendung.

**§ 1370.** 1. Erwerb auf Grund eines zum Vorbehaltsgute gehörenden Rechtes kann eintreten

a. unmittelbar kraft Gesetzes, z. B. Fruchterwerb (§§ 953 ff.), Verbindung, Vermischung (§§ 946 ff.) oder

b. durch Vermittelung eines den Inhalt des Rechtes verwirklichenden Rechtsgeschäfts, z. B. Einziehung einer zum Vorbehaltsgute gehörenden Forderung, des auf ein zum Vorbehaltsgute gehörendes Lotterieloos gefallenen Gewinns.

2. Ersatz für Zerstörung, Beschädigung oder Entziehung.

Hierunter fallen die Schadensersatzleistungen, Versicherungs-, Enteignungssummen, die Gegenleistung bei Veräußerung (Kaufpreis, Tauschobjekte). – Der Gegenstand der Leistung tritt an die Stelle des hierauf gerichteten Anspruchs. Surrogationsprinzip vgl. § 90 Note 4b und § 1524.

3. Erwerb durch ein auf das Vorbehaltsgut sich beziehendes Rechtsgeschäft.

Nicht erforderlich ist, daß der Erwerb wie bei Umsatzgeschäften durch das Vorbehaltsgut gemacht ist (z. B. der beim Verkauf erzielte Verdienst). Es genügt, daß das Geschäft subjektiv in Beziehung auf das Vorbehaltsgut geschlossen ist und objektiv damit in Zusammenhang gebracht werden kann. Dies ist z. B. nicht möglich, wenn die Frau zur Zeit der Vornahme des Geschäfts ein Vorbehaltsgut gar nicht besaß.

4. Die Beweislast trifft in allen Fällen denjenigen, welcher die Eigenschaft eines Gegenstandes als Vorbehaltsgut behauptet.

2. Auf das Vorbehaltsgut anwendbare Vorschriften der Gütertrennung.

**§ 1371.** Auf das Vorbehaltsgut finden die bei der Gütertrennung für das Vermögen der Frau geltenden Vorschriften entsprechende Anwendung; die Frau hat jedoch einen Beitrag zur Bestreitung des ehelichen Aufwandes nur insoweit zu leisten, als der Mann nicht schon durch die Nutzungen des eingebrachten Gutes einen angemessenen Beitrag erhält.

IV. Feststellung des eingebrachten Gutes.
1. Bestand.

**§ 1372.** Jeder Ehegatte kann verlangen, daß der Bestand des eingebrachten Gutes durch Aufnahme eines Verzeichnisses unter Mitwirkung des anderen Ehegatten festgestellt wird. Auf die Aufnahme des Verzeichnisses finden die für den Nießbrauch geltenden Vorschriften des § 1035 Anwendung.

2. Zustand.

Jeder Ehegatte kann den Zustand der zum eingebrachten Gute gehörenden Sachen auf seine Kosten durch Sachverständige feststellen lassen.

A. Rechtsstellg. d. Mannes in Anseh. d. eingebr. Gutes.
I. Verwaltung.
1. Recht zum Besitze.

2. **Verwaltung und Nutznießung.**

**§ 1373.** Der Mann ist berechtigt, die zum eingebrachten Gute gehörenden Sachen in Besitz zu nehmen.

---

**§ 1371.** 1. Die vollständige Selbständigkeit der Ehefrau hinsichtlich ihres Vorbehaltsguts ergiebt sich daraus, daß einerseits die Ehefrau weder als solche noch auf Grund des ehelichen Güterrechts in der Geschäftsfähigkeit beschränkt ist und daß andererseits die Verwaltung und Nutznießung des Mannes nach § 1365 sich nicht auf das Vorbehaltsgut erstreckt.

2. Die für die Gütertrennung geltenden Vorschriften der §§ 1426—1431 finden auf das Vorbehaltsgut ohne Rücksicht darauf, ob die Vorbehaltseigenschaft auf Rechtsgeschäft oder Gesetz beruht mit der Einschränkung Anwendung, daß eine Pflicht der Ehefrau, zu dem ehelichen Aufwande beizutragen, nur insoweit besteht, als der Ehemann nicht schon aus der Nutznießung an dem Eingebrachten einen angemessenen (vgl. § 1427) Beitrag zu dem ehelichen Aufwand erhält.

3. Nach § 1431 in Verbindung mit § 1435 können einem Dritten gegenüber aus der Vorbehaltseigenschaft Einwendungen gegen ein zwischen ihm und dem Ehemanne vorgenommenes Rechtsgeschäft oder gegen ein zwischen ihnen ergangenes rechtskräftiges Urtheil nur hergeleitet werden, wenn zur Zeit der Vornahme des Rechtsgeschäfts oder zur Zeit des Eintritts der Rechtshängigkeit die Vorbehaltseigenschaft in dem Güterrechtsregister des zuständigen Amtsgerichts eingetragen oder dem Dritten bekannt war (nicht auch bekannt sein mußte). Dies bezieht sich gleichmäßig auf die kraft Gesetzes, wie auf die kraft Ehevertrags zum Vorbehaltsgute gehörenden Gegenstände. Ob einem Dritten, welchem das Vorliegen der thatsächlichen Voraussetzungen der gesetzlichen Vorbehaltseigenschaft bekannt ist, damit auch die Vorbehaltseigenschaft selbst bekannt ist, ist Thatfrage. Gegen frivole Behauptung von Rechtsirrthum bietet die freie richterliche Beweiswürdigung Schutz (vgl. § 892 Note III. 1 a).

**§ 1372.** 1. (Abs. 1.) Vermögensverzeichniß vgl. § 1035.

2. (Abs. 2.) Feststellung des Zustandes durch Sachverständige vgl. § 1034 und daselbst FrG. § 164.

3. Die Kosten der in § 1372 vorgesehenen Maßregeln hat derjenige Ehegatte zu tragen, der die bezügliche Feststellung verlangt, § 1035 letzter Satz, § 1372 Abs. 2.

**§ 1373.** 1. Das dem Ehemanne durch § 1373 eingeräumte Recht zum Besitze der zum Eingebrachten gehörenden Sachen entspricht dem Besitzrechte des Nießbrauchers § 1036.

2. Der Ehemann, welcher auf Grund des § 1373 besitzt, ist unmittelbarer Besitzer, während die Frau den mittelbaren Besitz hat. Hiernach ist der dem Ehegatten gewährte Besitzschutz zu beurtheilen. Vgl. §§ 868 ff.

**§ 1374.** Der Mann hat das eingebrachte Gut ordnungsmäßig zu verwalten. Ueber den Stand der Verwaltung hat er der Frau auf Verlangen Auskunft zu ertheilen. 2. Pflicht ordnungsmäß. Verwaltung. Auskunftspflicht.

---

3. Das Recht zur Inbesitznahme begründet kein erweitertes Recht des Ehemanns zur eigenmächtigen Besitzergreifung weder gegenüber der Ehefrau noch gegenüber Dritten. Vgl. die Fassung des § 561 „ohne Anrufen des Gerichts". Die allgemeinen Vorschriften §§ 229 ff., 859 ff., bleiben maßgebend.

4. Dem Besitzrechte des Mannes unterliegen auch die Werthpapiere der Frau. Vgl. indeß die Schutzvorschriften (§§ 1391—1393) bezüglich der Inhaberpapiere und der mit Blankoindossament versehenen Orderpapiere, wenn die Rechte der Frau in einer das eingebrachte Gut gefährdenden Weise verletzt werden.

**§ 1374. I. Der Mann hat das eingebrachte Gut ordnungsmäßig zu verwalten.**

1. Dem Verwaltungsrechte (§§ 1363, 1375) entspricht die Pflicht zur ordnungsmäßigen Verwaltung. Die anzuwendende Sorgfalt bestimmt sich nach §§ 1359, 277. Die ordnungsmäßige Verwaltung erfordert die Aufrechterhaltung der wirthschaftlichen Bestimmung der Sache und eine ordnungsmäßige Wirthschaft. Vgl. § 1036 Abs. 2. — Vgl. auch zu § 1421.

2. Die Verwaltung umfaßt allgemein die Sorge, daß das im Interesse des eingebrachten Gutes Erforderliche geschehe und das für das eingebrachte Gut Schädliche unterbleibe. Der gesetzliche Güterstand begründet somit das Recht und die Pflicht des Ehemanns zur Geschäftsbesorgung in Ansehung des eingebrachten Gutes der Frau (vgl. hierzu Bd. I S. 302 f.).

a. Die Ordnungsmäßigkeit ist nicht Voraussetzung für die Wirksamkeit eines von dem Ehemann innerhalb seiner Verwaltungsbefugniß vorgenommenen Rechtsgeschäfts; ihre Außerachtlassung begründet lediglich die Schadensersatzpflicht des Ehemanns gegenüber der Ehefrau.

b. Zulässig sind alle Verwaltungsmaßregeln, soweit nicht eine Einschränkung ausdrücklich vorgesehen ist. Solche Einschränkungen sind in § 1375 vorgesehen. Zulässig sind insonderheit:

α. die Erwirkung von Sicherungsmaßregeln im Prozeß (Arrest, einstweilige Verfügung § 1380) und außerhalb des Prozesses (Annahme von Bürgen, Pfändern ꝛc.).

β. die thatsächlichen Maßnahmen, welche zur ordnungsmäßigen Wirthschaft und Fruchtziehung erforderlich sind.

γ. die Errichtung des Nachlaßinventars für die Frau § 2008.

c. Der Mann führt die Verwaltung aus eigenem Rechte und im eigenen Namen.

α. In den Fällen des § 1376 ist ihm das Verfügungsrecht über fremde, der Frau gehörige Gegenstände in gewissem Umfange beigelegt. Seine Verfügungen sind deshalb wirksam (vgl. § 955 Note 6).

β. In den anderen Fällen ist, abgesehen von den Vorschriften über den Erwerb im guten Glauben, zu der Verfügung des Mannes die Zustimmung der Frau erforderlich. Vgl. hierzu § 185.

γ. Der Mann wird aus den im eigenen Namen vorgenommenen Rechtsgeschäften Dritten gegenüber berechtigt und verpflichtet. Seine Verpflichtung, das Erlangte auf die Frau, d. h. in deren eingebrachtes Gut zu übertragen, ergiebt sich aus § 667. Vgl. indeß wegen des unmittelbaren Erwerbes der Frau auf Grund der Sondervorschrift des § 1381.

d. Die Vertretung der Frau durch den in ihrem Namen handelnden Ehemann richtet sich nach den allgemeinen Vorschriften über Vertretung (§§ 164 ff.) und erfordert Vollmacht.

**II. Die Auskunftspflicht des Mannes.**

Die Auskunftspflicht des Mannes entspricht derjenigen des Beauftragten § 666. Die Offenbarungspflicht ergiebt sich aus § 260.

3. Grenzen des Verwaltungsrechts allgemein.

**§ 1375.** Das Verwaltungsrecht des Mannes umfaßt nicht die Befugniß, die Frau durch Rechtsgeschäfte zu verpflichten oder über eingebrachtes Gut ohne ihre Zustimmung zu verfügen.

---

III. **Zuwiderhandlung des Mannes gegen die aus § 1374 folgenden Pflichten.**

1. Während der Dauer des Güterstandes ist die Klage der Frau nach § 1394 nur zulässig, wenn wegen Gefährdung des eingebrachten Gutes gemäß § 1391 Sicherheitsleistung verlangt werden kann.

2. Anspruch auf Schadensersatz §§ 280, 1359, 277, 249 ff., § 1421.

IV. **Aufwendungen des Mannes** vgl. § 1390.

**§ 1375.** Durch § 1375 wird das ehemännliche Verwaltungsrecht nach zwei Richtungen beschränkt.

I. Der Mann ist kraft seines Verwaltungsrechts nicht befugt, die Frau durch Rechtsgeschäfte zu verpflichten, d. h. obligatorische Rechtsgeschäfte im Namen der Frau vorzunehmen.

1. Die hierzu erforderliche Vertretungsmacht kann nur nach den allgemeinen Grundsätzen begründet werden §§ 164 ff., 177 (vgl. Bd. I S. 88 Note IV).

2. Der bei Planck (zu § 1375 Note 1) und bei Staudinger (zu § 1375 Note 2) vertretenen Meinung, daß trotz der allgemeinen Fassung des § 1375 der Mann durch vormundschaftsgerichtlich ersetzte Zustimmung gemäß § 1379 die Befugniß erhalte, obligatorische Rechtsgeschäfte Namens der Frau abzuschließen, kann nicht zugestimmt werden. Der Mann kann sich nur die Zustimmung zur Vornahme von Verfügungen über eingebrachtes Gut ersetzen lassen. Der Mann ist aber nicht berechtigt, die Person der Frau zu verpflichten. Es liegt auch kein Bedürfniß zu dieser gegen den Wortlaut verstoßenden Gesetzesauslegung vor. Will der Mann ein Darlehen aufnehmen, so kann er dies persönlich thun und erforderlichenfalls die Zustimmung zur Sicherstellung mit Gegenständen des eingebrachten Gutes gemäß § 1379 ersetzen lassen. Wegen der Mieth- und Pachtverträge, welche der Mann über die zum Eingebrachten gehörigen Gegenstände schließt, vgl. zu § 1423.

II. Der Mann ist kraft seines Verwaltungsrechts nicht befugt, über eingebrachtes Gut ohne Zustimmung der Frau zu verfügen.

1. Ausnahme § 1376. Wegen des Inventars eines zum eingebrachten Gute gehörigen Grundstücks § 1378.

2. Ersetzung der Zustimmung durch das Vormundschaftsgericht § 1379.

3. Näheres über die Zustimmung (Einwilligung oder Genehmigung) vgl. §§ 182—184. Aufrechterhaltung einer unwirksamen Verfügung der Frau als Zustimmung zu dem von dem Manne nachträglich vorgenommenen Rechtsgeschäfte gleichen Inhalts § 1398 Note 2.

4. Der Mangel der erforderlichen Zustimmung.

a. Verfügung des Mannes im Namen der Frau. Es liegt Vertretung ohne Vertretungsmacht vor §§ 177—180.

b. Verfügung des Mannes im eigenen Namen.

α. Die Verfügung, wozu namentlich auch die Einziehung einer Forderung der Frau gehört, ist unwirksam (Bd. I S. 46 Nr. 6c). Die Unwirksamkeit kann sowohl von dem Manne als auch selbständig von der Frau (§ 1407 Ziffer 3) geltend gemacht werden.

β. Konvaleszenz §§ 185, 362 Abs. 2.

γ. Schutz des gutgläubigen Erwerbes kann nur bei beweglichen Sachen in Frage kommen. Vgl. § 816 Note I. 2d.

δ. Das obligatorische Verhältniß zwischen dem Dritten und dem Ehemanne richtet sich nach den allgemeinen Vorschriften, wie wenn der Gegenstand einem Fremden gehört hätte. Bereicherungsanspruch §§ 812 ff. Erfüllungsinteresse §§ 306 ff.

5. Die Beweislast für das Vorhandensein der Zustimmung der Frau liegt dem ob, der die Zustimmung behauptet.

**§ 1376.** Ohne Zustimmung der Frau kann der Mann:

4. Verfügungen d. Mannes.
a. Die ohne Zustimmung der Frau wirksamen Verfügungen.

1. über Geld und andere verbrauchbare Sachen der Frau verfügen;
2. Forderungen der Frau gegen solche Forderungen an die Frau, deren Berichtigung aus dem eingebrachten Gute verlangt werden kann, aufrechnen;
3. Verbindlichkeiten der Frau zur Leistung eines zum eingebrachten Gute gehörenden Gegenstandes durch Leistung des Gegenstandes erfüllen.

b. Zu beobachtende Verwaltungsgrundsätze.

**§ 1377.** Der Mann soll Verfügungen, zu denen er nach § 1376 ohne Zustimmung der Frau berechtigt ist, nur zum Zwecke ordnungsmäßiger Verwaltung des eingebrachten Gutes vornehmen.

Das zum eingebrachten Gute gehörende Geld hat der Mann nach

---

6. Ist die Frau in der Geschäftsfähigkeit beschränkt, so ist die erforderliche Zustimmung von ihrem gesetzlichen Vertreter zu geben.

**§ 1376.** 1. Ziffer 1.

a. Verbrauchbare Sachen § 92. Geld und sonstige verbrauchbare Sachen, welche zum eingebrachten Gute gehören, sind Eigenthum der Frau. Der Mann hat lediglich die Verfügungsbefugniß. Vgl. § 1377 Note I. 3.

b. Der Mann soll von der ihm gewährten Befugniß nur zum Zwecke einer ordnungsmäßigen Verwaltung Gebrauch machen (§ 1377 Abs. 1). Verpflichtung des Mannes zur Anlegung der Gelder § 1377 Abs. 2. — Bei Gefährdung des eingebrachten Gutes durch ordnungswidrige Wirthschaft §§ 1391, 1394, 1418 Ziffer 1.

2. Ziffer 2.

a. Der Ehemann hat ohne Zustimmung der Frau weder das Einziehungsrecht noch die Kündigungsbefugniß; Entgegennahme der Kündigung durch den Mann § 1403.

b. Die Aufrechnungsbefugniß des Mannes erfordert:

α. Vorliegen der nach §§ 387 ff. erforderten Voraussetzungen der Aufrechnung, insonderheit also auch Fälligkeit beider Forderungen;

β. Gegenüberstehen einer der Frau zustehenden Forderung mit einer der Frau obliegenden Verbindlichkeit, deren Berichtigung aus dem eingebrachten Gute verlangt werden kann (§§ 1411—1414).

γ. Vgl. ferner zu Note 4.

3. Ziffer 3.

a. Der Mann ist nur zur Erfüllung der Verbindlichkeiten der Frau durch Leistung des geschuldeten Gegenstandes selbst, nicht zur Hingabe an Erfüllungsstatt befugt.

b. Erfordert die zur Erfüllung der Verbindlichkeit vorzunehmende Verfügung die Eintragung in das Grundbuch, so greifen die Vorschriften GO. § 19 (Bd. I S. 434) ein, wonach die Eintragung erfolgt, wenn derjenige sie bewilligt, dessen Recht von ihr betroffen wird. Es ist also die Bewilligung der Ehefrau hiernach erforderlich. Das Erforderniß der Zustimmung des Mannes ergiebt sich aus § 1395.

c. Für Eintragungen in das Reichs- oder Staatsschuldbuch greifen die für das Verfahren bei diesen Instituten maßgebenden Vorschriften ein. Vgl. EG. Artt. 50, 97.

d. Vgl. zu 4.

4. Für die Ziffer 2 u. 3 ist vorausgesetzt, daß die Forderung gegen die Frau bzw. die Verbindlichkeit zur Leistung auch wirklich besteht. Der Ehemann ist nicht befugt, mit Wirkung gegen die Ehefrau nicht bestehende Verbindlichkeiten anzuerkennen oder auf Einreden zu verzichten. Gegebenenfalls steht der Frau das selbständige Klagerecht aus § 1407 Ziffer 3 gegen den Dritten zu.

den für die Anlegung von Mündelgeld geltenden Vorschriften für die Frau verzinslich anzulegen, soweit es nicht zur Bestreitung von Ausgaben bereit zu halten ist.

Andere verbrauchbare Sachen darf der Mann auch für sich veräußern oder verbrauchen. Macht er von dieser Befugniß Gebrauch, so hat er den Werth der Sachen nach der Beendigung der Verwaltung und Nutznießung zu ersetzen; der Ersatz ist schon vorher zu leisten, soweit die ordnungsmäßige Verwaltung des eingebrachten Gutes es erfordert.

---

**§ 1377.** I. Die Vorschrift des § 1377 enthält Sonderanwendungen des in § 1374 ausgesprochenen Prinzips.

1. (Abs. 1). Die Rechtsbeständigkeit der nach § 1376 von dem Manne wirksam vorgenommenen Verfügungen ist davon unabhängig, ob sich die Verfügung in dem Rahmen ordnungsmäßiger Verwaltung hält. Wegen des Verhältnisses unter den Ehegatten vgl. zu II.

2. (Abs. 2.) Anlegung der zum eingebrachten Vermögen gehörenden Gelder.

a. Abs. 2 bezieht sich nur auf die Anlegung von Geld, das sich als solches im eingebrachten Gute befindet. Die Vorschrift begründet nicht das Recht eines der Ehegatten, die anderweite Anlegung von Kapitalien zu verlangen, die bereits abweichend von Abs. 2 angelegt sind, sei es, daß diese Anlegung im beiderseitigen Einverständnisse erfolgt ist, sei es, daß die Kapitalien in einer dem Abs. 2 nicht entsprechenden Anlage von vornherein in das eingebrachte Gut gelangt sind. Auf solche Kapitalien findet Abs. 2 erst Anwendung, wenn nach ordnungsmäßigen Verwaltungsgrundsätzen eine Neuanlegung nothwendig ist.

b. Die Vorschriften über Anlegung von Mündelgeld vgl. § 1807. — § 1809 findet nicht Anwendung. Der Anspruch der Frau auf Hinterlegung der Werthpapiere richtet sich nach § 1392.

c. Die Anlegung der Gelder durch den Mann bei sich selbst ist Kontrahiren mit sich selbst und daher gemäß § 181 nur mit Gestattung durch die Ehefrau zulässig (vgl. zu d).

d. Eine Abweichung von der Vorschrift des Abs. 2 ist nur mit Zustimmung beider Ehegatten zulässig. Eine Ersetzung der Zustimmung durch das Vormundschaftsgericht (vgl. §§ 1811, 1379) findet hierbei nicht statt. Vgl. hierzu Note III.

3. (Abs. 3.) Andere verbrauchbare Sachen.

a. Die wesentliche Bedeutung des Abs. 3 liegt darin, daß dem Ehemanne nicht, wie beim Quasiusufruktus in § 1067 das Eigenthum an den verbrauchbaren Sachen des eingebrachten Gutes, sondern lediglich das freie Verfügungsrecht zugesprochen wird. Diese Sachen sind somit weder dem Zugriffe der Gläubiger des Mannes ausgesetzt noch auch Bestandtheile seiner Konkursmasse.

b. Geld und Geldsurrogate, Werthpapiere als verbrauchbare Sachen vgl. § 92 Note 2.

c. Die Ersatzpflicht des Mannes tritt regelmäßig erst nach beendeter Nutznießung ein. Die Werthberechnung geschieht nach dem Zeitpunkte des Verbrauchs oder der Veräußerung. Verstieß die Veräußerung gerade zu dieser Zeit gegen die Grundsätze ordnungsmäßiger Verwaltung (z. B. zur Zeit eines Preissturzes), so kann dieserhalb die Schadensersatzpflicht des Mannes in Betracht kommen.

d. Den Gläubigern der Frau gegenüber, welchen der Ersatzanspruch der Frau im Wege der Zwangsvollstreckung überwiesen oder zum Zwecke der Schuldentilgung abgetreten ist (vgl. § 1395 Note 5), ist der Mann gemäß § 1411 Abs. 2 zu sofortigem Ersatze verpflichtet. Vgl. § 1411 Note II.

**§ 1378.** Gehört zum eingebrachten Gute ein Grundstück sammt Inventar, so bestimmen sich die Rechte und die Pflichten des Mannes in Ansehung des Inventars nach den für den Nießbrauch geltenden Vorschriften des § 1048 Abs. 1.

5. Grundstücksinventar.

**§ 1379.** Ist zur ordnungsmäßigen Verwaltung des eingebrachten Gutes ein Rechtsgeschäft erforderlich, zu dem der Mann der Zustimmung der Frau bedarf, so kann die Zustimmung auf Antrag des Mannes durch das Vormundschaftsgericht ersetzt werden, wenn die Frau sie ohne ausreichenden Grund verweigert.

6. Richterliche Ersetzung der erforderlichen Zustimmung der Frau.

Das Gleiche gilt, wenn die Frau durch Krankheit oder durch Abwesenheit an der Abgabe einer Erklärung verhindert und mit dem Aufschube Gefahr verbunden ist.

---

II. **Schutz der Frau bei Gefährdung ihres Eingebrachten.**

1. Wenn der Mann durch Nichtbefolgung des Abs. 1 und des Abs. 2 das eingebrachte Gut erheblich gefährdet, steht der Frau der Anspruch auf Sicherheitsleistung gemäß §§ 1391 Abs. 1, 1394 zu.

2. Wenn die Ansprüche der Frau aus Abs. 3 erheblich gefährdet sind, kann Sicherheitsleistung gemäß §§ 1391 Abs. 2, 1394 gefordert werden.

3. In beiden Fällen Klage auf Aufhebung der Verwaltung und Nutznießung gemäß § 1418 Ziffer 1.

III. **Vertragsmäßige Abweichung von den gesetzlichen Vorschriften.**

1. Eine vertragsmäßige Abweichung erfordert nicht immer einen der Formvorschrift des § 1434 unterliegenden Ehevertrag. Vgl. Titelvorb. Nr. II. 2 b. Die Abweichung kann z. B. dadurch herbeigeführt werden, daß die Frau dem Manne ein Darlehen gewährt oder ihm durch Rechtsgeschäft einen Nießbrauch bestellt. Alsdann finden die bezüglichen Vorschriften Anwendung, wie wenn das Rechtsverhältniß unter Fremden bestände.

2. Wegen der sich hieraus für den Rechtsschutz der Frau ergebenden Folgerungen vgl. Vorb. zu §§ 1391—1394 Nr. 6.

**§ 1378.** 1. Vgl. § 1048 Abs. 1. Danach hat der Mann einerseits innerhalb der Grenzen ordnungsmäßiger Wirthschaft das freie Verfügungsrecht über die einzelnen Inventarstücke, andererseits die Pflicht, das Inventar zu ergänzen. Die neu angeschafften Ergänzungsstücke werden mit der Einverleibung Eigenthum der Frau.

2. Anstatt des gemäß §§ 1378, 1048 Abs. 1 kraft Gesetzes eintretenden Rechtsverhältnisses kann auch eine anderweite Abrede der Ehegatten (vgl. § 1377 Note III) treten, insonderheit z. B. die Uebernahme zum Schätzungswerthe gemäß § 1048 Abs. 2.

**§ 1379.** I. (Abs. 1.) **Materielle Voraussetzungen.**

1. Die Ersetzung der von der Frau verweigerten Zustimmung wird sich nur auf solche Rechtsgeschäfte erstrecken können, die an sich überhaupt unter das Verwaltungsrecht des Mannes fallen, mithin nur auf Rechtsgeschäfte, durch welche über Gegenstände des eingebrachten Gutes verfügt wird, nicht aber auf Rechtsgeschäfte, durch welche eine Verpflichtung der Frau begründet werden soll (vgl. § 1375 Note I. 2).

2. Erforderlichkeit des Geschäfts zur ordnungsmäßigen Verwaltung liegt vor, wenn ohne die Vornahme des Geschäfts sich eine ordnungsmäßige Verwaltung nicht durchführen läßt. Bloße Zweckmäßigkeit genügt nicht. Die Erforderlichkeit ist unter Berücksichtigung der gesammten Verhältnisse der Eheleute, z. B. auch unter Berücksichtigung einer von dem Ehemann in Ausübung seines ehemännlichen Rechtes bewirkten oder in Aussicht genommenen Wohnsitzverlegung (§ 1354) zu prüfen.

3. Verweigerung ohne ausreichenden Grund. Ob ein Grund ausreichend ist, ist nicht nur von der finanziellen Seite, sondern unter Ab-

7. Aktivlegitimation des Mannes.

**§ 1380.** Der Mann kann ein zum eingebrachten Gute gehörendes Recht im eigenen Namen gerichtlich geltend machen. Ist er befugt, über das Recht ohne Zustimmung der Frau zu verfügen, so wirkt das Urtheil auch für und gegen die Frau.

---

wägung aller Umstände, insbesondere auch im Hinblick auf die durch sittliche Pflichten und den Anstand gebotenen Rücksichten zu beurtheilen.

II. **Das Verfahren vor dem Vormundschaftsgerichte.**

1. Die Zuständigkeit des Gerichts bestimmt sich nach FrG. § 45, abgedruckt zu § 1357 Note II. 2 (S. 747).

2. Das Verfahren richtet sich nach den allgemeinen Grundsätzen des Ges. über die Angelegenheiten der freiwilligen Gerichtsbarkeit.

3. Wirksamkeit der vormundschaftsgerichtlichen Entscheidung Fr.G. § 53, abgedruckt zu § 1357 Note II. 2.

4. Sofortige Beschwerde des Mannes oder der Frau (FrG. § 20) FrG. § 60 Ziffer 6.

III. **Beschränkte Geschäftsfähigkeit der Frau** ändert an dem materiellen Inhalte der Vorschrift nichts. Die von dem gesetzlichen Vertreter verweigerte Zustimmung kann ebenso durch das Vormundschaftsgericht ersetzt werden, wie wenn die Frau selbst die Verweigernde wäre. Die Zuständigkeit bestimmt sich demgemäß nach FrG. 45, nicht nach FrG. §§ 36, 43.

**§ 1380. A. Aktivprozesse in Ansehung des eingebrachten Gutes.**

I. **Der Mann als Prozeßpartei.**

1. Dem Manne wird die Befugniß, die zum eingebrachten Gute gehörenden Rechte der Frau in eigenem Namen geltend zu machen, durch § 1380 zugesprochen (Aktiv-Sachlegitimation des Mannes). Nicht unter § 1380 fallen diejenigen Rechtsstreitigkeiten, in welchen der Ehemann aus eigenem Rechte die von ihm als Nutznießungsberechtigten erworbenen Rechte (z. B. Rechte an den Früchten, Zinsforderungen ꝛc.) oder sonstige Rechtspositionen (z. B. Besitzstörungsklage) geltend macht.

2. Gerichtliche Geltendmachung umfaßt alle Arten des Angriffs und der Vertheidigung mit prozessualen Mitteln (Klage, Widerklage, Arrest und einstweilige Verfügung, Mahnverfahren, Einwendung). Auch die Geltendmachung vor den Verwaltungsgerichten fällt hierunter.

3. Der Klagantrag und die Wirkung des Urtheils gestalten sich verschieden, je nachdem es sich um Geltendmachung eines der selbständigen Verfügung des Mannes unterliegenden Rechtes handelt oder nicht.

a. Der Mann selbständig verfügungsberechtigt (§§ 1376 Ziffer 1. 1378):

α. der Antrag geht, auch wenn seine Erfüllung eine Verfügung über den Anspruch darstellt, auf Leistung an den Mann;

β. das Urtheil wirkt für und gegen die Frau (vgl. CPO. §§ 326 f.).

b. Der Mann nur mit Zustimmung der Frau verfügungsberechtigt (§ 1375):

α. der Antrag geht, wenn in seiner Erfüllung eine Verfügung liegt, zu welcher der Mann der Zustimmung der Frau bedarf, wie z. B. bei Einziehung einer Kapitalforderung, auf Leistung an den Mann und die Frau gemeinschaftlich;

β. eine Wirkung des Urtheils gegenüber der Frau tritt nicht ein; auch dann nicht, wenn die Entscheidung zu Gunsten des Mannes ergangen ist oder wenn die Frau der Prozeßführung des Mannes zugestimmt hat.

4. Die Kosten des Rechtsstreits hat sowohl Dritten gegenüber wie im Verhältnisse der Ehegatten zu einander der Mann zu tragen § 1387 Ziffer 1.

II. **Die Frau als Prozeßpartei.**

1. Vertretung der Frau durch den Mann.

a. Ist die Frau Prozeßpartei, so finden auf ihre Vertretung durch den Mann die allgemeinen Vorschriften CPO. §§ 79 ff., 89 Anwendung. Die Vorschriften über den gesetzlichen Güterstand gewähren keinen Anhalt

**§ 1381.** Erwirbt der Mann mit Mitteln des eingebrachten Gutes bewegliche Sachen, so geht mit dem Erwerbe das Eigenthum auf die Frau über, es sei denn, daß der Mann nicht für Rechnung des eingebrachten Gutes erwerben will. Dies gilt insbesondere auch von Inhaberpapieren und von Orderpapieren, die mit Blankoindossament versehen sind.

8. Surrogationsprinzip a. bei Erwerb mit Mitteln des eingebrachten Gutes.

Die Vorschriften des Abs. 1 finden entsprechende Anwendung, wenn der Mann mit Mitteln des eingebrachten Gutes ein Recht an Sachen der bezeichneten Art oder ein anderes Recht erwirbt, zu dessen Uebertragung der Abtretungsvertrag genügt.

---

dafür, daß auch die Vertretung in anderer Weise geregelt werden sollte. AM. Planck Note 3 zu § 1380.

b. In der Vertretung der Frau durch den Mann liegt zugleich seine Zustimmung zur Prozeßführung. Hieraus ergiebt sich

α. die Wirksamkeit des Urtheils dem Manne gegenüber in Ansehung des eingebrachten Gutes (§ 1400 Abs. 1 und Note II. 2),

β. die Verpflichtung des Mannes zur Kostentragung gemäß §§ 1387 Ziffer 1, 1416 Abs. 2; 1388, vgl. § 1387 Note IV. 2, III. 2a.

2. Selbständige Prozeßführung seitens der Frau. Vgl. § 1400.

**B. Die Passivprozesse in Ansehung des eingebrachten Gutes.**

Nach CPO. § 739 (abgedruckt S. 795) erfordert die Zwangsvollstreckung in das eingebrachte Gut

1. die Verurtheilung der Frau zur Leistung und
2. die Verurtheilung des Mannes zur Duldung der Zwangsvollstreckung in das eingebrachte Vermögen. Vgl. ferner CPO. §§ 741, 742, abgedruckt zu § 1412.

**§ 1381.** 1. Ohne die Vorschrift des § 1381 würde der Erwerb, welchen der Mann mit Mitteln des eingebrachten Gutes macht, nur dann unmittelbar in das Eigenthum der Frau gelangen, wenn der Mann Namens und in Vertretung der Frau erwirbt. Anderenfalls würde zum Eigenthumserwerbe durch die Ehefrau noch eine besondere Uebereignung an diese erforderlich sein. Vgl. § 164 Note 3.

2. Die (dem § 1646 entsprechende) Vorschrift des § 1381 trägt dem Umstande Rechnung, daß derartige Uebereignungen unter Ehegatten regelmäßig nicht vorkommen und daß somit die Ehefrau der Gefahr ausgesetzt ist, an Stelle des Eigenthums an den von ihr eingebrachten Sachen obligatorische Uebereignungsansprüche gegen den Mann zu erhalten. Hierdurch würde sie namentlich im Konkurse des Mannes des Aussonderungsrechts verlustig gehen.

3. Ist der Erwerb zum Theil mit Mitteln des Mannes, zum Theil mit den Mitteln des eingebrachten Gutes erfolgt, so würde Miteigenthum nach Maßgabe der von beiden Seiten für den Erwerb verwendeten Mittel eintreten.

4. Das von den allgemeinen Grundsätzen (§§ 164, 1375) abweichende Surrogationsprinzip des § 1381 erstreckt sich nicht auf Grundstücke und Rechte an denselben sowie auf Werthpapiere, welche auf Namen lauten. Hier ergiebt die Umschreibung auf den Namen des Mannes immer die Absicht des Mannes, für sich erwerben zu wollen. Soll die Frau erwerben, so muß der Mann entweder als Stellvertreter für die Frau erwerben oder aber eine besondere Uebereignung bewirken.

5. Rechte, zu deren Uebertragung der Abtretungsvertrag genügt, vgl. §§ 398, 413.

6. Beweislast. Wer unmittelbaren Erwerb der Frau behauptet, hat Erwerb mit Mitteln des eingebrachten Gutes darzuthun. Daß der Mann nicht für Rechnung des eingebrachten Gutes erwerben wollte, ist Einwendung.

b. bei Ersatz der von der Frau eingebrachten Haushaltsgegenstände.

**§ 1382.** Haushaltsgegenstände, die der Mann an Stelle der von der Frau eingebrachten, nicht mehr vorhandenen oder werthlos gewordenen Stücke anschafft, werden eingebrachtes Gut.

II. Nutznießung.

**§ 1383.** Der Mann erwirbt die Nutzungen des eingebrachten Gutes in derselben Weise und in demselben Umfange wie ein Nießbraucher.

III. Die mit der Nutznießung verbundenen Lasten.
1. Fruchtgewinnungs- u. Erhaltungskosten.

**§ 1384.** Der Mann hat außer den Kosten, welche durch die Gewinnung der Nutzungen entstehen, die Kosten der Erhaltung der zum eingebrachten Gute gehörenden Gegenstände nach den für den Nießbrauch geltenden Vorschriften zu tragen.

---

7. Konkurs des Mannes.

Der gemäß § 1381 geführte Beweis widerlegt nicht nur die Praesumtio Muciana (§ 1362 Abs. 1), sondern erfüllt auch zugleich den nach KO. § 45 der Frau weiter obliegenden Nachweis, daß der Erwerb nicht mit Mitteln des Gemeinschuldners gemacht ist. Der durch § 1381 geforderte Beweis geht nicht dahin, daß nicht mit Mitteln des Mannes, sondern speziell dahin, daß mit den Mitteln des eingebrachten Gutes erworben ist. Der Erwerb mit den Mitteln eines Dritten oder des Vorbehaltsguts würde nicht den unmittelbaren Eigenthumserwerb der Frau zur Folge haben, sondern nach den allgemeinen Vorschriften § 164 Abs. 2 zu beurtheilen sein.

**§ 1382.** 1. Haushaltsgegenstände vgl. §§ 1640, 1932, 1969; § 1620.

2. Es spricht keineswegs eine Vermuthung dafür, daß die Haushaltsgegenstände der Frau gehören, vielmehr findet zu Gunsten der Gläubiger des Mannes die Vermuthung des § 1362 Abs. 1 Anwendung. Der Nachweis des in § 1382 enthaltenen Thatbestandes widerlegt zwar die Vermuthung aus § 1362 Abs. 1. Zur Begründung des Aussonderungsrechts im Konkurse des Mannes gehört aber der weitere Nachweis, daß die Sachen nicht mit den Mitteln des Mannes angeschafft sind, KO. § 45 (S. 754).

3. Durch die Vorschrift des § 1382 wird die Auseinandersetzung der Ehegatten nach Beendigung des Güterstandes insofern erheblich vereinfacht, als es unerheblich ist, mit wessen Mitteln und in welcher Absicht die einzelnen Ersatzstücke von dem Manne angeschafft sind.

**§ 1383.** I. Für den Erwerb der Nutzungen (§ 100) des eingebrachten Gutes kommen nach §§ 1383, 1085 die Vorschriften über den Nießbrauch an den einzelnen zum eingebrachten Gute gehörenden Gegenständen zur Anwendung.

1. Nutznießung an Sachen vgl. §§ 1030 ff., 1038, 1039, 1048; Nutznießung an einem Miteigenthumsantheile § 1066. Wegen der Nutznießung an verbrauchbaren Sachen vgl. § 1377 Note 3. Erwerb des Eigenthums an den Früchten durch den Mann § 954.

2. Nutznießung an Rechten vgl. §§ 1068 ff.

3. Die Zeitdauer der ehemännlichen Nutznießung.

a. Die ehemännliche Nutznießung beginnt mit dem Eintritte (§§ 1363, 1425; §§ 1432 ff.) und endet mit der Aufhebung des gesetzlichen Güterstandes (§§ 1418 ff.; 1432 ff.).

b. Die Fruchtvertheilung bei dem Wechsel des Nutzungsberechtigten geschieht nach § 101.

II. Beschränkte Pfändbarkeit der Früchte. Auch die von dem Manne bereits erworbenen Früchte des eingebrachten Gutes sind dem Zugriffe seiner Gläubiger im Interesse der Ehe in dem in CPO. § 861 (zu § 1408) bestimmten Umfang entzogen.

**§ 1384.** 1. Wegen der Fruchtgewinnungskosten vgl. zu § 102.

2. Die Erhaltungskosten.

a. Nutznießung an Sachen §§ 1041—1043, 1048; vgl. zu § 1378 Note 2.

b. Nutznießung an Rechten vgl. § 1068 Abs. 2.

2. Verpflichtung des Mannes
a. gegenüber der Frau zur Tragung von
α. laufenden Ausgaben.

**§ 1385.** Der Mann ist der Frau gegenüber verpflichtet, für die Dauer der Verwaltung und Nutznießung zu tragen:

1. die der Frau obliegenden öffentlichen Lasten mit Ausschluß der auf dem Vorbehaltsgute ruhenden Lasten und der außerordentlichen Lasten, die als auf den Stammwerth des eingebrachten Gutes gelegt anzusehen sind;
2. die privatrechtlichen Lasten, die auf den zum eingebrachten Gute gehörenden Gegenständen ruhen;
3. die Zahlungen, die für die Versicherung der zum eingebrachten Gute gehörenden Gegenstände zu leisten sind.

---

3. Wegen der gewöhnlichen Abnutzung der zum Eingebrachten gehörenden Sachen vgl. zu § 1421.

4. Verwendungsanspruch des Mannes § 1390.

Zu §§ 1385—1389.

1. Die in den §§ 1385—1389 aufgeführten Verpflichtungen des Mannes sind von dem Betrage der Nutzungen unabhängig. Es ist also gleichgültig, ob der Mann durch die Nutzungen für die ihm obliegenden Verpflichtungen Deckung findet. Der leitende Gedanke ist dabei der, daß es, weil die Frau in Folge der ehemännlichen Verwaltung und Nutznießung regelmäßig keine laufenden Einnahmen hat, der Billigkeit entspricht, dem Ehemanne diejenigen Verbindlichkeiten der Frau aufzuerlegen, welche die Frau sonst bei ordnungsmäßiger Wirthschaft aus den laufenden Einnahmen oder aus ihrem Erwerbe bestreiten würde. Will der Mann diese mit dem gesetzlichen Güterstande verbundenen Lasten nicht tragen, so bleibt ihm nur übrig, durch Ehevertrag mit der Ehefrau die ehemännliche Verwaltung und Nutznießung auszuschließen (§§ 1432ff., 1436). Ein einseitiger Verzicht des Mannes auf die Nutznießung mit der Wirkung der Befreiung von den aus §§ 1385ff. sich ergebenden Verpflichtungen ist nicht anerkannt. Vgl. Vorb. zu §§ 1418ff. Note II (S. 798).

2. Die Haftung der Frau als Schuldnerin wird Dritten gegenüber durch das eheliche Güterrecht nicht berührt. Die Geltendmachung der Ansprüche ist in Ansehung des Vorbehaltsguts unbeschränkt, in Ansehung des eingebrachten Gutes nach §§ 1411ff. zu beurtheilen.

**§ 1385.** 1. Ziffer 1. Vgl. zu §§ 995, 1047. Zu den unter Ziffer 1 fallenden Lasten gehören auch die nicht auf einem bestimmten Gegenstande ruhenden Lasten wie z. B. Personalsteuern.

2. Ziffer 2. Vgl. § 1047 Note 4 und 5. Zu den privatrechtlichen Lasten gehören, wie sich aus § 1047 ergiebt, insbesondere die Zinsen der Hypothekenforderungen und Grundschulden sowie die auf Grund einer Rentenschuld zu entrichtenden Leistungen; ferner die Ueberbau- und Nothwegrenten (§§ 912, 916f.), die Unterhaltungspflicht bei der Grunddienstbarkeit (§§ 1021f.).

3. Ziffer 3.

a. Vgl. § 1045 Abs. 2. Die Zahlungen für die Versicherung sind von dem Manne zu tragen, gleichgültig ob die Versicherung durch eine ordnungsmäßige Verwaltung (§ 1374) geboten ist oder nicht. Als selbstverständlich ist trotz der allgemeinen Fassung der Ziffer 3 vorausgesetzt, daß die Frau während der Dauer der Verwaltung und Nutznießung des Mannes ohne seine Zustimmung eine ihm gegenüber wirksame Verbindlichkeit zur Entrichtung von Versicherungsbeiträgen nicht eingehen kann. (Prot. IV S. 192). Es kommen demnach nur solche Versicherungen in Betracht, die bereits bei Beginn des Güterstandes liefen oder die von dem Manne oder mit seiner Zustimmung (§§ 1399, 1401) von der Frau abgeschlossen sind. Ziffer 3 umfaßt alle Arten der Versicherung von Gegenständen, welche zum eingebrachten Gute gehören. Andere Versicherungen, wie z. B. die Unfallversicherung fallen unter § 1402.

β. Zinsen u. anderen wiederkehrenden Leistungen.

**§ 1386.** Der Mann ist der Frau gegenüber verpflichtet, für die Dauer der Verwaltung und Nutznießung die Zinsen derjenigen Verbindlichkeiten der Frau zu tragen, deren Berichtigung aus dem eingebrachten Gute verlangt werden kann. Das Gleiche gilt von wiederkehrenden Leistungen anderer Art, einschließlich der von der Frau auf Grund ihrer gesetzlichen Unterhaltspflicht geschuldeten Leistungen, sofern sie bei ordnungsmäßiger Verwaltung aus den Einkünften des Vermögens bestritten werden.

Die Verpflichtung des Mannes tritt nicht ein, wenn die Verbindlichkeiten oder die Leistungen im Verhältnisse der Ehegatten zu einander dem Vorbehaltsgute der Frau zur Last fallen.

---

b. Die Versicherung der Früchte wird durch § 1385 nicht betroffen, sondern fällt unter § 1384.

4. Unmittelbare Haftung des Mannes gegenüber den Gläubigern § 1388.

**§ 1386. I. Zinsen.**

1. Die Berichtigung welcher Verbindlichkeiten aus dem eingebrachten Gute verlangt werden kann, bestimmen die §§ 1411—1414.

2. (Abs. 2.) Die Behauptung, daß die Verbindlichkeit im Verhältnisse der Ehegatten zu einander dem Vorbehaltsgute zur Last fallen, ist Einwendung des Mannes. Die entscheidenden Vorschriften enthalten die §§ 1415 f.

3. Für Hypothekenzinsen ꝛc. ist, soweit der dingliche Anspruch in Frage steht, § 1385 Ziffer 2 maßgebend (vgl. § 1047). Der persönliche Anspruch fällt unter § 1386.

4. Gesammtschuldnerische Haftung des Mannes gegenüber den Gläubigern § 1388.

II. **Wiederkehrende Leistungen anderer Art.**

1. In Betracht kommen nur solche wiederkehrende Leistungen, welche weder unter § 1385 noch unter § 1386 Abs. 1 S. 1 fallen.

2. Wer die Leistungspflicht des Mannes in Anspruch nimmt, hat darzuthun, daß die Leistungen bei ordnungsmäßiger Verwaltung aus den Einkünften des Vermögens bestritten werden.

3. Unterhaltspflichten der Frau.

a. Verbindlichkeiten der Frau aus ihrer gesetzlichen Unterhaltspflicht gegenüber
α. den Verwandten, insbesondere also ihren, nicht von dem Manne erzeugten Kindern §§ 1601 ff., 1604;
β. dem früheren Ehegatten §§ 1578, 1583, 1345, 1346, 1351.

b. Verbindlichkeiten, welche auf die Frau als Erbin
α. eines unehelichen Vaters §§ 1708, 1712, 1967;
β. eines geschiedenen unterhaltspflichtigen Ehegatten §§ 1582, 1967
übergegangen sind, sind als Nachlaßverbindlichkeiten zu beurtheilen. Sie fallen unter § 1386 nur, sofern das eingebrachte Gut für die Nachlaßverbindlichkeiten haftet. Vgl. § 1406 Ziffer 1, § 1413, sowie § 1534 und gegenüber Mot. IV. S. 201 f. RKomB. Nr 440b S. 128.

c. Der Mann haftet, selbst wenn das eingebrachte Vermögen keine oder nicht ausreichende Einkünfte gewährt. Vgl. Vorb. zu §§ 1385—1389 Nr. 1. Insofern es für die Feststellung der Unterhaltspflicht oder ihres Umfanges auf das vorhandene Vermögen ankommt (§ 1603), bleibt die dem Manne zustehende Nutznießung nach § 1604 außer Betracht. Für die sich hiernach ergebende Unterhaltspflicht hat der Mann aufzukommen. Besitzt die Frau kein Vermögen und ist deshalb ihre dem Grunde nach bestehende Unterhaltspflicht der Höhe nach gleich Null, so hat der Mann auch nichts zu gewähren.

d. Wird durch das Vorhandensein eines Vorbehaltsguts die Unterhaltspflicht der Frau begründet oder erweitert, so sind die Leistungen nach Verhältniß

§ 1387. Der Mann ist der Frau gegenüber verpflichtet, zu tragen: γ. Kosten eines Rechtsstreits.

1. die Kosten eines Rechtsstreits, in welchem er ein zum eingebrachten Gute gehörendes Recht geltend macht, sowie die Kosten eines Rechtsstreits, den die Frau führt, sofern nicht die Kosten dem Vorbehaltsgute zur Last fallen;
2. die Kosten der Vertheidigung der Frau in einem gegen sie gerichteten Strafverfahren, sofern die Aufwendung der Kosten den Umständen nach geboten ist oder mit Zustimmung des Mannes erfolgt, vorbehaltlich der Ersatzpflicht der Frau im Falle ihrer Verurtheilung. δ. Vertheidigungskosten.

---

der beiden Vermögensmassen auf dieselben zu vertheilen. Insoweit die Unterhaltspflicht dem Vorbehaltsgute zur Last fällt (Abs. 2 und § 1415 Ziffer 2), haftet zwar der Mann nicht persönlich, wohl aber das eingebrachte Gut gemäß §§ 1411 ff. Vgl. § 1412 zu II. f. — Ausgleich zwischen dem Vorbehaltsgut und dem eingebrachten Gute §§ 1415 Ziffer 2, 1417.

4. Unmittelbare gesammtschuldnerische Haftung des Ehemanns gegenüber den Gläubigern § 1388.

**§ 1387. A. Kosten eines Rechtsstreits.**

**I. Begriff des Rechtsstreits.**

Unter Ziffer 1 fallen alle nicht zu den Strafverfahren gegen die Frau gehörigen Rechtsstreitigkeiten. Insbesondere also die Prozesse vor ordentlichen Gerichten, Schiedsgerichten, besonderen Gerichten, Verwaltungsgerichten oder Verwaltungsbehörden; ferner die Aktiv-Privatklagen der Frau. Die Privatklagen gegen die Frau fallen unter § 1387 Ziffer 2. — Wegen des Kostenbegriffs vgl. zu III. 1.

II. **Der Mann als Prozeßpartei** hat die Kosten des Rechtsstreits selbst dann zu tragen, wenn in dem Rechtsstreit ein zum eingebrachten Gute gehörendes Recht geltend gemacht wird. Vgl. § 1380. Die Haftung der Frau kommt in diesem Falle überhaupt nicht in Betracht. Durch § 1387 Ziffer 1 wird der Kostenerstattungsanspruch des Mannes auch als Verwendungsanspruch gegen die Frau (§ 1390) ausgeschlossen.

**III. Die Frau als Prozeßpartei.**

1. Haftung des eingebrachten Gutes für die Kosten.

Das eingebrachte Gut haftet dem Gläubiger der Frau für die Kosten jedes Rechtsstreits der Frau und zwar ohne Rücksicht auf die Verwaltung und Nutznießung des Mannes §§ 1411, 1412. Die Mot. IV S. 248, 266 rechnen auch die Kosten des von der Frau beauftragten Rechtsanwalts bzw. Gerichtsvollziehers zu den Kosten des Rechtsstreits im Sinne des § 1412 Abs. 2. Wollte man diese Kosten zu den Verbindlichkeiten, welche durch Rechtsgeschäft entstehen, im Sinne des § 1412 Abs. 1 rechnen, so wäre der Zugriff des Gläubigers auf das eingebrachte Gut (§ 1412 Abs. 1) von der Zustimmung des Mannes oder ihrer Ersetzung durch das Vormundschaftsgericht (§ 1402) abhängig.

2. Die Verpflichtung des Mannes zur Kostentragung.

Eine Verpflichtung des Mannes, die Kosten der von der Frau geführten Rechtsstreitigkeiten zu tragen, wird durch die Ehe als solche nicht begründet. Die Kostentragungspflicht des Mannes bestimmt sich vielmehr (vgl. § 1360 Note 3c) ausschließlich nach dem ehelichen Güterrecht, und zwar für den gesetzlichen Güterstand der Verwaltung und Nutznießung folgendermaßen:

a. Rechtsstreitigkeiten der Frau mit einem Dritten.

Der Mann haftet persönlich für die Kosten (§§ 1387 Ziffer 1, 1388, 1415, 1416 Abs. 2) nur,

α. wenn das Urtheil dem Manne gegenüber wirksam ist. Die Fälle dieser Wirksamkeit sind:

b. gegenüber den Gläubigern.

**§ 1388.** Soweit der Mann nach den §§ 1385 bis 1387 der Frau gegenüber deren Verbindlichkeiten zu tragen hat, haftet er den Gläubigern neben der Frau als Gesammtschuldner.

---

αα. Zustimmung des Mannes zur Prozeßführung § 1400. Die Zustimmung macht auch in den Fällen des § 1415 Ziffer 1 u. 2 das Urtheil dem Manne gegenüber wirksam und damit den Mann kostenpflichtig (§ 1416 Abs. 2 S. 1);

ββ. Rechtshängigkeit zur Zeit des Eintritts der ehemännlichen Verwaltung und Nutznießung § 1407 Ziffer 1;

γγ. Geltendmachung eines zum eingebrachten Gute gehörenden Rechtes, über das der Mann ohne die erforderliche Zustimmung der Frau verfügt hat § 1407 Ziffer 3;

δδ. Geltendmachung eines Widerspruchsrechts gegenüber einer Zwangsvollstreckung § 1407 Ziffer 4;

β. ohne Rücksicht auf die dem Manne gegenüber eintretende Wirksamkeit des Urtheils, aber nur sofern die Aufwendung der Kosten den Umständen nach geboten war (§ 1416 Abs. 2 Satz 2), wenn der Rechtsstreit betrifft:

αα. eine persönliche Angelegenheit der Frau, z. B. Privatklage, Legitimitätsklage, Namenrechtsklage (§ 12). Bei Zustimmung des Mannes (§ 1400) gilt a α;

ββ. Verbindlichkeiten, für welche das eingebrachte Gut haftet (§§ 1411 bis 1414) mit Ausnahme der Verbindlichkeiten aus unerlaubten, während der Dauer des Güterstandes begangenen Handlungen der Frau oder aus Rechtsverhältnissen, welche das Vorbehaltsgut betreffen (§ 1415 Ziffer 1 u. 2). Hat der Mann der Prozeßführung zugestimmt, so gilt auch für diese Fälle a α.

b. Rechtsstreitigkeiten zwischen den Ehegatten.

α. Der Mann haftet in allen Fällen für die Kosten persönlich nur soweit, als er sie nach den Vorschriften der Prozeßordnung oder der Kostengesetze zu tragen hat (§ 1416 Abs. 1).

β. Eine Pflicht des Mannes zur Vorschußzahlung für die Frau aus seinen eigenen Mitteln kann niemals in Frage kommen, weil sich seine persönliche Verpflichtung erst bei Rechtskraft des Urtheils herausstellt.

γ. Die Frau, welche kein Vermögen hat, ist auf das Armenrecht (CPO. §§ 114 ff.) angewiesen. Sind die Voraussetzungen der Unterhaltspflicht des Mannes aus § 1361 gegeben, so kann für die Frau im Wege der einstweiligen Verfügung (CPO. § 627) Unterhalt in Geld nach den Verhältnissen des Mannes erwirkt werden. Soweit der nothwendige Unterhalt (vgl. CPO. § 114) den gewährten Unterhalt nicht erschöpft, liegen die Voraussetzungen der Armenrechtsbewilligung nicht vor.

δ. Hat die Frau eingebrachtes Vermögen, so gilt § 1412 Abs. 2 bzw. § 1402 (vgl. zu 1). Uebrigens ist die Frau während des Güterstandes in der Geltendmachung des Anspruchs gegen den Mann gemäß § 1394 beschränkt. Es bleibt also für die Fälle, in denen die Voraussetzungen des § 1394 nicht vorliegen, nur die Klage des Kostengläubigers gegen die Frau auf Leistung und gegen den Mann auf Duldung der Zwangsvollstreckung in das eingebrachte Vermögen. Vgl. zu § 1412 Note III. Vgl. hierzu JW. 1900 S. 382, 409, 432.

**B. Kosten der Vertheidigung in einem Strafverfahren.**

1. Der Mann hat der Frau und Dritten gegenüber (§ 1388) die Kosten der Vertheidigung der Frau nur dann zu tragen, wenn ihm gegenüber nachgewiesen wird, daß

a. die Aufwendung der Kosten den Umständen nach geboten ist oder

b. daß die Aufwendung der Kosten mit der vom Manne ertheilten oder vormundschaftsgerichtlich ersetzten (§ 1402) Zustimmung erfolgt ist.

2. Ersatzpflicht der Frau im Falle ihrer Verurtheilung vgl. § 1415 Ziffer 1.

**§ 1388.** 1. Gesammtschuldner §§ 421 ff.

**§ 1389.** Der Mann hat den ehelichen Aufwand zu tragen. — 3. Ehelicher Aufwand.

Die Frau kann verlangen, daß der Mann den Reinertrag des eingebrachten Gutes, soweit dieser zur Bestreitung des eigenen und des der Frau und den gemeinschaftlichen Abkömmlingen zu gewährenden Unterhalts erforderlich ist, ohne Rücksicht auf seine sonstigen Verpflichtungen zu diesem Zwecke verwendet.

**§ 1390.** Macht der Mann zum Zwecke der Verwaltung des eingebrachten Gutes Aufwendungen, die er den Umständen nach für erforderlich halten darf, so kann er von der Frau Ersatz verlangen, sofern nicht die Aufwendungen ihm selbst zur Last fallen. — IV. Ersatzanspruch des Mannes für Aufwendungen.

2. Der Mann kann die der Frau zustehenden Einwendungen den Gläubigern gemäß §§ 422—425 entgegensetzen.

3. Hat die Frau geleistet, so hat sie eine Ausgleichsforderung gegen den Mann gemäß § 426. Dem Manne hingegen steht ein solcher Ausgleichsanspruch nicht zu, da er der Frau gegenüber zur Leistung verpflichtet ist.

4. Die Haftung des Mannes ist unabhängig davon, ob und in welchem Betrag Einkünfte aus dem eingebrachten Vermögen vorhanden sind. Vgl. Vorb. zu §§ 1385—1389 Note 1.

**§ 1389.** 1. Zum ehelichen Aufwande (vgl. auch § 1529) gehört nicht nur der Unterhalt für Frau und Kinder (§§ 1360, 1601, 1603), sondern auch die Aufwendungen für die Eltern eines der Ehegatten im gemeinsamen Haushalte, für wohlthätige Zwecke, gesellige Veranstaltungen rc.

2. Die Vorschrift des Abs. 1 ist insofern von selbständiger rechtlicher Bedeutung als durch dieselbe eine Verpflichtung des Mannes zum Unterhalte der Kinder der Frau gegenüber anerkannt ist.

3. Abs. 2 läßt erkennen, daß das eheliche Verwaltungs- und Nutznießungsrecht in erster Linie bezweckt, dem Manne den Beitrag der Frau zu den Kosten des ehelichen Aufwandes zu gewähren. Dementsprechend erklärt § 1408 das ehemännliche Recht für unübertragbar und damit für unpfändbar CPO. §§ 851, 857; bestimmt § 1410, daß die Gläubiger des Mannes nicht Befriedigung aus dem eingebrachten Gute verlangen können; räumt CPO. § 861, abgedruckt zu § 1408, der Frau ein Widerspruchsrecht gegen die Pfändung der von dem Ehemann erworbenen Früchte des eingebrachten Gutes ein, soweit dieselben zur Tragung des ehelichen Aufwandes erforderlich sind.

4. Der Anspruch aus Abs. 2 geht auf Verwendung des Reinertrags, d. i. des wirklich erzielten, nicht des bei ordnungsmäßiger Verwaltung erzielbaren Reinertrags des eingebrachten Gutes für den ehelichen Aufwand. Dieser Anspruch kann schon während des Bestehens des Güterstandes (§ 1394) von der Frau klageweise geltend gemacht werden. Außerdem berechtigt die Nichtbefolgung dieser Vorschrift die Frau zur Klage auf Aufhebung der ehemännlichen Verwaltung und Nutznießung (§ 1418 Ziffer 2). Wegen des weitergehenden Anspruchs der Frau auf Gewährung des Unterhalts, der ihr und den Abkömmlingen bei ordnungsmäßiger Verwaltung und Nutznießung zukommen würde, vgl. §§ 1418 Ziffer 2, 1374 Note III, 1391.

**§ 1390.** 1. Während der Verwendungsanspruch des Nießbrauchers (§ 1049) den Regeln der Geschäftsführung ohne Auftrag unterstellt ist, schließt sich der Verwendungsanspruch des Ehemanns bei gesetzlichem Güterstande nach § 1390 dem Verwendungsanspruche des Beauftragten (§ 670) an. Vgl. hierüber und über die nähere Ausgestaltung des Verwendungsanspruchs §§ 256, 257 und die Bemerkungen daselbst. Ein Wegnahmerecht (§ 258) ist dem Ehemanne nicht beigelegt.

2. Inwieweit die eigene Thätigkeit des Mannes als Aufwendung in Betracht kommen kann § 670 Note 7.

3. Eine Verzinsung des Verwendungsanspruchs während der Dauer des Güterstandes findet nicht statt § 256 Satz 2.

V. Sicherungsmittel der Frau.
1. Sicherheitsleistung.

**§ 1391.** Wird durch das Verhalten des Mannes die Besorgniß begründet, daß die Rechte der Frau in einer das eingebrachte Gut erheblich gefährdenden Weise verletzt werden, so kann die Frau von dem Manne Sicherheitsleistung verlangen.

Das Gleiche gilt, wenn die der Frau aus der Verwaltung und

---

4. Die Geltendmachung des Verwendungsanspruchs ist dem Manne schon während des Güterstandes freigestellt. Regelmäßig wird er sich durch Veräußerung verbrauchbarer Gegenstände oder aus Geldern des Eingebrachten befriedigen können (§ 1376) oder die zur Geldbeschaffung erforderliche Verfügung mit der von der Ehefrau ertheilten (§ 1375) oder von dem Vormundschaftsgericht ersetzten (§ 1379) Zustimmung vornehmen. Eine Klage wird deshalb regelmäßig nur in Betracht kommen, wenn diese Maßnahmen durch die Rücksicht auf eine ordnungsmäßige Verwaltung unthunlich sind und es sich darum handelt, aus dem Vorbehaltsgute Befriedigung zu erlangen.

5. Die Gläubiger des Mannes können seine Verwendungsansprüche als Gegenstand der Zwangsvollstreckung in Anspruch nehmen und dieselbe pfänden und sich überweisen lassen.

Zu §§ 1391–1394.

1. **Sicherung der Frau.** Für **gewöhnliche Verhältnisse** ist die Frau durch die Art und Weise, wie das Verwaltungsrecht des Mannes, insbesondere sein Verfügungsrecht (§§ 1375 ff.) geregelt ist, genügend gesichert. **Das BGB. legt dem Manne deshalb keine allgemeine Sicherheitsleistungspflicht auf.**

2. **Ein weitergehender Schutz** ist der Frau nur gewährt

a. bei begründeter Besorgniß erheblicher Gefährdung ihrer Rechte (§ 1391 Abs. 1),

b. bei erheblicher Gefährdung der der Frau zustehenden Ansprüche auf Werthersatz für verbrauchbare Sachen (§§ 1391 Abs. 2, 1377 Abs. 3).

3. Als **Schutzmittel der Frau** dienen ihre Ansprüche auf

a. Sicherheitsleistung § 1391;

b. Hinterlegung der Inhaber- und in blanco indossirten Orderpapiere §§ 1392 f.;

c. Aufhebung der ehemännlichen Verwaltung und Nutznießung § 1418 Ziffer 1.

4. **Die Geltendmachung dieser Ansprüche** ist zulässig, sobald die Voraussetzungen des Anspruchs auf Sicherheitsleistung vorliegen (§ 1394). Die Geltendmachung erfolgt im Wege der Klage nach den allgemeinen Grundsätzen. Nach diesen richtet sich auch die Zulässigkeit einstweiliger Verfügungen. Die Ausübung des ehemännlichen Verwaltungsrechts durch einen gerichtlich zu bestellenden Verwalter (vgl. § 1052) ist nicht zugelassen. Wegen des Anspruchs der Frau auf Aufhebung der ehemännlichen Verwaltung und Nutznießung vgl. § 1418 Ziffer 1.

5. **Anfechtung der Sicherungsmaßregeln durch die Gläubiger des Mannes.**

Die Sicherstellung oder Rückgewähr des Eingebrachten sind nach dem neuen Rechte **keine** dem Anfechtungsrechte der Gläubiger unterliegende Rechtshandlungen vgl. KO. § 32. Anfechtungsgesetz § 3 Ziffer 4 (Bd. I S. 75 und daselbst Note 2).

6. **Abweichende Vereinbarungen der Ehegatten.**

Die Schutzvorschriften der §§ 1391—1394 sind nur insoweit anwendbar, als das kraft Gesetzes sich aus dem gesetzlichen Güterstand ergebende Rechtsverhältniß der Ehegatten von diesen nicht durch besondere Abmachungen abweichend geregelt ist. Vgl. Titelvorb. Nr. II. 2 b. — Sind durch Ehevertrag oder durch einzelne Rechtsgeschäfte (Darlehen, Nießbrauchsbestellung 2c.) besondere Rechtsverhältnisse unter den Ehegatten begründet, so ist auch die Frage der Sicherung lediglich nach den allgemeinen für das Rechtsverhältniß maßgebenden Vorschriften zu beantworten (vgl. z. B. bei Nießbrauch § 1067).

Nutznießung des Mannes zustehenden Ansprüche auf Ersatz des Werthes verbrauchbarer Sachen erheblich gefährdet sind.

2. Bezüglich der Werthpapiere.
a. Hinterlegung u. Beschränkung der Verfügungsbefugniß.

**§ 1392.** Liegen die Voraussetzungen vor, unter denen der Mann zur Sicherheitsleistung verpflichtet ist, so kann die Frau auch verlangen, daß der Mann die zum eingebrachten Gute gehörenden Inhaberpapiere nebst den Erneuerungsscheinen bei einer Hinterlegungsstelle oder bei der Reichsbank mit der Bestimmung hinterlegt, daß die Herausgabe von dem Manne nur mit Zustimmung der Frau verlangt werden kann. Die Hinterlegung von Inhaberpapieren, die nach § 92 zu den verbrauchbaren Sachen gehören, sowie von Zins-, Renten- oder Gewinnantheilscheinen kann nicht verlangt werden. Den Inhaberpapieren stehen Orderpapiere gleich, die mit Blankoindossament versehen sind.

Ueber die hinterlegten Papiere kann der Mann auch eine Ver-

---

**§ 1391.** Vgl. die Vorbemerkung zu §§ 1391—1395.

I. **Der Sicherheitsleistungsanspruch der Frau aus Abs. 1.**

Voraussetzung des Anspruchs ist die Besorgniß, daß die Rechte der Frau in einer das eingebrachte Gut erheblich gefährdenden Weise verletzt werden.

a. Besorgniß der Rechtsverletzung erfordert nicht eine schon thatsächlich eingetretene Verletzung.

b. Verletzung der Rechte der Frau.

α. Die Rechte der Frau ergeben sich aus den §§ 1373 ff.

β. Die Verletzung braucht keine schuldhafte zu sein. Eine objektive Verletzung des Rechtes genügt. (Vgl. zur Terminologie § 53.)

c. Das Verhalten des Mannes muß die Besorgniß der Rechtsverletzung begründen. Das Verhalten kann z. B. in rechtswidrigem Verfügen (§ 1375), in ordnungswidriger Verwaltung (§ 1374), in ordnungswidrigen Verfügungen (§ 1377), in Nichterfüllung der dem Manne der Frau gegenüber obliegenden Verpflichtungen aus §§ 1385—1387 bestehen.

d. Die erhebliche Gefährdung des eingebrachten Gutes muß in Frage stehen.

α. Eine Gefährdung des eingebrachten Gutes braucht z. B. nicht vorzuliegen, wenn der Mann seine Verpflichtung zur Tragung des ehelichen Aufwandes (§ 1389) nicht erfüllt. Der der Frau hiergegen gegebene Schutz ist nicht der Anspruch auf Sicherheitsleistung, sondern die Klage auf Erfüllung (vgl. § 1394 Satz 2) oder auf Aufhebung der Verwaltung und Nutznießung § 1418 Ziffer 2.

β. Erhebliche Gefährdung erfordert eine hinreichend nahe liegende Gefährdung und Erheblichkeit des Schadens im Verhältnisse zu dem Umfange des eingebrachten Gutes.

II. **Der Sicherheitsleistungsanspruch der Frau aus Abs. 2** erfordert

1. einen Anspruch der Frau aus der Verwaltung und Nutznießung des Mannes auf Ersatz des Werthes verbrauchbarer Sachen (vgl. § 1377 Abs. 3). Der Hauptfall ist ein Ersatzanspruch wegen verbrauchten Geldes und verbrauchter Werthpapiere. Letztere kommen hier nur in Betracht, wenn sie verbrauchbare Sachen im Sinne des § 92 sind. Sind sie nicht verbrauchbar, so richtet sich der Anspruch auf Sicherheitsleistung nach § 1391 Abs. 1.

2. erhebliche Gefährdung dieses Anspruchs.

Gleichgültig ist, auf welchem Grunde die Gefährdung beruht (Hauptfall drohender Vermögensfall des Mannes).

III. **Die Sicherheitsleistung** hat nach Vorschrift der §§ 232—240 zu geschehen.

fügung, zu der er nach § 1376 berechtigt ist, nur mit Zustimmung der Frau treffen.

b. Umschreibung auf den Namen der Frau.

**§ 1393.** Der Mann kann die Inhaberpapiere, statt sie nach § 1392 zu hinterlegen, auf den Namen der Frau umschreiben oder, wenn sie von dem Reiche oder einem Bundesstaat ausgestellt sind, in Buchforderungen gegen das Reich oder den Bundesstaat umwandeln lassen.

VI. Zeitpunkt für die gerichtl. Geltendmachung der der Frau gegen den Mann zustehenden Ansprüche.

**§ 1394.** Die Frau kann Ansprüche, die ihr auf Grund der Verwaltung und Nutznießung gegen den Mann zustehen, erst nach der Beendigung der Verwaltung und Nutznießung gerichtlich geltend machen, es sei denn, daß die Voraussetzungen vorliegen, unter denen die Frau nach § 1391 Sicherheitsleistung verlangen kann. Der im § 1389 Abs. 2 bestimmte Anspruch unterliegt dieser Beschränkung nicht.

---

**§ 1392.** 1. Auch bezüglich der zum eingebrachten Gute gehörenden Inhaber- und in blanco indossirten Orderpapiere kann Hinterlegung nicht schlechthin, sondern nur, wenn die Voraussetzungen des § 1391 Abs. 1 oder 2 vorliegen, verlangt werden. Ueber die Wirksamkeit der Bestimmung, daß die Herausgabe nur mit Zustimmung der Frau erfolgen kann, vgl. § 1819 Note 1.

2. Bezüglich der zu den verbrauchbaren Sachen gehörigen Werthpapiere (§ 92) kann nicht Hinterlegung, sondern nur Sicherheitsleistung gemäß § 1391 verlangt werden. Vgl. auch § 1418 Ziffer 1.

3. (Abs. 2) Eine Verfügung, welche der Mann allein, entgegen der Vorschrift des Abs. 2, treffen würde, wäre unwirksam.

4. Hinterlegungsstellen und Verfahren vgl. EG. Artt. 144, 145.

5. Wegen der für die Frau durch § 1392 begründeten facultas alternativa vgl. § 262 Note 1.

**§ 1393.** 1. Umschreibung von Inhaberpapieren auf den Namen § 806.

2. Umwandelung in Buchforderungen und Verpflichtung der Frau zur Bewilligung der Eintragung eines das Recht des Mannes sichernden Vermerks in das Reichs- bzw. Staatsschuldbuch EG. Artt. 50, 97.

**§ 1394.** 1. Die Beschränkung der Frau in der gerichtlichen Geltendmachung von Ansprüchen besteht nur

a. für Ansprüche, welche der Frau auf Grund der ehemännlichen Verwaltung und Nutznießung gegen den Mann zustehen (§§ 1373 bis 1393), nicht für andere, etwa auf Vorbehaltsgut oder auf anderweite zwischen den Ehegatten bestehende Rechtsverhältnisse bezügliche Ansprüche (z. B. Eigenthumsanspruch, Darlehensanspruch rc.);

b. für Ansprüche der Frau gegen den Mann, nicht gegen Dritte (vgl. indeß § 1400, aber auch § 1407 Ziffer 3).

2. Der Beschränkung nicht unterliegende Ansprüche aus dem gesetzlichen Güterstande:

a. Der Anspruch aus § 1389 Abs. 2, daß der Mann den Reinertrag des eingebrachten Gutes, soweit dieser für den Unterhalt der Familie erforderlich ist, ohne Rücksicht auf sonstige Verpflichtungen zu diesem Zwecke verwende.

b. Die Beschränkung fällt fort, wenn die Frau nach § 1394 Abs. 1 oder Abs. 2 Sicherheitsleistung verlangen kann. Diese Befugniß gehört zur Begründung der von der Frau gegen den Mann während des gesetzlichen Güterstandes anzustrengenden Klage.

c. Insoweit die Frau der Beschränkung aus § 1394 nicht unterworfen ist, bedarf sie zur gerichtlichen Geltendmachung nicht der Zustimmung des Mannes, § 1407 Ziffer 2.

d. Wegen der Prozeßkosten vgl. § 1387 Note III. 2b. — § 1416 Abs. 1.

3. Gerichtliche Geltendmachung vgl. § 1380 Note I. 2. Nicht hierunter fällt die außergerichtliche Geltendmachung mittelst Aufrechnung.

**§ 1395.** Die Frau bedarf zur Verfügung über eingebrachtes Gut der Einwilligung des Mannes.

B. Rechtsstellg. der Frau in Ansehung d. eingebr. Gutes.
I. Verfügungen der Frau.

4. Rechtsnachfolger der Frau als solche unterliegen, obwohl das gesetzgeberische Motiv der Vorschrift (Erhaltung des ehelichen Friedens) nicht unmittelbar in Frage kommt, dennoch der Beschränkung aus § 1394. Dies ergiebt sich daraus, daß für die Gläubiger der Frau die Beschränkung in § 1411 Abs. I S. 2 ausdrücklich außer Kraft gesetzt ist. Vgl. hierzu § 1411 Note II. 1.

5. Die Hemmung der Verjährung zwischen den Ehegatten ergiebt sich aus § 204.

Zu §§ 1395—1407.

1. Die Vorschriften der §§ 1395—1407 regeln die rechtliche Stellung der Frau in Ansehung des eingebrachten Gutes.

2. Das leitende Prinzip.

Die Frau wird weder in ihrer Eigenschaft als Ehefrau, d. h. ohne Rücksicht auf das unter den Ehegatten geltende Güterrecht unmittelbar in Folge der Ehe, noch mittelbar in Folge des Güterrechts in der Geschäftsfähigkeit beschränkt. Es tritt zur Sicherung der dem Manne auf Grund seiner Verwaltung und Nutznießung zustehenden Rechte lediglich die sich aus §§ 1395 bis 1407 ergebende Beschränkung des Verfügungsrechts der Frau in Ansehung des eingebrachten Gutes ein.

3. Die Beschränkung der Frau erstreckt sich nur auf Verfügungen über die zu dem eingebrachten Gute gehörigen Gegenstände. Sie bezieht sich nicht auf solche Rechtsgeschäfte, welche nicht Verfügungen sind (vgl. Bd. I S. 45 Nr. 5). Die Beschränkung der Ehefrau bezieht sich deshalb nicht auf

a. dingliche und obligatorische Rechtsgeschäfte, durch welche sie lediglich Rechte erwirbt oder von Verbindlichkeiten befreit wird. Inwieweit derartiger Erwerb in das eingebrachte Gut fällt, ergiebt sich aus §§ 1363 Abs. 2, 1366 ff.;

b. die Uebernahme von Verpflichtungen durch obligatorische Rechtsgeschäfte (§ 1399). Die Beschränkung macht sich erst hinsichtlich der zur Erfüllung der Verbindlichkeit erforderlichen Verfügungen geltend. Vgl. auch §§ 1411 ff. Nach Beendigung des Güterstandes ist die Frau zur Erfüllung rechtlich befugt und der Zwangsvollstreckung in ihr Vermögen in Gemäßheit der allgemeinen Vorschriften ausgesetzt.

c. Verfügungen von Todeswegen. Diese Verfügungen erlangen ihre Wirksamkeit erst nach der in Folge des Todes der Ehefrau eingetretenen Aufhebung des Güterstandes.

4. Die Prozeßfähigkeit einer Frau wird dadurch, daß sie Ehefrau ist, ebensowenig wie ihre Geschäftsfähigkeit beschränkt (CPO. § 52, abgedruckt zu § 1400). Dem Schutze des Mannes dienen die Vorschriften über die Zwangsvollstreckung CPO. §§ 739, 741, 742, abgedruckt zu § 1412.

5. Sonderregelung für Verfügungen der Frau bei dem Reichs- oder Staatsschuldbuch EG. Artt. 50, 97.

**§ 1395.** 1. Vgl. Vorb. zu §§ 1395—1407.

2. Die Einwilligung, als die vor der Vornahme des Rechtsgeschäfts gegenüber der Ehefrau oder dem Dritten zu ertheilende Zustimmung (§§ 182 f.) ist nur für Verfügungen (Bd. I S. 45 Nr. 5) über eingebrachtes Gut, nicht auch für obligatorische Verpflichtungsgeschäfte der Frau (§ 1399) erfordert.

3. Verfügungen der Frau ohne die erforderliche Genehmigung des Ehemannes.

a. Verfügung durch Vertrag §§ 1396 f.

b. Einseitige Rechtsgeschäfte § 1398.

4. Das Grundbuchamt hat durch Prüfung der Identität der Person festzustellen, daß die Erschienene eine Ehefrau ist und alsdann bei der Prüfung ihres Verfügungsrechts von dem gesetzlichen Güterstand auszugehen,

1. Verfügung der Frau ohne die erforderliche Einwilligung des Mannes a. durch Vertrag. α. Genehmigung des Mannes.

**§ 1396.** Verfügt die Frau durch Vertrag ohne Einwilligung des Mannes über eingebrachtes Gut, so hängt die Wirksamkeit des Vertrags von der Genehmigung des Mannes ab.

Fordert der andere Theil den Mann zur Erklärung über die Genehmigung auf, so kann die Erklärung nur ihm gegenüber erfolgen; eine vor der Aufforderung der Frau gegenüber erklärte Genehmigung oder Verweigerung der Genehmigung wird unwirksam. Die Genehmigung kann nur bis zum Ablaufe von zwei Wochen nach dem Empfange der Aufforderung erklärt werden; wird sie nicht erklärt, so gilt sie als verweigert.

Verweigert der Mann die Genehmigung, so wird der Vertrag nicht dadurch wirksam, daß die Verwaltung und Nutznießung aufhört.

β. Widerrufsrecht des anderen Theiles.

**§ 1397.** Bis zur Genehmigung des Vertrags ist der andere Theil zum Widerrufe berechtigt. Der Widerruf kann auch der Frau gegenüber erklärt werden.

Hat der andere Theil gewußt, daß die Frau Ehefrau ist, so kann er nur widerrufen, wenn die Frau der Wahrheit zuwider die Einwilligung des Mannes behauptet hat; er kann auch in diesem Falle nicht widerrufen, wenn ihm das Fehlen der Einwilligung bei dem Abschlusse des Vertrags bekannt war.

b. durch einseitiges Rechtsgeschäft.

**§ 1398.** Ein einseitiges Rechtsgeschäft, durch das die Frau ohne Einwilligung des Mannes über eingebrachtes Gut verfügt, ist unwirksam.

---

vgl. GO. § 34 (zu § 1563). Die Frau hat ihr Verfügungsrecht in Gemäßheit der Vorschrift GO. § 29 (Bd. I S. 434) nachzuweisen.

5. Durch die Einwilligung wird der Ehemann nicht verpflichtet vgl. § 182 Note II. 2.

6. Wegen der Ausnahmen von der Regel des § 1395 vgl. §§ 1401, 1405, 1406, 1407.

**§ 1396.** 1. Die Vorschriften des Abs. 1 u. Abs. 2 entsprechen der für die Verträge Minderjähriger in § 108 Abs. 1 u. 2 gegebenen Regelung. Vgl. die Bemerkungen daselbst.

2. (Abs. 3.) Die ausdrückliche oder stillschweigende (§ 1396 Abs. 2 letzter Halbsatz) Verweigerung der Genehmigung seitens des Mannes macht den Vertrag von Anfang an und dauernd unwirksam. Ist die Verweigerung der Genehmigung nicht erfolgt, so tritt mit dem Aufhören des Güterstandes Konvaleszenz gemäß § 185 ein. Vgl. § 185 Note 4.

**§ 1397.** Vgl. die entsprechende Regelung für die Verträge Minderjähriger § 109 und Bemerkungen daselbst.

**§ 1398.** 1. Einseitige Rechtsgeschäfte (vgl. Bd. I S. 53 Note b), durch welche über eingebrachtes Gut verfügt wird (vgl. Bd. I S. 45 Note 5).

2. Der Mangel der erforderlichen Einwilligung, d. i. nach § 183 der vorherigen Zustimmung des Mannes, macht die einseitige Verfügung dauernd unwirksam. Die Unwirksamkeit wird weder durch die Beendigung des Güterstandes noch durch die Genehmigung des Geschäfts von Seiten des Ehemanns beseitigt. Vgl. die entsprechende Regelung der einseitigen Geschäfte Minderjähriger in § 111. Nicht ausgeschlossen ist, daß sich unter Umständen die Genehmigung durch den Mann als selbständige Vornahme des Geschäfts, das vorherige, unwirksame Geschäft der Frau als ihre nach § 1375 erforderliche Zustimmung aufrecht erhalten lassen.

**§ 1399.** Zu Rechtsgeschäften, durch die sich die Frau zu einer Leistung verpflichtet, ist die Zustimmung des Mannes nicht erforderlich. II. Obligatorische Rechtsgeschäfte der Frau.

Stimmt der Mann einem solchen Rechtsgeschäfte zu, so ist es in Ansehung des eingebrachten Gutes ihm gegenüber wirksam. Stimmt er nicht zu, so muß er das Rechtsgeschäft, soweit das eingebrachte Gut bereichert wird, nach den Vorschriften über die Herausgabe einer ungerechtfertigten Bereicherung gegen sich gelten lassen.

---

3. Nachweis der Zustimmung dem Dritten gegenüber.
a. Die Einwilligung des Mannes ist nach §§ 182 ff. an keine Form gebunden und kann sowohl der Frau als dem Dritten gegenüber erfolgen.
b. Nimmt die Frau das Rechtsgeschäft mit Einwilligung des Mannes vor, so kann der Dritte es mangels Vorlegung der schriftlichen Einwilligungserklärung des Mannes unverzüglich zurückweisen §§ 182 Abs. 3, 111 Satz 2, 3.

4. Einseitige Rechtsgeschäfte, welche keine Verfügungen über eingebrachtes Gut enthalten, sondern nur Verpflichtungen der Frau begründen, fallen nicht unter § 1398, sondern unter § 1399.
a. Einseitige Verfügungen, welche nicht das eingebrachte Gut, sondern das Vorbehaltsgut betreffen, sind z. B. die Kündigung einer von der Frau durch ihre Arbeit (§ 1367) erworbenen Lohnforderung, welche sie gemäß § 607 Abs. 2 dem Schuldner kreditirt hatte.
b. Einseitige Rechtsgeschäfte, welche keine Verfügung enthalten, sondern eine Verpflichtung der Frau begründen, sind z. B. die Kündigung einer von der Frau einem Dritten geschuldeten Forderung, die Anfechtung eines dinglichen Rechtsgeschäfts durch die Frau, auf Grund dessen sie einen in das eingebrachte Gut gefallenen Erwerb gemacht hat. Die Anfechtung beseitigt lediglich die Voraussetzungen des früheren Erwerbes.

5. Vgl. ferner §§ 1405—1407.

**§ 1399.** 1. Die Rechtsgeschäfte, auf welche sich § 1399 bezieht, sind im Gegensatze zu den rechtsgeschäftlichen Verfügungen der Frau solche Rechtsgeschäfte, durch welche die Frau nicht verfügt, sondern sich zu einer Leistung verpflichtet. Vgl. Vorb. zu §§ 1395—1407 Nr. 2 und 3. In Ansehung des vorbehaltenen Gutes (§§ 1365 ff.) ist die Verpflichtung der Frau so zu beurtheilen, wie wenn die Ehefrau unverheirathet wäre; in Ansehung des eingebrachten Gutes vgl. §§ 1411 ff. und Note 4.

2. (Abs. 1.) Die obligatorischen Rechtsgeschäfte der Ehefrau.
a. Auslegungsfrage für den einzelnen Fall ist, ob nach dem Inhalte des obligatorischen Geschäfts die Uebernahme der Verpflichtung seitens der Frau stillschweigend unter der aufschiebenden bzw. auflösenden Bedingung geschehen ist, daß die Zustimmung des Mannes erfolgen oder nicht erfolgen werde (§§ 158 ff.).
b. Für Verträge, durch welche die Frau ohne Zustimmung des Mannes sich zu persönlichen Leistungen verpflichtet, gilt die Vorschrift des § 1399 Abs. 1 nur unbeschadet des dem Manne gemäß § 1358 zustehenden Kündigungsrechts.
c. Obligatorische Veräußerungsverträge über Gegenstände des eingebrachten Gutes fallen an sich ebenfalls unter Abs. 1. Die Frage, ob nicht die Zustimmung des Mannes Bedingung der Verpflichtungsübernahme ist (vgl. zu a), ist hier von besonderer Bedeutung.

3. (Abs. 2 S. 1.) Zustimmung des Mannes.
a. Wegen der als Einwilligung oder als Genehmigung möglichen Zustimmung des Mannes vgl. zu §§ 182—184. Die Zustimmung des Mannes verpflichtet diesen nicht persönlich zur Leistung, sondern nur zur Duldung der Leistung aus dem eingebrachten Gute. Vgl. § 1412 und § 182 Note II. 2.
b. Stimmt der Mann einem Rechtsgeschäfte der Frau zu, so ist es in An-

III. Prozeßführung der Frau.

**§ 1400.** Führt die Frau einen Rechtsstreit ohne Zustimmung des Mannes, so ist das Urtheil dem Manne gegenüber in Ansehung des eingebrachten Gutes unwirksam.

Beschränkung der Aktivlegitimation.

Ein zum eingebrachten Gute gehörendes Recht kann die Frau im Wege der Klage nur mit Zustimmung des Mannes geltend machen.

---

sehung des eingebrachten Gutes ihm gegenüber auch dann wirksam, wenn sich das Rechtsgeschäft auf das Vorbehaltsgut der Frau bezieht. Bei Erfüllung aus dem Eingebrachten gelten für den Ausgleich §§ 1415 Ziffer 2, 1417.

4. (Abs. 2 Satz 2.) Mangels Zustimmung des Mannes ist das Rechtsgeschäft ihm gegenüber insoweit wirksam (vgl. § 1412 Abs. 1) als das eingebrachte Gut bereichert ist.

a. Der Mann braucht das Rechtsgeschäft in der Beschränkung des Abs. 2 nur in Ansehung des eingebrachten Gutes gelten zu lassen. Eine persönliche Haftung des Mannes mit seinem eigenen Vermögen wird nicht begründet.

b. Klagegrund ist nicht etwa die ungerechtfertigte Bereicherung des eingebrachten Gutes, sondern das Rechtsgeschäft der Ehefrau. Die Bereicherung ist durch den (wirksamen) Vertrag der Ehefrau gerechtfertigt. Die Bereicherung bestimmt lediglich die Höhe des Anspruchs (§§ 818 ff.). Vgl. zum besseren Verständnisse die anders gestaltete, aber entsprechende Vorschrift des § 1455 und die Bemerkung daselbst.

**§ 1400. I. Die Prozeßfähigkeit der Ehefrau.**

*CPO. § 52. Eine Person ist insoweit prozessfähig, als sie sich durch Verträge verpflichten kann.*

*Die Prozessfähigkeit einer Frau wird dadurch, dass sie Ehefrau ist, nicht beschränkt.*

Die Bestimmung CPO. § 52 Abs. 2 folgt an sich schon aus den Vorschriften des BGB. in Verbindung mit CPO. § 52 Abs. 1. Die Aufnahme des § 52 Abs. 2 ist mit Rücksicht auf EG. Art. 200 Abs. 3 erfolgt (vgl. daselbst Note 3). Jedenfalls werden die Befugnisse, welche dem Ehemanne nach den Vorschriften des BGB. in Ansehung der das Ehegut betreffenden Rechtsstreitigkeiten zukommen, durch CPO. § 52 Abs. 2 nicht berührt.

**II. Die Bedeutung des § 1400 Abs. 1.**

1. Die Prozeßführung.

a. Die eigentliche Prozeßführung. Nach dem BGB. ist die Prozeßführung nicht eine rechtsgeschäftliche Verfügung über den Gegenstand des Prozesses, sondern ein Verwaltungsakt. Die Prozeßführung fällt deshalb nicht unter die Rechtsakte, zu welchen die Ehefrau auf Grund des § 1395 der Zustimmung des Mannes bedarf. Die Ehefrau würde demnach zu Rechtsstreitigkeiten über ihr Vermögen ohne Zustimmung des Mannes unbeschränkt legitimirt sein. Andererseits würde der Mann die ergehende rechtskräftige Feststellung gegen sich gelten lassen müssen, da sein Recht an dem Vermögen der Ehefrau nicht weiter gehen würde, als die Rechte der Frau selbst. Dieses aus allgemeinen Grundsätzen sich ergebende Resultat würde jedoch die Stellung des Mannes gefährden, weil die Wirkung des rechtskräftigen Urtheils dingliche Wirkung wie eine Verfügung hervorbringen kann (vgl. CPO. §§ 894 ff.). Durch § 1400 Abs. 1 wird deshalb die Wirkung des Urtheils in Ansehung des eingebrachten Gutes dem Manne gegenüber regelmäßig (vgl. §§ 1401, 1405, 1407) ausgeschlossen, wenn die Frau den Rechtsstreit aktiv oder passiv ohne die Zustimmung des Mannes führt. Wegen der weitergehenden Beschränkung der Aktivlegitimation der Ehefrau Abs. 2 vgl. zu III.

b. Rechtsgeschäfte aus Anlaß der Prozeßführung sind deswegen, weil sie aus Anlaß der Prozeßführung oder in prozessualen

Formen vorgenommen sind (z. B. durch Klagezustellung, Aufrechnung, Rücktritt, Wandelung) nicht anders zu beurtheilen, als wenn sie außerhalb des Prozesses geschehen wären. Sofern dieselben eine rechtsgeschäftliche Verfügung enthalten, fallen sie deshalb unter §§ 1395, 1398. § 1400.

2. Wirksamkeit des Urtheils in dem von der Frau geführten Rechtsstreite.

a. Wenn der Mann seine Zustimmung nicht gegeben hat:

α. Das Urtheil ist in Ansehung des eingebrachten Gutes dem Manne gegenüber nicht wirksam. § 1400 Abs. 1.

β. Das Urtheil ist aber der Ehefrau gegenüber wirksam. Ihr gegenüber kann diese Wirksamkeit geltend gemacht werden, soweit sie Vorbehaltsgut hat oder sobald die Verwaltung und Nutznießung des Mannes beendet ist.

γ. Der Zwangsvollstreckung aus dem Urtheile gegen die Ehefrau in das eingebrachte Gut kann der Mann mit der Widerspruchsklage aus § 771 begegnen, CPO. § 774, abgedruckt zu § 1412 Note III. 2 (S. 795).

δ. Prozeßkosten vgl. § 1387 Ziffer 1 und Note III daselbst, §§ 1388, 1412 Abs. 2, 1415, 1416.

b. Wenn der Mann seine Zustimmung (vgl. zu IV) gegeben hat:

α. Das Urtheil ist, gleichgültig ob es zum Vortheil oder zum Nachtheile der Ehefrau erlassen ist, auch dem Manne gegenüber in Ansehung des eingebrachten Gutes wirksam. Demgemäß wird die in dem Urtheile festgestellte Verbindlichkeit der Frau auch dem Manne gegenüber festgestellt.

β. Für die Zwangsvollstreckung in das eingebrachte Vermögen genügt es nicht, daß das Urtheil dem Manne gegenüber in Ansehung des eingebrachten Gutes wirksam ist. Durch dieses Urtheil ist zwar die Verbindlichkeit der Frau in einer für den Mann wirksamen Weise, nicht aber das Recht des Gläubigers, aus dem Eingebrachten Befriedigung ohne Rücksicht auf die ehemännliche Verwaltung und Nutznießung verlangen zu können (§§ 1411 ff.), festgestellt. Dieses Recht des Gläubigers kann nur in einem gegen den Mann gerichteten Prozesse auf Duldung der Zwangsvollstreckung in das eingebrachte Gut festgestellt werden. Vgl. CPO. § 739, abgedruckt zu § 1412. Beide Prozesse können natürlich verbunden werden. Wegen der Fälle, daß die Ehefrau ein selbständiges Erwerbsgeschäft betreibt oder daß die Rechtshängigkeit gegen die Frau bereits vor Eintritt des gesetzlichen Güterstandes eingetreten ist, vgl. CPO. §§ 741, 742 (S. 795). Vgl. hierzu auch Pr. JMBl. 1900 S. 22 ff.

γ. Prozeßkosten § 1387 Ziffer 1 und Note III daselbst. §§ 1388, 1412 Abs. 2, 1415, 1416.

**III. (Abs. 2.) Beschränkung der Aktivlegitimation der Ehefrau.**

1. Die Entscheidung eines Rechtsstreits, welcher ohne die Zustimmung des Mannes von der Frau über ein zum eingebrachten Gute gehörendes Recht geführt ist, würde den Streit nicht einheitlich gegenüber den Ehegatten erledigen (vgl. II. 2a). Wer als Kläger gegen eine Ehefrau ein Recht geltend machen will, kann dadurch, daß er beide Ehegatten gemeinschaftlich verklagt, dieses mißliche Ergebniß vermeiden.

2. Die Vorschrift Abs. 2 schützt, indem sie die Aktivlegitimation der Ehefrau von der Zustimmung des Mannes abhängig macht, den Dritten dagegen, daß nicht wider seinen Willen von Seiten der Ehefrau eine Entscheidung herbeigeführt wird, welche der einheitlichen Wirkung gegen die Ehegatten entbehrt. Die ohne die Zustimmung des Mannes von der Frau erhobene Klage, durch welche ein zum eingebrachten Gute gehörendes Recht geltend gemacht wird, ist wegen mangelnder Aktivlegitimation der Frau abzuweisen (vgl. indeß die Ausnahme in §§ 1401, 1405, 1407).

a. Die Vorschrift des Abs. 2 spricht zwar nur von der Geltendmachung des Rechtes im Wege der Klage. Indeß ergeben die Materialien keinen Anhalt dafür, daß mit dieser Fassung (statt „Erhebung eines Rechtsstreits" E. I § 1302) Widerklage und Mahnverfahren einer abweichenden Behandlung unterworfen werden sollten.

§ 1400. b. Die Berücksichtigung des Mangels der ehemännlichen Zustimmung durch das Gericht geschieht von Amtswegen, ohne daß es der Geltendmachung durch den Gegner bedarf, wenn der festgestellte Thatbestand das Erforderniß der Zustimmung ergiebt. Die Zustimmung gehört zur Sachlegitimation, nicht zu den nach CPO. § 56 von Amtswegen zu berücksichtigenden Prozeßvoraussetzungen. Ist z. B. unbestritten, daß die ehemännliche Zustimmung erfolgt ist, oder daß die Klägerin unverheirathet ist, oder daß die Ausnahmethatbestände der §§ 1401, 1405 vorliegen, oder daß das geltend gemachte Recht zum Vorbehaltsgute gehört, so hat das Gericht hierüber keine Offizialprüfung anzustellen, sondern seiner Beurtheilung den unbestrittenen Thatbestand zu Grunde zu legen.

c. Die Beweislast für das Vorliegen der Zustimmung oder für ihre Entbehrlichkeit hat in allen Fällen die klagende Ehefrau.

d. Zustimmung (vgl. zu IV). Daß insonderheit die Zustimmung auch nachträglich erfolgen kann, ergiebt die Fassung des § 1400 Abs. 2, da Zustimmung auch die (nachträgliche) Genehmigung umfaßt (§ 184). Es kann somit durch die Genehmigung die Sachlegitimation hergestellt werden, ohne daß hierin eine unzulässige Klageänderung zu sehen ist.

e. Ein trotz Mangels der erforderlichen Zustimmung des Ehemanns ergangenes Urtheil ist gemäß § 1400 Abs. 1 dem Manne gegenüber in Ansehung des eingebrachten Gutes unwirksam. (Wegen der Kosten vgl. indeß § 1412 Abs. 2).

α. Solche Fälle können, abgesehen von rechtsirrthümlicher Beurtheilung der Sache, vorkommen, wenn z. B. in dem Prozesse der Ehefrau gegen den Dritten die Voraussetzungen des § 1401 oder die Zustimmung des Ehemanns (vgl. zu b) als vorliegend angesehen wurden, in dem Prozesse gegen den Ehemann diese Thatbestände aber nicht zu erweisen sind oder etwa die äußerlich vorliegende Zustimmungserklärung wegen mangelnder Geschäftsfähigkeit des Mannes nichtig ist.

β. Ist aber das ergangene Urtheil dem Manne gegenüber unwirksam, so versagt die Einrede der rechtskräftig entschiedenen Sache nicht nur, wenn der Mann gemäß § 1380 das der Ehefrau rechtskräftig abgesprochene Recht geltend macht, sondern auch, wenn die Frau dasselbe Recht noch einmal geltend macht und der Mann ihr als Nebenintervenient in diesem Prozesse beitritt (CPO. §§ 66, 69, 61, 62). Vgl. hierzu zu IV und Mot. IV S. 233, 234.

IV. **Die Zustimmung des Ehemanns.**

1. Auf die Zustimmung finden die allgemeinen Vorschriften der §§ 182 bis 184 Anwendung.

a. Die Einwilligung ist nur bis zur Rechtshängigkeit widerruflich. (Analogie aus § 183 in Verbindung damit, daß im BGB. allgemein dem Zeitpunkte der Vornahme eines Rechtsgeschäfts für den Prozeß der Zeitpunkt der Rechtshängigkeit entspricht. Vgl. Bd. I S. 45 Note 4b. Vgl. auch § 1407 Note II. 1.)

b. Darüber, daß die nachträgliche Ertheilung der erforderlichen Zustimmung (Genehmigung) des Mannes zu der von der Frau erhobenen Klage keine Klageänderung bedeutet, vgl. Note III. 2d.

2. Als Zustimmung ist es stets aufzufassen, wenn der Mann die Frau im Prozesse vertritt (§ 1380 Note II. 1), und regelmäßig, wenn er der Frau als Nebenintervenient (CPO. § 66) beitritt. Ob seine Hauptintervention (CPO. § 64) oder sein Beitritt als Nebenintervenient des Gegners die Zustimmung erkennen läßt oder dieselbe ausschließt, ist Thatfrage.

3. Entbehrlichkeit der Zustimmung.

a. Die einzelnen Fälle.

α. Verhinderung des Mannes durch Krankheit oder Abwesenheit § 1401.

β. Selbständiger Betrieb eines Erwerbsgeschäfts durch die Ehefrau § 1405.

γ. Die Fälle des § 1407.

**§ 1401.** Die Zustimmung des Mannes ist in den Fällen der §§ 1395 bis 1398, des § 1399 Abs. 2 und des § 1400 nicht erforderlich, wenn der Mann durch Krankheit oder durch Abwesenheit an der Abgabe einer Erklärung verhindert und mit dem Aufschube Gefahr verbunden ist. IV. Verhinderung des Mannes bei Gefahr im Verzuge.

**§ 1402.** Ist zur ordnungsmäßigen Besorgung der persönlichen Angelegenheiten der Frau ein Rechtsgeschäft erforderlich, zu dem die Frau der Zustimmung des Mannes bedarf, so kann die Zustimmung auf Antrag der Frau durch das Vormundschaftsgericht ersetzt werden, wenn der Mann sie ohne ausreichenden Grund verweigert. V. Richterliche Ersetzung der erforderlichen ehemännl. Zustimmung.

---

b. Entscheidender Zeitpunkt ist der Eintritt der Rechtshängigkeit. Die in diesem Zeitpunkt einmal vorhanden gewesene Entbehrlichkeit der Zustimmung des Mannes (§ 1400 Abs. 1) oder vorhanden gewesene Aktivlegitimation der Frau (§ 1400 Abs. 2) wird durch nachträglich eintretende Umstände nicht beeinträchtigt. Dies ergiebt sich aus dem dem § 1407 Ziffer 1 zu Grunde liegenden Prinzipe. Vgl. § 1407 Note II. 1.

**§ 1401.** 1. Die Voraussetzungen der Entbehrlichkeit ehemännlicher Zustimmung.

a. Neben der Krankheit oder der Abwesenheit des Mannes ist für die Entbehrlichkeit der ehemännlichen Zustimmung erforderlich, daß mit dem Aufschube Gefahr verbunden ist (vgl. § 1379 Abs. 2). Dieses Erforderniß ergiebt, daß der Ehemann, wenn er nicht verhindert wäre, die Einwilligung mit Rücksicht auf seine Verpflichtung zur ordnungsmäßigen Verwaltung (§ 1374) ertheilen müßte, so daß alle Verfügungen, welche nicht durch die ordnungsmäßige Verwaltung geboten werden, nicht unter § 1401 fallen.

b. Der Dritte, welcher sich auf Grund des § 1401 ohne die Zustimmung des Mannes mit der Frau einläßt, hat auf eigene Gefahr zu prüfen, ob die Voraussetzungen der Entbehrlichkeit der Zustimmung vorliegen.

c. Die Nichterforderlichkeit der ehemännlichen Zustimmung ist für den Zeitpunkt der Vornahme des Rechtsgeschäfts bzw. der Rechtshängigkeit von demjenigen nachzuweisen, der sie behauptet. Nachträglicher Fortfall der Voraussetzungen des § 1401 kommt nicht in Betracht.

2. Unter den Voraussetzungen des § 1401 ist die ehemännliche Einwilligung nur (vgl. zu 3) entbehrlich

a. für rechtsgeschäftliche Verfügungen der Frau über eingebrachtes Gut durch Vertrag (§§ 1395—1397) oder durch einseitiges Rechtsgeschäft § 1398;

b. für obligatorische Rechtsgeschäfte der Frau, die dem Manne gegenüber in Ansehung des eingebrachten Gutes wirksam sein sollen (§ 1399 Abs. 2);

c. für Rechtsstreitigkeiten (§ 1400).

3. Die Einwilligung zum selbständigen Betrieb eines Erwerbsgeschäfts aus § 1405 gehört nicht zu den in § 1401 angeführten Fällen. Die Einwilligung kann deshalb bei Verhinderung des Mannes nur durch einen Vormund oder Pfleger desselben ertheilt werden. Vgl. auch § 1409.

4. Ist ein Vormund oder Pfleger für den Mann bestellt, so kann nicht die Krankheit oder Abwesenheit des Mannes (wohl aber vielleicht die seines Vertreters) die Zustimmung entbehrlich machen.

**§ 1402.** 1. Zur ordnungsmäßigen Besorgung der persönlichen Angelegenheiten der Frau können Verfügungen über Gegenstände des eingebrachten Gutes oder die Eingehung von Verbindlichkeiten, welche dem Manne gegenüber wirksam sein sollen, erforderlich werden (vgl. zu 2). § 1402 gewährt im Anschluß an § 1379 die Möglichkeit, die nach §§ 1395 ff., 1399 Abs. 1 erforderliche Zustimmung des Mannes zu ersetzen. Wegen des Verfahrens vgl. zu § 1379 Note II.

50*

VI. Einseitige Rechtsgeschäfte Dritter.

**§ 1403.** Ein einseitiges Rechtsgeschäft, das sich auf das eingebrachte Gut bezieht, ist dem Manne gegenüber vorzunehmen.

Ein einseitiges Rechtsgeschäft, das sich auf eine Verbindlichkeit der Frau bezieht, ist der Frau gegenüber vorzunehmen; das Rechtsgeschäft muß jedoch auch dem Manne gegenüber vorgenommen werden, wenn es in Ansehung des eingebrachten Gutes ihm gegenüber wirksam sein soll.

VII. Wirkung der Verfügungsbeschränkung gegenüber Dritten.

**§ 1404.** Die Beschränkungen, denen die Frau nach den §§ 1395 bis 1403 unterliegt, muß ein Dritter auch dann gegen sich gelten lassen, wenn er nicht gewußt hat, daß die Frau eine Ehefrau ist.

---

2. Beispiele bieten die Bestellung eines Anwalts in Straf-, Ehe-, Status-, Entmündigungssachen, ferner in Rechtsstreitigkeiten des Vorbehaltsguts, wenn die Frau die erforderlichen Mittel aus dem Vorbehaltsgute nicht entnehmen kann (vgl. z. B. § 1366). Auch kann z. B. die Aufrechnung einer zum eingebrachten Gute gehörenden Forderung der Frau gegen eine auf das Vorbehaltsgut bezügliche Forderung an die Frau zur ordnungsgemäßen Verwaltung des Vorbehaltsguts gehören.

3. Der Ausgleich zwischen dem Vorbehaltsgut und dem eingebrachten Gute geschieht nach §§ 1415—1417.

**§ 1403.** 1. Die Vornahme einseitiger Rechtsgeschäfte richtet sich nach §§ 130 ff. Im Falle der Abwesenheit oder Verhinderung des Mannes oder der Frau gelten die allgemeinen Bestimmungen daselbst. Eine gegenseitige Vertretung der Ehegatten kraft Gesetzes findet nicht statt.

2. Zu Abs. 2 vgl. § 1399.

3. Sonderregelung für einseitige Rechtsgeschäfte, welche sich auf das selbständig betriebene Erwerbsgeschäft der Frau beziehen § 1405 Abs. 1 S. 2.

**§ 1404.** 1. Die Vorschriften zu Gunsten derjenigen, welche Rechte von einem Nichtberechtigten ableiten, können nach § 1404 hinsichtlich der Verfügungsbeschränkung der Ehefrau bei gesetzlichem Güterstande nicht entsprechend angewendet werden. (Vgl. § 816 Note I. 1, 2, 3.)

2. Wer sich mit einer Frauensperson in rechtsgeschäftlichen Verkehr einläßt, muß auf seine Gefahr feststellen, ob dieselbe verheirathet ist oder nicht. Dies gilt selbst im Falle arglistiger Täuschung seitens der Ehefrau. Wegen des gegen sie begründeten Schadensersatzanspruchs vgl. Note 6.

3. Die grundbuchliche Eintragung der Verfügungsbeschränkung der Frau oder ihrer Eigenschaft als Ehefrau findet nicht statt. Vgl. Bd. I S. 459 Note V. 1 c.

4. Ist ein Gegenstand von der Ehefrau ohne die erforderliche Zustimmung des Ehemanns veräußert, so kann der Ehemann von dem Erwerber die Rückgewähr ohne Rücksicht auf die (unwirksame) Verfügung verlangen (§ 1380). Hat der Dritte den erworbenen Gegenstand an einen gutgläubigen Erwerber weiterveräußert, so ist dieser Erwerb in Gemäßheit der Vorschriften zu Gunsten derjenigen, welche Rechte von einem Nichtberechtigten ableiten, zu beurtheilen. Wegen des Anspruchs gegen den Dritten vgl. Bd. I S. 506 Note I. Auch können die Ansprüche aus § 816 in Frage kommen.

5. Bestand die Verfügung der Ehefrau in der Annahme einer ihr geschuldeten Leistung (vgl. § 816 Note I. 1 b), so besteht die Forderung der Ehefrau gegen den Dritten weiter und kann ebenso wie vor Leistung an die Frau geltend gemacht werden. Wegen des möglicherweise geltend zu machenden bzw. aufrechenbaren Schadensersatz- oder Bereicherungsanspruchs vgl. zu 6.

6. Wegen des Schadensersatz- oder Bereicherungsanspruchs, welcher dem Dritten gegen die ohne Zustimmung des Mannes verfügende Ehefrau nach allgemeinen Grundsätzen etwa entsteht, kann der Gläubiger Befriedigung aus dem eingebrachten Gute gemäß §§ 1411 ff. ohne Rücksicht auf die ehemännliche Verwaltung und Nutznießung verlangen. Vgl. § 1412 Note II 2.

VIII. Wegfall der Beschränkungen.

1. Selbständiger Betrieb eines Erwerbsgeschäfts der Frau mit Einwilligung des Mannes.

**§ 1405.** Ertheilt der Mann der Frau die Einwilligung zum selbständigen Betrieb eines Erwerbsgeschäfts, so ist seine Zustimmung zu solchen Rechtsgeschäften und Rechtsstreitigkeiten nicht erforderlich, die der Geschäftsbetrieb mit sich bringt. Einseitige Rechtsgeschäfte die sich auf das Erwerbsgeschäft beziehen, sind der Frau gegenüber vorzunehmen.

Der Einwilligung des Mannes in den Geschäftsbetrieb steht es gleich, wenn die Frau mit Wissen und ohne Einspruch des Mannes das Erwerbsgeschäft betreibt.

Dritten gegenüber ist ein Einspruch und der Widerruf der Einwilligung nur nach Maßgabe des § 1435 wirksam.

---

**§ 1405. A. Selbständiger Betrieb eines Erwerbsgeschäfts Namens der Ehefrau.**

I. **Allgemeine Voraussetzungen.**

1. Die Frau als Handels- und Gewerbefrau. Vgl. zu § 1356 Note 3.

2, Erwerbsgeschäft im Sinne des § 1405 (vgl. auch § 1367) ist nicht nur ein Handels- oder Gewerbebetrieb, sondern jede als Erwerbszweig, d. h. als dauernde Einnahmequelle betriebene z. B. künstlerische oder wissenschaftliche Berufsthätigkeit.

3. Selbständiger Betrieb vgl. § 1367 Note 3b. Daselbst auch über den Betrieb des Geschäfts durch den Mann Namens der Frau.

II. **Bedeutung der Vorschrift des § 1405.**

Durch § 1405 wird der Ehefrau sowohl im Interesse ihres Kredits als auch im Interesse der Verkehrssicherheit eine freiere Stellung im Verhältnisse zu ihrem der ehemännlichen Verwaltung und Nutznießung unterliegenden Vermögen eingeräumt. Ihre Verfügungsbefugniß und die Wirksamkeit ihrer obligatorischen Rechtsgeschäfte in Ansehung des Vorbehaltsguts bleibt durch § 1405 unberührt vgl. Note III. 2b.

1. Die Einwilligung oder das bewußte Schweigen (Note 3) des Mannes zu dem selbständigen Geschäftsbetriebe der Frau hat, selbst wenn das Geschäft ausschließlich mit Vorbehaltsgut betrieben wird, in dem in § 1405 bestimmten Umfange (vgl. Note 2) folgende Wirkungen:

a. Die Zustimmung des Mannes zu den einzelnen Rechtsgeschäften und Rechtsstreitigkeiten ist zur Hervorbringung der nach §§ 1395—1400 von dieser Zustimmung (Einwilligung oder Genehmigung) abhängig gemachten Wirkungen nicht erforderlich. Dies bedeutet:

α. Zur Verfügung über eingebrachtes Gut (§§ 1395, 1398) bedarf die Frau nicht der Einwilligung des Mannes.

β. Verpflichtungsgeschäfte der Frau (§ 1399) sind auch in Ansehung des eingebrachten Gutes dem Manne gegenüber wirksam, selbst wenn er dem einzelnen Geschäfte nicht zustimmt.

γ. Urtheile (§ 1400 Abs. 1) sind dem Manne gegenüber in Ansehung des eingebrachten Gutes wirksam, auch wenn die Frau den Rechtsstreit ohne Zustimmung des Mannes geführt hat.

δ. Die Frau kann ein zum eingebrachten Gute gehörendes Recht im Wege der Klage (§ 1400 Abs. 2) auch ohne Zustimmung des Mannes geltend machen.

b. (Abs. 1 S. 2.) Für die Wirksamkeit einseitiger Rechtsgeschäfte (§ 1403), welche sich auf das Erwerbsgeschäft beziehen, ist die Vornahme der Frau gegenüber erforderlich und genügend.

c. Die Folge der Wirksamkeit der Rechtsgeschäfte und Urtheile in Ansehung des eingebrachten Gutes gegenüber dem Manne ist die Haftung des eingebrachten Gutes ohne Rücksicht auf die ehemännliche Verwaltung und Nutznießung (§§ 1411 f.). Diese Haftung des eingebrachten Gutes tritt selbst hinsichtlich derjenigen Verbindlichkeiten der Frau ein, die sich auf

§ 1405. das Vorbehaltsgut beziehen oder in Folge eines zum Vorbehaltsgute gehörenden Rechtes oder des Besitzes einer dazu gehörenden Sache entstehen (§ 1414). Die persönliche Haftung des Mannes mit seinem eigenen Vermögen wird durch die Einwilligung nicht begründet.

d. Zwangsvollstreckung in das eingebrachte Gut CPO. §§ 741, 774, abgedruckt zu § 1412 Note III. (S. 795.) Vgl. Pr. JMBl. 1900 S. 22 ff.

e. Ausgleichung zwischen den Ehegatten § 1417.

2. Der Kreis der die Zustimmung des Mannes nicht erfordernden Geschäfte.

a. Rechtsgeschäfte und Rechtsstreitigkeiten die der, d. i. der gestattete Geschäftsbetrieb nach Auffassung des Verkehrs mit sich bringt (vgl. § 112 Note 3 verglichen mit HGB. § 49).

b. Geschäfte einer Handelsfrau, welche nach HGB. §§ 343 Abs. 2, 344 Handelsgeschäfte sind oder zum Betriebe ihres Handelsgewerbes gehören, fallen unter § 1405.

3. Einwilligung und Widerruf der Einwilligung. Unterlassung des Einspruchs von Seiten des Mannes.

a. Die Einwilligung zum selbständigen Geschäftsbetrieb ist keine Einwilligung, von der die Wirksamkeit eines Rechtsgeschäfts abhängt im Sinne der §§ 182 f.

b. Die Einwilligung ist keine empfangsbedürftige Willenserklärung (§ 130 Note A II.); sie kann ausdrücklich oder stillschweigend (Note c) erfolgen.

c. Eine besondere Art der stillschweigenden Einwilligung ist das wissentliche und einspruchslose Geschehenlassen seitens des Mannes (Abs. 3). Wissen des Mannes, nicht Wissenmüssen (§ 122 Abs. 2) ist erforderlich.

d. Auch wenn der Mann durch Krankheit oder Abwesenheit verhindert ist (§ 1401), treten ohne seine oder seines gesetzlichen Vertreters (§ 1409) Einwilligung zum selbständigen Geschäftsbetriebe die Wirkungen des § 1405 nicht ein. § 1405 ist in § 1401 nicht mitzitirt. Vgl. § 1401 Note 3.

e. Keine Ersetzung der ehemännlichen Einwilligung durch das Vormundschaftsgericht (§ 1402). § 1402 betrifft nur die Zustimmung zur Vornahme (einzelner) Rechtsgeschäfte.

f. Der Widerruf der Einwilligung und der Einspruch stehen dem Manne jederzeit zu. Die durch Ehevertrag (vgl. S. 755 Vorb. B. II. 2 b) gesicherte Einwilligung des Mannes zum selbständigen Geschäftsbetriebe kann zwar aus dem Gesichtspunkte der §§ 1353 ff., nicht aber aus Gründen des ehelichen Güterrechts zurückgenommen werden.

g. Widerruf und Einspruch wirken für die Zukunft und nur für die Zukunft. Wird auf Grund des bisherigen Geschäftsbetriebs der Frau zur ordnungsmäßigen Besorgung ihrer persönlichen Angelegenheiten ein Rechtsgeschäft erforderlich, so kann bei Verweigerung der erforderlichen Einwilligung seitens des Mannes Ersetzung der Einwilligung durch das Vormundschaftsgericht nach § 1402 in Frage kommen. Wegen des Schutzes Dritter vgl. zu 4.

4. Schutz gutgläubiger Dritter.

a. Die Bezugnahme auf § 1435 bedeutet, daß einem Dritten gegenüber aus dem Einspruche des Mannes gegen den selbständigen Geschäftsbetrieb der Frau sowie aus dem Widerrufe der Einwilligung Einwendungen gegen ein zwischen ihm und der Ehefrau vorgenommenes Rechtsgeschäft oder gegen ein zwischen ihnen ergangenes rechtskräftiges Urtheil nur hergeleitet werden können, wenn zur Zeit der Vornahme des Rechtsgeschäfts oder zur Zeit des Eintritts der Rechtshängigkeit der Einspruch oder der Widerruf in dem Güterrechtsregister des zuständigen Amtsgerichts (§§ 1558 ff. und zu b) eingetragen oder dem Dritten bekannt war; bekannt sein mußte, genügt nicht.

b. Hat die Frau Kaufmannseigenschaft (HGB. §§ 1 ff.; vgl. § 1356 Note 3), so muß die Eintragung nach EG. z. HGB. Art. 4, abgedruckt zu § 1435, auch in das Güterrechtsregister des Ortes der Handelsniederlassung eingetragen sein. — Für ausländische Gewerbefrauen vgl. GewO. § 11 a zu EG. Art. 36.

c. Die Eintragung des Widerspruchs oder Einspruchs in das Güterrechtsregister erfolgt auf einseitigen Antrag des Mannes § 1561. Vgl. ferner FrG. § 161 zu §§ 1558 ff. § 1405.

d. Wegen der Zwangsvollstreckung in das eingebrachte Gut vgl. CPO. § 742 zu § 1412. Pr. JMBl. 1900 S. 22 ff.

5. Beweislast.

a. Ein Dritter, der die Wirksamkeit eines Rechtsgeschäfts bzw. eines Urtheils dem Manne gegenüber in Anspruch nimmt, hat zu behaupten und zu beweisen, daß zur Zeit der Vornahme des Rechtsgeschäfts bzw. des Eintritts der Rechtshängigkeit entweder der Mann die Einwilligung zum selbständigen Geschäftsbetrieb ertheilt hatte oder daß zu dieser Zeit die Frau ein Erwerbsgeschäft selbständig betrieb und der Mann hiervon Kenntniß hatte.

b. Sache der Einwendung ist demgegenüber die Behauptung, daß der Widerruf der Einwilligung bzw. der Einspruch zu derselben Zeit entweder in das zuständige Güterrechtsregister (zu 4) eingetragen oder dem Dritten bekannt war.

III. **Die Rechtsverhältnisse bezüglich der in dem Erwerbsgeschäfte der Frau steckenden Vermögensgegenstände.**

1. Die der Frau gehörenden Gegenstände.

Die Ehegatten haben es in ihrer Hand, durch Ehevertrag vor oder nach der Eheschließung das Vermögen der Ehefrau ganz oder zum Theile zum Vorbehaltsgut (vgl. zu 2b) zu erklären.

2. Haben die Ehegatten einen Ehevertrag nicht geschlossen, so ergiebt sich folgender Rechtszustand:

a. Das eingebrachte Vermögen ist nach Maßgabe der §§ 1411 ff., 1405 CPO. § 741 (zu § 1412 Note III) dem Zugriffe der Gläubiger der Frau ausgesetzt. Zum eingebrachten Vermögen gehören

α. das im Zeitpunkte der Eheschließung der Frau zustehende Vermögen, mag dasselbe zu einem bereits bestehenden Erwerbsgeschäfte gehören oder nicht, mag dasselbe von der Frau durch selbständigen Erwerb oder sonstwie erworben sein. Gleichgültig ist auch, ob das Vermögen in einer etwaigen früheren Ehe Vorbehaltsgut war oder nicht. Ausgenommen sind nur die in § 1367 bezeichneten zum persönlichen Gebrauche der Frau bestimmten Sachen.

β. das während der Ehe erworbene Vermögen, soweit es nicht nach §§ 1366 bis 1370 Vorbehaltsgut ist (zu b).

b. Das Vorbehaltsgut der Frau ist schlechthin dem Zugriffe der Gläubiger der Frau ausgesetzt. Zum Vorbehaltsgute gehören insbesondere

α. die zum persönlichen Gebrauche bestimmten Arbeitsgeräthe (§ 1366). Hierzu können wohl gewisse Utensilien des Geschäfts, nicht aber das gesammte Geschäftsvermögen der Frau gerechnet werden (vgl. hierzu auch Staub Handelsgesetzbuch S. 30 Anm. 72 gegen Düringer und Hachenburg);

β. was die Frau durch den selbständigen Betrieb eines Erwerbsgeschäfts erwirbt (§ 1367).

**B. Betrieb des der Frau gehörenden Erwerbsgeschäfts durch den Mann in seinem eigenen Namen.**

I. Die Befugnisse und Pflichten des Mannes ergeben sich aus §§ 1373 ff.

1. Namentlich ist er zur Verfügung über die eingebrachten verbrauchbaren Sachen gemäß § 1376 Ziffer 1 befugt. Zu den verbrauchbaren Sachen gehören aber nach § 92 Abs. 2 die zu einem Waarenlager oder zu einem sonstigen Sachinbegriffe gehörenden Sachen, dessen bestimmungsgemäßer Gebrauch in der Veräußerung der einzelnen Sachen besteht.

2. Die Verpflichtung des Mannes zur Anlegung von Geld findet nach § 1377 Abs. 2 ihre Grenze an seinem Rechte, den zur Bestreitung von Ausgaben, d. h. also den als Betriebskapital erforderlichen Betrag bereit zu halten.

2. Ohne Zustimmung des Mannes ihm gegenüber wirksame Rechtsgeschäfte der Frau.

**§ 1406.** Die Frau bedarf nicht der Zustimmung des Mannes:

1. zur Annahme oder Ausschlagung einer Erbschaft oder eines Vermächtnisses, zum Verzicht auf den Pflichttheil sowie zur Errichtung des Inventars über eine angefallene Erbschaft;
2. zur Ablehnung eines Vertragsantrags oder einer Schenkung;
3. zur Vornahme eines Rechtsgeschäfts gegenüber dem Manne.

---

3. Der Erwerb von beweglichen Sachen mit Mitteln des eingebrachten Gutes wird den Umständen nach regelmäßig nicht für Rechnung des eingebrachten Gutes, sondern für eigene Rechnung des Mannes erfolgen, vgl. § 1381.

II. Für die Firmenführung kommt HGB. § 22 Abs. 2 in Betracht.

III. Für die Auseinandersetzung zwischen den Ehegatten nach Beendigung der ehemännlichen Verwaltung und Nutznießung bietet § 1655 eine geeignete Analogie.

**§ 1406.** I. **Die Bedeutung der Vorschrift im Allgemeinen.** Die rechtliche Bedeutung der Entbehrlichkeit der ehemännlichen Zustimmung liegt darin, daß die in § 1406 aufgeführten Rechtsgeschäfte in Ansehung des eingebrachten Gutes dem Manne gegenüber wirksam sind, selbst wenn sie von der Ehefrau ohne Zustimmung des Mannes vorgenommen sind. Vgl. §§ 1395, 1399, 1401, 1405. Hieraus ergiebt sich die Schuldenhaftung des eingebrachten Gutes gemäß §§ 1411, 1412.

II. **Die einzelnen Fälle des § 1406.**

1. Erbrechtliche Thatbestände.

a. Annahme einer Erbschaft §§ 1942 ff.

α. Die dem Ehemanne gegenüber wirksame Annahme der Erbschaft begründet die Haftung des eingebrachten Gutes für die Nachlaßverbindlichkeiten (§§ 1411, 1412). Bei Erwerb der Erbschaft als Vorbehaltsgut indeß § 1413.

β. Der Schutz des Mannes in Ansehung des eingebrachten Gutes gegen die aus der Annahme einer überschuldeten Erbschaft sich ergebenden Gefahren ergiebt sich einerseits aus den Vorschriften über die Beschränkung der Erbenhaftung (§§ 1975 ff.) und andererseits aus der Befugniß des Mannes, auf Grund des ehemännlichen Verwaltungsrechts die zur Herbeiführung der beschränkten Erbenhaftung erforderlichen Rechtsbehelfe geltend zu machen. Vgl. insbesondere § 2008, wonach die Inventarfrist auch dem Ehemanne gegenüber gesetzt werden muß; CPO. § 999 (zu § 1970), wo die selbständige Befugniß jedes Ehegatten zur Beantragung des Aufgebots der Nachlaßgläubiger, KO. § 218 Abs. 1 (zu §§ 1975 ff.), wo die selbständige Befugniß jedes der Ehegatten zur Beantragung des Nachlaßkonkurses festgestellt wird.

b. Ausschlagung der Erbschaft (§ 1953).

α. Obwohl die Erbschaft mit dem Anfalle nach formellem Rechte erworben ist (§§ 1922, 1942) und deshalb die Ausschlagung eine unter § 1395 fallende Verfügung der Ehefrau bedeutet, wird (in Uebereinstimmung mit § 517) die Ausschlagung ihrer materiellen Bedeutung entsprechend als Nichtannahme der Erbschaft behandelt.

β. Daß die Frau zu einem Erbverzichte (§ 2346) nicht der Zustimmung des Mannes bedarf, ist als selbstverständlich betrachtet. Die Erbschaft, auf welche verzichtet wird, gehört noch nicht zum Vermögen der Ehefrau und somit auch nicht zum eingebrachten Gute. § 1395 ist deshalb überhaupt nicht anwendbar.

c. Für die Annahme und Ausschlagung von Vermächtnissen (§ 2180) gilt das Entsprechende wie zu a und b.

d. Verzicht auf den Pflichttheil, d. h. den bereits angefallenen Pflichttheil (§§ 2303 ff.), nicht auf das Pflichttheilsrecht; auf diesen findet b β Anwendung. Vgl. § 2346 Note 4. Die Vorschrift beruht auf der persönlichen Natur des Pflichttheilsanspruchs.

e. Errichtung eines Inventars über eine angefallene Erbschaft §§ 1993 ff. Vgl. zu a β.

**§ 1407.** Die Frau bedarf nicht der Zustimmung des Mannes:
1. zur Fortsetzung eines zur Zeit der Eheschließung anhängigen Rechtsstreits;
2. zur gerichtlichen Geltendmachung eines zum eingebrachten Gute gehörenden Rechtes gegen den Mann;
3. zur gerichtlichen Geltendmachung eines zum eingebrachten Gute gehörenden Rechtes gegen einen Dritten, wenn der Mann ohne die erforderliche Zustimmung der Frau über das Recht verfügt hat;
4. zur gerichtlichen Geltendmachung eines Widerspruchrechts gegenüber einer Zwangsvollstreckung.

8. Ohne Zustimmung des Mannes ihm gegenüber wirksame Prozeßführung der Frau.

---

2. Ablehnung eines Vertragsantrags (§§ 145 ff.) oder einer Schenkung (§ 516).

Daß die Ehefrau zur Annahme eines Vertragsantrags, sofern der Vertrag nicht eine Verfügung über eingebrachtes Gut (§ 1395) enthält, befugt ist, ergiebt sich aus ihrer Geschäftsfähigkeit. Die Wirksamkeit gegenüber dem Manne richtet sich nach § 1399.

3. Rechtsgeschäfte der Frau gegenüber dem Ehemanne.

a. Nach Mot. IV S. 245 ist selbstverständlich zu den von der Ehefrau mit dem Ehemanne selbst oder dessen gesetzlichen Vertreter (§ 1409) geschlossenen Verträgen eine besondere Zustimmung des Mannes nicht erforderlich.

b. Ob bei Abschließung eines Vertrags zwischen der Frau und einem Bevollmächtigten des Mannes, in der Ertheilung der Vollmacht auch zugleich die Einwilligung zur Abschließung des Vertrags mit der Ehefrau liegt, ist Thatfrage.

**§ 1407. I. Die rechtliche Bedeutung der Vorschrift.**

1. Die Entbehrlichkeit der ehemännlichen Zustimmung bedeutet:

a. Die Urtheile in den in § 1407 aufgeführten Rechtsstreitigkeiten und die aus diesen Urtheilen sich ergebenden Verbindlichkeiten der Frau sind in Ansehung des eingebrachten Gutes dem Manne gegenüber wirksam, auch wenn der Mann dem Rechtsstreite nicht zugestimmt hat. Vgl. §§ 1400, 1401, 1405. Hieraus ergiebt sich die Schuldenhaftung des eingebrachten Gutes gemäß § 1411.

b. In den Fällen des § 1407 kann die Aktivlegitimation der Frau nicht auf Grund des § 1400 Abs. 2 in Frage gestellt werden.

2. Zu rechtsgeschäftlichen Verfügungen über Gegenstände des eingebrachten Gutes, selbst wenn dieselben aus Anlaß des Prozesses und in prozessualen Formen sich vollziehen (vgl. § 1400 Note II. 1 b), wird die Frau durch § 1407 nicht ermächtigt. Hierfür verbleibt es vielmehr bei der Vorschrift der §§ 1395, 1398.

3. Dem Manne steht zur Wahrnehmung seiner Rechte der Beitritt als Nebenintervenient der Frau und zwar gemäß CPO. § 69 als Streitgenosse der Frau offen.

4. Haftung für die Prozeßkosten vgl. § 1387 Note A. III. 1 u. 2a.

II. **Die einzelnen Fälle des § 1407.**

1. Fortsetzung eines Rechtsstreits.

a. Ziffer 1 des § 1407 bringt an dem Hauptanwendungsfalle (nämlich des zur Zeit der Eheschließung bereits anhängigen Rechtsstreits der Frau) das Prinzip zum Ausdrucke, daß die Zustimmung des Mannes nicht erforderlich ist (vgl. zu I), wenn die Voraussetzungen der Erforderlichkeit erst nach der Rechtshängigkeit eintreten. Vgl. § 1400 Note IV. 3b.

b. Wegen der entsprechenden Anwendung dieses Prinzips auf die Fälle der §§ 1401, 1405 vgl. zu § 1400 Note IV. 3.

C. Unübertragbarkeit der ehemännlichen Rechte.

**§ 1408.** Das Recht, das dem Manne an dem eingebrachten Gute kraft seiner Verwaltung und Nutznießung zusteht, ist nicht übertragbar.

---

c. Wegen der Rechtslage bei Wechsel des Güterstandes vgl. zu § 1412 Note I. 2.

d. Wegen der Ertheilung der Vollstreckungsklausel in Ansehung des eingebrachten Gutes CPO. § 742, abgedruckt zu § 1412.

2. Gerichtliche Geltendmachung eines zum eingebrachten Gute gehörenden Rechtes gegen den Mann.

Wegen der zeitlichen Beschränkung der Frau in der gerichtlichen Geltendmachung der aus dem ehelichen Güterrechte fließenden Ansprüche gegen den Mann während der Dauer des Güterstandes vgl. § 1394. Kosten vgl. § 1416 Abs. 1 sowie zu § 1387 Note A. III. 2b.

3. Gerichtliche Geltendmachung eines zum eingebrachten Gute gehörenden Rechtes gegen einen Dritten.

Verfügung des Mannes ohne die erforderliche Zustimmung der Frau § 1375. Vgl. daselbst Note II.

4. Gerichtliche Geltendmachung eines Widerspruchsrechts gegenüber einer Zwangsvollstreckung.

Die Fassung ist möglichst umfassend gewählt. Es fallen unter Ziffer 4 die Widerspruchsrechte bei einer

a. Zwangsvollstreckung gegen die Frau selbst. Es macht keinen Unterschied, ob es sich um eine Zwangsvollstreckung in das Vermögen oder zur Erwirkung der Herausgabe von Sachen bzw. der Abgabe von Willenserklärungen handelt.

α. Einwendungen gegen die Zulässigkeit der Vollstreckungsklausel CPO. § 732.

β. Einwendungen gegen die Art und Weise der Zwangsvollstreckung oder das Verfahren des Gerichtsvollziehers CPO. § 766.

γ. Einwendungen, welche den durch das Urtheil festgestellten Anspruch selbst betreffen, CPO. § 767.

b. Zwangsvollstreckung gegen einen Dritten, insonderheit auch gegen den Mann.

α. Widerspruch der Frau auf Grund ihres die Veräußerung hindernden Rechtes CPO. § 771. (S. 506).

β. Widerspruch (CPO. § 766) gegen die Zwangsvollstreckung, welche über das in CPO. § 861 zugelassene Maß hinaus in die von dem Manne erworbenen Früchte des eingebrachten Gutes vorgenommen wird.

**§ 1408.** 1. Die Unübertragbarkeit des ehemännlichen Rechtes steht nicht der Nutzung des Gutes durch Vermiethung und Verpachtung einzelner Gegenstände seitens des Ehemannes entgegen. Vgl. § 1423.

2. Die Unübertragbarkeit bedeutet zugleich die Unzulässigkeit der Belastung des ehemännlichen Rechtes mit einem Nießbrauch oder einem Pfandrechte, §§ 1069 Abs. 2, 1274 Abs. 2.

3. Aus der Nichtpfändbarkeit (CPO. § 861) ergiebt sich zugleich, daß das ehemännliche Recht und die der Pfändung entzogenen Früchte (vgl. zu § 1410 Note I. 2) nicht zur Konkursmasse des Mannes gehören (KO. § 1).

***CPO.** § 861. Das Recht, welches bei dem Güterstande der Verwaltung und Nutzniessung dem Ehemann an dem eingebrachten Gute zusteht, ist der Pfändung nicht unterworfen. Die von dem Ehemann erworbenen Früchte des eingebrachten Gutes sind der Pfändung nicht unterworfen, soweit sie zur Erfüllung der in den §§ 1384—1387 des Bürgerlichen Gesetzbuchs bestimmten Verpflichtungen des Ehemanns, zur Erfüllung der ihm seiner Ehefrau, seiner früheren Ehefrau oder seinen Verwandten gegenüber gesetzlich obliegenden Unterhaltspflicht und zur Bestreitung seines standesmässigen Unterhalts erforderlich sind.*

*Der Widerspruch kann auch von der Ehefrau nach § 766 geltend gemacht werden.*

§ 1409. Steht der Mann unter Vormundschaft, so hat ihn der Vormund in den Rechten und Pflichten zu vertreten, die sich aus der Verwaltung und Nutznießung des eingebrachten Gutes ergeben. Dies gilt auch dann, wenn die Frau Vormund des Mannes ist.

D. Vertretung des bevormundeten Mannes.

3. Schuldenhaftung.

§ 1410. Die Gläubiger des Mannes können nicht Befriedigung aus dem eingebrachten Gute verlangen.

I. Verhältniß zu den Gläubigern.
1. Gläubiger d. Mannes.

§ 1409. 1. Vormundschaft über den Ehemann §§ 1896 ff.; die Frau als Vormünderin des Mannes § 1900.

2. Die Anwendbarkeit des § 1409 auf den Fall der Pflegschaft ergiebt sich aus § 1915.

3. Vormundschaftsgerichtliche Ersetzung der erforderlichen ehemännlichen Einwilligung, wenn der Mann bevormundet ist, vgl. § 1402 Note 1.

4. Klage der Frau auf Aufhebung der ehemännlichen Verwaltung und Nutznießung wegen Entmündigung des Mannes oder wegen Einleitung einer Pflegschaft über denselben § 1418 Ziffer 3, 4, 5.

5. (Satz 2). Die Frau als Vormünderin § 1900. Durch die Vorschrift des Satz 2 (vgl. §§ 181, 1795 Abs. 1 Ziffer 1, 1897, 1915) wird die Bestellung eines Pflegers neben der Frau zum Zwecke der Ertheilung der Einwilligung für jeden einzelnen Fall entbehrlich gemacht. Die Verantwortlichkeit der Ehefrau gegenüber dem Manne ergiebt sich aus § 1833.

Vorbemerkung zu §§ 1410 ff.

Bei dem gesetzlichen Güterstande der Verwaltung und Nutznießung kommen überhaupt und insbesondere auch für die Schuldenhaftung der Ehegatten gegenüber ihren Gläubigern drei selbständige Gütermassen in Frage:

a. Das Vermögen des Mannes haftet für die Schulden des Mannes, für die Schulden der Frau selbst dann nicht, wenn sie auf einem mit Zustimmung des Mannes in der Person der Frau eingetretenen Verpflichtungsgrunde beruhen.

   Eine Ausnahme bildet lediglich die gesammtschuldnerische Haftung des Mannes (§ 1388) für die Verbindlichkeiten der Frau, welche nach wirthschaftlichen Grundsätzen aus den laufenden Einnahmen gedeckt zu werden pflegen. Es sind dies die in §§ 1385—1387 aufgeführten Verbindlichkeiten.

b. Das Vorbehaltsgut der Frau (§§ 1365 ff.) haftet unbeschränkt für die Verbindlichkeiten der Frau. Für die rechtliche Beurtheilung der das Vorbehaltsgut betreffenden Rechtsverhältnisse ist — abgesehen von der Vermuthung aus § 1362 und KO. § 45 — den Gläubigern gegenüber die Eigenschaft der Frau als Ehefrau belanglos.

   Die Frau kann einen Gläubiger, der sich wegen einer Verbindlichkeit für welche auch das eingebrachte Gut haftet, Befriedigung aus dem Vorbehaltsgut erholt, nicht auf das eingebrachte Gut verweisen. Die Ausgleichung zwischen den beiden Gütermassen unter den Ehegatten findet gemäß § 1417 Abs. 2 statt.

c. Die Haftung des eingebrachten Gutes ist in den §§ 1410 ff. geregelt.

§ 1410. I. Die Rechtsverhältnisse des eingebrachten Gutes.

1. Die Substanz des eingebrachten Gutes ist Vermögen der Frau. Hieran wird auch dadurch nichts geändert, daß es sich auf Grund der ehemännlichen Verwaltung in der Hand des Mannes befindet. Es haftet für die Verbindlichkeiten des Mannes überhaupt nicht (§ 1410). Auch die verbrauchbaren (§ 92), zum eingebrachten Gute gehörenden Sachen, einschließlich des baaren Geldes, bleiben Eigenthum der Frau vgl. § 1377 Note I. 3.

2. Die Früchte des eingebrachten Gutes werden zwar auf Grund der ehelichen Nutznießung von dem Manne gemäß § 1383 erworben. Die Nutznießung bezweckt indeß in erster Linie, dem Manne einen Beitrag zur

2. Gläubiger der Frau. a. Grundsatz unbeschränkter Haftung des eingebrachten Gutes.

**§ 1411.** Die Gläubiger der Frau können ohne Rücksicht auf die Verwaltung und Nutznießung des Mannes Befriedigung aus dem eingebrachten Gute verlangen, soweit sich nicht aus den §§ 1412 bis 1414 ein Anderes ergiebt. Sie unterliegen bei der Geltendmachung der Ansprüche der Frau nicht der im § 1394 bestimmten Beschränkung.

Hat der Mann verbrauchbare Sachen nach § 1377 Abs. 3 veräußert oder verbraucht, so ist er den Gläubigern gegenüber zum sofortigen Ersatze verpflichtet.

---

Bestreitung der ehelichen Lasten zu gewähren (§§ 1384—1387, 1389). Demgemäß entzieht die Bestimmung CPO. § 861 (abgedruckt zu § 1408) in weitem Umfang auch die von dem Manne bereits erworbenen Früchte für die Zwangsvollstreckung und damit auch für den Konkurs (vgl. § 1419 Note 2) dem Zugriffe seiner Gläubiger. Gegen eine über das nach § 861 zulässige Maß hinausgehende Pfändung steht dem Manne, wie auch selbständig der Frau (CPO. § 861 Abs. 2, § 1407 Ziffer 4) der Rechtsbehelf aus CPO. § 766 zu. Vgl. auch § 1408 Note 3. Die Vorschrift CPO. § 861 ist, obwohl der Wortlaut Zweifel zuläßt, nicht anwendbar, wenn die Zwangsvollstreckung gegen beide Ehegatten als Gesammtschuldner (vgl. zu II. 2 und 3) betrieben wird. In diesem Falle bleibt es lediglich bei den allgemeinen Pfändungsbeschränkungen (insbesondere CPO. §§ 811, 812, 850, vgl. ferner zu § 400).

II. **Die Gläubiger des Mannes.**

1. Ob Jemand Gläubiger des Mannes oder der Frau ist, ist nach den allgemeinen Grundsätzen, insbesondere auch unter Berücksichtigung der Vorschriften über die Vertretung mit und ohne Vertretungsmacht (§§ 164 ff.) zu beurtheilen. Von besonderer Bedeutung wird für diese Frage die Vorschrift über die der Ehefrau innerhalb ihrer Schlüsselgewalt (§ 1362) zustehende Vertretungsmacht.

2. Der dem Manne zu gewährende Kredit ist nicht nach dem äußerlich in seiner Hand vereinigten Vermögen zu bemessen, sondern unter Prüfung, wem dasselbe gehört. In Fällen zweifelhafter Kreditwürdigkeit empfiehlt es sich, Verträge mit beiden Ehegatten gemeinschaftlich (§ 427) oder unter Bürgschaftsübernahme (§§ 765 ff.) der Ehefrau abzuschließen. Vgl. zu I. 2 a. E.

3. Das Vermietherpfandrecht bezieht sich nur auf die eingebrachten Sachen des Miethers, nicht auch seiner Ehefrau § 559. Der Vermiether wird demgemäß gut thun, bei unsicheren Kreditverhältnissen seines Miethers den Miethvertrag nur mit beiden Eheleuten abzuschließen (vgl. zu 2).

III. **Rechtsverhältnisse zwischen der Frau und den Gläubigern des Mannes.**

1. Aktivlegitimation der Frau zur gerichtlichen Geltendmachung eines Widerspruchsrechts gegenüber einer Zwangsvollstreckung § 1407 Ziffer 4.

2. Eigenthumsvermuthungen für das Verhältniß zwischen der Frau und den Gläubigern des Mannes § 1362 und daselbst KO. § 45.

3. Anfechtungsrecht der Gläubiger hinsichtlich der Verträge, durch welche Vermögen des Mannes auf die Frau übertragen ist, vgl. Anfechtungsgesetz vom 21. Juni 1879 § 3 Ziffer 2 und 4 (Bd. I S. 75), KO. § 31 Ziffer 2, § 32 Ziffer 2.

**§ 1411. I. Duldung der Zwangsvollstreckung durch den Mann.**

1. Die Regel ist, daß die Gläubiger der Frau ohne Rücksicht auf die Verwaltung und Nutznießung des Mannes Befriedigung aus dem eingebrachten Gute verlangen können, daß also der Mann die Zwangsvollstreckung seitens der Gläubiger der Frau in deren eingebrachtes Gut zu dulden hat. Inwieweit für die Zwangsvollstreckung diese Duldungspflicht des Mannes durch Urtheil festgestellt oder die Duldung der Zwangsvollstreckung von dem

**§ 1412.** Das eingebrachte Gut haftet für eine Verbindlichkeit der Frau, die aus einem nach der Eingehung der Ehe vorgenommenen Rechtsgeschäft entsteht, nur dann, wenn der Mann seine Zustimmung zu dem Rechtsgeschäft ertheilt oder wenn das Rechtsgeschäft ohne seine Zustimmung ihm gegenüber wirksam ist.

b. Nacheheliche Verbindlichkeiten der Frau. α. Rechtsgeschäftliche Verbindlichkeiten.

Für die Kosten eines Rechtsstreits der Frau haftet das eingebrachte Gut auch dann, wenn das Urtheil dem Manne gegenüber in Ansehung des eingebrachten Gutes nicht wirksam ist.

β. Kosten eines Rechtsstreits der Frau.

---

Manne durch exekutorische Urkunde bewilligt sein muß, bestimmen CPO. §§ 739, 741, 742, 794 Abs. 2, abgedruckt zu § 1412 Note III. Auch die Duldungspflicht des Mannes begründet nicht seine persönliche Leistungspflicht. Vgl. Vorb. zu §§ 1410—1417 Note a. Vgl. ferner Pr. JMBl. 1900 S. 22ff.

2. Gegenüber der Regel des den Gläubigern der Frau in Ansehung des eingebrachten Gutes offenstehenden Zugriffsrechts (zu 1) enthalten die §§ 1412—1414 Ausnahmen, deren Voraussetzungen von dem Manne (vgl. zu 3) zu beweisen sind. Vgl. wegen der Beweislast ferner zu § 1412 Note II. 1.

3. Die Beschränkungen des Gläubigerzugriffs bestehen lediglich im Interesse des Mannes. Daraus ergiebt sich:

a. Nur der Mann, nicht auch die Frau hat das Recht, der Befriedigung aus dem eingebrachten Gute wegen einer dem Manne gegenüber nicht wirksamen Verbindlichkeit der Frau zu widersprechen.

b. Das eingebrachte Gut haftet für jede dem Manne gegenüber begründete Verbindlichkeit der Frau. Hierbei ist es gleichgültig, ob die Forderung des Mannes von diesem selbst oder von einem Rechtsnachfolger, insonderheit also von einem Gläubiger geltend gemacht wird, dem die Forderung im Wege der Zwangsvollstreckung überwiesen ist.

**II. Geltendmachung güterrechtlicher Ansprüche der Frau gegen den Mann durch einen Gläubiger der Frau.** (Abs. 1 S. 2, Abs. 2.) Die Befugniß der Gläubiger, Befriedigung aus dem eingebrachten Gute ohne Rücksicht auf die Verwaltung und Nutznießung des Mannes zu verlangen, ergiebt die beiden in Abs. 1 S. 2 ausgesprochenen Folgerungen.

1. (Abs. 1 S. 2.) Die Gläubiger der Frau können die ihnen sei es im Wege der Zwangsvollstreckung, sei es zum Zwecke der Schuldentilgung abgetretenen (vgl. § 1394 Note 4) Ansprüche der Frau, die dieser auf Grund der Verwaltung und Nutznießung gegen den Mann zustehen, während der Dauer des Güterstandes geltend machen, auch wenn die Voraussetzungen des Sicherheitsleistungsanspruchs gegen den Mann nicht vorliegen vgl. § 1394.

2. Der Mann ist den Gläubigern der Frau gegenüber, auch während der Dauer des Güterstandes zum sofortigen Werthersatze für die von ihm veräußerten oder verbrauchten verbrauchbaren Sachen unbedingt, d. h. nicht nur soweit es durch die ordnungsmäßige Verwaltung gefordert wird (vgl. § 1377 Abs. 3 und daselbst Note I. 3c und d) verpflichtet. Der Anspruch ist nach Ueberweisung im Wege der Zwangsvollstreckung oder nach Abtretung zum Zwecke der Schuldentilgung von den Gläubigern gegen den Mann im Wege der Klage geltend zu machen.

**§ 1412. I. Vor Eintritt des gesetzlichen Güterstandes entstandene Verbindlichkeiten der Frau.**

1. Vor Eingehung der Ehe begründete Verbindlichkeiten der Frau. Von der Regel des den Gläubigern der Frau offenstehenden Zugriffs auf das eingebrachte Gut (§ 1411 Abs. 1 Satz 1) lassen die §§ 1412—1414 Ausnahmen überhaupt nur für Verbindlichkeiten zu, welche nach Eingehung der Ehe entstanden sind. Hieraus ergiebt sich das unbeschränkte

§ 1412. Zugriffsrecht der Gläubiger hinsichtlich aller vorehelichen Verbindlichkeiten der Frau.

2. Nach Eingehung der Ehe, aber vor Eintritt der ehemännlichen Verwaltung und Nutznießung begründete Verbindlichkeiten der Frau.

a. Die Regelung, daß das eingebrachte Gut dem Zugriffe der Gläubiger für alle vor Eingehung der Ehe begründeten Verbindlichkeiten der Frau offensteht (zu 1), beruht auf dem Prinzipe (vgl. § 1363 Note 2), daß das Vermögen der Frau der ehemännlichen Verwaltung und Nutznießung nur in seinem Bestande zur Zeit des Eintritts des gesetzlichen Güterstandes und nur unter Wahrung der Rechte der Gläubiger unterworfen wird. Dieses für den Hauptfall (Eintritt des gesetzlichen Güterstandes mit der Eheschließung § 1363) ausgesprochene Prinzip ist aber unbedenklich auf diejenigen Fälle anzuwenden, in denen die ehemännliche Verwaltung und Nutznießung erst nachträglich in Folge Wechsels des Güterstandes (§§ 1432 ff., 1436) eintritt.

b. Nach voraufgegangener Gütertrennung (§§ 1426 ff.) ist für die Anwendung der §§ 1412 ff. an Stelle des Zeitpunkts der Eingehung der Ehe der Zeitpunkt des Eintritts der ehemännlichen Verwaltung und Nutznießung einzusetzen, da bei Gütertrennung die Rechtsverhältnisse hinsichtlich des Vermögens der Ehegatten durch die Eheschließung nicht berührt werden.

c. Nach voraufgegangener Gütergemeinschaft wird dem zu a dargelegten Prinzipe genügt, wenn das Vermögen der Frau dem Zugriffe der Gläubiger in demselben Umfange wie während der Gütergemeinschaft ausgesetzt bleibt. Es haftet also für Verbindlichkeiten, für welche bei der Gütergemeinschaft nur das Vorbehaltsgut der Frau haftete (§§ 1460 bis 1462), das nunmehrige eingebrachte Gut gemäß § 1411 insoweit, als das frühere Vorbehaltsgut eingebrachtes Gut geworden ist; andererseits bleibt, insofern das frühere Vorbehaltsgut auch nach Eintritt des gesetzlichen Güterstandes Vorbehaltsgut geblieben ist, der Zugriff der Gläubiger auf dieses beschränkt. (A.M. Planck zu § 1411 Note 1.)

II. **Nach Eintritt des gesetzlichen Güterstandes entstandene Verbindlichkeiten der Frau.**

1. Rechtsgeschäftlich begründete Verbindlichkeiten. Die Vorschrift des § 1412 ist die Konsequenz der in §§ 1399—1407 gegebenen Regelung. Gegenüber der Regel des unbeschränkten Zugriffsrechts der Gläubiger in Ansehung des eingebrachten Gutes wegen aller Verbindlichkeiten der Frau (§ 1411 Abs. 1 Satz 1) ist es Einwendung des Mannes, daß die Verbindlichkeit aus einem nach Eingehung der Ehe (bzw. nach Eintritt des gesetzlichen Güterstandes vgl. zu I. 2) vorgenommenen Rechtsgeschäfte herrührt. — Demgegenüber hat der Gläubiger wiederum zu beweisen,

a. daß der Mann seine Zustimmung (Einwilligung oder Genehmigung §§ 182 ff.) zu dem Rechtsgeschäft ertheilt hat oder

b. daß das Rechtsgeschäft dem Manne gegenüber auch ohne seine Zustimmung wirksam ist (§§ 1399 Abs. 2, 1401, 1402, 1405, 1407).

2. Kraft Gesetzes entstehende Verbindlichkeiten.

Für die nicht auf Rechtsgeschäft beruhenden, sondern kraft Gesetzes entstehenden Verbindlichkeiten verbleibt es — vorbehaltlich der Ausnahmen in §§ 1413, 1414 — bei dem den Gläubigern in Ansehung des eingebrachten Gutes offenstehenden Zugriffe (§ 1411), gleichgültig, ob die Verbindlichkeit vor oder nach dem Eintritte des gesetzlichen Güterstandes entstanden ist. Hierunter fallen insbesondere

a. Verbindlichkeiten aus unerlaubten Handlungen (§§ 823 ff.). Wegen der Ansprüche aus §§ 833—838 vgl. zu § 1414 Note 3. Kosten eines Strafverfahrens und Geldstrafe vgl. § 1415 Ziffer 1.

b. Verbindlichkeiten, die in Folge des Erwerbes einer Erbschaft oder eines Vermächtnisses entstehen. Vgl. indeß zu § 1413 und zu § 1406 Note II. 1.

**§ 1413.** Das eingebrachte Gut haftet nicht für eine Verbindlichkeit der Frau, die in Folge des Erwerbes einer Erbschaft oder

γ. Verbindlichkeiten aus Erwerb v. Todeswegen als Vorbehaltsgut.

---

c. Verbindlichkeiten der Frau aus Geschäftsführung ohne Auftrag (vgl. hierzu Mot. IV S. 250).
d. Verbindlichkeiten der Frau aus ungerechtfertigter Bereicherung §§ 812 ff. Vgl. indeß § 1414; ferner den besonderen Fall des § 1399 Abs. 2 S. 2.
e. Verbindlichkeiten aus öffentlichen und privatrechtlichen Lasten. Vgl. § 1385 Ziffer 1—3.
f. Unterhaltsverbindlichkeiten der Frau. Vgl. hierzu § 1386 Note III. 3.

3. (Abs. 2.) Rechtsstreitigkeiten.

a. Das eingebrachte Gut haftet nach Abs. 2 für die Kosten jedes von der Ehefrau geführten Rechtsstreits, ohne Rücksicht auf die Parteirolle der Frau und den Gegenstand des Prozesses, selbst wenn derselbe sich auf das Vorbehaltsgut bezieht. Vgl. § 1387 Note A. III.
b. Wegen des Ausgleichs zwischen Vorbehaltsgut und eingebrachtem Gute §§ 1415—1417.
c. Wegen der gesammtschuldnerischen Haftung des Mannes §§ 1388, 1387 Ziffer 1.

III. **Zwangsvollstreckung in das eingebrachte Gut.**

1. Voraussetzungen der Zwangsvollstreckung.

*CPO. § 739. Bei dem Güterstande der Verwaltung und Nutzniessung, der Errungenschaftsgemeinschaft oder der Fahrnissgemeinschaft ist die Zwangsvollstreckung in das eingebrachte Gut der Ehefrau nur zulässig, wenn die Ehefrau zu der Leistung und der Ehemann zur Duldung der Zwangsvollstreckung in das eingebrachte Gut verurtheilt ist.*

*CPO. § 741. Betreibt die Ehefrau selbständig ein Erwerbsgeschäft, so ist zur Zwangsvollstreckung in das eingebrachte Gut und in das Gesammtgut ein gegen die Ehefrau ergangenes Urtheil genügend, es sei denn, dass zur Zeit des Eintritts der Rechtshängigkeit der Einspruch des Ehemanns gegen den Betrieb des Erwerbsgeschäfts oder der Widerruf seiner Einwilligung zu dem Betrieb im Güterrechtsregister eingetragen war.*

*§ 742. Ist der Güterstand der Verwaltung und Nutzniessung, der Errungenschaftsgemeinschaft oder der Fahrnissgemeinschaft erst eingetreten, nachdem ein von der Ehefrau oder gegen sie geführter Rechtsstreit rechtshängig geworden ist, so finden auf die Ertheilung einer in Ansehung des eingebrachten Gutes der Ehefrau vollstreckbaren Ausfertigung des Urtheils für oder gegen den Ehemann die Vorschriften der §§ 727, 730—732 entsprechende Anwendung.*

*Das Gleiche gilt für die Ertheilung einer in Ansehung des Gesammtguts vollstreckbaren Ausfertigung, wenn die allgemeine Gütergemeinschaft oder die Fahrnissgemeinschaft erst eingetreten ist, nachdem ein von der Ehefrau oder gegen sie geführter Rechtsstreit rechtshängig geworden ist.*

*CPO. § 794 Abs. 2. Soweit nach den Vorschriften der §§ 737, 739, 743, des § 745 Abs. 2 und des § 748 Abs. 2 die Verurtheilung eines Betheiligten zur Duldung der Zwangsvollstreckung erforderlich ist, wird sie dadurch ersetzt, dass der Betheiligte in einer nach Abs. 1 Nr. 5 aufgenommenen Urkunde die sofortige Zwangsvollstreckung in die seinem Rechte unterworfenen Gegenstände bewilligt.*

2. Widerspruchsklage des Mannes.

*CPO. § 774. Findet nach § 741 die Zwangsvollstreckung in das eingebrachte Gut der Ehefrau oder in das Gesammtgut statt, so kann der Ehemann nach Massgabe des § 771 Widerspruch erheben, wenn das gegen die Ehefrau ergangene Urtheil in Ansehung des eingebrachten Gutes oder des Gesammtguts ihm gegenüber unwirksam ist.*

IV. **Konkurs über das Vermögen der Frau.**

Vgl. über die Rechtsverhältnisse in Ansehung der beiden Vermögensmassen des Vorbehaltsguts und des eingebrachten Gutes Planck zu § 1411 Note 8, Seuffert, D. Jur.Ztg. 1898 S. 119, Jaeger, Konkursordnung § 2 Anm. 33—39.

eines Vermächtnisses entsteht, wenn die Frau die Erbschaft oder das Vermächtniß nach der Eingehung der Ehe als Vorbehaltsgut erwirbt.

3. Verbindlichkeiten aus Vorbehaltsgut.

**§ 1414.** Das eingebrachte Gut haftet nicht für eine Verbindlichkeit der Frau, die nach der Eingehung der Ehe in Folge eines zu dem Vorbehaltsgute gehörenden Rechtes oder des Besitzes einer dazu gehörenden Sache entsteht, es sei denn, daß das Recht oder die Sache zu einem Erwerbsgeschäfte gehört, das die Frau mit Einwilligung des Mannes selbständig betreibt.

---

**§ 1413.** 1. Vgl. § 1369. — Ein Erwerb als Vorbehaltsgut liegt nicht vor, wenn der Erwerb zunächst für das eingebrachte Gut gemacht ist und später durch Ehevertrag für Vorbehaltsgut erklärt ist.

2. Wegen Erwerbes einer Erbschaft oder eines Vermächtnisses, welcher nach der Eheschließung, aber nicht als Vorbehaltsgut erfolgt ist, vgl. § 1412 Note II. 2b. Wenn der Erwerb vor der Eingehung der Ehe bzw. vor dem Eintritte des gesetzlichen Güterstandes erfolgt ist, vgl. §§ 1411, 1412 Note I.

3. Die Voraussetzungen der Nichthaftung sind von dem Manne zu beweisen.

**§ 1414.** 1. Von dem Manne, der entgegen der Regel des § 1411 die Nichthaftung des eingebrachten Gutes auf Grund des § 1414 behauptet, sind als Voraussetzungen dieser Vorschrift darzuthun

a. die Entstehung der Verbindlichkeit nach Eingehung der Ehe bzw. nach dem Eintritte des Güterstandes der Verwaltung und Nutznießung. Vgl. § 1412 Not. I;

b. die Zugehörigkeit des die Verbindlichkeit verursachenden Vermögensgegenstandes zu dem Vorbehaltsgute.

2. Von dem Gläubiger ist die Zugehörigkeit zum Erwerbsgeschäft und der selbständige Betrieb desselben mit Einwilligung des Mannes (§ 1405) einzuwenden und zu beweisen.

3. Beispiele für § 1414 sind die Verbindlichkeiten zur Bezahlung von Reallasten und Steuern, die auf dem Vorbehaltsgute ruhen; Verbindlichkeiten wegen Bereicheruug des Vorbehaltsguts; die Verbindlichkeiten aus Schadenszufügung durch Sachen (§§ 833—836), wenn die Sachen zum Vorbehaltsgute gehören.

Zu §§ 1415—1417. 1. Die §§ 1415—1417 bestimmen, für welche Verbindlichkeiten der Frau das eingebrachte Vermögen im Verhältnisse der Ehegatten zu einander haftet. Die Bestimmungen gehen davon aus, daß die sich aus §§ 1411—1414 ergebende Haftung des eingebrachten Gutes sowohl als Haftung gegenüber den Gläubigern als auch als Haftung im Verhältnisse der Ehegatten zu einander zu verstehen ist. Danach ergiebt sich der Satz: Das eingebrachte Gut hat die Verbindlichkeiten, für welche es den Gläubigern haftet, auch im Verhältnisse der Ehegatten zu einander zu tragen, sofern sie nicht nach den besonderen Vorschriften der §§ 1415, 1416 dem Vorbehaltsgute (§§ 1365 ff.) zur Last fallen.

2. Die Vorschriften der §§ 1415, 1416 bieten unmittelbar die Grundlage für die in § 1417 geregelte Ausgleichung zwischen den beiden Vermögensmassen des eingebrachten und des vorbehaltenen Gutes. In dieser Beziehung sind die Vorschriften gegenstandslos, wenn die Frau überhaupt kein Vermögen oder kein Vorbehaltsgut oder kein eingebrachtes Gut hat (vgl. zu § 1417).

3. Die §§ 1415, 1416 ergänzen ferner die Vorschriften über die Haftung des Mannes gegenüber der Frau und den Gläubigern (§ 1388) in Ansehung der in §§ 1386, 1387 Ziffer 1 behandelten Verbindlichkeiten der Frau. In dieser Beziehung sind die Vorschriften der §§ 1415, 1416, auch wenn die Frau bei dem Güterstande der Verwaltung und Nutznießung weder Vorbehaltsgut noch eingebrachtes Gut hat, insofern von Bedeutung, als die gesammtschuld-

**§ 1415.** Im Verhältnisse der Ehegatten zu einander fallen dem Vorbehaltsgute zur Last:

II. Verhältniß der Ehegatten zu einander. 1. Dem Vorbehaltsgute zur Last fallende Verbindlichkeiten d. Frau. a. Unerlaubte Handlungen der Frau.

1. die Verbindlichkeiten der Frau aus einer unerlaubten Handlung, die sie während der Ehe begeht, oder aus einem Strafverfahren, das wegen einer solchen Handlung gegen sie gerichtet wird;

b. Rechtsverhältnisse des Vorbehaltsguts.

2. die Verbindlichkeiten der Frau aus einem sich auf das Vorbehaltsgut beziehenden Rechtsverhältniß, auch wenn sie vor der Eingehung der Ehe oder vor der Zeit entstanden sind, zu der das Gut Vorbehaltsgut geworden ist;

c. Diesbezügl. Rechtsstreitigkeiten.

3. die Kosten eines Rechtsstreits, den die Frau über eine der in Nr. 1, 2 bezeichneten Verbindlichkeiten führt.

d. Rechtsstreit zwischen den Ehegatten.

**§ 1416.** Im Verhältnisse der Ehegatten zu einander fallen die Kosten eines Rechtsstreits zwischen ihnen dem Vorbehaltsgute zur Last, soweit nicht der Mann sie zu tragen hat.

e. Rechtsstreit d. Frau mit Dritten.

Das Gleiche gilt von den Kosten eines Rechtsstreits zwischen der Frau und einem Dritten, es sei denn, daß das Urtheil dem Manne gegenüber in Ansehung des eingebrachten Gutes wirksam ist. Betrifft jedoch der Rechtsstreit eine persönliche Angelegenheit der Frau oder eine nicht unter die Vorschriften des § 1415 Nr. 1, 2 fallende Verbindlichkeit, für die das eingebrachte Gut haftet, so findet diese Vorschrift keine Anwendung, wenn die Aufwendung der Kosten den Umständen nach geboten ist.

---

nertsche Haftung aus §§ 1388, 1386, 1387, unabhängig von dem Vorhandensein oder Nichtvorhandensein von Frauenvermögen, sich lediglich danach bestimmt, ob eine Verbindlichkeit der Frau unter die in §§ 1415, 1416 ff. gegebenen Kategorien fällt oder nicht.

**§ 1415.** 1. Ziffer 1.

a. Voraussetzung für diese Ausnahme (vgl. zu §§ 1415—1417 Note 1) ist eine

α. während der Ehe (bzw. während der Dauer des gesetzlichen Güterstandes § 1412 Note I),

β. von der Frau begangene unerlaubte Handlung.

Weder eine vorher von der Frau begangene unerlaubte Handlung noch eine unerlaubte Handlung, deren die Frau fälschlich bezichtigt, aber nicht überführt ist, fällt unter Ziffer 1.

b. Die Haftung des eingebrachten Gutes für die in Ziffer 1 erwähnten Verbindlichkeiten gegenüber dem Gläubiger bestimmt sich nach §§ 1411 bis 1414.

c. Auch die Verbindlichkeit der Frau zur Tragung der Vertheidigungskosten entsteht aus dem Strafverfahren. Der Mann haftet indeß der Frau und dem Gläubiger zunächst gemäß §§ 1387 Ziffer 2, 1388, vorbehaltlich der Ersatzpflicht der Frau gegenüber dem Manne im Falle ihrer Verurtheilung.

2. Ziffer 2. Unter Ziffer 2 fallen diejenigen Verbindlichkeiten, für welche dem Gläubiger gegenüber das eingebrachte Gut haftet, obwohl sie aus einem Rechtsverhältnisse herrühren, welches sich auf das Vorbehaltsgut bezieht.

Beispiele: eine Verbindlichkeit aus einem auf das Vorbehaltsgut bezüglichen, aber dem Manne gegenüber wirksamen Rechtsgeschäfte (§§ 1399, 1405); die gesetzliche Unterhaltsverbindlichkeit im Falle des § 1386 Note II. 3 d.

**§ 1416.** Vgl. zu § 1387 Note A. III.

3. Ausgleich zwischen dem eingebrachten Gute u. dem Vorbehaltsgute.

**§ 1417.** Wird eine Verbindlichkeit, die nach den §§ 1415, 1416 dem Vorbehaltsgute zur Last fällt, aus dem eingebrachten Gute berichtigt, so hat die Frau aus dem Vorbehaltsgute, soweit dieses reicht, zu dem eingebrachten Gute Ersatz zu leisten.

Wird eine Verbindlichkeit der Frau, die im Verhältnisse der Ehegatten zu einander nicht dem Vorbehaltsgute zur Last fällt, aus dem Vorbehaltsgute berichtigt, so hat der Mann aus dem eingebrachten Gute, soweit dieses reicht, zu dem Vorbehaltsgut Ersatz zu leisten.

### 4. Beendigung der Verwaltung und Nutznießung.

I. Beendigungsgründe.
1. Aufhebungsklage der Frau. Klagegründe.

**§ 1418.** Die Frau kann auf Aufhebung der Verwaltung und Nutznießung klagen:

1. wenn die Voraussetzungen vorliegen, unter denen die Frau nach § 1391 Sicherheitsleistung verlangen kann;
2. wenn der Mann seine Verpflichtung, der Frau und den gemeinschaftlichen Abkömmlingen Unterhalt zu gewähren, verletzt hat und für die Zukunft eine erhebliche Gefährdung des Unterhalts zu besorgen ist. Eine Verletzung der Unterhaltungspflicht liegt schon dann vor, wenn der Frau und den gemeinschaftlichen Abkömmlingen nicht mindestens der Unterhalt gewährt wird, welcher ihnen bei ordnungsmäßiger Verwaltung und Nutznießung des eingebrachten Gutes zukommen würde;

---

**§ 1417.** 1. Vgl. zu §§ 1415—1417 Note 1, 2 und 3.

2. Die Vorschrift des § 1417 begründet keine gewöhnliche Ersatzverbindlichkeit, sondern nur eine Verbindlichkeit zur Ausgleichung der beiden zum Vermögen der Ehefrau gehörigen Massen, soweit diese reichen.

Zu §§ 1418 ff.

I. **Nicht besonders erwähnte Beendigungsgründe.**

1. Die Auflösung der Ehe

a. durch den Tod eines Ehegatten;
b. durch Scheidung § 1564;
c. durch Wiederverheirathung im Falle der Todeserklärung § 1348 Abs. 2. Vgl. § 1420 Note 2.
d. Die Aufhebung der ehelichen Gemeinschaft i. S. des § 1575 hat gemäß § 1586 die gleiche Wirkung wie die Scheidung. Wird die eheliche Gemeinschaft wiederhergestellt, so tritt nach § 1587 Gütertrennung ein.
e. Nichtigkeitserklärung der Ehe hat nicht die Wirkung der Scheidung. Vgl. hierzu Vorb. zu §§ 1344—1347, 1345.

2. Ehevertrag §§ 1432 ff., 1436. Die Aufhebung der ehemännlichen Verwaltung und Nutznießung unterliegt nicht der Anfechtung durch die Gläubiger des Mannes, vgl. KO. § 32 Ziffer 2; Anfechtungsgesetz § 3 Ziffer 4 (Bd. I S. 75).

II. **Einseitiger Verzicht des Mannes** auf die ehemännliche Verwaltung und Nutznießung ist als Beendigungsgrund nicht zugelassen. Die Zulässigkeit ergiebt sich auch nicht aus allgemeinen Gründen, da die Verwaltung zugleich eine Pflicht des Mannes ist (§ 1374). Vorb. zu §§ 1385—1389 Note 1. Wegen der abweichenden Regelung der elterlichen Nutznießung vgl. § 1662.

III. **Gütertrennung.**

Beim Wegfalle der ehemännlichen Verwaltung und Nutznießung tritt Gütertrennung ein, §§ 1426 ff. Die Wirksamkeit der Gütertrennung Dritten gegenüber ist nach §§ 1431, 1435 zu beurtheilen. Wegen der Eintragung in das Güterrechtsregister vgl. §§ 1558 ff., 1561.

3. wenn der Mann entmündigt ist;
4. wenn der Mann nach § 1910 zur Besorgung seiner Vermögensangelegenheiten einen Pfleger erhalten hat;
5. wenn für den Mann ein Abwesenheitspfleger bestellt und die baldige Aufhebung der Pflegschaft nicht zu erwarten ist.

Die Aufhebung der Verwaltung und Nutznießung tritt mit der Rechtskraft des Urtheils ein. Eintritt der Aufhebung.

---

§ 1418. I. Allgemein.

1. Die Geltendmachung des Rechtes auf Aufhebung der Verwaltung und Nutznießung seitens der Frau erfolgt durch Klage gegen den Mann bzw. gegen seinen gesetzlichen Vertreter.

a. Die Ehegatten können den Prozeß vermeiden, wenn sie die Aufhebung durch Ehevertrag, zu dessen Abschluß auch der gesetzliche Vertreter befugt ist (§§ 1432 ff.), vereinbaren. Wenn sich der Mann zur Vertragsschließung rechtzeitig erbietet, so kann dies für die Prozeßkosten von Erheblichkeit sein, CPO. § 93.

b. Wechsel in der Geltendmachung des Auflösungsgrundes ist Klageänderung (vgl. Bolze 21 767). Die Geltendmachung aller im einzelnen Falle gegebenen Klagegründe empfiehlt sich mit Rücksicht auf § 1425 Note 4.

c. Fällt der zur Zeit der Klageerhebung vorhandene Aufhebungsgrund nachträglich fort, so wird jedenfalls in den in § 1425 genannten Fällen der Mann die Klagabweisung verlangen können.

2. Der Inhalt des Urtheils ist der Ausspruch, daß die Verwaltung und Nutznießung des Mannes aufgehoben wird.

a. Das Urtheil ist konstitutiv.

b. Die Aufhebung tritt mit der Rechtskraft des Urtheils ein. Vorläufige Vollstreckbarkeit kommt nicht in Betracht (vgl. § 1561 Abs. 3 Ziffer 1, verglichen mit HGB. § 16).

3. Einstweilige Anordnungen (Arrest und einstweilige Verfügungen) sind nach den allgemeinen prozessualen Grundsätzen zu beurtheilen.

II. Die einzelnen Aufhebungsgründe.

1. Ob die Sicherheitsleistung nach § 1391 Abs. 1 oder nach § 1391 Abs. 2 verlangt werden kann, ist für das Klagerecht der Frau gleichgültig. Im Uebrigen vgl. zu § 1391.

2. Verletzung der Unterhaltspflicht erfordert nach der Ausdrucksweise des BGB. kein Verschulden (vgl. für die Terminologie die Fassung des § 53).

a. Die Unterhaltspflicht bestimmt sich nach den §§ 1360, 1361, 1603.

b. Satz 2 der Ziffer 2 entspricht dem § 1389 Abs. 2.

3. Entmündigung des Mannes.

a. Entmündigungsgründe (Geisteskrankheit, Geistesschwäche, Verschwendung und Trunksucht) vgl. § 6.

b. Die Klage kann erhoben werden, sobald die Entmündigung wirksam geworden ist, CPO. §§ 661, 683 Abs. 2 (Bd. I S. 7).

c. Wenn die Frau Vormünderin des Mannes ist (§ 1900), ist zum Zwecke der Klage ein besonderer Pfleger für den Mann zu bestellen. Vgl. § 181 Note III.

d. Bei Aufhebung oder erfolgreicher Anfechtung des Entmündigungsbeschlusses hat der Mann den Anspruch auf Wiederherstellung seiner Rechte § 1425.

e. Die Stellung des Mannes unter vorläufige Vormundschaft (§ 1906) begründet nicht die Klage auf Aufhebung der Verwaltung und Nutznießung.

4. Die Gebrechlichkeitspflegschaft (§ 1910) muß für die Besorgung seiner Vermögensangelegenheiten bestehen. Erstreckt sich die Pfleg-

51*

2. Beendigung kraft Gesetzes.
a. Konkurs d. Mannes.

**§ 1419.** Die Verwaltung und Nutznießung endigt mit der Rechtskraft des Beschlusses, durch den der Konkurs über das Vermögen des Mannes eröffnet wird.

b. Todeserklärung des Mannes.

**§ 1420.** Die Verwaltung und Nutznießung endigt, wenn der Mann für todt erklärt wird, mit dem Zeitpunkte, der als Zeitpunkt des Todes gilt.

II. Rechtsverhältnisse nach der Beendigung.
1. Herausgabe- und Rechenschaftspflicht d. Mannes.

**§ 1421.** Nach der Beendigung der Verwaltung und Nutznießung hat der Mann das eingebrachte Gut der Frau herauszugeben und ihr über die Verwaltung Rechenschaft abzulegen. Auf die Herausgabe eines landwirthschaftlichen Grundstücks findet die Vorschrift des § 592, auf die Herausgabe eines Landguts finden die Vorschriften der §§ 592, 593 entsprechende Anwendung.

---

schaft nur auf einen Theil der Vermögensangelegenheiten und insbesondere nicht auf die Wahrnehmung der Verwaltung und Nutznießung des eingebrachten Gutes, so ist auch der Klagegrund der Ziffer 4 nicht gegeben. Wenn die Frau Pflegerin ist (§§ 1900, 1915), vgl. Note 3c. Wiederaufhebung der Pflegschaft § 1425.

5. Abwesenheitspflegschaft rechtfertigt (nach Mot. IV S. 301) die Klage nur, wenn eine allgemeine, das ganze Vermögen des Abwesenden betreffende Abwesenheitspflegschaft eingeleitet ist, nicht also, wenn der Abwesende zur Wahrnehmung seiner Rechte während der Abwesenheit einen Bevollmächtigten bestellt hat (vgl. § 1911). Außerdem darf keine Aussicht auf baldige Aufhebung der Pflegschaft bestehen. Die Frau als Pfleger (§§ 1900, 1915) vgl. Note 3c. Wiederaufhebung der Pflegschaft § 1425.

**§ 1419.** 1. Rechtskraft des Eröffnungsbeschlusses KO. §§ 109, 73 Abs. 2, 72; CPO. §§ 705, 577.

2. Obwohl die Beendigung des ehemännlichen Rechtes nicht mit der Eröffnung des Konkurses, sondern erst mit der Rechtskraft des Eröffnungsbeschlusses (Note 1) eintritt, gehören dennoch nach § 1408 in Verbindung mit CPO. § 861, KO. § 1 Abs. 1 die durch die ehemännliche Verwaltung und Nutznießung begründeten Rechte nebst den von dem Ehemanne vor Eröffnung des Konkurses erworbenen, aber nach CPO. § 861 (zu § 1408) der Pfändung nicht unterworfenen Früchten nicht zur Konkursmasse. In der Zeit zwischen der Eröffnung des Konkurses und der Beendigung der Verwaltung und Nutznießung werden die Früchte zwar von dem Manne erworben, sie fallen aber als erst nach der Konkurseröffnung gemachter Erwerb nicht in die Konkursmasse (KO. § 1 Abs. 1).

3. Wird der Eröffnungsantrag wegen mangelnder Masse (KO. § 107) abgewiesen, so ist § 1419 nicht anwendbar. Möglicherweise liegen die Voraussetzungen der §§ 1418 Ziffer 1, 1391 vor.

4. Die mit Rechtskraft des Eröffnungsbeschlusses kraft Gesetzes eintretende Beendigung des ehemännlichen Rechtes ist endgültig. Die Beendigung des Konkurses, in welcher Form auch immer, ändert daran nichts. Die Wiederherstellung des ehemännlichen Rechtes erfordert einen Ehevertrag, §§ 1432 ff.

5. Wirksamkeit der mit Beendigung der ehemännlichen Verwaltung und Nutznießung eintretenden Gütertrennung Dritten gegenüber §§ 1431, 1435.

**§ 1420.** 1. Todeserklärung §§ 13 ff., 18 Abs. 2, CPO. § 970 Abs. 2.

2. Im Falle der Rückkehr des Mannes findet § 1425 Anwendung, vorausgesetzt, daß nicht inzwischen durch Wiederverheirathung der Frau die Ehe gemäß § 1348 Abs. 2 aufgelöst ist. Vgl. Vorb. zu §§ 1418 ff. Note I. 1c.

**§ 1421.** 1. Herausgabe- und Rechenschaftspflicht § 260, CPO. § 889, FrG. § 163 (Bd. I S. 138). Prozeßhaftung §§ 292, 1422.

2. Beweislast.

a. Besitzerlangung des Mannes.

**§ 1422.** Wird die Verwaltung und Nutznießung auf Grund des § 1418 durch Urtheil aufgehoben, so ist der Mann zur Herausgabe des eingebrachten Gutes so verpflichtet, wie wenn der Anspruch auf Herausgabe mit der Erhebung der Klage auf Aufhebung der Verwaltung und Nutznießung rechtshängig geworden wäre.

2. Prozeßhaftung des Mannes.

**§ 1423.** Hat der Mann ein zum eingebrachten Gute gehörendes Grundstück vermiethet oder verpachtet, so finden, wenn das Mieth- oder Pachtverhältniß bei der Beendigung der Verwaltung und Nutznießung noch besteht, die Vorschriften des § 1056 entsprechende Anwendung.

3. Den Güterstand überdauernde Miethe und Pacht.

---

Der Mann erlangt den Besitz der zum eingebrachten Gute gehörigen Sachen nicht kraft Gesetzes (§ 1373), sondern in Gemäßheit der allgemeinen Vorschriften (§§ 854 ff.). Es besteht keine Vermuthung dafür, daß der Mann alles von der Frau bei Eingehung der Ehe besessene oder während derselben mit seinem Wissen erworbene Vermögen in Verwaltung und Besitz überkommen habe. Die Verantwortlichkeit des Mannes beginnt aber erst, wenn er den Besitz jener Sachen erlangt hat oder erlangen mußte (§ 1359). Die Frau hat deshalb die Besitzerlangung des Mannes (vgl. § 1372 Abs. 1, CPO. § 286) oder aber die Umstände nachzuweisen, welche, wie vor Allem Kennen oder Kennenmüssen (§ 1359) des Mannes, die Nichterlangung des Besitzes der in Händen dritter Personen befindlich gewesenen Sachen als Nichterfüllung seiner Verwaltungspflicht erscheinen lassen. Dem Manne liegt demgegenüber der Entschuldigungsbeweis (§ 1359) für die Nichterlangung des Besitzes ob (§ 282).

b. Untergang von Sachen.

Gegenüber dem Nachweise, daß die Sachen in den Besitz des Mannes gelangt sind, hat der Mann, welcher seiner Herausgabepflicht (§ 1421) wegen Untergangs der Sachen ꝛc. nicht nachkommen kann, nachzuweisen, daß er die Unmöglichkeit der Leistung nicht zu vertreten hat (§§ 1359, 282).

c. Verschlechterung der Sachen.

An sich hat der Mann die Sachen in dem Zustande zurückzugeben, der sich bei einer während der Verwaltungszeit bis zur Rückgewähr fortgesetzten ordnungsmäßigen (§ 1374) Verwaltung ergiebt (vgl. § 591). Die Frau, welche Nichterfüllung dieser Verpflichtung behauptet, hat den Zustand der Sachen zur Zeit des Verwaltungsbeginns (§ 1372 Abs. 2, CPO. § 286), der Mann die Nichtvertretbarkeit der Unmöglichkeit der ihm obliegenden Leistung zu beweisen (§§ 1359, 282).

3. Landwirthschaftliches Grundstück bzw. Gut vgl. §§ 1055, 592, 593.

**§ 1422.** Ohne die Vorschrift des § 1422 würde die Prozeßhaftung (§ 292) des Mannes hinsichtlich der herauszugebenden Gegenstände, das sind die Bestandtheile des eingebrachten Gutes einschließlich der vom Zeitpunkte der Rechtskraft des Aufhebungsurtheils (§ 1418 Abs. 2) gezogenen Früchte, erst mit der Rechtshängigkeit des Herausgabeanspruchs eintreten. Durch § 1422 wird der Eintritt der Prozeßhaftung zum Schutze der Frau auf den früheren Zeitpunkt der Rechtshängigkeit der Aufhebungsklage aus § 1418 verlegt. Hieraus ist indeß nicht mit Planck zu folgern, daß der Frau auch die Früchte des eingebrachten Gutes von der Rechtshängigkeit der Aufhebungsklage ab gebühren; diese hat sie vielmehr erst vom Zeitpunkte der Rechtskraft des Aufhebungsurtheils (§ 1418 Abs. 2) ab zu verlangen.

**§ 1423.** 1. Vgl. § 1056.

2. Zur Sicherung des Miethers gegen das der Frau nach § 1056 zustehende Kündigungsrecht und damit zur Erlangung eines angemessenen Miethzinses kann die Zustimmung der Frau zur Vermiethung auch über die Dauer der ehemännlichen Verwaltung und Nutznießung hinaus zweckmäßig

4. Gutgläubige Fortführung der beendigten Verwaltung durch d. Mann.

**§ 1424.** Der Mann ist auch nach der Beendigung der Verwaltung und Nutznießung zur Fortführung der Verwaltung berechtigt, bis er von der Beendigung Kenntniß erlangt oder sie kennen muß. Ein Dritter kann sich auf diese Berechtigung nicht berufen, wenn er bei der Vornahme eines Rechtsgeschäfts die Beendigung der Verwaltung und Nutznießung kennt oder kennen muß.

5. Fürsorgepflicht des Mannes bei Tod der Frau.

Endigt die Verwaltung und Nutznießung in Folge des Todes der Frau, so hat der Mann diejenigen zur Verwaltung gehörenden Geschäfte, mit deren Aufschube Gefahr verbunden ist, zu besorgen, bis der Erbe anderweit Fürsorge treffen kann.

III. Wiederherstellung der ehemännlichen Rechte wegen Fortfalls des Beendigungsgrundes.

**§ 1425.** Wird die Entmündigung oder Pflegschaft, wegen deren die Aufhebung der Verwaltung und Nutznießung erfolgt ist, wieder aufgehoben oder wird der die Entmündigung aussprechende Beschluß mit Erfolg angefochten, so kann der Mann auf Wiederherstellung seiner Rechte klagen. Das Gleiche gilt, wenn der für todt erklärte Mann noch lebt.

Die Wiederherstellung der Rechte des Mannes tritt mit der Rechtskraft des Urtheils ein. Die Vorschrift des § 1422 findet entsprechende Anwendung.

Im Falle der Wiederherstellung wird Vorbehaltsgut, was ohne die Aufhebung der Rechte des Mannes Vorbehaltsgut geblieben oder geworden sein würde.

---

sein. Indeß steht dem Manne nicht das Recht zu, die von der Frau verweigerte Zustimmung durch das Vormundschaftsgericht gemäß § 1379 ersetzen zu lassen, vgl. zu § 1375 Note I. 2. A.M. Planck zu § 1375 Note 1.

**§ 1424.** 1. (Abs. 1.) Vgl. die entsprechend geregelten Fälle zu § 674 und Note 6 daselbst, § 169.

2. (Abs. 2.) Vgl. die entsprechende Regelung § 672 Satz 2.

**§ 1425.** 1. Vgl. die einzelnen Fälle zu §§ 1418 Ziffer 3—5, 1420. In den anderen Fällen der Beendigung (§§ 1418 Ziffer 1 u. 2, 1419) besteht kein Anspruch des Mannes auf Wiederherstellung seiner Rechte nach Fortfall des Beendigungsgrundes.

2. Vgl. die Bemerkungen zu §§ 1418 u. 1422.

3. Die Wirkung des Urtheils ist konstitutiv.

Der gesetzliche Güterstand tritt von Neuem ein, ebenso wie wenn mit Rechtskraft des Urtheils die Ehe geschlossen würde (§§ 1373, 1411 ff.). Insbesondere werden auch die in der Zwischenzeit von der Frau gezogenen Früchte, soweit noch vorhanden, eingebrachtes Gut. Eine Ausnahme besteht lediglich für das Vorbehaltsgut. Bezüglich dieses wird es so angesehen, als ob die ehemännliche Verwaltung und Nutznießung fortbestanden hätte. Die Frau ist beweispflichtig für die Vorbehaltseigenschaft. Die Frau kann ihre auf die Vorbehaltseigenschaft eines Gegenstandes sich gründenden Ansprüche im Wege der Widerklage gegen die Wiederherstellungsklage oder mittelst selbständiger Klage geltend machen.

4. Einwendung der Frau gegen die Klage des Mannes ist, daß die ehemännliche Verwaltung und Nutznießung noch aus einem anderen als dem weggefallenen Grunde beendigt ist (z. B. § 1419). Will sie ein selbständiges Klagerecht auf Aufhebung (§ 1418 Ziffer 1 oder 2) geltend machen, so ist hierzu bloße Einwendung nicht genügend, sondern Klage oder Widerklage erforderlich.

5. Wirksamkeit der Wiederherstellung der ehemännlichen Verwaltung und Nutznießung im Verhältnisse zu Dritten §§ 1431 Abs. 2, 1435.

## 5. Gütertrennung.

**§ 1426.** Tritt nach § 1364 die Verwaltung und Nutznießung des Mannes nicht ein oder endigt sie auf Grund der §§ 1418 bis 1420, so tritt Gütertrennung ein. 1. Gesetzlicher Eintritt d. Gütertrennung.

Für die Gütertrennung gelten die Vorschriften der §§ 1427 bis 1431.

---

6. Die Wiederherstellung der Verwaltung und Nutznießung kann auch dann gefordert werden, wenn die Aufhebung durch Ehevertrag wegen der Entmündigung oder Pflegschaft erfolgt ist. Vgl. § 1418 Note I. 1 a.

1. Bei der Gütertrennung hat die Ehe — abgesehen von den in §§ 1427 bis 1430 für das Verhältniß der Ehegatten zu einander und in § 1431 für das Verhältniß zu Dritten gemachten Ausnahmen — überhaupt keine Wirkung auf die vermögensrechtlichen Verhältnisse der Frau. Die in Gütertrennung lebende Ehefrau ist als solche weder in der Geschäftsfähigkeit noch in der Fähigkeit, über ihr Vermögen zu verfügen, beschränkt, unbeschadet der Geltung der Vorschriften über die Wirkung der Ehe im allgemeinen (§§ 1353—1362). Zu §§ 1426—1431.

2. Entsprechende Anwendbarkeit der Vorschriften über die Gütertrennung ist für das Vorbehaltsgut der Frau vorgesehen

a. bei gesetzlichem Güterstande (§ 1371);
b. bei der allgemeinen Gütergemeinschaft (§ 1441);
c. bei der Errungenschaftsgemeinschaft (§ 1526 Abs. 3);
d. bei der Fahrnißgemeinschaft (§§ 1549, 1555).

In allen diesen Fällen ist indeß die Pflicht der Frau, zur Bestreitung des ehelichen Aufwandes beizutragen (§ 1427), eine beschränkte; vgl. § 1441 Note 1c.

**§ 1426. I. Eintritt der Gütertrennung kraft Gesetzes.**

1. Gütertrennung tritt ein mit der Eheschließung bei Eingehung der Ehe mit einer in der Geschäftsfähigkeit beschränkten Ehefrau ohne Einwilligung ihres gesetzlichen Vertreters (§ 1364). Die Gütertrennung dauert auch nach Eintritt der Geschäftsfähigkeit der Frau fort, bis anderweite Regelung durch Ehevertrag (§§ 1432 ff.) erfolgt.

2. Gütertrennung tritt ein mit Beendigung

a. der ehemännlichen Verwaltung und Nutznießung (§ 1426) auf Grund
α. der rechtskräftigen Aufhebung auf Klage der Frau § 1418;
β. des rechtskräftigen Beschlusses auf Eröffnung des Konkurses über das Vermögen des Ehemanns § 1419;
γ. der Todeserklärung des Mannes § 1420;
b. der allgemeinen Gütergemeinschaft oder Fahrnißgemeinschaft (§ 1549) auf Grund rechtskräftiger Aufhebung auf Klage der Frau oder des Mannes §§ 1470, 1468, 1469;
c. der Errungenschaftsgemeinschaft auf Grund
α. rechtskräftiger Aufhebung auf Klage der Frau oder des Mannes §§ 1542, 1545;
β. des rechtskräftigen Beschlusses auf Eröffnung des Konkurses über das Vermögen des Mannes §§ 1543, 1545;
γ. der Todeserklärung eines Ehegatten §§ 1544, 1545.

3. Gütertrennung tritt ein bei Wiederherstellung der ehelichen Gemeinschaft nach deren Aufhebung durch Urtheil § 1587.

**II. Eintritt der Gütertrennung kraft Vertrags.**

Die Gütertrennung kann kraft Ehevertrags (§§ 1432 ff.) eintreten, sei es, daß ihre Geltung positiv festgesetzt wird, sei es daß der Ehevertrag lediglich negativ den gesetzlichen Güterstand ausschließt oder einen bis dahin bestehenden Güterstand aufhebt, ohne an dessen Stelle einen anderen Güterstand zu setzen. Vgl. § 1436. Wird mittels Ehevertrags das gesammte gegenwärtige und zukünftige Vermögen der Ehefrau für Vorbehaltsgut erklärt, so bedeutet dies Vereinbarung der Gütertrennung.

9. Ehelicher Aufwand.

a. Beitragspflicht der Frau.

**§ 1427.** Der Mann hat den ehelichen Aufwand zu tragen.

Zur Bestreitung des ehelichen Aufwandes hat die Frau dem Manne einen angemessenen Beitrag aus den Einkünften ihres Vermögens und dem Ertrag ihrer Arbeit oder eines von ihr selbständig betriebenen Erwerbsgeschäfts zu leisten. Für die Vergangenheit kann der Mann die Leistung nur insoweit verlangen, als die Frau ungeachtet seiner Aufforderung mit der Leistung im Rückstande geblieben ist. Der Anspruch des Mannes ist nicht übertragbar.

b. Zurückbehaltung d. Beitrags durch die Frau zur eigenen Verwendung.

**§ 1428.** Ist eine erhebliche Gefährdung des Unterhalts zu besorgen, den der Mann der Frau und den gemeinschaftlichen Abkömmlingen zu gewähren hat, so kann die Frau den Beitrag zu dem ehelichen Aufwand insoweit zur eigenen Verwendung zurückbehalten, als er zur Bestreitung des Unterhalts erforderlich ist.

Das Gleiche gilt, wenn der Mann entmündigt ist oder wenn er nach § 1910 zur Besorgung seiner Vermögensangelegenheiten einen Pfleger erhalten hat oder wenn für ihn ein Abwesenheitspfleger bestellt ist.

c. Ersatz von Aufwendungen der Frau.

**§ 1429.** Macht die Frau zur Bestreitung des ehelichen Aufwandes aus ihrem Vermögen eine Aufwendung oder überläßt sie dem Manne zu diesem Zwecke etwas aus ihrem Vermögen, so ist im Zweifel anzunehmen, daß die Absicht fehlt, Ersatz zu verlangen.

---

**§ 1427.** 1. Abs. 1 vgl. zu § 1389.

2. (Abs. 2.) Die Beitragspflicht der Ehefrau zur Bestreitung der ehelichen Lasten.

a. Der Beitrag ist nicht aus dem Stammvermögen, sondern nur aus den Einkünften, einschließlich des Arbeitsverdienstes zu gewähren. Was zu den Einkünften zu rechnen ist, bestimmt sich nach allgemeinen wirthschaftlichen Anschauungen und den Umständen des einzelnen Falles; also wohl regelmäßig weder der Schatzfund noch der Lotteriegewinn.

b. Die Angemessenheit ist nach den Umständen des einzelnen Falles, insonderheit nach dem standesgemäßen Bedarf und der Höhe der beiderseitigen Einkünfte der Ehegatten zu beurtheilen, vgl. § 1360 Note 2.

c. (Satz 2.) Beiträge für die Vergangenheit können nur gefordert werden, insoweit der Mann bis zu dem Zeitpunkte, von welchem ab die Rückstände gefordert werden, den Beitrag verlangt hat. Ist die Aufforderung erfolgt, so ist die Verjährung des Anspruchs gemäß § 204 gehemmt.

d. Vertragsmäßige Bemessung und Verzicht auf den Beitrag ist — anders wie bei dem subsidiären Unterhaltsanspruche des Mannes (§§ 1360, 1614) nicht ausgeschlossen. Soll die Abmachung ein für alle Mal bindend sein, so muß sie durch Ehevertrag (§ 1432) geschehen. Vereinbarung von Fall zu Fall ist an eine Formvorschrift nicht gebunden.

e. Die Nichtübertragbarkeit des Anspruchs bedeutet insbesondere Ausschließung der Pfändbarkeit und damit Nichtzugehörigkeit zur Konkursmasse des Mannes (KO. § 1), sowie Nichtaufrechenbarkeit. Vgl. § 400. — Auch der Anspruch auf rückständige Beiträge ist unübertragbar.

f. Die Geltendmachung des Anspruchs geschieht im Wege der Klage.

**§ 1428.** Durch die Gewährung des Rechtes, den Beitrag „zur eigenen Verwendung" zurückzubehalten, soll zum Ausdrucke gebracht werden, daß die Frau von der Beitragspflicht nur insoweit befreit ist, als sie den Beitrag zu dem in § 1427 Abs. 2 bezeichneten Zwecke auch wirklich verwendet hat. Die Frau ist beweispflichtig.

**§ 1429.** Die Auslegungsregel des § 1429 schließt sich der Vorschrift des

**§ 1430.** Ueberläßt die Frau ihr Vermögen ganz oder theilweise der Verwaltung des Mannes, so kann der Mann die Einkünfte, die er während seiner Verwaltung bezieht, nach freiem Ermessen verwenden, soweit nicht ihre Verwendung zur Bestreitung der Kosten der ordnungsmäßigen Verwaltung und zur Erfüllung solcher Verpflichtungen der Frau erforderlich ist, die bei ordnungsmäßiger Verwaltung aus den Einkünften des Vermögens bestritten werden. Die Frau kann eine abweichende Bestimmung treffen.

3. Verwaltung v. Frauenvermögen durch den Mann.

**§ 1431.** Die Gütertrennung ist Dritten gegenüber nur nach Maßgabe des § 1435 wirksam.

4. Schutz Dritter a. bei Gütertrennung.

Das Gleiche gilt im Falle des § 1425 von der Wiederherstellung der Verwaltung und Nutznießung, wenn die Aufhebung in das Güterrechtsregister eingetragen worden ist.

b. bei gesetzl. Fortfall der Gütertrennung.

## II. Vertragsmäßiges Güterrecht.

### 1. Allgemeine Vorschriften.

**§ 1432.** Die Ehegatten können ihre güterrechtlichen Verhältnisse durch Vertrag (Ehevertrag) regeln, insbesondere auch nach der Eingehung der Ehe den Güterstand aufheben oder ändern.

1. Vertragsfreiheit für Eheverträge.

---

§ 685 Abs. 2 über den Ersatzanspruch aus der Geschäftsführung ohne Auftrag an. Ausschließung dieser Auslegungsregel durch die obwaltenden Umstände vgl. Zur Auslegung des BGB. Bd. I. S. XL.

**§ 1430.** 1. Die Ueberlassung der Vermögensverwaltung an den Mann im Sinne des § 1430 begründet ein Auftragsverhältniß im Sinne der §§ 663 ff. Für dasselbe gelten folgende Besonderheiten:

a. das Maß der aufzuwendenden Sorgfalt richtet sich nach § 1359 (vgl. Mot. IV S. 122);

b. der Mann hat hinsichtlich der Verwendung der Einkünfte (vgl. zu 2) die ihm durch § 1430 eingeräumte freie Stellung. Vgl. die entsprechende Bestimmung für das Verhältniß zwischen Eltern und Kindern § 1619.

2. Die Rechenschaftspflicht ist lediglich hinsichtlich der Einkünfte, nicht auch hinsichtlich des Stammvermögens erleichtert. Sie kommt hinsichtlich der Einkünfte überhaupt nur in Betracht, wenn die auf dem überlassenen Vermögen ruhenden Lasten nicht berichtigt sind. Zu den aus den Einkünften zu erfüllenden Verpflichtungen gehört namentlich auch die Beitragspflicht der Frau aus § 1427. — Der Mann hat den Beitrag aus den Einkünften des verwalteten Vermögens zu entnehmen.

3. Die Vorschrift des § 1430 ist dispositiv und kommt zur Anwendung, wenn nicht die Frau eine anderweite, ihr jederzeit zustehende, Bestimmung nachweist.

4. Die Zurücknahme ihres Vermögens steht der Frau jederzeit zu. Rückgabe der noch vorhandenen Einkünfte kann sie nicht beanspruchen, da nach § 1430 dem Manne freies Verwendungsrecht an den während seiner Verwaltung bezogenen Einkünften zusteht.

**§ 1431.** 1. Abs. 1 wendet die Regelung, welche § 1435 für die Wirksamkeit vertragsmäßiger Abweichung von dem gesetzlichen Güterstande gegenüber Dritten giebt, auf die kraft Gesetzes eintretende Abweichung von dem gesetzlichen Güterstand an.

2. Abs. 2 entspricht dem § 1435 Abs. 2 und regelt im Verhältnisse zu Dritten die Wirksamkeit der ohne Ehevertrag eintretenden Abweichung von der sich aus dem Güterrechtsregister ergebenden Gütertrennung.

3. Vgl. im Uebrigen zu § 1435.

2. Unzulässigkeit genereller Verweisung auf altes od. ausländisches Recht.

**§ 1433.** Der Güterstand kann nicht durch Verweisung auf ein nicht mehr geltendes oder auf ein ausländisches Gesetz bestimmt werden. Hat der Mann zur Zeit der Eingehung der Ehe oder, falls der Vertrag nach der Eingehung der Ehe geschlossen wird, zur Zeit des Vertragsabschlusses seinen Wohnsitz im Auslande, so ist die Verweisung auf ein an diesem Wohnsitze geltendes Güterrecht zulässig.

3. Form.

**§ 1434.** Der Ehevertrag muß bei gleichzeitiger Anwesenheit beider Theile vor Gericht oder vor einem Notar geschlossen werden.

---

**§ 1432.** 1. Grundsatz der Vertragsfreiheit.
a. Die Ehegatten können den gesetzlichen Güterstand in Einzelheiten ändern oder ganz ausschließen, ihr Güterrecht durch allgemeine Verweisung auf die im BGB. für diesen Zweck geregelten Güterstände (vgl. zu b) oder durch besondere vertragsmäßige Festsetzung aller Einzelheiten regeln und die einmal getroffene Regelung wieder ändern. Der Vertrag kann das ganze Vermögen oder einzelne Theile betreffen (z. B. Bestellung als Vorbehaltsgut §§ 1368, 1440, 1523, 1526).
b. Die gesetzliche Regelung der vertragsmäßigen Güterstände der allgemeinen Gütergemeinschaft (§§ 1437—1518), Errungenschaftsgemeinschaft (§§ 1519 bis 1548), Fahrnißgemeinschaft (§§ 1549—1557) hat im Allgemeinen nur dispositive Bedeutung. Nur die Vorschriften über die fortgesetzte Gütergemeinschaft können nicht beliebig abgeändert, sondern entweder nur im Ganzen angenommen oder ausgeschlossen werden §§ 1508, 1518.
c. Nicht abänderlich durch Ehevertrag sind insbesondere
α. die Vorschriften des 5. Titels über die Wirkung der Ehe im Allgemeinen §§ 1353 ff.;
β. die Rechte, welche Dritten gesetzlich unter der Voraussetzung eines bestimmten Güterstandes gewährt sind (§§ 1411 ff., 1459 Abs. 1).

2. Vgl. die Titelvorb. Note B. II und III S. 755.

3. Schutz Dritter vgl. zu § 1435.

4. Nichtigkeit der Ehe, mag dieselbe kraft Gesetzes (1329) oder kraft Anfechtung (§§ 1330 ff., 1343) eintreten, begründet die Unwirksamkeit des Ehevertrags, weil derselbe das Bestehen einer Ehe voraussetzt. Es greifen, vorbehaltlich der Vorschriften der §§ 1344—1346, die allgemeinen Vorschriften, insbesondere die Grundsätze über den Eigenthumsanspruch, die ungerechtfertigte Bereicherung, die Geschäftsführung ohne Auftrag ein. Vgl. § 1345 Note 3.

5. Mit der Scheidung der Ehe § 1564 Satz 3 hört die Wirksamkeit des Ehevertrags für die Zukunft auf.

**§ 1433.** 1. Eine dem § 1433 zuwiderlaufende Verweisung würde die Nichtigkeit des Vertrags herbeiführen.

2. Die Regelung nach Maßgabe des materiellen Inhaltes eines nicht mehr geltenden oder eines ausländischen Gesetzes ist, soweit nicht sonstige Vorschriften des BGB. entgegenstehen, nicht ausgeschlossen. Ausgeschlossen ist nur die allgemeine Bezugnahme auf diese Gesetze.

3. Nach EG. Art. 15 wird das eheliche Güterrecht nach den deutschen Gesetzen beurtheilt, wenn der Ehemann zur Zeit der Eheschließung Deutscher war. Durch § 1433 Abs. 3 wird den Ehegatten gestattet, das an ihrem Wohnsitze geltende ausländische eheliche Güterrecht in seinem vollen Umfang als vertragsmäßiges Güterrecht zu vereinbaren.

4. Ausländische Ehegatten mit inländischem Wohnsitz EG. Art. 15 Abs. 2.

**§ 1434.** 1. Formmangel bewirkt Nichtigkeit § 125.

2. Wegen der Form vgl. § 128 Note 3.

3. Wegen der Zulässigkeit der Vertretung Bd. I. S. 89 Note 7 Ziffer 7.

4. Verbindung von Erbvertrag und Ehevertrag in einer Urkunde § 2276 Abs. 2.

**§ 1435.** Wird durch Ehevertrag die Verwaltung und Nutznießung des Mannes ausgeschlossen oder geändert, so können einem Dritten gegenüber aus der Ausschließung oder der Aenderung Einwendungen gegen ein zwischen ihm und einem der Ehegatten vorgenommenes Rechtsgeschäft oder gegen ein zwischen ihnen ergangenes rechtskräftiges Urtheil nur hergeleitet werden, wenn zur Zeit der Vornahme des Rechtsgeschäfts oder zur Zeit des Eintritts der Rechtshängigkeit die Ausschließung oder die Aenderung in dem Güterrechtsregister des zuständigen Amtsgerichts eingetragen oder dem Dritten bekannt war.

4. Schutz gutgläubiger Dritter.
a. Ausschließung oder Aenderung der ehemännlichen Verwaltung u. Nutznießung durch Ehevertrag.

Das Gleiche gilt, wenn eine in dem Güterrechtsregister eingetragene Regelung der güterrechtlichen Verhältnisse durch Ehevertrag aufgehoben oder geändert wird.

b. Vertragsmäßige Aenderung der im Güterrechtsregister eingetragenen Regelung.

---

**§ 1435. I. Zweck und Inhalt des § 1435.**

1. Die Wirksamkeit eines Ehevertrags ist an sich auch Dritten gegenüber nicht davon abhängig, daß eine öffentliche Bekanntmachung des Vertrags stattgefunden hat.

2. Der § 1435 enthält (in Anlehnung an § 1344) eine Schutzvorschrift zu Gunsten des Dritten, welcher

a. (Abs. 1) im Vertrauen auf die gesetzliche Regel, daß dem Manne die Verwaltung und Nutznießung zusteht, sich mit dem einen der Ehegatten in solche Rechtsgeschäfte oder Rechtsstreitigkeiten über Bestandtheile des Frauenvermögens einläßt, die unter der Voraussetzung des Bestehens dieses Güterstandes auch dem anderen Ehegatten gegenüber wirksam sein würden;

b. (Abs. 2) darauf vertraut hat, daß *eine in dem Güterrechtsregister* (§§ 1558 ff.) *eingetragene Regelung* der güterrechtlichen Verhältnisse fortbesteht, solange die Aenderung nicht ebenfalls in das Register eingetragen ist. Hatte der Dritte von einer nicht eingetragenen Regelung der güterrechtlichen Verhältnisse Kenntniß erhalten, so hat er für spätere Fälle auf eigene Gefahr zu prüfen, ob die Regelung noch fortbesteht. (Also anders als HGB. § 15 für das Handelsregister.)

3. Der Schutz erstreckt sich nur auf die unmittelbar (vgl. § 1344 Note 2c) zwischen dem Dritten und einem der Ehegatten vorgenommenen Rechtsgeschäfte oder ergangenen Urtheile und reicht naturgemäß nur soweit, als das Rechtsgeschäft oder das Urtheil dem anderen Ehegatten gegenüber wirksam gewesen wäre, wenn der von dem Dritten im Vertrauen auf die gesetzliche Regel oder den Inhalt des Güterrechtsregisters angenommene Güterstand bestanden hätte. Die aus diesem Güterstande sich ergebenden Einwendungen muß der Dritte sich entgegensetzen lassen. Es sind also im Falle zu 2a diejenigen Rechtsgeschäfte und Urtheile dem anderen Ehegatten gegenüber unwirksam, welche dies sowohl nach dem gesetzlichen als auch nach dem bestehenden Güterstande sind.

Beispiel: Verfügt die gütergemeinschaftliche Ehefrau, deren Güterstand nicht eingetragen und dem Dritten nicht bekannt ist, über einen Gegenstand, so ist die nach dem Rechte der Gütergemeinschaft unwirksame Verfügung auf Grund des § 1435 dem Manne gegenüber nur wirksam, wenn sie dies nach dem Rechte der ehemännlichen Verwaltung und Nutznießung wäre. Insonderheit kann der Dritte sich auch nicht darauf berufen, daß er die Eigenschaft der Frau als Ehefrau nicht gekannt hat (§ 1404). Vgl. § 1442 Note 2.

4. Die Schutzvorschrift bezieht sich nur auf die Wirksamkeit des Rechtsgeschäfts oder des Urtheils, gewährt hingegen dem Gläubiger des *einen* Ehegatten nicht die Befugniß, sich aus demjenigen Vermögen des anderen zu befriedigen, welches dem Zugriffe des Gläubigers offen gestanden hätte, wenn der von ihm im Vertrauen auf die gesetzliche Regel oder das Güterrechtsregister angenommene Güterstand bestanden hätte. Vgl. § 1344 Note 4.

5. Ersatzlose Ausschließung oder Aufhebung eines Güterstandes.

**§ 1436.** Wird durch Ehevertrag die Verwaltung und Nutznießung des Mannes ausgeschlossen oder die allgemeine Gütergemeinschaft, die Errungenschaftsgemeinschaft oder die Fahrnißgemeinschaft aufgehoben, so tritt Gütertrennung ein, sofern sich nicht aus dem Vertrag ein Anderes ergiebt.

## 2. Allgemeine Gütergemeinschaft.

A. Die eheliche Gütergemeinschaft.

I. Vereinbarung oder Aufhebung der Allg. GG. unter Mitwirkung des gesetzlichen Vertreters.

**§ 1437.** Ein Ehevertrag, durch den die allgemeine Gütergemeinschaft vereinbart oder aufgehoben wird, kann nicht durch einen gesetzlichen Vertreter geschlossen werden.

Ist einer der Vertragschließenden in der Geschäftsfähigkeit beschränkt, so bedarf er der Zustimmung seines gesetzlichen Vertreters. Ist der gesetzliche Vertreter ein Vormund, so ist die Genehmigung des Vormundschaftsgerichts erforderlich.

---

5. Kein öffentlicher Glaube des Güterrechtsregisters.
Der Schutz findet nur negativ insoweit statt, als dem gutgläubigen Dritten Einwendungen aus einem von der gesetzlichen Regel bzw. dem Inhalte des Güterrechtsregisters (vgl. Note I. 2) abweichenden Güterstande nicht hergeleitet werden dürfen. Der Eintragung kommt indeß kein öffentlicher Glaube im Sinne des § 892 zu, vielmehr hat der Dritte auf eigene Gefahr zu prüfen, ob der eingetragene Güterstand durch einen gültigen Ehevertrag begründet ist. Der Formmangel eines Ehevertrags (§ 1434) wird durch die Eintragung in das Güterrechtsregister nicht geheilt. Für das Güterrechtsregister gilt nicht das Grundbuchprinzip, sondern das Handelsregisterprinzip.

6. Zur Vorbringung der in § 1435 erwähnten Einwendungen gehört der Nachweis, daß zur Zeit der Vornahme des Rechtsgeschäfts (§ 130) bzw. des Eintritts der Rechtshängigkeit (CPO. §§ 263, 281, 499, 500, 510 Abs. 2, 693, 696; 207) das obwaltende güterrechtliche Verhältniß

a. dem Dritten bekannt war; Kennenmüssen genügt nicht, vgl. § 892 Note III. 1 und § 1371 Note 3, oder

b. in dem Güterrechtsregister des zuständigen Amtsgerichts eingetragen war. Vgl. hierzu §§ 1558 ff. und, sofern ein Ehegatte Kaufmann ist, E.G. zum HGB. Art. 4, abgedruckt zu § 1558, für ausländische Gewerbefrauen GewO. § 11a zu EG. Art. 36.

Die Wirksamkeit einer früheren Eintragung wird durch die sie ausschließende spätere Eintragung beseitigt.

II. Sonstige Anwendungsfälle des § 1435.

1. Beschränkung oder Ausschließung der Schlüsselgewalt § 1357 Abs. 2.
2. Einspruch des Mannes gegen den selbständigen Betrieb eines Erwerbsgeschäfts durch die Frau §§ 1405, 1452, 1519 Abs. 2, 1549.
3. Gütertrennung, auch wenn dieselbe ohne Ehevertrag kraft Gesetzes eintritt. Vgl. § 1426 Note I.
4. Vorbehaltsgut vgl. Vorb. zu §§ 1426 ff. Note 2, vgl. ferner § 1371 Note 3.
5. Wiederherstellung eines ohne Ehevertrag aufgehobenen Güterstandes nach Fortfall des Erlöschungsgrundes §§ 1425, 1431 Abs. 2, 1548.
6. Ausländischer gesetzlicher Güterstand von Ehegatten, welche einen Wohnsitz im Inlande haben EG. Art. 16 Abs. 1.

**§ 1436.** 1. Vgl. § 1426 Note II.
2. Gütertrennung §§ 1427—1431.
3. Für das Rechtsverhältniß Dritten gegenüber § 1435.

**§ 1437.** 1. Da die Abschließung durch den gesetzlichen Vertreter ausgeschlossen ist, kann bei Geschäftsunfähigkeit eines Ehegatten ein auf Verein-

**§ 1438.** Das Vermögen des Mannes und das Vermögen der Frau werden durch die allgemeine Gütergemeinschaft gemeinschaftliches Vermögen beider Ehegatten (Gesammtgut). Zu dem Gesammtgute gehört auch das Vermögen, das der Mann oder die Frau während der Gütergemeinschaft erwirbt.

II. Die Vermögensmassen. 1. Gesammtgut (Entstehung und Umfang).

Die einzelnen Gegenstände werden gemeinschaftlich, ohne daß es einer Uebertragung durch Rechtsgeschäft bedarf.

Wird ein Recht gemeinschaftlich, das im Grundbuch eingetragen ist oder in das Grundbuch eingetragen werden kann, so kann jeder Ehegatte von dem anderen die Mitwirkung zur Berichtigung des Grundbuchs verlangen.

**§ 1439.** Von dem Gesammtgut ausgeschlossen sind Gegenstände, die nicht durch Rechtsgeschäft übertragen werden können. Auf solche Gegenstände finden die bei der Errungenschaftsgemeinschaft für das eingebrachte Gut geltenden Vorschriften, mit Ausnahme des § 1524, entsprechende Anwendung.

2. Sondergut der unübertragbaren Gegenstände.

---

barung oder auf Aufhebung der allgemeinen Gütergemeinschaft gerichteter Ehevertrag überhaupt nicht geschlossen werden.

2. Ein beschränkt Geschäftsfähiger (§§ 106, 114) bedarf der Zustimmung (§§ 182 ff.) seines gesetzlichen Vertreters. Vertragsschließung ohne die erforderliche Zustimmung §§ 108 f.

3. Vormundschaftsgerichtliche Genehmigung (§§ 1826, 1828 ff., 1847, FrG. § 55) ist nur erforderlich, wenn der gesetzliche Vertreter ein Vormund oder Pfleger (§ 1915) ist, nicht auch wenn die gesetzliche Vertretung auf der elterlichen Gewalt (§§ 1626 ff.) beruht.

4. Form des Ehevertrags § 1434.

5. Ausschließung der fortgesetzten Gütergemeinschaft durch Ehevertrag § 1508.

**§ 1438.** 1. Das Gesammtgut ist gemeinschaftliches Vermögen der Ehegatten. Das Rechtsverhältniß ist in Uebereinstimmung mit den das Gesellschaftsvermögen betreffenden Vorschriften (§§ 718—720) als Gemeinschaft zur gesammten Hand gestaltet. Vgl. §§ 1442, 1471—1473, 1475, ferner Bd. I S. 328 Note 4, § 741 Note I, RG. 1 396 f.

2. Anspruch auf Berichtigung des Grundbuchs § 894. Widerspruch gegen die Richtigkeit § 899. Erwerb im guten Glauben an die Richtigkeit des Grundbuchs § 1442 Note 2. Eintragung in das Grundbuch GO. § 48 (Bd. I S. 461). Vgl. § 873 Note B. II. 2 b β (Bd. I S. 437 f.). Nachweis des Güterstandes dem Grundbuchamte gegenüber GO. §§ 34, 35 (abgedruckt zu § 1563).

3. Rechtsverhältniß bei dem Reichs- und Staatsschuldbuch EG. Artt. 50, 97.

4. Ausnahmen von Abs. 1 §§ 1439, 1440. Beweislast trifft denjenigen, der für einen Gegenstand die Eigenschaft als Sondergut oder Vorbehaltsgut behauptet.

**§ 1439.** 1. Als Beispiele werden genannt Lehen, Stamm-, Fideikommißgüter, gewisse Bauerngüter, höchstpersönliche Rechte. Vgl. § 399 Note 1.

2. Die Vorschriften über das eingebrachte Gut bei der Errungenschaftsgemeinschaft finden sich in den §§ 1525, 1528 f., 1531, 1539—1541, 1546 Abs. 3; § 1524, welcher für das eingebrachte Gut bei der Errungenschaftsgemeinschaft das Surrogationsprinzip festsetzt, ist ausdrücklich von der Anwendung auf das Sondergut des § 1439 ausgeschlossen. Tritt an die Stelle eines rechtsgeschäftlich nicht übertragbaren Gegenstandes wiederum ein solcher, so wird er nach § 1439 auch wiederum Sondergut. Besteht das Surrogat in einem übertragbaren Gegenstande (z. B. Entgelt für den Verzicht auf einen Nießbrauch oder die auf eine nicht übertragbare Forderung gemachte Leistung), so fällt es in das Gesammtgut. Im Uebrigen erfolgt die Verwaltung des Sonderguts für Rechnung des Gesammtguts gemäß § 1525.

3. Fahrnißgemeinschaft vgl. § 1549 Note 3a.

3. Vorbehaltsgut der Ehegatten.

**§ 1440.** Von dem Gesammtgut ausgeschlossen ist das Vorbehaltsgut.

a. Bestandtheile.

Vorbehaltsgut ist, was durch Ehevertrag für Vorbehaltsgut eines der Ehegatten erklärt ist oder von einem der Ehegatten nach § 1369 oder § 1370 erworben wird.

b. Rechtsverhältnisse des Vorbehaltsguts der Frau.

**§ 1441.** Auf das Vorbehaltsgut der Frau finden die bei der Gütertrennung für das Vermögen der Frau geltenden Vorschriften entsprechende Anwendung; die Frau hat jedoch dem Manne zur Bestreitung des ehelichen Aufwandes einen Beitrag nur insoweit zu leisten, als die in das Gesammtgut fallenden Einkünfte zur Bestreitung des Aufwandes nicht ausreichen.

III. Die Rechtsverhältnisse d. Gesammtguts während der Gemeinschaft.
1. Gemeinschaft zur gesammten Hand.

**§ 1442.** Ein Ehegatte kann nicht über seinen Antheil an dem Gesammtgut und an den einzelnen dazu gehörenden Gegenständen verfügen; er ist nicht berechtigt, Theilung zu verlangen.

Gegen eine Forderung, die zu dem Gesammtgute gehört, kann der Schuldner nur eine Forderung aufrechnen, deren Berichtigung aus dem Gesammtgute verlangt werden kann.

---

**§ 1440.** 1. Gesetzliches Vorbehaltsgut (vgl. §§ 1366, 1367) ist bei der allgemeinen Gütergemeinschaft nicht anerkannt.

2. Ehevertrag § 1434. Wirksamkeit gegen Dritte § 1435. Das Interesse der Frau an dem Ausschlusse gewisser Gegenstände von dem Gesammtgute kann begründet sein mit Rücksicht auf das umfassende Verfügungsrecht des Mannes (§§ 1443—1445) sowie auf die Schuldenhaftung des Gesammtguts (§ 1459 Abs. 1). Das Interesse sowohl des Mannes als auch der Frau kann auch darin bestehen, gewisse Gegenstände den erbrechtlichen Wirkungen der fortgesetzten Gütergemeinschaft (§§ 1483 ff.) zu entziehen.

3. § 1369 betrifft den Erwerb eines Ehegatten von Todeswegen oder durch unentgeltliche Zuwendung unter Lebenden mit der Bestimmung, daß der Erwerb Vorbehaltsgut sein soll. § 1370 enthält den Grundsatz der Surrogation für die zum Vorbehaltsgute gehörenden Vermögensgegenstände.

4. Fahrnißgemeinschaft vgl. § 1549 Note 3b.

**§ 1441.** 1. Vgl. § 1371. — Nach den anwendbaren Vorschriften über die Gütertrennung (§§ 1427—1431) ist zu beurtheilen:

a. die Ueberlassung des Vorbehaltsguts an den Mann zur Verwaltung § 1430;
b. das Rechtsverhältniß zu Dritten §§ 1431, 1435;
c. die Pflicht der Frau, dem Manne aus den Einkünften des Vorbehaltsguts einen Beitrag zu dem ehelichen Aufwande zu leisten. Diese Pflicht tritt indeß nach der in § 1441 Halbsatz 2 gegebenen Beschränkung nur insoweit ein, als die in das Gesammtgut fallenden Einkünfte, zu welchen nach § 1438 der Erwerb der Ehegatten während der Ehe, also auch das beiderseitige Arbeitseinkommen gehört, nicht ausreichen. Beweislast hat der Mann (Bd. I S. XLII). — Dem Manne ist in Ansehung seines Vorbehaltsguts eine besondere Beitragspflicht zu dem in erster Linie dem Gesammtgute zur Last fallenden (§ 1458) ehelichen Aufwande nicht auferlegt. Dies beruht darauf, daß der Mann an sich schon (§§ 1360, 1606 Abs. 2 S. 2) zur Bestreitung des ehelichen Aufwandes, dessen Umfang er nach § 1354 zu bestimmen hat, verpflichtet ist. Zur Erfüllung seiner Pflicht stehen ihm die Einkünfte des Gesammtguts und die Einkünfte seines Vorbehaltsguts zur Verfügung. Reichen die Einkünfte des Gesammtguts nicht aus, so kann er von der Frau einen angemessenen (§ 1427) Beitrag verlangen. Für die Angemessenheit sind aber die gesammten Verhältnisse der Ehegatten, also auch das Vorhandensein eines Vorbehaltsguts des Mannes entscheidend.

2. Fahrnißgemeinschaft § 1549 Note 3b.

**§ 1443.** Das Gesammtgut unterliegt der Verwaltung des Mannes. Der Mann ist insbesondere berechtigt, die zu dem Gesammtgute gehörenden Sachen in Besitz zu nehmen, über das Gesammtgut zu verfügen sowie Rechtsstreitigkeiten, die sich auf das Gesammtgut beziehen, im eigenen Namen zu führen.

2. Verwaltung des Gesammtguts durch den Mann.
a. Verfügungsrecht u. Aktivlegitimation.

Die Frau wird durch die Verwaltungshandlungen des Mannes weder Dritten noch dem Manne gegenüber persönlich verpflichtet.

b. Persönl. Verpflichtungen der Frau.

---

**§ 1442.** 1. Gemeinschaft zur gesammten Hand (vgl. § 719 und die Bemerkungen daselbst).

2. Wegen der grundbuchlichen Eintragung der allgemeinen Gütergemeinschaft vgl. zu § 1438 Note 2. Ist das Gemeinschaftsverhältniß bei einem auf den Namen des Mannes stehenden grundbuchlichen Rechte nicht eingetragen, so würde der gutgläubige Erwerber gemäß § 892 geschützt sein. Steht das Recht auf den Namen der Frau, ohne daß die allgemeine Gütergemeinschaft eingetragen ist, so würde der Erwerb, den ein gutgläubiger Dritter von der Frau macht, nur gemäß § 1435 geschützt sein (vgl. § 1435 Note 3), also nur soweit der gutgläubige Dritte nach den Vorschriften des gesetzlichen Güterstandes von der Frau ohne Zustimmung des Mannes erwerben konnte; der Dritte muß die Verfügungsbeschränkung der Frau auch dann gegen sich gelten lassen, wenn er nicht wußte, daß die Frau Ehefrau ist (§ 1404).

3. Aufrechnung (§§ 387 ff., 719 Note 3). Gesammtgutsverbindlichkeiten §§ 1459—1462.

4. Zwangsvollstreckung in die Antheile.

*CPO. § 860. Bei dem Güterstande der allgemeinen Gütergemeinschaft, der Errungenschaftsgemeinschaft oder der Fahrnissgemeinschaft ist der Antheil eines der Ehegatten an dem Gesammtgut und an den einzelnen dazu gehörenden Gegenständen der Pfändung nicht unterworfen. Das Gleiche gilt bei der fortgesetzten Gütergemeinschaft von den Antheilen des überlebenden Ehegatten und der Abkömmlinge.*

*Nach der Beendigung der Gemeinschaft ist der Antheil an dem Gesammtgute zu Gunsten der Gläubiger des Antheilsberechtigten der Pfändung unterworfen.*

Hiernach sind die Antheile der Ehegatten an dem Gesammtgut und an den einzelnen Gegenständen der Pfändung nicht unterworfen, also auch nicht Bestandtheil der Konkursmasse. Dies ist von Bedeutung bei Zwangsvollstreckung gegen die Ehefrau oder Eröffnung des Konkurses über ihr Vermögen, KO. § 1 Abs. 1. Wegen der Zwangsvollstreckung in das Gesammtvermögen aus Urtheilen gegen den Ehemann und wegen der Zugehörigkeit des Gesammtguts zur Konkursmasse des Mannes (KO. § 2) vgl. zu § 1459 Note III und IV. Daselbst auch wegen der Nichtzugehörigkeit des Gesammtguts zur Konkursmasse der Frau KO. § 2 Abs. 2.

**§ 1443.** I. **Die Rechtsstellung des Mannes.**

1. Aus dem der Gemeinschaft zur gesammten Hand zu Grunde liegenden Prinzipe folgt an sich Gemeinschaftlichkeit der Verwaltung (vgl. § 718 Note 2). Hiervon ist indeß mit Rücksicht darauf, daß das Gesammtgut regelmäßig das ganze Vermögen des Mannes mitumfaßt und mit Rücksicht auf die Stellung des Mannes in der Ehe abgewichen. Vgl. zu 2 und 3.

2. Das Verwaltungsrecht des Mannes im Allgemeinen.

a. Das grundsätzlich unbeschränkte Verwaltungsrecht des Mannes (Satz 1) erleidet Ausnahmen, inhalts deren die Zustimmung der Frau erforderlich ist, in §§ 1444—1446, 1447, 1448. Der Mann hat demnach freie Verfügung über Fahrniß mit Ausschluß von Schenkungen, die nicht in Erfüllung einer sittlichen Pflicht erfolgen.

c. Erforderliche Zustimmung der Frau. α. Rechtsgeschäfte über d. Gesammtgut im Ganzen.

**§ 1444.** Der Mann bedarf der Einwilligung der Frau zu einem Rechtsgeschäfte, durch das er sich zu einer Verfügung über das Gesammtgut im Ganzen verpflichtet, sowie zu einer Verfügung über Gesammtgut, durch die eine ohne Zustimmung der Frau eingegangene Verpflichtung dieser Art erfüllt werden soll.

β. Rechtsgeschäfte über Grundstücke.

**§ 1445.** Der Mann bedarf der Einwilligung der Frau zur Verfügung über ein zu dem Gesammtgute gehörendes Grundstück sowie zur Eingehung der Verpflichtung zu einer solchen Verfügung.

---

b. Der Ausschluß der Frau von der Verwaltung erleidet Ausnahmen, inhalts deren die Frau zur Verwaltung und Verfügung befugt ist, in §§ 1449—1454, ferner innerhalb der Schlüsselgewalt gemäß § 1357.

c. Die Verantwortlichkeit des Mannes für die Verwaltung richtet sich nach § 1456.

3. Das Verwaltungsrecht umfaßt im Einzelnen

a. das Recht der thatsächlichen Einwirkung auf die Gegenstände des Gesammtguts, insbesondere das Besitzrecht, vgl. zu § 1373.

b. das Verfügungsrecht (Bd. I S. 45 Nr. 5). Vgl. indeß Note 2 a u. b;

c. die Legitimation zur Prozeßführung für das Gesammtgut im eigenen Namen. Hierdurch wird der Mann indeß nicht zu Verfügungen in prozessualen Formen ermächtigt (vgl. § 1400 Note II. 1 b), zu denen er außerhalb des Prozesses nicht befugt wäre. Wegen der Zwangsvollstreckung in das Gesammtgut aus Urtheilen gegen den Mann vgl. CPO. § 740 (zu § 1459).

4. Zur Begründung persönlicher Verpflichtungen für die Frau bedarf der Mann besonderer Vertretungsmacht (§§ 164 ff.), welche nach den allgemeinen Vorschriften zu beurtheilen ist.

II. **Die Rechtsstellung der Frau.**

1. Die Geschäftsfähigkeit (§§ 104 ff.) und Prozeßfähigkeit (CPO. § 52 S. 780) wird durch die allgemeine Gütergemeinschaft nicht beeinträchtigt. Die Rechte des Mannes werden durch den Ausschluß der Frau von der Verwaltung (Ausnahmen Note I. 2 b) in Verbindung mit der weiteren Bestimmung, daß die Verbindlichkeiten der Frau aus Rechtsgeschäften regelmäßig nur dann Gesammtgutsverbindlichkeiten sind, wenn der Mann der Vornahme des Rechtsgeschäfts zugestimmt hat (§ 1460), ausreichend geschützt. Vgl. auch § 1469.

2. Der Schutz der Frau liegt — abgesehen von den zu I. 2 erwähnten Vorschriften — in dem ihr in § 1468 gegebenen Klagerecht auf Aufhebung der Gütergemeinschaft.

3. Die Ausübung der der Frau zukommenden Rechte erfolgt, wenn sie nicht geschäftsfähig ist, durch ihren gesetzlichen Vertreter.

4. Die nach Note I. 2 a erforderliche Zustimmung der Frau zu Geschäften des Mannes ist für das materielle Recht formfrei (§ 182 Abs. 2) und begründet keine obligatorische Verpflichtung der Frau, vgl. § 182 Note II. — Die allgemeinen Formvorschriften für den Grundbuchverkehr gelten auch hier (GO. § 29 Bd. I S. 434) und das Schiffspfandrecht (FrG. § 107 Bd. I S. 683).

5. Verfügungen der Frau bei dem Reichs- oder Staatsschuldbuch EG. Artt. 50, 97.

**§ 1444.** Vgl. § 1443 und §§ 1448, 1449.

**§ 1445.** 1. Verfügung über Grundstücke umfaßt nicht nur die Veräußerung, sondern auch die Belastung eines Grundstücks. Den Grundstücken stehen gleich das Erbbaurecht § 1017, sowie gewisse landesgesetzliche Immobiliarrechte EG. Artt. 63, 68, 196.

2. Zu den Verfügungen gehören sowohl solche durch Verträge wie durch einseitige Rechtsgeschäfte. Vgl. z. B. §§ 928, 1196.

3. Vgl. die Bemerkungen zu §§ 1443, 1448, 1449.

4. Erwerb durch gutgläubige Dritte vgl. § 1442 Note 2. Vgl. auch § 1438 Note 2.

**§ 1446.** Der Mann bedarf der Einwilligung der Frau zu einer Schenkung aus dem Gesammtgute sowie zu einer Verfügung über Gesammtgut, durch welche das ohne Zustimmung der Frau ertheilte Versprechen einer solchen Schenkung erfüllt werden soll. Das Gleiche gilt von einem Schenkungsversprechen, das sich nicht auf das Gesammtgut bezieht. γ. Schenkungen und Schenkungsversprechen des Mannes.

Ausgenommen sind Schenkungen, durch die einer sittlichen Pflicht oder einer auf den Anstand zu nehmenden Rücksicht entsprochen wird.

**§ 1447.** Ist zur ordnungsmäßigen Verwaltung des Gesammtguts ein Rechtsgeschäft der in den §§ 1444, 1445 bezeichneten Art erforderlich, so kann die Zustimmung der Frau auf Antrag des Mannes durch das Vormundschaftsgericht ersetzt werden, wenn die Frau sie ohne ausreichenden Grund verweigert. d. Vormundschaftsgerichtliche Ersetzung der Zustimmung.

Das Gleiche gilt, wenn die Frau durch Krankheit oder durch Abwesenheit an der Abgabe einer Erklärung verhindert und mit dem Aufschube Gefahr verbunden ist.

**§ 1448.** Nimmt der Mann ohne Einwilligung der Frau ein Rechtsgeschäft der in den §§ 1444 bis 1446 bezeichneten Art vor, so finden die für eine Verfügung der Frau über eingebrachtes Gut geltenden Vorschriften des § 1396 Abs. 1, 3 und der §§ 1397, 1398 entsprechende Anwendung. e. Rechtsgeschäfte des Mannes ohne die erforderliche Einwilligung der Frau.

---

**§ 1446.** 1. Schenkung vgl. §§ 516 ff. Pflichtschenkungen (Abs. 2) vgl. 534 und Bd. I S. 240 Note 4b.

2. Die Ausstattung eines Kindes ist, insoweit sie das den Umständen — unter Berücksichtigung des Gesammtguts und des Vorbehaltsguts — entsprechende Maß nicht überschreitet, keine Schenkung (§ 1624) und fällt somit nicht unter § 1446, sondern vorbehaltlich der Beschränkung des § 1445 unter die Vorschrift des § 1443. Es gilt dies auch für die Ausstattung einseitiger Kinder des Ehemanns. Soweit das den Umständen entsprechende Maß überschritten wird, liegt Schenkung im Sinne des § 1446 vor. Desgleichen bei Gewährung einer Ausstattung an andere Personen als an Kinder des Mannes (§ 1624), insbesondere auch an einseitige Kinder der Frau. In solchen Fällen ist deshalb, sofern nicht § 1446 Abs. 2 (sittliche Pflicht; vgl. § 1465 Abs. 2 und Note II. 2 daselbst) eingreift, die Zustimmung der Frau zur Gewährung einer Ausstattung aus dem Gesammtgut erforderlich. Wegen der Ersatzpflicht bei Auflösung der Gemeinschaft vgl. § 1465.

3. Die Zustimmung der Frau kann nicht durch das Vormundschaftsgericht ersetzt werden, § 1447 Note 3.

4. Zwar kann der Mann durch Schenkungen über sein nicht zu dem Gesammtgute gehörendes Vermögen ohne Zustimmung der Frau verfügen (Bd. I S. 45 Note 5). Er kann sich aber nicht ohne diese Einwilligung durch ein Schenkungsversprechen (vgl. § 518 Note 2) verpflichten, selbst wenn sich dasselbe nicht auf das Gesammtgut, sondern etwa auf vertretbare Sachen oder auf Gegenstände des Sonderguts (§ 1439) oder Vorbehaltsguts (§ 1440) bezieht. Der Grund hierfür liegt darin, daß diese Verbindlichkeit nach § 1459 Gesammtgutsverbindlichkeit wäre.

**§ 1447.** 1. Vgl. die entsprechende Vorschrift des § 1379 und die Bemerkungen daselbst.

2. Auch Abs. 2 betrifft nur die zur ordnungsmäßigen Verwaltung erforderlichen Rechtsgeschäfte.

3. Keine Ersetzung der Zustimmung zu den Schenkungsgeschäften des § 1446, nur zu den Geschäften der §§ 1444, 1445.

Fordert bei einem Vertrage der andere Theil den Mann auf, die Genehmigung der Frau zu beschaffen, so kann die Erklärung über die Genehmigung nur ihm gegenüber erfolgen; eine vor der Aufforderung dem Manne gegenüber erklärte Genehmigung oder Verweigerung der Genehmigung wird unwirksam. Die Genehmigung kann nur bis zum Ablaufe von zwei Wochen nach dem Empfange der Aufforderung erklärt werden; wird sie nicht erklärt, so gilt sie als verweigert.

Wird die Genehmigung der Frau durch das Vormundschaftsgericht ersetzt, so ist im Falle einer Aufforderung nach Abs. 2 der Beschluß nur wirksam, wenn der Mann ihn dem anderen Theile mittheilt; die Vorschriften des Abs. 2 Satz 2 finden entsprechende Anwendung.

3. Die Verwaltungsbefugnisse der Frau. a. Rechtsverfolgung gegen Dritte bei unbefugter Verfügung des Mannes.

**§ 1449.** Verfügt der Mann ohne die erforderliche Zustimmung der Frau über ein zu dem Gesammtgute gehörendes Recht, so kann die Frau das Recht ohne Mitwirkung des Mannes gegen Dritte gerichtlich geltend machen.

---

**§ 1448.** 1. Hervorzuheben ist, daß in den §§ 1444—1446 auch die Wirksamkeit der obligatorischen Rechtsgeschäfte des Mannes von der Zustimmung der Frau abhängt. Bei Verweigerung der Genehmigung ist das obligatorische Geschäft also unwirksam und begründet keine persönliche Verbindlichkeit des Mannes. Diese Regelung ist ein Ausfluß des in § 1459 Abs. 1 ausgesprochenen Prinzips, wonach die Verbindlichkeiten des Mannes Gesammtgutsverbindlichkeiten sind. Ob der Ehemann durch Abschluß des unwirksamen Vertrags sich dem Dritten gegenüber schadensersatzpflichtig gemacht hat, ist nach den allgemeinen Vorschriften über die unerlaubten Handlungen (§§ 823 ff.) zu beurtheilen. Diese außerkontraktliche Schadensersatzpflicht würde dann allerdings gemäß § 1459 Abs. 1 eine Gesammtgutsverbindlichkeit begründen.

2. Die in § 1448 angenommene Regelung schließt sich den §§ 108 f. an. Vgl. daselbst.

a. Einseitige Rechtsgeschäfte ohne die erforderliche Einwilligung (§ 183) der Frau sind unwirksam § 1398.

b. Verträge (obligatorische und Verfügungen) der in §§ 1444—1446 bezeichneten Art, welche ohne die erforderliche Einwilligung geschlossen sind, hängen in ihrer Wirksamkeit von der Genehmigung der Frau ab § 1396 Abs. 1.

α. Widerrufsrecht des Dritten bis zur Genehmigung § 1397.

β. Verweigerung der Genehmigung seitens der Frau bewirkt dauernde Unwirksamkeit des Vertrags auch bei Aufhören der Gütergemeinschaft § 1396 Abs. 3.

γ. Aufforderung des Dritten an den Mann zur Beschaffung der Genehmigung der Frau § 1448 Abs. 2.

δ. Ersatz der Genehmigung der Frau durch das Vormundschaftsgericht (§ 1447) § 1448 Abs. 3.

**§ 1449.** 1. Vgl. § 1407 Ziffer 3. — Da die Verfügung ohne die erforderliche (1444—1446) Zustimmung der Frau unwirksam ist, bewirkt eine auf Grund der unwirksamen Verfügung erfolgte Eintragung in das Grundbuch Unrichtigkeit des Grundbuchs. Die Frau kann den ihr nach § 894 zustehenden Berichtigungsanspruch nach § 1449 selbständig geltend machen. Sicherung des Berichtigungsanspruchs durch Eintragung eines Widerspruchs § 899.

2. Voraussetzung für die erfolgreiche Geltendmachung des Rechtes seitens der Frau ist, daß der Dritte nicht als redlicher Erwerber das Recht unan-

*b. Verhinderung des Mannes bei Gefahr im Verzuge.*

**§ 1450.** Ist der Mann durch Krankheit oder durch Abwesenheit verhindert, ein sich auf das Gesammtgut beziehendes Rechtsgeschäft vorzunehmen oder einen sich auf das Gesammtgut beziehenden Rechtsstreit zu führen, so kann die Frau im eigenen Namen oder im Namen des Mannes das Rechtsgeschäft vornehmen oder den Rechtsstreit führen, wenn mit dem Aufschube Gefahr verbunden ist.

*c. Vormundschaftsgerichtl. Ersetzung d. ehemännl. Zustimmung zu Geschäften im persönl. Interesse der Frau.*

**§ 1451.** Ist zur ordnungsmäßigen Besorgung der persönlichen Angelegenheiten der Frau ein Rechtsgeschäft erforderlich, das die Frau mit Wirkung für das Gesammtgut nicht ohne Zustimmung des Mannes vornehmen kann, so kann die Zustimmung auf Antrag der Frau durch das Vormundschaftsgericht ersetzt werden, wenn der Mann sie ohne ausreichenden Grund verweigert.

*d. Erwerbsgeschäft der Frau.*

**§ 1452.** Auf den selbständigen Betrieb eines Erwerbsgeschäfts durch die Frau finden die Vorschriften des § 1405 entsprechende Anwendung.

*e. Erwerb der Frau von Todeswegen.*

**§ 1453.** Zur Annahme oder Ausschlagung einer der Frau angefallenen Erbschaft oder eines ihr angefallenen Vermächtnisses ist nur die Frau berechtigt; die Zustimmung des Mannes ist nicht erforderlich. Das Gleiche gilt von dem Verzicht auf den Pflichttheil sowie von der Ablehnung eines der Frau gemachten Vertragsantrags oder einer Schenkung.

*f. Ablehnung v. Vertragsanträgen und Schenkungen.*

*g. Inventarerrichtung.*

Zur Errichtung des Inventars über eine der Frau angefallene Erbschaft bedarf die Frau nicht der Zustimmung des Mannes.

---

fechtbar erworben hat. Vgl. § 1442 Note 2. In diesem Falle tritt die Schadensersatzpflicht des Mannes gegenüber der Frau aus § 1456 ein.

3. Klage der Frau gegen den Mann auf Aufhebung der Gemeinschaft wegen unbefugter Verfügung § 1468 Ziffer 1.

**§ 1450.** 1. Vgl. § 1401. — Die Wirksamkeit der von der Frau vorgenommenen Rechtsgeschäfte und der auf Grund ihrer Prozeßführung ergangenen Urtheile ist dem Manne gegenüber davon abhängig, daß ihm gegenüber die Voraussetzungen des § 1450 nachgewiesen werden.

2. Die von der Frau auf Grund und in Gemäßheit des § 1450 begründeten Verbindlichkeiten sind nach § 1460 Abs. 1 Gesammtgutsverbindlichkeiten, für welche der Mann somit auch persönlich haftet (§ 1459 Abs. 2).

3. Bei Vormundschaft oder Pflegschaft (§ 1915) für den Ehemann § 1457. Die Frau als Vormund §§ 1900, 1915.

**§ 1451.** Vgl. § 1402.

**§ 1452.** 1. Die Verbindlichkeiten aus den nach §§ 1452, 1405, d. h. in einem selbständig betriebenen Erwerbsgeschäfte von der Frau vorgenommenen Rechtsgeschäften und geführten Prozessen sind Gesammtgutsverbindlichkeiten, für welche demnach das Gesammtgut und der Mann persönlich haften (§§ 1459, 1460).

2. Die Verfügungen der Frau über Gesammtgutsgegenstände, welche zum Erwerbsgeschäfte gehören, sind wirksam.

3. Zwangsvollstreckung in das Gesammtgut aus einem gegen die Ehefrau, welche ein Erwerbsgeschäft selbständig betreibt, ergangenen Urtheile CPO. § 741, abgedruckt zu § 1412.

**§ 1453.** 1. Vgl. § 1406 Ziffer 1 u. 2.

2. Die Inventarfrist ist auch dem Manne zu setzen. Inventarerrichtung durch den Mann § 2008.

3. Selbständige Befugniß des Mannes oder der Frau zur Beantragung des Nachlaßkonkurses KO. § 218, des Aufgebots der Nachlaßgläubiger CPO. § 999.

52*

b. Fortsetzung eines anhängigen Rechtsstreits.

**§ 1454.** Zur Fortsetzung eines bei dem Eintritte der Gütergemeinschaft anhängigen Rechtsstreits bedarf die Frau nicht der Zustimmung des Mannes.

4. Bereicherung des Gesammtguts durch ein ohne die erforderl. Zustimmung d. anderen Ehegatten vorgenommenes Rechtsgeschäft.

**§ 1455.** Wird durch ein Rechtsgeschäft, das der Mann oder die Frau ohne die erforderliche Zustimmung des anderen Ehegatten vornimmt, das Gesammtgut bereichert, so kann die Herausgabe der Bereicherung aus dem Gesammtgute nach den Vorschriften über die Herausgabe einer ungerechtfertigten Bereicherung gefordert werden.

5. Verantwortlichkeit d. Mannes gegenüber d. Frau.

**§ 1456.** Der Mann ist der Frau für die Verwaltung des Gesammtguts nicht verantwortlich. Er hat jedoch für eine Verminderung des Gesammtguts zu diesem Ersatz zu leisten, wenn er die Verminderung in der Absicht, die Frau zu benachtheiligen, oder durch ein Rechtsgeschäft herbeiführt, das er ohne die erforderliche Zustimmung der Frau vornimmt.

---

**§ 1454.** Vgl. § 1407 Ziffer 1. — Ertheilung einer in Ansehung des Gesammtguts vollstreckbaren Ausfertigung CPO. § 742 Abs. 2, abgedruckt zu § 1412 (S. 795.)

**§ 1455.** 1. Vgl. die entsprechende Vorschrift des § 1399 Abs. 2 Satz 2 und die Bemerkungen daselbst. Die abweichende Konstruktion (vgl. § 1399 Note 4 b) beruht hier darauf, daß nach §§ 1448, 1444—1446 auch die obligatorischen, ohne die erforderliche Einwilligung abgeschlossenen Rechtsgeschäfte des Mannes unwirksam sind. Die Bereicherung ist deswegen hier eine ungerechtfertigte.

2. Die Zustimmung der Frau ist erforderlich in den Fällen der §§ 1444 bis 1446.

3. Ungerechtfertigte Bereicherung §§ 812 ff.

Beispiel: die Frau hat die Façade eines zum Gesammtgute gehörenden Hauses streichen lassen; beim Mangel der Zustimmung des Mannes ist das den Werkvertrag begründende Rechtsgeschäft unwirksam. Das Gesammtgut haftet dem Unternehmer auf die Bereicherung.

**§ 1456.** I. **Verantwortlichkeit des Mannes.**

1. Die Vorschrift des § 1456 bildet eine Ausnahme von § 1359. Der Mann haftet nur für die Verminderung, welche er herbeiführt

a. durch Arglist,

b. durch Rechtsgeschäfte, welche er ohne die nach §§ 1444—1446 erforderliche Zustimmung der Frau vornimmt. Auf Verschulden kommt es hierbei weiter nicht an. Vgl. auch § 1449 Note 2.

2. Die Ersatzpflicht des Mannes ist nicht nach Art der Kollationspflicht auf den ihm bei der Auflösung der Gütergemeinschaft zufallenden Antheil beschränkt. Der Mann ist vielmehr — nach Beendigung der Gütergemeinschaft § 1467 — gemäß § 1476 Abs. 2 zu wirklichem Ersatze verpflichtet. Vgl. § 1476 Note 2.

3. Klage der Frau auf Aufhebung der Gütergemeinschaft wegen der in § 1456 enthaltenen Thatbestände vgl. zu § 1468 Ziffer 1 u. 2.

II. **Verantwortlichkeit der Ehefrau.**

Ueber die Haftung der Frau ist keine besondere Vorschrift gegeben. Die Haftung würde sich demnach nach den allgemeinen Vorschriften unter Berücksichtigung des § 1359 richten. Die entsprechende Anwendung des § 1456 ist indeß bei Schadenszufügung durch die Ehefrau namentlich für die Fälle der Ausübung der Schlüsselgewalt (§ 1357) und der Vertretung des Mannes im Falle des § 1450 angezeigt. Vgl. Mot. IV S. 380.

III. **Verwendungen aus dem Gesammtgut in das Vorbehaltsgut eines Ehegatten oder aus dem Vorbehaltsgut in das Gesammtgut vgl. zu § 1466.**

6. Ausübung d. ehemännlichen Rechte durch einen Vormund.

**§ 1457.** Steht der Mann unter Vormundschaft, so hat ihn der Vormund in den Rechten und Pflichten zu vertreten, die sich aus der Verwaltung des Gesammtguts ergeben. Dies gilt auch dann, wenn die Frau Vormund des Mannes ist.

7. Ehelicher Aufwand.

**§ 1458.** Der eheliche Aufwand fällt dem Gesammtgute zur Last.

IV. Schuldenhaftung d. Gesammtguts (Gesammtgutsverbindlichkeiten).
1. Verhältniß zu den Gläubigern.
a. Grundsätzlich unbeschränkte Haftung für Verbindlichkeiten beider Eheleute.
b. Gesammtschuldnerische Haftung des Ehemanns.

**§ 1459.** Aus dem Gesammtgute können die Gläubiger des Mannes und, soweit sich nicht aus den §§ 1460 bis 1462 ein Anderes ergiebt, auch die Gläubiger der Frau Befriedigung verlangen (Gesammtgutsverbindlichkeiten).

Für Verbindlichkeiten der Frau, die Gesammtgutsverbindlichkeiten sind, haftet der Mann auch persönlich als Gesammtschuldner. Die Haftung erlischt mit der Beendigung der Gütergemeinschaft, wenn die Verbindlichkeiten im Verhältnisse der Ehegatten zu einander nicht dem Gesammtgute zur Last fallen.

---

**§ 1457.** 1. Vgl. § 1409.
2. Die Frau als Vormund oder Pfleger §§ 1900, 1915.
3. Bei Entmündigung des Mannes wegen Verschwendung hat die Frau Klage auf Aufhebung der Gütergemeinschaft § 1468 Ziffer 4.

**§ 1458.** 1. Beitragspflicht der Frau aus dem Vorbehaltsgute § 1441.
2. Klage der Frau auf Aufhebung der Gütergemeinschaft wegen gefährdender Nichterfüllung der Unterhaltspflicht seitens des Mannes § 1468 Ziffer 3.

**§ 1459.** I. **Haftung des Gesammtguts für Schulden der Ehegatten.**
1. Der in Abs. 1 ausgesprochene Grundsatz, daß das Gesammtgut den Gläubigern beider Ehegatten haftet, gilt ausnahmslos
a. für die vor Eintritt der Gütergemeinschaft begründeten Verbindlichkeiten beider Ehegatten;
b. für die nach Eintritt der Gütergemeinschaft bis zu deren Aufhebung (vgl. § 1470 Abs. 1) begründeten Verbindlichkeiten des Mannes.
2. Ausnahmen von dem Grundsatze des Abs. 1 bestehen lediglich für die in §§ 1460—1462 aufgeführten, während der Gütergemeinschaft begründeten Verbindlichkeiten der Frau.
a. Es sind danach, abgesehen von den besonderen Fällen der §§ 1461 und 1462, als Gesammtgutsverbindlichkeiten nur die ohne die erforderliche Zustimmung des Mannes begründeten rechtsgeschäftlichen Verbindlichkeiten der Frau ausgeschlossen, während namentlich die aus unerlaubten Handlungen der Frau und die kraft Gesetzes entstandenen Verbindlichkeiten der Frau (vgl. § 1412 Note II. 2) Gesammtgutsverbindlichkeiten sind.
b. Gegenüber dem Grundsatze des Abs. 1 sind die Voraussetzungen der Ausnahmen von dem sie Behauptenden darzuthun.
3. Das beiderseitige Sicherungsmittel der Ehegatten gegen die aus der Ueberschuldung des anderen Ehegatten sich ergebenden Gefahren besteht in der Klage auf Aufhebung der Gütergemeinschaft § 1468 Ziffer 5, § 1469.

II. **Die persönliche Haftung der Ehegatten.**
1. Persönliche Haftung des Mannes
a. für die in seiner Person entstandenen Verbindlichkeiten.
Daß der Mann für die in seiner Person entstandenen Verbindlichkeiten — neben der Haftung des Gesammtguts — mit seinem sonstigen Vermögen haftet, ist selbstverständlich. Zu beachten ist nur,
α. daß gewisse Verbindlichkeiten, insbesondere durch Schenkungsversprechen von dem Manne ohne die Zustimmung der Frau nach §§ 1444—1446 nicht eingegangen werden können;
β. daß die Unwirksamkeit der unter §§ 1444—1446 fallenden einseitigen

§ 1459. Rechtsgeschäfte und Verträge (letzterer nach erfolgter Verweigerung der Genehmigung durch die Frau) eine dauernde, auch durch die Beendigung der Gütergemeinschaft nicht zu behebende ist. Vgl. § 1448 Note 2.

b. (Abs. 2) für die Verbindlichkeiten der Ehefrau.

α. Die gesammtschuldnerische Haftung (§§ 421 ff.) des Mannes tritt nur ein, wenn die Verbindlichkeiten der Frau Gesammtgutsverbindlichkeiten sind (Note I). Beweispflichtig für diese Voraussetzung ist der Gläubiger.

β. Das Erlöschen der gesammtschuldnerischen Haftung tritt mit der Beendigung der Gütergemeinschaft ein, wenn die Verbindlichkeiten im Verhältnisse der Ehegatten zu einander nicht dem Gesammtgute zur Last fallen (§§ 1463—1465). Der Mann ist sowohl dafür, daß und wann die Gütergemeinschaft beendigt ist, als auch dafür, daß die Verbindlichkeiten dem Gesammtgute nicht zur Last fallen, beweispflichtig.

2. Persönliche Haftung der Frau.

a. Für Verbindlichkeiten des Mannes tritt kraft des Güterrechts der allgemeinen Gütergemeinschaft eine persönliche Haftung der Frau nicht ein.

b. Eigene Verbindlichkeiten der Frau. Die Frau wird weder als Ehefrau überhaupt, noch durch die allgemeine Gütergemeinschaft im Besonderen in ihrer Geschäftsfähigkeit beeinträchtigt (vgl. Vorb. zum 5. Titel Note 6 S. 743). Sie ist nur durch die dem Manne regelmäßig unter Ausschluß der Frau zustehende Verwaltung des Gesammtguts (vgl. § 1443 Note 2) an Verfügungen über die Gegenstände des Gesammtguts behindert. Für die Verbindlichkeiten, die in ihrer Person entstehen, ist zwar die Haftung des Gesammtguts gemäß §§ 1460—1462 ausgeschlossen, die Verbindlichkeiten selbst aber sind der Frau gegenüber in Ansehung ihres Vorbehaltsguts sowie in Ansehung des ihr bei Beendigung der Gütergemeinschaft zufallenden Vermögens nach allgemeinen Grundsätzen wirksam.

3. Gemeinschaftlich eingegangene Verbindlichkeiten der Ehegatten.

Die persönliche Haftung der Ehegatten ist nach den allgemeinen Vorschriften (§ 427) zu beurtheilen.

III. **Die Zwangsvollstreckung.** Vgl. Pr. JMBl. 1900 S. 22 ff.

***CPO. § 740.*** *Bei dem Güterstande der allgemeinen Gütergemeinschaft, der Errungenschaftsgemeinschaft oder der Fahrnissgemeinschaft ist zur Zwangsvollstreckung in das Gesammtgut ein gegen den Ehemann ergangenes Urtheil erforderlich und genügend.*

CPO. § 741 (Zwangsvollstreckung aus einem Urtheile gegen die ein Erwerbsgeschäft selbständig betreibende Ehefrau), abgedruckt S. 795.

CPO. § 742 (Ertheilung einer in Ansehung des Gesammtsguts vollstreckbaren Ausfertigung, wenn die Gütergemeinschaft erst nach Rechtshängigkeit eingetreten ist), abgedruckt S. 795.

CPO. §§ 743, 744 (Zwangsvollstreckung in das Gesammtgut nach Aufhebung der Gütergemeinschaft), abgedruckt S. 825.

CPO. § 774 (Widerspruchsklage des Mannes bei Zwangsvollstreckung in das Gesammtgut aus einem Urtheile, welches dem Manne gegenüber in Ansehung des Gesammtguts nicht wirksam ist), abgedruckt S. 795.

CPO. § 860 (Unzulässigkeit der Zwangsvollstreckung in den Antheil an dem Gesammtgut und an den einzelnen zu demselben gehörigen Sachen, während der Dauer der Gütergemeinschaft, Zulässigkeit der Zwangsvollstreckung in den Antheil an dem Gesammtgute nach Aufhebung der Gütergemeinschaft), abgedruckt S. 811.

IV. **Konkurs.**

1. Der Konkurs eines Ehegatten hebt weder die allgemeine Gütergemeinschaft kraft Gesetzes auf, noch bildet er einen selbständigen Klagegrund für die Aufhebung der Gütergemeinschaft. Vielmehr sind § 1468 Ziffer 4 und 5 sowie § 1469 entscheidend. Vgl. die Noten daselbst.

**§ 1460.** Das Gesammtgut haftet für eine Verbindlichkeit der Frau, die aus einem nach dem Eintritte der Gütergemeinschaft vorgenommenen Rechtsgeschäft entsteht, nur dann, wenn der Mann seine Zustimmung zu dem Rechtsgeschäft ertheilt oder wenn das Rechtsgeschäft ohne seine Zustimmung für das Gesammtgut wirksam ist.

Für die Kosten eines Rechtsstreits der Frau haftet das Gesammtgut auch dann, wenn das Urtheil dem Gesammtgute gegenüber nicht wirksam ist.

c. Während der GG. entstandene Verbindlichkeiten der Frau. α. Rechtsgeschäftliche Verbindlichkeiten.

β. Kosten e. Rechtsstreits der Frau.

**§ 1461.** Das Gesammtgut haftet nicht für Verbindlichkeiten der Frau, die in Folge des Erwerbes einer Erbschaft oder eines Vermächtnisses entstehen, wenn die Frau die Erbschaft oder das Vermächtniß nach dem Eintritte der Gütergemeinschaft als Vorbehaltsgut erwirbt.

γ. Verbindlichkeiten aus Erwerb von Todeswegen als Vorbehaltsgut d. Frau.

**§ 1462.** Das Gesammtgut haftet nicht für eine Verbindlichkeit der Frau, die nach dem Eintritte der Gütergemeinschaft in Folge eines zu dem Vorbehaltsgute gehörenden Rechtes oder des Besitzes einer dazu gehörenden Sache entsteht, es sei denn, daß das Recht oder die Sache zu einem Erwerbsgeschäfte gehört, das die Frau mit Einwilligung des Mannes selbständig betreibt.

δ. Verbindlichkeiten aus Vorbehaltsgut der Frau.

---

2. Konkurs des Mannes während der Dauer der allgemeinen Gütergemeinschaft.

***KO.* § 2.** *Wird bei dem Güterstande der allgemeinen Gütergemeinschaft, der Errungenschaftsgemeinschaft oder der Fahrnissgemeinschaft das Konkursverfahren über das Vermögen des Ehemanns eröffnet, so gehört das Gesammtgut zur Konkursmasse; eine Auseinandersetzung wegen des Gesammtguts zwischen den Ehegatten findet nicht statt.*

*Durch das Konkursverfahren über das Vermögen der Ehefrau wird das Gesammtgut nicht berührt.*

*Diese Vorschriften finden bei der fortgesetzten Gütergemeinschaft mit der Massgabe Anwendung, dass an die Stelle des Ehemanns der überlebende Ehegatte, an die Stelle der Ehefrau die Abkömmlinge treten.*

3. Konkurs der Frau während der Dauer der allgemeinen Gütergemeinschaft.

a. Nach KO. § 2 Abs. 2 wird das Gesammtgut durch das Konkursverfahren über das Vermögen der Frau nicht berührt. Insoweit einzelne Gegenstände des Gesammtguts zu der Konkursmasse gezogen sind, kann der Mann die Absonderung verlangen (KO. § 43, vgl. CPO. § 774).

b. Wollen die Gläubiger wegen ihrer Gesammtgutsforderungen eine konkursmäßige Befriedigung aus dem Gesammtgute, so können sie dies nur durch Erwirkung des Konkursverfahrens über das Vermögen des Mannes, der ihnen nach § 1459 Abs. 2 als Gesammtschuldner haftet, herbeiführen.

**§ 1460.** 1. Vgl. die entsprechende Vorschrift für den gesetzlichen Güterstand der ehemännlichen Verwaltung und Nutznießung § 1412 und die Bemerkungen daselbst.

2. Die ohne Zustimmung des Mannes für das Gesammtgut wirksamen Rechtsgeschäfte der Frau §§ 1449—1454.

**§ 1461.** Vgl. die entsprechende Vorschrift des § 1413 und die Bemerkungen daselbst.

**§ 1462.** Vgl. die entsprechende Vorschrift des § 1414 und die Bemerkungen daselbst.

2. Verhältniß der Ehegatten zu einander.
a. Dem Vorbehaltsgute zur Last fallende Verbindlichkeiten eines Ehegatten.
α. Unerlaubte Handlung.

**§ 1463.** Im Verhältnisse der Ehegatten zu einander fallen folgende Gesammtgutsverbindlichkeiten dem Ehegatten zur Last, in dessen Person sie entstehen:

1. die Verbindlichkeiten aus einer unerlaubten Handlung, die er nach dem Eintritte der Gütergemeinschaft begeht, oder aus einem Strafverfahren, das wegen einer solchen Handlung gegen ihn gerichtet wird;

β. Rechtsverhältnisse eines Vorbehaltsguts.

2. die Verbindlichkeiten aus einem sich auf sein Vorbehaltsgut beziehenden Rechtsverhältniß, auch wenn sie vor dem Eintritte der Gütergemeinschaft oder vor der Zeit entstanden sind, zu der das Gut Vorbehaltsgut geworden ist;

γ. Diesbezügliche Rechtsstreitigkeiten.

3. die Kosten eines Rechtsstreits über eine der in Nr. 1, 2 bezeichneten Verbindlichkeiten.

---

**§ 1463.** I. **Die Gesammtgutsverbindlichkeiten sind regelmäßig gemeinschaftliche Verbindlichkeiten der Ehegatten.**

1. Die Regel, daß die Gesammtgutsverbindlichkeiten, d. h. alle Verbindlichkeiten der Ehegatten mit Ausnahme der in §§ 1460—1462 bezeichneten Verbindlichkeiten der Frau, auch im Verhältnisse der Ehegatten zu einander dem Gesammtgute zur Last fallen, bedeutet:

a. Ist eine dem Gesammtgute zur Last fallende Gesammtgutsverbindlichkeit aus dem Vorbehaltsgut eines Ehegatten getilgt, so findet gegenseitiger Ersatz gemäß § 1467 statt.

b. Bei der Auseinandersetzung der Ehegatten hat vorweg Berichtigung der Gesammtgutsverbindlichkeiten aus dem Gesammtgute gemäß § 1475 zu erfolgen.

c. Der Mann haftet der Frau gegenüber wegen des ihr zu leistenden Ersatzes, wenn eine dem Gesammtgute zur Last fallende Gesammtgutsverbindlichkeit aus dem Vorbehaltsgute der Frau getilgt ist. Vgl. zu § 1481 Note 1.

2. Die Ausnahmen von der Regel sind in §§ 1463, 1464, 1465 enthalten. Die Ausnahme bedeutet:

a. Wenn eine der ausgenommenen Verbindlichkeiten aus dem Gesammtgute getilgt ist, so ist von dem zur Tragung verpflichteten Ehegatten gemäß § 1467 Ersatz zum Gesammtgute zu leisten.

b. Jeder Ehegatte kann nach Aufhebung der Gütergemeinschaft gemäß §§ 1472 Abs. 1, 1475 Abs. 2 verhindern, daß eine dem anderen Ehegatten allein zur Last fallende Gesammtgutsverbindlichkeit bei der Auseinandersetzung aus dem Gesammtgute berichtigt werde.

II. **Die einzelnen Verbindlichkeiten des § 1463** entsprechen den in § 1415 aufgeführten. Vgl. daselbst (bei Fahrnißgemeinschaft vgl. § 1549 Note 3c.)

III. **Nicht erwähnte Verbindlichkeiten.**

1. Verbindlichkeiten, welche der Mann in der Absicht, die Frau zu benachtheiligen, eingegangen ist, sind Verminderungen des Gesammtguts im Sinne des § 1456. Die Ersatzpflicht des Mannes ergiebt sich aus §§ 1456, 1467. Daraus folgt, daß diese Verbindlichkeiten im Verhältnisse der Ehegatten zu einander dem Manne allein zur Last fallen.

2. Verbindlichkeiten des Mannes aus Ueberschreitung seines Verwaltungsrechts (§§ 1444—1448).

a. Wegen der Ersatzverbindlichkeit gegenüber der Frau gilt dasselbe wie zu 1.

b. Die Dritten gegenüber entstehenden Verbindlichkeiten:

α. Schadensersatzverbindlichkeiten aus unerlaubter Handlung des Mannes, insbesondere aus Betrug fallen gemäß § 1463 Ziffer 1 im Verhältnisse der Ehegatten zu einander dem Manne allein zur Last.

β. Bereicherungsansprüche sind Gesammtgutsverbindlichkeiten, auf welche die Regel zu 1 Anwendung findet.

§ 1464. Im Verhältnisse der Ehegatten zu einander fallen die Kosten eines Rechtsstreits zwischen ihnen der Frau zur Last, soweit nicht der Mann sie zu tragen hat.

δ. Rechtsstreit zwischen den Ehegatten.

Das Gleiche gilt von den Kosten eines Rechtsstreits zwischen der Frau und einem Dritten, es sei denn, daß das Urtheil dem Gesammtgute gegenüber wirksam ist. Betrifft jedoch der Rechtsstreit eine persönliche Angelegenheit der Frau oder eine nicht unter die Vorschriften des § 1463 Nr. 1, 2 fallende Gesammtgutsverbindlichkeit der Frau, so findet diese Vorschrift keine Anwendung, wenn die Aufwendung der Kosten den Umständen nach geboten ist.

ε. Rechtsstreit d. Frau mit einem Dritten.

§ 1465. Im Verhältnisse der Ehegatten zu einander fällt eine Ausstattung, die der Mann einem gemeinschaftlichen Kinde aus dem Gesammtgute verspricht oder gewährt, dem Manne insoweit zur Last, als sie das dem Gesammtgut entsprechende Maß übersteigt.

ζ. Ausstattung eines Kindes.

Verspricht oder gewährt der Mann einem nicht gemeinschaftlichen Kinde eine Ausstattung aus dem Gesammtgute, so fällt sie im Verhältnisse der Ehegatten zu einander dem Vater oder der Mutter des Kindes zur Last, der Mutter jedoch nur insoweit, als sie zustimmt oder die Ausstattung nicht das dem Gesammtgut entsprechende Maß übersteigt.

---

**§ 1464.** 1. Vgl. die Bemerkungen zu § 1463.

2. Vgl. die entsprechende Vorschrift des § 1416 und die Bemerkungen daselbst.

2. (Abs. 2.) Wirksamkeit des Urtheils gegenüber dem Gesammtgute §§ 1449 bis 1452, 1454.

**§ 1465.** I. (Abs. 1.) **Ausstattung eines gemeinschaftlichen Kindes der Ehegatten.**

1. Die Ausstattung des Kindes durch den Mann (vgl. §§ 1624, 1446 Note 2) ist, insoweit sie den Verhältnissen des Gesammtguts und des Vorbehaltsguts entspricht, nicht Schenkung, sondern Erfüllung einer sittlichen Pflicht, die der Mann aus dem Gesammtgute bewirken kann (§ 1446).

a. Insoweit die dem Gesammtgut entnommene Ausstattung das dem Gesammtgut entsprechende Maß übersteigt und nur durch die Mitberücksichtigung des Vorbehaltsguts gerechtfertigt ist, fällt sie dem Manne zur Last (vgl. § 1463 Ziffer 2).

b. Insoweit die dem Vorbehaltsgut entnommene Ausstattung dem Gesammtgut entspricht, hat der Mann gemäß § 1467 einen Ersatzanspruch.

2. Die Ausstattung des Kindes durch die Frau aus ihrem Vorbehaltsgut ist allein Sache der Frau.

II. (Abs. 2.) **Ausstattung eines nicht gemeinschaftlichen Kindes aus dem Gesammtgute.**

1. Die Ausstattung eines Kindes des Mannes.

Die Ausstattung innerhalb der angemessenen Grenzen ist nicht Schenkung, vgl. § 1446 Note 2.

2. Die Ausstattung eines Kindes der Frau aus dem Gesammtgute.

Insoweit die Ausstattung eine dem Gesammtgut entsprechende ist, liegt sittliche Pflicht (§ 1446 Note 2), darüber hinaus eine nach § 1446 Abs. 1 unwirksame Schenkung vor.

3. Die Regelung des Abs. 2 entspricht dem dem § 2054 Abs. 1 Satz 2 zu Grunde liegenden Prinzipe.

b. Ausgleich zwischen dem Gesammtgut u. dem Vorbehaltsgute des Mannes.

**§ 1466.** Verwendet der Mann Gesammtgut in sein Vorbehaltsgut, so hat er den Werth des Verwendeten zu dem Gesammtgute zu ersetzen.

Verwendet der Mann Vorbehaltsgut in das Gesammtgut, so kann er Ersatz aus dem Gesammtgute verlangen.

c. Leistungszeit für die Ansprüche der Ehegatten gegen einander.

**§ 1467.** Was ein Ehegatte zu dem Gesammtgut oder die Frau zu dem Vorbehaltsgute des Mannes schuldet, ist erst nach der Beendigung der Gütergemeinschaft zu leisten; soweit jedoch zur Berichtigung einer Schuld der Frau deren Vorbehaltsgut ausreicht, hat sie die Schuld schon vorher zu berichtigen.

Was der Mann aus dem Gesammtgute zu fordern hat, kann er erst nach der Beendigung der Gütergemeinschaft fordern.

---

**§ 1466.** I. **Rechtsverhältniß zwischen dem Vorbehaltsgute des Mannes und dem Gesammtgute bei Verwendungen.**

1. (Abs. 1.) Verwendungen aus dem Gesammtgut in das Vorbehaltsgut des Mannes.

a. Der zu ersetzende Werth bemißt sich nach der Zeit der Verwendung.

b. Ersatzanspruch bei Arglist und Ueberschreitung der Verwaltungsbefugniß § 1456.

2. (Abs. 2.) Verwendungen in das Gesammtgut aus dem Vorbehaltsgute des Mannes.

a. Für die Werthbemessung entscheidet der Zeitpunkt der Verwendung.

b. Ob Verwendung ohne den Willen, Ersatz zu verlangen, den Ersatzanspruch ausschließt (vgl. § 685) ist offene, wohl zu bejahende Frage. Indeß kann im einzelnen Falle der Wille, Ersatz zu verlangen, nur unter bestimmten Voraussetzungen fehlen, z. B. daß auch von der anderen Seite gewisse Ersatzansprüche nicht erhoben werden.

3. Die Ersatzpflicht hat nicht die Natur einer Kollationspflicht (vgl. §§ 2055 f.), sondern ist eine gewöhnliche Ersatzverbindlichkeit § 1476. Fälligkeit des Ersatzanspruchs § 1467.

4. Vgl. die Vorschriften über den Verwendungsanspruch §§ 256 f.

II. **Rechtsverhältniß zwischen dem Vorbehaltsgute der Frau und dem Gesammtgute bei Verwendungen.**

1. In Ermangelung besonderer Vorschriften sind die allgemeinen Vorschriften über die Geschäftsführung ohne Auftrag (§§ 677 ff.) und die Bereicherung (§§ 812 ff.) anwendbar. Vgl. auch die Vorschriften über den Verwendungsanspruch §§ 256 ff.

2. Nicht ausgeschlossen ist die entsprechende Anwendung des § 1466 auf den Fall, daß die Verwendung von Seiten der Frau als Vertreterin (§§ 1357, 1450) des Mannes erfolgt. Vgl. § 1456 Note II.

**§ 1467.** 1. (Abs. 1.) Die Vorschrift betrifft nicht nur die auf dem Güterrechte beruhenden Ersatzverbindlichkeiten (§§ 1456, 1466 Abs. 1, 1463—1465), sondern alle Verbindlichkeiten der Ehegatten gegenüber dem Gesammtgut, also z. B. die Verbindlichkeit eines Ehegatten aus einem auf sein Vorbehaltsgut sich beziehenden Rechtsverhältnisse. Der Fall liegt ferner auch vor, wenn dem Gesammtgute die Erbschaft eines Dritten erworben wird, welchem ein Ehegatte eine nicht dem Gesammtgute zur Last fallende Verbindlichkeit schuldet.

2. (Abs. 2.) Für die Ansprüche der Frau gegen das Gesammtgut bleibt es bei den allgemeinen Grundsätzen.

3. Die Verzinsung richtet sich nach den allgemeinen Grundsätzen §§ 288, 291. Bei Verwendungen vgl. § 256.

**§ 1468.** Die Frau kann auf Aufhebung der Gütergemeinschaft klagen: V. Aufhebung der Gütergemeinschaft. 1. Aufhebungsklage der Frau. Klagegründe.

1. wenn der Mann ein Rechtsgeschäft der in den §§ 1444 bis 1446 bezeichneten Art ohne Zustimmung der Frau vorgenommen hat und für die Zukunft eine erhebliche Gefährdung der Frau zu besorgen ist;
2. wenn der Mann das Gesammtgut in der Absicht, die Frau zu benachtheiligen, vermindert hat;
3. wenn der Mann seine Verpflichtung, der Frau und den gemeinschaftlichen Abkömmlingen Unterhalt zu gewähren, verletzt hat und für die Zukunft eine erhebliche Gefährdung des Unterhalts zu besorgen ist;
4. wenn der Mann wegen Verschwendung entmündigt ist oder wenn er das Gesammtgut durch Verschwendung erheblich gefährdet;
5. wenn das Gesammtgut in Folge von Verbindlichkeiten, die in der Person des Mannes entstanden sind, in solchem Maße überschuldet ist, daß ein späterer Erwerb der Frau erheblich gefährdet wird.

---

1. Die hier als Klagegründe aufgeführten Thatbestände berechtigen auch zur einseitigen Ausschließung der fortgesetzten Gütergemeinschaft im Wege letztwilliger Verfügung § 1509. Zu §§ 1468—1470.
2. Vgl. im Allgemeinen zu § 1418.

**§ 1468. I. Die Klagegründe des § 1468.**

1. Ziffer 1. Die erhebliche Gefährdung braucht nicht gerade in der Gefährdung mittels wiederholter Ueberschreitung der Verwaltungsbefugnisse zu bestehen.
2. Ziffer 2. Eine Gefährdung für die Zukunft wird neben der Benachtheiligungsabsicht nicht erfordert.
3. Ziffer 3. Vgl. § 1418 Abs. 1 Ziffer 2.
4. Ziffer 4. Verschwendung.
   a. Die Thatsache der Entmündigung wegen Verschwendung (§ 6) genügt, ohne daß es auf eine Gefährdung des Gesammtguts noch weiter ankommt. Bis zur Aufhebung der Gütergemeinschaft vgl. § 1457.
   b. Die Verschwendung braucht nur das Gesammtgut zu gefährden, nicht aber darüber hinaus noch die Gefahr des Nothstandes (§ 6 Ziffer 2) zu begründen.
   c. Wegen der anderen Fälle der Entmündigung vgl. zu II. 2.
5. Ziffer 5.
   a. Das gegenwärtige Gesammtgut wird durch die nur für die Zukunft wirkende Aufhebung (§ 1470) dem Zugriffe der Gläubiger nicht entzogen.
   b. Konkurs des Mannes. Die Thatsache der Konkurseröffnung über das Vermögen des Mannes, zu dessen Konkursmasse nach KO. § 2 (S. 819) das Gesammtgut gehört, genügt für sich allein nicht. Wesentlich ist die den späteren Erwerb der Frau (nicht ihren Antheil an dem gegenwärtigen Gesammtgute) gefährdende Ueberschuldung. Diese Gefährdung kann z. B. durch einen geeigneten Zwangsvergleich ausgeschlossen sein. Ob die Ueberschuldung auf Verschulden des Mannes beruht oder nicht, ist gleich; sie muß ausschließlich auf Verbindlichkeiten, die in der Person des Mannes vor oder nach Eintritt der Gütergemeinschaft entstanden sind, beruhen.

2. Aufhebungsklage des Mannes.

**§ 1469.** Der Mann kann auf Aufhebung der Gütergemeinschaft klagen, wenn das Gesammtgut in Folge von Verbindlichkeiten der Frau, die im Verhältnisse der Ehegatten zu einander nicht dem Gesammtgute zur Last fallen, in solchem Maße überschuldet ist, daß ein späterer Erwerb des Mannes erheblich gefährdet wird.

3. Eintritt und Wirkung der Aufhebung.

**§ 1470.** Die Aufhebung der Gütergemeinschaft tritt in den Fällen der §§ 1468, 1469 mit der Rechtskraft des Urtheils ein. Für die Zukunft gilt Gütertrennung.

Dritten gegenüber ist die Aufhebung der Gütergemeinschaft nur nach Maßgabe des § 1435 wirksam.

VI. Der Auseinandersetzungszustand.

1. Gemeinschaft zur gesammten Hand.

**§ 1471.** Nach der Beendigung der Gütergemeinschaft findet in Ansehung des Gesammtguts die Auseinandersetzung statt.

Bis zur Auseinandersetzung gelten für das Gesammtgut die Vorschriften des § 1442.

---

II. **Keine Klagegründe sind insonderheit:**

1. **Konkurs des Mannes** vgl. zu I Note 5b.

2. **Entmündigung** wegen Geisteskrankheit, Geistesschwäche, Trunksucht (§ 6), Gebrechlichkeitspflegschaft (§ 1910), Abwesenheitspflegschaft (§ 1911). In diesen Fällen werden die Rechte des Mannes durch seinen gesetzlichen Vertreter wahrgenommen (§ 1457). Die Frau als Vormund oder Pfleger des Mannes §§ 1900, 1915.

**§ 1469.** 1. Vgl. § 1468 Ziffer 5. Der Unterschied der Fassung beruht auf der Regelung in § 1459 Abs. 1.

2. Erlöschen der gesammtschuldnerischen Haftung des Mannes für die in § 1469 bezeichneten Verbindlichkeiten der Frau mit Aufhebung der Gemeinschaft §§ 1459 Abs. 2 Satz 2, 1470.

**§ 1470.** 1. Vgl. § 1418 Abs. 2.

2. Gütertrennung §§ 1427 ff.

3. Rückbeziehung des für die Auseinandersetzung maßgebenden Zeitpunkts auf den Zeitpunkt der Rechtshängigkeit der Aufhebungsklage § 1479.

4. **Sonstige Gründe für die Aufhebung der allgemeinen Gütergemeinschaft.**

a. **Auflösung der Ehe** durch Tod (§§ 1482 ff.), Scheidung §§ 1564, 1478, Aufhebung der ehelichen Gemeinschaft durch Urtheil §§ 1586, 1564, 1478. Wiederverheirathung nach Todeserklärung des anderen Ehegatten § 1348 Abs. 2.

b. Ehevertrag §§ 1432 ff. Eintritt der Gütertrennung bei ersatzloser Aufhebung der Gütergemeinschaft durch Vertrag § 1436.

**§ 1471.** I. **Die Rechtsverhältnisse in der Zeit von der Aufhebung der Gütergemeinschaft bis zur Auseinandersetzung.**

1. Während des Auseinandersetzungszustandes dauert die Gemeinschaft zur gesammten Hand (§ 1442) fort. Vgl. indeß zu 2.

2. Die Zwangsvollstreckung in den Antheil der Ehegatten an dem Gesammtgute, nicht an den einzelnen dazu gehörenden Gegenständen, ist zugelassen CPO. § 860 Abs. 2 (zu § 1442). — Nach KO. § 1 gehört somit nach Aufhebung der Gemeinschaft der Antheil eines jeden der Ehegatten auch zu seiner Konkursmasse. Die Auseinandersetzung erfolgt gemäß KO. §§ 16 Abs. 1, 51 außerhalb des Konkursverfahrens.

3. Wegen der Zwangsvollstreckung in das Gesammtgut nach erfolgter Aufhebung der Gütergemeinschaft CPO. §§ 743, 744 zu § 1472.

4. Die Verwaltung wird gemeinschaftlich geführt § 1472.

5. Surrogationsprinzip § 1473.

**§ 1472.** Die Verwaltung des Gesammtguts steht bis zur Auseinandersetzung beiden Ehegatten gemeinschaftlich zu. Die Vorschriften des § 1424 finden entsprechende Anwendung.

2. Verwaltung zur gesammten Hand. Gutgl. Fortführung der Verwaltung durch den Mann. Gegenseitige Mitwirkungspflicht beider Ehegatten.

Jeder Ehegatte ist dem anderen gegenüber verpflichtet, zu Maßregeln mitzuwirken, die zur ordnungsmäßigen Verwaltung erforderlich sind; die zur Erhaltung nothwendigen Maßregeln kann jeder Ehegatte ohne Mitwirkung des anderen treffen.

---

II. **Das Auseinandersetzungsverfahren.**

***FG.*** *§ 99. Nach der Beendigung einer ehelichen Gütergemeinschaft oder einer fortgesetzten Gütergemeinschaft finden auf die Auseinandersetzung in Ansehung des Gesammtguts die Vorschriften der §§ 86 bis 98 entsprechende Anwendung.*

*Für die Auseinandersetzung ist, falls ein Antheil an dem Gesammtgute zu einem Nachlasse gehört, das Amtsgericht zuständig, welches für die Auseinandersetzung in Ansehung des Nachlasses zuständig ist. Im Uebrigen ist das Amtsgericht zuständig, in dessen Bezirke der Ehemann oder bei fortgesetzter Gütergemeinschaft der überlebende Ehegatte zur Zeit der Beendigung der Gütergemeinschaft seinen Wohnsitz oder in Ermangelung eines inländischen Wohnsitzes seinen Aufenthalt hatte. Hatte der Ehemann oder der Ehegatte zu der bezeichneten Zeit im Inlande weder Wohnsitz noch Aufenthalt, so finden die Vorschriften des § 73 Abs. 2 entsprechende Anwendung.*

FrG. §§ 86—98, welche die Auseinandersetzung der Erbengemeinschaft regeln, sind zu §§ 2032 ff. abgedruckt.

III. **Die Auseinandersetzung selbst** ist in §§ 1474—1481 geregelt.

**§ 1472.** 1. Vgl. wegen der Verwaltung zur gesammten Hand § 744.

2. Die Bezugnahme auf § 1424 betrifft

a. die gutgläubige Fortführung der Verwaltung durch den Ehemann trotz erfolgter Aufhebung der Gütergemeinschaft;

b. die Fürsorgepflicht des Mannes bei Aufhebung der Gütergemeinschaft durch den Tod der Ehefrau.

3. Die gemeinschaftliche Verwaltung begründet für die Frau auch das Recht des Mitbesitzes (§ 866).

4. Zwangsvollstreckung in das Gesammtgut.

***CPO.*** *§ 743. Nach der Beendigung der allgemeinen Gütergemeinschaft, der Errungenschaftsgemeinschaft oder der Fahrnissgemeinschaft ist vor der Auseinandersetzung die Zwangsvollstreckung in das Gesammtgut nur zulässig, wenn beide Ehegatten zu der Leistung oder der eine Ehegatte zu der Leistung und der andere zur Duldung der Zwangsvollstreckung verurtheilt sind.*

*§ 744. Ist die Beendigung der allgemeinen Gütergemeinschaft, der Errungenschaftsgemeinschaft oder der Fahrnissgemeinschaft nach der Beendigung eines Rechtsstreits des Ehemanns eingetreten, so finden auf die Ertheilung einer in Ansehung des Gesammtguts vollstreckbaren Ausfertigung des Urtheils gegen die Ehefrau die Vorschriften der §§ 727, 730—732 entsprechende Anwendung.*

Unterwerfung unter die sofortige Zwangsvollstreckung CPO. § 794 Abs. 2 (zu § 1412).

5. Selbständige Befugniß jedes Ehegatten zur Stellung des Antrags auf Aufgebot der Nachlaßgläubiger und auf Eröffnung des Nachlaßkonkurses, wenn die Ehefrau Erbin ist und der Nachlaß zum Gesammtgute gehört CPO. § 999, KO. 218.

6. Der nach der Aufhebung der Gütergemeinschaft von einem Ehegatten gemachte Erwerb fällt, abgesehen von der Surrogation (§ 1473), nicht mehr in das Gesammtgut. Die nur von einem Ehegatten begründeten Verbindlichkeiten sind keine Gesammtgutsverbindlichkeiten. Schutz gutgläubiger Dritter § 1435.

*Surrogation.*

**§ 1473.** Was auf Grund eines zu dem Gesammtgute gehörenden Rechtes oder als Ersatz für die Zerstörung, Beschädigung oder Entziehung eines zu dem Gesammtgute gehörenden Gegenstandes oder durch ein Rechtsgeschäft erworben wird, das sich auf das Gesammtgut bezieht, wird Gesammtgut.

Die Zugehörigkeit einer durch Rechtsgeschäft erworbenen Forderung zum Gesammtgute hat der Schuldner erst dann gegen sich gelten zu lassen, wenn er von der Zugehörigkeit Kenntniß erlangt; die Vorschriften der §§ 406 bis 408 finden entsprechende Anwendung.

*VII. Die Auseinandersetzung.*

**§ 1474.** Die Auseinandersetzung erfolgt, soweit nicht eine andere Vereinbarung getroffen wird, nach den §§ 1475 bis 1481.

*1. Berichtigung der Gesammtgutsverbindlichkeiten.*

**§ 1475.** Aus dem Gesammtgute sind zunächst die Gesammtgutsverbindlichkeiten zu berichtigen. Ist eine Gesammtgutsverbindlichkeit noch nicht fällig oder ist sie streitig, so ist das zur Berichtigung Erforderliche zurückzubehalten.

Fällt eine Gesammtgutsverbindlichkeit im Verhältnisse der Ehegatten zu einander einem der Ehegatten allein zur Last, so kann dieser die Berichtigung aus dem Gesammtgute nicht verlangen.

Zur Berichtigung der Gesammtgutsverbindlichkeiten ist das Gesammtgut, soweit erforderlich, in Geld umzusetzen.

*2. Halbtheilung d. Ueberschusses.*

**§ 1476.** Der nach der Berichtigung der Gesammtgutsverbindlichkeiten verbleibende Ueberschuß gebührt den Ehegatten zu gleichen Theilen.

*Anrechnung. Ersatzpflicht.*

Was einer der Ehegatten zu dem Gesammtgute zu ersetzen verpflichtet ist, muß er sich auf seinen Theil anrechnen lassen. Soweit die Ersatzleistung nicht durch Anrechnung erfolgt, bleibt er dem anderen Ehegatten verpflichtet.

*3. Art der Theilung.*

**§ 1477.** Die Theilung des Ueberschusses erfolgt nach den Vorschriften über die Gemeinschaft.

*Uebernahmerecht der Ehegatten.*

Jeder Ehegatte kann gegen Ersatz des Werthes die ausschließlich zu seinem persönlichen Gebrauche bestimmten Sachen, insbesondere Kleider, Schmucksachen und Arbeitsgeräthe, sowie diejenigen Gegen-

---

**§ 1473.** 1. (Abs. 1.) Surrogationsprinzip vgl. § 1370. Anderer Erwerb fällt nicht mehr in das Gesammtgut.
2. (Abs. 2.) Vgl. § 720.

**§ 1474.** Die anderweite Vereinbarung bedarf nicht der Abschließung eines Ehevertrags.

**§ 1475.** 1. (Abs. 1.) Vgl. die entsprechende Vorschrift für die Gesellschaft § 733 Abs. 1. Zuwiderhandlung begründet die persönliche Haftung gegenüber dem Gläubiger gemäß § 1480. Haftung des Mannes gegenüber der Frau § 1481.
2. (Abs. 2.) Vgl. §§ 1463—1465.
3. (Abs. 3.) Versilberung vgl. § 733 Abs. 3.

**§ 1476.** 1. Zur Theilungsmasse gehört auch der von einem der Ehegatten gemäß §§ 1467, 1456, 1466, 1463—1465 zum Gesammtgute zu leistende Ersatz.
2. Durch Abs. 2 Satz 2 soll klargestellt werden, daß die Ersatzpflicht der Ehegatten nicht im Sinne einer bloßen Kollationspflicht (§§ 2055 f.), sondern einer wahren Ersatzverbindlichkeit zu verstehen ist.

stände übernehmen, welche er in die Gütergemeinschaft eingebracht oder während der Gütergemeinschaft durch Erbfolge, durch Vermächtniß oder mit Rücksicht auf ein künftiges Erbrecht, durch Schenkung oder als Ausstattung erworben hat.

4. Auseinandersetzung im Falle der Ehescheidung.

**§ 1478.** Sind die Ehegatten geschieden und ist einer von ihnen allein für schuldig erklärt, so kann der andere verlangen, daß jedem von ihnen der Werth desjenigen zurückerstattet wird, was er in die Gütergemeinschaft eingebracht hat; reicht der Werth des Gesammtguts zur Rückerstattung nicht aus, so hat jeder Ehegatte die Hälfte des Fehlbetrags zu tragen.

Als eingebracht ist anzusehen, was eingebrachtes Gut gewesen sein würde, wenn Errungenschaftsgemeinschaft bestanden hätte. Der Werth des Eingebrachten bestimmt sich nach der Zeit der Einbringung.

Das im Abs. 1 bestimmte Recht steht auch dem Ehegatten zu, dessen Ehe wegen seiner Geisteskrankheit geschieden worden ist.

5. Zurückbeziehung des Auseinandersetzungszeitpunkts auf d. Zeitpunkt der Rechtshängigkeit d. Aufhebungsklage.

**§ 1479.** Wird die Gütergemeinschaft auf Grund des § 1468 oder des § 1469 durch Urtheil aufgehoben, so kann der Ehegatte, welcher das Urtheil erwirkt hat, verlangen, daß die Auseinandersetzung so erfolgt, wie wenn der Anspruch auf Auseinandersetzung mit der Erhebung der Klage auf Aufhebung der Gütergemeinschaft rechtshängig geworden wäre.

6. Nichtberichtigte Gesammtgutsverbindlichkeiten.
a. Haftung der Ehegatten gegenüber dem Gläubiger.

**§ 1480.** Wird eine Gesammtgutsverbindlichkeit nicht vor der Theilung des Gesammtguts berichtigt, so haftet dem Gläubiger auch der Ehegatte persönlich als Gesammtschuldner, für den zur Zeit der Theilung eine solche Haftung nicht besteht. Seine Haftung beschränkt

---

**§ 1477.** 1. (Abs. 1.) Theilung der Gemeinschaft §§ 752 ff. Gewährleistung § 757.

2. Grundbuchlicher Nachweis der Ueberweisung einer zum Gesammtgute gehörigen Hypothek, Grund- oder Rentenschuld an einen Ehegatten durch Zeugniß des Auseinandersetzungsgerichts GO. §§ 38, 37. Vgl. auch EG. Art. 143, GO. § 99.

3. Der Werthersatz ist nach dem Werthe zur Zeit der Uebernahme zu bemessen.

4. (Abs. 2.) Das Uebernahmerecht gelangt erst bei der Theilung und nach Berichtigung der Gesammtgutsverbindlichkeiten zur Ausübung (§§ 1475 Abs. 1, 1476 Abs. 1). Das Uebernahmerecht steht auch dem Rechtsnachfolger des Berechtigten, insbesondere also dem Erben (§ 1482) zu.

**§ 1478.** 1. Die Schuldfrage wird bei der Ehescheidung in § 1564 behandelt.

a. Alleinschuld eines Ehegatten (§ 1478).

α. Der nach Rückerstattung der beiderseitig eingebrachten Werthe verbleibende Ueberschuß wird gleichmäßig getheilt § 1476 Abs. 1.

β. (Abs. 2.) Eingebrachtes §§ 1520—1524.

b. Bei Schuld beider Ehegatten bleibt es bei der Halbtheilung nach §§ 1476 f.

2. (Abs. 3.) Scheidung wegen Geisteskrankheit (§ 1569).

Der geisteskranke Ehegatte hat die Stellung des unschuldigen Theiles; vgl. auch § 1583.

3. Aufhebung der ehelichen Gemeinschaft durch Urtheil steht auch in Ansehung des § 1478 der Scheidung gleich § 1586.

**§ 1479.** Vgl. die entsprechende Vorschrift § 1422.

sich auf die ihm zugetheilten Gegenstände; die für die Haftung des Erben geltenden Vorschriften der §§ 1990, 1991 finden entsprechende Anwendung.

b. Gegenseitige Haftung der Ehegatten.

**§ 1481.** Unterbleibt bei der Auseinandersetzung die Berichtigung einer Gesammtgutsverbindlichkeit, die im Verhältnisse der Ehegatten zu einander dem Gesammtgut oder dem Manne zur Last fällt, so hat der Mann dafür einzustehen, daß die Frau von dem Gläubiger nicht in Anspruch genommen wird. Die gleiche Verpflichtung hat die Frau dem Manne gegenüber, wenn die Berichtigung einer Gesammtgutsverbindlichkeit unterbleibt, die im Verhältnisse der Ehegatten zu einander der Frau zur Last fällt.

B. Tod eines Ehegatten bei unbeerbter Ehe.

**§ 1482.** Wird die Ehe durch den Tod eines der Ehegatten aufgelöst und ist ein gemeinschaftlicher Abkömmling nicht vorhanden, so gehört der Antheil des verstorbenen Ehegatten am Gesammtgute zum Nachlasse. Die Beerbung des Ehegatten erfolgt nach den allgemeinen Vorschriften.

C. Tod eines Ehegatten bei beerbter Ehe. (Fortgesetzte Gütergemeinschaft.)

I. Eintritt der fortges. GG. 1. Die Theilnehmer. 2. Antheil am Gesammtgute. 3. Beerbung im Uebrigen. 4. Einseitige Abkömmlinge der verstorbenen Ehegatten.

**§ 1483.** Sind bei dem Tode eines Ehegatten gemeinschaftliche Abkömmlinge vorhanden, so wird zwischen dem überlebenden Ehegatten und den gemeinschaftlichen Abkömmlingen, die im Falle der gesetzlichen Erbfolge als Erben berufen sind, die Gütergemeinschaft fortgesetzt. Der Antheil des verstorbenen Ehegatten am Gesammtgute gehört in diesem Falle nicht zum Nachlasse; im Uebrigen erfolgt die Beerbung des Ehegatten nach den allgemeinen Vorschriften.

Sind neben den gemeinschaftlichen Abkömmlingen andere Abkömmlinge vorhanden, so bestimmen sich ihr Erbrecht und ihre Erbtheile so, wie wenn fortgesetzte Gütergemeinschaft nicht eingetreten wäre.

---

**§ 1480.** 1. Die Berichtigung soll zunächst d. h. vor der Theilung erfolgen §§ 1475 Abs. 1, 1476 Abs. 1, 1477 Note 4.

2. Gesammtschuldnerische Haftung §§ 421 ff. Die Beschränkung der Haftung auf die zugetheilten Gegenstände (cum viribus) kann nur geltend gemacht werden, wenn sie im Urtheile vorbehalten ist, und bleibt solange bei der Zwangsvollstreckung unberücksichtigt, bis Einwendungen erhoben werden CPO. § 786.

**§ 1481.** 1. Abs. 1. bringt das Prinzip zum Ausdrucke, daß der Mann diejenigen Gesammtgutsverbindlichkeiten (§ 1459 Abs. 1), welche im Verhältnisse der Ehegatten zu einander dem Gesammtgute zur Last fallen (§§ 1463 bis 1465), allein zu tragen verpflichtet ist. Vgl. § 1463 Note I. 1 c.

2. Zu Satz 2 vgl. § 1459 Abs. 2.

**§ 1482.** 1. Die allgemeinen Vorschriften über die Erbfolge finden Anwendung. Die Erbfolge ist entweder die gesetzliche (§§ 1922 ff.; Erbrecht des überlebenden Ehegatten §§ 1931 ff.) oder beim Vorhandensein einer letztwilligen Verfügung die testamentarische.

2. Gemeinschaftliche Abkömmlinge der Ehegatten sind nur ihre gemeinschaftlichen (mit ihnen verwandten § 1589 Abs. 2) Deszendenten, Kinder aus nichtiger Ehe § 1699; Legitimation durch nachfolgende Ehe § 1719. Gemeinsame Kindesannahme seitens der Ehegatten § 1757 Abs. 2.

3. Erbunwürdigkeit (§§ 2339 ff.) eines gemeinschaftlichen Abkömmlinges gilt auch in Ansehung des Antheils § 1506. Ist der einzige gemeinschaftliche Abkömmling erbunwürdig, so liegt die Sache so, wie wenn ein gemeinschaftlicher Abkömmling nicht vorhanden wäre § 2344.

**§ 1484.** Der überlebende Ehegatte kann die Fortsetzung der Gütergemeinschaft ablehnen. 5. Ablehnung der fortgesetzten Gütergemeinschaft durch den überlebenden Ehegatten.

Auf die Ablehnung finden die für die Ausschlagung einer Erbschaft geltenden Vorschriften der §§ 1943 bis 1947, 1950, 1952, 1954 bis 1957, 1959 entsprechende Anwendung. Steht der überlebende Ehegatte unter elterlicher Gewalt oder unter Vormundschaft, so ist zur Ablehnung die Genehmigung des Vormundschaftsgerichts erforderlich.

---

§ 1483. I. **Konstruktion der fortgesetzten Gütergemeinschaft.**

1. Für die Fortsetzung der Gütergemeinschaft kommt hinsichtlich des Gesammtguts der Gesichtspunkt einer erbrechtlichen Sukzession überhaupt nicht in Betracht (Abs. 1 S. 2 erster Halbsatz).

2. Das Gesammtgut ist von dem anderen Nachlasse vollständig getrennt zu halten. Das Recht des überlebenden Ehegatten, welches sich bereits vor dem Tode des erstverstorbenen auf das ganze Gesammtgut erstreckt hatte und nur durch das Recht desselben beschränkt war, wird mit dem Fortfalle des anderen Ehegatten von dieser Beschränkung frei. Als Ersatz für das den gemeinschaftlichen Abkömmlingen beider Ehegatten in Ansehung des Gesammtguts gegenüber dem erstverstorbenen Ehegatten entzogenen Erb- und Pflichttheilsrechts wird ihnen, d. h. denjenigen gemeinschaftlichen Abkömmlingen, welche bei gesetzlicher Erbfolge als Erben berufen wären (§ 1924), die Theilnahme an dem Gesammtgute gewährt. — Auf die fortgesetzte Gütergemeinschaft finden die Vorschriften über das Güterrechtsregister keine Anwendung. Vgl. Vorb. Note 2 S. 855.

3. Wegen der dieser Konstruktion entsprechenden Schuldenhaftung vgl. §§ 1488, 1489.

II. **Erbfolge in das übrige Vermögen des verstorbenen Ehegatten.**

1. Im Uebrigen (Abs. 1 letzter Halbsatz), d. h. abgesehen von dem Antheile des verstorbenen Ehegatten am Gesammtgut, also hinsichtlich der Schulden des verstorbenen Ehegatten und eines etwa vorhandenen Sonder- und Vorbehaltsguts (§§ 1439, 1440), findet die gewöhnliche Erbfolge statt.

2. Die Erben haften als solche persönlich für alle Schulden des Erblassers, können aber diese Haftung durch Ausschlagung der Erbschaft beseitigen bzw. nach den allgemeinen Grundsätzen (Nachlaßverwaltung, Nachlaßkonkurs, Inventarerrichtung §§ 1975 ff. beschränken.

III. (Abs. 2.) **Erbrecht und Erbtheile einseitiger Abkömmlinge des verstorbenen Ehegatten.**

Erbrecht und Erbtheile bestimmen sich so, wie wenn fortgesetzte Gütergemeinschaft nicht eingetreten wäre (§ 1482). Zur Feststellung ihrer Erbtheile wird der Antheil des verstorbenen Ehegatten am Gesammtgut als zum Nachlasse gehörig angesehen. Der hiernach sich ergebende Erbtheil ist den einseitigen Abkömmlingen, falls erforderlich, unter Zuhülfenahme des Gesammtguts (§ 1485 Abs. 1), auszukehren.

IV. **Anordnungen des verstorbenen Ehegatten.**

Anordnungen der Ehegatten, welche sich im Widerspruche mit den gesetzlichen Vorschriften über die fortgesetzte Gütergemeinschaft befinden, sind unzulässig (§ 1518), unbeschadet ihres Rechtes die fortgesetzte Gütergemeinschaft durch Ehevertrag (§ 1508) oder durch letztwillige Verfügung (gemäß § 1509) überhaupt auszuschließen. (Bei Fahrnißgemeinschaft vgl. § 1549 Note 3d.)

V. **Grundbuchliche Vorschriften.**

1. Nachweis der fortgesetzten Gütergemeinschaft. Dem Grundbuchamte gegenüber wird die fortgesetzte Gütergemeinschaft durch Zeugniß des Nachlaßgerichts nachgewiesen GO. § 36 Abs. 2, abgedruckt zu §§ 2353 ff.

2. Eintragung der fortgesetzten Gütergemeinschaft GO. § 48 (vgl. § 1438 Note 2).

Lehnt der Ehegatte die Fortsetzung der Gütergemeinschaft ab, so gilt das Gleiche wie im Falle des § 1482.

II. Die Vermögensmassen. 1. Gesammtgut.

**§ 1485.** Das Gesammtgut der fortgesetzten Gütergemeinschaft besteht aus dem ehelichen Gesammtgute, soweit es nicht nach § 1483 Abs. 2 einem nicht antheilsberechtigten Abkömmlinge zufällt, und aus dem Vermögen, das der überlebende Ehegatte aus dem Nachlasse des verstorbenen Ehegatten oder nach dem Eintritte der fortgesetzten Gütergemeinschaft erwirbt.

Das Vermögen, das ein gemeinschaftlicher Abkömmling zur Zeit des Eintritts der fortgesetzten Gütergemeinschaft hat oder später erwirbt, gehört nicht zu dem Gesammtgute.

Auf das Gesammtgut finden die für die eheliche Gütergemeinschaft geltenden Vorschriften des § 1438 Abs. 2, 3 entsprechende Anwendung.

2. Vorbehaltsgut d. überlebenden Ehegatten.

**§ 1486.** Vorbehaltsgut des überlebenden Ehegatten ist, was er bisher als Vorbehaltsgut gehabt hat oder nach § 1369 oder § 1370 erwirbt.

3. Sondergut der unübertragb. Gegenstände.

Gehören zu dem Vermögen des überlebenden Ehegatten Gegenstände, die nicht durch Rechtsgeschäft übertragen werden können, so finden auf sie die bei der Errungenschaftsgemeinschaft für das eingebrachte Gut des Mannes geltenden Vorschriften, mit Ausnahme des § 1524, entsprechende Anwendung.

III. Rechtsstellung d. Theilhaber der fortgesetzten Gütergemeinschaft.

**§ 1487.** Die Rechte und Verbindlichkeiten des überlebenden Ehegatten sowie der antheilsberechtigten Abkömmlinge in Ansehung des Gesammtguts der fortgesetzten Gütergemeinschaft bestimmen sich nach den für die eheliche Gütergemeinschaft geltenden Vorschriften der §§ 1442 bis 1449, 1455 bis 1457, 1466; der überlebende Ehe-

---

**§ 1484.** 1. Die fortgesetzte Gütergemeinschaft soll dem Interesse des überlebenden Ehegatten dienen und ihm den Besitz und Genuß des Gesammtguts erhalten. Er hat deshalb das Wahlrecht Abs. 1. Nachträgliche Aufhebung § 1492.

2. Ablehnung der fortgesetzten Gütergemeinschaft steht auch dem im Konkurse befindlichen überlebenden Ehegatten persönlich, nicht dem Konkursverwalter zu KO. § 9, abgedruckt zu § 1942.

3. Zuständigkeit des Vormundschaftsgerichts FrG. § 43, vgl. zu §§ 1643, 1823.

4. Fahrnißgemeinschaft vgl. § 1549 Note 3d.

**§ 1485.** 1. Aus Abs. 1 ergiebt sich, daß zum Gesammtgute der fortgesetzten Gütergemeinschaft auch gehört

a. das zum Nachlasse des verstorbenen Ehegatten gehörende Vorbehaltsgut des letzteren, soweit dasselbe nach § 1483 Abs. 1 dem überlebenden Ehegatten als Erben zufällt;

b. das, was der überlebende Ehegatte aus dem Nachlasse des verstorbenen Ehegatten etwa auf Grund eines Vermächtnisses des Erblassers erworben hat.

2. Grundbuchliche Eintragung der fortgesetzten Gütergemeinschaft GO. § 48. Vgl. § 1438 Note 2. Nachweis gegenüber dem Grundbuchamte GO. § 36 Abs. 2 (abgedruckt vor den Noten zu § 2353). Vgl. auch § 1507.

**§ 1486.** 1. (Abs. 1.) Vorbehaltsgut § 1440. § 1369 betrifft die Bestimmung als Vorbehaltsgut bei Erwerb von Todeswegen und unentgeltlicher Zuwendung unter Lebenden. § 1370 Surrogation.

2. (Abs. 2.) Vgl. § 1439.

gatte hat die rechtliche Stellung des Mannes, die antheilsberechtigten Abkömmlinge haben die rechtliche Stellung der Frau.

Was der überlebende Ehegatte zu dem Gesammtgute schuldet oder aus dem Gesammtgute zu fordern hat, ist erst nach der Beendigung der fortgesetzten Gütergemeinschaft zu leisten.

**§ 1488.** Gesammtgutsverbindlichkeiten der fortgesetzten Gütergemeinschaft sind die Verbindlichkeiten des überlebenden Ehegatten sowie solche Verbindlichkeiten des verstorbenen Ehegatten, die Gesammtgutsverbindlichkeiten der ehelichen Gütergemeinschaft waren. IV. Schuldenhaftung. 1. Gesammtgutsverbindlichkeiten.

---

**§ 1487.** I. **Die Rechtsverhältnisse des Gesammtguts.**

1. Die Nichtanziehung der §§ 1450—1454, 1458—1465, 1467 bedeutet:

a. Die Abkömmlinge haben, auch wenn Gefahr im Verzug ist, keine Vertretungsmacht (§ 1450) für den überlebenden Ehegatten bei Verhinderung desselben. Die Vorschriften über Geschäftsführung ohne Auftrag (§§ 677 ff.) greifen ein.

b. Eine vormundschaftsgerichtliche Ersetzung der Zustimmung des überlebenden Ehegatten (§ 1451) findet nicht statt.

c. Die Nichtanwendbarkeit der §§ 1452—1454 beruht auf § 1485 Abs. 2. — Die Vorschrift des § 1458 über die Tragung des ehelichen Aufwandes kommt nicht in Betracht.

d. Die die Gesammtgutsverbindlichkeiten regelnden §§ 1459—1465 sind durch §§ 1488, 1489 ersetzt.

e. Dem § 1467 entspricht § 1487 Abs. 2.

2. Zwangsvollstreckung.

a. Zwangsvollstreckung in das Gesammtgut. Vgl. Pr. JMBl. 1900 S. 22 ff.

*CPO. § 745. Im Falle der fortgesetzten Gütergemeinschaft ist zur Zwangsvollstreckung in das Gesammtgut ein gegen den überlebenden Ehegatten ergangenes Urtheil erforderlich und genügend.*

*Nach der Beendigung der fortgesetzten Gütergemeinschaft finden die Vorschriften der §§ 743, 744 mit der Massgabe Anwendung, dass an die Stelle des Ehemanns der überlebende Ehegatte, an die Stelle der Ehefrau die antheilsberechtigten Abkömmlinge treten.*

b. Zwangsvollstreckung in den Antheil des überlebenden Ehegatten und der Abkömmlinge findet während der Dauer der fortgesetzten Gütergemeinschaft nicht statt. CPO. § 860 (zu § 1442).

3. Konkurs. KO. § 2 Abs. 3, zu § 1459 Note IV.

II. Für den Unterhalt und die Ausstattung der Abkömmlinge durch den überlebenden Ehegatten begründet die fortgesetzte Gütergemeinschaft keine Besonderheiten; die §§ 1601 ff., 1620 ff. bleiben anwendbar. Die Befugniß des überlebenden Ehegatten, zu diesen Zwecken über Gegenstände des Gesammtguts zu verfügen, ergiebt sich für die Ausstattung der Töchter (§ 1620) und, soweit es durch eine sittliche Pflicht geboten wird, auch für die Ausstattung der Söhne und anderer Personen aus §§ 1443, 1446 Abs. 2, 1624. Ersatzpflicht vgl. § 1499 Ziffer 3.

**§ 1488.** 1. Vgl. wegen der dieser Regelung der Schuldenhaftung entsprechenden Konstruktion der fortgesetzten Gütergemeinschaft zu § 1483 Note I.

2. Die Verbindlichkeiten des verstorbenen Ehegatten, welche Gesammtgutsverbindlichkeiten waren (§§ 1459—1462), werden auch Gesammtgutsverbindlichkeiten der fortgesetzten Gütergemeinschaft. Persönliche Haftung des überlebenden Ehegatten § 1489 Abs. 1.

3. Die Verbindlichkeiten des verstorbenen Ehegatten, welche nicht Gesammtgutsverbindlichkeiten waren, also insbesondere die ohne Zustimmung des Mannes eingegangenen Verbindlichkeiten der Frau (§§ 1460—1462), werden nicht Gesammtgutsverbindlichkeiten der fortgesetzten Gütergemeinschaft. Von

53*

2. Persönliche Haftung d. überlebend. Ehegatten.

**§ 1489.** Für die Gesammtgutsverbindlichkeiten der fortgesetzten Gütergemeinschaft haftet der überlebende Ehegatte persönlich.

Soweit die persönliche Haftung den überlebenden Ehegatten nur in Folge des Eintritts der fortgesetzten Gütergemeinschaft trifft, finden die für die Haftung des Erben für die Nachlaßverbindlichkeiten geltenden Vorschriften entsprechende Anwendung; an die Stelle des Nachlasses tritt das Gesammtgut in dem Bestande, den es zur Zeit des Eintritts der fortgesetzten Gütergemeinschaft hat.

Eine persönliche Haftung der antheilsberechtigten Abkömmlinge für die Verbindlichkeiten des verstorbenen oder des überlebenden Ehegatten wird durch die fortgesetzte Gütergemeinschaft nicht begründet.

V. Tod eines antheilsberechtigten Abkömmlinges.

**§ 1490.** Stirbt ein antheilsberechtigter Abkömmling, so gehört sein Antheil an dem Gesammtgute nicht zu seinem Nachlasse. Hinterläßt er Abkömmlinge, die antheilsberechtigt sein würden, wenn er den verstorbenen Ehegatten nicht überlebt hätte, so treten die Abkömmlinge an seine Stelle. Hinterläßt er solche Abkömmlinge nicht, so wächst sein Antheil den übrigen antheilsberechtigten Abkömmlingen und, wenn solche nicht vorhanden sind, dem überlebenden Ehegatten an.

VI. Verzicht eines antheilsberechtigten Abkömmlinges nach erfolgtem Eintritte d. fortgesetzten Gütergemeinschaft.

**§ 1491.** Ein antheilsberechtigter Abkömmling kann auf seinen Antheil an dem Gesammtgute verzichten. Der Verzicht erfolgt durch Erklärung gegenüber dem für den Nachlaß des verstorbenen Ehegatten zuständigen Gerichte; die Erklärung ist in öffentlich beglaubigter Form

---

diesen Verbindlichkeiten kann sich der Ueberlebende dadurch befreien, daß er die Erbschaft ausschlägt und nur das Gesammtgut behält. Vgl. § 1483 Note II.

**§ 1489.** I. Zu Abs. 2.

1. Haftung des Erben für die Nachlaßverbindlichkeiten §§ 1967—2017.

2. Der Vorschrift des Abs. 2 entsprechen

a. CPO. § 305 Abs. 2 (Verurtheilung unter dem Vorbehalte beschränkter Haftung), abgedruckt zu § 2014.

b. CPO. § 786 (Geltendmachung der beschränkten Haftung gegenüber der Zwangsvollstreckung).

c. CPO. § 1001 (Aufgebot zum Zwecke der Ausschließung von Gesammtgutsgläubigern).

d. KO. § 236 (Konkursverfahren über das Gesammtgut).

II. Zu Abs. 3.

1. Zu betonen ist durch die fortgesetzte Gütergemeinschaft. Inwieweit Schuldenhaftung durch Erbfolge eintritt (vgl. § 1483 Note II), richtet sich nach den allgemeinen erbrechtlichen Vorschriften.

2. Eine beschränkte Haftung der Abkömmlinge tritt hinsichtlich der bei der Auseinandersetzung der fortgesetzten Gütergemeinschaft unberichtigt gebliebenen Gesammtgutsverbindlichkeiten ein (§§ 1498, 1480).

3. Der in Abs. 3 ausgesprochene Grundsatz gilt auch im Verhältnisse der Abkömmlinge zu dem überlebenden Ehegatten, § 1500 Abs. 1. Vgl. daselbst Note 1.

**§ 1490.** 1. Satz 1. Der Antheil eines Abkömmlinges an der fortgesetzten Gütergemeinschaft ist also unvererblich.

2. Satz 2. Die eintretenden Abkömmlinge des Verstorbenen treten nicht als seine Erben, sondern kraft eigenen Rechtes in die Gemeinschaft ein. Darauf beruht die besondere Vorschrift des § 1501 Abs. 2 letzter Halbsatz.

3. Satz 3. Vgl. § 1483.

abzugeben. Das Nachlaßgericht soll die Erklärung dem überlebenden Ehegatten und den übrigen antheilsberechtigten Abkömmlingen mittheilen.

Der Verzicht kann auch durch Vertrag mit dem überlebenden Ehegatten und den übrigen antheilsberechtigten Abkömmlingen erfolgen. Der Vertrag bedarf der gerichtlichen oder notariellen Beurkundung.

Steht der Abkömmling unter elterlicher Gewalt oder unter Vormundschaft, so ist zu dem Verzichte die Genehmigung des Vormundschaftsgerichts erforderlich.

Der Verzicht hat die gleichen Wirkungen, wie wenn der Verzichtende zur Zeit des Verzichts ohne Hinterlassung von Abkömmlingen gestorben wäre.

VII. Beendigung der fortgesetzten Gütergemeinschaft.

1. Aufhebung durch einseitige Erklärung des überlebend. Ehegatten.

**§ 1492.** Der überlebende Ehegatte kann die fortgesetzte Gütergemeinschaft jederzeit aufheben. Die Aufhebung erfolgt durch Erklärung gegenüber dem für den Nachlaß des verstorbenen Ehegatten zuständigen Gerichte; die Erklärung ist in öffentlich beglaubigter Form abzugeben. Das Nachlaßgericht soll die Erklärung den antheilsberechtigten Abkömmlingen und, wenn der überlebende Ehegatte gesetzlicher Vertreter eines der Abkömmlinge ist, dem Vormundschaftsgerichte mittheilen.

2. Aufhebung durch Vertrag.

Die Aufhebung kann auch durch Vertrag zwischen dem überlebenden Ehegatten und den antheilsberechtigten Abkömmlingen erfolgen. Der Vertrag bedarf der gerichtlichen oder notariellen Beurkundung.

Steht der überlebende Ehegatte unter elterlicher Gewalt oder unter Vormundschaft, so ist zu der Aufhebung die Genehmigung des Vormundschaftsgerichts erforderlich.

---

**§ 1491.** 1. (Abs. 1.) Der einseitige Verzicht (Abs. 1) ist in öffentlich beglaubigter Form (§ 129) dem für den Nachlaß des verstorbenen Ehegatten zuständigen Gerichte gegenüber (FrG. §§ 72, 73, vor §§ 1960 ff.) zu erklären.

2. (Abs. 2.) Der vertragsmäßige Verzicht eines Abkömmlinges auf seinen Antheil setzt den bereits erfolgten Eintritt der fortgesetzten Gütergemeinschaft voraus und ist von dem in § 1517 behandelten Verzichtsvertrage, welcher zwischen dem Abkömmling und einem der Ehegatten vor Eintritt der fortgesetzten Gütergemeinschaft, also zu Lebzeiten beider Ehegatten geschlossen wird, zu unterscheiden. Gerichtliche oder notarielle Beurkundung § 128.

3. (Abs. 3.) Vormundschaftsgerichtliche Genehmigung. Vgl. zu §§ 1643, 1823.

4. (Abs. 4.) Die Wirkung des Verzichts § 1490 Satz 3. Die Fassung des Abs. 3 bringt zum Ausdrucke, daß durch den Verzicht auch die Abkömmlinge des Verzichtenden gebunden werden.

5. Verzicht gegen Abfindung § 1501.

**§ 1492.** 1. (Abs. 1.) Wegen Form der Erklärung und Zuständigkeit des Gerichts vgl. zu § 1491 Note 1.

2. (Abs. 2.) Vgl. § 1491 Abs. 2. Die Aufhebung kann nur mit allen, nicht mit einzelnen Abkömmlingen vereinbart werden; wohl aber kann ein Abkömmling sich gegebenenfalls bestimmen lassen, gemäß § 1491 auf seinen Antheil zu verzichten.

3. (Abs. 3.) Vgl. § 1484 Abs. 2.

3. Beendigung durch Wiederverheirathung des überlebenden Ehegatten.

**§ 1493.** Die fortgesetzte Gütergemeinschaft endigt mit der Wiederverheirathung des überlebenden Ehegatten.

Auseinandersetzungspflicht. — Mitwirkung des Vormundschaftsgerichts.

Der überlebende Ehegatte hat, wenn ein antheilsberechtigter Abkömmling minderjährig ist oder bevormundet wird, die Absicht der Wiederverheirathung dem Vormundschaftsgericht anzuzeigen, ein Verzeichniß des Gesammtguts einzureichen, die Gütergemeinschaft aufzuheben und die Auseinandersetzung herbeizuführen. Das Vormundschaftsgericht kann gestatten, daß die Aufhebung der Gütergemeinschaft bis zur Eheschließung unterbleibt und daß die Auseinandersetzung erst später erfolgt.

4. Tod und Todeserklärung des überlebenden Ehegatten.

**§ 1494.** Die fortgesetzte Gütergemeinschaft endigt mit dem Tode des überlebenden Ehegatten.

Wird der überlebende Ehegatte für todt erklärt, so endigt die fortgesetzte Gütergemeinschaft mit dem Zeitpunkte, der als Zeitpunkt des Todes gilt.

5. Aufhebungsklage geg. den überlebenden Ehegatten.
a. Klagegründe.

**§ 1495.** Ein antheilsberechtigter Abkömmling kann gegen den überlebenden Ehegatten auf Aufhebung der fortgesetzten Gütergemeinschaft klagen:

1. wenn der überlebende Ehegatte ein Rechtsgeschäft der in den §§ 1444 bis 1446 bezeichneten Art ohne Zustimmung des Abkömmlinges vorgenommen hat und für die Zukunft eine erhebliche Gefährdung des Abkömmlinges zu besorgen ist;
2. wenn der überlebende Ehegatte das Gesammtgut in der Absicht, den Abkömmling zu benachtheiligen, vermindert hat;
3. wenn der überlebende Ehegatte seine Verpflichtung, dem Abkömmling Unterhalt zu gewähren, verletzt hat und für die Zukunft eine erhebliche Gefährdung des Unterhalts zu besorgen ist;
4. wenn der überlebende Ehegatte wegen Verschwendung entmündigt ist oder wenn er das Gesammtgut durch Verschwendung erheblich gefährdet;
5. wenn der überlebende Ehegatte die elterliche Gewalt über den Abkömmling verwirkt hat oder, falls sie ihm zugestanden hätte, verwirkt haben würde.

b. Eintritt und Wirkung der Aufhebung.

**§ 1496.** Die Aufhebung der fortgesetzten Gütergemeinschaft tritt in den Fällen des § 1495 mit der Rechtskraft des Urtheils ein. Sie tritt für alle Abkömmlinge ein, auch wenn das Urtheil auf die Klage eines der Abkömmlinge ergangen ist.

---

**§ 1493.** Die Wiederverheirathung ist erst zulässig, nachdem das Vormundschaftsgericht (FrG. §§ 35, 43) ein Zeugniß über die stattgehabte Aufhebung (§ 1492) und Auseinandersetzung (§§ 1497 ff.) ertheilt hat. Vgl. § 1314 Abs. 2.

**§ 1494.** Todeserklärung §§ 13 ff., 18.

**§ 1495.** 1. Wegen der Ziffern 1—4 vgl. § 1468. — § 1468 Ziffer 5 kommt nicht in Betracht, weil der Erwerb der Abkömmlinge durch die Schulden des überlebenden Ehegatten nicht gefährdet wird (§ 1485 Abs. 2).

2. Zu Ziffer 5. Verwirkung der elterlichen Gewalt §§ 1680, 1686; 1771 Abs. 2. Die Fassung der Ziffer 5 soll auch den nicht unter elterlicher Gewalt stehenden Abkömmling berechtigen, beim Vorliegen der Voraussetzungen des § 1680 die Aufhebung der fortgesetzten Gütergemeinschaft zu verlangen.

**§ 1497.** Nach der Beendigung der fortgesetzten Gütergemeinschaft findet in Ansehung des Gesammtguts die Auseinandersetzung statt. — VIII. Der Auseinandersetzungszustand.

Bis zur Auseinandersetzung bestimmt sich das Rechtsverhältniß der Theilhaber am Gesammtgute nach den §§ 1442, 1472, 1473.

**§ 1498.** Auf die Auseinandersetzung finden die Vorschriften der §§ 1475, 1476, des § 1477 Abs. 1 und der §§ 1479 bis 1481 Anwendung; an die Stelle des Mannes tritt der überlebende Ehegatte, an die Stelle der Frau treten die antheilsberechtigten Abkömmlinge. Die im § 1476 Abs. 2 Satz 2 bezeichnete Verpflichtung besteht nur für den überlebenden Ehegatten. — IX. Die Auseinandersetzung 1. zwischen dem überleb. Ehegatten u. den antheilsberechtigten Abkömmlingen. a. Anwendbare Vorschriften.

---

**§ 1496.** 1. Vgl. § 1470.

2. Die anderen Abkömmlinge können in den Rechtsstreit als Nebenintervenienten (CPO. § 69) eintreten.

**§ 1497.** 1. Für die Auseinandersetzung ist den unter elterlicher Gewalt stehenden Kindern ein Pfleger zu bestellen, §§ 1630 Abs. 2, 1795, 1909.

2. (Abs. 2.) § 1442: Gemeinschaft zur gesammten Hand.
§ 1472: Gemeinschaftliche Verwaltung.
§ 1473: Surrogation.

2. Zwangsvollstreckung

a. in das Gesammtgut CPO. § 745 Abs. 2 (zu § 1487);
Erforderniß eines Titels gegen den überlebenden Ehegatten und die Abkömmlinge. — Ertheilung der vollstreckbaren Ausfertigung CPO. § 744 (zu § 1472).

b. in den Antheil des überlebenden Ehegatten und der Abkömmlinge CPO. § 860 (zu § 1442).

**§ 1498.** I. **Die Anlehnung an die Auseinandersetzung bei der ehelichen Gütergemeinschaft.**

1. Die anwendbaren Vorschriften.

a. § 1475: Vorwegberichtigung der Gesammtgutsverbindlichkeiten.

b. § 1476 Abs. 1: Die Vertheilung des Ueberschusses zur Hälfte an den überlebenden Ehegatten, zur Hälfte an die Abkömmlinge. Abs. 2: Ersatzpflicht. § 1476 Abs. 2 S. 2 (Ersatzpflicht, nicht bloß Kollationspflicht) gilt nach § 1498 Satz 2 nur für Ehegatten.

c. § 1477 Abs. 1: Theilung des Ueberschusses nach Gemeinschaftsrecht.

d. § 1479: Rückbeziehung des Auseinandersetzungszeitpunkts auf den Zeitpunkt der Rechtshängigkeit der Aufhebungsklage (§ 1495).

e. § 1480: Gesammtschuldnerische Haftung für die vor der Theilung nicht berichtigten Gesammtgutsverbindlichkeiten. (§ 1504 Haftung der Abkömmlinge im Verhältnisse zu einander; Beschränkung der Haftung auf die zugetheilten Gegenstände.)

f. § 1481: Haftung des Ehegatten dafür, daß die Abkömmlinge nicht wegen der unberichtigt gebliebenen Gesammtgutsverbindlichkeiten in Anspruch genommen werden.

2. Die nicht anwendbaren Vorschriften.

a. § 1477 Abs. 2 ist ersetzt durch § 1502.

b. § 1478 betrifft den Fall der Aufhebung durch Ehescheidung.

II. **Sonstige Vorschriften.**

1. Auseinandersetzungsverfahren FrG. § 99 (zu § 1471 Note II).

2. Grundbuchlicher Nachweis der Ueberweisung einer zum Gesammtgute gehörigen Hypothek, Grund- oder Rentenschuld auf einen Betheiligten durch Zeugniß des Auseinandersetzungsgerichts, GO. §§ 38, 37. Vgl. auch EG. Artt. 143, 99.

b. Dem überlebenden Ehegatten zur Last fallende Gesammtgutsverbindlichkeiten.

**§ 1499.** Bei der Auseinandersetzung fallen dem überlebenden Ehegatten zur Last:

1. die ihm bei dem Eintritte der fortgesetzten Gütergemeinschaft obliegenden Gesammtgutsverbindlichkeiten, für die das eheliche Gesammtgut nicht haftete oder die im Verhältnisse der Ehegatten zu einander ihm zur Last fielen;
2. die nach dem Eintritte der fortgesetzten Gütergemeinschaft entstandenen Gesammtgutsverbindlichkeiten, die, wenn sie während der ehelichen Gütergemeinschaft in seiner Person entstanden wären, im Verhältnisse der Ehegatten zu einander ihm zur Last gefallen sein würden;
3. eine Ausstattung, die er einem antheilsberechtigten Abkömmling über das dem Gesammtgut entsprechende Maß hinaus oder die er einem nicht antheilsberechtigten Abkömmlinge versprochen oder gewährt hat.

c. Den antheilsberecht. Abkömmlingen zur Last fallende Gesammtgutsverbindlichkeiten.

**§ 1500.** Die antheilsberechtigten Abkömmlinge müssen sich Verbindlichkeiten des verstorbenen Ehegatten, die diesem im Verhältnisse der Ehegatten zu einander zur Last fielen, bei der Auseinandersetzung auf ihren Antheil insoweit anrechnen lassen, als der überlebende Ehegatte nicht von dem Erben des verstorbenen Ehegatten Deckung hat erlangen können.

In gleicher Weise haben sich die antheilsberechtigten Abkömmlinge anrechnen zu lassen, was der verstorbene Ehegatte zu dem Gesammtgute zu ersetzen hatte.

d. Berücksichtigung einer Abfindung.

**§ 1501.** Ist einem antheilsberechtigten Abkömmlinge für den Verzicht auf seinen Antheil eine Abfindung aus dem Gesammtgute gewährt worden, so wird sie bei der Auseinandersetzung in das Gesammtgut eingerechnet und auf die den Abkömmlingen gebührende Hälfte angerechnet.

Der überlebende Ehegatte kann mit den übrigen antheilsberechtigten Abkömmlingen schon vor der Aufhebung der fortgesetzten Gütergemeinschaft eine abweichende Vereinbarung treffen. Die Vereinbarung bedarf der gerichtlichen oder notariellen Beurkundung; sie ist auch den-

---

**§ 1499.** 1. Wegen der Bedeutung der Belastung des Ehegatten mit den in § 1499 aufgeführten Verbindlichkeiten vgl. § 1463 Note I. 2.

2. Die einzelnen Verbindlichkeiten.
Ziffer 1. Vgl. §§ 1488, 1463—1465.
Ziffer 2. Vgl. §§ 1463—1465.
Ziffer 3. Vgl. §§ 1624, 1446 Note 2.

**§ 1500.** 1. Abs. 1. Die Sondervorschrift des Abs. 1 ist eine Konsequenz des in § 1489 Abs. 3 ausgesprochenen Grundsatzes, daß durch die fortgesetzte Gütergemeinschaft eine persönliche Haftung der antheilsberechtigten Abkömmlinge für die Verbindlichkeiten des verstorbenen Ehegatten nicht begründet wird. Vgl. zu § 1489 Note II.

α. Welche Verbindlichkeiten dem verstorbenen Ehegatten im Verhältnisse zu dem überlebenden zur Last fielen, ergeben die §§ 1463—1465.

β. Beweislast für den Umfang der in Anspruch genommenen Anrechnung trägt der überlebende Ehegatte. Er muß beweisen, daß und inwieweit er Deckung nicht hat erlangen können.

2. Abs. 2. Vgl. zu § 1476 Note 1.

jenigen Abkömmlingen gegenüber wirksam, welche erst später in die fortgesetzte Gütergemeinschaft eintreten.

**§ 1502.** Der überlebende Ehegatte ist berechtigt, das Gesammtgut oder einzelne dazu gehörende Gegenstände gegen Ersatz des Werthes zu übernehmen. Das Recht geht nicht auf den Erben über.

e. Uebernahmerecht α. des überlebenden Ehegatten.

Wird die fortgesetzte Gütergemeinschaft auf Grund des § 1495 durch Urtheil aufgehoben, so steht dem überlebenden Ehegatten das im Abs. 1 bestimmte Recht nicht zu. Die antheilsberechtigten Abkömmlinge können in diesem Falle diejenigen Gegenstände gegen Ersatz des Werthes übernehmen, welche der verstorbene Ehegatte nach § 1477 Abs. 2 zu übernehmen berechtigt sein würde. Das Recht kann von ihnen nur gemeinschaftlich ausgeübt werden.

β. der anth.berecht. Abkömmlinge.

**§ 1503.** Mehrere antheilsberechtigte Abkömmlinge theilen die ihnen zufallende Hälfte des Gesammtguts nach dem Verhältnisse der Antheile, zu denen sie im Falle der gesetzlichen Erbfolge als Erben des verstorbenen Ehegatten berufen sein würden, wenn dieser erst zur Zeit der Beendigung der fortgesetzten Gütergemeinschaft gestorben wäre.

4. Auseinandersetzung zwischen den antheilsberecht. Abkömmlingen unter einander. a. Theilungsverhältniß.

Das Vorempfangene kommt nach den für die Ausgleichung unter Abkömmlingen geltenden Vorschriften zur Ausgleichung, soweit nicht eine solche bereits bei der Theilung des Nachlasses des verstorbenen Ehegatten erfolgt ist.

b. Ausgleichung wegen des Vorempfangenen.

Ist einem Abkömmlinge, der auf seinen Antheil verzichtet hat, eine Abfindung aus dem Gesammtgute gewährt worden, so fällt sie den Abkömmlingen zur Last, denen der Verzicht zu Statten kommt.

c. Anrechnung einer Abfindung.

---

**§ 1501.** 1. Abs. 1.

a. Verzicht eines Abkömmlinges auf den Antheil § 1491.

b. Nach § 1491 Abs. 4 in Verbindung mit § 1490 kommt der Antheil des durch Verzicht ausgeschiedenen Abkömmlinges den übrigen antheilsberechtigten Abkömmlingen zu Statten. Dem trägt die dispositive (vgl. Abs. 2) Vorschrift des Abs. 1 Rechnung.

c. Beispiel für die Berechnung:

Gesammtgut 3000 + 500 Abfindung = 3500. Hiervon entfallen je 1750 auf den überlebenden Ehegatten und auf die Gesammtheit der Abkömmlinge. Der Ehegatte erhält 1750 in vollem Werthe; die Abkömmlinge erhalten 500 M. Anrechnung und 1250 M. Werth.

d. Wegen des Verhältnisses unter den Abkömmlingen § 1503 Abs. 3.

2. Abs. 2. Die Vorschrift des Abs. 2 Satz 2 letzter Halbsatz ist erforderlich, weil die nach § 1490 (vgl. daselbst Note 2) eintretenden Abkömmlinge nicht als Erben, sondern kraft eigenen Rechtes eintreten. Ohne die besondere Vorschrift des Satz 2 wären sie an die Vereinbarung nicht gebunden.

3. Gerichtliche oder notarielle Beurkundung § 128.

**§ 1502.** Der zu ersetzende Werth wird durch Schätzung ermittelt. Maßgebend ist der Zeitpunkt der Uebernahme.

**§ 1503.** 1. Die Berufung zur Erbschaft und das Theilungsverhältniß gestaltet sich so, wie wenn der verstorbene Ehegatte erst zur Zeit der Beendigung der fortgesetzten Gütergemeinschaft (§§ 1492, 1493, 1494, 1496) gestorben wäre.

2. Die gesetzliche Erbfolge §§ 1924 ff.

3. Ausgleichung wegen des Vorempfangenen §§ 2050 ff.

a. Zum Verständnisse des Abs. 2 ist „bei der Theilung des Nachlasses" zu betonen. Nachlaß steht im Gegensatze zum Antheile des verstorbenen Ehegatten am Gesammtgute. Vgl. §§ 1482, 1483 und Noten daselbst.

d. Gegenseitig. Rückgriff wegen Gesammtgutsverbindlichkeiten.

**§ 1504.** Soweit die antheilsberechtigten Abkömmlinge nach § 1480 den Gesammtgutsgläubigern haften, sind sie im Verhältnisse zu einander nach der Größe ihres Antheils an dem Gesammtgute verpflichtet. Die Verpflichtung beschränkt sich auf die ihnen zugetheilten Gegenstände; die für die Haftung des Erben geltenden Vorschriften der §§ 1990, 1991 finden entsprechende Anwendung.

X. Pflichttheilsrecht der Abkömmlinge.

**§ 1505.** Die Vorschriften über das Recht auf Ergänzung des Pflichttheils finden zu Gunsten eines antheilsberechtigten Abkömmlinges entsprechende Anwendung; an die Stelle des Erbfalls tritt die Beendigung der fortgesetzten Gütergemeinschaft, als gesetzlicher Erbtheil gilt der dem Abkömmlinge zur Zeit der Beendigung gebührende Antheil an dem Gesammtgut, als Pflichttheil gilt die Hälfte des Werthes dieses Antheils.

XI. Erbunwürdigkeit eines Abkömmlinges.

**§ 1506.** Ist ein gemeinschaftlicher Abkömmling erbunwürdig, so ist er auch des Antheils an dem Gesammtgut unwürdig. Die Vorschriften über die Erbunwürdigkeit finden entsprechende Anwendung.

XII. Gerichtl. Zeugniß über die fortgesetzte GG.

**§ 1507.** Das Nachlaßgericht hat dem überlebenden Ehegatten auf Antrag ein Zeugniß über die Fortsetzung der Gütergemeinschaft zu ertheilen. Die Vorschriften über den Erbschein finden entsprechende Anwendung.

---

b. Die Vorempfänge können von dem Erblasser oder an dessen Stelle aus der fortgesetzten Gütergemeinschaft von dem überlebenden Ehegatten gemäß §§ 1443—1446 in Verbindung mit § 1487 Abs. 1 gewährt sein. Daß und inwieweit Ausgleichung bereits erfolgt ist, hat der Ausgleichungspflichtige zu beweisen.

4. Abs. 3. Vgl. §§ 1501, 1491.

5. Abänderung der Bestimmungen des § 1503 durch letztwillige Verfügungen sind nur nach Maßgabe der §§ 1512—1515 zulässig (vgl. § 1518). Es kann somit namentlich die Ausgleichungspflicht durch letztwillige Verfügung nicht beseitigt werden.

**§ 1504.** 1. Die Haftung der antheilsberechtigten Abkömmlinge wegen der vor der Theilung nicht berichtigten Gesammtgutsverbindlichkeiten ergiebt sich aus § 1498 in Verbindung mit § 1480. Vgl. zu § 1498 Note I. 1 e.

2. Die Beschränkung der Haftung der Abkömmlinge auf die zugetheilten Gegenstände (cum viribus) ergiebt sich

a. im Verhältnisse der Abkömmlinge zu den Gläubigern aus §§ 1498, 1480;
b. im Verhältnisse der Abkömmlinge zu einander aus § 1504.

3. Die Beschränkung der Haftung ist in der Zwangsvollstreckung und zwar nur dann geltend zu machen, wenn sie im Urtheile vorbehalten ist. CPO. § 786.

**§ 1505.** Die Vorschriften über Ergänzung des Pflichttheils wegen Schenkungen des Erblassers §§ 2325—2331.

**§ 1506.** Erbunwürdigkeit §§ 2339 ff. — Vgl. auch § 1482 Note 3.

**§ 1507.** 1. § 1507 betrifft die fortgesetzte Gütergemeinschaft, nicht die hinsichtlich des Vorbehaltsguts des verstorbenen Ehegatten eingetretene Erbfolge. Vgl. §§ 1482, 1483. Hinsichtlich des Vorbehaltsguts finden die Vorschriften über den Erbschein (§§ 2353 ff.) unmittelbar Anwendung.

2. Das Grundbuchamt hat die fortgesetzte Gütergemeinschaft nur auf Grund eines gemäß § 1507 ausgestellten Zeugnisses als nachgewiesen anzunehmen GO. § 36 Abs. 2 (abgedruckt vor den Noten zu § 2353). Desgleichen die Schiffsregisterbehörde FrG. § 107 (Bd. 1 S. 683).

3. Nachlaßgericht FrG. §§ 72, 73, abgedruckt vor § 1960.

**§ 1508.** Die Ehegatten können die Fortsetzung der Gütergemeinschaft durch Ehevertrag ausschließen.

XIII. Ausschließung der fortgesetzten GG. 1. durch Ehevertrag.

Auf einen Ehevertrag, durch welchen die Fortsetzung der Gütergemeinschaft ausgeschlossen oder die Ausschließung aufgehoben wird, finden die Vorschriften des § 1437 Anwendung.

**§ 1509.** Jeder Ehegatte kann für den Fall, daß die Ehe durch seinen Tod aufgelöst wird, die Fortsetzung der Gütergemeinschaft durch letztwillige Verfügung ausschließen, wenn er berechtigt ist, dem anderen Ehegatten den Pflichttheil zu entziehen oder auf Aufhebung der Gütergemeinschaft zu klagen. Auf die Ausschließung finden die Vorschriften über die Entziehung des Pflichttheils entsprechende Anwendung.

2. durch letztwillige Verfügung.

**§ 1510.** Wird die Fortsetzung der Gütergemeinschaft ausgeschlossen, so gilt das Gleiche wie im Falle des § 1482.

3. Wirkung der Ausschließung.

**§ 1511.** Jeder Ehegatte kann für den Fall, daß die Ehe durch seinen Tod aufgelöst wird, einen gemeinschaftlichen Abkömmling von der fortgesetzten Gütergemeinschaft durch letztwillige Verfügung ausschließen.

XIV. Letztw. Verfügungen über das Recht einzelner Abkömmlinge. 1. Ausschließung eines Abkömmlinges.

Der ausgeschlossene Abkömmling kann, unbeschadet seines Erbrechts, aus dem Gesammtgute der fortgesetzten Gütergemeinschaft die Zahlung des Betrags verlangen, der ihm von dem Gesammtgute der ehelichen Gütergemeinschaft als Pflichttheil gebühren würde, wenn die fortgesetzte Gütergemeinschaft nicht eingetreten wäre. Die für den Pflichttheilsanspruch geltenden Vorschriften finden entsprechende Anwendung.

Der dem ausgeschlossenen Abkömmlinge gezahlte Betrag wird bei der Auseinandersetzung den antheilsberechtigten Abkömmlingen nach Maßgabe des § 1500 angerechnet. Im Verhältnisse der Abkömmlinge zu einander fällt er den Abkömmlingen zur Last, denen die Ausschließung zu Statten kommt.

---

**§ 1508.** 1. Abs. 1. Ehevertrag §§ 1432 ff., 1434 (Form).
2. Abs. 2. Keine Abschließung durch den gesetzlichen Vertreter (§ 1437).
3. Fahrnißgemeinschaft vgl. § 1549 Note 3d.

**§ 1509.** 1. Letztwillige Verfügung §§ 1937, 2064 ff., 2299 (Erbvertrag).
2. Ausschließungsgründe:
a. Die Ehescheidungsgründe der §§ 1565—1568, 2335.
b. Die Klagegründe der §§ 1468, 1469.
3. Der Ausschließungsgrund muß zur Zeit der Errichtung der letztwilligen Verfügung bestehen und in derselben angegeben sein. Beweislast §§ 1509 S. 2, 2336.
4. Verzeihung der die Ausschließung begründenden Verfehlung §§ 1509 S. 2, 2337.
5. Ob in der Ausschließung der fortgesetzten Gütergemeinschaft zugleich die Entziehung des gesetzlichen Pflichttheils liegen soll und umgekehrt, ist Auslegungsfrage.

**§ 1510.** Im Falle der Ausschließung der fortgesetzten Gütergemeinschaft (§§ 1508, 1509) gehört der Antheil des verstorbenen Ehegatten am Gesammtgute zum Nachlasse wie bei unbeerbter Ehe (§ 1482).

**§ 1511.** 1. Abs. 1.
a. Die Ausschließung eines gemeinschaftlichen Abkömmlinges (§ 1483) durch letztwillige Verfügung (§§ 1937, 2064 ff., 2299) erfordert nach § 1516 die Zustimmung des anderen Ehegatten.

2. Herabsetzung des Antheils.

**§ 1512.** Jeder Ehegatte kann für den Fall, daß mit seinem Tode die fortgesetzte Gütergemeinschaft eintritt, den einem antheilsberechtigten Abkömmlinge nach der Beendigung der fortgesetzten Gütergemeinschaft gebührenden Antheil an dem Gesammtgute durch letztwillige Verfügung bis auf die Hälfte herabsetzen.

3. Entziehung des Antheils.

**§ 1513.** Jeder Ehegatte kann für den Fall, daß mit seinem Tode die fortgesetzte Gütergemeinschaft eintritt, einem antheilsberechtigten Abkömmlinge den diesem nach der Beendigung der fortgesetzten Gütergemeinschaft gebührenden Antheil an dem Gesammtgute durch letztwillige Verfügung entziehen, wenn er berechtigt ist, dem Abkömmlinge den Pflichttheil zu entziehen. Die Vorschriften des § 2336 Abs. 2 bis 4 finden entsprechende Anwendung.

Der Ehegatte kann, wenn er nach § 2338 berechtigt ist, das Pflichttheilsrecht des Abkömmlinges zu beschränken, den Antheil des Abkömmlinges am Gesammtgut einer entsprechenden Beschränkung unterwerfen.

---

b. Die Ausschließung eines Abkömmlinges von der fortgesetzten Gütergemeinschaft betrifft nur das Rechtsverhältniß der fortgesetzten Gütergemeinschaft, also das Gesammtgut der ehelichen Gütergemeinschaft. Die im Uebrigen hinsichtlich des Vorbehaltsguts eintretende Beerbung (§ 1483) wird durch die Ausschließung nicht berührt („unbeschadet seines Erbrechts" Abs. 2). Eine diesbezügliche Anordnung ist gegebenenfalls besonders zu treffen.

2. Abs. 2. Der von der fortgesetzten Gütergemeinschaft ausgeschlossene Abkömmling hat zu erhalten.

a. einen Kindesantheil vom Vorbehaltsgut als Erbe;

b. einen halben Kindesantheil vom Gesammtgute nach Pflichttheilsrecht, also als Forderungsberechtigter (§ 2303).

Durch die Worte „unbeschadet seines Erbrechts" soll die Anwendung des § 2306 ausgeschlossen werden.

4. Abs. 3.

a. Abs. 3 Satz 1 regelt das Verhältniß der Abkömmlinge zu dem überlebenden Ehegatten. Das im Gesetz enthaltene Zitat § 1500 muß offenbar heißen § 1501 (so auch Achilles). Es soll der nach Abs. 2 gezahlte Betrag, wie in § 1501 für die Abfindungssumme bestimmt, nicht dem Ehegatten, sondern lediglich den Abkömmlingen angerechnet werden.

b. Abs. 3 Satz 2 regelt das Verhältniß der Abkömmlinge untereinander, vgl. § 1503 Abs. 3.

**§ 1512.** 1. Letztwillige Verfügung §§ 1937, 2064 ff., 2299.
2. Erforderniß der Zustimmung des anderen Ehegatten § 1516.
3. Zuwendung des dem Abkömmling entzogenen Betrags an einen Dritten § 1514.

**§ 1513.** I. **(Abs. 1.) Entziehung des Antheils.**
1. Pflichttheilsentziehung §§ 2333, 2336 Abs. 2—4.
2. Zuwendung des dem Abkömmling entzogenen Betrags an einen Dritten § 1514.
3. Erforderniß der Zustimmung des anderen Ehegatten § 1516.
4. Letztwillige Verfügung §§ 1937, 2064 ff., 2299.

II. **(Abs. 2.) Beschränkung des Antheils eines Abkömmlinges in guter Absicht.**
1. Der § 2338 betrifft die Beschränkung des Pflichttheils in guter Absicht.
2. Beschränkung des Zugriffsrechts der Gläubiger CPO. § 863 Abs. 3 (zu § 2338).
3. Vgl. zu I. 3 u. 4.

4. Zuwendung des entzogenen Betrags an einen Dritten.

**§ 1514.** Jeder Ehegatte kann den Betrag, den er nach § 1512 oder nach § 1513 Abs. 1 einem Abkömmling entzieht, auch einem Dritten durch letztwillige Verfügung zuwenden.

5. Theilungsanordnung. Uebernahmerecht.

**§ 1515.** Jeder Ehegatte kann für den Fall, daß mit seinem Tode die fortgesetzte Gütergemeinschaft eintritt, durch letztwillige Verfügung anordnen, daß ein antheilsberechtigter Abkömmling das Recht haben soll, bei der Theilung das Gesammtgut oder einzelne dazu gehörende Gegenstände gegen Ersatz des Werthes zu übernehmen.

Gehört zu dem Gesammtgut ein Landgut, so kann angeordnet werden, daß das Landgut mit dem Ertragswerth oder mit einem Preise, der den Ertragswerth mindestens erreicht, angesetzt werden soll. Die für die Erbfolge geltenden Vorschriften des § 2049 finden Anwendung.

Das Recht, das Landgut zu dem im Abs. 2 bezeichneten Werthe oder Preise zu übernehmen, kann auch dem überlebenden Ehegatten eingeräumt werden.

6. Erforderniß der Zustimmung des anderen Ehegatten.

**§ 1516.** Zur Wirksamkeit der in den §§ 1511 bis 1515 bezeichneten Verfügungen eines Ehegatten ist die Zustimmung des anderen Ehegatten erforderlich.

Die Zustimmung kann nicht durch einen Vertreter ertheilt werden. Ist der Ehegatte in der Geschäftsfähigkeit beschränkt, so ist die Zustimmung seines gesetzlichen Vertreters nicht erforderlich. Die Zustimmungserklärung bedarf der gerichtlichen oder notariellen Beurkundung. Die Zustimmung ist unwiderruflich.

Die Ehegatten können die in den §§ 1511 bis 1515 bezeichneten Verfügungen auch in einem gemeinschaftlichen Testamente treffen.

XV. Vertragsmäßiger Verzicht eines Abkömmlinges auf seinen zukünftigen Antheil. — Verzichtsaufhebung.

**§ 1517.** Zur Wirksamkeit eines Vertrags, durch den ein gemeinschaftlicher Abkömmling einem der Ehegatten gegenüber für den Fall, daß die Ehe durch dessen Tod aufgelöst wird, auf seinen Antheil am Gesammtgute der fortgesetzten Gütergemeinschaft verzichtet oder durch den ein solcher Verzicht aufgehoben wird, ist die Zustimmung des anderen Ehegatten erforderlich. Für die Zustimmung gelten die Vorschriften des § 1516 Abs. 2 Satz 3, 4.

Die für den Erbverzicht geltenden Vorschriften finden entsprechende Anwendung.

---

**§ 1514.** 1. Nur der einem Abkömmlinge nach §§ 1512, 1513 entzogene Betrag, nicht der Antheil an der fortgesetzten Gütergemeinschaft selbst kann einem Dritten zugewendet werden.

2. Erforderniß der Zustimmung des anderen Ehegatten § 1516.

**§ 1515.** Landesgesetzlicher Vorbehalt für die Feststellung des Ertragswerths eines Landguts EG. Art. 137.

**§ 1516.** 1. Zustimmung §§ 182 ff. Notarielle oder gerichtliche Form § 128. Unwiderruflichkeit vgl. § 183 Note 1.

2. Bei Geschäftsunfähigkeit eines Ehegatten ist, da die Zustimmung von dem gesetzlichen Vertreter nicht erklärt werden kann, die Erklärung der Zustimmung und damit die diese Zustimmung erfordernde letztwillige Verfügung des anderen Ehegatten ausgeschlossen.

3. Gemeinschaftliches Testament §§ 2265 ff.

XVI. Beschränkung der Vertrags- und Testirfreiheit.

**§ 1518.** Anordnungen, die mit den Vorschriften der §§ 1483 bis 1517 in Widerspruch stehen, können von den Ehegatten weder durch letztwillige Verfügung noch durch Vertrag getroffen werden.

### 3. Errungenschaftsgemeinschaft.

I. Gesammtgut.

**§ 1519.** Was der Mann oder die Frau während der Errungenschaftsgemeinschaft erwirbt, wird gemeinschaftliches Vermögen beider Ehegatten (Gesammtgut).

Auf das Gesammtgut finden die für die allgemeine Gütergemeinschaft geltenden Vorschriften des § 1438 Abs. 2, 3 und der §§ 1442 bis 1453, 1455 bis 1457 Anwendung.

---

**§ 1517.** 1. Vgl. § 1491 Note 2.
2. Abs. 2. Erbverzicht §§ 2346 ff.

**§ 1518.** 1. Die Vorschrift des § 1518 bezweckt, die Rechte, welche das Gesetz für den Fall des Eintritts der fortgesetzten Gütergemeinschaft den gemeinschaftlichen Abkömmlingen als Ersatz des ihnen hinsichtlich des Gesammtguts entzogenen gesetzlichen Erb- und Pflichttheilsrechts beilegt, gegen willkürliche Anordnungen der Ehegatten zu schützen.

2. Die Nichtigkeit unzulässiger Anordnungen ergiebt § 134.

3. Die Ausschließung der fortgesetzten Gütergemeinschaft durch Ehevertrag steht den Ehegatten frei, § 1508.

**§ 1519.** I. **Die Bedeutung des Abs. 1.**

1. Entstehung des Gesammtguts kraft Gesetzes.

Abs. 1 bringt zum Ausdrucke, daß der während der Dauer der Errungenschaftsgemeinschaft gemachte Erwerb eine besondere, im Miteigenthume der Ehegatten stehende Vermögensmasse (Gesammtgut vgl. zu II) ist.

Abgelehnt ist damit die Auffassung, daß die Errungenschaftsgemeinschaft lediglich ein obligatorisches Verhältniß zwischen den Ehegatten begründet, vermöge dessen jeder Ehegatte lediglich obligatorisch verpflichtet ist, den Werth der in seinem Eigenthume stehenden, zur Errungenschaft gehörigen Gegenstände zu dem ehelichen Aufwande bzw. zum Zwecke der Theilung beizutragen.

2. Die Zugehörigkeit zur Errungenschaft ist die Regel.

Abs. 1 bringt ferner zum Ausdrucke, daß aller während der Errungenschaftsgemeinschaft von einem der Ehegatten gemachte Erwerb, auf welcher Erwerbsart derselbe auch immer beruht, Gesammtgut ist, soweit nicht die folgenden Paragraphen Ausnahmen machen. Es ist somit zu beweisen, daß ein während der Errungenschaftsgemeinschaft gemachter Erwerb nicht zum Gesammtgute gehört.

II. **Die Rechtsverhältnisse in Ansehung des Gesammtguts.**

1. Anlehnung an die allgemeine Gütergemeinschaft.

a. Die einzelnen Gegenstände werden kraft Gesetzes gemeinschaftlich § 1438 Abs. 2.

b. Jeder Ehegatte kann Berichtigung des Grundbuchs (§ 894) verlangen, § 1438 Abs. 3.

c. An dem Gesammtgute besteht Gemeinschaft zur gesammten Hand, § 1442.

d. Dem Manne steht das Verwaltungsrecht hinsichtlich des Gesammtguts gemäß §§ 1443—1448 zu.

e. Die Befugniß der Frau, mit Wirksamkeit für das Gesammtgut zu handeln, richtet sich nach §§ 1449—1453. Vgl. ferner die, ohne Rücksicht auf den Güterstand, der Frau zustehende Schlüsselgewalt, § 1357.

f. Bereicherung des Gesammtguts durch ein von dem einen Ehegatten ohne die erforderliche Zustimmung des anderen vorgenommenes Rechtsgeschäft, § 1455.

II. Eingebrachtes Gut. 1. Bestand. a. Bisher. Vermögen.

**§ 1520.** Eingebrachtes Gut eines Ehegatten ist, was ihm bei dem Eintritte der Errungenschaftsgemeinschaft gehört.

b. Erwerb von Todeswegen. Schenkungen 2c.

**§ 1521.** Eingebrachtes Gut eines Ehegatten ist, was er von Todeswegen oder mit Rücksicht auf ein künftiges Erbrecht, durch Schenkung oder als Ausstattung erwirbt. Ausgenommen ist ein Erwerb, der den Umständen nach zu den Einkünften zu rechnen ist.

c. Nichtübertragbare und unvererbliche Rechte.

**§ 1522.** Eingebrachtes Gut eines Ehegatten sind Gegenstände, die nicht durch Rechtsgeschäft übertragen werden können, sowie Rechte, die mit seinem Tode erlöschen oder deren Erwerb durch den Tod eines der Ehegatten bedingt ist.

d. Bestimmung durch Ehevertrag.

**§ 1523.** Eingebrachtes Gut eines Ehegatten ist, was durch Ehevertrag für eingebrachtes Gut erklärt ist.

e. Surrogation.

**§ 1524.** Eingebrachtes Gut eines Ehegatten ist, was er auf Grund eines zu seinem eingebrachten Gute gehörenden Rechtes oder als Ersatz für die Zerstörung, Beschädigung oder Entziehung eines zum eingebrachten Gute gehörenden Gegenstandes oder durch ein

---

g. Beschränkung der Verantwortlichkeit des Mannes für die Verwaltung des Gesammtguts gegenüber der Frau, § 1456.

h. Ausübung der dem Manne zustehenden Rechte durch einen Vormund, § 1457.

2. Zwangsvollstreckung während des Güterstandes.

a. Zwangsvollstreckung in das Gesammtgut CPO. § 740 (zu § 1459); bei selbständigem Betrieb eines Erwerbsgeschäfts durch die Ehefrau CPO. § 741 (zu § 1412). Vgl. Pr. JMBl. 1900 S. 22 ff.

b. Keine Zwangsvollstreckung in den Antheil eines Ehegatten am Gesammtgute vor Beendigung des Güterstandes oder in den Antheil eines Ehegatten an den einzelnen zum Gesammtgute gehörigen Gegenständen CPO. § 860 (zu § 1442).

3. Konkurs.

Das Gesammtgut gehört zur Konkursmasse des Mannes und wird durch den Konkurs der Frau nicht berührt, KO. § 2, zu § 1459 (S. 819). Im Uebrigen vgl. zu § 1543.

**§ 1520.** 1. Die Vorschrift gilt auch in Ansehung verbrauchbarer Sachen, insbesondere also auch baaren Geldes (vgl. §§ 1525, 1377). Vgl. ferner die Vermuthung des § 1540.

2. Die Zuweisung von Vermögensstücken des eingebrachten Gutes an das Gesammtgut kann durch Ehevertrag (§§ 1432, 1434) geschehen. Der Uebergang in das Gesammtgut erfolgt aber nicht in Gemäßheit der §§ 1519 Abs. 2, 1438 Abs. 2 (kraft Gesetzes), sondern nur nach Maßgabe der für den Uebergang des betreffenden Rechtes überhaupt geltenden Vorschriften.

**§ 1521.** Erwerb von Todeswegen vgl. § 1369. Den (wirthschaftlichen) Umständen nach gehören zu den Einkünften solche Schenkungen, welche einer der Ehegatten in Beziehung auf seine Erwerbsthätigkeit erhält, wie z. B. Trinkgelder, Weihnachtsgratifikationen 2c.

**§ 1522.** 1. Unübertragbare Gegenstände vgl. §§ 1439, 400.

2. Rechte, die mit dem Tode des Berechtigten erlöschen, sind, abgesehen von dem schon als unübertragbar (§ 1059) in das eingebrachte Gut gehörigen Nießbrauch (§ 1061), z. B. die Leibrente (§ 759). Vgl. ferner Bd. I S. 348 Vorb. Nr. 1.

3. Zu den durch den Tod bedingten Rechten gehört insbesondere der Anspruch aus der Lebensversicherung.

**§ 1523.** Ehevertrag §§ 1432 ff.

Rechtsgeschäft erwirbt, das sich auf das eingebrachte Gut bezieht. Ausgenommen ist der Erwerb aus dem Betrieb eines Erwerbsgeschäfts.

Die Zugehörigkeit einer durch Rechtsgeschäft erworbenen Forderung zum eingebrachten Gute hat der Schuldner erst dann gegen sich gelten zu lassen, wenn er von der Zugehörigkeit Kenntniß erlangt; die Vorschriften der §§ 406 bis 408 finden entsprechende Anwendung.

2. Verwaltung a. für Rechnung des Gesammtguts.

**§ 1525.** Das eingebrachte Gut wird für Rechnung des Gesammtguts in der Weise verwaltet, daß die Nutzungen, welche nach den für den Güterstand der Verwaltung und Nutznießung geltenden Vorschriften dem Manne zufallen, zu dem Gesammtgute gehören.

b. durch den Mann.

Auf das eingebrachte Gut der Frau finden im Uebrigen die Vorschriften der §§ 1373 bis 1383, 1390 bis 1417 entsprechende Anwendung.

---

**§ 1524.** 1. Surrogation vgl. §§ 1370, 1440 Abs. 2.
2. Abs. 2. Vgl. § 720.

**§ 1525.** 1. Abs. 1. Erwerb der Nutzungen (§ 100) durch den Mann bei dem Güterstande der Verwaltung und Nutznießung § 1383.

2. Abs. 2. Die in Bezug genommenen Vorschriften gehören dem Rechte des Güterstandes der Verwaltung und Nutznießung an und betreffen:

a. §§ 1373—1383 Besitz-, Verwaltungs-, Verfügungsrecht und Fruchterwerb des Mannes.

b. Die hier nicht zitirten §§ 1384—1387 sind in § 1529 mit der Maßgabe verwendet, daß die nach diesen Vorschriften dem Manne zur Last fallenden Verpflichtungen der Frau bei der Errungenschaftsgemeinschaft dem Gesammtgute zu Last gelegt werden.
§ 1388 ist ersetzt durch § 1530 Abs. 2.
§ 1389 durch § 1529 Abs. 1.

c. § 1390 Aufwendungen des Mannes zum Zwecke der Verwaltung.

d. §§ 1391—1393 Sicherung der Frau.

e. § 1394 Zeitliche Beschränkung gerichtlicher Geltendmachung der der Frau auf Grund der Verwaltung und Nutznießung gegen den Mann zustehenden Ansprüche.

f. §§ 1395—1407 Rechtsakte der Frau, welche zur Wirksamkeit gegenüber dem Manne in Ansehung des eingebrachten Gutes der Zustimmung des Mannes nicht bedürfen.

g. § 1408 Unübertragbarkeit des ehemännlichen Rechtes.

h. § 1409 Ausübung der dem Manne zustehenden Rechte durch einen Vormund.

i. §§ 1410—1414 Schuldenhaftung des eingebrachten Gutes.

k. §§ 1415, 1416 Vertheilung der Verbindlichkeiten der Frau auf das Vorbehaltsgut und das eingebrachte Gut im Verhältnisse der Ehegatten zu einander.

l. § 1417 Ausgleichung zwischen Vorbehaltsgut und eingebrachtem Gute.

3. Zwangsvollstreckung.

a. Zwangsvollstreckung in das eingebrachte Gut der Ehefrau CPO. §§ 739, 794 Abs. 2 (zu § 1412); bei selbständigem Betriebe eines Erwerbsgeschäfts durch die Ehefrau CPO. § 741 (zu § 1412); bei Eintritt des Güterstandes nach Rechtshängigkeit CPO. § 742 (zu § 1412).

b. Ein besonderes Nutzungsrecht des Mannes in Ansehung des eingebrachten Gutes besteht bei der Errungenschaftsgemeinschaft nicht, vielmehr fallen die Früchte des eingebrachten Gutes unmittelbar kraft Gesetzes dem Gesammtgute zu (§§ 1519). Ein Recht, dessen Pfändbarkeit ausgeschlossen werden könnte (vgl. CPO. § 861, zu § 1408), steht deshalb bei der Errungenschaftsgemeinschaft nicht in Frage. Auch die Pfändung der Früchte ist gegenüber Gesammtgutsverbindlichkeiten nicht beschränkt (CPO. § 861 Satz 2).

4. Konkurs des Mannes vgl. zu § 1543.

**§ 1526.** Vorbehaltsgut der Frau ist, was durch Ehevertrag für Vorbehaltsgut erklärt ist oder von der Frau nach § 1369 oder § 1370 erworben wird. III. Vorbehaltsgut d. Frau.

Vorbehaltsgut des Mannes ist ausgeschlossen.

Für das Vorbehaltsgut der Frau gilt das Gleiche wie für das Vorbehaltsgut bei der allgemeinen Gütergemeinschaft.

**§ 1527.** Es wird vermuthet, daß das vorhandene Vermögen Gesammtgut sei. IV. Vermuthung für das Gesammtgut.

**§ 1528.** Jeder Ehegatte kann verlangen, daß der Bestand seines eigenen und des dem anderen Ehegatten gehörenden eingebrachten Gutes durch Aufnahme eines Verzeichnisses unter Mitwirkung des anderen Ehegatten festgestellt wird. Auf die Aufnahme des Verzeichnisses finden die für den Nießbrauch geltenden Vorschriften des § 1035 Anwendung. V. Feststellung der Vermögensmassen. 1. Bestand.

Jeder Ehegatte kann den Zustand der zum eingebrachten Gute gehörenden Sachen auf seine Kosten durch Sachverständige feststellen lassen. 2. Zustand.

**§ 1529.** Der eheliche Aufwand fällt dem Gesammtgute zur Last. VI. Gesammtgutslasten.

Das Gesammtgut trägt auch die Lasten des eingebrachten Gutes beider Ehegatten; der Umfang der Lasten bestimmt sich nach den bei dem Güterstande der Verwaltung und Nutznießung für das eingebrachte Gut der Frau geltenden Vorschriften der §§ 1384 bis 1387.

---

**§ 1526.** 1. Vorbehaltsgut der Frau (vgl. auch § 1440).
a. Ehevertrag §§ 1432 ff.
b. § 1369 Erwerb, welcher der Frau von Todeswegen oder unentgeltlich unter Lebenden mit der Bestimmung, daß er Vorbehaltsgut sein soll, zugewendet ist.
c. § 1370 Surrogate für die zum Vorbehaltsgute gehörenden Vermögensgegenstände.
d. (Abs. 3.) Vgl. § 1441. Maßgebend ist das Recht der Gütertrennung (§§ 1427—1431) mit beschränkter Beitragspflicht der Frau in Ansehung des ehelichen Aufwandes (§ 1427).

2. Vorbehaltsgut des Mannes ist nicht zugelassen.

**§ 1527.** 1. Eine wichtige Konsequenz dieser Vermuthung ist, daß die auf das eingebrachte Gut eines der Ehegatten gemachten Verwendungen bis zum Beweise des Gegentheils als aus dem Gesammtgute gemacht gelten.

2. Zur Widerlegung der Vermuthung (CPO. § 292) dient der Beweis, daß der betreffende Gegenstand nicht während der Errungenschaftsgemeinschaft erworben ist (vgl. § 1519). Nach Beseitigung der Vermuthung des § 1527 greifen die Vermuthungen aus § 1362 ein.

3. Vgl. die Vermuthung für die Bereicherung des Gesammtguts durch nicht mehr vorhandene verbrauchbare Sachen des eingebrachten Guts § 1540.

**§ 1528.** Vgl. § 1372. Verfahren FrG. § 164 (zu § 1034).

**§ 1529.** Abs. 1. Vgl. §§ 1526 Abs. 3, 1441, 1427.

Abs. 2. Die in §§ 1384—1387 erwähnten Lasten sind:
§ 1384: Fruchtgewinnungs- und Erhaltungskosten.
§ 1385: Oeffentliche und private Lasten.
§ 1386: Zinsen und wiederkehrende Leistungen.
§ 1387: Prozeß- und Vertheidigungskosten.

VII. Gesammtgutsverbindlichkeiten.
1. Verhältniß zu den Gläubigern.
a. Gesammtschuldnerische Haftung des Mannes.

**§ 1530.** Das Gesammtgut haftet für die Verbindlichkeiten des Mannes und für die in den §§ 1531 bis 1534 bezeichneten Verbindlichkeiten der Frau (Gesammtgutsverbindlichkeiten).

Für Verbindlichkeiten der Frau, die Gesammtgutsverbindlichkeiten sind, haftet der Mann auch persönlich als Gesammtschuldner. Die Haftung erlischt mit der Beendigung der Errungenschaftsgemeinschaft, wenn die Verbindlichkeiten im Verhältnisse der Ehegatten zu einander nicht dem Gesammtgute zur Last fallen.

b. Schulden der Frau mit Ges.gutshaftung.
α. Lasten ihres Eingebrachten.

**§ 1531.** Das Gesammtgut haftet für Verbindlichkeiten der Frau, die zu den im § 1529 Abs. 2 bezeichneten Lasten des eingebrachten Gutes gehören.

β. Rechtsgeschäfte u. Prozesse d. Frau.

**§ 1532.** Das Gesammtgut haftet für eine Verbindlichkeit der Frau, die aus einem nach dem Eintritte der Errungenschaftsgemeinschaft vorgenommenen Rechtsgeschäft entsteht, sowie für die Kosten eines Rechtsstreits, den die Frau nach dem Eintritte der Errungenschaftsgemeinschaft führt, wenn die Vornahme des Rechtsgeschäfts oder die Führung des Rechtsstreits mit Zustimmung des Mannes erfolgt oder ohne seine Zustimmung für das Gesammtgut wirksam ist.

γ. Durch Gegenstände d. Frau veranlaßte Verbindlichkeiten.

**§ 1533.** Das Gesammtgut haftet für eine Verbindlichkeit der Frau, die nach dem Eintritte der Errungenschaftsgemeinschaft in Folge eines ihr zustehenden Rechtes oder des Besitzes einer ihr gehörenden Sache entsteht, wenn das Recht oder die Sache zu einem Erwerbsgeschäfte gehört, das die Frau mit Einwilligung des Mannes selbständig betreibt.

---

**§ 1530.** 1. Gesammtgutsverbindlichkeiten sind

a. die Verbindlichkeiten des Mannes ausnahmslos;

b. die Verbindlichkeiten der Frau ausnahmsweise, nämlich nur in den Fällen der §§ 1531—1534. Unter diesen Ausnahmen befinden sich (anders wie bei der allgemeinen Gütergemeinschaft §§ 1459 ff.) nicht

α. die vor Eintritt der Errungenschaftsgemeinschaft bereits entstandenen Verbindlichkeiten der Ehefrau;

β. die Verbindlichkeiten aus einer von der Frau begangenen unerlaubten Handlung.

2. Zwangsvollstreckung in das Gesammtgut vgl. zu § 1519 Note II. 2.

3. (Abs. 2.) Persönliche Haftung des Mannes (vgl. § 1459 Abs. 2).

a. Gesammtschuldnerische Haftung §§ 421 ff.

b. Beendigung der Errungenschaftsgemeinschaft §§ 1542—1544, insbesondere § 1542 Note II.

c. Die im Verhältnisse der Ehegatten zu einander nicht dem Gesammtgute zur Last fallenden Verbindlichkeiten der Frau, welche Gesammtgutsverbindlichkeiten sind, ergeben sich aus §§ 1535, 1537.

**§ 1531.** Die zu § 1529 Abs. 2 bezeichneten Lasten des eingebrachten Gutes bestimmen sich nach §§ 1384—1387.

**§ 1532.** 1. Vgl. § 1460.

2. Ohne Zustimmung des Mannes dem Gesammtgute gegenüber wirksame Rechtsgeschäfte oder Prozeßführung der Frau § 1519 Abs. 2 in Verbindung mit §§ 1449—1454.

**§ 1533.** Vgl. § 1462.

**§ 1534.** Das Gesammtgut haftet für Verbindlichkeiten der Frau, die ihr auf Grund der gesetzlichen Unterhaltspflicht obliegen.

δ. Unterhaltspflichten der Frau.

**§ 1535.** Im Verhältnisse der Ehegatten zu einander fallen folgende Gesammtgutsverbindlichkeiten dem Ehegatten zur Last, in dessen Person sie entstehen:

2. Verhältniß der Ehegatten zu einander.
a. Dem Ehegatten, auf dessen Vermögen sich die Schuld bezieht, zur Last fallende Gesammtgutsverbindlichkeiten.

1. die Verbindlichkeiten aus einem sich auf sein eingebrachtes Gut oder sein Vorbehaltsgut beziehenden Rechtsverhältniß, auch wenn sie vor dem Eintritte der Errungenschaftsgemeinschaft oder vor der Zeit entstanden sind, zu der das Gut eingebrachtes Gut oder Vorbehaltsgut geworden ist;
2. die Kosten eines Rechtsstreits, den der Ehegatte über eine der in Nr. 1 bezeichneten Verbindlichkeiten führt.

**§ 1536.** Im Verhältnisse der Ehegatten zu einander fallen dem Manne zur Last:

b. Dem Manne zur Last fallende Verbindlichkeiten.

1. die vor dem Eintritte der Errungenschaftsgemeinschaft entstandenen Verbindlichkeiten des Mannes;
2. die Verbindlichkeiten des Mannes, die der Frau gegenüber aus der Verwaltung ihres eingebrachten Gutes entstehen, soweit nicht das Gesammtgut zur Zeit der Beendigung der Errungenschaftsgemeinschaft bereichert ist;
3. die Verbindlichkeiten des Mannes aus einer unerlaubten Handlung, die er nach dem Eintritte der Errungenschaftsgemeinschaft begeht, oder aus einem Strafverfahren, das wegen einer unerlaubten Handlung gegen ihn gerichtet wird;
4. die Kosten eines Rechtsstreits, den der Mann über eine der in Nr. 1 bis 3 bezeichneten Verbindlichkeiten führt.

---

**§ 1534.** 1. Gesetzliche Unterhaltspflicht §§ 1601 ff., 1604 Abs. 2.

2. Die Vorschrift erstreckt sich auch auf die Unterhaltspflicht gegenüber dem geschiedenen Ehegatten (§ 1578 Abs. 2). Die auf die Ehefrau als Erbin übergegangenen Unterhaltsverbindlichkeiten (§§ 1582, 1712) kommen, wie in der Reichstagskommission hervorgehoben wurde, nicht als gesetzliche Unterhaltspflichten, sondern als Nachlaßverbindlichkeiten in Betracht. Vgl. aber § 1529 Abs. 2 in Verbindung mit § 1386 Note II. 3 b.

**§ 1535.** I. **Prinzip der Gemeinschaftlichkeit der Gesammtgutsverbindlichkeiten.**

1. Die Regel ist, daß die Gesammtgutsverbindlichkeiten (§§ 1530 bis 1534) auch im Verhältnisse der Ehegatten zu einander dem Gesammtgute zur Last fallen.

2. Ausnahmen von dieser Regel geben die §§ 1535 und 1536. Diese Ausnahmen werden indeß in § 1537 wieder eingeschränkt. Ueber das maßgebende Prinzip vgl. zu § 1537.

3. Ausstattung § 1538.

**II. Die Ausnahmen (vgl. zu I) des § 1535.**

1. Ziffer 1. Vgl. zu § 1415 Ziffer 2.

2. Ziffer 2. Vgl. zu § 1415 Ziffer 3.

3. Unerlaubte Handlungen (vgl. § 1415 Ziffer 1), welche die Frau vor oder während der Errungenschaftsgemeinschaft begangen hat, begründen demnach keine Gesammtgutsverbindlichkeiten. Vgl. hierzu Mot. IV S. 525.

**§ 1536.** I. **Die Stellung des § 1536 im System.**

1. Vgl. wegen des Charakters der Vorschriften des § 1536 als Ausnahme-

c. Ergänzung der §§ 1535, 1536.

**§ 1537.** Die Vorschriften des § 1535 und des § 1536 Nr. 1, 4 finden insoweit keine Anwendung, als die Verbindlichkeiten nach § 1529 Abs. 2 von dem Gesammtgute zu tragen sind.

Das Gleiche gilt von den Vorschriften des § 1535 insoweit, als die Verbindlichkeiten durch den Betrieb eines Erwerbsgeschäfts, der für Rechnung des Gesammtguts geführt wird, oder in Folge eines zu einem solchen Erwerbsgeschäfte gehörenden Rechtes oder des Besitzes einer dazu gehörenden Sache entstehen.

d. Ausstattung.

**§ 1538.** Verspricht oder gewährt der Mann einem Kinde eine Ausstattung, so finden die Vorschriften des § 1465 Anwendung.

e. Bereicherungsausgleich zwisch. d. Gesammtgut u. d. eingebrachten Gütern.

**§ 1539.** Soweit das eingebrachte Gut eines Ehegatten auf Kosten des Gesammtguts oder das Gesammtgut auf Kosten des eingebrachten Gutes eines Ehegatten zur Zeit der Beendigung der Errungenschaftsgemeinschaft bereichert ist, muß aus dem bereicherten Gute zu dem anderen Gute Ersatz geleistet werden. Weitergehende, auf besonderen Gründen beruhende Ansprüche bleiben unberührt.

---

vorschriften zu § 1535 Note I und wegen der Einschränkung dieser Ausnahmen zu § 1537.

2. § 1536 handelt nur von Verbindlichkeiten des Mannes.

3. Die entsprechenden Verbindlichkeiten der Frau bleiben hier außer Berücksichtigung, da sie nach §§ 1530 ff. überhaupt keine Gesammtgutsverbindlichkeiten sind.

II. **Die Ausnahmen (§ 1535 Note I) des § 1536.**

1. Ziffer 1. Vgl. § 1530 Note 1a und § 1537 Abs. 1.

2. Ziffer 2. Vgl. § 1525 Abs. 2 verbunden mit § 1374. Vgl. Mot. IV S. 387, 388.

3. Ziffer 3. Vgl. § 1415 Ziffer 1.

4. Ziffer 4. Vgl. § 1537.

**§ 1537.** 1. Nach dem der Regelung der §§ 1535—1537 zu Grunde liegenden Gedanken sollen dem Gesammtgut auch im Verhältnisse der Ehegatten zu einander diejenigen Gesammtgutsverbindlichkeiten zur Last fallen, welche entweder

a. von einem der Ehegatten innerhalb der Grenzen seines Verwaltungsrechts für die bestimmungsgemäßen Zwecke der Errungenschaftsgemeinschaft (Bestreitung des ehelichen Aufwandes § 1529 Abs. 1, der Lasten der eingebrachten Güter § 1529 Abs. 2, der zur Erhaltung, Verwaltung oder Vermehrung des Gesammtguts dienenden Ausgaben eingegangen sind, oder

b. kraft Gesetzes dem Gesammtgute zur Last fallen.

2. Nach dem zu 1 angegebenen Grundsatze sind dem Gesammtgut alle Gesammtgutsverbindlichkeiten (§§ 1530—1534) zur Last zu legen, mit Ausnahme der generell in den §§ 1535 und 1536 aufgeführten Verbindlichkeiten. Aber auch diese generell bezeichneten Ausnahmen fallen im einzelnen Falle wieder unter die Regel, wenn die Voraussetzungen des § 1537 vorliegen.

**§ 1538.** Ausstattung § 1624; im Uebrigen vgl. zu § 1465.

**§ 1539.** 1. Zur Begründung des Anspruchs gehört insbesondere der Nachweis, daß und inwieweit die Bereicherung zur Zeit der Beendigung der Errungenschaftsgemeinschaft besteht. Vgl. hinsichtlich verbrauchbarer Sachen die Vermuthung aus § 1540.

2. Als weitergehende Ansprüche (Satz 2) können z. B. der Anspruch aus der ungerechtfertigten Bereicherung (etwa im Falle des § 819), ferner der nicht auf die Bereicherung beschränkte Ersatzanspruch aus dem entsprechend anwendbaren § 1466 in Frage kommen.

f. Vermuthung wegen verbrauchb. Sachen.

**§ 1540.** Sind verbrauchbare Sachen, die zum eingebrachten Gute eines Ehegatten gehört haben, nicht mehr vorhanden, so wird zu Gunsten des Ehegatten vermuthet, daß die Sachen in das Gesammtgut verwendet worden seien und dieses um den Werth der Sachen bereichert sei.

g. Leistungszeit für die beiderseit. Ansprüche der Ehegatten.

**§ 1541.** Was ein Ehegatte zu dem Gesammtgut oder die Frau zu dem eingebrachten Gute des Mannes schuldet, ist erst nach der Beendigung der Errungenschaftsgemeinschaft zu leisten; soweit jedoch zur Berichtigung einer Schuld der Frau ihr eingebrachtes Gut und ihr Vorbehaltsgut ausreichen, hat sie die Schuld schon vorher zu berichtigen.

Was der Mann aus dem Gesammtgute zu fordern hat, kann er erst nach der Beendigung der Errungenschaftsgemeinschaft fordern.

VIII. Beendigung der Errungenschaftsgemeinschaft.
1. Aufhebungsklage.

**§ 1542.** Die Frau kann unter den Voraussetzungen des § 1418 Nr. 1, 3 bis 5 und des § 1468, der Mann kann unter den Voraussetzungen des § 1469 auf Aufhebung der Errungenschaftsgemeinschaft klagen.

Die Aufhebung tritt mit der Rechtskraft des Urtheils ein.

---

**§ 1540.** 1. Verbrauchbare Sachen § 92.

2. Zur Geltendmachung des Bereicherungsanspruchs aus § 1539 mit Hülfe der Vermuthung des § 1540 ist sonach nur zu beweisen, daß die verbrauchbaren Sachen zum eingebrachten Gute gehört haben und nicht mehr vorhanden sind.

3. Die Vermuthung des § 1540 bildet zugleich eine Ergänzung der Vermuthung aus § 1527, wonach das vorhandene Vermögen als Gesammtgut gilt.

4. Die Vermuthung des § 1540 gilt nur für denjenigen Ehegatten, zu dessen eingebrachtem Gute die nicht mehr vorhandenen verbrauchbaren Sachen gehört haben („des Ehegatten"). Es kann sich also der Mann im Falle des § 1536 Ziffer 2 nicht etwa auf die Vermuthung des § 1540 dafür berufen, daß das Gesammtgut bereichert sei.

**§ 1541.** Vgl. zu § 1467.

**§ 1542.** I. **Die Frau kann auf Aufhebung der Errungenschaftsgemeinschaft klagen,**

1. (§ 1418 Ziffer 1) wenn die Voraussetzungen vorliegen, unter denen die Frau nach § 1391 (1525 Abs. 2) Sicherheitsleistung verlangen kann.
   a. Gefährdung des eingebrachten Gutes der Frau durch das Verhalten des Mannes § 1391 Abs. 1;
   b. Gefährdung des Anspruchs der Frau gegen den Mann auf Ersatz des Werthes verbrauchbarer Sachen § 1391 Abs. 2;
2. (§ 1468 Ziffer 1) wenn der Mann ein Rechtsgeschäft der in den §§ 1444 bis 1446 (§ 1519 Abs. 2) bezeichneten Art ohne Zustimmung der Frau vorgenommen hat und für die Zukunft eine erhebliche Gefährdung der Frau zu besorgen ist;
3. (§ 1468 Ziffer 2) wenn der Mann das Gesammtgut in der Absicht, die Frau zu benachtheiligen, vermindert hat;
4. (§ 1468 Ziffer 3) wenn der Mann seine Verpflichtung, der Frau und den gemeinschaftlichen Abkömmlingen Unterhalt zu gewähren, verletzt hat und für die Zukunft eine erhebliche Gefährdung des Unterhalts zu besorgen ist;
5. (§§ 1418 Ziffer 3, 1468 Ziffer 4) wenn der Mann entmündigt ist;
6. (§ 1418 Ziffer 4) wenn der Mann nach § 1910 wegen Gebrechlichkeit einen Pfleger zur Besorgung seiner Vermögensangelegenheiten erhalten hat;

2. Konkurs des Mannes. **§ 1543.** Die Errungenschaftsgemeinschaft endigt mit der Rechtskraft des Beschlusses, durch den der Konkurs über das Vermögen des Mannes eröffnet wird.

3. Todeserklärung eines Ehegatten. **§ 1544.** Die Errungenschaftsgemeinschaft endigt, wenn ein Ehegatte für todt erklärt wird, mit dem Zeitpunkte, der als Zeitpunkt des Todes gilt.

4. Wirkung der Beendigung. **§ 1545.** Endigt die Errungenschaftsgemeinschaft nach den §§ 1542 bis 1544, so gilt für die Zukunft Gütertrennung.

Dritten gegenüber ist die Beendigung der Gemeinschaft nur nach Maßgabe des § 1435 wirksam.

IX. Auseinandersetzung. **§ 1546.** Nach der Beendigung der Errungenschaftsgemeinschaft findet in Ansehung des Gesammtguts die Auseinandersetzung statt.

---

7. (§ 1418 Ziffer 5) wenn für den Mann ein Abwesenheitspfleger bestellt und die baldige Aufhebung der Pflegschaft nicht zu erwarten ist;
8. (§ 1468 Ziffer 4) wenn der Mann das Gesammtgut durch Verschwendung erheblich gefährdet. Entmündigung wegen Verschwendung vgl. zu 5;
9. (§ 1468 Ziffer 5) wenn das Gesammtgut in Folge von Verbindlichkeiten, die in der Person des Mannes entstanden sind, in solchem Maße überschuldet ist, daß ein späterer Erwerb der Frau erheblich gefährdet wird.

II. **Der Mann kann auf Aufhebung der Errungenschaftsgemeinschaft klagen** (§ 1469), wenn das Gesammtgut in Folge von Verbindlichkeiten der Frau (vgl. § 1530 Note 1b), die im Verhältnisse der Ehegatten zu einander nicht dem Gesammtgute zur Last fallen (§§ 1535, 1537), in solchem Maße überschuldet ist, daß ein späterer Erwerb des Mannes erheblich gefährdet wird. Vgl. auch § 1530 Abs. 2 Satz 2.

III. (Abs. 2.) **Die Aufhebung der Errungenschaftsgemeinschaft.** Vgl. §§ 1418 Abs. 2, 1470.

**§ 1543.** 1. Vgl. § 1419.
2. **Konkursmasse des Mannes.**
Zur Konkursmasse des Mannes gehört nach KO. § 2 (abgedruckt zu § 1459 Note IV) das Gesammtgut. Die Errungenschaftsgemeinschaft endet erst mit der Rechtskraft des Eröffnungsbeschlusses, so daß der zwischen dem Erlasse des Eröffnungsbeschlusses und dem Eintritte seiner Rechtskraft gemachte Erwerb der Ehegatten gemäß § 1519 in das Gesammtgut fällt. Dennoch wird dieser Erwerb, als erst n a ch der Konkurseröffnung gemacht, gemäß KO. § 1 nicht zur Konkursmasse zu rechnen sein. (So auch Jäger, Konkursordnung § 2 Anm. 9).

3. Klage der Frau auf Wiederherstellung der Errungenschaftsgemeinschaft § 1547.

**§ 1544.** 1. Vgl. § 1420. Todeserklärung §§ 13 ff., 18.
2. Wiederherstellung der Errungenschaftsgemeinschaft auf Klage des seine Todeserklärung überlebenden Ehegatten § 1547 Note 4.

**§ 1545.** 1. Gütertrennung §§ 1427—1431.
2. Wegen des Schutzes gutgläubiger Dritter vor Eintragung der Gütertrennung in das Güterrechtsregister vgl. zu § 1435.

3. Eine Nachwirkung der Errungenschaftsgemeinschaft zu Gunsten des überlebenden Ehegatten, wie dies in Form der fortgesetzten Gütergemeinschaft bei der allgemeinen Gütergemeinschaft (§§ 1483 ff.) und der Fahrnißgemeinschaft (§ 1557) vorgesehen ist, findet nicht statt. Die Ehegatten können nach den gewöhnlichen erbrechtlichen Vorschriften, soweit nicht Pflichttheilsansprüche entgegenstehen, sich gegenseitig etwa einen Nießbrauch im Wege des Vermächtnißvertrags (§ 1941) aussetzen.

Bis zur Auseinandersetzung bestimmt sich das Rechtsverhältniß der Ehegatten nach den §§ 1442, 1472, 1473.

Die Auseinandersetzung erfolgt, soweit nicht eine andere Vereinbarung getroffen wird, nach den für die allgemeine Gütergemeinschaft geltenden Vorschriften der §§ 1475 bis 1477, 1479 bis 1481.

Auf das eingebrachte Gut der Frau finden die für den Güterstand der Verwaltung und Nutznießung geltenden Vorschriften der §§ 1421 bis 1424 Anwendung.

**§ 1547.** Endigt die Errungenschaftsgemeinschaft durch die Eröffnung des Konkurses über das Vermögen des Mannes, so kann die Frau auf Wiederherstellung der Gemeinschaft klagen. Das gleiche Recht steht, wenn die Gemeinschaft in Folge einer Todeserklärung endigt, dem für todt erklärten Ehegatten zu, falls er noch lebt. X. Klage auf Wiederherstellung der Errungenschaftsgemeinschaft. 1. Voraussetzungen.

Wird die Gemeinschaft auf Grund des § 1418 Nr. 3 bis 5 aufgehoben, so kann der Mann unter den Voraussetzungen des § 1425 Abs. 1 auf Wiederherstellung der Gemeinschaft klagen.

---

**§ 1546. I. Gesammtgut.**

1. Rechtsverhältniß von der Aufhebung bis zur Auseinandersetzung.

a. Vgl. § 1471. — Die zitirten Paragraphen betreffen:
§ 1442: Fortdauer der Gemeinschaft zur gesammten Hand.
§ 1472: Verwaltung zur gesammten Hand.
§ 1473: Surrogationsprinzip.

b. Zwangsvollstreckung

α. in den Antheil eines Ehegatten ist zugelassen CPO. § 860 Abs. 2 (zu § 1442);

β. in das Gesammtgut CPO. §§ 743, 744 (zu § 1472).

c. Konkurs. KO. § 2, abgedruckt zu § 1459 Note IV. Vgl. ferner § 1543 Note 2.

2. Das Auseinandersetzungsverfahren FrG. § 99 (zu § 1471).

3. (Abs. 2.) Wegen der Auseinandersetzung selbst vgl. § 1474 und die in Abs. 2 zitirten Paragraphen.

**II. (Abs. 3.) Das eingebrachte Gut der Frau.**

1. Herausgabepflicht des Mannes § 1421.

2. Rückbeziehung der Herausgabepflicht auf den Zeitpunkt der Rechtshängigkeit der Aufhebungsklage (§ 1542) § 1422.

3. Vermiethung oder Verpachtung eines zum eingebrachten Gute gehörenden Grundstücks über die Dauer der Errungenschaftsgemeinschaft hinaus § 1423.

4. Gutgläubige Fortführung der Verwaltung nach Aufhebung der Errungenschaftsgemeinschaft. Fürsorgepflicht des Mannes bei Beendigung der Errungenschaftsgemeinschaft in Folge des Todes der Frau § 1424.

**§ 1547.** 1. An der Wiederherstellung der Errungenschaftsgemeinschaft kann jeder der beiden Ehegatten insofern ein Interesse haben, als er wiederum Antheil an dem (vielleicht gebesserten) Erwerbe des anderen Ehegatten erhält, vgl. § 1425.

2. (Abs. 1.) Wiederherstellung auf Verlangen der Frau findet statt, wenn die Beendigung der Errungenschaftsgemeinschaft herbeigeführt war

a. durch den Konkurs über das Vermögen des Mannes § 1543;

b. durch ihre Todeserklärung. Vgl. zu 4.

3. Wiederherstellung auf Verlangen des Mannes kommt in Frage bei Aufhebung der Entmündigung des Mannes oder der über ihn

2. Eintritt u. Wirkungen der Wiederherstellung. **§ 1548.** Die Wiederherstellung der Errungenschaftsgemeinschaft tritt in den Fällen des § 1547 mit der Rechtskraft des Urtheils ein. Die Vorschrift des § 1422 findet entsprechende Anwendung.

Dritten gegenüber ist die Wiederherstellung, wenn die Beendigung in das Güterrechtsregister eingetragen worden ist, nur nach Maßgabe des § 1435 wirksam.

Im Falle der Wiederherstellung wird Vorbehaltsgut der Frau, was ohne die Beendigung der Gemeinschaft Vorbehaltsgut geblieben oder geworden sein würde.

### 4. Fahrnißgemeinschaft.

I. Anwendbarkeit der Vorschriften über die allg. Gütergemeinschaft. **§ 1549.** Auf die Gemeinschaft des beweglichen Vermögens und der Errungenschaft (Fahrnißgemeinschaft) finden die für die allgemeine Gütergemeinschaft geltenden Vorschriften Anwendung, soweit sich nicht aus den §§ 1550 bis 1557 ein Anderes ergiebt.

---

eingeleiteten Pflegschaft, wegen welcher die Errungenschaftsgemeinschaft aufgehoben wurde. Vgl. § 1542 Note I. 5, 6, 7. Im Uebrigen vgl. zu § 1425. Bei stattgehabter Todeserklärung des Mannes vgl. zu 4.

4. Bei Beendigung der Errungenschaftsgemeinschaft durch Todeserklärung (§ 1544) kann nur der für todt erklärte Ehegatte, falls er noch lebt, die Wiederherstellung der Errungenschaftsgemeinschaft verlangen (Abs. 1 S. 2).

5. Gegen die Wiederherstellungsklage eines Ehegatten wird der andere Ehegatte die Einwendung haben, daß von ihm die Aufhebung der Errungenschaftsgemeinschaft noch aus einem anderen der in § 1542 zugelassenen Aufhebungsgründe verlangt werden konnte. Vgl. zu § 1425 Note 4.

**§ 1548.** Vgl. § 1425 Abs. 2 und 3.

**§ 1549.** 1. Die Fahrnißgemeinschaft ist lediglich als ein vertragsmäßiger Güterstand geregelt. Der Ehevertrag (§§ 1432 ff.) kann gemäß §§ 1549, 1437 nicht durch einen gesetzlichen Vertreter abgeschlossen werden.

2. Die Fahrnißgemeinschaft ist die Gemeinschaft des beweglichen Vermögens und der Errungenschaft, einschließlich der Immobiliarerrungenschaft (vgl. § 1551). Besitzt keiner der Ehegatten bei Eintritt der Fahrnißgemeinschaft unbewegliches Vermögen (§ 1551 Abs. 2), so deckt sich die Fahrnißgemeinschaft mit der allgemeinen Gütergemeinschaft.

3. Das nach § 1549 anwendbare Recht der allgemeinen Gütergemeinschaft (§§ 1437—1518) ist durch §§ 1550—1557 für die Fahrnißgemeinschaft nur in folgenden Punkten geändert:

a. § 1439 (Sondergut) ist ersetzt durch die §§ 1550—1554.
b. §§ 1440, 1441 (Vorbehaltsgut) ist ergänzt durch § 1555.
c. § 1463 wird durch die Vorschrift des § 1556 ergänzt.
d. §§ 1483, 1484, 1508 sind durch § 1557 dahin abgeändert, daß die fortgesetzte Gütergemeinschaft nicht ausgeschlossen werden muß, um nicht einzutreten, sondern daß sie vielmehr vereinbart sein muß, um einzutreten.

Auf diese Abweichungen ist in den Bemerkungen zu den Vorschriften der allgemeinen Gütergemeinschaft hingewiesen.

4. Zwangsvollstreckung in Ansehung des Gesammtguts.

a. Zwangsvollstreckung in den Antheil eines Ehegatten am Gesammtgute CPO. § 860 (zu § 1442).
b. Zwangsvollstreckung in das Gesammtgut während der Dauer der Fahrnißgemeinschaft.
α. Urtheil gegen den Mann CPO. § 740 (zu § 1459).

**§ 1550.** Von dem Gesammtgut ausgeschlossen ist das eingebrachte Gut eines Ehegatten.

II. Abweichungen von dem Rechte der allg. GG.
1. Das eingebrachte Gut.
a. Rechtsverhältnisse des eingebr. Gutes.

Auf das eingebrachte Gut finden die bei der Errungenschaftsgemeinschaft für das eingebrachte Gut geltenden Vorschriften Anwendung.

**§ 1551.** Eingebrachtes Gut eines Ehegatten ist das unbewegliche Vermögen, das er bei dem Eintritte der Fahrnißgemeinschaft hat oder während der Gemeinschaft durch Erbfolge, durch Vermächtniß oder

b. Bestand des eingebrachten Gutes.
α. Unbewegl. Vermögen mit Ausnahme d. Immobiliarerrungensch.

---

β. Urtheil gegen die selbständig ein Erwerbsgeschäft betreibende Frau CPO. § 741 (zu § 1421).

γ. Ertheilung einer in Ansehung des Gesammtguts vollstreckbaren Ausfertigung des Urtheils gegen die Frau, wenn die Fahrnißgemeinschaft nach Eintritt der Rechtshängigkeit eingetreten ist § 742 Abs. 2 (zu § 1412).

c. Zwangsvollstreckung in das Gesammtgut nach Aufhebung der Fahrnißgemeinschaft.

α. Urtheil gegen beide Ehegatten CPO. §§ 743 (zu § 1472).

β. Ertheilung einer in Ansehung des Gesammtguts vollstreckbaren Ausfertigung eines gegen den Mann vor Beendigung der Fahrnißgemeinschaft ergangenen Urtheils CPO. § 744 (zu § 1472).

d. Konkurs des Mannes oder der Ehefrau vgl. KO. § 2 zu § 1459 Note IV.

**§ 1550.** 1. Der Bestand des eingebrachten Gutes ist in den §§ 1551—1554 bestimmt. Gegenüber der Regel der §§ 1438, 1549 trifft die Beweislast denjenigen, der das Vorliegen der für das eingebrachte Gut geltenden Voraussetzungen (§§ 1551—1554) behauptet.

2. Die auf das eingebrachte Gut nach § 1550 Abs. 2 anwendbaren Vorschriften.

§ 1525: Verwaltung für Rechnung des Gesammtguts. — § 1525 Abs. 2 enthält ferner die aus dem Rechte des gesetzlichen Güterstandes zur Anwendung zu bringenden Vorschriften. Vgl. daselbst.

§ 1527: Vermuthung, daß das vorhandene Vermögen Gesammtgut ist.

§ 1528: Aufnahme des Bestandes der eingebrachten Güter und Feststellung ihres Zustandes.

§ 1529 Abs. 2: Die Lasten des eingebrachten Gutes werden von dem Gesammtgute getragen.

§ 1531: Haftung des Gesammtguts für die zu den Lasten des eingebrachten Gutes der Frau gehörigen Verbindlichkeiten der Frau.

§ 1539: Bereicherung des Gesammtguts auf Kosten des eingebrachten Gutes und umgekehrt.

§ 1540: Vermuthung, daß das Gesammtgut um den Werth nicht mehr vorhandener verbrauchbarer Sachen, welche zum eingebrachten Gute gehörten, bereichert ist.

§ 1541: Zeitpunkt der Ausgleichung zwischen den verschiedenen Vermögensmassen.

§ 1546 Abs. 3: Herausgabe des eingebrachten Gutes rc. nach Beendigung des Güterstandes.

3. Zwangsvollstreckung in das eingebrachte Gut der Frau.

a. Urtheil gegen die Frau auf Leistung, gegen den Mann auf Duldung der Zwangsvollstreckung CPO. § 739 (zu § 1412), Unterwerfung des Mannes unter die Zwangsvollstreckung CPO. § 794 Abs. 2 (zu § 1412).

b. Urtheil gegen die Frau, welche selbständig ein Erwerbsgeschäft betreibt, CPO. § 741 (zu § 1412). Vgl. Pr. JMBl. 1900 S. 22 ff.

c. Ertheilung einer in Ansehung des eingebrachten Gutes der Frau vollstreckbaren Ausfertigung eines Urtheils aus einem vor Eintritt der Fahrnißgemeinschaft rechtshängig gewesenen Rechtsstreite der Frau CPO. § 742 Abs. 1 (zu § 1412).

mit Rücksicht auf ein künftiges Erbrecht, durch Schenkung oder als Ausstattung erwirbt.

Zum unbeweglichen Vermögen im Sinne dieser Vorschrift gehören Grundstücke nebst Zubehör, Rechte an Grundstücken, mit Ausnahme der Hypotheken, Grundschulden und Rentenschulden, sowie Forderungen, die auf die Uebertragung des Eigenthums an Grundstücken oder auf die Begründung oder Uebertragung eines der bezeichneten Rechte oder auf die Befreiung eines Grundstücks von einem solchen Rechte gerichtet sind.

β. Unübertragbare Gegenstände.

**§ 1552.** Eingebrachtes Gut eines Ehegatten sind Gegenstände, die nicht durch Rechtsgeschäft übertragen werden können.

γ. Rechtsgeschäftliche Bestimmung.

**§ 1553.** Eingebrachtes Gut eines Ehegatten ist:

1. was durch Ehevertrag für eingebrachtes Gut erklärt ist;
2. was er nach § 1369 erwirbt, sofern die Bestimmung dahin getroffen ist, daß der Erwerb eingebrachtes Gut sein soll.

---

**§ 1551.** 1. Abs. 1 bringt den charakteristischen Unterschied zwischen der allgemeinen Gütergemeinschaft und der Fahrnißgemeinschaft zum Ausdrucke.

2. Besteht der Erwerb in den in Abs. 1 erwähnten Fällen theils aus unbeweglichen (Abs. 2), theils aus beweglichen Vermögensgegenständen, so fallen die unbeweglichen Gegenstände in das eingebrachte Gut, die beweglichen in das Gesammtgut bzw. in das Vorbehaltsgut der Frau (§§ 1549, 1440, 1555). Vgl. § 1556.

3. Wenn ein Ehegatte als Miterbe geerbt hat, so ist die Frage, ob sich die Mobiliar- oder Immobiliarqualität nach dem Bestande der ungetheilten Erbschaft oder nach dem Ergebnisse der Theilung entscheidet (RG. 15 324), auf Grund des nach §§ 1554, 1524 maßgebenden Surrogationsprinzips dahin zu beantworten, daß der Antheil, welcher dem Ehegatten an den zur Erbschaft gehörigen Immobilien (§ 1551 Abs. 2) zugefallen ist, die Eigenschaft als eingebrachtes Gut auch behält, wenn derselbe bei der Erbauseinandersetzung in bewegliche Sachen oder in einen Geldanspruch umgesetzt ist.

4. (Abs. 2.). Zum unbeweglichen Vermögen **lediglich im Sinne dieser Vorschrift** (vgl. Vorb. zu §§ 91 ff.) gehören:

a. Grundstücke und das diesen gleichstehende (§ 1017) Erbbaurecht. Zubehör (§§ 97, 98).
b. Rechte an Grundstücken oder an einem Erbbaurechte (§ 1017). Vgl. auch §§ 94 f.
α. Grunddienstbarkeiten §§ 1018 ff.
β. Nießbrauch (§ 1017) §§ 1030 ff.
γ. Beschränkte persönliche Dienstbarkeit §§ 1090 ff.
δ. Vorkaufsrecht §§ 1094 ff.
ε. Reallasten §§ 1105 ff.
c. Die Forderungen auf Uebertragung des Eigenthums 2c. werden auch dann zu dem Vermögen, welches ein Ehegatte bei dem Eintritte der Fahrnißgemeinschaft hat (Abs. 1) gerechnet werden müssen, wenn sie aufschiebend bedingt oder befristet sind und die Bedingung oder der Anfangstermin erst nach dem Eintritte des Güterstandes eintreten. Die Leistung, welche auf Grund der Forderung gemacht wird, fällt nach dem Surrogationsprinzip (§§ 1554, 1524) in das eingebrachte Gut, auch wenn der Gegenstand etwa auf Grund eines Interesseanspruchs an sich nicht zu dem unbeweglichen Vermögen im Sinne des Abs. 2 gehört.

**§ 1552.** Vgl. zu §§ 1439; 1400. Wegen der Surrogate nicht übertragbarer Gegenstände vgl. § 1554 Satz 2.

**§ 1554.** Eingebrachtes Gut eines Ehegatten ist, was er in der im § 1524 bezeichneten Weise erwirbt. Ausgenommen ist, was an Stelle von Gegenständen erworben wird, die nur deshalb eingebrachtes Gut sind, weil sie nicht durch Rechtsgeschäft übertragen werden können. — *1. Surrogation.*

**§ 1555.** Vorbehaltsgut des Mannes ist ausgeschlossen. — *2. Vorbehaltsgut.*

**§ 1556.** Erwirbt ein Ehegatte während der Fahrnißgemeinschaft durch Erbfolge, durch Vermächtniß oder mit Rücksicht auf ein künftiges Erbrecht, durch Schenkung oder als Ausstattung Gegenstände, die theils Gesammtgut, theils eingebrachtes Gut werden, so fallen die in Folge des Erwerbes entstehenden Verbindlichkeiten im Verhältnisse der Ehegatten zu einander dem Gesammtgut und dem Ehegatten, der den Erwerb macht, verhältnißmäßig zur Last. — *3. Verbindlichkeiten aus gemischtem Erwerbe zu Gesammtgut und Eingebrachtem.*

**§ 1557.** Fortgesetzte Gütergemeinschaft tritt nur ein, wenn sie durch Ehevertrag vereinbart ist. — *4. Fortgesetzte GG.*

## III. Güterrechtsregister.

---

**§ 1553.** 1. Ehevertrag §§ 1432 ff.

2. § 1369 betrifft den Erwerb von Todeswegen und die unentgeltlichen Zuwendungen unter Lebenden.

**§ 1554.** § 1524 enthält das Surrogationsprinzip. Vgl. daselbst. Wegen Satz 2 vgl. § 1552.

**§ 1555.** Für das Vorbehaltsgut der Frau sind gemäß § 1549 die §§ 1440 Abs. 2, 1441 anwendbar.

**§ 1556.** 1. Vgl. z. B. § 1551 Note 2.

2. Die in § 1556 enthaltene Ergänzung des § 1463 Ziffer 2 läßt das Verhältniß gegenüber den Gläubigern, welches sich nach §§ 1549, 1459—1462 richtet, unberührt.

**§ 1557.** Vgl. § 1549 Note 3d. — Der Ehevertrag (§§ 1432 ff.) kann gemäß §§ 1549, 1508 Abs. 2, 1437 nicht durch den gesetzlichen Vertreter abgeschlossen werden.

*Vorbemerkung zum Untertitel III.*

1. Ueber die materielle Bedeutung der Eintragung in das Güterrechtsregister des zuständigen Amtsgerichts vgl. § 1435 und die Bemerkungen daselbst.

2. Das Güterrechtsregister soll nur über die güterrechtlichen Verhältnisse der Ehegatten während des Bestehens der Ehe Auskunft geben. Auf später eintretende Verhältnisse, insonderheit auf das Vorhandensein oder Nichtvorhandensein der fortgesetzten Gütergemeinschaft bezieht es sich nicht.

3. Die §§ 1558—1563, welche die formalen Vorschriften für das Güterrechtsregister geben, finden ihre Ergänzung in FrG. §§ 161, 162.

*FG. § 161. Auf die Eintragungen in das Güterrechtsregister finden die Vorschriften der §§ 127 bis 130, 142, 143 entsprechende Anwendung.*

*Von einer Eintragung sollen in allen Fällen beide Ehegatten benachrichtigt werden.*

*FG. § 127. Das Registergericht kann, wenn eine von ihm zu erlassende Verfügung von der Beurtheilung eines streitigen Rechtsverhältnisses abhängig ist, die Verfügung aussetzen, bis über das Verhältniss im Wege des Rechtsstreits entschieden ist. Es kann, wenn der Rechtsstreit nicht anhängig ist, einem der Betheiligten eine Frist zur Erhebung der Klage bestimmen.*

*§ 128. Die Anmeldungen zur Eintragung in das Handelsregister sowie die zur Aufbewahrung bei dem Gerichte bestimmten Zeichnungen von Unterschriften können zum Protokolle des Gerichtsschreibers des Registergerichts erfolgen.*

1. Zuständiges Amtsgericht.

**§ 1558.** Die Eintragungen in das Güterrechtsregister haben bei dem Amtsgerichte zu geschehen, in dessen Bezirke der Mann seinen Wohnsitz hat.

Durch Anordnung der Landesjustizverwaltung kann die Führung des Registers für mehrere Amtsgerichtsbezirke einem Amtsgericht übertragen werden.

---

*§ 129. Ist die zu einer Eintragung erforderliche Erklärung von einem Notar beurkundet oder beglaubigt, so gilt dieser als ermächtigt, im Namen des zur Anmeldung Verpflichteten die Eintragung zu beantragen. Die Vorschriften des § 124 finden entsprechende Anwendung.*

*§ 130. Jede Eintragung soll den Tag, an welchem sie erfolgt ist, angeben und mit der Unterschrift des zuständigen Beamten versehen werden.*

*Jede Eintragung soll demjenigen, welcher sie beantragt hat, bekannt gemacht werden. Auf die Bekanntmachung kann verzichtet werden.*

*FG. § 142. Ist eine Eintragung in das Handelsregister bewirkt, obgleich sie wegen Mangels einer wesentlichen Voraussetzung unzulässig war, so kann das Registergericht sie von Amtswegen löschen. Die Löschung geschieht durch Eintragung eines Vermerkes.*

*Das Gericht hat den Betheiligten von der beabsichtigten Löschung zu benachrichtigen und ihm zugleich eine angemessene Frist zur Geltendmachung eines Widerspruchs zu bestimmen.*

*Auf das weitere Verfahren finden die Vorschriften des § 141 Abs. 3, 4 Anwendung.*

*§ 143. Die Löschung einer Eintragung kann gemäss den Vorschriften des § 142 auch von dem Landgerichte verfügt werden, welches dem Registergericht im Instanzenzuge vorgeordnet ist. Die Vorschrift des § 30 Abs. 1 Satz 2 findet Anwendung.*

*Gegen die einen Widerspruch zurückweisende Verfügung des Landgerichts findet die sofortige Beschwerde an das Oberlandesgericht mit der Massgabe statt, dass die Vorschriften des § 28 Abs. 2, 3 zur entsprechenden Anwendung kommen. Die weitere Beschwerde ist ausgeschlossen.*

*FG. § 162. Das Amtsgericht hat auf Verlangen eine Bescheinigung darüber zu ertheilen, dass bezüglich des Gegenstandes einer Eintragung weitere Eintragungen in das Vereins- oder Güterrechtsregister nicht vorhanden sind oder dass eine bestimmte Eintragung in das Register nicht erfolgt ist.*

**§ 1558.** 1. Wohnsitz § 7. Bei mehrfachem Wohnsitze soll nach Mot. IV S. 555 Eintragung bei einem der zuständigen Gerichte genügen.

2. *EG. z. HGB. Art. 4. Die nach dem bürgerlichen Rechte mit einer Eintragung in das Güterrechtsregister verbundenen Wirkungen treten, sofern ein Ehegatte Kaufmann ist und seine Handelsniederlassung sich nicht in dem Bezirke des für den Wohnsitz des Ehemanns zuständigen Registergerichts befindet, in Ansehung der auf den Betrieb des Handelsgewerbes sich beziehenden Rechtsverhältnisse nur ein, wenn die Eintragung auch in das Güterrechtsregister des für den Ort der Handelsniederlassung zuständigen Gerichts erfolgt ist. Bei mehreren Niederlassungen genügt die Eintragung in das Register des Ortes der Hauptniederlassung.*

*Wird die Niederlassung verlegt, so finden die Vorschriften des § 1559 des Bürgerlichen Gesetzbuchs entsprechende Anwendung.*

3. Für Ehegatten (Inländer wie Ausländer), welche im Inland einen Wohnsitz nicht haben, ist, sofern nicht Art. 4 d. EG. z. HGB. oder GewO. § 11a in der Fassung des Art. 36 EG. eingreifen, ein zuständiges Gericht nicht vorhanden. Auf sie findet § 1435 nicht Anwendung. Vgl. EG. Art. 16.

4. (Abs. 2.) Preußen AG. z. FrG. Artt. 29 f.; Sachsen V. z. A. einiger Rgesetze § 31.

**§ 1559.** Verlegt der Mann nach der Eintragung seinen Wohnsitz in einen anderen Bezirk, so muß die Eintragung im Register dieses Bezirkes wiederholt werden. Die frühere Eintragung gilt als von neuem erfolgt, wenn der Mann den Wohnsitz in den früheren Bezirk zurückverlegt.

2. Wiederholung d. Eintragung bei Wohnsitzverlegung.

**§ 1560.** Eine Eintragung in das Register soll nur auf Antrag und nur insoweit erfolgen, als sie beantragt ist. Der Antrag ist in öffentlich beglaubigter Form zu stellen.

3. Eintragungsantrag. a. Form.

**§ 1561.** Die Eintragung erfolgt in den Fällen des § 1357 Abs. 2 und des § 1405 Abs. 3 auf Antrag des Mannes.

b. Antragsberechtigung.

In den anderen Fällen ist der Antrag beider Ehegatten erforderlich; jeder Ehegatte ist dem anderen gegenüber zur Mitwirkung verpflichtet.

Der Antrag eines der Ehegatten genügt:

1. zur Eintragung eines Ehevertrags oder einer auf gerichtlicher Entscheidung beruhenden Aenderung der güterrechtlichen Verhältnisse der Ehegatten, wenn mit dem Antrage der Ehevertrag oder die mit dem Zeugnisse der Rechtskraft versehene Entscheidung vorgelegt wird;
2. zur Wiederholung einer Eintragung in dem Register eines anderen Bezirkes, wenn mit dem Antrag eine nach der Aufhebung des bisherigen Wohnsitzes ertheilte, öffentlich beglaubigte Abschrift der früheren Eintragung vorgelegt wird.

---

**§ 1559.** 1. Als Bezirke kommen hier die einen oder mehrere Amtsgerichtsbezirke (§ 1558 Abs. 2) umfassenden Registerbezirke in Betracht.

2. Wiederholung der Eintragung auf Antrag jedes der beiden Ehegatten § 1561 Abs. 3 Ziffer 2.

**§ 1560.** 1. Abs. 1 enthält nur eine Sollvorschrift. Das Fehlen des Antrags (FrG. §§ 128 f.) nimmt der Eintragung nicht die Wirksamkeit.

2. Oeffentliche Beglaubigung § 129. Der Antrag kann auch in den Ehevertrag mitaufgenommen werden (§§ 1434, 129 Abs. 2).

3. Die Eintragung begründet nicht die Vermuthung der Richtigkeit des durch dieselbe bekundeten Güterrechtsverhältnisses, vgl. zu § 1435 Note 5.

4. Inhalt der Eintragung (FrG. § 130) richtet sich nach dem Antrag. Auch theilweise Eintragung eines Ehevertrags ist zulässig (Satz 1 „insoweit"). Soweit Eintragung nicht erfolgt, ist für die Ehegatten der Schutz aus § 1435 durch die Eintragung nicht begründet.

**§ 1561.** I. (Abs. 1.) **Die Fälle einseitiger Antragsberechtigung des Mannes.**

1. Beschränkung oder Ausschließung der Schlüsselgewalt § 1357 Abs. 2.

2. Einspruch gegen den selbständigen Betrieb eines Erwerbsgeschäfts durch die Frau oder Widerruf der ertheilten Einwilligung § 1405 Abs. 3 (§§ 1452, 1519, 1525; 1549, 1550 Abs. 2).

II. (Abs. 3.) **Die Fälle einseitiger Antragsberechtigung eines Ehegatten.**

1. Eintragung eines Ehevertrags unter Vorlegung desselben (§ 1434).

a. Anwendungsfälle (§§ 1432 ff.): Insbesondere

α. Bestimmung als Vorbehaltsgut §§ 1368; 1440 Abs. 2; 1526; 1549, 1555.

β. Bestimmung als eingebrachtes Gut bei der Errungenschaftsgemeinschaft § 1523; bei der Fahrnißgemeinschaft § 1553.

γ. Gütertrennung vgl. § 1436.

4. Oeffentliche Bekanntmachung der Eintragung.

**§ 1562.** Das Amtsgericht hat die Eintragung durch das für seine Bekanntmachungen bestimmte Blatt zu veröffentlichen.

Wird eine Aenderung des Güterstandes eingetragen, so hat sich die Bekanntmachung auf die Bezeichnung des Güterstandes und, wenn dieser abweichend von dem Gesetze geregelt ist, auf eine allgemeine Bezeichnung der Abweichung zu beschränken.

5. Einsicht d. Registers. Ertheilung von Abschriften.

**§ 1563.** Die Einsicht des Registers ist Jedem gestattet. Von den Eintragungen kann eine Abschrift gefordert werden; die Abschrift ist auf Verlangen zu beglaubigen.

---

b. Aussetzung der Eintragung bis zur Entscheidung eines streitigen Rechtsverhältnisses, z. B. der Wirksamkeit des Ehevertrags FrG. §§ 161, 127.

2. Eintragung einer auf gerichtlicher Entscheidung beruhenden Aenderung.

a. Urtheil.

α. Aufhebung der Verwaltung und Nutznießung § 1418.

β. Wiederherstellung der Verwaltung und Nutznießung § 1425.

γ. Aufhebung der Gütergemeinschaft (Fahrnißgemeinschaft) §§ 1468—1470 (§ 1549).

δ. Aufhebung der Errungenschaftsgemeinschaft § 1542.

ε. Wiederherstellung der Errungenschaftsgemeinschaft § 1548.

b. Sonstige gerichtliche Entscheidung.

α. Aufhebung der Ausschließung oder Beschränkung der Schlüsselgewalt durch das Vormundschaftsgericht § 1357 Abs. 2.

β. Eröffnungsbeschluß betr. den Konkurs des Mannes § 1419 (Verwaltung und Nutznießung), § 1543 (Errungenschaftsgemeinschaft).

γ. Todeserklärung des Mannes bei der Verwaltung und Nutznießung § 1420.

δ. Todeserklärung eines Ehegatten bei der Errungenschaftsgemeinschaft § 1544.

3. Wiederholte Eintragung in das Register eines anderen Bezirks (vgl. §§ 1559, 1563).

III. (Abs. 2.) **Eintragung auf Grund beiderseitigen Antrags.**

1. Die verweigerte Mitwirkung des Anderen ist eventuell durch Klage und Zwangsvollstreckung gemäß CPO. § 894 zu ersetzen.

2. Anwendungsfälle sind z. B.:

a. Berichtigung des Güterrechtsregisters wegen Anfechtung des einer Eintragung zu Grunde liegenden Ehevertrags.

b. Eintragung der kraft Gesetzes eingetretenen Gütertrennung § 1364.

c. Eintragung der Eigenschaft als Vorbehaltsgut in den Fällen der §§ 1366, 1367, 1369, 1370.

**§ 1562.** 1. Zur Wirksamkeit der Eintragung gegenüber Dritten kommt es auf den Zeitpunkt der Eintragung in das Güterrechtsregister des zuständigen Gerichts, nicht auf die Zeit der Veröffentlichung an. Vgl. § 1435.

2. Die pflichtwidrige Verletzung der Vorschrift des § 1562 kann unter Umständen Schadensersatzpflicht des schuldhaft handelnden Richters oder Beamten gemäß § 839 begründen.

**§ 1563.** 1. Vgl. § 1561 Abs. 3 Ziffer 2.

2. Bescheinigungen über den Inhalt des Güterrechtsregisters FrG. § 162.

3. *GO. § 34. Der Nachweis, dass zwischen Ehegatten Gütertrennung oder ein vertragsmässiges Güterrecht besteht oder dass ein Gegenstand zum Vorbehaltsgut eines Ehegatten gehört, wird durch ein Zeugniss des Gerichts über die Eintragung des güterrechtlichen Verhältnisses im Güterrechtsregister geführt.*

*§ 35. Ist in den Fällen der §§ 33, 34 das Grundbuchamt zugleich das Registergericht, so genügt statt des Zeugnisses die Bezugnahme auf das Register.*

## Siebenter Titel.

# Scheidung der Ehe.

---

I. **Geltungsbereich des Ehescheidungsrechts des BGB.** Vorbemerkung zum 7. Titel.

1. Uebergangsvorschrift. EG. Art. 201. Die Scheidung und die Aufhebung der ehelichen Gemeinschaft erfolgen von dem Inkrafttreten des Bürgerlichen Gesetzbuchs an nach dessen Vorschriften.

Hat sich ein Ehegatte vor dem Inkrafttreten des Bürgerlichen Gesetzbuchs einer Verfehlung der in den §§ 1565 bis 1568 des Bürgerlichen Gesetzbuchs bezeichneten Art schuldig gemacht, so kann auf Scheidung oder auf Aufhebung der ehelichen Gemeinschaft nur erkannt werden, wenn die Verfehlung auch nach den bisherigen Gesetzen ein Scheidungsgrund oder ein Trennungsgrund war.

2. Internationales Privatrecht. EG. Art. 17.

II. **Prozessuale Vorschriften.**

Die Vorschriften des BGB. finden ihre Ergänzung in den Vorschriften der CPO. über das Verfahren in Ehesachen. (6. Buch 1. Abschnitt §§ 606 ff.)

1. Zuständigkeit CPO. § 606.
2. Mitwirkungsbefugniß der Staatsanwaltschaft CPO. § 607.
3. Sühnetermin CPO. §§ 608—611. Vgl. § 1571 Abs. 3.

*CPO. § 608. Der Vorsitzende darf den Termin zur mündlichen Verhandlung über eine Scheidungsklage oder über eine Klage auf Herstellung des ehelichen Lebens erst festsetzen, wenn den nachfolgenden Vorschriften über den Sühneversuch genügt ist.*

*§ 609. Der Kläger hat bei dem Amtsgerichte, vor welchem der Ehemann seinen allgemeinen Gerichtsstand hat, die Anberaumung eines Sühnetermins zu beantragen und zu diesem Termine den Beklagten zu laden.*

*Bestimmt sich das für die Klage zuständige Landgericht nach den Vorschriften des § 606 Abs. 2, so finden diese Vorschriften auf die Bestimmung des für den Sühnetermin zuständigen Amtsgerichts entsprechende Anwendung.*

*§ 610. Die Parteien müssen in dem Sühnetermine persönlich erscheinen; Beistände können zurückgewiesen werden.*

*Erscheint der Kläger oder erscheinen beide Parteien im Sühnetermine nicht, so muss der Kläger die Anberaumung eines neuen Sühnetermins beantragen und den Beklagten zu dem Termine laden. Erscheint der Kläger, aber nicht der Beklagte, so ist der Sühneversuch als misslungen anzusehen.*

*§ 611. Der Sühneversuch ist nicht erforderlich, wenn der Aufenthalt des Beklagten unbekannt oder im Auslande ist, wenn dem Sühneversuche ein anderes schwer zu beseitigendes Hinderniss entgegensteht, welches von dem Kläger nicht verschuldet ist, oder wenn die Erfolglosigkeit des Sühneversuchs mit Bestimmtheit vorauszusehen ist.*

*Ueber das Vorhandensein dieser Voraussetzungen entscheidet der Vorsitzende des Landgerichts ohne vorgängiges Gehör des Beklagten.*

4. Prozeßfähigkeit in Ehesachen CPO. § 612, abgedruckt S. 722.
5. Ausdrücklichkeit der Prozeßvollmacht des klagenden Ehegatten. Prüfung von Amtswegen CPO. § 613.
6. Vorbringen neuer Klagegründe. Widerklage CPO. § 614.
7. Zulässige und unzulässige Klagenverbindungen CPO. § 615.
8. Konsumtion der Scheidungsgründe, welche in einem früheren Rechtsstreite geltend gemacht sind oder geltend gemacht werden konnten CPO. § 616, zu § 1573.
9. Uneingeschränkte und freie richterliche Beweiswürdigung CPO. § 617.
10. Versäumniß des Beklagten CPO. § 618.
11. Parteienvernehmung CPO. § 619.

Vorbemerkung zum 7. Titel. (§§ 1564 ff.)

12. Aussetzung des Verfahrens auf Antrag des Klägers und von Amtswegen CPO. § 620.

13. Offizialthätigkeit des Gerichts CPO. § 622.

14. Scheidung wegen Geisteskrankheit CPO. § 623, zu § 1569.

15. Scheidung wegen Ehebruchs CPO. § 624, zu § 1565.

16. Zustellung des die Scheidung aussprechenden Urtheils von Amtswegen CPO. § 625.

17. Keine Zurückweisung verspäteter Vertheidigungsmittel in der Berufungsinstanz. CPO. § 626.

18. Interimistikum CPO. § 627. Eine Kostenvorschußpflicht des Mannes wird durch § 627 CPO. nicht begründet. Vgl. hierzu § 1387 Note A. III. 2 b.

Die Regelung des Interimistikums hat nach freiem richterlichen Ermessen auf der Grundlage des materiell maßgebenden Rechtes (vgl. EG. Artt. 14 ff., 17) zu geschehen. Ueber die Sorge für die Person der Kinder insbesondere ist regelmäßig im Anschluß an § 1635 zu entscheiden. Hierbei ist (nach Maßgabe der Verfahrensvorschriften CPO. §§ 936, 920 ff.) nicht nur die Schuld der Ehegatten, sondern auch das Interesse der Kinder zu berücksichtigen.

*CPO. § 627. Hat der Rechtsstreit die Scheidung, Nichtigkeit oder Anfechtung der Ehe zum Gegenstande, so kann das Gericht auf Antrag eines der Ehegatten durch einstweilige Verfügung für die Dauer des Rechtsstreits das Getrenntleben der Ehegatten gestatten, die gegenseitige Unterhaltspflicht der Ehegatten nach Massgabe des § 1361 des Bürgerlichen Gesetzbuchs ordnen, wegen der Sorge für die Person der gemeinschaftlichen minderjährigen Kinder, soweit es sich nicht um die gesetzliche Vertretung handelt, Anordnungen treffen und die Unterhaltspflicht der Ehegatten den Kindern gegenüber im Verhältnisse der Ehegatten zu einander regeln.*

*Die einstweilige Verfügung ist zulässig, sobald der Termin zur mündlichen Verhandlung oder im Falle einer Scheidungsklage der Termin zum Sühneversuche bestimmt oder im Wege der Widerklage die Scheidung beantragt oder die Ehe angefochten ist.*

*Von der einstweiligen Verfügung hat das Prozessgericht, wenn ein gemeinschaftliches minderjähriges Kind der Ehegatten vorhanden ist, dem Vormundschaftsgerichte Mittheilung zu machen.*

*Im Uebrigen gelten für die einstweilige Verfügung die Bestimmungen der §§ 936—944.*

19. Tod eines Ehegatten vor der Rechtskraft des Urtheils CPO. § 628.

*CPO. § 628. Stirbt einer der Ehegatten vor der Rechtskraft des Urtheils, so ist der Rechtsstreit in Ansehung der Hauptsache als erledigt anzusehen.*

20. Schutz minderjähriger Kinder CPO. § 630, zu § 1635.

21. Klage auf Aufhebung der ehelichen Gemeinschaft CPO. § 639, zu § 1575.

III. **Sonstige Vorschriften.**

1. Die Sorge für die Person der Kinder geschiedener Ehegatten §§ 1635 bis 1637; vgl. auch für die Uebergangszeit EG. Art. 206. — Wegen der elterlichen Gewalt vgl. §§ 1684, 1685.

2. Die Auseinandersetzung bei der allgemeinen Gütergemeinschaft § 1478, bei der Fahrnißgemeinschaft § 1549.

3. Erbrechtliche Verhältnisse der Ehegatten.

a. Gesetzliches Erbrecht § 1933.
b. Letztwillige Verfügungen zu Gunsten der Ehegatten § 2077.
c. Gemeinschaftliches Testament des Ehegatten § 2268.
d. Erbverträge der Ehegatten § 2279.
e. Pflichttheilsentziehung § 2335.

4. Eheverträge § 1432 Note 4.

I. Zulässigkeit, Art und Wirkung der Scheidung.

**§ 1564.** Die Ehe kann aus den in den §§ 1565 bis 1569 bestimmten Gründen geschieden werden. Die Scheidung erfolgt durch Urtheil. Die Auflösung der Ehe tritt mit der Rechtskraft des Urtheils ein.

II. Scheidungsgründe. 1. Verfehlungen. a. Absolute Scheidungsgründe. α. Ehebruch ꝛc.

**§ 1565.** Ein Ehegatte kann auf Scheidung klagen, wenn der andere Ehegatte sich des Ehebruchs oder einer nach den §§ 171, 175 des Strafgesetzbuchs strafbaren Handlung schuldig macht.

Das Recht des Ehegatten auf Scheidung ist ausgeschlossen, wenn er dem Ehebruch oder der strafbaren Handlung zustimmt oder sich der Theilnahme schuldig macht.

---

**§ 1564.** I. **Die Ehescheidungsgründe** (Satz 1).

1. Durch § 1564 Satz 1 wird zum Ausdrucke gebracht, daß die Scheidung der Ehe nur auf Grund der in den §§ 1565—1569 anerkannten Gründe erwirkt werden kann.

2. Die Scheidungsgründe der §§ 1565—1569.

a. Scheidung wegen Verschuldens eines Ehegatten (vgl. § 1574).

α. Die absoluten Scheidungsgründe (Ehebruch, Doppelehe, widernatürliche Unzucht § 1565; Lebensnachstellung § 1566; böswillige Verlassung § 1567) gewähren gegenüber dem schuldigen Ehegatten das Recht auf Scheidung unbedingt und, ohne daß es darauf ankommt, ob im einzelnen Falle die Verfehlung eine so schwere ist, daß dem anderen Ehegatten die Fortsetzung der Ehe nicht zugemuthet werden kann. — In diesen Fällen findet keine Aussetzung des Verfahrens durch das Gericht von Amtswegen auf Grund des § 620 CPO. (abgedruckt zu § 1568 Note II) statt.

β. Die relativen Scheidungsgründe § 1568.

b. Scheidung wegen Geisteskrankheit § 1569.

3. Nicht aufgenommen als Scheidungsgründe sind insbesondere gegenseitige Einwilligung („weil die Ehe eine über dem Willen der Ehegatten stehende Ordnung ist"), einseitige unüberwindliche Abneigung, unheilbares körperliches Gebrechen ꝛc.

4. Verträge über Herbeiführung oder Erleichterung der Scheidung sind nichtig (§ 138).

II. **Das Scheidungsverfahren** (Satz 2).

1. Satz 2 bringt zum Ausdrucke, daß die Scheidung ausschließlich durch gerichtliches Urtheil erfolgen kann (vgl. wegen der prozessualen Vorschriften Titelvorb. Note II) und lehnt damit einerseits die Zulässigkeit der Privatscheidung, andererseits die Scheidung durch Ausspruch des Standesbeamten oder durch Akt einer Verwaltungsbehörde oder des Landesherrn ab.

2. Vermerk der Ehescheidung und der Aufhebung der ehelichen Gemeinschaft im Heirathsregister hat keine konstitutive Wirkung. Personenstandsgesetz § 55 Abs. 2 (vgl. zu EG. Art. 46).

III. **Zeitpunkt und Wirkung der Eheauflösung** (Satz 3).

1. Das Scheidungsurtheil hat konstitutive Wirkung. Wegen Eintritt der Rechtskraft vgl. CPO. § 705. Zustellung des Scheidungsurtheils von Amtswegen CPO. § 625.

2. Durch die Fassung des Satz 3 wird zugleich zum Ausdrucke gebracht, daß im Gegensatze zur Anfechtung (§ 1343) durch die Scheidung das Rechtsverhältniß der Ehe nur für die Zukunft beendigt wird. Mit der Scheidung fallen keineswegs alle durch die Ehe einmal begründeten Wirkungen weg (vgl. z. B. Fortdauer der Schwägerschaft § 1590 Abs. 2).

3. Das Erbrecht der Ehegatten (§ 1933) fällt mit der Scheidung der Ehe fort, da ein geschiedener Ehegatte kein Ehegatte mehr ist und auch als solcher nicht mehr erben kann. Wegen der erbrechtlichen Fälle, in denen die Wirkung der Scheidung nicht an die Rechtskraft des Urtheils, sondern an die Erhebung der Scheidungsklage geknüpft ist, vgl. Titelvorb. Note III. 3.

4. Wohnsitz der geschiedenen Ehefrau § 10 Note 2.

IV. **Aufhebung der ehelichen Gemeinschaft** §§ 1575 f., 1586 f.

§ 1565. **§ 1565. I. Die Scheidungsgründe des § 1565.**

Die Scheidungsgründe des § 1565 sind absolute Scheidungsgründe, vgl. § 1564 Note I. 2 a. Im Einzelnen:

1. Ehebruch.

a. Der Begriff des Ehebruchs in § 1565 deckt sich mit dem gleichen Begriffe in StGB. § 172.

*StGB. § 172. Der Ehebruch wird, wenn wegen desselben die Ehe geschieden ist, an dem schuldigen Ehegatten, sowie dessen Mitschuldigen mit Gefängnis bis zu sechs Monaten bestraft.*

*Die Verfolgung tritt nur auf Antrag ein.*

Der Ehebruch erfordert die Vollziehung des Beischlafs, d. h. die nachgewiesene fleischliche Vermischung RG. in Straff. **14** 352, **21** 21.

Nur der vollendete Ehebruch (RG. **9** 189, **38** 131) ist absoluter Scheidungsgrund im Sinne des § 1565. Versuch des Ehebruchs und andere die eheliche Treue verletzende Handlungen sind als relative Scheidungsgründe nach § 1568 zu beurtheilen.

b. Außereheliche Beischlafsvollziehung ohne Verschulden des Ehegatten, z. B. in Folge einer Nothzucht oder eines Irrthums über die Person unter solchen Umständen, welche die freie Willensbestimmung (etwa in Geisteskrankheit) ausschließen, erfüllt nicht den Thatbestand des Ehebruchs. Die Vorschrift des § 827 über die im Zustande selbstverschuldeter Trunkenheit begangenen unerlaubten Handlungen ist für die Frage, ob die Beischlafsvollziehung im Zustande sinnloser Trunkenheit die Charakterisirung derselben als Ehebruch ausschließt, nicht zu verwerthen.

2. Bigamie StGB. § 171, abgedruckt zu § 1309 (S. 712).

3. Widernatürliche Unzucht StGB. § 175.

*StGB. § 175. Die widernatürliche Unzucht, welche zwischen Personen männlichen Geschlechts oder von Menschen mit Thieren begangen wird, ist mit Gefängnis zu bestrafen; auch kann auf Verlust der bürgerlichen Ehrenrechte erkannt werden.*

c. Andere unsittliche Handlungen, welche nicht den Thatbestand des § 175 erfüllen, können als relative Scheidungsgründe gemäß § 1568 in Betracht kommen.

II. (Abs. 2.) **Ausschließung des Rechtes auf Scheidung.**

1. Zustimmung oder Theilnahme des anderen Ehegatten beseitigen sein Recht auf Scheidung. Der Grund für die Ausschließung des Rechtes liegt nicht in einem rechtsgeschäftlichen Verzicht — ein solcher würde nichtig sein, vgl. §§ 138, 1353 Note 1 — sondern darin, daß der andere Ehegatte durch sein Verhalten zu erkennen giebt, daß durch die Vornahme der Handlung seine eheliche Gesinnung nicht beeinträchtigt und ihm die Fortsetzung der Ehe nicht unerträglich gemacht wird. (Beispiel: Absichtliche Herbeiführung von Verhältnissen, in denen der andere Ehegatte der Verführung unterliegt.) Das Recht der Scheidung wird hingegen nicht schon dadurch ausgeschlossen, daß der klägerische Gatte durch sein eigenes rechtswidriges oder unsittliches Verhalten dem anderen Ehegatten zu dem Ehevergehen mittelbare Veranlassung gegeben hat. (Beispiel: Ein Ehegatte wird durch die bösliche Verlassung von Seiten des anderen Ehegatten zur Begehung eines Ehebruchs veranlaßt.) Geeignetenfalls kann der Beklagte eine Widerklage auf Scheidung erheben.

2. Die Kompensation ist als Ausschließungsgrund nicht aufgenommen. Die Scheidung wegen Ehebruchs des beklagten Ehegatten kann auch dann verlangt werden, wenn der klagende Ehegatte (Mann oder Frau) sich selbst des Ehebruchs schuldig gemacht hat.

3. Verzeihung § 1570.

4. Fristablauf § 1571; vgl. indeß § 1572.

5. Prozessuale Konsumtion eines Thatbestandes als selbständigen Scheidungsgrundes CPO. § 616 zu § 1573.

**§ 1566.** Ein Ehegatte kann auf Scheidung klagen, wenn der andere Ehegatte ihm nach dem Leben trachtet.

**§ 1567.** Ein Ehegatte kann auf Scheidung klagen, wenn der andere Ehegatte ihn böslich verlassen hat.

Bösliche Verlassung liegt nur vor:

1. wenn ein Ehegatte, nachdem er zur Herstellung der häuslichen Gemeinschaft rechtskräftig verurtheilt worden ist, ein Jahr lang gegen den Willen des anderen Ehegatten in böslicher Absicht dem Urtheile nicht Folge geleistet hat;
2. wenn ein Ehegatte sich ein Jahr lang gegen den Willen des anderen Ehegatten in böslicher Absicht von der häuslichen Gemeinschaft fern gehalten hat und die Voraussetzungen für die öffentliche Zustellung seit Jahresfrist gegen ihn bestanden haben.

Die Scheidung ist im Falle des Abs. 2 Nr. 2 unzulässig, wenn die Voraussetzungen für die öffentliche Zustellung am Schlusse der mündlichen Verhandlung, auf die das Urtheil ergeht, nicht mehr bestehen.

---

III. **Prozessuale Vorschriften. Ehehinderniß des Ehebruchs.**

1. Mit Rücksicht auf das öffentliche, trennende Ehehinderniß der §§ 1312, 1328 wird durch CPO. § 624 (abgedruckt S. 715) die Feststellung der Person des Ehebrechers in dem Scheidungsurtheil angeordnet.

2. Keine Aussetzung des Verfahrens ohne Antrag des Klägers, soweit die Scheidungsklage auf § 1565 gestützt wird. CPO. § 620. Vgl. § 1564 Note I. 2aα.

**§ 1566.** 1. Nach dem Leben trachten (vgl. auch § 2333 Ziffer 1) erfordert vorsätzliche gegen das Leben gerichtete Handlungen (Lebensnachstellung). Vgl. OTr. Präjudiz Nr. 1012, Striethorst Archiv **96** 72, RG. bei Bolze **2** 1147. Bloße mündliche Bedrohungen, selbst wenn sie von Handlungen begleitet sind, die ohne einen gegen das Leben gerichteten Vorsatz der Drohung Nachdruck geben sollen, genügen nicht. Vgl. Rehbein Entsch. IV S. 342 f. Die Ergebnisse der Strafrechtspraxis über den Versuch mit untauglichen Mitteln sowie über den dolus eventualis sind für die Anwendung des § 1566 verwerthbar.

2. Lebens- und gesundheitsgefährliche Thätlichkeiten als solche, sofern sie nicht Ausfluß eines gegen das Leben des anderen Ehegatten gerichteten Vorsatzes sind, fallen nicht unter den absoluten Scheidungsgrund des § 1566, sondern unter § 1568.

3. Lebensnachstellungen, welche sich gegen Verwandte des anderen Ehegatten, nicht gegen diesen selbst richten, sind nicht nach § 1566, sondern nach § 1568 zu beurtheilen.

4. Erlöschen des Scheidungsrechts.

a. Verzeihung § 1570.
b. Fristablauf § 1571, vgl. indeß § 1572.
c. Prozessuale Konsumtion eines Thatbestandes als selbständigen Scheidungsgrundes CPO. § 616 zu § 1573.

5. Keine Aussetzung des Verfahrens ohne Antrag des Klägers, soweit die Scheidungsklage auf § 1566 gestützt wird. CPO. § 620. Vgl. § 1564 Note I. 2aα.

**§ 1567.** I. **Die Vorschrift des § 1567 im Allgemeinen.**

1. Die bösliche Verlassung ist absoluter Scheidungsgrund; keine Aussetzung des Verfahrens ohne Antrag des Klägers, soweit die Scheidungsklage auf § 1567 gestützt wird. CPO. § 620. Vgl. § 1564 Note I. 2aα.

2. Verhältniß des § 1567 zu § 1568.

In der Reichstagskommission (Drucksachen 440b S. 71 f.) wurde bestritten,

55*

§ 1567. daß die Verlassung, welche den Thatbestand des absoluten Scheidungsgrundes aus § 1567 nicht erfülle, als relativer Scheidungsgrund aus § 1568 geltend gemacht werden könne, da das Gesetzbuch in § 1567 den Thatbestand der böslichen Verlassung bis ins Detail erschöpfend regle. Dieser Auffassung ist indeß nicht beizutreten. Wenn ein Thatbestand zwar nicht den Erfordernissen des § 1567, wohl aber denen des § 1568 genügt, so ist § 1568 anwendbar, auch wenn die Verletzung der durch die Ehe begründeten Pflichten in der Aufhebung der häuslichen Gemeinschaft besteht. Vgl. § 1565 Note I. 1c.

II. **Voraussetzungen der böslichen Verlassung als absoluten Scheidungsgrundes.**

1. Ziffer 1. **Der Aufenthalt des abtrünnigen Ehegatten ist bekannt und für gerichtliche Zustellungen erreichbar (sog. Quasidesertion).** Die Scheidungsklage hat hier folgende Voraussetzungen:

a. **Rechtskräftige Verurtheilung zur Herstellung der häuslichen Gemeinschaft.** Vgl. § 1353 und Bemerkungen daselbst. Die Verlassung kann darin bestehen, daß die Frau von dem Manne fortgeht oder ihm nicht folgt, oder darin, daß der Mann von der Frau fortgeht oder sie nicht aufnimmt, sie verstößt, die Beschaffung einer geeigneten Ehewohnung unterläßt. Die Klage ist die Klage auf Herstellung des ehelichen Lebens (vgl. Vorb. zum 5. Titel Note 4 S. 743). Auch dieser Klage hat ein Sühneversuch vorauszugehen (CPO. § 608), so daß also zur Scheidung wegen böslicher Verlassung regelmäßig zwei amtsgerichtliche Sühneversuche erforderlich sind; vgl. indeß CPO. § 611 Abs. 1 a. E. Eine Zwangsvollstreckung findet aus dem Urtheile nicht statt (CPO. § 888); dem abtrünnigen Ehegatten soll durch seine rechtskräftige Verurtheilung zur Herstellung des ehelichen Lebens eindringlich zu Gemüthe geführt werden, daß er zur Aufhebung der ehelichen Gemeinschaft nicht berechtigt ist.

b. **Nichtbefolgung des rechtskräftigen Urtheils auf Herstellung des ehelichen Lebens (in concreto der häuslichen Gemeinschaft)**

α. **ein Jahr lang.** Die Frist beginnt mit dem Eintritte der Rechtskraft des Urtheils und ist deshalb gemäß §§ 187 Abs. 2, 188 zu berechnen. Vgl. § 187 Note 3;

β. **gegen den Willen des anderen Ehegatten,** also nicht in Uebereinstimmung mit demselben. Die Bestimmmung soll auf Scheidung der Ehe gerichtete Kollusionen der Ehegatten vereiteln. Ergeben die Umstände (CPO. §§ 286, 617, 622), daß dem Kläger der ernstliche Wille, die eheliche Gemeinschaft fortzusetzen, fehlt, so ist die Scheidungsklage abzuweisen. — Daß der klagende Ehegatte den Willen auf Fortsetzung der Ehe während des vollen Jahres nach Rechtskraft des Urtheils auf Herstellung der häuslichen Gemeinschaft haben muß, schließt nur aus, daß die **Scheidungsklage,** sei es aus dem Grunde der böslichen Verlassung, sei es aus einem anderen Grunde (vgl. § 1572 Note 2) vor Ablauf dieses Jahres erhoben, nicht aber, daß der **Sühnetermin** (CPO. §§ 608 ff.) vorher beantragt wird. Der Antrag auf Anberaumung des Sühnetermins bezweckt zwar häufig nur, die Voraussetzungen für die Scheidungsklage zu schaffen, schließt aber nicht nothwendig den ernstlichen Willen des Antragstellers, die Ehe fortzusetzen, aus.

γ. **In böslicher Absicht** muß die Nichtbefolgung des Urtheils geschehen, d. h. also in der Absicht, ohne rechtmäßigen Grund (§ 1353) die häusliche Gemeinschaft aufzuheben. Vgl. über den Begriff der **böslichen Verlassung** RG. **33** 172, Gruchot **30** 850. — **Böslichkeit ist insbesondere ausgeschlossen,**

αα. wenn nach dem Urtheil auf Herstellung der häuslichen Gemeinschaft eintretende Gründe die Trennung gemäß § 1353 rechtfertigen, insbesondere also, wenn das auf Herstellung der Gemeinschaft gerichtete Verlangen des Klägers sich als Mißbrauch seines Rechtes darstellt. (Beispiel: Der klagende Mann hat keine den Umständen nach geeignete

b. Relative Scheidungsgründe. Schwere Pflichtverletzung. Ehrloses od. unsittlich. Verhalten.

**§ 1568.** Ein Ehegatte kann auf Scheidung klagen, wenn der andere Ehegatte durch schwere Verletzung der durch die Ehe begründeten Pflichten oder durch ehrloses oder unsittliches Verhalten eine so tiefe Zerrüttung des ehelichen Verhältnisses verschuldet hat, daß dem Ehegatten die Fortsetzung der Ehe nicht zugemuthet werden kann. Als schwere Verletzung der Pflichten gilt auch grobe Mißhandlung.

---

Ehewohnung zur Verfügung); vgl. auch RG. 35 132. Ob auch guter Glaube in Ansehung dieser Berechtigung die Böslichkeit ausschließt, ist nicht zweifellos. Vgl. 40 161;

ββ. wenn die Entfernung nicht eine Bethätigung der Absicht ist, die eheliche Gemeinschaft aufzuheben. Beim Mangel dieser Absicht (z. B. bei Flucht wegen eines Verbrechens, längerer unbegründeter Abwesenheit, Auswanderung) wird die Anwendbarkeit des § 1568 in Frage kommen.

c. Ausschließung des Scheidungsrechts.

α. Verzeihung § 1570.

β. Fristablauf § 1571. Die Frist läuft indeß gemäß § 1571 Abs. 2 nicht während der Aufhebung der häuslichen Gemeinschaft.

γ. Prozessuale Konsumtion eines Thatbestandes als selbständigen Scheidungsgrundes. CPO. § 616, abgedruckt zu § 1573.

δ. Liegen die Voraussetzungen der böslichen Verlassung im Sinne des § 1567 Ziffer 1 einmal vor, so wird das dem verlassenen Ehegatten erwachsene Recht auf Scheidung nicht dadurch beeinträchtigt, daß sich der andere Ehegatte nachträglich zur Fortsetzung der häuslichen Gemeinschaft erbietet.

2. Ziffer 2. Der Aufenthalt des entwichenen Ehegatten ist unbekannt oder für Zustellungen unerreichbar (sog. Eigentliche Desertion). Voraussetzungen der Scheidungsklage sind:

a. Der entwichene Ehegatte muß sich ein Jahr lang (§§ 187 Abs. 1, 188) gegen den Willen des anderen Ehegatten (vgl. Note 1bβ) in böslicher Absicht (vgl. Note 1bγ und RG. 15 203) von der häuslichen Gemeinschaft ferngehalten haben (vgl. zu II. 1a) und

b. die Voraussetzungen der öffentlichen Zustellung (CPO. § 203) müssen seit Jahresfrist gegen ihn bestanden haben.

*CPO. § 203. Ist der Aufenthalt einer Partei unbekannt, so kann die Zustellung durch öffentliche Bekanntmachung erfolgen.*

*Die öffentliche Zustellung ist auch dann zulässig, wenn bei einer im Auslande zu bewirkenden Zustellung die Befolgung der für diese bestehenden Vorschriften unausführbar ist oder keinen Erfolg verspricht.*

*Das Gleiche gilt, wenn die Zustellung aus dem Grunde nicht bewirkt werden kann, weil die Wohnung einer nach den §§ 18, 19 des Gerichtsverfassungsgesetzes der Gerichtsbarkeit nicht unterworfenen Person der Ort der Zustellung ist.*

(GVG. §§ 18, 19 betreffen die nach völkerrechtlichen Grundsätzen der inländischen Gerichtsbarkeit nicht unterworfenen Chefs und Mitglieder 2c. der bei dem Reich oder einem Bundesstaate beglaubigten Missionen, die Mitglieder des Bundesraths sowie die Familienmitglieder, das Geschäfts- und Dienstpersonal dieser Personen.)

c. (Abs. 3.) Fallen während des Rechtsstreits die Voraussetzungen für die öffentliche Zustellung fort, so wird die Scheidung auf Grund der Ziffer 2 unzulässig. Es ist zunächst auf Herstellung der häuslichen Gemeinschaft zu klagen. In dem Uebergange zu dieser Klage liegt keine Klageänderung, RG. 31 14 (Ver. Civils.). Wegen der Anführung neuer Scheidungsgründe vgl. § 1572 Note 2.

**§ 1568. I. Relative Scheidungsgründe.**

1. Relativität bedeutet, daß entscheidend ist, welche Wirkung die Verfehlung auf die Ehe im einzelnen Falle ausübt.

§ 1568. a. Die in § 1568 erwähnten Verfehlungen eines Ehegatten begründen nicht schlechthin, wie die absoluten Scheidungsgründe der §§ 1565—1567 (vgl. § 1564 Note I. 2), sondern nur dann das Recht auf Scheidung, wenn durch das gerügte (schuldhafte vgl. Note 2) Verhalten des beklagten Ehegatten eine so tiefe Zerrüttung des ehelichen Verhältnisses herbeigeführt ist, daß dem anderen Ehegatten in dem vorliegenden Einzelfalle die Fortsetzung der Ehe nicht zugemuthet werden kann.

b. Bei der Prüfung, ob eine so tiefe Zerrüttung des ehelichen Verhältnisses herbeigeführt ist, daß dem klagenden Ehegatten die Fortsetzung der Ehe nicht zugemuthet werden kann, ist zu berücksichtigen:

α. in objektiver Beziehung die Natur der Ehe als eines in erster Linie nach sittlichen Grundsätzen zu beurtheilenden Rechtsverhältnisses. Vgl. § 1353 Note 1, Vorb. zum 5. Titel Note 2 (S. 742). Die Lebensstellung der Ehegatten vgl. indeß RG. **34** 234;

β. der subjektive Standpunkt des klagenden Ehegatten. Hieraus folgt von selbst und ohne besondere Hervorhebung (vgl. § 1565 Abs. 2), daß die Zustimmung oder Theilnahme des klagenden Ehegatten sein Scheidungsrecht in Ansehung der gerügten Handlung des anderen Ehegatten ausschließen. Ferner kann unter Umständen daraus, daß der klagende Ehegatte sich auch seinerseits einer unter § 1568 fallenden Handlung schuldig gemacht hat, der Schluß gezogen werden, daß das gerügte Verhalten des Beklagten, von dem subjektiven Standpunkte des Klägers aus betrachtet, nicht geeignet ist, die eheliche Gesinnung des Klägers zu zerstören und ihm die Fortsetzung der Ehe unerträglich zu machen. Vgl. auch RG. **5** 335.

2. Die unter § 1568 fallenden Thatbestände erfordern eine verschuldete Zerrüttung des ehelichen Verhältnisses. Die gerügte Handlung muß also dem handelnden Ehegatten zugerechnet werden können, mag sie im Uebrigen auf Vorsatz oder Fahrlässigkeit beruhen. Vgl. § 1359; Bd. I S. 388 C. II. Vgl. auch § 1565 Note I. 1 b.

a. Schwere Verletzung der durch die Ehe begründeten Pflichten.

α. Die durch die Ehe begründeten Pflichten bestehen nach den allgemeinen Grundsätzen der §§ 1353 f. im Wesentlichen in der Verpflichtung zum ehelichen gemeinschaftlichen Leben. Alle Handlungen, welche gegen die einem solchen Leben zu Grunde liegende sittliche Idee verstoßen, verletzen auch die durch die Ehe begründeten Pflichten. Ob sie indeß schwere Verletzungen sind, ist Sache der Prüfung des konkreten Falles.

β. Den allgemeinen Thatbestand der Verletzung der durch die Ehe begründeten Pflichten können im einzelnen Falle insbesondere erfüllen Mißhandlungen (vgl. zu β), gefährliche Bedrohungen, Beschimpfungen, Verleumdungen, Unverträglichkeit, Zanksucht, Verweigerung der ehelichen Pflicht, absichtliche Vorenthaltung des Unterhalts, unzüchtige Handlungen, welche nicht unter § 1565 fallen (vgl. § 1565 Note I. 3, RG. **27** 156, **13** 196), Lebensnachstellung gegen Verwandte des anderen Ehegatten (vgl. § 1566 Note 3). — Ungerechtfertigte, aber gutgläubige Anzeige wegen einer strafbaren Handlung RG. **33** 284, wissentlich falsche Anschuldigung RG. **4** 280.

γ. Die besondere Hervorhebung der groben Mißhandlung (Satz 2) beruht auf der besonderen Wichtigkeit des Falles. Sie ist immer schwere Verletzung der durch die Ehe begründeten Pflicht und begründet demnach unter der weiteren Voraussetzung der Herbeiführung des in § 1568 erforderten Maßes der Zerrüttung des ehelichen Verhältnisses (Note I) die Scheidung. Durch die Hervorhebung der groben Mißhandlung wird indeß nicht ausgeschlossen, im einzelnen Falle auch nicht grobe Mißhandlungen sowie fortlaufende Quälereien, wenn sie auch im Einzelnen nicht schwerwiegend erscheinen, um ihrer Wiederholung willen als schwere Verletzung der ehelichen Pflichten anzusehen.

b. Ehrloses und unsittliches Verhalten.

α. Hierunter fallen insbesondere nach der Eheschließung (vgl. § 1333 Note 2

**§ 1569.** Ein Ehegatte kann auf Scheidung klagen, wenn der andere Ehegatte in Geisteskrankheit verfallen ist, die Krankheit während der Ehe mindestens drei Jahre gedauert und einen solchen Grad erreicht hat, daß die geistige Gemeinschaft zwischen den Ehegatten aufgehoben, auch jede Aussicht auf Wiederherstellung dieser Gemeinschaft ausgeschlossen ist. 2. Geisteskrankheit.

RG. 11 351, 23 331) begangene entehrende Vergehen; Ergreifung eines schimpflichen Gewerbes, unverbesserliche Trunksucht ꝛc. Langwierige Freiheitsstrafe RG. 1 324.

5. Nachträgliche Verweigerung der kirchlichen Trauung. In der Reichstagskommission (Drucksachen Nr. 440 b S. 77) herrschte Einstimmigkeit darüber, daß die Weigerung der Einholung der kirchlichen Trauung oder einer bestimmten kirchlichen Trauung, welche vor der Eheschließung ausdrücklich versprochen worden oder als selbstverständlich angenommen werden konnte und angenommen worden war, das Recht auf Scheidung gemäß § 1568 begründe.

3. Erlöschen des Scheidungsrechts.

a. Verzeihung § 1570.

b. Fristablauf § 1571, vgl. indeß § 1572.

c. Prozessuale Konsumtion eines Thatbestandes als selbständigen Scheidungsgrundes CPO. § 616 (zu § 1573).

II. Aussetzung des Verfahrens von Amtswegen.

*CPO. § 620. Hat der Kläger die Aussetzung des Verfahrens über eine Scheidungsklage beantragt, so darf das Gericht auf Scheidung nicht erkennen, bevor die Aussetzung stattgefunden hat. Die Aussetzung ist von Amtswegen anzuordnen, wenn die Scheidung auf Grund des § 1568 des Bürgerlichen Gesetzbuchs beantragt ist und die Aussicht auf Aussöhnung der Parteien nicht ausgeschlossen erscheint.*

*Auf Grund dieser Bestimmungen darf die Aussetzung im Laufe des Rechtsstreits nur einmal und höchstens auf zwei Jahre angeordnet werden.*

**§ 1569.** 1. Die Zulassung der Scheidung wegen Geisteskrankheit beruht auf der Analogie der Auflösung der Ehe durch den Tod. Es wird ein Zustand vorausgesetzt, welcher als geistiger Tod erscheint. Entmündigung wegen Geisteskrankheit ist für § 1569 rechtlich bedeutungslos.

2. Voraussetzung für die Scheidung wegen Geisteskrankheit ist die Feststellung, daß zur Zeit der Urtheilsfällung

a. eine wie immer geartete Geisteskrankheit mindestens drei Jahre lang gedauert, d. h. ununterbrochen bestanden hat. Nicht erforderlich ist, daß die dreijährige Geisteskrankheit bereits zur Zeit der Klageerhebung drei Jahre lang bestanden hat. Die drei Jahre können auch zum Theil vor dem Inkrafttreten des BGB. liegen vgl. EG. Art. 201 Note I. 2a.

b. die Geisteskrankheit so beschaffen ist, daß sie die geistige Gemeinschaft der Ehegatten ausschließt und keine Aussicht auf Wiederherstellung dieser Gemeinschaft bietet. Nicht erforderlich ist, daß die Geisteskrankheit während der ganzen dreijährigen Frist diese Eigenschaft gehabt hat. — Solange noch lucida intervalla vorkommen, ist der für die Scheidung vorausgesetzte Grad der Geisteskrankheit jedenfalls noch nicht vorhanden.

3. Prozessuale Vorschrift. Die Sicherung sachgemäßer Beurtheilung bezweckt CPO. § 623.

*CPO. § 623. Auf Scheidung wegen Geisteskrankheit darf nicht erkannt werden, bevor das Gericht einen oder mehrere Sachverständige über den Geisteszustand des Beklagten gehört hat.*

4. Eine Schuldfeststellung findet bei der Scheidung wegen Geisteskrankheit nicht statt (vgl. § 1574). Der kranke Ehegatte hat im Falle der Scheidung in Ansehung des Unterhaltsanspruchs (§ 1583) und der Theilung des gütergemeinschaftlichen Gesammtguts (§ 1478) die Stellung des unschuldigen Ehegatten.

*3. Erlöschen des Scheidungsrechts. a. Verzeihung.*

**§ 1570.** Das Recht auf Scheidung erlischt in den Fällen der §§ 1565 bis 1568 durch Verzeihung.

*b. Fristablauf. α. Sechsmonatsfrist seit Kenntniß. β. Absolute Frist v. 10 Jahren.*

**§ 1571.** Die Scheidungsklage muß in den Fällen der §§ 1565 bis 1568 binnen sechs Monaten von dem Zeitpunkt an erhoben werden, in dem der Ehegatte von dem Scheidungsgrunde Kenntniß erlangt. Die Klage ist ausgeschlossen, wenn seit dem Eintritte des Scheidungsgrundes zehn Jahre verstrichen sind.

*γ. Fristablauf bei Aufhebung der häuslich. Gemeinschaft.*

Die Frist läuft nicht, solange die häusliche Gemeinschaft der Ehegatten aufgehoben ist. Wird der zur Klage berechtigte Ehegatte von dem anderen Ehegatten aufgefordert, entweder die häusliche Gemeinschaft herzustellen oder die Klage zu erheben, so läuft die Frist von dem Empfange der Aufforderung an.

*δ. Fristwahrung durch Ladung zum Sühnetermine.*

Der Erhebung der Klage steht die Ladung zum Sühnetermine gleich. Die Ladung verliert ihre Wirkung, wenn der zur Klage berechtigte Ehegatte im Sühnetermine nicht erscheint oder wenn drei Monate nach der Beendigung des Sühneverfahrens verstrichen sind und nicht vorher die Klage erhoben worden ist.

*ε. Fristhemmung.*

Auf den Lauf der sechsmonatigen und der dreimonatigen Frist finden die für die Verjährung geltenden Vorschriften der §§ 203, 206 entsprechende Anwendung.

---

5. In dem Scheidungsprozesse wird der geisteskranke Ehegatte durch seinen gesetzlichen Vertreter vertreten. CPO. § 612 Abs. 2 (S. 722). Ist der klagende Ehegatte Vormund des anderen, so ist die Bestellung eines Pflegers erforderlich (vgl. § 181 Note III, § 1909). Eine Entmündigung zum Zwecke der Einleitung einer Vormundschaft (§ 1896) dürfte nicht erforderlich, sondern die Bestellung eines Pflegers gemäß § 1910 Abs. 2 u. 3 zulässig sein. Vgl. RG. **16** 234, **30** 184.

6. Gestaltung der elterlichen Gewalt, wenn wegen Geisteskrankheit des Mannes geschieden ist, § 1685 Abs. 2 Note II 2 a γ.

**§ 1570.** 1. Die Verzeihung kann vor oder nach Erhebung der Scheidungsklage (RG. **34** 189) stillschweigend durch Wiederherstellung der dem ehelichen Verhältniß entsprechenden innigen und liebevollen Beziehungen oder ausdrücklich erfolgen. Ob und inwieweit allein die Leistung der ehelichen Pflicht nach Kenntniß des Scheidungsgrundes als Verzeihung anzusehen ist, ist Thatfrage.

2. Wegen der Einwendung, daß die Verzeihung nicht ernstlich gemeint gewesen sei, vgl. RG. **37** 347.

3. Die Verzeihung ist vom Gerichte gemäß CPO. § 622 von Amtswegen zu berücksichtigen.

4. Die Verzeihung ist kein Rechtsgeschäft. Sie hat die die Scheidung ausschließende Wirkung auch gegen den Willen der Ehegatten, unbeschadet entsprechender Anwendbarkeit der Vorschriften über die Rechtsgeschäfte (vgl. Bd. I S. 45 Note 4 c β) in Ansehung der Rechtsbeständigkeit des Verzeihungswillens.

5. Ein Verzicht auf das Recht, die Scheidung zu verlangen, ist insofern wirksam, als der Verzicht sich zugleich als Verzeihung darstellt. Ein allgemeiner Verzicht auf Geltendmachung von Scheidungsgründen für die Zukunft würde nach § 138 nichtig sein.

6. Anführung verziehener Scheidungsgründe zur Unterstützung einer auf anderweite Thatsachen gestützten Scheidungsklage § 1573 Note 1.

**§ 1571.** 1. Sämmtliche in § 1571 gegebenen Fristen sind nicht Verjährungs-, sondern Ausschlußfristen. Die Innehaltung der Fristen ist somit von Amtswegen zu prüfen, vgl. hierzu Bd. I S. 102 Note 4. Die für die Verjährungsfristen bestehenden Vorschriften über Hemmung bezw. Fristablauf bei höherer Gewalt (§ 203) und bei Mangel eines gesetzlichen Vertreters (§ 206) sind anwendbar § 1571 Abs. 4.

**§ 1572.** Ein Scheidungsgrund kann, auch wenn die für seine Geltendmachung im § 1571 bestimmte Frist verstrichen ist, im Laufe des Rechtsstreits geltend gemacht werden, sofern die Frist zur Zeit der Erhebung der Klage noch nicht verstrichen war.

ζ. Rückbeziehung auf die Zeit der Klageerhebung.

**§ 1573.** Thatsachen, auf die eine Scheidungsklage nicht mehr gegründet werden kann, dürfen zur Unterstützung einer auf andere Thatsachen gegründeten Scheidungsklage geltend gemacht werden.

η. Unterstützende Kraft erloschener Scheidungsgründe.

---

2. Der Stillstand der Frist während der Aufhebung der häuslichen Gemeinschaft bezieht sich auch auf die 10jährige Frist (RKomm. Drucksache Nr. 440 b S. 84). Die Aufhebung der häuslichen Gemeinschaft bewirkt eine Hemmung, nicht eine Unterbrechung der Frist im Sinne der Verjährungsvorschriften (vgl. §§ 205, 217).

3. Die an die Frau gerichtete Aufforderung, die häusliche Gemeinschaft herzustellen oder aber die Klage zu erheben, ist das Mittel des Mannes, sich von der Verpflichtung zur Gewährung des Unterhalts an die Frau außer dem Hause zu befreien. Vgl. § 1361 Note I. 2 in Verbindung mit § 1353 Abs. 2 S. 2.

4. Ladung zum Sühnetermine CPO. §§ 608—611 (abgedruckt S. 859).

5. Wird nach rechtzeitig erfolgter Klageerhebung die Klage zurückgenommen, so gilt gemäß CPO. § 271 Abs. 3 die Klage als nicht erhoben und somit die Frist durch die zurückgenommene Klage nicht als gewahrt. Läßt der Kläger den Rechtsstreit ruhen, so ist der Beklagte nach den allgemeinen prozessualen Vorschriften in der Lage, ihn zu betreiben. — Wird die Klage Mangels einer Prozeßvoraussetzung abgewiesen, so fehlt es überhaupt an einer zur Durchführung des Scheidungsrechts und zur Wahrung der Frist geeigneten Klage (vgl. § 212 Abs. 1). Eine dem § 212 Abs. 2 entsprechende Nachfristgewährung ist für die Scheidungsklage nicht vorgesehen. Erfolgt die Abweisung der Klage wegen nicht genügender Substantiirung, so schützt gegen die Wiederholung der Klage CPO. § 616 (zu § 1573)

6. Anführung einer durch Fristablauf der Eigenschaft eines selbständigen Klagegrundes entkleideten Thatsache zur Unterstützung einer anderweit begründeten Scheidungsklage § 1573 Note 1.

**§ 1572.** 1. Die Anführung neuer Klagegründe, sowie die Erhebung einer Widerklage ist auch in der Berufungsinstanz zulässig. CPO. § 614 und dazu RG. 15 288, 28 407, 31 9 ff. Die Erhebung der Widerklage wegen eines erst nach Klageerhebung in Folge Fristablaufs (§ 1571) ausgeschlossenen Scheidungsgrundes ist (gemäß § 1572, entgegen der bisherigen Rechtsprechung) im L a u f e d e s R e c h t s s t r e i t s überhaupt, nicht nur bei der ersten sich bietenden Gelegenheit zulässig. Vgl. RG. 28 407.

2. Die Vorschrift des § 1572 in Verbindung mit der prozessualen Zulässigkeit neuer Klagegründe kann namentlich wichtig werden, wenn die Scheidung wegen böslicher Verlassung gemäß § 1567 Abs. 3 unzulässig wird.

3. Anführung der durch Fristablauf der Eigenschaft eines selbständigen Klagegrundes entkleideten Thatsachen zur Unterstützung einer auf andere Thatsachen gestützten Scheidungsklage § 1573 Note 1.

**§ 1573.** 1. § 1573 bezieht sich nicht nur auf die durch prozessuale Konsumtion CPO. § 616, sondern auch auf die durch Verzeihung (§ 1570) oder durch Fristablauf (§§ 1571, 1572) der Eigenschaft eines selbständigen Scheidungsgrundes entkleideten Thatsachen.

2. **CPO. § 616.** *Der Kläger, welcher mit der Scheidungsklage oder der Anfechtungsklage abgewiesen ist, kann das Recht, die Scheidung zu verlangen oder die Ehe anzufechten, nicht mehr auf Thatsachen gründen, welche er in dem früheren Rechtsstreite geltend gemacht hat oder welche er in dem früheren Rechtsstreit oder durch Verbindung der Klagen geltend machen konnte. Das Gleiche gilt im Falle der Abweisung der Scheidungsklage oder der Anfechtungsklage für den Beklagten in Ansehung der Thatsachen, auf welche er eine Widerklage zu gründen im Stande war.*

III. Feststellung des schuldigen Theiles.

**§ 1574.** Wird die Ehe aus einem der in den §§ 1565 bis 1568 bestimmten Gründe geschieden, so ist in dem Urtheil auszusprechen, daß der Beklagte die Schuld an der Scheidung trägt.

Hat der Beklagte Widerklage erhoben und wird auch diese für begründet erkannt, so sind beide Ehegatten für schuldig zu erklären.

Ohne Erhebung einer Widerklage ist auf Antrag des Beklagten auch der Kläger für schuldig zu erklären, wenn Thatsachen vorliegen, wegen deren der Beklagte auf Scheidung klagen könnte oder, falls sein Recht auf Scheidung durch Verzeihung oder durch Zeitablauf ausgeschlossen ist, zur Zeit des Eintritts des von dem Kläger geltend gemachten Scheidungsgrundes berechtigt war, auf Scheidung zu klagen.

---

**§ 1574. I. Bedeutung und Zweck der Schuldigerklärung.**

1. Die Entscheidung der Schuldfrage hat in Ansehung der sich daran knüpfenden Wirkungen konstitutiven Charakter. Diese Wirkungen treten ein für

a. die Namensführung der geschiedenen Frau § 1577;
b. die Unterhaltspflicht §§ 1578—1582;
c. den Widerruf von Schenkungen § 1584;
d. die Sorge für die Person der Kinder §§ 1635, 1636;
e. die Auseinandersetzung bei der allgemeinen Gütergemeinschaft und der Fahrnißgemeinschaft §§ 1478, 1549.

2. Die Schuldfrage ist in allen Fällen der Scheidung, in welchen ein Verschulden zum Thatbestande des Scheidungsgrundes (§§ 1565—1568) gehört, nicht aber in dem Falle der Scheidung wegen Geisteskrankheit (§ 1569) zu entscheiden.

**II. Die Entscheidung der Schuldfrage.**

1. Bei Scheidung auf Klage und auf Widerklage sind beide Theile für schuldig zu erklären (Abs. 2).

2. Scheidung nur auf Klage oder nur auf Widerklage.

a. Bei Scheidung nur auf Klage oder nur auf Widerklage muß jedenfalls derjenige Ehegatte für schuldig erklärt werden, gegen den auf Scheidung erkannt worden ist. Aber auch der andere Theil, d. i. derjenige, der allein mit dem Antrag auf Scheidung durchgedrungen ist, kann, gleichgültig ob sein Gegner die Scheidung verlangt oder nicht verlangt hat, gemäß Abs. 3 für schuldig erklärt werden.

α. Scheidung auf Klage: Der Beklagte ist jedenfalls, der Kläger in den Fällen des Abs. 3 (vgl. zu b) für schuldig zu erklären. Der Beklagte ist zu dem Antrag auf Schuldigerklärung des Klägers auch ohne Erhebung einer Widerklage befugt. Er verliert diese Befugniß auch dadurch nicht, daß er mit einer unbegründet erhobenen Widerklage abgewiesen wird (vgl. zu β). In der Widerklage wird vielmehr der Antrag auf Schuldigerklärung im Sinne des Abs. 3 zu erblicken sein (vgl. CPO. § 139).

β. Scheidung auf Widerklage unter Abweisung oder nach Zurücknahme der Klage: der Widerbeklagte ist jedenfalls, der Widerkläger nur im Falle des Abs. 3 (vgl. zu α und zu b) für schuldig zu erklären.

b. Für die Beurtheilung der Schuldfrage kann jede Partei diejenigen Vergehungen des anderen Ehegatten dem Gericht unterbreiten,

α. wegen deren sie noch gegenwärtig auf Scheidung klagen könnte (vgl. namentlich § 1572),

β. wegen deren sie auf Scheidung zwar gegenwärtig (wegen Verzeihung oder Zeitablaufs vor Rechtshängigkeit § 1572) nicht mehr klagen kann, wohl aber zur Zeit des Eintritts des von dem Kläger mit Erfolg geltend gemachten Scheidungsgrundes hätte klagen können. Hat in einem solchen Falle der Kläger mehrere zeitlich auseinanderliegende Scheidungsgründe,

**§ 1575.** Der Ehegatte, der auf Scheidung zu klagen berechtigt ist, kann statt auf Scheidung auf Aufhebung der ehelichen Gemeinschaft klagen. Beantragt der andere Ehegatte, daß die Ehe, falls die Klage begründet ist, geschieden wird, so ist auf Scheidung zu erkennen.

IV. Aufhebung der ehelich. Gemeinschaft. 1. Zulässigkeit und Voraussetzungen.

Für die Klage auf Aufhebung der ehelichen Gemeinschaft gelten die Vorschriften der §§ 1573, 1574.

**§ 1576.** Ist auf Aufhebung der ehelichen Gemeinschaft erkannt, so kann jeder der Ehegatten auf Grund des Urtheils die Scheidung beantragen, es sei denn, daß nach der Erlassung des Urtheils die eheliche Gemeinschaft wiederhergestellt worden ist.

2. Scheidung auf Grund d. Aufhebungsurtheils.

Die Vorschriften der §§ 1570 bis 1574 finden keine Anwendung; wird die Ehe geschieden, so ist der für schuldig erklärte Ehegatte auch im Scheidungsurtheile für schuldig zu erklären.

---

von denen nur der frühere eintrat, als auch der andere Ehegatte scheidungsberechtigt war, so liegt es im Interesse des Klägers, in erster Linie den späteren und nur aushülfsweise den früheren Scheidungsgrund geltend zu machen. Nur, wenn solchenfalls auf Grund des früher eingetretenen Scheidungsgrundes geschieden wird, kann auch der Kläger gemäß Abs. 3 für schuldig erklärt werden.

3. Zulässigkeit eines Rechtsmittels allein wegen der Schuldfrage vgl. RG. 27 196, 33 202.

**§ 1575.** 1. Die Klage auf Aufhebung der ehelichen Gemeinschaft ist von der Reichstagskommission (Drucksache Nr. 440 b S. 84 ff.) im Interesse des katholischen Volkstheils aufgenommen. Die Klage steht nur dem Ehegatten zu, der auf Scheidung zu klagen berechtigt ist. Daraus ergiebt sich unmittelbar die Anwendbarkeit der §§ 1570—1572. Daneben ist die Anwendbarkeit der §§ 1573 und 1574 ausdrücklich ausgesprochen.

2. Vermerk der Aufhebung der ehelichen Gemeinschaft im standesamtlichen Heirathsregister, Personenstandsgesetz § 55 (vgl. zu EG. Art. 46).

3. Wegen der Wirkungen des Urtheils vgl. zu § 1586.

4. Der Antrag des Beklagten auf Scheidung für den Fall, daß die Klage begründet ist, bedarf nicht der Erhebung einer Widerklage. Ist der Antrag unterlassen, so kann nachträglich die Umwandlung gemäß § 1576 stattfinden. Uebrigens kann natürlich auch der Widerbeklagte gegenüber der auf Aufhebung der ehelichen Gemeinschaft gerichteten Widerklage die Scheidung für den Fall verlangen, daß die Widerklage begründet, die Klage aber unbegründet ist oder nicht verfolgt wird.

5. Prozessuale Gleichstellung der Klage auf Aufhebung der ehelichen Gemeinschaft mit der Scheidungsklage CPO. § 639.

***CPO.** § 639. Im Sinne dieses Abschnitts ist unter Scheidung auch die Aufhebung der ehelichen Gemeinschaft zu verstehen.*

**§ 1576.** 1. Die Scheidung auf Grund des rechtskräftigen, die Aufhebung der ehelichen Gemeinschaft aussprechenden Urtheils hat im Wege einer selbständigen Klage zu erfolgen. (§ 1564 Satz 2.) Auf diese Klage finden die Vorschriften der CPO. §§ 606 ff. Anwendung. Von der Vornahme eines nochmaligen Sühneversuchs wird regelmäßig wegen der mit Bestimmtheit vorauszusehenden Erfolglosigkeit Abstand genommen werden können. CPO. § 611.

2. Die einzige Einwendung gegen die Scheidungsklage ist die, daß nach Erlassung (nicht etwa nur nach Rechtskraft, vgl. § 1586 Note 1) des Urtheils die eheliche Gemeinschaft wiederhergestellt worden, also ein Thatbestand eingetreten ist, welcher den Willen der Ehegatten, die eheliche Gemeinschaft

V. Wirkungen d. Scheidung.
1. Name der geschiedenen Frau.

**§ 1577.** Die geschiedene Frau behält den Familiennamen des Mannes.

a. Wiederannahme des früheren Namens durch die nicht alleinschuldige Frau.

Die Frau kann ihren Familiennamen wieder annehmen. War sie vor der Eingehung der geschiedenen Ehe verheirathet, so kann sie auch den Namen wiederannehmen, den sie zur Zeit der Eingehung dieser Ehe hatte, es sei denn, daß sie allein für schuldig erklärt ist. Die Wiederannahme des Namens erfolgt durch Erklärung gegenüber der zuständigen Behörde; die Erklärung ist in öffentlich beglaubigter Form abzugeben.

b. Untersagungsrecht des Mannes gegenüber der alleinschuldigen Frau.

Ist die Frau allein für schuldig erklärt, so kann der Mann ihr die Führung seines Namens untersagen. Die Untersagung erfolgt durch Erklärung gegenüber der zuständigen Behörde; die Erklärung ist in öffentlich beglaubigter Form abzugeben. Die Behörde soll der Frau die Erklärung mittheilen. Mit dem Verluste des Namens des Mannes erhält die Frau ihren Familiennamen wieder.

---

fortzusetzen (§ 1587), ergiebt (vgl. zu § 1587 Note 1). Beweispflichtig ist der Einwendende unbeschadet der Offizialprüfung des Gerichts gemäß CPO. § 622.

3. Eine wiederholte Prüfung der Schuldfrage findet, wenn auf Grund des Aufhebungsurtheils die Scheidung ausgesprochen wird, nicht statt.

**§ 1577.** 1. Abs. 1 enthält das Prinzip, daß die Frau den Familiennamen des Mannes auch nach der Scheidung behält. Vgl. § 1355 und Bemerkungen daselbst. Die Voraussetzungen für die Ausnahmen der Abs. 2 und Abs. 3 sind von demjenigen zu beweisen, der sie behauptet. Der Scheidung steht auch in Ansehung der Namensführung die Aufhebung der ehelichen Gemeinschaft gleich, § 1586.

2. (Abs. 2.) Das Recht der geschiedenen Frau, den Namen des geschiedenen Mannes abzulegen, ist unabhängig von der Entscheidung der Schuldfrage bei der Scheidung. Die Frau kann durch einseitige Erklärung (vgl. zu Note 4) annehmen:

a. ihren Familiennamen (vgl. § 12 Note II. 1 a).
b. den von ihr zur Zeit der Eingehung der geschiedenen Ehe geführten Namen ihres früheren Ehemanns. Dieses Recht steht ihr indeß nach § 1577 Abs. 2 Satz 2 nicht zu, wenn sie (bei der Scheidung der späteren Ehe) allein für schuldig erklärt ist (§ 1574).

3. (Abs. 3.) Das Recht des Mannes, der Frau die Führung seines Namens zu untersagen, setzt voraus, daß die Frau allein für schuldig erklärt ist (§ 1574). In diesem Falle erhält die Frau ihren Familiennamen wieder.

4. Der Eintritt der Namensänderung erfolgt in den Fällen des Abs. 2 und des Abs. 3 mit dem Wirksamwerden (§ 130) der der zuständigen Behörde (Note 5) gegenüber in öffentlich beglaubigter Form (§ 129) abzugebenden Erklärung. Die Unterlassung der durch Sollvorschrift in Abs. 4 vorgeschriebenen Mittheilung des erfolgten Verbots an die Frau hat keinen Einfluß auf den Eintritt der Namensänderung. Die Wirkung der Namensänderung ist eine absolute, nicht nur eine obligatorische gegenüber dem Manne, vgl. § 12.

Preußen AG. z. BGB. Art. 88.
Sachsen V. z. A. d. BGB. § 82.
Württemberg AG. z. BGB. Art. 259.

5. Die zuständige Behörde wird durch das öffentliche (Landes-) Recht bestimmt.

6. Wegen der Namensführung der Frau bei Nichtigkeit der Ehe oder Auflösung durch den Tod des Mannes vgl. zu § 1355 Note 1. 3.

7. Uebergangsbestimmung EG. Art 202.

8. Internationales Privatrecht vgl. EG. Art. 17.

**§ 1578.** Der allein für schuldig erklärte Mann hat der geschiedenen Frau den standesmäßigen Unterhalt insoweit zu gewähren, als sie ihn nicht aus den Einkünften ihres Vermögens und, sofern nach den Verhältnissen, in denen die Ehegatten gelebt haben, Erwerb durch Arbeit der Frau üblich ist, aus dem Ertrag ihrer Arbeit bestreiten kann.

2. Unterhaltspflicht a. des alleinschuldigen Mannes.

Die allein für schuldig erklärte Frau hat dem geschiedenen Manne den standesmäßigen Unterhalt insoweit zu gewähren, als er außer Stande ist, sich selbst zu unterhalten.

b. der alleinschuldigen Frau.

---

Zu §§ 1578 ff.

1. Das Institut der Ehescheidungsstrafe ist von dem BGB. nicht aufgenommen. Als Nachwirkung der geschiedenen Ehe für die Zukunft ist vielmehr lediglich eine Unterhaltspflicht des allein für schuldig erklärten (§ 1574) Ehegatten gegenüber dem unschuldigen Ehegatten in Gemäßheit der §§ 1578 bis 1582 anerkannt. Sind beide Theile schuldig, so besteht keine Unterhaltspflicht. Bei Scheidung wegen Geisteskrankheit vgl. § 1583.

2. Die Unterhaltspflicht in Ansehung der aus der Ehe stammenden Kinder richtet sich nach §§ 1601 ff., 1585.

3. Die Verbindung der Scheidungsklage mit der Klage auf Unterhaltsgewährung ist nach CPO. § 615 unzulässig.

4. Wegen sonstiger civilprozessualer Vorschriften in Ansehung des Unterhaltsanspruchs vgl. Bd. I S. 348, vgl. auch zu § 1580.

5. Keine Geltendmachung des Unterhaltsanspruchs für die Zukunft im Konkurse des Verpflichteten KO. § 3 Abs. 2 (S. 752).

**§ 1578. I. Der Unterhaltsanspruch der geschiedenen unschuldigen Frau gegen den für schuldig erklärten Mann.**

1. Zur Begründung der Klage hat die Frau darzuthun
a. den zu ihrem standesgemäßen Unterhalt (§ 1610) erforderlichen Betrag. Die Standesmäßigkeit richtet sich nach der Lebensstellung der Frau unter Berücksichtigung der Verhältnisse, in denen die Ehegatten gelebt haben, vgl. § 1580 Note 4, § 1610;
b. die ihr zur Bestreitung dieses Betrags zur Verfügung stehenden Mittel:
α. die Einkünfte ihres Vermögens. Den Stamm des Vermögens braucht sie regelmäßig nicht anzugreifen. Vgl. indeß § 1579 Abs. 2.
β. den Ertrag ihrer Arbeit, sofern (was der Mann eventuell zu behaupten und zu beweisen hat) Erwerb durch Arbeit der Frau nach den Lebensverhältnissen der Ehegatten üblich war.
Wegen der Beweislast und Beweisführung vgl. zu § 1602 Note 1a.
c. Die Differenz zwischen den beiden Beträgen zu a und zu b ist der Betrag, welchen der Mann der Frau gemäß § 1578 zu gewähren hat, soweit ihm nicht Einwendungen aus §§ 1579, 1580 Abs. 3 zur Seite stehen.

2. Die Art der Unterhaltsgewährung richtet sich nach § 1580. Daselbst vgl. auch wegen nachträglicher wesentlicher Aenderung der für das Urtheil über die Unterhaltspflicht maßgebenden Verhältnisse (CPO. § 323).

**II. Der Unterhaltsanspruch des unschuldigen Mannes gegen die allein für schuldig erklärte Frau** unterscheidet sich von dem Anspruche der geschiedenen Frau (ebenso wie während der Ehe vgl. § 1360 Abs. 1 u. 2) dadurch, daß der Mann auch noch seine Unfähigkeit, sich selbst zu unterhalten, in dem seinem Klageanspruch entsprechenden Umfange nachweisen muß. Hierbei sind nicht nur die Einkünfte, sondern auch der Stamm des Vermögens (vgl. § 1579 Note 2), ferner nicht nur die Erwerbsüblichkeit, sondern die Erwerbsfähigkeit zu berücksichtigen. Vermögenslosigkeit ist auch dann anzunehmen, wenn der unterhaltsbedürftige Mann nur solches Vermögen hat, das zur Bestreitung des Unterhalts nicht verwerthet werden kann. Wegen der Beweislast und Beweisführung vgl. zu § 1602 Note 1a.

c. Leistungsunfähigkeit d. Unterhaltspflichtigen.

**§ 1579.** Soweit der allein für schuldig erklärte Ehegatte bei Berücksichtigung seiner sonstigen Verpflichtungen außer Stande ist, ohne Gefährdung seines standesmäßigen Unterhalts dem anderen Ehegatten Unterhalt zu gewähren, ist er berechtigt, von den zu seinem Unterhalte verfügbaren Einkünften zwei Drittheile oder, wenn diese zu seinem nothdürftigen Unterhalte nicht ausreichen, so viel zurückzubehalten, als zu dessen Bestreitung erforderlich ist. Hat er einem minderjährigen unverheiratheten Kinde oder in Folge seiner Wiederverheirathung dem neuen Ehegatten Unterhalt zu gewähren, so beschränkt sich seine Verpflichtung dem geschiedenen Ehegatten gegenüber auf dasjenige, was mit Rücksicht auf die Bedürfnisse sowie auf die Vermögens- und Erwerbsverhältnisse der Betheiligten der Billigkeit entspricht.

Der Mann ist der Frau gegenüber unter den Voraussetzungen des Abs. 1 von der Unterhaltspflicht ganz befreit, wenn die Frau den Unterhalt aus dem Stamme ihres Vermögens bestreiten kann.

---

**§ 1579.** 1. Gegenüber dem nach § 1578 begründeten Anspruche gewährt § 1579 dem Unterhaltspflichtigen die Einwendung der mangelnden Leistungsfähigkeit (vgl. § 1603 Abs. 1). Zur Begründung dieser Einwendung hat er nachzuweisen, daß er den standesgemäßen Unterhalt des anderen Ehegatten nur unter Verkürzung seines eigenen standesgemäßen Unterhalts zu gewähren vermag. Wegen der Beweislast und Beweisführung vgl. § 1602 Note 1a.

a. **Ein zur Gewährung von Unterhalt verpflichteter Verwandter** (§ 1601) des unterhaltsberechtigten Ehegatten ist **vor** dem geschiedenen Ehegatten, dessen eigener standesgemäßer Unterhalt gefährdet ist, unterhaltspflichtig. § 1608 Abs. 2. Der geschiedene Ehegatte ist in diesem Falle dem Verwandten ersatzpflichtig. §§ 1608 Abs. 2, 1608 Abs. 1, 1607 Abs. 2. — Ebenso, wenn die Rechtsverfolgung gegen den unterhaltspflichtigen Ehegatten im Inlande wesentlich erschwert ist. §§ 1608 Abs. 2, 1607 Abs. 2.

b. **Ist ein nach a unterhaltspflichtiger Verwandter nicht vorhanden**, so ist der geschiedene Ehegatte zwar an erster Stelle unterhaltspflichtig; er ist aber zur Zurückbehaltung der in § 1579 bezeichneten Beträge berechtigt. Er ist also jedenfalls befugt, den zur Bestreitung seines eigenen nothdürftigen Unterhalts erforderlichen Betrag vorweg zu entnehmen.

**Beispiel:** Der standesmäßige Unterhalt des Verpflichteten erfordert 4000 M., sein nothdürftiger Unterhalt 2000 M., zum standesmäßigen Unterhalte fehlt dem Unterhaltsberechtigten gemäß § 1578 der Betrag von 2000 M. Bei einem Einkommen des Verpflichteten

α. von 6000 M. hat er zu gewähren 2000 M.,
β. von 5000 M. kann er behalten 3333,33 und hat zu gewähren 1666,66 M.
γ. von 2500 M. kann er behalten 2000 M. und hat zu gewähren 500 M.

c. **Zusammentreffen des Unterhaltsanspruchs des geschiedenen Ehegatten mit anderweiten gesetzlichen Unterhaltsansprüchen** gegenüber einem zur Erfüllung aller Ansprüche unvermögenden Unterhaltspflichtigen.

α. Bei Zusammentreffen mit dem Unterhaltsanspruche minderjähriger unverheiratheter Kinder (§§ 1601 ff.) oder eines neuen Ehegatten (§§ 1360 f.) tritt Beschränkung aller Ansprüche nach Billigkeit gemäß § 1579 Abs. 1 S. 2 ein.

β. Bei Zusammentreffen mit den Unterhaltsansprüchen volljähriger oder verheiratheter Kinder oder anderer Verwandter geht der Anspruch des geschiedenen Ehegatten gemäß § 1609 Abs. 2 den anderen Ansprüchen vor.

**§ 1580.** Der Unterhalt ist durch Entrichtung einer Geldrente nach Maßgabe des § 760 zu gewähren. Ob, in welcher Art und für welchen Betrag der Unterhaltspflichtige Sicherheit zu leisten hat, bestimmt sich nach den Umständen.

4. Ausgestaltung der Unterhaltspflicht im Einzelnen.

Statt der Rente kann der Berechtigte eine Abfindung in Kapital verlangen, wenn ein wichtiger Grund vorliegt.

Im Uebrigen finden die für die Unterhaltspflicht der Verwandten geltenden Vorschriften der §§ 1607, 1610, des § 1611 Abs. 1, des § 1613 und für den Fall des Todes des Berechtigten die Vorschriften des § 1615 entsprechende Anwendung.

---

2. (Abs. 2) macht eine Ausnahme von § 1578 Abs. 1, vgl. § 1578 Note I. 1 bα. — Die Frau ist gegenüber dem Manne, der seinen Unterhalt aus dem Stamme des Vermögens bestreiten kann, überhaupt nicht unterhaltspflichtig (§ 1578 Abs. 2). Vgl. daselbst Note II.

**§ 1580.** 1. Gewährung des Unterhalts mittels Geldrente gemäß § 760:

Vorausbezahlung für drei Monate; hat der Berechtigte auch nur den Beginn des dreimonatigen Zeitabschnitts erlebt, so gebührt ihm der volle auf den Zeitabschnitt entfallende Betrag. Dasselbe muß entsprechend gelten, wenn der Unterhaltsanspruch aus einem sonstigen Grunde (vgl. Note 3) nach Beginn des Zeitabschnitts fortfällt. Vgl. § 1581 Note I. 2.

2. Sicherheitsleistung Bd. I S. 124 Vorb Note II. Nachträgliche Verurtheilung zur Bestellung oder Erhöhung der Sicherheit CPO. § 324 Bd I S. 348.

3. Bestimmung der Abfindung. Die Abfindung ist unter Berücksichtigung aller Umstände (verkehrsüblicher Zinsfuß, vermuthliche Lebensdauer, Möglichkeit des Wegfalls des Anspruchs wegen Verbesserung der Einkünfte § 1578 oder der Wiederverheirathung § 1581 Abs. 1, der Veränderlichkeit der Vermögensverhältnisse des Verpflichteten § 1579, 2c.) zu bestimmen.

a. Als wichtiger Grund für den Abfindungsanspruch kann z. B die Möglichkeit und Angemessenheit der Errichtung eines Erwerbsgeschäfts seitens des Unterhaltsberechtigten in Betracht kommen. Die Wichtigkeit des Grundes ist unter Berücksichtigung aller Umstände, insonderheit auch der nachtheiligen Einwirkungen der Kapitalsabfindung auf die wirthschaftlichen Verhältnisse des Verpflichteten zu beurtheilen.

b. Ist die Abfindung einmal vertragsmäßig oder durch rechtskräftiges Urtheil (CPO. § 894) festgesetzt, so müssen nachträgliche Aenderungen der beiderseitigen Verhältnisse außer Betracht bleiben. Dieselben müssen bereits bei der Festsetzung der Abfindung in Rechnung gezogen werden. Vgl. zu a.

c. Die Abfindung kann auch verlangt werden, wenn der wichtige Grund erst eintritt, nachdem die Rente bereits eine Zeit lang geleistet ist. Die früher gezahlten Renten können auf die Abfindung nicht angerechnet werden. Ihre Berücksichtigung findet dadurch statt, daß die für die Abfindung zu Grunde zu legende Zeitdauer (vgl. Note 3 Abs. 1) sich um die in der Vergangenheit liegende Zeit verkürzt.

4. (Abs. 3.) Anwendbare Vorschriften:

§ 1607: Subsidiäre Haftung der unterhaltspflichtigen Verwandten des unterhaltsberechtigten Ehegatten bei unmöglicher oder erschwerter Rechtsverfolgung gegen den geschiedenen Ehegatten im Inlande. Rückgriffsrecht der Verwandten gegen den Ehegatten. Prinzipale Haftung der Verwandten vgl. § 1608 Abs. 2. Vgl. § 1579 Note 1 a.

§ 1610: Inhalt des standesgemäßen Unterhalts. Maßgebend ist die Lebensstellung des Bedürftigen. Ist dies die Frau, so wird die Lebensstellung, welche die Ehegatten zuletzt vor der Scheidung einnahmen, zu berücksichtigen sein. Vgl. § 1578 Abs. 1.

e. Wiederverheirathung. **§ 1581.** Die Unterhaltspflicht erlischt mit der Wiederverheirathung des Berechtigten.

Im Falle der Wiederverheirathung des Verpflichteten finden die Vorschriften des § 1604 entsprechende Anwendung.

f. Tod des Unterhaltspflichtigen. **§ 1582.** Die Unterhaltspflicht erlischt nicht mit dem Tode des Verpflichteten.

Die Verpflichtung des Erben unterliegt nicht den Beschränkungen des § 1579. Der Berechtigte muß sich jedoch die Herabsetzung der Rente bis auf die Hälfte der Einkünfte gefallen lassen, die der Verpflichtete zur Zeit des Todes aus seinem Vermögen bezogen hat. Einkünfte aus einem Rechte, das mit dem Eintritt eines bestimmten Zeitpunkts oder Ereignisses erlischt, bleiben von dem Eintritte des Zeitpunkts oder des Ereignisses an außer Betracht.

Sind mehrere Berechtigte vorhanden, so kann der Erbe die Renten nach dem Verhältniß ihrer Höhe soweit herabsetzen, daß sie zusammen der Hälfte der Einkünfte gleichkommen.

---

§ 1611 Abs. 1: Wer durch sein sittliches Verschulden bedürftig geworden ist, kann nur nothdürftigen Unterhalt verlangen (z. B. Verlust des Vermögens durch Spielgeschäfte, Verschwendung u. dergl.).

§ 1613: In praeteritum non vivitur.

§ 1615: Erlöschen des Unterhaltsanspruchs durch den Tod des Unterhaltsberechtigten (vgl. §§ 1580 Abs. 3, 1582). Beerdigungskosten.

5. **Verfügungen über den Unterhaltsanspruch durch Rechtsgeschäft oder im Wege der Zwangsvollstreckung.**

a. Verzicht auf den Unterhaltsanspruch und Befreiung durch Vorausleistung ist nicht ausgeschlossen. § 1614 ist nicht mitzitirt. Die Abfindung (§ 1580 Abs. 2; vgl. § 1580 Note 3) kann auch vertragsmäßig festgesetzt werden.

b. Die Unpfändbarkeit des Anspruchs (CPO. § 850 Ziffer 2 Bd. I S. 348) schließt zugleich die Abtretbarkeit (§ 400), die Aufrechenbarkeit, die Belastung mit Nießbrauch oder Pfandrecht, die Zugehörigkeit zur Konkursmasse aus. Vgl. § 400 Note 2.

**§ 1581.** I. **Wiederverheirathung des unterhaltsberechtigten Ehegatten.**

1. Voraussetzung des Erlöschens der Unterhaltspflicht gemäß § 1582 ist eine **gültige** Eheschließung. Vgl. §§ 1323 ff., 1329, 1330 ff., 1343 und Bemerkungen daselbst.

2. Die Wiederverheirathung nach Beginn eines dreimonatigen Zeitabschnitts, für den der Unterhalt vorauszubezahlen ist, läßt den erwachsenen Anspruch unberührt. Vgl. § 1580 Note 1.

II. **Die Wiederverheirathung des unterhaltspflichtigen Ehegatten** läßt seine Unterhaltspflicht gegenüber dem geschiedenen Ehegatten dem Grunde nach unberührt, kann aber für den Betrag des zu gewährenden Unterhalts erheblich werden:

1. Konkurrenz des Unterhaltsanspruchs des neuen und des geschiedenen Ehegatten § 1579 Abs. 1 S. 2.

2. Im Uebrigen kommt es auf den in der neuen Ehe geltenden Güterstand an.

a. Güterstand der Verwaltung und Nutznießung.

α. Die Leistungspflicht des Mannes, der bisher zur Gewährung des standesgemäßen Unterhalts nicht in der Lage war, kann sich erhöhen § 1383. Vgl. indeß § 1389 Abs. 2, CPO. § 861 (S. 790).

β. Die Leistungspflicht der Frau. Vgl. § 1604 Abs. 1; § 1386 Note II. 3; § 1388; § 1412.

b. Vertragsmäßige Güterstände vgl. § 1604 Abs. 2.

2. Unterhaltspflicht bei Scheidung wegen Geisteskrankheit.

**§ 1583.** Ist die Ehe wegen Geisteskrankheit eines Ehegatten geschieden, so hat ihm der andere Ehegatte Unterhalt in gleicher Weise zu gewähren wie ein allein für schuldig erklärter Ehegatte.

3. Widerruf von Schenkungen.

**§ 1584.** Ist ein Ehegatte allein für schuldig erklärt, so kann der andere Ehegatte Schenkungen, die er ihm während des Brautstandes oder während der Ehe gemacht hat, widerrufen. Die Vorschriften des § 531 finden Anwendung.

Der Widerruf ist ausgeschlossen, wenn seit der Rechtskraft des Scheidungsurtheils ein Jahr verstrichen oder wenn der Schenker oder der Beschenkte gestorben ist.

4. Unterhaltung gemeinschaftlicher Kinder.

**§ 1585.** Hat der Mann einem gemeinschaftlichen Kinde Unterhalt zu gewähren, so ist die Frau verpflichtet, ihm aus den Einkünften ihres Vermögens und dem Ertrag ihrer Arbeit oder eines

---

**§ 1582.** 1. Die Unterhaltspflicht erlischt nicht mit dem Tode, sondern sie geht als solche auf den Erben über.

a. Als Nachlaßverbindlichkeit unterliegt sie den Vorschriften über die beschränkte Haftung des Erben gemäß §§ 1967 ff., 1975 ff.

b. Als Unterhaltspflicht unterliegt sie auch ferner den Vorschriften der §§ 1578 ff., insonderheit den §§ 1580, 1581 Abs. 1, indeß mit den aus § 1582 sich ergebenden Einschränkungen:

α. der Erbe oder die Erben können nicht auf Grund der Vorschrift des § 1579 eine Herabsetzung des Unterhaltsanspruchs mit Rücksicht auf ihren nothdürftigen Unterhalt verlangen;

β. der Berechtigte muß sich eine Herabsetzung der Rente bis auf die Hälfte der Einkünfte, welche der verpflichtete Ehegatte zur Zeit seines Todes aus seinem Vermögen hatte, — also ohne Berücksichtigung seines sonstigen Einkommens aus Arbeit 2c. — gefallen lassen. Einkünfte aus einem Rechte, das mit dem Eintritt eines bestimmten Zeitpunktes oder Ereignisses, insonderheit also auch mit dem Tode erlischt, bleiben von dem Eintritte des Erlöschens ab außer Betracht z. B. Nießbrauchsrechte (§ 1061), Autorrechte (§§ 8, 12 des Ges. betr. das Urheberrecht 2c. vom 11. Juni 1870).

2. Abs. 3 betrifft den Fall des Vorhandenseins mehrerer geschiedener unschuldiger Ehegatten des Erblassers.

**§ 1583.** 1. Scheidung wegen Geisteskrankheit vgl. § 1569 und Bemerkungen daselbst; besonders Note 4.

2. Der Unterhaltsanspruch richtet sich nach §§ 1578—1582.

**§ 1584.** 1. Die Vorschrift ergänzt die Vorschriften über die Schenkung (§§ 516 ff., § 2301) durch Aufstellung eines besonderen Widerrufsrechts, wenn ein Ehegatte allein für schuldig erklärt ist (§ 1574). Bei Scheidung wegen Geisteskrankheit findet nach § 1574 eine Schuldigerklärung nicht statt, so daß auch § 1584 nicht anwendbar ist. Sind beide Ehegatten für schuldig erklärt, so ist das Widerrufsrecht aus § 1584 nicht begründet; indeß kann Widerruf wegen Undankes (§ 530) begründet sein.

2. Nur der Widerruf, d. i. die Erklärung des Widerrufs ist in den Fällen des Abs. 2 ausgeschlossen. Ist der Widerruf rechtzeitig erfolgt (vgl. § 531 Abs. 1, § 1584 Abs. 2), so unterliegt der nach den Vorschriften über die ungerechtfertigte Bereicherung zu beurtheilende Herausgabeanspruch (§ 531 Abs. 2) den allgemeinen Grundsätzen über Vererblichkeit und Verjährung. Die Frist des Abs. 2 (§§ 187 Abs. 2, 188) ist Ausschlußfrist, vgl. Bd. I S. 102 Note 4.

3. Einfluß der Scheidung auf Zuwendungen von Todeswegen vgl. §§ 2077, 2279.

4. Brautgeschenke vgl. § 1301.

5. Anwendbarkeit des § 1584 bei Aufhebung der ehelichen Gemeinschaft § 1586.

von ihr selbständig betriebenen Erwerbsgeschäfts einen angemessenen Beitrag zu den Kosten des Unterhalts zu leisten, soweit nicht diese durch die dem Manne an dem Vermögen des Kindes zustehende Nutznießung gedeckt werden. Der Anspruch des Mannes ist nicht übertragbar.

Steht der Frau die Sorge für die Person des Kindes zu und ist eine erhebliche Gefährdung des Unterhalts des Kindes zu besorgen, so kann die Frau den Beitrag zur eigenen Verwendung für den Unterhalt des Kindes zurückbehalten.

VI. Wirkungen der Aufhebung der ehelichen Gemeinschaft. 1. Eintritt.

**§ 1586.** Wird nach § 1575 die eheliche Gemeinschaft aufgehoben, so treten die mit der Scheidung verbundenen Wirkungen ein; die Eingehung einer neuen Ehe ist jedoch ausgeschlossen. Die Vorschriften über die Nichtigkeit und Anfechtbarkeit der Ehe finden Anwendung, wie wenn das Urtheil nicht ergangen wäre.

---

**§ 1585.** 1. Regel ist, daß das Rechtsverhältniß zwischen den geschiedenen Ehegatten einerseits und den Kindern andererseits durch die Scheidung nicht berührt wird. Die Scheidung bringt die Wirkungen der Ehe als solcher nur für die Zukunft in Fortfall (vgl. § 1564 Note III. 2). Soweit nicht besondere Vorschriften eingreifen, werden die rechtlichen Beziehungen zwischen den Eltern und den Kindern sowie zwischen den Eltern untereinander in Ansehung der Kinder nicht berührt, da diese Beziehungen nicht Wirkungen der fortbestehenden Ehe, sondern der in der Ehe erfolgten Zeugung oder der vorher erfolgten Zeugung in Verbindung mit der nachfolgenden Ehe (§§ 1719 ff.) sind. Diese Regel erleidet gewisse Ausnahmen in Ansehung:
a. der thatsächlichen Sorge für die Person der Kinder §§ 1635 ff.;
b. der Unterhaltspflicht der Eltern § 1585 (vgl. zu 2).

2. Die Unterhaltspflicht des Mannes gegenüber dem Kinde (§ 1606) bleibt unberührt. Durch § 1585 wird lediglich die Beitragspflicht der Frau mit obligatorischer Wirkung gegenüber dem Manne begründet. Die Kosten der Unterhaltung des minderjährigen Kindes sind demnach zunächst aus der Nutznießung des Kindesvermögens (vgl. § 1602 Abs. 2) zu decken und darüber hinaus in erster Linie (§ 1606 Abs. 2) von dem Vater, welchem die geschiedene Frau einen angemessenen Beitrag gemäß § 1585 zu leisten hat, zu tragen.
a. Für die Angemessenheit des von der Frau zu leistenden Beitrags, welcher nur aus den Einkünften, nicht aus dem Stamme des Vermögens zu gewähren ist, ist der Mann beweispflichtig.
b. Daß bzw. inwieweit die Kosten des Unterhalts des Kindes aus der Nutznießung am Kindesvermögen (§§ 1649 ff.) gedeckt werden, ist Einwendung der Frau.

3. Unübertragbarkeit des Anspruchs bringt Unpfändbarkeit, Nichtaufrechenbarkeit, Nichtzugehörigkeit zur Konkursmasse mit sich. Vgl. § 400 Note 2.

4. (Abs. 2.) Welchem der geschiedenen Ehegatten die Sorge für die Person des Kindes zusteht, ist in § 1635 bestimmt; vgl. ferner §§ 1684, 1685.

5. Interimistikum während des Scheidungsprozesses CPO. § 627 (S. 860).

6. Anwendbarkeit des § 1585 bei Aufhebung der ehelichen Gemeinschaft durch Urtheil § 1586.

**§ 1586.** I. **Eintritt der mit der Aufhebung der ehelichen Gemeinschaft verbundenen Wirkungen.**

1. Die Wirkungen des Aufhebungsurtheils (Note II) treten mit der Rechtskraft des Urtheils ein (vgl. § 1564 Satz 3). Sie treten indeß überhaupt nicht ein, wenn zwischen der Erlassung des Urtheils (§ 1576 Note 2) und der Rechtskraft die eheliche Gemeinschaft wiederhergestellt ist (vgl. § 1587 Note 1). Ob die in der Zeit zwischen Erlassung des Urtheils und dem Ein-

**§ 1587.** Wird die eheliche Gemeinschaft nach der Aufhebung wiederhergestellt, so fallen die mit der Aufhebung verbundenen Wirkungen weg und tritt Gütertrennung ein.

2. Wegfall bei Wiederherstellung der ehelich. Gemeinschaft.

---

tritte der Rechtskraft etwa noch fortdauernde häusliche Gemeinschaft die Bedeutung der Wiederherstellung der ehelichen Gemeinschaft hat, ist Thatfrage. — Fortfall der Wirkungen § 1587.

2. Wegen der Klage auf Aufhebung der ehelichen Gemeinschaft und die Möglichkeit der Umwandlung des Urtheils auf Aufhebung in ein Urtheil auf Scheidung §§ 1575 f.

**II. Die mit der Aufhebung der ehelichen Gemeinschaft verbundenen Wirkungen.**

Die Aufhebung der ehelichen Gemeinschaft ist zwar nicht Auflösung der Ehe durch Scheidung (§ 1564 Satz 3), sie wirkt aber wie die Auflösung durch Scheidung (vgl. zu 1 u. 2).

1. Von dem Satze, daß mit der Aufhebung der ehelichen Gemeinschaft die mit der Scheidung verbundenen Wirkungen eintreten, bestehen nur die aus den §§ 1586, 1587 sich ergebenden Ausnahmen.

a. Unzulässigkeit der Eingehung einer neuen Ehe §§ 1586, 1309.

b. In Ansehung der Nichtigkeit oder Anfechtbarkeit der Ehe:

α. Die Nichtigkeit der Anfechtbarkeit der Ehe kann nur gemäß §§ 1329, 1343 Abs. 2 geltend gemacht, die Anfechtung nur gemäß §§ 1338, 1341 bewirkt werden.

β. Die Bestätigung der wegen Nichtigkeit der Eheschließungserklärung nichtigen Ehe (§ 1325) bleibt zulässig. Vgl. § 1325 Abs. 2 Satz 1.

c. Die Wiederherstellung der ehelichen Gemeinschaft (§ 1587 Note 1) nach Erlassung (Note I) und selbst nach Rechtskraft beseitigt ohne Weiteres die mit der Aufhebung verbundenen Wirkungen, vgl. § 1587 Note 2.

2. Die einzelnen Wirkungen.

Die Aufhebung der ehelichen Gemeinschaft wirkt demnach (vgl. Note 1) wie die Scheidung außer in den durch die §§ 1577—1585 geregelten Beziehungen in Ansehung:

a. des Wohnsitzes der Ehefrau § 10;
b. der Verjährung § 204;
c. der Wirkungen der Ehe im Allgemeinen §§ 1353 ff., insonderheit auch der Schlüsselgewalt (§ 1357), des Kündigungsrechts des Mannes (§ 1358), der Vermuthungen aus § 1362. Die gegenseitige Unterhaltspflicht aus §§ 1360 f. wird durch die Regelung der §§ 1578 ff. ersetzt;
d. des bestehenden güterrechtlichen Verhältnisses;
e. der Begründung des Schwägerschaftsverhältnisses vgl. § 1590 Note 4.
f. der ehelichen Abstammung eines Kindes §§ 1591 ff., 1593 (a. M. Achilles, Staudinger-Engelmann);
g. der Sorge für die Person des Kindes §§ 1635 f.;
h. der elterlichen Gewalt der Mutter §§ 1684 ff.
i. des Antrags des Mannes auf Ehelichkeitserklärung eines Kindes § 1726;
k. der Annahme an Kindesstatt § 1746;
l. der Bestellung der Frau als Vormund § 1783;
m. der Rechtsgeschäfte von Todeswegen §§ 2077, 2265, 2268, 2279;
n. des gesetzlichen Erbrechts und des Pflichttheilsrechts der Ehegatten §§ 1931 ff., 2303 Abs. 2;
o. der Anfechtbarkeit der Rechtshandlungen eines Schuldners, Anfechtungsgesetz v. 21. Juli 1879 (Bd. I S. 74 ff.), KO. §§ 29 ff. EG. Art. 33.

**§ 1587.** 1. Die Wiederherstellung der ehelichen Gemeinschaft erfordert einen nach der Erlassung des Aufhebungsurtheils (§ 1576; § 1586 Note I. 1) eintretenden oder fortdauernden Thatbestand, welcher den rechtsbeständigen Willen der Ehegatten, als solche miteinander leben zu wollen, ergiebt (vgl. § 1324 Abs. 2).

### Achter Titel.

### Kirchliche Verpflichtungen.

Kirchliche Verpflichtungen. **§ 1588.** Die kirchlichen Verpflichtungen in Ansehung der Ehe werden durch die Vorschriften dieses Abschnitts nicht berührt.

## Zweiter Abschnitt.

## Verwandtschaft.

### Erster Titel.

### Allgemeine Vorschriften.

1. Verwandtschaft. **§ 1589.** Personen, deren eine von der anderen abstammt, sind in gerader Linie verwandt. Personen, die nicht in gerader Linie verwandt sind, aber von derselben dritten Person abstammen, sind in der Seitenlinie verwandt. Der Grad der Verwandtschaft bestimmt sich nach der Zahl der sie vermittelnden Geburten.

Uneheliche Vaterschaft. Ein uneheliches Kind und dessen Vater gelten nicht als verwandt.

---

2. Beim Vorliegen dieses Thatbestandes (vgl. zu 1) fallen die mit dem Eintritte der Rechtskraft des Aufhebungsurtheils (vgl. § 1586 Note I. 1) verbundenen Wirkungen (§ 1586 Note II. 2) für die Zukunft kraft Gesetzes fort.

3. Gütertrennung §§ 1427 ff. Wirkung Dritten gegenüber §§ 1431, 1435. Anderweite güterrechtliche Regelung, insonderheit also die Wiederherstellung des früheren Güterrechts erfordert die Abschließung eines Ehevertrags. Vgl. §§ 1432 ff.

4. Ist die eheliche Gemeinschaft vor Rechtskraft des Aufhebungsurtheils wiederhergestellt und sind deshalb die Wirkungen der Aufhebung überhaupt nicht eingetreten (§ 1586 Note I. 1), so bleibt es in allen Beziehungen, insonderheit auch in Ansehung des ehelichen Güterrechts bei dem früheren Zustande.

5. Die Wiederherstellung der ehelichen Gemeinschaft ist auf Antrag in dem Heirathsregister zu vermerken, § 55 Personenstandsgesetz (vgl. zu EG. Art. 46). Diese Eintragung hat aber keine konstitutive Wirkung.

**§ 1588.** Vgl. die Vorbemerkung zum I. Abschnitte (S. 701).

**§ 1589.** 1. Eheliche und uneheliche Abstammung.

a. Die Verwandtschaft im Sinne des BGB. setzt nach der väterlichen Seite eheliche Abstammung (§§ 1591 ff.) voraus. Dem entspricht Abs. 2. Verhältniß nach der mütterlichen Seite § 1705.

b. Der leiblichen Verwandtschaft des unehelichen Kindes zu seinem unehelichen Erzeuger ist durch das Eheverbot des § 1310 Abs. 3 (vgl. daselbst) sowie durch die in §§ 1708—1714 dem Erzeuger auferlegte Unterhaltspflicht und durch die Möglichkeit der Legitimation (§§ 1719 ff., 1723 ff.) Rechnung getragen. Vorb. zum 6. Titel Note II. 1. S. 949 ff.

2. Abstammung aus einer nichtigen Ehe §§ 1699 ff.

3. Verbindung durch Legitimation und Annahme an Kindesstatt. Die durch nachfolgende Ehe (§ 1719) oder durch Ehelichkeitserklärung (§ 1736) legitimirten sowie die an Kindesstatt angenommenen Personen (§ 1757) erlangen die rechtliche Stellung ehelicher Kinder und damit auch die rechtliche Stellung von Verwandten (vgl. § 1311), selbstverständlich unter Beschränkung auf den Personenkreis, auf welchen die Wirkungen der Ehelichkeitserklärung oder der Annahme an Kindesstatt sich nach den einschlä-

gigen Bestimmungen (§ 1737; §§ 1762, 1763) erstrecken. Für die richtige Auslegung des BGB. ist zu beachten, daß, wo nicht im Einzelfall ein Anderes bestimmt ist, die hier bezeichneten Personen unter „Verwandte" &c. mitumfaßt sind. (Vgl. §§ 1310, 1311; § 1759.) § 1589.

4. Terminologie.

a. Für die Ausdrucksweise des BGB. ist festzuhalten, daß in allen Fällen, in denen sich ein Anderes nicht ergiebt, die zur Bezeichnung eines bestimmten Verwandtschaftsverhältnisses dienenden Ausdrücke (vgl. zu b) zwar in dem zu 3 bezeichneten Umfange die durch Legitimation oder Annahme an Kindesstatt eintretende Verbindung, nach der väterlichen Seite (§ 1589 Abs. 2) aber nicht die durch uneheliche Zeugung hervorgerufene natürliche Blutsverwandtschaft mitumfassen.

b. Die wichtigsten zur Bezeichnung eines Verwandtschaftsverhältnisses dienenden Ausdrücke des BGB. (vgl. zu a):

α. Abkömmlinge bezeichnet die Nachkommen ohne Rücksicht auf den Grad der Verwandtschaft (Kinder, Enkel &c.). Vgl. z. B. § 1310 Abs. 2 u. 3, §§ 1482 ff., 1924 ff. — „Nachkommenschaft" § 2107.

β. Kinder bezeichnet die Abkömmlinge ersten Grades, unbeschadet der Auslegungsregel des § 2068 für letztwillige Anordnungen. — Zur Bezeichnung des Kindesalters wird das Wort Kind nicht verwendet. Vgl. §§ 104 Ziffer 1, 828. — In den Vorschriften über die Annahme an Kindesstatt wird der Anzunehmende im Gegensatze zu dem Annehmenden als Kind bezeichnet. Vgl. §§ 1750, 1751.

γ. Eltern (Vater, Mutter) bezeichnet die Aszendenten ersten Grades; unter Eltern und Voreltern sind die Aszendenten im Allgemeinen (vgl. § 1611 Abs. 2) zusammengefaßt. Vgl. auch §§ 1926, 1928, 1929: Großeltern, Urgroßeltern und entferntere Voreltern. — Großvater § 1776.

δ. Geschwister § 1775 (vollbürtige, halbbürtige § 1310; Bruder, Schwester §§ 2109, 2163) sind die Seitenverwandten zweiten Grades.

ε. Auslegungsregel für testamentarische Anordnungen: „Kinder" § 2068; „Verwandte", „nächste Verwandte" § 2067.

c. Die Terminologie des BGB. ist ausdrücklich für maßgebend erklärt für das Gerichtsverfassungsgesetz, die Civilprozeßordnung, die Strafprozeßordnung, die Konkursordnung, das Anfechtungsgesetz EG. Art. 33. Für andere Gesetze ist die Bedeutung entsprechender Ausdrücke nach allgemeinen Auslegungsregeln zu ermitteln. Hierbei wird im Allgemeinen davon auszugehen sein, daß die dem BGB. im Alter nachstehenden Gesetze seiner Terminologie folgen.

5. Bedeutung der Verwandtschaft in Ansehung einzelner Rechtsverhältnisse:

a. Verwandtschaft als Ehehinderniß §§ 1310, 1327. — Indeß § 1311.
b. Verwandte als Zeugen bei der Eheschließung § 1318.
c. Unterhaltspflicht der Verwandten §§ 1601 ff.
d. Berücksichtigung der Verwandten bei der Auswahl eines Vormundes, Pflegers &c. §§ 1779, 1792 Abs. 4, 1867, 1915, 1694.
e. Einsetzung eines Familienraths auf Antrag eines Verwandten des Mündels § 1859.
f. Anhörung von Verwandten des Mündels durch das Vormundschaftsgericht vor gewissen wichtigen Entscheidungen §§ 1308, 1673, 1847, 1862, 1897.
g. Gesetzliches Erbrecht der Verwandten §§ 1924 ff., indeß § 1759; Pflichttheilsrecht §§ 2303 ff.
h. Die Verwandtschaft als Ausschließungsgrund für die Mitwirkung bei der Errichtung oder Aufhebung eines Testaments oder Erbvertrags §§ 2234 ff., 2244, 2249 ff., 2276, 2290. Vgl. FrG. §§ 170 ff. (Bd. I S. 63). Vgl. ferner CPO. § 41 u. s. w.

6. Uebergangsvorschrift und Internationales Privatrecht

Die Vorschriften dieses Titels des BGB. dienen im Wesentlichen der Termino-

2. Schwägerschaft. **§ 1590.** Die Verwandten eines Ehegatten sind mit dem anderen Ehegatten verschwägert. Die Linie und der Grad der Schwägerschaft bestimmen sich nach der Linie und dem Grade der sie vermittelnden Verwandtschaft.

Die Schwägerschaft dauert fort, auch wenn die Ehe, durch die sie begründet wurde, aufgelöst ist.

## Zweiter Titel.
## Eheliche Abstammung.

logie des BGB. vgl. Note 4c. Ist auf Grund der Uebergangsvorschriften oder des Internationalen Privatrechts ein Rechtsverhältniß nach einem anderen Rechte zu beurtheilen, so ist aus diesem auch in Ansehung des zu beurtheilenden Rechtsverhältnisses die Frage der Verwandtschaft zu beantworten.

**§ 1590.** 1. Die Schwägerschaft umfaßt:
a. in der geraden Linie das Verhältniß des einen Ehegatten zu den einseitigen Abkömmlingen des anderen Ehegatten (Stiefeltern, Stiefkinder), sowie zu den Eltern und Voreltern des anderen Ehegatten (Schwiegereltern, Schwiegerkinder);
b. in der Seitenlinie das Verhältniß des einen Ehegatten zu den Seitenverwandten des anderen Ehegatten (insbesondere also Schwager, Schwägerin). Keine Schwägerschaft der zu einer Person im Schwägerschaftsverhältnisse stehenden Personen unter einander. Die Ehegatten zweier Geschwister sind im Sinne des § 1590 nicht miteinander verschwägert.

2 Voraussetzung für die Schwägerschaft ist eine gültige Ehe, unbeschadet der (ex tunc fortfallenden) Wirkung einer nichtigen oder anfechtbaren Ehe bis zu erfolgter Nichtigkeitserklärung §§ 1329, 1343. Erweiterung des Schwägerschaftsbegriffes für das Eheschließungsrecht § 1310.

3. Der Begriff der Verwandtschaft ist aus § 1589 zu entnehmen. Zu beachten ist, daß trotz Erlangung der Stellung eines ehelichen Kindes durch Ehelichkeitserklärung und Annahme an Kindesstatt dennoch
a. die Frau des Vaters eines für ehelich erklärten Kindes nicht mit dem Kinde, und der Ehegatte des Kindes nicht mit dem Vater verschwägert wird, § 1737 Abs. 1 S. 2;
b. der Ehegatte des an Kindesstatt Annehmenden nicht mit dem Kinde, der Ehegatte des Kindes nicht mit dem Annehmenden verschwägert wird, § 1763 Satz 2

4. (Abs. 2.) Die Auflösung der Ehe (Tod, Scheidung, Aufhebung der ehelichen Gemeinschaft (§ 1586), Wiederverheirathung im Falle der Todeserklärung) läßt — anders wie die Nichtigkeitserklärung (vgl. zu 2) — die bestehende Schwägerschaft fortdauern. Eine aufgelöste Ehe kann indeß das Verhältniß der Schwägerschaft nicht mehr erzeugen. Es treten also die nach der Auflösung der die Schwägerschaft begründenden Ehe den Verschwägerten geborenen Kinder nicht auch ihrerseits in das Schwägerschaftsverhältniß.

5. Wegen der rechtlichen Bedeutung der Schwägerschaft in Ansehung einzelner Rechtsverhältnisse vgl. zu § 1589 Note 5a, b, d, e, f, h.

6. Maßgeblichkeit der Terminologie des BGB. für andere Reichsgesetze vgl. § 1589 Note 4c.

7. Uebergang und Internationales Privatrecht vgl. § 1589 Note 6.

Vorbemerkung zum 2. Titel. 1. **Die eheliche Abstammung ist von rechtlicher Bedeutung:**
a. für das Privatrecht als Voraussetzung für die Verwandschaft (vgl. § 1589 Note 1a) und insbesondere für die elterliche Gewalt (§§ 1626 ff.) sowie den Wohnsitz § 11;

b. für das öffentliche Recht Vorbemerkung zum 2. Titel.
α. Gesetz über die Erwerbung und den Verlust der Bundes- und Staatsangehörigkeit vom 1. Juni 1870 (BGBl. S. 355), vgl. EG. Art. 41;
β. Gesetz über den Unterstützungswohnsitz vom 6. Juni 1870 (BGBl. S. 360).

2. **Fiktion der ehelichen Abstammung.**

a. Als eheliche Kinder gelten die aus nichtiger Ehe stammenden Kinder nach näherer Vorschrift der §§ 1699 ff. Vgl. auch § 1324 Abs. 2 und Note II. 1 daselbst.

b. Die rechtliche Stellung ehelicher Kinder erlangen:
α. die legitimirten unehelichen Kinder (nachfolgende Ehe § 1719, Ehelichkeitserklärg § 1736); Zeitpunkt des Eintritts dieser Wirkung vgl. S. 959 Note III 2.
β. die an Kindesstatt angenommenen Kinder § 1757, vgl. auch §§ 1768 ff., 1771.

c. Die Wirkung der Fiktion erstreckt sich unmittelbar nur auf die Rechtsverhältnisse, welche im BGB. (vgl. zu § 1589 Note 4c) sowie in den in EG. Art. 33 bezeichneten Gesetzen geregelt sind. Vgl. auch EG. Art. 4. — Nicht ausgeschlossen ist indeß, daß in Spezialgesetzen oder Rechtsgeschäften, insbesondere auf dem Gebiete des Lehen-, Fideikommiß-, Stammgutsrechts, eine Unterscheidung zwischen ehelichen Kindern im Sinne der §§ 1591 ff. und den durch Rechtssatz den ehelichen Kindern gleichgestellten unehelichen Kindern gemacht wird (EG. Art. 59).

d. Brautkinder vgl. § 1297 Note III. 3.

e. Die Ehelichkeit des vor der Ehe empfangenen, aber nach der Eheschließung geborenen Kindes beruht nicht auf Fiktion. Vgl. § 1591 Note 1b.

3. **Das Verfahren in Rechtsstreitigkeiten,** welche die Feststellung des Rechtsverhältnisses zwischen Eltern und Kindern zum Gegenstande haben, unterliegt den Vorschriften CPO. §§ 640—643, welche in Anlehnung an die für Ehesachen geltenden Vorschriften (vgl. S. 859 Note II) in gewissem Umfange den Parteien die Verfügung über den Gegenstand des Prozesses entziehen.

a. Feststellung des Bestehens oder Nichtbestehens eines Eltern- und Kindesverhältnisses zwischen den Parteien.

***CPO.* § 640.** *Auf einen Rechtsstreit, der die Feststellung des Bestehens oder Nichtbestehens eines Eltern- und Kindesverhältnisses zwischen den Parteien oder die Feststellung des Bestehens oder Nichtbestehens der elterlichen Gewalt der einen Partei über die andere zum Gegenstande hat, finden die Vorschriften der §§ 607, 613, des § 617 Abs. 1, 3 und der §§ 618, 619, 622, 625, 626, 628, 635 entsprechende Anwendung.*

*Mit einer der im Abs. 1 bezeichneten Klagen kann eine Klage anderer Art nicht verbunden werden. Eine Widerklage anderer Art kann nicht erhoben werden.*

α. Mitwirkungsbefugniß der Staatsanwaltschaft CPO. § 607.
β. Erforderniß besonderer Vollmachtsertheilung des Klägers CPO. § 613.
γ. Uneingeschränkte und freie richterliche Beweiswürdigung CPO. § 617.
δ. Versäumniß des Beklagten CPO. § 618.
ε. Parteivernehmung CPO. § 619.
ζ. Officialthätigkeit des Gerichts zum Zwecke der Ermittelung sowohl des Bestehens als auch des Nichtbestehens des Eltern- und Kindesverhältnisses. CPO. § 622.
η. Zustellung der Urtheile von Amtswegen CPO. § 625.
ϑ. Keine Zurückweisung verspäteter Vertheidigungsmittel in der Berufungsinstanz CPO. § 626.
ι. Tod einer Partei vor der Rechtskraft des Urtheils CPO. § 628 (vgl. S. 860).
κ. Die Versäumniß des Klägers gilt als Zurücknahme der Klage CPO. § 635, vgl. § 1596 Abs. 2.

b. Anfechtung der Ehelichkeit eines Kindes (§ 1594), Anfechtung der Anerkennung der Ehelichkeit (§ 1599).

***CPO.* § 641.** *Wird die Ehelichkeit eines Kindes oder die Anerkennung der Ehelichkeit von dem Ehemanne der Mutter durch Erhebung der Anfechtungs-*

1. Voraussetzungen der Ehelichkeit.

**§ 1591.** Ein Kind, das nach der Eingehung der Ehe geboren wird, ist ehelich, wenn die Frau es vor oder während der Ehe empfangen und der Mann innerhalb der Empfängnißzeit der Frau beigewohnt hat. Das Kind ist nicht ehelich, wenn es den Umständen nach offenbar unmöglich ist, daß die Frau das Kind von dem Manne empfangen hat.

a. Vermuthung der Beiwohnung des Mannes während d. Empfängnißzeit.

Es wird vermuthet, daß der Mann innerhalb der Empfängnißzeit der Frau beigewohnt habe. Soweit die Empfängnißzeit in die Zeit vor der Ehe fällt, gilt die Vermuthung nur, wenn der Mann gestorben ist, ohne die Ehelichkeit des Kindes angefochten zu haben.

---

*klage angefochten, so finden die Vorschriften der §§ 607, 613, des § 617 Abs. 1, 2, der §§ 618, 619, des § 622 Abs. 1 und der §§ 625, 626, 628 entsprechende Anwendung.*

*Der Ehemann ist prozessfähig, auch wenn er in der Geschäftsfähigkeit beschränkt ist. Für einen geschäftsunfähigen Ehemann wird der Rechtsstreit durch den gesetzlichen Vertreter geführt; der gesetzliche Vertreter kann die Anfechtungsklage nur mit Genehmigung des Vormundschaftsgerichts erheben.*

*Mit der einen Anfechtungsklage kann nur die andere Anfechtungsklage verbunden werden. Eine Widerklage kann nicht erhoben werden.*

c. Die Zuständigkeit beim Mangel eines allgemeinen Gerichtsstandes des Beklagten im Inlande CPO. § 642.

d. Wirksamkeit des Urtheils für und gegen Alle CPO. § 643

*CPO. § 643. In den Fällen der §§ 640, 641 wirkt das Urtheil, sofern es bei Lebzeiten der Parteien rechtskräftig wird, für und gegen Alle. Ein Urtheil, welches das Bestehen des Eltern- und Kindesverhältnisses oder der elterlichen Gewalt feststellt, wirkt jedoch gegenüber einem Dritten, welcher das elterliche Verhältniss oder die elterliche Gewalt für sich in Anspruch nimmt, nur dann, wenn er an dem Rechtsstreite Theil genommen hat.*

4. Eine Uebergangsvorschrift ist nicht gegeben, vgl. EG. Art. 203 mit EG. Artt. 18 und 19. Entscheidend ist das zur Zeit der Geburt des Kindes geltende Recht. Vgl. Mot. z. EG. S. 291. Wegen der Kinder aus nichtigen Ehen vgl. EG. Art. 207.

5. Internationales Privatrecht EG. Art. 18.

6. Die Beurkundung der Geburten ist in dem Personenstandsgesetze vom 6. Februar 1875 (RGBl. S. 23) §§ 1 ff., §§ 17 ff., § 26 geregelt. Vgl. Bd. III S. 1600 ff. Vgl. auch § 11 des RG. betr. die Eheschließung und die Beurkundung des Personenstandes von Bundesangehörigen im Auslande vom 4. Mai 1870, (RGBl. S. 599) Bd. III S. 1595 ff.

7. Strafrechtliche Vorschrift.

*StGB. § 169. Wer ein Kind unterschiebt oder vorsätzlich verwechselt, oder wer auf andere Weise den Personenstand eines Anderen vorsätzlich verändert oder unterdrückt, wird mit Gefängniss bis zu drei Jahren und, wenn die Handlung in gewinnsüchtiger Absicht begangen wurde, mit Zuchthaus bis zu zehn Jahren bestraft.*

*Der Versuch ist strafbar.*

**§ 1591.** 1. Voraussetzungen der ehelichen Abstammung sind:

a. Geburt (§ 1 Note 2) nach Eingehung der Ehe. (Beweisführung vgl. Personenstandsgesetz § 15 Bd. III S. 1603.

Nach Eingehung der Ehe ist auch ein Kind geboren, welches nach Auflösung der Ehe geboren wird. Die nacheheliche Geburt kommt indeß für die eheliche Abstammung nur in Betracht, wenn die nach § 1592 festzustellende Empfängnißzeit noch in die Zeit vor Auflösung der Ehe zurückreicht.

b. Die Möglichkeit des Empfängnisses von dem Manne ohne Unterschied, ob die Empfängniß vor oder nach der Eheschließung stattgefunden hat. Vgl. Vorb. Note 2e.

**§ 1592.** Als Empfängnißzeit gilt die Zeit von dem einhunderteinundachtzigsten bis zu dem dreihundertundzweiten Tage vor dem Tage der Geburt des Kindes, mit Einschluß sowohl des einhunderteinundachtzigsten als des dreihundertundzweiten Tages.

Steht fest, daß das Kind innerhalb eines Zeitraums empfangen worden ist, der weiter als dreihundertundzwei Tage vor dem Tage der Geburt zurückliegt, so gilt zu Gunsten der Ehelichkeit des Kindes dieser Zeitraum als Empfängnißzeit.

---

α. Die Möglichkeit der Empfängniß ist regelmäßig vorhanden, wenn der Mann der Frau innerhalb der Empfängnißzeit (§ 1592) beigewohnt hat, und wird nicht dadurch ausgeschlossen, daß die Frau während dieser Zeit mit mehreren Männern geschlechtlich verkehrt hat.

β. Gegenüber dem Nachweise (vgl. zu 2), daß der Mann während der Empfängnißzeit (§ 1592) der Frau beigewohnt hat, ist der Gegenbeweis dahin zugelassen, daß es den Umständen nach offenbar unmöglich ist, daß die Frau das Kind von dem Manne empfangen haben kann. Die Fassung („offenbar unmöglich") soll auf eine strenge Prüfung der Schlüssigkeit des hierfür beigebrachten Beweises hinwirken.

Beispiele: das Kind ist von einer anderen Rasse als die Ehegatten; nach dem Reifegrade des Kindes bei der Geburt kann dasselbe unmöglich aus der gegen das Ende der Empfängnißzeit erfolgten Beiwohnung des Mannes herrühren u. a. m.

2. Der Beweis der Beiwohnung während der Empfängnißzeit.

a. Die in Abs 2 aufgestellte Vermuthung kann durch beliebige Beweismittel entkräftet werden. Vgl. CPO. § 292, RG. 41 157.

b. Die Vermuthung des Abs. 2 gilt für den in die Zeit vor der Ehe fallenden Theil der Empfängnißzeit nur, wenn der Mann gestorben ist, ohne die Ehelichkeit angefochten zu haben, gleichgültig, ob er die Geburt des Kindes noch erlebt hat oder nicht. Die Vermuthung gilt also nicht

α. bei Lebzeiten des Mannes;

β. wenn der Mann nach Anfechtung der Ehelichkeit gestorben ist. Dabei wird eine frist- und formgerechte (§§ 1594—1597) und nach § 1598 zulässige Anfechtung vorausgesetzt. Die in Gemäßheit des § 1599 angefochtene anfechtbare Anerkennung gilt als nicht erfolgt (§ 142).

c. Fällt die Empfängnißzeit zum Theil in die Zeit vor Schließung der Ehe und ist die Nichtbeiwohnung für den in die Ehe fallenden Theil der Empfängnißzeit nachgewiesen, so tritt für den Rest der Empfängnißzeit die Beschränkung der Vermuthung des Abs. 2 Satz 2 ein.

3. Die rechtskräftige Feststellung der Ehelichkeit wirkt für und gegen Alle CPO. § 643 (S. 884).

**§ 1592** 1. Die in § 1592 enthaltene Regelung der Empfängnißzeit dient unmittelbar nur der Feststellung, ob das Kind ein eheliches ist. Vgl. die Sonderregelung für die Feststellung der unehelichen Vaterschaft in § 1717 Abs. 2. Immerhin bietet die Vorschrift einen Anhaltspunkt für die bei anderen Rechtsverhältnissen erhebliche Frage, ob ein Kind zu einem bestimmten Zeitpunkte empfangen war. Vgl. § 1 Note III. 2 u. 3.

2. Die Vorschrift des Abs 1 erkennt einen ursächlichen Zusammenhang zwischen einer Geburt und einer Beiwohnung nur an, wenn der zwischen beiden liegende Zeitraum — abgesehen von Stücktagen — mindestens 180 und höchstens 302 volle Tage umfaßt. Die Empfängnißzeit trägt somit selbst den seltenen Fällen Rechnung, daß ein Kind bereits im Anfange des siebenten oder erst am Ende des 10. Monats der Schwangerschaft geboren wird.

3. Abs. 2 trägt dem immerhin möglichen Ausnahmefalle Rechnung, daß ein während der Ehe empfangenes Kind erst nach Ablauf von 302 Tagen geboren wird. Der Beweis, daß die Empfängniß vor dem dreihundertund-

2. Geltendmachung der Unehelichkeit.

**§ 1593.** Die Unehelichkeit eines Kindes, das während der Ehe oder innerhalb dreihundertundzwei Tagen nach der Auflösung der Ehe geboren ist, kann nur geltend gemacht werden, wenn der Mann die Ehelichkeit angefochten hat oder, ohne das Anfechtungsrecht verloren zu haben, gestorben ist.

---

zweiten Tage vor der Geburt stattgefunden hat, kann dem Gerichte nicht nur durch Sachverständigengutachten über den Reifezustand des Kindes, sondern auch in anderer Weise, durch Indicien (z. B. die Ehrbarkeit der Mutter u. dgl.) geführt werden. Eine entsprechende Behandlung des Falles, daß ein Kind vor dem 181. Tage nach der Empfängniß geboren wird, ist mit Rücksicht darauf abgelehnt, daß derartige Frühgeburten niemals lebensfähig sind.

4. Der Normirung der Empfängnißzeit in § 1592 entspricht die Vorschrift über das Ehehinderniß der Wartezeit in § 1313. Vgl. auch § 1600.

5. Als selbstverständlich ist fortgelassen (E. I § 1467 Abs 2), daß, wenn die Ehefrau während der nach § 1592 sich ergebenden Empfängnißzeit von einem Kinde entbunden ist, die vor die Entbindung fallende Zeit nicht zur Empfängnißzeit des nachher geborenen Kindes gehört.

**§ 1593. A. Die Geltendmachung der Unehelichkeit.**

I. **Das während der Ehe oder innerhalb 302 Tagen nach der Auflösung der Ehe** (vgl. zu III) **geborene Kind.**

1. Der Ehemann ist in der Lage, die Ehelichkeit des von seiner Frau während der Ehe oder innerhalb 302 Tagen nach Auflösung der Ehe geborenen Kindes dem wahren Sachverhältniß entgegen durch Unterlassung der Anfechtung (§ 1594), durch Zurücknahme der Anfechtungsklage (§ 1596) oder durch Anerkennung des Kindes (§ 1598) in einer für und gegen alle wirksamen Weise festzustellen.

2. Die Unehelichkeit kann von Niemand, weder von dem Ehemanne noch von der Ehefrau oder von dem Kinde oder einem Dritten geltend gemacht werden, solange nicht der Ehemann die Ehelichkeit durch einen formellen, als ein einseitiges Rechtsgeschäft sich darstellenden Akt (§§ 1596, 1597) angefochten hat.

3. Nur in dem Falle, daß der Ehemann, ohne die Ehelichkeit des Kindes angefochten, aber auch ohne das Recht der Anfechtung (durch Zeitablauf § 1594 oder Anerkennung §§ 1598, 1599) verloren zu haben, gestorben ist, ist die Geltendmachung der Unehelichkeit als eines Präjudizialpunktes für das einzelne streitige Rechtsverhältniß einem Jeden nach Maßgabe der allgemeinen Vorschriften gestattet.

4. Hat der Mann die Anfechtungsklage (§ 1598) erhoben und stirbt vor Erledigung des Rechtsstreits, so kann nunmehr die Unehelichkeit gemäß § 1593 von Jedem geltend gemacht werden.

5. Die auf die Anfechtungsklage des Ehemanns rechtskräftig erfolgte Feststellung der Unehelichkeit wirkt für und gegen Alle (CPO. § 643 S. 884).

II. **Das nicht während der Ehe oder innerhalb 302 Tagen nach der Auflösung der Ehe geborene Kind.**

Die Unehelichkeit kann von Jedermann nach allgemeinen Grundsätzen geltend gemacht werden. (Vgl. § 1592 Abs. 2.) Ist indeß einmal die Feststellung der Ehelichkeit zwischen dem Kinde und dem Ehemann erfolgt, so wirkt auch in diesem Falle das Urtheil für und gegen Alle (CPO. § 643).

III. **Anhang: Das nach Auflösung der Ehe geborene Kind.**

1. Auflösung der Ehe durch den Tod des Ehemanns.

Die Unehelichkeit kann von Jedermann geltend gemacht werden. Zur Geltendmachung gehört der Nachweis offenbarer Unmöglichkeit des Empfängnisses von dem Manne oder der Nichtbeiwohnung desselben in der gemäß § 1592 festzustellenden Empfängnißzeit.

2. Der Auflösung durch Scheidung steht die Aufhebung der

**§ 1594.** Die Anfechtung der Ehelichkeit kann nur binnen Jahresfrist erfolgen.

3. Anfechtung der Ehelichkeit durch den Mann. a. Anfechtungsfrist.

Die Frist beginnt mit dem Zeitpunkt, in welchem der Mann die Geburt des Kindes erfährt.

Auf den Lauf der Frist finden die für die Verjährung geltenden Vorschriften der §§ 203, 206 entsprechende Anwendung.

**§ 1595.** Die Anfechtung der Ehelichkeit kann nicht durch einen Vertreter erfolgen. Ist der Mann in der Geschäftsfähigkeit beschränkt, so bedarf er nicht der Zustimmung seines gesetzlichen Vertreters.

b. Vertretung. Beschr. Geschäftsf. d. Mannes.

Für einen geschäftsunfähigen Mann kann sein gesetzlicher Vertreter mit Genehmigung des Vormundschaftsgerichts die Ehelichkeit anfechten. Hat der gesetzliche Vertreter die Ehelichkeit nicht rechtzeitig angefochten,

Geschäftsunfähigkeit des Mannes.

---

ehelichen Gemeinschaft gleich, sofern nicht die Wiederherstellung derselben erfolgt ist (vgl. § 1587).

Die Geltendmachung der Unehelichkeit richtet sich nach § 1593, ist also in erster Linie von dem Willen des Ehemanns abhängig.

3. Todeserklärung.

Die Auflösung der Ehe tritt nicht schon mit der Todeserklärung, sondern erst mit der auf Grund derselben erfolgenden Wiederverheirathung ein (vgl. § 1348 Note I. 1). Die Ehefrau des für todt erklärten, länger als zehn Monate abwesenden Ehemanns hat ein Kind geboren,

a. ohne sich wieder verheirathet zu haben:

α. Solange die durch die Todeserklärung begründete Todesvermuthung nicht widerlegt ist, kann Jedermann, da der Mann als verstorben gilt, ohne das Anfechtungsrecht verloren zu haben, die Unehelichkeit von Fall zu Fall für die einzelnen streitigen Rechtsverhältnisse nach allgemeinen Grundsätzen geltend machen (§ 1593).

β. Nach Widerlegung der Todesvermuthung tritt die nach § 1593 bei Lebzeiten des Mannes bestehende Beschränkung ein. Nur der Mann kann gemäß §§ 1593 ff. anfechten. Er kann aber auch das offenbar nicht von ihm herrührende Kind als eheliches anerkennen. Vgl. I. 1.

b. nach stattgehabter Wiederverheirathung:

Mit der Wiederverheirathung tritt die Auflösung der früheren Ehe ein.

α. Solange die Todesvermuthung nicht widerlegt ist, in Ansehung der früheren Ehe wie zu a α.

β. Nach Widerlegung der Todesvermuthung richtet sich die Geltendmachung der Ehelichkeit in Ansehung der früheren Ehe nach §§ 1593, 1600.

γ. Wird die zweite Ehe gemäß § 1350 angefochten, so ist die Lage so wie zu a β. Dazu kommen aber noch die §§ 1699 ff. in Betracht. Vgl. auch zu b β.

**B. Die Wirkung erfolgreicher Anfechtung der Ehelichkeit.**

Die erfolgreiche Anfechtung der Ehelichkeit berechtigt zur Geltendmachung der Unehelichkeit auch für die Vergangenheit, sowohl im Verhältnisse zu dem Ehemanne wie zu Dritten. Besondere Vorschriften zum Schutze gutgläubiger Dritter, welche sich mit dem Ehemann als dem gesetzlichen Vertreter des Kindes eingelassen haben, bestehen nicht. Die Vorschriften über die ungerechtfertigte Bereicherung nnd Geschäftsführung ohne Auftrag greifen ein.

**§ 1594.** 1. Die einjährige Frist ist Ausschlußfrist. Vgl. Bd. I S. 102 Note 4. Fristberechnung §§ 187 Abs. 1, 188.

2. § 203: Hemmung des Fristlaufs durch Stillstand der Rechtspflege oder durch höhere Gewalt.

§ 206: Mangel des gesetzlichen Vertreters eines geschäftsunfähigen Ehemanns. Vgl. auch § 1595.

so kann nach dem Wegfalle der Geschäftsunfähigkeit der Mann selbst die Ehelichkeit in gleicher Weise anfechten, wie wenn er ohne gesetzlichen Vertreter gewesen wäre.

c. Anfechtungserklärung α. bei Lebzeiten des Kindes. Anfechtungsklage.

**§ 1596.** Die Anfechtung der Ehelichkeit erfolgt bei Lebzeiten des Kindes durch Erhebung der Anfechtungsklage. Die Klage ist gegen das Kind zu richten.

Wird die Klage zurückgenommen, so ist die Anfechtung als nicht erfolgt anzusehen. Das Gleiche gilt, wenn der Mann vor der Erledigung des Rechtsstreits das Kind als das seinige anerkennt.

Vor der Erledigung des Rechtsstreits kann die Unehelichkeit nicht anderweit geltend gemacht werden.

β. nach dem Tode d. Kindes. Erklärung gegenüber dem Nachlaßgerichte.

**§ 1597.** Nach dem Tode des Kindes erfolgt die Anfechtung der Ehelichkeit durch Erklärung gegenüber dem Nachlaßgerichte; die Erklärung ist in öffentlich beglaubigter Form abzugeben.

Das Nachlaßgericht soll die Erklärung sowohl demjenigen mittheilen, welcher im Falle der Ehelichkeit, als auch demjenigen, welcher im Falle der Unehelichkeit Erbe des Kindes ist. Es hat die Einsicht der Erklärung Jedem zu gestatten, der ein rechtliches Interesse glaubhaft macht.

4. Anerkennung der Ehelichkeit.

**§ 1598.** Die Anfechtung der Ehelichkeit ist ausgeschlossen, wenn der Mann das Kind nach der Geburt als das seinige anerkennt.

Die Anerkennung kann nicht unter einer Bedingung oder einer Zeitbestimmung erfolgen.

---

**§ 1595.** 1. Vgl. die entsprechende Regelung bei der Anfechtung der Ehe § 1336 Abs. 1, § 1340.

2. Der Abwesenheitspfleger wird nach § 1911 nur für Vermögensangelegenheiten bestellt und ist deshalb weder zur Anfechtung noch zur Anerkennung der Ehelichkeit befugt.

3. Der Vorschrift des § 1595 entspricht die Regelung der Prozeßfähigkeit des Ehemanns in CPO. § 641 Abs. 2 (S. 833 f.).

**§ 1596.** 1. Vgl. die entsprechende Regelung bei Anfechtung der Ehe in § 1341.

2. Wegen der prozessualen Sondervorschriften vgl. Titelvorb. Note 3 (S. 883).

3. Klage gegen das minderjährige Kind erfordert die Bestellung eines Pflegers §§ 1630 Abs. 2, 1795, 1909.

4. Abs. 2 vgl. § 1341 Abs. 2. Die Zurücknahme der Klage hat an sich nicht die Wirkung, daß das Anfechtungsrecht erlischt. Die Klage kann vielmehr, innerhalb der Frist des § 1594, von Neuem erhoben werden. — Anerkennung der Ehelichkeit § 1598.

5. Abs. 3. vgl. § 1343 Abs. 2.

***CPO.** § 153. Hängt die Entscheidung eines Rechtsstreits davon ab, ob ein Kind, dessen Ehelichkeit im Wege der Anfechtungsklage angefochten worden ist, unehelich ist, so finden die Vorschriften des § 152 entsprechende Anwendung.*

CPO. § 152, abgedruckt S. 735. Vgl. auch CPO. § 155, abgedruckt S. 727.

**§ 1597.** 1. Vgl. die entsprechende Regelung bei der Anfechtung der Ehe § 1342.

2. Oeffentliche Beglaubigung § 129.

3. Nachlaßgericht FrG. §§ 72, 73 (zu § 1942).

Für die Anerkennung gelten die Vorschriften des § 1595 Abs. 1. Die Anerkennung kann auch in einer Verfügung von Todeswegen erfolgen.

**§ 1599.** Ist die Anerkennung der Ehelichkeit anfechtbar, so finden die Vorschriften der §§ 1595 bis 1597 und, wenn die Anfechtbarkeit ihren Grund in arglistiger Täuschung oder in Drohung hat, neben den Vorschriften des § 203 Abs. 2 und des § 206 auch die Vorschrift des § 203 Abs. 1 entsprechende Anwendung. 5. Anfechtung der Anerkennung.

---

**§ 1598.** 1. Die Anerkennung der Ehelichkeit hat die in § 1598 ihr beigelegte Rechtswirkung regelmäßig nur, wenn das Kind während der Ehe oder innerhalb 302 Tage nach Auflösung derselben geboren ist; bei späterer Geburt nur unter der Voraussetzung des § 1592 Abs. 2. In allen anderen Fällen ist das Kind unehelich und kann nicht durch Anerkennung zu einem ehelichen werden.

2. Unzulässigkeit der Bedingungen vgl. Bd. I S. 83 f. Vorb. Note 1 und 2.

3. Die Anerkennung kann nicht durch einen Vertreter erfolgen. Der beschränkt geschäftsfähige Ehemann bedarf nicht der Zustimmung seines gesetzlichen Vertreters § 1595 Abs. 1.

4. Die Anerkennungshandlung, welche an eine Form nicht gebunden ist und eines bestimmten Adressaten nicht bedarf, muß den Charakter einer Willenserklärung, als einer auf Herbeiführung einer beabsichtigten rechtlichen Wirkung gerichteten Handlung an sich tragen (vgl. § 1599 Note 1). Die bloße Anzeige der Geburt bei dem Standesbeamten wird also regelmäßig eine Anerkennung nicht enthalten.

5. Die Anerkennung mit der Wirkung der Beseitigung des Anfechtungsrechts muß nach der Geburt des Kindes erfolgen.

6. Verfügung von Todeswegen (§§ 1937, 1941).

Die in einer letztwilligen Verfügung ausgesprochene Anerkennung erlangt nur dann Wirksamkeit, wenn die letztwillige Verfügung überhaupt wirksam wird, also bis zu dem Tode des Erblassers nicht zurückgenommen ist.

**§ 1599.** Die Anerkennung der Ehelichkeit untersteht als Rechtsgeschäft an sich den allgemeinen Vorschriften über Nichtigkeit und Anfechtbarkeit der Willenserklärung (§§ 116 ff., 119 ff.).

1. Ist die Anerkennung nichtig, so wird sie als nicht erfolgt behandelt, vgl. § 139 Note 1. Es kommen alsdann die §§ 1594 bis 1597 über die Anfechtung der Ehelichkeit unmittelbar zur Anwendung, insbesondere muß die Anfechtung noch innerhalb der Anfechtungsfrist (§ 1594) erfolgen, um wirksam zu sein. Vgl. Bd. I S. 102 Note 4 e.

2. Ist die Anerkennung anfechtbar, so werden für die Anfechtung der Willenserklärung die allgemeinen Vorschriften der §§ 119—124, 142 bis 144 durch § 1599 zum Theil abgeändert. Die Regelung gestaltet sich danach folgendermaßen:

a. Anfechtung wegen Irrthums (§§ 119, 120).

α. Die materiellen Voraussetzungen richten sich nach § 119.

β. Die Anfechtung muß unverzüglich nach Erlangung der Kenntniß von dem Anfechtungsgrund erfolgen und ist nach Ablauf von 30 Jahren ausgeschlossen, § 121.

γ. Schadensersatzpflicht des Irrenden § 122.

δ. Ausschließung der Anfechtung durch einen Vertreter. Anfechtung bei beschränkter Geschäftsfähigkeit und Geschäftsunfähigkeit des Anfechtungsberechtigten §§ 1599, 1595.

ε. Die Anfechtung erfolgt durch Erhebung der Klage gegen das Kind. Bei Zurücknahme der Klage und bei Bestätigung der angefochtenen Anerkennungserklärung gilt die Anfechtung als nicht erfolgt. Vor Erledigung des Anfechtungsprozesses kann die Anfechtbarkeit der Anerkennung

8. Empfängnißzeit bei Konflikten im Falle Wiederverheirathung der Frau.

**§ 1600.** Wird von einer Frau, die sich nach der Auflösung ihrer Ehe wiederverheirathet hat, ein Kind geboren, das nach den §§ 1591 bis 1599 ein eheliches Kind sowohl des ersten als des zweiten Mannes sein würde, so gilt das Kind, wenn es innerhalb zweihundertundsiebzig Tagen nach der Auflösung der früheren Ehe geboren wird, als Kind des ersten Mannes, wenn es später geboren wird, als Kind des zweiten Mannes.

---

nicht anderweit geltend gemacht werden. §§ 1599, 1596. Wegen der prozessualen Vorschriften vgl. CPO. §§ 641—643, abgedruckt S. 883 f.

ζ. Nach dem Tode des Kindes erfolgt die Anfechtung der Anerkennung durch Erklärung gegenüber dem Nachlaßgericht in öffentlich beglaubigter Form §§ 1599, 1597.

η. Die Anfechtung der anfechtbaren Erklärung bewirkt gemäß § 142 Nichtigkeit (vgl. Note 1). Auf die Frist zur Anfechtung der Ehelichkeit (§ 1594) hat der Umstand, daß eine anfechtbare Anerkennung erfolgt war, keinen Einfluß. Zur Wahrung der Anfechtungsfrist wird regelmäßig die in CPO. § 641 zugelassene Verbindung der Klage auf Anfechtung der Anerkennungserklärung und auf Anfechtung der Ehelichkeit geboten sein.

b. Anfechtung wegen arglistiger Täuschung und Drohung.

α. Die materiellen Voraussetzungen richten sich nach § 123.

β. Die Anfechtungsfrist richtet sich nach § 124. Danach kann die Anfechtung nur binnen Jahresfrist nach entdeckter Täuschung bezw. Aufhören der Zwangslage erfolgen. Auf diese Ausschlußfrist finden nach § 124 Abs. 2 die für die Verjährung geltenden Vorschriften über die Hemmung wegen höherer Gewalt (§ 203 Abs. 2) und über die Schutzfrist bei Mangel des gesetzlichen Vertreters einer vertretungsbedürftigen Person aus § 206 Anwendung. Da die Anfechtung der Ehelichkeit gemäß §§ 1599, 1596, 1597 durch Klage oder durch Erklärung gegenüber dem Nachlaßgerichte zu erfolgen hat, so ist in § 1599 auch § 203 Abs. 1 (Hemmung wegen Stillstandes der Rechtspflege) für anwendbar erklärt. Der in § 124 Abs. 2 ferner erwähnte § 207 ist in § 1599 unerwähnt geblieben, weil diese Vorschrift für die Anfechtung der Anerkennung der Ehelichkeit nicht in Betracht kommt.

γ. Im Uebrigen finden die §§ 1595—1597 (vgl. zu a δ—η) Anwendung.

**§ 1600.** 1. Der in § 1600 vorausgesetzte Fall kann eintreten, wenn die Frau sich unter Nichtbeobachtung des Eheverbots der Wartefrist aus § 1313 oder unter Befreiung von demselben verheirathet hat, ferner bei Auflösung der Ehe durch Wiederverheirathung im Falle der Todeserklärung des früheren Ehegatten (§ 1348 Abs. 2, vgl. hierzu § 1593 Note A. III. 3).

2. Ist die Auflösung der Vorehe durch Scheidung auf Grund eines Urtheils, durch welches die Aufhebung der ehelichen Gemeinschaft ausgesprochen war, erfolgt (§ 1576), so läuft die Frist des § 1600 bereits von der Rechtskraft des Aufhebungsurtheils ab. Vgl. § 1593 Note A. III. 2 und § 1586 Note II.

3. Die Vorschrift des § 1600 ist nur anwendbar, wenn das Kind nach Maßgabe der Bestimmungen der §§ 1591 — 1599 als eheliches Kind sowohl des früheren wie des späteren Ehemanns anzusehen wäre. Dieser Konflikt liegt nicht vor, wenn der eine oder der andere Ehemann die Ehelichkeit des Kindes mit Erfolg angefochten hat. In einem solchen Falle bleibt es bei den allgemeinen Bestimmungen der §§ 1591 ff. ohne Rücksicht darauf, ob das Kind innerhalb 270 Tagen nach Auflösung der früheren Ehe oder später geboren ist. Das innerhalb 270 Tagen nach Auflösung der früheren Ehe in der späteren Ehe geborene Kind, dessen Ehelichkeit von dem früheren Ehemanne mit Erfolg angefochten ist, ist somit nicht ein uneheliches, sondern ein eheliches Kind des späteren Ehemanns, sofern nicht auch dieser die Ehelichkeit mit Erfolg angefochten hat. Ebenso ist umgekehrt das zwischen dem

# Dritter Titel.
# Unterhaltspflicht.

---

zweihundertundsiebenzigsten und dreihundertundzweiten Tage nach Auflösung der früheren Ehe in der späteren Ehe geborene Kind, dessen Ehelichkeit von dem späteren Ehemanne mit Erfolg angefochten ist, ein eheliches Kind des früheren Ehemanns, wenn dieser die Ehelichkeit nicht mit Erfolg anficht.

4. Bestritten ist, ob gegen die Vermuthung aus § 1600 der Gegenbeweis zulässig ist. Vgl. Opet, Verwandtschaftsrecht S. 21; Engelmann-Staudinger zu § 1600. Nicht ausgeschlossen erscheint die Klage des einen Ehemanns gegen den anderen auf Anerkennung der Vaterschaft. Die rechtskräftige Feststellung der Vaterschaft zwischen dem einen Ehemann und dem Kinde ist gemäß CPO. § 643 gegen den anderen Ehemann nur wirksam, wenn er an dem Rechtsstreite Theil genommen hat.

**I. Rechtliche Natur der Unterhaltspflicht.** Vorbemerkung zum 3. Titel.

1. In §§ 1601 ff. ist lediglich die privatrechtliche Unterhaltspflicht der Verwandten (einschließlich der durch Legitimation oder Annahme an Kindesstatt Verbundenen vgl. § 1589 Note 3 und 4) geregelt. Die das Verhältniß der Armenverbände zu den unterhaltspflichtigen Verwandten betreffenden Vorschriften der Armengesetzgebung, insbesondere das Ges. über den Unterstützungswohnsitz vom 6. Juni 1870 und die dazu ergangenen Landes-Ausführungsgesetze bleiben unberührt. Vgl. EG. Art. 103.

2. Der Unterhaltsanspruch ist als familienrechtlicher Anspruch gestaltet, welcher wie die sittliche Pflicht, auf der er beruht, fort und fort sich erneuert, solange seine Voraussetzungen (Bedürftigkeit § 1602 und Leistungsfähigkeit § 1603) vorliegen. Vgl. RG. 4 210.

3. Auf den Unterhaltsanspruch finden die Vorschriften über das Recht der Schuldverhältnisse Anwendung, soweit nicht im Einzelnen Abweichungen vorgesehen sind. Vgl. Bd. I S. 128 Note 2. Hieraus ergiebt sich, da eine anderweite Bestimmung nicht getroffen ist, daß Erfüllung der Unterhaltspflicht Erfüllung einer Verbindlichkeit, nicht bloß Gewährung eines Vorschusses ist, so daß ein Anspruch des Gewährenden auf Rückerstattung des Gewährten nach Besserung der Verhältnisse nicht besteht.

**II. Die nach dem BGB. bestehenden Unterhaltspflichten.**

Außerhalb dieses Titels sind Unterhaltspflichten begründet

1. auf familienrechtlicher Grundlage:

a. Unterhaltspflicht der Ehegatten während der Ehe §§ 1360 f., nach Nichtigkeitserklärung der Ehe §§ 1345, 1346, nach Scheidung §§ 1578 ff., nach Aufhebung der ehelichen Gemeinschaft § 1586, bei Anfechtung der nach Todeserklärung des früheren Ehegatten geschlossenen Ehe § 1351;
b. Unterhaltspflicht des Vaters gegenüber dem unehelichen Kinde aus nichtiger Ehe §§ 1700 ff., 1703;
c. Unterhaltspflicht des unehelichen Vaters §§ 1708 ff., bei Ehelichkeitserklärung § 1739;

2. auf erbrechtlicher Grundlage:

a. Unterhaltspflicht des Erben gegen Familienangehörige des Erblassers § 1969;
b. Unterhaltspflicht gegenüber der Mutter des Erben oder Nacherben, dessen Geburt zu erwarten ist §§ 1963, 2141;

3. auf obligatorischer Grundlage:

a. Unterhaltung des verarmten Schenkers §§ 528 f.;
b. Gewährung von Unterhalt als Schadensersatz wegen unerlaubter Handlung §§ 843 ff., insbesondere § 844 Tödtung des kraft Gesetzes Unterhaltspflichtigen.

Vorbemerkung zum 3. Titel.

III. Sondervorschriften.

1. Beförderung der Erfüllung der Unterhaltspflicht durch Gewährung einer Einrede (der Kompetenz) mit Rücksicht auf bestehende Unterhaltspflichten des anderweit in Anspruch genommenen Schuldners.

a. Verweigerung der Erfüllung eines Schenkungsversprechens und Rückforderung einer Schenkung mit Rücksicht auf gesetzliche Unterhaltspflichten §§ 519, 528 f.

b. Für die Schadensersatzpflicht aus Billigkeit trotz mangelnder Verantwortlichkeit sind die gesetzlichen Unterhaltspflichten zu berücksichtigen § 829.

c. Beschränkung der Zwangsvollstreckung im Interesse der Erfüllung der dem Schuldner obliegenden gesetzlichen Unterhaltspflichten hinsichtlich:

α. der fortlaufenden Einkünfte des Schuldners aus Stiftungen und auf Grund der Fürsorge und Freigebigkeit eines Dritten CPO. § 850 Abs. 1 Ziffer 3 (Bd. I S. 348 f.);

β. der von dem Schuldner als Ehemann auf Grund seiner Nutznießung erworbenen Früchte des eingebrachten Gutes. CPO. § 861 (abgedr. S. 790);

γ. der von dem Schuldner als Inhaber der elterlichen Nutznießung erworbenen Früchte des Kindesvermögens. CPO. § 862, abgedruckt S. 921;

δ. der Nutzungen der Erbschaft, wenn der Schuldner als Erbe gemäß § 2338 durch Einsetzung eines Nacherben oder eines Testamentsvollstreckers beschränkt ist. CPO. § 863, abgedruckt zu § 2338;

ε. der Nutzungen des Antheils an der fortgesetzten Gütergemeinschaft, wenn der Schuldner als antheilsberechtigter Abkömmling gemäß §§ 1513 Abs. 2, 2338 beschränkt ist. CPO. § 863 Abs. 3, abgedruckt zu § 2338.

d. Ertheilung des Armenrechts für Civilprozesse CPO. § 114, für Privatklagen StPO. § 419.

2. Besondere Folgen der Verletzung der Unterhaltspflicht. Vgl. auch §§ 280, 1613 (Schadensersatz wegen Nichterfüllung).

a. Entziehung des Pflichttheils §§ 2333 f.

b. Klage der Frau auf Aufhebung der Verwaltung und Nutznießung § 1418 Ziffer 2, der Gütergemeinschaft § 1468 Ziffer 3, der Errungenschaftsgemeinschaft § 1542, der Fahrnißgemeinschaft § 1549.

c. Klage des antheilsberechtigten Abkömmlinges auf Aufhebung der fortgesetzten Gütergemeinschaft § 1495 Ziffer 3.

d. Entziehung der elterlichen Vermögensverwaltung und Nutznießung durch das Vormundschaftsgericht §§ 1666 Abs. 2, 1686.

3. Geschäftsführung ohne Auftrag bestehend in Erfüllung der gesetzlichen Unterhaltspflicht gegen den Willen des Unterhaltspflichtigen § 679, vgl. hierzu § 1626 Note IV.

4. Vermuthung der Freigebigkeit bei Gewährung von Unterhalt seitens der Eltern oder Voreltern an Abkömmlinge oder umgekehrt § 685 Abs. 2.

5. Einfluß des ehelichen Güterrechts bezw. der elterlichen Nutznießung auf die Unterhaltspflicht vgl. zu § 1604, § 1605.

6. Nichtpfändbarkeit des Unterhaltsanspruchs CPO. § 850 Abs. 2 (Bd. I S. 348). Der Unterhaltsanspruch ist somit nicht übertragbar (§ 400), nicht aufrechenbar (§ 394), nicht verpfändbar (§ 1274), kann nicht mit Nießbrauch belastet werden (§ 1069) und gehört nicht zur Konkursmasse KO. § 1.

7. Verjährung vgl. zu § 1613.

8. Verwirklichung des Anspruchs im Prozesse.

a. Klage auf künftige Entrichtung nach der Erlassung des Urtheils fällig werdender Leistungen CPO. § 258 (Bd. I S. 348).

b. Nachträgliche Aenderung der Verhältnisse der Parteien CPO. § 323 (Bd. I S. 348).

c. Anspruch auf Bestellung oder Erhöhung der Sicherheitsleistung bei einer nach Erlassung des Urtheils eintretenden Verschlechterung der Vermögensverhältnisse des Unterhaltspflichtigen CPO. § 324 (Bd. I S. 348).

d. Vorläufige Vollstreckbarkeit, soweit die Entrichtung von Alimenten für die Zeit nach der Erhebung der Klage und für das der Klage vorausgehende letzte Vierteljahr zu erfolgen hat, CPO. § 708 Ziffer 6 (Bd. I S. 348).

**§ 1601.** Verwandte in gerader Linie sind verpflichtet, einander Unterhalt zu gewähren.

I. Voraussetzungen der Unterhaltspflicht. 1. Verwandtschaft in gerader Linie.

---

e. Fortfall von Pfändungsbeschränkungen (vgl. § 400 Note 3 und 4) zu Gunsten des gesetzlichen Unterhaltsanspruchs in Ansehung

α. des Diensteinkommens, der Pension und sonstiger Bezüge gemäß CPO. § 850 Abs. 4;

β. des Dienstlohns. Beschlagnahmegesetz vom 21. Juni 1869 (in der geltenden Fassung abgedruckt Bd. I S. 195 f.) § 4 Ziffer 3;

γ. der Hebungen auf Grund der Kranken-, Unfall-, Alters- und Invaliditätsversicherungen vgl. Krankenkassengesetz vom 15. Juni 1883/10. April 1892 §§ 56 Abs. 2, 73; Unfallversicherungsgesetz vom 6. Juli 1884 § 68, vom 28. Mai 1885 § 1, vom 5. Mai 1886 § 73, vom 11. Juli 1887 § 38, vom 13. Juli 1887 § 76; Alters- und Invalidenversicherungsgesetz vom 13. Juli 1899 (Fassung vom 19. Juli 1899 RGBl. S. 463) § 55.

9. Unterhaltsanspruch im Konkurse KO. § 3 Abs. 2, abgedruckt S. 752.

10. Anspruch des Unterhaltsberechtigten, wenn der strafrechtlich verurtheilte Unterhaltspflichtige im Wiederaufnahmeverfahren freigesprochen ist. RG. vom 20. Mai 1898 (RGBl. S. 345) §§ 1, 25.

IV. **Uebergangsbestimmung.**

1. Nach der Natur der Unterhaltspflicht als einer auf sittlicher Grundlage beruhenden, sich fort und fort erneuernden Pflicht (vgl. Mot. IV S. 677) muß vom 1. Januar 1900 ab die Geltung des neuen Rechtes für alle Rechtsverhältnisse angenommen werden. Vgl. Mot. zum Entw. d. EG. zum BGB. S. 296, RG. in JW. 1900, S. 431; ferner EG. Artt. 199 ff.

2. Demnach fällt insonderheit die auf Grund des bisherigen Rechtes bestehende Rechtspflicht zur gegenseitigen Unterstützung der Geschwister fort.

3. Die auf Grund bisherigen Rechtes erfolgte rechtskräftige Feststellung von Unterhaltsansprüchen, welche sich nach dem neuen Rechte erhöhen, vermindern oder fortfallen, steht der Anwendung des neuen Rechtes nicht entgegen; CPO. § 323 findet Anwendung.

V. **Internationales Privatrecht.**

Eine prinzipielle international-privatrechtliche Regelung der Unterhaltspflicht der Verwandten ist nicht erfolgt (vgl. E II § 2258; rev. E. II § 2377). Die Lösung ist unter Berücksichtigung der Vorschriften EG Artt. 19—21, 29 bis 31 zu finden. Vgl. Bd. III S. 1364 sowie RG. 17 223, 38 273.

**§ 1601.** 1. Auch die Unterhaltspflicht der Eltern gegenüber den Kindern beruht auf Verwandtschaft und ist unabhängig davon, ob ihnen die elterliche Gewalt, insbesondere die elterliche Nutznießung, zusteht oder nicht (vgl. §§ 1606 Abs. 2, 1765 f.).

2. Die Verwandtschaft richtet sich nach § 1589. Verwandtschaft trotz Nichtigkeit der die Zeugung vermittelnden Ehe §§ 1699 ff. Unterhaltspflicht des Vaters gegenüber einem aus nichtiger Ehe herrührenden Kinde, das nicht als ehelich gilt § 1703.

3. Keine gesetzliche Unterhaltspflicht der Geschwister. Vgl. für den Uebergang Vorb. Note IV.

4. Keine gesetzliche Unterhaltspflicht der Verschwägerten (§ 1590), vgl. indeß die sich aus dem ehelichen Güterrecht ergebende gesammtschuldnerische Haftung des Mannes für Unterhaltsverbindlichkeiten der Frau §§ 1386, 1388; 1459, 1549; 1534, 1530 Abs. 2.

5. Reihenfolge der Unterhaltspflichtigen zur Unterhaltsgewährung § 1606.

6. Gerichtliche Geltendmachung.

a. Zur Klagebegründung ist darzulegen:

α. die Verwandtschaft § 1601;

β. der Betrag, welchen der standesgemäße Unterhalt (§ 1610) des Klägers erfordert;

γ. die Bedürftigkeit, d. h. daß und in welchem Maße er diesen Betrag (β) nicht aufbringen kann § 1602;

2. Bedürftigkeit des Ansprechenden.

**§ 1602.** Unterhaltsberechtigt ist nur, wer außer Stande ist, sich selbst zu unterhalten.

Ein minderjähriges unverheirathetes Kind kann von seinen Eltern, auch wenn es Vermögen hat, die Gewährung des Unterhalts insoweit verlangen, als die Einkünfte seines Vermögens und der Ertrag seiner Arbeit zum Unterhalte nicht ausreichen.

3. Leistungsfähigkeit des Angesprochenen.
a. Begriff d. Leistungsunfähigkeit.

**§ 1603.** Unterhaltspflichtig ist nicht, wer bei Berücksichtigung seiner sonstigen Verpflichtungen außer Stande ist, ohne Gefährdung seines standesmäßigen Unterhalts den Unterhalt zu gewähren.

---

b. Einwendungen:
α. Leistungsunfähigkeit des Beklagten §§ 1603, 1609;
β. Vorhandensein eines die Haftung ausschließenden Vormanns §§ 1606, 1608, 1709, 1739, 1766; Replik: Leistungsunfähigkeit oder erschwerte Belangbarkeit des Verpflichteten §§ 1607, 1608.
γ. Sittliches Verschulden des Klägers § 1611.

**§ 1602.** 1. Hülfsbedürftigkeit als Voraussetzung des Unterhaltsanspruchs ist vorhanden (RG. 17 224 f.), wenn der den Anspruch Erhebende kein eigenes Vermögen besitzt (vgl. zu a) und außer Stande ist, sich seinen Unterhalt zu erwerben (vgl. zu b).

Die Hülfsbedürftigkeit ist von dem sie Behauptenden, geeignetenfalls durch Indizienbeweis (behördliche Auskünfte, Zeugnisse über seine Lebensführung von Seiten Bekannter 2c. CPO. § 286) bis zur Auferlegung des richterlichen Eides (CPO. § 475) zu beweisen.

a. Vermögenslosigkeit. Wie sich aus dem Vergleiche des Abs. 1 mit Abs. 2 ergiebt, kann im Falle des Abs. 1 der Kläger, welcher nur nicht genügende Einkünfte hat, einen Unterhaltsanspruch solange nicht geltend machen, als ihm noch ein zur Bestreitung des Unterhalts verwerthbarer Vermögensstamm zur Verfügung steht. — Gewähren Eltern oder Voreltern ihren Abkömmlingen oder diese jenen über ihre Verpflichtung hinaus Unterhalt, obwohl dem Empfänger ein Vermögensstamm zur Verfügung steht, so ist im Zweifel anzunehmen, daß die Absicht, Ersatz zu verlangen, fehlt (§ 685 Abs. 2). — Wegen des Unterhaltsanspruchs minderjähriger unverheiratheter Kinder vgl. indeß zu 2.

b. Erwerbsunfähigkeit muß schon angenommen werden, wenn eine der Lebensstellung des Bedürftigen entsprechende (§ 1610) Erwerbsthätigkeit ausgeschlossen erscheint.

c. Bedürftigkeit wird nicht dadurch ausgeschlossen, daß der Bedürftige das zum Unterhalt Erforderliche durch die öffentliche Armenpflege oder durch Privatwohlthätigkeit erlangt, vgl. RG. 17 223 ff.

d. Daß die Bedürftigkeit verschuldet ist, ist unerheblich. Vgl. indeß bei sittlichem Verschulden § 1611.

2. (Abs. 2.) Sonderregelung für den Unterhaltsanspruch minderjähriger unverheiratheter Kinder.

a. Kinder sind nur die Abkömmlinge ersten Grades. Vgl. zu § 1589 Note 4 bß.

b. In Abs. 2 ist zwischen freiem und nicht freiem Vermögen des Kindes (§ 1651) nicht unterschieden. Auch die Einkünfte des freien Vermögens sind zunächst, d. h. bevor die elterliche Unterstützungspflicht eingreift, für den Unterhalt des Kindes selbst dann zu verwenden, wenn der Reinertrag der elterlichen Nutznießung zum Unterhalte des Kindes hinreichen würde. Vgl RG. 9 280 ff.

c. Ausnahme von Abs. 2 zu Gunsten unvermögender Eltern vgl. § 1603 Abs. 2.

3. Nachträgliche Aenderung der Verhältnisse berechtigt zur Abänderung des rechtskräftigen Urtheils gemäß CPO. § 323 (Bd. I S. 348).

Befinden sich Eltern in dieser Lage, so sind sie ihren minderjährigen unverheiratheten Kindern gegenüber verpflichtet, alle verfügbaren Mittel zu ihrem und der Kinder Unterhalte gleichmäßig zu verwenden. Diese Verpflichtung tritt nicht ein, wenn ein anderer unterhaltspflichtiger Verwandter vorhanden ist; sie tritt auch nicht ein gegenüber einem Kinde, dessen Unterhalt aus dem Stamme seines Vermögens bestritten werden kann. b. Sonderregelung für die Unterhaltspflicht der Eltern gegenüber unverheiratheten minderjähr. Kindern.

**§ 1604.** Soweit die Unterhaltspflicht einer Frau ihren Verwandten gegenüber davon abhängt, daß sie zur Gewährung des Unterhalts im Stande ist, kommt die dem Manne an dem eingebrachten Gute zustehende Verwaltung und Nutznießung nicht in Betracht. c. Einfluß des Güterstandes auf die Unterhaltspflicht der Ehegatten.

Besteht allgemeine Gütergemeinschaft, Errungenschaftsgemeinschaft oder Fahrnißgemeinschaft, so bestimmt sich die Unterhaltspflicht des Mannes oder der Frau Verwandten gegenüber so, wie wenn das Gesammtgut dem unterhaltspflichtigen Ehegatten gehörte. Sind bedürftige Verwandte beider Ehegatten vorhanden, so ist der Unterhalt aus dem Gesammtgute so zu gewähren, wie wenn die Bedürftigen zu beiden Ehegatten in dem Verwandtschaftsverhältnisse ständen, auf dem die Unterhaltspflicht des verpflichteten Ehegatten beruht.

---

**§ 1603.** 1. (Abs. 1.) Leistungsunfähigkeit.

a. Die Leistungsunfähigkeit ist Einwendung und von dem in Anspruch Genommenen zu beweisen. Vgl. zu § 1602 Note 1.

b. Bemessung der Leistungsfähigkeit.

α. Zu den zu berücksichtigenden sonstigen Verpflichtungen gehört nicht die Verpflichtung aus einem schenkweise ertheilten Versprechen, vgl. § 519 Abs. 1.

β. Auch die dem in Anspruch Genommenen nach den Umständen, d. h. insbesondere auch standesgemäß zuzumuthende Erwerbsfähigkeit, nicht nur seine Vermögenslage ist zu berücksichtigen. Vgl. RG. 4 154 f.

c. Da Gefährdung des standesgemäßen Unterhalts die Unterhaltspflicht ausschließt, so sind nicht nur die gegenwärtigen Verhältnisse, sondern auch ihre zukünftige Entwickelung zu berücksichtigen.

d. Für die Dauer der Leistungsunfähigkeit gelangt eine Verpflichtung zur Gewährung des Unterhalts überhaupt nicht zur Entstehung. Eine Nachzahlungspflicht bei nachträglich eintretender Leistungsfähigkeit ist deshalb ausgeschlossen. Dies ist wichtig für das Verhältniß des wegen Leistungsunfähigkeit von der Unterhaltspflicht befreiten Vormanns zu dem an seiner Stelle verpflichteten Nachmanne. Vgl. § 1607 und Bemerkungen daselbst.

e. Die Unterhaltspflicht besteht nur insoweit nicht, als die Leistungsunfähigkeit reicht. Vgl. § 1607 Abs. 1.

2. (Abs. 2.) Erweiterung der Unterhaltspflicht der Eltern.

a. Die Einwendung der Leistungsunfähigkeit (Note 1) der Eltern gegenüber dem Unterhaltsanspruch eines minderjährigen unverheiratheten Kindes ist durch Abs. 2 eingeschränkt. Es gehört zur Begründung dieser Einwendung ferner (vgl. zu 1) der Nachweis,

α. daß entweder ein anderer unterhaltspflichtiger (also auch unterhaltsfähiger § 1603) Verwandter des Kindes (Großeltern) vorhanden ist. Dieser Einwendung steht die Replik der erschwerten Belangbarkeit (§ 1607 Abs. 2) entgegen.

β. oder daß das Kind eigenes Stammvermögen hat (vgl. § 1602 Abs. 2).

b. Zu beachten ist für die Einwendung der Leistungsunfähigkeit der Eltern, daß diese zunächst verpflichtet sind, sich soweit einzuschränken, als es mit ihrer Lebensstellung vereinbar ist.

57*

d. Einfluß der elterl. Nutznießung auf die Unterhaltspflicht d. Kindes.

**§ 1605.** Soweit die Unterhaltspflicht eines minderjährigen Kindes seinen Verwandten gegenüber davon abhängt, daß es zur Gewährung des Unterhalts im Stande ist, kommt die elterliche Nutznießung an dem Vermögen des Kindes nicht in Betracht.

II. Mehrere Unterhaltspflichtige.
1. Reihenfolge mehrerer Verwandten.

**§ 1606.** Die Abkömmlinge sind vor den Verwandten der aufsteigenden Linie unterhaltspflichtig. Die Unterhaltspflicht der Abkömmlinge bestimmt sich nach der gesetzlichen Erbfolgeordnung und dem Verhältnisse der Erbtheile.

Unter den Verwandten der aufsteigenden Linie haften die näheren vor den entfernteren, mehrere gleich nahe zu gleichen Theilen. Der Vater haftet jedoch vor der Mutter; steht die Nutznießung an dem Vermögen des Kindes der Mutter zu, so haftet die Mutter vor dem Vater.

---

**§ 1604.** Die Unterhaltspflicht der Ehefrau und das eheliche Güterrecht.

1. (Abs. 1.) Güterstand der Verwaltung und Nutznießung.
a. Für die Beurtheilung der Leistungsfähigkeit (§ 1603) der Frau kommt die ehemännliche Verwaltung und Nutznießung nicht in Betracht (§ 1604).
b. Verpflichtung des Mannes gegenüber der Frau zur Erfüllung der dieser obliegenden Unterhaltspflichten § 1386, vgl. daselbst Note II. 3.
c. Gesammtschuldnerische Haftung des Mannes gegenüber dem Unterhaltsberechtigten § 1388.
d. Zwangsvollstreckung in das eingebrachte Gut §§ 1411 ff.

2. Allgemeine Gütergemeinschaft.
a. Umfang des Gesammtguts §§ 1438—1440.
b. Die Unterhaltspflicht der Ehefrau ist Gesammtgutsverbindlichkeit mit persönlicher Haftung des Mannes § 1459, vgl. daselbst Note I. 2a.
c. Das Verhältniß der Ehegatten zu einander vgl. § 1463 Ziffer 2 in Verbindung mit § 1415 Note 2.
d. Bei fortgesetzter Gütergemeinschaft vgl. §§ 1487, 1488 f.

3. Errungenschaftsgemeinschaft.
a. Umfang des Gesammtguts § 1519.
b. Die Unterhaltspflicht der Frau als Gesammtgutsverbindlichkeit mit persönlicher Haftung des Mannes §§ 1534, 1530.

4. Fahrnißgemeinschaft vgl. § 1549.

**§ 1605.** 1. Elterliche Nutznießung §§ 1649 ff. Haftung des Kindesvermögens § 1659.

2. Entsprechende Anwendbarkeit des § 1605 auf die Unterhaltspflicht eines minderjährigen Ehegatten, an dessen Vermögen die elterliche Nutznießung noch fortbesteht (§§ 1305, 1661), vgl. § 1360 Note 4b.

**§ 1606.** 1. (Abs. 1). Gesetzliche Erbfolgeordnung §§ 1924 ff. Mehrere unterhaltspflichtige Abkömmlinge haften weder zu gleichen Theilen (§ 420) noch gesammtschuldnerisch (§ 421), sondern nach dem Verhältniß ihrer Erbtheile (Haftung nach Stämmen! § 1924 Abs. 3).

2. (Abs 2 Satz 2.)
a. Anspruch der Frau gegen den Mann auf Gewährung des Unterhalts an die Kinder auf Grund ehelichen Güterrechts vgl. § 1389 Note 2.
b. Die Nutznießung steht der Mutter in den Fällen der §§ 1684, 1685 Abs. 2 zu. Vgl. auch für Kinder aus nichtigen Ehen § 1701. Ob die Nutznießung der Mutter Deckung für den dem Kinde zu gewährenden Unterhalt bietet, ist gleichgültig. Die Mutter kann, um ihre Haftung vor dem Vater auszuschließen, auf die Nutznießung verzichten, §§ 1686, 1662.

3. Die gegenseitige Unterhaltspflicht der Eltern und Kinder wird durch

**§ 1607.** Soweit ein Verwandter auf Grund des § 1603 nicht unterhaltspflichtig ist, hat der nach ihm haftende Verwandte den Unterhalt zu gewähren.

2. Leistungsunfähigkeit oder erschwerte Belangbarkeit des Vormanns.

Das Gleiche gilt, wenn die Rechtsverfolgung gegen einen Verwandten im Inland ausgeschlossen oder erheblich erschwert ist. Der Anspruch gegen einen solchen Verwandten geht, soweit ein anderer Verwandter den Unterhalt gewährt, auf diesen über. Der Uebergang kann nicht zum Nachtheile des Unterhaltsberechtigten geltend gemacht werden.

**§ 1608.** Der Ehegatte des Bedürftigen haftet vor dessen Verwandten. Soweit jedoch der Ehegatte bei Berücksichtigung seiner sonstigen Verpflichtungen außer Stande ist, ohne Gefährdung seines standesmäßigen Unterhalts den Unterhalt zu gewähren, haften die Verwandten vor dem Ehegatten. Die Vorschriften des § 1607 Abs. 2 finden entsprechende Anwendung.

3. Voraushaftung d. Ehegatten oder früheren Ehegatten.

Das Gleiche gilt von einem geschiedenen unterhaltspflichtigen Ehegatten sowie von einem Ehegatten, der nach § 1351 unterhaltspflichtig ist.

---

Ehelichkeitserklärung und Annahme an Kindesstatt nicht ausgeschlossen. Die eintretende Reihenfolge ergiebt sich aus §§ 1739, 1766.

4. Die Beitragspflicht der geschiedenen Mutter § 1585.

5. Haftung des Vaters des unehelichen Kindes vor den Verwandten des Kindes § 1709.

6. Die gemeinschaftliche Inanspruchnahme aller zugleich Verpflichteten ist zweckmäßig CPO. §§ 60, 36 Ziffer 3.

**§ 1607.** 1. Abs. 1. Die Unterhaltspflicht der aushülfsweise Verpflichteten bei Leistungsunfähigkeit des Vormanns.

a. Der leistungsunfähige Verwandte ist im Umfange seiner Leistungsunfähigkeit überhaupt nicht verpflichtet (§ 1603 und daselbst Note 1e). Der an seiner Stelle Unterhaltspflichtige erfüllt seine eigene Verbindlichkeit, nicht die des Vormanns. Deshalb kein Regreßanspruch. Vgl. § 1603 Note 1d.

b. Nach dem Leistungsunfähigen haftet derjenige Verwandte, welcher haften würde, wenn der Leistungsunfähige nicht vorhanden wäre (vgl. E. I. § 1487, Prot. IV S. 489, 482 § e). An die Stelle eines leistungsunfähigen Sohnes tritt demnach zunächst sein (leistungsfähiger) Abkömmling (vgl. § 1606 Note 1), nicht sein Bruder.

2. Abs. 2. Die Unterhaltspflicht des aushülfsweise Verpflichteten bei erschwerter Belangbarkeit des Vormanns.

a. Der zwar leistungsfähige, aber schwer verfolgbare (vgl. § 773 Ziffer 2) Unterhaltspflichtige ist und bleibt nach Maßgabe seiner Leistungsfähigkeit unterhaltspflichtig.

b. Der für ihn gemäß Abs. 2 Satz 1 Eintretende hat den Regreßanspruch gemäß Abs. 2 Satz 2. Vgl. § 774. Wegen Abs. 2 Satz 3 vgl. § 412 Note 3.

c. Nicht ausgeschlossen ist Begründung des Anspruchs gegen den Vormann auch aus dem Gesichtspunkte der Geschäftsführung ohne Auftrag, § 679.

**§ 1608.** 1. Bei Bedürftigkeit eines Ehegatten können der Unterhaltsanspruch gegen den anderen Ehegatten (§§ 1360 f.) und der Unterhaltsanspruch gegen die Verwandten (§§ 1601 ff.) konkurriren. § 1608 bestimmt die Reihenfolge der Haftung.

2. Wird auf Grund des Abs. 1 Satz 2 der Verwandte wegen Leistungsunfähigkeit des in erster Linie verpflichteten Ehegatten in Anspruch genommen,

III. Mehrere Bedürftige bei unzulängl. Leistungsfähigkeit des Verpflichteten.

**§ 1609.** Sind mehrere Bedürftige vorhanden und ist der Unterhaltspflichtige außer Stande, allen Unterhalt zu gewähren, so gehen unter ihnen die Abkömmlinge den Verwandten der aufsteigenden Linie, unter den Abkömmlingen diejenigen, welche im Falle der gesetzlichen Erbfolge als Erben berufen sein würden, den übrigen Abkömmlingen, unter den Verwandten der aufsteigenden Linie die näheren den entfernteren vor.

Der Ehegatte steht den minderjährigen unverheiratheten Kindern gleich; er geht anderen Kindern und den übrigen Verwandten vor. Ein geschiedener Ehegatte sowie ein Ehegatte, der nach § 1351 unterhaltsberechtigt ist, geht den volljährigen oder verheiratheten Kindern und den übrigen Verwandten vor.

IV. Maß der Unterhaltsgewährung. 1. Standesmäßiger Unterhalt.

**§ 1610.** Das Maß des zu gewährenden Unterhalts bestimmt sich nach der Lebensstellung des Bedürftigen (standesmäßiger Unterhalt).

Der Unterhalt umfaßt den gesammten Lebensbedarf, bei einer der Erziehung bedürftigen Person auch die Kosten der Erziehung und der Vorbildung zu einem Berufe.

---

so gehört zur Klagebegründung der Nachweis, daß und inwieweit der Ehegatte nicht leistungsfähig ist. Die Unterhaltspflicht des Ehegatten ist unabhängig von der Leistungsfähigkeit (vgl. § 1360 Note 1 b); dem wegen Leistungsunfähigkeit des Ehegatten eintretenden Verwandten steht deshalb auch ein Regreßanspruch gegen den Ehegatten, für welchen er eintritt (§ 1607 Abs. 2, § 1608 Abs. 1 Satz 3) zu.

3. Die Anwendbarkeit des § 1607 Abs. 2 ergiebt ferner die aushülfsweise Unterhaltspflicht der Verwandten, wenn die Rechtsverfolgung gegen den Ehegatten gemäß § 1607 Abs. 2 Satz 1 erschwert ist, sowie den entsprechenden Regreßanspruch des Verwandten. Vgl. § 1607 Note 2.

4. (Abs. 2.) Unterhaltspflicht im Falle der Scheidung oder der Aufhebung der ehelichen Gemeinschaft (§ 1586) vgl. §§ 1578 ff — § 1351 betrifft den Fall der Auflösung der nach Todeserklärung des früheren Ehegatten geschlossenen Ehe (§ 1348 Abs. 2).

**§ 1609.** 1. (Abs. 1.) Die Reihenfolge entspricht derjenigen des § 1606.
2. (Abs. 2 Satz 1) Unterhaltsanspruch des Ehegatten § 1360.
3. (Abs. 2 Satz 2.) Unterhaltsanspruch des geschiedenen Ehegatten §§ 1578 ff.; § 1351 betrifft den Unterhaltsanspruch bei Auflösung einer nach Todeserklärung des früheren Ehegatten geschlossenen Ehe (§ 1348 Abs. 2).

**§ 1610.** 1. (Abs. 1.) Maß des zu gewährenden Unterhalts.

a. Bei der Bestimmung des standesgemäßen Unterhalts sind auch die Vermögensverhältnisse des Verpflichteten insoweit in Betracht zu ziehen, als dieselben wegen der zwischen den Parteien bestehenden besonderen Beziehungen auf die Lebensstellung des Berechtigten von Einfluß sind. Der Sohn des Millionärs kann einen anderen Maßstab für die Standesmäßigkeit seines Unterhalts anlegen, wie der Sohn eines kleinen Rentners.

b. Für das Maß des zu gewährenden Unterhalts kommen nur die persönlichen Bedürfnisse des Berechtigten in Betracht, nicht also auch die Bedürfnisse des Ehegatten. Dieser muß sich nöthigenfalls an seine unterhaltspflichtigen Verwandten halten (vgl § 1608). Den Kindern des Bedürftigen steht gegebenenfalls (§§ 1601, 1606 Abs. 2) ein Unterhaltsanspruch kraft eigenen Rechtes gegen die Voreltern zu.

2. (Abs 2) Umfang des zu gewährenden Unterhalts.

a. Zum Unterhalte gehören nicht nur der Lebensbedarf und die Krankheitskosten, sondern auch die Erziehungskosten. Zu letzteren können den

**§ 1611.** Wer durch sein sittliches Verschulden bedürftig geworden ist, kann nur den nothdürftigen Unterhalt verlangen.

Der gleichen Beschränkung unterliegt der Unterhaltsanspruch der Abkömmlinge, der Eltern und des Ehegatten, wenn sie sich einer Verfehlung schuldig machen, die den Unterhaltspflichtigen berechtigt, ihnen den Pflichttheil zu entziehen, sowie der Unterhaltsanspruch der Großeltern und der weiteren Voreltern, wenn ihnen gegenüber die Voraussetzungen vorliegen, unter denen Kinder berechtigt sind, ihren Eltern den Pflichttheil zu entziehen.

Der Bedürftige kann wegen einer nach diesen Vorschriften eintretenden Beschränkung seines Anspruchs nicht andere Unterhaltspflichtige in Anspruch nehmen.

---

Umständen nach auch die Kosten des Universitätsstudiums gehören. Vgl. Ausgleichungspflicht § 2050.

b. Die Unterhaltspflicht als solche umfaßt nicht die Verpflichtung, Schulden des Bedürftigen oder Prozeßkosten für ihn zu bezahlen. Die Vorschriften über das Armenrecht greifen ein. Wegen der Verpflichtung des Inhabers der elterlichen Gewalt, kraft seiner Nutznießung am Kindesvermögen Prozeß- oder Vertheidigungskosten zu bezahlen vgl. §§ 1654, 1660.

c. Beerdigungskosten § 1615.

3. Beschränkung des dem Kinde nach § 1610 zustehenden Unterhalts auf Grund der Erziehungsgewalt des Gewalthabers vgl. § 1631 Note 3b.

4. Bei nachträglicher Aenderung der Verhältnisse vgl. CPO. § 323.

**§ 1611.** 1. (Abs. 1.) Der in Anspruch Genommene muß das sittliche Verschulden (z. B. Trägheit, Ausschweifungen, Trunksucht rc.) als Ursache der Bedürftigkeit nachweisen.

2. (Abs. 2.) Verfehlungen des Berechtigten.

a. Pflichttheilsentziehung §§ 2333—2335.

b. Der zweite Halbsatz des Abs. 2 trägt dem Umstande Rechnung, daß den Großeltern und weiteren Voreltern ein Pflichttheilsrecht nicht zusteht (§ 2303).

c. Bei Annahme an Kindesstatt ist für die Anwendung des § 1611 Abs. 2 der Annehmende, welchem nach § 1759 ein Pflichttheilsanspruch gegen den Angenommenen nicht zusteht, den leiblichen Verwandten aufsteigender Linie gleichgestellt. § 1766 Abs. 2.

d. Die Beschränkung des Unterhaltsanspruchs aus Abs. 2 tritt nur im Verhältnisse des Bedürftigen zu denjenigen Personen ein, denen persönlich das Recht der Pflichttheilsentziehung zusteht.

α. Sind mehrere Verpflichtete (§ 1606), so können die anderen Mitverpflichteten, denen eine Einwendung aus § 1611 Abs. 2 nicht zusteht, ihre Verbindlichkeit zur antheilweisen Gewährung standesgemäßen Unterhalts nicht ablehnen.

β. Stirbt der zur Einwendung aus § 1611 Abs. 2 Berechtigte oder wird er leistungsunfähig (§ 1603), so kann sich der Nachverpflichtete nicht auf die dem Weggefallenen zustehende Einwendung berufen.

3. Abs 3 stellt klar, daß die Vorschrift des Abs. 2, wie sie nur zu Gunsten des zur Entziehung des Pflichttheils Berechtigten wirkt (Note 2d), andererseits andere Unterhaltspflichtige nicht belasten soll.

4. Beschränkung des Unterhalts kraft Erziehungsrechts vgl. zu § 1631 Note 3b.

V. Art der Unterhaltsgewährung.

**§ 1612.** Der Unterhalt ist durch Entrichtung einer Geldrente zu gewähren. Der Verpflichtete kann verlangen, daß ihm die Gewährung des Unterhalts in anderer Art gestattet wird, wenn besondere Gründe es rechtfertigen.

Haben Eltern einem unverheiratheten Kinde Unterhalt zu gewähren, so können sie bestimmen, in welcher Art und für welche Zeit im voraus der Unterhalt gewährt werden soll. Aus besonderen Gründen kann das Vormundschaftsgericht auf Antrag des Kindes die Bestimmung der Eltern ändern.

Im Uebrigen finden die Vorschriften des § 760 Anwendung.

VI. In praeteritum non vivitur.

**§ 1613.** Für die Vergangenheit kann der Berechtigte Erfüllung oder Schadensersatz wegen Nichterfüllung nur von der Zeit an fordern, zu welcher der Verpflichtete in Verzug gekommen oder der Unterhaltsanspruch rechtshängig geworden ist.

VII. Verzicht. — Vorausleistung.

**§ 1614.** Für die Zukunft kann auf den Unterhalt nicht verzichtet werden.

Durch eine Vorausleistung wird der Verpflichtete bei erneuter Bedürftigkeit des Berechtigten nur für den im § 760 Abs. 2 bestimmten Zeitabschnitt oder, wenn er selbst den Zeitabschnitt zu bestimmen hatte, für einen den Umständen nach angemessenen Zeitabschnitt befreit.

---

**§ 1612.** 1. Die Anwendbarkeit des § 760 (Leibrente) bedeutet dreimonatliche Vorausbezahlung der Rente.

2. Vgl. im übrigen wegen der prozessualen Vorschriften über den Rentenanspruch Bd. I S. 348.

3. (Abs. 2.) Bestimmungsrecht der Eltern.

a. Die Vorausleistung für den von dem Unterhaltspflichtigen bestimmten Zeitraum hat befreiende Wirkung nur, wenn die Bestimmung den Umständen nach angemessen ist § 1614 Abs 2

b. Die Zuständigkeit des Vormundschaftsgerichts Fr G. §§ 35, 43. Beschwerderecht des Kindes bei Zurückweisung seines Antrags, FrG. §§ 20, 59.

**§ 1613.** 1. Von dem Satze „in praeteritum non vivitur" werden Ausnahmen nur zugelassen:

a. für den Fall des Verzugs §§ 284 ff.;

b. für den Fall der Rechtshängigkeit, auch wenn mangels Verschuldens (§ 285) Verzug nicht vorliegt.

2. Die Verzugswirkungen und die Haftung für Prozeßzinsen richten sich im Uebrigen nach den allgemeinen Bestimmungen §§ 286, 291. — Schadensersatz wegen Nichterfüllung § 280.

3. Soweit von einem Dritten als Geschäftsführer ohne Auftrag (§ 679) oder von dem Staate oder von Verbänden oder Anstalten, die auf Grund öffentlichen Rechtes zur Gewährung von Unterhalt verpflichtet sind, dem Bedürftigen Unterhalt gewährt ist, schließt der gegen den Verpflichteten bestehende Ersatzanspruch die Geltendmachung des Unterhaltsanspruchs für die Vergangenheit, auch soweit sie nach § 1613 zulässig ist, aus, da dem Unterhaltsberechtigten der ihm von dem Verpflichteten geschuldete Unterhalt durch den Dritten gewährt ist. (Vgl. Ges. über den Unterstützungswohnsitz vom 6. Juni 1870 § 62 Bd. III S. 1562.)

4. Für den Unterhaltsanspruch des unehelichen Kindes gilt der Satz in praeteritum non vivitur nicht, § 1711.

5. Verjährung des Unterhaltsanspruchs §§ 197, 201; indeß Hemmung gemäß § 204. Keine Verjährung des Unterhaltsanspruchs für die Zukunft § 194 Abs. 2.

**§ 1615.** Der Unterhaltsanspruch erlischt mit dem Tode des Berechtigten oder des Verpflichteten, soweit er nicht auf Erfüllung oder Schadensersatz wegen Nichterfüllung für die Vergangenheit oder auf solche im voraus zu bewirkende Leistungen gerichtet ist, die zur Zeit des Todes des Berechtigten oder des Verpflichteten fällig sind. VIII. Tod des Berechtigten oder Verpflichteten.

Im Falle des Todes des Berechtigten hat der Verpflichtete die Kosten der Beerdigung zu tragen, soweit ihre Bezahlung nicht von den Erben zu erlangen ist.

## Vierter Titel.

## Rechtliche Stellung der ehelichen Kinder.

---

**§ 1614.** 1. Ein dem § 1614 Abs. 1 zuwiderlaufender Verzicht ist nichtig, § 134. Unter Verzicht fällt auch ein Vergleich, durch welchen der gesetzliche Unterhaltsanspruch gemindert wird. Insoweit ist auch ein Schiedsvertrag ungültig, CPO. § 1025.

2. (Abs. 2.) Bestimmung des Zeitabschnitts durch den Verpflichteten vgl. § 1612 Abs. 2. Vgl. die Anwendung dieser Vorschrift bei Gewährung des Unterhalts durch einen Geschäftsführer ohne Auftrag zu § 1626 Note IV. 2 b.

3. Wegen der Geltendmachung eines Unterhaltsanspruchs für die Zukunft im Konkurse des Verpflichteten KO. § 3 Abs. 2 (S. 752).

4. Keine Verjährung des Unterhaltsanspruchs für die Zukunft § 194 Abs. 2.

**§ 1615.** 1. Anspruch auf Erfüllung oder Schadensersatz wegen Nichterfüllung für die Vergangenheit § 1613.

2. Im Voraus zu bewirkende Leistungen, welche zur Zeit des Todes fällig sind, §§ 1612 Abs. 3, 760 Abs. 3.

3. Beerdigungskosten.

a. Die Verpflichtung zur Tragung der Kosten der Beerdigung umfaßt nicht die Verpflichtung für die Beerdigung zu sorgen — Im Falle der Feuerbestattung hat der Verpflichtete die hierdurch im Verhältnisse zur Beerdigung entstehenden Mehrkosten auf Grund des § 1615 nicht zu tragen.

b. Zur Tragung der Beerdigungskosten sind verpflichtet:

α. der Erbe § 1968;

β. der Schadensersatzpflichtige im Falle der Tödtung § 844 (Haftpflichtgesetz § 3 zu EG. Art 42);

γ. der Beschenkte bei Verarmung des Schenkers § 528;

δ. der Vater des unehelichen Kindes § 1713;

ε. der geschiedene allein schuldige Ehegatte gemäß §§ 1578, 1580.

Vorbemerkung zum 4. Titel.

1. Die Vorschriften dieses Titels gelten:

a. für die Kinder ehelicher Abstammung §§ 1591 ff.;

b. für die Kinder aus nichtigen Ehen, welche mit Rücksicht auf die Gutgläubigkeit eines Ehegatten als ehelich gelten, nach Maßgabe der Vorschriften der §§ 1699 ff ;

c. für die durch nachfolgende Ehe legitimirten unehelichen Kinder § 1719;

d. für die durch Ehelichkeitserklärung legitimirten unehelichen Kinder nach Maßgabe der §§ 1736 ff.;

e. für die an Kindesstatt angenommenen Kinder nach Maßgabe der §§ 1757 ff.

2. Ergänzende Vorschriften.

a. Wohnsitz des ehelichen Kindes § 11.

b. Verjährung von Ansprüchen zwischen Eltern und minderjährigen Kindern § 204.

c. Erforderniß elterlicher Einwilligung zur Eheschließung des Kindes §§ 1305 bis 1308.

I. Rechtsverhältniß zwischen den Eltern und dem Kinde im Allgemeinen.

1. Familienname des Kindes.

**§ 1616.** Das Kind erhält den Familiennamen des Vaters.

2. Wirkungen der Hausgemeinschaft.
a. Dienstleistung der Kinder für d. Eltern.

**§ 1617.** Das Kind ist, solange es dem elterlichen Hausstand angehört und von den Eltern erzogen oder unterhalten wird, verpflichtet, in einer seinen Kräften und seiner Lebensstellung entsprechenden Weise den Eltern in ihrem Hauswesen und Geschäfte Dienste zu leisten.

---

d. Gegenseitige Unterhaltspflicht zwischen Eltern und Kinder §§ 1601 ff.
e. Erforderniß elterlicher Einwilligung zur Annahme des Kindes an Kindesstatt §§ 1747 f.
f. Recht der Eltern zur Benennung und Befreiung eines Vormundes §§ 1776 f., 1792 Abs. 4, 1852 ff.; zur Anordnung der Einsetzung eines Familienraths §§ 1858, 1861, 1866 Ziffer 3, 1868, 1880; Recht des Vaters zur Ernennung eines Beistandes der Frau § 1687.
g. Berufung der Eltern zur Vormundschaft über volljährige Kinder §§ 1899, 1903 ff.
h. Pflegschaft über Kinder unter elterlicher Gewalt §§ 1909, 1915, 1916, 1918.
i. Gesetzliches Erbrecht §§ 1924 f., Pflichttheilsrecht § 2303.
k. Bundes- und Staatsangehörigkeit. Bundes-Gesetz v. 1. Juni 1870 (BGBl. S 355) §§ 2 ff., 11, 14a, 19, 21 Abs. 2, vgl. zu EG. Art. 41 und Bd. III S. 1555 ff

3. Uebergangsvorschrift EG. Art. 203.
4. Internationales Privatrecht EG Art. 19.
5. Prozessuale Vorschriften CPO. §§ 640—643. Vgl. S 883 f.
6. Die Berechtigung zum Strafantrage für das verletzte Kind richtet sich nach StGB. § 65 in der Fassung des EG. Art. 34 III (vgl. dazu auch den § 195 StGB. EG. Art. 34 VI).

Vorbemerkung zum Untertitel I.

Die Vorschriften des Untertitels I gelten unabhängig davon, ob das Kind volljährig oder minderjährig ist (§§ 2 ff.), ob es unter elterlicher Gewalt steht oder nicht (§§ 1626 ff.). Vgl auch § 1680 Note 9.

**§ 1616.** 1. Familienname des Kindes vgl. zu §§ 1355 Note 1; § 12 und Bemerkungen daselbst.

2. Vorname des Kindes.
a. Die Beilegung des Vornamens ist Ausfluß des Rechtes und der Pflicht der Sorge für die Person des Kindes (§§ 1627, 1684, 1793).
b. Eintragung des Vornamens in das Geburtsregister, Personenstandsgesetz § 22 Bd. III S. 1600 ff.
c. Welche Vornamen eintragungsfähig sind und die Aenderung der Vornamen ist nach öffentlichem (Landes-) Rechte zu beurtheilen.

3. Stand des Kindes vgl. zu § 1355 Note II und § 1610.

4. Namensänderung bei Verheirathung der Tochter §§ 1355, 1577; bei Annahme an Kindesstatt §§ 1758, 1772. Im Uebrigen vgl. § 12 Note II. 1c.

**§ 1617** 1 Die Dienstleistungspflicht des Kindes aus § 1617 ist unabhängig von Volljährigkeit und elterlicher Gewalt. Voraussetzung ist außer der thatsächlichen Zugehörigkeit zum Hausstand
a. entweder Fortdauer der elterlichen Erziehung. Gegen Mißbrauch des elterlichen Rechtes, namentlich auf Kosten des Unterrichts und der Ausbildung schützt § 1666;
b. oder Unterhaltsgewährung seitens der Eltern an das Kind. Gleichgültig ist, ob der Unterhalt in Erfüllung der gesetzlichen Unterhaltspflicht (§§ 1601 bis 1603) oder freiwillig gewährt wird.

2. Werden beim Vorliegen der Voraussetzungen des § 1617 Dienste geleistet, so ist ein Anspruch des Kindes auf Vergütung ausgeschlossen, sofern sich nicht eine anderweite ausdrückliche oder stillschweigende Vereinbarung ergiebt. Vgl. RG. 4 121 f.

b. Aufwendungen der volljährigen Kinder für den Haushalt.

**§ 1618.** Macht ein dem elterlichen Hausstand angehörendes volljähriges Kind zur Bestreitung der Kosten des Haushalts aus seinem Vermögen eine Aufwendung oder überläßt es den Eltern zu diesem Zwecke etwas aus seinem Vermögen, so ist im Zweifel anzunehmen, daß die Absicht fehlt, Ersatz zu verlangen.

c. Elterl. Verwaltung des dem volljähr. Kinde gehörigen Vermögens.

**§ 1619.** Ueberläßt ein dem elterlichen Hausstand angehörendes volljähriges Kind sein Vermögen ganz oder theilweise der Verwaltung des Vaters, so kann der Vater die Einkünfte, die er während seiner Verwaltung bezieht, nach freiem Ermessen verwenden, soweit nicht ihre Verwendung zur Bestreitung der Kosten der ordnungsmäßigen Verwaltung und zur Erfüllung solcher Verpflichtungen des Kindes erforderlich ist, die bei ordnungsmäßiger Verwaltung aus den Einkünften des Vermögens bestritten werden. Das Kind kann eine abweichende Bestimmung treffen.

Das gleiche Recht steht der Mutter zu, wenn das Kind ihr die Verwaltung seines Vermögens überläßt.

8. Ausstattung des Kindes.
a. Der Aussteueranspruch der Tochter.
α. Voraussetzung d. Anspruchs.

**§ 1620.** Der Vater ist verpflichtet, einer Tochter im Falle ihrer Verheirathung zur Einrichtung des Haushalts eine angemessene Aussteuer zu gewähren, soweit er bei Berücksichtigung seiner sonstigen Verpflichtungen ohne Gefährdung seines standesmäßigen Unterhalts dazu im Stande ist und nicht die Tochter ein zur Beschaffung der Aussteuer ausreichendes Vermögen hat. Die gleiche Verpflichtung trifft die Mutter, wenn der Vater zur Gewährung der Aussteuer außer Stande oder wenn er gestorben ist.

Die Vorschriften des § 1604 und des § 1607 Abs. 2 finden entsprechende Anwendung.

---

3. Was das Kind durch die den Eltern geleisteten Dienste erwirbt, erwirbt es den Eltern (§§ 164, 667; vgl. auch § 950 Note 4). Selbständiger Erwerb des Kindes § 1651.

4. Der elterliche Anspruch auf die Dienstleistung des Kindes ist unverjährbar § 194 Abs. 2.

**§ 1618.** Nach der dem § 1429 entsprechenden Auslegungsregel des § 1618 steht dem Kinde auf Grund der Aufwendung im Zweifel ein Anspruch aus Geschäftsführung ohne Auftrag nicht zu § 685.

**§ 1619.** Vgl. die entsprechende Vorschrift des § 1430 und die Bemerkungen daselbst.

**§ 1620.** 1. Die Aussteuer ist der Inbegriff der zur Errichtung des Haushalts dienenden Haushaltsgegenstände (vgl. §§ 1382, 1525, 1550). Die Aussteuer als eine der Tochter mit Rücksicht auf ihre Verheirathung gemachte Zuwendung ist Ausstattung i. S. des § 1624. Vgl. daselbst.

2. Der Anspruch der Tochter auf Gewährung der Aussteuer entsteht mit der Eingehung der Ehe §§ 1623 Satz 2, 198 Satz 1. Die in diesem Zeitpunkt obwaltenden Verhältnisse sind dafür entscheidend, ob der Aussteueranspruch entstanden ist oder nicht. Nachträgliche Veränderungen bleiben außer Betracht, wohl aber ist auf der Grundlage der gegenwärtigen Vermögensverhältnisse die Möglichkeit einer erst zukünftig eintretenden Gefährdung des standesmäßigen Unterhalts zu berücksichtigen.

3. Der Aussteueranspruch ist klagbar.

β. Verweigerungsrecht der Eltern.

**§ 1621.** Der Vater und die Mutter können die Aussteuer verweigern, wenn sich die Tochter ohne die erforderliche elterliche Einwilligung verheirathet.

Das Gleiche gilt, wenn sich die Tochter einer Verfehlung schuldig gemacht hat, die den Verpflichteten berechtigt, ihr den Pflichttheil zu entziehen.

γ. Wiederholte Verheirathung der Tochter.

**§ 1622.** Die Tochter kann eine Aussteuer nicht verlangen, wenn sie für eine frühere Ehe von dem Vater oder der Mutter eine Aussteuer erhalten hat.

δ. Unübertragbarkeit des Anspruchs.
ε. Verjährung.

**§ 1623.** Der Anspruch auf die Aussteuer ist nicht übertragbar. Er verjährt in einem Jahre von der Eingehung der Ehe an.

b. Rechtsnatur d. Ausstattung.

**§ 1624.** Was einem Kinde mit Rücksicht auf seine Verheirathung oder auf die Erlangung einer selbständigen Lebensstellung zur Begründung oder zur Erhaltung der Wirthschaft oder der Lebensstellung von dem Vater oder der Mutter zugewendet wird (Ausstattung), gilt, auch wenn eine Verpflichtung nicht besteht, nur insoweit als Schen-

---

a. Zur Begründung der Klage gegen den Vater gehört:
α. die Behauptung der erfolgten (oder bevorstehenden? CPO. § 259) Verheirathung;
β. die zur Beurtheilung der Angemessenheit der geforderten Aussteuer dienenden Umstände;
γ. die Behauptung mangelnden eigenen Vermögens der Tochter. (Vgl. über die Beweisführung § 1602 Note 1 a a. E.)
b. Einwendungen.
α. Leistungsunfähigkeit vgl. §§ 519 Abs. 1, 1603.
β. Vgl. ferner §§ 1621, 1622.
c. Zur Klage gegen die Mutter gehört ferner die Behauptung, daß der Vater leistungsunfähig oder verstorben ist oder daß die Rechtsverfolgung im Inlande gegen ihn wesentlich erschwert ist (Abs. 2, § 1607 Abs. 2).
§ 1604 regelt den Einfluß des ehelichen Güterrechts auf die Beurtheilung der Leistungsfähigkeit der Mutter.
§ 1607 Abs. 2 betrifft den Regreßanspruch der Mutter gegen den Vater.

**§ 1621.** 1. (Abs. 1.) Nicht schon der Mangel der Einwilligung des in Anspruch Genommenen, sondern nur der Mangel der erforderlichen Einwilligung (§§ 1305 ff.) schließt den Aussteueranspruch aus. Wenn die elterliche Einwilligung durch das Vormundschaftsgericht ersetzt ist (§ 1308), ist § 1621 Abs. 1 nicht anwendbar.

2. (Abs. 2.) Berechtigung zur Pflichttheilsentziehung §§ 2333, 2337.

**§ 1622.** 1. Die einmal erfolgte Aussteuerung der Tochter durch den Vater oder die Mutter beseitigt den Anspruch gegen beide Eltern im Falle wiederholter Eheschließung.

2. War bei der früheren Eheschließung die Aussteuerung mit Rücksicht auf einen die Aussteuerpflicht ausschließenden Umstand nicht erfolgt (§ 1620) und steht dieser Umstand der Aussteuerpflicht bei der zweiten Eheschließung nicht entgegen (die elterliche Einwilligung zur Verheirathung ist nicht mehr erforderlich, der Enterbungsgrund verziehen), so kann nunmehr die Aussteuer verlangt werden.

**§ 1623.** 1. Die Bedeutung der Unübertragbarkeit (Unpfändbarkeit, Ausschließung der Aufrechnung rc. vgl. § 400 Note 1).

2. Verjährung §§ 194 ff., Fristberechnung § 187 Abs. 1. — Hemmung der Verjährung während der Minderjährigkeit der Tochter § 204; vgl. auch §§ 206, 1630 Abs. 2, 1909.

kung, als die Ausstattung das den Umständen, insbesondere den Vermögensverhältnissen des Vaters oder der Mutter, entsprechende Maß übersteigt.

Die Verpflichtung des Ausstattenden zur Gewährleistung wegen eines Mangels im Rechte oder wegen eines Fehlers der Sache bestimmt sich, auch soweit die Ausstattung nicht als Schenkung gilt, nach den für die Gewährleistungspflicht des Schenkers geltenden Vorschriften. c. Gewährleistungspflicht des Ausstattenden.

**§ 1625.** Gewährt der Vater einem Kinde, dessen Vermögen seiner elterlichen oder vormundschaftlichen Verwaltung unterliegt, eine Ausstattung, so ist im Zweifel anzunehmen, daß er sie aus diesem Vermögen gewährt. Diese Vorschrift findet auf die Mutter entsprechende Anwendung. d. Ausstattung aus dem Vermögen des Kindes oder des Ausstattenden (Auslegungsregel).

### II. Elterliche Gewalt.

**§ 1626.** Das Kind steht, solange es minderjährig ist, unter elterlicher Gewalt. Dauer.

---

**§ 1624.** 1. Der Ausdruck „Ausstattung" begreift alles, was dem Kinde zur Begründung und Erhaltung einer selbständigen Wirthschaft gegeben wird. Im Umfange der Angemessenheit (§ 1624) liegt in der Gewährung der Ausstattung die Erfüllung einer sittlichen Pflicht, welche der Ausstattung den Charakter der Schenkung nimmt; über das Maß des Angemessenen hinaus liegt Schenkung vor. Wer Schenkung behauptet, hat die Ueberschreitung des angemessenen Maßes zu beweisen.

2. Insoweit nach Abs. 1 Schenkung nicht vorliegt, findet insbesondere auch nicht Anwendung

a. die Formvorschrift des § 518 für das Versprechen einer Ausstattung. Das mündliche Versprechen einer übermäßigen Ausstattung ist insoweit gültig, als die Angemessenheit reicht § 139;

b. das Rückforderungs- und Widerrufsrecht des Schenkers §§ 528, 530;

3. Im Sinne der Vorschriften über die Anfechtung von Rechtshandlungen des Schuldners durch die Gläubiger ist die Ausstattung, auch soweit sie nach § 1624 nicht Schenkung ist, eine unentgeltliche Verfügung des Schuldners. Anfechtungsgesetz § 3 Ziffer 3, KO. § 32 Ziffer 1.

4. Vgl die Einwirkung der im § 1624 Abs. 1 gemachten Unterscheidung bei Ausstattung aus dem Gesammtgute der allgemeinen Gütergemeinschaft § 1446 Note 2, der fortgesetzten Gütergemeinschaft § 1487 Note II.

5. Gewährung einer Ausstattung durch den Vormund des § 1902; vgl. §§ 1804, 1897

6. Ausgleichung der Miterben bezüglich der erhaltenen Ausstattungen § 2050 ff.

7. (Abs. 2.) Gewährleistung §§ 523, 524.

**§ 1625.** 1. Die Auslegungsregel des § 1625 ist nur für den Fall, daß die Verwaltung auf Grund der elterlichen Gewalt (§§ 1627, 1638) besteht, nicht auch für den Fall des § 1619 gemeint (Mot.).

2. Die Anwendbarkeit des § 1625 auf die Gewährung einer Aussteuer (§ 1620) (mit Engelmann-Staudinger Note 3) auszuschließen, weil dem Vater eine Ausstattungspflicht obliege, ist nicht zutreffend, da, soweit die Tochter Vermögen hat, auch eine Ausstattungspflicht des Vaters, welche eine andere Beurtheilung rechtfertigen würde, nach § 1620 nicht vorliegt.

**§ 1626.** I. **Gewalthaber.**

I. Gewalthaber ist zunächst der Vater. Die Mutter ist Gewalthaberin (§§ 1627, 1648), wenn der Vater

§ 1626. a. gestorben oder für todt erklärt ist. Wegen des Falles, daß ein Vater nicht in Betracht kommt (Annahme an Kindesstatt durch eine Frau) vgl. § 1684 Note d.

b. die elterliche Gewalt verwirkt hat und die Ehe geschieden ist,

2. Die Rechtsverhältnisse bei Ruhen der elterlichen Gewalt des Vaters vgl. zu §§ 1676, 1678.

II. **Vormundschaftlicher Charakter der elterlichen Gewalt.**

1. **Die elterliche Gewalt dient nach Art der Vormundschaft** (vgl. § 1627 mit § 1793) **dem Interesse des Kindes.** Der Inhaber (elterliche Gewalt des Vaters §§ 1627 ff., der Mutter §§ 1634, 1684 ff.) **hat die Pflicht und das Recht,** für die Person wie für das Vermögen des Kindes zu sorgen und die Person des Kindes zu vertreten (vgl. §§ 1630 Abs. 1 mit §§ 1793, 1796). — Wegen der elterlichen Nutznießung vgl. zu § 1649.

2. **Die Stellung des elterlichen Gewalthabers ist eine freiere als die des Vormundes.**

a. Die Vertretungsmacht auf Grund der elterlichen Gewalt ist erheblich weniger beschränkt als die vormundschaftliche. Vgl. §§ 1643—1645 mit §§ 1812—1822, 1824—1826, 1828—1832.

b. Ein Gegenvormund (§ 1792) wird nicht bestellt.

c. Der Inhaber der elterlichen Gewalt unterliegt bei normalen Verhältnissen nicht der ständigen Aufsicht des Vormundschaftsgerichts und des Gemeindewaisenraths (vgl. §§ 1675, 1850) und den der Durchführung dieser Aufsicht dienenden, den Vormund beschränkenden Bestimmungen (vgl. §§ 1665—1672 mit §§ 1837—1844, 1866).

3. **Das zuständige Vormundschaftsgericht.**

*FG. § 43. Die Zuständigkeit für eine Verrichtung des Vormundschaftsgerichts, die nicht eine Vormundschaft oder eine Pflegschaft betrifft, bestimmt sich, soweit sich nicht aus dem Gesetz ein Anderes ergiebt, nach den Vorschriften des § 36 Abs. 1, 2; massgebend ist für jede einzelne Angelegenheit der Zeitpunkt, in welchem das Gericht mit ihr befasst wird.*

*Ist für die Person, in Ansehung deren die Verrichtung des Vormundschaftsgerichts erforderlich wird, eine Vormundschaft oder eine Pflegschaft anhängig oder ist der Mutter, unter deren elterlicher Gewalt sie steht, ein Beistand bestellt, so ist das Gericht zuständig, bei welchem die Vormundschaft, Pflegschaft oder Beistandschaft anhängig ist.*

Vgl. auch FrG. § 44 zu § 1665. — Abgabe an ein anderes Gericht FrG. § 46 Abs. 3 (S. 982).

4. **Die Dauer der elterlichen Gewalt entspricht der Dauer der Vormundschaft** (§ 1773, 1882 - 1884).

a. Die elterliche Gewalt beginnt mit dem Eintritt ihrer Voraussetzungen und endigt mit dem Austritte des Kindes aus dem Alter der Minderjährigkeit (§ 2) bzw. mit der Volljährigkeitserklärung (§ 3 Abs. 2). Vgl. indeß auch zu c. Durch die Verheirathung wird nicht die elterliche Gewalt als solche, sondern nur die elterliche Nutznießung beendigt, vgl. §§ 1661, 1303. Vgl. auch § 1633. — Annahme des Kindes an Kindesstatt beendigt die elterliche Gewalt der leiblichen Eltern § 1765. Sonstige Beendigungsgründe der elterlichen Gewalt vgl. Bemerkungen zu §§ 1679, 1680 Note 1.

b. Keine Verlängerung der elterlichen Gewalt auf Grund privater Anordnung. Im Bedürfnißfalle tritt Vormundschaft (§§ 1896 ff.) oder Pflegschaft (§§ 1909 ff.) in Gemäßheit der allgemeinen Vorschriften des Vormundschaftsrechts ein.

c. Vor- und Nachwirkungen der elterlichen Gewalt.

α. Die elterliche Gewalt umfaßt auch die Schutzpflicht für den nasciturus § 1912.

β. Benennung eines Vormundes für das Kind oder eines Beistandes für die Mutter (§ 1687); Anordnung der Einsetzung eines Familienraths durch den Vater vgl. §§ 1777, 1868; ferner Titelvorb. Note 2 f.

III. **Die rechtliche Stellung des Hauskindes.**

1. **Die Vermögensfähigkeit** des Kindes wird durch die elterliche Ge-

## 1. Elterliche Gewalt des Vaters.

**§ 1627.** Der Vater hat kraft der elterlichen Gewalt das Recht und die Pflicht, für die Person und das Vermögen des Kindes zu sorgen. I. Der vormundschaftliche Inhalt der elterlichen Gewalt.

---

walt nicht berührt. Ob das Kind für sich oder den Gewalthaber erwirbt, ist nach den allgemeinen Grundsätzen zu beurtheilen, vgl. zu § 1617 Note 3.

2. Die Geschäftsfähigkeit des Kindes richtet sich nach den allgemeinen Vorschriften der §§ 106—113, 131. Testamentsfähigkeit § 2229.

3. Deliktsfähigkeit § 828, 829; Verantwortlichkeit aus Geschäftsführung ohne Auftrag § 682.

4. Prozeßfähigkeit des Kindes CPO. § 52 Abs. 1 in Verbindung mit §§ 106—113. — Selbständiges Beschwerderecht des 14 Jahre alten Kindes beim Vormundschaftsgerichte FrG. § 59 (S. 983 f.).

5. Schuldenhaftung des Kindes § 1659.

**IV. Haftung des Gewalthabers für Schulden des Kindes.**

1. Die Verpflichtung des Gewalthabers durch das Kind richtet sich ausschließlich nach den allgemeinen Vorschriften. In Betracht kommen insbesondere die Vorschriften über Vertretung und Vollmacht §§ 164 ff., 165, Auftrag §§ 662 ff., Kreditauftrag § 778, Geschäftsführung ohne Auftrag §§ 677 ff., ungerechtfertigte Bereicherung §§ 812 ff. Für Deliktsschulden vgl. §§ 832, 840, 1631, 1664.

Wegen der gesammtschuldnerischen Haftung des Vaters für die Lasten der Nutznießung. Vgl. zu § 1654.

2. Gewährung von Unterhalt an das Kind durch Dritte. Rechtsgeschäfte des Kindes zum Zwecke der Unterhaltserlangung.

a. Geschäftsführung ohne Auftrag §§ 679, 683 f., vgl. auch § 1613 und daselbst Note 3.

b. Sind die von dem Dritten für die Zwecke des Unterhalts gewährten Mittel von dem Kinde für andere Zwecke verwendet worden, so kommt es darauf an, ob der Vater durch die Gewährung des Dritten von einer Verbindlichkeit befreit worden ist. Der Vater haftet demnach nur insoweit, als die Vorausleistung nicht über eine angemessene Frist hinaus bewirkt worden ist, vgl. § 1614 Abs. 2

**V. Prozessuale Vorschriften** CPO. §§ 640—643 (S. 883 f.).

**VI. Uebergangsvorschriften** EG. Artt. 203, 204. Vgl. daselbst.

Art. 203. Das Rechtsverhältniß zwischen den Eltern und einem vor dem Inkrafttreten des Bürgerlichen Gesetzbuchs geborenen ehelichen Kinde bestimmt sich von dem Inkrafttreten des Bürgerlichen Gesetzbuchs an nach dessen Vorschriften. Dies gilt insbesondere auch in Ansehung des Vermögens, welches das Kind vorher erworben hat.

Art. 204. Ist der Vater oder die Mutter zur Zeit des Inkrafttretens des Bürgerlichen Gesetzbuchs in der Sorge für die Person oder für das Vermögen des Kindes durch eine Anordnung der zuständigen Behörde beschränkt, so bleibt die Beschränkung in Kraft. Das Vormundschaftsgericht kann die Anordnung nach § 1671 des Bürgerlichen Gesetzbuchs aufheben.

Ist dem Vater oder der Mutter die Nutznießung an dem Vermögen des Kindes durch Anordnung der zuständigen Behörde entzogen, so hat das Vormundschaftsgericht die Anordnung auf Antrag aufzuheben, es sei denn, daß die Entziehung der Nutznießung nach § 1666 Abs. 2 des Bürgerlichen Gesetzbuchs gerechtfertigt ist.

Einfluß der elterlichen Gewalt der Mutter auf bestehende Vormundschaften Vorb. zu §§ 1684 ff. Note IV.

**VII. Internationales Privatrecht** EG. Art. 19.

Die Regelung, welche die elterliche Gewalt des Vaters in den §§ 1627 ff. erfahren hat, gilt gemäß § 1686 auch für die elterliche Gewalt der Mutter. Zu 1. Elterliche Gewalt des Vaters.

**§ 1627.** 1. Auf die elterliche Gewalt kann, insoweit sie die Pflicht des

1. Umfang.
a. Einschränkung durch eine Pflegschaft.

**§ 1628.** Das Recht und die Pflicht, für die Person und das Vermögen des Kindes zu sorgen, erstreckt sich nicht auf Angelegenheiten des Kindes, für die ein Pfleger bestellt ist.

b. Meinungsverschiedenheit zwisch. Vater und Pfleger.

**§ 1629.** Steht die Sorge für die Person oder die Sorge für das Vermögen des Kindes einem Pfleger zu, so entscheidet bei einer Meinungsverschiedenheit zwischen dem Vater und dem Pfleger über die Vornahme einer sowohl die Person als das Vermögen des Kindes betreffenden Handlung das Vormundschaftsgericht.

2. Umfang der Vertretungsmacht des Vaters.

**§ 1630.** Die Sorge für die Person und das Vermögen umfaßt die Vertretung des Kindes.

Die Vertretung steht dem Vater insoweit nicht zu, als nach § 1795 ein Vormund von der Vertretung des Mündels ausgeschlossen ist. Das Vormundschaftsgericht kann dem Vater nach § 1796 die Vertretung entziehen.

---

Vaters, für die Person und das Vermögen des Kindes zu sorgen (vgl. Bd. I S. 302 Vorb. Note 1) begründet, nicht verzichtet werden. Vgl. indeß § 1662 Verzicht auf die Nutznießung.

2. Der Grad der von dem Vater bei Erfüllung seiner Pflicht anzuwendenden Sorgfalt bestimmt sich nach § 1664.

3. Nichterfüllung der dem Vater obliegenden Pflicht begründet Schadensersatzpflicht nach allgemeinen Grundsätzen, §§ 275 ff. Vgl. auch §§ 1666 ff., 1670.

4. Sorge für die Person und das Vermögen §§ 1628—1630; Sorge für die Person §§ 1631—1637; Sorge für das Vermögen §§ 1638—1647.

**§ 1628.** 1. Ein Pfleger ist für die Angelegenheiten zu bestellen, an deren Besorgung der Vater verhindert ist (§ 1909).

a. Rechtliche Verhinderung des Vaters.

α. Kollidirende Interessen §§ 1630 Abs. 2, 1795 Abs 2, 181.

β. Zuwendungen Dritter an das Kind unter Ausschließung des Vaters von der Verwaltung § 1638.

γ. Konkurs des Vaters § 1647 Note 2b.

δ. Entziehung der Verwaltung durch das Vormundschaftsgericht §§ 1666, 1670.

ε. Ruhen der elterlichen Gewalt §§ 1676—1678.

b. Thatsächliche Verhinderung des Vaters § 1665; indeß § 1685.

2. Eheschließung des Kindes mit einem Mündel des Vaters vgl. § 1304 Note II. 5.

3. Die Vertretung des Kindes durch den Vater entgegen der Vorschrift des § 1628 ist Vertretung ohne Vertretungsmacht im Sinne der §§ 177 bis 180.

4. Entsprechende Anwendung des § 1628 im Falle der neben der elterlichen Gewalt fortbestehenden Vormundschaft § 1883 Note 1.

**§ 1629.** Vgl § 1798.

**§ 1630.** 1. Gesetzliche Vertretung Bd. I S. 87 ff., insbesondere Note IV. A. Die Vertretungsmacht des Vaters ist grundsätzlich unbeschränkt, soweit nicht Beschränkungen derselben durch das Gesetz vorgesehen sind. Vgl. §§ 1643, 1644, 1667 Abs. 2.

2. Vertretung des Kindes durch den Vater in Angelegenheiten, in denen ihm die Vertretung nicht zusteht, ist Vertretung ohne Vertretungsmacht (§§ 177—180). Vgl. § 1628 Note 1 und 3. In den Fällen beschränkter Vertretung (§§ 1643, 1644, 1647 Abs. 2) vgl. §§ 1643 Abs. 3, 1828—1831.

3. Die Vertretung des Kindes steht dem Vater nicht zu:

a. in den Angelegenheiten, in denen ein Pfleger bestellt ist § 1628;

b. kraft Gesetzes ohne Rücksicht darauf, ob ein Pfleger bestellt ist oder nicht in den Fällen des § 1795:

3. Die Sorge für die Person des Kindes.
a. Erziehungsgewalt.

**§ 1631.** Die Sorge für die Person des Kindes umfaßt das Recht und die Pflicht, das Kind zu erziehen, zu beaufsichtigen und seinen Aufenthalt zu bestimmen.

Der Vater kann kraft des Erziehungsrechts angemessene Zuchtmittel gegen das Kind anwenden. Auf seinen Antrag hat das Vormundschaftsgericht ihn durch Anwendung geeigneter Zuchtmittel zu unterstützen.

b. Anspruch auf Herausgabe d. Kindes.

**§ 1632.** Die Sorge für die Person des Kindes umfaßt das Recht, die Herausgabe des Kindes von Jedem zu verlangen, der es dem Vater widerrechtlich vorenthält.

---

α. Rechtsgeschäfte zwischen dem Kinde einerseits und dem Ehegatten oder einem anderen Kinde oder einem Mündel des Vaters andererseits § 1795 Ziffer 1. Hierunter fallen insbesondere regelmäßig die Erbauseinandersetzungsverträge.

β. Rechtsgeschäfte in Ansehung von Forderungen des Mündels gegen den Vater § 1795 Ziffer 2.

γ. Rechtsstreitigkeiten zwischen den zu α bezeichneten Personen und über die zu β bezeichneten Angelegenheiten § 1795 Ziffer 3.

c. Bei Entziehung der Vertretungsmacht durch das Vormundschaftsgericht (FrG. §§ 35, 43) wegen kollidirender Interessen (§§ 1630 Abs. 2 Satz 2, 1796.

4. Beschränkung der Vertretungsmacht des Vaters durch das Erforderniß vormundschaftsgerichtlicher Genehmigung §§ 1643, 1644, 1667 Abs. 2.

5. Kontrahiren des Vaters als Vertreters des Kindes mit sich selbst vgl. § 181.

6. Das Kind haftet für das Verschulden seines gesetzlichen Vertreters bei Erfüllung von Verbindlichkeiten § 278.

7. Todeserklärung auf Antrag des gesetzlichen Vertreters CPO. § 962.

8. Bei der Entmündigung des Kindes ist der gesetzliche Vertreter, dem die Sorge für die Person des Kindes zusteht, antragsberechtigt CPO. § 646, vgl. auch CPO. §§ 653, 664, 666, 675, 679, 685, 686.

**§ 1631.** 1. Daraus, daß die Sorge für das Kind in den in § 1631 erwähnten thatsächlichen Beziehungen als Ausfluß der elterlichen Gewalt (vgl. RG. **17** 130) behandelt wird, ergiebt sich,

a. daß das Recht und die Pflicht aus § 1631 formell bis zur Beendigung der elterlichen Gewalt dauern (vgl. indeß bei verheiratheten Töchtern § 1633);

b. daß die Ausübung des Rechtes nur im Interesse des Kindes zu geschehen hat. Eine darüber, namentlich zeitlich, hinausgehende Ausübung des Rechtes würde ein Mißbrauch des elterlichen Rechtes im Sinne des § 1666 sein.

2. Religiöse Erziehung der Kinder EG. Art. 134.

3. Zuchtmittel.

a. Gegen den Mißbrauch der Zuchtmittel schützen die Vorschriften der §§ 1666, 1680 sowie die Vorschriften des Strafgesetzbuchs.

b. Auf Grund der Erziehungsgewalt kann auch eine Beschränkung des dem Kinde nach § 1610 an sich zustehenden standesgemäßen Unterhalts bis auf das Maß des nothdürftigen Unterhalts gerechtfertigt sein.

4. Unterstützung durch das Vormundschaftsgericht (FrG. §§ 35, 43) vgl. Zwangserziehung EG. Art. 135, § 1666 Note III; vgl. auch § 1838.

5. Verzicht auf das Erziehungsrecht oder die Erziehungspflicht ist nichtig § 138. Vgl. zu § 1627 Note 1.

6. Entziehung des Erziehungsrechts § 1666.

7. Haftung Dritten gegenüber für Vernachlässigung der Aufsichtspflicht § 832.

c. Einschränkung in Ansehung der verheiratheten Tochter.

**§ 1633.** Ist eine Tochter verheirathet, so beschränkt sich die Sorge für ihre Person auf die Vertretung in den die Person betreffenden Angelegenheiten.

d. Nebengewalt der Mutter.

**§ 1634.** Neben dem Vater hat während der Dauer der Ehe die Mutter das Recht und die Pflicht, für die Person des Kindes zu sorgen; zur Vertretung des Kindes ist sie nicht berechtigt, unbeschadet der Vorschrift des § 1685 Abs. 1. Bei einer Meinungsverschiedenheit zwischen den Eltern geht die Meinung des Vaters vor.

---

**§ 1632.** 1. Vgl. RG. 10 113, 18 186.

2. Voraussetzung des Herausgabeanspruchs ist Widerrechtlichkeit der Vorenthaltung. Der Beklagte hat gegenüber dem aus § 1632 begründeten Rechte des Klägers die besonderen, seine Widerrechtlichkeit ausschließenden Umstände darzulegen (vgl. §§ 1635 Abs. 1 S. 2, 1637, 1666, CPO. § 627). Er kann hierbei nicht einen vertragsmäßigen Verzicht des Klägers auf das Erziehungsrecht geltend machen (§ 138), wohl aber das Einschreiten des Vormundschaftsgerichts gemäß § 1666 veranlassen, wenn die Zurücknahme des Kindes (z. B. aus einer Erziehungs- oder Besserungsanstalt) das Interesse des Kindes verletzt. Vgl. auch RG. 17 129.

3. Kein Zurückbehaltungsrecht in Ansehung des Kindes wegen eines Anspruchs aus Unterhaltsgewährung; vgl. § 273 Note II. 2.

4. Ob polizeiliche Hülfe gegen ein flüchtiges Kind in Anspruch genommen werden kann, bestimmt sich nach öffentlichem (Landes-)Rechte.

5. Entführung einer minderjährigen Frauensperson vgl. StGB. § 237 u. EG. Art. 34 VIII.

**§ 1633.** 1. Die Verheirathung der Tochter hat die Beendigung der elterlichen Gewalt als solcher nicht zur Folge.

a. Die Einschränkung des § 1633 schließt namentlich die fernere Anwendbarkeit der §§ 1631, 1632 aus. Vgl. § 1354.

b. Die Vertretung in den die Person betreffenden Angelegenheiten greift nicht Platz, soweit die Vertretung durch den gesetzlichen Vertreter ausgeschlossen ist oder das Kind selbst geschäftsfähig ist, vgl. Bd. I S. 89 Note 7 Nr. 2—8, 12, 13, 15—17. Vgl. ferner CPO. § 612 (S. 722).

c. Die Sorge für das Vermögen der Tochter wird durch das zwischen den Ehegatten bestehende Güterrecht beeinflußt. Der Gewalthaber kann nur insoweit eingreifen, als die Frau dies bei Volljährigkeit selbst könnte, vgl. § 1364 Note 4.

d. Beendigung der elterlichen Nutznießung bei Verheirathung des Kindes vgl. § 1661.

e. Nach Auflösung der Ehe fällt die durch die Verheirathung eingetretene Beschränkung der elterlichen Gewalt nicht wieder fort. — Sonderregelung für die Volljährigkeitserklärung der minderjährigen Wittwe § 4 Abs. 2 S. 2.

f. Voraussetzung der Anwendbarkeit des § 1633 ist eine gültige, d. h. weder kraft Gesetzes noch kraft Anfechtung nichtige Ehe (vgl. §§ 1323, 1330).

g. Bei Vormundschaft über eine *volljährige* Ehefrau tritt die in § 1633 vorgesehene Beschränkung nicht ein, § 1901 Abs. 2. Dem Vormunde steht also auch die uneingeschränkte Sorge für die Person der Frau zu.

h. Der Wechsel der Staatsangehörigkeit des Gewalthabers erstreckt sich nicht auf die verheirathete oder verheirathet gewesene Tochter. Staatsangehörigkeitsgesetz §§ 11, 19, 21 zu EG. Art. 41.

2. Für Söhne unter elterlicher Gewalt kommt eine dem § 1663 entsprechende Vorschrift nicht in Betracht, § 1303.

**§ 1634.** 1. Die der Mutter neben dem Vater zustehende Sorge für die Person des Kindes (Nebengewalt vgl. Vorb. zu §§ 1684 ff. Note II) berechtigt sie zur selbständigen Geltendmachung der mit der thatsächlichen Sorge für die Person verbundenen Rechte (§§ 1631, 1632); sie ist nur insofern beschränkt, als sie diese Rechte nicht entgegen der Entscheidung des Vaters auszuüben berechtigt ist. Bei Mißbrauch ihres Rechtes greift § 1666 ein.

c. Fall der Ehescheidung. α. Thatsächliche Sorge für die Person.

**§ 1635.** Ist die Ehe aus einem der in den §§ 1565 bis 1568 bestimmten Gründe geschieden, so steht, solange die geschiedenen Ehegatten leben, die Sorge für die Person des Kindes, wenn ein Ehegatte allein für schuldig erklärt ist, dem anderen Ehegatten zu; sind beide Ehegatten für schuldig erklärt, so steht die Sorge für einen Sohn unter sechs Jahren oder für eine Tochter der Mutter, für einen Sohn, der über sechs Jahre alt ist, dem Vater zu. Das Vormundschaftsgericht kann eine abweichende Anordnung treffen, wenn eine solche aus besonderen Gründen im Interesse des Kindes geboten ist; es kann die Anordnung aufheben, wenn sie nicht mehr erforderlich ist.

β. Vertretungsmacht.

Das Recht des Vaters zur Vertretung des Kindes bleibt unberührt.

γ. Persönlicher Verkehr der Ehegatten mit dem Kinde.

**§ 1636.** Der Ehegatte, dem nach § 1635 die Sorge für die Person des Kindes nicht zusteht, behält die Befugniß, mit dem Kinde persönlich zu verkehren. Das Vormundschaftsgericht kann den Verkehr näher regeln.

---

2. Ausgeschlossen ist die Mutter von der Vertretung sowohl in persönlichen wie in vermögensrechtlichen Angelegenheiten, indeß unbeschadet der Vorschrift des § 1685 Abs. 1. Danach hat die Mutter während bestehender Ehe kraft Gesetzes, d. h. ohne vormundschaftsgerichtliches Eingreifen, auch die Vertretungsmacht für das Kind in dem dem Vater zustehenden Umfange, wenn der Vater an der Ausübung der elterlichen Gewalt thatsächlich verhindert ist oder seine elterliche Gewalt ruht (§§ 1676, 1677).

3. Die Pflicht der Sorge für die Person umfaßt auch gemäß § 1631 die Aufsichtspflicht; vgl. Verantwortlichkeit gegenüber Dritten bei Verletzung dieser Pflicht § 832.

4. Theilnahme der Mutter an der Sorge für die Person des Kindes neben einem Vormunde bzw. Pfleger zu Lebzeiten des Vaters § 1698.

**§ 1635.** 1. § 1635 betrifft alle Fälle der Ehescheidung mit Ausnahme des Falles der Scheidung wegen Geisteskrankheit, § 1569. In diesem Falle greifen die §§ 1676 Abs. 1, 1685 Abs. 2 ein. — Der Scheidung steht die Aufhebung der ehelichen Gemeinschaft durch Urtheil gleich, § 1586.

2. Die abweichende Anordnung des Vormundschaftsgerichts auf Grund des § 1635 Abs. 1 Satz 2 kann nur eine anderweite Regelung unter den Eltern, nicht die Uebertragung der Sorge an einen Dritten zum Gegenstande haben. In dieser Hinsicht verbleibt es bei den allgemeinen Vorschriften der elterlichen Gewalt und des Vormundschaftsrechts §§ 1666, 1676—1678, 1685, 1696, 1773, 1909.

3. Die Thatsache der Ehescheidung ist dem Vormundschaftsgerichte von dem Prozeßgerichte mitzutheilen, CPO. § 630.

*CPO. § 630. Nach dem Eintritte der Rechtskraft des Urtheils hat das Prozessgericht, wenn ein gemeinschaftliches minderjähriges Kind der Ehegatten vorhanden ist, dem Vormundschaftsgerichte Mittheilung zu machen.*

4. Nach dem Tode eines der Ehegatten finden die allgemeinen Vorschriften über die elterliche Gewalt Anwendung. Gegen Mißbrauch gewährt § 1666 Schutz.

5. Eine Uebereinkunft der Eltern über das Erziehungsrecht ist mit Rücksicht auf die zwingende Natur der Vorschrift des § 1635 nicht wirksam. Vgl. auch RG. 37 190.

6. Verpflichtung der geschiedenen Frau, zur Unterhaltung der gemeinschaftlichen Kinder beizutragen; Zurückbehaltungsrecht der Frau § 1585.

7. Uebergangsvorschrift EG. Art. 206.

**§ 1636.** Eine gänzliche Untersagung des Verkehrs durch das Vormundschaftsgericht (FrG. §§ 35, 43) darf nicht stattfinden.

58*

f. Fall der Eheauflösung durch Wiederverheirathung bei Todeserklärung.

**§ 1637.** Ist die Ehe nach § 1348 Abs. 2 aufgelöst, so gilt in Ansehung der Sorge für die Person des Kindes das Gleiche, wie wenn die Ehe geschieden ist und beide Ehegatten für schuldig erklärt sind.

4. Die Sorge für das Vermögen des Kindes (Vermögensverwalt.)
a. Der väterl. Verwaltung entzogene Gegenstände.

**§ 1638.** Das Recht und die Pflicht, für das Vermögen des Kindes zu sorgen (Vermögensverwaltung), erstreckt sich nicht auf das Vermögen, welches das Kind von Todeswegen erwirbt oder welches ihm unter Lebenden von einem Dritten unentgeltlich zugewendet wird, wenn der Erblasser durch letztwillige Verfügung, der Dritte bei der Zuwendung bestimmt hat, daß der Erwerb der Verwaltung des Vaters entzogen sein soll.

Was das Kind auf Grund eines zu einem solchen Vermögen gehörenden Rechtes oder als Ersatz für die Zerstörung, Beschädigung oder Entziehung eines zu dem Vermögen gehörenden Gegenstandes oder durch ein Rechtsgeschäft erwirbt, das sich auf das Vermögen bezieht, ist gleichfalls der Verwaltung des Vaters entzogen.

b. Verwaltungsanordnungen d. Erblassers oder Schenkers.

**§ 1639.** Was das Kind von Todeswegen erwirbt oder was ihm unter Lebenden von einem Dritten unentgeltlich zugewendet wird, hat der Vater nach den Anordnungen des Erblassers oder des Dritten zu verwalten, wenn die Anordnungen von dem Erblasser durch letztwillige Verfügung, von dem Dritten bei der Zuwendung getroffen worden sind. Kommt der Vater den Anordnungen nicht nach, so hat das Vormundschaftsgericht die zu ihrer Durchführung erforderlichen Maßregeln zu treffen.

Der Vater darf von den Anordnungen insoweit abweichen, als es nach § 1803 Abs. 2, 3 einem Vormunde gestattet ist.

---

**§ 1637.** Die Vorschrift betrifft den Fall der Auflösung der Ehe durch Wiederverheirathung nach Todeserklärung des früheren Ehegatten (§ 1348 Abs. 2). Sie findet nur Anwendung, wenn sich herausgestellt hat, daß der für todt Erklärte noch am Leben ist; bis dahin gilt die Todesvermuthung des § 18. Vgl. auch § 1684 Ziffer 1.

**§ 1638.** 1. Sorge für das Vermögen als Bestandtheil der elterlichen Gewalt § 1627. Die Verwaltungspflicht erstreckt sich an sich auch auf das freie Vermögen (§ 1651) des Kindes. Vgl. indeß Note 5.

2. Abs. 1 entspricht dem § 1369; Abs. 2 spricht das Surrogationsprinzip aus. Vgl. den entsprechenden § 1370.

3. Für die Verwaltung des der elterlichen Vermögensverwaltung entzogenen Vermögens ist gemäß § 1909 ein Pfleger zu bestellen. Verpflichtung des Gewalthabers zur unverzüglichen Anzeige an das Vormundschaftsgericht, § 1909 Abs. 2. Vgl. ferner §§ 1909 Abs. 1 S. 2, 1918 Abs. 1.

4. Geschäftsbesorgung des Vaters in Ansehung des nach § 1638 seiner Verwaltung entzogenen Vermögens ist nicht erst, wenn ein Pfleger bereits bestellt ist, sondern auch schon bis zur Bestellung des Pflegers Geschäftsführung ohne Auftrag (§§ 677 ff.). Anders bei der Vormundschaft § 1794.

5. Ausschließung der elterlichen Verwaltung bedeutet noch nicht Ausschließung der elterlichen Nutznießung. Diese muß vielmehr besonders ausgeschlossen werden (§§ 1649, 1651 Ziffer 2). Nutznießung ohne Verwaltung § 1656.

6. Einschreiten des Vormundschaftsgerichts bei Gefährdung des Kindesvermögens §§ 1667 f.

**§ 1639.** 1. Vgl. die entsprechende vormundschaftsrechtliche Vorschrift des § 1803.

**§ 1640.** Der Vater hat das seiner Verwaltung unterliegende Vermögen des Kindes, welches bei dem Tode der Mutter vorhanden ist oder dem Kinde später zufällt, zu verzeichnen und das Verzeichniß, nachdem er es mit der Versicherung der Richtigkeit und Vollständigkeit versehen hat, dem Vormundschaftsgericht einzureichen. Bei Haushaltsgegenständen genügt die Angabe des Gesammtwerths. c. Tod der Mutter. Vermögensverzeichniß.

Ist das eingereichte Verzeichniß ungenügend, so kann das Vormundschaftsgericht anordnen, daß das Verzeichniß durch eine zuständige Behörde oder durch einen zuständigen Beamten oder Notar aufgenommen wird. Die Anordnung ist für das in Folge des Todes der Mutter dem Kinde zufallende Vermögen unzulässig, wenn die Mutter sie durch letztwillige Verfügung ausgeschlossen hat.

---

2. Das Einschreiten des Vormundschaftsgerichts (FrG. §§ 35, 43) ist, anders wie im Falle der allgemeinen Vorschriften des § 1667, von einer Gefährdung des Kindesvermögens unabhängig.

3. (Abs. 2.) § 1803 Abs. 2: Genehmigung des Vormundschaftsgerichts bei Gefährdung der Interessen des Kindes.

§ 1803 Abs. 3. Bei Zuwendung von Seiten eines noch lebenden Dritten ist dessen Zustimmung zur Abweichung erforderlich und genügend. — Ersetzung dieser Zustimmung durch das Vormundschaftsgericht bei dauernder Behinderung oder unbekannter Abwesenheit des Dritten.

**§ 1640. I. Die Verzeichnißpflicht des Vaters.**

1. Fall des § 1640.

a. Diese von dem Reichstag eingefügte Bestimmung soll den Vater veranlassen, sich klar zu machen, welche Rechte er an dem Kindesvermögen habe, und für einen Beweis dessen, was den Kindern zusteht, zu sorgen.

b. Vgl. im Uebrigen § 1802. Ist kein Vermögen vorhanden, so genügt eine entsprechende glaubhafte Versicherung des Vaters.

c. Die Nichterfüllung der Vorschrift rechtfertigt gemäß § 1670 Entziehung der Vermögensverwaltung von Seiten des Vormundschaftsgerichts (FrG. §§ 35, 43).

d. Die selbständige Sonderreglung der Verzeichnißpflicht in § 1640 schließt die Abforderung des Offenbarungseids (vgl. § 259 Note 3) aus.

e. Die Zuständigkeit der Behörde oder der Beamten in Ansehung der Verzeichnißaufnahme richtet sich nach Landesrecht.

f. Durch letztwillige Verfügung (§§ 1937, 2299) der Mutter kann nur die vormundschaftsgerichtliche Anordnung der behördlichen oder notariellen Verzeichnißaufnahme in Ansehung des in Folge ihres Todes dem Kinde zufallenden Vermögens ausgeschlossen werden. Die Verzeichnißpflicht des Vaters mit dem Präjudize der Entziehung der Vermögensverwaltung (§ 1670) bleibt bestehen, ebenso die Anordnungsbefugniß des Vormundschaftsgerichts aus Abs. 2 in Ansehung des dem Kinde anderweit oder später zugefallenen Vermögens.

2. Gefährdung des Kindesvermögens durch den Vater.

Die allgemeine Vorschrift des § 1667, welche das Vormundschaftsgericht bei Gefährdung des Kindes ermächtigt, die Einreichung eines Vermögensverzeichnisses und Rechnungslegung zu fordern, wird durch § 1640 nicht berührt.

3. Wiederverheirathung des Vaters § 1669.

**II. Die Verzeichnißpflicht der Mutter.**

Die Vorschriften der §§ 1640, 1667, 1669 (vgl. zu I. 1 u. 2) finden nach § 1686 auch auf die elterliche Gewalt der Mutter Anwendung. Mitwirkung des Beistandes § 1692.

**III. Anzeigepflicht des Standesbeamten.**

FrG. § 48, abgedruckt in der Vorb. zum III. Abschnitte (§§ 1773 ff.).

d. Schenkungen aus dem Kindesvermögen.

**§ 1641.** Der Vater kann nicht in Vertretung des Kindes Schenkungen machen. Ausgenommen sind Schenkungen, durch die einer sittlichen Pflicht oder einer auf den Anstand zu nehmenden Rücksicht entsprochen wird.

e. Anlegung von Geldern des Kindes.

**§ 1642.** Der Vater hat das seiner Verwaltung unterliegende Geld des Kindes, unbeschadet der Vorschrift des § 1653, nach den für die Anlegung von Mündelgeld geltenden Vorschriften der §§ 1807, 1808 verzinslich anzulegen, soweit es nicht zur Bestreitung von Ausgaben bereit zu halten ist.

Das Vormundschaftsgericht kann dem Vater aus besonderen Gründen eine andere Anlegung gestatten.

f. Mitwirkung des Vormundschaftsgerichts. α. Genehmigungsbedürftige Rechtsgeschäfte.

**§ 1643.** Zu Rechtsgeschäften für das Kind bedarf der Vater der Genehmigung des Vormundschaftsgerichts in den Fällen, in denen nach § 1821 Abs. 1 Nr. 1 bis 3, Abs. 2 und nach § 1822 Nr. 1, 3, 5, 8 bis 11 ein Vormund der Genehmigung bedarf.

Das Gleiche gilt für die Ausschlagung einer Erbschaft oder eines Vermächtnisses sowie für den Verzicht auf einen Pflichttheil. Tritt der Anfall an das Kind erst in Folge der Ausschlagung des Vaters ein, so ist die Genehmigung nur erforderlich, wenn der Vater neben dem Kinde berufen war.

Die Vorschriften der §§ 1825, 1828 bis 1831 finden entsprechende Anwendung.

---

**§ 1641.** Vgl. die entsprechende für den Vormund geltende Vorschrift des § 1804 und Bemerkungen daselbst.

**§ 1642.** 1. Anlegungspflicht.

a. Die Anlegungspflicht des Vaters (Abs. 1) entspricht derjenigen des Vormundes (vgl. § 1806) mit der Maßgabe, daß der Vater mit Genehmigung des Vormundschaftsgerichts auf Grund seiner Nutznießung Geld, anstatt dasselbe anzulegen, für sich verbrauchen kann § 1653. Vgl. auch § 1377.

b. Das Betriebskapital eines Erwerbsgeschäfts (vgl. § 1655) gehört zu den bereit zu haltenden Mitteln (vgl. S. 787 Note B. I. 2).

2. Die Art der Anlegung.

a. Mündelmäßige Anlegung vgl. §§ 1807, 1808. — § 1809 ist nicht mitzitirt, so daß die Anlegung bei Sparkassen und Banken zc. nicht mit der Bestimmung zu erfolgen braucht, daß zur Erhebung des Geldes die Genehmigung des Vormundschaftsgerichts erforderlich ist.

b. (Abs. 2.) Gestattung anderweiter Anlegung durch das Vormundschaftsgericht (FrG. §§ 35, 43) vgl. § 1811.

c. Maßgebliche Anordnung des Erblassers oder des Zuwendenden § 1639.

3. Zuwiderhandlung des Vaters.

a. Schadensersatzpflicht nach allgemeinen Grundsätzen (§§ 275 ff., 1664).

b. Maßregeln des Vormundschaftsgerichts bei Gefährdung des Kindesvermögens §§ 1667 f., 1670 ff. — Haftung des Vormundschaftsrichters § 1674.

**§ 1643. A. Die rechtsgeschäftliche Vertretungsmacht des Vaters auf Grund der elterlichen Gewalt.**

**I. Beschränkung der Vertretungsmacht.**

Die dem Vater nach § 1630 grundsätzlich unbeschränkt zustehende Vertretungsmacht wird in § 1643 durch das Erforderniß vormundschaftsgerichtlicher Genehmigung in Ansehung gewisser wichtiger, außerhalb einer regelmäßigen Vermögensverwaltung liegender Rechtsgeschäfte beschränkt. Vgl. § 1626 Note II.

II. **Charakter und Umfang der Beschränkung.** § 1643.

1. Die Beschränkung der Vertretungsmacht beruht auf dem vormundschaftlichen Charakter der elterlichen Gewalt und ist unabhängig davon, ob die Vermögensgegenstände, auf welche sich die Rechtsgeschäfte beziehen, der elterlichen Nutznießung (§§ 1650 ff.) unterliegen oder zum freien Kindesvermögen gehören (§ 1651).

2. Die Beschränkung bezieht sich nur auf Rechtsgeschäfte, welche der Vater als gesetzlicher Vertreter des Kindes, also Namens des Kindes vornimmt. Insoweit der Vater kraft seiner Nutznießung Rechtsgeschäfte im eigenen Namen abschließt, ist er an eine vormundschaftsgerichtliche Genehmigung nicht gebunden (vgl. § 1663 mit §§ 1643, 1822 Ziffer 5). Ueberschreitet der Vater beim Kontrahiren im eigenen Namen die Grenze seiner Nutznießung, so liegt die Sache so, wie wenn ein fremder Dritter über fremde Vermögensgegenstände verfügt.

III. **Vornahme von Rechtsgeschäften durch den Vater für das Kind ohne die erforderliche Genehmigung** ist Vertretung ohne Vertretungsmacht, auf welche die besondere Regelung der §§ 1828—1831 Anwendung findet (Abs. 3).

IV. **Die Genehmigung des Vormundschaftsgerichts.**

1. Zuständigkeit FrG. §§ 35, 43, zu § 1626 (S. 906).
2. Wegen des rechtlichen Charakters der Genehmigung vgl. zu § 1828.

**B. Die einzelnen Fälle.**

Vgl. das Nähere bei den in Bezug genommenen Stellen.

I. **§ 1821 Abs. 1 Nr. 1—3, Abs. 2.** Der Vater bedarf der Genehmigung des Vormundschaftsgerichts:

1. zur Verfügung über ein Grundstück oder über ein Recht an einem Grundstücke;
2. zur Verfügung über eine Forderung, die auf Uebertragung des Eigenthums an einem Grundstück oder auf Begründung oder Uebertragung eines Rechtes an einem Grundstück oder auf Befreiung eines Grundstücks von einem solchen Rechte gerichtet ist;
3. Zur Eingehung der Verpflichtung zu einer der in Nr. 1, 2 bezeichneten Verfügungen;

Zu den Rechten an einem Grundstück im Sinne dieser Vorschriften gehören nicht Hypotheken, Grundschulden und Rentenschulden.

II. **§ 1822 Nr. 1, 3, 5, 8—11.**

Der Vater bedarf der Genehmigung des Vormundschaftsgerichts:

1. zu einem Rechtsgeschäfte, durch das das Kind zu einer Verfügung über sein Vermögen im Ganzen oder über eine ihm angefallene Erbschaft oder über seinen künftigen gesetzlichen Erbtheil oder seinen künftigen Pflichttheil verpflichtet wird, sowie zu einer Verfügung über den Antheil des Kindes an einer Erbschaft;
3. zu einem Vertrage, der auf den entgeltlichen Erwerb oder die Veräußerung eines Erwerbsgeschäfts gerichtet ist, sowie zu einem Gesellschaftsvertrage, der zum Betrieb eines Erwerbsgeschäfts eingegangen wird;
5. zu einem Mieth- oder Pachtvertrag oder einem anderen Vertrage, durch den das Kind zu wiederkehrenden Leistungen verpflichtet wird, wenn das Vertragsverhältniß länger als ein Jahr nach der Vollendung des einundzwanzigsten Lebensjahrs des Kindes fortdauern soll;
8. zur Aufnahme von Geld auf den Kredit des Kindes;
9. zur Ausstellung einer Schuldverschreibung auf den Inhaber oder zur Eingehung einer Verbindlichkeit aus einem Wechsel oder einem anderen Papiere, das durch Indossament übertragen werden kann;
10. zur Uebernahme einer fremden Verbindlichkeit, insbesondere zur Eingehung einer Bürgschaft;
11. zur Ertheilung einer Prokura.

(Nr. 8—10: Zulässigkeit einer allgemeinen Ermächtigung gemäß §§ 1643 Abs. 3, 1825.)

β. Ueberlassung von Grundstücken ꝛc. an das Kind.

**§ 1644.** Der Vater kann Gegenstände, zu deren Veräußerung die Genehmigung des Vormundschaftsgerichts erforderlich ist, dem Kinde nicht ohne diese Genehmigung zur Erfüllung eines von dem Kinde geschlossenen Vertrags oder zu freier Verfügung überlassen.

γ. Beginn eines Erwerbsgeschäfts für das Kind.

**§ 1645.** Der Vater soll nicht ohne Genehmigung des Vormundschaftsgerichts ein neues Erwerbsgeschäft im Namen des Kindes beginnen.

δ. Surrogationsprinzip beim Erwerbe mit Mitteln des Kindes.

**§ 1646.** Erwirbt der Vater mit Mitteln des Kindes bewegliche Sachen, so geht mit dem Erwerbe das Eigenthum auf das Kind über, es sei denn, daß der Vater nicht für Rechnung des Kindes erwerben will. Dies gilt insbesondere auch von Inhaberpapieren und von Orderpapieren, die mit Blankoindossament versehen sind.

Die Vorschriften des Abs. 1 finden entsprechende Anwendung, wenn der Vater mit Mitteln des Kindes ein Recht an Sachen der bezeichneten Art oder ein anderes Recht erwirbt, zu dessen Uebertragung der Abtretungsvertrag genügt.

---

III. **Die erbrechtlichen Rechtsgeschäfte des Abs. 2.**

Diese Vorschrift entspricht der Bestimmung des § 1822 Ziffer 2, welche im Uebrigen zu vergleichen ist, mit folgenden Abweichungen:

1. Erbtheilungsverträge, welche der Vater für das Kind schließt, bedürfen nicht vormundschaftsgerichtlicher Genehmigung. Gehören indeß zu dem Nachlasse solche Gegenstände, in Ansehung deren gemäß § 1821 Abs. 1 bis 3, Abs. 2 die vormundschaftsgerichtliche Genehmigung erforderlich ist, so behält es hierbei sein Bewenden. Vgl. auch bei konkurrirenden Interessen des Vaters und des Kindes § 1630 Note 3 u. 5.

2. Ausschlagung der Erbschaft (§ 1945) bedarf in solchen Fällen der vormundschaftsgerichtlichen Genehmigung nicht, in denen der Vater vor dem Kinde (nicht bloß neben ihm) berufen war und erst in Folge seiner Ausschlagung der Anfall an das Kind eingetreten ist (vgl. § 1953). Nur in diesen Fällen erscheint einerseits ein konkurrirendes Interesse zwischen Vater und Kind ausgeschlossen und andererseits eine ausreichende Prüfung der Zweckmäßigkeit der Ausschlagung genügend gesichert.

3. Der definitive Erwerb der Erbschaft (Annahme § 1943, Ablaufenlassen der Ausschlagungsfrist § 1944) vollzieht sich ohne Mitwirkung des Vormundschaftsgerichts. Die Aufsicht des Vormundschaftsgerichts greift indeß wieder hinsichtlich der Beobachtung der Inventarfrist (§ 1999) ein.

IV. **Einzelvorschriften für familien- und erbrechtliche Rechtsgeschäfte** vgl. Bd. I S. 89 Note 7. — Entlassung aus der Staatsangehörigkeit vgl. Titelvorb. S. 902 Note 2k.

C. **Außerordentliche Beschränkung der väterlichen Vertretungsmacht** auf Grund vormundschaftsgerichtlichen Einschreitens im Falle der Gefährdung des Kindesvermögens bei Pflichtverletzung oder Vermögensverfall des Vaters § 1667. — Rechtsgeschäftliche Vertretungsmacht der Mutter, welcher ein Beistand bestellt ist, vgl. § 1690 und Bemerkungen daselbst; § 1693.

D. **Die Rechtsstellung eines Pflegers,** welcher neben dem Vater bestellt ist (vgl. §§ 1628, 1630 Abs. 2, 1909), bestimmt sich nicht nach den für die elterliche Gewalt, sondern nach den für die Vormundschaft geltenden Vorschriften (§§ 1915, 1812, 1821, 1822).

**§ 1644.** Vgl. die entsprechenden Vorschriften des § 1824. — Die ohne die erforderliche vormundschaftsgerichtliche Genehmigung erfolgte Ueberlassung von Vermögensgegenständen an das Kind hat nicht die Wirkung des § 110.

**§ 1645.** Vgl. die entsprechende Vorschrift des § 1823.

**§ 1646.** Vgl. die entsprechende Vorschrift im gesetzlichen Güterrechte § 1381 und die Bemerkungen daselbst. Vgl. übrigens für den Konkurs das dem Kinde eingeräumte Vorzugsrecht KO. § 61 Ziffer 5 zu § 1647 Note 2.

**§ 1647.** Die Vermögensverwaltung des Vaters endigt mit der Rechtskraft des Beschlusses, durch den der Konkurs über das Vermögen des Vaters eröffnet wird. — h. Konkurs des Vaters.

Nach der Aufhebung des Konkurses kann das Vormundschaftsgericht die Verwaltung dem Vater wieder übertragen.

**§ 1648.** Macht der Vater bei der Sorge für die Person oder das Vermögen des Kindes Aufwendungen, die er den Umständen nach für erforderlich halten darf, so kann er von dem Kinde Ersatz verlangen, sofern nicht die Aufwendungen ihm selbst zur Last fallen. — 6. Ersatz von Aufwendungen.

**§ 1649.** Dem Vater steht kraft der elterlichen Gewalt die Nutznießung an dem Vermögen des Kindes zu. — II. Die elterl. Nutznießung.

---

**§ 1647.** 1. Nur die Vermögensverwaltung endigt mit der Rechtskraft (KO. §§ 109, 73 Abs. 2, 72, CPO. §§ 705, 577) des Eröffnungsbeschlusses. Im Uebrigen bleibt die elterliche Gewalt, insbesondere also auch die elterliche Nutznießung in ihrer Existenz von dem Konkurs unberührt.

2. Die Rechtsverhältnisse im Konkurse.

a. Das Recht der elterlichen Nutznießung ist nicht pfändbar (CPO. § 862 zu § 1658) und gehört somit gemäß KO. § 1 nicht zur Konkursmasse. Dasselbe gilt für die von dem Vater auf Grund seiner Nutznießung bereits erworbenen Früchte, welche zur Erfüllung der ihm nach § 1654 (Lasten der Nutznießung) obliegenden Verpflichtungen, zur Erfüllung seiner gesetzlichen Unterhaltspflichten sowie zu seiner eigenen standesgemäßen Unterhaltung erforderlich sind (CPO. § 862 Abs. 2, abgedruckt S. 921).

b. In Folge der nach § 1647 eintretenden Beendigung seiner Vermögensverwaltung kann der Vater die Nutznießung nicht selbst ausüben, § 1656 ist anwendbar. Für die Verwaltung ist ein Pfleger gemäß § 1909 zu bestellen.

c. Sofortige Fälligkeit der dem Kinde zustehenden Forderungen § 1657.

d. Vorrecht des Kindes im Konkurse KO. § 61 Ziffer 5 (vgl. RG. **39** 70 ff.).

***KO.** § 61. Die Konkursforderungen werden nach folgender Rangordnung, bei gleichem Range nach Verhältniss ihrer Beträge, berichtigt:*

*5. die Forderungen der Kinder, der Mündel und der Pflegebefohlenen des Gemeinschuldners in Ansehung ihres gesetzlich der Verwaltung desselben unterworfenen Vermögens; das Vorrecht steht ihnen nicht zu, wenn die Forderung nicht binnen zwei Jahren nach Beendigung der Vermögensverwaltung gerichtlich geltend gemacht und bis zur Eröffnung des Verfahrens verfolgt worden ist.*

3. Bei Erlangung der elterlichen Gewalt seitens des Gemeinschuldners während des schwebenden Konkurses ist § 1647 entsprechend anzuwenden (vgl. Prot. IV S. 638 zu § 1553 E. I.).

**§ 1648.** 1. Wegen des Ersatzanspruchs vgl. §§ 256 f. und Bemerkungen daselbst.

2. Ueber Dienste des Vaters als Aufwendungen im Sinne des § 1648 vgl. § 256 Note 2. Der dem § 1835 Abs. 2 entsprechende Zusatz (E. I. §§ 1503, 1698 Satz 2) ist nach Prot. IV S. 562 als unangemessen gestrichen worden.

**§ 1649.** 1. Die Nutznießung wird von dem Vater kraft eigenen Rechtes, nicht als Vertreter des Kindes ausgeübt. Es steht ihm die freie Verwendung der gezogenen Nutzungen zu, ohne daß er dieserhalb dem Kinde Rechenschaft schuldig wäre.

2. Die Einkünfte aus dem Kindesvermögen sind vorzugsweise dazu bestimmt, dem Unterhalte des Kindes und der Familie zu dienen. Dieser Zweckbestimmung tragen die Vorschriften der §§ 1656—1658, CPO. § 862 (S. 921), §§ 1666 f. Rechnung.

1. Freies Vermögen des Kindes. a. Persönl. Gebrauchsgegenstände.

**§ 1650.** Von der Nutznießung ausgeschlossen (freies Vermögen) sind die ausschließlich zum persönlichen Gebrauche des Kindes bestimmten Sachen, insbesondere Kleider, Schmucksachen und Arbeitsgeräthe.

b. Arbeitsverdienst und selbständig. Erwerb.

**§ 1651.** Freies Vermögen ist:

1. was das Kind durch seine Arbeit oder durch den ihm nach § 112 gestatteten selbständigen Betrieb eines Erwerbsgeschäfts erwirbt;

c. Bestimmung des Erblassers od. Schenkers.

2. was das Kind von Todeswegen erwirbt oder was ihm unter Lebenden von einem Dritten unentgeltlich zugewendet wird, wenn der Erblasser durch letztwillige Verfügung, der Dritte bei der Zuwendung bestimmt hat, daß das Vermögen der Nutznießung entzogen sein soll.

d. Surrogation.

Die Vorschriften des § 1638 Abs. 2 finden entsprechende Anwendung.

2. Art und Umfang des Fruchterwerbes.

**§ 1652.** Der Vater erwirbt die Nutzungen des seiner Nutznießung unterliegenden Vermögens in derselben Weise und in demselben Umfange wie ein Nießbraucher.

---

3. Gegenüber der Regel des § 1649 sind die Voraussetzungen der Ausnahmen, welche erschöpfend in §§ 1650, 1651 bestimmt sind, von dem sie Behauptenden zu beweisen.

**§ 1650.** 1. Freies Vermögen ist die Ausnahme. Danach regelt sich die Beweislast, vgl. § 1649 Note 3.

2. Auch die Verwaltung des freien Vermögens steht als Recht und Pflicht dem Vater zu §§ 1627, 1638. Eine Ausnahme bildet der Fall des § 112. Vgl. daselbst Note 2 und § 1651 Ziffer 1.

3. Wegen der nach § 1650 zum freien Vermögen gehörenden Sachen vgl. die entsprechende Vorschrift für das Vorbehaltsgut der Ehefrau bei gesetzlichem Güterstande § 1366.

**§ 1651.** 1. (Ziffer 1.) Erwerb des Kindes

a. durch Arbeit vgl. § 1367. Hierzu gehört indeß nicht der Erwerb, welchen das Kind bei Leistung der den Eltern gemäß § 1617 geschuldeten Dienste macht. Vgl. § 1617 Note 3.

b. durch selbständigen Betrieb eines Erwerbsgeschäfts vgl. § 1650 Note 2.

2. (Ziffer 2.) Erwerb des Kindes von Todeswegen (§ 1369) und unentgeltliche Zuwendung unter Lebenden auf Grund der Bestimmung des Dritten, von dem der Erwerb herrührt. Vgl. hierzu § 1369. Soll nicht nur die Nutznießung sondern auch die elterliche Verwaltung ausgeschlossen werden, so bedarf es besonderer diesbezüglicher Bestimmung gemäß § 1638. Vgl. zu § 1650 Note 2.

3. Abs. 2 erklärt das in § 1638 Abs. 2 ausgesprochene Surrogationsprinzip auf die unter Ziffer 1 und 2, nicht aber auf die in § 1650 aufgeführten Gegenstände für anwendbar.

4. Im Uebrigen vgl. die Bemerkungen zu §§ 1649 und 1650.

**§ 1652.** 1. Vgl. die entsprechende Vorschrift des § 1383 bei der ehemännlichen Nutznießung. Nach Prot. IV S. 577 soll durch § 1652 zugleich ausgedrückt sein, daß der Vater einerseits verpflichtet sei, das Inventar zu erhalten, andererseits das Recht habe, die Inventarstücke zu veräußern (vgl. § 1048).

2. Beschränkte Pfändbarkeit der Früchte. Auch die bereits von dem Vater erworbenen Früchte sind dem Zugriffe seiner Gläubiger im Interesse der Familie in dem durch CPO. § 862 Abs. 2 (zu § 1658) bestimmten Umfang entzogen.

**§ 1653.** Der Vater darf verbrauchbare Sachen, die zu dem seiner Nutznießung unterliegenden Vermögen gehören, für sich veräußern oder verbrauchen, Geld jedoch nur mit Genehmigung des Vormundschaftsgerichts. Macht der Vater von dieser Befugniß Gebrauch, so hat er den Werth der Sachen nach der Beendigung der Nutznießung zu ersetzen; der Ersatz ist schon vorher zu leisten, wenn die ordnungsmäßige Verwaltung des Vermögens es erfordert. 3. Nutznießung an verbrauchbaren Sachen, insbesondere Geld.

**§ 1654.** Der Vater hat die Lasten des seiner Nutznießung unterliegenden Vermögens zu tragen. Seine Haftung bestimmt sich nach den für den Güterstand der Verwaltung und Nutznießung geltenden Vorschriften der §§ 1384 bis 1386, 1388. Zu den Lasten gehören auch die Kosten eines Rechtsstreits, der für das Kind geführt wird, sofern sie nicht dem freien Vermögen zur Last fallen, sowie die Kosten der Vertheidigung des Kindes in einem gegen das Kind gerichteten Strafverfahren, vorbehaltlich der Ersatzpflicht des Kindes im Falle seiner Verurtheilung. 4. Lasten d. Nutznießung. Haftung des Vaters. Prozeß- u. Vertheidigungskosten für das Kind.

**§ 1655.** Gehört zu dem der Nutznießung unterliegenden Vermögen ein Erwerbsgeschäft, das von dem Vater im Namen des Kindes betrieben wird, so gebührt dem Vater nur der sich aus dem Betrieb ergebende jährliche Reingewinn. Ergiebt sich in einem Jahre ein Verlust, so verbleibt der Gewinn späterer Jahre bis zur Ausgleichung des Verlustes dem Kinde. 5. Nutznießung an einem Erwerbsgeschäfte.

---

**§ 1653.** 1. Nutznießung an verbrauchbaren Sachen (§ 92).
a. Die Vorschrift des § 1653 schließt die Anwendbarkeit des § 1067 (Nießbrauch an verbrauchbaren Sachen) aus. Vgl. im Uebrigen § 1377 Note 3.
b. Das im Kindesvermögen befindliche Geld ist in der Regel gemäß § 1642 anzulegen. Die Genehmigung des Vormundschaftsgerichts (FrG. §§ 35, 43) zum Verbrauche des Geldes kann unter Einschränkungen, insbesondere auch gegen Sicherheitsleistung ertheilt werden.

2. Ersatzpflicht des Vaters. Vgl. § 1377 Abs. 3.

Die Verpflichtung zu sofortigem Ersatze tritt außer dem Falle des § 1653 letzter Halbsatz noch ein
a. bei Ausschließung des Vaters von der Nutznießung § 1657;
b. gegenüber den Gläubigern des Kindes § 1659 Abs. 2.

**§ 1654.** 1. Nach § 1654 in Verbindung mit den zu vergleichenden Vorschriften der §§ 1384—1386 ist der Vater dem Kinde gegenüber und nach § 1388 auch gesammtschuldnerisch dem Gläubiger gegenüber verpflichtet, zu tragen
a. die Fruchtgewinnungs- und Erhaltungskosten § 1384;
b. die auf dem Kindesvermögen ruhenden öffentlichen und privaten Lasten sowie die Versicherungsgelder § 1385;
c. Zinsen und sonstige wiederkehrende Leistungen § 1386.

2. Auch für die Kosten des für das Kind geführten Rechtsstreits haftet der Vater sowohl dem Kinde wie dem Dritten gesammtschuldnerisch (§ 1388), sofern diese Kosten nicht dem freien Vermögen zur Last fallen (§ 1660). Vgl. auch § 1387.

3. Die Haftung des Vaters ist unabhängig davon, ob er in der Nutznießung Deckung findet oder nicht. Vgl. S. 769 Vorb. Note 1. Der Vater kann sich seiner Haftung durch Verzicht auf die Nutznießung gemäß § 1662 entschlagen.

**§ 1655.** 1. Die Vorschrift des § 1655 ist anwendbar, gleichgültig ob es sich um die Fortführung eines schon bestehenden oder um die Begründung eines neuen Erwerbsgeschäfts handelt. Vgl. § 1645.

6. Nutznießung bei Ausschluß der väterlichen Vermögensverwaltung.

**§ 1656.** Steht dem Vater die Verwaltung des seiner Nutznießung unterliegenden Vermögens nicht zu, so kann er auch die Nutznießung nicht ausüben; er kann jedoch die Herausgabe der Nutzungen verlangen, soweit nicht ihre Verwendung zur ordnungsmäßigen Verwaltung des Vermögens und zur Bestreitung der Lasten der Nutznießung erforderlich ist.

Ruht die elterliche Gewalt des Vaters oder ist dem Vater die Sorge für die Person und das Vermögen des Kindes durch das Vormundschaftsgericht entzogen, so können die Kosten des Unterhalts des Kindes aus den Nutzungen insoweit vorweg entnommen werden, als sie dem Vater zur Last fallen.

7. Ausschließung d. Vaters von der Ausübung der Nutznießung.

**§ 1657.** Ist der Vater von der Ausübung der Nutznießung ausgeschlossen, so hat er eine ihm dem Kinde gegenüber obliegende Ver-

---

2. Die Berechnung des Gewinnes ist in der für Erwerbsgeschäfte der betreffenden Art verkehrsüblichen Weise vorzunehmen. Es kann über die Art der Berechnung eine Vereinbarung zwischen dem Kinde, vertreten durch einen Pfleger (§§ 1630, 1795, 181, 1909) getroffen werden, welche, wenn sie die Natur eines Vergleichs hat, die Genehmigung des Vormundschaftsgerichts gemäß §§ 1822 Ziffer 12, 1915 erfordert. Der dem Vater gegen das Kind zustehende Anspruch auf die Auskehrung des Gewinnes ist vor Fälligkeit nicht übertragbar, vgl. § 1658 Abs. 2. Beschränkte Pfändbarkeit CPO. § 862 Abs. 2 (zu § 1658).

3. (Satz 2.) Der Ausgleich erfolgt nur auf Kosten des späteren Gewinnes. Eine Rückerstattung des Gewinnes früherer Jahre findet nicht statt.

4. Durch § 1655 wird die Uebernahme des Erwerbsgeschäfts durch den Vater für eigene Rechnung nicht ausgeschlossen. Der Vater müßte den Vertrag mit einem für das Kind zu bestellenden Pfleger (§§ 1630, 1795 Abs. 2, 181, 1909) unter Genehmigung des Vormundschaftsgerichts (§§ 1822 Ziff. 3, 1915) schließen.

**§ 1656.** 1. Dem Vater steht die Verwaltung des seiner Nutznießung unterliegenden Vermögens in folgenden Fällen nicht zu:
a. Ausschließung der väterlichen Vermögensverwaltung durch Bestimmung des Erblassers oder des Zuwendenden § 1638.
b. Konkurs des Vaters § 1647.
c. Vormundschaftsgerichtliche Entziehung der Vermögensverwaltung bei Belassung der Nutznießung §§ 1666, 1670; 1740, 1761.
d. Ruhen der elterlichen Gewalt §§ 1676—1678.

2. Die Ausübung der Nutznießung geschieht, wenn dem Vater die Vermögensverwaltung nicht zusteht, durch einen dem Kinde gemäß § 1909 Satz 1 zum Zwecke der Vermögensverwaltung zu bestellenden Pfleger. Das Rechtsverhältniß ist ähnlich wie bei Ausübung des Nießbrauchs durch einen gerichtlichen Verwalter § 1052. Der Vater erwirbt auch in diesem Falle die Nutzungen gemäß §§ 1652, 1653, 1655. Seinem Herausgabeanspruche steht die Einwendung entgegen, daß die Nutzungen zur ordnungsmäßigen Verwaltung und zur Bestreitung der Lasten der Nutznießung (§ 1654) erforderlich sind.

3. Der Anspruch des Vaters auf Herausgabe der Nutzungen ist vor Fälligkeit nicht übertragbar § 1658. Beschränkung der Pfändbarkeit des Anspruchs CPO. § 862 Abs. 2 (zu § 1658).

4. (Abs. 2.) Ruhen der elterlichen Gewalt §§ 1676, 1677. — Vormundschaftsgerichtliche Entziehung der Sorge für die Person und das Vermögen des Kindes § 1666. — Die Unterhaltspflicht des Vaters bestimmt sich nach §§ 1602, 1603, 1610.

bindlichkeit, die in Folge der Nutznießung erst nach deren Beendigung zu erfüllen sein würde, sofort zu erfüllen. Diese Vorschrift findet keine Anwendung, wenn die elterliche Gewalt ruht.

**§ 1658.** Das Recht, das dem Vater kraft seiner Nutznießung an dem Vermögen des Kindes zusteht, ist nicht übertragbar. 8. Unübertragbarkeit des Nutznießungsrechts rc.

Das Gleiche gilt von den nach den §§ 1655, 1656 dem Vater zustehenden Ansprüchen, so lange sie nicht fällig sind.

**§ 1659.** Die Gläubiger des Kindes können ohne Rücksicht auf die elterliche Nutznießung Befriedigung aus dem Vermögen des Kindes verlangen. 9. Stellung d. Gläubiger des Kindes.

Hat der Vater verbrauchbare Sachen nach § 1653 veräußert oder verbraucht, so ist er den Gläubigern gegenüber zum sofortigen Ersatze verpflichtet.

---

**§ 1657.** 1. Vgl. die Fälle der Ausschließung des Vaters von der Ausübung der Nutznießung § 1656 Note 1.

2. Die sofortige Fälligkeit des Ersatzanspruchs wegen verbrauchter verbrauchbarer Sachen (§ 1653 Satz 2) tritt nur in den Fällen des Ruhens der elterlichen Gewalt (§§ 1676, 1677) nicht ein.

3. Herausgabe- und Rechenschaftspflicht § 1681.

**§ 1658.** 1. Unübertragbarkeit des Rechtes §§ 413, 399.

2. Pfändungsbeschränkung CPO. § 862.

***CPO.** § 862. Das Recht, welches dem Vater oder der Mutter kraft der elterlichen Nutzniessung an dem Vermögen des Kindes zusteht, ist der Pfändung nicht unterworfen. Das Gleiche gilt von den ihnen nach den §§ 1655, 1656 des Bürgerlichen Gesetzbuchs zustehenden Ansprüchen, solange die Ansprüche nicht fällig sind.*

*Auf die Pfändung der von dem Vater oder der Mutter kraft der elterlichen Nutzniessung erworbenen Früchte finden die Vorschriften des § 861 Abs. 1 Satz 2* [S. 790] *mit der Massgabe entsprechende Anwendung, dass die in den §§ 1655, 1656 des Bürgerlichen Gesetzbuchs bezeichneten Ansprüche, wenn sie fällig sind, den erworbenen Früchten gleichstehen.*

*Der Widerspruch kann auch von dem Kinde nach § 766 geltend gemacht werden.*

3. Nichtzugehörigkeit zur Konkursmasse entsprechend der Nichtpfändbarkeit KO. § 1.

**§ 1659.** 1. Vgl. § 1411. — Die Vorschrift des § 1659 findet ohne Einschränkung auch Anwendung, wenn die Schulden des Kindes in Folge von selbständig vorgenommenen Rechtsgeschäften (§§ 112, 113) oder kraft Gesetzes (Geschäftsführung ohne Auftrag § 682; Unterhaltsanspruch gegen das Kind §§ 1601 ff., 1605, 1708, 1715) oder in Folge von unerlaubten Handlungen des Kindes (§§ 823 ff., 828, 829) entstanden sind.

2. Zwangsvollstreckung CPO. § 746. Vgl. Pr. JMBl. 1900 S. 22 ff.

***CPO.** § 746. Zur Zwangsvollstreckung in das der elterlichen Nutzniessung unterliegende Vermögen des Kindes ist ein gegen das Kind ergangenes Urtheil genügend.*

3. Auch im Konkurse des Kindes steht die elterliche Nutznießung dem Rechte der Gläubiger auf konkursmäßige Befriedigung nicht entgegen. Die etwa übrig bleibende Masse unterliegt, soweit nicht die Ausnahmen der §§ 1650, 1651 vorliegen, der durch den Konkurs nicht aufgehobenen elterlichen Nutznießung.

10. Ausgleichung zwischen Vater und Kind wegen der Verbindlichkeiten des Kindes.

**§ 1660.** Im Verhältnisse des Vaters und des Kindes zu einander finden in Ansehung der Verbindlichkeiten des Kindes die für den Güterstand der Verwaltung und Nutznießung geltenden Vorschriften des § 1415, des § 1416 Abs. 1 und des § 1417 entsprechende Anwendung.

11. Beendigung der Nutznießung.
a. Besondere Beendigungsgründe.
α. Verheirathung des Kindes.

**§ 1661.** Die Nutznießung endigt, wenn sich das Kind verheirathet. Die Nutznießung verbleibt jedoch dem Vater, wenn die Ehe ohne die erforderliche elterliche Einwilligung geschlossen wird.

---

**§ 1660.** Die citirten Paragraphen, auf deren Erläuterung im Uebrigen verwiesen wird, würden für die entsprechende Anwendung in Gemäßheit des § 1660, wie folgt, lauten:

§ 1415. Im Verhältnisse des Vaters und des Kindes zu einander fallen dem freien Vermögen des Kindes zur Last:

1. die Verbindlichkeiten des Kindes aus einer unerlaubten Handlung, die es während der elterlichen Nutznießung begeht, oder aus einem Strafverfahren, das wegen einer solchen Handlung gegen das Kind gerichtet wird;
2. die Verbindlichkeiten des Kindes aus einem sich auf das freie Vermögen [z. B. aus einem selbständig betriebenen Erwerbsgeschäfte §§ 112, 1651 Ziffer 1] beziehenden Rechtsverhältniß, auch wenn sie vor dem Eintritte der elterlichen Nutznießung [z. B. im Falle der Legitimation oder Annahme an Kindesstatt] oder vor der Zeit entstanden sind, zu der das Vermögen freies Vermögen geworden ist [z. B. eine Nachlaßverbindlichkeit aus einer in das freie Vermögen des Kindes gemäß § 1651 Ziffer 2 gefallenen Erbschaft].
3. die Kosten eines Rechtsstreits, der über eine der zu Nr. 1, 2 bezeichneten Verbindlichkeiten für das Kind geführt wird. [Vgl. § 1654 Satz 3.]

§ 1416 Abs. 1. Im Verhältnisse des Vaters und des Kindes zu einander fallen die Kosten eines Rechtsstreits zwischen ihnen dem freien Vermögen zur Last, soweit nicht der Vater sie zu tragen hat.

§ 1417. Wird eine Verbindlichkeit, die nach den §§ 1660, 1415, 1416 Abs. 1 dem freien Vermögen zur Last fällt, aus dem der Nutznießung des Vaters unterworfenen Vermögen berichtigt, so hat das Kind aus dem freien Vermögen, soweit dasselbe reicht, zu dem der Nutznießung unterliegenden Vermögen Ersatz zu leisten.

Wird eine Verbindlichkeit des Kindes, die im Verhältnisse zwischen diesem und dem Vater nicht dem freien Vermögen zur Last fällt, aus dem freien Vermögen berichtigt, so hat der Vater aus dem seiner Nutznießung unterliegenden Vermögen, soweit dieses reicht, zu dem freien Vermögen Ersatz zu leisten.

**§ 1661.** 1. Die Vorschrift des § 1661 bezieht sich regelmäßig nur auf die vor Erlangung der Volljährigkeit heirathende Tochter. Für den Sohn kommt die Vorschrift nur ausnahmsweise in Betracht, dafür ihn nach § 1303 die Volljährigkeit oder Volljährigkeitserklärung (§ 3 Abs. 2), mit welcher die elterliche Gewalt überhaupt endet (§ 1626), Voraussetzung für die Eheschließung ist. Immerhin ist eine gegen das Eheverbot des § 1303 verstoßende gültige Eheschließung möglich (vgl. § 1303 Note II). In solchem Falle würde § 1661 auch in Ansehung des Sohnes anwendbar sein.

2. Erforderniß elterlicher Einwilligung zur Eheschließung §§ 1305—1308. Bei Ersetzung der elterlichen Einwilligung durch das Vormundschaftsgericht (§ 1308) endigt die Nutznießung.

3. Voraussetzung der Beendigung der elterlichen Nutznießung ist eine gültige Ehe (vgl. §§ 1323 ff., 1330 ff.). Ist aber die Ehe einmal gültig geschlossen, so ist die Beendigung eine endgültige. Die Nutznießung tritt, wenn

**§ 1662.** Der Vater kann auf die Nutznießung verzichten. Der Verzicht erfolgt durch Erklärung gegenüber dem Vormundschaftsgerichte; die Erklärung ist in öffentlich beglaubigter Form abzugeben. — β. Verzicht d. Vaters.

**§ 1663.** Hat der Vater kraft seiner Nutznießung ein zu dem Vermögen des Kindes gehörendes Grundstück vermiethet oder verpachtet, so finden, wenn das Mieth- oder Pachtverhältniß bei der Beendigung der Nutznießung noch besteht, die Vorschriften des § 1056 entsprechende Anwendung. — b. Die Nutznießung überdauernde Miethe oder Pacht.

Gehört zu dem der Nutznießung unterliegenden Vermögen ein landwirthschaftliches Grundstück, so findet die Vorschrift des § 592, gehört zu dem Vermögen ein Landgut, so finden die Vorschriften der §§ 592, 593 entsprechende Anwendung. — c. Herausgabe landwirthschaftlicher Grundstücke.

**§ 1664.** Der Vater hat bei der Ausübung der elterlichen Gewalt dem Kinde gegenüber nur für diejenige Sorgfalt einzustehen, welche er in eigenen Angelegenheiten anzuwenden pflegt. — III. Haftung des Vaters für Sorgfalt.

**§ 1665.** Ist der Vater verhindert, die elterliche Gewalt auszuüben, so hat das Vormundschaftsgericht, sofern nicht die elterliche Gewalt nach § 1685 von der Mutter ausgeübt wird, die im Interesse des Kindes erforderlichen Maßregeln zu treffen. — IV. Außerordentliches Einschreiten des Vormundschaftsgerichts. 1. Verhinderung des Vaters.

---

die Ehe während der Minderjährigkeit des Kindes wieder aufgelöst wird, nicht wieder ein; vgl. § 1679 Abs. 2.

4. Wegen der Ausübung der elterlichen Gewalt über das verheirathete Kind im Uebrigen vgl. zu § 1633.

5. Den einzigen Fall vormundschaftsgerichtlicher Entziehung der Nutznießung enthält § 1666 Abs. 2.

**§ 1662.** 1. Wirksamwerden des Verzichts (§ 130 Abs. 3). Oeffentliche Beglaubigung § 129.

2. Fall zweckmäßigen Verzichts vgl. § 1606 Abs. 2 Note 2.

3. Der Verzicht des Vaters auf die Nutznießung kann der Nutznießung, welche der Mutter als Gewalthaberin (§ 1684) kraft der elterlichen Gewalt (§ 1649) zusteht, nicht entgegenstehen. Im Falle des § 1685 vgl. indeß daselbst Note 1 und II. 2b.

**§ 1663.** 1. § 1663 betrifft nur den Fall der Vermiethung oder Verpachtung durch den Vater *kraft seiner Nutznießung*, nicht aber den Fall der Vermiethung durch ihn als den gesetzlichen Vertreter des Kindes. Vgl. hierzu §§ 1643, 1822 Ziffer 5.

2. Wegen der Anwendung der Vorschrift vgl. zu § 1056.

3. Die §§ 592, 593 betreffen die Rückgewähr der Pachtsache.

**§ 1664.** 1. Die Vorschrift erstreckt sich auf die Ausübung der elterlichen Gewalt in allen ihren Theilen (Sorge für die Person, Vermögensverwaltung und Nutznießung).

2. Haftung für grobe Fahrlässigkeit § 277.

Vorbemerkung zu §§ 1665 f.

1. Die Fürsorge und Aufsicht des Vormundschaftsgerichts ist „nicht als eine regelmäßige organisirte und präventive gestaltet" (Mot.), sondern sie tritt nur aus Veranlassung besonderer Umstände ein.

2. Das Eingreifen des Vormundschaftsgerichts hat immer nur zu erfolgen, wenn das Interesse des Kindes es erfordert.

3. Zuständigkeit des Vormundschaftsgerichts FrG. §§ 35, 43 vgl. zu § 1626; FrG. § 44 zu § 1846.

4. Das Vormundschaftsgericht greift von Amtswegen ein. Es hat die Thatsachen von Amtswegen zu ermitteln (FrG. § 12). Anzeigepflicht des Gemeindewaisenraths § 1675.

2. Schuldhafte Gefährdung des geistigen oder leiblichen Wohles des Kindes durch d. Vater. **§ 1666.** Wird das geistige oder leibliche Wohl des Kindes dadurch gefährdet, daß der Vater das Recht der Sorge für die Person des Kindes mißbraucht, das Kind vernachlässigt oder sich eines ehrlosen oder unsittlichen Verhaltens schuldig macht, so hat das Vormundschaftsgericht die zur Abwendung der Gefahr erforderlichen Maßregeln zu treffen. Das Vormundschaftsgericht kann insbesondere anordnen, daß das Kind zum Zwecke der Erziehung in einer geeigneten Familie oder in einer Erziehungsanstalt oder einer Besserungsanstalt untergebracht wird.

Zwangserziehung.

3. Verletzung der Unterhaltspflicht durch den Vater. Hat der Vater das Recht des Kindes auf Gewährung des Unterhalts verletzt und ist für die Zukunft eine erhebliche Gefährdung des Unterhalts zu besorgen, so kann dem Vater auch die Vermögensverwaltung sowie die Nutznießung entzogen werden.

*FG. § 57. Die Beschwerde steht, unbeschadet der Vorschriften des § 20, zu: 8. gegen eine Verfügung, durch welche die Anordnung einer der in den §§ 1665 bis 1667 des Bürgerlichen Gesetzbuchs vorgesehenen Massregeln abgelehnt oder eine solche Massregel aufgehoben wird, den Verwandten und Verschwägerten des Kindes.*

**§ 1665.** 1. Die Vorschrift entspricht der dem Vormundschaftsrecht angehörenden Vorschrift des § 1846.

2. Das Vormundschaftsgericht hat nur einzugreifen, sofern nicht die elterliche Gewalt gemäß § 1684 der Mutter zusteht oder gemäß § 1685 von der Mutter ausgeübt wird. Letzteres ist der Fall

a. während der Ehe (§ 1685 Abs. 1), wenn der Vater thatsächlich (z. B. durch Krankheit, Abwesenheit &c.) an der Ausübung der elterlichen Gewalt verhindert ist, oder wenn seine elterliche Gewalt ruht (§§ 1676, 1677);

b. nach Auflösung der Ehe (§ 1685 Abs. 2), wenn das Vormundschaftsgericht wegen voraussichtlich dauernden Ruhens der elterlichen Gewalt des Vaters die Ausübung der Mutter übertragen hat.

3. Das Vormundschaftsgericht hat demnach, solange die elterliche Gewalt nicht gemäß § 1684 der Mutter zusteht, auf Grund des § 1665 einzugreifen

a. während der Ehe

α. bei rechtlicher Verhinderung des Vaters vgl. § 1628 Note 1a;

β. bei thatsächlicher Verhinderung des Vaters nur, wenn auch die Mutter (§ 1685 Abs. 1) thatsächlich oder rechtlich an der Ausübung der elterlichen Gewalt verhindert ist (§§ 1686, 1665);

b. nach Auflösung der Ehe in allen Fällen der thatsächlichen oder rechtlichen Behinderung des Vaters, sofern nicht die elterliche Gewalt von der Mutter auf Grund vormundschaftsgerichtlicher Uebertragung (§ 1685 Abs. 2) ausgeübt wird.

4. Das Hauptmittel des Eingreifens bildet die Bestellung eines Pflegers (§ 1909).

**§ 1666.** I. **Allgemeiner Inhalt des § 1666.** Die Vorschrift bestimmt die Voraussetzungen, unter denen das Vormundschaftsgericht (FrG. §§ 35, 43) befugt ist, Maßregeln zur Abwendung von Gefahren für das geistige und leibliche Wohl des unter elterlicher Gewalt stehenden Kindes zu ergreifen, obwohl der Vater bezw. die Mutter an der Ausübung der elterlichen Gewalt nicht behindert sind (§ 1665); für Kinder unter Vormundschaft ist § 1838 anwendbar.

II. **Die zulässigen Maßregeln des Vormundschaftsgerichts.**

1. Durch § 1666 ist dem Vormundschaftsgerichte nicht die Befugniß gegeben, dem Vater die elterliche Gewalt als solche zu entziehen. Vielmehr können nur die einzelnen Bestandtheile der elterlichen Gewalt und zwar nach

Abs. 1 die Sorge für die Person oder nur das Erziehungsrecht und das Recht, die Herausgabe des Kindes zu fordern (§§ 1631, 1632), nach Abs. 2 auch die Vermögensverwaltung (§ 1638) und die Nutznießung (§ 1649) zusammen oder einzeln entzogen werden (vgl. § 1656 Abs. 2). — Insoweit dem Vater die elterliche Gewalt gemäß § 1666 entzogen ist, steht die Ausübung derselben nicht der Mutter, sondern einem gemäß § 1909 zu bestellenden Pfleger zu. Vgl. §§ 1684; 1685. Vgl. auch § 1665 Note 3 aα. — Auch die Entziehung aller Bestandtheile bedeutet nicht Beendigung der elterlichen Gewalt, vgl. Note II zu §§ 1679, 1680 S. 933. § 1666.

2. Das Vormundschaftsgericht wird von Amtswegen thätig (FrG. § 12), gleichgültig ob es Kenntniß von dem sein Einschreiten rechtfertigenden Sachverhalte durch den Gemeindewaisenrath (§ 1675) oder durch einen beliebigen Dritten erhält. Beschwerderecht der Verwandten bei Ablehnung des Einschreitens seitens des Vormundschaftsgerichts FrG. § 57 Ziffer 8 (S. 924).

III. **Maßregeln des Vormundschaftsgerichts im Interesse des geistigen und leiblichen Wohles des Kindes, insbesondere die Anordnung der Zwangserziehung** (Abs. 1 S. 2)

1. Voraussetzungen der Anordnung der Zwangserziehung.

a. Reichsrecht.

α. § 1666 Abs. 1 erfordert einen Mißbrauch des elterlichen Rechtes (vgl. § 1631 Note 1b u. 3a) oder eine Vernachlässigung des Kindes oder ein ehrloses oder unsittliches Verhalten des Gewalthabers, also in allen Fällen ein schuldhaftes Verhalten des Gewalthabers.

β. **StGB. § 55.** *(E.G. Art. 34.) Wer bei Begehung der Handlung das zwölfte Lebensjahr nicht vollendet hat, kann wegen derselben nicht strafrechtlich verfolgt werden. Gegen denselben können jedoch nach Massgabe der landesgesetzlichen Vorschriften die zur Besserung und Beaufsichtigung geeigneten Massregeln getroffen werden. Die Unterbringung in eine Familie, Erziehungsanstalt oder Besserungsanstalt kann nur erfolgen, nachdem durch Beschluss des Vormundschaftsgerichts die Begehung der Handlung festgestellt und die Unterbringung für zulässig erklärt ist.*

γ. **StGB. § 56.** *Ein Angeschuldigter, welcher zu einer Zeit, als er das zwölfte, aber nicht das achtzehnte Lebensjahr vollendet hatte, eine strafbare Handlung begangen hat, ist freizusprechen, wenn er bei Begehung derselben die zur Erkenntniss ihrer Strafbarkeit erforderliche Einsicht nicht besass.*

*In dem Urtheile ist zu bestimmen, ob der Angeschuldigte seiner Familie überwiesen oder in eine Erziehungs- oder Besserungsanstalt gebracht werden soll. In der Anstalt ist er so lange zu behalten, als die der Anstalt vorgesetzte Verwaltungsbehörde solches für erforderlich erachtet, jedoch nicht über das vollendete zwanzigste Lebensjahr.*

b. Landesrecht. Vgl. Note zu EG. Art. 135.

Nach dem für das Landesrecht in Art. 135 (vgl. zu 2) enthaltenen Vorbehalte kann das Vormundschaftsgericht die Zwangserziehung auch anordnen, wenn ein Verschulden des Gewalthabers (vgl. Note aα) nicht vorliegt, indeß nur, wenn die Zwangserziehung zur Verhütung des völligen sittlichen Verderbens nothwendig ist.

2. Die Durchführung der Maßregeln.

Dem Vormundschaftsgerichte liegt die Anordnung und die Ueberwachung der Ausführung seiner Verfügungen ob. Die Durchführung selbst liegt einem hierzu zu bestellenden Pfleger (§ 1909) oder der nach dem Landesrechte zuständigen Behörde ob.

**EG. Art. 135.** Unberührt bleiben die landesgesetzlichen Vorschriften über die Zwangserziehung Minderjähriger. Die Zwangserziehung ist jedoch, unbeschadet der Vorschriften der §§ 55, 56 des Strafgesetzbuchs, nur zulässig, wenn sie von dem Vormundschaftsgericht angeordnet wird. Die Anordnung kann außer den Fällen der §§ 1666, 1838 des Bürgerlichen Gesetzbuchs nur erfolgen, wenn die Zwangserziehung zur Verhütung des völligen sittlichen Verderbens nothwendig ist.

4. Gefährdung des Kindesvermögens durch den Vater.

**§ 1667.** Wird das Vermögen des Kindes dadurch gefährdet, daß der Vater die mit der Vermögensverwaltung oder die mit der Nutznießung verbundenen Pflichten verletzt oder daß er in Vermögensverfall geräth, so hat das Vormundschaftsgericht die zur Abwendung der Gefahr erforderlichen Maßregeln zu treffen.

a. Vermögensverzeichniß. Rechnungslegung.

Das Vormundschaftsgericht kann insbesondere anordnen, daß der Vater ein Verzeichniß des Vermögens einreicht und über seine Verwaltung Rechnung legt. Der Vater hat das Verzeichniß mit der Versicherung der Richtigkeit und Vollständigkeit zu versehen. Ist das eingereichte Verzeichniß ungenügend, so findet die Vorschrift des § 1640 Abs. 2 Satz 1 Anwendung. Das Vormundschaftsgericht kann auch, wenn Werthpapiere, Kostbarkeiten oder Buchforderungen gegen das Reich oder einen Bundesstaat zu dem Vermögen des Kindes gehören, dem Vater die gleichen Verpflichtungen auferlegen, welche nach den §§ 1814 bis 1816, 1818 einem Vormund obliegen; die Vorschriften der §§ 1819, 1820 finden entsprechende Anwendung.

b. Sicherungsmaßregeln in Ansehung d. Werthpapiere rc.

Die Kosten der angeordneten Maßregeln fallen dem Vater zur Last.

---

Die Landesgesetze können die Entscheidung darüber, ob der Minderjährige, dessen Zwangserziehung angeordnet ist, in einer Familie oder in einer Erziehungs- oder Besserungsanstalt unterzubringen sei, einer Verwaltungsbehörde übertragen, wenn die Unterbringung auf öffentliche Kosten zu erfolgen hat.

3. Die Vermögensverwaltung und Nutznießung bleibt, sofern sie nicht gemäß Abs. 2 (vgl. Note II. 1) entzogen ist, trotz Anordnung der Zwangserziehung bei dem Vater.

4. Die Unterhaltspflicht der Eltern (§§ 1601 ff.) wird durch die im Interesse des Kindes getroffenen Maßregeln aus § 1666 nicht berührt.

5. Selbständiges Beschwerderecht des über 14 Jahre alten Kindes gegen die Anordnung seiner Zwangserziehung FrG. §§ 20, 59.

III. (Abs. 2.) **Entziehung der Vermögensverwaltung** (§ 1638) **und der Nutznießung** (§ 1649).

1. Diese Maßregeln können zusammen oder einzeln angeordnet werden. Sie setzen, anders als die Maßregeln auf Grund des Abs. 1, kein Verschulden des Gewalthabers, sondern nur eine objektive Verletzung und Gefährdung der Unterhaltspflicht gegenüber dem Kinde (§§ 1601 ff.) voraus. Vgl. § 1418 Note II. 2.

2. Die dem Vater entzogene Vermögensverwaltung und die ihm entzogene Ausübung der Nutznießung steht nicht der Mutter zu, sondern geschieht durch einen Pfleger. Vgl. Note II. 1 a. E.

3. Nutznießung des Vaters, dem die Vermögensverwaltung entzogen ist, § 1656.

4. Ausschließung des Vaters von der Ausübung der Nutznießung bewirkt Fälligkeit der ihm dem Kinde gegenüber obliegenden Verbindlichkeiten § 1657.

**§ 1667.** 1. Voraussetzung für das Einschreiten des Vormundschaftsgerichts (FrG. §§ 35, 43) aus § 1667 ist außer dem Vorliegen einer Vermögensgefährdung

entweder

a. eine Pflichtverletzung d. h. eine objektive, auch unverschuldete (vgl. § 1418 Note II. 2) Zuwiderhandlung des Gewalthabers gegen die Pflichten, welche ihm obliegen in Ansehung:

α. der Vermögensverwaltung §§ 1640—1645. — Bei Zuwiderhandlung gegen die Verwaltungsanordnungen, die der Erblasser oder der Zuwendende ge-

**§ 1668.** Sind die nach § 1667 Abs. 2 zulässigen Maßregeln nicht ausreichend, so kann das Vormundschaftsgericht dem Vater Sicherheitsleistung für das seiner Verwaltung unterliegende Vermögen auferlegen. Die Art und den Umfang der Sicherheitsleistung bestimmt das Vormundschaftsgericht nach seinem Ermessen. c. Sicherheitsleistung.

**§ 1669.** Will der Vater eine neue Ehe eingehen, so hat er seine Absicht dem Vormundschaftsgericht anzuzeigen, auf seine Kosten ein Verzeichniß des seiner Verwaltung unterliegenden Vermögens einzureichen und, soweit in Ansehung dieses Vermögens eine Gemeinschaft zwischen ihm und dem Kinde besteht, die Auseinandersetzung herbeizuführen. Das Vormundschaftsgericht kann gestatten, daß die Auseinandersetzung erst nach der Eheschließung erfolgt. 5. Wiederverheirathung des Vaters.

---

troffen hat, ist das Einschreiten des Vormundschaftsgerichts auch zulässig, wenn eine Gefährdung des Kindesvermögens nicht vorliegt. § 1639 Abs. 1 Satz 2;

β. der Nutznießung §§ 1653, 1654

oder

b. **Vermögensverfall des Gewalthabers.** Dieser Zustand kann sich z. B. durch häufige Zwangsvollstreckungen gegen den Vater, die möglicherweise das Vermögen gefährden, äußern. Im Falle des Konkurses § 1647.

2. **Die Art der Maßregeln** ist dem verständigen Ermessen des Vormundschaftsgerichts überlassen. Abs. 2 hebt nur einzelne Arten sachgemäßen Einschreitens hervor. Die Kosten der Maßregeln fallen dem Vater zur Last (Abs. 3) ohne Unterschied, ob die Sicherung des freien oder des der elterlichen Nutznießung unterworfenen Vermögens bezweckt wird.

a. Vermögensverzeichniß vgl. § 1640, dessen Abs. 2 Satz 1 (Aufnahme durch eine Behörde, einen Beamten oder Notar) ausdrücklich für anwendbar erklärt ist. Kosten Abs. 3.

b. Rechnungslegung vgl. § 1840. Es kann einmalige oder regelmäßig (etwa alljährlich) wiederkehrende Rechnungslegung angeordnet werden.

c. Sicherungsmaßregeln in Ansehung der Werthpapiere, Kostbarkeiten, Reichs- oder Staatsschuldbuchforderungen vgl. §§ 1814—1816, 1818—1820.

3. **Die Nichtbefolgung** der in Gemäßheit des § 1667 getroffenen Anordnungen berechtigt das Vormundschaftsgericht zur Entziehung der Vermögensverwaltung gemäß § 1670 (vgl. daselbst). Andere Zwangsmaßregeln sind ausgeschlossen.

**§ 1668.** 1. Für die Art und den Umfang der Sicherheitsleistung können die allgemeinen Vorschriften des § 232 zwar einen gewissen Maßstab bieten; sie sind aber nicht entscheidend. Das Vormundschaftsgericht hat nach freiem Ermessen zu bestimmen. Vgl. Bd. I S. 124 Vorb. Note II.

2. Ein Zwang zur Bestellung der Sicherheitsleistung besteht nicht, wohl aber das Recht zur Entziehung der Vermögensverwaltung gemäß § 1670.

**§ 1669.** Die Einwirkungen, welche die Wiederverheirathung des Gewalthabers auf die elterliche Gewalt über die ihr zur Zeit der Wiederverheirathung unterworfenen Kinder ausübt, sind verschieden gestaltet, je nachdem es sich um die Wiederverheirathung des Vaters oder der Mutter handelt. Ueber die Wiederverheirathung im Falle der fortgesetzten Gütergemeinschaft vgl. § 1493 Abs. 2, der Vormundschaft des Vaters oder der ehelichen Mutter über das Kind §§ 1845, 1897.

I. **Wiederverheirathung des Vaters.**

1. **Die elterliche Gewalt des Vaters wird in ihrer Existenz durch die Wiederverheirathung nicht berührt.** Außer den zu 2 aufgeführten Pflichten des Vaters treten Besonderheiten aus dem Grunde der Wiederverheirathung nicht ein, namentlich bleiben für die Verpflichtung des

59*

§ 1669. Vaters zur Sicherstellung und für die Zulässigkeit der Entziehung der Vermögensverwaltung durch das Vormundschaftsgericht lediglich die allgemeinen Vorschriften (§§ 1667 f., 1670) maßgebend.

2. Der Vater ist indeß verpflichtet,

a. seine Wiederverheirathungsabsicht dem Vormundschaftsgericht (FrG. §§ 35, 43) anzuzeigen. Hiervon kann das Vormundschaftsgericht den Vater nicht entbinden (vgl. Satz 2);

b. dem Vormundschaftsgericht ein Verzeichniß des seiner Verwaltung unterliegenden — freien wie nichtfreien — Vermögens des Kindes einzureichen vgl. § 1640. Hiervon kann das Vormundschaftsgericht den Vater nicht entbinden (vgl. Satz 2);

c. soweit in Ansehung des seiner Verwaltung unterliegenden Kindesvermögens eine Gemeinschaft zwischen ihm und dem Kinde besteht (Hauptfall: Erbengemeinschaft hinsichtlich des mütterlichen Nachlasses), die Auseinandersetzung (§§ 730, 752, 1471, 1493, 2042 ff.) herbeizuführen.

α. Die dem Vormundschaftsgerichte gewährte Befugniß, die Hinausschiebung der Auseinandersetzung bis nach erfolgter Wiederverheirathung zu gestatten, soll den besonderen Umständen Rechnung tragen, wenn die Fortdauer der Gemeinschaft im Interesse der Aufrechterhaltung der bisherigen Wirthschaft oder des für den Familienaufwand erforderlichen Erwerbes vortheilhafter ist oder wenn die Auseinandersetzung sich längere Zeit hinauszieht.

β. Die Gestattung des Vormundschaftsgerichts kann sich auch auf einzelne Gegenstände der Gemeinschaft beziehen.

γ. Das Erforderniß, einen Pfleger für die Kinder zum Zwecke der Auseinandersetzung zu bestellen, ergiebt sich aus §§ 1630 Abs. 2, 1909.

3. Sicherung der Erfüllung der dem Vater obliegenden Pflichten.

a. Aufschiebendes Ehehinderniß des § 1314. Das Vormundschaftsgericht hat das in § 1314 erwähnte Zeugniß dahin zu ertheilen:

α. daß der Vater die in § 1669 bezeichneten Verpflichtungen erfüllt hat oder

β. daß sie ihm nicht obliegen; letzteres, wenn dem Vater die Vermögensverwaltung weder kraft elterlicher Gewalt noch auch als Vormund (§ 1845) zusteht oder wenn das Vormundschaftsgericht die Verheirathung vor erfolgter Auseinandersetzung gemäß § 1669 Satz 2 gestattet hat.

b. Bei verbotswidriger Verheirathung kann Entziehung der Vermögensverwaltung seitens des Vormundschaftsgerichts gemäß § 1670 stattfinden. Die elterliche Gewalt im Uebrigen, namentlich die elterliche Nutznießung, bleibt indeß bestehen. Vgl. §§ 1656 f.

II. Die Wiederverheirathung der Mutter.

1. Vor der Wiederverheirathung.

a. Der nicht verbeiständeten (vgl. zu b) Mutter liegen auf Grund der §§ 1669, 1686 dieselben Pflichten wie dem Vater ob vgl. Note I. 2. Ihrer Eheschließung steht das aufschiebende Ehehinderniß aus § 1314 (vgl. Note II. 3 a) entgegen.

b. Wenn ein Beistand bestellt ist (vgl. §§ 1687 ff.), so hat der Beistand bei der Aufnahme des Vermögensverzeichnisses gemäß § 1692 mitzuwirken. Hat er die gesammte Vermögensverwaltung gemäß § 1693, so liegen der Mutter die Pflichten aus § 1669 nicht ob (vgl. Note I. 3 a β).

2. Nach erfolgter Wiederverheirathung der Mutter.

a. Die Mutter verliert kraft Gesetzes die elterliche Gewalt einschließlich der Nutznießung § 1697 Abs. 1. Sie ist gemäß §§ 1686, 1681 zur Herausgabe des Kindesvermögens und Rechnungslegung verpflichtet.

b. Dem minderjährigen Kinde ist ein Vormund zu bestellen § 1773. Vgl. § 1697 Note 2. Als Vormund kann auch — mit Einwilligung ihres Ehemanns — die Mutter bestellt werden (§§ 1783, 1887 Abs. 1), die dann der Aufsicht des Gegenvormundes und des Vormundschaftsgerichts nach

**§ 1670.** Kommt der Vater den nach den §§ 1667, 1668 getroffenen Anordnungen nicht nach oder erfüllt er die ihm nach den §§ 1640, 1669 obliegenden Verpflichtungen nicht, so kann ihm das Vormundschaftsgericht die Vermögensverwaltung entziehen. Zur Erzwingung der Sicherheitsleistung sind andere Maßregeln nicht zulässig.

6. Nichtbefolgung d. vormundschaftsgerichtlich. Anordnungen od. der gesetzl. Verzeichniß- ꝛc. Pflichten. Entziehung d. Vermögensverwalt.

---

den allgemeinen vormundschaftsrechtlichen Grundsätzen unterworfen ist. Zur Erledigung des zwischen der Mutter und dem Kinde bisher obwaltenden Rechtsverhältnisses (Rechnungslegung, Quittungsleistung ꝛc.) ist, wenn die Mutter Vormünderin ist, ein Pfleger zu bestellen (§§ 1630 Abs. 2, 1909; vgl. § 1882 Note II). Wegen der Sorge für die Person des Kindes vgl. zu § 1697.

c. Der mit der Wiederverheirathung verbundene Verlust der elterlichen Gewalt der Mutter setzt eine gültige Eheschließung (vgl. §§ 1323 ff., 1330 ff.) voraus und ist endgültig. Nach Auflösung der späteren Ehe tritt die elterliche Gewalt über die Kinder früherer Ehe nicht wieder ein. Bei wiederholter Wiederverheirathung der Frau findet auf die Mutter, welche Vormünderin (vgl. zu b) ihres minderjährigen Kindes ist, die dem § 1669 entsprechende Vorschrift des § 1845 Anwendung.

d. Die Sorge für die Person des Kindes behält die Mutter als Recht und Pflicht auch im Falle ihrer Wiederverheirathung gemäß § 1697. Vgl. daselbst.

**§ 1670.** Dem Vormundschaftsgericht (FrG. §§ 35, 43) ist gegenüber dem elterlichen Gewalthaber weder ein Ordnungsstrafrecht (vgl. § 1837 Abs. 2) noch ein Mittel, die Bestellung einer Sicherheit gegen den Willen des elterlichen Gewalthabers zu erzwingen, gegeben. Vielmehr ist als äußerstes Mittel in den in § 1670 aufgeführten Fällen lediglich die Entziehung der Vermögensverwaltung zugelassen.

1. Die in § 1670 behandelten Fälle.

a. §§ 1667, 1668: Maßregeln des Vormundschaftsgerichts bei Gefährdung des Kindesvermögens durch Verletzung der mit der Vermögensverwaltung oder der Nutznießung verbundenen Pflichten seitens des Vaters; § 1668 betrifft insbesondere die Sicherheitsleistung.

b. § 1640: Verzeichnißpflicht des elterlichen Gewalthabers nach dem Tode des Vaters bzw. der Mutter.

c. § 1669: Wiederverheirathung des Gewalthabers ohne Erfüllung der Anzeige-, Verzeichniß-, Auseinandersetzungspflicht § 1669. Wegen des Vaters vgl. § 1669 Note I, hinsichtlich der Mutter § 1669 Note II.

2. Als Voraussetzung für die Entziehung der Vermögensverwaltung gemäß § 1670 ist die objektive Nichterfüllung der durch die Anordnung des Vormundschaftsgerichts oder kraft Gesetzes begründeten Verpflichtungen genügend. Ein Verschulden ist nicht erfordert. Ob der Entziehung eine einmalige oder wiederholte Aufforderung des Vormundschaftsgerichts zur Pflichterfüllung vorauszugehen hat, ist dem pflichtgemäßen Ermessen des Gerichts überlassen.

3. Die Wirkungen der Entziehung der Vermögensverwaltung.

a. Die Entziehung der Vermögensverwaltung läßt das Recht und die Pflicht des Vaters, für die Person des Kindes zu sorgen, unberührt.

b. Der Vater behält auch die Nutznießung, er kann dieselbe aber nicht selbst ausüben, § 1656.

c. Der Vater ist zur Herausgabe des Kindesvermögens und zur Rechnungslegung verpflichtet, § 1681.

d. Die dem Vater obliegenden Verbindlichkeiten gegenüber dem Kinde, insbesondere seine Verpflichtung zum Ersatze verbrauchter verbrauchbarer Sachen (§ 1653) werden sofort fällig, § 1657.

e. Dem Kinde ist ein Pfleger zu bestellen (§ 1909); auf diesen, nicht etwa auf die Mutter geht die Verwaltung über (§§ 1628 Note 1a δ, 1665 Note 3a 2).

7. Abänderlichkeit d. vormundschaftsgerichtlich. Anordnungen.

**§ 1671.** Das Vormundschaftsgericht kann während der Dauer der elterlichen Gewalt die von ihm getroffenen Anordnungen jederzeit ändern, insbesondere die Erhöhung, Minderung oder Aufhebung der geleisteten Sicherheit anordnen.

8. Bestellung und Aufhebung der Sicherheit.

**§ 1672.** Bei der Bestellung und Aufhebung der Sicherheit wird die Mitwirkung des Kindes durch die Anordnung des Vormundschaftsgerichts ersetzt.

Die Kosten der Bestellung und Aufhebung der Sicherheit fallen dem Vater zur Last.

9. Anhörung a. des Vaters.

**§ 1673.** Das Vormundschaftsgericht soll vor einer Entscheidung, durch welche die Sorge für die Person oder das Vermögen des Kindes oder die Nutznießung dem Vater entzogen oder beschränkt wird, den Vater hören, es sei denn, daß die Anhörung unthunlich ist.

b. der Verwandten oder Verschwägerten des Kindes.

Vor der Entscheidung sollen auch Verwandte, insbesondere die Mutter, oder Verschwägerte des Kindes gehört werden, wenn es ohne erhebliche Verzögerung und ohne unverhältnißmäßige Kosten geschehen kann. Für den Ersatz der Auslagen gilt die Vorschrift des § 1847 Abs. 2.

V. Haftung des Vormundschaftsrichters.

**§ 1674.** Verletzt der Vormundschaftsrichter vorsätzlich oder fahrlässig die ihm obliegenden Pflichten, so ist er dem Kinde nach § 839 Abs. 1, 3 verantwortlich.

VI. Anzeigepflicht des Gemeindewaisenraths.

**§ 1675.** Der Gemeindewaisenrath hat dem Vormundschaftsgericht Anzeige zu machen, wenn ein Fall zu seiner Kenntniß gelangt, in welchem das Vormundschaftsgericht zum Einschreiten berufen ist.

---

**§ 1671.** 1. Insoweit die Vorschrift (vgl. auch § 1844 Abs. 1 Satz 3) dem Vormundschaftsgerichte die Aenderung seiner Anordnungen nur während der Dauer der elterlichen Gewalt gestattet, beruht sie darauf, daß das dem Vormundschaftsgerichte zustehende Aufsichtsrecht mit der Beendigung der elterlichen Gewalt aufhört.

2. Nach Beendigung der elterlichen Gewalt bedarf es zur Minderung oder Aufhebung der für das Kind auf Anordnung des Vormundschaftsgerichts bestellten Sicherheit der Zustimmung des Kindes bzw. seines gesetzlichen Vertreters (vgl. auch § 1672).

**§ 1672.** Vgl. § 1344 Abs. 2, 3. Die Vorschrift gilt nur, wenn die Bestellung oder Aufhebung der Sicherheit während der Dauer der elterlichen Gewalt geschieht. Vgl. § 1671 Note 1 und 2.

**§ 1673.** 1. Diese Vorschrift ist vom Reichstag eingestellt (Kommissionsbericht Nr. 440 b S. 152—154).

2. Die Anhörung des Vaters (bzw. der Mutter als Gewalthaberin § 1686) soll erfolgen, weil das Verfahren gegen ihn gerichtet ist; er ist Partei. Vgl. § 1836 Abs. 2, § 2227 Abs. 2, FrG. § 54 Abs. 1 Satz 2 (zu § 1844). Er hat keinen Anspruch auf Ersatz der Auslagen (vgl. Note 3).

3. Die Mutter (sofern sie nicht die Gewalthaberin ist, vgl. Note 2), die Verwandten (§ 1589) oder Verschwägerten (§ 1590) werden als Auskunftspersonen gehört, vgl. § 1847. Nur auf die gemäß Abs. 2 gehörten Personen bezieht sich Abs. 2 Satz 2, wonach sie die Auslagen in der von dem Vormundschaftsgerichte festgesetzten Höhe von dem Kinde erstattet verlangen können. Der Erstattungsanspruch des Kindes gegen den Vater richtet sich nach §§ 1664, 280, 249 ff.

**§ 1674.** Vgl. die entsprechende Vorschrift des § 1848. Haftung des Staates EG. Art. 77.

VII. Ruhen der elterlichen Gewalt.
1. Geschäftsunfähigkeit des Vaters.
2. Beschränkte Geschäftsfähigkeit des Vaters. — Gebrechlichkeitspflegschaft.

**§ 1676.** Die elterliche Gewalt des Vaters ruht, wenn er geschäftsunfähig ist.

Das Gleiche gilt, wenn der Vater in der Geschäftsfähigkeit beschränkt ist oder wenn er nach § 1910 Abs. 1 einen Pfleger für seine Person und sein Vermögen erhalten hat. Die Sorge für die Person des Kindes steht ihm neben dem gesetzlichen Vertreter des Kindes zu; zur Vertretung des Kindes ist er nicht berechtigt. Bei einer Meinungsverschiedenheit zwischen dem Vater und dem gesetzlichen Vertreter geht die Meinung des gesetzlichen Vertreters vor.

3. Vormundschaftsgerichtliche Feststellung längerer thatsächlicher Verhinderung des Vaters.

**§ 1677.** Die elterliche Gewalt des Vaters ruht, wenn von dem Vormundschaftsgerichte festgestellt wird, daß der Vater auf längere Zeit an der Ausübung der elterlichen Gewalt thatsächlich verhindert ist.

Das Ruhen endigt, wenn von dem Vormundschaftsgerichte festgestellt wird, daß der Grund nicht mehr besteht.

---

**§ 1675.** 1. Dem Gemeindewaisenrath (vgl. § 1848 ff.) wird durch § 1675 nicht eine dem § 1850 entsprechende Aufsichtspflicht beigelegt.

2. Fälle des Einschreitens vgl. zu §§ 1665 Note 3, 1666, 1667, 1639, 1640, 1669, 1687 Ziffer 3.

**§ 1676.** I. **Bedeutung und Wirkung des Ruhens** der elterlichen Gewalt sowie wegen der Gestaltung der gesetzlichen Vertretung vgl. zu § 1678.

II. **Rechtliche Verhinderung des Gewalthabers.**

§ 1676 enthält die Fälle der rechtlichen Verhinderung des Gewalthabers an der Ausübung der elterlichen Gewalt. Das Ruhen tritt in diesen Fällen (vgl. dagegen § 1677) kraft Gesetzes beim Vorliegen der in § 1676 erwähnten Thatbestände ein und endigt mit dem Fortfalle derselben.

1. Geschäftsunfähigkeit des Gewalthabers.
a. Geisteskrankheit (§ 104 Ziffer 2).
b. Entmündigung wegen Geisteskrankheit § 104 Ziffer 3; nicht auch Entmündigung wegen Geistesschwäche vgl. Note 2aβ; ferner nicht die Zustände der Bewußtlosigkeit und vorübergehenden Störung der Geistesthätigkeit (§ 105). Auf diese findet § 1677 Anwendung.
c. Die Rechtsverhältnisse während der Geschäftsunfähigkeit des Vaters
α. während der Ehe vgl. zu § 1678 Note A und B. I. 1a;
β. nach Auflösung der Ehe vgl. zu § 1678 Note A und B. II.

2. Die Fälle des Abs. 2.
a. Beschränkte Geschäftsfähigkeit des Gewalthabers.
α. Minderjährigkeit (§§ 106, 2) kommt bei vorschriftswidriger (§ 1303 Note II) Verheirathung des minderjährigen Vaters oder, wenn die elterliche Gewalt der Mutter (§ 1686) in Frage steht (§§ 1303, 1696), in Betracht.
β. Entmündigung des Gewalthabers wegen Geistesschwäche, Verschwendung, Trunksucht, Stellung unter vorläufige Vormundschaft wegen beantragter Entmündigung (§ 114).
b. Bestellung eines Pflegers für die Person und das Vermögen des Gewalthabers wegen körperlichen Gebrechens § 1910.
c. Die Rechtsverhältnisse während des nach Abs. 2 eintretenden Ruhens der elterlichen Gewalt des Vaters
α. während der Ehe vgl. zu § 1678 Note A und B. I. 1b;
β. nach Auflösung der Ehe vgl. zu § 1678 Note A und B. II.

**§ 1677.** 1. Bei vorübergehender thatsächlicher Verhinderung, wozu auch die Fälle vorübergehender Bewußtlosigkeit und Geistesstörung (§ 105 Abs. 2) gehören, vgl. §§ 1665, 1685.

2. Die vormundschaftsgerichtlichen Feststellungen des Vorliegens und des Wegfalls der Verhinderung sind im Interesse des Verkehrs für erforderlich

4. Wirkung des Ruhens. **§ 1678.** Solange die elterliche Gewalt des Vaters ruht, ist der Vater nicht berechtigt, sie auszuüben; es verbleibt ihm jedoch die Nutznießung an dem Vermögen des Kindes, unbeschadet der Vorschrift des § 1685 Abs. 2.

---

erachtet, um Sicherheit darüber zu schaffen, wem die gesetzliche Vertretung des Kindes zusteht.

3. *FG. § 51. Eine Verfügung, durch die von dem Vormundschaftsgerichte festgestellt wird, dass der Vater oder die Mutter auf längere Zeit an der Ausübung der elterlichen Gewalt thatsächlich verhindert ist, tritt mit der Bestellung des Vormundes in Wirksamkeit; hat jedoch während der Verhinderung des Vaters die Mutter die elterliche Gewalt auszuüben, so wird die Verfügung mit der Bekanntmachung an die Mutter wirksam.*

*Eine Verfügung, durch die von dem Vormundschaftsgerichte festgestellt wird, dass der Grund für das Ruhen der elterlichen Gewalt des Vaters oder der Mutter nicht mehr besteht, wird mit der Bekanntmachung an den Vater oder an die Mutter wirksam.*

4. Todeserklärung des Gewalthabers § 1679.

**§ 1678. A. Gemeinsames für alle Fälle des Ruhens der elterlichen Gewalt.**

I. Die elterliche Gewalt als solche bleibt trotz des Ruhens bei dem Gewalthaber; dieser ist nur zur Ausübung der Gewalt nicht berechtigt (§ 1678).

II. Der die elterliche Gewalt Ausübende (Mutter, Vormund oder Pfleger) ist unmittelbar gesetzlicher Vertreter des Kindes; er übt nicht etwa die Vertretung des Kindes als gesetzlicher Vertreter des Gewalthabers aus. Vgl. auch § 1676 Abs. 2 Satz 2.

**B. Ruhen der elterlichen Gewalt des Vaters.**

**I. Während bestehender Ehe.**

1. Rechtliche Behinderung des Vaters.

a. Geschäftsunfähigkeit des Vaters (§ 1676 Abs. 1).

α. Die Mutter übt, ohne daß es der Uebertragung durch das Vormundschaftsgericht bedarf, die elterliche Gewalt mit Ausnahme der Nutznießung aus (§ 1685). Sie ist gesetzlicher Vertreter des Kindes. Die Nutznießung verbleibt dem Vater nach Maßgabe des § 1656. Fälligkeit der Ansprüche des Kindes tritt nicht ein § 1657. Die Rechte des Vaters werden durch seinen Vormund (§§ 1896, 1906) oder Pfleger (§§ 1910 f.) wahrgenommen. Nach Auflösung der Ehe vgl. Note II. 1 und 2.

β. Ist die Mutter gestorben oder liegen auch in Ansehung ihrer Person die Voraussetzungen des Ruhens oder der Beendigung der elterlichen Gewalt vor, so erhält das Kind einen Vormund (§ 1778), dem die Sorge für die Person und das Vermögen des Kindes obliegt.

Dem Vater bleibt die Nutznießung wie zu α. Der Mutter kann die Sorge für die Person des Kindes in dem Umfange des § 1676 Abs. 2 neben dem Vormunde zustehen.

b. Die Hinderungsgründe des § 1676 Abs. 2.

Die Rechtsverhältnisse gestalten sich wie zu a mit dem Unterschiede, daß dem Vater neben der Mutter (zu aα) oder dem Vormunde (zu aβ) die Sorge für die Person des Kindes nach Maßgabe des § 1676 Abs. 2 unter Ausschluß jeder Vertretungsmacht zusteht.

2. Thatsächliche Behinderung des Vaters.

a. Ist die thatsächliche Behinderung des Vaters durch das Vormundschaftsgericht gemäß § 1677 festgestellt, so gestalten sich die Rechtsverhältnisse bis zur vormundschaftsgerichtlichen Feststellung, daß der Grund der Behinderung nicht mehr besteht (§ 1677 Abs. 2), wie zu 1a.

**§ 1679.** Die elterliche Gewalt des Vaters endigt, wenn er für todt erklärt wird, mit dem Zeitpunkte, der als Zeitpunkt des Todes gilt. VIII. Beendigung der elterlichen Gewalt. 1. Todeserklärung des Vaters.

Lebt der Vater noch, so erlangt er die elterliche Gewalt dadurch wieder, daß er dem Vormundschaftsgerichte gegenüber seinen hierauf gerichteten Willen erklärt.

---

b. Ist eine vormundschaftsgerichtliche Feststellung der thatsächlichen Behinderung nicht erfolgt, so liegt aus dem Grunde der letzteren ein Ruhen der elterlichen Gewalt des Vaters nicht vor. Die Rechtsverhältnisse regeln sich nach §§ 1665, 1685 Abs. 1.

II. **Nach Auflösung der Ehe.**

Nach Auflösung der Ehe durch Scheidung oder Aufhebung der ehelichen Gemeinschaft (§§ 1564, 1586, vgl. auch § 1348 Abs. 2) unterscheidet sich die Rechtslage von der während der Ehe eintretenden in drei Punkten:

1. Die Ausübung der ruhenden elterlichen Gewalt des Vaters geht auf die Mutter nicht kraft Gesetzes, sondern nur kraft der auf Antrag der Mutter erfolgenden vormundschaftsgerichtlichen Anordnung über § 1685 Abs. 2 Satz 1 vgl. mit Note I. 1 a α.

2. Die Mutter erlangt in diesem Falle auch die Nutznießung an dem Kindesvermögen § 1685 Abs. 2 Satz 2, vgl. Note I. 1 a α.

3. Die thatsächliche Behinderung des Vaters, welche Mangels vormundschaftsgerichtlicher Feststellung ein Ruhen der elterlichen Gewalt nicht hervorruft, berechtigt die Mutter nicht zur Ausübung der elterlichen Gewalt vgl. Note I. 2 b, § 1685; § 1665 greift ein.

C. **Ruhen der elterlichen Gewalt der Mutter.**

I. Für das Ruhen der elterlichen Gewalt der Mutter gilt gemäß § 1686 das Gleiche wie für das Ruhen der elterlichen Gewalt des Vaters.

II. Im Allgemeinen ist die Rechtslage dieselbe wie beim Ruhen der elterlichen Gewalt des Vaters, wenn die Mutter verstorben ist. Vgl. Note A und B. I, 1. a β.

III. Sonderregelung für den Fall, daß die elterliche Gewalt der Mutter wegen Minderjährigkeit ruht, in Ansehung der Sorge für die Person des Kindes vgl. § 1696.

I. **Die elterliche Gewalt wird beendigt** Zu §§ 1679, 1680.

1. schlechthin

a. durch den Tod des Kindes vgl. § 1683;

b. durch die Volljährigkeit (§ 1626) und die dieser gleichstehende Volljährigkeitserklärung des Kindes § 3 Abs. 2;

c. wenn beide Eltern gestorben oder für todt erklärt sind (vgl. indeß § 1679 Abs. 2) oder die elterliche Gewalt verwirkt haben (§ 1680);

d. wenn die Mutter, welcher die elterliche Gewalt zusteht, sich wiederverheirathet (§ 1697); vgl. indeß §§ 1684 Abs. 2, 1679 Abs. 2.

2. für den bisherigen Inhaber

a. unter Uebergang der Gewalt auf die noch lebende Mutter

α. durch den Tod oder die Todeserklärung des Vaters (§ 1684 Ziffer 1);

β. bei Verwirkung der elterlichen Gewalt durch den Vater, wenn die Ehe aufgelöst ist (§ 1684 Ziffer 2);

b. unter Uebergang der Gewalt auf den Annehmenden bei Annahme des Kindes an Kindesstatt (§§ 1765 Abs. 1, 1757);

c. ohne Uebergang auf die noch lebende Mutter (§ 1773) bei Verwirkung durch den Vater, wenn die Ehe nicht aufgelöst ist (§ 1684 Ziffer 2).

II. **Kein Fall der Beendigung der elterlichen Gewalt ist die Entziehung der einzelnen Bestandtheile** der elterlichen Gewalt (Sorge für die Person, Vermögensverwaltung, Nutznießung) durch das Vormundschaftsgericht

2. Verwirkung der elterlichen Gewalt.

**§ 1680.** Der Vater verwirkt die elterliche Gewalt, wenn er wegen eines an dem Kinde verübten Verbrechens oder vorsätzlich verübten Vergehens zu Zuchthausstrafe oder zu einer Gefängnißstrafe von mindestens sechs Monaten verurtheilt wird. Wird wegen des Zusammentreffens mit einer anderen strafbaren Handlung auf eine Gesammtstrafe erkannt, so entscheidet die Einzelstrafe, welche für das an dem Kinde verübte Verbrechen oder Vergehen verwirkt ist.

Die Verwirkung der elterlichen Gewalt tritt mit der Rechtskraft des Urtheils ein.

---

(§§ 1666, 1667), selbst wenn alle Bestandtheile dem Gewalthaber entzogen sind. Dies ergiebt sich daraus, daß, wenn das Vormundschaftsgericht gemäß § 1671 die die Entziehung anordnende Verfügung aufhebt, die elterliche Gewalt von dem Gewalthaber wieder ausgeübt wird. — Soweit die elterliche Gewalt dem Vater entzogen ist, wird sie nicht durch die Mutter, sondern durch einen Pfleger oder einen Vormund ausgeübt (§§ 1909, 1773). Vgl. § 1666 Note II 1.

**§ 1679.** 1. Todeserklärung (§ 13 ff.) des Gewalthabers. — Uebergangsbestimmung bei Todeserklärung vor 1900 EG. Art. 160.

a. Der als Zeitpunkt des Todes geltende Zeitpunkt § 18.

b. In dem gleichen Zeitpunkte (zu a) beginnt die elterliche Gewalt der Mutter gemäß § 1684 Abs. 1 Ziffer 1 und Abs. 2. Ist die Mutter verstorben oder liegen Verhältnisse vor, welche, wenn sie während der Dauer der elterlichen Gewalt der Mutter eingetreten wären, die Beendigung ihrer elterlichen Gewalt herbeigeführt hätten (vgl. Vorb. zu §§ 1679, 1680) oder die Bestellung eines Vormundes nothwendig gemacht hätten, so ist gemäß § 1773 eine Vormundschaft einzuleiten.

c. (Abs. 2.) Rückkehr des für todt erklärten Vaters. Erklärung gegenüber dem Vormundschaftsgerichte (§ 130 Abs. 3, FrG. §§ 35, 43). Selbstverständlich ist, daß dasjenige Vermögen des Kindes, das ohne die Todeserklärung freies Vermögen (§§ 1650 f.) gewesen sein würde, auch nach der Wiederherstellung der elterlichen Gewalt freies Vermögen ist, vgl. § 1425 Abs. 3.

2. Die Todeserklärung des Kindes kann als Beendigungsgrund der elterlichen Gewalt nur in den Fällen der Kriegs-, See- und Gefahrverschollenheit (§§ 15—17), nicht aber im Falle der Abwesenheitsverschollenheit (vgl. § 14 Abs. 1 S. 2, § 1626) in Betracht kommen. Im Falle der Rückkehr des für todt erklärten Kindes besteht die elterliche Gewalt fort und hat unausgesetzt fortbestanden, soweit nicht Beendigung aus einem sonstigen Grunde eingetreten ist. Dies ist namentlich für die Nutznießung des Gewalthabers und für etwaige in Vertretung des Kindes von dem Gewalthaber vorgenommene Rechtsgeschäfte von Erheblichkeit.

**§ 1680.** 1. Die Verwirkung tritt nur hinsichtlich desjenigen Kindes ein, an welchem die strafbare Handlung verübt ist, unbeschadet der Anwendbarkeit des § 1666 in Ansehung der anderen Kinder. — Strafbare Handlung an dem Kinde (vgl. E. I § 1559 „gegen das Kind oder an dem Kinde") umfaßt diejenigen strafbaren Handlungen, welche die Person oder ein sonstiges Rechtsgut des Kindes (vgl. § 823 Abs. 1) verletzen. Die in den Mot. für die Fassung des E. I. angeführte Terminologie des StGB. ist kaum stichhaltig, da an den angeführten Stellen StGB. §§ 176 Ziffer 3, 174 Ziffer 1 nicht „an" sondern „mit" steht.

2. Gesammtstrafe StGB. § 74. Ist der Gewalthaber wegen mehrerer an dem Kinde vorgenommener Strafhandlungen zu einer Gesammtstrafe verurtheilt, so ist die Gesammtstrafe entscheidend.

**§ 1681.** Endigt oder ruht die elterliche Gewalt des Vaters oder hört aus einem anderen Grunde seine Vermögensverwaltung auf, so hat er dem Kinde das Vermögen herauszugeben und über die Verwaltung Rechenschaft abzulegen.

IX. Pflicht zur Herausgabe d. Kindesvermögens u. Rechenschaftsablegung.

**§ 1682.** Der Vater ist auch nach der Beendigung seiner elterlichen Gewalt zur Fortführung der mit der Sorge für die Person und das Vermögen des Kindes verbundenen Geschäfte berechtigt, bis er von der Beendigung Kenntniß erlangt oder sie kennen muß. Ein Dritter kann sich auf diese Berechtigung nicht berufen, wenn er bei der Vornahme eines Rechtsgeschäfts die Beendigung der elterlichen Gewalt kennt oder kennen muß.

X. Gutgläub. Fortführung der dem Vater nicht mehr zustehenden Geschäftsbesorgung.

Diese Vorschriften finden entsprechende Anwendung, wenn die elterliche Gewalt des Vaters ruht oder aus einem anderen Grunde seine Vermögensverwaltung aufhört.

**§ 1683.** Endigt die elterliche Gewalt in Folge des Todes des Kindes so hat der Vater diejenigen Geschäfte, mit deren Aufschube Gefahr verbunden ist, zu besorgen, bis der Erbe anderweit Fürsorge treffen kann.

XI. Fürsorgepflicht des Vaters beim Tode des Kindes.

---

3. Voraussetzung der Verwirkung ist Rechtskraft des Strafurtheils (StPO. §§ 357, 383). Ist das Strafverfahren aus besonderen Gründen, namentlich wegen Abwesenheit oder Geisteskrankheit des Beschuldigten nicht durchzuführen, so greifen §§ 1666, 1677 ein.

4. Die Anzeigepflicht des Strafrichters gegenüber dem Vormundschaftsgericht ergiebt FrG. § 50.

5. Die dem rechtskräftigen Strafurtheile gemäß § 1680 zukommende civilrechtliche Wirkung kann durch Begnadigung nicht beseitigt werden.

6. Bei erfolgreicher Wiederaufnahme des Verfahrens muß mit dem Fortfall ihrer Voraussetzungen auch die Verwirkung rückwärts fortfallen.

7. Mit der Verwirkung der elterlichen Gewalt des Vaters tritt die elterliche Gewalt der Mutter nur ein, wenn die Ehe aufgelöst ist (vgl. § 1684 Ziffer 2). Ist dies nicht der Fall, so ist ein Vormund gemäß § 1773 zu bestellen.

8. Die Verwirkung der elterlichen Gewalt berechtigt das Kind zur Klage auf Aufhebung der fortgesetzten Gütergemeinschaft (§ 1495 Ziffer 5).

9. Die unabhängig von der elterlichen Gewalt bestehenden elterlichen Rechte werden durch die Verwirkung nicht berührt (vgl. §§ 1305, 1601 ff., 1617, 1747).

10. Besonderer Fall der Verwirkung der auf Annahme an Kindesstatt beruhenden elterlichen Gewalt durch verbotswidrige nichtige Eheschließung zwischen den durch Annahme an Kindesstatt Verbundenen (§ 1771 Abs. 2).

**§ 1681.** 1. Die Herausgabe- und Rechenschaftspflicht des Gewalthabers entspricht der des Vormundes (vgl. § 1890). Vgl. ferner §§ 259—261, CPO. § 889, FrG. § 163 (Bd. I S. 138). — Prozeßhaftung § 292.

2. Beweislast vgl. § 1421 Note 2. Der Gewalthaber ist für die Anwendung der ihm obliegenden Sorgfalt (§ 1664) beweispflichtig (§ 282).

3. Die Fälle der Beendigung der elterlichen Gewalt vgl. Vorb. zu §§ 1679, 1680, des Ruhens §§ 1676 ff.; Sonstiges Aufhören der Vermögensverwaltung §§ 1647, 1666 Abs. 2, 1670.

**§ 1682.** Vgl. die entsprechende Vorschrift beim Auftrage § 674 u. Note 6 daselbst, sowie § 169.

**§ 1683.** Vgl. die entsprechende Vorschrift beim Auftrage § 672 Satz 2.

I. Elterliche Gewalt der Mutter.
1. Die elterliche Vollgewalt der Mutter.

## 2. Elterliche Gewalt der Mutter.

**§ 1684.** Der Mutter steht die elterliche Gewalt zu:
1. wenn der Vater gestorben oder für todt erklärt ist;
2. wenn der Vater die elterliche Gewalt verwirkt hat und die Ehe aufgelöst ist.

Im Falle der Todeserklärung beginnt die elterliche Gewalt der Mutter mit dem Zeitpunkte, der als Zeitpunkt des Todes des Vaters gilt.

---

Zu §§ 1684 ff.

I. **Die elterliche Gewalt der Mutter kommt überhaupt nur in Betracht für die eheliche Mutter** (vgl. § 1707).

1. Als eheliche Mutter (§§ 1591 ff.) gilt auch die Mutter des aus einer nichtigen Ehe stammenden Kindes nach Maßgabe der §§ 1699 ff., 1701, 1702.

2. Die Rechtsstellung der ehelichen Mutter erlangt auch:

a. die Mutter des durch nachfolgende Ehe legitimirten Kindes mit der Eheschließung § 1719;

b. die Adoptivmutter des angenommenen Kindes mit der Annahme an Kindesstatt § 1757; dies gilt insbesondere auch, wenn die Mutter ihr eigenes uneheliches Kind an Kindesstatt annimmt. Vgl. § 1741 Note II. 1 d, § 1747 Note 2.

α. Nimmt ein Ehepaar ein Kind gemeinschaftlich an oder nimmt der eine Ehegatte ein Kind des anderen Ehegatten an (§ 1757 Abs. 2), so gelten für die elterliche Gewalt der Mutter die Vorschriften, welche für die elterliche Gewalt über ein gemeinschaftliches eheliches Kind der Ehegatten gelten.

β. Nimmt eine einzelne (unverheirathete oder verheirathete) Frau (§ 1746) ein Kind an Kindesstatt an, so ist in Ansehung der elterlichen Gewalt der Mutter die Rechtslage die gleiche, wie wenn der Vater gestorben wäre (§ 1684 Note d).

II. **Die elterliche Gewalt der Mutter kommt in drei Formen zur Erscheinung.**

1. Die elterliche Nebengewalt der Mutter.
Die elterliche Gewalt, welche die Mutter neben dem Vater (§ 1634) oder dem Vormunde des Kindes oder neben einem für die Erziehung des Kindes bestellten Pfleger (§ 1698) ausübt, beschränkt sich auf das Recht und die Pflicht der Mutter, für die Person des Kindes zu sorgen. Zur Vertretung des Kindes ist sie nicht berechtigt.

2. Die elterliche Gewalt der Mutter als der Vizegewalthaberin bei thatsächlicher Verhinderung des Vaters oder bei Ruhen seiner Gewalt. Vgl. § 1685.

3. Die elterliche Vollgewalt der Mutter in allen Fällen des § 1684.

III. **Der Inhalt der elterlichen Gewalt der Mutter.**

Die elterliche Vollgewalt der Mutter hat den gleichen Inhalt wie die elterliche Gewalt des Vaters (vgl. § 1686). Die in §§ 1687—1697 vorgesehenen Abweichungen sind:

a. fakultative Zulassung einer Beschränkung der elterlichen Gewalt der Mutter durch Bestellung eines Beistandes §§ 1687—1695. Die Beistandschaft ist ein Akzessorium der elterlichen Gewalt der Mutter und endigt spätestens mit dieser. Vgl. Bemerkungen zu §§ 1687 ff. Note 4;

b. Erweiterung der Selbständigkeit der minderjährigen Mutter in Ansehung der Sorge für die Person des Kindes § 1696;

c. Beendigung der elterlichen Gewalt im Falle der Wiederverheirathung § 1697.

IV. **Uebergang.**

Die elterliche Gewalt der Mutter macht sich auch in Ansehung der bereits vor dem 1. Januar 1900 geborenen ehelichen Kinder geltend (EG. Art. 203). Dies ist von besondere Wichtigkeit in den Fällen, in denen ein eheliches minderjähriges Kind, dessen Mutter noch lebt, bevormundet wird (vgl. EG. Art. 210.)

a. In dem Regelfalle, daß die Mutter oder ein Dritter Vormund des Kindes ist, ohne daß eine besondere Beschränkung der Vertretungsmacht der

2. Die Mutter als Vicegewalthaberin
a. während der Ehe.

**§ 1685.** Ist der Vater an der Ausübung der elterlichen Gewalt thatsächlich verhindert oder ruht seine elterliche Gewalt, so übt während der Dauer der Ehe die Mutter die elterliche Gewalt mit Ausnahme der Nutznießung aus.

b. nach Auflösung der Ehe.

Ist die Ehe aufgelöst, so hat das Vormundschaftsgericht der Mutter auf ihren Antrag die Ausübung zu übertragen, wenn die elterliche Gewalt des Vaters ruht und keine Aussicht besteht, daß der Grund des Ruhens wegfallen werde. Die Mutter erlangt in diesem Falle auch die Nutznießung an dem Vermögen des Kindes.

---

Mutter durch Anordnung der zuständigen Behörde stattgefunden hat (vgl. EG. Art. 204), endigt die Vormundschaft gemäß EG. Art. 210 Satz 1 in Verbindung mit §§ 1882, 1773. AM. Habicht S. 428 ff.

b. Ist die Mutter zur Zeit des Inkrafttretens des BGB. in der Sorge für die Person oder das Vermögen des Kindes durch eine Anordnung der zuständigen Behörde beschränkt, so bleibt die Beschränkung nach EG. Art. 204 in Kraft. Es bleibt zu prüfen, ob durch die Beschränkung die Vertretungsmacht sowohl in den die Person als auch in den das Vermögen betreffenden Angelegenheiten ausgeschlossen ist (§ 1773) und danach zu entscheiden, ob die bestehende Vormundschaft bestehen bleibt oder nicht und ob eine Pflegschaft zu bestellen ist (§ 1909).

c. Hat der Vater vor dem Inkrafttreten des BGB. auf Grund der bisherigen Gesetze die Mutter von der Vormundschaft über das Kind ausgeschlossen oder der Mutter einen Beistand zugeordnet, so gilt diese Anordnung als Anordnung der Bestellung eines Beistandes im Sinne der §§ 1687 ff., EG. Art. 205.

**§ 1684.** § 1684 setzt diejenigen Fälle fest, in welchen die elterliche Gewalt der Mutter als Vollgewalt eintritt (vgl. Vorb. Note II. 3, III). Der Eintritt erfolgt ohne Mitwirkung des Vormundschaftsgerichts kraft Gesetzes, und zwar außer dem Falle des Todes des Vaters, bei:

a. Todeserklärung des Vaters vgl. §§ 1679, 13 ff., 18. Erlangt der für todt erklärte Vater die elterliche Gewalt gemäß § 1679 Abs. 2 wieder, so wird die elterliche Gewalt der Mutter selbstverständlich beendigt. Bei gutgläubiger Fortführung der beendigten elterlichen Gewalt durch die Mutter §§ 1686, 1682.

b. Verwirkung der elterlichen Gewalt durch den Vater (§§ 1680, 1771 Abs. 2), indeß nur, wenn die Ehe der Eltern aufgelöst ist.

α. Der Auflösung der Ehe durch Scheidung steht die Aufhebung der ehelichen Gemeinschaft durch Urtheil gleich (§ 1586). Unterhalt der Kinder § 1585.

β. Der Eintritt der elterlichen Gewalt der Mutter erfolgt, sobald der vorausgesetzte Thatbestand (Verwirkung und Eheauflösung) vorliegt, auch wenn diese beiden Thatsachen längere Zeit auseinanderliegen. Die inzwischen eingesetzte Vormundschaft (vgl. zu γ) endigt kraft Gesetzes §§ 1882, 1773. Anzeigepflicht des Prozeßgerichts gegenüber dem Vormundschaftsgerichte CPO. § 630 (S. 911).

γ. Hat der Vater die elterliche Gewalt verwirkt, ist die Ehe aber nicht aufgelöst, so ist ein Vormund zu bestellen § 1773; vgl. zu β. — Stellung der Mutter neben dem Vormunde § 1698.

c. Der Mutter steht die elterliche Gewalt über das Kind aus nichtiger Ehe zu, wenn ihr die Nichtigkeit bei der Eheschließung unbekannt, dem Vater aber bekannt war (§§ 1699, 1711).

d. Annahme an Kindesstatt durch eine einzelne unverheirathete oder verheirathete Frau (§ 1746). Der Fall ist nicht besonders erwähnt. Da von dem Eintritte der elterlichen Gewalt der Mutter ab ein Vater nicht vorhanden ist, wird die Beurtheilung die gleiche sein, wie wenn der Vater des ehelichen Kindes vor dessen Geburt gestorben ist.

II. Abweichungen von der elterlichen Gewalt des Vaters.

**§ 1686.** Auf die elterliche Gewalt der Mutter finden die für die elterliche Gewalt des Vaters geltenden Vorschriften Anwendung, soweit sich nicht aus den §§ 1687 bis 1697 ein Anderes ergiebt.

1. Beistandschaft.
a. Die Fälle der Beistandschaft.

**§ 1687.** Das Vormundschaftsgericht hat der Mutter einen Beistand zu bestellen:

1. wenn der Vater die Bestellung nach Maßgabe des § 1777 angeordnet hat;
2. wenn die Mutter die Bestellung beantragt;
3. wenn das Vormundschaftsgericht aus besonderen Gründen, insbesondere wegen des Umfanges oder der Schwierigkeit der Vermögensverwaltung, oder in den Fällen der §§ 1666, 1667 die Bestellung im Interesse des Kindes für nöthig erachtet.

---

**§ 1685. I. Allgemein.**

In § 1685 sind die Fälle behandelt, in denen die elterliche Gewalt von der Mutter als Bizegewalthaberin (vgl. Vorb. Note II. 2 S. 936) ausgeübt wird. Mit dem Fortfalle des Hindernisses bzw. mit dem Endigen des Ruhens tritt die ausschließliche Berechtigung des Vaters zur Ausübung der elterlichen Gewalt, unbeschadet des Mitwirkungsrechts der Mutter auf Grund des § 1634, wieder ein.

**II. Die einzelnen Fälle.**

1. (Abs. 1.) Während der Dauer der Ehe steht der Mutter die Ausübung der elterlichen Gewalt kraft Gesetzes bei jeder, längeren oder kürzeren, thatsächlichen Verhinderung des Vaters (§ 1665) oder beim Ruhen seiner elterlichen Gewalt (§§ 1676, 1677) zu. Wegen der dem Vater verbleibenden Nutznießung vgl. §§ 1656, 1657, 1678.

2. (Abs. 2.) Die Fälle der Auflösung der Ehe, welche für Abs. 2 in Betracht kommen, sind Scheidung § 1564 und Aufhebung der ehelichen Gemeinschaft § 1586; Wiederverheirathung im Falle der Todeserklärung (§ 1348 Abs. 2) nur im Falle des § 1679, da sonst ebenso wie bei Auflösung durch den Tod § 1684 Ziffer 1 Platz greift.

a. Die Ausübung der elterlichen Gewalt durch die Mutter ist abhängig von einer Uebertragung durch das Vormundschaftsgericht (FrG. §§ 35, 43). Voraussetzungen für die Anordnung der Uebertragung:
α. Antrag der Mutter § 1685 Abs. 2.
β. Ruhen der elterlichen Gewalt §§ 1676, 1677; nicht bloß thatsächliche Verhinderung ohne vormundschaftsgerichtliche Feststellung.
γ. Mangel der Aussicht, daß der Grund des Ruhens fortfallen werde (Hauptfall: Scheidung der Ehe wegen Geisteskrankheit des Mannes § 1569).
b. Die Mutter erlangt die Nutznießung an dem Vermögen des Kindes (Abs. 2 Satz 2) indeß wohl nur, wenn sie dem Vater zusteht (§§ 1662 Note 2, 1666 Note III. 2). Die Mutter, welcher die Nutznießung zusteht, haftet wegen des Unterhaltsanspruchs des Kindes vor dem Vater § 1606 Abs. 2.

**§ 1686.** Vgl. Vorb. zu §§ 1684 ff. Note III (S. 936).

Zu §§ 1687 f.

**Die Bestellung des Beistandes kann in zwei Formen geschehen:**

1. Der unterstützende und beaufsichtigende Beistand (§ 1689) hat im Wesentlichen die Stellung eines dem Kinde neben der Mutter bestellten Gegenvormundes vgl. §§ 1689, 1799; 1690; 1692 Satz 1, 1802 Abs. 1 Satz 2; 1694; FrG. § 57 Ziffer 6.

2. Der verwaltende Beistand (§ 1693) hat die Stellung eines dem Kinde bestellten Pflegers. Er ist im Umfange der ihm übertragenen Vermögensverwaltung der gesetzliche Vertreter des Kindes; er ist nicht Vertreter der Mutter. Eine Uebertragung der Ausübung der Sorge für die Person

des Kindes auf den Beistand ist nicht zugelassen; in dieser Hinsicht kann er nur zur Unterstützung oder Beaufsichtigung bestellt werden.

3. Untreue des Beistandes.

Verhältniß des § 266 StGB. zu dem Amte des Beistandes vgl. Ludewig D. JurZtg. 1896 S. 238.

4. Der Beistand wird der Mutter bestellt. Daraus ergiebt sich, unbeschadet der Stellung des verwaltenden Beistandes (§ 1693) als gesetzlichen Vertreters des Kindes die akzessorische Natur der Beistandschaft im Verhältnisse zu der elterlichen Gewalt der Mutter vgl. § 1694 Note 6b.

**§ 1687. I. Fälle, in denen das Vormundschaftsgericht** (FrG. §§ 35, 43) **einen Beistand zu bestellen hat.**

1. (Ziffer 1.) Anordnung des Vaters durch letztwillige Verfügung (§ 1777).

a. Das Anordnungsrecht steht dem Vater nicht zu:

α. wenn ihm zur Zeit des Todes die elterliche Gewalt nicht zusteht (Tod nach erfolgter Todeserklärung, aber vor Wiedererlangung der Gewalt nach § 1679 Abs. 2; Verwirkung § 1680);

β. wenn er in den die Person oder in den das Vermögen betreffenden Angelegenheiten nicht zur Vertretung des Kindes berechtigt ist (§§ 1647 Konkurs; 1666, 1630 Abs. 2 Entziehung durch das Vormundschaftsgericht).

b. Geburt des Kindes nach dem Tode des Vaters § 1777 Abs. 2.

c. Ob beim Fortfalle des vom Vater benannten Beistandes ein anderer Beistand zu bestellen ist oder ob der Vater nur die Bestellung des gerade von ihm Benannten angeordnet hat, ist Auslegungsfrage.

d. Der Vater kann auch in Gemäßheit der §§ 1638, 1639 durch letztwillige Anordnung das von ihm herrührende Vermögen des Kindes der Verwaltung der Mutter entziehen. Für die Verwaltung dieses Vermögens ist dem Kinde ein Pfleger zu bestellen (§ 1909).

e. Aufhebung der Beistandschaft durch Vormundschaftsgericht ist in dem Falle der Ziffer 1 des § 1687 nicht zulässig, vgl. § 1695 Note I. 1.

f. Uebergangsvorschrift.

EG. Art. 205. Hat der Vater vor dem Inkrafttreten des Bürgerlichen Gesetzbuchs auf Grund der bisherigen Gesetze die Mutter von der Vormundschaft über das Kind ausgeschlossen oder der Mutter einen Beistand zugeordnet, so gilt die Anordnung des Vaters von dem Inkrafttreten des Bürgerlichen Gesetzbuchs an als Anordnung der Bestellung eines Beistandes für die Mutter im Sinne des Bürgerlichen Gesetzbuchs.

2. (Ziffer 2.) Dem Antrage der Mutter auf Bestellung eines Beistandes ist ohne Weiteres stattzugeben. Bei Ablehnung des Antrags steht nur der Mutter ein Beschwerderecht zu Fr.G. § 20 Abs. 2. Aufhebung der Beistandschaft § 1695 Note I. 2.

3. (Ziffer 3.) Anordnung des Vormundschaftsgerichts.

a. Die besonderen Gründe für die Anordnung können objektive oder subjektive sein. Es kann also z. B. nicht nur bei objektiv schwieriger Vermögensverwaltung, sondern auch, wenn die subjektive Befähigung der Mutter zur Vermögensverwaltung begründeten Bedenken unterliegt, die Bestellung eines Beistandes gemäß Ziffer 3 erfolgen.

b. Anhörung der Verwandten richtet sich nach § 1673.

c. Die Befugniß des Vormundschaftsgerichts kann weder durch den Widerspruch der Mutter noch durch letztwillige Anordnung des Vaters ausgeschlossen werden, vgl. indeß zu II.

d. Mitwirkung des Gemeindewaisenraths § 1675.

e. Aufhebung der auf Grund der Ziffer 3 angeordneten Beistandschaft durch das Vormundschaftsgericht § 1695 Note I. 3.

**II. Die Berufung als Beistand.**

Auf die Berufung als Beistand finden gemäß §§ 1694 Abs. 1, 1792 Abs. 4 die Vorschriften der §§ 1776 ff. Anwendung:

b. Der Wirkungskreis des Beistandes.

**§ 1688.** Der Beistand kann für alle Angelegenheiten, für gewisse Arten von Angelegenheiten oder für einzelne Angelegenheiten bestellt werden.

Ueber den Umfang seines Wirkungskreises entscheidet die Bestellung. Ist der Umfang nicht bestimmt, so fallen alle Angelegenheiten in seinen Wirkungskreis.

Hat der Vater die Bestellung angeordnet, so hat das Vormundschaftsgericht Bestimmungen, die er nach Maßgabe des § 1777 über den Umfang des Wirkungskreises getroffen hat, bei der Bestellung zu befolgen.

---

1. In erster Linie ist der von dem Vater gemäß § 1777 Benannte zu bestellen. Dies gilt nicht nur für Ziffer 1, sondern auch für Ziffer 2 und Ziffer 3. Der Vater kann einen Beistand für den Fall benennen, daß die Bestellung eines solchen eintreten sollte.

2. In zweiter Linie und zwar ebenfalls in allen drei Fällen ist der von der Mutter Benannte zu bestellen. Zwar soll das Benennungsrecht gemäß § 1777 Abs. 1 S. 2 der Mutter nur zustehen, wenn ihr zur Zeit des Todes gewisse Eigenschaften beiwohnen; indeß wird für die Bestellung des Beistandes der Zeitpunkt der Benennung maßgebend sein müssen. Ebenso kann in diesem Falle nicht die Benennung durch letztwillige Verfügung (§ 1777 Abs. 3) in Frage kommen, vielmehr muß die dem Vormundschaftsgerichte gegenüber erfolgte Erklärung genügen. Schutz des Kindes bei Benennung eines ungeeigneten Beistandes durch die Mutter vgl. § 1694 Note 6 a 7.

3. Im Uebrigen vgl. wegen der weiteren Reihenfolge zu §§ 1776 ff. Insbesondere kann auch eine Frau zum Beistande der Mutter bestellt werden.

4. Sofortige Beschwerde des Uebergangenen FrG. § 60 Ziffer 1 (zu §§ 1776 ff.).

III. **Beschwerde gegen die Ablehnung der Beistandsbestellung durch das Vormundschaftsgericht.** (Vgl auch Note II. 4.)

1. Beschwerderecht in den Fällen der Ziffern 1 u. 3 des § 1687.

*FG. § 57. Die Beschwerde steht, unbeschadet der Vorschriften des § 20, zu:*

*5. gegen eine Verfügung, durch die in den Fällen des § 1687 Nr. 1, 3 des Bürgerlichen Gesetzbuchs die Bestellung eines Beistandes der Mutter abgelehnt oder die Bestellung aufgehoben wird, dem Ehegatten sowie den Verwandten und Verschwägerten des Kindes;*

*9. gegen eine Verfügung, die eine Entscheidung über eine die Sorge für die Person des Kindes oder des Mündels betreffende Angelegenheit enthält, Jedem, der ein berechtigtes Interesse hat, diese Angelegenheit wahrzunehmen.*

*Die Vorschrift des Abs. 1 Nr. 9 findet auf die sofortige Beschwerde keine Anwendung.*

Vgl. § 1688 Note 1.

2. Beschwerderecht der Mutter bei Ablehnung ihres Antrags auf Bestellung eines Beistandes.

*FG. § 20 Abs. 2. Soweit eine Verfügung nur auf Antrag erlassen werden kann und der Antrag zurückgewiesen worden ist, steht die Beschwerde nur dem Antragsteller zu.*

**§ 1688.** 1. Der Beistand kommt als solcher nur innerhalb seines Wirkungskreises in Betracht. Außerhalb desselben steht er wie jeder Dritte; indeß wird er auch außerhalb seines Wirkungskreises zu denjenigen Personen zu rechnen sein, die ein berechtigtes Interesse an der Wahrnehmung der die Person des Mündels betreffenden Angelegenheiten haben, vgl. FrG. § 57 Ziffer 9 (zu § 1687 Note III. 1).

*c. Aufgabe d. Beistandes.*

**§ 1689.** Der Beistand hat innerhalb seines Wirkungskreises die Mutter bei der Ausübung der elterlichen Gewalt zu unterstützen und zu überwachen; er hat dem Vormundschaftsgerichte jeden Fall, in welchem es zum Einschreiten berufen ist, unverzüglich anzuzeigen.

*d. Beschränkung der Vertretungsmacht d. Mutter in Ansehung der in den Wirkungskreis des Beistandes fallenden Rechtsgeschäfte.*

**§ 1690.** Die Genehmigung des Beistandes ist innerhalb seines Wirkungskreises zu jedem Rechtsgeschäft erforderlich, zu dem ein Vormund der Genehmigung des Vormundschaftsgerichts oder des Gegenvormundes bedarf. Ausgenommen sind Rechtsgeschäfte, welche die Mutter nicht ohne die Genehmigung des Vormundschaftsgerichts vornehmen kann. Die Vorschriften der §§ 1828 bis 1831 finden entsprechende Anwendung.

Die Genehmigung des Beistandes wird durch die Genehmigung des Vormundschaftsgerichts ersetzt.

Das Vormundschaftsgericht soll vor der Entscheidung über die Genehmigung in allen Fällen, in denen das Rechtsgeschäft zu dem Wirkungskreise des Beistandes gehört, den Beistand hören, sofern ein solcher vorhanden und die Anhörung thunlich ist.

---

2. Die Uebertragung der Vermögensverwaltung (ganz oder theilweise) kann nur auf Antrag der Mutter geschehen (§ 1693).

3. Ist der Beistand nur unterstützender und überwachender Beistand (vgl. Vorb. zu §§ 1687 ff. S. 938), so richtet sich seine Mitwirkung bei Ausübung der elterlichen Vertretungsmacht durch die Mutter nach § 1690.

**§ 1689.** 1. Fälle des Einschreitens des Vormundschaftsgerichts vgl. zu § 1675 Note 2.

2. Die Haftung des Beistandes gegenüber dem Kinde ergiebt sich aus §§ 1694, 1833.

3. Beschwerderecht des Beistandes wegen Zurückweisung seines Antrags auf Einschreiten gegen die Mutter FrG. § 57 Ziffer 6, vgl. auch § 1688 Note 1.

**§ 1690. I. Die eine Genehmigung des Vormundschaftsgerichts erfordernden Rechtsgeschäfte.**

1. Bei den Rechtsgeschäften, zu welchen der elterliche Gewalthaber (Vater oder Mutter) der Genehmigung des Vormundschaftsgerichts bedarf (§§ 1643, 1686, vgl. ferner Bd. 1 S. 89 Note 7), verbleibt es lediglich bei dem Erfordernisse der vormundschaftsgerichtlichen Genehmigung, selbst wenn das Rechtsgeschäft an sich zum Wirkungskreise des Beistandes gehört.

2. Das Vorhandensein eines Beistandes hat lediglich die Wirkung, daß der Beistand gemäß Abs. 3 zu hören ist (vgl. zu § 1826).

3. Im Uebrigen finden die Vorschriften der §§ 1825, 1828—1831 auf Grund des § 1643 Abs. 3, nicht des § 1690 Anwendung (vgl. Note II. 3).

**II. Die Genehmigung des Beistandes oder des Vormundschaftsgerichts erfordernde Rechtsgeschäfte.**

1. Die genehmigungsbedürftigen Rechtsgeschäfte.

Auch für die Rechtsgeschäfte, in Ansehung deren nur die Vertretungsmacht des Vormundes, nicht aber die dem Vater oder der nicht verbeistandeten Mutter auf Grund der elterlichen Gewalt zustehende Vertretungsmacht durch das Erforderniß der Genehmigung des Vormundschaftsgerichts (§ 1822 Ziffer 4, 6, 7, 12, 13) oder des Gegenvormundes (§§ 1812, 1813) beschränkt ist, bedarf die verbeistandete Mutter der Genehmigung des Beistandes.

2. Die Rechtsnatur des Erfordernisses der Genehmigung.

Das Erforderniß der Genehmigung des Vormundschaftsgerichts oder des Beistandes bedeutet eine Beschränkung der der Mutter kraft elterlicher Ge-

e. Mitwirkung des Beistandes bei Anlegung von Geld.

**§ 1691.** Soweit die Anlegung des zu dem Vermögen des Kindes gehörenden Geldes in den Wirkungskreis des Beistandes fällt, finden die für die Anlegung von Mündelgeld geltenden Vorschriften der §§ 1809, 1810 entsprechende Anwendung.

f. Mitwirkung des Beistandes bei Aufnahme eines Vermögensverzeichnisses.

**§ 1692.** Hat die Mutter ein Vermögensverzeichniß einzureichen, so ist bei der Aufnahme des Verzeichnisses der Beistand zuzuziehen; das Verzeichniß ist auch von dem Beistande mit der Versicherung der Richtigkeit und Vollständigkeit zu versehen. Ist das Verzeichniß ungenügend, so finden, sofern nicht die Voraussetzungen des § 1667 vorliegen, die Vorschriften des § 1640 Abs. 2 entsprechende Anwendung.

g. Uebertragung der Vermögensverwaltung auf den Beistand.

**§ 1693.** Das Vormundschaftsgericht kann auf Antrag der Mutter dem Beistande die Vermögensverwaltung ganz oder theilweise übertragen; soweit dies geschieht, hat der Beistand die Rechte und Pflichten eines Pflegers.

---

walt zustehenden Vertretungsmacht. Der Mangel der erforderlichen Genehmigung ist nach §§ 1828—1831 zu beurtheilen.

Die entsprechende Anwendung des § 1828 ergiebt, daß die Genehmigung des Beistandes bzw. des Vormundschaftsgerichts nur gegenüber der Mutter, nicht gegenüber dem Dritten erklärt werden kann, vgl. § 1832. Im Uebrigen vgl. §§ 1828—1831.

3. Allgemeine Ermächtigung der Mutter.

Allgemeine Ermächtigung der verbeistandeten Mutter durch das Vormundschaftsgericht zu gewissen Rechtsgeschäften ist nicht vorgesehen; § 1825 ist nicht mitzitirt, vgl. § 1643 Abs. 3. — Geeignetenfalls sind diejenigen Rechtsgeschäfte, für welche eine allgemeine Ermächtigung angezeigt wäre, von dem Wirkungskreise des Beistandes gemäß § 1688 auszuschließen.

4. Wegen Ersetzung der Genehmigung des Beistandes durch die Genehmigung des Vormundschaftsgerichts vgl. § 1812 Abs. 2. — Anhörung des Beistandes vgl. § 1826.

III. **Antrag auf Entlassung des Kindes aus dem Staatsverbande** vgl. die Sonderregelung in § 14a Abs. 2 des Ges. über die Erwerbung und den Verlust der Staatsangehörigkeit vom 1. Juni 1870 (zu EG. Art. 41).

**§ 1691.** 1. Durch § 1691 wird die Vorschrift des § 1642 über Anlegung der dem Kinde gehörenden Gelder in Gemäßheit der für den Vormund geltenden Vorschriften ergänzt. Vgl. im Uebrigen zu §§ 1642, 1809, 1810.

2. An Stelle der nach § 1852 zulässigen Befreiung des Vormundes von den aus §§ 1809, 1810 sich ergebenden Beschränkungen (vgl. § 1694 Note 7) kann geeignetenfalls die Beschränkung des Wirkungskreises des Beistandes treten vgl. § 1688; § 1690 Note II. 3.

**§ 1692.** 1. Nach der allgemeinen Vorschrift des § 1688 (vgl. Note 1 daselbst) kann § 1692 nur insoweit angewendet werden, als die Aufnahme des Verzeichnisses in den Wirkungskreis des Beistandes fällt (a. M. Engelmann-Staudinger gegen Böhm).

2. Die Vorschrift § 1692 dient zur Ergänzung derjenigen Vorschriften, in denen die Mutter zur Einreichung eines Vermögensverzeichnisses an das Vormundschaftsgericht verpflichtet ist (vgl. § 1640 Note II) für den Fall, daß ein Beistand gemäß Note 1 vorhanden ist.

**§ 1693.** 1. Nur auf die Vermögensverwaltung, nicht auch auf die Sorge für die Person des Kindes ist § 1693 anwendbar.

2. Der Beistand wird im Umfange der ihm übertragenen Verwaltung Pfleger (§ 1915) des Kindes. Er hat also in diesem Umfange die Vertretungsmacht für das Kind unter Ausschluß der Mutter (§§ 1628, 1630).

**§ 1694.** Für die Berufung, Bestellung und Beaufsichtigung des Beistandes, für seine Haftung und seine Ansprüche, für die ihm zu bewilligende Vergütung und für die Beendigung seines Amtes gelten die gleichen Vorschriften wie bei dem Gegenvormunde.

b. Für den Beistand geltende vormundschaftsrechtliche Vorschriften.

Das Amt des Beistandes endigt auch dann, wenn die elterliche Gewalt der Mutter ruht.

---

Dennoch bleibt die Fortdauer seines Amtes abhängig von der Fortdauer der elterlichen Gewalt der Mutter. Vgl. Bemerkung zu §§ 1687 ff. Note 4.

3. Die Mutter ist im Falle des § 1693 zur Vertretung des Kindes in den das Vermögen betreffenden Angelegenheiten nicht befugt und deshalb zur Benennung eines Vormundes nicht berechtigt. § 1777 Note I. 4.

4. Aufhebung der Uebertragung der Vermögensverwaltung auf den Beistand § 1695 Note II.

**§ 1694.** 1. Berufung und Bestellung: §§ 1792 Abs. 2, 1776—1791. Vgl. hierzu § 1687 Note II. Beschwerde des Uebergangenen FrG. § 60 Ziffer 1, des die Uebernahme der Beistandschaft Verweigernden FrG. § 60 Ziffer 2.

2. Beaufsichtigung durch das Vormundschaftsgericht §§ 1837, 1839.

3. Haftung des Beistandes § 1833, Sicherheitsleistung § 1844. Vgl. auch FrG. § 54 (zu § 1844).

4. Ansprüche des Beistandes wegen Aufwendungen § 1835.

5. Vergütung § 1836. Beschwerde gegen die Festsetzung der Vergütung (vgl. FrG. § 57 Ziffer 7) steht der Mutter als Nutznießerin des Kindesvermögens gemäß FrG. § 20 zu.

6. Beendigung des Amtes des Beistandes

a. auf Grund der für den Gegenvormund geltenden Vorschriften (§ 1895):

α. Entmündigung des Beistandes § 1885 Abs. 1;

β. Todeserklärung des Beistandes § 1885 Abs. 2;

γ. Entlassung wegen Pflichtwidrigkeit des Beistandes oder wegen Eintritts eines Untauglichkeitsgrundes § 1886;

δ. Entlassung bei Verheirathung der zum Beistande bestellten Frau. — Versagung oder Widerruf der ehemännlichen Zustimmung § 1887;

ε. Entlassung auf Grund dienstlicher Verhältnisse, wenn der Beistand ein Beamter oder Religionsdiener ist, § 1888;

ζ. Entlassung auf Antrag des Beistandes bei wichtigen Gründen § 1889;

b. auf Grund des Rechtes der elterlichen Gewalt.

Die Beistandschaft ist ein Akzessorium der elterlichen Gewalt (vgl. Note 4 zu §§ 1687 ff.); sie endigt deshalb in den Fällen, in denen die elterliche Gewalt nicht der Mutter zusteht, sondern durch einen Pfleger ausgeübt wird. Insbesondere endigt die Beistandschaft

α. soweit — abgesehen von der Beistandschaft — der dem Beistande zugewiesene Wirkungskreis sich nicht mehr mit den der Mutter zustehenden Befugnissen deckt. Die Beistandschaft des mit der Verwaltung des Kindesvermögens betrauten Beistandes (§ 1693) endigt somit, wenn die elterliche Gewalt völlig (§§ 1679, 1680, 1686, 1697) oder auch nur in Ansehung der Vermögensverwaltung aufhört (vgl. §§ 1647, 1686) oder wenn die Vermögensverwaltung der Mutter entzogen wird (§§ 1666 Abs. 2, 1670, 1686).

β. beim Ruhen der elterlichen Gewalt gemäß § 1694 Abs. 2. Ruhen der elterlichen Gewalt der Mutter vgl. §§ 1676, 1677, 1686, 1696;

c. bei Aufhebung der Beistandschaft durch das Vormundschaftsgericht § 1695;

d. Gutgläubige Fortführung der Beistandschaft nach eingetretener Beendigung, Fürsorgepflicht des Beistandes §§ 1682, 1683, 1893 Abs. 1, 1895, 1694;

e. Rückgabe der Bestallung §§ 1893 Abs. 2, 1895, 1694;

f. Anzeigepflicht des Erben des Beistandes beim Tode des Beistandes §§ 1894, 1895, 1694. (Nachlaßverbindlichkeit vgl. § 1967 Note II 1c).

60*

1. Aufhebung der Beistandschaft und der Uebertragung d. Vermögensverwaltung.

**§ 1695.** Das Vormundschaftsgericht kann in den Fällen des § 1687 Nr. 2, 3 die Bestellung des Beistandes und im Falle des § 1693 die Uebertragung der Vermögensverwaltung auf den Beistand jederzeit aufheben.

Ist die Bestellung des Beistandes nach § 1687 Nr. 2 erfolgt, so soll sie nur mit Zustimmung der Mutter aufgehoben werden. Das Gleiche gilt für die Uebertragung der Vermögensverwaltung auf den Beistand.

2. Die Sorge der minderjährigen Mutter für die Person des Kindes.

**§ 1696.** Ruht die elterliche Gewalt der Mutter wegen Minderjährigkeit, so hat die Mutter das Recht und die Pflicht, für die Person des Kindes zu sorgen; zur Vertretung des Kindes ist sie nicht berechtigt. Der Vormund des Kindes hat, soweit der Mutter die Sorge zusteht, die rechtliche Stellung eines Beistandes.

---

7. Befreite Beistandschaft. Zweifelhaft ist, ob die Vorschriften über die befreite Vormundschaft (§§ 1852 ff.) mit unter die Vorschriften über die Berufung, Bestellung und Beaufsichtigung des Vormundes (§§ 1694, 1792 Abs. 4, 1837 ff.) gerechnet werden können. Soweit nicht die Beschränkung des Wirkungskreises (vgl. § 1691 Note 2) ausreicht, werden die Vorschriften der §§ 1852 indeß mindestens zu entsprechender Anwendung kommen müssen. (Vgl. § 1687 Note II. 2.)

**§ 1695.** I. **Vormundschaftsgerichtliche Aufhebung der Beistandschaft.** Wegen der sonstigen Gründe für die Beendigung der Beistandschaft vgl. § 1694 Note 6.

1. Die vom Vater durch letztwillige Verfügung gemäß §§ 1687 Ziffer 1, 1777 erfolgte Anordnung der Beistandschaft soll durch das Vormundschaftsgericht anscheinend nicht aufgehoben werden können. Eine gesetzwidrige Aufhebung der Beistandschaft würde alsdann die durch die Beistandschaft begründete Beschränkung der Vertretungsmacht der Mutter (vgl. § 1690 Note II. 2) nicht beseitigen. Beschwerde der Mutter und der Verwandten und Verschwägerten gegen die Aufhebung der Beistandschaft FrG. § 57 Ziffer 5; Beschwerde des Kindes FrG. § 59; des Beistandes FrG. § 57 Ziffer 9.

2. Die auf Antrag der Mutter angeordnete Beistandschaft (§ 1687 Ziffer 2).

a. Die Aufhebung soll gemäß § 1695 Abs. 2 nur mit Zustimmung der Mutter erfolgen. Die entgegen dieser Ordnungsvorschrift erfolgte Aufhebung wird zwar mit der Bekanntmachung an die Mutter und an den Beistand (FrG. § 16) wirksam. Das Beschwerderecht steht nur der Mutter zu FrG. § 20 Abs. 2. Die Haftung des Vormundschaftsrichters bestimmt sich nach § 1674.

b. Eine Zwangsvorschrift dahin, daß die Beistandschaft, welche lediglich auf Antrag der Mutter bestellt ist, auf ihren Antrag auch wieder aufgehoben werden müßte, besteht nicht. Indeß wird dem Antrage, wenn nicht die Bestellung aus § 1687 Ziffer 3 aufrecht zu erhalten ist, stets stattzugeben sein.

3. Das Vormundschaftsgericht kann die von ihm aus besonderen Gründen angeordnete Beistandschaft (§ 1687 Ziffer 3) jederzeit wieder aufheben. Das Beschwerderecht gestaltet sich wie zu 1.

II. **Für die vormundschaftsgerichtliche Aufhebung der Uebertragung der Vermögensverwaltung auf den Beistand** (§ 1693) gilt das Gleiche wie zu I. 2 vgl. § 1695 Abs. 2 Satz 2.

**§ 1696.** 1. Das Ruhen der elterlichen Gewalt der Mutter vgl. § 1678 Note C. — Durch § 1696 wird für den Fall, daß die elterliche Gewalt der Mutter wegen Minderjährigkeit ruht, das Recht und die Pflicht der Mutter,

**§ 1697.** Die Mutter verliert die elterliche Gewalt, wenn sie eine neue Ehe eingeht. Sie behält jedoch unter den im § 1696 bestimmten Beschränkungen das Recht und die Pflicht, für die Person des Kindes zu sorgen.

8. Wiederverheirathung der Mutter.

---

für die Person des Kindes zu sorgen, abweichend von der Regelvorschrift des § 1676 Abs. 2 geregelt und der Mutter eine größere Selbständigkeit gegeben.

2. Der Inhalt der der Mutter nach § 1696 zustehenden Sorge für die Person des Kindes gestaltet sich folgendermaßen:

a. Der Mutter steht eine Vertretungsmacht gemäß § 1630 auch in Ansehung der die Person des Kindes betreffenden Angelegenheiten nicht zu.

b. Der Mutter steht die Erziehung, Beaufsichtigung und Aufenthaltsbestimmung gemäß § 1631, der Anspruch auf Herausgabe des Kindes gemäß § 1632 zu.

c. Der Vormund des Kindes hat in Ansehung der persönlichen Angelegenheiten des Kindes, soweit es sich nicht um die ihm zustehende Vertretung des Kindes handelt, die rechtliche Stellung eines Beistandes. Als solcher hat er (vgl. § 1689) die Mutter in Ausübung der persönlichen Sorge lediglich zu unterstützen und zu überwachen, auch erforderlichen Falles Anzeige bei dem Vormundschaftsgerichte zu erstatten; er hat aber nicht die Rechtsstellung aus §§ 1698, 1634. Seine Meinung geht der Meinung der Mutter nicht vor. Die Vorschrift des § 1698, welche nur den an die Stelle des Vaters tretenden Vormund oder Pfleger betrifft, ist nicht anwendbar.

3. Die gleiche Regelung findet sich in dem Falle des § 1697 (Wiederverheirathung der Mutter), § 1702 (Kind aus nichtiger Ehe, wenn der Vater bei der Eheschließung gutgläubig, die Mutter schlechtgläubig war (vgl. auch § 1721) und § 1707 (uneheliche Mutter).

**§ 1697.** 1. Die Rechtsverhältnisse bei Wiederverheirathung der Mutter in Ansehung ihrer elterlichen Gewalt vgl. zu § 1669 Note II.

2. Der nach Satz 1 für die Mutter mit der Eingehung einer neuen Ehe eintretende Verlust der elterlichen Gewalt begründet den in § 1773 vorausgesetzten Thatbestand, daß das Kind nicht unter elterlicher Gewalt steht. Es ist somit trotz § 1697 Satz 2 und des sonstigen Inhalts des § 1773 Abs. 1 ein Vormund für das Kind zu bestellen. Vgl. hierzu § 1669 Note II. 2 b.

Anzeigepflicht des Standesbeamten gegenüber dem Vormundschaftsgerichte bei Wiederverheirathung der Mutter FrG. § 48.

3. Die Sorge für das Kind.

a. Die Mutter behält das Recht und die Pflicht, für die Person des Kindes zu sorgen; sie behält das Recht und die Pflicht, wie sie es bis dahin gehabt hat, zwar nicht mehr als Ausfluß fortdauernder, aber als Nachwirkung früherer elterlicher Gewalt. Es sind deshalb die Vorschriften über die elterliche Gewalt, insbesondere die Vorschriften des § 1666 über das Einschreiten des Vormundschaftsgerichts, der §§ 1676—1680 über das Ruhen und die Beendigung der elterlichen Gewalt entsprechend anzuwenden.

b. Der Inhalt der Sorge für die Person des Kindes bestimmt sich (vgl. zu a) nach den Vorschriften über die elterliche Gewalt, indeß mit den aus § 1696 sich ergebenden Beschränkungen. Vgl. zu § 1696 Note 2.

4. Die Unterhaltspflicht der Mutter richtet sich nach §§ 1601 ff. Daß der Unterhalt des Kindes zunächst aus seinen Einkünften zu bestreiten ist, ergiebt § 1602 Abs. 2.

5. Anwendbarkeit des § 1697 bei Verheirathung der Mutter eines Kindes aus nichtiger Ehe vgl. § 1701 Note I. 3. b.

III. Die elterliche Gewalt der Mutter neben einem Vormund oder Pfleger des Kindes.

**§ 1698.** Wird für das Kind ein Vormund bestellt, weil die elterliche Gewalt des Vaters ruht oder verwirkt ist oder weil die Vertretung des Kindes dem Vater entzogen ist, oder wird für die Erziehung des Kindes an Stelle des Vaters ein Pfleger bestellt, so steht der Mutter die Sorge für die Person des Kindes neben dem Vormund oder dem Pfleger in gleicher Weise zu wie nach § 1634 neben dem Vater.

## Fünfter Titel.

## Rechtliche Stellung der Kinder aus nichtigen Ehen.

**§ 1698.** 1. Die Vorschrift des § 1698 will der Mutter die Rechtsstellung, welche ihr nach § 1634 neben dem Vater als Inhaber der elterlichen Gewalt zukommt, für den Fall sichern, daß dem Kinde aus Gründen, welche in der Person des Vaters liegen, ein Vormund oder ein Pfleger bestellt ist.

a. Ruhen der elterlichen Gewalt, wenn die Ehe aufgelöst ist § 1685 Abs. 2.

b. Verwirkung der elterlichen Gewalt des Vaters, wenn die Ehe nicht aufgelöst ist § 1684 Ziffer 2.

c. Ausschließung des Vaters von der Vertretung und Erziehung des Kindes durch das Vormundschaftsgericht § 1666.

2. Die Vorschrift des § 1698 ist nicht anwendbar, wenn die Mutter die elterliche Gewalt erlangt hat und alsdann die Beendigung und das Ruhen oder die völlige oder theilweise Entziehung der elterlichen Gewalt aus Gründen, welche in der Person der Mutter liegen, eingetreten ist. In diesen Fällen richtet sich das Rechtsverhältniß nach den allgemeinen oder besonderen Vorschriften:

a. Bei Beendigung der elterlichen Gewalt in den Fällen der §§ 1679, 1680 hat die Mutter kein Recht auf die Sorge für die Person des Kindes. Nur im Falle der Beendigung wegen Wiederverheirathung ist § 1697 maßgebend.

b. Ruhen der elterlichen Gewalt.

α. Nach der allgemeinen Vorschrift (§§ 1678, 1686) ist die Mutter während des Ruhens der elterlichen Gewalt zur Ausübung derselben nicht berechtigt. Ausnahme zu β.

β. Bei Ruhen wegen beschränkter Geschäftsfähigkeit (mit Ausnahme des Falls der Minderjährigkeit zu γ) und bei Gebrechlichkeitspflegschaft steht ihr die Sorge für die Person des Kindes neben dem gesetzlichen Vertreter zu, wobei die Meinung des gesetzlichen Vertreters vorgeht. § 1676 Abs. 2.

γ. Im Falle des Ruhens wegen Minderjährigkeit der Mutter § 1696 vgl. Note 2 daselbst.

Vorbemerkung zum 5. Titel.

1. Kinder aus einer formnichtigen, auch in das Heirathsregister nicht eingetragenen Ehe.

Die Vorschrift des § 1699 enthält das Prinzip, dessen Ausgestaltung bzw. Einschränkung die §§ 1700 ff. bezwecken.

Ebensowenig wie § 1699 Abs. 1 (vgl. § 1699 Abs. 2) anwendbar ist, wenn die Nichtigkeit der Ehe auf einem Formmangel beruht und die Ehe nicht in das Heirathsregister eingetragen ist, finden die §§ 1700—1704 auf diesen Fall der Nichtigkeit Anwendung.

Kinder aus einer formnichtigen, auch in das Heirathsregister nicht eingetragenen Ehe sind in allen Beziehungen schlechtweg uneheliche Kinder (§§ 1705 ff.).

Vgl. §§ 1324 Note I. 2a, 1326 Note II. 1.

2. Uebergangsvorschriften.

EG. Art. 207. Inwieweit die Kinder aus einer vor dem Inkrafttreten des Bürgerlichen Gesetzbuchs geschlossenen nichtigen oder ungültigen Ehe als

**§ 1699.** Ein Kind aus einer nichtigen Ehe, das im Falle der Gültigkeit der Ehe ehelich sein würde, gilt als ehelich, sofern nicht beide Ehegatten die Nichtigkeit der Ehe bei der Eheschließung gekannt haben. 1. Fiktion der Ehelichkeit bei Gutgläubigkeit auch nur eines Ehegatten.

Diese Vorschrift findet keine Anwendung, wenn die Nichtigkeit der Ehe auf einem Formmangel beruht und die Ehe nicht in das Heirathsregister eingetragen worden ist.

**§ 1700.** Das Rechtsverhältniß zwischen den Eltern und einem Kinde, das nach § 1699 als ehelich gilt, bestimmt sich, soweit sich nicht aus den §§ 1701, 1702 ein Anderes ergiebt, nach den Vorschriften, die für ein Kind aus einer geschiedenen Ehe gelten, wenn beide Ehegatten für schuldig erklärt sind. 2. Rechtsverhältniß zwischen Eltern und Kind.

**§ 1701.** War dem Vater die Nichtigkeit der Ehe bei der Eheschließung bekannt, so hat er nicht die sich aus der Vaterschaft ergebenden Rechte. Die elterliche Gewalt steht der Mutter zu. a. Schlechtgläubigkeit des Vaters.

---

eheliche Kinder anzusehen sind und inwieweit der Vater und die Mutter die Pflichten und Rechte ehelicher Eltern haben, bestimmt sich nach den bisherigen Gesetzen.

a. Die bisherigen Gesetze sind nach Art. 207 für die Frage, ob das Kind ehelich oder unehelich ist, auch maßgebend, wenn das Kind nach dem 1. Januar 1900 geboren ist.

b. Ist gemäß a die Ehelichkeit anzunehmen, so ist das Rechtsverhältniß zwischen dem Kinde und seinen Eltern gemäß EG. Art. 203—206, ist Unehelichkeit anzunehmen, so nach EG. Art. 208 zu beurtheilen.

3. Internationales Privatrecht vgl. EG. Art. 18.

4. Legitimation durch nachfolgende nichtige Ehe § 1721.

**§ 1699.** 1. Nichtigkeit der Ehe.

a. Nichtigkeit kraft Gesetzes vgl. §§ 1323 ff. Konvaleszenz ex tunc § 1324 Abs. 2. Vgl. daselbst Note II.

b. Nichtigkeit kraft Anfechtung §§ 1330 ff.

2. Die Kenntniß der Nichtigkeit (nicht bloß Kennenmüssen) ist von dem sie Behauptenden zu beweisen. Kenntniß der Anfechtbarkeit steht im Falle der Anfechtung der Kenntniß der Nichtigkeit gleich §§ 1343, 142 Abs. 2.

3. Eheliche Abstammung §§ 1591 ff.

4. Einstweilige Verfügung im Prozesse über die Nichtigkeit oder Anfechtung der Ehe in Ansehung der Sorge für die Person der Kinder und in Ansehung der Unterhaltspflicht der Eltern CPO. § 627 (S. 860). Mittheilung des Prozeßgerichts an das Vormundschaftsgericht von der Entscheidung des Rechtsstreits CPO. § 630 (zu § 1635).

5. Wegen Abs. 2 vgl. Vorb. zu §§ 1699 ff. Note 1.

**§ 1700.** Die für ein Kind aus einer geschiedenen Ehe geltenden Vorschriften:

a. Unterhaltspflicht der Eltern § 1585.

b. Sorge für die Person des Kindes § 1635.

c. Verkehr der Eltern mit dem Kinde § 1636.

d. Elterliche Gewalt §§ 1626 ff., 1684, 1685. Vgl. indeß § 1701.

**§ 1701.** I. **Rechtsstellung des bösgläubigen Vaters bei Gutgläubigkeit der Mutter.**

1. Beweislast. — Kenntniß der Anfechtbarkeit.

Die Kenntniß der Nichtigkeit, welcher gemäß §§ 1343 Abs. 1, 142 Abs. 2 die Kenntniß der Anfechtbarkeit der angefochtenen Ehe gleichsteht, ist von demjenigen zu beweisen, welcher sie behauptet.

b. Schlechtgläubigkeit der Mutter.

**§ 1702.** War der Mutter die Nichtigkeit der Ehe bei der Eheschließung bekannt, so hat sie in Ansehung des Kindes nur diejenigen Rechte, welche im Falle der Scheidung der allein für schuldig erklärten Frau zustehen.

Stirbt der Vater oder endigt seine elterliche Gewalt aus einem anderen Grunde, so hat die Mutter nur das Recht und die Pflicht, für die Person des Kindes zu sorgen; zur Vertretung des Kindes ist sie nicht berechtigt. Der Vormund des Kindes hat, soweit der Mutter die Sorge zusteht, die rechtliche Stellung eines Beistandes.

Die Vorschriften des Abs. 2 finden auch dann Anwendung, wenn die elterliche Gewalt des Vaters wegen seiner Geschäftsunfähigkeit oder nach § 1677 ruht.

---

2. Die aus der Vaterschaft folgenden Rechte und Pflichten. Dem bei der Eheschließung gemäß § 1791 bösgläubigen Vater werden durch § 1701 nur die aus der Vaterschaft sich ergebenden Rechte (vgl. §§ 1616 ff. und die Vorb. zum 4. Titel) abgesprochen, während er die aus der Vaterschaft folgenden Pflichten behält.

a. Demnach hat der Vater

α. keinen Unterhaltsanspruch gegen das Kind, während das Kind ihm gegenüber unterhaltsberechtigt ist §§ 1601 ff.;

β. kein Erbrecht oder Pflichttheilsanspruch als Vater des Kindes (§§ 1925, 2303), während dem Kinde das Erbrecht aus § 1924 und der Pflichttheilsanspruch aus § 2303 zusteht.

b. Vgl. wegen der Berufung des Vaters zur Vormundschaft über das volljährige Kind § 1899 Abs. 3, über das Erforderniß der elterlichen Einwilligung zur Verheirathung des Kindes § 1305.

3. Die elterliche Gewalt der Mutter vgl. §§ 1686 ff.

a. Die Bestellung des Beistandes (§ 1687) kann von dem Vater nicht angeordnet werden, da ihm nicht die elterliche Gewalt zustand (§§ 1687 Ziffer 1, 1777).

b. Von einer Wiederverheirathung (§ 1697) kann zwar nicht die Rede sein, da die frühere Ehe nichtig ist. Die entsprechende Anwendbarkeit des § 1697 im Falle einer Verheirathung der Mutter ist indeß unbedenklich.

II. **Rechtsstellung des Vaters bei Schlechtgläubigkeit beider Eltern** § 1703.

**§ 1702.** I. **Rechtsstellung der schlechtgläubigen Mutter bei Gutgläubigkeit des Vaters.**

1. Kenntniß der Nichtigkeit oder Anfechtbarkeit der angefochtenen Ehe vgl. § 1701 Note I. 1.

2. Zwar gilt das Kind gemäß § 1699 als ehelich. Die Mutter hat aber in Ansehung des Kindes nicht die aus § 1625 ff., sondern nur die aus § 1702 sich ergebenden Rechte.

a. (Abs. 1.) Von den Wirkungen der Alleinschuld bei der Scheidung (vgl. § 1574 Note I. 1) kommen hier nur die §§ 1635, 1636 (Sorge für die Person des Kindes und Regelung des Verkehrs mit dem Kinde) in Betracht.

b. (Abs. 2 u. 3.) Durch die Vorschriften der Abs. 2 und 3 wird der Mutter im Falle des § 1702 die gleiche Stellung, welche die uneheliche Mutter zu ihrem Kinde hat (§ 1707) gegeben. Ihre elterliche Gewalt wird ausgeschlossen (vgl. §§ 1705 in Verbindung mit § 1707).

α. Ohne die Vorschrift des Abs. 2 würde die Mutter gemäß § 1684 kraft Gesetzes, ohne die Vorschrift des Abs. 3 gemäß § 1685 Abs. 2 kraft vormundschaftsgerichtlicher Uebertragung die elterliche Gewalt bzw. die Ausübung derselben erlangen können.

**§ 1703.** Gilt das Kind nicht als ehelich, weil beiden Ehegatten die Nichtigkeit der Ehe bei der Eheschließung bekannt war, so kann es gleichwohl von dem Vater, so lange er lebt, Unterhalt wie ein eheliches Kind verlangen. Das im § 1612 Abs. 2 bestimmte Recht steht dem Vater nicht zu.

c. Schlechtgläubigkeit beider Ehegatten (Unterhaltsanspruch des Kindes).

**§ 1704.** Ist die Ehe wegen Drohung anfechtbar und angefochten, so steht der anfechtungsberechtigte Ehegatte einem Ehegatten gleich, dem die Nichtigkeit der Ehe bei der Eheschließung unbekannt war.

3. Anfechtung der wegen Drohung anfechtbaren Ehe.

## Sechster Titel.
## Rechtliche Stellung der unehelichen Kinder.

---

β. Vgl. im Uebrigen wegen der Regelung des Rechtsverhältnisses zwischen Mutter und Kind bezw. Mutter und Vormund die entsprechende Vorschrift des § 1696.

c. Berufung der Mutter zu Vormundschaft über das volljährige Kind § 1899 Abs. 3.

II. **Rechtsstellung der Mutter bei Schlechtgläubigkeit beider Ehegatten.** Die Vorschriften der §§ 1705 ff finden unmittelbare Anwendung.

**§ 1703.** 1. Die Rechtsstellung des Vaters bei Schlechtgläubigkeit beider Ehegatten ist gemäß §§ 1591 ff., 1699 Abs. 1 an sich die des unehelichen Vaters (§§ 1589 Abs. 2, 1708–1714). Hieran wird durch § 1703 nur insoweit etwas geändert, als dem Kinde während der Lebenszeit des Vaters der Unterhaltsanspruch gemäß §§ 1601 ff. zugesprochen und in Ansehung desselben dem Vater das Recht, den Unterhalt anders als in vierteljährlichen Vorausbezahlungen zu gewähren (§ 1612 Abs. 3), abgesprochen wird. Nach dem Tode des Vaters greift § 1712 in Verbindung mit §§ 1708 ff., 1713 f. Platz.

2. In allen anderen Beziehungen verbleibt es bei den zwischen dem Vater und dem unehelichen Kinde geltenden Vorschriften also z. B. keine Hemmung der Verjährung von Ansprüchen zwischen Vater und Kind (§ 204).

3. Die Vorschrift des § 1703 bezieht sich nur auf diejenigen Kinder, welche lediglich deshalb nicht als ehelich gelten, weil beide Ehegatten die Nichtigkeit der Ehe bei der Eheschließung kannten. Sie betrifft deshalb nicht diejenigen Kinder, welche selbst dann nicht als ehelich gelten würden, wenn nicht beiden Ehegatten die Kenntniß der Ehenichtigkeit innewohnte; sie findet also auf die Kinder aus formnichtigen, in das Heirathsregister nicht eingetragenen Ehen keine Anwendung. § 1699 Abs. 2 vgl. Titelvorb. Note 1.

**§ 1704.** Vgl. die entsprechende Vorschrift des § 1346 und Note I daselbst.

Vorbemerkung zum 6. Titel.

I. **Die verschiedenen Arten unehelicher Kinder.**

1. Unehelich sind die Kinder, welche nicht aus einer gültigen Ehe abstammen (§§ 1591 ff.) und in Ansehung deren nicht die Voraussetzungen für die Anwendbarkeit des § 1699 vorliegen; insonderheit sind die aus einer formnichtigen, in das Heirathsregister nicht eingetragenen Ehe abstammenden Kinder schlechthin unehelich § 1699 Abs. 2.

2. Für ehewidrige Kinder, d. h. uneheliche Kinder von Eltern, deren Verheirathung ein öffentliches trennendes Ehehinderniß entgegensteht, besteht keine Sonderregelung. Vgl. indeß § 1732.

3. Brautkinder vgl. § 1297 Note III. 3. — EG. Art. 208 Abs. 2 (Uebergang).

II. **Die Rechtsstellung unehelicher Kinder.**

1. Stellung des unehelichen Kindes zum Vater.

a. Verwandtschaft im Rechtssinne besteht nach dem BGB. zwischen dem unehelichen Kinde und dessen Vater nicht (§ 1589 Abs. 2). Hieran wird auch nichts geändert, wenn das Kind von dem Vater anerkannt ist. — Die aus der leiblichen Verwandtschaft sich ergebenden Rechtswirkungen vgl. zu d.

1. Verhältniß des unehel. Kindes zur Mutter und deren Familie.
1. Allgemein.

**§ 1705.** Das uneheliche Kind hat im Verhältnisse zu der Mutter und zu den Verwandten der Mutter die rechtliche Stellung eines ehelichen Kindes.

---

b. Ein gesetzliches Erbrecht gegenüber seinem Vater steht dem unehelichen Kinde nicht zu. Vgl. über die Bedeutung des Ausdrucks „Abkömmlinge" (§ 1924) zu § 1589 Note 4a und ba. Die Erwerbsfähigkeit des unehelichen Kindes in Ansehung testamentarisch erfolgter Zuwendungen des Vaters ist nicht beschränkt.

c. Feststellung der unehelichen Vaterschaft.

α. Materielle Vorschriften §§ 1717 f.

β. Prozessuale Vorschriften.

Die besonderen Vorschriften der CPO. §§ 640 ff. (S 883 f.) für die Feststellung des Rechtsverhältnisses zwischen Eltern und Kindern finden gemäß CPO. § 644 auf die uneheliche Vaterschaft keine Anwendung, insbesondere also keine Feststellung der unehelichen Vaterschaft mit Wirkung für und gegen Alle (CPO. § 643).

*CPO. § 644. Die Vorschriften der §§ 640—643* [S. 883 f.] *gelten nicht für einen Rechtsstreit, der die Feststellung des Bestehens oder Nichtbestehens der unehelichen Vaterschaft zum Gegenstande hat.*

d. Die Rechtswirkungen der durch die uneheliche Vaterschaft begründeten leiblichen Verwandtschaft:

α. die Unterhaltspflicht des Vaters §§ 1708 ff. Keine Unterhaltspflicht des unehelichen Kindes gegenüber dem Vater;

β. das Eheverbot der Verwandtschaft § 1310;

γ. die Möglichkeit der Legitimation durch nachfolgende Ehe (§§ 1719 ff.) oder durch Ehelichkeitserklärung (§§ 1723 ff.).

2. Die Stellung des unehelichen Kindes zu seiner Mutter ist in den §§ 1705—1707 geregelt. Die in Betracht kommenden Einzelvorschriften sind bei diesen Paragraphen angegeben.

3. Das Rechtsverhältniß zwischen dem Vater und der Mutter eines unehelichen Kindes §§ 1715 f.

4. Religiöse Erziehung EG. Art 134.

5. Die Staatsangehörigkeit des unehelichen Kindes Ges. über die Erwerbung der Bundes- und Staatsangehörigkeit vom 1. Juni 1870 (abgedruckt Bd. III S. 1555 ff.) §§ 3, 12 Ziffer 4.

III. Uebergangsvorschrift.

EG. Art. 208. Die rechtliche Stellung eines vor dem Inkrafttreten des Bürgerlichen Gesetzbuchs geborenen unehelichen Kindes bestimmt sich von dem Inkrafttreten des Bürgerlichen Gesetzbuchs an nach dessen Vorschriften; für die Erforschung der Vaterschaft, für das Recht des Kindes, den Familiennamen des Vaters zu führen, sowie für die Unterhaltspflicht des Vaters bleiben jedoch die bisherigen Gesetze maßgebend.

Inwieweit einem vor dem Inkrafttreten des Bürgerlichen Gesetzbuchs außerehelich erzeugten Kinde aus einem besonderen Grunde, insbesondere wegen Erzeugung im Brautstande, die rechtliche Stellung eines ehelichen Kindes zukommt und inwieweit der Vater und die Mutter eines solchen Kindes die Pflichten und Rechte ehelicher Eltern haben, bestimmt sich nach den bisherigen Gesetzen.

Die Vorschriften des Abs. 1 gelten auch für ein nach den französischen oder den badischen Gesetzen anerkanntes Kind

IV. Internationales Privatrecht EG Artt. 20, 21.

**§ 1705.** 1. Das uneheliche Kind hat im Verhältnisse zu der Mutter und zu deren Verwandten (§ 1589) die rechtliche Stellung eines ehelichen Kindes, welche diesem nach den Vorschriften des BGB. zusteht. Vgl. indeß

**§ 1706.** Das uneheliche Kind erhält den Familiennamen der Mutter. 2. Familienname des Kindes.

Führt die Mutter in Folge ihrer Verheirathung einen anderen Namen, so erhält das Kind den Familiennamen, den die Mutter vor der Verheirathung geführt hat. Der Ehemann der Mutter kann durch Erklärung gegenüber der zuständigen Behörde dem Kinde mit Einwilligung des Kindes und der Mutter seinen Namen ertheilen; die Erklärung des Ehemanns sowie die Einwilligungserklärungen des Kindes und der Mutter sind in öffentlich beglaubigter Form abzugeben.

---

zu Note 3 und wegen der elterlichen Gewalt § 1707. Wo in anderen Gesetzen von ehelichen Kindern die Rede ist, ist es Auslegungsfrage, ob damit auch die unehelichen Kinder im Verhältnisse zu ihrer Mutter und namentlich zu ihren Verwandten mitbegriffen sind. Vgl. § 1589 Note 4 c. Vorb. zum 2. Titel Note 2 (S. 883).

2. In Gemäßheit des § 1705 sind in dem Verhältnisse zwischen dem unehelichen Kinde und seiner Mutter sowie deren Verwandten insbesondere anwendbar die Vorschriften über:

a. die Unterhaltspflicht (§§ 1601 ff.) mit der aus dem § 1709 Abs. 1 sich ergebenden Abweichung;

b. das Rechtsverhältniß zwischen den Eltern und dem Kinde im Allgemeinen (unabhängig von der elterlichen Gewalt § 1707), soweit sie auf das Verhältniß zu der Mutter passen (§§ 1617 bis 1625). An die Stelle des § 1616 tritt § 1706;

c. das gesetzliche Erbrecht (§§ 1924 ff.) und das Pflichttheilsrecht (§§ 2303 ff.).

3. Nicht anwendbar sind

a. die nach ihrem Inhalt ausdrücklich nur für die eheliche Mutter geltenden Vorschriften über elterliche Anordnungen in Ansehung der Bevormundung des Kindes bzw. über die Berufung der Eltern zur Vormundschaft über das volljährige Kind (§§ 1776 Abs. 1 Ziffer 2, 1777, 1852 bis 1855, 1858 Abs. 1, 1859 Abs. 2, 1861, 1866 Nr. 3; 1899, 1904; vgl. auch § 1845. Die Mutter kann zum Vormund ihres unehelichen Kindes bestellt werden, vgl. §§ 1778 Abs. 3, 1900 Abs. 3;

b. die Vorschriften, welche sich auf die Mutter nur als Inhaberin der elterlichen Gewalt beziehen, § 1707.

c. Ein uneheliches Kind hindert nicht die Annahme eines Kindes an Kindesstatt, § 1741 Note II. 1 d. Vgl. daselbst auch über die Annahme des eigenen unehelichen Kindes an Kindesstatt Seitens der Mutter, welche dadurch die rechtliche Stellung einer ehelichen Mutter erlangt.

4. Einzelvorschriften.

a. Wohnsitz des unehelichen Kindes § 11.

b. Erforderniß mütterlicher Einwilligung zur

α. Eheschließung des Kindes § 1305 Abs. 1 Satz 3;

β. Ehelichkeitserklärung § 1726;

γ. Annahme des Kindes an Kindesstatt § 1747.

5. Auf die Feststellung der Mutterschaft im Prozesse finden die Vorschriften CPO. §§ 640—643 (S. 883 f.) Anwendung.

**§ 1706.** I. **Namen.**

1. Abs. 1, wegen dessen im Uebrigen zu § 1355 Note I und § 12 zu vergleichen ist, giebt die Regel:

a. Das Kind erhält den Familiennamen, den die Mutter zur Zeit der Geburt des Kindes führt, regelmäßig also den von der Mutter bei ihrer Geburt erlangten Namen. Ist die Mutter zur Zeit der Geburt des Kindes an Kindesstatt angenommen gewesen, vgl. §§ 1758, 1762, 1768.

3. Die Sorge für das Kind.

**§ 1707.** Der Mutter steht nicht die elterliche Gewalt über das uneheliche Kind zu. Sie hat das Recht und die Pflicht, für die Person des Kindes zu sorgen; zur Vertretung des Kindes ist sie nicht berechtigt. Der Vormund des Kindes hat, soweit der Mutter die Sorge zusteht, die rechtliche Stellung eines Beistandes.

---

b. Nachträgliche Aenderung des mütterlichen Namens ist, abgesehen von den Fällen des Abs. 2 Satz 2 und der §§ 1719, 1762 für das Kind belanglos.

c. Den Namen des unehelichen Vaters darf das Kind auch mit seiner Einwilligung nicht führen. Andere Träger desselben Namens würden trotz der Zustimmung des Vaters das Untersagungsrecht aus § 12 haben.

d. Der Vorname des Kindes (vgl. § 1616 Note 2) ist zunächst von der Mutter, der die Sorge für die Person des Kindes zusteht, und, im Falle ihres Todes vor der Namengebung, durch den Vormund (§§ 1773, 1793) zu bestimmen.

2. Abs. 2 behandelt zwei von einander unabhängige besondere Fälle:

a. Nach Abs. 2 Satz 1 erhält das uneheliche Kind einer Wittwe oder einer geschiedenen Frau den Familiennamen, welchen die Mutter zuletzt (vgl. Note 1a) vor der Verheirathung geführt hat. Durch Abs. 2 Satz 1 soll nur ausgedrückt werden, daß ein von der Mutter durch Verheirathung erlangter Name (§ 1355) für die Namensführung ihres unehelichen Kindes außer Betracht bleibt. Hat die Mutter nach erfolgter Verheirathung durch Annahme an Kindesstatt einen anderen als ihren ursprünglichen Namen erhalten, so erhält das Kind diesen Namen, vgl. Note 1a.

b. Abs. 2 Satz 2 läßt zu, daß der Ehemann der Mutter seinen Namen dem Kinde ertheilen kann. Diese Vorschrift bezieht sich nicht etwa nur auf den Fall des Abs. 2 Satz 1, sondern auf alle Fälle. Vgl. D. JZtg. 1898 S. 265.

α. Oeffentliche Form § 129, Erklärung gegenüber der zuständigen Behörde § 130; die Zuständigkeit richtet sich nach Landesrecht (vgl. Preuß. AG. zum BGB. Art. 68 § 2).

β. Die Einwilligung des geschäftsunfähigen oder in der Geschäftsfähigkeit beschränkten Kindes ist durch den gesetzlichen Vertreter oder mit dessen Einwilligung zu ertheilen, §§ 104 ff.

II. **Adel** vgl. § 12 Note II 1 b.

III. **Stand** vgl. § 1355 Note II und § 1708 Abs. 1 Satz 1.

**§ 1707.** 1. Der Mutter steht nicht die elterliche Gewalt über das uneheliche Kind und somit auch nicht die Nutznießung am Kindesvermögen (§ 1649) zu.

2. Da das uneheliche Kind nicht unter elterlicher Gewalt steht, ist es gemäß § 1773 während der Minderjährigkeit zu bevormunden.

a. Eine gesetzliche Vormundschaft über das Kind tritt nicht ein; vielmehr muß der Vormund nach den allgemeinen Vorschriften (§§ 1773 ff.) bestellt werden. Zum Vormunde kann auch die uneheliche Mutter bestellt werden. Vgl. §§ 1778 Abs. 3, 1783.

b. Ueber das Recht und die Pflicht der Mutter, für die Person des Kindes zu sorgen, und die Stellung des Vormundes als Beistand der Mutter (§ 1689) vgl. zu § 1696.

3. Die thatsächliche Sorge der Mutter für die Person (vgl. §§ 1631 f).

a. Einschreiten des Vormundschaftsgerichts gemäß §§ 1666, 1838 Satz 2.

b. Im Falle der Ehelichkeitserklärung (§ 1738) und der Annahme des Kindes an Kindesstatt (§ 1765) verliert die Mutter das Recht und die Pflicht, für die Person des Kindes zu sorgen.

4. Die Mutter kann durch Annahme ihres unehelichen Kindes an Kindesstatt die elterliche Gewalt über das Kind erlangen. Vgl. § 1741 Note II 1 d.

**§ 1708.** Der Vater des unehelichen Kindes ist verpflichtet, dem Kinde bis zur Vollendung des sechzehnten Lebensjahrs den der Lebensstellung der Mutter entsprechenden Unterhalt zu gewähren. Der Unterhalt umfaßt den gesammten Lebensbedarf sowie die Kosten der Erziehung und der Vorbildung zu einem Berufe.

II. Pflichten aus der unehelichen Vaterschaft. 1. Unterhaltung des Kindes. a. Dauer und Umfang.

Ist das Kind zur Zeit der Vollendung des sechzehnten Lebensjahrs in Folge körperlicher oder geistiger Gebrechen außer Stande, sich selbst zu unterhalten, so hat ihm der Vater auch über diese Zeit hinaus Unterhalt zu gewähren; die Vorschrift des § 1603 Abs. 1 findet Anwendung.

---

**§ 1708.** 1. Der Unterhaltsanspruch des Kindes ist ein familienrechtlicher, seine Zulassung bedeutet eine Ausnahme des in § 1589 Abs. 2 ausgesprochenen Grundsatzes und die Anerkennung der leiblichen Verwandtschaft. Dies wird dadurch zum Ausdrucke gebracht, daß das Gesetz von dem „Vater" des unehelichen Kindes spricht. Feststellung der Vaterschaft §§ 1717 f.

2. Der Unterhaltsanspruch steht nur dem Kinde zu.

a. Er ist deshalb von dem Vormunde, von der Mutter also nur, wenn sie Vormund des Kindes ist, nicht aber von ihr aus eigenem Rechte geltend zu machen. Vgl. §§ 1707, 1708, 1773, 1793. Vgl. indeß für die Geltendmachung des Anspruchs vor der Geburt für die ersten drei Monate § 1716.

b. Der Anspruch steht nicht den Abkömmlingen des ehelichen Kindes zu und erlischt mit dem Tode des Kindes, § 1713.

3. Unterhaltspflichtig ist lediglich der Vater des unehelichen Kindes, nicht aber die Eltern oder Voreltern des Vaters. §§ 1601 ff. beziehen sich nur auf die Unterhaltspflicht Verwandter (§ 1589 Abs. 2).

4 Regelmäßiger Inhalt der Unterhaltspflicht.

a. Standesgemäßer Unterhalt (vgl. § 1610). Bei nachträglicher Aenderung der Lebensstellung der Mutter oder der Bedürfnisse des Kindes CPO. § 323 (Bd. I S. 348).

b. Regelmäßige Dauer der Unterhaltspflicht bis zum vollendeten 16. Lebensjahre. Berechnung §§ 187 Abs. 2, 188.

c. Die regelmäßige Unterhaltspflicht bis zum vollendeten 16 Lebensjahre des Kindes ist unabhängig von der Bedürftigkeit des Kindes (vgl. § 1602) und von der Leistungsfähigkeit (vgl. § 1603, vgl. indeß Note 6) des Vaters, vgl. auch § 1709.

5. (Abs. 2.) Außerordentlicher Unterhaltsanspruch des Kindes (Zusatz der Reichstagskommission, Drucks. Nr. 440b S. 160).

a. Das Kind ist beweispflichtig für die Voraussetzungen der Fortdauer des Unterhaltsanspruchs. Zur Zeit der Vollendung des 16 Lebensjahrs nicht vorhandene, aber später eintretende Bedürftigkeit begründet den Anspruch nicht.

b. Der Unterhaltsanspruch geht, wie in Abs. 1, auf den der Lebensstellung der Mutter entsprechenden Unterhalt.

c. Die Fortdauer des Unterhaltsanspruchs wird von der Fortdauer der Bedürftigkeit abhängig sein müssen. Nach rechtskräftiger Verurtheilung eintretende Aenderung der Verhältnisse CPO. § 323 (Bd. I S. 348).

d. Fortfall der Unterhaltspflicht nach Maßgabe der Leistungsunfähigkeit des Vaters § 1603 Abs. 1. — CPO. § 323 (Bd. I S. 348).

6. Verwirklichung des Unterhaltsanspruchs im Prozesse.

a. Vgl. Vorb. zum 3. Titel Note III. 8 (S. 892). Der Unterhaltsanspruch des unehelichen Kindes steht indeß hinsichtlich der Zwangsvollstreckung dem eigenen nothdürftigen Unterhalte des Vaters und seiner gesetzlichen Unterhaltspflicht gegenüber den Verwandten, der Ehefrau und der früheren Ehefrau nach. Vgl. Lohnbeschlagnahmegesetz vom 21. Juni 1869,

b. Verhältniß z. Unterhaltspflicht der Verwandten.

**§ 1709.** Der Vater ist vor der Mutter und den mütterlichen Verwandten des Kindes unterhaltspflichtig.

Soweit die Mutter oder ein unterhaltspflichtiger mütterlicher Verwandter dem Kinde den Unterhalt gewährt, geht der Unterhaltsanspruch des Kindes gegen den Vater auf die Mutter oder den Verwandten über. Der Uebergang kann nicht zum Nachtheile des Kindes geltend gemacht werden.

c. Art der Unterhaltsgewährung.

**§ 1710.** Der Unterhalt ist durch Entrichtung einer Geldrente zu gewähren.

Die Rente ist für drei Monate vorauszuzahlen. Durch eine Vorausleistung für eine spätere Zeit wird der Vater nicht befreit.

Hat das Kind den Beginn des Vierteljahrs erlebt, so gebührt ihm der volle, auf das Vierteljahr entfallende Betrag.

d. Unterhalt für die Vergangenheit.

**§ 1711.** Der Unterhalt kann auch für die Vergangenheit verlangt werden.

e. Tod des Vaters.

**§ 1712.** Der Unterhaltsanspruch erlischt nicht mit dem Tode des Vaters; er steht dem Kinde auch dann zu, wenn der Vater vor der Geburt des Kindes gestorben ist.

Der Erbe des Vaters ist berechtigt, das Kind mit dem Betrag abzufinden, der dem Kinde als Pflichttheil gebühren würde, wenn es ehelich wäre. Sind mehrere uneheliche Kinder vorhanden, so wird die Abfindung so berechnet wie wenn sie alle ehelich wären.

---

17. Mai 1898 § 4a (Bd. I S. 196) und die entsprechende Vorschrift CPO. § 850 Abs. 4.

b. Anordnung der Hinterlegung des auf drei Monate entfallenden Unterhalts im Wege der einstweiligen Verfügung vor der Geburt des Kindes § 1716.

7. Konkurs des Vaters KO. § 3 Abs. 2 (S. 752).

**§ 1709.** 1. Abs. 1. Vgl. § 1606.

2. Abs. 2. Vgl. § 1607 Abs. 2 und Bemerkungen daselbst.

**§ 1710.** Vgl. § 760 und die Vorbemerkung Bd. I S. 348.

**§ 1711.** 1. Vgl. dagegen die Vorschrift des § 1613. Vierjährige Verjährung der einzelnen Rentenraten §§ 197, 201; keine Hemmung aus § 204, vgl. Titelvorb. II. 1 (S. 949). Keine Verjährung des Unterhaltsanspruchs für die Zukunft § 194 Abs. 2 (etwa im Falle des § 1708 Abs. 2).

2. Der Unterhalt kann von dem Kinde nicht für die Zeit verlangt werden, für welche ihm Unterhalt durch die Mutter oder einen mütterlichen Verwandten gewährt ist. Vgl. den Uebergang des Unterhaltsanspruchs § 1709 Abs. 2.

3. Unterhaltsgewährung durch einen Dritten als Geschäftsführer ohne Auftrag (§ 679) vgl. § 1613 Note 3.

**§ 1712.** 1. Der Unterhaltsanspruch geht als Nachlaßverbindlichkeit (§§ 1967, 1975 ff.) auf den Erben über.

2. Pflichttheil §§ 2303 ff.

3. Im Falle der Tödtung des Vaters richtet sich der Schadensersatzanspruch des Kindes gegen den Thäter nach §§ 823 ff., 844. Vgl. zu § 844 Note II. 2eß.

**§ 1713.** Der Unterhaltsanspruch erlischt mit dem Tode des Kindes, soweit er nicht auf Erfüllung oder Schadensersatz wegen Nichterfüllung für die Vergangenheit oder auf solche im Voraus zu bewirkende Leistungen gerichtet ist, die zur Zeit des Todes des Kindes fällig sind. — f. Tod des Kindes.

Die Kosten der Beerdigung hat der Vater zu tragen, soweit ihre Bezahlung nicht von dem Erben des Kindes zu erlangen ist.

**§ 1714.** Eine Vereinbarung zwischen dem Vater und dem Kinde über den Unterhalt für die Zukunft oder über eine an Stelle des Unterhalts zu gewährende Abfindung bedarf der Genehmigung des Vormundschaftsgerichts. — g. Beschränkung der Vertragsfreiheit in Ansehung des zukünftig. Unterhalts.

Ein unentgeltlicher Verzicht auf den Unterhalt für die Zukunft ist nichtig.

**§ 1715.** Der Vater ist verpflichtet, der Mutter die Kosten der Entbindung sowie die Kosten des Unterhalts für die ersten sechs Wochen nach der Entbindung und, falls in Folge der Schwangerschaft oder der Entbindung weitere Aufwendungen nothwendig werden, auch die dadurch entstehenden Kosten zu ersetzen. Den gewöhnlichen Betrag der zu ersetzenden Kosten kann die Mutter ohne Rücksicht auf den wirklichen Aufwand verlangen. — 2. Der Ersatzanspruch der Mutter. a. Umfang.

Der Anspruch steht der Mutter auch dann zu, wenn der Vater vor der Geburt des Kindes gestorben oder wenn das Kind todt geboren ist.

Der Anspruch verjährt in vier Jahren. Die Verjährung beginnt mit dem Ablaufe von sechs Wochen nach der Geburt des Kindes. — b. Verjährung.

**§ 1716.** Schon vor der Geburt des Kindes kann auf Antrag der Mutter durch einstweilige Verfügung angeordnet werden, daß der Vater den für die ersten drei Monate dem Kinde zu gewährenden Unterhalt alsbald nach der Geburt an die Mutter oder an den Vor- — 3. Einstweilige Verfügung auf Hinterlegung von Unterhaltsgeldern und Sechswochenkosten vor der Geburt des Kindes.

---

**§ 1713** 1 Vgl § 1615. Im Voraus zu bewirkende Leistungen, die zur Zeit des Todes des Kindes fällig sind, § 1710 Abs 3

2 Beerdigungskosten § 1968, vgl. auch § 1615 Abs 2. Die Verpflichtung des Vaters zur Tragung der Beerdigungskosten tritt nicht ein, wenn die Unterhaltspflicht bereits vor dem Tode des Kindes gemäß §§ 1708, 1714 Abs. 1 erloschen ist.

**§ 1714.** 1. Genehmigung des Vormundschaftsgerichts und Vertragsschließung ohne die erforderliche Genehmigung vgl. §§ 1828 ff.

2. Die Genehmigung ist auch für solche Verträge erforderlich, durch die nur die Art der Gewährung in einer von der gesetzlichen Vorschrift abweichenden Weise geregelt wird.

3. Vergleich oder Schiedsvertrag über den Unterhaltsanspruch § 1822 Ziffer 12.

**§ 1715.** 1. Zu den weiteren Aufwendungen, welche in Folge der Schwangerschaft oder der Entbindung nothwendig werden, kann entgangener Arbeitsverdienst nicht gerechnet werden (a. M Fischer-Henle). Gedacht ist an die Nachwehen der Entbindung (vgl. Reichstagskommissionsbericht Drucks. 440b S. 163 f., Sten. Bericht S. 2990).

2. Verjährung §§ 194 ff.; sechswöchige Frist §§ 187 Abs. 1, 188 Abs. 2.

3. Der Anspruch aus § 1715 im Konkurse des Vaters KO. § 3 Abs. 2 (S. 752).

4 Weitergehende Ersatzansprüche der Mutter gegen den Vater können nach §§ 825, 847 Abs. 2, 1300 begründet sein.

mund zu zahlen und den erforderlichen Betrag angemessene Zeit vor der Geburt zu hinterlegen hat. In gleicher Weise kann auf Antrag der Mutter die Zahlung des gewöhnlichen Betrags der nach § 1715 Abs. 1 zu ersetzenden Kosten an die Mutter und die Hinterlegung des erforderlichen Betrags angeordnet werden.

Zur Erlassung der einstweiligen Verfügung ist nicht erforderlich, daß eine Gefährdung des Anspruchs glaubhaft gemacht wird.

4. Feststellung der unehelichen Vaterschaft.
a. Exceptio plurium.

**§ 1717.** Als Vater des unehelichen Kindes im Sinne der §§ 1708 bis 1716 gilt, wer der Mutter innerhalb der Empfängnißzeit beigewohnt hat, es sei denn, daß auch ein Anderer ihr innerhalb dieser Zeit beigewohnt hat. Eine Beiwohnung bleibt jedoch außer Betracht, wenn es den Umständen nach offenbar unmöglich ist, daß die Mutter das Kind aus dieser Beiwohnung empfangen hat.

b. Empfängnißzeit.

Als Empfängnißzeit gilt die Zeit von dem einhunderteinundachtzigsten bis zu dem dreihundertundzweiten Tage vor dem Tage der Geburt des Kindes, mit Einschluß sowohl des einhunderteinundachtzigsten als des dreihundertundzweiten Tages.

---

**§ 1716.** 1. Die Mutter ist für die Geltendmachung des Anspruchs aus § 1716 aktiv legitimirt; es bedarf deshalb nicht der Bestellung eines Pflegers aus § 1912.

2. Es ist glaubhaft zu machen, daß der in Anspruch Genommene der Mutter zu einer Zeit, die nach dem gegenwärtigen Stande ihrer Schwangerschaft voraussichtlich in die Empfängnißzeit fällt, beigewohnt hat. Die exceptio plurium (§ 1717) kann unter Glaubhaftmachung der sie begründenden thatsächlichen Behauptungen im Widerspruchsverfahren geltend gemacht werden. Das Verfahren richtet sich nach CPO. §§ 935 ff.

**§ 1717.** 1. Die Vorschrift des § 1717 betrifft nur den Beweis der unehelichen Vaterschaft im Sinne der §§ 1708—1716, also als Voraussetzung des Unterhaltsanspruchs des Kindes und des Entschädigungsanspruchs der Mutter. Hingegen kommt diese Vorschrift nicht in Betracht für den Beweis der Vaterschaft im Sinne des § 1310 (Ehehinderniß der Verwandtschaft) und auf dem Gebiete des Strafrechts.

In diesen Beziehungen bleibt es bei den allgemeinen Regeln von der Beweisführung. — Sonderregelung für den Beweis der Vaterschaft bei der Legitimation durch nachfolgende Ehe § 1720.

2. Wegen der Empfängnißzeit vgl. zu § 1592 Abs. 1. — Der Nachweis einer längeren Empfängnißzeit (§ 1592 Abs. 2) ist für die Feststellung der unehelichen Vaterschaft nicht zugelassen.

3. Die sog. exceptio plurium concumbentium ist keine Einrede im Sinne des BGB. (vgl. Bd. I S. XLIII), sondern Einwendung; für ihre Voraussetzungen ist der als Vater in Anspruch Genommene beweispflichtig. Replik der offenbaren Unmöglichkeit der Zeugung durch den Dritten vgl. Note 4. Die Anerkennung der unehelichen Vaterschaft gemäß § 1718 schließt die exceptio plurium aus, vgl. § 1718.

4. Die offenbare (vgl. § 1591 Note 1bβ) Unmöglichkeit der Empfängniß kann sowohl von dem Beklagten in Ansehung seiner Beiwohnung als auch von der Klägerin in Ansehung der Beiwohnung des Dritten geltend gemacht werden.

5. Die Klage auf Feststellung des Bestehens oder des Nichtbestehens der unehelichen Vaterschaft unterliegt nicht den besonderen Vorschriften CPO. §§ 640—643, sondern den allgemeinen prozessualen Vorschriften, vgl. CPO. § 644 (S. 950).

Die Verurtheilung des Beklagten zur Anerkennung der unehelichen Vaterschaft wirkt ebenso wie die Abweisung der Klage nicht gegen Dritte. Es

**§ 1718.** Wer seine Vaterschaft nach der Geburt des Kindes in einer öffentlichen Urkunde anerkennt, kann sich nicht darauf berufen, daß ein Anderer der Mutter innerhalb der Empfängnißzeit beigewohnt habe.

c. Bedeutung der Anerkennung d. Vaterschaft.

wird lediglich unter den Parteien festgestellt, ob der Beklagte verpflichtet ist, die uneheliche Vaterschaft anzuerkennen und dem Kinde Unterhalt zu gewähren. Die Entscheidung ist auch nicht dafür präjudizirlich, ob im Falle nachfolgender Verheirathung der Mutter mit dem als Vater Verurtheilten eine Legitimation durch nachfolgende Ehe eingetreten oder nicht eingetreten ist, vgl. zu § 1720.

**§ 1718. I. Anerkennung der unehelichen Vaterschaft allgemein.**

1. Die verschiedenen Bedeutungen der Anerkennung.

Die Anerkennung der unehelichen Vaterschaft hat verschiedene Voraussetzungen und Bedeutungen, je nach dem Rechtsverhältnisse, für welches sie in Betracht kommt. Diese Rechtsverhältnisse sind:

a. der Unterhaltsanspruch des Kindes und die Ersatzansprüche der Mutter aus § 1718. Vgl. hierüber zu II;

b. die Legitimation durch nachfolgende Ehe, vgl. §§ 1720, 1883;

c. die Legitimation durch Ehelichkeitserklärung, vgl § 1725.

2 Anerkennung der Vaterschaft in einer öffentlichen Urkunde.

a. Oeffentliche Urkunde vgl. CPO. § 415, vgl. § 129 Note 2.

b. Zuständige Behörde.

α. *FG. § 167 Abs. 2. Für die öffentliche Beglaubigung einer Unterschrift sind ausser den Notaren die Amtsgerichte zuständig. Das Gleiche gilt für die Aufnahme der im § 1718 und im § 1720 Abs. 2 des Bürgerlichen Gesetzbuchs vorgesehenen öffentlichen Urkunden über die Anerkennung der Vaterschaft; für die Aufnahme dieser Urkunden ist, wenn die Anerkennung der Vaterschaft bei der Anzeige der Geburt des Kindes oder bei der Eheschliessung seiner Eltern erfolgt, auch der Standesbeamte zuständig, welcher die Geburt oder die Eheschliessung beurkundet*

β. Vorbehalt für die Landesgesetzgebung FrG. § 200.

Preuß. AG. z. BGB. Art. 70. Württ. AG. z BGB. Art. 267.

3. Eintragung der Anerkennung in die Standesregister, Personenstandsgesetz § 25 (Bd. III. S 1600 ff.). Dazu §§ 14—16 d. Vorschriften d. Bundesraths z. A. d. Personenstandsgesetzes v. 25. März 1899 (RGBl. S. 225).

4. Fälschliche Anerkennung der unehelichen Vaterschaft als Veränderung des Personenstandes StGB. § 169 (vgl. Olshausen Note 4 daselbst).

**II. Die Anerkennung der unehelichen Vaterschaft in Ansehung des Unterhaltsanspruchs des Kindes und des Ersatzanspruchs der Mutter** (§ 1718).

1. Voraussetzungen der Anerkennung aus § 1718.

a. Erklärung der Anerkennung nach der Geburt (vgl. § 1 Note I. 2) des Kindes. Eine vor der Geburt abgegebene Anerkennung hat nicht die Wirkung aus § 1718.

b. Anerkennung in einer öffentlichen Urkunde Note I. 2.

2. Rechtliche Natur der Anerkennung aus § 1718.

a. Die Anerkennung ist ein Rechtsgeschäft. Soweit es sich lediglich um die in § 1718 ausgesprochene Wirkung (Note 3) der Anerkennung handelt, sind (anders wie für die Anerkennung der ehelichen Vaterschaft in §§ 1598 Abs. 2, 3, 1595 Abs. 1, vgl. auch § 1720 Note 2) Besonderheiten nicht bestimmt. Es gelten für sie deshalb die Vorschriften des dritten Abschnitts des allgemeinen Theiles, insbesondere über Geschäftsfähigkeit, Willensmängel, Zulässigkeit von Bedingungen, Zeitbestimmung und Vertretung.

b. Die Anerkennung ist eine nicht empfangsbedürftige Willenserklärung, vgl. § 130 Note A. II.

3. Die Wirkung der Anerkennung

a. Die Vorschrift des § 1718 dient zur Ergänzung des § 1717. Die Anerkennung schließt lediglich die Geltendmachung der exceptio plurium bei der Feststellung der unehelichen Vaterschaft im Sinne der §§ 1708 1716 (vgl. § 1717 Note 1) aus.

## Siebenter Titel.
## Legitimation unehelicher Kinder.
### I. Legitimation durch nachfolgende Ehe.

1. Voraussetzungen und Wirkung.

**§ 1719.** Ein uneheliches Kind erlangt dadurch, daß sich der Vater mit der Mutter verheirathet, mit der Eheschließung die rechtliche Stellung eines ehelichen Kindes.

---

b. Unberührt bleibt durch die Anerkennung insbesondere
α. das Bestreiten der Beiwohnung innerhalb der Empfängnißzeit. Vgl. indeß CPO. § 286;
β. die Behauptung offenbarer Unmöglichkeit der Empfängniß aus der Beiwohnung (§ 1717 Abs. 1 S. 2).

4. Anerkenntniß der Unterhalts- (§ 1708) bzw. Ersatzpflicht (§ 1715), sei es für sich allein, sei es in Verbindung mit der Anerkennung der Vaterschaft aus § 1718, richtet sich nach den Vorschriften der §§ 781, 782, 518.

Vorbemerkung zum 7. Titel.

1. Das BGB. kennt zwei Arten der Legitimation.
a. Durch nachfolgende Ehe der Eltern erhält das Kind die rechtliche Stellung eines ehelichen Kindes auch in Ansehung der Verwandten des Mannes, vgl. § 1719.
b. Durch Ehelichkeitserklärung wird nur ein verwandtschaftliches Verhältniß zwischen dem Vater einerseits und dem Kinde und dessen Abkömmlingen andererseits, nicht aber ein Verwandtschafts- oder Schwägerschaftsverhältniß zwischen dem Kinde und den Verwandten bzw. der Ehefrau des Vaters begründet, § 1737.

2. Eintragung der Legitimation in das Geburtsregister Personenstandsgesetz § 26 Bd. III S. 1600 ff.

3. Wohnsitz des legitimirten Kindes § 11.

4. Staatsangehörigkeit des legitimirten Kindes Ges. über den Erwerb und den Verlust der Bundes- und Staatsangehörigkeit vom 1. Juni 1870 (BGBl. S. 355) §§ 2, 4, 12 und Bd. III. S. 1555 ff.

5. Uebergangsvorschrift.
EG. Art. 209. Inwieweit ein vor dem Inkrafttreten des Bürgerlichen Gesetzbuchs legitimirtes oder an Kindesstatt angenommenes Kind die rechtliche Stellung eines ehelichen Kindes hat und inwieweit der Vater und die Mutter die Pflichten und Rechte ehelicher Eltern haben, bestimmt sich nach den bisherigen Gesetzen.

6. Internationales Privatrecht EG. Art. 22.

**§ 1719. I. Voraussetzungen der Legitimation.**

1. Legitimationsfähig ist jedes uneheliche Kind. Zwischen den verschiedenen Arten (vgl. Vorb. zum 6. Titel Note I S. 949) der unehelichen Kinder ist nicht unterschieden.
a. Für Kinder, die in Blutschande (§ 1310) erzeugt sind, kann Legitimation durch nachfolgende Ehe regelmäßig nicht in Betracht kommen. Vgl. § 1310, StGB. § 173. Ist dennoch eine Ehe entgegen der Vorschrift des § 1310 abgeschlossen, so tritt trotz der Nichtigkeit der Ehe (§ 1327) Legitimation des Kindes gemäß § 1721 ein.
b. Für Kinder, die im Ehebruch erzeugt sind, findet die Legitimation eine Schranke, soweit das Eheverbot des § 1312 reicht. Ist die Ehe mit Dispens geschlossen, so ist die Legitimation nach den allgemeinen Vorschriften zu beurtheilen.

2. Unehelichkeit des Kindes.
a. Unehelichkeit liegt nicht vor, wenn das Kind nach §§ 1591 ff., 1699 ff. ehelich ist oder als ehelich gilt.

b. Die Ehelichkeitserklärung auf Antrag des Vaters (§ 1723) oder Annahme an Kindesstatt durch den Vater (§§ 1741 ff.) gewähren dem unehelichen Kinde nicht die volle Stellung eines ehelichen Kindes (vgl. §§ 1737, 1762). Sie schließen die weitergehende Legitimation durch nachfolgende Ehe nicht aus (vgl. indeß bei Ehelichkeitserklärung auf Antrag eines Dritten zu d). § 1719.

c. Annahme des Kindes an Kindesstatt durch einen Dritten schließt die Legitimation durch nachfolgende Ehe nicht aus. Die Wirkungen der Legitimation treten insoweit ein, als sie mit der Vorschrift des § 1757 vereinbar sind. Das Verhältniß ist das gleiche wie in dem Falle, daß ein Dritter das Kind nach der Eheschließung der Eltern an Kindesstatt angenommen hat. Vgl. RG 33 196.

d. Legitimation durch Ehelichkeitserklärung schließt die anderweite Legitimation durch Ehelichkeitserklärung auf Antrag eines Anderen oder durch Eheschließung der Mutter mit einem Anderen aus, weil die unanfechtbare Feststellung der Vaterschaft des Dritten (§§ 1725, 1735) die Vaterschaft eines Anderen ausschließt. — Dasselbe gilt in Ansehung einer voraufgegangenen Legitimation durch nachfolgende Ehe, wenn und insoweit das hierdurch begründete Eltern- und Kindesverhältniß in Gemäßheit des § 643 CPO. mit Wirkung für und gegen Alle rechtskräftig festgestellt ist.

e. Einflußlosigkeit der Entscheidung in dem Rechtsstreit auf Anerkennung der unehelichen Vaterschaft für die Legitimation durch nachfolgende Ehe, vgl. zu § 1717 Note 5.

3. Vaterschaft des Ehemanns der Mutter vgl. § 1720.

4. Gültigkeit der Ehe vgl. § 1721.

II. **Eintritt der Legitimation kraft Gesetzes.**

1. Wenn ihre Voraussetzungen (vgl. zu I) vorliegen, tritt die Legitimation unabhängig von dem Willen der Betheiligten kraft Gesetzes ein, ohne daß es der Zustimmung der Ehegatten oder des Kindes bedarf.

2 Das Kind und jeder Dritte (vgl. z. B. der Vormund des Kindes im Falle des § 1883), der ein rechtliches Interesse daran hat, kann die Legitimation des Kindes mit der Behauptung, daß die Mutter des Kindes und ihr Ehemann innerhalb der Empfängnißzeit den Beischlaf vollzogen haben (vgl. § 1720), geltend machen, solange nicht das Gegentheil durch Urtheil festgestellt ist (vgl. CPO. §§ 640—643 S. 883 f.).

III. **Wirkung der Legitimation.**

1. Rechtsstellung des Kindes als eines ehelichen Kindes.

a. In Ansehung der durch das BGB. geregelten Rechtsverhältnisse gilt der Satz des § 1719 ausnahmslos, insbesondere also in Ansehung der Verwandtschaft, der Unterhaltspflicht und des Erbrechts (§§ 1589 Abs. 2, 1601 ff., 1719, 1924, 2303). Eine Beschränkung, wie in den §§ 1737, 1763, ist nicht vorgesehen.

b. Wegen der Reichsjustizgesetze vgl EG. Art. 33.

c. Wegen des Verhältnisses der Vorschrift zu anderen Gesetzen und Rechtsgeschäften, insbesondere auf dem Gebiete des Lehens-, Fideikommiß- und Stammgutsrechts vgl. Vorb. zum 2. Titel Note 2 (S. 883).

2. Beginn der Wirkung. Die Erlangung der rechtlichen Stellung eines ehelichen Kindes tritt mit der Eheschließung ein und wirkt nur für die Zukunft. Die nach dem Tode eines väterlichen Verwandten stattfindende Legitimation gewährt dem Kinde nicht ein gesetzliches Erbrecht, welches es bei Vorhandensein der Verwandtschaft zur Zeit des Erbfalls gehabt hätte. Die Anciennität als eheliches Kind rechnet erst von der Legitimation ab Ist z. B. dem ältesten ehelichen Kinde einer Familie etwas ausgesetzt, so würde das jüngere Kind, welches als eheliches vor der Legitimation des den Lebensjahren nach älteren unehelichen Kindes geboren ist, vorgehen (vgl. Mot. IV. S. 923 f.).

3. Elterliche Gewalt und Vormundschaft. Trotz der kraft Gesetzes mit der Eheschließung (vgl. zu II und § 1626) eintretenden elterlichen Gewalt über das minderjährige legitimirte Kind ist aus Zweckmäßigkeitsgründen der Fortbestand der Vormundschaft gemäß § 1883 vorgesehen.

61*

2. Vaterschaft des Ehemanns der Mutter.

**§ 1720.** Der Ehemann der Mutter gilt als Vater des Kindes, wenn er ihr innerhalb der im § 1717 Abs. 2 bestimmten Empfängnißzeit beigewohnt hat, es sei denn, daß es den Umständen nach offenbar unmöglich ist, daß die Mutter das Kind aus dieser Beiwohnung empfangen hat.

Erkennt der Ehemann seine Vaterschaft nach der Geburt des Kindes in einer öffentlichen Urkunde an, so wird vermuthet, daß er der Mutter innerhalb der Empfängnißzeit beigewohnt habe.

3. Nichtigkeit der Ehe.

**§ 1721.** Ist die Ehe der Eltern nichtig, so finden die Vorschriften der §§ 1699 bis 1704 entsprechende Anwendung.

4. Eheschließung nach d. Tode des Kindes.

**§ 1722.** Die Eheschließung zwischen den Eltern hat für die Abkömmlinge des unehelichen Kindes die Wirkungen der Legitimation auch dann, wenn das Kind vor der Eheschließung gestorben ist.

## II. Ehelichkeitserklärung.

I. Zulässigkeit und Erfordernisse.
1. Antrag des Vaters u. Verfügung d. Staatsgewalt.

**§ 1723.** Ein uneheliches Kind kann auf Antrag seines Vaters durch eine Verfügung der Staatsgewalt für ehelich erklärt werden.

Die Ehelichkeitserklärung steht dem Bundesstaate zu, dem der Vater angehört; ist der Vater ein Deutscher, der keinem Bundesstaat angehört, so steht sie dem Reichskanzler zu.

Ueber die Ertheilung der einem Bundesstaate zustehenden Ehelichkeitserklärung hat die Landesregierung zu bestimmen.

---

**§ 1720.** 1. § 1720 regelt den Beweis der Vaterschaft als einer der Voraussetzungen der Legitimation durch nachfolgende Ehe, vgl. § 1719 Note I. 3. Die Legitimation des Kindes tritt ein, wenn die Möglichkeit der Vaterschaft gegeben ist. Die exceptio plurium steht der Legitimation ebensowenig wie der ehelichen Vaterschaft entgegen. Vgl. § 1591 und daselbst Note 1 b.

2. Anerkennung der Vaterschaft in öffentlicher Urkunde (vgl. § 1718 Note I. 2) nach der Geburt des Kindes (ob vor oder nach der Eheschließung, ist gleichgültig) begründet die Vermuthung (CPO. § 292) der Beiwohnung innerhalb der Empfängnißzeit. Eine von einem Vertreter abgegebene Anerkennung (vgl. § 1718 Note II. 2 a) dürfte indeß für § 1720 nicht ausreichen (vgl. Analogie aus § 1598 Abs. 2, 3).

**§ 1721.** Vgl. § 1719 Note I. 1 a und b, 4, sowie §§ 1699—1704.

**§ 1722.** 1. Als Abkömmlinge des unehelichen Kindes gelten auch die unehelichen Abkömmlinge einer unehelichen Tochter (§ 1705), nicht hingegen die unehelichen Abkömmlinge eines unehelichen Sohnes (§ 1589 Abs. 2), sofern sie nicht durch nachfolgende Ehe legitimirt sind (§ 1719). Legitimation durch Ehelichkeitserklärung oder Annahme an Kindesstatt begründen diese Wirkung nicht (§§ 1737, 1763).

2. Findet die Eheschließung statt, nachdem das uneheliche Kind mit Hinterlassung von Abkömmlingen gestorben ist, auf welche sich die Wirkung der Legitimation erstreckt (vgl. zu 1), so führen die Abkömmlinge fortab als ihren Familiennamen den Namen des durch die Eheschließung sein verstorbenes Kind und dessen Abkömmlinge legitimirenden Großvaters

**§ 1723.** 1. Die Ehelichkeitserklärung ist Gnadensache. Ein Anspruch auf die Erklärung besteht nicht, auch wenn alle sonstigen Voraussetzungen im Uebrigen vorliegen, vgl. § 1734.

Preuß. B. z. A. d. BGB. Art. 18 — Vf. v. 14. Dezember 1899 § 8 (JMBl. S. 784).
Sächs AG. z. BGB. § 34.
Württ AG. z. BGB Art. 268.
Bad. B. z. A. d. BGB. §§ 28 ff.

2. Ueber die Ertheilung (d. h. die Art und Weise der Ertheilung, die Zuständigkeit, das Wirksamwerden) haben die Landesregierungen zu bestimmen. Daß aber Ertheilung einer öffentlichen Urkunde geboten ist, ergiebt sich aus §§ 2355 Ziffer 2, 2356.

3. Unehelichkeit vgl. zu § 1719 Note I. 2.

4. Staatsangehörigkeit bzw. Reichsangehörigkeit ohne Staatsangehörigkeit vgl. zu EG. Art. 41 und Bd. III. S. 1555 ff.

**§ 1724.** Die Ehelichkeitserklärung kann nicht unter einer Bedingung oder einer Zeitbestimmung erfolgen.

a. Unzulässigkeit von Bedingung u. Zeitbestimmung.

**§ 1725.** Der Antrag muß die Erklärung des Vaters enthalten, daß er das Kind als das seinige anerkenne.

b. Vaterschaftsanerkennung.

**§ 1726.** Zur Ehelichkeitserklärung ist die Einwilligung des Kindes und, wenn das Kind nicht das einundzwanzigste Lebensjahr vollendet hat, die Einwilligung der Mutter erforderlich. Ist der Vater verheirathet, so bedarf er auch der Einwilligung seiner Frau.

2. Erforderliche Einwilligungen.

Die Einwilligung hat dem Vater oder der Behörde gegenüber zu erfolgen, bei welcher der Antrag einzureichen ist; sie ist unwiderruflich.

Die Einwilligung der Mutter ist nicht erforderlich, wenn die Mutter zur Abgabe einer Erklärung dauernd außer Stande oder ihr Aufenthalt dauernd unbekannt ist. Das Gleiche gilt von der Einwilligung der Frau des Vaters.

**§ 1727.** Wird die Einwilligung von der Mutter verweigert, so kann sie auf Antrag des Kindes durch das Vormundschaftsgericht ersetzt werden, wenn das Unterbleiben der Ehelichkeitserklärung dem Kinde zu unverhältnißmäßigem Nachtheile gereichen würde.

Vormundschaftsgerichtliche Ersetzung d. mütterlichen Einwilligung.

**§ 1728.** Der Antrag auf Ehelichkeitserklärung sowie die Einwilligung der im § 1726 bezeichneten Personen kann nicht durch einen Vertreter erfolgen.

3. Beschränkte Zulässigkeit von Vertretung.

Ist das Kind geschäftsunfähig oder hat es nicht das vierzehnte Lebensjahr vollendet, so kann sein gesetzlicher Vertreter die Einwilligung mit Genehmigung des Vormundschaftsgerichts ertheilen.

4. Geschäftsunfähigkeit und Jugendlichkeit des Kindes.

---

**§ 1724.** 1. Vgl. Bd. 1 S. 83 Vorb.

2. Die Beifügung einer Bedingung oder Zeitbestimmung bewirkt Nichtigkeit der Ehelichkeitserklärung.

**§ 1725.** 1. Der Antrag ist einseitiges Rechtsgeschäft, auf welches, soweit nicht §§ 1726 ff. Anderes bestimmen, die allgemeinen Vorschriften Anwendung finden. Willensmangel §§ 116 ff.; vgl. auch § 1731. Im Falle der Anfechtung des anfechtbaren Antrags (§ 1731) ist der Antrag von Anfang an nichtig (§ 142). Die dennoch erfolgte Ehelichkeitserklärung ist, wie eine ohne Antrag erfolgte, von Anfang an nichtig.

2. Fälschliche Anerkennung der Vaterschaft § 1735.

3. Vgl. im Uebrigen § 1718 Note I. — Form § 1730.

**§ 1726.** 1. Stets unerläßliche Erfordernisse sind nur der die Vaterschaftsanerkennung enthaltende Antrag des Vaters und die Einwilligung des Kindes. Vgl. § 1735.

2. Wegen der Einwilligung der Mutter des Kindes und der Frau des Antragstellers vgl. Abs. 3 und § 1735; vgl. auch § 1305 Abs. 2, 1307 Note 3.

3. Erklärung der Einwilligung § 130; Unwiderruflichkeit daselbst Note B.

**§ 1727.** 1. Vormundschaftsgericht FrG. §§ 35, 43.

2. Beschwerde des Kindes FrG. §§ 20, 59; sofortige Beschwerde der Mutter FrG. §§ 60 Ziffer 6, 53.

3. Wirksamwerden der Verfügung FrG. § 53 (S. 748).

4. *FG. § 55 Abs. 2. Eine Verfügung, durch welche die Zustimmung zu einer Ehelichkeitserklärung ersetzt wird, kann nicht mehr geändert werden, wenn die Ehelichkeitserklärung erfolgt ist.*

**§ 1728.** Vgl. Bd. I S. 90 Ziffer 13.

5. Beschränkte Geschäftsfähigkeit eines Betheiligten.

**§ 1729.** Ist der Vater in der Geschäftsfähigkeit beschränkt, so bedarf er zu dem Antrag, außer der Zustimmung seines gesetzlichen Vertreters, der Genehmigung des Vormundschaftsgerichts.

Ist das Kind in der Geschäftsfähigkeit beschränkt, so gilt das Gleiche für die Ertheilung seiner Einwilligung.

Ist die Mutter des Kindes oder die Frau des Vaters in der Geschäftsfähigkeit beschränkt, so ist zur Ertheilung ihrer Einwilligung die Zustimmung des gesetzlichen Vertreters nicht erforderlich.

6. Formvorschrift.

**§ 1730.** Der Antrag sowie die Einwilligungserklärung der im § 1726 bezeichneten Personen bedarf der gerichtlichen oder notariellen Beurkundung.

7. Anfechtung anfechtb. Willenserklärungen.

**§ 1731.** Ist der Antrag oder die Einwilligung einer der im § 1726 bezeichneten Personen anfechtbar, so gelten für die Anfechtung und für die Bestätigung der anfechtbaren Erklärung die Vorschriften der §§ 1728, 1729.

8. Ehehindernde Verwandschaft d. Eltern.

**§ 1732.** Die Ehelichkeitserklärung ist nicht zulässig, wenn zur Zeit der Erzeugung des Kindes die Ehe zwischen den Eltern nach § 1310 Abs. 1 wegen Verwandtschaft oder Schwägerschaft verboten war.

9. Tod des Kindes oder Vaters vor erfolgter Ehelichkeitserklärung.

**§ 1733.** Die Ehelichkeitserklärung kann nicht nach dem Tode des Kindes erfolgen.

Nach dem Tode des Vaters ist die Ehelichkeitserklärung nur zulässig, wenn der Vater den Antrag bei der zuständigen Behörde eingereicht oder bei oder nach der gerichtlichen oder notariellen Beurkundung des Antrags das Gericht oder den Notar mit der Einreichung betraut hat.

Die nach dem Tode des Vaters erfolgte Ehelichkeitserklärung hat die gleiche Wirkung, wie wenn sie vor dem Tode des Vaters erfolgt wäre.

---

**§ 1729.** 1. Vgl. zu Abs. 1; vgl. Bd. I S. 90 Ziffer 14; zu Abs. 2 Ziff. 18.
2. Der Mangel der vormundschaftsgerichtlichen Genehmigung in den Fällen des Abs. 1 und 2 macht den Antrag und damit auch die etwa erfolgte Ehelichkeitserklärung unwirksam.

**§ 1730.** 1. Formmangel bewirkt Nichtigkeit § 125.
2. Gerichtliche oder notarielle Beurkundung vgl. FrG. §§ 167 ff.

**§ 1731.** 1. Anfechtung des anfechtbaren Antrags (vgl. § 1725 Note 1) beseitigt auch die Wirksamkeit der Ehelichkeitserklärung (vgl. § 1735 Note 2).
2. Anfechtung wegen Willensmängel §§ 119 ff., 142 ff. — Bestätigung des Antrags § 144.

**§ 1732.** Der Zeitpunkt der Zeugung ist nach allgemeinen Beweisgrundsätzen zu ermitteln. Die Vorschrift über die Empfängnißzeit § 1717 Abs. 2 können wohl einen Anhalt bieten, sind aber nicht unmittelbar anwendbar. Vgl. § 1717 Note 1.

**§ 1733.** 1. In welchem Zeitpunkte die Ehelichkeitserklärung wirksam wird, entscheidet sich nach Landesrecht, vgl. § 1723 Abs. 3 und Note 2 daselbst.
2. Nach Stellung des Antrags eintretende Geschäftsunfähigkeit kann zwar für die Staatsgewalt ein Grund für die Ablehnung des Antrags sein, beeinträchtigt aber nicht die Rechtsbeständigkeit des Antrags, § 130 Abs. 2.
3. Gebundenheit des Antragstellers liegt solange nicht vor, als die Ehe-

**§ 1734.** Die Ehelichkeitserklärung kann versagt werden, auch wenn ihr ein gesetzliches Hinderniß nicht entgegensteht.

10. Versagung der Ehelichkeitserklärung.

**§ 1735.** Auf die Wirksamkeit der Ehelichkeitserklärung ist es ohne Einfluß, wenn der Antragsteller nicht der Vater des Kindes ist oder wenn mit Unrecht angenommen worden ist, daß die Mutter des Kindes oder die Frau des Vaters zur Abgabe einer Erklärung dauernd außer Stande oder ihr Aufenthalt dauernd unbekannt sei.

11. Unerhebliche Mängel der Voraussetzungen.

**§ 1736.** Durch die Ehelichkeitserklärung erlangt das Kind die rechtliche Stellung eines ehelichen Kindes.

II. Wirkung d. Ehelichkeitserklärung.
1. Kind und Vater.

**§ 1737.** Die Wirkungen der Ehelichkeitserklärung erstrecken sich auf die Abkömmlinge des Kindes; sie erstrecken sich nicht auf die Verwandten des Vaters. Die Frau des Vaters wird nicht mit dem Kinde, der Ehegatte des Kindes wird nicht mit dem Vater verschwägert.

2. Die beiderseitigen Angehörigen.

Die Rechte und Pflichten, die sich aus dem Verwandtschaftsverhältnisse zwischen dem Kinde und seinen Verwandten ergeben, bleiben unberührt, soweit nicht das Gesetz ein Anderes vorschreibt.

**§ 1738.** Mit der Ehelichkeitserklärung verliert die Mutter das Recht und die Pflicht, für die Person des Kindes zu sorgen. Hat sie dem Kinde Unterhalt zu gewähren, so treten Recht und Pflicht wieder ein, wenn die elterliche Gewalt des Vaters endigt oder wenn sie wegen Geschäftsunfähigkeit des Vaters oder nach § 1677 ruht.

3. Die Sorge der Mutter für die Person des Kindes.

---

lichkeitserklärung selbst noch nicht erfolgt ist. Vgl. die anderweite Regelung für die Annahme an Kindesstatt (§ 1754 Abs. 1 Satz 2).

4. Bei Tod des Kindes bzw. des Vaters vgl. die ähnliche Vorschrift für die Annahme an Kindesstatt § 1753.

5. (Abs. 3.) Vgl. § 1736. — Aussetzung der Erbtheilung bis zur Entscheidung über die Ehelichkeitserklärung § 2043 Abs. 2.

**§ 1734.** Die Vorschrift bringt den Charakter der Ehelichkeitserklärung als Gnadensache zum Ausdrucke, vgl. § 1723 Note 1.

**§ 1735.** Vgl. die entsprechende Vorschrift bei der Annahme an Kindesstatt § 1756.

2. Die anderen Erfordernisse der Ehelichkeitserklärung sind dergestalt wesentlich, daß bei ihrem Mangel die Ehelichkeitserklärung wirkungslos ist. Im Falle der Anfechtbarkeit wesentlicher Erklärungen vgl. zu § 1731 Note 1.

**§ 1736.** Vgl. § 1719 Note III. Vgl. indeß die Einschränkung des § 1737. Vgl. auch Note 2 daselbst.

**§ 1737.** 1. Zu Abs. 1 vgl. die für die Annahme an Kindesstatt bestehenden Vorschriften der §§ 1762, 1763, 1764.

2. (Abs. 2.) Einwirkungen auf die aus dem Verwandtschaftsverhältnisse sich ergebenden Rechte und Pflichten finden statt

a. gemäß § 1738;
b. gemäß § 1305 Abs. 1 letzter Satz, wonach die Einwilligung der Mutter zur Eheschließung des Kindes nicht mehr erforderlich ist;
c. in erbrechtlicher Beziehung insofern, als durch die Ehelichkeitserklärung zugleich ein Erb- und Pflichttheilsrecht des Vaters gegenüber dem Kinde und dessen Abkömmlingen begründet und dadurch das Erb- und Pflichttheilsrecht der Verwandten des Kindes diesem gegenüber beschränkt wird. Vgl. §§ 1736, 1737 Abs. 1 Satz 1 verbunden mit §§ 1925, 1926, 2303.

**§ 1738.** 1. Nach § 1736 in Verbindung mit § 1626 erlangt der Vater durch die Ehelichkeitserklärung die elterliche Gewalt über das minderjährige

4. Die Unterhaltspflicht der Verwandten des Kindes.

**§ 1739.** Der Vater ist dem Kinde und dessen Abkömmlingen vor der Mutter und den mütterlichen Verwandten zur Gewährung des Unterhalts verpflichtet.

5. Pflichten des Vaters bei Eheschließung.

**§ 1740.** Will der Vater eine Ehe eingehen, während er die elterliche Gewalt über das Kind hat, so finden die Vorschriften der §§ 1669 bis 1671 Anwendung.

## Achter Titel.

## Annahme an Kindesstatt.

---

Kind. Es ist nicht als angemessen erachtet, im Falle der Ehelichkeitserklärung des Kindes neben der elterlichen Gewalt des Vaters der Mutter die ihr gemäß § 1707 zustehende Sorge für die Person des Kindes zu belassen. Es tritt deshalb nach Satz 1 mit der Ehelichkeitserklärung der Verlust des Rechtes und der Pflicht der Mutter, für die Person des Kindes zu sorgen, ein.

2. Recht und Pflicht der Sorge für die Person des Kindes treten nur in dem Falle wieder ein, daß die Mutter dem Kinde Unterhalt zu gewähren hat (§§ 1601 ff., 1739) und die elterliche Gewalt des Vaters endigt (§§ 1679, 1680) oder wegen Geschäftsunfähigkeit (§ 1676 Abs. 1) oder wegen thatsächlicher vom Vormundschaftsgericht als dauernd festgestellter Behinderung (§ 1677) ruht.

3. Das Erforderniß der mütterlichen Einwilligung zur Eheschließung tritt selbst dann nicht wieder ein, wenn der Vater gestorben oder zur Abgabe einer Erklärung dauernd außer Stande ist (§ 1305 Abs. 1, 2).

4. Vgl. die für die Annahme an Kindesstatt geltenden Vorschriften des § 1765.

**§ 1739.** Die Vorschrift steht mit § 1606 Abs. 2 im Einklange, vgl. auch § 1766.

**§ 1740.** Durch § 1740 wird der Vater im Falle seiner Verheirathung verpflichtet, das seiner Verwaltung unterliegende Kindesvermögen zu verzeichnen und erforderlichenfalls eine Auseinandersetzung mit dem Kinde herbeizuführen. Die Ehelichkeitserklärung steht in dieser Hinsicht einer früheren Ehe gleich. Vgl §§ 1669—1671; § 1761; § 1314.

Vorbereitung zum 8. Titel.

1. Die Annahme an Kindesstatt ist im BGB. als einheitliches Rechtsinstitut, welches dem Angenommenen die rechtliche Stellung eines ehelichen Kindes des Annehmenden zu geben bezweckt, ausgebildet: keine Unterscheidung zwischen der Annahme eines unter elterlicher Gewalt stehenden und eines bereits selbständigen Kindes (Adoption — Arrogation), kein Unterschied, ob der Annehmende Mann oder Frau ist.

2. Einzelvorschriften des BGB., welche außer den Vorschriften dieses Titels in Betracht kommen:

a. Abgeleiteter Wohnsitz des Kindes § 11.
b. Erforderniß der Einwilligung des Annehmenden zur Eheschließung des Angenommenen §§ 1306 ff.
c. Ehehinderniß der Adoptivverwandtschaft § 1311; vgl. auch § 1771.
d. Einfluß der Annahme an Kindesstatt auf die Berufung zum Vormunde §§ 1776 Abs. 2, 1899 Abs. 2.
e. Aussetzung der Erbtheilung bis zur Entscheidung über die Bestätigung des Annahmevertrags § 2043.

3. Staatsangehörigkeit wird durch die Annahme an Kindesstatt für sich allein nicht begründet. Vgl. Ges. über den Erwerb und Verlust der Bundes- und Staatsangehörigkeit vom 1. Juni 1870 (Bd. III. S. 1555 ff.).

4. Religiöse Erziehung EG. Art. 134.

5. Uebergangsvorschrift EG. Art. 209.

**§ 1741.** Wer keine ehelichen Abkömmlinge hat, kann durch Vertrag mit einem Anderen diesen an Kindesstatt annehmen. Der Vertrag bedarf der Bestätigung durch das zuständige Gericht.

I. Zulässigkeit und Erfordernisse
1. Unerläßliche Erfordernisse.
a. Kinderlosigkeit.
b. Gerichtliche Bestätigung.

---

6. Internationales Privatrecht EG. Art. 22.

7. Standesamtliche Eintragung der Annahme an Kindesstatt und der Aufhebung derselben in das Geburtsregister, Personenstandsgesetz § 26 (Bd. III. S. 1600 ff.).

§ 1741. I. **Allgemeiner Inhalt.**

1. Die Zulässigkeit des Annahmevertrags wird ausgesprochen, weil für das Familienrecht das Prinzip der Vertragsfreiheit nicht gilt.

2. Die unerläßlichen Erfordernisse jedes Annahmevertrags. § 1741 enthält die aus dem Rechte der Kindesannahme sich ergebenden besonderen Erfordernisse, welche für jeden Annahmevertrag schlechthin nothwendig sind und deren Mangel den Vertrag nichtig macht. Die Vorschrift erhält ihre Ergänzung durch die §§ 1742, 1743.

II. **Die einzelnen unerläßlichen Erfordernisse.**

1. Mangel ehelicher Abkömmlinge.

a. Eheliche Abstammung §§ 1591 ff., 1699 ff.

b. Die durch Legitimation verbundenen Abkömmlinge (§§ 1719, 1722, 1736, 1737 Abs. 1 Satz 1) haben die Stellung ehelicher Kinder und gehören deshalb auch zu den ehelichen Abkömmlingen.

c. Das Vorhandensein eines bereits angenommenen Kindes würde gemäß §§ 1757, 1741 — ebenso wie die zu b bezeichneten Kinder — die Annahme eines weiteren Kindes ausschließen, wenn § 1743 nicht die entgegengesetzte Vorschrift enthielte.

d. Uneheliche Kinder einer Frau stehen zwar im Prinzipe der Mutter gegenüber den ehelichen Kindern gleich (vgl. §§ 1705 ff.), doch bleibt es immerhin ein uneheliches Kind und schließt deshalb die Annahme an Kindesstatt nicht aus. Insbesondere kann die Mutter auch ihr eigenes uneheliches Kind an Kindesstatt annehmen und ihm dadurch die Rechtsstellung eines ehelichen Kindes geben und somit die elterliche Gewalt über das Kind erlangen (§ 1757). Vgl. auch § 1747 Note 2b.

e. Ein nasciturus schließt die Annahme an Kindesstatt nicht aus. § 1746 Abs. 1 gewährt Schutz.

f. Verstorbene Abkömmlinge sind als solche fortgefallen und hindern deshalb nicht die Annahme an Kindesstatt. Zu beachten ist, daß nicht nur eheliche Kinder, sondern auch sonstige eheliche Abkömmlinge (Enkel) die Annahme an Kindesstatt ausschließen.

g. Die Todeserklärung begründet die Vermuthung des Todes. Ein für todt erklärter Abkömmling hindert somit nicht die Annahme an Kindesstatt (vgl. zu f). Stellt sich nachträglich heraus, daß derselbe noch zur Zeit des Annahmevertrags am Leben gewesen ist, so ist der Annahmevertrag nichtig (vgl. zu § 1742).

2. Der Annahmevertrag.

Der Vertrag unterliegt den allgemeinen Vorschriften über die Rechtsgeschäfte (§§ 104 ff.), soweit nicht die Vorschriften der §§ 1741 ff. Besonderheiten festsetzen.

3. Bestätigung durch das Gericht.

a. Die Bestätigung des Gerichts ist keine Gnadensache. Sie kann nicht versagt werden, wenn ihr ein gesetzliches Hinderniß nicht entgegensteht (§ 1754 vgl. mit § 1734). Ihr Zweck ist nicht, das wirthschaftliche oder persönliche Interesse der Kontrahenten wahrzunehmen, sondern die Abschließung ungültiger Annahmeverträge zu verhindern. Das Gericht hat sich deshalb auf eine Prüfung des Rechtspunktes zu beschränken (vgl. § 1756).

b. Die Annahme an Kindesstatt tritt erst mit der Bestätigung in Kraft. Bindung der Parteien vor der Bestätigung § 1754.

c. Unbedingte und unbefristete Annahme. **§ 1742.** Die Annahme an Kindesstatt kann nicht unter einer Bedingung oder einer Zeitbestimmung erfolgen.

d. Vorhandensein eines angenommenen Kindes. **§ 1743.** Das Vorhandensein eines angenommenen Kindes steht einer weiteren Annahme an Kindesstatt nicht entgegen.

2. Lebensalter der Betheiligten. **§ 1744.** Der Annehmende muß das fünfzigste Lebensjahr vollendet haben und mindestens achtzehn Jahre älter sein als das Kind.

Befreiung hinsichtlich der Altersvorschriften. **§ 1745.** Von den Erfordernissen des § 1744 kann Befreiung bewilligt werden, von der Vollendung des fünfzigsten Lebensjahrs jedoch nur, wenn der Annehmende volljährig ist.

---

c. Einfluß des Todes eines der Kontrahenten auf die Bestätigung § 1753.

d. Das Verfahren wird im dritten Abschnitte des Ges. über die Angelegenheiten der freiwilligen Gerichtsbarkeit geordnet. — Bei Annahme eines minderjährigen Kindes hat das bestätigende Gericht dem zuständigen Vormundschaftsgerichte Nachricht zu geben. FrG. § 50 vgl. § 1760 Note 2.

*FG. Dritter Abschnitt.*

*Annahme an Kindesstatt.*

*§ 65. Die Bestätigung des Vertrags, durch welchen Jemand an Kindesstatt angenommen oder das durch die Annahme an Kindesstatt begründete Rechtsverhältniss wieder aufgehoben wird, gehört zur Zuständigkeit der Amtsgerichte.*

*§ 66. Für die Bestätigung ist das Gericht zuständig, in dessen Bezirke der Annehmende zu der Zeit, zu welcher der Antrag auf Bestätigung eingereicht oder nach Massgabe des § 1753 Abs. 2 des Bürgerlichen Gesetzbuchs das Gericht oder der Notar mit der Einreichung betraut wird, seinen Wohnsitz oder in Ermangelung eines inländischen Wohnsitzes seinen Aufenthalt hat.*

*Ist der Annehmende ein Deutscher und hat er im Inlande weder Wohnsitz noch Aufenthalt, so ist das Gericht zuständig, in dessen Bezirke der Annehmende seinen letzten inländischen Wohnsitz hatte. In Ermangelung eines solchen Wohnsitzes wird das zuständige Gericht, falls der Annehmende einem Bundesstaat angehört, von der Landesjustizverwaltung, anderenfalls von dem Reichskanzler bestimmt.*

*§ 67. Der Beschluss, durch den die Bestätigung ertheilt wird, tritt mit der Bekanntmachung an den Annehmenden in Wirksamkeit.*

*Ist die Bestätigung noch nach dem Tode des Annehmenden zulässig, so tritt der Beschluss, unbeschadet der Vorschriften des § 1753 Abs. 3 und des § 1770 des Bürgerlichen Gesetzbuchs, mit der Bekanntmachung an das Kind in Wirksamkeit; wird nach dem Tode des Kindes das zwischen den übrigen Betheiligten bestehende Rechtsverhältniss durch Vertrag aufgehoben, so tritt der Beschluss, durch welchen die Aufhebung nach dem Tode des Annehmenden bestätigt wird, mit der Bekanntmachung an die übrigen Betheiligten in Wirksamkeit.*

*Das Gericht ist zu einer Aenderung des Beschlusses nicht befugt.*

*§ 68. Gegen den Beschluss, durch welchen die Bestätigung ertheilt wird, findet kein Rechtsmittel statt.*

*Gegen den Beschluss, durch welchen die Bestätigung versagt wird, findet die sofortige Beschwerde statt. Die Beschwerde steht jedem der Vertragschliessenden zu, auch wenn der Antrag auf Bestätigung von ihm nicht gestellt war. Die Vorschriften des § 22 Abs. 2, des § 24 Abs. 3 und des § 26 Satz 2 finden keine Anwendung.*

**§ 1742.** Unzulässigkeit von Bedingung und Zeitbestimmung. Vgl. hierzu Bd. I S. 83 Vorb. — Fall der conditio tacita vgl. § 1741 Note II. 1g.

**§ 1743.** Vgl. § 1741 Note II. 1c.

**§ 1744.** 1. Altersberechnung gemäß §§ 187 Abs. 2, 188.

2. Verstoß gegen die Mußvorschrift des § 1744 bewirkt, sofern nicht Befreiung gemäß § 1745 vorliegt, Nichtigkeit der Annahme. Die Nichtigkeit wird durch den nachträglichen Eintritt des Alters nicht behoben.

Die Bewilligung steht dem Bundesstaate zu, dem der Annehmende angehört; ist der Annehmende ein Deutscher, der keinem Bundesstaat angehört, so steht die Bewilligung dem Reichskanzler zu.

Ueber die Ertheilung der einem Bundesstaate zustehenden Bewilligung hat die Landesregierung zu bestimmen.

**§ 1746.** Wer verheirathet ist, kann nur mit Einwilligung seines Ehegatten an Kindesstatt annehmen oder angenommen werden. 3. Erforderliche Einwilligungen a. des Ehegatten,

Die Einwilligung ist nicht erforderlich, wenn der Ehegatte zur Abgabe einer Erklärung dauernd außer Stande oder sein Aufenthalt dauernd unbekannt ist.

**§ 1747.** Ein eheliches Kind kann bis zur Vollendung des einundzwanzigsten Lebensjahrs nur mit Einwilligung der Eltern, ein uneheliches Kind kann bis zum gleichen Lebensalter nur mit Einwilligung der Mutter an Kindesstatt angenommen werden. Die Vorschrift des § 1746 Abs. 2 findet entsprechende Anwendung. b. der Eltern.

---

**§ 1745.** 1. Vgl. §§ 1322 Abs. 1, 1723 Abs. 2, 3.

2. In Preußen ist die Befreiung vom Justizminister zu ertheilen, Art. 14 d. AB. vom 16. November 1899 (GS. S. 562); Vf. vom 14. Dezember 1899 § 4 (JMBl. 784). Sächs. AG. z. BGB. § 35. Württ. AG. z. BGB. Art. 260. Bad. V. z. A. d. BGB. § 32.

**§ 1746.** 1. Vgl. über die Ertheilung der Einwilligung § 1748.

2. Zu Abs. 2 vgl. § 1305 Abs. 2, § 1307 Note 3.

3. Annahme unter Verletzung der Vorschrift des § 1746 bewirkt Nichtigkeit. Vgl. indeß unrichtige Annahme der Voraussetzungen des Abs. 2 durch das bestätigende Gericht § 1756.

4. Gemeinschaftliche Annahme an Kindesstatt seitens der Ehegatten § 1749.

5. Die Ehegatten selbst können nicht von derselben Person als Kinder angenommen werden, vgl. § 1311.

**§ 1747.** 1. Eheliche Kinder (vgl. § 1741 Note II. 1 a—c).

a. Erforderniß elterlicher Genehmigung, also der Genehmigung des Vaters und der Mutter.

b. Volljährigkeitserklärung des Kindes beseitigt nicht das Erforderniß elterlicher Genehmigung; entscheidend ist das vollendete 21. Lebensjahr als solches. Vgl zu §§ 3—5 Note VI. — Altersberechnung §§ 187 Abs. 2, 188.

2. Annahme eines unehelichen Kindes.

a. Die Einwilligung der Mutter ist auch dann erforderlich, wenn das Kind für ehelich erklärt ist (vgl. § 1737 Abs. 2). Das Erforderniß der Einwilligung des Vaters ergiebt sich aus §§ 1747 Abs. 1, 1763.

b. Ein uneheliches Kind kann auch von seiner Mutter an Kindesstatt angenommen werden; vgl. § 1741 Note II. 1 d. — Das Interesse der Mutter an einer solchen Kindesannahme kann namentlich in der Erlangung der elterlichen Gewalt bestehen vgl. § 1707. Das Interesse des minderjährigen Kindes wird genügend durch das Erforderniß vormundschaftsgerichtlicher Mitwirkung (§§ 1750 f.) geschützt.

c. Auch der uneheliche Vater kann sein uneheliches Kind an Kindesstatt annehmen, z. B. wenn der Gnadenweg der Ehelichkeitserklärung verschlossen ist oder wenn er seine uneheliche Vaterschaft nicht aufdecken will.

3. Die Anwendbarkeit des § 1746 Abs. 2 ermöglicht die rechtsbeständige Annahme eines Findelkindes an Kindesstatt. — Vgl. auch § 1773 Abs. 2.

4. Im Uebrigen vgl. zu §§ 1746 Note 2 u. 3, 1748.

c. Einwilligungserklärung.

**§ 1748.** Die Einwilligung der in den §§ 1746, 1747 bezeichneten Personen hat dem Annehmenden oder dem Kinde oder dem für die Bestätigung des Annahmevertrags zuständigen Gerichte gegenüber zu erfolgen; sie ist unwiderruflich.

Die Einwilligung kann nicht durch einen Vertreter ertheilt werden. Ist der Einwilligende in der Geschäftsfähigkeit beschränkt, so bedarf er nicht der Zustimmung seines gesetzlichen Vertreters.

Die Einwilligungserklärung bedarf der gerichtlichen oder notariellen Beurkundung.

4. Annahme durch Mehrere.

**§ 1749.** Als gemeinschaftliches Kind kann ein Kind nur von einem Ehepaar angenommen werden.

Ein angenommenes Kind kann, solange das durch die Annahme begründete Rechtsverhältniß besteht, nur von dem Ehegatten des Annehmenden an Kindesstatt angenommen werden.

5. Die Vertragsschließg. a. Beschränkte Zulässigkeit b. Vertretung.

**§ 1750.** Der Annahmevertrag kann nicht durch einen Vertreter geschlossen werden. Hat das Kind nicht das vierzehnte Lebensjahr vollendet, so kann sein gesetzlicher Vertreter den Vertrag mit Genehmigung des Vormundschaftsgerichts schließen.

b. Form des Vertrags.

Der Annahmevertrag muß bei gleichzeitiger Anwesenheit beider Theile vor Gericht oder vor einem Notar geschlossen werden.

---

**§ 1748.** 1. Einwilligung ist vorherige Zustimmung § 183. Da die Annahme erst mit der gerichtlichen Bestätigung des Vertrags in Wirksamkeit tritt, ist dem Erfordernisse der Einwilligung als vorheriger Zustimmung genügt, wenn die Erklärung der Einwilligung zwar nach dem Abschlusse des Annahmevertrags, aber vor der gerichtlichen Bestätigung erfolgt. Die spätere Genehmigung würde die Nichtigkeit der Annahme nicht beseitigen können. Vgl. auch E. I. § 1611 und Prot. IV. S. 722.

2. Erklärung der Einwilligung gegenüber dem Annehmenden oder dem Kinde (§ 130 Abs. 1, 2; § 131); gegenüber dem zuständigen (FrG. §§ 65 f. S. 966) Gerichte § 130 Abs 3.

3. Unwiderruflichkeit der Einwilligung vgl. § 183 Note I.

4. Ausschließung der Vertretung vgl. Bd I S. 90 Ziffer 15. Im Falle der Geschäftsunfähigkeit greifen §§ 1746 Abs. 2, 1747 Satz 2 ein

5. Gerichtliche oder notarielle Beurkundung vgl. FrG. §§ 167 ff. (Bd. I S. 62) EG. Art. 141.

**§ 1749.** 1. Das Kind erlangt die rechtliche Stellung eines gemeinschaftlichen ehelichen Kindes der Annehmenden, § 1757 Abs. 2.

2. Wenn außer dem Falle des Abs. 2 ein bereits von einem Anderen an Kindesstatt angenommenes Kind angenommen werden soll, so ist erst Aufhebung des durch die erste Annahme geschaffenen Rechtsverhältnisses gemäß § 1768 erforderlich.

**§ 1750.** 1. Vertragsform. Vertragsschließung vor Gericht oder Notar bei gleichzeitiger Anwesenheit der Parteien (Abs. 2) vgl. § 128 und Noten daselbst.

2. Vertretung.

a. Vertretung auf Grund rechtsgeschäftlicher Vertretungsmacht (Vollmacht vgl. §§ 167 ff.) ist nach § 1750 vollständig ausgeschlossen.

b. Vertretung durch einen gesetzlichen Vertreter ist ausgeschlossen auf Seiten des Annehmenden; sie ist vorbehaltlich der Genehmigung des Vormundschaftsgerichts (§§ 1828—1830) zugelassen für (geschäftsunfähige oder in der Geschäftsfähigkeit beschränkte) Kinder, die das 14. Lebensjahr noch nicht vollendet haben (§§ 187 Abs. 2, 188). Ist das unter 14 Jahre

c. Beschränkte Geschäftsfähigkeit von Vater oder Kind.

**§ 1751.** Ist der Annehmende in der Geschäftsfähigkeit beschränkt, so bedarf er zur Eingehung des Vertrags, außer der Zustimmung seines gesetzlichen Vertreters, der Genehmigung des Vormundschaftsgerichts.

Das Gleiche gilt für das Kind, wenn es in der Geschäftsfähigkeit beschränkt ist.

d. Annahme eines Kindes durch seinen Vormund, früheren Vormund od. Pfleger.

**§ 1752.** Will ein Vormund seinen Mündel an Kindesstatt annehmen, so soll das Vormundschaftsgericht die Genehmigung nicht ertheilen, solange der Vormund im Amte ist. Will Jemand seinen früheren Mündel an Kindesstatt annehmen, so soll das Vormundschaftsgericht die Genehmigung nicht ertheilen, bevor er über seine Verwaltung Rechnung gelegt und das Vorhandensein des Mündelvermögens nachgewiesen hat.

Das Gleiche gilt, wenn ein zur Vermögensverwaltung bestellter Pfleger seinen Pflegling oder seinen früheren Pflegling an Kindesstatt annehmen will.

---

alte Kind nicht geschäftsunfähig (§ 104), sondern nur in der Geschäftsfähigkeit beschränkt, so kann es auch den Annahmevertrag selbst gemäß § 1751 schließen.

Vgl. Bd. I S. 90 Ziffer 16, 17 und die anderweite Fassung des § 1728 Abs. 2.

3. Gebundenheit der Parteien an den Vertrag tritt mit dem Vertragsschluß unabhängig von der gerichtlichen Bestätigung ein, vgl. § 1754 Abs. 1 Satz 2.

**§ 1751.** 1. Beschränkte Geschäftsfähigkeit des Annehmenden (§ 114). Der Annehmende selbst muß, da der Annahmevertrag durch seinen Vormund nicht geschlossen werden kann (§ 1750), als Vertragsschließender auftreten; er bedarf aber zum Vertragsschlusse außer der nach §§ 107—109 zu beurtheilenden Zustimmung des Vormundes, gemäß § 1751 der Genehmigung des Vormundschaftsgerichts (§§ 1828—1830, 1847).

2. Beschränkte Geschäftsfähigkeit des Kindes (§§ 106, 114).

a. Der Annahmevertrag kann entweder gemäß § 1751 von dem Kinde selbst mit Zustimmung des gesetzlichen Vertreters (§§ 107–109) und mit Genehmigung des Vormundschaftsgerichts (§§ 1828—1830, 1847) oder — wenn das Kind das vierzehnte Lebensjahr nicht vollendet hat (vgl. zu b) von dem gesetzlichen Vertreter gemäß § 1750 (vgl. daselbst Note 2b) abgeschlossen werden.

b. Hat das in der Geschäftsfähigkeit beschränkte Kind (§§ 106, 114) das vierzehnte Lebensjahr vollendet, so ist nur die Vertragsschließung gemäß § 1751 (Vertragsabschluß durch das Kind, Zustimmung des gesetzlichen Vertreters §§ 107—109, Genehmigung des Vormundschaftsgerichts §§ 1828 bis 1830, 1847) zulässig.

3. Die Zuständigkeit des Vormundschaftsgerichts bestimmt sich, je nachdem es sich um ein bevormundetes oder ein unter elterlicher Gewalt stehendes Kind handelt, nach FrG. §§ 35 ff. oder nach FrG. §§ 35, 43.

**§ 1752.** 1. Die Ordnungsvorschrift des § 1752 ergänzt die allgemeinen Vorschriften über die Fürsorge und Aufsicht des Vormundschaftsgerichts (§§ 1837 ff.) für die Fälle, daß eine Genehmigung aus §§ 1750 oder 1751 zu ertheilen ist. Der Zweck der Bestimmung ist die Sicherung des Kindes in Ansehung seines Vermögens. Zuwiderhandlung des Vormundschaftsrichters kann ihn gemäß §§ 1674, 1848 schadensersatzpflichtig machen.

2. An sich würde Abs. 2 sich schon aus § 1915 ergeben; indeß mit Rücksicht auf den Zweck der Vorschrift ist ihre Anwendung auf den Pfleger, welcher zu einer Vermögensverwaltung berufen ist, beschränkt.

6. Tod des Kindes oder des Annehmenden vor der gerichtlichen Bestätigung.

**§ 1753.** Die Bestätigung des Annahmevertrags kann nicht nach dem Tode des Kindes erfolgen.

Nach dem Tode des Annehmenden ist die Bestätigung nur zulässig, wenn der Annehmende oder das Kind den Antrag auf Bestätigung bei dem zuständigen Gericht eingereicht oder bei oder nach der gerichtlichen oder notariellen Beurkundung des Vertrags das Gericht oder den Notar mit der Einreichung betraut hat.

Die nach dem Tode des Annehmenden erfolgte Bestätigung hat die gleiche Wirkung, wie wenn sie vor dem Tode erfolgt wäre.

7. Inkrafttreten der Annahme. — Ertheilung und Versagung der gerichtl. Bestätigung.

**§ 1754.** Die Annahme an Kindesstatt tritt mit der Bestätigung in Kraft. Die Vertragschließenden sind schon vor der Bestätigung gebunden.

Die Bestätigung ist nur zu versagen, wenn ein gesetzliches Erforderniß der Annahme an Kindesstatt fehlt. Wird die Bestätigung endgültig versagt, so verliert der Vertrag seine Kraft.

---

**§ 1753.** 1. Vgl. die für die Ehelichkeitserklärung geltende Vorschrift des § 1733. — Abs. 3 setzt eine nach Abs. 2 zulässigerweise erfolgte Bestätigung voraus. Die unzulässigerweise ertheilte Bestätigung ist unwirksam.

2. Durch Abs. 3 wird sichergestellt, daß trotz der erst nach dem Tode des Annehmenden eintretenden Wirksamkeit des Annahmevertrags (§ 1754) die Stellung des Kindes als ehelichen Kindes (§ 1757) des Erblassers und damit als gesetzlichen Erben desselben (§ 1924) nicht beeinträchtigt wird.

3. Bestätigung und Zuständigkeit vgl. § 1741 Note II. 3 und daselbst FrG. § 66.

4. Der nach dem Vertragsschluß und vor der gerichtlichen Bestätigung in der Person des einen oder des anderen Kontrahenten eintretende Mangel der Geschäftsfähigkeit hat keinen Einfluß auf die Wirksamkeit des Vertrags. § 1754 Abs. 1 Satz 2, §§ 130, 153.

**§ 1754.** I. **Inkrafttreten des Annahmevertrags.**

1. Der Annahmevertrag tritt mit der Bestätigung in Kraft. Wirksamwerden des Bestätigungsbeschlusses FrG. § 67 (zu § 1741 Note II. 3). Keine Beschwerde gegen die Ertheilung der Bestätigung FrG. § 68.

2. Die Bestätigung hat — unbeschadet der Vorschrift des § 1753 Abs. 3 (Tod des Annehmenden) — keine rückwirkende Kraft. Vgl. indeß auch § 1762 Satz 2.

3. Die Bestätigung ist nur ein Erforderniß der Annahme an Kindesstatt. Sie spricht aus, daß die übrigen gesetzlichen Erfordernisse der Kindesannahme vorliegen. Mangels Zulässigkeit einer Beschwerde erlangt die Bestätigung keine formale Rechtskraft. Fehlt ein wesentliches Erforderniß, so ist der Annahmevertrag trotz der Bestätigung nichtig. Vgl § 1756.

4. Die Eintragung der Annahme an Kindesstatt in das Geburtsregister (Personenstandsgesetz § 26) hat keine konstitutive Bedeutung.

II. **Die Gebundenheit der Kontrahenten.**

1. Jede der Parteien hat das Recht, die gerichtliche Bestätigung des Vertrags zu betreiben.

2. Aufhören der Gebundenheit im Falle endgültiger Versagung (vgl. zu III). Voraussetzung für das Hinfälligwerden des Vertrags ist indeß nur eine sachliche Entscheidung. Wird die Bestätigung wegen Unzuständigkeit des Gerichts versagt, so hat bis dahin eine rechtswirksame Einreichung zur Bestätigung noch gar nicht stattgefunden.

III. **Die Versagung der Bestätigung.**

Die Bestätigung ist nicht Gnadensache (vgl. § 1741 Note II. 3). Sofortige und weitere sofortige Beschwerde gegen den die Bestätigung versagenden Beschluß FrG. § 68 Abs. 2 (zu § 1741 Note II. 3), FrG. §§ 22, 29 Abs. 2, 31.

**§ 1755.** Ist der Annahmevertrag oder die Einwilligung einer der in den §§ 1746, 1747 bezeichneten Personen anfechtbar, so gelten für die Anfechtung und für die Bestätigung des anfechtbaren Rechtsgeschäfts die Vorschriften des § 1748 Abs. 2, des § 1750 Abs. 1 und des § 1751. 8. Anfechtung und Bestätigung anfechtbarer Willenserklärungen.

**§ 1756.** Auf die Wirksamkeit der Annahme an Kindesstatt ist es ohne Einfluß, wenn bei der Bestätigung des Annahmevertrags mit Unrecht angenommen worden ist, daß eine der in den §§ 1746, 1747 bezeichneten Personen zur Abgabe einer Erklärung dauernd außer Stande oder ihr Aufenthalt dauernd unbekannt sei. 9. Unerhebliche Mängel der Voraussetzungen.

**§ 1757.** Durch die Annahme an Kindesstatt erlangt das Kind die rechtliche Stellung eines ehelichen Kindes des Annehmenden. II. Wirkung der Annahme. 1. Rechtliche Stellung des Kindes.

Wird von einem Ehepaare gemeinschaftlich ein Kind angenommen oder nimmt ein Ehegatte ein Kind des anderen Ehegatten an, so erlangt das Kind die rechtliche Stellung eines gemeinschaftlichen ehelichen Kindes der Ehegatten.

---

**§ 1755.** 1. Vgl. die entsprechende Vorschrift des § 1731.

2. Die Anfechtbarkeit, die Anfechtung und die Bestätigung der anfechtbaren Willenserklärung richten sich nach §§ 119 ff., 142—144. Durch § 1755 wird nur der persönlichen Natur der Anfechtungserklärung Rechnung getragen.

**§ 1756.** 1. Vgl. die entsprechende Vorschrift des § 1735.

2. Durch die gerichtliche Bestätigung (vgl. § 1754 Note I. 3, § 1741 Note II. 3) als solche wird ein mit wesentlichen Mängeln behafteter Annahmevertrag nicht rechtsbeständig. Die Annahme an Kindesstatt wird in ihrer Rechtswirksamkeit nur dann nicht beeinträchtigt, wenn zwar die erforderliche Einwilligung des Ehegatten (§ 1746) oder der Eltern (§ 1747) objektiv zu Unrecht fehlt, aber bei der gerichtlichen Bestätigung von dem Gerichte die Entbehrlichkeit auf Grund der §§ 1746 Abs. 2, 1747 Satz 2 angenommen worden ist. Es empfiehlt sich, in die Begründung des Bestätigungsbeschlusses geeignetenfalls aufzunehmen, daß die dauernde Unfähigkeit oder Unbekanntheit des Aufenthaltes angenommen worden sei. Zu beachten ist übrigens, daß nach FrG. § 12 das Gericht die erforderlichen Ermittelungen von Amtswegen zu veranlassen hat. Fahrlässige Unterlassung der gebotenen Ermittelungen kann Schadensersatzpflicht des Richters gemäß § 839 hervorrufen.

**§ 1757.** 1. Die rechtliche Stellung eines ehelichen Kindes, welche der Angenommene im Verhältnisse zu dem Annehmenden erlangt, ergiebt sich aus den §§ 1616 ff., sowie aus den in der Vorb. zum 4. Titel Note 2 (S. 901) aufgeführten Vorschriften — Nachträgliche Legitimation des a. K angenommenen unehelichen Kindes § 1719 Note 2c.

2. Nur diejenige Stellung, welche das eheliche Kind nach dem BGB. einnimmt, erlangt der Angenommene. Die Vorschrift bezieht sich also nicht auf Rechtsverhältnisse, welche im BGB. nicht geregelt sind, insbesondere also nicht auf die dem öffentlichen Rechte des Reichs (z. B. Ges. über die Erwerbung und den Verlust der Bundes- und Staatsangehörigkeit vom 1. Juni 1870) oder der Bundesstaaten angehörigen Rechtsverhältnisse, namentlich also nicht auf den Erwerb des Adels (vgl. § 1758 Note 1). Ob in Ansehung der außerhalb des BGB. geregelten Rechtsverhältnisse dem angenommenen Kinde die gleiche Rechtsstellung wie dem ehelichen Kinde zukommen soll, ist nach den für das betreffende Rechtsverhältniß maßgebenden Gesetzen zu beurtheilen, vgl § 1589 Note 4c.

3. Annahme eines Kindes als eines gemeinschaftlichen Kindes kann nur von Seiten eines Ehepaars geschehen, § 1749

4. Die rechtliche Stellung eines gemeinschaftlichen Kindes er-

2. Namensführung des Kindes.

**§ 1758.** Das Kind erhält den Familiennamen des Annehmenden. Wird das Kind von einer Frau angenommen, die in Folge ihrer Verheirathung einen anderen Namen führt, so erhält es den Familiennamen, den die Frau vor der Verheirathung geführt hat. In den Fällen des § 1757 Abs. 2 erhält das Kind den Familiennamen des Mannes.

Das Kind darf dem neuen Namen seinen früheren Familiennamen hinzufügen, sofern nicht in dem Annahmevertrag ein Anderes bestimmt ist.

3. Erbrecht des Annehmenden.

**§ 1759.** Durch die Annahme an Kindesstatt wird ein Erbrecht für den Annehmenden nicht begründet.

langt auch das Kind eines Ehegatten, welches von dem anderen Ehegatten an Kindesstatt angenommen wird. Eine solche Kindesannahme kann für eheliche und uneheliche Kinder der Frau (§ 1705), aber nicht für uneheliche Kinder des Mannes in Frage kommen.

5. Die Erlangung der rechtlichen Stellung eines gemeinschaftlichen Kindes der Ehegatten bewirkt insbesondere:

a. bei Annahme eines Kindes der Frau seitens des Mannes
α. Unterwerfung des Kindes unter die elterliche Gewalt des Vaters gemäß §§ 1626 ff.;
β. Erlangung des väterlichen Familiennamens seitens des Kindes § 1758;
b. bei Annahme eines Kindes des Mannes durch die Frau
α. Verbleiben des Kindes in der elterlichen Gewalt seines Vaters, unter Hinzutritt der elterlichen Gewalt der Mutter, §§ 1634, 1684 ff.;
β. Nichterlangung des Familiennamens der annehmenden Mutter seitens des Kindes, sondern Weiterführung des Namens des Vaters, § 1758.

**§ 1758.** 1. Die Namensvorschrift des § 1758 läßt die Frage des Erwerbes des Adels völlig unberührt. Für den Adel als ein im Wesentlichen öffentlich-rechtliches Institut (vgl. RG. vom 17. Dezember 1896 JW. 1896 S. 117[44]) ist das Landesrecht entscheidend. Vgl. auch Künzel in Gruchot 41 443 ff. Für die Annahme eines adeligen Namens ist in Preußen königl. Genehmigung erforderlich, AV. vom 25. April 1870 (JMBl. S. 126).

2. Namensführung des von einer verheiratheten oder verheirathet gewesenen Frau angenommenen Kindes vgl. zu § 1706 Abs. 2 Satz 1 und Note 1 daselbst.

3. Wird eine verheirathete oder verheirathet gewesene Frau an Kindesstatt angenommen, so behält sie den Familiennamen des Ehemanns bei. Durch die nach der Eheschließung erfolgende Annahme an Kindesstatt erleidet nur der Familienname, welchen die Frau vor Schließung der Ehe geführt hat, eine Aenderung (vgl. Mot. IV S 982).

4. Namensführung bei Aufhebung der Annahme a. K. § 1772.

**§ 1759.** I. **Das Erbrecht des Angenommenen.**

1. Aus § 1757 in Verbindung mit §§ 1589, 1924 ff., 2303 ergiebt sich, daß dem Angenommenen wie auch seinen Abkömmlingen, soweit nach § 1762 die Wirkungen der Annahme an Kindesstatt sich auf diese erstrecken, gegenüber dem Annehmenden dasselbe gesetzliche Erb- und Pflichttheilsrecht zusteht, wie ehelichen Abkömmlingen — Ausschließung des Erbrechts in dem Annahmevertrage § 1767.

2. Für Lehen, Fideikommisse, Stamm- und Bauerngüter ist die Frage, ob ein Sukzessionsrecht des angenommenen Kindes begründet ist, nach Landesrecht zu beurtheilen. EG. Art. 9.

II. **Erbrecht des Annehmenden.**

1. Das ohne die Vorschrift des § 1759 sich für den Annehmenden ergebende Erb- und Pflichttheilsrecht (§§ 1757, 1925, 2303) wird durch § 1759 ausgeschlossen, um die Spekulation auf die Beerbung des Kindes als Motiv für die Annahme an Kindesstatt auszuschalten. Dem Kinde steht es offen, sein Vermögen, vorbehaltlich des Pflichttheilsrechts der leiblichen Verwandten, durch letztwillige Verfügung oder Erbvertrag (vgl. § 1767 Note 2c) dem Annehmenden zuzuwenden.

2. Vgl. § 1766 Abs. 2 in Verbindung mit § 1611 Note 2c.

**§ 1760.** Der Annehmende hat über das Vermögen des Kindes, soweit es auf Grund der elterlichen Gewalt seiner Verwaltung unterliegt, auf seine Kosten ein Verzeichniß aufzunehmen und dem Vormundschaftsgericht einzureichen; er hat das Verzeichniß mit der Versicherung der Richtigkeit und Vollständigkeit zu versehen. Ist das eingereichte Verzeichniß ungenügend, so findet die Vorschrift des § 1640 Abs. 2 Satz 1 Anwendung. 4. Vermögensverwaltg. Verzeichnißpflicht.

Erfüllt der Annehmende die ihm nach Abs. 1 obliegende Verpflichtung nicht, so kann ihm das Vormundschaftsgericht die Vermögensverwaltung entziehen. Die Entziehung kann jederzeit wieder aufgehoben werden.

**§ 1761.** Will der Annehmende eine Ehe eingehen, während er die elterliche Gewalt über das Kind hat, so finden die Vorschriften der §§ 1669 bis 1671 Anwendung. 5. Auseinandersetzungspflicht d. Annehmenden bei Verheirathung.

**§ 1762.** Die Wirkungen der Annahme an Kindesstatt erstrecken sich auf die Abkömmlinge des Kindes. Auf einen zur Zeit des Vertragsabschlusses schon vorhandenen Abkömmling und dessen später geborene Abkömmlinge erstrecken sich die Wirkungen nur, wenn der Vertrag auch mit dem schon vorhandenen Abkömmlinge geschlossen wird. 6. Wirkung d. Annahme a. K. auf die Abkömmlinge des Kindes.

---

**§ 1760.** 1. Aus § 1757 in Verbindung mit § 1626 folgt, daß das an Kindesstatt angenommene Kind, während seiner Minderjährigkeit unter die elterliche Gewalt des Annehmenden tritt.

Die Vorschriften über die elterliche Gewalt finden unmittelbare Anwendung. Insbesondere:

a. Der Annehmende erlangt auch die Nutznießung am Kindesvermögen gemäß §§ 1649 ff. Zulässigkeit vertragsmäßiger Ausschließung der Nutznießung § 1767;

b. Bei Annahme seitens einer Frau oder bei Annahme eines gemeinschaftlichen Kindes (§ 1757 Abs. 2) sind auch die Vorschriften über die elterliche Gewalt der Mutter anwendbar.

2. Durch § 1760 wird eine der Sicherung des Kindes dienende Verpflichtung des Annehmenden zur Aufnahme und Einreichung eines Vermögensverzeichnisses aufgestellt. Vgl. zu § 1640. Dem Vormundschaftsgericht ist durch das bestätigende Gericht (§ 1754) von der Annahme des minderjährigen Kindes Nachricht zu geben. FrG. § 50.

**§ 1761.** Vgl. § 1740. — Die nach der Annahme an Kindesstatt von dem Annehmenden geschlossene Ehe hat im Verhältnisse zu dem Angenommenen materiell die Bedeutung einer zweiten Ehe. Vgl §§ 1669—1671 und Bemerkungen daselbst.

**§ 1762.** I. Erstreckung der Wirkungen der Annahme an Kindesstatt auf die Abkömmlinge des Kindes (einschließlich der legitimirten und der an Kindesstatt angenommenen Kinder des Kindes sowie der unehelichen Kinder einer an Kindesstatt angenommenen Mutter) bedeutet, daß diesen Abkömmlingen die rechtliche Stellung von Abkömmlingen eines ehelichen Kindes des Annehmenden beigelegt wird. Vgl. § 1589 Note 3 5, § 1776 Abs. 2. Die Vorschrift des § 1762 greift auch bei der Annahme eines gemeinschaftlichen Kindes durch Ehegatten (§ 1757 Abs. 2) Platz.

II. Auf die zur Zeit des Vertragsabschlusses noch nicht vorhandenen Abkömmlinge und deren Abkömmlinge erstrecken sich die Wirkungen der Annahme kraft Gesetzes und zwar ohne die Möglichkeit vertragsmäßiger Abänderung (§ 1767 Abs. 2).

7. Wirkung d. Annahme a. K. auf Verwandte des Annehmenden u. die beiderseitigen Ehegatten.

**§ 1763.** Die Wirkungen der Annahme an Kindesstatt erstrecken sich nicht auf die Verwandten des Annehmenden. Der Ehegatte des Annehmenden wird nicht mit dem Kinde, der Ehegatte des Kindes wird nicht mit dem Annehmenden verschwägert.

---

1. Entscheidend ist der Zeitpunkt des Vertragsabschlusses, nicht derjenige der gerichtlichen Bestätigung (Ausnahme von § 1754 Abs. 1 Satz 1).

2. Ein zur Zeit des Vertragsabschlusses noch nicht geborener, aber schon empfangener Abkömmling des Kindes ist kein schon vorhandener Abkömmling (vgl. § 1 Note 2) arg. ex § 1923 Abs. 2.

3. Ein verstorbener Abkömmling des Kindes ist zwar kein noch vorhandener, wohl aber ein schon vorhandener Abkömmling. Ist der Abkömmling unter Hinterlassung eines nasciturus verstorben, so würde sich die Annahme des Kindes (d. i. des Großvaters des nasciturus) nicht kraft Gesetzes auf den nasciturus erstrecken.

III. Die zur Zeit des Vertragsabschlusses schon vorhandenen Abkömmlinge (vgl. auch Note II. 3).

1. Die Erstreckung der Wirkungen erfordert, daß der Annahmevertrag auch mit den den Wirkungen der Annahme zu unterwerfenden Abkömmlingen geschlossen wird.

a. Vertragsabschluß §§ 1750 f.; insbesondere Vertragsschließung des Kindes für seinen unter 14 Jahre alten, unter seiner elterlichen Gewalt befindlichen Abkömmling mit Genehmigung des Vormundschaftsgerichts.

b. Der Vertrag mit den Abkömmlingen ist zwischen dem Annehmenden, dem Kinde und den betreffenden Abkömmlingen des Letzteren zu schließen (vgl. § 1672 Satz 2). Auch für diesen Vertrag gilt § 1750 Abs. 2. Zweifelhaft ist, ob der Vertrag mit einem vorhandenen Abkömmlinge nachträglich — d. h. nach dem Vertrage mit dem Kinde — nachgeholt werden kann. — Besonderheiten über das Verhältniß des Abkömmlinges etwa über Namensführung, Erbrecht 2c. sind nicht zulässig (vgl. § 1767 Abs. 2). Der Vertrag kann nicht dahin gehen, daß der Abkömmling des Kindes als Enkel angenommen wird — eine solche Regelung ist nicht zugelassen —, sondern nur dahin, daß der Abkömmling mit dem zwischen dem Annehmenden und dem Kinde geschlossenen Annahmevertrag auch seinerseits einverstanden ist und daß der Annehmende und das Kind dies acceptiren.

c. Die Wirkungen der Annahme auf die Abkömmlinge, mit welchen der Vertragsabschluß stattgefunden hat, sind die gleichen wie zu I.

2. Die von dem Vertrage nicht betroffenen Abkömmlinge des Kindes bleiben von den Wirkungen der Annahme unberührt. Die einzige Ausnahme ist, daß das Ehehinderniß der Adoptivverwandtschaft (§§ 1311, 1771) auch bezüglich derjenigen Abkömmlinge besteht, auf welche sich die Annahme an Kindesstatt im Uebrigen nicht miterstreckt. Insbesondere:

a. die Abkömmlinge, auf welche sich die Annahme nicht erstreckt, behalten ihren bisherigen Familiennamen;

b. die Großväter der von der Annahme nicht betroffenen Abkömmlinge bleiben gemäß § 1776 Abs. 1 als Vormünder berufen, vgl. § 1776 Abs. 2.

**§ 1763.** 1. Keine Verwandtschaft also auch keine Unterhaltspflicht (§§ 1601 ff.) und kein Erbrecht (§ 1924 ff) tritt ein

a. zwischen dem Kinde und dessen durch die Annahme gemäß § 1762 betroffenen Abkömmlingen einerseits und den Verwandten des Annehmenden andererseits.

α. Der Vater des Annehmenden ist nicht Großvater des Kindes, also nicht gemäß § 1776 (Ziffer 3 u 4) zur Vormundschaft über das Kind berufen. Vgl. auch § 1926 (Erbrecht).

β. Das angenommene Kind tritt nicht in ein Geschwisterverhältniß (vgl. z. B. § 1775) zu den etwa vorhandenen leiblichen (vgl. § 1741 d. u. e.) oder angenommenen (§ 1743) Kindern des Annehmenden.

b. zwischen dem Annehmenden einerseits und solchen Verwandten des Kindes, welche nicht Abkömmlinge des letzteren sind, andererseits.

**§ 1764.** Die Rechte und Pflichten, die sich aus dem Verwandtschaftsverhältnisse zwischen dem Kinde und seinen Verwandten ergeben, werden durch die Annahme an Kindesstatt nicht berührt, soweit nicht das Gesetz ein Anderes vorschreibt.

8. Verhältniß zwischen dem Kinde und seinen Verwandten.

**§ 1765.** Mit der Annahme an Kindesstatt verlieren die leiblichen Eltern die elterliche Gewalt über das Kind, die uneheliche Mutter das Recht und die Pflicht, für die Person des Kindes zu sorgen.

9. Verhältniß zwischen dem Kinde und seinen leiblichen Eltern.

Hat der Vater oder die Mutter dem Kinde Unterhalt zu gewähren, so treten das Recht und die Pflicht, für die Person des Kindes zu sorgen, wieder ein, wenn die elterliche Gewalt des Annehmenden endigt oder wenn sie wegen Geschäftsunfähigkeit des Annehmenden oder nach § 1677 ruht. Das Recht zur Vertretung des Kindes tritt nicht wieder ein.

---

2. Kein Schwägerschaftsverhältniß (§ 1590 u. Note 5 das.) tritt ein
a. zwischen dem Ehegatten des Annehmenden einerseits und dem Kinde und dessen von der Annahme an Kindesstatt betroffenen Abkömmlingen (§ 1762) andererseits. Annahme des Kindes als eines gemeinschaftlichen Kindes der Ehegatten vgl. § 1757 Abs. 2.
b. zwischen dem Ehegatten des Kindes und dem Annehmenden.

**§ 1764.** 1. Das Kind tritt nicht in die Familie des Annehmenden (§ 1763); es behält dafür aber seine Zugehörigkeit zu seiner natürlichen Familie. Es bleiben die Rechte und Pflichten, welche zwischen dem Kinde und seinen Verwandten bestehen, von der Annahme an Kindesstatt unberührt, soweit nicht das Gesetz ein Anderes vorschreibt (vgl. zu 2). Vgl. § 1737 und Bemerkungen daselbst.

2. Einwirkungen der Annahme an Kindesstatt auf die aus dem Verwandtschaftsverhältnisse sich ergebenden Rechte und Pflichten finden statt gemäß:
a. § 1765: Die leiblichen Eltern verlieren die elterliche Gewalt bzw. die Sorge für die Person des Kindes.
b. § 1306: Das Erforderniß der Einwilligung der leiblichen Eltern zur Eheschließung des Kindes fällt fort.
c. § 1766: Die Verwandten sind erst nach dem Annehmenden unterhaltspflichtig.
d. §§ 1776 Abs. 2, 1899 Abs. 2: Einfluß der Annahme an Kindesstatt auf die Berufung zur Vormundschaft.
e. Auf dem Gebiete des Erbrechts wird (anders als bei der Ehelichkeitserklärung vgl. § 1737 Note 2 c) durch die Annahme an Kindesstatt die Stellung der Verwandten des Kindes nicht beeinträchtigt. § 1759.

**§ 1765.** 1. (Abs. 1.) Durch die Annahme an Kindesstatt erlangt der Annehmende gemäß §§ 1757, 1626 die elterliche Gewalt über das minderjährige Kind, während die leiblichen Eltern des ehelichen Kindes diese Gewalt (§§ 1627 ff., 1634, 1697), die uneheliche Mutter das Recht und die Pflicht, für die Person des Kindes zu sorgen (§ 1707), dauernd verlieren.

2. Abs. 2 (vgl. § 1738) stellt klar, inwieweit unter den in Abs. 2 bezeichneten Voraussetzungen das Recht und die Pflicht der Eltern, für die Person des Kindes zu sorgen — unter Ausschluß jeder Vertretungsmacht vgl § 1630 — wiedereintritt.
a. Recht und Pflicht der Sorge für die Person des Kindes treten nur in dem Falle wieder ein, daß der leibliche Vater oder die leibliche Mutter dem Kinde Unterhalt zu gewähren verpflichtet ist (§§ 1601 ff., 1606, 1766) und die elterliche Gewalt des Annehmenden endigt (§§ 1679, 1680) oder wegen Geschäftsunfähigkeit (§ 1676 Abs. 1) oder wegen that-

62*

10. Unterhaltspflicht des Annehmenden.

**§ 1766.** Der Annehmende ist dem Kinde und denjenigen Abkömmlingen des Kindes, auf welche sich die Wirkungen der Annahme erstrecken, vor den leiblichen Verwandten des Kindes zur Gewährung des Unterhalts verpflichtet.

Der Annehmende steht im Falle des § 1611 Abs. 2 den leiblichen Verwandten der aufsteigenden Linie gleich.

11. Rechtsgeschäftliche Abänderung d. Wirkung.

**§ 1767.** In dem Annahmevertrage kann die Nutznießung des Annehmenden an dem Vermögen des Kindes sowie das Erbrecht des Kindes dem Annehmenden gegenüber ausgeschlossen werden.

Im Uebrigen können die Wirkungen der Annahme an Kindesstatt in dem Annahmevertrage nicht geändert werden.

---

sächlicher, vom Vormundschaftsgericht als dauernd festgestellter Behinderung (§ 1677) ruht — Ist das Kind von einem Ehepaar angenommen, so liegen die Voraussetzungen erst vor, wenn auch in der Person der annehmenden Ehefrau (§§ 1757 Abs. 2, 1684, 1685, 1697) die Gründe der Beendigung oder des Ruhens der elterlichen Gewalt vorhanden sind.

b. Die elterliche Gewalt der leiblichen Eltern tritt nicht wieder ein, auch nicht, wenn die Annahme an Kindesstatt gemäß § 1768 durch Vertrag wieder aufgehoben wird. Für das minderjährige Kind ist solchen Falles gemäß § 1773 ein Vormund zu bestellen.

3. Auf den Fall, daß die uneheliche Mutter ihr uneheliches Kind an Kindesstatt annimmt (vgl. 1741 Note II 1 d) sowie auf den Fall, daß ein Ehegatte das Kind des anderen annimmt (§ 1757 Abs. 2) bezieht sich § 1765 nicht. Vgl. Mot. IV, S. 991.

**§ 1766.** 1. Die gegenseitige Unterhaltspflicht des Annehmenden einerseits und des Kindes sowie seiner von der Annahme betroffenen Abkömmlinge (§ 1762) andererseits ergiebt sich aus §§ 1601 ff

2. Die Vorschrift des Abs. 1 (vgl. § 1739) ergänzt die Vorschrift des § 1606; vgl daselbst. — Daß in den Fällen des § 1757 Abs. 2 und zwar auch dann, wenn die Ehefrau das Kind des Ehemanns annimmt, der Ehemann vor der Ehefrau haftet, ergiebt sich aus § 1606 Abs. 2 Satz 2 in Verbindung mit dem Prinzipe des § 1757 Abs. 2 von selbst (Mot).

3. Abs. 2 vgl. § 1611 Note 2 c.

**§ 1767.** 1. Die persönlichen Verhältnisse.

a. Eine Aenderung der gesetzlichen Wirkungen der Annahme an Kindesstatt ist in Ansehung des persönlichen Verhältnisses der Parteien ausgeschlossen. Die einzige Ausnahme bildet die die Namensführung betreffende Vorschrift des § 1758 Abs. 2.

b. Annahme an Enkelsstatt (vgl § 1762 Note III 1 b) ist nicht zugelassen, ebensowenig die Ausdehnung der mit der Annahme an Kindesstatt kraft Gesetzes verbundenen Wirkungen auf die beiderseitigen Familienangehörigen §§ 1762, 1763

2 Die vermögensrechtlichen Verhältnisse.

a. Das maßgebende Prinzip, die Vertragsfreiheit auch für vermögensrechtliche Verhältnisse soweit auszuschließen, als die rechtsgeschäftliche Aenderung der entsprechenden Wirkungen des natürlichen Eltern- und Kindesverhältnisses (§ 1757) ausgeschlossen ist, ist positiv dahin ausgedrückt, daß Aenderungen nur hinsichtlich der elterlichen Nutznießung (vgl §§ 1757, 1626, 1649, 1662) und des Erbrechts des Kindes (vgl. §§ 1924, 1759, 2303, 2346) vereinbart werden können. Insoweit die Nutznießung des Annehmenden ausgeschlossen ist, ist das Vermögen des Kindes freies Vermögen (§§ 1650 f).

b. Insbesondere kann die Vermögensverwaltung des Annehmenden (§§ 1638, 1760) nicht ausgeschlossen werden.

**§ 1768.** Das durch die Annahme an Kindesstatt begründete Rechtsverhältniß kann wiederaufgehoben werden. Die Aufhebung kann nicht unter einer Bedingung oder einer Zeitbestimmung erfolgen. III. Aufhebung des Rechtsverhältnisses 1. durch Vertrag. a. Prinzip d. Einheitlichkeit hinsichtlich aller Betheiligten.

Die Aufhebung erfolgt durch Vertrag zwischen dem Annehmenden, dem Kinde und denjenigen Abkömmlingen des Kindes, auf welche sich die Wirkungen der Annahme erstrecken.

Hat ein Ehepaar gemeinschaftlich ein Kind angenommen oder hat ein Ehegatte ein Kind des anderen Ehegatten angenommen, so ist zu der Aufhebung die Mitwirkung beider Ehegatten erforderlich.

c. Ein Erbrecht des Annehmenden (§ 1759) kann in dem Annahmevertrag und als Theil desselben nicht bestimmt werden, unbeschadet der Zulässigkeit eines selbständigen Erbeinsetzungsvertrags (§§ 2274 ff., insbesondere § 2275).

3. Unzulässige Abänderungen der gesetzlichen Wirkungen der Annahme an Kindesstatt sind nichtig. Einfluß theilweiser Nichtigkeit des Vertrags ist nach § 139 zu beurtheilen. Durch die gerichtliche Bestätigung eines solchen Vertrags wird hieran nichts geändert (vgl. § 1754 Note I. 3).

4. Nachträgliche Aenderung der gesetzlichen Wirkungen der Annahme an Kindesstatt ist nur insoweit zulässig, als die entsprechende Aenderung auch im Verhältnisse zwischen leiblichen Eltern und ihren Kindern zulässig wäre (§ 1757).

I. **Die Aufhebung des durch die Annahme an Kindesstatt begründeten Rechtsverhältnisses.** Zu §§ 1768 f.

1. Anfechtung, anfechtbare Willenserklärung.

§§ 1768 ff. handeln nur von der Aufhebung einer rechtsbeständig erfolgten Annahme an Kindesstatt. Die Anfechtung des Annahmevertrags wegen Willensmängel (vgl. § 1755) wird durch §§ 1768 ff. nicht berührt.

a. Die angefochtene anfechtbare Willenserklärung ist gemäß § 142 Abs. 1 von Anfang an nichtig und fällt aus dem Thatbestande des Vertragsschlusses von Anfang an fort. Ist danach der ganze Vertrag nichtig, so sind die Rechtswirkungen aus §§ 1757 ff. überhaupt nicht eingetreten.

b. Theilweise Nichtigkeit des Vertrags.

α. Ist ein Theil nichtig, welcher gesetzliche Voraussetzung des Vertrags ist (z. B. §§ 1746, 1747), so ist der Vertrag nichtig. Dasselbe gilt z. B., wenn im Falle des § 1762 die Willenserklärung des Kindes sich als nichtig erweist, während die Willenserklärung des Abkömmlinges an sich rechtsbeständig ist. Die Willenserklärung des Abkömmlinges kann ohne die Willenserklärung des Kindes nicht bestehen und kommt mit dieser in Wegfall.

β. Ist ein Theil des Vertrags nichtig, ohne welchen der Vertrag an sich bestehen könnte, so ist nach § 139 die Erheblichkeit des nichtigen Theiles für den Bestand des Vertrags zu beurtheilen. Ist z. B. die Willenserklärung eines Abkömmlinges im Falle des § 1762 Satz 2 nichtig, diejenige des Kindes aber rechtsbeständig, so ist gemäß § 139 zu beurtheilen, ob auch ohne die Willenserklärung des Abkömmlinges der Annahmevertrag geschlossen wäre, und danach über den Bestand des Vertrags überhaupt zu entscheiden.

2. Die Aufhebung rechtsbeständig begründeter Annahme an Kindesstatt.

a. Als Gründe für die Aufhebung sind nur zugelassen:

α. Vertrag §§ 1768—1770.

β. Eheschließung unter Verletzung des durch die Annahme an Kindesstatt gemäß § 1311 begründeten Eheverbots § 1771.

b. Als Aufhebungsgründe sind nicht zugelassen:

α. Einseitiger Wille eines der Betheiligten.

β. Tod eines der Betheiligten.

c. Wirkungen der Aufhebung § 1772.

b. Aufhebung nach dem Tode ein. Betheiligten.

**§ 1769.** Nach dem Tode des Kindes können die übrigen Betheiligten das zwischen ihnen bestehende Rechtsverhältniß durch Vertrag aufheben. Das Gleiche gilt in den Fällen des § 1757 Abs. 2 nach dem Tode eines der Ehegatten.

Die Vertragsschließung.

**§ 1770.** Die für die Annahme an Kindesstatt geltenden Vorschriften des § 1741 Satz 2 und der §§ 1750, 1751, 1753 bis 1755 gelten auch für die Aufhebung.

---

**§ 1768.** 1. Der Aufhebungsvertrag ist im Wesentlichen in Anlehnung an den Annahmevertrag gestaltet. Vgl. Abs. 1 Satz 2 mit § 1742, ferner § 1770.

2. (Abs. 2.) Vertragsschließende sind:

a. der Annehmende;

b. das Kind; wenn das Kind verstorben ist, vgl. § 1769;

c. die zur Zeit des Aufhebungsvertrags vorhandenen Abkömmlinge, auf welche sich die Wirkungen der Annahme erstrecken (vgl. § 1762), mögen dieselben zur Zeit der Annahme schon vorhanden gewesen oder erst später geboren sein. (Prinzip der Einheitlichkeit der Aufhebung.)

3. Abs. 3. Die Mitwirkung beider Ehegatten ist sowohl erforderlich, wenn sie zusammen ein fremdes Kind als gemeinschaftliches angenommen haben, als auch in dem Falle, daß der eine Ehegatte das Kind des anderen angenommen hat (§ 1757 Abs. 2). Nach dem Tode des einen Ehegatten vgl. § 1769.

4. Einwilligungen Dritter (vgl. §§ 1746 f.) kommen für den Aufhebungsvertrag nicht in Frage.

**§ 1769.** 1. Der Tod des Kindes soll gemäß § 1769 die Aufhebung der Annahme an Kindesstatt nicht hindern (Einschränkung des § 1768 Abs. 2). Der Aufhebungsvertrag muß indeß von sämmtlichen Abkömmlingen, auf welche sich die Wirkungen der Annahme erstrecken (vgl. § 1768 Note 2c) einerseits und dem Annehmenden andererseits geschlossen werden.

2. Der Tod des Annehmenden.

a. Ist der Annehmende gestorben, so ist die Aufhebung des durch die Annahme an Kindesstatt begründeten Rechtsverhältnisses regelmäßig (vgl. zu b) ausgeschlossen.

b. Nur, wenn das Kind durch die Annahme die Stellung eines gemeinschaftlichen Kindes von Ehegatten erlangt hat (§ 1757 Abs. 2), bleibt nach dem Tode des einen Ehegatten die Aufhebung des zwischen dem überlebenden Ehegatten und dem Angenommenen bestehenden Rechtsverhältnisses gemäß § 1769 Satz 2 zulässig.

α. Vertragsparteien sind der überlebende Ehegatte einerseits und das Kind und dessen sämmtliche von der Annahme betroffenen Abkömmlinge (§ 1768 Abs. 2) oder nach dem Tode des Kindes nur die sämmtlichen von der Annahme betroffenen Abkömmlinge (§ 1769) andererseits.

β. Das zwischen dem verstorbenen Ehegatten und dem Angenommenen bzw. dessen Abkömmlingen bestehende Rechtsverhältniß wird indeß durch die nach seinem Tode gemäß § 1769 Satz 2 erfolgte Aufhebung nicht berührt. Die Kontrahenten sind nur in der Lage, das zwischen ihnen bestehende Rechtsverhältniß aufzuheben (§ 1769 Satz 1).

γ. Namensführung des Kindes § 1771 Satz 2.

**§ 1770.** Die in Bezug genommenen Vorschriften betreffen:

§ 1741 Satz 2: Erforderniß gerichtlicher Bestätigung.

§§ 1750, 1751: Die Vertragsschließung (beschränkte Zulässigkeit der Vertretung, Form des Vertrags, beschränkte Geschäftsfähigkeit).

§ 1753: Bestätigung nach dem Tode eines Vertragschließenden.

§ 1754: Inkrafttreten des Aufhebungsvertrags, Ertheilung und Versagung der gerichtlichen Bestätigung.

§ 1755: Anfechtung und Bestätigung anfechtbarer Willenserklärung.

**§ 1771.** Schließen Personen, die durch Annahme an Kindesstatt verbunden sind, der Vorschrift des § 1311 zuwider eine Ehe, so tritt mit der Eheschließung die Aufhebung des durch die Annahme zwischen ihnen begründeten Rechtsverhältnisses ein. — 2. durch verbotswidrige Ehe.

Ist die Ehe nichtig, so wird, wenn dem einen Ehegatten die elterliche Gewalt über den anderen zusteht, diese mit der Eheschließung verwirkt. Die Verwirkung tritt nicht ein, wenn die Nichtigkeit der Ehe auf einem Formmangel beruht und die Ehe nicht in das Heirathsregister eingetragen worden ist.

**§ 1772.** Mit der Aufhebung der Annahme an Kindesstatt verlieren das Kind und diejenigen Abkömmlinge des Kindes, auf welche sich die Aufhebung erstreckt, das Recht, den Familiennamen des Annehmenden zu führen. Diese Vorschrift findet in den Fällen des § 1757 Abs. 2 keine Anwendung, wenn die Aufhebung nach dem Tode eines der Ehegatten erfolgt. — 3. Wirkungen der Aufhebung. Namensführung des Kindes.

## Dritter Abschnitt.

### Vormundschaft.

---

**§ 1771.** 1. Abs. 1. Gültige Ehe.

Nur das zwischen den Eheschließenden selbst durch die Annahme an Kindesstatt begründete Rechtsverhältniß wird mit der dem Eheverbote des § 1311 entgegen erfolgten Eheschließung aufgehoben. In Ansehung der anderen Personen, auf welche die Wirkungen der Annahme sich erstrecken, bleibt das Rechtsverhältniß bestehen. Heirathet z. B. der Annehmende das Kind des Angenommenen, also ein Adoptivenkelkind, so hört das Adoptivverhältniß zwischen den Ehegatten auf, bleibt aber in Ansehung des Annehmenden und des Kindes sowie dessen anderen Abkömmlingen bestehen.

2. Abs. 2. Nichtige Ehe.

a. Ist die Ehe kraft Gesetzes (§§ 1323 ff.) oder kraft Anfechtung (§§ 1330 ff.) nichtig, so tritt Verwirkung der dem einen Ehegatten über den anderen etwa zustehenden elterlichen Gewalt (vgl. § 1680) ein. Die Verwirkung bezieht sich, wie in § 1680, nur auf dasjenige Kind, mit dem die nichtige Ehe geschlossen ist.

b. (Abs. 2 S. 2.) Formnichtige, auch in das Heirathsregister nicht eingetragene Ehe, vgl. § 1318 Note 4 b. — Unter Umständen kann in diesem Falle Verwirkung der elterlichen Gewalt auf Grund des § 1680 eintreten oder die vormundschaftsgerichtliche Entziehung der elterlichen Gewalt gemäß § 1666 angezeigt sein.

**§ 1772.** 1. Die Vorschrift des § 1772 bezieht sich sowohl auf die Aufhebung durch Vertrag (§ 1768) als auch auf den Fall des § 1771.

2. Das Kind und die Abkömmlinge desselben, auf welche sich die Aufhebung erstreckt (§§ 1768, 1771), verlieren das Recht, den Familiennamen des Annehmenden zu führen; damit tritt von selbst wieder der Name ein, den das Kind vor der Annahme geführt hat. Eine inzwischen etwa erfolgte Namensänderung seines leiblichen Vaters oder seiner leiblichen Mutter (§ 1706) läßt den Namen des Kindes unberührt.

3. Satz 2 ist eine Konsequenz des zu § 1769 Note 2 b β angegebenen Prinzips.

**A. Vormundschaftssachen.** — Vorbemerkung zum III. Abschnitt. (Note A.)

Der zweite Abschnitt des Ges. über die Angelegenheiten der freiwilligen Gerichtsbarkeit führt die Ueberschrift „Vormundschaftssachen“ als zusammenfassende Bezeichnung aller den Vormundschaftsgerichten obliegenden

Vorbemerkung zum III. Abschnitt. (Note A.)

Verrichtungen. Zu denselben gehören nicht nur die eine Vormundschaft im Sinne des dritten Abschnitts (vgl. zu B. I) betreffenden, sondern insbesondere auch folgende Angelegenheiten:

I. Volljährigkeitserklärung §§ 3—5.

II. Angelegenheiten der §§ 112, 113, betreffend:

1. die Erweiterung der Geschäftsfähigkeit beschränkt Geschäftsfähiger durch Ermächtigung zum selbständigen Betrieb eines Erwerbsgeschäftes und zur Eingehung von Dienst- und Arbeitsverhältnissen;

2. die Zurücknahme dieser Ermächtigungen.

III. Auf dem Gebiete des Eheschließungsrechts:

1. die Ersetzung der erforderlichen Einwilligung des gesetzlichen Vertreters bzw. der Eltern zur Eheschließung, §§ 1304, 1308.

2. die Genehmigung zur Anfechtung der Ehe durch den gesetzlichen Vertreter, § 1336.

3. die Ersetzung der von dem Vormunde verweigerten Genehmigung einer ohne seine Einwilligung von dem Mündel geschlossenen Ehe, § 1337.

IV. Angelegenheiten der Ehegatten, betreffend:

1. die persönlichen Rechtsbeziehungen (§§ 1353 ff.):

a. Streitigkeiten der Ehegatten über die Schlüsselgewalt, § 1357;

b. Ermächtigung des Mannes zur Kündigung von Dienstverträgen der Frau; Ersetzung der ehemännlichen Zustimmung zu Dienstverträgen der Frau, § 1358;

2. das eheliche Güterrecht:

a. Gesetzlicher Güterstand §§ 1379, 1402.

b. Allgemeine Gütergemeinschaft §§ 1437, 1447, 1451; 1484, 1491, 1492 (fortgesetzte Gütergemeinschaft); (Errungenschaftsgemeinschaft § 1519, Fahrnißgemeinschaft § 1549).

V. Genehmigung der Anfechtung der Ehelichkeit eines Kindes durch den gesetzlichen Vertreter eines geschäftsunfähigen Ehemanns § 1595. — Anfechtung der Anerkennung § 1599. — CPO. §§ 612, 641.

VI. Abänderung der elterlichen Bestimmung der Art des einem unverheiratheten Kinde von den Eltern zu gewährenden Unterhaltes § 1612.

VII. Verrichtungen in Angelegenheiten der elterlichen Gewalt:

1. Entscheidung von Meinungsverschiedenheiten zwischen dem Vater und dem Pfleger § 1629.

2. Entziehung der Vertretungsmacht wegen konkurrirender Interessen § 1630.

3. Unterstützung des Vaters oder der Mutter in der Erziehung des Kindes durch Anwendung von Zuchtmitteln §§ 1631, 1634, 1686, 1696, 1697, 1698, 1707.

4. Regelung des persönlichen Verhältnisses geschiedener Ehegatten zu den Kindern §§ 1635 ff., vgl. auch § 1637.

5. Mitwirkung bei der elterlichen Vermögensverwaltung §§ 1639, 1640, 1642, 1645.

6. Elterliche Nutznießung §§ 1653, 1662.

7. Eingreifen des Vormundschaftsgerichts im Interesse des Kindes §§ 1665—1673.

8. Uebertragung der elterlichen Gewalt auf die Mutter § 1685 Abs. 2.

9. Bestellung und Beaufsichtigung des Beistandes für die Mutter, Aufhebung der Bestellung §§ 1687—1695.

VIII. Genehmigung der Vereinbarung über den Unterhaltsanspruch des unehelichen Kindes § 1714.

IX. Mitwirkung bei der Ehelichkeitserklärung des Kindes §§ 1727, 1729.

X. Mitwirkung bei der Annahme an Kindesstatt §§ 1750—1752; 1760; bei der Aufhebung der Annahme an Kindesstatt § 1770.

XI. Mitwirkung in erbrechtlichen Angelegenheiten:

1. Inventarerrichtung, wenn der Erbe unter elterlicher Gewalt oder Vormundschaft steht § 1999.

2. Abschließung, Anfechtung und Aufhebung eines Erbvertrags, wenn eine der Parteien durch einen gesetzlichen Vertreter vertreten ist §§ 2275, 2282, 2290, 2292. — Vorbemerkung zum III. Abschnitt. (Note A.)

3. Abschließung eines Erbverzichts, wenn der Verzichtende unter Vormundschaft oder elterlicher Gewalt steht § 2347. — Aufhebung des Erbverzichts § 2351.

XII. Genehmigung des Antrags auf Entlassung eines Staatsangehörigen, der unter elterlicher Gewalt oder Vormundschaft steht, aus dem Staatsverbande § 14a des Ges. über die Erwerbung und den Verlust der Bundes- u. Staatsangehörigkeit vom 1. Juni 1870, vgl. EG. Art. 41 Ziff. II.

XIII. Anordnung der Zwangserziehung auf Grund vorbehaltenen Landesrechts EG. Art. 135.

**B. Das Vormundschaftsrecht des BGB.** (Note B.)

**I. Begriff der Vormundschaft.**

1. Die Vormundschaft in dem weiteren Sinne der Ueberschrift des dritten Abschnitts ist die gesetzlich geregelte Fürsorge für die derselben bedürftigen Personen und Vermögensmassen (§ 1914) und deren gesetzliche Vertretung.

a. Die Vormundschaft im engeren Sinne ist die grundsätzlich die gesammten Angelegenheiten (§§ 1793–1797) umfassende Fürsorge und Vertretung eines geschäftsunfähigen oder in der Geschäftsfähigkeit beschränkten Menschen. Sie zerfällt in

α. die Vormundschaft über Minderjährige (Altersvormundschaft), welche in dem ersten Titel §§ 1773–1895 als Normalfall der Vormundschaft, erschöpfend geregelt ist, und

β. die Vormundschaft über Volljährige, (§§ 1896–1908), welche entweder eine endgültige Vormundschaft über Entmündigte oder eine vorläufige Vormundschaft über Volljährige, deren Entmündigung beantragt ist (§ 1906), sein kann. — Die Vormundschaft über Volljährige ist im 2. Titel des III. Abschnitts durch Bezugnahme auf die Vorschriften über die Altersvormundschaft unter Festsetzung der Abweichungen geregelt (§ 1897).

b. Unter Pflegschaft werden diejenigen Fälle zusammengefaßt, in welchen nicht, wie bei der Vormundschaft, das Bedürfniß einer allgemeinen Fürsorge sowohl für die Person als auch für das Vermögen des Pfleglings vorliegt, sondern ein vormundschaftlicher Schutz nur für besondere Angelegenheiten angezeigt ist. — Die Pflegschaft ist unter Bezugnahme auf die Vorschriften über die Vormundschaft unter Hervorhebung der Abweichungen geregelt, § 1915. Im Uebrigen vgl. §§ 1915 ff.

**II. Die rechtliche Natur des Vormundschaftsrechts.**

1. Das materielle Vormundschaftsrecht.

Das BGB. hat lediglich das materielle Vormundschaftsrecht (und zwar in umfassender Ablehnung an die Preußische Vormundschaftsordnung vom 5. Juli 1875) geregelt. Die Ordnung der das Verfahren in Vormundschaftssachen (zu A.) betreffenden Bestimmungen ist in dem Gesetz über die Angelegenheiten der freiwilligen Gerichtsbarkeit erfolgt, vgl. zu IV.

2. Das Vormundschaftsrecht ist zwingendes Recht.

a. Keine Bevormundung oder Pflegschaft ohne einen als Rechtsgrund einer solchen zugelassenen Thatbestand; insbesondere keine rechtsgeschäftliche Unterwerfung unter eine Vormundschaft RG. 4 164. Vgl. auch § 1910.

b. Keine rechtsgeschäftliche Abänderung vormundschaftsgerichtlicher Vorschriften, welche nicht durch das Gesetz zugelassen ist, vgl. §§ 1852 ff., 1803.

**III. Organe der Vormundschaft.**

1. Das Vormundschaftsgericht.

Das Vormundschaftsgericht als solches wird im BGB. als gegeben vorausgesetzt Das Vormundschaftsgericht ist diejenige Behörde, welcher durch Gesetz die Verrichtungen des Vormundschaftsgerichts, sei es in erster Instanz oder in den höheren Instanzen übertragen sind.

Vorbemerkung zum III. Abschnitt. (Note B.)

a. Sachliche Zuständigkeit des Vormundschaftsgerichts.

α. Reichsrecht.

*FG. § 35. Für die dem Vormundschaftsgericht obliegenden Verrichtungen sind die Amtsgerichte zuständig.*

Familienrath als Vormundschaftsgericht §§ 1858 ff., 1872.

Württ. AG. z. BGB. Art. 41 ff.

β. Landesgesetzlich vorbehaltene Uebertragung an andere als gerichtliche Behörden. EG. Art. 147, FrG. §§ 194—196.

Die Verfügung einer sachlich unzuständigen Behörde ist unwirksam; vgl. FrG. § 7 (zu b).

b. Oertliche Zuständigkeit des Vormundschaftsgerichts.

*FG. § 4. Unter mehreren zuständigen Gerichten gebührt demjenigen der Vorzug, welches zuerst in der Sache thätig geworden ist.*

*FG. § 7. Gerichtliche Handlungen sind nicht aus dem Grunde unwirksam, weil sie von einem örtlich unzuständigen Gericht oder von einem Richter vorgenommen sind, der von der Ausübung des Richteramts kraft Gesetzes ausgeschlossen ist.*

Verstöße sind nur im Wege der Beschwerde zu rügen.

Die einzelnen Zuständigkeitsvorschriften sind folgende:

α. Vormundschaft über Minderjährige und Volljährige FrG. § 36.

*FG. § 36. Für die Vormundschaft ist das Gericht zuständig, in dessen Bezirke der Mündel zu der Zeit, zu welcher die Anordnung der Vormundschaft erforderlich wird, seinen Wohnsitz oder in Ermangelung eines inländischen Wohnsitzes seinen Aufenthalt hat. Wird die Anordnung einer Vormundschaft über Geschwister erforderlich, die in den Bezirken verschiedener Vormundschaftsgerichte ihren Wohnsitz oder ihren Aufenthalt haben, so ist, wenn für einen der Mündel schon eine Vormundschaft anhängig ist, das für diese zuständige Gericht, anderenfalls dasjenige Gericht, in dessen Bezirke der jüngste Mündel seinen Wohnsitz oder seinen Aufenthalt hat, für alle Geschwister massgebend.*

*Ist der Mündel ein Deutscher und hat er im Inlande weder Wohnsitz noch Aufenthalt, so ist das Gericht zuständig, in dessen Bezirke der Mündel seinen letzten inländischen Wohnsitz hatte. In Ermangelung eines solchen Wohnsitzes wird das zuständige Gericht, falls der Mündel einem Bundesstaat angehört, von der Landesjustizverwaltung, anderenfalls von dem Reichskanzler bestimmt.*

*Für die Vormundschaft über einen Minderjährigen, dessen Familienstand nicht zu ermitteln ist, ist das Gericht zuständig, in dessen Bezirke der Minderjährige aufgefunden wurde.*

β. Für die einzelnen Fälle der Pflegschaft vgl. zu den §§ 1909 ff.

γ. Für Verrichtungen, die nicht eine Vormundschaft oder Pflegschaft betreffen. FrG. § 43 (S. 906).

δ. Vorläufige Maßregeln im Bedürfnißfalle FrG. § 44 zu § 1846 (S. 1032).

ε. In Angelegenheiten der Ehegatten FrG. § 45 (S. 748).

c. Abgabe der Vormundschaft

α. an eine andere inländische Vormundschaftsbehörde.

*FG. § 46. Das Vormundschaftsgericht kann die Vormundschaft aus wichtigen Gründen an ein anderes Vormundschaftsgericht abgeben, wenn sich dieses zur Uebernahme der Vormundschaft bereit erklärt; nach der Bestellung des Vormundes ist jedoch dessen Zustimmung erforderlich.*

*Einigen sich die Gerichte nicht oder verweigert der Vormund oder, wenn mehrere Vormünder die Vormundschaft gemeinschaftlich führen, einer von ihnen seine Zustimmung, so entscheidet das gemeinschaftliche obere Gericht. Eine Anfechtung der Entscheidung findet nicht statt.*

*Diese Vorschriften finden auf die Pflegschaft und die im § 43 bezeichneten Angelegenheiten entsprechende Anwendung.*

β. an einen ausländischen Staat FrG. § 47 Abs. 2 (vgl. zu EG. Art. 23).

2. Der Vormund.

a. Die Vormundschaft hat den Charakter eines öffentlichen Amtes und einer öffentlichen Pflicht (vgl. §§ 1785, 1890, 1893).

Haftung des Vormundes § 1833. Sicherheitsbestellung § 1844.

b. Bestellungs- und Entlassungsprinzip.

α. Das Amt des Vormundes beginnt grundsätzlich erst mit seiner Bestellung als Vormund §§ 1774 (das. Note 1), 1789. — Keine gesetzliche Vormundschaft, mit alleiniger Ausnahme der landesgesetzlich vorbehaltenen gesetzlichen Vormundschaft des Anstaltsvorstandes EG. Art. 136.

β. Das Amt des Vormundes endigt — abgesehen von den Fällen der Beendigung der Vormundschaft (§§ 1882—1884) grundsätzlich erst mit der Entlassung §§ 1886—1889. Ausnahmen: Tod, Entmündigung, Todeserklärung des Vormundes § 1885.

c. Prinzip der Selbständigkeit des Vormundes.

Der Vormund hat in Gemäßheit der gesetzlichen Vorschriften innerhalb der gesetzlichen Schranken (§§ 1793 ff.) die Vormundschaft selbständig und auf eigene Verantwortung (§ 1833) zu führen. Vgl. § 1793 Note I. 1, § 1837 Note I. 1 u. 2.

d. Die Vormundschaft begründet ein Pietätsverhältniß zwischen dem Vormund und dem Mündel (§ 204: Hemmung der Verjährung der beiderseitigen Ansprüche während der Dauer des Vormundschaftsverhältnisses).

3. Gemeindewaisenrath §§ 1849 ff. und daselbst FrG. § 49.

4. Verwandte und Verschwägerte des Mündels.

a. Mitwirkung der Angehörigen des Mündels als Mitglieder des Familienraths §§ 1858 ff.

b. Verwandte und Verschwägerte sind gemäß § 1847 in wichtigen Fragen von dem Vormundschaftsgericht als Auskunftspersonen zu hören.

c. Den Verwandten und Verschwägerten ist ein Beschwerderecht beigelegt. FrG. § 57 Ziffer 1, 3—5, 8, 9.

5. Anzeigepflichtige Behörden (vgl. § 839).

a. Standesbeamte.

*FG. § 48. Wird bei einem Standesbeamten der Tod einer Person, die ein minderjähriges Kind hinterlassen hat, oder die Geburt eines ehelichen Kindes nach dem Tode des Vaters oder die Geburt eines unehelichen Kindes oder die Auffindung eines Minderjährigen, dessen Familienstand nicht zu ermitteln ist, angezeigt oder wird vor einem Standesbeamten von einer Frau, die ein minderjähriges eheliches Kind hat, eine Ehe geschlossen, so hat der Standesbeamte hiervon dem Vormundschaftsgericht Anzeige zu machen.*

b. Gerichte.

α. Allgemeine Vorschrift.

*FG. § 50. Wird die Anordnung einer Vormundschaft oder einer Pflegschaft in Folge eines gerichtlichen Verfahrens erforderlich, so hat das Gericht das zuständige Vormundschaftsgericht hiervon zu benachrichtigen.*

Einzelne Anzeigefälle: § 1680 Strafurtheil, welches die Verwirkung der elterlichen Gewalt herbeiführt; §§ 1754, 1760 Bestätigung des Annahmevertrags, durch den ein minderjähriges Kind an Kindesstatt angenommen wird.

β. Ehesachen CPO. §§ 627 Abs. 3 (S. 860), 630 (S 911).

γ. Entmündigungssachen CPO. §§ 657, 660, 674, 683.

δ. Setzung einer Inventarfrist § 1999.

IV. Verfahren in Vormundschaftssachen.

Die allgemeinen Vorschriften über das Verfahren in Angelegenheiten der freiwilligen Gerichtsbarkeit (FrG. §§ 1—34) sind auch für Vormundschaftssachen maßgebend. Sie werden namentlich ergänzt durch Vorschriften über den Beginn der Wirksamkeit vormundschaftsgerichtlicher Verfügungen FrG. §§ 51—53, durch Vorschriften über das Beschwerderecht (Erweiterungen des Beschwerderechts FrG. § 57, die Fälle sofortiger Beschwerde FrG. § 60). Auf die Vorschriften ist bei den betreffenden Vorschriften des BGB. verwiesen. Selbständiges Beschwerderecht des Mitvormundes. FrG. § 58 zu § 1798. Selbständiges Beschwerderecht des 14 Jahre alten Mündels FrG. § 59

*FG. § 59. Ein unter elterlicher Gewalt stehendes Kind oder ein unter Vormundschaft stehender Mündel kann in allen seine Person betreffenden Ange-*

Vorbemerkung zum III. Abschnitt. (Note B.)

*legenheiten ohne Mitwirkung seines gesetzlichen Vertreters das Beschwerderecht ausüben. Das Gleiche gilt in Angelegenheiten, in denen der Mündel vor einer Entscheidung des Vormundschaftsgerichts gehört werden soll.*

*Diese Vorschriften finden auf Personen, die geschäftsunfähig sind oder nicht das vierzehnte Lebensjahr vollendet haben, keine Anwendung.*

**V. Objektiv ungerechtfertigte Vormundschaft oder Pflegschaft.**

1. Rechtsgeschäfte, welche von oder gegenüber dem zu Unrecht bestellten Vormunde, Pfleger oder Beistande vorgenommen sind FrG. § 32.

***FG.* § 32.** *Ist eine Verfügung, durch die Jemand die Fähigkeit oder die Befugniss zur Vornahme eines Rechtsgeschäfts oder zur Entgegennahme einer Willenserklärung erlangt, ungerechtfertigt, so hat, sofern nicht die Verfügung wegen Mangels der sachlichen Zuständigkeit des Gerichts unwirksam ist, die Aufhebung der Verfügung auf die Wirksamkeit der inzwischen von ihm oder ihm gegenüber vorgenommenen Rechtsgeschäfte keinen Einfluss.*

2. **Rechtsgeschäfte, welche von dem objektiv zu Unrecht bevormundeten Mündel oder Pfleglinge vorgenommen sind.**

a. Unrichtige Annahme der Minderjährigkeit beeinträchtigt nicht die Geschäftsfähigkeit des Volljährigen. Wegen Prozeßfähigkeit vgl. zu 3.

b. Aufhebung des Entmündigungsbeschlusses in Folge einer Anfechtungsklage vgl. § 115 Abs. 1.

c. Vorläufige Vormundschaft des § 1906. FrG. § 61 (zu § 1906).

3. Prozeßfähigkeit.

Mit Rücksicht darauf, daß die Pflegschaft (vgl. §§ 1909 ff.) nicht eine Beschränkung der Geschäftsfähigkeit hervorruft, trifft CPO. § 53 im Interesse der Sicherheit des Rechtsverkehrs für den Fall der Pflegschaft eine Sonderregelung:

***CPO.* § 53.** *Wird in einem Rechtsstreit eine prozessfähige Person durch einen Pfleger vertreten, so steht sie für den Rechtsstreit einer nicht prozessfähigen Person gleich.*

Die Vorschrift wird (arg. a potiori) indeß auch auf die Fälle einer die Geschäftsfähigkeit des Mündels unberührt lassenden Vormundschaft anzuwenden sein. §§ 1906, FrG. §§ 52, 61.

**VI. Terminologie.**

1. Vormund.

a. Vormund im weiteren Sinne umfaßt den Vormund im engeren Sinne (zu b), den Gegenvormund §§ 1792, 1833, 1895, den Pfleger § 1915, den Beistand der Mutter § 1693.

b. Vormund im engeren Sinne.

α. Vormund bezeichnet den verwaltenden Vormund im Gegensatze zum Gegenvormunde §§ 1792, 1799.

β. Vormund ist der gesetzliche Vertreter kraft Vormundschaft im Gegensatze zu dem gesetzlichen Vertreter kraft elterlicher Gewalt, vgl. z. B. § 113 Abs. 3, § 1304 Abs. 2, § 2275 Abs. 2 Satz 2.

c. Mehrere verwaltende Vormünder heißen Mitvormünder, vgl. § 1778 Abs. 4.

2. Ein Gegenvormund kann nicht nur neben dem verwaltenden Vormunde, sondern auch neben dem Pfleger vorhanden sein. Die entsprechende Bezeichnung Gegenpfleger ist nicht aufgenommen.

3. Mündel heißt der Bevormundete sowohl bei der Altersvormundschaft als auch bei der Vormundschaft über Volljährige. Zur Bezeichnung dessen, der einen Pfleger erhalten hat, kommt die Bezeichnung Pflegling vor, § 1752 Abs. 2.

**VII. Prozeßführung.**

1. Im Prozesse unterliegt der Vormund den für den gesetzlichen Vertreter überhaupt geltenden Vorschriften der Prozeßordnung, insonderheit also Prüfung der gesetzlichen Vertretung von Amtswegen, CPO. § 56. — Der dem

## Erster Titel.

## Vormundschaft über Minderjährige.

### I. Anordnung der Vormundschaft.

Kläger obliegenden Legitimationsführung, wenn der Beklagte, vertreten durch einen Vormund, belangt werden soll, dient FrG. § 34.

***FG.** § 34. Die Einsicht der Gerichtsakten kann Jedem insoweit gestattet werden, als er ein berechtigtes Interesse glaubhaft macht. Das Gleiche gilt von der Ertheilung einer Abschrift; die Abschrift ist auf Verlangen zu beglaubigen.*

2. Tod des gesetzlichen Vertreters als Grund der Unterbrechung (CPO. § 241) oder Aussetzung (§ 246) des Verfahrens.

3. Das Armuthszeugniß, auf welches das Gesuch um Ertheilung des Armenrechts gestützt wird, kann nach CPO. § 118 Abs. 2 vom Vormundschaftsgericht ertheilt werden.

**VIII. Strafrechtliche Vorschriften.**

1. Aberkennung der bürgerlichen Ehrenrechte bewirkt Unfähigkeit, Vormund zu sein, StGB. § 34 Ziff. 6 (Fassung des EG. Art. 34 I). Vgl. § 1781 Ziffer 4.

2. Strafantrag des Vormundes für den Mündel StGB. § 65 (Fassung des EG. Art. 34 III.).

3. Diebstahl, Unterschlagung, Betrug, begangen von dem Mündel gegen den Vormund, als Antragsvergehen, StGB. §§ 247, 263.

4. Unzüchtige Handlungen, vorgenommen vom Vormunde mit dem Mündel StGB. § 174, Kuppelei, begangen von dem Vormund an dem Mündel StGB. § 181.

5. Untreue.

***StGB.** § 266 Abs. 1 Ziffer 1, Abs. 2. Wegen Untreue werden mit Gefängniss, neben welchem auf Verlust der bürgerlichen Ehrenrechte erkannt werden kann, bestraft:*

*1. Vormünder, Kuratoren, Güterpfleger, Sequester, Massenverwalter, Vollstrecker letztwilliger Verfügungen und Verwalter von Stiftungen, wenn sie absichtlich zum Nachtheile der ihrer Aufsicht anvertrauten Personen oder Sachen handeln.*

*Wird die Untreue begangen, um sich oder einem Anderen einen Vermögensvortheil zu verschaffen, so kann neben der Gefängnissstrafe auf Geldstrafe bis zu dreitausend Mark erkannt werden.*

**IX. Uebergangsvorschrift EG. Artt. 210, 160.**

**X. Internationales Privatrecht EG. Art. 23.**

Vorbemerkung zum 1. Titel.

1. Im ersten Titel ist die Vormundschaft über Minderjährige geregelt. Die Minderjährigkeit dauert gemäß § 2 bis zum vollendeten 21. Lebensjahre. Der für volljährig Erklärte hat gemäß § 3 die rechtliche Stellung eines Volljährigen, steht mithin nicht unter Altersvormundschaft (§§ 1773, 1882).

2. Auf die Vormundschaft über Volljährige (§§ 1896—1908) finden gemäß § 1897 die für die Vormundschaft über Minderjährige, auf die Pflegschaft die für die Vormundschaft geltenden Vorschriften Anwendung, soweit sich nicht aus dem Gesetz (vgl. §§ 1898—1908, 1915) ein Anderes ergiebt. Vgl. daselbst. Die Abweichungen der Volljährigenvormundschaft und der Pflegschaft von den Vorschriften über die Altersvormundschaft sind bei den einzelnen Vorschriften vermerkt.

Vorbemerkung zum Untertitel I.

1. Dem Vormundschaftsrechte des BGB. liegt das Bestellungsprinzip zu Grunde (vgl. Vorb. zum Abschn. B. III. 2b S. 983).

2. Internationales Privatrecht EG. Art. 23.

I. Voraussetzungen der Vormundschaft.

**§ 1773.** Ein Minderjähriger erhält einen Vormund, wenn er nicht unter elterlicher Gewalt steht oder wenn die Eltern weder in den die Person noch in den das Vermögen betreffenden Angelegenheiten zur Vertretung des Minderjährigen berechtigt sind.

Ein Minderjähriger erhält einen Vormund auch dann, wenn sein Familienstand nicht zu ermitteln ist.

---

**§ 1773. A. Allgemeiner Inhalt.**

I. In § 1773 werden erschöpfend die Voraussetzungen bestimmt, bei deren Vorliegen ein Minderjähriger einen Vormund erhält. In allen in § 1773 erwähnten Fällen besteht für den Minderjährigen das Bedürfniß einer allgemeinen Fürsorge für die Person und das Vermögen. Insofern neben der über einem Minderjährigen bestehenden elterlichen Gewalt oder Vormundschaft eine Fürsorge für einzelne Angelegenheiten nothwendig wird, greift die Pflegschaft gemäß § 1909 ein.

II. Die Vormundschaft beginnt erst mit der Bestellung des Vormundes. Bis zur erfolgten Bestellung ist der Minderjährige, in dessen Person die Voraussetzungen des § 1773 vorliegen, ohne Vormund und deshalb ohne gesetzlichen Vertreter (vgl. § 206). Das Vormundschaftsgericht hat die im Interesse des Mündels erforderlichen Maßregeln zu treffen (§ 1846). Die Vorschriften über Geschäftsführung ohne Auftrag sowie über die ungerechtfertigte Bereicherung greifen ein.

III. Die Voraussetzungen, welche § 1773 für die Anordnung einer Vormundschaft aufstellt, sind zugleich die Voraussetzungen ihrer Fortdauer. Mit dem Wegfalle der Voraussetzungen endigt die Vormundschaft kraft Gesetzes, § 1882.

**B. Die einzelnen Bevormundungsfälle.**

**I. Uneheliche Kinder.**

1. In Ansehung der unehelichen Kinder ist eine elterliche Gewalt vom Gesetz überhaupt nicht anerkannt (vgl. § 1707 und Bemerkungen daselbst). Zu den unehelichen Kindern gehören auch die Kinder aus einer nichtigen Ehe, in Ansehung deren nicht die Voraussetzungen des § 1699 vorliegen, insonderheit also die Kinder aus einer formnichtigen in das Heirathsregister nicht eingetragenen Ehe (§ 1699 Abs. 2).

2. Im Falle der Legitimation (§§ 1719 ff., 1723 ff., 1736) oder der Annahme an Kindesstatt (§§ 1741 ff., 1757) erlangt das uneheliche Kind die rechtliche Stellung eines ehelichen Kindes.

3. Uneheliche Kinder erhalten demnach stets einen Vormund, sofern sie nicht durch Legitimation oder Annahme an Kindesstatt die rechtliche Stellung ehelicher Kinder erlangt haben (vgl. zu 2). Auch in Ansehung der unehelichen Kinder tritt eine gesetzliche Vormundschaft nicht ein, vielmehr ist Bestellung des Vormundes nach den allgemeinen Vorschriften erforderlich. Zum Vormunde kann auch die uneheliche Mutter bestellt werden, §§ 1778 Abs. 3, 1783.

**II. Eheliche und die ihnen gleichstehenden Kinder** (vgl. Vorb. S. 883 Note 2).

Die ehelichen Kinder (§§ 1591 ff., 1699 Abs. 1) und die ihnen gleichstehenden legitimirten (§§ 1719, 1736) oder an Kindesstatt angenommenen (§ 1736) Kinder stehen während der Minderjährigkeit nach § 1626 unter elterlicher Gewalt, die sowohl dem Vater als auch der Mutter (§§ 1627 ff., 1684 ff.) zustehen kann.

Eheliche minderjährige Kinder sind demnach nur zu bevormunden,

1. wenn die elterliche Gewalt beendigt ist.

a. **Beendigung der elterlichen Gewalt in der Person beider Eltern.** Vgl. Vorb. zu §§ 1679, 1680 (S. 933).

α. **Tod oder Todeserklärung beider Eltern** §§ 1679, 1686.

**§ 1774.** Das Vormundschaftsgericht hat die Vormundschaft von Amtswegen anzuordnen. II. Anordnung von Amtswegen

β. Verwirkung der elterlichen Gewalt seitens beider Eltern § 1680. Vgl. auch zu b.

γ. Wiederverheirathung der Mutter, welcher die elterliche Gewalt zustand (§ 1697).

b. Beendigung der elterlichen Gewalt des Vaters ohne Uebergang der Gewalt auf die Mutter. Dies ist der Fall, wenn die elterliche Gewalt vom Vater verwirkt wird und die Ehe der Eltern nicht aufgelöst ist (§ 1684 Ziffer 2).

2. bei fortdauernder elterlicher Gewalt, wenn die Eltern, d. i. Vater und Mutter weder in den die Person noch in den das Vermögen betreffenden Angelegenheiten zur Vertretung des Kindes berechtigt sind. (Bloß thatsächliche Verhinderung genügt nicht.) Diese Berechtigung fehlt den Eltern

a. während der Ehe,

α. wenn dem Vater die Vertretung des Kindes in Ansehung sowohl der Person wie des Vermögens gemäß § 1666 entzogen ist (vgl. §§ 1685, 1665 Note 3, 1628 Note 1 a δ),

β. in den anderen Fällen der Nichtberechtigung des Vaters zur Vertretung des Kindes tritt gemäß § 1685 zunächst die elterliche Gewalt der Mutter ein, welcher gemäß § 1687 ein Beistand bestellt werden kann. Eine Vormundschaft ist während der Ehe — abgesehen von dem Falle zu α und zu 1 b — nur geboten, wenn die der Mutter an sich zustehende elterliche Gewalt beendigt ist (§§ 1679, 1680) oder ruht (§§ 1676—1678).

b. nach Auflösung der Ehe,

α. wenn dem Vater oder nach Uebergang der elterlichen Gewalt auf die Mutter (§ 1684) dieser die Vertretung des Kindes in Ansehung der Person und des Vermögens gemäß §§ 1666, 1686 entzogen ist,

β. wenn die elterliche Gewalt des Vaters ruht (§§ 1676, 1677) und die Ausübung der elterlichen Gewalt nicht gemäß § 1685 Abs. 2 der Mutter durch das Vormundschaftsgericht übertragen ist.

3. Als besonderer Fall ist hervorzuheben, daß die leiblichen Eltern eines an Kindesstatt angenommenen Kindes zur Vertretung des Kindes nicht berechtigt sind, wenn die elterliche Gewalt des Annehmenden endigt oder ruht § 1765.

4. Ist der Gewalthaber nur in einzelnen Beziehungen an der Sorge für das Kind verhindert, so findet nach § 1909 Abs. 1 die Bestellung eines Pflegers statt.

III. **Einfluß der elterlichen Gewalt der Mutter** auf die zur Zeit des Inkrafttretens des BGB. bestehenden Vormundschaften, vgl. zu §§ 1684 ff. Note IV S. 936.

**§ 1774.** 1. Durch § 1774 wird das Bestellungsprinzip (vgl. Vorb. zum III. Abschnitt B. III 2 b S. 983) zum Ausdrucke gebracht. Keine Vormundschaft ohne Anordnung und Bestellung (§ 1789) seitens des Vormundschaftsgerichts (FrG. §§ 35 ff.). — Alleinige Ausnahme: Landesgesetzlicher Vorbehalt für die Bevormundung durch einen Anstaltsvorstand vgl. EG. Art. 136.

2. Pflicht der Standesbeamten, Gemeindewaisenräthe und Gerichte, dem Vormundschaftsgerichte die Bevormundungsfälle mitzutheilen. FrG. §§ 48—50 (S. 983).

3. Beschwerde bei Ablehnung der Anordnung einer Vormundschaft FrG. § 57 Ziffer 1.

*FG. § 57 Ziffer 1. Die Beschwerde steht, unbeschadet der Vorschriften des § 20, zu:*

*1. gegen eine Verfügung, durch welche die Anordnung einer Vormundschaft abgelehnt oder eine Vormundschaft aufgehoben wird, Jedem, der ein rechtliches Interesse an der Aenderung der Verfügung hat, sowie dem Ehegatten, den Verwandten und Verschwägerten des Mündels, es sei denn, dass die Verfügung eine vorläufige Vormundschaft betrifft.*

III. Bestellung des Vormundes.
1. Zahl der Vormünder.

**§ 1775.** Das Vormundschaftsgericht soll, sofern nicht besondere Gründe für die Bestellung mehrerer Vormünder vorliegen, für den Mündel und, wenn mehrere Geschwister zu bevormunden sind, für alle Mündel nur einen Vormund bestellen.

2. Die Person des Vormundes.
a. Berufungsgründe.

**§ 1776.** Als Vormünder sind in nachstehender Reihenfolge berufen:

1. wer von dem Vater des Mündels als Vormund benannt ist;
2. wer von der ehelichen Mutter des Mündels als Vormund benannt ist;
3. der Großvater des Mündels von väterlicher Seite;
4. der Großvater des Mündels von mütterlicher Seite.

Die Großväter sind nicht berufen, wenn der Mündel von einem Anderen als dem Ehegatten seines Vaters oder seiner Mutter an Kindesstatt angenommen ist. Das Gleiche gilt, wenn derjenige, von welchem der Mündel abstammt, von einem Anderen als dem Ehegatten seines Vaters oder seiner Mutter an Kindesstatt angenommen ist und die Wirkungen der Annahme sich auf den Mündel erstrecken.

---

**§ 1775.** 1. Die Vorschrift bezieht sich zunächst nur auf den (verwaltenden) Vormund. Wegen Bestellung eines Gegenvormundes vgl. § 1792.

2. Mitvormünder.

a. Die Bestellung mehrerer Vormünder kann auf der Berufung durch den zur letztwilligen Benennung eines Vormundes Berechtigten (§§ 1776 Abs. 1 Ziffer 1 u. 2, 1777) oder auf Anordnung des Vormundschaftsgerichts beruhen.
b. Wegen der Führung der Vormundschaft §§ 1797 f.
c. Bestellung eines Mitvormundes neben einem als Vormund Berufenen § 1778 Abs. 4.

3. Im Sinne des § 1775 macht es keinen Unterschied, ob die Geschwister vollbürtig oder halbbürtig sind; auch mehrere uneheliche Kinder derselben Mutter erhalten regelmäßig denselben Vormund, auch wenn sie verschiedene Väter haben. Angenommene Kinder vgl § 1763 Note 1 a β. Die Vormundschaft über mehrere Geschwister zählt für das Ablehnungsrecht nur als eine Vormundschaft § 1786 Ziffer 8.

Zu §§ 1776–1778. 1. Die Berufung (§ 1776) hat nur die Bedeutung, daß der Berufene von dem Vormundschaftsgerichte nicht ohne Grund (§ 1778) übergangen werden darf (§ 1778). Sofortige Beschwerde des Uebergangenen FrG. § 60 Ziffer 1 (zu § 1778 Note 1).

2. Die Berufung zur Vormundschaft begründet keinen Zwang zur Uebernahme der Vormundschaft. Ein solcher (vgl. § 1778) tritt erst ein, wenn der Berufene gemäß § 1779 von dem Vormundschaftsgericht ausgewählt wird. Vgl. § 1785 Note 1. 1 b.

3. Die Reihenfolge der Berufungen ist sowohl für die erste Einleitung der Vormundschaft als auch für den Fall maßgebend, daß während bestehender Vormundschaft das vormundschaftliche Amt durch den Wegfall des bisherigen Vormundes erledigt wird.

4. Sonderregelung für die Vormundschaft über Volljährige §§ 1898 f., für die Pflegschaft §§ 1916 f.

5. Vorbehalt für die landesgesetzlichen Vorschriften, nach denen der Anstaltsvormund vor den nach § 1776 berufenen Personen zum Vormunde bestellt werden kann EG. Art. 136 Ziffer 3.

**§ 1776.** 1. Ziffer 1. Benennung durch den Vater des Mündels.

a. Voraussetzungen des Benennungsrechts § 1777. — Das elterliche Benennungsrecht gilt nicht für die Vormundschaft über das volljährige Kind § 1897.
b. Vorzug des Ehemanns der minderjährigen Ehefrau vor dem Benannten § 1778 Abs. 3.

**§ 1777.** Der Vater kann einen Vormund nur benennen, wenn ihm zur Zeit seines Todes die elterliche Gewalt über das Kind zusteht; er hat dieses Recht nicht, wenn er in den die Person oder in den das Vermögen betreffenden Angelegenheiten nicht zur Vertretung des Kindes berechtigt ist. Das Gleiche gilt für die Mutter.

Der Vater kann für ein Kind, das erst nach seinem Tode geboren wird, einen Vormund benennen, wenn er dazu berechtigt sein würde, falls das Kind vor seinem Tode geboren wäre.

Die Benennung des Vormundes erfolgt durch letztwillige Verfügung.

---

c. Benennung unter Befreiung von vormundschaftsrechtlichen Beschränkungen (Befreite Vormundschaft) §§ 1852 ff.

d. Benennung unter Bedingung oder Befristung vgl. zu § 1777 Note II. 3.

e. Benennung mehrerer Vormünder unter Bestimmungen über die Entscheidung von Meinungsverschiedenheiten und über die Vertheilung der Geschäfte § 1797 Abs. 3.

2. Ziffer 2. Benennung durch die eheliche Mutter. Vgl. § 1705 Note 3. Vgl. im Uebrigen zu Note 1.

3. Ziffer 3.

a. Der Großvater des Mündels von väterlicher Seite. Der Vater eines unehelichen Vaters steht zu dem unehelichen Kinde nicht im Großvaterverhältnisse § 1589 Abs. 2. — Durch Ehelichkeitserklärung kann eine Großvaterschaft überhaupt nicht (§ 1737), durch Annahme an Kindesstatt nicht im Verhältnisse zwischen dem Kinde und dem Vater des Annehmenden (§ 1763), sondern nur im Verhältnisse des Annehmenden zu den Abkömmlingen des Kindes (§ 1762) begründet werden.

b. Vorzug des Ehemanns vor dem Großvater § 1778 Abs. 3.

c. Wegen Abs. 2 des § 1776 vgl. Note 5.

4. Ziffer 4. Der Großvater des Mündels von mütterlicher Seite (vgl. auch zu 3).

a. Für ein uneheliches Kind würde hiernach zunächst der Großvater berufen sein; nach § 1778 Abs. 3 kann indeß die Mutter vor dem Großvater bestellt werden.

b. Wegen Abs. 2 des § 1776 vgl. Note 5.

5. (Abs. 2) schließt mit Rücksicht darauf, daß — abgesehen von dem Falle der Annahme seitens des Ehegatten des Vaters oder der Mutter (vgl. § 1757 Abs. 2) — durch die Annahme eines Kindes an Kindesstatt regelmäßig eine Entfremdung des Kindes gegenüber den leiblichen Verwandten einzutreten pflegt, die gesetzliche Berufung des Großvaters in den entsprechenden Fällen aus. Es wird hierdurch eine Ausnahme von § 1764 begründet Vgl. § 1764 Note 2d. Der Satz 2 des Abs. 2 entspricht dem § 1762.

**§ 1777. I. Materielle Voraussetzungen des Benennungsrechts.**

1. Das Benennungsrecht ist ein Ausfluß der elterlichen Gewalt. Es ist deshalb für die Vormundschaft über Volljährige nicht gegeben § 1898.

2. Der entscheidende Zeitpunkt für das Vorhandensein der in § 1777 aufgeführten Voraussetzungen ist der Zeitpunkt des Todes, nicht der Zeitpunkt der Errichtung der letztwilligen Verfügung (Abs. 3). Es können daher der Vater oder die Mutter unter den sonstigen Voraussetzungen des § 1777 auch im Hinblick auf ihre künftigen Kinder einen Vormund wirksam benennen.

3. Der Vater kann gemäß § 1777 einen Vormund nicht benennen,

a. wenn ihm zur Zeit seines Todes die elterliche Gewalt nicht zusteht:

α. Todeserklärung § 1679; vgl. indeß auch § 1679 Abs. 2;

β. Verwirkung § 1680.

c. Uebergehung Berufener.

**§ 1778.** Wer nach § 1776 als Vormund berufen ist, darf ohne seine Zustimmung nur übergangen werden, wenn er nach den §§ 1780 bis 1784 nicht zum Vormunde bestellt werden kann oder soll oder wenn er an der Uebernahme der Vormundschaft verhindert ist oder die Uebernahme verzögert oder wenn seine Bestellung das Interesse des Mündels gefährden würde.

α. Vorübergehende Verhinderung.

Ist der Berufene nur vorübergehend verhindert, so hat ihn das Vormundschaftsgericht nach dem Wegfalle des Hindernisses auf seinen Antrag an Stelle des bisherigen Vormundes zum Vormunde zu bestellen.

β. Vorzug d. Ehemanns.

Für eine Ehefrau darf der Mann vor den nach § 1776 Berufenen, für ein uneheliches Kind darf die Mutter vor dem Großvater zum Vormunde bestellt werden.

γ. Bestellung eines Mitvormundes neben dem Berufenen.

Neben dem Berufenen darf nur mit dessen Zustimmung ein Mitvormund bestellt werden.

---

b. wenn er zur Zeit seines Todes außer den Fällen zu a nicht zur Vertretung des Kindes in den die Person oder das Vermögen betreffenden Angelegenheiten berechtigt ist (vgl. § 1630).
α. Konkurs § 1647.
β. Entziehung der Vertretung durch das Vormundschaftsgericht §§ 1666, 1670.
γ. Ruhen der elterlichen Gewalt §§ 1676—1678.
δ. Im Falle der Annahme des Kindes an Kindesstatt vgl. § 1765.

4. Die Mutter kann außer den zu 3 aufgeführten Fällen (vgl. § 1686) gemäß § 1777 einen Vormund nicht benennen:
a im Falle ihrer Wiederverheirathung § 1697,
b. im Falle der Uebertragung der Vermögensverwaltung auf den Beistand §§ 1693, 1628.

II. **Die Benennung.**

1. Die Benennung kann nur mittels letztwilliger Verfügung (§ 1937), nicht auch mittels Erbvertrag (§ 2278), wenn auch in demselben (§ 2299) erfolgen.
2. Wegen Errichtung, Anfechtbarkeit, Aufhebung der letztwilligen Verfügung, mittels deren ein Vormund benannt wird, gelten die allgemeinen erbrechtlichen Vorschriften §§ 1937, 2064 ff., 2078 ff.
3. Benennung unter einer Bedingung oder Zeitbestimmung ist, da nicht ausgeschlossen, zulässig.
a. Aufschiebende Bedingung oder Zeitbestimmung, welche zur Zeit der Anordnung der Vormundschaft noch nicht eingetreten ist, soll nach Mot. IV S. 1054 eine vorübergehende Verhinderung im Sinne des § 1778 Abs. 1, 2 sein.
b. Der Eintritt einer beigefügten auflösenden Bedingung oder eines Endtermins beendigt nicht kraft Gesetzes das Amt des bestellten Vormundes (§§ 1888, 1889). Die Entlassung des Vormundes kann gemäß § 1790 für den Fall des Eintritts der Bedingung oder der Zeitbestimmung vorbehalten werden.
4. Benennung eines Vormundes als befreiten Vormundes §§ 1852 ff.

**§ 1778.** 1. Der Berufene hat, wenn nicht einer der Uebergehungsgründe des § 1778 vorliegt, ein Recht auf seine Bestellung als Vormund. Sofortige Beschwerde des Uebergangenen FrG. § 60 Abs. 1 Ziffer 1 und Abs. 2 Es ist aber nicht ausgeschlossen, daß er von vornherein zur Sicherheitsleistung gemäß § 1844 angehalten wird. Vgl. auch § 1786 Ziffer 6.

*FG. § 60 Abs. 1 Ziffer 1, Abs. 2. Die sofortige Beschwerde findet statt:*
*1. gegen eine Verfügung, durch die ein als Vormund, Pfleger, Gegenvormund, Beistand oder Mitglied des Familienraths Berufener übergangen wird.*

*Die Frist beginnt in den Fällen des Abs. 1 Nr. 1 mit dem Zeitpunkt, in welchem der Beschwerdeführer von seiner Uebergehung Kenntniss erlangt, im*

**§ 1779.** Ist die Vormundschaft nicht einem nach § 1776 Berufenen zu übertragen, so hat das Vormundschaftsgericht nach Anhörung des Gemeindewaisenraths den Vormund auszuwählen.

d. Auswahl des Vormundes durch das Gericht.

Das Vormundschaftsgericht soll eine Person auswählen, die nach ihren persönlichen Verhältnissen und ihrer Vermögenslage sowie nach den sonstigen Umständen zur Führung der Vormundschaft geeignet ist. Bei der Auswahl ist auf das religiöse Bekenntniß des Mündels Rücksicht zu nehmen. Verwandte und Verschwägerte des Mündels sind zunächst zu berücksichtigen.

---

*Falle der Aufhebung des Familienraths mit dem Zeitpunkt, in welchem das Vormundschaftsgericht die bisherigen Mitglieder von der Aufhebung in Kenntniss setzt.*

2. Uebergehungsgründe.

a. Unfähigkeit zur Vormundschaft § 1780.

b. Untauglichkeit zur Vormundschaft § 1781.

c. Ausschließung durch den Vater oder die Mutter § 1782.

d. Mangelnde Zustimmung des Ehemanns einer als Vormund benannten Frau § 1783.

e. Mangel der landesgesetzlich vorgeschriebenen dienstlichen Erlaubniß, wenn ein Beamter oder Religionsdiener benannt ist, § 1784.

f. Verhinderung des Berufenen zu der Zeit, in welcher die Anordnung der Vormundschaft erforderlich wird. Vorübergehende Behinderung § 1778 Abs. 2. Vgl. auch § 1777 Note II. 3. Es ist zweckmäßig, bei vorübergehender Verhinderung des Berufenen den an dessen Stelle tretenden Vormund mit dem Vorbehalte der Entlassung für den Fall zu bestellen, daß der Berufene nach Wegfall des Hinderungsgrundes seine Bestellung beantragt.

g. Verzögerung der Uebernahme, auch wenn dieselbe unverschuldet ist.

h. Gefährdung des Interesses des Mündels vgl §§ 1666, 1667, 1886.

3. Für eine minderjährige (vgl. die Titelüberschrift) Ehefrau kann nach Abs. 3 der Ehemann vor den nach § 1776 Berufenen zum Vormunde bestellt werden.

4. Die uneheliche Mutter kann nach Abs. 3 vor dem mütterlichen Großvater des Mündels (§ 1776 Ziffer 4) bestellt werden.

5 (Abs. 4.) Bestellung eines Mitvormundes (vgl. §§ 1775, 1786 Ziffer 7) zu unterscheiden vom Gegenvormunde (§ 1792).

**§ 1779.** 1. Die Vormundschaft ist einem nach § 1776 Berufenen nicht zu übertragen,

a. wenn ein solcher überhaupt nicht vorhanden,

b. wenn die Uebergehung des Berufenen gemäß § 1778 angezeigt ist.

2. Sind mehrere nach einander gemäß § 1776 berufene Personen vorhanden und will der zuerst Berufene die Vormundschaft nicht übernehmen, so ist das Vormundschaftsgericht nicht befugt, den Ablehnenden gemäß § 1779 Abs. 1 auszuwählen (§§ 1785, 1788); vielmehr kommen zunächst die Nachberufenen für die Vormundschaft in Betracht. Erst wenn diese die Vormundschaft nicht annehmen wollen oder ihre Uebergehung gemäß § 1778 begründet ist, hat das Vormundschaftsgericht den Vormund auszuwählen. Die Wahl kann insbesondere auch auf die ablehnenden Berufenen oder auf die eheliche Mutter oder den Ehegatten des Mündels fallen.

3. Anhörung des Gemeindewaisenraths (§§ 1849 ff.) bedeutet, daß ihm Gelegenheit zur Aeußerung zu geben ist.

4. Berücksichtigung des religiösen Bekenntnisses vgl. § 1801 und EG. Art. 134.

5. Zwangsmaßregeln gegen den in Gemäßheit des § 1779 als Vormund Ausgewählten, der sich das Amt zu übernehmen grundlos weigert, §§ 1785 bis 1788.

e. Unfähigkeit zur Vormundschaft.

**§ 1780.** Zum Vormunde kann nicht bestellt werden, wer geschäftsunfähig oder wegen Geistesschwäche, Verschwendung oder Trunksucht entmündigt ist.

f. Untauglichkeit zur Vormundschaft
a. kraft Gesetzes.

**§ 1781.** Zum Vormunde soll nicht bestellt werden:

1. wer minderjährig oder nach § 1906 unter vorläufige Vormundschaft gestellt ist;
2. wer nach § 1910 zur Besorgung seiner Vermögensangelegenheiten einen Pfleger erhalten hat;
3. wer in Konkurs gerathen ist, während der Dauer des Konkurses;
4. wer der bürgerlichen Ehrenrechte für verlustig erklärt ist, soweit sich nicht aus den Vorschriften des Strafgesetzbuchs ein Anderes ergiebt.

---

**§ 1780.** 1. Liegen die Unfähigkeitsgründe des § 1780 zur Zeit der Bestellung (vgl. Wirksamwerden der Entmündigung § 6 Note B. IV) in der Person des Bestellten vor, so ist die Bestellung nichtig („kann nicht bestellt werden").

a. Geschäftsunfähigkeit § 104: Kindesalter, Geisteskrankheit und Entmündigung wegen Geisteskrankheit. Vgl. § 6 Note A. I.

b. Entmündigung wegen Geistesschwäche, Verschwendung und Trunksucht (§ 6).

2. Die von einem nichtigerweise als Vormund Bestellten für den Mündel vorgenommenen Rechtsgeschäfte sind nach den Vorschriften der Geschäftsführung ohne Auftrag (§§ 677 ff., 165, 177 ff.) zu beurtheilen. Haftung des Handelnden § 682. Haftung des Vormundschaftsrichters § 1848.

3. Nachträglich erfolgende Entmündigung des Vormundes beendigt sein Amt als Vormund, § 1885.

4. Weitere Unfähigkeitsgründe, welche die Bestellung nichtig machen, bestehen nicht. Wegen der Untauglichkeitsgründe vgl. § 1781.

**§ 1781.** I. **Die Untauglichkeitsgründe.**

Die Untauglichkeitsgründe des § 1781 machen die unter Zuwiderhandlung gegen die Sollvorschrift des § 1781 erfolgte Bestellung nicht nichtig. Der Bestellte ist Vormund und hat die Fähigkeit, den Mündel innerhalb der dem Vormund als solchem zukommenden Vertretungsmacht zu vertreten. Entlassung des Vormundes wegen Vorliegens eines der Untauglichkeitsgründe des § 1781 vgl. § 1886.

1. Ziffer 1.

a. Minderjährigkeit § 2. Der für volljährig Erklärte hat auch in Ansehung der Tauglichkeit, Vormund zu sein, die rechtliche Stelle eines Volljährigen, § 3 Abs. 2.

b. Vorläufige Vormundschaft des § 1906 wegen beantragter Entmündigung. Vgl. § 6 Note B. II.

2. Ziffer 2: Gebrechlichkeitspflegschaft des § 1910 vgl. daselbst.

3. Ziffer 3: Konkurs.

a. In Konkurs gerathen ist schon derjenige, über dessen Vermögen der Konkurs eröffnet ist. Der Zeitpunkt der Erlassung des Eröffnungsbeschlusses ist maßgebend (KO. § 108), nicht erst der Zeitpunkt der Rechtskraft des Eröffnungsbeschlusses. Vgl. § 1647.

b. Dauer des Konkurses vgl. KO. §§ 163, 190, 202, 204. Vgl. auch KO. §§ 109, 116.

4. Ziffer 4: Verlust der bürgerlichen Ehrenrechte.

a. StGB. § 34 Ziffer 6, § 36.

*StGB. § 34 (EG. Art. 34 I). Die Aberkennung der bürgerlichen Ehrenrechte bewirkt ferner die Unfähigkeit, während der im Urtheile bestimmten Zeit*
*6. Vormund, Gegenvormund, Pfleger, Beistand der Mutter, Mitglied eines*

**§ 1782.** Zum Vormunde soll nicht bestellt werden, wer durch Anordnung des Vaters oder der ehelichen Mutter des Mündels von der Vormundschaft ausgeschlossen ist. Die Mutter kann den von dem Vater als Vormund Benannten nicht ausschließen.

β. kraft elterlich. Ausschließung.

Auf die Ausschließung finden die Vorschriften des § 1777 Anwendung.

---

*Familienraths oder Kurator zu sein, es sei denn, dass es sich um Verwandte absteigender Linie handele und die obervormundschaftliche Behörde oder der Familienrath die Genehmigung ertheile.*

**StGB. § 36.** *Die Wirkung der Aberkennung der bürgerlichen Ehrenrechte überhaupt, sowie der Fähigkeit zur Bekleidung öffentlicher Aemter insbesondere, tritt mit der Rechtskraft des Urtheils ein; die Zeitdauer wird von dem Tage berechnet, an dem die Freiheitsstrafe, neben welcher jene Aberkennung ausgesprochen wurde, verbüsst, verjährt oder erlassen ist.*

b. Durch die Fassung des § 1781 Ziffer 4 soll zum Ausdrucke gebracht werden, daß das jeweilige Strafgesetzbuch maßgebend ist, sodaß eine etwaige Aenderung des gegenwärtigen Strafgesetzbuchs eine Aenderung des § 1781 nicht erforderlich macht.

c. Wenn StGB. § 34 an den Verlust der bürgerlichen Ehrenrechte die Unfähigkeit, Vormund zu sein, knüpft, so wird damit nicht ein Fall des § 1780 geschaffen, sondern lediglich eine Sollvorschrift im Sinne des § 1781 gegeben. Nach den Mot. (IV. S. 1066 f.) läßt es § 1781 Ziffer 4 (in Uebereinstimmung mit der Pr. Vorm.O. § 21 Ziffer 3, vgl. auch § 25) bei der Bestimmung des StGB. § 34 Ziffer 6 bewenden.

II. **Der in der Geschäftsfähigkeit beschränkte Vormund.**

Die Untauglichkeitsgründe der Ziffer 1 (Minderjährigkeit und vorläufige Vormundschaft aus § 1906) begründen die beschränkte Geschäftsfähigkeit (§§ 106 ff., 114). Die Bestellung des untauglichen Vormundes ist bis zur erfolgenden Entlassung (§ 1886) wirksam. Vgl. Note I.

1. Das Verhältniß nach Außen.

Die von oder gegenüber dem in der Geschäftsfähigkeit beschränkten Vormund abgegebenen Erklärungen werden gemäß § 165 in ihrer Wirksamkeit durch die beschränkte Geschäftsfähigkeit des Vormundes nicht beeinträchtigt.

2. Für das Verhältniß nach Innen (Verantwortlichkeit des Vormundes gegenüber dem Mündel § 1833) ist entscheidend, daß die Bestellung des Vormundes kein rechtsgeschäftlicher Akt im Sinne des § 106, sondern Uebernahme eines Amtes ist (vgl. Vorb. zum III. Abschnitte Note B. III. 2a S. 982). Für die Haftung des in der Geschäftsfähigkeit beschränkten Vormundes (§ 1833) ist eine dem § 682 (Geschäftsführung ohne Auftrag) entsprechende Vorschrift nicht gegeben. Wenn man nicht gerade davon ausgehen will, daß, wem Gott ein Amt giebt, auch den erforderlichen Verstand giebt, wird man den § 682 zur entsprechenden Anwendung bringen und den Vormundschaftsrichter (§§ 1781, 1886, 1848) geeignetenfalls aushülfsweise haften lassen.

III. **Keine Untauglichkeitsgründe** sind insbesondere:

1. das weibliche Geschlecht (§§ 1783, 1786 Ziffer 1). Die Bestellung einer Frau wird namentlich dann empfehlenswerth sein, wenn es sich bei der Vormundschaft im Wesentlichen um die Sorge für die Person eines Mädchens handelt. Vgl. Reichstagskomm. Drucks. 440b S. 167;

2. der Mangel der Reichsangehörigkeit, vgl. § 1785.

**§ 1782.** 1. Das Ausschließungsrecht steht dem Vater bzw. der Mutter nur in Ansehung bestimmter Personen, nicht in Ansehung ganzer Klassen von Personen zu (Mot.).

2. Wegen der Voraussetzungen der Ausschließung vgl. zu § 1777.

3. Der überwiegende Einfluß, welcher dem Vater bei der elterlichen Gewalt (§ 1634) zugestanden ist, bleibt auch hier maßgebend. Der Vater kann

g. Ehefrau als Vormund. **§ 1783.** Eine Frau, die mit einem Anderen als dem Vater des Mündels verheirathet ist, soll nur mit Zustimmung ihres Mannes zum Vormunde bestellt werden.

h. Beamter u. Religionsdiener als Vormund. **§ 1784.** Ein Beamter oder Religionsdiener, der nach den Landesgesetzen einer besonderen Erlaubniß zur Uebernahme einer Vormundschaft bedarf, soll nicht ohne die vorgeschriebene Erlaubniß zum Vormunde bestellt werden.

---

auch die Mutter von der Vormundschaft ausschließen. Dies kann indeß nur in Frage kommen, wenn der Mutter ausnahmsweise, insbesondere im Falle ihrer Wiederverheirathung (§ 1697) die elterliche Gewalt nicht zusteht (§ 1684). Wegen Anordnung einer Beistandschaft für die Mutter als Inhaberin der elterlichen Gewalt seitens des Vaters vgl. § 1687 Ziffer 1.

4. Für die Vormundschaft über Volljährige besteht das elterliche Ausschließungsrecht, welches ein Ausfluß der elterlichen Gewalt ist, nicht.

**§ 1783.** 1. Die Zustimmung des Ehemanns ist mit Rücksicht auf die sich aus der Ehe ergebenden Pflichten der Ehefrau für erforderlich erachtet. Vgl. §§ 1356, 1358. In Betracht kommt auch, daß die durch die Vormundschaft etwa entstehenden Verbindlichkeiten der Ehefrau (§ 1833) nach den Vorschriften des ehelichen Güterrechts dem Manne gegenüber wirksam sind. Vgl. §§ 1411 ff., 1459 ff.

2. Die Frau bedarf der Zustimmung des Mannes nicht, wenn es sich um die Vormundschaft über das Kind ihres Mannes handelt, gleichgültig, ob es sich um ein gemeinschaftliches Kind der Eheleute oder um ein von dem Manne in die Ehe gebrachtes eheliches (§ 1589 Abs. 2) Kind handelt. Dieser Fall kann namentlich eintreten, wenn der Mann die väterliche Gewalt verwirkt hat (§§ 1680, 1684) oder wenn ihm die Sorge für die Person und das Vermögen des Kindes gemäß § 1666 entzogen ist.

3. Verheirathung der zum Vormunde bestellten Frau § 1887 Abs 1 — Versagung oder Widerruf der ehemännlichen Zustimmung § 1886 Abs. 2.

4. Ablehnungsrecht der Frau § 1786 Ziffer 1.

5. Bestellung der Frau zum Vormund ihres Mannes § 1900.

**§ 1784.** 1. Reichsbeamte.

a. Für die Reichscivilbeamten ist eine besondere Regelung nicht erfolgt. Gemäß § 19 des Ges betr. die Rechtsverhältnisse der Reichsbeamten vom 31. März 1873 (RGBl. S 61) finden diejenigen Vorschriften Anwendung, welche an dem Wohnsitze des Reichsbeamten für die Landesbeamten gelten (vgl zu 2).

b. Militärpersonen.

*Reichsmilitärgesetz vom 2. Mai 1874 § 41 (RGBl. S. 45). Militärpersonen des Friedensstandes und die Civilbeamten der Militärverwaltung können die Uebernahme der Vormundschaft ablehnen und sind zu deren Uebernahme nur mit Genehmigung ihrer Vorgesetzten berechtigt.*

c. Für die der Reichsmarine angehörenden Personen ist eine entsprechende Bestimmung nicht getroffen.

Preußen AG. z. BGB. Art. 72. Sächs. AG. z. BGB. § 40. Württ. AG. z. BGB. Art. 67. Bad. AG. z. BGB. Art. 84.

2. Landesbeamte und Religionsdiener.

a. Das Erforderniß der Erlaubniß zur Uebernahme einer Vormundschaft richtet sich nach den Landesgesetzen. Vgl. PrAG. z. BGB Art. 72. Ein selbständiges Ablehnungsrecht (vgl. zu 1b) besteht nicht. Andererseits besteht auch keine Verpflichtung zur Uebernahme der Vormundschaft, sofern die erforderliche Erlaubniß nicht vorliegt § 1785 Note I 2a.

b. Entlassung des Vormundes bei Versagung oder Zurücknahme der Erlaubniß § 1888.

c. Anwendbarkeit der Vorschrift auf die Bestellung des Gegenvormundes § 1792 Abs. 4, des Vormundes für einen Volljährigen § 1897, des Pflegers § 1915, eines Beistandes der Mutter § 1694.

**§ 1785.** Jeder Deutsche hat die Vormundschaft, für die er von dem Vormundschaftsgericht ausgewählt wird, zu übernehmen, sofern nicht seiner Bestellung zum Vormund einer der in den §§ 1780 bis 1784 bestimmten Gründe entgegensteht. 3. Staatsbürgerl. Pflicht zur Uebernahme der Vormundschaft.

**§ 1786.** Die Uebernahme der Vormundschaft kann ablehnen: a. Ablehnungsgründe.

1. eine Frau;
2. wer das sechzigste Lebensjahr vollendet hat;
3. wer mehr als vier minderjährige eheliche Kinder hat; ein von einem Anderen an Kindesstatt angenommenes Kind wird nicht gerechnet;

---

**§ 1785. I. Die Zwangspflicht der Reichsangehörigen zur Uebernahme einer Vormundschaft.**

1. Voraussetzungen.

a. Reichsangehörigkeit vgl. EG. Art. 41.

b. Auswahl durch das Vormundschaftsgericht. Die Zwangspflicht des § 1785 trifft nur den auf Grund des § 1779 Abs. 1 durch das Vormundschaftsgericht als Vormund Ausgewählten, nicht auch denjenigen, welcher auf Grund des § 1776 Abs. 1 als Vormund berufen ist. Vgl. zu §§ 1776—1778 Note 1 u. 2.

2. Die Zwangspflicht aufhebende Umstände.

a. Der Bestellung entgegenstehende Gründe (§§ 1780—1784), welche die Zwangspflicht der Uebernahme ausschließen,

α. die Unfähigkeitsgründe des § 1780.

β. die Untauglichkeitsgründe des § 1781.

γ. Ausschließung durch den Vater oder die Mutter gemäß § 1782.

δ. Mangel der erforderlichen Erlaubniß des Ehemanns § 1783. Vgl. auch § 1786 Ziffer 1.

ε. Mangel der erforderlichen Erlaubniß für Landesbeamte und Religionsdiener § 1784. Wegen der Reichsbeamten und Militärpersonen vgl. § 1784 Note 1.

b. Ablehnungsgründe § 1786.

c. Sofortige Beschwerde gegen die die Weigerung der Vormundschaftsübernahme zurückweisende Verfügung FrG § 60 Ziffer 2.

*FG. § 60 Ziffer 2. Die sofortige Beschwerde findet statt:*

*2. gegen eine Verfügung, durch welche die Weigerung, eine Vormundschaft, Pflegschaft, Gegenvormundschaft oder Beistandschaft zu übernehmen, zurückgewiesen wird.*

3. Verstoß gegen die Uebernahmepflicht.

a. Schadensersatz § 1787.

b. Ordnungsstrafen § 1788.

4. Geltungsbereich der Vorschrift.

Die Vorschrift des § 1785 ist anwendbar auf die Bestellung des Gegenvormundes § 1792 Abs. 4, des Vormundes für einen Volljährigen § 1897, des Beistandes der Mutter §§ 1694, 1915; des Pflegers § 1915, einschließlich der Nachlaßpflegschaft zur Sicherung des Nachlasses (§§ 1960 ff.) aber ausschließlich der Nachlaßpflegschaft zum Zwecke der Befriedigung der Nachlaßgläubiger (Nachlaßverwaltung §§ 1981, 1975).

**II. Ausländer als Vormünder.**

1. Dem Ausländer ist, auch wenn derselbe seinen Wohnsitz im Inlande hat, eine Verpflichtung zur Uebernahme eines vormundschaftlichen Amtes nicht auferlegt. — Zulässigkeit eines Vergeltungsrechts EG. Art. 31.

2. Hat der Ausländer eine inländische Vormundschaft übernommen, so ist das inländische Recht uneingeschränkt auf die aus der Vormundschaft sich ergebenden Rechtsverhältnisse anwendbar. Der Mangel der Reichsangehörigkeit berechtigt weder den Ausländer seine Entlassung als Vormund zu verlangen (vgl. § 1889), noch das Gericht, den Vormund zu entlassen § 1886.

4. wer durch Krankheit oder durch Gebrechen verhindert ist, die Vormundschaft ordnungsmäßig zu führen;
5. wer wegen Entfernung seines Wohnsitzes von dem Sitze des Vormundschaftsgerichts die Vormundschaft nicht ohne besondere Belästigung führen kann;
6. wer nach § 1844 zur Sicherheitsleistung angehalten wird;
7. wer mit einem Anderen zur gemeinschaftlichen Führung der Vormundschaft bestellt werden soll;
8. wer mehr als eine Vormundschaft oder Pflegschaft führt; die Vormundschaft oder Pflegschaft über mehrere Geschwister gilt nur als eine; die Führung von zwei Gegenvormundschaften steht der Führung einer Vormundschaft gleich.

Das Ablehnungsrecht erlischt, wenn es nicht vor der Bestellung bei dem Vormundschaftsgerichte geltend gemacht wird.

---

§ 1786. I. **Geltendmachung des Ablehnungsrechts.**
(Abs. 2.) Das Ablehnungsrecht aus § 1786 erlischt, wenn es nicht vor der Bestellung (§ 1789) geltend gemacht wird. Dementsprechend gilt auch nur der Eintritt eines der zu Ziffer 2 bis 7 aufgeführten Umstände im Verlaufe der Vormundschaft schlechthin als wichtiger Grund für den Antrag des Vormundes auf Entlassung § 1889.

II. **Die einzelnen Ablehnungsgründe.**

1. Frauen, d. h. verheirathete und unverheirathete Frauenspersonen, haben als solche das Ablehnungsrecht. Vgl. auch §§ 1783, 1887.

2. Zurückgelegtes sechzigstes Lebensjahr. Berechnung §§ 187 Abs. 2, 188. — Eintritt dieses Alters im Verlaufe der Vormundschaft, Uebernahme nach vollendetem 60. Lebensjahr vgl. § 1889 Note II.

3. Besitz von mindestens fünf eigenen minderjährigen Kindern.
a. Für volljährig erklärte Kinder zählen nicht als minderjährige Kinder § 3 Abs. 2.
b. Legitimirte und an Kindesstatt angenommene Kinder rechnen wie eigene eheliche Kinder §§ 1719, 1736, 1757.
c. An Kindesstatt von einem Dritten angenommene Kinder (§§ 1749 ff.) kommen für den leiblichen Vater in Ansehung der Anwendbarkeit der Ziffer 3 nicht in Betracht.
d. Ein Nasciturus zählt nicht mit. Nach der Geburt desselben während der Dauer der Vormundschaft kann § 1889 anwendbar werden.

4. Krankheit und Gebrechen können auch gemäß §§ 1780, 1781 Ziffer 2 als Unfähigkeits- bzw. Untauglichkeitsgründe in Betracht kommen.

5. Wohnsitz §§ 7 ff. Entscheidend ist nicht, ob der Wohnsitz innerhalb des Gerichtsbezirkes belegen ist. Ein innerhalb des Gerichtsbezirkes, aber entfernt von dem Sitze des Vormundschaftsgerichts belegener Wohnsitz kann zur Ablehnung berechtigen, während andererseits ein außerhalb des Gerichtsbezirkes belegener Wohnsitz die Ablehnung nicht zu begründen braucht. Entscheidend wird die Art der zu führenden Verwaltung und der Umfang des hierdurch erforderlich werdenden persönlichen Verkehrs des Vormundes mit dem Vormundschaftsgerichte sein müssen.

6. Ziffer 6 trifft den Fall, daß die Sicherheitsleistung (§ 1844) von vornherein verlangt wird. Bei nachträglich verlangter Bestellung oder Erhöhung einer Sicherheit vgl. § 1889.

7. Die Bestellung eines Mitvormundes (vgl. §§ 1775, 1778 Abs. 4) indeß nur, wenn die Führung der Vormundschaft gemeinschaftlich geschehen soll (§ 1797 Abs. 1), nicht wenn Vertheilung der Geschäfte nach verschiedenen Wirkungskreisen gemäß § 1797 Abs. 2 erfolgt. Der Grund ist die besondere Unbequemlichkeit einer gemeinschaftlichen Vormundschaftsführung und die

**§ 1787.** Wer die Uebernahme der Vormundschaft ohne Grund ablehnt, ist, wenn ihm ein Verschulden zur Last fällt, für den Schaden verantwortlich, der dem Mündel dadurch entsteht, daß sich die Bestellung des Vormundes verzögert.

b. Grundlose Ablehnung. a. Schadensersatzpflicht.

Erklärt das Vormundschaftsgericht die Ablehnung für unbegründet, so hat der Ablehnende, unbeschadet der ihm zustehenden Rechtsmittel, die Vormundschaft auf Erfordern des Vormundschaftsgerichts vorläufig zu übernehmen.

---

dadurch unter Umständen verursachte gesammtschuldnerische Haftung für fremde Pflichtwidrigkeit (§ 1833 Abs. 2).

8. Führung mindestens zweier Vormundschaften oder Pflegschaften.

a. Vormundschaft, Pflegschaft und Beistandschaft mit Vermögensverwaltung (§ 1693) sind gleichwerthig. Die Gleichwerthigkeit von Vormundschaft und Pflegschaft, welche sich schon aus § 1915 ergiebt, ist nach den Mot. hier nur zur Verdeutlichung zum Ausdrucke gebracht. Die Nichtanführung der Beistandschaft läßt somit kein arg. e contr. zu.

b. Die Gegenvormundschaft, welcher eine Beistandschaft ohne Vermögensverwaltung (§ 1694) gleichwerthig ist, gilt als halbe Vormundschaft.

c. Die Vormundschaft, Pflegschaft oder Beistandschaft für mehrere Geschwister (vgl. § 1775) zählt nur als eine Vormundschaft ꝛc.

**§ 1787.** I. (Abs. 1.) **Der Schadensersatzanspruch.**

1. Natur der Uebernahmepflicht. Die Vorschrift des § 1787 gestaltet die Verpflichtung (§ 1785) zur Uebernahme der Vormundschaft durch den gemäß § 1779 zum Vormunde Ausgewählten als eine gegenüber dem Mündel zu erfüllende gesetzliche Verpflichtung. Vgl. daneben das Ordnungsstrafverfahren aus § 1788.

2. Von dem Kläger darzuthuende Voraussetzungen des Schadensersatzanspruchs.

a. Auswahl des Ablehnenden durch das Vormundschaftsgericht gemäß § 1779. Berufung gemäß § 1776 genügt nicht. Vgl. zu § 1785 Note I. 1 b.

b. Grundlose Ablehnung, d. i. ohne einen die Ablehnung nach §§ 1785, 1786 rechtfertigenden Grund.

c. Verschuldete Ablehnung. Verschulden (§ 276) gehört zur Klagbegründung.

d. Eine Verzögerung der Bestellung des Vormundes, welche durch die grundlose Weigerung des Ausgewählten verursacht ist.

e. Ein Schaden, der durch die Verzögerung der Vormundsbestellung verursacht ist. Ein Schaden, welcher nicht durch Verzögerung, sondern z. B. durch die Bestellung eines ungeeigneten Vormundes verursacht ist, kommt nicht in Betracht.

3. Der Schadensersatzanspruch (vgl. zu 2) richtet sich im Uebrigen nach §§ 249 ff. Ob die Voraussetzungen des Schadensersatzanspruchs vorliegen, insbesondere ob die Ablehnung eine grundlose war, entscheidet das Prozeßgericht. Die Entscheidung des Vormundschafts- bzw. des Beschwerdegerichts ist nicht schlechtweg maßgebend. Vgl. zu II. 2.

II. (Abs. 2.) **Vorläufige Uebernahmepflicht.**

1. Auch die dem Abs. 2 zuwider erfolgende Ablehnung der vorläufigen Uebernahme der Vormundschaft ist geeignet, beim Vorliegen der übrigen Voraussetzungen des Abs. 1 die Schadensersatzpflicht aus Abs. 1 zu begründen.

2. Dem zum Vormund Ausgewählten steht als Rechtsmittel gegen die Entscheidung des Vormundschaftsgerichts die sofortige Beschwerde (FrG. §§ 19, 20, 60 Ziffer 2 S. 995) sowie die weitere sofortige Beschwerde (FrG. § 29) zu. Aufschiebende Wirkung kommt der Beschwerde nicht zu. FrG. § 24 — Die Entscheidung des Vormundschaftsgerichts bzw des Beschwerdegerichts greift der Entscheidung des Prozeßgerichts über die Voraussetzungen des Schadensersatzanspruchs aus § 1787 nicht vor. Vgl. zu I. 3.

3. Ordnungsstrafen. **§ 1788.** Das Vormundschaftsgericht kann den zum Vormund Ausgewählten durch Ordnungsstrafen zur Uebernahme der Vormundschaft anhalten.

Die einzelne Strafe darf den Betrag von dreihundert Mark nicht übersteigen. Die Strafen dürfen nur in Zwischenräumen von mindestens einer Woche verhängt werden. Mehr als drei Strafen dürfen nicht verhängt werden.

4. Der Bestellungsakt. a. Verpflichtung durch Handschlag. **§ 1789.** Der Vormund wird von dem Vormundschaftsgerichte durch Verpflichtung zu treuer und gewissenhafter Führung der Vormundschaft bestellt. Die Verpflichtung soll mittelst Handschlags an Eidesstatt erfolgen.

b. Vorbehalt der Entlassung. **§ 1790.** Bei der Bestellung des Vormundes kann die Entlassung für den Fall vorbehalten werden, daß ein bestimmtes Ereigniß eintritt oder nicht eintritt.

---

**§ 1788.** 1. Die Ordnungsstrafe kann nur dem durch das Vormundschaftsgericht Ausgewählten (§ 1779), nicht aber dem gemäß § 1776 Berufenen gegenüber festgesetzt werden. Vgl § 1785 Note I. 1 b.

2. Nach FrG § 33 hat der Festsetzung der Strafe eine Androhung vorauszugehen

3. Ein Mindestmaß der Strafe ist nicht vorgesehen.

4. Die Ordnungsstrafe ist lediglich Geldstrafe. Umwandlung in eine Haftstrafe findet nicht statt.

5. Die Beschwerde, welche dem in Strafe Genommenen gemäß FrG. §§ 19, 20 zusteht, hat aufschiebende Wirkung FrG. § 24.

6. Nachträgliche Niederschlagung der Straffestsetzung FrG. § 18.

7. Die dreimalige Straffestsetzung wegen Nichtübernahme einer Vormundschaft schließt die Auswahl des sich Weigernden zu einer anderen Vormundschaft und ein neues Ordnungsstrafverfahren nicht aus.

8. Ordnungsstrafrecht des Vormundschaftsgerichts während der Dauer der Vormundschaft § 1837 Abs. 2.

**§ 1789.** 1. Die Bestellung des Vormundes und die Uebernahme der Verpflichtung ist kein Rechtsgeschäft, sondern ein obrigkeitlicher Akt (vgl. Prot. IV S. 829 und auch § 1781 Note II 2). Auf denselben finden somit auch die Vorschriften über die Rechtsgeschäfte (§§ 104 ff.) nicht Anwendung. Da Vertretung des Vormundes bei der Bestellung nicht zugelassen ist, ist dieselbe unzulässig.

2. Die Bestellung durch ein anderes Gericht im Wege der Rechtshülfe richtet sich nach FrG. § 2.

3. Die Verpflichtung mittels Handschlags an Eidesstatt hat lediglich eine moralische Bedeutung. Eine strafrechtliche Folge hat die Verletzung dieser Eidespflicht als solcher nicht. Die Unterlassung der durch Sollvorschrift vorgeschriebenen Verpflichtung mittels Handschlags beeinträchtigt nicht die Rechtswirksamkeit der Bestellung.

4. Bei Bestellung mehrerer Mitvormünder können Bestimmungen über die Entscheidung von Meinungsverschiedenheiten getroffen werden vgl. § 1797 Abs. 1.

**§ 1790.** 1 Die Vorschrift des allgemeinen Theiles über Bedingung und Befristung bei Rechtsgeschäften sind auf die Bestellung des Vormundes nicht anwendbar, weil dieselbe kein Rechtsgeschäft ist. Vgl. Bd. I S. 44 Vorb. Note 1—4; § 1789 Note 1.

2. Ueber einen Anwendungsfall des § 1790 vgl. § 1778 Abs. 2 und daselbst Note 2f; ferner § 1876 Note 1.

3 Das Amt des Vormundes endigt bei Eintritt bzw. Nichteintritt des vorbehaltenen Falles nicht kraft Gesetzes, sondern erst mit der Entlassung. Vgl. zu §§ 1885 ff.

**§ 1791.** Der Vormund erhält eine Bestallung. c. Ertheilung der Bestallung.

Die Bestallung soll enthalten den Namen und die Zeit der Geburt des Mündels, die Namen des Vormundes, des Gegenvormundes und der Mitvormünder sowie im Falle der Theilung der Vormundschaft die Art der Theilung. Ist ein Familienrath eingesetzt, so ist auch dies anzugeben.

---

**§ 1791 I. Die rechtliche Natur der Bestallung.**

1. Die Bestallung hat — ebenso wie dies nach der Preuß. Vormundschaftsordnung der Fall ist — lediglich die Bedeutung eines gerichtlichen Zeugnisses darüber, daß die darin bezeichnete Person nach Maßgabe des Inhaltes der Bestallung als Vormund bestellt ist. Die Vertretungsmacht des Vormundes ist unabhängig von der Ertheilung der Bestallung. Diese hat keine konstitutive Bedeutung.

2. Eine Schutzvorschrift (vgl. für die Vollmacht §§ 170 ff., für den Erbschein § 2366, das Zeugniß über die Ernennung eines Testamentsvollstreckers § 2368) für den sich auf den Inhalt der Bestallung verlassenden gutgläubigen Dritten besteht nicht. Der Dritte ist somit insbesondere bei nachträglich eintretenden aus der Bestallung sich nicht ergebenden Aenderungen der Vertretungsmacht des Vormundes (Entlassung des Vormundes, Beendigung der Vormundschaft) trotz seines guten Glaubens an die Richtigkeit der Bestallung nicht geschützt. Der Dritte, welcher sich mit einem Vormund in Rechtsverkehr einläßt, hat die Rechtsbeständigkeit und Fortdauer der Vormundschaft auf eigene Gefahr zu prüfen. Zu diesem Zwecke kann dem Dritten die Einsicht der Akten gestattet und (beglaubigte) Abschrift aus denselben ertheilt werden FrG § 34 (S. 985). In Fällen, die zu Zweifeln irgend welchen Anlaß bieten, wird dem Dritten das Recht zur Hinterlegung gemäß § 372 zugestanden werden müssen.

3. Rückgabe der Bestallung bei Beendigung der Vormundschaft § 1893 Abs. 2.

4. Bestallungen erhalten außer dem Vormunde:
a. der Gegenvormund § 1792 Abs. 4;
b. der Pfleger § 1915, auch der Nachlaßpfleger (§§ 1960 ff., 1975, 1981 ff.);
c. der Beistand der Mutter § 1694, vgl auch § 1693.

**II. Inhalt der Bestallung.**

1. Gesetzlich vorgeschriebener Sollinhalt.

a. Der Name und die Zeit der Geburt des Mündels. Es wird hierdurch dem Dritten die Möglichkeit gewährt, festzustellen, ob die Altersvormundschaft noch fortdauert oder durch Vollendung des 21. Lebensjahrs des Mündels beendigt ist.

b. Der Name des Vormundes, des Gegenvormundes (§ 1792) und der Mitvormünder (§ 1775). Die Theilung der Vormundschaft unter mehrere Mitvormünder (§§ 1797 ff.).

c. Familienrath §§ 1858 ff., insbesondere bei Aufhebung des Familienraths § 1881.

2. Sonstiger Inhalt.

Zweckmäßiger Weise werden solche Angaben nachträglich in die Bestallung aufzunehmen sein, welche für die Vertretungsmacht und die Führung der Vormundschaft Dritten gegenüber von Interesse sind. Insbesondere z. B.:

a. die Befreiung des Vormundes von gewissen Beschränkungen §§ 1852 ff. bzw. die Aufhebung der diesbezüglichen elterlichen Anordnungen durch das Vormundschaftsgericht § 1857;

b. die allgemeine Ermächtigung des Vormundes zu gewissen Rechtsgeschäften § 1825.

c. Verwaltungsanordnungen des Erblassers oder Vermögenszuwenders im Sinne des § 1803.

IV. Bestellung eines Gegenvormundes.

**§ 1792.** Neben dem Vormunde kann ein Gegenvormund bestellt werden.

Ein Gegenvormund soll bestellt werden, wenn mit der Vormundschaft eine Vermögensverwaltung verbunden ist, es sei denn, daß die Verwaltung nicht erheblich oder daß die Vormundschaft von mehreren Vormündern gemeinschaftlich zu führen ist.

Ist die Vormundschaft von mehreren Vormündern nicht gemeinschaftlich zu führen, so kann der eine Vormund zum Gegenvormunde des anderen bestellt werden.

Auf die Berufung und Bestellung des Gegenvormundes finden die für die Berufung und Bestellung des Vormundes geltenden Vorschriften Anwendung.

---

**§ 1792. I. Die Rechtsstellung des Gegenvormundes.**

1. Der Gegenvormund ist ein Aufsichtsorgan.

a. Aufsichts- und Anzeigepflicht, Recht auf Auskunft seitens des Vormundes und auf Einsicht der Papiere § 1799.
b. Auskunftspflicht des Gegenvormundes gegenüber dem Vormundschaftsgerichte § 1839.
c. Mitwirkung des Gegenvormundes bei der Aufnahme des Vermögensverzeichnisses § 1802.
d. Mitwirkung des Gegenvormundes bei Anlegung von Mündelgeld § 1810.
e. Anhörung des Gegenvormundes durch das Vormundschaftsgericht vor Ertheilung der Genehmigung zu einer Handlung des Vormundes § 1826; vor Festsetzung einer Vergütung für Führung der Vormundschaft § 1836; Beschwerderecht des Gegenvormundes FrG. § 57 Ziffer 7 (S. 1027).
f. Prüfung der Rechnungslegung bzw der Vermögensübersicht des Vormundes durch den Gegenvormund §§ 1842, 1854, 1891.
g. Antrag des Gegenvormundes auf Einsetzung eines Familienraths §§ 1859 Abs. 1, 1905; Einberufung des Familienraths auf Antrag des Gegenvormundes § 1873.
h. Beschwerderecht des Gegenvormundes bei Ablehnung seines Antrags auf Einschreiten des Vormundschaftsgerichts gegen den Vormund oder Entlassung desselben FrG. § 57 Ziffer 6 (S. 1006).

2. Der Gegenvormund ergänzt die beschränkte Vertretungsmacht des Vormundes.

a. Die die Genehmigung des Gegenvormundes erfordernden Rechtsgeschäfte des Vormundes §§ 1812, 1813, 1825.
b. Ueberlassung von Gegenständen, zu deren Veräußerung die Genehmigung des Gegenvormundes erforderlich ist, an den Mündel § 1824.
c. Ersetzung der Genehmigung des Gegenvormundes durch die Genehmigung des Vormundschaftsgerichts § 1812 Abs. 2.
d. Befreiung des Vormundes von der Beschränkung durch den Gegenvormund (Befreite Vormundschaft) §§ 1852 ff.

3. Das Rechtsverhältniß zwischen Gegenvormund und Mündel.

a. Haftung dem Mündel gegenüber § 1833.
b. Aufwendungen des Gegenvormundes § 1835.
c. Vergütung für die Führung der Gegenvormundschaft § 1836.

**II. Bestellung des Gegenvormundes.**

1. Wann ein Gegenvormund zu bestellen ist, richtet sich nach § 1792.

a. Neben jedem Vormunde kann ein Gegenvormund bestellt werden.
b. Bei einer Vormundschaft mit Vermögensverwaltung soll ein Gegenvormund bestellt werden (Haftung des Vormundschaftsrichters bei Unterlassung § 1848).

## II. Führung der Vormundschaft.

**§ 1793.** Der Vormund hat das Recht und die Pflicht, für die Person und das Vermögen des Mündels zu sorgen, insbesondere den Mündel zu vertreten. 1. Recht und Pflicht der Sorge für den Mündel überhaupt.

---

Ausnahmen:
a. Unerheblichkeit der Verwaltung.
b. Gemeinschaftliche Vormundschaftsführung § 1797 Abs. 1, nicht auch bei Theilung der Geschäfte in Gemäßheit des § 1797 Abs. 2. — Ueber die Person des Gegenvormundes vgl Note 2.
c. Befreite Vormundschaft. Ausschließung der Bestellung eines Gegenvormundes durch den Vater (§ 1852) oder die Mutter (§ 1855) des Mündels. — Vgl. indeß Außerkraftsetzung dieser Anordnungen durch das Vormundschaftsgericht § 1857.
d. Kraft Gesetzes befreite Vormundschaft des Vaters oder der ehelichen Mutter über das volljährige Kind §§ 1903, 1904.
e. Neben der Pflegschaft ist ein Gegenvormund niemals erforderlich (§ 1915 Abs. 2), aber stets zulässig und unter Umständen auch zweckmäßig.
f. Landesgesetzlicher Vorbehalt bei Bevormundungen durch den Anstaltsvorstand EG. Art. 136 Ziffer 4.

2. Die Person des Gegenvormundes und die Art seiner Bestellung bestimmt sich nach § 1792 Abs. 4 in Verbindung mit §§ 1776 bis 1791, insbesondere können bei getheilter Vormundschaft (§ 1797 Abs. 2) die mehreren Vormünder einander zu Gegenvormündern bestellt werden.

III. Uebergangsbestimmung EG. Art. 210.

**§ 1793. I. Das Recht und die Pflicht der Sorge für den Mündel.**

1. Das Recht der Sorge begründet:
a. die Selbständigkeit des Vormundes in der Führung der Vormundschaft gegenüber dem Vormundschaftsgerichte. Das Vormundschaftsgericht ist dem Vormunde gegenüber nur insoweit zur Einmischung in die Führung der Vormundschaft berechtigt, als sein Aufsichtsrechts (vgl. § 1837 Note I. 1) reicht. Vgl. auch § 1802 Einreichung eines Vermögensverzeichnisses, §§ 1840—1843 Rechnungslegung;
b. die Befugniß zur Ausübung der Sorge, damit insbesondere zur Inbesitznahme des Mündelsvermögens:
α. dem Mündel gegenüber. Die Geschäftsbesorgung des Vormundes ist keine solche ohne Auftrag (vgl. § 677), sondern kraft vormundschaftlichen Rechtes;
β. jedem Dritten gegenüber, insbesondere dem Vater des Mündels, vgl. z. B. § 1632.

2. Die Pflicht des Vormundes, für die Person und das Vermögen des Mündels zu sorgen, begründet:
a. dem Mündel gegenüber die Verantwortlichkeit des Vormundes für unterlassene oder unsachgemäße Ausübung der Sorge vgl. § 1833;
b. Dritten gegenüber:
α. die Verpflichtung des Vormundes, sich als der gesetzliche Vertreter des Mündels in die Angelegenheiten des Mündels einzulassen;
β. die Haftung wegen Vernachlässigung der aus der Sorge für die Person sich ergebenden Aufsichtspflicht (§§ 832, 1800, 1631).

3. Recht und Pflicht des Vormundes beginnen mit der Bestellung des Vormundes (§ 1789 Bestellungsprinzip; vgl. Vorb zum III. Abschnitt Note III 2b S. 983). — Bis zur Bestellung des Vormundes können vorläufige Maßregeln des Vormundschaftsgerichts, insbesondere Bestellung eines Pflegers (§§ 1816, 1909 Abs. 3) oder Geschäftsführung ohne Auftrag (§§ 677 ff.) von Seiten hülfsbereiter Personen eingreifen.

1. Einschränkung der Sorge durch Pflegschaft.

**§ 1794.** Das Recht und die Pflicht des Vormundes, für die Person und das Vermögen des Mündels zu sorgen, erstreckt sich nicht auf Angelegenheiten des Mündels, für die ein Pfleger bestellt ist.

II. **Die allgemeine Fürsorge für den Mündel.**

1. Im Gegensatz zur Pflegschaft (§ 1909), welche nur die Fürsorge in einzelnen Angelegenheiten bezweckt, ist die Vormundschaft auf eine allgemeine Fürsorge gerichtet. Wegen der einzelnen Theile der Fürsorge (die Sorge für die Person und das Vermögen) vgl §§ 1800 ff. — Die Vertretung des Mündels zu III.

2 Der Umfang der Fürsorge ist grundsätzlich unbeschränkt, soweit nicht Einschränkungen sich aus den Vorschriften im Einzelnen ergeben, vgl. §§ 1794 bis 1798.

3. Stellung des Vormundes neben der Mutter in Ansehung der Sorge für die Person des Mündels, vgl. §§ 1696, 1707. Stellung der Mutter neben dem Vormunde des Mannes § 1698.

III. **Die Vertretungsmacht des Vormundes.**

1. Umfang der Vertretungsmacht.

Als ein Theil der Fürsorge für den Mündel ist die Vertretungsmacht des Vormundes grundsätzlich unbeschränkt, soweit nicht aus den Vorschriften im Einzelnen sich Einschränkungen ergeben (§§ 1794—1798)

2. Inhalt der Vertretungsmacht.

a. Rechtsgeschäftliche Vertretungsmacht.

α. Als gesetzlicher Vertreter des Mündels ist der Vormund im Umfange seiner Vertretungsmacht (zu 1) zur Vornahme und Entgegennahme von Rechtsgeschäften Namens des Mündels berechtigt (§§ 164 ff., 130 ff.), sowie befugt, die erforderliche Zustimmung zu Rechtsgeschäften des Mündels zu geben oder zu verweigern (§§ 106 ff.).

β. Beschränkungen der Vertretungsmacht.

αα. Schenkungsverbot § 1804.

ββ. Erforderniß der Genehmigung des Gegenvormundes bzw. des Vormundschaftsgerichts. Vgl. §§ 1812—1822, 1902. Ferner §§ 112; 1437 Abs 2, 1549; 1714; 1729; 1751, 1752, 1770.

γγ. Höchstpersönliche Rechtsgeschäfte, welche Vertretung nicht zulassen. Vgl. Bd. 1 S. 39 Note 7.

δδ. Arglist des Vormundes gegen den Mündel bei Vornahme von Rechtsgeschäften beeinträchtigt nicht die aus denselben Dritten gegenüber entstehenden Verbindlichkeiten des Mündels. StGB. § 266 (Untreue) und die Schadensersatzpflicht des Vormundes aus § 1833 greifen ein. Bei arglistigem Zusammenspiele des Vormundes mit dem Dritten vgl. § 164 Note 2d.

b. Unerlaubte Handlungen des Vormundes in Ausübung der Vertretungsmacht verpflichten den Mündel nicht. Vgl. indeß Haftung des Mündels für Verschulden des Vormundes bei Erfüllung von Verbindlichkeiten des Mündels § 278.

c. Rechtsstreitigkeiten. Die Vertretung des Mündels durch den Vormund im Prozesse richtet sich nach den Vorschriften der CPO. §§ 51, 52, 56. Ehesachen CPO. § 612, Statussachen CPO § 641. — Tod des Vormundes oder Aufhören seiner Vertretungsmacht CPO. § 241.

d. In Angelegenheiten der freiwilligen Gerichtsbarkeit richtet sich die Vertretungsmacht des Vormundes nach den allgemeinen Vorschriften. Dem Vormunde steht auch das Beschwerderecht aus der Person des Mündels gegen Verfügungen des Vormundschaftsgerichts zu, FrG. § 20. Ausübung dieses Rechtes durch den Mündel selbst vom vollendeten 14. Lebensjahr ab, FrG. § 59.

e. Berechtigung zum Strafantrage richtet sich nach StGB. § 65 in der Fassung des EG. Art. 34 III.; vgl. auch StGB. § 195, EG. Art 34 VI.

**§ 1794.** 1. Der vormundschaftlichen Verwaltung untersteht auch das von

**§ 1795.** Der Vormund kann den Mündel nicht vertreten: 2. Ausschließung der Vertretungsmacht wegen Interessenkollision u. kraft Gesetzes.

1. bei einem Rechtsgeschäfte zwischen seinem Ehegatten oder einem seiner Verwandten in gerader Linie einerseits und dem Mündel andererseits, es sei denn, daß das Rechtsgeschäft ausschließlich in der Erfüllung einer Verbindlichkeit besteht;
2. bei einem Rechtsgeschäfte, das die Uebertragung oder Belastung einer durch Pfandrecht, Hypothek oder Bürgschaft gesicherten Forderung des Mündels gegen den Vormund oder die Aufhebung oder Minderung dieser Sicherheit zum Gegenstande hat oder die Verpflichtung des Mündels zu einer solchen Uebertragung, Belastung, Aufhebung oder Minderung begründet;
3. bei einem Rechtsstreite zwischen den in Nr. 1 bezeichneten Personen sowie bei einem Rechtsstreit über eine Angelegenheit der in Nr. 2 bezeichneten Art.

Die Vorschrift des § 181 bleibt unberührt.

---

dieser Verwaltung durch Anordnung des Vermögenszuwenders ausgeschlossene Vermögen bis zu der in Gemäßheit des § 1909 erfolgten Bestellung eines Pflegers. Für die elterliche Vermögensverwaltung vgl. die anderweite Regelung in § 1638. Vgl. § 1909 Note I 2e.

2. Gutgläubige Geschäftsführung des Vormundes in Angelegenheiten, für welche ein Pfleger bestellt ist, vgl § 1893 Note 1a.

**§ 1795. I. Ausschluß der Vertretungsmacht.**

1. Nimmt der Vormund entgegen der Vorschrift des § 1795 eine Rechtshandlung Namens des Mündels vor, so handelt er als Vertreter ohne Vertretungsmacht (§§ 177—180) Im Falle des § 1795 Ziffer 3 (Rechtsstreitigkeiten) kommen CPO. §§ 56, 89, 579 Ziffer 4 (Nichtigkeitsklage) in Betracht.

2. Aus dem Ausschlusse der gesetzlichen Vertretung ergiebt sich, daß dem Vormund in den Fällen des § 1795 auch das Recht, die Einwilligung oder Genehmigung zu Rechtsgeschäften des Mündels zu ertheilen oder zu verweigern (vgl. §§ 108, 111, 1793 Note III. 2a) nicht zusteht.

3. Die Hemmung der Verjährung (§ 204) beruht auf dem zwischen Vormund und Mündel bestehenden persönlichen Verhältnisse. Die Hemmung wird deshalb nicht dadurch ausgeschlossen, daß der Anspruch zu den Angelegenheiten gehört, für welche ein Pfleger bestellt ist. Vgl. auch § 204 Note 3; § 1797 Note 2b.

4. Die dem Vormunde nicht zustehende Vertretungsmacht wird von einem Pfleger (§ 1909) wahrgenommen Die Pflicht des Vormundes zur Anzeige bei Eintritt des Bedürfnisses einer Pflegschaftsanordnung § 1909 Abs. 3.

5. Die gleiche Regelung für die elterliche Gewalt § 1630 Abs. 2.

**II. Die einzelnen Fälle.**

1. Ziffer 1.

a. Verwandte in gerader Linie sind die Eltern oder Abkömmlinge, § 1589 Abs. 1.

b. Die für Erfüllungsgeschäfte gemachte Ausnahme läßt das nach den sonstigen Vorschriften etwa vorhandene Erforderniß der Genehmigung des Gegenvormundes oder des Vormundschaftsgerichts (§§ 1812, 1821 f.) unberührt.

2. Ziffer 2. Die Vorschrift der Ziffer 2 soll den Mündel namentlich in den Fällen schützen, in denen nach §§ 1852, 1855, 1903, 1904 die Vorschriften der §§ 1812, 1822 Nr. 13 außer Anwendung sind. — Wichtiger als für das Vormundschaftsrecht ist die Vorschrift für das Recht der elterlichen Gewalt, für welches die §§ 1812, 1822 Ziffer 13 nicht gelten (vgl. § 1643); die Vorschrift trifft insonderheit für die nicht seltenen Fälle zu, in denen der

b. kraft vormundschaftsgerichtl. Entziehung.

**§ 1796.** Das Vormundschaftsgericht kann dem Vormunde die Vertretung für einzelne Angelegenheiten oder für einen bestimmten Kreis von Angelegenheiten entziehen.

Die Entziehung soll nur erfolgen, wenn das Interesse des Mündels zu dem Interesse des Vormundes oder eines von diesem vertretenen Dritten oder einer der im § 1795 Nr. 1 bezeichneten Personen in erheblichem Gegensatze steht.

3. Mehrere Vormünder. a. Gemeinschaftliche Führung d. V.

**§ 1797.** Mehrere Vormünder führen die Vormundschaft gemeinschaftlich. Bei einer Meinungsverschiedenheit entscheidet das Vormundschaftsgericht, sofern nicht bei der Bestellung ein Anderes bestimmt wird.

b. Theilung nach bestimmten Wirkungskreisen.

Das Vormundschaftsgericht kann die Führung der Vormundschaft unter mehrere Vormünder nach bestimmten Wirkungskreisen vertheilen. Innerhalb des ihm überwiesenen Wirkungskreises führt jeder Vormund die Vormundschaft selbständig.

c. Elterl. Anordnungen.

Bestimmungen, die der Vater oder die Mutter für die Entscheidung von Meinungsverschiedenheiten zwischen den von ihnen benannten Vormündern und für die Vertheilung der Geschäfte unter diese nach Maßgabe des § 1777 getroffen hat, sind von dem Vormundschaftsgerichte zu befolgen, sofern nicht ihre Befolgung das Interesse des Mündels gefährden würde.

---

Vater auf Grund einer zwischen ihm und dem Kinde, z. B. in Folge der Wiederverheirathung (§§ 1669, 1845) erfolgten Vermögensauseinandersetzung Schuldner des Kindes geworden ist und wegen dieser Schuld dem Kinde Sicherheit bestellt hat.

3. Ziffer 3. Vgl. Note I 1.

4. (Abs 2.) Wegen des Kontrahirens des Vormundes mit sich selbst im eigenen Namen oder im Namen einer von ihm ebenfalls vertretenen anderen Person vgl. § 181. — Sonderregelung für die Frau als Vormund des Mannes in Ansehung des gesetzlichen Güterrechts vgl. § 1409.

**§ 1796.** 1. Die in § 1796 vorgesehene Entziehung der Vertretungsmacht durch das Vormundschaftsgericht wegen Kollision der Interessen wird namentlich in eiligen Fällen, wenn ein Pfleger noch nicht bestellt (§§ 1909, 1794) dann Platz greifen, wenn der Vormund an der Vornahme von Rechtshandlungen für den Mündel in gewissen Angelegenheiten des letzteren für die Zukunft gehindert werden soll, ohne daß die Anordnung einer Pflegschaft zur Zeit erforderlich ist. Anlaß für Entziehung der Vertretungsmacht kann z. B. geboten sein, wenn der Vormund eine Hypothek an seinem Grundstücke für den Mündel von dem Hypothekengläubiger erwerben will (§§ 1807 Ziffer 1, 1809, 1799), oder wenn der Vormund für sich eine einem Dritten gegen den Mündel zustehende Forderung erwirbt und dadurch die Interessen des Mündels gefährdet.

2. Dem Vormunde steht gegen die Verfügung, durch welche ihm die Vertretungsmacht gemäß § 1796 entzogen wird, die Beschwerde gemäß FrG. § 20 zu.

**§ 1797.** 1. Mehrere Vormünder (vgl. § 2224 Mehrere Testamentsvollstr.).

a. Regelmäßig wird, wenn ausnahmsweise (§ 1775) mehrere Vormünder bestellt sind, die Vormundschaft gemeinschaftlich (vgl § 718) geführt.

b. Beim Wegfall eines der mehreren Vormünder haben bis zur etwaigen Bestellung eines neuen Mitvormundes die übrigbleibenden die Vormundschaft weiter zu führen (Mot.).

**§ 1798.** Steht die Sorge für die Person und die Sorge für das Vermögen des Mündels verschiedenen Vormündern zu, so entscheidet bei einer Meinungsverschiedenheit über die Vornahme einer sowohl die Person als das Vermögen des Mündels betreffenden Handlung das Vormundschaftsgericht. d. Meinungsverschiedenheiten.

**§ 1799.** Der Gegenvormund hat darauf zu achten, daß der Vormund die Vormundschaft pflichtmäßig führt. Er hat dem Vormundschaftsgerichte Pflichtwidrigkeiten des Vormundes sowie jeden Fall unverzüglich anzuzeigen, in welchem das Vormundschaftsgericht zum Einschreiten berufen ist, insbesondere den Tod des Vormundes oder den Eintritt eines anderen Umstandes, in Folge dessen das Amt des Vormundes endigt oder die Entlassung des Vormundes erforderlich wird. II. Wirkungskreis d. Gegenvormundes.

c. Ein Mitvormund ersetzt bei gemeinschaftlicher Vormundschaftsführung den Gegenvormund vgl. §§ 1792, 1810, 1812.

d. Meinungsverschiedenheiten kann das Vormundschaftsgericht nur in der Weise entscheiden, daß es einer der vertretenen Meinungen beitritt, nicht aber dadurch, daß es eine eigene neue Meinung den Vormündern aufzwingt. Die Schlußworte des Abs. 1 sollen dem Vormundschaftsgerichte die Möglichkeit gewähren, im Voraus eine andere Bestimmung über die Entscheidung von Meinungsverschiedenheiten zu treffen, z. B. das Mehrheitsprinzip festzusetzen. — Anordnungen der Eltern über die Entscheidung von Meinungsverschiedenheiten der Mitvormünder vgl. Abs. 3.

e. Beschwerderecht jedes einzelnen Mitvormundes FrG. § 58 (zu § 1798 Note 2).

f. Zustellung an einen der Mitvormünder ist genügend CPO. § 171.

g. Kenntniß oder Kennenmüssen eines Mitvormundes vgl. zu § 166 Note 3.

2. Theilung der Geschäfte.

a. Nur eine von dem Vormundschaftsgericht angeordnete, nicht eine von den Vormündern unter sich vereinbarte Theilung der Geschäfte nach bestimmten Wirkungskreisen gewährt jedem Vormunde die Selbständigkeit innerhalb seines Wirkungskreises.

b. Wegen der Hemmung der Verjährung von Ansprüchen zwischen Mündel und einem Mitvormunde, welche außerhalb seines Wirkungskreises fallen, §§ 204 Note 3, 1795 Note I. 3.

**§ 1798.** 1. Vgl. die entsprechende Regelung bei Meinungsverschiedenheiten zwischen dem Vater und dem Pfleger § 1629. — Vgl. auch § 1797 Note 1d.

2. Selbständiges Beschwerderecht der betheiligten Mitvormünder FrG. § 58.

*FG. § 58. Führen mehrere Vormünder oder Pfleger die Vormundschaft oder die Pflegschaft gemeinschaftlich, so kann jeder von ihnen für den Mündel das Beschwerdrecht selbständig ausüben.*

*Diese Vorschrift findet in den Fällen der §§ 1629, 1798 des Bürgerlichen Gesetzbuchs entsprechende Anwendung.*

3. Ruht die Sorge für die Person und die Sorge für das Vermögen in verschiedenen Händen, so umfaßt die Sorge für die Person auch die Vertretungsmacht in solchen persönlichen Angelegenheiten, mit welchen kraft Gesetzes vermögensrechtliche Folgen verbunden sind; denn die Rückwirkung des die persönlichen Angelegenheiten betreffenden Rechtsgeschäfts auf das Vermögen beruht nicht auf dem rechtsgeschäftlichen Willen des Vertreters, sondern auf dem Gesetze. Im Uebrigen bedarf es, wenn eine Handlung in den Bereich der Sorge sowohl für die Person als auch für das Vermögen fällt, der Mitwirkung der mehreren Vertreter (Mot. IV S. 1084).

4. Der Vertreter, welchem die Sorge für die Person zusteht, ist zuständig für die Stellung des Entmündigungsantrags (CPO. § 646) und für die sonstige Mitwirkung in dem Entmündigungsverfahren CPO. §§ 653, 664, 666, 675, 679, 685, 686.

Der Vormund hat dem Gegenvormund auf Verlangen über die Führung der Vormundschaft Auskunft zu ertheilen und die Einsicht der sich auf die Vormundschaft beziehenden Papiere zu gestatten.

III. Die Sorge für die Person des Mündels.

§ 1800. Das Recht und die Pflicht des Vormundes, für die Person des Mündels zu sorgen, bestimmt sich nach den für die elterliche Gewalt geltenden Vorschriften der §§ 1631 bis 1633.

Religiöse Erziehung des Mündels.

§ 1801. Die Sorge für die religiöse Erziehung des Mündels kann dem Vormunde von dem Vormundschaftsgericht entzogen werden, wenn der Vormund nicht dem Bekenntniß angehört, in dem der Mündel zu erziehen ist.

IV. Sorge für das Vermögen des Mündels.
1. Vermögensverzeichniß.

§ 1802. Der Vormund hat das Vermögen, das bei der Anordnung der Vormundschaft vorhanden ist oder später dem Mündel zufällt, zu verzeichnen und das Verzeichniß, nachdem er es mit der Versicherung der Richtigkeit und Vollständigkeit versehen hat, dem Vormundschaftsgericht einzureichen. Ist ein Gegenvormund vorhanden, so hat ihn der Vormund bei der Aufnahme des Verzeichnisses zuzuziehen; das Verzeichniß ist auch von dem Gegenvormunde mit der Versicherung der Richtigkeit und Vollständigkeit zu versehen.

Der Vormund kann sich bei der Aufnahme des Verzeichnisses der

---

**§ 1799.** 1. Ueber die Rechtsstellung des Gegenvormundes vgl. § 1792.

2. (Abs. 2.) Zur Erzwingung der Auskunftsertheilung und Einsichtsgewährung können Ordnungsstrafen von dem Vormundschaftsgerichte verhängt werden § 1837 Abs. 2.

3 *FG. § 57 Ziffer 6. Die Beschwerde steht, unbeschadet der Vorschriften des § 20, zu:*

*6. gegen eine Verfügung, durch die ein Antrag des Gegenvormundes oder des Beistandes zurückgewiesen wird, gegen den gesetzlichen Vertreter wegen pflichtwidrigen Verhaltens einzuschreiten oder den Vormund oder den Pfleger aus einem der im § 1886 des Bürgerlichen Gesetzbuchs bezeichneten Gründe zu entlassen, dem Antragsteller.*

**§ 1800.** 1. Die in Bezug genommenen Vorschriften, welche im Uebrigen zu vergleichen sind, betreffen:
a. die Erziehungsgewalt § 1631;
b. den Anspruch auf Herausgabe des Kindes § 1632, vgl. auch den strafrechtlichen Schutz StGB. § 235;
c. die Beschränkung der Sorge für die Person einer bevormundeten Ehefrau auf die Vertretung in den die Person betreffenden Angelegenheiten § 1633.

2. Die Stellung des Vormundes neben der Mutter in Ansehung der Sorge für die Person des Mündels vgl. §§ 1697, 1707.

3. Einschränkung des Prinzips der Selbständigkeit des Vormundes in Ansehung der Sorge für die Person:
a. § 1304 Abs. 2: Ersetzung der von dem Vormunde verweigerten Einwilligung zur Eingehung der Ehe durch das Vormundschaftsgericht.
b. § 1838: Anordnung der Zwangserziehung durch das Vormundschaftsgericht.

4. Sonderbestimmung für die Vormundschaft über Volljährige § 1901, insbesondere bei Vormundschaft über eine volljährige Ehefrau § 1901 Abs. 2.

**§ 1801.** 1. Bei der Auswahl des Vormundes ist auf das religiöse Bekenntniß des Mündels Rücksicht zu nehmen § 1779 Abs. 2.

2. Landesgesetzlicher Vorbehalt für die Vorschriften über die religiöse Erziehung der Kinder EG. Art. 134.

Hülfe eines Beamten, eines Notars oder eines anderen Sachverständigen bedienen.

Ist das eingereichte Verzeichniß ungenügend, so kann das Vormundschaftsgericht anordnen, daß das Verzeichniß durch eine zuständige Behörde oder durch einen zuständigen Beamten oder Notar aufgenommen wird.

**§ 1803.** Was der Mündel von Todeswegen erwirbt oder was ihm unter Lebenden von einem Dritten unentgeltlich zugewendet wird, hat der Vormund nach den Anordnungen des Erblassers oder des Dritten zu verwalten, wenn die Anordnungen von dem Erblasser durch letztwillige Verfügung, von dem Dritten bei der Zuwendung getroffen worden sind. — 2. Anordnungen d. Erblassers od. Zuwenders für die Vermögensverwaltung.

Der Vormund darf mit Genehmigung des Vormundschaftsgerichts von den Anordnungen abweichen, wenn ihre Befolgung das Interesse des Mündels gefährden würde.

Zu einer Abweichung von den Anordnungen, die ein Dritter bei einer Zuwendung unter Lebenden getroffen hat, ist, solange er lebt, seine Zustimmung erforderlich und genügend. Die Zustimmung des Dritten kann durch das Vormundschaftsgericht ersetzt werden, wenn der Dritte zur Abgabe einer Erklärung dauernd außer Stande oder sein Aufenthalt dauernd unbekannt ist.

---

**§ 1802.** 1. Der Vormund kann von dem Vormundschaftsgericht im Aufsichtswege (§ 1837) zur Aufnahme und Einreichung des Vermögensverzeichnisses angehalten werden. Entlassung des Vormundes kann gemäß § 1886 erfolgen.

2. Die Verzeichnißpflicht kann dem Vormunde weder von den Eltern des Mündels (§§ 1852—1855) noch von dem Vermögenszuwender (§ 1803) erlassen werden.

3. Die Zuständigkeit der zur Mitwirkung bei der Aufnahme des Vermögensverzeichnisses berufenen Behörden richtet sich nach Landesrecht.

4. Auch auswärtiges, d. h. im Auslande befindliches Vermögen ist in das Vermögensverzeichniß aufzunehmen.

5. Die Kosten des Vermögensverzeichnisses fallen dem Mündel zur Last. Vgl. auch § 1835.

**§ 1803.** 1. Die Befugniß, Anordnungen für die vormundschaftliche Verwaltung mit der aus § 1803 sich ergebenden Wirkung zu geben, kommt dem Erblasser und dem Vermögenszuwender als solchem in Ansehung der von ihm hinterlassenen oder zugewendeten Vermögensgegenstände und deren Surrogate zu. Erwerb von Todeswegen vgl. § 1369. — Ein als Nachwirkung der elterlichen Gewalt (vgl. §§ 1176, 1777, 1852 ff.) sich darstellendes Recht, Verwaltungsanordnungen zu treffen, ist den Eltern als solchen nicht gegeben.

2. Die Verwaltungsanordnungen des § 1803 unterscheiden sich von den Auflagen im Sinne der §§ 525, 1940, 2192 ff. dadurch, daß sie nicht eine dem Bedachten auferlegte obligatorische Verpflichtung, sondern eine Pflicht des Vormundes gegenüber dem Mündel begründen, bei Führung der Vormundschaft in Ansehung der betroffenen Gegenstände die getroffenen Anordnungen zu befolgen. Der bloße, allgemeine Wunsch der Eltern ist keine Anordnung im Sinne des § 1803. Vgl. RG. Gruchot **30** 1047.

3. Letztwillige Verfügung §§ 1937, 2299.

4. Die Beachtung der nach § 1803 wirksamen Anordnungen hat das Vormundschaftsgericht gemäß § 1837 zu überwachen und gegebenenfalls durch Ordnungsstrafen herbeizuführen. Schadensersatzpflicht des abweichenden Vormundes § 1833.

**§ 1804.** Der Vormund kann nicht in Vertretung des Mündels Schenkungen machen. Ausgenommen sind Schenkungen, durch die einer sittlichen Pflicht oder einer auf den Anstand zu nehmenden Rücksicht entsprochen wird.

---

5. Zulässige Abweichung von den Verwaltungsanordnungen.

a. Ist der Anordnende nicht mehr am Leben, so ist die Abweichung nur zulässig mit Genehmigung des Vormundschaftsgerichts (§ 1826), und wenn die Befolgung das Interesse des Mündels gefährden würde. Hierzu ist nicht schon das Entgehen von Gewinn zu rechnen.

b. Ist der Anordnende noch am Leben, so ist seine Zustimmung zu der Abweichung auch bei Gefährdung erforderlich und genügend. Ersetzung der Zustimmung durch das Vormundschaftsgericht (Abs. 3) ist nur im Falle dauernder Behinderung oder Abwesenheit des Dritten zulässig. Vgl. §§ 1305 Abs. 2, 1307 Note 3.

**§ 1804.** 1. Schenkung.

a. Der Begriff der Schenkung ist nach §§ 516 ff. zu bestimmen. Darunter fallen sowohl die schenkungsweise erfolgenden Zuwendungen (§ 516) als auch das schenkungsweise ertheilte Versprechen zu einer Leistung (§ 518). Schenkung ist nicht die Unterlassung eines Vermögenserwerbes oder der Verzicht auf ein angefallenes, aber noch nicht endgültig erworbenes Recht oder die Ausschlagung einer Erbschaft oder eines Vermächtnisses § 517, vgl. § 1822 Ziffer 2. Schenkungsweiser erfolgter Verzicht auf Sicherheitsleistung RG. 33 210.

b. Pflicht- und Anstandsschenkungen vgl. Bd. I S. 240 Note 4b.

c. Ausstattung eines Kindes (bei Vormundschaft über Volljährige in Betracht kommend) vgl. §§ 1624, 1902.

2. Wirkung der Vorschrift.

a. Zweifelhaft kann sein, ob die entgegen der Vorschrift des § 1804 vorgenommene Schenkung schlechthin nichtig ist (§ 134), oder ob sie nur als ein durch einen Vertreter ohne Vertretungsmacht geschlossener Vertrag (§§ 177—179) zu beurtheilen ist. Die Fassung spricht für Nichtigkeit vgl. Planck zu § 181 Note 2, die Verweisung in den Mot. auf RG. 3 308 dafür, daß nur der Mündel nicht verpflichtet wird. Der Unterschied zeigt sich darin, daß die Bestätigung durch den selbständig gewordenen Mündel im ersteren Falle gemäß § 141 durch Wiederholung des Geschäfts in der etwa erforderlichen Form, im zweiten Falle durch formlose Genehmigung (§ 185) erfolgen kann.

b. Die verbotswidrig in Vertretung des Mündels von dem Vormunde vorgenommene Schenkung ist ebenso zu beurtheilen, wie wenn ein beliebiger Dritter das Rechtsgeschäft für den Mündel vorgenommen hätte. Mangels Vertretungsmacht ist Eigenthum nicht übergegangen, eine Verpflichtung des Mündels nicht entstanden. Hieraus ergiebt sich der Eigenthumsanspruch des Mündels bzw. sein Anspruch aus ungerechtfertigter Bereicherung vgl. § 985 und daselbst Note 3b. Der Anspruch kann sowohl von dem Mündel, vertreten durch den Vormund, als auch durch ihn selbst nach erlangter Selbständigkeit geltend gemacht werden.

c. Unter § 1804 gehören auch die Fälle, in denen eine Schenkung von dem Mündel mit Einwilligung oder Genehmigung des Vormundes vorgenommen wird (vgl. RG. bei Gruchot 30 1046).

3. Schenkungen des Vormundes in seinem eigenen Namen aus dem Vermögen des Mündels fallen nicht unter § 1804. Vgl. § 523. Der Vormund, welcher Sachen des Mündels verschenkt und als seine eigenen übereignet, macht sich der Unterschlagung schuldig. Eigenthumserwerb des Dritten § 932; vgl. auch § 935. Rückforderungsrecht des Mündels § 816 Abs. 1 Satz 2.

**§ 1805.** Der Vormund darf Vermögen des Mündels nicht für sich verwenden. 4. Eigennützige Verwendung.

**§ 1806.** Der Vormund hat das zum Vermögen des Mündels gehörende Geld verzinslich anzulegen, soweit es nicht zur Bestreitung von Ausgaben bereit zu halten ist. 5. Anlegung der Mündelgelder. a. Anlegungspflicht.

**§ 1807.** Die im § 1806 vorgeschriebene Anlegung von Mündelgeld soll nur erfolgen: b. Gebotene Arten der Anlegung (Mündelsicherheit).

1. in Forderungen, für die eine sichere Hypothek an einem inländischen Grundstücke besteht, oder in sicheren Grundschulden oder Rentenschulden an inländischen Grundstücken;
2. in verbrieften Forderungen gegen das Reich oder einen Bundesstaat sowie in Forderungen, die in das Reichsschuldbuch oder in das Staatsschuldbuch eines Bundesstaats eingetragen sind;
3. in verbrieften Forderungen, deren Verzinsung von dem Reiche oder einem Bundesstaate gewährleistet ist;

---

**§ 1805.** 1. Der Vormund hat das Vermögen des Mündels und das eigene getrennt zu halten. Er darf insbesondere Mündelgelder nicht in seinem Nutzen verwenden, auch nicht in Form eines Darlehens an sich selbst (vgl. § 1795 Abs. 2). Aber auch der bloße Gebrauch (§ 100) von Mündelsachen ist dem Vormunde durch § 1805 untersagt, sofern ihm derselbe nicht durch gültiges Abkommen (§ 1795 Abs. 2) gestattet ist.

2. Zuwiderhandlung begründet Zinspflicht gemäß § 1834, ferner Schadensersatzpflicht gemäß § 1833; Einschreiten des Vormundschaftsgerichts §§ 1837, 1886. — Vgl. auch StGB. § 266 (S. 985).

**§ 1806.** 1. Für die Anlegung der Mündelgelder geben die §§ 1807 bis 1809 nähere Vorschriften. Die Bedeutung dieser Vorschriften ist nicht die, daß eine nach Maßgabe derselben erfolgende Anlegung den Vormund und den Gegenvormund (§ 1810) schlechthin von der Verantwortlichkeit befreit; vielmehr bleiben dieselben in allen Fällen für etwaige verschuldete Schadenszufügung gemäß § 1833 verhaftet. Andererseits darf aber der Vormund die in § 1806 bezeichneten, zur dauernden Kapitalsanlage bestimmten Gelder, vorbehaltlich der Vorschrift des § 1811, in anderer Art als in § 1807 vorgeschrieben ist, nicht zinsbar anlegen.

2. Vorschriftswidrige Anlage.

a. Der Mündel kann nicht die Anlage überhaupt zurückweisen und auf Herausgabe des angelegten Geldes, sondern nur anderweite Anlegung und Schadensersatz fordern RG. **16** 205 ff., §§ 1833, 249—252.

b. Anlegung, welche zum Theil innerhalb, zum Theil außerhalb der mündelmäßigen Beleihungsgrenze erfolgt vgl. RG. **4** 167.

c. Mangel des ursächlichen Zusammenhanges zwischen vorschriftswidriger Anlegung und Schadenszufügung, wenn der Schaden auch bei vorschriftsmäßiger Anlegung eingetreten wäre. RG. **4** 169, **11** 307, **33** 211.

3. Abweichende Anordnung des Erblassers bzw. des Zuwendenden über die Anlegung § 1803.

4. Andere Anlegung mit Genehmigung des Vormundschaftsgerichts § 1811.

5. Die Vorschriften beziehen sich nicht auf solche Kapitalsanlagen, welche sich im Vermögen des Mündels bereits vorfinden, ohne die vorgeschriebene Sicherheit zu gewähren. Dem Vormund ist für solche Fälle nicht ohne Weiteres die Umsetzung in mündelsichere Anlagen vorgeschrieben. Seine Verpflichtung zu einer dem Interesse seines Mündels entsprechenden Umwandelung ergiebt sich aus der allgemeinen Vorschrift des § 1793 in Verbindung mit § 1833.

4. in Werthpapieren, insbesondere Pfandbriefen, sowie in verbrieften Forderungen jeder Art gegen eine inländische kommunale Körperschaft oder die Kreditanstalt einer solchen Körperschaft, sofern die Werthpapiere oder die Forderungen von dem Bundesrathe zur Anlegung von Mündelgeld für geeignet erklärt sind;
5. bei einer inländischen öffentlichen Sparkasse, wenn sie von der zuständigen Behörde des Bundesstaats, in welchem sie ihren Sitz hat, zur Anlegung von Mündelgeld für geeignet erklärt ist.

Die Landesgesetze können für die innerhalb ihres Geltungsbereichs belegenen Grundstücke die Grundsätze bestimmen, nach denen die Sicherheit einer Hypothek, einer Grundschuld oder einer Rentenschuld festzustellen ist.

---

Preuß. AG. z. BGB. Artt. 73–76. Bay. AG. z. BGB. Art. 32. Sächs. V. z. A. d. BGB. § [illegible]. Württ. AG. z. BGB. Artt. 68–70. Bad. AG. z. BGB Art. 23.

**§ 1807. I. Allgemein.**

1. Die Bedeutung der Anlegungsvorschriften im Allgemeinen vgl. zu § 1806 Note 1.

2. Mitwirkung des Gegenvormundes bzw. des Vormundschaftsgerichts bei der Anlegung § 1810.

3. In der Wahl unter den in § 1807 zugelassenen Anlegungsarten ist der Vormund an eine bestimmte Reihenfolge nicht gebunden.

**II. Die einzelnen Anlegungsarten.**

1. Hypotheken-, Grund- und Rentenschulden an inländischen d. h. im Deutschen Reiche belegenen Grundstücken. Bei ausländischen Hypotheken ist § 1811 zu beobachten. Werthsermittelung und Beleihungsgrenze (Abs. 2). Für Preußen vgl. AG. z. BGB. Art. 73. Vgl. über die Behandlung der Hypotheken ꝛc. während der vormundschaftlichen Verwaltung zu § 1821 Note II Ziffer 1 be). — Zur Erhebung des Geldes bedarf der Vormund der Genehmigung des Gegenvormundes oder des Vormundschaftsgerichts §§ 1812, 1813 Abs. 2.

2. Schuldverschreibungen des Reiches oder eines Bundesstaats.
a. Elsaß-Lothringen als Bundesstaat EG. Art. 5.
b. Reichsschuldbuch vgl. EG. Art. 50.
c. Staatsschuldbuch vgl. EG. Artt. 97, 98.

Zur Erhebung des Geldes bedarf der Vormund der Genehmigung des Gegenvormundes oder des Vormundschaftsgerichts §§ 1812, 1813 Abs. 2.

3. Verbriefte Forderungen, deren Verzinsung von dem Reiche oder einem Bundesstaate (EG. Art. 5) gewährleistet ist. Zur Erhebung des Geldes bedarf der Vormund der Genehmigung des Gegenvormundes oder des Vormundschaftsgerichts §§ 1812, 1813 Abs. 2.

4. Schuldverschreibungen inländischer (d. i. Deutscher) kommunaler Körperschaften oder deren Kreditanstalten, sofern die Werthpapiere oder Forderungen von dem Bundesrathe zur Anlegung von Mündelgeld für geeignet erklärt sind. Vgl. EG. Art. 212, PrAG. Art. 74. — Zur Erhebung der Gelder bedarf der Vormund der Genehmigung des Gegenvormundes oder des Vormundschaftsgerichts §§ 1812, 1813 Abs. 2.

5. Inländische öffentliche Sparkassen vgl. PrAG. Art. 75. Die Anlegung soll mit der Bestimmung erfolgen, daß zur Erhebung des Geldes die Genehmigung des Gegenvormundes oder des Vormundschaftsgerichts erforderlich ist, § 1809. Die Wirkung dieser Bestimmung ist, daß der Vormund ohne die als erforderlich bezeichnete Genehmigung zur Erhebung des Geldes nicht ermächtigt ist. §§ 1812, 1812 Ziffer 3 und Abs. 2.

**§ 1808.** Kann die Anlegung den Umständen nach nicht in der im § 1807 bezeichneten Weise erfolgen, so ist das Geld bei der Reichsbank, bei einer Staatsbank oder bei einer anderen durch Landesgesetz dazu für geeignet erklärten inländischen Bank oder bei einer Hinterlegungsstelle anzulegen.

c. Anlegung bei einer Bank rc. unter besonderen Umständen.

**§ 1809.** Der Vormund soll Mündelgeld nach § 1807 Abs. 1 Nr. 5 oder nach § 1808 nur mit der Bestimmung anlegen, daß zur Erhebung des Geldes die Genehmigung des Gegenvormundes oder des Vormundschaftsgerichts erforderlich ist.

d. Vorbehalt d. Mitwirkung d. Geg.vormunds od. des Vorm.Gerichts bei Erhebung d. Gelder.

**§ 1810.** Der Vormund soll die in den §§ 1806 bis 1808 vorgeschriebene Anlegung nur mit Genehmigung des Gegenvormundes bewirken; die Genehmigung des Gegenvormundes wird durch die Genehmigung des Vormundschaftsgerichts ersetzt. Ist ein Gegenvormund nicht vorhanden, so soll die Anlegung nur mit Genehmigung des Vormundschaftsgerichts erfolgen, sofern nicht die Vormundschaft von mehreren Vormündern gemeinschaftlich geführt wird.

e. Mitwirkung des Gegenvormundes oder d. Vormundschafts-Gerichts bei der Anlegung.

**§ 1811.** Das Vormundschaftsgericht kann aus besonderen Gründen dem Vormund eine andere Anlegung als die in den §§ 1807, 1808 vorgeschriebene gestatten.

f. Gerichtl. Gestattung anderweiter Anlegung.

---

**§ 1808.** 1. Die Anlegung soll mit der Bestimmung erfolgen, daß zur Erhebung des Geldes die Genehmigung des Gegenvormundes oder des Vormundschaftsgerichts erforderlich ist § 1809. Die Wirkung dieser Bestimmung ist, daß der Vormund ohne die als erforderlich bezeichnete Genehmigung zur Erhebung des Geldes nicht ermächtigt ist §§ 1812, 1813 Ziffer 3 und Abs. 2.

2. Die Reichsbank nimmt nach einer Bekanntmachung vom 3. Dezember 1878 Gelder von Vormündern, Pflegern und Privatpersonen zur zinsbaren Belegung nicht an.

3. Für vorübergehende Anlegung werden sich oft die in § 1807 Ziffer 5 genannten Sparkassen eignen.

4. Für Preußen vgl. AG. z. BGB. Art. 76. Bei den preußischen Hinterlegungsstellen findet hiernach (vgl EG. Art. 144) die Anlegung nicht statt.

**§ 1809.** 1. Die Anlegung mit der aus § 1809 sich ergebenden Bestimmung bewirkt, daß der Vormund ohne die Genehmigung des Gegenvormundes oder des Vormundschaftsgerichts gemäß §§ 1812, 1813 Ziffer 3 und Abs. 2 zur Erhebung des Geldes nicht ermächtigt ist.

2 Von dieser Vorschrift bestehen Ausnahmen

a. für den befreiten Vormund § 1852, vgl. indeß §§ 1857, 1855;

b. bei Vormundschaft über Volljährige für den Vater oder die Mutter des Mündels gemäß §§ 1903 f.

**§ 1810.** 1. Die Vorschrift des § 1810 ist nur eine Ordnungsvorschrift. Es handelt sich hier nicht um Rechtsgeschäfte, zu deren Vornahme der Vormund der Genehmigung des Gegenvormundes bzw. des Vormundschaftsgerichts bedarf (i. S. der §§ 1829 ff., 1832). Die Anlegung ist wirksam für den Mündel, der Vormund indeß gegebenenfalls schadensersatzpflichtig. Vgl. auch wegen des Aufsichtsrechts des Vormundschaftsgerichts §§ 1837 ff. Ausnahmen von dieser Vorschrift bestehen in den zu § 1809 Note 2 aufgeführten Fällen.

2. Gemeinschaftliche Vormundschaftsführung mehrerer Vormünder § 1797 Abs. 1.

**§ 1811.** Verantwortlichkeit des Vormundschaftsgerichts § 1848.

6. Genehmigung d. Gegenvormundes od. d. Vormundsch.Gerichts erfordernde Rechtsgeschäfte. a. Verfügungen über Forderungen, Rechte, Werthpapiere.

**§ 1812.** Der Vormund kann über eine Forderung oder über ein anderes Recht, kraft dessen der Mündel eine Leistung verlangen kann, sowie über ein Werthpapier des Mündels nur mit Genehmigung des Gegenvormundes verfügen, sofern nicht nach den §§ 1819 bis 1822 die Genehmigung des Vormundschaftsgerichts erforderlich ist. Das Gleiche gilt von der Eingehung der Verpflichtung zu einer solchen Verfügung.

Die Genehmigung des Gegenvormundes wird durch die Genehmigung des Vormundschaftsgerichts ersetzt.

Ist ein Gegenvormund nicht vorhanden, so tritt an die Stelle der Genehmigung des Gegenvormundes die Genehmigung des Vormundschaftsgerichts, sofern nicht die Vormundschaft von mehreren Vormündern gemeinschaftlich geführt wird.

---

**§ 1812. I. Die Einschränkung der Vertretungsmacht des Vormundes.**

1. Durch § 1812 wird die dem Vormund in § 1793 beigelegte Vertretungsmacht eingeschränkt. Es handelt sich hier um die Beschränkung minderen Grades, welche nur die Genehmigung des Gegenvormundes, nicht die des Vormundschaftsgerichts (§§ 1819—1822) erfordert. In den der Genehmigung des Vormundschaftsgerichts vorbehaltenen Fällen erfolgt die Mitwirkung des Gegenvormundes in Form der Anhörung durch das Vormundschaftsgericht (§ 1826).

2. Die Genehmigung des Gegenvormundes aus § 1812 ist, unbeschadet der Zulässigkeit ihrer Ersetzung durch das Vormundschaftsgericht (Abs. 2), immer erforderlich, wenn ein Gegenvormund überhaupt vorhanden ist, gleichgültig ob die Verwaltung in der Hand eines oder mehrerer Vormünder ruht (§ 1797). Ist ein Gegenvormund nicht vorhanden, obwohl er vorhanden sein sollte (§ 1792 Abs. 2), so ist die Genehmigung des Gegenvormundes nicht erforderlich, wenn mehrere gemeinschaftlich verwaltende Vormünder (§ 1797 Abs. 1) vorhanden sind; sonst tritt an ihre Stelle die Genehmigung des Vormundschaftsgerichts vgl. zu 3.

3. Die Genehmigung des Vormundschaftsgerichts (§§ 1826—1831) ersetzt in allen Fällen die Genehmigung des Gegenvormundes, § 1812 Abs. 2. Das Vormundschaftsgericht kann dem Vormund eine allgemeine Ermächtigung zu den nach § 1812 genehmigungsbedürftigen Geschäften ertheilen, § 1825.

4. Bei Vornahme eines Rechtsgeschäfts ohne die erforderliche Genehmigung des Gegenvormundes oder ihre Ersetzung durch das Vormundschaftsgericht richtet sich das Rechtsverhältniß nach § 1832.

5. Dritte, welche sich mit dem Vormund einlassen, müssen das Vorhandensein und die Person des Gegenvormundes auf eigene Gefahr prüfen. Die Bestallung (vgl. §§ 1791, 1792) ist nicht schlechthin maßgebend. Vgl. zu § 1791 Note I.

6. Die Einschränkung der Vertretungsmacht des Vormundes bezweckt, den Gegenvormund bzw. das Vormundschaftsgericht in den Stand zu setzen, das weitere vorschriftsmäßige Verfahren des Vormundes in Anlegung der Gelder u. s. w. zu beaufsichtigen und eine Gefährdung des Mündels zu verhindern.

Vgl. für den Gegenvormund § 1799, für das Vormundschaftsgericht §§ 1837 ff.

7. Befreiter Vormund.

a. Befreiung des Vormundes von dem durch § 1812 aufgestellten Erfordernisse der Mitwirkung des Gegenvormundes bzw. des Vormundschaftsgerichts durch Anordnung des Vaters bzw. der Mutter des Mündels (§§ 1852, 1855, 1856, 1857).

b. Bei Bevormundung eines volljährigen Kindes durch seinen Vater oder seine Mutter §§ 1903, 1904.

8. Allgemeine Ermächtigung des Vormundes seitens des Vormundschaftsgerichts § 1825.

**§ 1813.** Der Vormund bedarf nicht der Genehmigung des Gegenvormundes zur Annahme einer geschuldeten Leistung: b. Frei einziehbare Leistungen.

1. wenn der Gegenstand der Leistung nicht in Geld oder Werthpapieren besteht;
2. wenn der Anspruch nicht mehr als dreihundert Mark beträgt;
3. wenn Geld zurückgezahlt wird, das der Vormund angelegt hat;
4. wenn der Anspruch zu den Nutzungen des Mündelvermögens gehört;
5. wenn der Anspruch auf Erstattung von Kosten der Kündigung oder der Rechtsverfolgung oder auf sonstige Nebenleistungen gerichtet ist.

Die Befreiung nach Abs. 1 Nr. 2, 3 erstreckt sich nicht auf die Erhebung von Geld, bei dessen Anlegung ein Anderes bestimmt worden ist. Die Befreiung nach Abs. 1 Nr. 3 gilt auch nicht für die Erhebung von Geld, das nach § 1807 Abs. 1 Nr. 1 bis 4 angelegt ist.

9. Die Beweislast für das Vorhandensein der erforderlichen Genehmigung oder die das Erforderniß ausschließenden Umstände hat derjenige, der die Vertretungsmacht des Vormundes behauptet. Vgl. zu § 1813 Note I; §§ 1821, 1822 Note 1 a.

II. **Umfang der Einschränkung.**

1. Rechtsgeschäftliche Verfügungen.

a. Gegenstand der Verfügungen.

α. Forderungen, das sind Ansprüche des Mündels aus einem obligatorischen Rechtsverhältnisse.

β. Andere Rechte, kraft deren der Mündel eine Leistung verlangen kann. Hierunter fallen namentlich die dinglichen Ansprüche aus der Hypothek, die Ansprüche aus Grund- und Rentenschuld (vgl. Bd. I S. 562 Note II). Vgl. ferner § 1821 Note II. 1 b α.

γ. Die Hervorhebung von Werthpapieren, obwohl an sich unter den Begriff der Forderungen fallend, beruht auf der besonderen Wichtigkeit dieser Gegenstände.

b. Zu den Verfügungsgeschäften (vgl. Bd. I S. 45 Nr. 5) gehören insbesondere Veräußerung, Belastung, Kündigung und Einziehung. Die Genehmigung des Gegenvormundes wird nicht dadurch entbehrlich, daß bereits eine Verpflichtung zur Verfügung besteht. Indeß vgl. die Sonderregelung für die Befugnisse des Vormundes zur Annahme einer geschuldeten Leistung in § 1813.

c. Prozeßführung gehört nicht zu den Verfügungsgeschäften (vgl. Bd. I S. 46 Note 5 d). Der Vormund ist deshalb nicht beschränkt in der Prozeßführung. Vgl. Vorb. zum III. Abschnitt B. VII (S. 984). Wegen der in prozessualen Formen vorgenommenen Rechtsgeschäfte vgl. § 1400 Note II. 1 b.

2. Obligatorische Rechtsgeschäfte, durch welche die Verpflichtung des Mündels in Ansehung der zu a aufgeführten Verfügungsgeschäfte begründet werden soll. Ohne diese Vorschrift würde der Mündel schadensersatzpflichtig sein, wenn er die für ihn begründete Verpflichtung nicht erfüllen würde, vgl. § 1448 Note 1.

3. Die Beschränkung der Vertretungsmacht des Vormundes erstreckt sich insbesondere nicht auf

a. die Verfügung über bewegliche Sachen, einschließlich der Kostbarkeiten (vgl. indeß §§ 1818, 1819);

b. die Prozeßführung. Vgl. Note II. 1 c und zu § 1822 Note II. 12;

c. auf die im Interesse der Verkehrserleichterung in § 1813 bestimmten Ausnahmen.

**§ 1813.** I. Die Annahme der geschuldeten Leistung durch die Gläubiger

7. Werthpapiere und Kostbarkeiten.
a. Gesetzl. vorgeschriebene Sicherungsregeln.
α. Hinterlegung der Inhaberpapiere.

**§ 1814.** Der Vormund hat die zu dem Vermögen des Mündels gehörenden Inhaberpapiere nebst den Erneuerungsscheinen bei einer Hinterlegungsstelle oder bei der Reichsbank mit der Bestimmung zu hinterlegen, daß die Herausgabe der Papiere nur mit Genehmigung des Vormundschaftsgerichts verlangt werden kann. Die Hinterlegung von Inhaberpapieren, die nach § 92 zu den verbrauchbaren Sachen gehören, sowie von Zins-, Renten- oder Gewinnantheilscheinen ist nicht erforderlich. Den Inhaberpapieren stehen Orderpapiere gleich, die mit Blankoindossament versehen sind.

---

gehört an sich zu den Verfügungsgeschäften i. S. des § 1812. Vgl. daselbst Note II. 1 b.

II. Im Interesse der Erleichterung des Verkehrs macht § 1813 eine Ausnahme von der die Vertretungsmacht des Vormundes beschränkenden Vorschrift des § 1812 für solche Fälle, in denen mit der unbeschränkten Vertretungsmacht eine Gefährdung des Mündels nicht oder doch nur in geringerem Maße verbunden ist. Die Beweislast für das Vorliegen der besonderen Voraussetzungen der Entbehrlichkeit der Genehmigung des Gegenvormundes hat derjenige, der die Vertretungsmacht des Vormundes behauptet (vgl. zu § 1812 Note I. 9).

1. Ziffer 1. Ob der Gegenstand der geschuldeten Leistung von vornherein in Geld oder Werthpapieren bestand oder ob die Geldschuld als solche erst nachträglich (etwa in Folge der Nichterfüllung) entstanden ist, ist gleichgültig. Entscheidend ist der thatsächliche Gegenstand der Leistung, vgl. indeß bei Beträgen bis 300 M. Ziffer 2.

2. Ziffer 2.

a. Nicht die Höhe der Leistung, sondern der Betrag des Anspruchs ist entscheidend, so daß der Vormund auch nicht Theilzahlungen auf den Betrag eines 300 M. übersteigenden Anspruchs ohne Genehmigung des Gegenvormundes (§ 1812) annehmen kann.

b. Für die Berechnung der Höhe sind die zu 4 aufgeführten Nutzungen und die zu 5 aufgeführten Kosten dem Kapital nicht hinzuzurechnen, wie durch die gesonderte Aufführung dieser Ansprüche zum Ausdrucke gebracht worden ist. — Vgl. § 1821 Note II. 1 b a. E.

c. Bei Erhebung von Geld, bei dessen Anlegung die Genehmigung des Gegenvormundes als Erforderniß für die Erhebung bestimmt ist (§ 1809), findet die Befreiung des § 1813 Abs. 1 Nr. 2 keine Anwendung, § 1813 Abs. 2.

3. Ziffer 3. Die Befreiung in Ansehung der Rückzahlung der von dem Vormund angelegten Gelder bezieht sich nach Abs. 2 nicht auf die Anlagen des § 1807 Abs. 1 Ziffer 1—4. Es bleiben also nur die Anlagen gemäß § 1807 Ziffer 5 (Sparkassenanlagen), §§ 1808, 1811; aber auch in diesen Fällen tritt die Befreiung nach Abs. 2 nicht ein, wenn die Erhebung von der Genehmigung des Gegenvormundes oder des Vormundschaftsgerichts abhängig gemacht ist, vgl. § 1809.

4. Ziffer 4. Die Nutzungen (§§ 99, 100), vgl. Note 3 b.

5. Ziffer 5. Vgl. Kosten und Nebenleistungen (vgl. §§ 224, 1115). Vgl. Note 3 b.

Zu §§ 1814—1820. Die in diesen Vorschriften vorgesehenen Sicherungsmittel sollen sowohl gegen Untreue des Vormundes als auch gegen Zufälle, die von außen eintreten (Brand, Diebstahl 2c.), Schutz bieten.

**§ 1814.** I. Hinterlegungspflicht.

1. Die Hinterlegungspflicht bezieht sich nach Satz 2 nicht auf Werthpapiere, welche zu den verbrauchbaren Sachen (§ 92) gehören (vgl. §§ 92, 1081 Note 1, 1084), ferner nicht auf Zins-, Renten-, Gewinnantheilscheine. Es bleiben somit regelmäßig die Stücke selbst nebst den Erneue-

**§ 1815.** Der Vormund kann die Inhaberpapiere, statt sie nach § 1814 zu hinterlegen, auf den Namen des Mündels mit der Bestimmung umschreiben lassen, daß er über sie nur mit Genehmigung des Vormundschaftsgerichts verfügen kann. Sind die Papiere von dem Reiche oder einem Bundesstaat ausgestellt, so kann er sie mit der gleichen Bestimmung in Buchforderungen gegen das Reich oder den Bundesstaat umwandeln lassen.

β. Umschreibung der Inhaberpapiere u. Umwandlung ders. in Buchforderung. gg. Reich od. Staat auf den Namen des Mündels.

Sind Inhaberpapiere zu hinterlegen, die in Buchforderungen gegen das Reich oder einen Bundesstaat umgewandelt werden können, so kann das Vormundschaftsgericht anordnen, daß sie nach Abs. 1 in Buchforderungen umgewandelt werden.

**§ 1816.** Gehören Buchforderungen gegen das Reich oder gegen einen Bundesstaat bei der Anordnung der Vormundschaft zu dem Vermögen des Mündels oder erwirbt der Mündel später solche

γ. Vermerk vorm.gerichtlicher Mitwirkung im Schuldbuche des Reiches oder Staates.

---

rungsscheinen zu hinterlegen. Vgl. indeß die erweiterte Hinterlegungspflicht auf Grund vormundschaftsgerichtlicher Anordnung § 1818.

2. Schuldhafte Verzögerung der Hinterlegung macht den Vormund schadensersatzpflichtig gemäß § 1833. Im Uebrigen vgl. wegen des Ordnungsstrafrechts des Vormundschaftsgerichts § 1837 Abs. 2.

3. Befreiung des Vormundes von der Hinterlegungspflicht
a. durch das Vormundschaftsgericht § 1817; vgl. aber § 1818;
b. durch den Vater oder die eheliche Mutter §§ 1853, 1855;
c. kraft Gesetzes, wenn der Vater oder die Mutter das volljährige Kind bevormunden, gemäß §§ 1903, 1904.

4. Erweiterung der Hinterlegungspflicht durch Anordnung des Vormundschaftsgerichts § 1818.

5. Ersatz der Hinterlegung durch Umwandlung der Inhaberpapiere in Namenpapiere oder durch Eintragung in das Reichs- oder Staatsschuldbuch § 1815.

II. **Wirkung der Hinterlegung.**

1. Die Herausgabe kann nur mit Genehmigung des Vormundschaftsgerichts verlangt und bewirkt werden, §§ 1814, 1819, in Verbindung mit den landesgesetzlichen Vorschriften über die Hinterlegung EG. Artt. 144 f., Preuß. Hinterlegungsordnung § 51. Vgl. § 1819 Note 1.

2. Zu Verfügungen des Vormundes über die hinterlegten Werthpapiere, sowie zu obligatorischen Verpflichtungen zu solchen Verfügungen bedarf der Vormund gemäß § 1819 vormundschaftsgerichtlicher Genehmigung (§§ 1826, 1828—1831).

3. Diese Wirkungen der Hinterlegung (Note 1 und 2) treten nur ein, wenn die Hinterlegung in Gemäßheit der §§ 1814, 1818 erfolgt ist; nicht aber, wenn die Hinterlegung rechtlich nicht geboten war (§§ 1817; 1853, 1855; 1903, 1904).

III. **Hinterlegung bei der Reichsbank.**

Die Hinterlegung erfolgt ausschließlich bei dem Komptoir der Reichsbank für Werthpapiere zu Berlin in der Form sog. offener Depots. Die näheren Bestimmungen sind in einer Bekanntmachung des Reichsbankdirektoriums enthalten, welche kostenfrei bei jeder Reichsbankstelle verabfolgt wird.

IV. Hinterlegungsstelle EG. Art. 144.

**§ 1815.** 1. Umschreibung der Inhaberpapiere auf den Namen des Mündels § 806. Außerkurssetzung findet nicht mehr statt; eine nach altem Recht erfolgte Außerkurssetzung tritt außer Kraft, EG. Art. 176.

2. Reichsschuldbuch vgl. EG. Art. 50.

3. Staatsschuldbuch vgl. EG. Art. 97.

4. Außer der sich aus § 1815 ergebenden Wirkung tritt ferner die Beschränkung der Verpflichtungsbefugniß gemäß § 1820 ein.

Forderungen, so hat der Vormund in das Schuldbuch den Vermerk eintragen zu lassen, daß er über die Forderungen nur mit Genehmigung des Vormundschaftsgerichts verfügen kann.

ß. Gerichtl. Befreiung.

**§ 1817.** Das Vormundschaftsgericht kann aus besonderen Gründen den Vormund von den ihm nach den §§ 1814, 1816 obliegenden Verpflichtungen entbinden.

b. Gerichtl. Anordnung d. Hinterlegung sonstiger Werthpapiere und Kostbarkeiten.

**§ 1818.** Das Vormundschaftsgericht kann aus besonderen Gründen anordnen, daß der Vormund auch solche zu dem Vermögen des Mündels gehörende Werthpapiere, zu deren Hinterlegung er nach § 1814 nicht verpflichtet ist, sowie Kostbarkeiten des Mündels in der im § 1814 bezeichneten Weise zu hinterlegen hat; auf Antrag des Vormundes kann die Hinterlegung von Zins-, Renten- und Gewinnantheilscheinen angeordnet werden, auch wenn ein besonderer Grund nicht vorliegt.

c. Beschränkung der Vertretungsmacht des Vormundes bez. Verfügung und Verpflichtung in Ansehung d. gesicherten Gegenstände.
α. Hinterlegung.

**§ 1819.** Solange die nach § 1814 oder nach § 1818 hinterlegten Werthpapiere oder Kostbarkeiten nicht zurückgenommen sind, bedarf der Vormund zu einer Verfügung über sie und, wenn Hypotheken-, Grundschuld- oder Rentenschuldbriefe hinterlegt sind, zu einer Verfügung über die Hypothekenforderung, die Grundschuld oder die Rentenschuld der Genehmigung des Vormundschaftsgerichts. Das Gleiche gilt von der Eingehung der Verpflichtung zu einer solchen Verfügung.

---

**§ 1816.** 1. Befreiung von der Verpflichtung des § 1816.
a. durch das Vormundschaftsgericht § 1817;
b. durch Anordnung des Vaters oder der ehelichen Mutter gemäß §§ 1853, 1855;
c. kraft Gesetzes, wenn der Vater oder die Mutter das volljährige Kind bevormundet gemäß §§ 1903, 1904.
2. Wirkungen des Vermerks.
a. Verfügungsbeschränkung gemäß § 1816.
b. Verpflichtungsbeschränkung gemäß § 1820.
3. Vgl. im Uebrigen zu § 1815.

**§ 1817.** 1. Das Vormundschaftsgericht hat unter Würdigung aller Umstände (Persönlichkeit des Vormundes, seiner Vermögensverhältnisse zc. zc.) unter Berücksichtigung der eigenen Verantwortlichkeit (§ 1848) zu entscheiden.
2. Die Entbindung von der Verpflichtung aus § 1814 beseitigt zugleich die Anwendbarkeit des § 1815 Abs. 1, da diese Vorschrift die Hinterlegungspflicht voraussetzt und nur Surrogate der Hinterlegung zuläßt.
3. Andere Befreiungsgründe §§ 1853, 1855, 1903, 1904.

**§ 1818.** 1. Die die Hinterlegungspflicht des Vormundes erweiternde Anordnung des Vormundschaftsgerichts kann insbesondere bei Mißtrauen gegen den Vormund oder bei dem Mangel einer geeigneten Aufbewahrungsgelegenheit geboten sein. Beschwerde des Vormundes FrG. §§ 20 ff.
2. Die Wirkung der Hinterlegung vgl. § 1814 Note II, insbesondere auch Beschränkung der Verfügungs- und Verpflichtungsfähigkeit in Ansehung der hinterlegten Gegenstände § 1819.
3. Zu den Werthpapieren gehören insbesondere auch die Hypotheken-, Grundschuld- und Rentenschuldbriefe vgl. § 1819.
4. Zu den Kostbarkeiten gehören z. B. Gold-, Silbersachen, Juwelen, Perlen, seltene Münzen, Medaillen, auch Kunstgegenstände und Antiquitäten RG. 13 36.
5. Auf Geld bezieht sich § 1818 nicht; die §§ 1806—1811 sind maßgebend.

**§ 1820.** Sind Inhaberpapiere nach § 1815 auf den Namen des Mündels umgeschrieben oder in Buchforderungen umgewandelt, so bedarf der Vormund auch zur Eingehung der Verpflichtung zu einer Verfügung über die sich aus der Umschreibung oder der Umwandlung ergebenden Stammforderungen der Genehmigung des Vormundschaftsgerichts.

β. Umwandlung in Namenpapiere od. Buchforderungen.

Das Gleiche gilt, wenn bei einer Buchforderung des Mündels der im § 1816 bezeichnete Vermerk eingetragen ist.

γ. Vermerk vormundsch. gerichtl. Mitwirkung im Schuldbuche.

**§ 1821.** Der Vormund bedarf der Genehmigung des Vormundschaftsgerichts:

8. Erforderniß der Genehmigung des Vormundschaftsgerichts. a. Rechtsgeschäfte in Ansehung von Grundstücken oder Rechten an solchen, mit Ausnahme von Hypotheken, Grund- und Rentenschulden.

1. zur Verfügung über ein Grundstück oder über ein Recht an einem Grundstücke;
2. zur Verfügung über eine Forderung, die auf Uebertragung des Eigenthums an einem Grundstück oder auf Begründung

---

**§ 1819.** 1. Daß der Vormund die nach §§ 1814, 1818 hinterlegten Werthpapiere und Kostbarkeiten nur mit Genehmigung des Vormundschaftsgerichts zurücknehmen kann, ist als selbstverständlich unausgesprochen geblieben. Vgl. Prot. VI S. 323 Nr. 26 Eine ohne diese Genehmigung erfolgende Zurücknahme ist in ihrer Wirksamkeit gegenüber dem Mündel gemäß §§ 1828 ff. zu beurtheilen. — Vgl. auch die landesgesetzlichen Vorschriften über die Herausgabe hinterlegter Gegenstände an einen Vormund. Vgl. EG. Artt. 144 f. Preußische Hinterlegungsordnung v. 14. März 1879 (GS. S. 249) § 51.

2. Durch § 1819 wird nicht ein Veräußerungsverbot im Sinne der §§ 135 f., sondern eine Beschränkung der Vertretungsmacht des Vormundes begründet.

a. Der Vormund ist ohne die erforderliche vormundschaftsgerichtliche Genehmigung nicht legitimirt,

α. über die hinterlegten Werthpapiere, Kostbarkeiten oder über die in den hinterlegten Hypothekenbriefen 2c. verbrieften Rechte zu verfügen;

β. den Mündel zur Vornahme solcher Verfügungen zu verpflichten.

b. Die vormundschaftsgerichtliche Genehmigung erfolgt dem Vormunde gegenüber nach Anhörung des Gegenvormundes §§ 1828, 1826.

c. Vornahme von Rechtsgeschäften durch den Vormund ohne die erforderliche Genehmigung §§ 1829—1831.

3. Die Dauer der Beschränkung des Vormundes in der Vertretungsmacht.

a. Die Beschränkung der Vertretungsmacht beginnt mit der Hinterlegung und endigt mit der Zurücknahme (vgl. Note 1). Befindet sich der Vormund zur Zeit der Vornahme des Rechtsgeschäfts mit dem Dritten im Besitze der Sachen, welche das Rechtsgeschäft betreffen, so kann von einer Beschränkung seiner Vertretungsmacht auf Grund des § 1819 nicht die Rede sein.

b. Auch bei Zurücknahme ohne die vorgeschriebene vormundschaftsgerichtliche Genehmigung (vgl. zu 1) oder bei Unterlassung der gebotenen Hinterlegung gilt das zu 3a Gesagte selbst bei Kenntniß des Dritten von der vorschriftswidrig unterlassenen Hinterlegung oder erfolgten Zurücknahme. Das Erforderniß der Genehmigung des Gegenvormundes bzw. des Vormundschaftsgerichts zu einer Verfügung aus § 1812 greift ein.

**§ 1820.** 1. Die Vorschrift betrifft nur die Beschränkung der Vertretungsmacht in Eingehung von obligatorischen Verpflichtungen zur Vornahme von Verfügungen über die in §§ 1815, 1816 bezeichneten Forderungen.

2. Wegen der Beschränkung der Vertretungsmacht in Ansehung von Verfügungen und Rückverwandlung der in Namenpapiere verwandelten Papiere in Inhaberpapiere bzw. Beseitigung des Vermerks in den Schuldbüchern vgl. zu § 1815 und zu § 1819 Note 1.

oder Uebertragung eines Rechtes an einem Grundstück oder auf Befreiung eines Grundstücks von einem solchen Rechte gerichtet ist;

3. zur Eingehung der Verpflichtung zu einer der in Nr. 1, 2 bezeichneten Verfügungen;
4. zu einem Vertrage, der auf den entgeltlichen Erwerb eines Grundstücks oder eines Rechtes an einem Grundstücke gerichtet ist.

Zu den Rechten an einem Grundstück im Sinne dieser Vorschriften gehören nicht Hypotheken, Grundschulden und Rentenschulden.

---

Zu §§ 1821, 1822. 1. Beschränkung der Vertretungsmacht

a. Die Vorschriften der §§ 1821, 1822 beschränken die Vertretungsmacht des Vormundes (§ 1793) in Ansehung einzelner besonders wichtiger und über die Grenzen einer gewöhnlichen Verwaltung hinausgehender Rechtsgeschäfte durch das Erforderniß vormundschaftsgerichtlicher Genehmigung. Die Beweislast für das Vorhandensein derselben hat derjenige, der beim Vorliegen eines genehmigungsbedürftigen Geschäfts die Vertretungsmacht des Vormundes behauptet vgl. § 1812 Note I. 9.

b. Die Beschränkung der Vertretungsmacht gilt gleichmäßig für den Fall, daß der Vormund namens des Mündels handelt (§§ 164 ff.) wie für den, daß der Mündel mit Einwilligung (§ 107) oder Genehmigung (§§ 108 ff.) des Vormundes das Rechtsgeschäft vornimmt (vgl. § 1793 Note III. 2a).

c. Wegen Ueberlassung an den Mündel zur freien Verfügung § 1824.

2. Die Ertheilung der vormundschaftsgerichtlichen Genehmigung, Anhörung des Gegenvormundes und des über 18 Jahre alten Mündels §§ 1826 bis 1828.

3. Geschäftsvornahme ohne die erforderliche vormundschaftsgerichtliche Genehmigung §§ 1829—1831.

4. Die der vormundschaftsgerichtlichen Genehmigung bedürftigen Rechtsgeschäfte.

a. Außer den in §§ 1821 und 1823 aufgeführten Geschäften kommen für die Vermögensverwaltung in Betracht

α. Ermächtigung des Mündels zum selbständigen Betriebe eines Erwerbsgeschäfts und Zurücknahme derselben § 112.

β. Vereinbarung über den Unterhaltsanspruch des unehelichen Kindes § 1714.

γ. Rechtsgeschäftliche Verfügungen und Verpflichtungen zur Vornahme derselben in Ansehung der hinterlegten Werthpapiere oder Kostbarkeiten, Hypotheken-, Grund- und Rentenschulden, auf den Namen des Mündels geschriebenen Werthpapiere und Reichs- oder Staatsschuldbuchforderungen vgl §§ 1812, 1814, 1818, 1819, 1820.

δ. Eintragung des Mündels in ein Börsenregister. Börsengesetz vom 22. Juni 1896 § 58

ε. Antrag auf Zwangsversteigerung zum Zwecke der Aufhebung einer Gemeinschaft an einem Grundstücke Zw. § 181 Abs. 2 (Bd. I S. 346).

b. Wegen der dem Familien- und Erbrechte angehörigen Geschäfte vgl. Bd. I S. 89 Note 7.

c. Bei Bevormundung Volljähriger vgl. ferner § 1902 (Versprechen oder Gewährung einer Ausstattung).

5. Einer Beschränkung ist die Vertretungsmacht des Vormundes insonderheit nicht unterworfen in Ansehung

a. von an sich nicht genehmigungsbedürftigen Rechtsgeschäften aus dem Grunde, weil sie größere Anlagen (Bauten 2c.) bezwecken. Es bleibt bei §§ 1823 u. 1789;

b der Prozeßführung, vgl. indeß § 1822 Note 12b.

**§ 1821.** Vgl. die vorstehenden Bemerkungen.

**§ 1822.** Der Vormund bedarf der Genehmigung des Vormundschaftsgerichts: b. Sonstige Rechtsgeschäfte.

1. zu einem Rechtsgeschäfte, durch das der Mündel zu einer Verfügung über sein Vermögen im Ganzen oder über eine ihm angefallene Erbschaft oder über seinen künftigen gesetzlichen Erbtheil oder seinen künftigen Pflichttheil verpflichtet wird, sowie zu einer Verfügung über den Antheil des Mündels an einer Erbschaft;
2. zur Ausschlagung einer Erbschaft oder eines Vermächtnisses, zum Verzicht auf einen Pflichttheil sowie zu einem Erbtheilungsvertrage;

---

1. Ziffer 1. (§ 1643) Verfügung vgl. Bd. I S. 45 Note 5.

a. Den Grundstücken stehen gleich das Erbbaurecht (§ 1017) und gewisse landesrechtliche Immobiliarrechte, vgl. EG. Artt. 63, 68, 196.

b. Rechte an Grundstücken.

α. Dienstbarkeiten §§ 1018 ff., 1030 ff., 1090 ff.

β. Vorkaufsrecht (§§ 1094 ff.).

γ. Reallasten (§§ 1105 ff. Auf die einzelnen Leistungen finden die für Hypothekenzinsen geltenden Vorschriften gemäß § 1107 Anwendung, vgl. zu ε a.E.).

δ. Erbbaurecht vgl. zu a.

ε. Die Hypothek (§§ 1113 ff.), Grundschuld (§§ 1191 ff.) und Rentenschuld (§§ 1199 ff.) gelten im Sinne des § 1821 (vgl. Abs. 2) nicht als Rechte an Grundstücken, so daß auf Grund des § 1821 zur Verfügung über diese Rechte die vormundschaftsgerichtliche Genehmigung nicht erforderlich ist. Maßgebend ist deshalb für Verfügungen über diese Rechte und zu Verpflichtungen zu einer solchen Verfügung die Vorschrift des § 1812, nach der die Genehmigung des Gegenvormundes oder statt derselben die Genehmigung des Vormundschaftsgerichts erforderlich ist. — Nur wenn gemäß §§ 1818, 1814 der Hypotheken-, Grundschuld- oder Rentenschuldbrief auf Grund vormundschaftsgerichtlicher Anordnung hinterlegt ist, ist die vormundschaftsgerichtliche Genehmigung sowohl zu Verfügungen wie zu obligatorischen Rechtsgeschäften in Ansehung dieser Rechte nach § 1819 erforderlich. Auf die Zinsen- und Kostenansprüche beziehen sich indessen diese Beschränkungen nicht. Diese sind im Sinne der vormundschaftlichen Verwaltungsvorschriften als selbständige Forderungen zu betrachten (vgl. § 1813 Note II. 2b), über welche der Vormund stets ohne die Genehmigung des Gegenvormundes (§ 1813 Ziffer 4 und 5) und des Vormundschaftsgerichts verfügen kann. Vgl. auch §§ 1158, 1159, 1160.

c. Ist die der genehmigungsbedürftigen Verfügung zu Grunde liegende Verpflichtung mit Genehmigung des Vormundschaftsgerichts gemäß Ziffer 3 eingegangen, so wird die dieser Verpflichtung entsprechende Verfügung als mitgenehmigt anzusehen sein, also einer besonderen Genehmigung nicht bedürfen.

d. Die vormundschaftsgerichtliche Genehmigung ist auch zu solchen Verfügungen erforderlich, die in Vollziehung eines von dem Erblasser des Mündels eingegangenen Vertrags erfolgen.

2. Ziffer 2. (§ 1643.) Vgl. auch § 1551 Abs. 2.

3. Ziffer 3. (§ 1643.) Die Beschränkung der Vertretungsmacht in Ansehung dieser Verpflichtungsgeschäfte ist erforderlich, damit der Mündel nicht durch Schadensersatzansprüche wegen Nichterfüllung geschädigt werden kann. Vgl. § 1812 Note II. 2.

4. Ziffer 4 bezieht sich (gemäß Abs. 2) nicht auf den entgeltlichen Erwerb von Hypotheken-, Grund- und Rentenschulden. (Vgl. § 1807 Ziffer 1.) — Erforderniß der Vorlegung der vormundschaftsgerichtlichen Genehmigung in öffentlich beglaubigter Urkunde bei Abgabe eines Gebots bei der Zwangsversteigerung eines Grundstücks Zw. § 71 Abs. 2.

3. zu einem Vertrage, der auf den entgeltlichen Erwerb oder die Veräußerung eines Erwerbsgeschäfts gerichtet ist, sowie zu einem Gesellschaftsvertrage, der zum Betrieb eines Erwerbsgeschäfts eingegangen wird;
4. zu einem Pachtvertrag über ein Landgut oder einen gewerblichen Betrieb;
5. zu einem Mieth- oder Pachtvertrag oder einem anderen Vertrage, durch den der Mündel zu wiederkehrenden Leistungen verpflichtet wird, wenn das Vertragsverhältniß länger als ein Jahr nach der Vollendung des einundzwanzigsten Lebensjahrs des Mündels fortdauern soll;
6. zu einem Lehrvertrage, der für längere Zeit als ein Jahr geschlossen wird;
7. zu einem auf die Eingehung eines Dienst- oder Arbeitsverhältnisses gerichteten Vertrage, wenn der Mündel zu persönlichen Leistungen für längere Zeit als ein Jahr verpflichtet werden soll;
8. zur Aufnahme von Geld auf den Kredit des Mündels;
9. zur Ausstellung einer Schuldverschreibung auf den Inhaber oder zur Eingehung einer Verbindlichkeit aus einem Wechsel oder einem anderen Papiere, das durch Indossament übertragen werden kann;
10. zur Uebernahme einer fremden Verbindlichkeit, insbesondere zur Eingehung einer Bürgschaft;
11. zur Ertheilung einer Prokura;
12. zu einem Vergleich oder einem Schiedsvertrag, es sei denn, daß der Gegenstand des Streites oder der Ungewißheit in Geld schätzbar ist und den Werth von dreihundert Mark nicht übersteigt;
13. zu einem Rechtsgeschäfte, durch das die für eine Forderung des Mündels bestehende Sicherheit aufgehoben oder gemindert oder die Verpflichtung dazu begründet wird.

---

**§ 1822.** I. **Allgemein** vgl. Bemerkungen zu §§ 1821 u. 1822.

II. **Im Einzelnen:**

1. Ziffer 1 (§ 1643).

a. Verpflichtung des Mündels zu einer Verfügung über
α. sein Vermögen im Ganzen, §§ 310, 311, 419;
β. eine angefallene Erbschaft §§ 2371—2385;
γ. den künftigen gesetzlichen Erbtheil oder künftigen Pflichttheil § 312.

b. Verfügung über den Antheil des Mündels an einer Erbschaft §§ 1922 Abs. 2, § 2033.

2. Ziffer 2 (vgl. § 1643 Abs. 2).

a. Ausschlagung einer Erbschaft §§ 1942 ff.

b. Ausschlagung eines Vermächtnisses § 2180.

c. Verzicht auf den Pflichttheil, d. i. den bereits angefallenen Pflichttheil §§ 2303 ff. Für den Verzicht auf das zukünftige Pflichttheilsrecht (Erbverzicht) durch Vertrag mit dem Erblasser gelten die besonderen Vorschriften des § 2347.

d. Erbtheilungsvertrag §§ 2042 ff., FrG. § 97 abgedruckt zu §§ 2032 ff. — Zur Erhebung der Theilungsklage und zu dem Antrage, die zu einem gemeinschaftlichen Nachlasse gehörenden Gegenstände zum Zwecke der

Theilung zu verkaufen (§§ 2042, 753), bedarf es nicht der vormundschaftsgerichtlichen Genehmigung. § 1822.

e. Hinsichtlich des definitiven Erwerbes der Erbschaft (Annahme, Versäumung der Ausschlagungsfrist § 1943) ist vormundschaftsgerichtliche Genehmigung nicht erforderlich. Hier greift zum Schutze des Mündels die Ordnungsvorschrift des § 1999 ein, wonach dem Vormundschaftsgerichte seitens des Nachlaßgerichts Mittheilung von der einem Mündel gegenüber erfolgten Bestimmung einer Inventarfrist zu machen ist.

3. Ziffer 3 (§ 1643).

a. Entgeltlicher Erwerb oder Veräußerung eines Erwerbsgeschäfts. Anhörung des Mündels durch das Vormundschaftsgericht vor Entscheidung über die Genehmigung § 1827. Nicht unter Ziffer 3 fällt

α. unentgeltlicher Erwerb unter Lebenden oder von Todeswegen;

β. thatsächlicher Beginn oder Auflösung eines Erwerbsgeschäfts § 1824.

b. Gesellschaftsverträge zum Betriebe eines Erwerbsgeschäfts §§ 705 ff.; Handelsgesellschaften Bd. I S. 728 Note 5. — Der Erwerb eines Antheils an einer korporativ ausgestalteten Gesellschaft, bei welcher die Haftung auf die Einlage beschränkt ist (Aktie, Antheil an einer Gesellschaft mit beschränkter Haftung), fällt jedenfalls nicht unter Ziffer 3, wohl aber anscheinend der Gründungsvertrag.

4. Ziffer 4. Pachtverträge

a. über ein Landgut vgl. §§ 581 ff., 593. — Nicht hierunter fällt die Verpachtung einzelner landwirthschaftlicher Grundstücke vgl. §§ 591 ff.;

b. über einen gewerblichen Betrieb §§ 581 ff.; über ein Handelsgeschäft HGB. § 22.

5. Ziffer 5 (§ 1643). Mieth- u. Pachtverträge (§§ 535 ff., 581 ff.), sowie andere Verträge über wiederkehrende Leistungen des Mündels (z. B. Versicherungs-, Altentheilsverträge).

a. Die Bestimmung ist anwendbar ohne Rücksicht darauf, ob es sich um Mieth- oder Pachtverträge über Grundstücke oder andere Gegenstände handelt, ob für den Mündel vermiethet und verpachtet oder gemiethet und gepachtet werden soll.

b. Entscheidend ist, ob der Vertrag länger als ein Jahr nach der Vollendung des einundzwanzigsten Lebensjahrs (nicht nach erreichter Volljährigkeit) dauern soll, so daß auch im Falle der Volljährigkeitserklärung diese Zeitdauer maßgebend bleibt. Vgl. zu §§ 3—5 Note VI.

c. Der Mangel der erforderlichen Genehmigung beeinträchtigt die Wirksamkeit des ganzen Vertrags, nicht blos den über das vollendete 22. Lebensjahr des Mündels hinausreichenden Theil, es sei denn, daß die Vertragschließenden den Vertrag überhaupt nicht als einen einheitlichen haben schließen wollen.

d. Bei Vormundschaft über Volljährige vgl. § 1902 Abs. 2.

6. Ziffer 6. Lehrverträge vgl. GewO. §§ 126 ff. (Fassung vom 26. Juli 1897, RGBl. S. 663) HGB. §§ 76 ff. Anhörung des Mündels, welcher das 14. Lebensjahr vollendet hat § 1827.

7. Ziffer 7. Dienst- oder Arbeitsverträge (§§ 611 ff.).

a. Die Vorschrift bezieht sich auch auf den Gesindevertrag; sie regelt die Vertretungsmacht des Vormundes, gehört also dem Vormundschaftsrechte, nicht dem Gesinderecht an (vgl. EG. Art. 95).

b. Anhörung des Mündels, der das 14. Lebensjahr vollendet hat § 1827.

c. Vgl. § 113: Erweiterte Geschäftsfähigkeit des Mündels durch die Ermächtigung, in Dienst oder Arbeit zu treten.

8. Ziffer 8 (§ 1643). Aufnahme von Geld auf den Kredit des Mündels. Kreditgeschäfte, welche nicht auf Aufnahme von Geld gehen, z. B. Kauf auf Kredit, fallen nicht unter Ziffer 8. — Allgemeine Ermächtigung des Vormundes § 1825.

9. Ziffer 9 (§ 1643).

a. Schuldverschreibung auf den Inhaber §§ 793 ff., 807. — Wechselverbind-

§ 1822. lichkeit, Wechselordn. Artt. 8, 9 ff., 23. — Indossable Papiere vgl. HGB. §§ 363—365 (Bd. I S. 366).

b. Allgemeine Ermächtigung ist zulässig § 1825.

c. Die Genehmigung des Vormundschaftsgerichts braucht nicht in der Urkunde enthalten zu sein. Dies ergiebt sich aus der Zulässigkeit allgemeiner Ermächtigung.

10. Ziffer 10 (§ 1643). Uebernahme einer fremden Verbindlichkeit (allgemeine Ermächtigung ist zulässig § 1825).

a. Schuldübernahme §§ 414 ff.

b. Bürgschaft §§ 765 ff. Wird für den Mündel das Geschäft eines Kommissionärs betrieben, in welchem die Uebernahme des Delkredere (HGB. § 394) gewöhnlich, so wird zweckmäßigerweise die allgemeine vormundschaftsgerichtliche Ermächtigung gemäß § 1825 herbeigeführt.

c. Zweifelhaft ist, ob die Fälle, in denen Eintritt in fremde Schuld als gesetzliche Folge eines Rechtsgeschäfts erfolgt (vgl. Bd. I S. 201 Vorb. Note 3), unter Ziffer 10 fallen. Bei der allgemeinen Fassung der Ziffer 10 ist es wohl anzunehmen.

d. Nicht unter Ziffer 10 gehört der Fall der kraft Gesetzes ohne rechtsgeschäftliche Mitwirkung des Vormundes eintretenden Haftung des Mündels als Erben für die Nachlaßverbindlichkeiten (§§ 1967 ff.).

11. Ziffer 11 (§ 1643). Ertheilung einer Prokura HGB. §§ 48 ff.

a. Eine ohne vormundschaftsgerichtliche Genehmigung ertheilte Prokura ist als Prokuraertheilung unwirksam § 1831. Hieran wird auch nichts durch die Eintragung der Prokura in das Handelsregister (HGB. § 15) geändert. Vgl. indeß Staub zu HGB. § 48 Anm. 4. Der Handelsregisterrichter wird vor der auf Antrag eines Vormundes erfolgenden Eintragung einer Prokura das Vorhandensein der vormundschaftsgerichtlichen Genehmigung zu prüfen haben (§ 839).

b. Die mit vormundschaftsgerichtlicher Genehmigung ertheilte Prokura hat den durch HGB. § 49 bestimmten Umfang. Insbesondere ist der Prokurist auch zu den in § 1822 Ziffer 8 bis 10 aufgeführten Rechtsgeschäften ohne Einholung einer besonderen vormundschaftsgerichtlichen Genehmigung Dritten gegenüber befugt.

c. Ertheilung sonstiger Vollmachten (§§ 166 ff.; Handlungsvollmacht HGB. §§ 54 ff.) bedürfen nicht der vormundschaftsgerichtlichen Genehmigung. Der von dem Vormunde bevollmächtigte Vertreter kann aber niemals eine über die Vertretungsmacht des Vormundes hinausgehende Vertretungsmacht haben.

12. Ziffer 12.

a. Vergleich § 779; Schiedsvertrag CPO. § 1025.

α. Die Beweislast für die Voraussetzungen der Entbehrlichkeit der vormundschaftsgerichtlichen Genehmigung hat derjenige, der die Vertretungsmacht des Vormundes behauptet. Vgl. zu §§ 1821, 1822 Note 1 a.

β. Die vormundschaftsgerichtliche Genehmigung kann im einzelnen Falle nach Ziffer 12 zwar entbehrlich, indeß mit Rücksicht auf die Art der Leistung nach § 1821 oder nach einer der sonstigen Vorschriften des § 1822 (z. B. Ziffer 2, 4, 5, 9, 10) erforderlich sein.

b. Prozeßvergleich. Vgl. CPO. § 54, RG. 19 362, ferner § 1400 Note II 1 b (S. 780).

c. Zwangsvergleich (KO. §§ 173 ff.). Zur Abgabe der nach KO. § 182 erforderlichen Vergleichsannahmeerklärung bedarf der Vormund der vormundschaftsgerichtlichen Genehmigung gemäß Ziffer 11. Insofern aber der Zwangsvergleich ohne oder gegen den Willen des Vormundes zu Stande kommt, ist für eine vormundschaftsgerichtliche Genehmigung kein Platz.

d. Abfindung oder Vergleich über den Unterhaltsanspruch eines unehelichen Kindes § 1714.

**§ 1823.** Der Vormund soll nicht ohne Genehmigung des Vormundschaftsgerichts ein neues Erwerbsgeschäft im Namen des Mündels beginnen oder ein bestehendes Erwerbsgeschäft des Mündels auflösen.

c. Beginn und Auflösung eines Erwerbsgeschäfts.

**§ 1824.** Der Vormund kann Gegenstände, zu deren Veräußerung die Genehmigung des Gegenvormundes oder des Vormundschaftsgerichts erforderlich ist, dem Mündel nicht ohne diese Genehmigung zur Erfüllung eines von diesem geschlossenen Vertrags oder zu freier Verfügung überlassen.

d. Ueberlassg. von Vermögensgegenständen an den Mündel.

V. Die Genehmigung des Vormundschaftsgerichts. 1. Die Ertheilung der Genehmigung. a. Allgem. Ermächtigung d. Vormundes.

**§ 1825.** Das Vormundschaftsgericht kann dem Vormunde zu Rechtsgeschäften, zu denen nach § 1812 die Genehmigung des Gegenvormundes erforderlich ist, sowie zu den im § 1822 Nr. 8 bis 10 bezeichneten Rechtsgeschäften eine allgemeine Ermächtigung ertheilen.

Die Ermächtigung soll nur ertheilt werden, wenn sie zum Zwecke der Vermögensverwaltung, insbesondere zum Betrieb eines Erwerbsgeschäfts, erforderlich ist.

**§ 1826.** Das Vormundschaftsgericht soll vor der Entscheidung über die zu einer Handlung des Vormundes erforderliche Genehmigung den Gegenvormund hören, sofern ein solcher vorhanden und die Anhörung thunlich ist.

b. Anhörung d. Gegenvormundes.

---

13. Ziffer 13. Aufhebung oder Minderung einer Sicherheit.
a. Aufhebung der für eine Forderung bestehenden Hypothek (vgl. §§ 875, 1168), Vorrechtseinräumung §§ 880 ff. Das Vormundschaftsgericht darf nicht eine Veränderung der Sicherheit genehmigen, durch welche die Mündelmäßigkeit der Anlage (§ 1807) beeinträchtigt wird (§ 1848).
b. Aufgeben einer für den Mündel bestellten Sicherheit §§ 232 ff. Wegen der von dem Vormunde bestellten Sicherheit vgl. § 1844.
c. Aufgeben eines Pfandrechts (§§ 1204 ff., 1253, vgl. daselbst Note 1); § 1255.
d. Aufgeben einer Bürgschaft oder einer bürgenähnlichen Haftung vgl. §§ 765 ff., auch § 765 Note 8.

**§ 1823.** 1. Vgl. die entsprechende Vorschrift des § 1645. — Anhörung des über 18 Jahre alten Mündels § 1827 Abs. 2.

2. Die Vorschrift des § 1823 ist eine Ordnungsvorschrift. Der Mangel der Genehmigung beeinträchtigt nicht die Rechtsbeständigkeit der im Betriebe des Erwerbsgeschäfts abgeschlossenen Rechtsgeschäfte.

3. Als Beginn eines neuen Erwerbsgeschäfts kann auch die umfassende Aenderung eines bestehenden Erwerbsgeschäfts sich darstellen.

4. Zuwiderhandlung gegen § 1823 rechtfertigt und erfordert das Einschreiten des Gegenvormundes und des Vormundschaftsgerichts (§§ 1799, 1837). Schadensersatzpflicht des Vormundes § 1833.

5. Erwerb und Veräußerung eines Erwerbsgeschäfts erfordern vormundschaftsgerichtliche Genehmigung gemäß § 1822 Ziffer 3. Verpachtung eines Erwerbsgeschäfts § 1822 Ziffer 4.

**§ 1824.** Vgl. die entsprechende Vorschrift des § 1644. Vgl. ferner § 110. Die ohne die erforderliche vormundschaftsgerichtliche Genehmigung erfolgte Ueberlassung von Gegenständen hat nicht die Wirkung des § 110.

**§ 1825.** 1. Vgl. die in § 1825 angeführten Gesetzesstellen und die Bemerkungen zu denselben.

2. Die allgemeine Ermächtigung wird in ihrer Rechtswirksamkeit nicht dadurch beeinträchtigt, daß sie der Ordnungsvorschrift des Abs. 2 zuwider ertheilt ist. Haftung des Vormundschaftsrichters § 1848.

**§ 1826.** 1. Durch die Vorschrift soll dem Gegenvormunde (§ 1792) Gelegenheit zur Ausübung seines Amtes (§ 1799) gegeben werden.

65*

c. Anhörung des Mündels.

**§ 1827.** Das Vormundschaftsgericht soll den Mündel hören vor der Entscheidung über die Genehmigung eines Lehrvertrags oder eines auf die Eingehung eines Dienst- oder Arbeitsverhältnisses gerichteten Vertrags und, wenn der Mündel das vierzehnte Lebensjahr vollendet hat, über die Entlassung aus dem Staatsverbande.

Hat der Mündel das achtzehnte Lebensjahr vollendet, so soll ihn das Vormundschaftsgericht, soweit thunlich, auch hören vor der Entscheidung über die Genehmigung eines der im § 1821 und im § 1822 Nr. 3 bezeichneten Rechtsgeschäfte sowie vor der Entscheidung über die Genehmigung des Beginns oder der Auflösung eines Erwerbsgeschäfts.

d. Empfänger der Genehmigungserklärung.

**§ 1828.** Das Vormundschaftsgericht kann die Genehmigung zu einem Rechtsgeschäfte nur dem Vormunde gegenüber erklären.

---

2. Die Vorschrift bezieht sich auf alle Fälle der Ertheilung der Genehmigung zu einer Handlung (Rechtsgeschäft, Rechtshandlung, rein thatsächliches Handeln, z. B § 1823) des Vormundes.

3. Die Anhörung ist Gewährung rechtlichen Gehörs und kann auch schriftlich geschehen.

4. Die Nichtbeobachtung der Ordnungsvorschrift des § 1826 macht zwar die ertheilte Genehmigung nicht unwirksam, kann aber den Vormundschaftsrichter verantwortlich machen (§ 1848).

**§ 1827.** 1. Vgl. § 1826 Note 3 und 4.

2. Lehrvertrag vgl. zu § 1822 Ziffer 6. Vertrag auf Eingehung eines Dienst- oder Arbeitsverhältnisses vgl. § 1822 Ziffer 7.

3. Der Antrag auf Entlassung des Mündels aus dem Staatsverbande bedarf der Genehmigung des Vormundschaftsgerichts in Gemäßheit des § 14a des Gesetzes über die Erwerbung und den Verlust der Bundes- und Staatsangehörigkeit vom 1. Juni 1870, abgedruckt zu EG. Art. 41.

4. § 1821 betrifft die Rechtsgeschäfte in Ansehung von Grundstücken und Rechten an denselben.

5. § 1822 Ziffer 3 betrifft Verträge über den entgeltlichen Erwerb oder die Veräußerung von Erwerbsgeschäften sowie den auf den Betrieb eines Erwerbsgeschäfts gerichteten Gesellschaftsvertrag.

6. Thatsächlicher Beginn oder Auflösung eines Erwerbsgeschäfts § 1823.

7. Das Vormundschaftsgericht kann selbstverständlich den Mündel auch vor anderen als den in § 1823 aufgeführten Entscheidungen hören.

8. Anhörung von Verwandten oder Verschwägerten des Mündels § 1847.

**§ 1828.** 1. Die vormundschaftsgerichtliche Genehmigung zu einem Rechtsgeschäfte kann nur dem Vormunde gegenüber erklärt werden. Demnach ist jede anderweit erklärte Genehmigung keine Genehmigung im Sinne derjenigen Vorschriften, welche die vormundschaftsgerichtliche Genehmigung erfordern.

2. Die Rechsnatur der Genehmigung ist bestritten. Die Motive Bd. IV S. 1153 halten die Vorschriften des allgemeinen Theiles über die Genehmigung für anwendbar. Dem entspricht RG. 25 282 ff., wo die Anfechtung der ertheilten Genehmigung wegen Irrthums des Vormundschaftsrichters zugelassen wird. In den Prot. IV S. 799 wird davon ausgegangen, daß die Genehmigung des Vormundschaftsgerichts keine rechtsgeschäftliche Erklärung, sondern eine obrigkeitliche Handlung sei. Nimmt man (vgl. hierzu Bd. I S. 44 Vorb. 4a) letzteres an, so ergiebt sich daraus die Unanwendbarkeit der Vorschriften über die Rechtsgeschäfte. Maßgebend sind für das Verfahren lediglich die Vorschriften des Gesetzes über die Angelegenheiten der freiwilligen Gerichtsbarkeit. — Genehmigung unter Bedingung vgl. RG. JW. 1900 S. 161[30].

**§ 1829.** Schließt der Vormund einen Vertrag ohne die erforderliche Genehmigung des Vormundschaftsgerichts, so hängt die Wirksamkeit des Vertrags von der nachträglichen Genehmigung des Vormundschaftsgerichts ab. Die Genehmigung sowie deren Verweigerung wird dem anderen Theile gegenüber erst wirksam, wenn sie ihm durch den Vormund mitgetheilt wird.

2. Mangel der erforderlichen Genehmigung. a. Verträge des Vormundes. α. Nachträgliche Erklärung der Genehmigung.

Fordert der andere Theil den Vormund zur Mittheilung darüber auf, ob die Genehmigung ertheilt sei, so kann die Mittheilung der Genehmigung nur bis zum Ablaufe von zwei Wochen nach dem Empfange der Aufforderung erfolgen; erfolgt sie nicht, so gilt die Genehmigung als verweigert.

Ist der Mündel volljährig geworden, so tritt seine Genehmigung an die Stelle der Genehmigung des Vormundschaftsgerichts.

**§ 1830.** Hat der Vormund dem anderen Theile gegenüber der Wahrheit zuwider die Genehmigung des Vormundschaftsgerichts behauptet, so ist der andere Theil bis zur Mittheilung der nachträglichen Genehmigung des Vormundschaftsgerichts zum Widerrufe berechtigt, es sei denn, daß ihm das Fehlen der Genehmigung bei dem Abschlusse des Vertrags bekannt war.

β. Widerruf des anderen Theiles.

**§ 1831.** Ein einseitiges Rechtsgeschäft, das der Vormund ohne die erforderliche Genehmigung des Vormundschaftsgerichts vornimmt, ist unwirksam. Nimmt der Vormund mit dieser Genehmigung ein solches Rechtsgeschäft einem Anderen gegenüber vor, so ist das Rechtsgeschäft unwirksam, wenn der Vormund die Genehmigung nicht in schriftlicher Form vorlegt und der Andere das Rechtsgeschäft aus diesem Grunde unverzüglich zurückweist.

b. Einseitige Rechtsgeschäfte des Vormundes.

**§ 1832.** Soweit der Vormund zu einem Rechtsgeschäfte der Genehmigung des Gegenvormundes bedarf, finden die Vorschriften der §§ 1828 bis 1831 entsprechende Anwendung.

VI. Die Genehmigung des Gegenvormundes.

---

***FG.* § 55 *Abs. 1.*** *Eine Verfügung, durch welche die Genehmigung zu einem Rechtsgeschäft ertheilt oder verweigert wird, kann von dem Vormundschaftsgericht insoweit nicht mehr geändert werden, als die Genehmigung oder deren Verweigerung einem Dritten gegenüber wirksam geworden ist.*

Entsprechende Regelung für die Beschwerde und die weitere Beschwerde FrG. §§ 62, 63.

Die Wirksamkeit der Genehmigung oder deren Verweigerung dem Dritten gegenüber § 1829 Abs. 1 Satz 2.

3. Die Terminologie des BGB. bezüglich des Ausdruckes Genehmigung weicht von der in den §§ 182—185 beobachteten Ausdrucksweise ab. Vgl. Bd. I S. 99 Vorb. Note 1 b. Die vormundschaftsgerichtliche Genehmigung kann, wie §§ 1829—1831 erkennen lassen, ertheilt werden, sowohl vor als auch nach der Vornahme des Rechtsgeschäftes durch den Vormund.

4. Stempelrechtliche Behandlung vgl. Pr. JMBl. 1900 S. 3.

**§ 1829.** Vgl. hierzu die entsprechende Vorschrift des § 108 und die Bemerkungen daselbst.

**§ 1830.** Vgl. die entsprechende Vorschrift § 109 Abs. 2.

**§ 1831.** Vgl. die entsprechende Vorschrift § 111 Satz 1 u. 2.

**§ 1832.** 1. Erforderniß der Genehmigung des Gegenvormundes § 1812.

2. Ist die Genehmigung des Gegenvormundes ein obrigkeitlicher Akt oder ein Rechtsgeschäft? Vgl. § 1828 Note 2.

VII. Haftung des Vormundes und des Gegenvormundes.
1. gegenüb. dem Mündel.

**§ 1833.** Der Vormund ist dem Mündel für den aus einer Pflichtverletzung entstehenden Schaden verantwortlich, wenn ihm ein Verschulden zur Last fällt. Das Gleiche gilt von dem Gegenvormunde.

2. Gesammtschuldnerische Haftung Mehrerer. Rückgriff d. Gesammtschuldner unter einander.

Sind für den Schaden Mehrere neben einander verantwortlich, so haften sie als Gesammtschuldner. Ist neben dem Vormunde für den von diesem verursachten Schaden der Gegenvormund oder ein Mitvormund nur wegen Verletzung seiner Aufsichtspflicht verantwortlich, so ist in ihrem Verhältnisse zu einander der Vormund allein verpflichtet.

VIII. Zinspflicht bei eigennütziger Geldverwendung.

**§ 1834.** Verwendet der Vormund Geld des Mündels für sich, so hat er es von der Zeit der Verwendung an zu verzinsen.

---

**§ 1833.** 1. Charakter der vormundschaftlichen Haftung.

a. Die Vormundschaft ist ein Amt (Vorb. B. III. 2 S. 982 f.), durch welches ein gesetzliches Schuldverhältniß zwischen Vormund und Mündel begründet wird. Auf dasselbe und die einzelnen aus demselben entstehenden Verbindlichkeiten finden die allgemeinen Vorschriften des zweiten Buches Anwendung (vgl. § 128 Note 2), soweit sich nicht Abweichungen aus den speziellen Vorschriften ergeben.

b. Würde man die verschuldete Pflichtverletzung des Vormundes als eine unerlaubte Handlung im Sinne der §§ 823 ff., 839 ansehen, so würden die Vorschriften der §§ 827—829 über die Deliktsfähigkeit (vgl. Note 2c), des § 852 (dreijährige Verjährung, vgl. Note 7 und § 204), des § 831 (Haftung für Gehülfen vgl. Note 6) anwendbar sein.

2. Verschulden des Vormundes.

a. Das Verschulden des Vormundes gehört zur Klagebegründung. Vorsatz oder Fahrlässigkeit vgl. § 823 Bd. I S. 388 Note C. — Die Beweislast regelt sich nach § 282.

b. Die Genehmigung eines Geschäftes durch den Gegenvormund befreit an sich nicht den Vormund, die Genehmigung durch das Vormundschaftsgericht nicht den Vormund und den Gegenvormund gegenüber dem Mündel. Andererseits kann die Einholung der vormundschaftsgerichtlichen Genehmigung im einzelnen Falle Verschulden ausschließen, so z. B. wenn das Verschulden in einem Rechtsirrthume des Vormundes liegt und das Vertrauen, das der Vormund in die Rechtskenntniß des Vormundschaftsgerichts gesetzt hat, kein schuldhaftes ist.

c. Haftung des in der Geschäftsfähigkeit beschränkten Vormundes vgl. § 1781 Note II. 2.

3. Inhalt des Schadensersatzanspruchs §§ 249 ff.

4. (Abs. 2 S. 1.) Gesammtschuldnerische Haftung §§ 421 ff.

5. (Abs. 2 S. 2.) Der Regreß ist dem § 840 entsprechend geregelt.

6. Haftung für Gehülfen § 278.

7. Dreißigjährige Verjährungsfrist § 195; vgl. auch Hemmung während der Dauer der Vormundschaft § 204.

8. Die in § 1833 für den Vormund und Gegenvormund eines Minderjährigen bestimmte Haftung besteht auch für den Vormund und Gegenvormund eines Volljährigen § 1897, für den Pfleger § 1915 und für den Beistand der Mutter § 1694.

9. Strafrechtliche Vorschrift StGB. § 266 S. 985.

**§ 1834.** 1. Das Verbot eigennütziger Verwendung vgl. § 1805.

2. Vgl. die dem § 1834 entsprechenden Vorschriften bei Auftrag und Verwahrung §§ 668, 698. Vgl. die Bemerkungen zu § 668.

3. Gesetzlicher Zinsfuß 4 pCt. § 246.

4. Verzögerung der Anlegung ohne eigennützige Verwendung begründet Haftung nach § 1833.

5. Geltendmachung des Anspruchs während der Vormundschaft § 1843 Abs. 2. — Hemmung der Verjährung § 204.

IX. Aufwendungen des Vormundes.

**§ 1835.** Macht der Vormund zum Zwecke der Führung der Vormundschaft Aufwendungen, so kann er nach den für den Auftrag geltenden Vorschriften der §§ 669, 670 von dem Mündel Vorschuß oder Ersatz verlangen. Das gleiche Recht steht dem Gegenvormunde zu.

Als Aufwendungen gelten auch solche Dienste des Vormundes oder des Gegenvormundes, die zu seinem Gewerbe oder seinem Berufe gehören.

X. Unentgeltlichkeit d. Vormundschaftsführung. Bewilligung einer Vergütung.

**§ 1836.** Die Vormundschaft wird unentgeltlich geführt. Das Vormundschaftsgericht kann jedoch dem Vormund und aus besonderen Gründen auch dem Gegenvormund eine angemessene Vergütung bewilligen. Die Bewilligung soll nur erfolgen, wenn das Vermögen des Mündels sowie der Umfang und die Bedeutung der vormundschaftlichen Geschäfte es rechtfertigen. Die Vergütung kann jederzeit für die Zukunft geändert oder entzogen werden.

Vor der Bewilligung, Aenderung oder Entziehung soll der Vormund und, wenn ein Gegenvormund vorhanden oder zu bestellen ist, auch dieser gehört werden.

### III. Fürsorge und Aufsicht des Vormundschaftsgerichts.

I. Pflicht der Aufsicht und zum Einschreiten.

**§ 1837.** Das Vormundschaftsgericht hat über die gesammte Thätigkeit des Vormundes und des Gegenvormundes die Aufsicht zu

---

**§ 1835.** 1. Ueber den Verwendungsanspruch vgl. §§ 256, 257 und Bemerkungen daselbst. Vgl. ferner die dem § 1835 entsprechende Vorschrift bei der elterlichen Gewalt § 1648.

2. Geltendmachung der Ansprüche während der Vormundschaft § 1843 Abs. 2. Hemmung der Verjährung § 204.

**§ 1836.** 1. Es besteht nicht etwa dem Grunde nach ein Anspruch des Vormundes auf eine der Höhe nach durch richterliches Ermessen (vgl. §§ 315 ff.) festzusetzende Vergütung. Auch die Entscheidung darüber, ob überhaupt eine Vergütung zu bewilligen ist, ist in das verständige Ermessen des Vormundschaftsgerichts gestellt.

2. Die Bewilligung der Vergütung ist nicht Vertragsschließung des Vormundschaftsgerichts als gesetzlichen Vertreters des Mündels mit dem Vormunde, sondern Ausübung der Amtsgewalt. Der Vormund erlangt durch die Bewilligung für die Zukunft kein wohlerworbenes klagbares Recht auf die Vergütung. — Ist indeß die vormundschaftsgerichtliche Verfügung, durch welche die Vergütung bewilligt wird, wirksam geworden (FrG. § 16), so besteht der klagbare Anspruch des Vormundes gegen den Mündel auf Gewährung der Vergütung bis zu dem Zeitpunkte, in welchem die die Vergütung für die Zukunft aufhebende vormundschaftsgerichtliche Verfügung wirksam wird.

3. Beschwerde des Gegenvormundes über die Bewilligung einer Vergütung an den Vormund FrG. § 57 Ziffer 7. Der Vormund hat das Beschwerderecht sowohl für sich als auch, wenn es sich um eine dem Gegenvormunde bewilligte Vergütung handelt, als Vertreter des Mündels gemäß FrG. § 20.

*FG. § 57 Ziffer 7. Die Beschwerde steht, unbeschadet der Vorschriften des § 20, zu:*

*7. gegen eine Verfügung, durch die dem Vormund oder dem Pfleger eine Vergütung bewilligt wird, dem Gegenvormunde.*

4. Die Vorschrift des § 1836 ist auch in Ansehung des Pflegers (§ 1915) und des Beistandes der Mutter (§ 1694) anwendbar.

führen und gegen Pflichtwidrigkeiten durch geeignete Gebote und Verbote einzuschreiten.

II. Mittel des Vormundschaftsgerichts.
1. Ordnungsstrafrecht.

Das Vormundschaftsgericht kann den Vormund und den Gegenvormund zur Befolgung seiner Anordnungen durch Ordnungsstrafen anhalten. Die einzelne Strafe darf den Betrag von dreihundert Mark nicht übersteigen.

2. Anordnung der Zwangserziehung des Mündels.

**§ 1838.** Das Vormundschaftsgericht kann anordnen, daß der Mündel zum Zwecke der Erziehung in einer geeigneten Familie oder in einer Erziehungsanstalt oder einer Besserungsanstalt untergebracht wird. Steht dem Vater oder der Mutter die Sorge für die Person

---

**§ 1837. I. Die vormundschaftsgerichtliche Aufsicht.**

1. Durch die Mitwirkung des Vormundschaftsgerichts wird die dem Vormunde zukommende Selbständigkeit der Vormundschaftsführung an sich nicht berührt. Das Vormundschaftsgericht ist nicht berechtigt, in Zweckmäßigkeitsfragen dem Vormunde bindende Anweisungen zu geben. Seine Aufgabe ist vielmehr nur die Führung der Aufsicht und das Einschreiten gegen Pflichtwidrigkeit des Vormundes. Dem Vormundschaftsgerichte stehen zur Durchführung seiner Aufgaben die ihm in §§ 1837 ff. an die Hand gegebenen Mittel sowie das Entlassungsrecht § 1886 zu Gebote.

2. Einschränkungen der Selbständigkeit des Vormundes zu Gunsten des unmittelbaren Eingreifens des Vormundschaftsgericht bestehen nur für
a. die Ertheilung der Einwilligung zur Eheschließung des Mündels § 1304 Abs. 2;
b. die Anordnung der Zwangserziehung § 1838.

3. Das Aufsichtsrecht des Vormundschaftsgerichts besteht nur während der Dauer der Vormundschaft. Vgl. indeß wegen der Schlußrechnung zu § 1892. Es erstreckt sich auch auf die ohne Bestellung im Amte befindlichen Vormünder, vgl. EG. Art. 136 (Anstaltsvormund), sowie auf die nach EG. Art. 210 beim Inkrafttreten des BGB. im Amte bleibenden Vormünder.

4. Die Gehülfen des Vormundschaftsgerichts in Ausübung der Aufsicht sind der Gegenvormund (vgl. § 1799) und der Gemeindewaisenrath (§ 1850). Es kann aber auch Jedermann dem Vormundschaftsgerichte Mittheilung von Pflichtwidrigkeiten des Vormundes machen und auf diese Weise die Thätigkeit des Vormundschaftsgerichts in Bewegung setzen.

5. Beschwerde gegen die das Einschreiten gegen den Vormund ablehnende Verfügung des Vormundschaftsgerichts FrG. § 57 Ziffer 6 und 9.

6. Dem Vormundschaftsgerichte steht nicht das Recht der weiteren Beschwerde zu, wenn seine Verfügung durch das Beschwerdegericht aufgehoben oder abgeändert wird FrG. § 20.

**II. Das Ordnungsstrafrecht des Vormundschaftsgerichts.**

1. Die Ordnungsstrafe ist nur ein Mittel, den Vormund zur Befolgung von Anordnungen anzuhalten. Sie kann deshalb nicht als Strafe für bereits begangene Pflichtwidrigkeiten, sondern nur als Zwangsmittel für die Zukunft verhängt werden. Nach Beendigung der Vormundschaft kann eine Ordnungsstrafe nicht mehr verhängt werden. Vgl. indeß wegen Schlußrechnung zu § 1892 Note 1.

2. Das Verfahren richtet sich nach FrG. Vgl. insbesondere FrG. § 33 (Androhung), FrG. § 24 (aufschiebende Kraft für Beschwerde).

3. Das Vormundschaftsgericht ist nicht — wie in § 1788 Abs. 2 — an eine Höchstzahl von Strafverhängungen gebunden. Bei Erfolglosigkeit der Straffestsetzungen bleibt als äußerstes Mittel die Entlassung des Vormundes gemäß § 1886.

4. Eine Umwandlung der Ordnungsstrafen in Haft findet nicht statt.

5. Niederschlagung der festgesetzten Ordnungsstrafe kann gemäß FrG. § 18 erfolgen.

6. Die Vollstreckung der Ordnungsstrafe richtet sich nach dem Landesrechte.

des Mündels zu, so ist eine solche Anordnung nur unter den Voraussetzungen des § 1666 zulässig.

**§ 1839.** Der Vormund sowie der Gegenvormund hat dem Vormundschaftsgericht auf Verlangen jederzeit über die Führung der Vormundschaft und über die persönlichen Verhältnisse des Mündels Auskunft zu ertheilen.

3. Auskunftspflicht des Vormundes u. Gegenvormundes.

**§ 1840.** Der Vormund hat über seine Vermögensverwaltung dem Vormundschaftsgerichte Rechnung zu legen.

4. Periodische Rechnungslegung d. Vormundes. a. Zeit der Rechnungslegung.

Die Rechnung ist jährlich zu legen. Das Rechnungsjahr wird von dem Vormundschaftsgerichte bestimmt.

Ist die Verwaltung von geringem Umfange, so kann das Vormundschaftsgericht, nachdem die Rechnung für das erste Jahr gelegt worden ist, anordnen, daß die Rechnung für längere, höchstens dreijährige Zeitabschnitte zu legen ist.

**§ 1841.** Die Rechnung soll eine geordnete Zusammenstellung der Einnahmen und Ausgaben enthalten, über den Ab- und Zugang des Vermögens Auskunft geben und, soweit Belege ertheilt zu werden pflegen, mit Belegen versehen sein.

b Einrichtung der Rechnung.

Wird ein Erwerbsgeschäft mit kaufmännischer Buchführung be-

---

**§ 1838.** 1. Wegen der Zwangserziehung vgl. zu § 1666 Note III.

2. Durch § 1838 wird dem Vormundschaftsgerichte die Befugniß der Anordnung der Zwangserziehung auch gegen den Willen und ohne Verschulden (vgl. § 1666) des Vormundes gegeben. Das Beschwerderecht steht dem Vormund als Vertreter des Mündels gemäß FrG. § 20 und dem über 14 Jahre alten Mündel nach FrG. § 59 selbständig zu.

3. Wenn dem Vater (§§ 1676 Abs. 2, 1765 Abs. 2) oder der Mutter (§§ 1696, 1697, 1702 Abs. 2, 1707, 1738, 1765 Abs. 2) die Sorge für die Person des Kindes zusteht, so ist die Anordnung der Zwangserziehung auf Grund des BGB. (vgl. § 1838 Satz 2) nur zulässig, wenn der Vater oder die Mutter die Sorge für die Person des Kindes vernachlässigen oder mißbrauchen, oder wenn sie sich eines unsittlichen oder ehrlosen Verhaltens schuldig machen. Vgl. ferner StGB. §§ 55, 56 (S. 925). — Wegen der nach vorbehaltenem Landesrechte zulässigen Zwangserziehung EG. Art. 135.

**§ 1839.** Anhaltung des Vormundes zur Ertheilung des verlangten Berichts durch Ordnungsstrafe § 1837 Abs. 2.

**§ 1840.** 1. Die Verpflichtung zur periodischen Rechnungslegung während der Dauer der Vormundschaft tritt kraft Gesetzes ohne voraufgegangene vormundschaftsgerichtliche Aufforderung ein. — Befreiung von der Pflicht zur Rechnungslegung während der Dauer der Vormundschaft durch Anordnung der Eltern §§ 1854, 1855, 1857; vgl. auch §§ 1903, 1904 (Vater oder Mutter als Vormund des volljährigen Kindes).

2. Die Verpflichtung des Vormundes zur Rechnungslegung ist sowohl eine öffentlich-rechtliche als privatrechtliche Pflicht.

a. Als öffentlich-rechtliche Pflicht hat sie den in §§ 1840—1843 bestimmten Inhalt, ohne die Offenbarungspflicht aus § 259 Abs. 2 und ist im Aufsichtswege erzwingbar (§§ 1837 Abs. 2, 1843).

b. Als privatrechtliche, dem Mündel gegenüber bestehende Rechenschaftspflicht umfaßt sie auch die Offenbarungspflicht (§ 259) und kann nöthigenfalls im Wege der Klage durch einen zu diesem Zwecke dem Mündel zu bestellenden Pfleger (§ 1909 Abs. 1) geltend gemacht werden.

3. Zulässigkeit der Bezugnahme auf die dem Vormundschaftsgerichte gelegte Rechnung bei Legung der Schlußrechnung § 1890 Satz 2.

trieben, so genügt als Rechnung eine aus den Büchern gezogene Bilanz. Das Vormundschaftsgericht kann jedoch die Vorlegung der Bücher und sonstigen Belege verlangen.

c. Mitwirkung des Gegenvormundes.

**§ 1842.** Ist ein Gegenvormund vorhanden oder zu bestellen, so hat ihm der Vormund die Rechnung unter Nachweisung des Vermögensbestandes vorzulegen. Der Gegenvormund hat die Rechnung mit den Bemerkungen zu versehen, zu denen die Prüfung ihm Anlaß giebt.

d. Prüfung durch das Vorm.Gericht.

**§ 1843.** Das Vormundschaftsgericht hat die Rechnung rechnungsmäßig und sachlich zu prüfen und, soweit erforderlich, ihre Berichtigung und Ergänzung herbeizuführen.

e. Erledigung von Streitpunkten.

Ansprüche, die zwischen dem Vormund und dem Mündel streitig bleiben, können schon vor der Beendigung des Vormundschaftsverhältnisses im Rechtswege geltend gemacht werden.

5. Anordnung d. Sicherheitsleistung.

**§ 1844.** Das Vormundschaftsgericht kann aus besonderen Gründen den Vormund anhalten, für das seiner Verwaltung unterliegende Vermögen Sicherheit zu leisten. Die Art und den Umfang der Sicherheitsleistung bestimmt das Vormundschaftsgericht nach seinem Ermessen. Das Vormundschaftsgericht kann, solange das Amt des Vormundes dauert, jederzeit die Erhöhung, Minderung oder Aufhebung der Sicherheit anordnen.

Bei der Bestellung, Aenderung oder Aufhebung der Sicherheit

---

**§ 1841.** 1. Vgl. § 259 Abs. 1. Wegen der Offenbarungspflicht (§ 259 Abs. 2) vgl. § 1840 Note 2.

2. Abs. 2 bezieht sich nicht nur auf kaufmännische Erwerbsgeschäfte. Entscheidend ist das Vorhandensein einer kaufmännischen Buchführung. Vgl. auch HGB. Artt. 2, 3. — Wegen der kaufmännischen Buchführung und Bilanz vgl. HGB. Artt. 38 ff.

**§ 1842.** 1. Die Rechnung ist vor der Einreichung bei dem Vormundschaftsgerichte dem Gegenvormunde (§ 1792) vorzulegen und von diesem mit seinen Bemerkungen zu versehen. Der Gegenvormund wird auch zu vermerken haben, daß ihm der Sollbestand des Vermögens nachgewiesen ist.

2. Die Rechnungspflicht mehrerer Mitvormünder ist, je nachdem der Fall des § 1797 Abs. 1 oder des Abs. 2 vorliegt, eine gemeinschaftliche oder eine selbständige.

**§ 1843.** 1. Die Abnahme der Rechnung durch das Vormundschaftsgericht erfolgt lediglich auf Grund der Aufsichtsführung. Das Vormundschaftsgericht hat keine Vertretungsmacht für den Mündel und kann deshalb nicht die Rechnung mit civilrechtlicher Wirkung für den Mündel als richtig anerkennen. Vielmehr bleibt das Recht des Mündels, bei Beendigung oder auch während des Laufes der Vormundschaft (vgl. Abs. 2 und Note 4) Ausstellungen gegen die Rechnung zu erheben, unberührt.

2. Die sachliche Prüfung des Vormundschaftsgerichts hat sich insonderheit auch auf die Beobachtung der in den §§ 1803 ff. gegebenen Verwaltungsvorschriften zu erstrecken.

3. Auf Erledigung der Erinnerungen kann das Vormundschaftsgericht durch Ordnungsstrafen (§ 1837 Abs. 2) hinwirken.

4. Die gerichtliche Geltendmachung der Ansprüche, welche zwischen dem Vormund und dem Mündel streitig bleiben, erfordert die Bestellung eines Pflegers für den Mündel (§§ 1795, 181, 1909; RG. 7 404 ff.).

wird die Mitwirkung des Mündels durch die Anordnung des Vormundschaftsgerichts ersetzt.

Die Kosten der Sicherheitsleistung sowie der Aenderung oder der Aufhebung fallen dem Mündel zur Last.

---

**§ 1844.** I. **Die Sicherheitsleistung des Vormundes.** (Vgl. die entsprechende Vorschrift bei der elterlichen Gewalt (§§ 1668, 1670—1672.)

1. Sicherheitsleistungspflicht.

a. Das BGB. geht davon aus, daß den Vormund regelmäßig eine Sicherheitsleistungspflicht nicht trifft. Nur aus besonderen Gründen kann das Vormundschaftsgericht auf Grund seines Aufsichtsrechts den Vormund zur Sicherheitsbestellung anhalten. Die Anordnung kann vor der Bestellung (vgl. § 1786 Ziffer 6) oder während der Dauer der Vormundschaft (§ 1844, vgl. Note 3) erfolgen. Die vormundschaftsgerichtliche Anordnung der Sicherheitsleistung kann durch elterliche Anordnung nicht ausgeschlossen werden §§ 1852 ff.

b. Die Sicherheitsleistungspflicht ist keine privatrechtliche, im Wege der Klage geltend zu machende, sondern eine öffentlich-rechtliche Pflicht, auf deren Erfüllung das Vormundschaftsgericht hinwirken kann

α. durch Uebergehung des berufenen Vormundes gemäß § 1778 Abs. 1 wegen Gefährdung des Mündels;

β. durch Ordnungsstrafe (§ 1837 Abs. 2) oder Entlassung gemäß § 1886.

c. Die Anordnung der Sicherheitsleistung berechtigt zur Ablehnung der Uebernahme der Vormundschaft gemäß § 1786 Ziffer 6 und zum Antrag auf Entlassung aus der Vormundschaft gemäß § 1889. — Beschwerderecht des Vormundes ergiebt sich aus FrG. § 20.

2. Für die Art und den Umfang der Sicherheitsleistung sind zwar nicht die allgemeinen Vorschriften der §§ 232 ff., sondern das Ermessen des Vormundschaftsgerichts gemäß § 1844 maßgebend (vgl. Bd. I S. 124 Vorb. Note II), indeß bilden diese Vorschriften immerhin einen Anhaltspunkt für das vormundschaftsgerichtliche Ermessen.

3. Nach Beendigung der Vormundschaft ist das Vormundschaftsgericht zu Anordnungen über Bestellung, Aenderung und Aufhebung der Sicherheitsleistung, welche Ausfluß seines mit der Beendigung der Vormundschaft erlöschenden Aufsichtsrechts sind, nicht mehr berechtigt. Vgl. § 1892 Note 3. Der Vormund muß erforderlichenfalls gegen den Mündel auf Freigabe der Sicherheitsleistung klagen. Wegen der Anordnung der Sicherheitsbestellung vor Bestellung des Vormundes vgl. Note 1 b *a*.

4. Die Mitwirkung des Mündels, welche ohne die Vorschrift des Abs. 2 durch einen Pfleger (§ 1909) erfolgen müßte, wird durch die Anordnung des Vormundschaftsgerichts ersetzt (vgl. FrG. § 54 zu Note 5). Das Vormundschaftsgericht hat hierbei nicht etwa die rechtsgeschäftliche Vertretung des Mündels, sondern handelt auf Grund öffentlichen Rechtes (Analoger Fall CPO. § 941).

5. Eintragung einer Sicherheitshypothek oder eines Schiffspfandrechts FrG. § 54. Vgl. dazu § 873 Note B. II. 1 c (S. 437); Sicherheitshypothek §§ 1184 ff., GO. § 39 (S. 451); Schiffspfandrecht §§ 1259 ff., FrG. § 110 (S. 684).

***FG.* § 54.** *Liegen nach dem Ermessen des Vormundschaftsgerichts die Voraussetzungen vor, unter denen der Vormund, der Pfleger oder der Beistand zur Sicherheitsleistung angehalten werden kann, so ist das Gericht befugt, das Grundbuchamt um die Eintragung einer Sicherungshypothek an Grundstücken des Vormundes, des Pflegers oder des Beistandes zu ersuchen. Der Vormund, der Pfleger oder der Beistand soll soweit thunlich vorher gehört werden. Die Hypothek entsteht mit der Eintragung.*

*Diese Vorschriften finden auf die Eintragung eines Pfandrechts an einem im Schiffsregister eingetragenen Schiffe entsprechende Anwendung.*

6. Verheirathung d. zum Vormunde bestellten Vaters od. der Mutter.

**§ 1845.** Will der zum Vormunde bestellte Vater oder die zum Vormunde bestellte eheliche Mutter des Mündels eine Ehe eingehen, so liegen ihnen die im § 1669 bestimmten Verpflichtungen ob.

III. Einstweilige Maßregeln des Vorm.Gerichts.

**§ 1846.** Ist ein Vormund noch nicht bestellt oder ist der Vormund an der Erfüllung seiner Pflichten verhindert, so hat das Vormundschaftsgericht die im Interesse des Mündels erforderlichen Maßregeln zu treffen.

---

6. Auch für den Vormund eines Volljährigen, den Pfleger und den verwaltenden Beistand der Mutter (§§ 1897, 1915, 1693) gilt die Vorschrift des § 1844.

II. **Anderweite Vorschriften, welche die Sicherung des Mündels gegenüber dem Vormunde bezwecken.**

1. Vorrecht des Mündels im Konkurse des Vormundes KO. § 61 Ziffer 5 (S. 917).

2. Rechnungslegung und Vermögensnachweisung in dem Falle der Annahme des Mündels an Kindesstatt von Seiten des Vormundes § 1752.

**§ 1845.** 1. Eine Vormundschaft des Vaters oder der Mutter über das minderjährige Kind kann in Folge der Vorschriften über die elterliche Gewalt gemäß § 1773 nur ausnahmsweise vorkommen, so wenn im Falle der Annahme an Kindesstatt die elterliche Gewalt des Annehmenden während der Minderjährigkeit des Kindes beendigt wird (§ 1765), oder im Falle der Beendigung der elterlichen Gewalt in Folge Wiederverheirathung der Mutter (§ 1697). Häufiger können die Fälle des § 1845 bei der Vormundschaft über volljährige Kinder vorkommen §§ 1896 ff., 1897.

2. Durch § 1845 wird die Auseinandersetzungspflicht gemäß § 1669 (woselbst zu vergleichen) begründet. Der Mangel der Auseinandersetzung als aufschiebendes Ehehinderniß § 1314.

3. Wie aus §§ 1723, 1757 in Verbindung mit §§ 1740, 1761 sich ergiebt, findet die Vorschrift des § 1845 auch Anwendung, wenn der Mündel ein durch Ehelichkeitserklärung legitimirtes Kind des Vaters oder ein angenommenes Kind des Vaters oder der Mutter ist.

**§ 1846.** 1. Fälle des Eingreifens des Vormundschaftsgerichts.

a. Fall des § 1846, wenn ein Vormund noch nicht bestellt oder an der Erfüllung seiner Pflichten rechtlich (§§ 1795 ff.) oder thatsächlich verhindert oder das Amt des bisherigen Vormundes beendigt ist (§§ 1885 ff.). Im Falle seines Todes vgl. § 1894. Vgl. den entsprechenden Fall bei der elterlichen Gewalt § 1665.

b. Fall des EG. Art. 23 Abs. 2: Vorläufige Maßregeln im Interesse eines der Fürsorge bedürftigen Ausländers.

2. Die Zuständigkeit des Gerichts, in dessen Bezirke das Bedürfniß der Fürsorge hervortritt, ist neben der des ordentlichen Vormundschaftsgerichts begründet FrG. § 44.

***FG.** § 44. Für die in den §§ 1665, 1846 des Bürgerlichen Gesetzbuchs und im Artikel 23 Abs. 2 des Einführungsgesetzes zum Bürgerlichen Gesetzbuche bezeichneten Massregeln ist auch das Gericht zuständig, in dessen Bezirke das Bedürfniss der Fürsorge hervortritt. Das Gericht soll, wenn eine Vormundschaft, Pflegschaft oder Beistandschaft anhängig ist, von den angeordneten Massregeln dem nach § 43 Abs. 2 zuständigen Gerichte Mittheilung machen.*

2. Ueber die Art der zu treffenden Maßregeln hat das Vormundschaftsgericht nach freiem Ermessen zu befinden. Der regelmäßige Fall wird die Bestellung eines Pflegers sein vgl. § 1909 Abs. 3. Die Beauftragung des Gerichtsdieners oder eines Gerichtsvollziehers richtet sich ebenso wie die Inanspruchnahme sonstiger Behörden, insbesondere der Polizeibehörden nach den Landesgesetzen.

**§ 1847.** Das Vormundschaftsgericht soll vor einer von ihm zu treffenden Entscheidung auf Antrag des Vormundes oder des Gegenvormundes Verwandte oder Verschwägerte des Mündels hören, wenn es ohne erhebliche Verzögerung und ohne unverhältnißmäßige Kosten geschehen kann. In wichtigen Angelegenheiten soll die Anhörung auch ohne Antrag erfolgen; wichtige Angelegenheiten sind insbesondere die Volljährigkeitserklärung, die Ersetzung der Einwilligung zur Eheschließung im Falle des § 1304, die Ersetzung der Genehmigung im Falle des § 1337, die Entlassung aus dem Staatsverband und die Todeserklärung. IV. Anhörung von Verwandten.

Die Verwandten und Verschwägerten können von dem Mündel Ersatz ihrer Auslagen verlangen; der Betrag der Auslagen wird von dem Vormundschaftsgerichte festgesetzt.

**§ 1848.** Verletzt der Vormundschaftsrichter vorsätzlich oder fahrlässig die ihm obliegenden Pflichten, so ist er dem Mündel nach § 839 Abs. 1, 3 verantwortlich. V. Haftung des Vormundschaftsrichters.

---

4. Schleunige Maßregeln des Vormundschaftsrichters als Vorsitzenden des Familienraths §§ 1876, 1860.

5. Maßregeln des Nachlaßgerichts zur Sicherung eines Nachlasses §§ 1960 ff.

**§ 1847.** 1. Das Gesetz legt grundsätzlich Werth darauf, daß der Zusammenhang der vormundschaftlichen Verwaltung mit den Anschauungen der Familie des Mündels gepflegt und das Vormundschaftsgericht sich in wichtigen Angelegenheiten über die Ansichten der nächsten Angehörigen des Mündels vergewissert.

2. Verwandte und Verschwägerte vgl. §§ 1589, 1590.

3. Die beispielsweise in § 1847 aufgeführten wichtigen Angelegenheiten:

a. Volljährigkeitserklärung §§ 3—5.

b. Ersetzung der Einwilligung des Vormundes zur Eheschließung des Mündels § 1304. — Ersetzung der elterlichen Einwilligung des § 1305 ist nur bei einem volljährigen Kinde zulässig und richtet sich nach § 1308, woselbst auch die Anhörung von Verwandten vorgeschrieben ist.

c. Ersetzung der Genehmigung einer ohne die erforderliche Zustimmung des Vormundes abgeschlossenen Ehe § 1337.

d. Entlassung aus dem Staatsverbande vgl. § 14 a b. Ges. über die Erwerbung und den Verlust der Bundes- und Staatsangehörigkeit vom 1. Juni 1870 (zu EG. Art. 41). Vgl. ferner § 1827.

e. Todeserklärung vgl. §§ 13 ff.; CPO. § 962 (S. 11).

4. Andere Fälle, in denen das Vormundschaftsgericht Verwandte anzuhören hat.

a. Ersetzung der elterlichen Einwilligung zur Eheschließung volljähriger Kinder § 1308.

b. Entziehung oder Beschränkung der elterlichen Gewalt § 1673.

c. Auswahl von Mitgliedern des Familienraths § 1862.

5. Als wichtige Fälle werden insbesondere noch anzusehen sein:

a. Ermächtigung des Mündels zum selbständigen Betrieb eines Erwerbsgeschäfts und Zurücknahme derselben § 112.

b. Beginn eines neuen oder Auflösung eines bestehenden Erwerbsgeschäfts § 1823.

**§ 1848.** 1. Bedeutung der Vorschrift.

a. Die Vorschrift des § 1848 stellt klar, daß die dem Vormundschaftsgericht in Ansehung der Anordnung und Führung der Vormundschaft obliegenden Amtspflichten als solche aufzufassen sind, welche ihm im Sinne des § 839

## IV. Mitwirkung des Gemeindewaisenraths.

1. Vorschlag d. geeigneten Personen.

**§ 1849.** Der Gemeindewaisenrath hat dem Vormundschaftsgerichte die Personen vorzuschlagen, die sich im einzelnen Falle zum Vormunde, Gegenvormund oder Mitglied eines Familienraths eignen.

2. Ueberwachungs- und Anzeigepflicht.

**§ 1850.** Der Gemeindewaisenrath hat in Unterstützung des Vormundschaftsgerichts darüber zu wachen, daß die Vormünder der sich in seinem Bezirk aufhaltenden Mündel für die Person der Mündel, insbesondere für ihre Erziehung und ihre körperliche Pflege, pflichtmäßig Sorge tragen. Er hat dem Vormundschaftsgerichte Mängel und Pflichtwidrigkeiten, die er in dieser Hinsicht wahrnimmt, anzuzeigen und auf Erfordern über das persönliche Ergehen und das Verhalten eines Mündels Auskunft zu ertheilen.

---

Abs. 1 gegenüber dem Mündel, d. h. gegenüber demjenigen obliegen, über welchen die Vormundschaft anzuordnen ist oder besteht.

b. Andererseits soll durch den § 1848 die Annahme ausgeschlossen werden, daß durch die Verletzung der dem Vormundschaftsrichter als solchem obliegenden Pflichten für sonstige davon betroffene dritte Personen Schadensersatzansprüche begründet werden. Die besonderen Pflichten sind dem Vormundschaftsrichter nur im Interesse des Mündels, nicht Dritter auferlegt. Dritte können daher den Vormundschaftsrichter wegen einer Pflichtverletzung nur in Anspruch nehmen, wenn dieselbe nach Maßgabe der sonstigen Vorschriften sich als Verletzung einer absoluten Norm oder als Eingriff in den durch § 823 geschützten Rechtskreis darstellt.

2. Eigenschaft als Vormundschaftsrichter.

a. Vormundschaftsrichter im Sinne des § 1848 ist jeder (richterliche) Beamte, dem nach den maßgebenden Bestimmungen die Ausübung der Gerichtsbarkeit in Vormundschaftssachen in erster Instanz oder in den höheren Instanzen übertragen ist.

b. Wenn von der Landesgesetzgebung (vgl. EG. Art. 147) die dem Vormundschaftsgericht obliegenden Verrichtungen anderen als gerichtlichen Behörden übertragen sind, so findet die Vorschrift des § 1848 auch auf die Mitglieder jener Behörden Anwendung, weil sie die Stellung des Vormundschaftsrichters im Sinne des BGB. und damit auch die Pflicht eines solchen haben.

c. Familienrath als Vormundschaftsgericht. Haftung der Mitglieder § 1872 Abs. 2.

3. Inhalt der Haftung vgl. zu § 839 Abs. 1 u. 2 und Bemerkungen daselbst. Da § 839 Abs. 2 nicht anwendbar ist, so wird der Vormundschaftsrichter auch für fahrlässigen Rechtsirrthum haftbar zu machen sein.

4. Vgl. die entsprechende Vorschrift für das Recht der elterlichen Gewalt § 1674.

Preuß. AG. z. BGB. Art. 77.
Bayern. AG. z. BGB. Art. 98—99.
Sächs. AG. z. BGB. § 41.
V. z. A. d. BGB. § 38 bis 47.
Württ. AG. z. BGB. Art 56.
Bad. V. z. A. d. BGB. § 52.

**§ 1849.** 1. Die Organisation des Gemeindewaisenraths wird im BGB. vorausgesetzt und ist der Landesgesetzgebung überlassen.

2. Der Gemeindewaisenrath hat im einzelnen Falle die Personen vorzuschlagen, welche sich zum Vormunde (§ 1779), Gegenvormunde (§ 1792 Abs. 4), Pfleger (§ 1915), Beistande der Mutter (§ 1694), sowie zum Mitglied eines Familienraths (§ 1862 ff.) eignen.

3. Das Vormundschaftsgericht ist an den Vorschlag des Gemeindewaisenraths nicht gebunden.

4. **FG. § 49.** *Erlangt der Gemeindewaisenrath von einem Falle Kenntniss, in welchem ein Vormund, ein Gegenvormund oder ein Pfleger zu bestellen ist, so hat er dem Vormundschaftsgericht Anzeige zu machen. Zugleich soll er die Person vorschlagen, die sich zum Vormunde, Gegenvormund oder Pfleger eignet.*

Erlangt der Gemeindewaisenrath Kenntniß von einer Gefährdung des Vermögens eines Mündels, so hat er dem Vormundschaftsgericht Anzeige zu machen.

**§ 1851.** Das Vormundschaftsgericht hat dem Gemeindewaisenrathe die Anordnung der Vormundschaft über einen sich in dessen Bezirk aufhaltenden Mündel unter Bezeichnung des Vormundes und des Gegenvormundes sowie einen in der Person des Vormundes oder des Gegenvormundes eintretenden Wechsel mitzutheilen. *3. Mittheilungen d. Gerichts a. d. G.Waisenrath.*

Wird der Aufenthalt eines Mündels in den Bezirk eines anderen Gemeindewaisenraths verlegt, so hat der Vormund dem Gemeindewaisenrathe des bisherigen Aufenthaltsorts und dieser dem Gemeindewaisenrathe des neuen Aufenthaltsorts die Verlegung mitzutheilen. *4. Mittheilungen beim Wechsel d. Aufenthaltes eines Mündels.*

## V. Befreite Vormundschaft.

**§ 1852.** Der Vater kann, wenn er einen Vormund benennt, die Bestellung eines Gegenvormundes ausschließen. *I. Befreiung durch d. Vater des Mündels. 1. Ausschließung der Gegenvormundschaft. 2. Befreiung von der Mitwirkung d. Gegenvormundes oder des Vorm. Gerichts.*

Der Vater kann anordnen, daß der von ihm benannte Vormund bei der Anlegung von Geld den in den §§ 1809, 1810 bestimmten Beschränkungen nicht unterliegen und zu den im § 1812 bezeichneten Rechtsgeschäften der Genehmigung des Gegenvormundes oder des Vormundschaftsgerichts nicht bedürfen soll. Diese Anordnungen sind als getroffen anzusehen, wenn der Vater die Bestellung eines Gegenvormundes ausgeschlossen hat.

---

**§ 1850.** Der Gemeindewaisenrath hat ein berechtigtes Interesse an den die Sorge für die Person des Mündels betreffenden Angelegenheiten im Sinne von FrG. § 57 Ziffer 9 (Selbständiges Beschwerderecht).

**§ 1851.** Wegen der Mitwirkung des Gemeindewaisenraths bei der Aufsicht des Vormundschaftsgerichts über die Ausübung der elterlichen Gewalt vgl. § 1675.

*Zu §§ 1852 f.* 1. Nur die in §§ 1852 ff. aufgeführten Befreiungen des Vormundes sind zugelassen. Nicht zugelassen und deshalb unwirksam sind danach insbesondere Anordnungen, daß der benannte Vormund nicht verpflichtet sein soll,

a. Sicherheit gemäß § 1844 zu leisten.
b. die Genehmigung des Vormundschaftsgerichts in den in §§ 1821 ff. enthaltenen Fällen nachzusuchen.
c. ein Vermögensverzeichniß gemäß § 1802 einzureichen.
d. Schlußrechnung gemäß § 1890 zu legen.

2. Gesetzliche Befreiung des Vaters und der Mutter als Vormundes eines volljährigen Kindes §§ 1903, 1904.

3. Landesgesetzlicher Vorbehalt über Befreiung des Anstaltsvorstandes als Vormundes EG. Art. 136 Ziffer 4.

4. Befreiung des Pflegers, welcher ein der Verwaltung des Vaters oder Vormundes entzogenes Vermögen für den Pflegling zu verwalten hat, durch den Erblasser oder Vermögenszuwender § 1917 Abs. 2.

**§ 1852.** 1. Benennung eines Vormundes durch den Vater §§ 1776 Ziffer 1, 1777.

2. Bestellung eines Gegenvormundes § 1792.

3. Der benannte Vormund (§ 1776 Ziffer 1 kann befreit werden:

a. von der Beschränkung des § 1809, wonach die Anlegung von Mündelgeld bei Sparkassen, Banken oder Hinterlegungsstellen mit der Bestimmung zu erfolgen hat, daß zur Erhebung des Geldes die Genehmigung des

3. Befreiung v. d. Hinterlegungspflicht ꝛc.

**§ 1853.** Der Vater kann den von ihm benannten Vormund von der Verpflichtung entbinden, Inhaber- und Orderpapiere zu hinterlegen und den im § 1816 bezeichneten Vermerk in das Reichsschuldbuch oder das Staatsschuldbuch eintragen zu lassen.

4. Entbindung v. d. periodischen Rechnungslegung.

**§ 1854.** Der Vater kann den von ihm benannten Vormund von der Verpflichtung entbinden, während der Dauer seines Amtes Rechnung zu legen.

Der Vormund hat in einem solchen Falle nach dem Ablaufe von je zwei Jahren eine Uebersicht über den Bestand des seiner Verwaltung unterliegenden Vermögens dem Vormundschaftsgericht einzureichen. Das Vormundschaftsgericht kann anordnen, daß die Uebersicht in längeren, höchstens fünfjährigen Zwischenräumen einzureichen ist.

Ist ein Gegenvormund vorhanden oder zu bestellen, so hat ihm der Vormund die Uebersicht unter Nachweisung des Vermögensbestandes vorzulegen. Der Gegenvormund hat die Uebersicht mit den Bemerkungen zu versehen, zu denen die Prüfung ihm Anlaß giebt.

II. Befreiung durch die eheliche Mutter d. Mündels.

**§ 1855.** Benennt die eheliche Mutter einen Vormund, so kann sie die gleichen Anordnungen treffen wie nach den §§ 1852 bis 1854 der Vater.

III. Voraussetzungen der elterl. Anordnungen.

**§ 1856.** Auf die nach den §§ 1852 bis 1855 zulässigen Anordnungen finden die Vorschriften des § 1777 Anwendung.

IV. Außerkraftsetzung der Anordnung durch das Vorm. Gericht.

**§ 1857.** Die Anordnungen des Vaters oder der Mutter können von dem Vormundschaftsgericht außer Kraft gesetzt werden, wenn ihre Befolgung das Interesse des Mündels gefährden würde.

---

Vormundes oder des Vormundschaftsgerichts erforderlich ist. Vgl. § 1813 Abs. 1 Ziffer 3 und Abs. 2;

b. von der Beschränkung des § 1810, wonach Anlegung von Mündelgeld nur mit Genehmigung des Gegenvormundes oder des Vormundschaftsgerichts erfolgen soll;

c. von dem Erfordernisse der Genehmigung des Gegenvormundes oder des Vormundschaftsgerichts zu Verfügungen über Forderungen, Rechte auf eine Leistung und über Werthpapiere des Mündels (§ 1812).

4. Voraussetzungen der Anordnung vgl. zu § 1856.

**§ 1853.** 1. Hinterlegung der Inhaber- und Orderpapiere vgl. § 1814. 1815 ist nicht erwähnt, weil diese Vorschrift lediglich statt der Hinterlegung die Umschreibung auf den Namen des Mündels nachläßt. Besteht keine Verbindlichkeit zur Hinterlegung aus § 1814, so ist § 1815 gegenstandslos.

2. Auf den gemäß § 1853 befreiten Vormund, welcher trotz der Befreiung die in § 1853 bezeichneten Papiere hinterlegt, die Werthpapiere nach § 1815 umschreiben oder gemäß § 1816 in Buchforderungen des Reiches oder Staates umwandeln läßt, finden die die Vertretungsmacht des Vormundes beschränkenden Vorschriften der §§ 1814, 1815, 1816, 1818—1820 keine Anwendung.

**§ 1854.** Der Vormund kann von den Verpflichtungen zur Einreichung eines Vermögensverzeichnisses (§ 1802) und zur Legung der Schlußrechnung (§ 1890) nicht befreit werden.

**§ 1855.** Benennung des Vormundes durch die eheliche Mutter vgl. §§ 1776 Ziffer 2, 1777.

**§ 1856.** Vgl. zu § 1777.

**§ 1857.** Vgl. § 1778 Abs. 1.

## VI. Familienrath.

I. Die Schaffung des Familienraths.
1. Einsetzung d. Familienraths.
a. Anordnung d. Eltern.

**§ 1858.** Ein Familienrath soll von dem Vormundschaftsgericht eingesetzt werden, wenn der Vater oder die eheliche Mutter des Mündels die Einsetzung angeordnet hat.

Der Vater oder die Mutter kann die Einsetzung des Familienraths von dem Eintritt oder Nichteintritt eines bestimmten Ereignisses abhängig machen.

Die Einsetzung unterbleibt, wenn die erforderliche Zahl geeigneter Personen nicht vorhanden ist.

b. Antrag von Verwandten rc., d. Vormundes od. Gegenvormundes.

**§ 1859.** Ein Familienrath soll von dem Vormundschaftsgericht eingesetzt werden, wenn ein Verwandter oder Verschwägerter des Mündels oder der Vormund oder der Gegenvormund die Einsetzung beantragt und das Vormundschaftsgericht sie im Interesse des Mündels für angemessen erachtet.

Die Einsetzung unterbleibt, wenn der Vater oder die eheliche Mutter des Mündels sie untersagt hat.

---

Zu §§ 1858 f.

1. Der Familienrath soll die Möglichkeit gewähren, die Familie des Mündels in umfassenderer Weise, als dies in § 1847 vorgesehen ist, an der vormundschaftlichen Verwaltung zu betheiligen. Der Familienrath hat die Rechte und Pflichten des Vormundschaftsgerichts § 1872.

2. Sonderbestimmungen bei Vormundschaft über Volljährige § 1905.

**§ 1858.** 1. Die näheren Vorschriften über die Anordnung vgl. § 1868. Gegenüber der elterlichen Anordnung (vgl. dagegen § 1859) hat das Vormundschaftsgericht kein Prüfungsrecht, ob die Einsetzung des Familienraths dem Interesse des Mündels gemäß ist. Der einzige Ablehnungsgrund ist der des Abs. 3.

2. (Abs. 3.) Darüber, ob die zur Einsetzung des Familienraths erforderliche Zahl von Personen, welche fähig und geeignet sind, Mitglieder desselben zu sein (§§ 1865—1867, 1861, 1862), vorhanden ist, entscheidet das Vormundschaftsgericht und zwar, soweit der Vater oder die Mutter bestimmte Personen als Mitglieder des Familienraths benannt haben, nach Maßgabe des § 1861 Satz 2 verbunden mit § 1778 Abs. 1, 2.

3. Beschwerde wegen Ablehnung der Einsetzung eines Familienraths steht nach den allgemeinen Vorschriften des FrG. § 20 dem Mündel, vertreten durch seinen Vormund, sowie dem über 14 Jahre alten Mündel gemäß FrG. § 59 zu. Ferner vgl. FrG. § 57 Ziffer 4.

*FG. § 57 Ziffer 4. Die Beschwerde steht, unbeschadet der Vorschriften des § 20, zu:*

*4. gegen eine Verfügung, durch welche die Einsetzung eines Familienraths abgelehnt oder der Familienrath aufgehoben wird, dem Ehegatten sowie den Verwandten und Verschwägerten des Mündels.*

4. Auf die Vormundschaft über Volljährige ist § 1858 nicht anwendbar § 1905.

**§ 1859.** 1. Verwandtschaft und Schwägerschaft sind gemäß §§ 1589, 1590 zu beurtheilen.

2. Wenn der Antrag auf Einsetzung des Familienraths von einem Verwandten oder Verschwägerten, dem Vormunde oder dem Gegenvormunde gestellt ist, so ist weiter (anders, als im Falle des § 1858, vgl. daselbst Note 1) erfordert, daß das Vormundschaftsgericht die Einsetzung eines Familienraths im Interesse des Mündels für angemessen erachtet.

3. Die Einsetzung des Familienraths erfordert ferner, daß sich mindestens zwei Verwandte oder Verschwägerte des Mündels zur Uebernahme des Amtes

2. Zusammensetzung.

**§ 1860.** Der Familienrath besteht aus dem Vormundschaftsrichter als Vorsitzendem und aus mindestens zwei, höchstens sechs Mitgliedern.

a. Berufung durch elterliche Benennung.

**§ 1861.** Als Mitglied des Familienraths ist berufen, wer von dem Vater oder der ehelichen Mutter des Mündels als Mitglied benannt ist. Die Vorschriften des § 1778 Abs. 1, 2 finden entsprechende Anwendung.

b. Auswahl durch das Vorm.Gericht.

**§ 1862.** Soweit eine Berufung nach § 1861 nicht vorliegt oder die Berufenen die Uebernahme des Amtes ablehnen, hat das Vormundschaftsgericht die zur Beschlußfähigkeit des Familienraths erforderlichen Mitglieder auszuwählen. Vor der Auswahl sollen der Gemeindewaisenrath und nach Maßgabe des § 1847 Verwandte oder Verschwägerte des Mündels gehört werden.

Die Bestimmung der Zahl weiterer Mitglieder und ihre Auswahl steht dem Familienrathe zu.

---

eines Mitglieds des Familienraths freiwillig bereit erklären (§§ 1860, 1867, 1869, 1874 Abs. 1).

4. Das Beschwerderecht des Antragstellers bei Ablehnung seines Antrags folgt aus seinem Antragsrechte FrG. § 20; vgl. auch FrG. § 57 Ziffer 4 zu § 1858.

5. (Abs. 2.) Auf die die Einsetzung des Familienraths untersagende Anordnung des Vaters oder der ehelichen Mutter findet § 1868 Anwendung. — Auf die Vormundschaft über Volljährige ist Abs. 2 nicht anwendbar § 1905.

**§ 1860.** 1. Die Leitung der Geschäfte liegt dem Vorsitzenden ob § 1872 Abs. 1 Satz 2.

2. In Fällen der Verhinderung des Vorsitzenden tritt der Vertreter des Vormundschaftsrichters als solchen, nicht eins der sonstigen Mitglieder des Familienraths an seine Stelle.

3. Landesgesetzlicher Vorbehalt über den Vorsitz im Familienrathe EG. Art. 147, FrG. § 190.

**§ 1861.** 1. Wie bei der Berufung zur Vormundschaft (§ 1778 Abs. 1 Ziffer 1, 2) gehen die von dem Vater benannten Personen den von der Mutter benannten vor (§ 1868 Abs. 2). Die Mutter kann jedoch, wenn sie die elterliche Gewalt erlangt hat (§§ 1868, 1777), innerhalb der gesetzlich zulässigen Maximalzahl (§ 1860) neben den von dem Vater benannten Personen noch weitere Mitglieder benennen.

2. Uebergehung eines Berufenen richtet sich nach denselben Vorschriften wie die Uebergehung bei der Berufung zur Vormundschaft (§§ 1778 Abs. 1, 1861 Satz 2). § 1778 Abs. 2 behandelt die vorübergehende Behinderung des Berufenen.

3. Sofortige Beschwerde des Uebergangenen FrG. § 60 Ziffer 1 (zu § 1778 Note I S. 990).

4. Auf die Vormundschaft über Volljährige ist § 1861 nicht anwendbar § 1905.

**§ 1862.** 1. Das Vormundschaftsgericht hat innerhalb der gesetzlichen Schranken (§§ 1865—1867) freies Ermessen in der Auswahl. Es ist namentlich nicht an Alter, Nähe des Verwandtschaftsgrads oder Zugehörigkeit einer bestimmten Anzahl von Mitgliedern des Familienraths zur väterlichen oder zur mütterlichen Familie des Mündels gebunden.

2. Das Vormundschaftsgericht hat nur die zur Beschlußfähigkeit erforderlichen zwei Mitglieder (§ 1874 Abs. 1) auszuwählen. Die Auswahl weiterer Mitglieder (§ 1860) steht dem Familienrathe zu.

3. Während das Vormundschaftsgericht — abgesehen von den Fällen vorübergehender Verhinderung eines Mitglieds — nur Verwandte oder Verschwägerte des Mündels zu bestellen hat, kann der Familienrath auch Fremde bestellen (§ 1867).

**§ 1863.** Sind neben dem Vorsitzenden nur die zur Beschlußfähigkeit des Familienraths erforderlichen Mitglieder vorhanden, so sind ein oder zwei Ersatzmitglieder zu bestellen. c. Bestellung von Ersatzmitgliedern.

Der Familienrath wählt die Ersatzmitglieder aus und bestimmt die Reihenfolge, in der sie bei der Verhinderung oder dem Wegfall eines Mitglieds in den Familienrath einzutreten haben.

Hat der Vater oder die eheliche Mutter Ersatzmitglieder benannt und die Reihenfolge ihres Eintritts bestimmt, so ist diese Anordnung zu befolgen.

**§ 1864.** Wird der Familienrath durch vorübergehende Verhinderung eines Mitglieds beschlußunfähig und ist ein Ersatzmitglied nicht vorhanden, so ist für die Dauer der Verhinderung ein Ersatzmitglied zu bestellen. Die Auswahl steht dem Vorsitzenden zu. d. Beschlußunfähigkeit in Folge vorübergehender Verhinderung eines Mitglieds.

**§ 1865.** Zum Mitgliede des Familienraths kann nicht bestellt werden, wer geschäftsunfähig oder wegen Geistesschwäche, Verschwendung oder Trunksucht entmündigt ist. e. Unfähigkeit zur Mitgliedschaft.

**§ 1866.** Zum Mitgliede des Familienraths soll nicht bestellt werden: f. Untauglichkeit zur Mitgliedschaft.

1. der Vormund des Mündels;
2. wer nach § 1781 oder nach § 1782 nicht zum Vormunde bestellt werden soll;
3. wer durch Anordnung des Vaters oder der ehelichen Mutter des Mündels von der Mitgliedschaft ausgeschlossen ist.

---

**§ 1863.** 1. Die Bestellung von Ersatzmitgliedern durch den Familienrath ist besonders wichtig, wenn abgesehen von den vorhandenen zur Beschlußfassung erforderlichen (§§ 1860, 1874 Abs. 1) Mitgliedern Verwandte oder Verschwägerte des Mündels, die zur Mitgliedschaft geeignet sind, nicht vorhanden sind, da nur der Familienrath, nicht auch das Vormundschaftsgericht fremde Personen bestellen darf (§ 1867). Mangels eines von dem Familienrathe bestellten Ersatzmanns müßte solchenfalls die Auflösung des Familienraths erfolgen § 1879.

2. Benennung von Ersatzmitgliedern durch die Eltern vgl. §§ 1861, 1868.

**§ 1864.** Im Falle des § 1864 kann ausnahmsweise auch von dem Vormundschaftsgericht ein mit dem Mündel weder verwandtes noch verschwägertes Mitglied bestellt werden (§ 1867).

**§ 1865.** Vgl. die gleichen Unfähigkeitsgründe für die Vormundschaft § 1780.

**§ 1866.** 1. Ziffer 1. Der Gegenvormund ist von der Mitgliedschaft nicht ausgeschlossen.

2. Zu Ziffer 2 u. 3. Während nach Ziffer 2 in Verbindung mit § 1782 der von dem Vater oder der ehelichen Mutter von der Vormundschaft Ausgeschlossene auch von der Mitgliedschaft im Familienrath ausgeschlossen sein soll, wird durch Ziffer 3 die unmittelbare elterliche Ausschließung (vgl. § 1868) von dem Familienrathe anerkannt. Ziffer 3 ist auf die Vormundschaft über Volljährige nicht anwendbar § 1905.

3. Auch Frauen können Mitglieder des Familienraths sein.

4. Für die Bestellung von Beamten und Religionsdienern zu Mitgliedern des Familienraths ist eine dem § 1784 entsprechende Vorschrift nicht aufgenommen. — Sollte sich nachträglich im Interesse des Dienstes die Unthunlichkeit der Mitgliedschaft herausstellen, so kann der Beamte gemäß §§ 1878 Abs. 1, 1889 seine Entlassung als Mitglied des Familienraths beantragen.

66*

g. Ausnahmsweise Zulassung nicht verwandter Mitglieder.

**§ 1867.** Zum Mitgliede des Familienraths soll nicht bestellt werden, wer mit dem Mündel weder verwandt noch verschwägert ist, es sei denn, daß er von dem Vater oder der ehelichen Mutter des Mündels benannt oder von dem Familienrath oder nach § 1864 von dem Vorsitzenden ausgewählt worden ist.

3. Voraussetzungen der elterlichen Anordnung.

**§ 1868.** Für die nach den §§ 1858, 1859, 1861, 1863, 1866 zulässigen Anordnungen des Vaters oder der Mutter gelten die Vorschriften des § 1777.

Die Anordnungen des Vaters gehen den Anordnungen der Mutter vor.

4. Freiwilligkeit der Amtsübernahme.

**§ 1869.** Niemand ist verpflichtet, das Amt eines Mitglieds des Familienraths zu übernehmen.

5. Die Bestellung der Mitglieder. a. Verpflichtung.

**§ 1870.** Die Mitglieder des Familienraths werden von dem Vorsitzenden durch Verpflichtung zu treuer und gewissenhafter Führung des Amtes bestellt. Die Verpflichtung soll mittelst Handschlags an Eidesstatt erfolgen.

---

**§ 1867.** 1. Verwandtschaft § 1589, Schwägerschaft § 1590.

2. Personen, die mit dem Mündel nicht verwandt oder verschwägert sind, können zu Mitgliedern des Familienraths nur bestellt werden,

a. wenn sie von dem Vater oder der ehelichen Mutter benannt sind §§ 1861, 1868;

b. wenn sie vom Familienrathe (nicht bloß vom Vormundschaftsgericht (vgl. zu § 1863 Note 1) ausgewählt worden sind;

c. wenn sie, im Fall vorübergehender Verhinderung eines Mitglieds vom Vormundschaftsgericht ausgewählt sind. Vgl. § 1862.

3. Zwischen dem Vormundschaftsrichter und dem Mündel bestehende Verwandtschaft und Schwägerschaft ist nach den allgemeinen Vorschriften FrG. §§ 5, 6 zu beurtheilen.

4. Aufhebung des Familienraths bei dem Mangel zur Ergänzung geeigneter Personen § 1879.

**§ 1868.** 1. Die in § 1858 erwähnten Anordnungen des Vaters oder der ehelichen Mutter (vgl. § 1705 Note 3a und § 1741 Note II. 1 d, § 1747 Note 2 b):

§ 1858: die Einsetzung eines Familienraths. — Elterliche Anordnung der Aufhebung des Familienraths § 1880.

§ 1859: die Untersagung der Einsetzung eines Familienraths.

§ 1861: die Benennung eines Mitglieds des Familienraths.

§ 1863: die Benennung von Ersatzmitgliedern und die Bestimmung der Reihenfolge ihres Eintritts.

§ 1866: die Ausschließung einer Person von der Mitgliedschaft.

2. Das Anordnungsrecht der Eltern ist eine Nachwirkung der bis zum Tode bestehenden elterlichen Gewalt, vgl. § 1777, und besteht nicht in Ansehung der Vormundschaft über Volljährige § 1905.

3. (Abs. 2.) Die Maßgeblichkeit der väterlichen Anordnungen gilt auch, wenn die Mutter den Vater überlebt hat, gegenüber späteren Anordnungen der Mutter.

**§ 1869.** Die Freiwilligkeit (vgl. dagegen § 1785) bezieht sich nur auf die Uebernahme des Amtes, nicht aber auf die Führung und Fortführung des Amtes (vgl. §§ 1875, 1878).

**§ 1870.** Vgl. § 1789. Eine Bestallung erhalten die Mitglieder des Familienraths nicht.

**§ 1871.** Bei der Bestellung eines Mitglieds des Familienraths kann die Entlassung für den Fall vorbehalten werden, daß ein bestimmtes Ereigniß eintritt oder nicht eintritt.

b. Vorbehalt der Entlassung.

**§ 1872.** Der Familienrath hat die Rechte und Pflichten des Vormundschaftsgerichts. Die Leitung der Geschäfte liegt dem Vorsitzenden ob.

II. Die Rechtsstellung und Thätigkeit d. Familienraths.
1. Leitung der Geschäfte.

Die Mitglieder des Familienraths können ihr Amt nur persönlich ausüben. Sie sind in gleicher Weise verantwortlich wie der Vormundschaftsrichter.

2. Persönliche Ausübung. Verantwortlichkeit der Mitglieder.

**§ 1873.** Der Familienrath wird von dem Vorsitzenden einberufen. Die Einberufung hat zu erfolgen, wenn zwei Mitglieder, der Vormund oder der Gegenvormund sie beantragen oder wenn das Interesse des Mündels sie erfordert. Die Mitglieder können mündlich oder schriftlich eingeladen werden.

3. Einberufung des Familienraths.

**§ 1874.** Zur Beschlußfähigkeit des Familienraths ist die Anwesenheit des Vorsitzenden und mindestens zweier Mitglieder erforderlich.

4. Beschlußfähigkeit.

Der Familienrath faßt seine Beschlüsse nach der Mehrheit der Stimmen der Anwesenden. Bei Stimmengleichheit entscheidet die Stimme des Vorsitzenden.

5. Beschlußfassung.

Steht in einer Angelegenheit das Interesse des Mündels zu dem Interesse eines Mitglieds in erheblichem Gegensatze, so ist das Mitglied von der Theilnahme an der Beschlußfassung ausgeschlossen. Ueber die Ausschließung entscheidet der Vorsitzende.

6. Ausschließung in Fällen konkurrirender Interessen.

---

**§ 1871.** Vgl. § 1790; ferner §§ 1858 Abs. 2, 1880.

**§ 1872.** 1. Der Familienrath hat den Charakter einer Behörde. Während seines Bestehens tritt der Familienrath für die den Mündel betreffenden Angelegenheiten an die Stelle des Vormundschaftsgerichts. Auch außerhalb des Vormundschaftsrechts geregelte Angelegenheiten unterliegen seiner Zuständigkeit, z. B. die Volljährigkeitserklärung (§§ 3 ff.), die Ersetzung der Einwilligung des Vormundes zur Eheschließung des Mündels u. s. w. Vgl. FrG. § 43 Abs. 2 (S. 906).

2. Dem Vorsitzenden (§ 1860) steht außer der Leitung der Geschäfte auch die Befugniß zu einem selbständigen Eingreifen in dringenden Fällen zu, § 1876.

3. Ordnungsstrafrecht des Vorsitzenden gegenüber den Mitgliedern, Verurtheilung eines Mitgliedes durch den Vorsitzenden in die durch das Mitglied verursachten Kosten, § 1875.

4. Die Verantwortlichkeit des Mitglieds dem Mündel gegenüber richtet sich nach §§ 1848, 839; Gesammthaftung der Mitglieder vgl. § 840. — Vgl. indeß auch zu § 1833 Note 1.

5. Die Rechte und Pflichten des Familienraths erstrecken sich auch auf eine während der Vormundschaft über das Kind etwa erforderlich werdende Pflegschaft (§ 1909). Vgl. Mot. IV S. 1267.

**§ 1873.** Gegen die die Einberufung ablehnende Verfügung des Vorsitzenden steht dem Antragsteller Beschwerde gemäß FrG. § 20 zu.

**§ 1874.** 1. Auf die Berathung und Abstimmung finden gemäß Fr.G. § 8 die Vorschriften des Gerichtsverfassungsgesetzes (GVG. §§ 194 ff.) entsprechende Anwendung, sofern sich nicht aus den Vorschriften über den Familienrath Abweichungen ergeben (§ 1874 Abs. 2 und 3).

7. Säumniß eines Mitglieds. **§ 1875.** Ein Mitglied des Familienraths, das ohne genügende Entschuldigung der Einberufung nicht Folge leistet oder die rechtzeitige Anzeige seiner Verhinderung unterläßt oder sich der Theilnahme an der Beschlußfassung enthält, ist von dem Vorsitzenden in die dadurch verursachten Kosten zu verurtheilen.

Der Vorsitzende kann gegen das Mitglied eine Ordnungsstrafe bis zu einhundert Mark verhängen.

Erfolgt nachträglich genügende Entschuldigung, so sind die getroffenen Verfügungen aufzuheben.

8. Einstweil. Anordnung des Vorsitzenden in dringenden Fällen. **§ 1876.** Wird ein sofortiges Einschreiten nöthig, so hat der Vorsitzende die erforderlichen Anordnungen zu treffen, den Familienrath einzuberufen, ihn von den Anordnungen in Kenntniß zu setzen und einen Beschluß über die etwa weiter erforderlichen Maßregeln herbeizuführen.

9. Ersatz der Auslagen. **§ 1877.** Die Mitglieder des Familienraths können von dem Mündel Ersatz ihrer Auslagen verlangen; der Betrag der Auslagen wird von dem Vorsitzenden festgesetzt.

10. Beendigung der Mitgliedschaft. **§ 1878.** Das Amt eines Mitglieds des Familienraths endigt aus denselben Gründen, aus denen nach den §§ 1885, 1886, 1889 das Amt eines Vormundes endigt.

---

2. Abs. 2 setzt Mündlichkeit der Abstimmung unter Ausschluß der Abstimmung im Wege der Korrespondenz voraus (Mot.).

3. Für die Form der Beschlüsse sind die für das Vormundschaftsgericht überhaupt geltenden Vorschriften maßgebend (§ 1872 Abs. 1). FrG. §§ 16, 53, 55. 56.

4. (Abs. 3.) Das kollidirende Interesse des Mitglieds kann auch ein nur mittelbares sein. Vgl. § 1795.

**§ 1875.** 1. Abs. 1 vgl. § 1877.
2. Abs. 2 vgl. § 1837 Note II.

**§ 1876.** 1. Wie die Fassung des § 1876 ergiebt, hat sich der Vorsitzende, soweit es nach Lage der Sache möglich ist, auf provisorische Maßregeln zu beschränken, z. B. einen Vormund, Gegenvormund oder Pfleger, dessen Bestellung nothwendig wird, mit dem Vorbehalte der Entlassung für den Fall der Wahl einer anderen Persönlichkeit durch den Familienrath zu bestellen (§ 1790).

2. Der Vorsitzende ist in der Art der zu ergreifenden Maßregeln nicht beschränkt. Er kann jede Verfügung treffen, die auch der Familienrath zu treffen befugt wäre.

3. Ob ein sofortiges Einschreiten nöthig wird, hat der Vorsitzende zu entscheiden, eine Verfügung kann nicht deshalb als ungültig angefochten werden, weil eine Veranlassung zu sofortigem Einschreiten nicht vorgelegen habe.

4. Analoge Anwendung hat die unmittelbar für den Fall der bereits erfolgten Einsetzung des Familienraths geltende Vorschrift zu finden, wenn der Familienrath noch nicht eingesetzt ist (Mot.).

**§ 1877.** 1. Das Amt des Mitglieds eines Familienraths ist ein unentgeltlich zu verwaltendes Ehrenamt.

2. Wegen der Auslagenerstattung vgl. § 1847 Abs. 2.

3. Das Beschwerderecht gegen die Festsetzung steht sowohl dem Vormunde für den Mündel als auch dem von der Festsetzung betroffenen Mitgliede gemäß FrG. § 20 zu.

Ein Mitglied kann gegen seinen Willen nur durch das dem Vormundschaftsgericht im Instanzenzuge vorgeordnete Gericht entlassen werden.

**§ 1879.** Das Vormundschaftsgericht hat den Familienrath aufzuheben, wenn es an der zur Beschlußfähigkeit erforderlichen Zahl von Mitgliedern fehlt und geeignete Personen zur Ergänzung nicht vorhanden sind. III. Aufhebung des Familienraths. 1. Dauernde Beschlußunfähigkeit.

**§ 1880.** Der Vater des Mündels kann die Aufhebung des von ihm angeordneten Familienraths für den Fall des Eintritts oder Nichteintritts eines künftigen Ereignisses nach Maßgabe des § 1777 anordnen. Das gleiche Recht steht der ehelichen Mutter des Mündels für den von ihr angeordneten Familienrath zu. 2. Elterliche Anordnung.

Tritt der Fall ein, so hat das Vormundschaftsgericht den Familienrath aufzuheben.

---

**§ 1878.** I. **Beendigungsgründe.**

1. Beendigung kraft Gesetzes.

Entmündigung oder Todeserklärung des Mitglieds § 1885. Uebergangsvorschrift EG. Artt. 156, 160.

2. Beendigung mittels Entlassung.

a. Gefährdung des Interesses des Mündels bei Fortführung des Amtes, insbesondere Pflichtwidrigkeit des Mitglieds § 1886.
b. Vorliegen eines Untauglichkeitsgrundes (§§ 1781, 1886).
α. Minderjährigkeit oder vorläufige Vormundschaft (§ 1906).
β. Gebrechlichkeitspflegschaft (§ 1910).
γ. Konkurs.
δ. Verlust der bürgerlichen Ehrenrechte.
c. Antrag des Mitglieds auf Entlassung wegen eines wichtigen Grundes § 1889.
d. Eintritt des Falles, für welchen die Entlassung vorbehalten war, § 1871.

II. **Verfahren bei der Entlassung.**

1. Entlassung wider Willen des Entlassenen.

a. Der Vorsitzende hat behufs Beschlußfassung die Akten dem vorgeordneten Gerichte vorzulegen.
b. Beschwerde FrG. §§ 60 Ziffer 4, 64, vgl. auch § 199 Abs. 2.

*FG. § 60 Ziffer 4. Die sofortige Beschwerde findet statt:*

*4. gegen eine Verfügung, durch die der Familienrath aufgehoben oder ein Mitglied des Familienraths gegen seinen Willen entlassen wird.*

*FG. § 64. Gegen eine Verfügung, durch die über die Entlassung eines Mitglieds des Familienraths von dem Gerichte, welches dem Vormundschaftsgericht im Instanzenzuge vorgeordnet ist, entschieden wird, findet die Beschwerde an das Oberlandesgericht statt. Die weitere Beschwerde ist ausgeschlossen.*

2. Die Entlassung im Einverständnisse mit dem Entlassenen erfolgt durch Beschluß des Familienraths, §§ 1889, 1878 Abs. 1, 1872 Abs. 1.

**§ 1879.** 1. Beschlußfähigkeit § 1874.
2. Geeignete Personen §§ 1865—1867.
3. Beschwerderecht jedes Mitglieds des Familienraths FrG. § 20; ferner FrG. § 57 Ziffer 4 (S. 1037), FrG. § 60 Ziffer 4 (zu § 1878).

**§ 1880.** 1. Vgl. § 1858 Abs. 2. — Sofern nicht die Anordnung, daß der Familienrath in dem Falle des Eintritts oder Nichteintritts eines künftigen Ereignisses aufgehoben werden soll, zugleich als das Verbot der Einsetzung eines neuen Familienraths (§ 1859 Abs. 2) aufzufassen ist, kann das Vormundschaftsgericht nach Maßgabe des § 1859 Abs. 1 die Einsetzung eines neuen Familienraths beschließen.

2. § 1880 ist auf die Vormundschaft über Volljährige nicht anwendbar, § 1905.

3. Benachrichtigungen von der Aufhebung.

**§ 1881.** Von der Aufhebung des Familienraths hat das Vormundschaftsgericht die bisherigen Mitglieder, den Vormund und den Gegenvormund in Kenntniß zu setzen.

Der Vormund und der Gegenvormund erhalten neue Bestallungen. Die früheren Bestallungen sind dem Vormundschaftsgerichte zurückzugeben.

## VII. Beendigung der Vormundschaft.

I. Beendigung der Vormundschaft. 1. Wegfall d. Bevormundungsvoraussetzungen.

**§ 1882.** Die Vormundschaft endigt mit dem Wegfalle der im § 1773 für die Anordnung der Vormundschaft bestimmten Voraussetzungen.

---

**§ 1881.** 1. Nach erfolgter Aufhebung des Familienraths ist die Vormundschaft nach Maßgabe derjenigen Vorschriften zu behandeln, welche gelten, wenn ein Familienrath nicht besteht.

2. Wegen Auswechselung der Bestallungen vgl. §§ 1791 Abs. 2 Satz 2, 1792 Abs. 4.

**§ 1882.** I. **Gründe der Beendigung der Vormundschaft.**

1. Der Tod des Mündels beendigt selbstverständlich die Vormundschaft, vgl. §§ 1893, 1683; Verschollenheit und Todeserklärung des Mündels § 1884.

2. Volljährigkeit (§ 2) und Volljährigkeitserklärung (§ 3 Abs. 2) des Mündels beseitigen die Voraussetzungen des § 1773, da ein Minderjähriger nicht mehr vorhanden ist, und beendigen somit die Vormundschaft.

3. Eintritt der elterlichen Gewalt.

a. Uneheliche Kinder vgl. § 1773 Note B. I (S. 986). Bei Legitimation durch nachfolgende Ehe vgl. indeß § 1883.

b. Eheliche Kinder vgl. § 1773 Note B. II (S. 986).

α. Ist die elterliche Gewalt beider leiblicher Eltern beendigt (§ 1773 Note B. II. 1 a), so kommt nur Annahme des Mündels an Kindesstatt (§ 1736) in Betracht.

β. Ist die elterliche Gewalt des Vaters verwirkt (§ 1773 Note B. II. 1 b), so erlangt mit der Auflösung der Ehe der Eltern die Mutter die elterliche Gewalt, § 1684 Ziffer 2 (vgl. daselbst Note b β); damit endigt die Vormundschaft.

γ. Eintritt der elterlichen Gewalt der Mutter über das nach altem Rechte bevormundete Kind beim Inkrafttreten des BGB., vgl. S. 936 Vorb. Note IV.

4. Eintritt der Berechtigung des Vaters oder der Mutter zur Vertretung des Mündels in den die Person oder das Vermögen betreffenden Angelegenheiten (vgl. § 1773 Note B. II. 2),

a. wenn dem Vater oder der Mutter die durch Anordnung des Vormundschaftsgerichts entzogene Vertretungsmacht im Ganzen oder in Ansehung der Person oder in Ansehung des Vermögens gemäß § 1671 wieder ertheilt wird. Ueber die etwa erforderlich werdende Pflegschaft vgl. § 1909;

b. wenn das die Vertretungsmacht ausschließende Ruhen der elterlichen Gewalt endigt (§§ 1676—1678, 1696);

c. wenn nach Auflösung der Ehe die Ausübung der in der Person des Vaters ruhenden elterlichen Gewalt gemäß § 1685 Abs. 2 der Mutter übertragen wird.

5. Ermittelung des bis dahin unbekannten Familienstandes des Mündels (vgl. § 1773 Abs. 2) mit dem Ergebnisse, daß die Voraussetzungen für die Einleitung der Vormundschaft (§ 1773) nicht vorhanden oder weggefallen (vgl. zu 2—4) sind.

**§ 1883.** Wird der Mündel durch nachfolgende Ehe legitimirt, so endigt die Vormundschaft erst dann, wenn die Vaterschaft des Ehemanns durch ein zwischen ihm und dem Mündel ergangenes Urtheil rechtskräftig festgestellt ist oder die Aufhebung der Vormundschaft von dem Vormundschaftsgericht angeordnet wird. 2. Sonderregelung für den Fall der Legitimation durch nachfolgende Ehe.

Das Vormundschaftsgericht hat die Aufhebung anzuordnen, wenn es die Voraussetzungen der Legitimation für vorhanden erachtet. Solange der Ehemann lebt, soll die Aufhebung nur angeordnet werden, wenn er die Vaterschaft anerkannt hat oder wenn er an der Abgabe einer Erklärung dauernd verhindert oder sein Aufenthalt dauernd unbekannt ist.

---

6. **Verlust der Reichsangehörigkeit** von Seiten des Mündels vgl. zu EG. Art. 23.

7. **Für die Vormundschaft über Volljährige** ist gemäß § 1897 die Vorschrift des § 1882 dahin zu verstehen, daß die Vormundschaft mit dem Wegfalle der in § 1896 für die Anordnung bestimmten Voraussetzungen endigt. — Beendigung der vorläufigen Vormundschaft § 1908.

8. **Für die Pflegschaft.** Aufhebungsprinzip § 1919.

II. **Rechtsverhältnisse bei Beendigung der Vormundschaft.**

1. Mit der Beendigung der Vormundschaft tritt auch Beendigung des Amtes der Vormundschaft im Sinne der §§ 1890–1892 ein.

2. Gutgläubige Fortführung der objektiv beendigten Vormundschaft § 1893.

3. Anschluß einer Pflegschaft (vgl. Note I. 4a und § 1909) oder Vormundschaft über den entmündigten Mündel (vgl. § 1896 Note 3) nach Beendigung der Altersvormundschaft ist, auch wenn der bisherige Vormund zum Pfleger oder Vormund bestellt wird, ein selbständig für sich bestehendes Rechtverhältniß. Es hat eine neue Bestellung und Verpflichtung gemäß §§ 1897, 1915, 1789 zu erfolgen. — Die Rechnungslegung (§ 1890) hat dem Inhaber der elterlichen Gewalt (Note I. 3) bzw. einem zu diesem Zwecke zu bestellenden Pfleger (§§ 1795 Abs. 2, 181, 1909) gegenüber zu erfolgen. — Die Herausgabe des Vermögens braucht, soweit der bisherige Vormund als neuer Pfleger oder neuer Vormund es zu behalten hat, nicht erst an einen zu diesem Zwecke zu bestellenden Pfleger zu erfolgen, da lediglich Erfüllung einer Verbindlichkeit (§ 181) in Frage steht.

4. Verjährung der Ansprüche zwischen Vormund und Mündel vgl. § 204.

5. Die von dem Vormund innerhalb seiner Vertretungsmacht für den Mündel begründeten Rechtsverhältnisse werden durch die Beendigung der Vormundschaft nicht berührt. Wegen einer über die Dauer der Vormundschaft hinaus ertheilten Vollmacht vgl. RG. JW. 1898 S 400[40].

**§ 1883.** I. Legitimation durch nachfolgende Ehe §§ 1719 ff. Die Vorschrift des § 1883 bildet eine auf Zweckmäßigkeitsgründen beruhende Ausnahme von § 1882 in Verbindung mit §§ 1719, 1626 (vgl. zu § 1719 Note II). — Obwohl die elterliche Gewalt mit der Eheschließung beginnt, gewährt dieselbe während der Fortdauer der Vormundschaft keine Vertretungsmacht (Analogie aus §§ 1628, 1630). Für die Legitimation durch Ehelichkeitserklärung §§ 1723 ff., 1736 bleibt es bei der Regel des § 1882.

2. **Beendigung der Vormundschaft kraft Gesetzes** erfordert rechtskräftige Feststellung der Vaterschaft vgl. § 1719 Note II. 2. Die Anerkennung der Vaterschaft genügt nicht, weil dieselbe nach § 1720 Abs. 2 die Vaterschaft nicht feststellt, sondern nur die Vermuthung der Beiwohnung während der Empfängnißzeit begründet.

3. **Beendigung der Vormundschaft kraft vormundschaftsgerichtlicher Anordnung.**

a. Die Voraussetzungen der Legitimation (§§ 1719 ff.) sind vom Vormundschaftsgerichte von Amtswegen (FrG. § 12) zu ermitteln.

3. Verschollenheit und Todeserklärung des Mündels.

**§ 1884.** Ist der Mündel verschollen, so endigt die Vormundschaft erst mit der Aufhebung durch das Vormundschaftsgericht. Das Vormundschaftsgericht hat die Vormundschaft aufzuheben, wenn ihm der Tod des Mündels bekannt wird.

Wird der Mündel für todt erklärt, so endigt die Vormundschaft mit der Erlassung des die Todeserklärung aussprechenden Urtheils.

II. Beendigung d. vormundschaftlichen Amtes 1. kraft Gesetzes.

**§ 1885.** Das Amt des Vormundes endigt mit seiner Entmündigung.

Wird der Vormund für todt erklärt, so endigt sein Amt mit der Erlassung des die Todeserklärung aussprechenden Urtheils.

---

b. Die Anerkennung der Vaterschaft bedarf keiner besonderen Form vgl. § 1718 Note I.

c. Dauernde Verhinderung oder Abwesenheit des Vaters vgl. §§ 1305 Abs. 2, 1307 Note 3.

d. Die der Aufhebung der Vormundschaft zu Grunde liegende Annahme des Vormundschaftsgerichts, daß die Voraussetzungen der Legitimation vorhanden sind, greift der anderweiten Feststellung der Vaterschaft im Prozesse natürlich nicht vor.

e. Das Beschwerderecht steht dem Ehemanne der Mutter sowohl als Verschwägerten des Kindes als auch auf Grund seines rechtlichen Interesses zu FrG. § 57 Ziffer 1 (S. 987).

f. Ist die Aufhebung der Vormundschaft zu Unrecht erfolgt, so ist das Kind von da ab ohne gesetzlichen Vertreter, so daß ihm die Vortheile des § 206 in Ansehung der Anspruchsverjährung zu Statten kommen.

**§ 1884.** 1. Verschollenheit (vgl. zu § 13 Note I). Ebenso wie die Abwesenheitspflegschaft (§ 1921 Abs. 2) wird die Vormundschaft über den verschollenen Mündel nicht schon durch den Tod des Mündels, sondern erst mit der Aufhebung durch das Vormundschaftsgericht beendigt. Ist der Verschollene vor der Aufhebung der Vormundschaft gestorben, so gilt die gesetzliche Vertretungsmacht des Vormundes für denjenigen, den es angeht (vgl. Prot. IV S. 860).

2. Todeserklärung (vgl. §§ 13 ff.).

a. Für den minderjährigen Mündel (vgl. § 14 Abs. 1) kommt die Todeserklärung nur in den Fällen der Kriegs-, See- und Gefahrverschollenheit (§§ 15—17) in Frage. Die Vormundschaft endigt kraft Gesetzes.

b. Ueberlebt der Mündel die Todeserklärung, so ist er während der Minderjährigkeit ohne gesetzlichen Vertreter, so daß ihm insbesondere die Vorschrift des § 206 in Ansehung des Laufes der Anspruchsverjährung zu Statten kommt.

c. Uebergangsbestimmung (Todeserklärung vor 1900) EG. Art. 160.

d. Der Antrag des gesetzlichen Vertreters auf Todeserklärung des Mündels bedarf vormundschaftsgerichtlicher Genehmigung CPO. § 962 (Bd. I S. 11).

Zu §§ 1885 f. Dem Bestellungsprinzip (vgl. Vorb. B III 2 b S. 983) entspricht das Entlassungsprinzip, wonach das Amt des Vormundes nicht mit dem Eintritt eines gewissen Thatbestandes kraft Gesetzes, sondern erst mit der auf Grund dieses Thatbestandes erfolgenden Entlassung endigt. Die Ausnahme von diesem Prinzip enthält § 1885, zu dessen Fällen selbstverständlich noch der Tod des Vormundes (vgl. § 1894) hinzutritt. Beim Eintritt eines dieser Thatbestände in der Person eines von mehreren Vormündern wird das Amt von Mit- oder Gegenvormündern (vgl. §§ 1775, 1792) nicht berührt.

**§ 1885.** 1. Beendigung des vormundschaftlichen Amtes kraft Gesetzes tritt ein mit dem Wirksamwerden des Entmündigungsbeschlusses und zwar in allen Fällen der Entmündigung. Vgl. Bd. I S. 7 Note IV. — Eintritt der Geschäftsunfähigkeit (§ 104 Ziffer 2) oder beschränkter Geschäftsfähigkeit (§§ 114, 1906) bewirken nicht kraft Gesetzes die Beendigung, sondern be-

**§ 1886.** Das Vormundschaftsgericht hat den Vormund zu entlassen, wenn die Fortführung des Amtes, insbesondere wegen pflichtwidrigen Verhaltens des Vormundes, das Interesse des Mündels gefährden würde oder wenn in der Person des Vormundes einer der im § 1781 bestimmten Gründe vorliegt.

2. Entlassung des Vormundes.
a. Gefährdung des Mündelinteresses.
b. Eintritt eines Untauglichkeitsgrundes.

gründen nur die Entlassung gemäß § 1886, vgl. daselbst Note 2 b α und Note 3. Uebergangsbestimmung (Entmündigung vor 1900) EG. Artt. 155, 156.

2. Todeserklärung §§ 13 ff. Uebergangsbestimmung (Todeserklärung vor 1900) EG. Art. 160.

3. Mittheilung der die Beendigung der Vormundschaft herbeiführenden Umstände ist von dem Gerichte, welches die Entmündigung bzw. die Todeserklärung ausspricht, gemäß FrG. § 50 dem Vormundschaftsgerichte zu machen. Desgleichen von dem Vormunde des Entmündigten bzw. dem Erben des für todt Erklärten. Vgl. § 1894 Note 2.

**§ 1886.** 1. Der Vormund ist allgemein in allen Fällen zu entlassen, in denen die Fortführung des Amtes das Interesse des Mündels gefährden würde (vgl. § 1778 Abs. 1). Vgl. auch § 1796.

2. Als besonders wichtige Fälle der Gefährdung sind hervorzuheben:

a. Gefährdung durch pflichtwidriges, d. h. gegen eine treue und gewissenhafte Führung der Vormundschaft (§ 1789) verstoßendes Verhalten.

b. Vorhandensein eines der Unfähigkeitsgründe des § 1781, mag derselbe von vornherein bestanden haben oder nachträglich eingetreten sein.

α. Minderjährigkeit oder vorläufige Bevormundung (§ 1906).

β. Gebrechlichkeitspflegschaft (§ 1910).

γ. Konkurs. Vorrecht des Mündels im Konkurse des Vormundes KO. § 61 Ziffer 5 (S. 917). Nur der Herausgabeanspruch des Mündels, nicht auch sein Rechenschaftsanspruch (§ 1890), der kein Anspruch aus dem Vermögen des Vormundes ist, ist Konkursforderung. Sache des Mündels ist es, seinen Anspruch aus der vormundschaftlichen Verwaltung nach allgemeinen Grundsätzen zu substantiiren.

δ. Verlust der bürgerlichen Ehrenrechte.

3. Geisteskrankheit des Vormundes ohne hinzutretende Entmündigung beendigt nicht kraft Gesetzes (§ 1885) das vormundschaftliche Amt. Vgl. indeß § 1781, wonach die zur Zeit der Bestellung vorhandene Geschäftsunfähigkeit die Bestellung nichtig macht.

a. Diese Regelung soll vermeiden, daß eine äußerlich fortgeführte Vormundschaft durch eine im früheren Verlaufe derselben vorhanden gewesene geistige Erkrankung des Vormundes mit der Wirkung beendigt wird, daß alle im weiteren Verlaufe von dem angeblichen Vormunde vorgenommenen Rechtsgeschäfte ohne Vertretungsmacht für den Mündel erfolgt sind.

b. Die von dem Vormund in einem seine Geschäftsunfähigkeit (§ 104 Ziffer 2) begründenden Zustande vorgenommenen Rechtsgeschäfte sind nichtig § 165.

c. Zweifelhaft ist, ob die Geschäftsunfähigkeit des Vormundes dem Mangel eines Vertreters im Sinne des § 206 (Ablauf der Verjährungsfrist) gleichzustellen ist.

4. Daß die Entlassung des unter Vorbehalt der Entlassung bestellten Vormundes bei Eintritt des Vorbehaltes zulässig ist, ergiebt sich aus § 1790.

5. Sofortige Beschwerde des entlassenen Vormundes FrG. §§ 20, 60 Ziffer 3.

*FG. § 60 Ziffer 3. Die sofortige Beschwerde findet statt:*

*3. gegen eine Verfügung, durch die ein Vormund, Pfleger, Gegenvormund oder Beistand gegen seinen Willen entlassen wird.*

6. Beschwerderecht des Gegenvormundes gegen eine Zurückweisung seines Antrags auf Entlassung des Vormundes aus einem der in § 1886 bezeichneten Gründe, FrG. § 57 Ziffer 6 (S. 1006).

c. Verheirathung der zum Vorm. bestellten Frau.

**§ 1887.** Das Vormundschaftsgericht kann eine Frau, die zum Vormunde bestellt ist, entlassen, wenn sie sich verheirathet.

d. Widerruf der Zustimmung des Ehemanns der z. Vorm. bestellten Frau.

Das Vormundschaftsgericht hat eine verheirathete Frau, die zum Vormunde bestellt ist, zu entlassen, wenn der Mann seine Zustimmung zur Uebernahme oder zur Fortführung der Vormundschaft versagt oder die Zustimmung widerruft. Diese Vorschrift findet keine Anwendung, wenn der Mann der Vater des Mündels ist.

e. Dienstliche Verhältnisse des zum Vorm. bestellten Beamten oder Religionsdieners.

**§ 1888.** Ist ein Beamter oder ein Religionsdiener zum Vormunde bestellt, so hat ihn das Vormundschaftsgericht zu entlassen, wenn die Erlaubniß, die nach den Landesgesetzen zur Uebernahme der Vormundschaft oder zur Fortführung der vor dem Eintritt in das Amts- oder Dienstverhältniß übernommenen Vormundschaft erforderlich ist, versagt oder zurückgenommen wird oder wenn die nach den Landesgesetzen zulässige Untersagung der Fortführung der Vormundschaft erfolgt.

f. Entlassungsantrag des Vormundes.

**§ 1889.** Das Vormundschaftsgericht hat den Vormund auf seinen Antrag zu entlassen, wenn ein wichtiger Grund vorliegt; ein wichtiger Grund ist insbesondere der Eintritt eines Umstandes, der den Vormund nach § 1786 Abs. 1 Nr. 2 bis 7 berechtigen würde, die Uebernahme der Vormundschaft abzulehnen.

---

**§ 1887.** 1. Abs. 2 entspricht der Vorschrift des § 1783. Wenn die Versagung oder der Widerruf der Zustimmung vorliegt, hat die Entlassung zu erfolgen, ohne daß es im Uebrigen noch eines besonderen Antrags der Frau oder des Mannes bedarf.

2. Die Vorschrift des Abs. 1 soll dem Vormundschaftsgerichte die Möglichkeit der Entlassung gewähren, wenn die mit der Verheirathung der Frau verbundenen Aenderungen ihrer Verhältnisse die Entlassung angezeigt erscheinen lassen.

**§ 1888.** Vgl. § 1784.

**§ 1889.** I. **Wichtiger Grund.**

Die Beurtheilung, ob ein wichtiger, den Entlassungsantrag rechtfertigender Grund vorliegt, ist, soweit nicht der zweite Halbsatz (vgl. Note II) eingreift, von dem Vormundschaftsgerichte nach freiem Ermessen zu beurtheilen. Vgl. auch den Fall des § 1752.

II. **Einzelne wichtige Gründe.**

Die in § 1786 Ziffer 2—7 aufgeführten Ablehnungsgründe rechtfertigen immer den Entlassungsantrag, vorausgesetzt daß sie nach der Bestellung eintreten. Die einzelnen Gründe sind:

Ziffer 2: vollendetes 60. Lebensjahr. — Ist die Vormundschaft erst nach vollendetem 60. Lebensjahr übernommen, so ist der Entlassungsantrag nur gerechtfertigt, wenn sich das hohe Lebensalter im einzelnen Fall als ein wichtiger Grund darstellt (Note I).

Ziffer 3: Vorhandensein von mehr als vier ehelichen minderjährigen Kindern.

Ziffer 4: Krankheit und Gebrechen.

Ziffer 5: Belästigende Entfernung des Wohnsitzes des Vormundes vom Sitze des Vormundschaftsgerichts, sei es, daß der Vormund seinen Wohnsitz verlegt, sei es, daß das Vormundschaftsgericht wechselt FrG. §§ 46, 47.

Ziffer 6: Anhaltung des Vormundes zur Sicherheitsleistung gemäß § 1844.

Ziffer 7: Bestellung eines Mitvormundes zur gemeinschaftlichen Führung der Vormundschaft im Sinne des § 1797 Abs. 1.

III. **Beschwerde** gegen die den Entlassungsantrag ablehnende Verfügung FrG. § 20.

**§ 1890.** Der Vormund hat nach der Beendigung seines Amtes dem Mündel das verwaltete Vermögen herauszugeben und über die Verwaltung Rechenschaft abzulegen. Soweit er dem Vormundschaftsgerichte Rechnung gelegt hat, genügt die Bezugnahme auf diese Rechnung.

III. Rechtsverhältnisse bei Beendigung der Vormundschaft.
1. Herausgabe- u. Rechnungspflicht.

**§ 1891.** Ist ein Gegenvormund vorhanden, so hat ihm der Vormund die Rechnung vorzulegen. Der Gegenvormund hat die Rechnung mit den Bemerkungen zu versehen, zu denen die Prüfung ihm Anlaß giebt.

a. Mitwirkung des Gegenvormundes.

Der Gegenvormund hat über die Führung der Gegenvormundschaft und, soweit er dazu im Stande ist, über das von dem Vormunde verwaltete Vermögen auf Verlangen Auskunft zu ertheilen.

**§ 1892.** Der Vormund hat die Rechnung, nachdem er sie dem Gegenvormunde vorgelegt hat, dem Vormundschaftsgericht einzureichen.

b. Mitwirkung des Vorm.Gerichts.

Das Vormundschaftsgericht hat die Rechnung rechnungsmäßig und sachlich zu prüfen und deren Abnahme durch Verhandlung mit den Betheiligten unter Zuziehung des Gegenvormundes zu vermitteln. Soweit die Rechnung als richtig anerkannt wird, hat das Vormundschaftsgericht das Anerkenntniß zu beurkunden.

---

**§ 1890.** 1. Die Herausgabepflicht umfaßt die Verpflichtung, über das Vermögen Auskunft zu ertheilen sowie ein Vermögensverzeichniß aufzustellen und dasselbe erforderlichenfalls mit dem Offenbarungseide zu bekräftigen. Vgl. §§ 260, 261; Prozeßhaftung des Vormundes § 292.

2. Die Rechenschaftspflicht richtet sich nach §§ 259, 261. Vgl. ferner CPO. § 889, FrG. § 163 (Bd. I S. 138). Bezugnahme auf eine frühere, dem Vormundschaftsgerichte gelegte Rechnung §§ 1840 ff. Vgl. im Uebrigen zu § 1892.

3. Verbindung der Klage auf Herausgabe und Rechnungslegung unter Vorbehalt der bestimmten Angabe der beanspruchten Leistungen bis nach erfolgter Mittheilung der Rechnung, Vorlegung des Vermögensverzeichnisses und Leistung des Offenbarungseides CPO. § 254 (Bd. I S. 138).

4. Herausgabe und Rechnungslegung in dem Falle, daß sich an die bisherige Vormundschaft eine weitere Vormundschaft oder Pflegschaft anschließt und der bisherige Vormund auch die Pflegschaft oder die neue Vormundschaft führt. Vgl. § 1889 Note II. 3. Rechnungspflicht bei Annahme des Mündels an Kindesstatt von Seiten des Vormundes § 1752.

5. Die Rechnungs- und Herausgabepflicht geht nach allgemeinen Grundsätzen auf den Erben über (§§ 1967 ff.).

6. Bei Konkurs des Vormundes vgl. § 1886 Note 2 b γ.

7. Keine Befreiung des Vormundes von der Rechnungslegung durch elterliche Anordnung (vgl. §§ 1852 ff.).

8. Verzicht des selbständig gewordenen Mündels auf Rechnungslegung ist nach allgemeinen Grundsätzen (§ 397) wirksam.

9. Dechargeertheilung des Mündels, vgl. § 368.

**§ 1891.** Vgl. § 1842.

**§ 1892.** 1. Vgl. § 1843. Die Mitwirkung des Vormundschaftsgerichts ist lediglich eine vermittelnde. Zwangsmaßregeln gegen den früheren Vormund stehen ihm nicht mehr zu. Gegen denselben muß nöthigenfalls durch den selbständig gewordenen Mündel oder dessen neuen Vormund im Wege der Klage vorgegangen werden. In den Prot. IV S. 820 wird angenommen, daß die Verhängung von Ordnungsstrafen auch noch gegen den früheren Vormund auf Grund des § 1892 zulässig sei.

2. Der Nachfolger des Vormundes bzw. der selbständig gewordene Mündel ist zur Rechnungsabnahme und Quittungsleistung (§ 368) verpflichtet und

2. Fortführung der Geschäftsbesorgung trotz Beendigg. d. Amtes.

**§ 1893.** Im Falle der Beendigung der Vormundschaft oder des vormundschaftlichen Amtes finden die Vorschriften der §§ 1682, 1683 entsprechende Anwendung.

3. Rückgabe d. Bestallung.

Der Vormund hat nach der Beendigung seines Amtes die Bestallung dem Vormundschaftsgerichte zurückzugeben.

4. Anzeige des Todes des Vormundes, Gegen- oder Mitvormundes.

**§ 1894.** Den Tod des Vormundes hat dessen Erbe dem Vormundschaftsgericht unverzüglich anzuzeigen.

Den Tod des Gegenvormundes oder eines Mitvormundes hat der Vormund unverzüglich anzuzeigen.

IV. Beendigung d. Gegenvormundschaft.

**§ 1895.** Die Vorschriften der §§ 1885 bis 1889, 1893, 1894 finden auf den Gegenvormund entsprechende Anwendung.

---

kann deswegen verklagt werden. Hat der Rechnungsnehmer die Rechnungslegung als Erfüllung der Rechenschaftspflicht angenommen, so findet bei nachträglicher Bemängelung § 363 Anwendung. — Vorbehaltslos ertheilte Entlassung befreit von der Haftung für Mängel der Verwaltung auch dann, wenn die Folgen derselben erst später eintreten RG. 38 335.

3. Die Aufhebung und Zurückgabe der Sicherheit an den Vormund erfordert nach Beendigung des vormundschaftlichen Amtes die Freigabe von Seiten des selbständig gewordenen Mündels bzw. dessen nunmehrigen gesetzlichen Vertreters, vgl. § 1844 Note I. 3. Der Vormund, welcher allen seinen Verbindlichkeiten genügt hat, kann im Prozeßwege die Aufhebung der Sicherheit und im Falle eines Verzugs Schadensersatz verlangen (§§ 284 ff.).

**§ 1893.** 1. Für die entsprechende Anwendung lautet:

a. § 1682: Der Vormund ist auch nach der Beendigung der Vormundschaft oder seines vormundschaftlichen Amtes zur Fortführung der mit der Sorge für die Person und das Vermögen des Mündels verbundenen Geschäfte berechtigt, bis er von der Beendigung Kenntniß erlangt oder sie kennen muß. Ein Dritter kann sich auf diese Berechtigung nicht berufen, wenn er bei der Vornahme eines Rechtsgeschäfts die Beendigung der Vormundschaft oder des vormundschaftlichen Amtes kennt oder kennen muß.

Diese Vorschriften finden entsprechende Anwendung, wenn und insoweit die Vertretungsmacht des Vormundes theilweise aufhört (§ 1794).

b. § 1683: Endigt die Vormundschaft in Folge des Todes des Mündels, so hat der Vormund diejenigen Geschäfte, mit deren Aufschube Gefahr verbunden ist, zu besorgen, bis der Erbe anderweit Fürsorge treffen kann.

2. Bestallung § 1791.

**§ 1894.** 1. Unterlassung unverzüglicher (§§ 121, 276) Todesanzeige macht den Erben schadensersatzpflichtig. Vgl. § 673 (Auftrag). Die daselbst für den Erben des Beauftragten vorgesehene Pflicht der Fortführung unaufschiebbarer Geschäfte ist dem Erben des Vormundes nicht auferlegt. § 1846 in Verbindung mit § 1894 greift ein.

2. Bei Entmündigung und Todeserklärung (§ 1885) ist neben FrG. § 50 § 1894 entsprechend anwendbar. Vgl. § 1885 Note 3.

**§ 1895.** 1. Die anwendbaren Vorschriften betreffen:

a. Entmündigung des Gegenvormundes § 1885 Abs. 1; Entmündigung vor 1900 EG. Art. 155, 156.

b. Todeserklärung des Gegenvormundes § 1885 Abs. 2; Todeserklärung vor 1900 EG. Art. 160.

c. Entlassung wegen Pflichtwidrigkeit oder wegen Eintritts eines Untauglichkeitsgrundes § 1886.

d. Entlassung der zum Gegenvormunde bestellten Frau wegen Verheirathung, Versagung oder Widerruf der ehelichen Zustimmung § 1887.

## Zweiter Titel.
## Vormundschaft über Volljährige.

**§ 1896.** Ein Volljähriger erhält einen Vormund, wenn er entmündigt ist. I. Vormundschaft über Entmündigte.

**§ 1897.** Auf die Vormundschaft über einen Volljährigen finden die für die Vormundschaft über einen Minderjährigen geltenden Vorschriften Anwendung, soweit sich nicht aus den §§ 1898 bis 1908 ein Anderes ergiebt. 1. Anwendbarkeit der Vorschriften über die Altersvormundschaft.

---

e. Entlassung auf Grund dienstlicher Verhältnisse, wenn der Gegenvormund ein Beamter oder Religionsdiener ist § 1888.
f. Entlassung auf eigenen Antrag des Gegenvormundes wegen eines wichtigen Grundes § 1889.
g. Gutgläubige Fortführung der Gegenvormundschaft trotz objektiver Beendigung des Amtes oder der Vormundschaft §§ 1893, 1682 (die Vorschrift kann z. B. im Falle des § 1812 anwendbar werden).
h. Die Fürsorgepflicht beim Tode des Mündels kommt (§§ 1893, 1682) für den Gegenvormund nur insoweit in Betracht, als er bei diesbezüglichen Rechtsgeschäften des Vormundes mitzuwirken hat.
i. Anzeigepflicht des Erben des Gegenvormundes beim Tode des letzteren § 1894 Abs. 1.
k. Anzeigepflicht des Gegenvormundes beim Tode des Vormundes eines Mitvormundes oder Mitgegenvormundes § 1894 Abs. 2.

2. Die Gegenvormundschaft ist ein Akzessorium der Vormundschaft; sie endigt deshalb in allen Fällen mit dieser. Vgl. §§ 1882—1884.

3. Die entsprechende Regelung der in § 1895 geordneten Rechtsverhältnisse bezüglich des Pflegers § 1915, bezüglich des Beistandes der Mutter § 1694.

Die Vormundschaft über Volljährige einschließlich der für volljährig Erklärten (§ 3 Abs. 2) kommt in zwei Arten vor: Zu §§ 1896 ff.
a. Die Vormundschaft über den Entmündigten §§ 1896—1905.
b. Die vorläufige Vormundschaft über denjenigen, dessen Entmündigung beantragt ist §§ 1906—1908.

**§ 1896.** 1. Entmündigung § 6.

2. Ein nicht unter Vormundschaft stehender Volljähriger, welcher durch seinen geistigen Zustand ganz oder theilweise verhindert ist, seine Vermögensangelegenheiten zu besorgen, kann einen Pfleger gemäß § 1910 erhalten.

3. Die Entmündigung kann gemäß § 6 (vgl. daselbst Note C. I) auch schon während der Minderjährigkeit beantragt werden und erfolgen. Die Vormundschaft aus § 1906 bzw. § 1896 kann somit unmittelbar an die Altersvormundschaft angeschlossen werden. Vgl. über die sich hierbei ergebenden Rechtsverhältnisse zu § 1882 Ziffer II. 3.

4. Die Entmündigung ist von dem die Entmündigung aussprechenden Gerichte dem Vormundschaftsgerichte mitzutheilen, vgl. Vorb. zu III. Abschn. Note B. III. 5b (S. 983).

5. Wegen der Beendigung der Vormundschaft vgl. zu § 1908 Note 2.

**§ 1897.** 1. Auf die aus §§ 1898—1908 sich ergebenden Abweichungen von den für die Vormundschaft über Minderjährige (§§ 1773—1895) geltenden Bestimmungen ist bei den einzelnen Bestimmungen hingewiesen.

2. Die allgemeine Verweisung auf die die Vormundschaft über Minderjährige regelnden Vorschriften soll sich nicht auf den Vorbehalt des EG. Art. 135 (gesetzliche Vormundschaft des Anstaltsvorstandes) beziehen. Vgl. daselbst.

2. Abweichungen.
a. Elterl. Anordnungen über die Person des Vormundes.

**§ 1898.** Der Vater und die Mutter des Mündels sind nicht berechtigt, einen Vormund zu benennen oder Jemand von der Vormundschaft auszuschließen.

b. Berufung d. Eltern zur Vormundschaft.

**§ 1899.** Vor den Großvätern ist der Vater und nach ihm die eheliche Mutter des Mündels als Vormund berufen.

Die Eltern sind nicht berufen, wenn der Mündel von einem Anderen als dem Ehegatten seines Vaters oder seiner Mutter an Kindesstatt angenommen ist.

Stammt der Mündel aus einer nichtigen Ehe, so ist der Vater im Falle des § 1701, die Mutter im Falle des § 1702 nicht berufen.

c. Berufung des Ehegatten.

**§ 1900.** Eine Ehefrau darf zum Vormund ihres Mannes auch ohne dessen Zustimmung bestellt werden.

Der Ehegatte des Mündels darf vor den Eltern und den Großvätern, die eheliche Mutter darf im Falle des § 1702 vor den Großvätern zum Vormunde bestellt werden.

d. Berufung der uneh. Mutter.

Die uneheliche Mutter darf vor dem Großvater zum Vormunde bestellt werden.

e. Umfang der Sorge für die Person des Mündels.

**§ 1901.** Der Vormund hat für die Person des Mündels nur insoweit zu sorgen, als der Zweck der Vormundschaft es erfordert.

Steht eine Ehefrau unter Vormundschaft, so tritt die im § 1633 bestimmte Beschränkung nicht ein.

---

**§ 1898.** 1. Benennung des Vormundes §§ 1776 Abs. 1 Nr. 1, 2, § 1777 Note I. 1. — Ausschließung eines Vormundes § 1782 Note 4.

2. Für die vorläufige Vormundschaft vgl. § 1907.

**§ 1899.** 1. Die Reihenfolge der Berufenen (§ 1776) ist sonach regelmäßig:
a. der Vater des Mündels (vgl. indeß Abs. 2);
b. die eheliche Mutter des Mündels (§ 1900 Abs. 2, 3);
c. der Großvater des Mündels von väterlicher Seite (§ 1776 Ziffer 3 und Abs. 2);
d. der Großvater des Mündels von mütterlicher Seite (§ 1776 Ziffer 4 und Abs. 2).

2. Zu Abs. 2 vgl. §§ 1776 Abs. 2, 1757 Abs. 2.

3. Zu Abs. 3. Der Fall des § 1701 ist Kenntniß des Vaters, der Fall des § 1702 Kenntniß der Mutter von der Nichtigkeit der Ehe bei der Eheschließung.

4. Die in § 1778 Abs. 1 zugelassene Uebergehung des Berufenen aus den daselbst angegebenen Gründen bleibt unberührt § 1897.

**§ 1900.** 1. Abs. 1 ist eine Abweichung von §§ 1783, 1897. — Stellung des Vormundes, insbesondere der Ehefrau als Vormundes des Mannes hinsichtlich der aus dem ehelichen Güterrechte sich ergebenden Rechte und Pflichten
a. bei gesetzlichem Güterstande § 1409;
b. bei allgemeiner Gütergemeinschaft § 1457.

2. Abs. 2 u. 3 vgl. zu § 1899.

**§ 1901.** 1. Abs. 1 ist Abweichung von § 1800. Der Zweck der Vormundschaft über Volljährige beschränkt sich auf die Vertretung in persönlichen Angelegenheiten sowie auf Besorgung des zur etwa nothwendigen Pflege, Heilung, Beaufsichtigung und Sicherung des Mündels Erforderlichen, z. B. Unterbringung des Trunksüchtigen in eine Trinkerheilanstalt. Dem Vormund eines Volljährigen steht die durch das Erziehungsbedürfniß des

f. Vermögensverwaltung.
a. Gewährung einer Ausstattung.

**§ 1902.** Der Vormund kann eine Ausstattung aus dem Vermögen des Mündels nur mit Genehmigung des Vormundschaftsgerichts versprechen oder gewähren.

β. Mieth- u. Pachtverträge.

Zu einem Mieth- oder Pachtvertrage sowie zu einem anderen Vertrage, durch den der Mündel zu wiederkehrenden Leistungen verpflichtet wird, bedarf der Vormund der Genehmigung des Vormundschaftsgerichts, wenn das Vertragsverhältniß länger als vier Jahre dauern soll. Die Vorschrift des § 1822 Nr. 4 bleibt unberührt.

g. Kraft Gesetzes befreite Vormundschaft
a. des Vaters.

**§ 1903.** Wird der Vater des Mündels zum Vormunde bestellt, so unterbleibt die Bestellung eines Gegenvormundes. Dem Vater stehen die Befreiungen zu, die nach den §§ 1852 bis 1854 angeordnet werden können. Das Vormundschaftsgericht kann die Befreiungen außer Kraft setzen, wenn sie das Interesse des Mündels gefährden.

Diese Vorschriften finden keine Anwendung, wenn der Vater im Falle der Minderjährigkeit des Mündels zur Vermögensverwaltung nicht berechtigt sein würde.

---

Mündels bei der Altersvormundschaft gebotene Erziehungs- und Zuchtgewalt nicht zu, unbeschadet der Zulässigkeit der durch den Zweck der Vormundschaft gebotenen Zwangsmaßregeln gegen den Mündel.

2. (Abs. 2.) Ohne die Vorschrift des Abs. 2 würde nach §§ 1897, 1800, 1633 die thatsächliche Sorge für die Person nicht dem Vormunde der volljährigen Ehefrau, sondern lediglich dem Ehemann überlassen sein. Durch Abs. 2 wird das Recht und die Pflicht des Vormundes — unbeschadet der dem Ehemann als solchem gemäß § 1354 zustehenden Rechte — auf diese Sorge erstreckt.

**§ 1902.** 1. (Abs. 1.) Ausstattung vgl. § 1624. Insoweit Ausstattung nach § 1624 Schenkung ist, findet § 1804 Anwendung.

2. Abs. 2 enthält eine Anpassung der Vorschrift des § 1822 Ziffer 5 an die bei der Vormundschaft über Volljährige obwaltenden Verhältnisse. — § 1822 Ziffer 4 betrifft den Pachtvertrag über ein Landgut oder einen gewerblichen Betrieb.

**§ 1903.** 1. Abs. 1 Satz 1 enthält eine Abweichung von § 1792. Wegen der gesetzlich dem Vater zustehenden Befreiungen der §§ 1852—1854 vgl. daselbst. Entziehung der Befreiung durch das Vormundschaftsgericht wegen Gefährdung des Mündels vgl. § 1857.

2. (Abs. 2.) Als Fälle, in denen der Vater zur Vermögensverwaltung für das minderjährige Kind nicht berechtigt wäre, kommen in Betracht (vgl. § 1656 Note 1):

a. Konkurs des Vaters § 1647;
b. die Voraussetzungen für das Ruhen der elterlichen Gewalt §§ 1676, 1677;
c. die Voraussetzungen für die Verwirkung der elterlichen Gewalt § 1680.

Die Befreiung fällt kraft Gesetzes mit dem Eintritte der zu a—c aufgeführten Thatbestände fort, gleichgültig ob dieser Eintritt bereits zur Zeit der Bestellung des Vaters zum Vormunde oder aber erst nachträglich erfolgt. Bestehen derartige Verhältnisse bereits zur Zeit der Bestellung, so wird sich regelmäßig die Uebergehung des Vaters empfehlen, § 1899 Note 4.

3. Die Großeltern des Mündels (vgl. § 1899 Note 1 c, d) genießen nicht die Befreiungen aus § 1903.

4. Befreiung durch elterliche Anordnung findet ebensowenig wie Benennung des Vormundes auf diesem Wege (vgl. § 1898) statt.

β. der ehelichen Mutter.

**§ 1904.** Ist die eheliche Mutter des Mündels zum Vormunde bestellt, so gilt für sie das Gleiche wie nach § 1903 für den Vater. Der Mutter ist jedoch ein Gegenvormund zu bestellen, wenn sie die Bestellung beantragt oder wenn die Voraussetzungen vorliegen, unter denen ihr nach § 1687 Nr. 3 ein Beistand zu bestellen sein würde. Wird ein Gegenvormund bestellt, so stehen der Mutter die im § 1852 bezeichneten Befreiungen nicht zu.

b. Anordnungen der Eltern bezüglich des Familienraths.

**§ 1905.** Ein Familienrath kann nur nach § 1859 Abs. 1 eingesetzt werden.

Der Vater und die Mutter des Mündels sind nicht berechtigt, Anordnungen über die Einsetzung und Aufhebung eines Familienraths oder über die Mitgliedschaft zu treffen.

II. Vorläuf. Vormundschaft auf Grund des Entmündigungsantrags.

**§ 1906.** Ein Volljähriger, dessen Entmündigung beantragt ist, kann unter vorläufige Vormundschaft gestellt werden, wenn das Vormundschaftsgericht es zur Abwendung einer erheblichen Gefährdung der Person oder des Vermögens des Volljährigen für erforderlich erachtet.

---

**§ 1904.** 1. Bestellung der ehelichen Mutter zum Vormunde (vgl. § 1899 Note 1 b). Die Bezugnahme auf § 1903 ergiebt, daß die Befreiungen aus § 1903 nicht eintreten (§ 1903 Abs. 2), wenn die Mutter im Falle der Minderjährigkeit des Mündels zur Vermögensverwaltung nicht berechtigt wäre. Vgl. § 1903 Note 2 in Verbindung mit § 1686; ferner §§ 1684, 1685, 1697.

2. Bestellung eines Gegenvormundes (§ 1792) hat gemäß § 1904 unter den gleichen Voraussetzungen zu erfolgen wie die Bestellung des Beistandes nach § 1687, mit Ausnahme des Falles der väterlichen Anordnung, für welche bei einem volljährigen Kinde kein Platz ist. Demnach ist ein Gegenvormund zu bestellen:

a. wenn die Mutter die Bestellung beantragt (vgl. § 1687 Ziffer 2);
b. wenn das Vormundschaftsgericht aus besonderen Gründen, insbesondere wegen des Umfanges oder der Schwierigkeit der Vermögensverwaltung oder in den Fällen der §§ 1666, 1667 (Gefährdung der Person oder des Vermögens des Kindes) die Bestellung eines Gegenvormundes im Interesse des Kindes für nöthig erachtet (§ 1687 Ziffer 3). Bei dem Vorliegen der Voraussetzungen der §§ 1666, 1667 kann auch die Entlassung der Mutter als Vormund gemäß §§ 1886, 1897 in Frage kommen.

**§ 1905.** 1. Durch Abs. 1 wird die als Ausfluß der elterlichen Gewalt den Eltern in § 1858 Abs. 1 beigelegte Befugniß, die Einsetzung eines Familienraths für die Bevormundung ihrer minderjährigen Kinder anzuordnen, für die volljährigen Kinder beseitigt. Die Einsetzung des Familienraths bei der Vormundschaft über einen Volljährigen richtet sich ausschließlich nach § 1859 Abs. 1. Die Einsetzung erfolgt also nur, wenn ein Verwandter oder Verschwägerter, der Vormund oder der Gegenvormund des Mündels sie beantragt und das Vormundschaftsgericht sie im Interesse des Mündels für angemessen erachtet.

2. Abs. 2 schließt das Anordnungsrecht der Eltern, welches lediglich ein Ausfluß der elterlichen Gewalt ist, aus, §§ 1858, 1859 Abs. 2, 1861, 1866 Ziffer 3, 1868, 1880.

**§ 1906.** 1. Die vorläufige Vormundschaft kann in allen Fällen der beantragten Entmündigung (§ 6) angeordnet werden, mag der Antrag auf Geisteskrankheit, Geistesschwäche, Verschwendung oder Trunksucht gestützt sein.

2. Materielle Voraussetzungen der vorläufigen Vormundschaft. § 1906.

a. Ein Entmündigungsantrag liegt nur vor, wenn er von einem Antragsberechtigten (vgl. § 6 Note B. 1) an das für die Entmündigung zuständige Gericht (vgl. § 6 Note B. III) gestellt ist. Solange ein solcher Antrag nicht vorliegt, kann nur die Bestellung einer Gebrechlichkeitspflegschaft im Sinne des § 1910 (vgl. daselbst namentlich auch Abs. 3) in Frage kommen.

b. Die Erforderlichkeit der vorläufigen Vormundschaft zur Abwendung einer erheblichen Gefährdung der Person oder des Vermögens des zu Entmündigenden ist in das freie Ermessen des Vormundschaftsgerichts gestellt. Die ungerechtfertigte Annahme dieser Erforderlichkeit beeinträchtigt nicht die Rechtswirksamkeit der Vormundschaftsanordnung, sondern begründet nur die Beschwerde (vgl. Note 3 c).

3. Zuständigkeit und Verfahren des Vormundschaftsgerichts.

a. Zuständigkeit FrG. §§ 35, 36 (S. 982); vgl. indeß auch FrG. § 7 (S. 982). Das für die Anordnung der vorläufigen Vormundschaft unzuständige Gericht kann indeß für vorläufige Maßregeln zuständig sein, §§ 1846, 1897 in Verbindung mit FrG. § 44 (S. 1032).

b. Das Vormundschaftsgericht wird von Amtswegen thätig, gleichviel ob der Antrag eines Interessenten, die Anzeige des Gemeindewaisenraths (FrG. § 49) oder eine Mittheilung des Prozeßgerichts CPO. § 657 vorliegt.

***CPO.* § 657.** *Sobald das Gericht die Anordnung einer Fürsorge für die Person oder das Vermögen des zu Entmündigenden für erforderlich hält, ist der Vormundschaftsbehörde zum Zwecke dieser Anordnung Mittheilung zu machen.*

c. Beschwerde.

α. Beschwerderecht der Interessenten.

***FG.* § 57 Ziffer 2.** *Die Beschwerde steht, unbeschadet der Vorschriften des § 20, zu:*

*2. gegen eine Verfügung, durch welche die Anordnung einer vorläufigen Vormundschaft abgelehnt oder eine solche Vormundschaft aufgehoben wird, denjenigen, welche den Antrag auf Entmündigung zu stellen berechtigt sind.*

β. Sofortige Beschwerde des Bevormundeten; vgl. auch FrG. §§ 20, 59 (S. 983).

***FG.* § 60 Ziffer 5.** *Die sofortige Beschwerde findet statt:*

*5. gegen eine Verfügung, durch die ein Volljähriger unter vorläufige Vormundschaft gestellt wird.*

Die bis zur Aufhebung vorgenommenen Rechtsgeschäfte des Mündels FrG. § 61, des Vormundes FrG. § 32 vgl. zu Note 6 b u. c.

4. Die rechtliche Natur der vorläufigen Vormundschaft.

Ihrer rechtlichen Natur nach ist die vorläufige Vormundschaft eine Vormundschaft über Volljährige und untersteht den Vorschriften der §§ 1896 ff. mit den sich aus §§ 1907 u. 1908 ergebenden Besonderheiten. — Nicht ausgeschlossen ist, daß anstatt einer vorläufigen Vormundschaft eine vorläufige Pflegschaft gemäß § 1909 Abs. 3 angeordnet wird. Vgl. § 1909 Note I. 2 d, § 1915 Note I. 2 c.

5. Die Wirkung der vorläufigen Vormundschaft.

a. Beschränkte Geschäftsfähigkeit (§§ 114, 107 ff.) des unter vorläufige Vormundschaft gestellten Volljährigen. Wegen des Zeitpunktes des Wirksamwerdens vgl. zu Note 6.

b. Einfluß der Zurücknahme oder Abweisung des Entmündigungsantrags und der Aufhebung des angefochtenen Entmündigungsbeschlusses auf die von oder gegenüber dem Bevormundeten vorgenommenen Rechtsgeschäfte § 115 Abs. 2.

Bei Aufhebung der Vormundschaftsanordnung durch das Beschwerdegericht vgl. FrG. § 61 (Note 6 b).

c. Stellung unter vorläufige Vormundschaft bewirkt Untauglichkeit zu vormundschaftlichen Aemtern (§§ 1781, 1792 Abs. 4, 1694, 1866, 1897, 1915) und begründet die Entlassung aus denselben, § 1886.

d. Die Eidesfähigkeit des unter vorläufige Vormundschaft Gestellten im Prozesse CPO. § 473 Abs. 3.

1. Keine Berufung zur Vormundschaft.

**§ 1907.** Die Vorschriften über die Berufung zur Vormundschaft gelten nicht für die vorläufige Vormundschaft.

2. Beendigung der vorläufig. Vormundschaft a. kraft Gesetzes.

**§ 1908.** Die vorläufige Vormundschaft endigt mit der Rücknahme oder der rechtskräftigen Abweisung des Antrags auf Entmündigung.

Erfolgt die Entmündigung, so endigt die vorläufige Vormundschaft, wenn auf Grund der Entmündigung ein Vormund bestellt wird.

b. kraft vorm.gerichtlicher Aufhebung.

Die vorläufige Vormundschaft ist von dem Vormundschaftsgericht aufzuheben, wenn der Mündel des vorläufigen vormundschaftlichen Schutzes nicht mehr bedürftig ist.

---

6. Wirksamwerden der die vorläufige Vormundschaft anordnenden und aufhebenden Verfügung.

a. Der Zeitpunkt des Wirksamwerdens der die Vormundschaft anordnenden und aufhebenden Verfügung ist zugleich für den Eintritt und Fortfall der Beschränkung des Bevormundeten in der Geschäftsfähigkeit (vgl. Note 5a) maßgebend. Der Zeitpunkt richtet sich nach FrG. § 52.

*FG. § 52. Eine Verfügung, durch die ein Volljähriger unter vorläufige Vormundschaft gestellt wird, tritt, wenn die Entmündigung wegen Geisteskrankheit beantragt ist, mit der Bestellung des Vormundes, wenn die Entmündigung wegen Geistesschwäche, wegen Verschwendung oder wegen Trunksucht beantragt ist, mit der Bekanntmachung an den zu Entmündigenden, eine Verfügung, durch die eine vorläufige Vormundschaft aufgehoben wird, tritt mit der Bekanntmachung an den Mündel in Wirksamkeit.*

b. Wird die Vormundschaftsanordnung auf Grund sofortiger Beschwerde (vgl. Note 3c$\beta$) aufgehoben, so gilt für die Wirksamkeit der inzwischen vorgenommenen Rechtsgeschäfte des Mündels FrG. § 61.

*FG. § 61. Wird eine Verfügung, durch die ein Volljähriger unter vorläufige Vormundschaft gestellt ist, von dem Beschwerdegericht aufgehoben, so kann die Wirksamkeit der von oder gegenüber dem Volljährigen vorgenommenen Rechtsgeschäfte nicht auf Grund der aufgehobenen Verfügung in Frage gestellt werden.*

Die Wirksamkeit der Rechtsgeschäfte des Vormundes richtet sich nach FrG. § 32 (S. 984).

c. Für den Fall der Zurücknahme oder der Abweisung des Entmündigungsantrags oder erfolgreicher Anfechtung der Entmündigung vgl. zu 5b.

d. Prozeßfähigkeit vgl. Vorb. zum dritten Abschnitte Note B. V. 3 (S. 984).

**§ 1907.** 1. Der Grund für die Vorschrift liegt in der dringlichen Natur der in Betracht kommenden Fälle.

2. Die Person des Vormundes ist demnach gemäß §§ 1897, 1779–1781, 1784 ff. vom Vormundschaftsgericht auszuwählen. Auch die Ausschließung einer Person durch die Eltern gemäß § 1783 findet nach § 1898 nicht statt.

**§ 1908.** 1. Nach der allgemeinen Vorschrift des § 1897 finden auf die Beendigung der Vormundschaft über Volljährige die §§ 1882 ff. Anwendung (vgl. Note 2). Durch § 1908 werden diese Vorschriften für die vorläufige Vormundschaft ergänzt (Note 3).

2. Die Beendigung der Vormundschaft über Volljährige.

Abgesehen von dem Tode des Mündels (vgl. § 1882 Note 1) endigt nach § 1897 in Verbindung mit §§ 1882 ff. die Vormundschaft über Volljährige:

a. wenn die Entmündigung wegfällt. Vgl. § 1882 Note I. 7 und § 6 Abs. 2, sowie Note E daselbst (S. 7);

b. bei Verschollenheit des Mündels mit der Aufhebung der Vormundschaft § 1884 Abs. 1;

c. bei Todeserklärung des Mündels mit der Erlassung des die Todeserklärung aussprechenden Urteils § 1884 Abs. 2.

## Dritter Titel.

## Pflegschaft.

---

3. Besondere Beendigungsgründe der vorläufigen Vormundschaft. Von den zu 2 aufgeführten Beendigungsgründen kommen für die vorläufige Vormundschaft nur die zu b und c in Betracht. Zu diesen werden durch § 1908 folgende Beendigungsgründe hinzugefügt:

a. Zurücknahme des Entmündigungsantrags vgl. hierzu § 1906 Note 5b § 115 Abs. 2.

b. Rechtskräftige (CPO. §§ 663, 680 Abs. 3) Abweisung des Entmündigungsantrags (vgl. § 1906 Note 5b, § 115 Abs. 2).

c. Im Falle der Entmündigung endigt die vorläufige Vormundschaft mit der Bestellung des Vormundes auf Grund des § 1896. Eine besondere Aufhebung der vorläufigen Vormundschaft findet nicht statt. Wegen der aus dem Anschlusse der einen Vormundschaft an die andere sich ergebenden Rechtsverhältnisse vgl. § 1882 Note II. 3.

d. Aufhebung der Vormundschaft durch das Vormundschaftsgericht wegen Fortfalls des Bedürfnisses des vorläufigen vormundschaftlichen Schutzes. Beschwerde vgl. FrG. § 57 Ziffer 2 (S. 1055).

4. Gutgläubige Fortführung der objektiv beendigten Vormundschaft. Von besonderer Wichtigkeit kann im Falle des § 1908 Abs. 1 u. 2 die Vorschrift der §§ 1893, 1682 über die gutgläubige Fortführung der objektiv beendigten Vormundschaft durch den bisherigen Vormund werden.

I. Verhältniß der Pflegschaft zur Vormundschaft. Die Pflegschaft ist eine Unterart der Vormundschaft im weiteren Sinne. Ueber das Verhältniß zwischen Vormundschaft im engeren Sinne und Pflegschaft vgl. Vorb. zum III. Abschnitt Note B I. (S. 981.) Vorbemerkung zum 3. Titel.

II. Pfleger und Pflegling.

1. Mit Ausnahme des Falles des § 1914 (Pflegschaft für ein Sammelvermögen) sind die Pflegschaften des BGB. Personal-, nicht Realpflegschaften.

2. Wie der Vormund ist der Pfleger innerhalb des ihm zugewiesenen besonderen Wirkungskreises gesetzlicher Vertreter des Pfleglings.

3. Die Pflegschaft als solche beeinträchtigt nicht die Geschäftsfähigkeit des Pfleglings. Dieselbe richtet sich vielmehr nach den allgemeinen Grundsätzen. Nur für den Prozeß ist zur Vermeidung von sich widersprechenden Erklärungen des Pflegers und des geschäftsfähigen Pfleglings die besondere Vorschrift CPO. § 53 erforderlich erachtet.

*CPO. § 53. Wird in einem Rechtsstreit eine prozessfähige Person durch einen Pfleger vertreten, so steht sie für den Rechtsstreit einer nicht prozessfähigen Person gleich.*

Wegen der Eidesfähigkeit vgl. CPO. §§ 473, 477.

III. Die Arten der Pflegschaft.

1. Die Pflegschaft kann einen Rechtsgrund haben, welcher zugleich den Rechtsgrund einer Vormundschaft oder der elterlichen Gewalt bildet. Die Pflegschaft tritt in solchen Fällen nur deshalb ein, weil die vormundschaftliche oder elterliche Fürsorge aus thatsächlichen oder rechtlichen Gründen nicht stattfinden kann (§ 1909).

2. Die Pflegschaft kann eine selbständige sein, d. h. sie kann unabhängig von einer Vormundschaft oder der elterlichen Gewalt bestehen. Die Anordnung solcher Pflegschaften ist nur unter den bestimmt bezeichneten gesetzlichen Voraussetzungen zulässig. Es besteht keine clausula generalis. Außer den Pflegschaftsfällen der §§ 1910—1914 kennt das BGB. nur noch die erbrechtlichen Pflegschaften, nämlich:

a. die Nachlaßpflegschaft für denjenigen, der Erbe sein wird. §§ 1960 ff.;

b. die Nachlaßpflegschaft zum Zwecke der Befriedigung der Nachlaßgläubiger (Nachlaßverwaltung) §§ 1975 ff.;

I. Pflegschaft aus d. Rechtsgrunde der elterlichen Gewalt oder der Vormundschaft.

**§ 1909.** Wer unter elterlicher Gewalt oder unter Vormundschaft steht, erhält für Angelegenheiten, an deren Besorgung der Gewalthaber oder der Vormund verhindert ist, einen Pfleger. Er erhält insbesondere einen Pfleger zur Verwaltung des Vermögens, das er

---

c. vgl. auch die erbrechtliche Abwesenheitspflegschaft für einen bei dem Auseinandersetzungsverfahren der Miterben Betheiligten. FrG. § 88.

3. Spezialnebenpflegschaft.

Die entsprechende Anwendung (vgl. § 1915) des für die Vormundschaft in § 1909 ausgesprochenen Prinzips, daß der Rechtsgrund der Vormundschaft immer zugleich den Grund für die Anordnung einer Pflegschaft bilden kann, auf die Pflegschaft ergiebt, daß der Rechtsgrund der Pflegschaft immer zugleich den Rechtsgrund für eine speziellere, neben der Hauptpflegschaft bestehende Nebenpflegschaft für solche Fälle bilden kann, in denen die Hauptpflegschaft aus einem thatsächlichen oder rechtlichen Grunde nicht ausreicht.

4. Sonstige Fälle von Pflegschaft können sich aus den reichsrechtlichen Spezialgesetzen (EG. Art. 32) sowie aus dem vorbehaltenen Landesrechte (EG. Art. 55 ff.) ergeben; z. B. Güterpflege der §§ 334, 480 StPO. in den Fällen der Vermögensbeschlagnahme, welche gegen den abwesenden Angeschuldigten und im Falle des StGB. § 93 (Hoch- und Landesverrath) verfügt ist. — Vgl. auch FrG. § 88 (§ 1911 Note 4a).

5. Fälle von Spezialvertretern im Reichsrecht.

a. BGB. § 1141. Bestellung eines Vertreters für den Grundstückseigenthümer auf Antrag des Hypothekengläubigers zur Entgegennahme der Kündigung.

b. CPO. § 57. Bestellung eines besonderen Vertreters für eine nicht prozeßfähige Partei, welche ohne gesetzlichen Vertreter ist, bei Gefahr im Verzuge.

c. CPO. §§ 58, 787. Bestellung eines Vertreters zur Geltendmachung der sich aus dem Eigenthum ergebenden Rechte und Verpflichtungen im Falle des § 928 BGB., wenn ein neuer Eigenthümer im Grundbuche noch nicht eingetragen ist.

d. CPO. § 494. Bestellung eines Vertreters für den dem Beweisführer unbekannten Gegner bei Sicherung des Beweises.

e. CPO. § 779. Bestellung eines Vertreters für den Erben bei der Zwangsvollstreckung in den Nachlaß, wenn der Schuldner zuzuziehen ist, der Erbe die Erbschaft aber noch nicht angenommen hat oder ungewiß ist.

f. Bestellung eines Zustellungsvertreters für unbekannt Betheiligte bei der Zwangsversteigerung in Grundstücke Zw. §§ 6 bis 8.

g. Bestellung eines Vertreters, wenn für einen bei der Zwangsversteigerung zugetheilten Betrag die Person des Berechtigten unbekannt ist. Zw. § 135.

IV. Uebergangsvorschrift EG. Artt. 210, 160.

V. Internationales Privatrecht. Art. 23.

VI. Zuständigkeit und Verfahren.

1. Die Zuständigkeit ist für die einzelnen Pflegschaftsfälle gesondert geregelt. FrG. §§ 37—42 vgl. zu §§ 1909—1914.

2. Beschwerde wegen Ablehnung der Pflegschaftsanordnung oder wegen Aufhebung einer Pflegschaft FrG. § 57 Ziffer 3.

*FG. § 57 Ziffer 3. Die Beschwerde steht, unbeschadet der Vorschriften des § 20, zu:*

*3. gegen eine Verfügung, durch welche die Anordnung einer Pflegschaft abgelehnt oder eine Pflegschaft aufgehoben wird, Jedem, der ein rechtliches Interesse an der Aenderung der Verfügung hat, in den Fällen der § 1909, 1910 des Bürgerlichen Gesetzbuchs auch dem Ehegatten sowie den Verwandten und Verschwägerten des Pflegebefohlenen; diese Vorschrift gilt jedoch im Falle des § 1910 nur dann, wenn eine Verständigung mit dem Pflegebefohlenen nicht möglich ist.*

von Todeswegen erwirbt oder das ihm unter Lebenden von einem Dritten unentgeltlich zugewendet wird, wenn der Erblasser durch letztwillige Verfügung, der Dritte bei der Zuwendung bestimmt hat, daß dem Gewalthaber oder dem Vormunde die Verwaltung nicht zustehen soll.

Tritt das Bedürfniß einer Pflegschaft ein, so hat der Gewalthaber oder der Vormund dem Vormundschaftsgericht unverzüglich Anzeige zu machen.

Die Pflegschaft ist auch dann anzuordnen, wenn die Voraussetzungen für die Anordnung einer Vormundschaft vorliegen, ein Vormund aber noch nicht bestellt ist.

---

**§ 1909.** I. **Pflegschaft neben der elterlichen Gewalt, Vormundschaft oder Pflegschaft.**

1. Pflegschaft neben der elterlichen Gewalt.

a. Der Umfang der dem Gewalthaber obliegenden Sorge für das Kind vgl. §§ 1627 ff.

α. Die Verhinderung des Gewalthabers kann eine thatsächliche (§ 1665) oder rechtliche sein (vgl. zu § 1628 Note 1).

β. Zur Bestellung und Aufhebung einer von dem Vormundschaftsgerichte gemäß § 1668 dem Vater auferlegten Sicherheitsleistung bedarf es keiner Pflegschaft. § 1672.

γ. Wegen Ausschließung des Gewalthabers durch den Vermögenszuwender von der Verwaltung des zugewendeten Vermögens vgl. zu 2e.

b. Für eine Pflegschaft bleibt bei Verhinderung des Vaters nur Raum, soweit nicht die elterliche Gewalt der Mutter eintritt. § 1665 Note 3.

c. Einwirkung der Pflegschaft auf die elterliche Gewalt.

α. Einschränkung der elterlichen Sorge und Vertretungsmacht im Umfange der Pflegschaft § 1628.

β. Meinungsverschiedenheit zwischen dem Gewalthaber und dem Pfleger § 1629.

d. Anzeigepflicht von dem Eintritte des Bedürfnisses, einen Pfleger zu bestellen § 1909 Abs. 3, §§ 121, 1664.

e. Keine Berufung zur Pflegschaft § 1909.

f. Beendigung der Pflegschaft § 1918 Note 1 und 3.

2. Pflegschaft neben der Vormundschaft.

a. Der Umfang der dem Vormund obliegenden Sorge für den Mündel. §§ 1793 ff.

α. Die Fälle thatsächlicher (§ 1846) oder rechtlicher (§§ 1795, 1796, vgl. auch §§ 1801, 1845) Verhinderung des Vormundes.

β. Zur Bestellung und Aufhebung einer von dem Vormundschaftsgerichte dem Vormund auferlegten Sicherheitsleistung (§ 1844) bedarf es keiner Pflegschaft. § 1844 Abs. 2.

b. Das Verhältniß zwischen Vormund und Pfleger ergiebt sich aus § 1794; Meinungsverschiedenheit §§ 1798, 1915.

c. Anzeigepflicht des Vormundes bei dem Eintritte des Bedürfnisses, einen Pfleger zu bestellen §§ 1909 Abs. 3, 1833. — Berufung zur Pflegschaft in den Fällen des § 1909, vgl. §§ 1916, 1917.

d. Durch Abs. 3 wird die Bestellung eines Pflegers für unaufschiebbare Angelegenheiten in den Fällen ermöglicht, in denen die Voraussetzungen für die Anordnung einer Vormundschaft (§§ 1773, 1896, 1906) zwar vorliegen, ein Vormund aber noch nicht bestellt ist, und der sofortigen Bestellung Hindernisse entgegenstehen. (Vgl. §§ 1846, 1897.)

e. (Abs. 1 Satz 2.) Ausschließung des Gewalthabers oder des Vormundes von der Verwaltung des dem Kinde oder dem Mündel zugewendeten Vermögens durch den Vermögenszuwender.

α. Daß die Ausschließung des Vormundes von der Vermögensverwaltung

II. Pflegschaft aus anderen Gründen.
1. Gebrechlichkeitspflegschaft.

**§ 1910.** Ein Volljähriger, der nicht unter Vormundschaft steht, kann einen Pfleger für seine Person und sein Vermögen erhalten, wenn er in Folge körperlicher Gebrechen, insbesondere weil er taub, blind oder stumm ist, seine Angelegenheiten nicht zu besorgen vermag.

Vermag ein Volljähriger, der nicht unter Vormundschaft steht, in Folge geistiger oder körperlicher Gebrechen einzelne seiner Angelegenheiten oder einen bestimmten Kreis seiner Angelegenheiten, insbesondere seine Vermögensangelegenheiten nicht zu besorgen, so kann er für diese Angelegenheiten einen Pfleger erhalten.

Die Pflegschaft darf nur mit Einwilligung des Gebrechlichen angeordnet werden, es sei denn, daß eine Verständigung mit ihm nicht möglich ist.

---

die Anordnung einer Pflegschaft rechtfertigt, mußte besonders hervorgehoben werden, weil das Vorhandensein der Ausschließungsanordnung den Vormund nicht kraft Gesetzes ausschließt (vgl. Note 1 zu § 1794) und somit § 1909 Abs. 1 Satz 1 den Fall eigentlich nicht trifft. Wenn derselbe dennoch als ein Unterfall durch Verwendung des Wortes „insbesondere" bezeichnet ist, so ist dies in dem Sinne für nicht unrichtig erachtet, daß die Anordnung des Dritten, wenn auch nicht unmittelbar, so doch mittelbar als rechtlicher Grund der Behinderung des Vormundes erscheint (Mot.).

β. Für den Fall der elterlichen Gewalt ergiebt sich der Rechtsgrund für die Bestellung des Pflegers schon aus §§ 1638, 1909 Abs. 1 Satz 1. Die Erwähnung ist nur erfolgt, um einem unrichtigen argumentum e contrario zu begegnen und um das Gesetz verständlicher zu machen.

γ. Die Vorschrift des Abs. 1 Satz 2 schließt natürlich nicht aus, daß der Erblasser die Verwaltung des dem Kinde oder dem Mündel zufallenden Vermögens einem Testamentsvollstrecker (§§ 2197 ff.) überträgt. Die dem Pfleger gemäß § 1909 Abs. 1 Satz 2 zufallende Verwaltung würde sich alsdann auf die Wahrnehmung der dem Kinde oder dem Mündel gegen den Testamentsvollstrecker zustehenden Rechte (vgl. § 2218) beschränken.

f. Annahme des Pfleglings an Kindesstatt von Seite des zur Vermögensverwaltung bestellten Pflegers § 1752 Abs. 2.

g. Beendigung der Pflegschaft § 1918 Note 1 und 3.

3. Pflegschaft neben einer Pflegschaft (vgl. Titelvorb. Note III. 3). (S. 1058.)

Das Verhältniß der Nebenpflegschaft zur Hauptpflegschaft ist das gleiche wie das der Pflegschaft zur Vormundschaft im Falle der Note 2.

II. **Zuständigkeit und Verfahren.**

1. Zuständigkeit.

***FG.*** *§ 37. Soll Jemand nach § 1909 des Bürgerlichen Gesetzbuchs einen Pfleger erhalten, so ist, wenn bei einem inländischen Gericht eine Vormundschaft über ihn anhängig ist, für die Pflegschaft dieses Gericht zuständig. Im Uebrigen finden auf die Pflegschaft die Vorschriften des § 36 Anwendung.*

*Für die Pflegschaft über einen Ausländer, für den bei einem inländischen Gericht eine Vormundschaft nicht anhängig ist und der im Inlande weder Wohnsitz noch Aufenthalt hat, ist das Gericht zuständig, in dessen Bezirke das Bedürfniss der Fürsorge hervortritt.*

2. Beschwerde wegen Ablehnung der Anordnung einer Pflegschaft oder wegen Aufhebung derselben. FrG. § 57 Ziffer 3 (S. 1058).

**§ 1910.** 1. Arten der Gebrechlichkeitspflegschaft.

a. (Abs. 1.) Die allgemeine Pflegschaft für Person und Vermögen. Sie wird nur angewendet bei körperlicher Gebrechlichkeit, insbesondere

**§ 1911.** Ein abwesender Volljähriger, dessen Aufenthalt unbekannt ist, erhält für seine Vermögensangelegenheiten, soweit sie der Fürsorge bedürfen, einen Abwesenheitspfleger. Ein solcher Pfleger ist ihm insbesondere auch dann zu bestellen, wenn er durch Ertheilung eines Auftrags oder einer Vollmacht Fürsorge getroffen hat, aber Umstände eingetreten sind, die zum Widerrufe des Auftrags oder der Vollmacht Anlaß geben. 2. Abwesenheitspflegschaft.

Das Gleiche gilt von einem Abwesenden, dessen Aufenthalt bekannt, der aber an der Rückkehr und der Besorgung seiner Vermögensangelegenheiten verhindert ist.

---

Taubheit, Blindheit, Stummheit. — Wegen geistiger Gebrechen kann eine allgemeine Pflegschaft nicht angeordnet werden. Entmündigung (§ 6) und Vormundschaft (§ 1896) greifen ein.

b. (Abs. 2.) Die auf einzelne Angelegenheiten oder einen bestimmten Kreis derselben, insbesondere auf die Vermögensangelegenheiten beschränkte Pflegschaft. In diesem Umfange kann die Pflegschaft wegen geistiger oder körperlicher Gebrechen angeordnet werden. Z. B. Bestellung eines Pflegers für den geisteskranken Ehegatten zur Durchführung des gegen ihn gerichteten Scheidungsprozesses, vgl. § 1569 Note 5.

2. (Abs. 3.) Die Pflegschaft darf nur mit Einwilligung (§ 183) des Gebrechlichen angeordnet werden. Die Zuwiderhandlung macht die Anordnung der Pflegschaft nicht nichtig, sondern bewirkt nur die Schadensersatzpflicht des Vormundschaftsrichters (§§ 1848, 1915). Ob eine Verständigung möglich oder unmöglich ist, entscheidet das Vormundschaftsgericht.

3. Wirkungen der Gebrechlichkeitspflegschaft.

a. Die Geschäftsfähigkeit des Gebrechlichen wird durch die Pflegschaft nicht beeinträchtigt. Vgl. indeß für den Prozeß CPO. § 53 (S. 1057) auch RG. 14 269.

b. Auf dem Gebiete des ehelichen Güterrechts.

α. Klage der Frau auf Aufhebung der ehemännlichen Verwaltung und Nutznießung, wenn der Mann nach § 1910 einen Pfleger zur Besorgung seiner Vermögensangelegenheiten erhalten hat. § 1418 Ziffer 4 und daselbst Note II. 4; § 1425. — Errungenschaftsgemeinschaft §§ 1542, 1547 ff.

β. Berechtigung der in Gütertrennung lebenden Frau zur Zurückbehaltung ihres Beitrags zum ehelichen Aufwande, wenn der Mann auf Grund des § 1910 einen Pfleger erhalten hat. § 1428 Abs. 2.

c. Die Pflegschaft aus § 1910 bewirkt Ruhen der dem Gebrechlichen zustehenden elterlichen Gewalt. § 1676 Abs. 2.

d. Untauglichkeit des Gebrechlichen zu vormundschaftlichen Aemtern. §§ 1781, 1792 Abs. 4, 1866 Ziffer 2, 1915 Abs. 1.

e. Die Ernennung des Testamentsvollstreckers ist unwirksam, wenn er zu der Zeit, zu welcher er das Amt anzutreten hat, nach § 1910 zur Besorgung seiner Vermögensangelegenheiten einen Pfleger erhalten hat.

4. Zuständigkeit und Verfahren.

a. Zuständigkeit FrG. § 38.

*FG. § 38. Auf die Zuständigkeit für die Pflegschaft über einen Gebrechlichen finden die Vorschriften des § 36 Abs. 1, 2 und des § 37 Abs. 2 entsprechende Anwendung.*

b. Beschwerde wegen Ablehnung oder Aufhebung.

c. Pflegschaft FrG. § 57 Ziffer 3 (S. 1058).

5. Beendigung der Gebrechlichkeitspflegschaft § 1920.

6. Uebergangsvorschrift.

EG. Art. 210 Abs. 1 Satz 2. Ist die Vormundschaft wegen eines körperlichen Gebrechens angeordnet, so gilt sie als eine nach § 1910 Abs. 1 des Bürgerlichen Gesetzbuchs angeordnete Pflegschaft.

§ 1911. **§ 1911.** 1. Inhalt der Abwesenheitspflegschaft.

Die Abwesenheitspflegschaft erstreckt sich ausschließlich auf Vermögensangelegenheiten; also keine Vertretung des Abwesenden in Ehe- und Statussachen, keine Anerkennung der Ehelichkeit eines Kindes der Ehefrau des Abwesenden (§ 1965). Die Pflegschaft braucht nicht nur die Erhaltung des vorhandenen Vermögens, sondern kann auch die Verwaltung desselben in dem dem Pfleger zugewiesenen Umfang umfassen. Der Pfleger kann deshalb, insbesondere auch von Todeswegen, für seinen Pflegling erwerben.

2. Voraussetzungen für die Anordnung einer Abwesenheitspflegschaft.

a. Abwesenheit eines Volljährigen (§§ 2, 3 Abs. 2). Für Minderjährige reicht Vormundschaft oder elterliche Gewalt aus. Tod des Abwesenden zur Zeit der Pflegschaftsanordnung beeinträchtigt nicht die Rechtswirksamkeit der Pflegschaft (arg. ex § 1921 Abs. 2, vgl. RG. 12 68).

b. Abwesenheit, d. i. Abwesenheit vom Wohnsitze (§§ 7 ff.). — Unbekanntheit des Aufenthaltes; vgl. Verschollenheit § 13 Note 1 oder Behinderung zurückzukehren und die Vermögensangelegenheiten zu besorgen.

c. Bedürfniß der Fürsorge liegt nicht vor, wenn und insoweit der Abwesende durch Auftrag oder Vollmacht Vorsorge getroffen hat. Der Widerruf (Abs. 1 Satz 2) der Vollmacht (§ 168) oder des Auftrags (§ 671) erfolgt gegebenenfalls durch den bestellten Abwesenheitspfleger, nicht durch das Vormundschaftsgericht. Die Vorschrift des Abs. 1 Satz 2 gilt auch in den Fällen, in denen die für den Auftrag geltenden Vorschriften Anwendung finden, also für den eine Geschäftsbesorgung zum Gegenstande habenden Dienst- oder Werkvertrag § 675 und für den Gesellschaftsvertrag § 712.

3. Wirkungen der Abwesenheitspflegschaft.

a. Die Geschäftsfähigkeit des Abwesenden wird durch die Abwesenheitspflegschaft nicht beeinträchtigt. Vgl. indeß für die Prozeßfähigkeit CPO. § 53 (S. 1057).

b. Eheliches Güterrecht.

α. Klage der Frau auf Aufhebung der ehemännlichen Verwaltung und Nutznießung, wenn der Mann einen Abwesenheitspfleger erhalten hat und die baldige Aufhebung nicht zu erwarten ist. § 1418 Ziffer 5, vgl. daselbst Note II. 5; § 1425. — Errungenschaftsgemeinschaft §§ 1542, 1547.

β. Berechtigung der in Gütertrennung lebenden Frau zur Zurückbehaltung ihres Beitrags zum ehelichen Aufwande, wenn ein Abwesenheitspfleger für den Mann bestellt ist. § 1428 Abs. 2.

4. Zuständigkeit und Verfahren.

a. Zuständigkeit FrG. § 39. — Wegen der Abwesenheitspflegschaft für einen abwesenden Betheiligten im Auseinandersetzungsverfahren vgl. FrG. § 88 zu §§ 2032 ff.

*FG. § 39. Für die Pflegschaft über einen Abwesenden ist das Gericht zuständig, in dessen Bezirke der Abwesende seinen Wohnsitz hat.*

*Hat der Abwesende im Inlande keinen Wohnsitz, so finden die Vorschriften des § 36 Abs. 2 und des § 37 Abs. 2 entsprechende Anwendung.*

b. Die Pflegschaftsbestellung erfolgt von Amtswegen im Interesse des Abwesenden, unbeschadet der Möglichkeit, durch Anträge die Thätigkeit des Vormundschaftsgerichts zu veranlassen. — Anzeigepflicht des Gemeindewaisenraths FrG. § 49 (S. 1034).

5. Sonstige Wirkungen der Abwesenheit vgl. § 13 Note 2 u. 3; insbesondere Todeserklärung §§ 13 ff. — Ehescheidung wegen böslicher Verlassung § 1567.

6. Beendigung der Abwesenheitspflegschaft § 1921.

**§ 1912.** Eine Leibesfrucht erhält zur Wahrung ihrer künftigen Rechte, soweit diese einer Fürsorge bedürfen, einen Pfleger. Die Fürsorge steht jedoch dem Vater oder der Mutter zu, wenn das Kind, falls es bereits geboren wäre, unter elterlicher Gewalt stehen würde. 3. Pflegschaft für eine Leibesfrucht.

**§ 1913.** Ist unbekannt oder ungewiß, wer bei einer Angelegenheit der Betheiligte ist, so kann dem Betheiligten für diese Angelegenheit, soweit eine Fürsorge erforderlich ist, ein Pfleger bestellt werden. Insbesondere kann einem Nacherben, der noch nicht erzeugt ist oder dessen Persönlichkeit erst durch ein künftiges Ereigniß bestimmt wird, für die Zeit bis zum Eintritte der Nacherbfolge ein Pfleger bestellt werden. 4. Pflegschaft für unbekannte Betheiligte.

---

**§ 1912.** 1. Die Vorschrift des § 1912 betrifft nur die für eine Leibesfrucht, d. i. für den schon erzeugten Ungeborenen (nasciturus) einzuleitende Pflegschaft. Wegen der für noch nicht Erzeugte einzusetzenden Pflegschaft, z. B. eine sogen. Deszendenzkuratel vgl. § 1913.

2. Die Wahrung künftiger Rechte des nasciturus (vgl. § 1 Note III) kann namentlich in Frage kommen:

a. bei der Schadensersatzpflicht wegen Tödtung des Ernährers (§ 844);
b. auf dem Gebiete des Erbrechts (§§ 1923 Abs. 2, 2108, 2128). Das Bedürfniß kann namentlich hervortreten, wenn der nasciturus als Vermächtnißnehmer oder Nacherbe eingesetzt ist (vgl. § 1923 Abs. 2, CPO. § 69, §§ 2114, 2116—2118, 2142). Für den nasciturus als Erben wird regelmäßig die Nachlaßpflegschaft aus § 1960 ausreichen. Vgl. § 1923 Note B. II. 2 a δ. (S. 1072.)
c. in Fällen, in denen Spezialgesetze künftige Rechte des nasciturus anerkennen, so namentlich auf dem Gebiete der Fideikommisse und der Familienstiftungen, EG. Art. 59.
d. Keine Fälle der Pflegschaft für die Leibesfrucht bilden:
α. der Anspruch der Mutter des nasciturus auf Unterhalt aus dem Nachlasse § 1963;
β. der Anspruch der Mutter des unehelichen nasciturus auf Hinterlegung des Unterhaltsgeldes vor der Entbindung § 1716.

3. Auch die Pflegschaft für die Leibesfrucht ist eine Personalkuratel (vgl. Titelvorb. Note II. 1). Der Pfleger hat innerhalb des ihm zugewiesenen Wirkungskreises als Vertreter des nasciturus die künftigen Rechte desselben zu wahren.

4. Die Pflegschaft für den nasciturus kann sowohl für eheliche als für uneheliche Geburten eingeleitet werden.

5. Wegen der elterlichen Gewalt §§ 1626 ff.

6. Zuständigkeit und Verfahren.

a. Zuständigkeit FrG. § 40.

*FG. § 40. Für die Pflegschaft über eine Leibesfrucht ist das Gericht zuständig, welches für die Vormundschaft zuständig sein würde, falls das Kind zu der Zeit, zu welcher das Bedürfniss der Fürsorge hervortritt, geboren wäre.*

b. Die Pflegschaftsbestellung erfolgt von Amtswegen im Interesse der Leibesfrucht, unbeschadet der Veranlassung der vormundschaftsgerichtlichen Thätigkeit durch einen Antragsteller. — Anzeigepflicht des Gemeindewaisenraths FrG. § 49 (S. 1034).
c. Beschwerde wegen Ablehnung oder Aufhebung der Pflegschaft FrG. § 57 Ziffer 3 (S. 1058).

5. Beendigung der Pflegschaft § 1918 Note 2.

**§ 1913.** 1. Unbekanntheit oder Ungewißheit der Betheiligten kann namentlich vorliegen in Fällen,

a. in denen ausnahmsweise zukünftige Rechte einer noch nicht erzeugten Person anerkannt werden, vgl. § 1 Note III. 1. Hierher gehört die sog. Deszendenzkuratel. — Pflegschaft für den nasciturus § 1912;

5. Pflegschaft für ein zu einem vorübergehenden Zwecke öffentlich gesammeltes Vermög.

**§ 1914.** Ist durch öffentliche Sammlung Vermögen für einen vorübergehenden Zweck zusammengebracht worden, so kann zum Zwecke der Verwaltung und Verwendung des Vermögens ein Pfleger bestellt werden, wenn die zu der Verwaltung und Verwendung berufenen Personen weggefallen sind.

III. Abweichungen von den für die Vormundschaft geltenden Vorschriften.

**§ 1915.** Auf die Pflegschaft finden die für die Vormundschaft geltenden Vorschriften entsprechende Anwendung, soweit sich nicht aus dem Gesetz ein Anderes ergiebt.

1. Gegenvormund.

Die Bestellung eines Gegenvormundes ist nicht erforderlich.

---

b. in denen die Person des mit einem Vermächtnisse Bedachten oder des Nacherben erst durch ein zur Zeit des Erbfalls noch nicht eingetretenes Ereigniß bestimmt wird (vgl. § 2178). Im Falle der Erbschaft greift die Nachlaßpflegschaft aus §§ 1960 ff. ein;

c. in denen ein Betheiligter sein Recht nicht in der für die Geltendmachung desselben erforderlichen Form nachweisen kann, vgl. z. B. zu §§ 1170, 1172 Note 3 (S. 620); § 1196 Note 3a.

2. Die Pflegschaft ist Personalkuratel für denjenigen, den es angehen wird. Der Umfang der Befugnisse und Aufgaben des Pflegers ist von Fall zu Fall zu bestimmen. Daß der Pfleger es auch als seine Aufgabe anzusehen hat, den Berechtigten zu ermitteln, ist selbstverständlich.

3. Die Pflegschaft ist nicht auf Vertretung in Rechtsangelegenheiten beschränkt, sondern kann auch zwecks faktischer Fürsorge eingeleitet werden, z. B. bei Ueberschwemmungen und anderen größeren Unglücksfällen. (Mot.) — Pflegschaft für die unbekannten Betheiligten bei der Testamentseröffnung vgl. § 2262 Note 3.

4. Zuständigkeit und Verfahren.

a. Zuständigkeit FrG. § 41.

*FG. § 41. Wird im Falle des § 1913 des Bürgerlichen Gesetzbuchs die Anordnung einer Pflegschaft für den bei einer Angelegenheit Betheiligten erforderlich, so ist das Gericht zuständig, in dessen Bezirke das Bedürfniss der Fürsorge hervortritt.*

b. Einleitung der Pflegschaft geschieht von Amtswegen, vgl. § 1912 Note 6 b.

**§ 1914.** 1. Zuständigkeit FrG. § 42.

*FG. § 42. Für die Pflegschaft zum Zwecke der Verwaltung und Verwendung eines durch öffentliche Sammlung zusammengebrachten Vermögens ist das Gericht des Ortes zuständig, an welchem bisher die Verwaltung geführt wurde.*

2. Einleitung der Pflegschaft geschieht von Amtswegen § 1912 Note 6 b.

3. Beschwerde wegen Ablehnung oder Aufhebung der Pflegschaft FrG. § 57 Ziffer 3 (S. 1058).

**§ 1915.** I. **Analogie der Vormundschaft.**

1. Allgemeines.

Das Prinzip des Abs. 1 erstreckt sich nicht nur auf die in dem dritten Abschnitte des vierten Buches enthaltenen Vorschriften, sondern auf alle das vormundschaftliche Verhältniß berührenden Vorschriften des BGB., soweit sich nicht aus denselben ein Anderes ergiebt, z. B. §§ 1999, 2275. Bei anderen Gesetzen ist es Auslegungsfrage, ob die die Vormundschaft betreffenden Vorschriften sich auch auf die Pflegschaft beziehen sollen.

2. Im Einzelnen ergiebt sich aus dem Prinzipe des Abs. 1 insbesondere:

a. Der Rechtsgrund der Pflegschaft kann immer auch den Rechtsgrund für die Anordnung einer Spezialnebenpflegschaft bilden. Vgl. Titelvorb. Note III. 3 (S. 1058).

b. Der Pfleger bedarf zur Ausübung der Vertretungsmacht für den Pflegling in demselben Umfange wie der Vormund der Genehmigung des Gegenvormundes bzw. des Vormundschaftsgerichts (§§ 1812, 1821, 1822).

**§ 1916.** Für die nach § 1909 anzuordnende Pflegschaft gelten die Vorschriften über die Berufung zur Vormundschaft nicht. 2. Berufung zur Pflegschaft.

**§ 1917.** Wird die Anordnung einer Pflegschaft nach § 1909 Abs. 1 Satz 2 erforderlich, so ist als Pfleger berufen, wer als solcher von dem Erblasser durch letztwillige Verfügung, von dem Dritten bei der Zuwendung benannt worden ist; die Vorschriften des § 1778 finden entsprechende Anwendung. 3. Anordnungen d. Erblassers oder Vermögenszuwenders für die Verwaltung des dem Pfleglinge zugewendeten Vermögens.

Für den benannten Pfleger kann der Erblasser durch letztwillige Verfügung, der Dritte bei der Zuwendung die in den §§ 1852 bis 1854 bezeichneten Befreiungen anordnen. Das Vormundschaftsgericht kann die Anordnungen außer Kraft setzen, wenn sie das Interesse des Pflegebefohlenen gefährden.

Zu einer Abweichung von den Anordnungen des Dritten ist, solange er lebt, seine Zustimmung erforderlich und genügend. Die Zustimmung des Dritten kann durch das Vormundschaftsgericht ersetzt werden, wenn der Dritte zur Abgabe einer Erklärung dauernd außer Stande oder sein Aufenthalt dauernd unbekannt ist.

---

c. Die Beschränkung der Geschäftsfähigkeit tritt ebenso wie durch Stellung unter vorläufige Vormundschaft (§§ 114, 1906) auch ein, wenn gemäß § 1903 Abs. 3 anstatt der vorläufigen Vormundschaft eine vorläufige Pflegschaft angeordnet wird.

d. Soweit zwischen der Vormundschaft über Minderjährige (§§ 1773 ff.) und über Volljährige (§§ 1896 ff.) ein Unterschied besteht, bestimmen sich die für die Pflegschaft anwendbaren Vorschriften danach, ob der Pflegling minderjährig oder volljährig ist (vgl. Mot. IV S. 1267).

e. Die Verjährung von Ansprüchen zwischen Pfleger und Pflegling ist während der Dauer der Pflegschaft gemäß §§ 204, 1915 gehemmt.

II. **Abweichungen von der Vormundschaft.**

1. Gegenvormundschaft.

a. Entbehrlichkeit des Gegenvormundes § 1915 Abs. 2, vgl. mit § 1792 Abs. 2.

b. Dem neben dem Vormunde bestellten Gegenvormunde kann auch die Gegenvormundschaft in Ansehung der Pflegschaft übertragen werden. Indeß besteht keine Vorschrift, daß der neben dem Vormunde bestellte Gegenvormund kraft Gesetzes Gegenvormund in Ansehung der Pflegschaft ist.

c. Der neben dem Pfleger bestellte Gegenvormund heißt ebenfalls Gegenvormund, nicht Gegenpfleger.

2. Berufung zur Pflegschaft §§ 1916 ff., vgl. daselbst.

**§ 1916.** 1. Die Pflegschaft des § 1909 ist eine Dativkuratel. Die §§ 1776, 1899, 1900 sind nicht anwendbar. Wegen des Falles des § 1909 Abs. 1 Satz 2 vgl. indeß § 1917.

2. Bezüglich der anderen Pflegschaftsfälle bleibt es bei den für die Vormundschaft geltenden Berufungsvorschriften (§§ 1776, 1889, 1900), soweit nicht ihre Anwendbarkeit, wie in den Fällen der §§ 1913 und 1914, durch die Natur der Sache ausgeschlossen ist (§ 1917). Vgl. zu § 1909 Note I. 2e, §§ 1638, 1794.

3. Wegen der zulässigen Befreiungen des Pflegers vgl. §§ 1852, 1854 und Bemerkungen daselbst.

4. Außerkraftsetzung der Anordnungen durch das Vormundschaftsgericht vgl. §§ 1857, 1803.

IV. Beendigung der Pflegschaft
1. kraft Gesetzes.

**§ 1918.** Die Pflegschaft für eine unter elterlicher Gewalt oder unter Vormundschaft stehende Person endigt mit der Beendigung der elterlichen Gewalt oder der Vormundschaft.

Die Pflegschaft für eine Leibesfrucht endigt mit der Geburt des Kindes.

Die Pflegschaft zur Besorgung einer einzelnen Angelegenheit endigt mit deren Erledigung.

2. kraft vormundschaftsgerichtl. Aufhebung.

**§ 1919.** Die Pflegschaft ist von dem Vormundschaftsgericht aufzuheben, wenn der Grund für die Anordnung der Pflegschaft weggefallen ist.

3. Aufhebung d. Gebrechlichkeitspflegschaft auf Antrag des Gebrechlichen.

**§ 1920.** Eine nach § 1910 angeordnete Pflegschaft ist von dem Vormundschaftsgericht aufzuheben, wenn der Pflegebefohlene die Aufhebung beantragt.

---

**§ 1918.** 1. (Abs. 1.) Beendigung der neben der elterlichen Gewalt oder einer Vormundschaft bestehenden Pflegschaft (§ 1909).

a. Nur in dem Falle des Abs. 1 tritt Beendigung der Pflegschaft kraft Gesetzes ein, sonst muß Aufhebung durch das Vormundschaftsgericht gemäß § 1919 erfolgen.

b. Voraussetzung der Beendigung der Pflegschaft auf Grund des Abs. 1 ist, daß das allgemeine Schutzbedürfniß, welchem die Vormundschaft oder die elterliche Gewalt Rechnung trägt, überhaupt weggefallen ist. — Abs. 1 kann also insbesondere nicht angewendet werden, wenn entweder an die beendigte elterliche Gewalt sich sofort eine Vormundschaft anschließt oder wenn die Vormundschaft aufhört, weil der Mündel unter elterliche Gewalt tritt (z. B. Annahme des Mündels an Kindesstatt).

2. (Abs. 2.) Beendigung der Pflegschaft für eine Leibesfrucht (§ 1912).

a. Die Beendigung kraft Gesetzes tritt nur ein, wenn die Geburt des Kindes erfolgt. Das Kind tritt nunmehr in die elterliche Gewalt oder es wird eine Vormundschaft (oder erforderlichen Falles eine Pflegschaft aus § 1909) eingeleitet.

b. In allen übrigen Fällen (vgl. zu a) erfolgt, wenn ein Bedürfniß nicht mehr vorliegt, die Aufhebung der Pflegschaft durch das Vormundschaftsgericht gemäß § 1919, insbesondere wenn eine Schwangerschaft irrthümlich angenommen war oder durch abortus beendigt ist, oder wenn die für die Anordnung der Pflegschaft maßgebend gewesenen Gründe weggefallen sind oder nicht mehr für erheblich gehalten werden.

3. (Abs. 3.) Pflegschaft zur Besorgung einer einzelnen Angelegenheit. Daß eine zur Besorgung einer einzelnen Angelegenheit angeordnete Pflegschaft mit der Erledigung dieser Angelegenheit endigt, liegt in der Natur der Sache und gilt für alle Arten der Pflegschaften ohne Rücksicht auf ihren Rechtsgrund.

**§ 1919.** 1. Die vormundschaftsgerichtliche Aufhebung der Pflegschaft ist zu ihrer Beendigung in allen Fällen, für welche nicht eine andere Bestimmung getroffen ist (§§ 1918, 1921 Abs. 3), erforderlich.

2. Die vormundschaftsgerichtliche Aufhebung wird mit der an den Pfleger erfolgenden Bekanntmachung unwirksam. FrG. § 16.

3. Beschwerde wegen der Aufhebung der Pflegschaft FrG. § 57 Ziffer 3 (S. 1058).

**§ 1920.** Die Gebrechlichkeitspflegschaft des § 1911 wird beendigt:

a. kraft Gesetzes

α. durch den Tod oder Todeserklärung des Pfleglings (§§ 1915, 1884 Abs. 2);

**§ 1921.** Die Pflegschaft für einen Abwesenden ist von dem Vormundschaftsgericht aufzuheben, wenn der Abwesende an der Besorgung seiner Vermögensangelegenheiten nicht mehr verhindert ist.

Stirbt der Abwesende, so endigt die Pflegschaft erst mit der Aufhebung durch das Vormundschaftsgericht. Das Vormundschaftsgericht hat die Pflegschaft aufzuheben, wenn ihm der Tod des Abwesenden bekannt wird.

Wird der Abwesende für todt erklärt, so endigt die Pflegschaft mit der Erlassung des die Todeserklärung aussprechenden Urtheils.

---

β. im Falle des § 1918 Abs. 3 durch die Erledigung der einzelnen Angelegenheit;

b. durch vormundschaftsgerichtliche Aufhebung:

α. bei Verschollenheit des Pfleglings §§ 1915, 1884 Abs. 1;

β. bei Wegfall des für die Anordnung maßgebenden Grundes § 1919;

γ. wenn der Pflegling die Aufhebung beantragt § 1920, vgl. § 1910 Abs. 3.

**§ 1921.** 1. (Abs. 2.) Als Eigenthümlichkeit der Abwesenheitspflegschaft bringt Abs. 2 zum Ausdrucke, daß der Tod des Pfleglings die Pflegschaft nicht beendigt. Selbst der vor der Anordnung der Abwesenheitspflegschaft eingetretene Tod des Abwesenden kann die Wirksamkeit der Pflegschaft nicht beeinträchtigen, vgl. RG. 12 68.

2. Abs. 1 entspricht dem § 1919.

3. Todeserklärung §§ 13 ff.

---

# Fünftes Buch.
# Erbrecht.

## Erster Abschnitt.
## Erbfolge.

I. Allgemeine Grundsätze. 1. Universalsuccession. Anfall kraft Gesetzes.

**§ 1922.** Mit dem Tode einer Person (Erbfall) geht deren Vermögen (Erbschaft) als Ganzes auf eine oder mehrere andere Personen (Erben) über.

2. Erbtheil.

Auf den Antheil eines Miterben (Erbtheil) finden die sich auf die Erbschaft beziehenden Vorschriften Anwendung.

---

Vorbemerkung zum 5. Buch.

1. Erbrecht ist im BGB. sowohl im objektiven Sinne zur Bezeichnung der Gesammtheit der erbrechtlichen Normen (Ueberschrift des fünften Buches) als auch im subjektiven Sinne zur Bezeichnung der Erbberechtigung (z. B. §§ 1759, 1767, 1933, EG. Art. 139) verwendet.

2. Gegenstand des reichsrechtlichen Erbrechts. Das Erbrecht des BGB. behandelt nur das für alle Kreise der Gesellschaft und der Bevölkerung geltende Erbrecht. Die Regelung der Erbfolge der landesherrlichen und vormals reichsständischen Familien (EG. Artt. 57, 58), der Erbfolge in Fideikommiß-, Lehens- und Stammgüter (EG. Art. 59), sowie des bäuerlichen Erbrechts (Anerbenrecht) (EG. Art. 50) sind der Landesgesetzgebung vorbehalten (vgl. zu 6), EG. Art. 62 bis 64.

3. Reichsrechtliche Ergänzungen der erbrechtlichen Vorschriften. Auf die Ergänzungen, welche das Erbrecht durch Einzelvorschriften aus anderen Theilen des BGB. sowie durch sonstige reichsrechtliche Vorschriften (HGB., CPO., KO., FrG., GO.) erfährt, ist an den einschlägigen Stellen hingewiesen.

4. Uebergangsvorschriften. EG. Artt. 213 bis 217, 218.

5. Internationales Privatrecht. EG. Art. 24, 26, 27, 28, 29.

6. Vorbehalte für die Landesgesetzgebung.

a. Sonderrecht der landesherrlichen und der denselben gleichgestellten Häuser, des mittelbaren hohen Adels ꝛc. EG. Artt. 57, 58.
b. Familienfideikommisse, Lehen, Stammgüter, EG. Art. 59.
c. Rentengüter EG. Art. 62.
d. Erbpacht-, Büdner-, Häuslerrecht EG. Art. 63.
e. Anerbenrecht EG. Art. 64.
f. Erwerbsbeschränkungen der juristischen Personen EG. Art. 86.
g. Erwerbsbeschränkungen der Religiosen. EG. Art. 87 Abs. 2.
h. Gesetzliches Erbrecht einer Körperschaft, Stiftung oder Anstalt des öffentlichen Rechtes an Stelle des Fiskus EG. Art. 138.
i. Erbrechtliche Vorschriften zu Gunsten des Fiskus oder einer anderen juristischen Person in Ansehung des Nachlasses einer verpflegten oder unterstützten Person. EG. Art. 139.
k. Ergänzende Vorschriften über die Fürsorge des Nachlaßgerichts. EG. Art. 140.

Zu §§ 1922, 1923.

Die in den §§ 1922, 1923 enthaltenen Vorschriften sind zwingende, das gesammte Erbrecht des BGB. beherrschende Grundsätze, welche sowohl für die gesetzliche als auch für die auf Verfügung von Todeswegen (Testament oder Erbvertrag vgl. § 1937) beruhende Erbfolge gelten.

**§ 1922. A. Die Grundsätze des § 1922.** § 1922. (Note A.)

I. **Erbschaftserwerb kraft Gesetzes.** (Der Todte erbt den Lebendigen.) Vgl. hierzu § 1942 und Bemerkungen daselbst, ferner §§ 1953 Abs. 2, 2344.

II. **Prinzip der Universalsukzession.**

Der Erbe ist nicht Sondernachfolger (Singularsukzessor) in die einzelnen Rechte des Erblassers als solche, sondern Gesammtnachfolger in das gesammte Vermögen als solches als ein Ganzes. (Vgl. § 90 Note 4.) Es werden nicht bloß eine Mehrzahl von Rechten zusammen übertragen, sondern „die ideale Gesammtheit als solche bildet den nächsten Gegenstand der Sukzession, während die einzelnen Rechte nur mittelbar als in ihr enthaltene Elemente übergehen". (Bruns.) Daraus folgt:

1. Der Erwerb geschieht uno actu für die Gesammtheit des Vermögens und umfaßt zugleich von selbst den Erwerb aller einzelnen Rechte und Rechtspositionen des Erblassers, soweit solche nicht an die Person des Erblassers geknüpft sind und mit diesem untergehen, ohne Rücksicht auf die sonstige Möglichkeit und Form ihrer Uebertragung und darauf, ob der Erbe sie kennt oder nicht.

2. Mit den Rechte gehen auch die Schulden über, ohne Rücksicht darauf, ob die Rechte oder Schulden überwiegen (vgl. §§ 1967 ff.). Wegen der auf den Nachlaß beschränkten Haftung des Erben für die Nachlaßverbindlichkeiten §§ 1975 ff.

3. Es tritt Konfusion und Konsolidation ein vgl. §§ 1976 f.

III. **Nothwendigkeit der erbschaftlichen Nachfolge.**

Der erbschaftliche Vermögensübergang (Erbfolge) ist nothwendig. In Ermangelung eines anderen Erben tritt der Fiskus als Erbe ohne Ausschlagungsbefugniß ein §§ 1936, 1942 Abs. 2.

**B. Die Begriffsbestimmungen des § 1922.** (Note B.)

I. **Erbfall.**

1. Jeder Erbfall setzt einen Todesfall voraus.

a. Nur der natürliche Tod eines rechtsfähigen (§ 1) Menschen begründet einen Erbfall. Der sog. bürgerliche Tod, sei es als Strafe, sei es als Folge der Ablegung des Klostergelübdes (vgl. EG. Art. 87), ist im deutschen Rechte nicht anerkannt. Juristische Personen werden nicht beerbt, vgl. über das Schicksal des Vermögens einer aufgelösten juristischen Person §§ 45, 46, 88, EG. Art. 85.

b. Beweis des Todes vgl. § 1 Note 4. Tod und Zeitpunkt des Todes sind von demjenigen zu beweisen, der Rechte auf diese Thatsachen gründet. — Der Beweis des Todes wird durch die mittels Todeserklärung geschaffene Todesvermuthung ersetzt. Vgl. §§ 13 ff., 18; §§ 2031, 2370 Abs. 2.

2. Jeder Todesfall ist ein Erbfall.

a. Auch wenn der Erblasser kein oder kein die Schulden deckendes Aktivvermögen besitzt, liegt ein Erbfall vor.

b. Auch für die Religiosen besteht keine Ausnahme. Ihre Beerbung unterligt den allgemeinen Grundsätzen.

II. **Erbschaft. Nachlaß.**

1. Zur Bezeichnung des Vermögens des Erblassers dienen im BGB. die Ausdrücke Erbschaft und Nachlaß.

a. Erbschaft wird gebraucht von dem nachgelassenen Vermögen einer Person, wenn dieses zugleich als mit einem bestimmten neuen Subjekte (Erben), auf welches das Vermögen übergeht, in Beziehung stehend bezeichnet werden soll.

b. Der Ausdruck Nachlaß wird verwendet, wenn objektiv die Gesammtheit der einzelnen Stücke oder Bestandtheile des Vermögens des Erblassers ohne Rücksicht auf die zu dem Erben bestehende subjektive Beziehung bezeichnet werden soll (vgl. Mot. V S. [illegible]).

2. Gegenstand der Erbschaft (Nachlaß) ist das (Aktiv- und Passiv-) Vermögen des Erblassers, d. i. der Inbegriff aller seiner Vermögensrechte und Schulden und der auf dieselben sich beziehenden Rechtspositionen, so wie sie sich im Zeitpunkt und unter Berücksichtigung des Todes gestalten. — Zu den Erbschaftsgegenständen gehört nicht die Erbschaft als Ganzes, auch nicht ein Erbtheil (§ 1922 Abs. 2). — Vgl. § 2366 Note I 2b.

§ 1922. (Note B.) Landesgesetzliche Vorbehalte bezüglich der Sonderrechte der landesherrlichen Familien ꝛc., der Familien des hohen Adels, sowie der Familienfideikommisse, Lehen- und Stammgüter EG. Artt. 57 bis 59.

3. Zum Aktivnachlasse gehören alle vermögensrechtlichen Rechte und Rechtspositionen, soweit ihnen nicht die Fähigkeit, vererbt zu werden, fehlt (vgl. Note 4). Vererblich und deshalb zum Nachlasse gehörig sind insondere:

a. der Besitz (§ 857) und damit die Ersitzungsposition des Erblassers, vgl. §§ 937 Note 5, 943 Note 3;
b. das Recht des Erben und des Vermächtnißnehmers, die Erbschaft bzw. das Vermächtniß auszuschlagen §§ 1952, 2180 Abs. 3;
c. das den übrigen Miterben in Ansehung des von einem der Miterben verkauften Antheils am Nachlasse zustehende Vorkaufsrecht § 2034;
d. das dem eingesetzten Nacherben, welcher vor dem Eintritte des Falles der Nacherbfolge, aber nach dem Erbfalle stirbt, zustehende Recht § 2108 Abs. 2;
e. der (mit dem Erbfalle entstandene) Pflichttheilsanspruch § 2317;
f. die Rechte, deren Erwerb durch den Tod des Erblassers (aufschiebend) bedingt ist. Vgl. §§ 158 Abs. 1, 1522. Verträge, insbesondere Lebensversicherung des Erblassers zu Gunsten eines Dritten vgl. § 331.

4. Zum Aktivnachlasse gehören nicht:

a. diejenigen Ansprüche, Rechte und Rechtspositionen des Erblassers, welche ihrem Inhalte nach an die Person des Erblassers geknüpft sind (§§ 153, 399, 412, 613 Note 2), und mit seinem Tode erlöschen:
α. die Vereinsmitgliedschaft, insoweit die Satzung nicht anders bestimmt §§ 38, 40;
β. das Vorkaufsrecht, sofern nicht die Vererblichkeit bestimmt ist. Als solche Bestimmung gilt im Zweifel die Beschränkung auf eine bestimmte Zeit (§§ 514, 1098). Wegen des Vorkaufsrechts des Miterben (§ 2034) vgl. zu Note 3c;
γ. der Anspruch auf Fortsetzung der Gesellschaft, sofern nicht aus dem Gesellschaftsvertrage sich ein Anderes ergiebt § 727 Abs. 1. Offene Handelsgesellschaft HGB. §§ 131 Ziffer 4, 139; Kommanditgesellschaft HGB. § 161 Abs. 2, indeß bei Tod des Kommanditisten HGB. § 177;
δ. der Anspruch auf Zahlung einer Leibrente nach der Auslegungsregel des § 759 Abs. 1;
ε. der Nießbrauch § 1061, die beschränkte Dienstbarkeit § 1090; das Wohnungsrecht vgl. § 1093 Note 2;
ζ. das Recht des Erblassers, als überlebender Ehegatte bei der Auseinandersetzung der fortgesetzten Gütergemeinschaft das Gesammtgut oder einzelne Gegenstände desselben gegen Wertherſatz zu übernehmen § 1502;
η. der Unterhaltsanspruch des Ehegatten (§§ 1360 Abs. 3, 1580, 1583, 1351), des bedürftigen Verwandten (§ 1615), des unehelichen Kindes (§ 1713), des verarmten Schenkers (§ 528);
ϑ. die rechtsgeschäftlich unter der auflösenden Bedingung des Todes des Erblassers stehenden Rechte § 158 Abs. 2. — Wegen der Rechte, deren Erwerb durch den Tod des Erblassers aufschiebend bedingt ist, vgl. Note 3 f;
b. die Ansprüche und Rechte, deren Geltendmachung von einer höchstpersönlichen Entschließung des Berechtigten abhängen. Unvererblich ist:
α. das Widerrufsrecht:
αα. des Stifters, nachdem er das Genehmigungsgesuch eingereicht oder das beurkundete Gericht oder den Notar mit dieser Einreichung betraut hat § 81 Abs. 2;
ββ. des Schenkers wegen Undankes des Beschenkten, ausgenommen den Fall vorsätzlicher oder widerrechtlicher Tödtung oder Verhinderung am Widerrufe § 530;
γγ. des unschuldigen Ehegatten wegen der dem allein für schuldig erklärten Ehegatten gemachten Geschenke § 1584 Abs. 2. — Wegen der Rückforderung der Brautgeschenke beim Tode des Verlobten § 1301;

**§ 1923.** Erbe kann nur werden, wer zur Zeit des Erbfalls lebt. Wer zur Zeit des Erbfalls noch nicht lebte, aber bereits erzeugt war, gilt als vor dem Erbfalle geboren.

3. Koexistenz von Erblasser und Erben.

---

β. der Anspruch auf Ersetzung immateriellen Schadens, es sei denn daß dieser Anspruch rechtshängig geworden oder durch Vertrag anerkannt ist, in den Fällen des § 847 (Verletzung des Körpers oder der Gesundheit, Freiheitsentziehung; unsittliche Handlung gegen eine Frauensperson, erschlichene oder erzwungene Beiwohnung), des § 1300 (Deflorationsanspruch der Braut). — Wegen des Ersatzanspruchs für die dem Verletzten für den Erwerb oder das Fortkommen entstandenen Nachtheile vgl. § 842 Note 2 a.E.;

c. bei der allgemeinen Gütergemeinschaft (§§ 1482 ff.) und der Fahrnißgemeinschaft (§§ 1549, 1557)

α. der Antheil des überlebenden Ehegatten an dem gütergemeinschaftlichen Gesammtgute bei beerbter Ehe; das Recht der fortgesetzten Gütergemeinschaft (§§ 1483 ff.) greift ein. Bei unbeerbter Ehe gehört der Antheil des verstorbenen Ehegatten zu seinem Nachlasse § 1482;

β. der Antheil eines antheilsberechtigten Abkömmlinges an dem Gesammtgute der fortgesetzten Gütergemeinschaft § 1490;

d. die Gegenstände, in Ansehung deren nach vorbehaltenem Landesrecht eine Sondernachfolge stattfindet, vgl. Vorb. zum 5. Buche Note 6 (S. 1068).

5. Wegen der Zugehörigkeit zum Passivnachlasse (Nachlaßverbindlichkeiten) vgl. §§ 1967 ff.

III. **Erbe** vgl. zu § 1923.

IV. **Erbtheil.**

1. Mehrheit von Erben §§ 2032 ff.

2. Die allgemeine Vorschrift des Abs. 2 erspart eine fortlaufende Wiederholung dieses Satzes bei den einzelnen Anwendungsfällen, insbesondere z. B. bei der Regelung der Annahme und Ausschlagung der Erbschaft §§ 1943 bis 1946, 1948, 1949, 1952, 1956. Die Vorschrift gilt nicht nur für die im fünften Buche, sondern auch für die in den anderen Theilen des BGB. enthaltenen Vorschriften. Vgl. z. B. §§ 1089, 1822 Ziffer 1 und 2. — Die Vorschrift gilt nicht, insoweit die besonderen Vorschriften über die Mehrheit der Erben ihre Anwendung ausschließen, z. B. die dingliche Uebertragbarkeit des Erbtheils § 2033.

**§ 1923. A. Begriff und Arten des Erben.**

I. **Der Erbenbegriff.**

1. Erbe ist derjenige, auf welchen bei einem Erbfalle die Erbschaft als Ganzes oder zu einem Bruchtheile übergeht (vgl. §§ 1922, 2087).

2. Der Erbe unterscheidet sich von dem Vermächtnißnehmer (§§ 2147 ff.) dadurch, daß der Vermächtnißnehmer, selbst wenn der ihm zugewandte Vermögensvortheil (§ 1939) die gesammte Erbschaft umfaßt, nicht Universalsukzessor (§ 1922 A. II) wird, sondern nur ein Forderungsrecht auf Leistung gegen den Beschwerten erwirbt (§ 2174).

II. **Die verschiedenen Arten von Erben.**

1. Nach dem Berufungsgrunde sind zu unterscheiden der gesetzliche Erbe (§§ 1924 ff.), der durch Testament bestimmte Erbe (§ 1937) und der Vertragserbe (§ 1941).

2. Von Miterben spricht das Gesetz, wenn die Erbschaft nicht auf eine, sondern auf mehrere Personen übergeht (§ 1922 Abs. 2, vgl. daselbst Note B. IV).

3. Ersatzerbe ist der für den Fall, daß ein anderer Erbe vor oder nach dem Eintritte des Erbfalls wegfällt, durch Verfügung von Todeswegen eingesetzte Erbe (§§ 2096, 2278).

4. Nacherbe ist, wer von dem Erblasser in der Weise eingesetzt ist, daß er erst Erbe wird, nachdem zunächst ein Anderer Erbe (Vorerbe vgl. § 2106) geworden ist (§§ 2100 ff.).

§ 1923.
(Note B.)

**B. Der Inhalt des § 1923.**

**I. Erforderniß der Koexistenz des Erblassers und des Erben zur Zeit des Erbfalls.**

1. Der § 1923 bestimmt in Anbetracht des Grundsatzes: „Der Todte erbt den Lebendigen", daß Erbe nur sein kann, wer zur Zeit des Erbfalls lebt (§ 1922), d. h. noch lebt und schon lebt.

2. Abgesehen von der sich aus § 1923 ergebenden Beschränkung, daß derjenige nicht Erbe werden kann, der zur Zeit des Erbfalls nicht lebt (vgl. indeß Abs. 2 und § 84 zu Note II. 2a, III. 3) sind alle Personen, insbesondere also auch die juristischen Personen erbfähig. Vgl. EG. Artt. 86 f.

3. Die Beweislast für die Existenz zur Zeit des Erbfalls hat derjenige, der Rechte darauf stützt. Vgl. die Lebensvermuthung des § 19; Fall des gemeinsamen Todes § 20.

4. Nur eine natürliche oder juristische Person kann Erbe werden. Ausgeschlossen ist demnach, daß ein zu einem vorübergehenden Zwecke bestimmtes Sammelvermögen (§ 1914) Erbe wird. Beschwerung des Erben mit einer Auflage (§ 1940) greift ein.

5. Für die Nacherbfolge vgl. § 2108 Abs. 1.

**II. Anwendung des § 1923 auf natürliche Personen.**

1. Der Erbe muß zur Zeit des Erbfalls noch leben.

Der vor dem Erblasser Verstorbene kann nicht sein Erbe werden. Wohl aber ist es möglich, daß beim Wegfalle des in erster Linie Berufenen der Anfall an einen Erben erfolgt, der zwar zur Zeit des Erbfalls noch lebte, der aber zur Zeit seiner Berufung bereits verstorben ist. Vgl. § 1952 Note I. 2; § 1930 Note 3 c.

2. Der Erbe muß zur Zeit des Erbfalls schon leben.

a. Der nasciturus.

α. Hinsichtlich des zur Zeit des Erbfalls zwar schon Erzeugten, aber noch nicht Geborenen (vgl. § 1 Note III. 2) wird in Abs. 2 der allgemeine, das gesammte Erbrecht (vgl. Note zu §§ 1922, 1923) beherrschende Satz aufgestellt, daß er als vor dem Erbfalle geboren (pro iam nato) gilt. Dabei ist natürlich vorausgesetzt, daß der nasciturus überhaupt zu einem rechtsfähigen Subjekt gedeiht, daß der nasciturus geboren wird (§ 1), sonst ist keine Person vorhanden, die mit „Wer" (§ 1923 Abs. 2) bezeichnet sein kann.

Die Wirkung dieser Fiktion erstreckt sich nicht nur auf die Fähigkeit, Erbe zu sein, sondern auch auf die Stellung des nasciturus als gesetzlichen und Testamentserben, als Vermächtnißnehmer, auf den Anfall und Erwerb der Erbschaft und des Vermächtnisses. Vgl. Prot. V S. 4, 7, 212, 463; ferner § 2109 Note II. 1b. Wegen des Beginnes der Ausschlagungsfrist vgl. zu § 1944 Note II. 3e.

β. Wegen des Beweises der zu einem gewissen Zeitpunkte bereits stattgehabten Empfängniß vgl. zu § 1 Note III. 3. Ist die Thatsache der Empfängniß zur Zeit des Erbfalls festgestellt, so richtet sich die Beurtheilung der Ehelichkeit des Kindes nach den §§ 1591 ff.

γ. Die Fiktion des § 1923 Abs. 2 geht nur dahin, daß der nasciturus vor dem Erbfalle geboren ist. Würde ein nasciturus bei der Fiktion seiner Geburt zur Zeit des Erbfalls uneheliches Kind sein, so kommt er für die Erbfolge in den Nachlaß eines Verwandten seines Vaters selbst dann nicht in Betracht, wenn nachträglich, d. h. nach dem Erbfalle Legitimation durch nachfolgende Ehe eintritt. Vgl. § 1719 Note III. 2. Der vor der Ehe erzeugte, nach der Eheschließung geborene nasciturus ist eheliches Kind, § 1591. Ehelichkeitserklärung nach dem Tode des Vaters § 1733 Abs. 3. — Bestätigung der Annahme an Kindesstatt nach dem Tode des Annehmenden § 1753.

δ. Die Vertretung des nasciturus.

Kommt der nasciturus als Erbe in Betracht, so ist die Nachlaßpflegschaft (§§ 1960 ff.) regelmäßig ausreichend; daneben kann auch noch

**§ 1924.** Gesetzliche Erben der ersten Ordnung sind die Abkömmlinge des Erblassers.

Ein zur Zeit des Erbfalls lebender Abkömmling schließt die durch ihn mit dem Erblasser verwandten Abkömmlinge von der Erbfolge aus.

An die Stelle eines zur Zeit des Erbfalls nicht mehr lebenden Abkömmlinges treten die durch ihn mit dem Erblasser verwandten Abkömmlinge (Erbfolge nach Stämmen).

Kinder erben zu gleichen Theilen.

II. Gesetzliche Erbfolge. 1. Gesetzl. Erbfolge der Verwandten. a. Erbfolge nach Parentelen und Stämmen zu gleichen Theilen. α. Erste Ordnung.

---

etwa zur Wahrnehmung der Rechte des nasciturus gegenüber dem Nachlaßpfleger ein Pfleger für die Leibesfrucht aus § 1912 erforderlich werden. In anderen Fällen, namentlich wenn der nasciturus mit einem Vermächtnisse bedacht oder als Nacherbe eingesetzt ist, ist § 1912 anwendbar. Vgl. §§ 2114, 2116, 2142.

ε. Der nasciturus als Miterbe §§ 1922 Abs. 2, 2043 Abs. 1.

ζ. Unterhaltsanspruch der Mutter des als Erben in Betracht kommenden nasciturus § 1963.

b. Der zur Zeit des Erbfalls noch nicht Erzeugte.

α. Fähigkeit, Erbe zu sein, ist dem noch nicht Erzeugten durch § 1923 abgesprochen. Ein zur Zeit des Erbfalls noch nicht Erzeugter kommt als Erbe auch nicht in Betracht, wenn er zu der Zeit, zu welcher seine Berufung zur Erbschaft erfolgen würde, bereits geboren ist. Vgl. § 1930 Note 3b.

β. Nicht ausgeschlossen ist hingegen seine Fähigkeit, Nacherbe zu werden, vgl. §§ 2101, 2106.

γ. Vermächtniß für einen noch nicht Erzeugten § 2178.

III. **Anwendung des § 1923 auf die juristische Person** (§§ 21 ff.).

1. Die Erbfähigkeit der juristischen Person ergiebt sich, ohne daß es einer besonderen Bestimmung bedarf, aus ihrer Rechtsfähigkeit (vgl. Bd. I S. 14 Vorb. Note 1).

2. Koexistenz mit dem Erblasser zur Zeit des Erbfalls.

Dem Leben des Menschen im Sinne des § 1923 Abs. 1 steht das Vorhandensein der Rechtsfähigkeit gleich. Danach kann eine juristische Person nur Erbe sein, wenn sie zur Zeit des Erbfalls bereits und noch rechtsfähig ist. Dies gilt uneingeschränkt für Vereine. Für Stiftungen ergiebt sich eine dem § 1923 Abs. 2 entsprechende Sonderregelung aus § 84. — Erbeinsetzung einer noch nicht vorhandenen juristischen Person wird im Zweifel in Einsetzung als Nacherbe umgedeutet § 2101 Abs. 1.

3. Juristische Person als Nacherbe § 2101 Abs. 2.

4. Landesgesetzliche Beschränkung der Fähigkeit juristischer Personen zum Erwerbe von Todeswegen EG. Art. 86.

**Gesetzliche Erbfolge der Verwandten** §§ 1924—1930.

Zu §§ 1924—1930.

1. Der maßgebende Zeitpunkt.

a. Für die gesetzliche Erbfolge ist grundsätzlich der Zeitpunkt des Erbfalls (§ 1922) maßgebend. Dies auch, wenn die Erbschaft ausgeschlagen wird (§ 1953, vgl. auch § 2344). — Abweichende Regelung für die Nacherbschaft in dem Falle zeitlich begrenzter Erbeinsetzung § 2104.

b. Der Zeitpunkt des Erbfalls ist auch dafür entscheidend, mit welchen Personen der Erblasser in verwandtschaftlichen Beziehungen steht, vgl. zu Note 2b.

2. Verwandtschaft.

a. Daß die Ausdrücke „Abkömmlinge", „Eltern", „Voreltern" im Sinne der §§ 1924 ff. nach der väterlichen Seite hin eheliche Abstammung voraussetzen und die durch Legitimation und Annahme an Kindesstatt begründete Familienverbindung in gewissem Umfange mitumfassen, vgl. zu § 1589 Note 1—4. Ein Erbrecht des unehelichen Kindes, einschließlich der Brautkinder sowie der Kinder aus einer formnichtigen, in das Heirathsregister nicht eingetragenen Ehe, im Verhältnisse zu dem

Vater und umgekehrt des Vaters im Verhältnisse zu seinem unehelichen Kinde ist nicht anerkannt.

b. Der für das Vorhandensein eines Verwandtschaftsverhältnisses maßgebende Zeitpunkt, vgl. Note 1 b; § 1719 Note III. 2 (Fall nachträglicher Legitimation) vgl. § 2053 Note 2; § 1923 Note B. II. 2 a γ.

3. Parentelensystem.

a. Verwandte, welche mit dem Erblasser die näheren Stammeltern gemeinsam haben, schließen solche Verwandte aus, welche durch entferntere Stammeltern mit dem Erblasser verbunden sind. In diesem Sinne stellt das BGB. fünf Ordnungen auf. Solange ein Verwandter in der vorhergehenden Ordnung vorhanden ist, wird ein Verwandter, welcher einer folgenden Ordnung angehört, nicht zur Erbfolge berufen (§ 1930).

b. Innerhalb der drei ersten Ordnungen findet Erbfolge nach Stämmen statt, d. h. es treten an Stelle eines zur Zeit des Erbfalls nicht mehr lebenden Verwandten dessen durch ihn mit dem Erblasser verwandte Abkömmlinge (§§ 1924 Abs. 3, 1925 Abs. 3, 1926 Abs. 5).

c. Innerhalb der zweiten Ordnung (Eltern des Erblassers und deren Abkömmlinge) und der dritten Ordnung (Großeltern des Erblassers und deren Abkömmlinge) kommt die Theilung nach Linien (der Vater- und der Mutterseite) in Betracht, vgl. zu §§ 1925, 1926; vgl. § 1928 Abs. 2.

d. Von der vierten Ordnung ab (§§ 1928, 1929) findet weder Erbfolge nach Stämmen noch nach Linien statt, vielmehr ist die Gradesnähe entscheidend.

e. Das mit dem Verwandtenerbrechte konkurrirende gesetzliche Erbrecht des Ehegatten §§ 1931—1934.

## § 1924. Gesetzliche Erben erster Ordnung:

(Kinder, Enkel, Urenkel; Gesetzliches Erbrecht des Ehegatten auf $^1/_4$ der Erbschaft § 1931.)

1. Abkömmlinge sind die Kinder, Kindeskinder und entferntere Deszendenten des Erblassers. Wegen des Erfordernisses der Verwandtschaft und des Ausschlusses der unehelichen Kinder in Ansehung der väterlichen Seite vgl. zu §§ 1924—1930 Note 2 a (S. 1073).

2. (Abs. 2.)

a. Ein zur Zeit des Erbfalls lebender (vgl. Note 3) Abkömmling schließt die durch ihn mit dem Erblasser verwandten Abkömmlinge von der Erbfolge nur dann aus, wenn er zur Erbfolge gelangt, nicht aber, wenn er

α. die Erbschaft ausschlägt (§ 1953);

β. für erbunwürdig erklärt wird (§ 2344);

γ. für seine Person auf das gesetzliche Erbrecht verzichtet hat (§§ 2346, 2349);

δ. als Mitglied eines religiösen Ordens ꝛc. die zum Erwerbe von Todeswegen landesgesetzlich erforderte staatliche Genehmigung nicht erhält, EG. Artt. 87 Abs. 2, 86 Satz 2.

In diesen Fällen tritt gemäß §§ 1953, 2344, 2346 die Erbfolge derart ein, wie wenn der Wegfallende zur Zeit des Erbfalls nicht gelebt hätte, also Eintritt seiner Abkömmlinge gemäß Abs. 3.

b. Ist ein Abkömmling des Erblassers durch letztwillige Verfügung von der gesetzlichen Erbfolge ausgeschlossen, so tritt an seine Stelle zunächst der letztwillig als Erbe Berufene, unbeschadet des dem Ausgeschlossenen zustehenden Pflichttheilsanspruchs (§§ 2303 ff.). Ist ein Erbe an Stelle des Ausgeschlossenen nicht bestimmt (§ 1938), so ist der Ausgeschlossene als im Zeitpunkte des Erbfalls nicht vorhanden zu betrachten, vgl. Planck zu § 1924 Note 2, Wilke und Genossen zu § 1938 Anm. 3. Wegen des Pflichttheilsanspruchs in diesem Falle vgl. §§ 2309, 2320.

3. (Abs. 3.) Eintrittsrecht der entfernteren Abkömmlinge.

a. Die an die Stelle des näheren (verstorbenen vgl. auch zu b) Abkömmlinges zur Erbfolge berufenen Abkömmlinge desselben treten aus eigenem selbstän-

**§ 1925.** Gesetzliche Erben der zweiten Ordnung sind die Eltern des Erblassers und deren Abkömmlinge.

Leben zur Zeit des Erbfalls die Eltern, so erben sie allein und zu gleichen Theilen.

Lebt zur Zeit des Erbfalls der Vater oder die Mutter nicht mehr, so treten an die Stelle des Verstorbenen dessen Abkömmlinge nach den für die Beerbung in der ersten Ordnung geltenden Vorschriften. Sind Abkömmlinge nicht vorhanden, so erbt der überlebende Theil allein.

---

bigen Rechte ein. Sie erben deshalb auch, wenn der Verstorbene, an dessen Stelle sie treten, auf Grund letztwilliger Verfügung des Erblassers (§ 1938) oder wegen eines nicht auf sie erstreckten Erbverzichts (§ 2349) oder wegen Erbunwürdigkeit (§ 2343) nicht Erbe geworden wäre.

b. Als verstorben gilt in Ansehung des Erbschaftsanfalls (vgl. zu 2),
α. wer die Erbschaft ausschlägt (§ 1953 Abs. 2);
β. wer für erbunwürdig erklärt wird (§ 2344 Abs. 2);
γ. auf dessen Person sich ein mit dem Erblasser geschlossener Erbverzicht (§§ 2346, 2349) erstreckt;
δ. wer von dem Erblasser durch Testament von der gesetzlichen Erbfolge ausgeschlossen ist § 1938;
ε. wer als Mitglied eines religiösen Ordens &c. die landesgesetzlich erforderte staatliche Genehmigung zum Erbschaftserwerbe nicht erhält. EG. Artt. 87 Abs. 2, 86 Satz 2.

c. Die eintretenden Abkömmlinge treten in ihrer Gesammtheit an die Stelle ihres weggefallenen Vorfahren und erhalten dessen Erbportion.

4. Pflichttheilsanspruch btr. Abkömmlinge §§ 2303 ff.

5. Ausgleichungspflicht bei Wegfall eines ausgleichungspflichtigen Abkömmlinges § 2051.

6. Die gesetzliche Erbfolgeordnung maßgebend als Grundlage für die Unterhaltspflicht der Abkömmlinge vgl. § 1606 Abs. 1.

**§ 1925.** I. **Gesetzliche Erben zweiter Ordnung.**

(Eltern, Geschwister und deren Abkömmlinge. Daneben gesetzliches Erbrecht des Ehegatten auf die Hälfte der Erbschaft § 1931.)

1. Die Eltern des Erblassers, das ist der eheliche Vater (§ 1589 Abs. 2) und die eheliche oder uneheliche Mutter des Erblassers. Vgl. zu §§ 1924—1930 Note 2a. Wegen des Vaters eines Kindes aus nichtiger Ehe vgl. § 1701 Note 2a.

a. Der uneheliche Vater erlangt durch Legitimation des Kindes, sei es im Wege nachfolgender Ehe, sei es der Ehelichkeitserklärung die rechtliche Stellung eines ehelichen Vaters (§§ 1719, 1736) und damit das gesetzliche Erbrecht aus § 1925.

b. Durch Annahme an Kindesstatt erlangt zwar das Kind die rechtliche Stellung eines ehelichen Kindes des Annehmenden (§ 1757), indeß wird ein gesetzliches Erbrecht des Annehmenden nicht begründet (§ 1759).

2. Abkömmlinge der Eltern.

a. Abkömmlinge der Eltern des Erblassers sind zwar auch die in der ersten Klasse berufenen (§ 1924) Abkömmlinge des Erblassers. Wenn indeß solche vorhanden sind, ist nicht § 1925, sondern § 1924 anwendbar. § 1930.

b. Die Wirkungen der Ehelichkeitserklärung (§ 1737 Abs. 1) und der Annahme an Kindesstatt (§ 1763) erstrecken sich nicht auf die Verwandten des Vaters bzw. des Annehmenden. Das für ehelich erklärte bzw. angenommene Kind kann somit in Ansehung der Erbfolge in der zweiten und in der folgenden Ordnung nicht als Abkömmling des Vaters des Annehmenden in Betracht kommen.

II. **Gestaltung der Erbfolge in der zweiten Ordnung.**

1. (Abs. 2.) Wenn die Eltern, d. h. bei ehelichen Kindern beide Eltern, bei unehelichen Kindern die Mutter zur Zeit des Erb-

7. Dritte Ordnung. **§ 1926.** Gesetzliche Erben der dritten Ordnung sind die Großeltern des Erblassers und deren Abkömmlinge.

Leben zur Zeit des Erbfalls die Großeltern, so erben sie allein und zu gleichen Theilen.

Lebt zur Zeit des Erbfalls von den väterlichen oder von den mütterlichen Großeltern der Großvater oder die Großmutter nicht mehr, so treten an die Stelle des Verstorbenen dessen Abkömmlinge. Sind Abkömmlinge nicht vorhanden, so fällt der Antheil des Verstorbenen dem anderen Theile des Großelternpaars und, wenn dieser nicht mehr lebt, dessen Abkömmlingen zu.

Leben zur Zeit des Erbfalls die väterlichen oder die mütterlichen Großeltern nicht mehr und sind Abkömmlinge der Verstorbenen nicht vorhanden, so erben die anderen Großeltern oder ihre Abkömmlinge allein.

Soweit Abkömmlinge an die Stelle ihrer Eltern oder ihrer Voreltern treten, finden die für die Beerbung in der ersten Ordnung geltenden Vorschriften Anwendung.

---

falls (§ 1922) leben, so tritt reines Schoßfallsrecht ein. Die Eltern erhalten die gesammte Erbschaft zu gleichen Theilen, ohne Rücksicht darauf, ob das Vermögen des Kindes von dem einen oder dem anderen Elterntheile herrührt. (Der Satz paterna paternis, materna maternis ist nicht aufgenommen.)

2. Ist zur Zeit des Erbfalls nur ein Elterntheil vorhanden, sei es, daß der andere verstorben ist, oder aus den zu § 1924 Note 3 b a—c aufgeführten Gründen (Erbschaftsausschlagung, Erbunwürdigkeit, Erbverzicht, testamentarische Ausschließung durch den Erblasser, Verweigerung der für ihn als Religiosen erforderlichen staatlichen Genehmigung) als nicht vorhanden gilt, so nimmt der Vorhandene seine Hälfte wie zu 1.

a. An die Stelle des vorverstorbenen bzw. weggefallenen Elterntheils treten dessen Abkömmlinge nach den für die erste Ordnung (§ 1924) geltenden Vorschriften (Stammerbfolge, Gleichtheilung unter den Stämmen). Zu bemerken ist, daß nur die Abkömmlinge des verstorbenen Elterntheils an dessen Stelle treten, daß also, wenn der Erblasser von dem überlebenden Elterntheile nicht herrührende Halbgeschwister hinterläßt, diese an die Stelle des verstorbenen Elterntheils, dessen Abkömmlinge sie nicht sind, nicht miteintreten.

b. Hat der vorverstorbene Elterntheil Abkömmlinge nicht hinterlassen, welchem Falle Ausschlagung, Erbunwürdigkeitserklärung, Erbverzicht, letztwillige Ausschließung rc. (§ 1924 Note 3b) gleichstehen, so erbt der überlebende Elterntheil allein.

3. Sind beide Eltern vorverstorben, wobei Ausschlagung, Erbverzicht, letztwillige Ausschließung dem Tode gleichstehen (vgl. § 1924 Note 3 b), so treten an die Stelle eines Jeden von ihnen dessen Abkömmlinge. Sind vollbürtige und halbbürtige Geschwister des Erblassers vorhanden, so erben die vollbürtigen in beiden (der väterlichen und der mütterlichen) Linie, während die halbbürtigen nur in der Linie des ihnen mit dem Erblasser gemeinschaftlichen Elterntheils erben. Im übrigen findet auch hier Stammeserbfolge und Gleichtheilung unter den Stämmen, wie in der ersten Ordnung (§ 1924) statt.

III. **Ein Pflichttheilsanspruch** steht von den in zweiter Ordnung berufenen Verwandten nur den Eltern des Erblassers zu § 2303.

**§ 1926.** I. **Gesetzliche Erben der dritten Ordnung:** (Großeltern, Onkel und Tante und deren Abkömmlinge; daneben gesetzliches Erbrecht des Ehegatten auf die Hälfte der Erbschaft und auf dasjenige, was nach § 1926 Abkömmlingen von Großeltern zufallen würde).

**§ 1927.** Wer in der ersten, der zweiten oder der dritten Ordnung verschiedenen Stämmen angehört, erhält den in jedem dieser Stämme ihm zufallenden Antheil. Jeder Antheil gilt als besonderer Erbtheil. *3. Zugehörigkeit zu mehreren Stämmen.*

---

1. Großeltern sind (Verwandte vgl. zu §§ 1924—1930 Note 2) Aszendenten zweiten Grades. Hierbei ist zu beachten:

a. Uneheliche Blutsverbindung begründet (§ 1589 Abs. 2) nach der väterlichen Seite keine Verwandtschaft.

b. Die Wirkungen der Legitimation durch nachfolgende Ehe treten erst von dem Zeitpunkte der Eheschließung ab für die Zukunft ein vgl. Note 2b zu §§ 1924—1930 (S. 1073 f.).

c. Die Wirkungen der Ehelichkeitserklärung erstrecken sich zwar auf die Abkömmlinge des Kindes, nicht aber auf die Verwandten, also auch nicht auf die Eltern des unehelichen Vaters (§ 1737).

d. Die Wirkungen der Annahme an Kindesstatt erstrecken sich nicht auf die Verwandten des Annehmenden (§ 1763), auf die Abkömmlinge des Kindes indeß nach näherer Vorschrift des § 1762.

2. Abkömmlinge der Großeltern vgl. § 1924 Note 2, § 1925 Note I. 2.

II. **Gestaltung der Erbfolge in der dritten Ordnung.**

1. Wenn die Großeltern, d. h. alle Großeltern leben, so findet Abs. 2 Anwendung. Im Regelfalle kommen vier Großeltern, wenn ein Elterntheil des Erblassers uneheliches Kind war, drei, wenn beide Eltern unehelich waren, zwei Großeltern in Betracht.

2. (Abs. 3.) Sind nicht mehr alle vier Großeltern vorhanden (wobei dem Tode die in § 1924 Note 3b aufgeführten Gründe gleichstehen), so zerfällt der für die Verwandtenerbfolge (vgl. § 1931 ff.) zur Verfügung bleibende Antheil an der Erbschaft in zwei gleiche Theile, von denen der eine für die väterliche Seite, der andere für die mütterliche Seite des Erblassers bestimmt ist. Jede Seite theilt unter sich in der Weise, daß

a. an Stelle eines nicht vorhandenen (§ 1924 Note 3b) Großelterntheils dessen Abkömmlinge nach Stämmen unter Gleichtheilung (vgl. 1924) treten;

b. in Ermangelung von Abkömmlingen eines nicht vorhandenen Großelterntheiles, dessen Antheil dem anderen Theile des Großelternpaares derselben Seite und wenn dieser nicht mehr lebt oder wegfällt (§ 1924 Note 3b) dessen Abkömmlingen nach Stämmen unter Gleichtheilung zufällt.

3. (Abs. 4.) Erst wenn zur Zeit des Erbfalls auf der einen (väterlichen oder mütterlichen) Seite weder Großeltern noch Abkömmlinge derselben vorhanden sind (oder die bzw. vorhandenen als nicht vorhanden gelten § 1924 Note 3b), fällt die für diese (erbenlose) Seite bestimmte Hälfte der für die Verwandtenerbfolge zur Verfügung stehenden Erbschaft an die andere Seite.

III. **Ein Pflichttheilsanspruch** steht den in der dritten Ordnung berufenen Verwandten nicht zu § 2303.

**§ 1927.** 1. Die Vorschrift dieses Satzes 1 dient nur zur Klarstellung einer bereits aus §§ 1924—1926 zu ziehenden Folgerung. Vgl. die entsprechende Vorschrift für den verwandten Ehegatten § 1934.. Die Hauptfälle doppelter Berufung liegen vor, wenn doppelte leibliche Verwandtschaftsverhältnisse bestehen, so wird z. B. das Kind aus der Ehe von Vetter und Base den Großvater zugleich in dem Stamme des Vaters wie in dem der Mutter beerben können. Ueber einige Fälle der Schaffung doppelter Verwandtschaft durch Annahme an Kindesstatt vgl. Mot. V S. 363.

2. Die Bedeutung des Satzes 2 ergiebt sich aus §§ 1951, 2007. Vgl. auch §§ 1935, 2095.

b. Erbfolge nach Parentelen u. Gradesnähe.
α. Vierte Ordnung.

**§ 1928.** Gesetzliche Erben der vierten Ordnung sind die Urgroßeltern des Erblassers und deren Abkömmlinge.

Leben zur Zeit des Erbfalls Urgroßeltern, so erben sie allein; mehrere erben zu gleichen Theilen, ohne Unterschied, ob sie derselben Linie oder verschiedenen Linien angehören.

Leben zur Zeit des Erbfalls Urgroßeltern nicht mehr, so erbt von ihren Abkömmlingen derjenige, welcher mit dem Erblasser dem Grade nach am nächsten verwandt ist; mehrere gleich nahe Verwandte erben zu gleichen Theilen.

β. Fünfte Ordnung u. ff.

**§ 1929.** Gesetzliche Erben der fünften Ordnung und der ferneren Ordnungen sind die entfernteren Voreltern des Erblassers und deren Abkömmlinge.

Die Vorschriften des § 1928 Abs. 2, 3 finden entsprechende Anwendung.

c. Successio ordinum.

**§ 1930.** Ein Verwandter ist nicht zur Erbfolge berufen, solange ein Verwandter einer vorhergehenden Ordnung vorhanden ist.

2. Gesetzliche Erbfolge des Ehegatten.
a. Erbrecht.

**§ 1931.** Der überlebende Ehegatte des Erblassers ist neben Verwandten der ersten Ordnung zu einem Viertheile, neben Verwandten der zweiten Ordnung oder neben Großeltern zur Hälfte der Erbschaft als gesetzlicher Erbe berufen. Treffen mit Großeltern Abkömmlinge von Großeltern zusammen, so erhält der Ehegatte auch von der anderen Hälfte den Antheil, der nach § 1926 den Abkömmlingen zufallen würde.

---

**§ 1928.** Für die vierte Ordnung bleibt von dem Parentelensysteme nur übrig, daß nicht unbeschränkt die dem Grade nach nächsten Verwandten, sondern zunächst die Urgroßeltern erben. Sind Urgroßeltern nicht vorhanden (vgl. § 1924 Note 3b), so erbt derjenige dem Grade nach (§ 1589 Abs. 1) nächste Verwandte, welcher durch einen der Urgroßeltern mit dem Erblasser verwandt ist. In der vierten Ordnung gilt weder Erbfolge nach Stämmen, (vgl. §§ 1924 Abs. 3, 1925 Abs. 2, 1926 Abs. 5) nach Berücksichtigung doppelter Verwandtschaft (§§ 1927, 1928 Abs. 2).

**§ 1929.** Eine äußere Erbrechtsgrenze nach Parentelen oder Verwandtschaftsgraden ist nicht gegeben. Daß ein Erbe näherer Ordnung den Erben fernerer Ordnung ausschließt, ergiebt § 1930.

**§ 1930.** 1. Durch § 1930 wird das Prinzip der successio ordinum zum Ausdrucke gebracht. Zunächst ist die vorhergehende Ordnung berufen, erst wenn ein Erbe in dieser Ordnung nicht vorhanden ist oder als nicht vorhanden gilt (vgl. § 1924 Note 3 b), tritt die nächste Ordnung ein.

2. Die Reihenfolge der Berufung innerhalb der einzelnen Ordnungen ergiebt sich aus den für die einzelnen Ordnungen bestehenden Vorschriften der §§ 1924—1926, 1928 f.

3. Der für die Ermittelung des berufenen Erben maßgebende Zeitpunkt ist und bleibt stets der Zeitpunkt des Erbfalls (§ 1922). Vgl. §§ 1953, 2344, 2346.

a. Ein zur Zeit des Erbfalls Erzeugter, aber noch nicht Geborner gilt als vor dem Erbfalle geboren (§ 1923 Abs. 2). Vgl. daselbst Note II. 2a.

b. Ein zur Zeit des Erbfalls noch nicht Erzeugter kommt für die Erbfolge dauernd nicht in Betracht (§ 1923 Abs. 1), auch wenn er zu der Zeit, zu welcher seine Berufung zur Erbschaft erfolgen würde, schon geboren ist. Vgl. § 1923 Note II. 2b.

c. Der zur Zeit der Erbfalls noch Lebende bleibt berufen, auch wenn er zur Zeit der Berufung bereits verstorben ist, vgl. § 1923 Note II. 1.

Sind weder Verwandte der ersten oder der zweiten Ordnung noch Großeltern vorhanden, so erhält der überlebende Ehegatte die ganze Erbschaft.

**§ 1932.** Ist der überlebende Ehegatte neben Verwandten der zweiten Ordnung oder neben Großeltern gesetzlicher Erbe, so gebühren ihm außer dem Erbtheile die zum ehelichen Haushalte gehörenden Gegenstände, soweit sie nicht Zubehör eines Grundstücks

---

**§ 1931.** 1. Das gesetzliche Erbrecht des Ehegatten ist unabhängig davon, ob die Ehe eine beerbte oder unbeerbte ist und ob der Mann oder die Frau der überlebende Theil ist. — Wegen der Uebergangsvorschrift für die zur Zeit des Inkrafttretens des BGB. bestehenden Ehen vgl. zu EG. Art. 200.

2. Voraussetzung des gesetzlichen Erbrechts des Ehegatten ist eine bis zum Tode des erstversterbenden Ehegatten fortdauernde gültige Ehe.

a. Nichtigkeit und Anfechtbarkeit der Ehe, vgl. §§ 1323 ff., 1329, 1330 ff., 1343 Abs. 2.

α. Die Nichtigkeit der objektiv anfechtbaren Ehe (§§ 1330, 1350) tritt bereits mit Erhebung der Anfechtungsklage ein § 1341. Der Rechtsstreit, der vor dem Tode des anfechtenden Ehegatten nicht beendigt ist, ist mit dem Tode als in der Hauptsache erledigt anzusehen, CPO. § 628 (S. 860). Der Streit über das gesetzliche Erbrecht ist in einem selbständigen Prozesse auszutragen; dem Ehegatten gegenüber ist zu beweisen, daß die Ehe anfechtbar war und daß die Anfechtung frist- und formgerecht sowie vor dem zuständigen Gerichte (CPO. § 606) erfolgt ist.

β. Ist die Anfechtung der Ehe von dem überlebenden Ehegatten erfolgt, so steht ihm, wenn die Ehe anfechtbar ist, ein gesetzliches Ehegattenerbrecht ebenfalls nicht zu. Die Klage kann er nicht mehr zurücknehmen CPO. § 628. Nach dem Tode erfolgt die Anfechtung gemäß § 1342. Der Erbe, welcher dem Ehegatten das Erbrecht bestreitet, ist auch in diesem Falle beweispflichtig wie zu α.

b. Der Auflösung der Ehe durch Scheidung (§§ 1564 ff.) steht die Aufhebung der ehelichen Gemeinschaft durch Urtheil gleich. Vgl. §§ 1586 Note II. 2n, 1587. — Ausschließung des Erbrechts als Folge der Erhebung der Scheidungsklage § 1933.

c. Auflösung der Ehe durch Wiederverheirathung des einen Ehegatten nach erfolgter Todeserklärung des anderen Ehegatten § 1348 Abs. 2.

d. Trennung von Tisch und Bett nach früherem Rechte vgl. EG. Art. 202.

3. (Abs. 1 Satz 2.) Beim Zusammentreffen des Ehegatten mit Großeltern und Abkömmlingen verstorbener Großeltern des Erblassers ist die Regelung folgendermaßen:

a. Der überlebende Ehegatte erhält die Hälfte der Erbschaft vorweg (Abs. 1 Satz 1).

b. Die andere Hälfte ist rechnungsmäßig so zu theilen, wie wenn Großeltern und Abkömmlinge allein als Erben in Betracht kämen (§ 1926). Die danach für die Abkömmlinge von Großeltern ausgeworfenen Erbtheile erhält der Ehegatte außer der ihm nach Abs. 1 Satz 1 zukommenden Hälfte. Der gesammte Erbtheil, welchen der Ehegatte als solcher erhält, bildet einen *einheitlichen* Erbtheil (vgl. § 1934). Der Ehegatte schließt die Onkel, Tanten, Vettern und Basen des Erblassers aus.

4. Den nicht vorhandenen Verwandten stehen die als nicht vorhanden geltenden gleich. Ausschlagung der Erbschaft (§ 1953), Erbunwürdigkeit (§ 2344), Erbverzicht (§§ 2346, 2349), letztwillige Ausschließung (§ 1938). Vgl. zu § 1924 Note 3b. — Anders für die Berechnung des Pflichttheils gemäß § 2310.

5. Pflichttheilsrecht der Ehegatten § 2303 Abs. 2.

6. Fortgesetzte Gütergemeinschaft §§ 1482 ff., 1549, 1557.

sind, und die Hochzeitsgeschenke als Voraus. Auf den Voraus finden die für Vermächtnisse geltenden Vorschriften Anwendung.

c. Einfluß der erhobenen Scheidungsklage.

**§ 1933.** Das Erbrecht des überlebenden Ehegatten sowie das Recht auf den Voraus ist ausgeschlossen, wenn der Erblasser zur Zeit seines Todes auf Scheidung wegen Verschuldens des Ehegatten zu klagen berechtigt war und die Klage auf Scheidung oder auf Aufhebung der ehelichen Gemeinschaft erhoben hatte.

---

**§ 1932.** 1. Neben Verwandten der ersten Ordnung, Abkömmlingen (§ 1924) besteht kein Anspruch des überlebenden Ehegatten auf den Voraus.

2. Gegenstand des Voraus sind:

a. die zum ehelichen Haushalte gehörenden Gegenstände (vgl. §§ 1382, 1629, 1640, 1969), soweit sie nicht (was von dem Einwendenden zu beweisen ist) Zubehör eines Grundstückes (§§ 97, 98) sind. Die zum ehelichen Haushalte gehörenden Gegenstände müssen nicht nothwendig Sachen (§ 90) sein, so fallen z. B. darunter die Ansprüche auf Fortsetzung der im Interesse des Haushalts geschlossenen Verträge (etwa des Miethvertrags über die Ehewohnung (§ 569), des Zeitungsabonnements u. s. w.

b. die Hochzeitsgeschenke.

3. Der Voraus ist ein neben den gesetzlichen Erbtheil des Ehegatten (§ 1931) tretendes gesetzliches Vermächtniß. Vgl. Begründung zu RD. § 28 Abs. 3 (§ 205 i. d. Entw.). Die Anwendung der für Vermächtnisse geltenden Vorschriften (§§ 2147 ff.) ergiebt (vgl. ferner §§ 2110 Abs. 2, 2150, 2169 bis 2172, 2345, 2373) insbesondere:

a. Dem überlebenden Ehegatten steht lediglich ein Forderungsrecht auf Leistung des Voraus gegen den Erben bzw. die Miterben zu (§ 2174).

b. In Ansehung des Voraus ist der Ehegatte Nachlaßgläubiger §§ 1967 ff. dem Erben steht also auch die Befugniß zu, den Voraus mit Rücksicht auf seine beschränkte Schuldenhaftung sowie wegen Verletzung seines Pflichttheils zu kürzen § 2318.

c. Der Ehegatte behält auch den Anspruch auf den Voraus, wenn er nicht Erbe wird § 2161.

4. Bei Berechnung des Pflichttheils der Abkömmlinge und des Ehegatten wird der Voraus als zum Nachlasse gehörig mitgerechnet, während er bei Berechnung des elterlichen Pflichttheils außer Ansatz bleibt (§ 2311).

5. Der Voraus hat nicht den Charakter eines Pflichttheils (§ 2303) und kann von dem Erblasser dem überlebenden Ehegatten entzogen werden.

6. Wegfall des Rechtes auf den Voraus § 1933. — Anfechtung des Anspruchs auf den Voraus durch den Erben wegen eines Erbunwürdigkeitsgrundes in der Person des Ehegatten § 2345.

**§ 1933.** 1. Mit dem Ausschlusse des gesetzlichen Erbrechts (§ 1931) des Ehegatten wird für die in § 1933 geregelten Fälle (vgl. Note 2) auch das Pflichttheilsrecht des Ehegatten beseitigt (§ 2303 Abs. 2). — Voraus § 1932.

2. Die in § 1933 vorausgesetzten Thatbestände.

a. Eine zur Zeit seines Todes für den Erblasser bestehende Berechtigung, wegen Verschuldens §§ 1565—1568 (nicht wegen Geisteskrankheit § 1569) auf Scheidung zu klagen, ist dann nicht vorhanden, wenn das Scheidungsrecht durch Verzeihung (§ 1570), Fristablauf (§ 1571) oder prozessuale Konsumtion CPO. § 616 (S. 369) erloschen ist.

b. Die Erhebung (CPO. § 253) der Scheidungsklage (§ 1564) oder der Klage auf Aufhebung der ehelichen Gemeinschaft (§ 1575) ist nur wirksam, wenn sie vor dem zuständigen Gerichte (CPO. § 606) erhoben ist. Der Erhebung der Klage steht die Erhebung der Widerklage gleich. Der bloße Antrag auf Schuldigerklärung des Klägers (vgl. § 1674 Abs. 3) würde nicht ausreichen. — Die Frage, ob die Ladung zum Sühnetermin auch im Sinne des § 1933 der Erhebung der Scheidungsklage (vgl. § 1571 Abs. 3) gleichsteht, wird von Wilke gegen Planck bejaht.

**§ 1934.** Gehört der überlebende Ehegatte zu den erbberechtigten Verwandten, so erbt er zugleich als Verwandter. Der Erbtheil, der ihm auf Grund der Verwandtschaft zufällt, gilt als besonderer Erbtheil.

2. Ehegatte als erbberechtigter Verwandter.

**§ 1935.** Fällt ein gesetzlicher Erbe vor oder nach dem Erbfalle weg und erhöht sich in Folge dessen der Erbtheil eines anderen gesetzlichen Erben, so gilt der Theil, um welchen sich der Erbtheil erhöht, in Ansehung der Vermächtnisse und Auflagen, mit denen dieser Erbe oder der wegfallende Erbe beschwert ist, sowie in Ansehung der Ausgleichungspflicht als besonderer Erbtheil.

3. Erhöhung d. gesetzlichen Erbtheils in Folge Wegfalls eines gesetzlichen Erben.

**§ 1936.** Ist zur Zeit des Erbfalls weder ein Verwandter noch ein Ehegatte des Erblassers vorhanden, so ist der Fiskus des Bundesstaats, dem der Erblasser zur Zeit des Todes angehört hat, gesetzlicher Erbe. Hat der Erblasser mehreren Bundesstaaten angehört,

4. Gesetzliche Erbfolge des Fiskus.

---

3. Der Streit darüber, ob das Erbrecht des Ehegatten gemäß § 1933 ausgeschlossen ist, wird in einem neuen Rechtsstreite zwischen dem Ehegatten und denjenigen, welche diesen Ausschluß behaupten, ausgetragen. Der Ehescheidungsprozeß ist gemäß CPO. §§ 628 (S. 860), 639 (S. 871) durch den Todesfall in der Hauptsache erledigt.

4. Wegen der sonstigen Vorschriften, welche erbrechtliche Wirkungen an die Erhebung der Scheidungsklage knüpfen, vgl. S. 860 Note III. 3.

**§ 1934.** Vgl. § 1927. — Auch § 1931 Note 3b.

**§ 1935.** 1. Erhöhung eines Erbtheils als besonderer Erbtheil.

a. Das BGB. spricht von „Anwachsung“ nur bei Erhöhung des Erbtheils durch Wegfall eines eingesetzten, nicht eines gesetzlichen Erben, vgl. § 2094.

b. Nach §§ 2161, 2192 werden Vermächtnisse und Auflagen, sofern nicht ein anderer Wille des Erblassers erhellt, nicht dadurch unwirksam, daß der Beschwerte nicht Erbe oder Vermächtnißnehmer wird. Beschwert ist nach § 2161 in diesem Falle derjenige, welchem der Wegfall des zunächst Beschwerten unmittelbar zu Statten kommt. In ähnlicher Weise ist nach § 2051 derjenige Abkömmling zur Ausgleichung verpflichtet, der an Stelle eines weggefallenen ausgleichungspflichtigen Abkömmlinges tritt. Für solche Fälle schützt § 1935 den gesetzlichen Erben in derselben Weise vor Ueberbürdung, wie dies § 2095 im Falle der Anwachsung zu Gunsten des Testamentserben thut.

c. Wegen der Schuldenhaftung vgl. zu § 2007.

d. Die Erhöhung des Erbtheils durch den nach dem Erbschaftsverkaufe eingetretenen Wegfall eines Miterben ist im Zweifel nicht mitverkauft § 2373.

2. Wegfall eines Erben (vgl. § 1924 Note 3b) kann eintreten,

a. vor dem Erbfalle

α. durch den Tod des Erben § 1923;

β. durch letztwillige Verfügung im Sinne des § 1938;

γ. durch Erbverzicht § 2346.

Wenn in diesen Fällen vom Wegfalle eines gesetzlichen Erben gesprochen wird, obwohl der Weggefallene die rechtliche Stellung eines Erben noch nicht erlangt hat und vor dem Erbfall auch begrifflich nicht erlangen konnte, so geschieht dies von der Vorstellung aus, welche sich der Erblasser von der dereinstigen Vertheilung seines Nachlasses gemacht hat. Vgl. Planck Note 1 sowie Küntzel in Gruchot **41** 808 ff.

b. nach dem Erbfalle

α. durch Ausschlagung § 1953;

β. durch Erbunwürdigkeitserklärung § 2344;

γ. durch Versagung der staatlichen Genehmigung an einen Erben, der als Religioser derselben nach vorbehaltenem Landesrechte bedarf, EG. Artt. 87 Abs. 2, 86 Satz 2.

so ist der Fiskus eines jeden dieser Staaten zu gleichem Antheile zur Erbfolge berufen.

War der Erblasser ein Deutscher, der keinem Bundesstaat angehörte, so ist der Reichsfiskus gesetzlicher Erbe.

III. Verfügungen v. Todeswegen. 1. Testament. a. Erbeinsetzung.

**§ 1937.** Der Erblasser kann durch einseitige Verfügung von Todeswegen (Testament, letztwillige Verfügung) den Erben bestimmen.

---

**§ 1936.** 1. Das Erbrecht des Fiskus ist ein eigentliches privatrechtliches gesetzliches Erbrecht. Der Fiskus gehört im Sinne der §§ 2104, 2149 nicht zu den gesetzlichen Erben.

2. Als nicht vorhanden ist auch der Erbe anzusehen, der vor oder nach dem Erbfalle weggefallen ist, vgl. § 1935 Note 2.

3. Für das Erbrecht des Fiskus gelten folgende Sonderbestimmungen:

a. Der Fiskus kann die Erbschaft nicht ausschlagen, § 1942 Abs. 2 und daselbst Note II. 4.

b. Der Fiskus kann auf sein gesetzliches Erbrecht nicht verzichten § 2346.

c. Das Nachlaßgericht hat das Erbrecht des Fiskus gemäß §§ 1964 f. festzustellen. Vor dieser Feststellung können aus dem Erbfalle Rechte weder von noch gegenüber dem Fiskus geltend gemacht werden § 1966.

d. Eine Inventarfrist kann dem Fiskus als gesetzlichem Erben nicht bestimmt werden. Auskunftspflicht des Fiskus gegenüber den Nachlaßgläubigern § 2011.

e. Der als gesetzlicher Erbe verurtheilte Fiskus kann die Beschränkung seiner Haftung geltend machen (§§ 1975 ff.), auch wenn sie ihm im Urtheile nicht vorbehalten ist CPO. § 780 Abs. 2.

4. Bundes-, Staats- und Reichsangehörigkeit vgl. EG. Art. 41. Elsaß-Lothringen als Bundesstaat EG. Art. 5.

5. Vorbehalt für die landesgesetzlicher Vorschriften, nach denen im Falle des § 1936 an Stelle des Fiskus eine andere Körperschaft, Stiftung oder Anstalt des öffentlichen Rechtes gesetzlicher Erbe ist. EG. § 138.

6. Vorbehalt für die landesgesetzlichen Vorschriften, nach denen dem Fiskus ein Erbrecht, ein Pflichttheilsanspruch oder ein Recht auf bestimmte Sachen in Ansehung des Nachlasses einer verpflegten oder unterstützten Person zusteht. EG. Art 139.

7. Anfall des Vermögens einer juristischen Person an den Fiskus bei Auflösung oder Entziehung der Rechtsfähigkeit § 46.

8. Internationales Privatrecht vgl. EG. Artt. 24, 25, 29.

Zu §§ 1937–1941. 1. Das BGB. geht von der gesetzlichen Erbfolge, wie sie in den §§ 1924 bis 1936 geregelt ist, als der Regel aus. Daneben wird dem Erblasser die Befugniß eingeräumt, durch Rechtsgeschäft von Todeswegen rechtsverbindliche Anordnungen über sein Vermögen zu treffen.

2. Das Erbrecht wird, anders wie das Recht der Schuldverhältnisse, aber in Uebereinstimmung mit dem Sachen- und Familienrechte von dem Grundsatze beherrscht, daß Anordnungen von Todeswegen nur innerhalb der für sie zugelassenen Grenzen rechtswirksam getroffen werden können. Dementsprechend wird im Einzelnen ausgesprochen, was Gegenstand einer Verfügung von Todeswegen sein kann. Innerhalb dieser Grenzen herrscht das Prinzip der Testirfreiheit, welches wiederum den durch die Vorschriften über Testamentsfähigkeit (§§ 2229, 2230, 2247), den Pflichttheil (§§ 2303 ff.) und die Gebundenheit des Erblassers durch Erbvertrag und gemeinschaftliches Testament (§§ 2289, 2271 Abs. 2) gegebenen Einschränkungen unterliegt. Im Uebrigen ist die Testirfreiheit durch die Vorschriften des § 2253 (Jederzeitige Widerruflichkeit letztwilliger Verfügungen), des § 2302 (Nichtigkeit der Verpflichtung zur Errichtung oder Nichterrichtung, Aufhebung oder Nichtaufhebung einer Verfügung von Todeswegen) sowie durch die Vorschrift des § 2339 Ziffer 2 über die Erbunwürdigkeit geschützt.

**§ 1938.** Der Erblasser kann durch Testament einen Verwandten oder den Ehegatten von der gesetzlichen Erbfolge ausschließen, ohne einen Erben einzusetzen.

b. Ausschließung eines Verwandten oder des Ehegatten.

---

3. In §§ 1937—1941 werden im Interesse systematischer Durchsichtigkeit und Vollständigkeit des von der Erbfolge handelnden ersten Abschnitts den Vorschriften über die gesetzliche Erbfolge die allgemeinen Vorschriften über die gewillkürte Erbfolge angeschlossen und damit zugleich die gesetzlichen Begriffsbestimmungen wichtiger erbrechtlicher Ausdrücke verbunden.

4. Die nähere Ausgestaltung des Testaments- und Vertragserbrechts bringen der dritte und vierte Abschnitt (§§ 2064—2273; §§ 2274—2302).

5. Ueber den zulässigen Inhalt letztwilliger Verfügungen vgl. vor §§ 2064 ff.

**§ 1937.** 1. Durch § 1937 wird die Testirfreiheit in Ansehung der Erbenbestimmung anerkannt. Vgl. zu §§ 1937—1941 Note 2. Daß die gesetzliche Erbfolge durch die testamentarische ausgeschlossen wird, ergiebt sich aus §§ 2088 f.

2. In § 1937 wird die Legaldefinition des Begriffs des Testaments oder der letztwilligen Verfügung gegeben.

a. Die Verfügung von Todeswegen ist entweder eine einseitige (§ 1937) oder eine vertragsmäßige (§ 1941). Der beide Arten umfassende Begriff ist der der Verfügung von Todeswegen (vgl. z. B. §§ 83, 1948, 2289, 2302, 2339).

b. Testament und letztwillige Verfügung bezeichnen gleichbedeutend jede einseitige Verfügung von Todeswegen ohne Rücksicht auf ihren Inhalt, insonderheit ohne Rücksicht darauf, ob eine Erbeinsetzung in der Verfügung enthalten ist oder nicht. Ein „Kodizill" im Sinne des bisherigen Rechtes ist als besondere Art der letztwilligen Verfügungen nicht aufgenommen, sondern fällt unter den Begriff des Testamentes.

c. Der Ausdruck Testament wird auch zur Bezeichnung eines mehrere letztwillige Verfügungen zusammenfassenden Aktes verwendet, z. B. § 2085. Bei einer solchen Zusammenfassung behält indeß jede einzelne Verfügung ihre materielle Selbständigkeit, wie sich z. B. aus §§ 2085, 2253 ergiebt. Vgl. auch § 1951 Abs. 2 S. 1.

d. Einseitige Verfügungen von Todeswegen können auch in einem Erbvertrage getroffen und aufgehoben werden. Vgl. hierüber § 2299.

e. Zum Ausdrucke „Letztwillige Verfügung" ist zu bemerken:

α. die Letztwilligkeit, d. h. der Fortbestand des in dem Testament ausgesprochenen Willens bis zu dem Tode des Erblassers ergiebt sich aus dem Umstande, daß ein Widerruf (§ 2254) trotz jederzeitiger Widerruflichkeit (§§ 2253, 2302) nicht erfolgt ist.

β. Verfügung wird in diesem Zusammenhang anders gebraucht, als „Verfügung über einen Gegenstand", vgl. Bd. I S. 45 Note 5.

3. Ueber das Testament handelt der dritte Abschnitt (§§ 2064 ff.), über die Erbeinsetzung insbesondere der zweite Titel (§§ 2087 ff.), über die Errichtung und Aufhebung des Testaments der siebente Titel (§§ 2229 ff.). Ordentliche Testamentsformen sind das gerichtliche oder notarielle Testament und das holographische Testament, § 2231.

**§ 1938.** 1. Nur Verwandte (§§ 1924 ff.) und der Ehegatte (§§ 1931 ff.), nicht auch der Fiskus (§ 1936) kann von der gesetzlichen Erbfolge ausgeschlossen werden, ohne daß ein anderer Erbe bestimmt wird. Der Ausgeschlossene ist in Ansehung der Erbfolge als zur Zeit des Erbfalls nicht vorhanden zu betrachten. Vgl. zu § 1924 Note 2 a.E. — Der etwaige Pflichttheilsanspruch des Ausgeschlossenen bestimmt sich nach §§ 2303 ff.

2. Ausschließung eines gemeinschaftlichen Abkömmlinges der Ehegatten von der fortgesetzten Gütergemeinschaft § 1511 Abs. 1.

c. Vermächtniß. **§ 1939.** Der Erblasser kann durch Testament einem Anderen, ohne ihn als Erben einzusetzen, einen Vermögensvortheil zuwenden (Vermächtniß).

d. Auflage. **§ 1940.** Der Erblasser kann durch Testament den Erben oder einen Vermächtnißnehmer zu einer Leistung verpflichten, ohne einem Anderen ein Recht auf die Leistung zuzuwenden (Auflage).

2. Erbvertrag. **§ 1941.** Der Erblasser kann durch Vertrag einen Erben einsetzen sowie Vermächtnisse und Auflagen anordnen (Erbvertrag).

Als Erbe (Vertragserbe) oder als Vermächtnißnehmer kann sowohl der andere Vertragschließende als ein Dritter bedacht werden.

## Zweiter Abschnitt.

## Rechtliche Stellung des Erben.

### Erster Titel.

### Annahme und Ausschlagung der Erbschaft. Fürsorge des Nachlaßgerichts.

---

**§ 1939.** 1. Vgl. Vorb. zu §§ 1937—1941.

2. Näheres über den Begriff und die Regelung des Vermächtnisses zu §§ 2147 ff.

3. Hervorzuheben ist hier nur,

a. daß durch das Vermächtniß lediglich ein persönlicher Anspruch des Bedachten gegen den Beschwerten begründet werden kann (§ 2174);

b. daß das sog. Vindikationslegat, durch welches ein dinglicher Anspruch des Bedachten kraft Gesetzes zur Entstehung gebracht wird, vom BGB. nicht zugelassen ist.

4. Gesetzliche Vermächtnisse. Vgl. Denkschrift z. KO. § 226 Abs. 3 (Entw. § 205 i).

a. Der Anspruch des Ehegatten auf den Voraus §§ 1932 f.

b. Der sog. Dreißigste § 1969.

c. Vorbehalt für die landesgesetzlichen Vorschriften, nach denen dem Fiskus oder einer anderen juristischen Person in Ansehung des Nachlasses einer verpflegten oder unterstützten Person ein Recht auf bestimmte Sachen zusteht, EG. Art. 139.

**§ 1940.** 1. Vgl. Vorb. zu §§ 1937—1941.

2. Hier ist nur hervorzuheben:

a. Das Charakteristische der Auflage ist, daß durch sie dem etwaigen Begünstigten kein klagbares Recht eingeräumt wird, wenngleich der Beschwerte zu einer Leistung verpflichtet wird.

b. Die rechtliche Erzwingbarkeit der Auflage ist in § 2194 geregelt.

c. Die Leistung ist im weitesten Sinne zu verstehen, so daß namentlich auch Unterlassungen einbegriffen sind, vgl. § 241 Satz 2.

d. Näheres über den Begriff und die Regelung der Auflage vgl. zu §§ 2192 ff.

3. Schenkung unter einer Auflage §§ 525—527.

**§ 1941.** 1. Vgl. Vorb. zu §§ 1937—1941.

2. Näheres über den Begriff und die Regelung des Erbvertrags vgl. §§ 2274 ff. — Vgl. JW. 1899 S. 755[34].

Vorbemerkung zum II. Abschnitt. 1. Der zweite Abschnitt enthält unter der Ueberschrift „Rechtliche Stellung des Erben" die Vorschriften, welche sich auf das Erbesein beziehen. Dieselben gelten für jeden Erben, mag das Erbrecht auf Gesetz, letztwilliger Verfügung oder Vertrag beruhen.

2. Nachlaßgericht vgl. Vorb. zu §§ 1960 ff. (S. 1100).

**§ 1942.** Die Erbschaft geht auf den berufenen Erben unbeschadet des Rechtes über, sie auszuschlagen (Anfall der Erbschaft).
Der Fiskus kann die ihm als gesetzlichem Erben angefallene Erbschaft nicht ausschlagen.

I. Annahme und Ausschlagung.
1. Ausschlagungsbefugniß
a. d. Erben im Allgem.
b. des Fiskus als ges. Erben.

**§ 1942. I. Anfall kraft Gesetzes.**

1. Mit dem Tode des Erblassers (§ 1922) geht die Erbschaft gemäß § 1942 Abs. 1 kraft Gesetzes auf den berufenen Erben über. Keine hereditas jacens. — Vererblichkeit der angefallenen Erbschaft auf den Erbeserben vgl. § 1952.

a. Wer berufener Erbe ist, ist nach Maßgabe der §§ 1924—1938, 1941 Abs. 1 zu beurtheilen.

b. Der Anfall der Erbschaft, d. i. die Erwerbung der Erbschaft bedarf nicht der Annahme. Der Nachweis der Erbschaftsannahme gehört deshalb nicht zur Begründung der Aktiv- oder Passivlegitimation des Erben als solchen. Vgl. indeß § 1958.

c. Auch der Erbe, der nicht sofort, sondern erst durch den nach dem Erbfall erfolgenden Wegfall eines vorberufenen Erben (insbesondere durch Ausschlagung, Erbunwürdigkeitserklärung, vgl. § 1935 Note 2 b) berufen wird, erwirbt die Erbschaft mit dem Tode des Erblassers, §§ 1953, 2344. Das zwischen dem zunächst Berufenen und demjenigen, der Erbe wird, obwaltende Verhältniß ist in § 1959 geregelt.

d. Auch für den Anfall an den nasciturus, welcher Erbe wird, gilt die Fiktion des § 1923. Vgl. daselbst Note B. II. 2aa (S. 1072).

e. Die angefallene Erbschaft gehört, wenn der Erbe während der Ausschlagungsfrist stirbt, zu seinem Nachlasse. Note II. 2 und § 1952.

2. Als Ganzes (§ 1922) geht die Erbschaft über.

a. Prinzip der Universalsukzession vgl. § 1922 Note A. II.

b. Wegen der zur Erbschaft gehörenden und nicht dazu gehörenden Gegenstände vgl. zu § 1922 Note B. II. 2—5. Wegen des Passivnachlasses (Nachlaßverbindlichkeiten) §§ 1967 ff.

3. Legitimation des Erben.

a. Wer Erbe ist, hat an sich derjenige, welcher sich mit dem Erben als solchen in rechtsgeschäftlichen Verkehr einläßt, auf eigene Gefahr zu prüfen. Wegen des die Vermuthung des Erbrechts mit öffentlichem Glauben begründenden Erbscheins vgl. §§ 2353 ff.

b. *CPO. § 94. Macht der Kläger einen auf ihn übergegangenen Anspruch geltend, ohne dass er vor der Erhebung der Klage dem Beklagten den Uebergang mitgetheilt und auf Verlangen nachgewiesen hat, so fallen ihm die Prozesskosten insoweit zur Last, als sie dadurch entstanden sind, dass der Beklagte durch die Unterlassung der Mittheilung oder des Nachweises veranlasst worden ist, den Anspruch zu bestreiten.*

**II. Das Ausschlagungsrecht des Erben.**

1. Die Rückwirkung der Ausschlagung.

Die Ausübung des dem Erben zustehenden Ausschlagungsrechts beseitigt die Wirkungen des Anfalls an den Ausschlagenden ex tunc und bewirkt unter Zurückbeziehung auf den Zeitpunkt des Erbfalls den Anfall an denjenigen, der berufen sein würde, wenn der Ausschlagende zur Zeit des Todes nicht gelebt hätte, § 1953.

2. Die rechtliche Natur der Ausschlagung.

Das mit dem Anfalle der Erbschaft — abgesehen von dem Anfall an den Fiskus Abs. 2 (Note 4) — nothwendig verbundene Recht des Erben, die Erbschaft ex tunc (Note 1) auszuschlagen, bewirkt, daß bis zu Erledigung des Ausschlagungsrechts die angefallene Erbschaft kein endgültig zum Vermögen des Erben gehöriger Gegenstand ist. Diesem Umstande wird in einer Anzahl von Bestimmungen nach verschiedenen Richtungen hin Rechnung getragen:

2. Annahme und Ausschlagung.
a. Erlöschen des Ausschlagungsrechts.

**§ 1943.** Der Erbe kann die Erbschaft nicht mehr ausschlagen, wenn er sie angenommen hat oder wenn die für die Ausschlagung vorgeschriebene Frist verstrichen ist; mit dem Ablaufe der Frist gilt die Erbschaft als angenommen.

---

a. Die Ausschlagung wird nicht als Verzicht auf ein bereits erworbenes, sondern als Nichtannahme eines angetragenen Rechtes behandelt. Anwendungsfälle:

α. Die Ausschlagung einer Erbschaft, auch wenn zum Vortheil eines Anderen erfolgt, ist, da materiell keine Bereicherung aus dem Vermögen des Ausschlagenden erfolgt, keine Schenkung, § 517; vgl. Note 1 daselbst.

β. Die Ehefrau bedarf bei gesetzlichem Güterstande (§ 1406 Ziffer 1) nicht der Zustimmung des Mannes zur Ausschlagung und ist bei Gütergemeinschaft (§ 1453) ausschließlich und ohne Zustimmung des Mannes zur Ausschlagung berechtigt.

γ. Die Vorschrift KO. § 9 trägt zugleich dem persönlichen Charakter des Erwerbes von Todeswegen Rechnung.

*KO. § 9. Die Annahme oder Ausschlagung einer vor der Eröffnung des Verfahrens dem Gemeinschuldner angefallenen Erbschaft, sowie eines vor diesem Zeitpunkte dem Gemeinschuldner angefallenen Vermächtnisses steht nur dem Gemeinschuldner zu. Das Gleiche gilt von der Ablehnung der fortgesetzten Gütergemeinschaft.*

Demgemäß muß auch die von dem Gemeinschuldner vor der Konkurseröffnung erfolgte Ausschlagung einer Erbschaft der Anfechtung durch den Konkursverwalter entzogen sein (vgl. Jäger, Konkursordnung § 9 Anm. 11).

b. Schutz der Erben gegen gerichtliche Inanspruchnahme wegen Nachlaßverbindlichkeiten vor Annahme der Erbschaft § 1958, vgl. auch daselbst CPO. §§ 778, 779 Abs. 2. (S. 1098).

c. Das Ausschlagungsrecht kann, wegen seiner persönlichen Natur (vgl. zu a γ) nicht Gegenstand der Pfändung sein. Auch kann die Ausschlagung nicht auf Grund des Anfechtungsgesetzes angefochten werden. Aus der Nichtpfändbarkeit ergiebt sich die Unübertragbarkeit §§ 413, 400. Die Vererblichkeit des Ausschlagungsrechts auf den Erbeserben ist ausdrücklich bestimmt § 1952.

3. Ausschlagung einer Erbschaft durch den gesetzlichen Vertreter.

a. Auf Grund elterlicher Gewalt § 1643 Abs. 2.

b. Auf Grund vormundschaftlicher Vertretung § 1822 Ziffer 2.

4. Der Anfall an den Fiskus.

a. Das gesetzliche Erbrecht des Fiskus § 1936.

b. Dem Fiskus ist das Ausschlagungsrecht nur in seiner Eigenschaft als gesetzlicher Erbe versagt. Als eingesetzter Erbe würde er es haben.

c. Der Fiskus kann, um sich den mit der Erbschaft verbundenen Belästigungen zu entziehen, die gerichtliche Nachlaßverwaltung gemäß §§ 1981 ff. beantragen. Vgl. indeß § 1982.

**§ 1943. I. Annahme der Erbschaft durch Willenserklärung.**

1. Die Willenserklärung.

Die Annahme der Erbschaft ist eine nicht empfangsbedürftige (vgl. Vorb. zum 2. Titel dritten Abschnittes des allgemeinen Theiles Note 2 c d Bd. I S. 53) Erklärung des Willens, Erbe sein zu wollen. Diese Erklärung kann ausdrücklich oder stillschweigend (pro herede gestio vgl. zu 2) erfolgen. Ihr Wirksamwerden richtet sich nach den allgemeinen Grundsätzen (vgl. § 130 Note A. II).

2. Insbesondere die stillschweigende Annahme durch pro herede gestio.

a. Eine stillschweigende Erklärung der Erbschaftsannahme ist nur vorhanden,

**§ 1944.** Die Ausschlagung kann nur binnen sechs Wochen erfolgen.

Die Frist beginnt mit dem Zeitpunkt, in welchem der Erbe von dem Anfall und dem Grunde der Berufung Kenntniß erlangt. Ist der Erbe durch Verfügung von Todeswegen berufen, so beginnt die Frist nicht vor der Verkündung der Verfügung. Auf den Lauf der Frist finden die für die Verjährung geltenden Vorschriften der §§ 203, 206 entsprechende Anwendung.

Die Frist beträgt sechs Monate, wenn der Erblasser seinen letzten Wohnsitz nur im Auslande gehabt hat oder wenn sich der Erbe bei dem Beginne der Frist im Ausland aufhält.

---

wenn der Wille, Erbe sein zu wollen, sich unbedingt und unbefristet (§ 1947) aus dem Verhalten des als Erbe Berufenen mit Sicherheit ergiebt (pro herede gestio); z. B. Stellung des Antrags auf Ertheilung eines Erbscheins (vgl. § 2357 Note I), Verfügung über Nachlaßgegenstände, welche die Absicht, Erbe sein zu wollen, erkennen läßt. Verkauf der Erbschaft (§§ 2371 ff.). Dieser Wille kann sich auch aus fürsorglichen, unaufschiebbaren Handlungen offenbaren, wie er andererseits trotz Vornahme von Verfügungen, welche ohne Nachtheil für den Nachlaß aufschiebbar sind, nicht vorhanden zu sein braucht, vgl. § 1959 Abs. 2. — Neben der Feststellung, daß eine Handlung die Absicht der Erbschaftsannahme nothwendig voraussetzt, bedarf es nicht noch der besonderen Feststellung, daß der Erbe bei der Handlung das Bewußtsein, als Erbe zu handeln, gehabt habe, RG. JW. 1899 S. 462[81].

b. Kraft Gesetzes gilt als stillschweigende Annahme die Anfechtung der Ausschlagungserklärung § 1957.

c. Wird ein Erbschein über das Erbrecht eines später Berufenen auf Grund der Ausschlagungserklärung des früher Berufenen ertheilt und stellt sich nachträglich heraus, daß der Ausschlagende im Wege der pro herede gestio das Ausschlagungsrecht verloren hatte, so ist der gutgläubige Dritte auf Grund der §§ 2365—2367 geschützt.

3. **Als Rechtsgeschäft** unterliegt die ausdrückliche wie die stillschweigende Annahmeerklärung den allgemeinen Vorschriften über Rechtsgeschäfte, insbesondere hinsichtlich der Geschäftsfähigkeit (§§ 104 ff.). Als besondere Vorschriften kommen in Betracht,

a. Zeit der Zulässigkeit der Annahmeerklärung § 1946;
b. Unzulässigkeit der Beifügung von Bedingung und Zeitbestimmung § 1947;
c. Irrthum im Berufungsgrunde vgl. § 1949;
d. Unzulässigkeit theilweiser Annahme § 1950;
e. Berufung zu mehreren Erbtheilen. Annahme eines der mehreren Erbtheile § 1951;
f. Anfechtung der Annahmeerklärung wegen Willensmangels. §§ 1954, 1955, 1957.

II. **Versäumung der Ausschlagungsfrist.** Vgl. zu § 1944.

**§ 1944. I. Rechtliche Natur der Ausschlagungsfrist.**

1. **Ausschlußfrist.**

Die Ausschlagungsfrist ist eine gesetzliche Ausschlußfrist. Bd. I S. 102 Note 4. Vgl. daselbst insbesondere wegen Berücksichtigung derselben von Amtswegen und wegen der Beweislast; Hemmung (§§ 203, 206) vgl. Note III. 4.

2. **Anfechtung der Fristversäumung.**

Die Ausschlagungsfrist hat insofern eine Besonderheit als nicht nur mit ihrem Ablaufe die Erbschaft als angenommen gilt, sondern auch, gemäß positiver Bestimmung des § 1956, die Versäumung der Frist, obwohl kein Rechtsgeschäft, dennoch wie das Rechtsgeschäft der Annahmeerklärung wegen

69*

§ 1944. Willensmangels angefochten werden kann. Vergl. hierzu Bd. I S. 102 Note 4 a und Vorb. zum 2. Titel des dritten Abschnittes des allgemeinen Theiles Note 2 a β (S. 52 f.).

3. Unabänderlichkeit der Frist.

Als gesetzliche Ausschlußfrist kann die Ausschlagungsfrist von dem Betheiligten nicht geändert werden. Die an die Versäumung geknüpften Rechtsfolgen treten kraft Gesetzes mit Wirkung für und gegen Jedermann ein.

II. Beginn der Frist.

1. Gesetzliche Erbfolge.

a. Kenntniß (nicht bloßes Kennenmüssen) von dem Anfall und dem Grunde der Berufung ist dem Erben von demjenigen, der den Ablauf der Ausschlagungsfrist behauptet, nachzuweisen. Auf welche Umstände sich die Kenntniß erstrecken muß, ist von Fall zu Fall zu beurtheilen. Dem Erben muß insbesondere bekannt sein:

α. der Erbfall, das ist der Tod (§ 1922) bezw. die erfolgte Todeserklärung des Erblassers § 18 Abs. 2, vgl. § 1922 Note B I. 1 b;

β. sein Verhältniß als Verwandter (§§ 1924 ff.) oder Ehegatte (§ 1931) des Erblassers, auf Grund dessen das Gesetz ihn zum Erben beruft;

γ. daß kein vor ihm berufener Verwandter vorhanden ist oder daß der ihm vorhergehende weggefallen ist. Vgl. § 1935 Note 2.

b. Gegenüber dem Nachweise der Kenntniß der zu a aufgeführten Umstände hat der Erbe die dennoch seine Kenntniß von dem Anfall oder dem Grunde seiner Berufung etwa ausschließenden Umstände nachzuweisen. Solche Umstände können z. B. sein:

α. Nichtwissen, daß eine letztwillige, das gesetzliche Erbrecht ausschließende Verfügung des Erblassers nicht vorhanden ist, in Verbindung mit irrthümlicher, die Kenntniß von dem Anfall ausschließender Annahme des Vorhandenseins einer solchen Verfügung. Ergiebt sich die Nichtigkeit der vorhandenen letztwilligen Verfügung, so würde die Kenntniß der Nichtigkeit dem Erben nachzuweisen sein. Solange der Erbe die Nichtigkeit nicht kennt, kann die Ausschlagungsfrist nicht laufen;

β. sonstiger thatsächlicher oder rechtlicher Irrthum, welcher nach freier richterlicher Ueberzeugung die Kenntniß des Anfalls ausschließt. (Vgl. § 892 Note III. 1 a.)

2. Berufung durch Verfügung von Todeswegen. (Letztwillige Verfügung oder Erbvertrag vgl. § 1937.)

a. Dem Erben ist als ihm bekannt (vgl. Note 1 a) nachzuweisen

α. der Erbfall (vgl. zu 1 a α);

β. die den Anfall begründende Anordnung. Eine amtliche Mittheilung der Anordnung ist nicht erforderlich, andererseits eine diesbezügliche Zustellung oder Ersatzzustellung als solche nicht genügend. Entscheidend ist die thatsächliche Kenntniß.

b. Außer der Kenntniß ist die Verkündung des Testamentes (§ 2260) oder des Erbvertrags (§ 2300) erforderlich. Daß der Erbe auch Kenntniß von der stattgehabten Verkündung hat, ist für den Beginn der Ausschlagungsfrist nicht vorgeschrieben.

3. Besondere Fälle.

a. Bei Berufung in Folge der Ausschlagung eines vorher berufenen Erben ist die nach § 1953 Abs. 3 vorgeschriebene Mittheilung des Nachlaßgerichts nicht Voraussetzung für den Beginn der Ausschlagungsfrist. Vielmehr kommt es lediglich auf die thatsächliche Kenntniß des Anfalls an. Vgl. Note 1 a.

b. Schlägt der Testaments- oder Vertragserbe, welcher unmittelbar oder mittelbar als gesetzlicher Erbe berufen ist (vgl. § 1948 Note 1), die ihm aus dem Grunde der Verfügung von Todeswegen angefallene Erbschaft aus, so läuft ihm aus der gesetzlichen Berufung eine neue Frist. Vgl. zu § 1948.

§ 1944.

c. Kenntniß eines Vertreters vgl. zu Note IV.
d. Sondervorschrift für den als Erben beschränkten oder beschwerten Pflichttheilsberechtigten § 2306.
e. Für den nasciturus (vertreten durch seinen gesetzlichen Vertreter vgl. Note IV. 1) kann, da sich erst mit der vollendeten Geburt (vgl. § 1923 Note B II. 2a) entscheidet, ob der Anfall erfolgt ist, die Kenntniß nicht vor der Geburt eintreten.
f. Beginn der Frist in der Person des Erbeserben vgl. § 1952 Note II. 2b.

III. **Dauer der Frist.**

1. Die regelmäßige Frist von sechs Wochen ist immer maßgebend, sofern nicht die besonderen Voraussetzungen der Sechsmonatsfrist (Abs. 3) von dem sie in Anspruch Nehmenden nachgewiesen werden.

2. Die Voraussetzungen der Sechsmonatsfrist
a. aus der Person des Erblassers: daß der Erblasser seinen letzten Wohnsitz (§§ 7 ff.) nur im Auslande gehabt hat. — Wo der Erblasser gestorben ist, ist unerheblich. Wenn neben einem ausländischen Wohnsitze auch ein inländischer besteht (vgl. § 7 Abs. 2), ist Abs. 1, nicht Abs. 3 anwendbar.
b. aus der Person des Erben: Aufenthalt des Erben im Auslande zur Zeit des Beginnes der Ausschlagungsfrist (vgl. zu II); weder auf den Wohnsitz des Erben noch auf den Aufenthalt des Erben zur Todeszeit des Erblassers kommt es an. Bei Beginn der Ausschlagungsfrist nach dem Tode des Erben ist der Aufenthalt des Erbeserben entscheidend (§ 1952 Note II. 2b).
c. Ausland ist alles nicht zum Deutschen Reiche gehörige Gebiet, also auch die Konsulats- und Schutzgebiete, in denen Deutsches Recht gilt. — Im Auslande befindliche Kriegs- und sonstige Staatsschiffe können trotz ihrer völkerrechtlichen Geltung als Inland (vgl. Olshausen z. StGB. § 3 Note 14a) dem Zwecke des § 1944 nach, nicht im Sinne dieser Vorschrift als Inland angesehen werden. Vgl. EG. Art. 1 Note I. 1b.

3. Die Berechnung der Frist geschieht nach §§ 187, 188, 193.

4. Schutzvorschriften.
a. Hemmung des Fristlaufs bei Stillstand der Rechtspflege und sonstiger höherer Gewalt § 203.
b. Schutzfrist beim Mangel gesetzlicher Vertretung für einen geschäftsunfähigen oder in der Geschäftsfähigkeit beschränkten Erben § 206.
c. Die Vorschrift des § 207 kommt mit Rücksicht auf § 1952 Abs. 2 nicht in Betracht.

IV. **Einfluß einer für den Erben bestehenden Vertretung auf die Ausschlagungsfrist.**

1. Gesetzliche Vertretung, vgl. Bd. I S. 88 Note IV und § 1945 Note V. Der gesetzliche Vertreter hat kraft absoluter Vorschrift nicht nur das Recht, sondern auch die Pflicht, seinen Schützling zu vertreten (§§ 1627 ff., 1793 ff., 1897, 1915). Beginn und Dauer der Ausschlagungsfrist sind in Ansehung der Kenntniß (Abs. 2) wie des Aufenthaltsortes des Erben (Abs. 3) nach der Person des gesetzlichen Vertreters zu beurtheilen (vgl. § 166). Die Versäumung der Ausschlagungsfrist durch den gesetzlichen Vertreter wirkt gegen den Erben. Eine Sondervorschrift nach Art des § 1340 besteht nicht.

2. Rechtsgeschäftliche Vertretung (vgl. § 1945 Abs. 2). Die Vollmacht gewährt dem Bevollmächtigten lediglich die Befugniß, die Ausschlagung für den Vollmachtgeber zu erklären. Eine aus dem der Vollmacht zu Grunde liegenden Rechtsverhältnisse sich ergebende Verpflichtung zur Abgabe einer Erklärung würde immer nur eine obligatorische inter partes wirkende sein können. Deshalb kann sich ein Dritter nicht auf dieselbe berufen und es ist nicht ersichtlich, weshalb mit Planck (zu § 1944 Note 3) sollte angenommen werden können, daß der Erbe die Kenntniß seines Bevollmächtigten gegen sich gelten lassen müßte.

c. Ausschlagungserklärung. α. Empfänger und Form.

**§ 1945.** Die Ausschlagung erfolgt durch Erklärung gegenüber dem Nachlaßgerichte; die Erklärung ist in öffentlich beglaubigter Form abzugeben.

β. Bevollmächtigter.

Ein Bevollmächtigter bedarf einer öffentlich beglaubigten Vollmacht. Die Vollmacht muß der Erklärung beigefügt oder innerhalb der Ausschlagungsfrist nachgebracht werden.

γ. Zeit d. Erklärung.

**§ 1946.** Der Erbe kann die Erbschaft annehmen oder ausschlagen, sobald der Erbfall eingetreten ist.

δ. Bedingung und Zeitbestimmung.

**§ 1947.** Die Annahme und die Ausschlagung können nicht unter einer Bedingung oder einer Zeitbestimmung erfolgen.

---

**§ 1945.** 1. Nachlaßgericht ist nur das zuständige Nachlaßgericht, vgl. Vorb. zu §§ 1960 ff. (S. 1100). Die einem unzuständigen Gerichte gegenüber abgegebene Erklärung ist nicht wirksam. FrG. § 7 (S. 982) ist nicht anwendbar.

2. Erklärung gegenüber dem Nachlaßgerichte (Wirksamwerden, Unwiderruflichkeit §§ 130 ff.).

3. Oeffentliche Beglaubigung vgl. § 129.

4. Vollmacht §§ 164 ff.

a. Die Vollmacht muß dem Bevollmächtigten die Befugniß zur Erbschaftsausschlagung gewähren; ob dies der Fall ist, ergiebt die Auslegung der Vollmacht. Einfluß der Kenntniß des Bevollmächtigten auf die Versäumung der Frist § 1944 Note IV. 2.

b. Unterlassung fristgemäßer Vollmachtseinreichung macht die Erklärung des Bevollmächtigten unwirksam, selbst wenn rechtsbeständige Vollmacht ertheilt ist.

5. Ausschlagung der Erbschaft durch den gesetzlichen Vertreter (vgl. § 1944 Note IV. 1),

a. auf Grund elterlicher Gewalt § 1643;

b. durch den Vormund oder Pfleger §§ 1822 Abs. 2 Ziffer 2, 1897, 1915. — Die Beifügung der Bestallung (§ 1791) ist anders wie für die Vollmacht § 1945 Abs. 2 Satz 2 nicht vorgeschrieben.

**§ 1946.** 1. Der Erbe kann also die Annahme- oder die Ausschlagungserklärung sofort nach dem Erbfalle (§ 1922) abgeben, ohne erst den Beginn der Ausschlagungsfrist (vgl. § 1944 Note II), insbesondere also die Verkündung des Testamentes (§ 1944 Abs. 2) abzuwarten. Die Erklärung erstreckt sich im Zweifel auf alle dem Erben bekannten Berufungsgründe § 1949 Abs. 2.

2. Ausschlagung der Nacherbschaft § 2142 Abs. 1.

**§ 1947.** 1. Hinzufügung einer Bedingung (vgl. §§ 158 ff.) oder Zeitbestimmung (§ 163) macht die Erklärung unwirksam.

2. Die Vorschrift des § 1947 bezieht sich auch auf die stillschweigende Annahme. Die pro herede gestio (vgl. § 1943 Note I. 2) ist somit unwirksam, wenn das Verhalten der Erben den Rückschluß auf eine bedingte oder befristete Annahme rechtfertigt.

3. Während in den Mot. V S. 505 die Hinzufügung eines unrichtigen Berufungsgrundes als Hinzufügung einer Bedingung bezeichnet wird, wird in dem Prot. V S. 627 konstatirt, daß die Annahme oder Ausschlagung für den Fall der Berufung aus einem bestimmten Grunde nicht als bedingte, sondern als eine inhaltlich beschränkte Annahme- bzw. Ausschlagungserklärung aufzufassen sei, als eine unbedingte Erklärung für einen bedingten Fall.

4. Die Ausschlagung zu Gunsten eines Anderen als den nach § 1953 Abs. 2 Berufenen ist als Ausschlagung der Erbschaft unwirksam. Ob darin im einzelnen Falle die Bethätigung des Annahmewillens verbunden mit dem Willen, die Erbschaft auf den Dritten zu übertragen, liegt, ist Thatfrage.

**§ 1948.** Wer durch Verfügung von Todeswegen als Erbe berufen ist, kann, wenn er ohne die Verfügung als gesetzlicher Erbe berufen sein würde, die Erbschaft als eingesetzter Erbe ausschlagen und als gesetzlicher Erbe annehmen.

d. Verschiedene Erklärungen auf verschied. Berufungsgründe.

Wer durch Testament und durch Erbvertrag als Erbe berufen ist, kann die Erbschaft aus dem einen Berufungsgrund annehmen und aus dem anderen ausschlagen.

**§ 1949.** Die Annahme gilt als nicht erfolgt, wenn der Erbe über den Berufungsgrund im Irrthume war.

e. Annahme bei Irrthum über den Berufungsgrund.

Die Ausschlagung erstreckt sich im Zweifel auf alle Berufungsgründe, die dem Erben zur Zeit der Erklärung bekannt sind.

f. Erstreckung der Ausschlagung auf alle Berufungsgründe.

**§ 1950.** Die Annahme und die Ausschlagung können nicht auf einen Theil der Erbschaft beschränkt werden. Die Annahme oder Ausschlagung eines Theiles ist unwirksam.

g. Theilweise Annahme oder Ausschlagung.

---

**§ 1948.** 1. (Abs. 1.) Die Vorschrift setzt voraus, daß der durch Testament oder Erbvertrag als Erbe oder Miterbe Berufene ausschlägt und nunmehr als gesetzlicher Erbe oder Miterbe (unmittelbar, oder mittelbar nach Ausschlagung durch den eingesetzten Ersatzerben oder den näheren gesetzlichen Erben) wiederum berufen ist.

a. § 1948 Abs. 1 gestattet in diesem Falle dem Erben aus dem zweiten Berufungsgrund anzunehmen. Beginn der Ausschlagungsfrist § 1944 Note II. 3b.

b. Regelmäßig würde der Erbe hieran kein Interesse haben, weil nach §§ 2161, 2192 die testamentarisch angeordneten Vermächtnisse und Auflagen bestehen bleiben. Dementsprechend wird die Ausschlagung im Zweifel auf alle zur Zeit der Erklärung dem Erben bekannten Berufungsgründe erstreckt § 1949.

c. Will der Erbe sich endgültig von der Erbschaft lossagen, so empfiehlt es sich, um sich nicht dem Nachweise der Nichtkenntniß eines Berufungsgrundes auszusetzen, in der Erklärung zum Ausdrucke zu bringen, daß die Ausschlagung sich auf alle Berufungsgründe, welcher Art dieselben auch immer sein mögen, erstrecken solle.

2. (Abs. 2.) Bei Berufung durch Testament und durch Erbvertrag soll die Ausschlagung aus dem einen Grunde nicht nothwendig die Ausschlagung aus dem anderen Grunde zur Folge haben. Wegen des Verhältnisses von Erbvertrag zu einem daneben vorhandenen Testamente § 2289.

**§ 1949.** 1. Die Erklärung der Annahme und der Ausschlagung der Erbschaft kann wegen Irrthums nach den allgemeinen Vorschriften (§§ 119 ff.) angefochten werden, vgl. §§ 1954 ff. Durch § 1949 Abs. 1 wird gegenüber den Zweifeln, ob die Erklärung der Annahme im Irrthum über den Berufungsgrund gemäß § 119 anfechtbar wäre, die Erheblichkeit dieses Irrthums festgestellt. Die Annahme ist nicht nur anfechtbar, sondern unwirksam. Die Beweislast für den Irrthum hat derjenige, der die Unwirksamkeit der Annahme behauptet.

2. Aus Abs. 2 folgt, daß die Ausschlagung sich auf einen dem Erben zur Zeit der Erklärung unbekannten Berufungsgrund im Zweifel nicht erstreckt. Vgl. § 1948 Note 1c.

**§ 1950.** 1. Die Vorschrift des § 1950 bezieht sich gemäß § 1922 Abs. 2 auch auf die einen Erbtheil betreffende Erklärung. — Eine dem § 1950 zuwider auf eine Quote oder auf bestimmte Gegenstände beschränkte Erklärung ist gemäß § 1950 unwirksam, d. h. sie gilt als nicht erfolgt.

2. Von dem Falle des § 1950 ist der Fall des § 1951 (Berufung zu mehreren Erbtheilen) zu unterscheiden.

3. Sonderregelung für den Fall der Ausschlagung durch einen von mehreren Erbeserben § 1952 Abs. 3.

b. Berufung eines Erben zu mehrer. Erbtheilen.

**§ 1951.** Wer zu mehreren Erbtheilen berufen ist, kann, wenn die Berufung auf verschiedenen Gründen beruht, den einen Erbtheil annehmen und den anderen ausschlagen.

Beruht die Berufung auf demselben Grunde, so gilt die Annahme oder Ausschlagung des einen Erbtheils auch für den anderen, selbst wenn der andere erst später anfällt. Die Berufung beruht auf demselben Grunde auch dann, wenn sie in verschiedenen Testamenten oder vertragsmäßig in verschiedenen zwischen denselben Personen geschlossenen Erbverträgen angeordnet ist.

Setzt der Erblasser einen Erben auf mehrere Erbtheile ein, so kann er ihm durch Verfügung von Todeswegen gestatten, den einen Erbtheil anzunehmen und den anderen auszuschlagen.

3. Vererblichkeit des Ausschlagungsrechts.

**§ 1952.** Das Recht des Erben, die Erbschaft auszuschlagen, ist vererblich.

Stirbt der Erbe vor dem Ablaufe der Ausschlagungsfrist, so endigt die Frist nicht vor dem Ablaufe der für die Erbschaft des Erben vorgeschriebenen Ausschlagungsfrist.

---

**§ 1951. I. Berufung zu mehreren Erbtheilen.**

1. Berufung zu mehreren Erbtheilen kann vorliegen

a. bei der gesetzlichen Erbfolge

α. in den Fällen mehrfacher Verwandtschaft § 1927;

β. im Falle des Zusammentreffens des Verwandten- und Ehegattenerbrechts in einer Person § 1934;

b. bei der Erbfolge auf Grund Verfügung von Todeswegen (durch Testament oder Erbvertrag). Hier kommt es darauf an, ob der Erblasser mehrere Erbtheile gebildet hat, vgl. § 2091;

c. bei Zusammentreffen von gesetzlicher und testamentarischer Erbfolge (vgl. § 2088);

d. Auch der Fall, daß ein Erbe zugleich für einen Miterben als Ersatzerbe eingesetzt ist, ist durch § 1951 gedeckt.

2. Die streitige Frage, ob Berufung zu mehreren Erbtheilen im Sinne des § 1951 in den Fällen der Erhöhung des gesetzlichen Erbtheils durch Wegfall eines anderen gesetzlichen Erben (§ 1935) und der Anwachsung (§ 2094) vorliegt, wird von Planck (zu § 1951 Note 1) verneint, da in beiden Fällen besondere Erbtheile gemäß §§ 1935 und 2095 nur in Ansehung der Vermächtnisse, Auflagen und der Ausgleichungspflicht bestehen, bejaht von Goldmann-Lilienthal (S. 325 Note 5).

3. Ueber die Haftung des zu mehreren Erbtheilen berufenen Erben wegen der Nachlaßverbindlichkeiten § 2007.

**II. Verschiedenheit der Berufungsgründe.**

1. Verschiedene Berufungsgründe sind Gesetz, Testament und Erbvertrag.

2. Verschiedene Testamente, d. h. einseitige Verfügungen von Todeswegen gelten als derselbe Grund, auch wenn sie in verschiedenen Urkunden oder Erbverträgen (§ 2299) enthalten sind.

3. Alle vertragsmäßigen (vgl. § 2399 und zu 2) Verfügungen zwischen denselben Personen gelten als einheitlicher Grund, Erbverträge mit anderen Gegenkontrahenten als verschiedene Berufungsgründe.

4. Bestritten ist, ob bei der Berufung durch Gesetz die Berufung derselben Person in verschiedenen Ordnungen (§ 1927) oder als Verwandter und als Ehegatte (§ 1934) auf verschiedenen Gründen (Fischer-Henle zu § 1951 Anm. 1) oder auf demselben Grunde (Planck § 1951 Note 2) beruht. Gegen den bei Planck sich findenden Hinweis auf den vom BGB. übernommenen Sprachgebrauch des E. I ist auf die Mot. zu § 1967 E. I Abs. 4 hinzuweisen.

Von mehreren Erben des Erben kann jeder den seinem Erbtheil entsprechenden Theil der Erbschaft ausschlagen.

---

**§ 1952. I. (Abs. 1.) Vererblichkeit der angefallenen Erbschaft.**

1. Der Uebergang der angefallenen Erbschaft auf den Erbeserben ist eine nothwendige Folge des in § 1942 in Verbindung mit § 1922 zum Ausdrucke gebrachten Grundsatzes des ipso iure Erwerbes.

2. Dieser Uebergang auf den Erbeserben findet insbesondere auch in den Fällen statt, in denen der Anfall an den Erben erst erfolgt, nachdem der vorher Berufene in Folge Ausschlagung oder Erbunwürdigkeitserklärung rc. (vgl. § 1935 Note 2b) weggefallen ist, und der nunmehr Berufene zur Zeit seiner Berufung bereits verstorben ist. In diesen Fällen (§§ 1953, 2344) gilt der Anfall an den später Berufenen als mit dem Erbfall erfolgt. Vgl. § 1953 Note 2a.

**II. (Abs. 2.) Vererblichkeit des Ausschlagungsrechts.**

Durch § 1952 wird klargestellt, daß auch das Ausschlagungsrecht vererblich ist. Das Ausschlagungsrecht wird auf denjenigen vererbt, der endgültig Erbeserbe wird.

1. Der Erbe hat die Erbschaft durch Erklärung oder Fristversäumung bereits angenommen (§ 1943). Die Erbschaft ist ein endgültiger Bestandtheil des Vermögens des Erben geworden. Der Erbeserbe kann sich demnach von dieser Erbschaft nur dadurch befreien, daß er die Erbschaft hinter seinem Erblasser ausschlägt (vgl. § 1950).

2. Der Erbe stirbt, bevor er sich über Annahme oder Ausschlagung erklärt hat und vor Ablauf der Ausschlagungsfrist. § 1952 Abs. 2 greift ein. Durch diese Vorschrift wird nur die eine Besonderheit eingeführt, daß die in Ansehung des ersten Erbschaftsanfalls laufende Ausschlagungsfrist nicht vor dem Ablaufe der in Ansehung des zweiten Erbfalls laufenden Ausschlagungsfrist endigt. Im Uebrigen hat der zweite Erbfall keinen Einfluß auf die den ersten Erbfall betreffende Ausschlagungsfrist. Es laufen zwei selbständige Ausschlagungsfristen, die nur insofern in Zusammenhang stehen, als der Ablauf der den ersten Erbfall betreffenden Ausschlagungsfrist jedenfalls nicht früher als die den zweiten Erbfall betreffende Frist endigt.

Im Einzelnen sind zwei Fälle zu unterscheiden:

a. Die Ausschlagungsfrist in Ansehung des ersten Erbfalls hatte schon vor dem Tode des Erben gemäß § 1944 Abs. 2 begonnen. Das ist der eigentliche Fall des § 1952 Abs. 2.

α. Für Beginn und Dauer der Frist sind die in der Person des ersten Erben obwaltenden Verhältnisse (vgl. § 1944 Abs. 2 u. 3) maßgebend. Der Erbeserbe setzt die Person seines unmittelbaren Erblassers fort. Gleichgültig ist, ob er Kenntniß von dem an seinen Erblasser erfolgten Anfall erlangt oder nicht.

β. Nicht ausgeschlossen ist, daß mit Rücksicht auf die Person des Erbeserben (ebenso wie wenn der Mangel in der Person des ursprünglichen Erben eingetreten wäre) der Ablauf der Ausschlagungsfrist gemäß §§ 1944, 206 hinausgeschoben wird.

γ. Sobald die aus der Person des Erben laufende Ausschlagungsfrist in Ansehung des diesem geschehenen Anfalls abgelaufen ist, und der Erbeserbe die ihm angefallene Erbschaft, sei es durch Erklärung der Annahme, sei es durch Versäumung der Ausschlagungsfrist, angenommen hat, ist auch der Anfall der ersten Erbschaft ein endgültiger, unbeschadet der etwa wegen Willensmangels erfolgenden Anfechtung (§§ 1954, 1956).

b. Die Ausschlagungsfrist in Ansehung des ersten Erbfalls hatte vor dem Tode des Erben noch nicht begonnen.

α. Hatte der Erbe bereits die für den Fristbeginn erforderliche Kenntniß von dem Anfalle und dem Grunde der Berufung, war aber die Verfügung von Todeswegen noch nicht verkündet (§ 1944 Abs. 2), so beginnt

4. Wirkung der Ausschlagung.

**§ 1953.** Wird die Erbschaft ausgeschlagen, so gilt der Anfall an den Ausschlagenden als nicht erfolgt.

Die Erbschaft fällt demjenigen an, welcher berufen sein würde, wenn der Ausschlagende zur Zeit des Erbfalls nicht gelebt hätte; der Anfall gilt als mit dem Erbfall erfolgt.

Das Nachlaßgericht soll die Ausschlagung demjenigen mittheilen, welchem die Erbschaft in Folge der Ausschlagung angefallen ist. Es hat die Einsicht der Erklärung Jedem zu gestatten, der ein rechtliches Interesse glaubhaft macht.

---

der Fristlauf, sobald die Verkündung erfolgt ist, ohne Rücksicht darauf, ob auch der Erbeserbe die für den Fristbeginn erforderliche Kenntniß hat oder nicht. Der Erbeserbe setzt die Persönlichkeit seines Erblassers fort. Der Aufenthalt des Erbeserben im Auslande zur Zeit des Fristbeginnes bewirkt die Fristdauer von sechs Monaten (§ 1944 Abs. 3).

β. Fehlte dem Erben noch die für den Fristbeginn erforderliche Kenntniß des Erbschaftsanfalls oder des Berufungsgrundes, so beginnt die Ausschlagungsfrist erst, sobald der Erbeserbe die von dem Erben nicht erlangte Kenntniß von dem Anfall oder dem Berufungsgrunde bzw. von dem Anfall und dem Berufungsgrund erlangt hat. Für die Dauer der Frist (§ 1644 Abs. 3) ist der Aufenthaltsort des Erbeserben zur Zeit des Fristbeginnes entscheidend.

3. Ausschlagung einer von den beiden Erbschaften durch den Erbeserben.

a. Der Erbeserbe kann die Erbschaft seines unmittelbaren Erblassers annehmen, die diesem angefallene Erbschaft aber ausschlagen.

b. Der Erbeserbe kann nicht die Erbschaft seines unmittelbaren Erblassers ausschlagen und die diesem angefallene Erbschaft annehmen; Note I. 1 und § 1950.

III. **Ausschlagung seitens eines von mehreren Erbeserben.**

1. Die Zulassung der Ausschlagung seitens einzelner von mehreren Miterben ist eine Ausnahme von der Regel des § 1950.

2. Schlägt einer der mehreren Erben des N den seinem Erbtheil entsprechenden Theil einer dem N angefallenen Erbschaft des A aus, so fällt der ausgeschlagene Theil der A'schen Erbschaft nicht den anderen N'schen, sondern gemäß § 1953 Abs. 2 demjenigen Erben des A an, der berufen sein würde, wenn N zur Zeit des Erbfalls nicht gelebt hätte.

**§ 1953.** 1. Wirkungen der Ausschlagung.

Nach §§ 1922, 1942 ist die Erbschaft kraft Gesetzes mit dem Erbfall angefallen. Durch § 1953 wird für den Fall der Ausschlagung der Erbschaft der Anfall von Anfang an als nicht erfolgt fingirt. Diese Fiktion erstreckt sich auf alle Rechtsverhältnisse, welche durch den Erbfall betroffen worden sind.

a. Die durch Vereinigung von Schuld und Forderung (vgl. Vorb. Note 1 Bd. 1 S. 181) untergegangenen Verbindlichkeiten werden wieder wach, wie wenn die Vereinigung nicht stattgefunden hätte.

b. Der gemäß § 857 kraft Gesetzes stattgehabte Besitzübergang auf den Erben gilt als nicht erfolgt. Ob ein Besitzerwerb durch Besitzergreifung stattgehabt hat, ist nach den Vorschriften der §§ 853 ff. zu beurtheilen.

c. Verfügungen des Zwischenerben über einen Erbschaftsgegenstand gelten als Verfügungen eines Nichtberechtigten. Der Schutz Dritter richtet sich nach den allgemeinen Vorschriften über den Erwerb im guten Glauben (Bd. I S. 45 Note 5c) bzw. über den Erbschein §§ 2366 f. — Bei Unaufschiebbarkeit der Verfügung vgl. § 1959 Abs. 2.

**§ 1954.** Ist die Annahme oder die Ausschlagung anfechtbar, so kann die Anfechtung nur binnen sechs Wochen erfolgen. 6. Anfechtung d. Annahme und der Ausschlagung. a. Anfechtungsfrist.

Die Frist beginnt im Falle der Anfechtbarkeit wegen Drohung mit dem Zeitpunkt, in welchem die Zwangslage aufhört, in den übrigen Fällen mit dem Zeitpunkt, in welchem der Anfechtungsberechtigte von dem Anfechtungsgrunde Kenntniß erlangt. Auf den Lauf der Frist finden die für die Verjährung geltenden Vorschriften der §§ 203, 206, 207 entsprechende Anwendung.

Die Frist beträgt sechs Monate, wenn der Erblasser seinen letzten Wohnsitz nur im Auslande gehabt hat oder wenn sich der Erbe bei dem Beginne der Frist im Ausland aufhält.

Die Anfechtung ist ausgeschlossen, wenn seit der Annahme oder der Ausschlagung dreißig Jahre verstrichen sind.

---

d. Rechtsgeschäfte, welche gegenüber dem Erben als solchem vorgenommen werden müssen, vgl. § 1959 Abs. 3.

e. Das Verhältniß zwischen dem Ausschlagenden und demjenigen, der Erbe wird, richtet sich nach § 1959 Abs. 1.

2. Weiterer Anfall.

a. Der weitere Anfall erfolgt an denjenigen, der berufen sein würde, wenn der Ausschlagende zur Zeit des Erbfalls nicht gelebt hätte (vgl. § 1924 Note 3b). Die Feststellung des Nächstberufenen gestaltet sich verschieden, je nachdem die gesetzliche oder eine rechtsgeschäftlich bestimmte Erbfolge stattfindet. Jedenfalls ist aber zu beachten, daß Erbe nur werden kann, wer zum Mindesten zur Zeit des Erbfalls bereits erzeugt war (§ 1923). Ein zwischen dem Erbfalle und der Annahme der Erbschaft erst Erzeugter kann zwar als Nacherbe, aber nicht als Erbe in Betracht kommen. Vgl. zu § 1923 (Note B. II. 2).

b. Bei der Ausschlagung der Erbschaft durch einen Miterben vgl. für die gesetzliche Erbfolge § 1935, für die testamentarische Erbfolge § 2094.

c. Der Anfall gilt als mit dem Erbfall erfolgt. Demnach gilt er insbesondere an den zur Zeit des Erbfalls Berufenen auch dann als erfolgt, wenn dieser zwischen dem Erbfall und der Ausschlagung durch seinen Vormann verstorben ist. Vgl. § 1952 Note I. 2.

d. Wegen der gleichartig geregelten Fälle vgl. § 1924 Note 3b.

3. Mittheilung durch das Nachlaßgericht.

a. Das Nachlaßgericht (FrG. §§ 72f., S. 1100) kann die Mittheilung natürlich nur bewirken, wenn ihm die Nächstberufenen bekannt sind. Ist der Nächstberufene unbekannt, so kann die Fürsorge des Nachlaßgerichts gemäß §§ 1960ff. eingreifen.

b. Durch die Mittheilung des Nachlaßgerichts wird dem Nächstberufenen die zum Beginne der Ausschlagungsfrist erforderliche (§ 1944 Abs. 2) Kenntniß des Anfalls gegeben, wenn er eine solche nicht schon vorher erlangt hatte.

c. Aehnliche Vorschriften vgl. §§ 1342, 1491, 1597.

**§ 1954. I. Willensmängel.**

1. Die Erklärungen der Annahme und der Ausschlagung unterliegen als Rechtsgeschäfte den allgemeinen Vorschriften über Anfechtung wegen Willensmängel (§§ 119ff., 142ff.). Besonderheiten werden nur in Ansehung der Anfechtungsfrist (§ 1954) und des Erklärungsempfängers (§ 1955) vorgesehen. Im Uebrigen bleibt es bei den allgemeinen Vorschriften, insbesondere kommen als Anfechtungsgründe in Betracht:

a. Irrthum § 119 Abs. 1. Keine Anfechtung wegen Irrthums im Beweggrunde, deshalb insbesondere auch nicht wegen Irrthums über den Nach-

b. Anfechtungserklärung.

**§ 1955.** Die Anfechtung der Annahme oder der Ausschlagung erfolgt durch Erklärung gegenüber dem Nachlaßgerichte. Für die Erklärung gelten die Vorschriften des § 1945.

c. Anfechtung der Versäumung der Ausschlagungsfrist.

**§ 1956.** Die Versäumung der Ausschlagungsfrist kann in gleicher Weise wie die Annahme angefochten werden.

d. Bedeutung der Anfechtung.

**§ 1957.** Die Anfechtung der Annahme gilt als Ausschlagung, die Anfechtung der Ausschlagung gilt als Annahme.

e. Mittheilungen d. Nachlaßgerichts.

Das Nachlaßgericht soll die Anfechtung der Ausschlagung demjenigen mittheilen, welchem die Erbschaft in Folge der Ausschlagung angefallen war. Die Vorschrift des § 1953 Abs. 3 Satz 2 findet Anwendung.

II. Rechtsstellung des Erben vor der Annahme der Erbschaft.
1. Passivlegitimation.

**§ 1958.** Vor der Annahme der Erbschaft kann ein Anspruch, der sich gegen den Nachlaß richtet, nicht gegen den Erben gerichtlich geltend gemacht werden.

---

laßbestand. — Für den Pflichttheilsberechtigten vgl. indeß die Sonderregelung des § 2308 Abs. 1. — Vgl. auch Note 2.

b. Drohung und Täuschung § 123.

2. Unwirksamkeit der Annahme wegen Irrthums im Berufungsgrunde § 1949.

3. Anfechtung der Versäumung der Ausschlagungsfrist wegen Willensmängel § 1956.

II. Anfechtungsfrist.

Wegen der in § 1954 gegebenen Ausschlußfristen vgl. Bd. I S. 102 Note 4. Die Fristen sind in § 1954 erschöpfend geregelt, so daß für das in § 121 vorgeschriebene Erforderniß der Unverzüglichkeit der Anfechtung kein Raum bleibt.

**§ 1955.** 1. Die Vorschrift enthält eine Sonderregelung gegenüber der allgemeinen Vorschrift des § 143. — Vgl. §§ 1342, 1597, 1599, 2081. — Nachlaßgericht FrG §§ 72ff. (S. 1100).

2. Mittheilungen von Seiten des Nachlaßgerichtes § 1957 Abs. 2.

3. Form der Anfechtung; Anfechtung durch einen Vertreter § 1945.

**§ 1956.** 1. Die Versäumung einer Ausschlußfrist ist kein Rechtsgeschäft. Die Zulassung der Anfechtung begründet eine Ausnahme von den allgemeinen Grundsätzen vgl. Bd. I S. 102 Note 4e; S. 52f. Note 2aß.

2. Die Anfechtung der Versäumung der Ausschlußfrist wird sich in allen Fällen, in denen die Anfechtung der Annahmeerklärung erst nach Ablauf der Ausschlagungsfrist erfolgt (§ 1943), auch auf die Versäumung der Ausschlagungsfrist erstrecken müssen und regelmäßig hierauf mitzubeziehen sein.

**§ 1957.** 1. Nach der allgemeinen Vorschrift des § 142 Abs. 1 würde die Anfechtung nur die Nichtigkeit der angefochtenen Erklärung hervorrufen. Die Vorschrift des Abs. 1 soll vermeiden, daß nicht nochmals ein Schwebezustand eintritt, ob Annahme oder Ausschlagung erfolgen werde.

2. Zu Abs. 2 vgl. § 1953 Abs. 3.

**§ 1958.** I. **Die Rechtsverfolgung gegen den Erben als solchen vor Annahme der Erbschaft.**

Mit dem Anfall der Erbschaft ist der Erbe kraft Gesetzes in die vermögensrechtlichen Pflichten des Erblassers eingetreten (§§ 1922, 1942), so daß an sich der Erbe für die gerichtliche Geltendmachung der gegen den Nachlaß gerichteten Ansprüche passiv legitimirt ist. Da indeß der Anfall mit dem Rechte der Ausschlagung (§ 1942) erfolgt ist, so steht noch nicht fest, ob die Passivlegitimation des Erben eine endgültige bleiben wird. Diese Ungewißheit entscheidet sich erst mit der Annahme der Erbschaft, d. h. entweder mit der ausdrücklich oder stillschweigend erklärten Annahme oder mit Versäumung der Ausschlagung innerhalb der Ausschlagungsfrist (§ 1943). § 1958.

Dieser Rechtslage tragen einige Gruppen von Vorschriften Rechnung, indem sie die gerichtliche Geltendmachung von Ansprüchen gegen die Person des Erben (nicht auch gegen den Nachlaßpfleger oder den Testamentsvollstrecker vgl. zu II) ausschließen. — Sonderregelung in Ansehung des Fiskus als gesetzlichen Erben (§ 1966).

1. Gegen den Erblasser noch nicht rechtshängig gewordene Ansprüche (§ 1958).

a. Durch § 1958 wird in Ansehung von Ansprüchen, welche sich gegen den Nachlaß richten, vor Annahme der Erbschaft (§ 1943) die gerichtliche Geltendmachung gegen den Erben ausgeschlossen.

α. Die gerichtliche Geltendmachung von Ansprüchen, welche sich gegen den Nachlaß richten (Nachlaßverbindlichkeiten §§ 1967 ff.). — Die gerichtliche Geltendmachung von Ansprüchen, welche zum Nachlasse gehören, durch den Erben vor Annahme der Erbschaft ist nach § 1959 zu beurtheilen.

β. Die gerichtliche Geltendmachung ist ausgeschlossen. Ueber außergerichtliche Geltendmachung durch Kündigung, Mahnung ꝛc. vgl. § 1959 Abs. 3.

γ. Die gerichtliche Geltendmachung gegen den Erben ist ausgeschlossen. Wegen der Geltendmachung gegen den Nachlaßpfleger, Testamentsvollstrecker, in den Nachlaß selbst durch Zwangsvollstreckung, im Nachlaßkonkurse vgl. zu II.

δ. Die Annahme der Erbschaft (vgl. § 1943) gehört zur Sachlegitimation des als Erben in Anspruch genommenen Beklagten. Wird die Behauptung der Erbschaftsannahme nicht aufgestellt oder im Bestreitungsfalle nicht erwiesen, so findet Abweisung der Klage statt. Hierüber hinaus steht dem Prozeßgerichte weder Recht noch Pflicht der Offizialprüfung zu, insonderheit hat nicht etwa von Amtswegen eine Beweisaufnahme über die Annahme der Erbschaft stattzufinden, wenn die Parteien über die Annahme einig sind. Vgl. CPO. § 239 Abs. 4 und § 1400 Note III. 2b. — Hat der beklagte Erbe die Annahme der Erbschaft unbestritten gelassen oder zugestanden, obwohl die Annahme nicht stattgefunden hat oder sich nachträglich als nichtig erweist, so hat die zwischen den Parteien ergehende Entscheidung für und gegen denjenigen, der Erbe wird, keine Wirksamkeit. Es ist ebenso, wie wenn ein völlig unbetheiligter Dritter sich als Erbe hätte verurtheilen lassen. Ist auf Grund des ergangenen Urtheils ein Rechtserwerb im Wege der Zwangsvollstreckung gemacht, so ist zu § 1959 Note II. 2c zu vergleichen.

2. Anhängige Rechtsstreitigkeiten des Erblassers.

Die Vorschrift CPO. § 239 betrifft alle rechtshängigen Rechtsstreitigkeiten des Erblassers, gleichgültig ob er als Kläger oder Beklagter betheiligt ist.

***CPO. § 239.*** *Im Falle des Todes einer Partei tritt eine Unterbrechung des Verfahrens bis zu dessen Aufnahme durch die Rechtsnachfolger ein.*

*Wird die Aufnahme verzögert, so können die Rechtsnachfolger zur Aufnahme und zugleich zur Verhandlung der Hauptsache geladen werden.*

*Der die Ladung enthaltende Schriftsatz ist den Rechtsnachfolgern selbst zuzustellen. Die Ladungsfrist wird von dem Vorsitzenden bestimmt.*

*Erscheinen die Rechtsnachfolger in dem Termine nicht, so ist auf Antrag die behauptete Rechtsnachfolge als zugestanden anzunehmen und zur Hauptsache zu verhandeln.*

*Der Erbe ist vor der Annahme der Erbschaft zur Fortsetzung des Rechtsstreits nicht verpflichtet.*

3. Zwangsvollstreckung in den Nachlaß. (CPO. §§ 778, 779 vgl. zu II. 2. Arrestvollziehung vgl CPO. § 928.)

a. Die Zwangsvollstreckung gegen den Erben.

2. Erbschaftliche Geschäfte a. des Zwischenerben.

**§ 1959.** Besorgt der Erbe vor der Ausschlagung erbschaftliche Geschäfte, so ist er demjenigen gegenüber, welcher Erbe wird, wie ein Geschäftsführer ohne Auftrag berechtigt und verpflichtet.

b. gegenüber den Zwischenerben.

Verfügt der Erbe vor der Ausschlagung über einen Nachlaßgegenstand, so wird die Wirksamkeit der Verfügung durch die Ausschlagung

---

**CPO.** *§ 778. Solange der Erbe die Erbschaft nicht angenommen hat, ist eine Zwangsvollstreckung wegen eines Anspruchs, der sich gegen den Nachlass richtet, nur in den Nachlass zulässig.*

*Wegen eigener Verbindlichkeiten des Erben ist eine Zwangsvollstreckung in den Nachlass vor der Annahme der Erbschaft nicht zulässig.*

b. Die zur Zeit des Erbfalls noch nicht begonnene Zwangsvollstreckung erfordert die Ertheilung der Vollstreckungsklausel gegen den Erben (CPO. §§ 724, 727). Auch auf diesen Akt der gerichtlichen Geltendmachung des Anspruchs findet § 1958 Anwendung. Ist die Vollstreckungsklausel gemäß CPO. §§ 724, 727 ertheilt, so hat der Erbe seine Einwendungen gegen die Ertheilung gemäß CPO. §§ 732, 768 geltend zu machen. — Der Gläubiger kann gemäß § 1961 die Bestellung eines Nachlaßpflegers und Ertheilung der Vollstreckungsklausel gegen diesen erwirken.

c. Wegen der zur Zeit des Todes gegen den Erblasser bereits begonnenen Zwangsvollstreckung vgl. zu II. 2.

II. **Die nicht gegen eine bestimmte Person als Erben gerichtete Rechtsverfolgung wegen einer Nachlaßverbindlichkeit vor der Annahme der Erbschaft.**

Die Vorschrift des § 1958 will nur den Erben, dem die Erbschaft kraft Gesetzes angefallen ist, davor schützen, daß er als Erbe gerichtlich belangt wird, obwohl er schließlich vielleicht überhaupt nicht Erbe wird. Diese Rücksicht fällt in den Fällen weg, in denen eine Rechtsverfolgung möglich ist, welche sich nicht gegen eine bestimmte Person als Erben richtet. Demnach ist vor Annahme der Erbschaft zulässig:

1. die Rechtsverfolgung gegen einen Vertreter (wegen dieser Fassung vgl. § 207).

a. Nachlaßpflegschaft § 1960. Vgl. § 1960 Abs. 3. — Ein Nachlaßpfleger ist zu bestellen, wenn seine Bestellung von einem Berechtigten zum Zwecke der gerichtlichen Geltendmachung eines Anspruchs beantragt wird § 1961.

b. Nachlaßverwalter §§ 1975 ff., 1981.

c. Testamentsvollstrecker § 2213 Abs. 2. Der Umfang der Passivlegitimation des Testamentsvollstreckers richtet sich nach dem Umfange der ihm von dem Erblasser übertragenen Verwaltung. §§ 2205 ff., 2212.

d. Nachlaßkonkurs kann vor der Annahme der Erbschaft eröffnet werden. KO. § 216; in demselben können die Gläubiger ihre Rechte geltend machen. KO. § 226.

2. die Fortsetzung einer zur Zeit des Todes des Schuldners bereits begonnenen Zwangsvollstreckung (CPO. § 779) oder Arrestvollziehung (CPO. § 928).

**CPO.** *§ 779. Eine Zwangsvollstreckung, welche zur Zeit des Todes des Schuldners gegen diesen bereits begonnen hatte, wird in den Nachlass desselben fortgesetzt.*

*Ist bei einer Vollstreckungshandlung die Zuziehung des Schuldners nöthig, so hat, wenn die Erbschaft noch nicht angenommen oder wenn der Erbe unbekannt oder es ungewiss ist, ob er die Erbschaft angenommen hat, das Vollstreckungsgericht auf Antrag des Gläubigers dem Erben einen einstweiligen besonderen Vertreter zu bestellen. Die Bestellung hat zu unterbleiben, wenn ein Nachlasspfleger bestellt ist oder wenn die Verwaltung des Nachlasses einem Testamentsvollstrecker zusteht.*

nicht berührt, wenn die Verfügung nicht ohne Nachtheil für den Nachlaß verschoben werden konnte.

Ein Rechtsgeschäft, das gegenüber dem Erben als solchem vorgenommen werden muß, bleibt, wenn es vor der Ausschlagung dem Ausschlagenden gegenüber vorgenommen wird, auch nach der Ausschlagung wirksam.

---

§ 1959. I. **Gemeinschaftliche Voraussetzung für die Vorschriften des § 1959** ist, daß es zur Ausschlagung der Erbschaft kommt, daß also in der Geschäftsführung nicht eine stillschweigende Annahme der Erbschaft (pro herede gestio § 1953 Note I. 2) liegt.

II. **Die einzelnen Vorschriften.**

1. (Abs. 1.) Geschäftsbesorgung des ausschlagenden Erben.

a. Das Verhältniß des Zwischenerben zu demjenigen der Erbe wird (§ 1953 Abs. 2) richtet sich nach den Vorschriften über die Geschäftsführung ohne Auftrag. §§ 677 ff.

α. Die durch §§ 1959, 683, 670 begründeten Verbindlichkeiten treffen den Erben als solchen, sind also Nachlaßverbindlichkeiten § 1967 Abs. 2.

β. Im Nachlaßkonkurse haben die Ansprüche des Zwischenerben gegen denjenigen, der Erbe wird, die Natur von Masseschulden KO. § 224 Ziffer 6 vgl. zu § 1978.

γ. Im Interesse der Erbschaft von dem Zwischenerben übernommene Verbindlichkeiten verpflichten nur den Kontrahenten persönlich, nicht auch den späteren Erben. Das Rechtsverhältniß zwischen dem Zwischenerben und demjenigen, der Erbe wird, ist gemäß §§ 683, 669, 257 zu beurtheilen.

b. Das Verhältniß des Zwischenerben zu den Nachlaßgläubigern ist in § 1978 Abs. 1 Satz 2, Abs. 2, 3, KO. § 224 Ziffer 1 geregelt.

2. (Abs. 2.) Verfügungen (Bd. I S. 45 Note 5) des Zwischenerben im Interesse der Erbschaft.

a. Der Dritte, welcher sich mit einem Erben einläßt, muß auf eigene Gefahr prüfen, ob der Erbe die Erbschaft angenommen hat. Läßt er sich vor der Annahme der Erbschaft mit einem Erben ein, so muß er damit rechnen, daß derselbe schließlich die Erbschaft ausschlägt, und prüfen, ob auch nicht etwa die Wirksamkeit der in Rede stehenden Verfügung durch die kausale Beschränkung des § 1959 Abs. 2 ausgeschlossen wird, d. h., ob nicht die Verfügung ohne Nachtheil für den Nachlaß verschoben werden konnte. Ist dies auch nur zweifelhaft, so wird der Dritte zweckmäßigerweise auf Bestellung eines Nachlaßpflegers gemäß § 1960 Abs. 1 S. 2 bestehen.

b. Die Vorschriften über den Erwerb in gutem Glauben (Bd. I S. 45 Note 5 c; Erbschein §§ 2366 f.) können anwendbar oder wenigstens entsprechend anwendbar werden.

c. Ist gegen den Zwischenerben ein Urtheil ergangen (vgl. § 1958 Note I. 1 a δ), so finden auf den im Wege der Zwangsvollstreckung gemachten Erwerb (CPO. §§ 895 ff.) die Vorschriften über den Erwerb im guten Glauben Anwendung, CPO. § 898. Insoweit hiernach ein Rechtserwerb nicht eingetreten ist, stehen dem Erben die dinglichen Ansprüche bzw. die Ansprüche aus der ungerechtfertigten Bereicherung nach den allgemeinen Vorschriften zu. — Ist der Rechtserwerb eingetreten, so hat der Erbe die Ansprüche aus § 816 bzw. Schadenersatzansprüche nach allgemeinen Vorschriften gegen den fälschlich als Erben aufgetretenen Zwischenerben.

3. (Abs. 3.) Rechtsgeschäfte gegenüber dem einstweiligen Erben.

a. Nach Abs. 3 bleiben Rechtsgeschäfte, welche dem Erben als solchem gegenüber vorzunehmen sind (vgl. Bd. I S. 53 Note c) auch demjenigen gegenüber, der Erbe wird, wirksam, wenn sie gegenüber einem Zwischenerben vor der Ausschlagung wirksam (§§ 130 ff.) vorgenommen worden sind.

III. Fürsorge des Nachlaßgerichts.
1. Voraussetzungen.
2. Sicherungsmaßregeln insbes. Nachlaßpflegschaft.
a. Passivlegitimation
b. Nachlaßpflegers.

**§ 1960.** Bis zur Annahme der Erbschaft hat das Nachlaßgericht für die Sicherung des Nachlasses zu sorgen, soweit ein Bedürfniß besteht. Das Gleiche gilt, wenn der Erbe unbekannt oder wenn ungewiß ist, ob er die Erbschaft angenommen hat.

Das Nachlaßgericht kann insbesondere die Anlegung von Siegeln, die Hinterlegung von Geld, Werthpapieren und Kostbarkeiten sowie die Aufnahme eines Nachlaßverzeichnisses anordnen und für denjenigen, welcher Erbe wird, einen Pfleger (Nachlaßpfleger) bestellen.

Die Vorschrift des § 1958 findet auf den Nachlaßpfleger keine Anwendung.

---

Ob derjenige, der Erbe wird, von der Vornahme des Rechtsgeschäfts Kenntniß erhält, ist gleichgültig. Vgl. zu b.

b. Eine allgemeine Pflicht des Zwischenerben, von den ihm gegenüber vorgenommenen Rechtsgeschäften demjenigen, der Erbe wird, Nachricht zu geben, besteht an sich nicht.

α. Hat der Zwischenerbe sich in die erbschaftlichen Geschäfte überhaupt nicht eingemischt, so kann in der ihm gegenüber erfolgten Vornahme von Rechtsgeschäften eine Geschäftsordnung aus Abs. 1 nicht gesehen und eine Benachrichtigungspflicht aus §§ 681, 666 nicht angenommen werden. Eine Schadensersatzpflicht wegen unterlassener Benachrichtigung des späteren Erben kann nur aus dem Gesichtspunkte vorsätzlicher Schadenszufügung (§ 826) in Frage kommen.

β. Hat hingegen der Ausschlagende sich in die erbschaftlichen Geschäfte eingemischt, ist insbesondere das Rechtsgeschäft mit seiner Zustimmung ihm gegenüber vorgenommen worden, so liegt Geschäftsbesorgung im Sinne des Abs. 1 vor.

γ. Unter allen Umständen ist es eine Anstandspflicht des Zwischenerben, von dem ihm gegenüber vorgenommenen Geschäfte dem späteren Erben Kenntniß zu geben. Er wird sich dieser Pflicht am zweckmäßigsten dadurch entledigen, daß er die erforderlichen Nachrichten in die Ausschlagungserklärung aufnimmt und die etwaigen Urkunden, Zustellungen ꝛc. derselben als Anlagen beifügt.

δ. Nach erfolgter Ausschlagung (§§ 1945, 130 Abs. 3) dem Ausschlagenden gegenüber vorgenommene Rechtsgeschäfte sind dem späteren Erben gegenüber nicht wirksam. Auf das Verhältniß findet § 180 Anwendung.

Zu §§ 1960 f. **Das Nachlaßgericht.**

1. Reichsrecht.

*FG. § 72. Für die dem Nachlassgericht obliegenden Verrichtungen sind die Amtsgerichte zuständig.*

*§ 73. Die örtliche Zuständigkeit bestimmt sich nach dem Wohnsitze, den der Erblasser zur Zeit des Erbfalls hatte; in Ermangelung eines inländischen Wohnsitzes ist das Gericht zuständig, in dessen Bezirke der Erblasser zur Zeit des Erbfalls seinen Aufenthalt hatte.*

*Ist der Erblasser ein Deutscher und hatte er zur Zeit des Erbfalls im Inlande weder Wohnsitz noch Aufenthalt, so ist das Gericht zuständig, in dessen Bezirke der Erblasser seinen letzten inländischen Wohnsitz hatte. In Ermangelung eines solchen Wohnsitzes wird das zuständige Amtsgericht, falls der Erblasser zur Zeit des Erbfalls einem Bundesstaat angehörte, von der Landesjustizverwaltung, anderenfalls von dem Reichskanzler bestimmt.*

*Ist der Erblasser ein Ausländer und hatte er zur Zeit des Erbfalls im Inlande weder Wohnsitz noch Aufenthalt, so ist jedes Gericht, in dessen Bezirke sich Nachlassgegenstände befinden, in Ansehung aller im Inlande befindlichen Nachlassgegenstände zuständig. Die Vorschriften des § 2369 Abs. 2 des Bürgerlichen Gesetzbuchs finden Anwendung.*

*FG. § 74. Für die Sicherung des Nachlasses ist jedes Amtsgericht zuständig, in dessen Bezirke das Bedürfniss der Fürsorge hervortritt. Das Gericht soll von den angeordneten Massregeln dem nach § 73 zuständigen Nachlassgerichte Mittheilung machen.* §§ 1960 ff.

*FG. § 4. Unter mehreren zuständigen Gerichten gebührt demjenigen der Vorzug, welches zuerst in der Sache thätig geworden ist.*

*FG. § 7. Gerichtliche Handlungen sind nicht aus dem Grunde unwirksam, weil sie von einem örtlich unzuständigen Gericht oder von einem Richter vorgenommen sind, der von der Ausübung des Richteramts kraft Gesetzes ausgeschlossen ist.*

2. Landesrechtlicher Vorbehalt EG. Art. 147, Pr. AG. zu FrG. § 104.

3. Oeffentlichkeit der Akten.

*FG. § 78. Hat das Nachlassgericht nach § 1964 des Bürgerlichen Gesetzbuchs festgestellt, dass ein anderer Erbe als der Fiskus nicht vorhanden ist, so steht die Einsicht der dieser Feststellung vorausgegangenen Ermittelungen Jedem zu, der ein berechtigtes Interesse glaubhaft macht. Das Gleiche gilt von der Einsicht einer Verfügung, welche die Bestimmung einer Inventarfrist oder die Ernennung oder die Entlassung eines Testamentsvollstreckers betrifft, eines Protokolls über die Leistung des im § 79 bezeichneten Eides sowie von der Einsicht eines Erbscheins und eines der in den §§ 1507, 2368 des Bürgerlichen Gesetzbuchs und den §§ 37, 38 der Grundbuchordnung vorgesehenen gerichtlichen Zeugnisse.*

*Von den Schriftstücken, deren Einsicht gestattet ist, kann eine Abschrift gefordert werden; die Abschrift ist auf Verlangen zu beglaubigen.*

**§ 1960. I. Voraussetzungen der Fürsorge des Nachlaßgerichts.** § 1960.

1. Reichsrecht.

a. Voraussetzungen in der Person des Erben sind, daß entweder

α. der der Person nach bekannte Erbe, die Erbschaft noch nicht angenommen hat (§ 1943). Nach erfolgter Annahme der Erbschaft findet eine Fürsorge des Nachlaßgerichts nicht mehr statt. Die für das Vermögen des Erben etwa erforderliche Fürsorge richtet sich nach den allgemeinen Grundsätzen des Vormundschafts- und Pflegschaftsrechts (§§ 1846, 1911, 1915) und liegt dem Vormundschaftsgericht ob.

β. oder daß ungewiß ist, ob der der Person nach bekannte Erbe die Erbschaft angenommen hat (§ 1943).

γ. oder daß der berufene Erbe unbekannt ist (§ 1953). Dieser Fall liegt insbesondere vor, wenn ein nasciturus als Erbe in Frage kommt. Vgl. auch § 84 (Stiftung).

b. Voraussetzungen in Ansehung des Nachlasses ist das Vorliegen eines Sicherungsbedürfnisses.

α. Ein Sicherungsbedürfniß kann im Interesse des später berufenen eventuellen Erben vorliegen, wenn der zunächst berufene Erbe zwar bekannt und an der Fürsorge nicht behindert ist, aber über die Annahme sich noch nicht erklärt und das zur Sicherung des Nachlasses Nöthige nicht besorgt.

β. Auch wenn ein Testamentsvollstrecker ernannt ist, kann eine gerichtliche Fürsorge erforderlich werden, z. B. wenn der Testamentsvollstrecker behindert ist oder sich über die Annahme seines Amtes noch nicht erklärt hat (§ 2202) oder wenn die erforderliche Fürsorge ihm nach dem Willen des Erblassers nicht übertragen ist (§ 2208).

γ. Wenn Miterben vorhanden sind, kann das Sicherungsbedürfniß in Ansehung des Antheils eines Miterben (§ 1922 Abs. 2) vorliegen, insbesondere wenn konkurrirende Interessen der Miterben vorhanden sind.

δ. Wegen des besonderen Falles der Bestellung eines Nachlaßpflegers zum Zwecke der gerichtlichen Geltendmachung eines Anspruchs auf Antrag des Berechtigten § 1961. Vgl. daselbst Note I 3 b.

2. Landesrechtlicher Vorbehalt EG. Art. 140.

b. Nachlaßpflegschaft auf Antrag eines Gläubigers.

**§ 1961.** Das Nachlaßgericht hat in den Fällen des § 1960 Abs. 1 einen Nachlaßpfleger zu bestellen, wenn die Bestellung zum Zwecke der gerichtlichen Geltendmachung eines Anspruchs, der sich gegen den Nachlaß richtet, von dem Berechtigten beantragt wird.

---

II. **Die Sicherungsmittel.**

Die in Abs. 2 aufgeführten Sicherungsmittel sind nur Beispiele. Das Nachlaßgericht hat das durch die Bedürfnisse des einzelnen Falles Gebotene zu veranlassen. Vgl. Bemerkung zu § 1846.

1. Siegelung.

a. Für das Verfahren greifen die ergänzenden Vorschriften des Landesrechts ein. FrG. § 200 Abs. 1. Vgl. für Preußen AG. z. GVG. §§ 70, 74 (Gerichtsschreiber und Gerichtsvollzieher); AG. z. BGB. Art. 107 (Dorfgerichte), Strafvorschrift gegen Erbrechen, Ablösung oder Beschädigung von Siegeln StGB. § 136.

b. Die Entsiegelung ist vom Nachlaßgericht anzuordnen, wenn ein Bedürfniß für die Fortdauer der Siegelung nicht mehr besteht.

c. Verbot der Siegelung durch den Erblasser ist gegenüber der im Interesse der öffentlichen Ordnung gegebenen Vorschrift des § 1960 nicht von Wirksamkeit.

2. Hinterlegung von Geld, Werthpapieren und Kostbarkeiten vgl. §§ 1808, 1818, EG. Artt. 144 ff.

3. Aufnahme eines Nachlaßverzeichnisses. Vgl. §§ 1993, 2003.

4. Anordnung einer Nachlaßpflegschaft. Vgl. zu § 1961.

III. **Kosten der gerichtlichen Sicherung.**

1. Der Kostenpunkt ist reichsrechtlich nicht geregelt. Für denselben, einschließlich der Regelung der Kostenerstattungspflicht, ist die Landesgesetzgebung deshalb maßgebend.

2. Im Konkurse sind die Kosten der gerichtlichen Sicherung des Nachlasses Massekosten KO. § 224 Ziffer 4.

IV. **Außergerichtliche Sicherungspflichten.**

1. Geschäftsbesorgungspflicht des Beauftragten des Erblassers trotz Erlöschens des Auftrags in Folge des Todes §§ 673, 675.

2. Sicherungspflicht des Vaters, Vormundes, Ehemanns beim Tode des Kindes, Mündels, der Ehefrau §§ 1683, 1893, 1424 Abs. 2.

**§ 1961.** I. **Die Nachlaßpflegschaft.**

1. Die Nachlaßpflegschaft zur Sicherung des Nachlasses ist von der Nachlaßpflegschaft zur Befriedigung der Nachlaßgläubiger (Nachlaßverwaltung) der §§ 1975, 1981 ff. zu unterscheiden. — Anwendbarkeit des § 1961 in Ansehung des Erbtheils eines Miterben vgl. § 1960 Note I. 1 b γ.

2. Die Nachlaßpflegschaft zur Sicherung des Nachlasses ist eine wirkliche Pflegschaft im Sinne der §§ 1909 ff.

a. Sie unterscheidet sich von den dort geregelten Pflegschaften nur dadurch, daß gemäß § 1961 das Nachlaßgericht an die Stelle des Vormundschaftsgerichts tritt. — Im Gegensatze zur Nachlaßverwaltung (§ 1981 Abs. 3) findet insbesondere die Vorschrift des § 1785, welche die allgemeine staatsbürgerliche Verpflichtung zur Annahme der Pflegschaft (§ 1915) ausspricht, auf die Nachlaßpflegschaft des § 1960 Anwendung.

b. Verfahren.

*FG. § 75. Auf die Nachlasspflegschaft finden die für Vormundschaftssachen geltenden Vorschriften dieses Gesetzes Anwendung. Unberührt bleiben die Vorschriften über die Zuständigkeit des Nachlassgerichts; das Nachlassgericht kann jedoch die Pflegschaft nach Massgabe des § 46 an ein anderes Nachlassgericht abgeben.*

3. Voraussetzungen der Anordnung.

a. Anordnung von Amtswegen beim Vorliegen eines Fürsorgebedürfnisses. Vgl. zu § 1960 Note I.

b. Anordnung auf Antrag eines Nachlaßgläubigers. § 1961.

α. Das Nachlaßgericht hat den Pfleger zu bestellen, wenn der Antrag gemäß §§ 1961, 1960 Abs. 1 begründet wird. Ob der behauptete Anspruch begründet oder unbegründet ist, hat nicht das Nachlaßgericht, sondern das Prozeßgericht zu entscheiden. Gegen Mißbrauch schützt die nach den Landesgesetzen zu beurtheilende Kostenvorschußpflicht des Antragstellers. — Wegen des Pflichttheilsanspruchs vgl. § 2317 Note 3a.

β. Der Antrag des Gläubigers bildet nur den besonderen Anlaß zur Bestellung des Nachlaßpflegers. Die aus diesem Anlaß angeordnete Nachlaßpflegschaft hat denselben Inhalt, wie die nach § 1960 angeordnete Pflegschaft. Sie umfaßt die Fürsorge für den ganzen Nachlaß, nicht nur die den beantragenden Gläubiger betreffende einzelne Angelegenheit. Auf die Beendigung findet deshalb § 1919, nicht § 1918 Abs. 3 Anwendung.

c. Das Beschwerderecht bei Ablehnung des Antrags auf Anordnung einer Nachlaßpflegschaft steht jedem, der ein rechtliches Interesse an der Anordnung hat, zu. FrG. §§ 75, 57 Ziffer 3.

4. Rechtsstellung des Nachlaßpflegers.

a. Der Nachlaßpfleger ist gesetzlicher Vertreter desjenigen, der Erbe oder Miterbe (§§ 1960 Note I. 1 b γ, 1922 Abs. 2) werden wird (Personalkuratel), in Ansehung der den Nachlaß betreffenden Angelegenheiten.

α. Spezialpfleger und Vertreter vgl. zu II.

β. Der Erbe hat gegen den Nachlaßpfleger die actio tutelae (§ 1833). Ein Rechtsstreit zwischen dem Nachlaßpfleger als solchen und dem Erben über das Erbrecht ist ausgeschlossen, da dieser Streit zwischen dem Erben und seinem gesetzlichen Vertreter bestehen würde. Vgl. Mot. V S. 551.

b. Der Nachlaßpfleger ist aktiv und passiv in Ansehung der zum Nachlasse gehörigen Rechte und Pflichten legitimirt. Die Rechtsverfolgung gegen ihn wird nicht dadurch ausgeschlossen, daß die Annahme der Erbschaft noch nicht erfolgt ist (§§ 1958, 1960 Abs. 3; vgl. § 1958 Note II).

c. Dem Nachlaßpfleger kann eine Inventarfrist nicht bestimmt werden. Er ist den Nachlaßgläubigern auskunftspflichtig. Er kann nicht auf die Beschränkung der Haftung des Erben verzichten § 2012.

d. Mit der Bestellung des Nachlaßpflegers beginnen die Fristen zu laufen, bis zu deren Ablaufe der Erbe die aufschiebenden Einreden der §§ 2014, 2015 vorschützen kann.

e. Eintragungen im Grundbuche hinsichtlich eines für den Erblasser eingetragenen Rechtes können ohne vorhergehende Umschreibung auf den Erben erfolgen, wenn der Eintragungsantrag durch die Bewilligung eines Nachlaßpflegers oder durch einen gegen den Nachlaßpfleger vollstreckbaren Titel begründet wird, GO. §§ 40, 41 (Bd. I S. 435).

f. Der Nachlaßpfleger im Prozeß. Vgl. Vorb. B VII S. 984.

α. Für die Klageerhebung gegen den Nachlaßpfleger gilt die Beschränkung aus § 1958 nicht.

β. Der Nachlaßpfleger ist aktiv und passiv in Ansehung der zum Nachlasse gehörigen Rechte, Ansprüche und Verbindlichkeiten (Nachlaßverbindlichkeiten) legitimirt.

γ. Das Verhältniß des Nachlaßpflegers zum Erben im Prozesse richtet sich nach CPO. § 53 (S. 1057). Ist der Nachlaßpfleger in einen von dem Erben als solchen selbständig geführten Prozeß nicht eingetreten, so wird die Prozeßfähigkeit des Erben in Ansehung dieses Prozesses durch das Vorhandensein des Nachlaßpflegers nicht beeinträchtigt. Die Wirkung des Urtheils für den Nachlaß kann aber nur in Frage kommen, wenn der als Erbe Aufgetretene auch wirklich Erbe wird; schlägt er aus, so ist zu § 1958 Note I. 1 a δ und zu § 1959 Note II. 2 c zu vergleichen.

δ. Aufnahme des durch den Tod des Erblassers unterbrochenen Verfahrens durch den Nachlaßpfleger CPO. §§ 243, 241.

ε. Wechsel in der Person des Nachlaßpflegers während des Prozesses CPO.

70*

e. Pflegschaftsgericht.

**§ 1962.** Für die Nachlaßpflegschaft tritt an die Stelle des Vormundschaftsgerichts das Nachlaßgericht.

IV. Unterhaltsanspruch der Erbenmutter vor der Geburt des Erben.

**§ 1963.** Ist zur Zeit des Erbfalls die Geburt eines Erben zu erwarten, so kann die Mutter, falls sie außer Stande ist, sich selbst zu unterhalten, bis zur Entbindung standesmäßigen Unterhalt aus dem Nachlaß oder, wenn noch andere Personen als Erben berufen sind, aus dem Erbtheile des Kindes verlangen. Bei der Bemessung des Erbtheils ist anzunehmen, daß nur ein Kind geboren wird.

---

§ 241. Eröffnung des Nachlaßkonkurses während des vom Nachlaßpfleger geführten Prozesses CPO. §§ 243, 240.

ζ. Zwangsvollstreckung in den Nachlaß. Die gegen den Erblasser zur Zeit seines Todes bereits begonnene Zwangsvollstreckung wird gemäß CPO. § 779 Abs. 1 in den Nachlaß fortgesetzt und erforderlichenfalls an Stelle des Schuldners zu den seine Zuziehung erfordernden Vollstreckungshandlungen der Nachlaßpfleger zugezogen.

Hatte die Zwangsvollstreckung gegen den Erblasser noch nicht begonnen, so muß erst die Vollstreckungsklausel gemäß CPO. §§ 724, 727 gegen den Nachlaßpfleger (als Vertreter des Rechtsnachfolgers) erwirkt werden.

6. Die Kosten der Nachlaßpflegschaft.

a. Die Kosten der Nachlaßpflegschaft treffen den Erben als solchen und gehören zu den Nachlaßverbindlichkeiten, § 1967 Abs. 2.

b. Die Kosten der zum Zwecke gerichtlicher Geltendmachung beantragten Nachlaßpflegschaft gehören zu den Prozeßkosten (CPO. § 91) bzw. zu den Kosten der Zwangsvollstreckung (CPO. § 788).

c. Im Nachlaßkonkurse gehören die Kosten der Nachlaßpflegschaft zu den Massekosten, KO. § 224 Ziffer 4.

II. **Sondervertreter.**

1. Spezialnachlaßpflegschaft vgl. Vorb. vor § 1909 Note III. 3 S. 1058.

2. Sonstige Vertreter des Nachlasses vgl. § 1958 Note II. 1 (S. 1098).

**§ 1962.** 1. Nachlaßgericht FrG. §§ 72—74 (S. 1100 f.).

2. Abgesehen von der Vorschrift des § 1962 finden auf die Nachlaßpflegschaft zur Sicherung des Nachlasses die Vorschriften über die Pflegschaft (§§ 1909 ff.) Anwendung.

3. Wegen Beendigung der Pflegschaft vgl. § 1961 Note I. 3bβ.

**§ 1963.** 1. Die Vorschrift bezieht sich nur auf den Fall, daß ein nasciturus als Erbe durch Gesetz oder durch Verfügung von Todeswegen berufen ist.

a. Solange der nasciturus als Erbe nur für den Fall des Wegfalls vor ihm berufener Erben in Betracht kommt, ist der Anspruch nicht gegeben.

b. Wenn der nasciturus als Nacherbe berufen ist, findet § 2141 Anwendung.

2. Der Anspruch steht der Mutter des nasciturus zu und richtet sich gegen den Nachlaß bzw. den Erbtheil des nasciturus. Zur gerichtlichen Geltendmachung beantragt die Mutter die Bestellung eines Nachlaßpflegers gemäß §§ 1961, 1960. — Die Geltendmachung des Anspruchs im Wege der einstweiligen Verfügung richtet sich nach den allgemeinen Vorschriften CPO. §§ 935 ff.

3. Zur Begründung des Anspruchs gehört außer dem Nachweise der Schwangerschaft und des dem nasciturus für den Fall seiner Geburt zustehenden Erbrechts der Nachweis der Bedürftigkeit der Mutter (vgl. zu § 1602 Note 1).

4. Der Anspruch geht auf standesmäßigen Unterhalt (§ 1610 Abs. 1) bis zur (vollendeten) Entbindung. Von diesem Zeitpunkte kann, wenn der nasciturus lebend geboren ist, der Unterhaltsanspruch der Mutter gegen das

**§ 1964.** Wird der Erbe nicht innerhalb einer den Umständen entsprechenden Frist ermittelt, so hat das Nachlaßgericht festzustellen, daß ein anderer Erbe als der Fiskus nicht vorhanden ist.

V. Fiskus als gesetzlicher Erbe. 1. Gerichtl. Feststellung.

Die Feststellung begründet die Vermuthung, daß der Fiskus gesetzlicher Erbe sei.

**§ 1965.** Der Feststellung hat eine öffentliche Aufforderung zur Anmeldung der Erbrechte unter Bestimmung einer Anmeldungsfrist vorauszugehen; die Art der Bekanntmachung und die Dauer der Anmeldungsfrist bestimmen sich nach den für das Aufgebotsverfahren geltenden Vorschriften. Die Aufforderung darf unterbleiben, wenn die Kosten dem Bestande des Nachlasses gegenüber unverhältnißmäßig groß sind.

2. Oeffentliche Aufforderung zur Anmeldung der Erbrechte.

Ein Erbrecht bleibt unberücksichtigt, wenn nicht dem Nachlaßgerichte binnen drei Monaten nach dem Ablaufe der Anmeldungsfrist nachgewiesen wird, daß das Erbrecht besteht oder daß es gegen den Fiskus im Wege der Klage geltend gemacht ist. Ist eine öffentliche Aufforderung nicht ergangen, so beginnt die dreimonatige Frist mit der gerichtlichen Aufforderung, das Erbrecht oder die Erhebung der Klage nachzuweisen.

**§ 1966.** Von dem Fiskus als gesetzlichem Erben und gegen den Fiskus als gesetzlichen Erben kann ein Recht erst geltend gemacht werden, nachdem von dem Nachlaßgerichte festgestellt worden ist, daß ein anderer Erbe nicht vorhanden ist.

3. Aktiv- und Passivlegitimation des Fiskus.

---

Kind nach §§ 1601 ff. eingreifen. Ist der nasciturus aber nicht lebend zur Welt gekommen, so erlischt der Unterhaltsanspruch der Mutter für die Zukunft.

5. Der Anspruch geht auf Unterhaltsgewährung aus dem Nachlasse bzw. aus dem Erbtheile des nasciturus. Es muß, wenn die Einkünfte nicht ausreichen, das Stammvermögen angegriffen werden.

**§ 1964.** 1. Der Feststellung des Erbrechts des Fiskus hat ein Ermittlungsverfahren gemäß § 1965 voraufzugehen.

2. Die Feststellung des Erbrechts begründet eine (nach CPO. § 292) widerlegbare Vermuthung des Erbrechts.

3. Auch der Fiskus als gesetzlicher Erbe kann sich einen Erbschein gemäß §§ 2353 ff. ausstellen lassen. Wegen der zu Gunsten gutgläubiger Dritter über die Vermuthung des § 1964 hinausgehenden Wirkungen des Erbscheins vgl. §§ 2366 f.

**§ 1965.** 1. Oeffentliche Aufforderung zur Anmeldung des Erbrechts unter Bestimmung einer Anmeldungsfrist.

a. Die Art der Bekanntmachung richtet sich nach CPO. §§ 948, 949.

b. Die Anmeldungsfrist muß mindestens sechs Wochen betragen, CPO. § 950.

2. Die Nichtberücksichtigung des Erbrechts in den Fällen des Abs 2 schließt die spätere Geltendmachung des Rechtes nicht aus, vgl. § 1964 Note 2.

3. Fristberechnung §§ 187, 188.

4. Das Recht der Interessenten, die Einsicht der Akten und die Ertheilung von Abschriften zu verlangen, FrG. § 78 (S. 1101).

**§ 1966.** Die Behauptung der erfolgten nachlaßgerichtlichen Feststellung des Erbrechts gehört zur (Aktiv- und Passiv-) Sachlegitimation des Fiskus.

## Zweiter Titel.
## Haftung des Erben für die Nachlaßverbindlichkeiten.

Vorbemerkung zum 2. Titel.

**I. Universalsuccession in die Schulden des Erblassers.**

1. Nach dem Prinzipe der Universalsuccession gehen nicht nur die Aktiva, sondern auch die Passiva des Erblassers auf den Erben über (vgl. § 1922). Der Erbe setzt die vermögensrechtliche Persönlichkeit des Erblassers fort. In Ermangelung besonderer Vorschriften würden beide Vermögensmassen (das Vermögen des Erblassers und dasjenige des Erben) sich dauernd und uneingeschränkt zu einem einheitlichen Vermögensganzen mit der Wirkung vereinigen, daß insbesondere

a. Konfusion und Konsolidation stattfindet (§ 1976);

b. Aufrechnungen (§§ 387 ff.) in Ansehung von Forderungen des Erben gegen Forderungen an den Erblasser und umgekehrt erfolgen können (§ 1977);

c. Konvaleszenz der Verfügungen, welche der Erblasser über Vermögensgegenstände des Erben und der Erbe über solche des Erblassers vorgenommen hatte, eintreten würde (vgl. § 185 Abs. 2);

d. der Erbe nicht nur mit dem Nachlasse, sondern auch mit seinem sonstigen Vermögen für die Schulden des Erblassers haften würde (CPO. §§ 780, 781, 785);

e. die Gläubiger des Erben auf die Bestandtheile des Nachlasses greifen könnten (CPO. § 783).

2. Wegen der Nachlaßverbindlichkeiten, welche erst mit oder nach dem Tode des Erblassers entstehen, vgl. § 1967 Abs. 2.

**II. Die Vorschriften über die Erbenhaftung.**

1. Die in §§ 1967 ff. unmittelbar geregelten Fälle.

Die Vorschriften des zweiten Titels regeln unmittelbar die Haftung des Einzelerben, welcher die Erbschaft endgültig (§ 1943) erworben hat.

a. Die besonderen Rechtsverhältnisse für die Zeit, während welcher dem berufenen Erben noch das Ausschlagungsrecht zusteht (§ 1943), sind in §§ 1958 ff. geregelt, vgl. auch § 1978 Abs. 1 Satz 2, Abs. 3.

b. Nach § 1922 Abs. 2 gelten die Vorschriften des zweiten Titels grundsätzlich auch für die Haftung der Miterben. Die für diesen Fall eingreifenden Sondervorschriften sind in den §§ 2058 ff. gegeben. Vgl. daselbst.

2. Allgemeiner Inhalt der Vorschriften.

a. Die Vorschriften des BGB. über die Haftung des Erben für die Nachlaßverbindlichkeiten (in Verbindung mit den ergänzenden Vorschriften der CPO. und KO.) schränken die aus dem Prinzipe der Universalsuccession sich ergebenden Folgerungen (vgl. zu I) sowohl im Interesse des Erben wie andererseits auch der Nachlaßgläubiger ein.

b. Der Nachlaß wird in Ansehung der Schuldenhaftung in der Hand des Erben als ein mit den Nachlaßverbindlichkeiten belastetes von dem übrigen Vermögen des Erben getrenntes Vermögen behandelt. Der Erbe haftet mit den Nachlaßgegenständen selbst (cum viribus hereditatis), nicht mit deren Werthe (pro viribus). Nur in gewissen Ausnahmefällen steht dem Erben das Recht zu, die Herausgabe der Nachlaßgegenstände durch Zahlung des Werthes abzuwenden (§§ 1992, 1973, 1974, 1989).

c. Die Aufhebung der mit dem Erbfall eingetretenen Verbindung der beiden Vermögensmassen (der Erbschaft und des sonstigen Erbenvermögens) zum Zwecke der Befriedigung der Nachlaßgläubiger kann erwirkt werden

α. von dem Erben schlechthin, um die Nachlaßgläubiger ausschließlich auf den Nachlaß zu verweisen und sie von seinem sonstigen Vermögen fernzuhalten;

β. von den Nachlaßgläubigern unter gewissen einschränkenden Voraussetzungen (§§ 1981 Abs. 2, 2013 Note I. 1 a β, KO. § 217), um sich den Nachlaß voll und ganz für ihre Befriedigung zu sichern und von demselben den Erben sowie seine sonstigen Gläubiger fernzuhalten. Ersatz für das beneficium separationis alten Rechtes, vgl. § 1967 Note IV. 1. Vorbemerkung zum 2. Titel.

3. Die durch die beschränkte Erbenhaftung begründete Einrede. Die Beschränkung der Haftung des Erben läßt die Verbindlichkeit als solche in ihrem Bestande unberührt, sie gewährt dem Erben lediglich eine civilrechtliche Einrede gegen seine persönliche Inanspruchnahme, d. h. das Recht, den Zugriff auf das ihm außer dem Nachlasse zustehende Vermögen zu verhindern. Diese Einrede ist weder dritten Mitverpflichteten, die sich im Uebrigen auf Einreden aus der Person ihres Mitschuldners berufen können, noch gegenüber dinglich gesicherten Ansprüchen gegeben, soweit es sich um die Befriedigung des Berechtigten aus den ihm haftenden Gegenständen handelt.

a. Gesammtschuldverhältniß § 425.
b. Bürgschaft § 768.
c. Durch Vormerkung gesicherte Ansprüche § 884.
d. Hypothek § 1137.
e. Pfandrecht § 1211.

III. **Die gewöhnliche gesetzliche Beschränkung der Erbenhaftung** (§§ 1975 ff.).

1. Die ursprüngliche Beschränkbarkeit der Erbenhaftung.

a. In dem Momente des Erbschaftsanfalls tritt kraft Gesetzes die Haftung des Erben für die Nachlaßverbindlichkeiten ein; gleichzeitig hiermit aber erwächst dem Erben das Recht, seine Haftung auf den Nachlaß zu beschränken. Es haftet der Erbe also im Momente des Anfalls der Erbschaft für die Nachlaßverbindlichkeiten zwar nicht beschränkt, wohl aber so, daß die Haftung beschränkbar ist auf den Nachlaß. Diese Beschränkbarkeit ist eine gesetzliche Eigenschaft der Erbenhaftung, welche dieser kraft Gesetzes von vornherein und so lange innewohnt, bis die den Verlust der Beschränkbarkeit begründenden Thatbestände (vgl. zu IV) eingetreten sind. Wird der Erbe lediglich mit der Behauptung, daß er Erbe des Schuldners sei und ohne die Behauptung einer den Verlust der Beschränkbarkeit begründenden Thatsache in Anspruch genommen, so wird ein Thatbestand behauptet, aus welchem sich nur die beschränkbare Haftung ergiebt. Die Verurtheilung kann deshalb — auch im Versäumnißverfahren — nicht schlechtweg, sondern nur unter dem Vorbehalte der Geltendmachung der Beschränkung erfolgen. Vgl. zu IX. — Bemerkt muß werden, daß im Anschluß an die preußische Praxis die allgemeine Ansicht dahin geht, daß die Ertheilung des Vorbehalts, wenn nicht schon vom Kläger beantragt, einen darauf gerichteten Antrag des Beklagten erfordert. Es steht indeß bei objektiver Beurtheilung dem Erben die Beschränkbarkeit zu. Hierauf verzichtet er nicht durch Versäumniß (CPO. § 331). Daß die Beschränkung der Haftung vor dem Stadium der Zwangsvollstreckung (CPO. § 781) unberücksichtigt bleibe, bis auf Grund derselben Einwendungen gemacht werden, ist nirgends vorgeschrieben.

b. Das Recht des Erben, seine Haftung auf den Nachlaß zu beschränken, tritt kraft Gesetzes ein, ohne daß es der Errichtung eines Inventars (vgl. indeß zu IV) oder eines Vorbehalts von Seiten des Erben bei der Annahme der Erbschaft bedarf.

2. Die Verwandelung der beschränkbaren Haftung in eine beschränkte Haftung.

Das Recht des Erben, seine Haftung auf den Nachlaß zu beschränken, wird verwirklicht:

a. durch einheitliche behördliche Liquidation des Nachlasses mittelst Nachlaßverwaltung oder Nachlaßkonkurses (§§ 1975, 1981 ff., KO. §§ 214 ff.), wenn eine die Kosten der Nachlaßverwaltung bzw. des Nachlaßkonkurses deckende Nachlaßmasse vorhanden ist. Die einzige Ausnahme dahin, daß trotz Vorhandenseins genügender Masse der Erbe sich

Vorbemerkung zum 2. Titel.

auf die Beschränkung der Haftung berufen kann, ohne daß Nachlaßverwaltung oder Nachlaßkonkurs erwirkt ist, bildet der Fall, daß die Ueberschuldung des Nachlasses auf Vermächtnissen oder Auflagen beruht, § 1992; vgl. zu b αββ. — Wegen der Erbenhaftung nach Beendigung der Nachlaßverwaltung oder des Nachlaßkonkurses vgl. zu § 1989.

Zum richtigen Verständnisse der Vorschriften ist Folgendes zu beachten.

α. Der Erbe ist in der Herbeiführung der Nachlaßverwaltung oder des Nachlaßkonkurses zeitlich nicht beschränkt. Er kann diese Mittel immer noch anwenden, so lange er nicht das Recht der Beschränkung seiner Haftung überhaupt verloren hat (vgl. zu IV). Bei einer Mehrheit von Erben ist indeß die Anordnung der Nachlaßverwaltung nach Theilung des Nachlasses ausgeschlossen, § 2062.

β. Der Erbe ist (vgl. zu α) keineswegs gehalten, von vornherein zur Erhaltung des Rechtes auf Beschränkung seiner Haftung die Nachlaßverwaltung oder den Nachlaßkonkurs herbeizuführen, vielmehr kann er zunächst die Abwickelung des Nachlasses selbst in die Hand nehmen, muß indeß, sobald er einer Nachlaßverbindlichkeit gegenüber seine beschränkte Haftung geltend machen will, wenn eine für die behördliche Liquidation ausreichende Masse vorhanden ist, Nachlaßverwaltung oder Nachlaßkonkurs erwirken (Ausnahme in Ansehung der aus Vermächtnissen und Auflagen herrührenden Verbindlichkeiten, § 1992; vgl. zu b αββ).

γ. Der Erbe, der die Abwickelung des Nachlasses selbst besorgt und mit der Möglichkeit zu rechnen hat, daß er späterhin sich noch auf die Beschränkung seiner Haftung berufen werde, muß sich bewußt sein, daß er im Falle der Geltendmachung dieser Beschränkung für die Verwaltung des Nachlasses in Ansehung der Verantwortlichkeit und der Aufwendungen (vgl. auch K.O. § 224 Ziffer 1) den Nachlaßgläubigern wie ein Beauftragter bzw. wie ein Geschäftsführer ohne Auftrag gegenüber steht (§ 1978).

δ. Die Berichtigung von Nachlaßverbindlichkeiten durch den Erben brauchen die Nachlaßgläubiger, denen gegenüber die beschränkte Erbenhaftung in Anspruch genommen wird, nur dann als für Rechnung des Nachlasses erfolgt gelten lassen, wenn der Erbe den Umständen nach annehmen durfte, daß der Nachlaß zur Berichtigung aller Nachlaßverbindlichkeiten ausreicht (§ 1979).

ε. Sobald der Erbe von der Unzulänglichkeit des Nachlasses, für deren Bemessung Vermächtnisse und Auflagen außer Betracht bleiben, Kenntniß hat, ist er zur Vermeidung seiner Schadensersatzpflicht verpflichtet, den Nachlaßkonkurs anzumelden. Dasselbe gilt, wenn er diese Kenntniß haben mußte oder durch Herbeiführung des Gläubigeraufgebots gehabt haben würde (§ 1980).

b. durch die den andrängenden Gläubigern von Fall zu Fall entgegenzusetzende Einrede der Unzulänglichkeit des Nachlasses aus § 1990 in Verbindung mit der Verpflichtung des Erben zur Herausgabe des vorhandenen Nachlaßbestandes an den Gläubiger zum Zwecke der Befriedigung im Wege der Zwangsvollstreckung.

α. Diese Art der Geltendmachung der beschränkten Erbenhaftung ist indeß nur zugelassen,

αα. wenn ein die Kosten der Nachlaßverwaltung oder des Nachlaßkonkurses deckender Nachlaßbestand nicht vorhanden ist, und zwar gleichgültig, ob der Mangel des Nachlaßbestandes von vornherein vorlag oder erst nachträglich eintrat (etwa durch zufälligen Untergang von Nachlaßgegenständen oder durch Verwendung derselben seitens des Erben zur Berichtigung von Nachlaßverbindlichkeiten, vgl. zu a α—δ;

ββ. wenn zwar ein die Kosten der Nachlaßverwaltung oder des Nachlaßkonkurses deckender Nachlaßbestand vorhanden ist, die Ueberschuldung des Nachlasses aber auf Vermächtnissen oder Auflagen beruht (§ 1992).

β. Wegen der den Erben für seine bis zu dem Zeitpunkte der Herausgabe des Nachlaßbestandes zum Zwecke der Zwangsvollstreckung in denselben treffende Verantwortlichkeit und wegen seines Anspruchs auf Erstattung von Aufwendungen sowie wegen der sonstigen in Betracht kommenden Rechtsverhältnisse (§ 1991). Vorbemerkung zum 2. Titel.

γ. Wegen der Geltendmachung der Einrede aus §§ 1990 ff. im Prozeß vgl. zu IX. 1 b.

IV. **Eintritt unbeschränkter und unbeschränkbarer Erbenhaftung.**

1. Allgemein d. h. allen Gläubigern gegenüber, mit Ausnahme von solchen, die zugleich Miterben (§ 2063 Abs. 2) oder Vorerben (§ 2144 Abs. 3) sind, verliert der Erbe das Recht, sich auf die Beschränkung seiner Haftung zu berufen,

a. wenn die dem Erben auf Antrag eines Nachlaßgläubigers gesetzte Inventarfrist versäumt ist, §§ 1994 Abs. 1 Satz 2. Vgl. § 2004 Note 1 b;

b. wenn der Erbe die Unvollständigkeit oder Unrichtigkeit des Inventars absichtlich herbeigeführt hat gemäß § 2005 Abs. 1 Satz 1;

c. wenn der Erbe trotz rechtzeitiger Beantragung der Inventarerrichtung (§ 2003 Abs. 1 Satz 2) die Ertheilung der zur Aufnahme des Inventars erforderlichen Auskunft verweigert oder absichtlich in erheblichem Maße verzögert, § 2005 Abs. 1 Satz 2.

2. Einzelnen Gläubigern gegenüber tritt der Verlust der Beschränkung der Erbenhaftung ein (vgl. § 2013 Note II)

a. wenn der Erbe den von ihm zu leistenden Offenbarungseid verweigert oder nicht leistet (§ 2006 Abs. 3);

b. wenn der Erbe einem bestimmten Nachlaßgläubiger gegenüber auf die Beschränkung seiner Haftung verzichtet. Ein allgemeiner Verzicht ist, wegen der Vertragsnatur des Verzichtes (vgl. zu § 397) nur möglich, wenn er mit allen Gläubigern als einzelnen Personen erfolgt;

c. bei Versäumung des Vorbehalts der beschränkten Haftung im Urtheile CPO. § 780. Vgl. zu III. 1 und zu IX. besonders auch 2 e.

3. Inhalt der unbeschränkten Erbenhaftung und ihre Unterscheidung von der beschränkten Haftung, vgl. § 2013 und Bemerkungen daselbst.

V. **Die außergewöhnliche Beschränkung der Haftung des Erben gegenüber säumigen Gläubigern** (§§ 1973 ff., 1989).

1. Die einzelnen Fälle.

Die Beschränkung der Erbenhaftung auf die Bereicherung aus dem Ueberschuß oder dessen Werth tritt ein:

a. gegenüber den im Aufgebotsverfahren ausgeschlossenen Nachlaßgläubigern § 1973;

b. gegenüber den erst fünf Jahre nach dem Erbfalle dem gutgläubigen Erben gegenüber ihre Forderung geltend machenden Nachlaßgläubigern § 1974;

c. nach der Beendigung des Nachlaßkonkurses durch Vertheilung der Masse oder durch Zwangsvergleich § 1989. Vgl. dazu Vorb. zu §§ 1970 ff. Note I. 2 a (S. 1116). In Betracht kommen die Gläubiger, welche ihre Forderungen im Nachlaßkonkurse nicht angemeldet haben.

2. Die rechtliche Natur der Beschränkung.

Die Einwendungen aus §§ 1973, 1974, 1989 bilden lediglich besondere Gestaltungen der Beschränkbarkeit der Erbenhaftung. Sie können nicht mehr entstehen, wenn die Beschränkbarkeit weggefallen ist; andererseits wird die Beschränkbarkeit dadurch, daß sie diese besondere Gestaltung erhält, unverlierbar (§ 2013 Abs. 1). Daß diese Fälle unter den Begriff der „Beschränkung der Haftung" fallen, obwohl sie in dem II. und nicht in dem III. Untertitel behandelt sind, bringt § 2013 Abs. 1 zum Ausdrucke.

3. Ueber die beim Vorliegen der Voraussetzungen zu 1 a—c nach Theilung des Nachlasses eintretende Theilung der gesammtschuldnerischen Haftung der Miterben nach Maßgabe ihrer Erbtheile § 2060.

Vorbemerkung zum 2. Titel.

VI. **Das Aufgebot der Nachlaßgläubiger** (§§ 1970 ff.) ist ein dem Erben gewährtes Mittel, die Nachlaßgläubiger festzustellen.

1. Der Erbe ist den Nachlaßgläubigern gegenüber unter Umständen zur Vermeidung seiner Schadensersatzpflicht verpflichtet, von diesem Mittel Gebrauch zu machen, vgl. § 1980 Abs. 2.

2. Die Ausschließung von Gläubigern im Aufgebotsverfahren hat Wirkungen nach zwei Richtungen:

a. Beschränkung der Erbenhaftung gegenüber dem ausgeschlossenen Gläubiger auf die Bereicherung gemäß § 1973. Vgl. zu V;

b. Theilung der gesammtschuldnerischen Haftung der Miterben gegenüber den Nachlaßgläubigern nach Maßgabe ihrer Erbtheile § 2060 Ziffer 1.

VII. **Inventar** (§§ 1993 ff.).

Die Inventarerrichtung ist keine Voraussetzung für die Geltendmachung beschränkter Erbenhaftung. Eine Einwirkung auf den Umfang der Erbenhaftung hat die Errichtung oder Nichterrichtung des Inventars nur insofern, als die Beschränkbarkeit der Erbenhaftung allen Gläubigern gegenüber mit Ausnahme derjenigen, welche zugleich Miterben (§ 2063 Abs. 2) oder Vorerben (§ 2144 Abs. 3) sind, wegfällt,

a. wenn der Erbe nicht innerhalb der ihm auf Antrag eines Nachlaßgläubigers vom Nachlaßgerichte gesetzten Inventarfrist ein Inventar errichtet hat, § 1994 Abs. 1 Satz 2;

b. wenn der Erbe die Unvollständigkeit oder Unrichtigkeit des Inventars absichtlich herbeigeführt hat, gemäß § 2005 Abs. 1 Satz 1;

c. wenn der Erbe die zur Errichtung des Inventars erforderliche Auskunft verweigert oder absichtlich in erheblichem Maße verzögert, § 2005 Abs. 1 Satz 2.

Im Uebrigen vgl. zu §§ 1993 ff. Das Interesse des Erben an der Errichtung des Inventars § 1993 Note 2, des Gläubigers § 1994 Note 2 d.

VIII. **Aufschiebende Einreden des Erben** (§§ 2014 ff.).

1. Die in Ansehung der Rechtsverfolgung vor der Annahme der Erbschaft obwaltenden Rechtsverhältnisse vgl. zu §§ 1958, 1961 und Bemerkungen daselbst.

2. Ueberlegungsfrist des Erben nach Annahme der Erbschaft.

a. Dem Erben wird in §§ 2014 ff. eine Frist zur Prüfung des Nachlasses und zur Ueberlegung seines Verhaltens den Nachlaßgläubigern gegenüber durch Gewährung aufschiebender Einreden gegeben. Diese Einreden bezwecken nicht, die gerichtliche Feststellung und Sicherung des Anspruchs hinauszuschieben, sondern stehen lediglich dem Anspruch auf Berichtigung der Verbindlichkeiten entgegen, vgl. §§ 2014, 2015, CPO. §§ 305, 782 (S. 1155).

b. Die Einreden aus §§ 2014 f. stehen dem Erben auch gegenüber seinen eigenen Gläubigern zu, wenn sie sich an Nachlaßgegenstände halten wollen, CPO. § 783.

c. Vgl. im Uebrigen zu §§ 2014 ff.

IX. **Geltendmachung der beschränkten Erbenhaftung im Prozesse. Beweislast.**

1. Vorliegen einer vollstreckbaren Ausfertigung gegen den Erben des in dem Urtheile bezeichneten Schuldners (CPO. §§ 727, 731).

a. Der Erbe hat das Recht, ohne daß ein besonderer Vorbehalt im Urtheile oder in der Vollstreckungsklausel vorhanden wäre, Einwendungen gegen die Zwangsvollstreckung auf Grund seiner beschränkten Haftung bei dem Prozeßgericht I. Instanz mittelst Widerspruchsklage zu erheben. CPO. §§ 781, 785, 767, 769, 770.

b. Zur Begründung der Widerspruchsklage hat der Erbe entweder die Anordnung der Nachlaßverwaltung oder Eröffnung des Nachlaßkonkurses (§ 1975) oder das Vorliegen der die Einrede der Unzulänglichkeit des

Nachlasses aus § 1990 zulassenden und begründenden Voraussetzungen nachzuweisen. Zu der Frage, ob dem Erben außer dem Nachweise, daß der von dem Nachlaßgläubiger in Anspruch genommene Gegenstand nicht zum Nachlasse, sondern zum eigenen Vermögen des Erben gehört, noch eine weitere Rechenschaftspflicht obliegt, vgl. RG. 5 188, 8 271, Gruchot 37 412. Vgl. ferner Eccius bei Gruchot 43 614 ff. Vorbemerkung zum 2. Titel.

c. Der Nachlaßgläubiger beseitigt die Einwendungen des Erben durch den Nachweis, daß der Erbe ihm gegenüber oder überhaupt das Recht der beschränkten Erbenhaftung verloren hat, vgl. Note IV.

2. Der Nachlaßgläubiger hat noch keinen vollstreckbaren Titel gegen den Erblasser erlangt. Gleichgültig ist, ob der Rechtsstreit bereits gegen den Erblasser anhängig war und nach Unterbrechung des Verfahrens gegen den Erben aufgenommen wurde (CPO. §§ 239, 246) oder ob die Klage von vornherein gegen den Erben gerichtet war.

a. Die in Betracht kommenden Vorschriften der CPO.

*CPO. § 780. Der als Erbe des Schuldners verurtheilte Beklagte kann die Beschränkung seiner Haftung nur geltend machen, wenn sie ihm im Urtheile vorbehalten ist.*

*Der Vorbehalt ist nicht erforderlich, wenn der Fiskus als gesetzlicher Erbe verurtheilt wird oder wenn das Urtheil über eine Nachlassverbindlichkeit gegen einen Nachlassverwalter oder einen anderen Nachlasspfleger oder gegen einen Testamentsvollstrecker, dem die Verwaltung des Nachlasses zusteht, erlassen wird.*

*§ 781. Bei der Zwangsvollstreckung gegen den Erben des Schuldners bleibt die Beschränkung der Haftung unberücksichtigt, bis auf Grund derselben gegen die Zwangsvollstreckung von dem Erben Einwendungen erhoben werden.*

*§ 785. Die Erledigung der auf Grund der §§ 781—784 erhobenen Einwendungen erfolgt nach den Bestimmungen der §§ 767, 769, 770.*

b. Das Verfahren kann sich verschieden gestalten.

α. Es wird in dem auf Erlangung eines vollstreckbaren Titels gegen einen Erben als solchen gerichteten Theile des Verfahrens (d. i. bis zur Erlassung des Endurtheils) lediglich darüber verhandelt, ob die behauptete Nachlaßverbindlichkeit als solche besteht und ob der in Anspruch Genommene Erbe ist, die Frage der beschränkten Haftung aber völlig ausgeschieden und dadurch erledigt, daß dem Beklagten die Geltendmachung der beschränkten Haftung im Urtheile vorbehalten ist. In solchen Fällen bleiben alle Fragen der beschränkten Haftung der Zwangsvollstreckungsinstanz überlassen; vgl. hierüber zu 1.

β. Es wird bereits in dem Verfahren bis zum Urtheile gestritten und in dem Urtheile erkannt darüber, ob der Beklagte das Recht der Beschränkung seiner Haftung, sei es überhaupt, sei es dem Kläger gegenüber (vgl. zu IV.) verloren habe.

αα. Wird der Verlust der Beschränkung nicht angenommen, so wird der Vorbehalt ertheilt. Res judicata dafür, daß bis zur Zeit der Erlassung des Urtheils der Verlust der Beschränkung nicht eingetreten ist, tritt indeß nur ein, wenn diese Feststellung auf Widerklage des Beklagten getroffen ist (CPO. § 322). Im Uebrigen sind alle Fragen der beschränkten Haftung in der Zwangsvollstreckungsinstanz (vgl. zu 1) zu erledigen.

ββ. Wird der Verlust der Beschränkung ausgesprochen und demgemäß der Vorbehalt versagt, so kann sich der Erbe dem Kläger gegenüber in der Zwangsvollstreckung nicht mehr auf die Beschränkung der Haftung berufen. CPO. § 780.

γ. Die Frage, ob die Voraussetzungen der Beschränkung (Nachlaßverwaltung, Nachlaßkonkurs, ungenügende Masse) vorliegen, ist für die Ertheilung des Vorbehalts im Urtheile völlig unerheblich und gehört richtigerweise in die Zwangsvollstreckungsinstanz; indeß ist es nicht ausgeschlossen, daß über diese Fragen bereits verhandelt und in dem Urtheile erkannt ist.

I. Nachlaßverbindlichkeiten.

1. Erbenhaftung. **§ 1967.** Der Erbe haftet für die Nachlaßverbindlichkeiten.

2. Umfang der Nachlaßverbindlichkeiten. Zu den Nachlaßverbindlichkeiten gehören außer den vom Erblasser herrührenden Schulden die den Erben als solchen treffenden Verbindlichkeiten, insbesondere die Verbindlichkeiten aus Pflichttheilsrechten, Vermächtnissen und Auflagen.

---

Wird auf Grund der Verhandlung der Vorbehalt ertheilt und angenommen, daß wegen mangelnder Masse die Nachlaßverwaltung oder der Nachlaßkonkurs unthunlich ist (§ 1990), so hat es bei dieser Entscheidung sein Bewenden. Im Uebrigen gestaltet sich das weitere Verfahren in der Zwangsvollstreckung wie zu 1.

b. Das Vorliegen von Nachlaßverwaltung oder Nachlaßkonkurs nimmt dem Erben die Passivlegitimation (§ 1984 Abs. 1 Satz 3, K.O. §§ 12, 14).

c. Daß die Ertheilung des Vorbehalts nicht einen Antrag des Beklagten erfordert, sondern auch im Versäumnißverfahren zu ertheilen ist, wenn nicht Thatsachen behauptet werden, die den Eintritt der unbeschränkten Haftung (vgl. Note IV) des als Erben in Anspruch Genommenen begründen, darüber vgl. Note III. 1.

d. Die Beantragung der Verurtheilung ohne Vorbehalt ist im Verhältnisse zur Verurtheilung mit Vorbehalt ein plus, nicht ein aliud. Diese Zuvielforderung kann für die Kostenentscheidung gemäß CPO. § 92 erheblich sein. Der Klageantrag ist deshalb, wenn nicht die den Verlust der Beschränkbarkeit (Note IV) begründenden Thatsachen behauptet werden, sachgemäß auf Verurtheilung unter Vorbehalt zu richten.

e. Ob die Nichtaufnahme des Vorbehalts in das Urtheil nur mit dem gegen das Urtheil überhaupt zulässigen Rechtsmittel anzufechten ist, oder ob die Ergänzung des Urtheils gemäß CPO. § 321 angängig ist, ist bestritten. Vgl. Wilmowski-Levy zu CPO. § 695 a. F.

f. Wegen der prozessualen Gestaltung der Miterbenhaftung vgl. zu §§ 2058 ff. Note IV (S. 1176).

**X. Uebergangsvorschriften.** EG. Art. 213.

**XI. Internationales Privatrecht.** EG. Art. 24.

**§ 1967. I. Die von dem Erblasser herrührenden Schulden.**

1. Von dem Erblasser rühren auch diejenigen Schulden her, welche zur Zeit des Erbfalls lediglich begründet waren und erst durch später noch hinzutretende Umstände wirksam geworden sind.

2. Die gegen den Erblasser begründete Anfechtung findet gegen den Erben statt, KO. § 40, Anfechtungsgesetz § 11 (Bd. I S. 76).

3. Nachlaßverbindlichkeiten sind auch die dem Erblasser bis zu seinem Tode gestundeten Verbindlichkeiten, vgl. CPO. § 122.

*CPO. § 122. Das Armenrecht erlischt mit dem Tode der Person, welcher es bewilligt ist.*

4. Zu den Nachlaßverbindlichkeiten gehören nicht diejenigen Verbindlichkeiten des Erblassers, welche ihrem Inhalte nach mit dem Tode des Schuldners erlöschen.

a. Vgl. § 153 Note 2 und 3, § 399 Note 1; § 520 (schenkweise übernommene Rentenpflicht), § 673 (Verbindlichkeit des Beauftragten).

b. Von den Unterhaltsverbindlichkeiten sind auf Seiten des Schuldners nur vererblich die Unterhaltspflicht des geschiedenen Ehegatten (§§ 1582, 1345 ff., 1351, 1586) und des unehelichen Vaters (§ 1712); vgl. indeß in Ansehung des Unterhaltsanspruchs eines aus einer nichtigen Ehe stammenden unehelichen Kindes § 1703. — Wegen des Anspruchs der außerehelich Geschwängerten § 1715 Abs. 2. — Erlöschen der sonstigen familienrechtlichen Unterhaltsverbindlichkeiten beim Tode des Unterhaltspflichtigen vgl. zu § 1615. § 1967.

e. Uebergang der Verbindlichkeit des Erblassers zur Rechnungslegung vgl. Mot. II S. 623.

II. **Die den Erben als solchen treffenden Verbindlichkeiten.**

1. Gleichgültig ist, ob die Verbindlichkeiten den Erben als solchen auf Grund erbrechtlicher oder anderer Vorschriften (vgl. zu c) treffen. In allen Fällen begründet die Natur als Nachlaßverbindlichkeit die Anwendbarkeit der Vorschriften des zweiten Titels, insbesondere also über die beschränkte und unbeschränkte Haftung des Erben.

a. Die in § 1967 Abs. 2 hervorgehobenen Verbindlichkeiten aus Pflichttheilsrechten (§§ 2303 ff., 2317), Vermächtnissen (§§ 1939, 2147 ff., 2174), Auflagen (§§ 1940, 2192 ff., 2194) unterliegen gewissen Sonderbestimmungen, §§ 1972, 1973 Abs. 1 Satz 2, 1974 Abs. 2, KO. §§ 222, 228, Anfechtungsgesetz § 3a. Nur auf Vermächtnisse und Auflagen beziehen sich §§ 1992, 1980 Abs. 1 Satz 2, KO. § 219 Abs. 1 Satz 2. — Rangordnung im Konkurse vgl. KO. § 226 Ziffer 4 u. 5.

b. Beispiele sonstiger auf erbrechtlichen Vorschriften beruhender Nachlaßverbindlichkeiten sind die als Masseschulden im Nachlaßkonkurse anerkannten Verbindlichkeiten, KO. § 224 (S. 1124).

c. Durch anderweite Vorschriften begründete Nachlaßverbindlichkeiten sind z. B. die Anzeige- und Fürsorgepflicht des Erben eines Beauftragten (§ 673 und daselbst Note 5 u. 6 wegen der entsprechend geregelten Fälle), eines Gesellschafters (§ 727; Offene Handelsgesellschaft HGB. § 137, Kommanditgesellschaft HGB. § 161 Abs. 2), eines Vormundes (§ 1893), eines Testamentsvollstreckers (§ 2218).

2. Für Verbindlichkeiten, welche der Erbe zwar für Rechnung des Nachlasses, aber in seinem eigenen Namen begründet, haftet der Erbe dem Gläubiger mit seinem persönlichen Vermögen, wenn nicht eine Beschränkung der Haftung auf den Nachlaß vereinbart ist (vgl. § 164). Für Gerichtskosten, welche durch Anträge des Erben zur Entstehung gelangt sind, haftet der Erbe als Antragsteller persönlich nach § 89 GKG. Vgl. auch die landesgesetzlichen Kostengesetze, so Pr. GKG. § 1. — Der Anspruch des Erben auf Erstattung seiner Aufwendungen, einschließlich auf Befreiung von den übernommenen Verbindlichkeiten (§ 257), richtet sich nach §§ 1978 Abs. 3, 1991.

III. **Zweifelhafte Fälle.**

Zweifelhaft kann sein, ob gewisse Verbindlichkeiten, die zwar erst durch einen nach dem Erbfalle sich vollziehenden Thatbestand hervorgebracht werden, dennoch aber im innigen Zusammenhange mit dem Nachlasse stehen, Nachlaßverbindlichkeiten oder persönliche Verbindlichkeiten des Erben sind. Solche Zweifelsfälle bilden insbesondere:

1. die durch Verschulden bzw. Verzug des Erben für eine Nachlaßverbindlichkeit eintretende Ersatzverbindlichkeit. Zu berücksichtigen ist, daß die Ersatzverbindlichkeit zum Bestande der ursprünglichen Verbindlichkeit gehört. Vgl. § 280 Note 2 letzter Abs. Persönliche Verbindlichkeiten des Erben sind jedenfalls die ihn auf Grund der §§ 1978 bis 1980, 2313 f., 2384 treffenden Ersatzverbindlichkeiten.

2. die Prozeßkosten der von dem Erben als solchem geführten Prozesse. Diese Kosten werden (bei Prozessen, welche von dem Erben fortgesetzt werden, wenigstens soweit die Kosten durch seine Prozeßführung entstanden sind) dem Prozeßgegner gegenüber von dem Erben persönlich geschuldet; sein Erstattungsanspruch gegenüber dem Nachlasse richtet sich nach § 1978. Vgl. JW. 1890 S. 336[11]; 1894 S. 374[44].

3. die aus der Schadenszufügung durch Sachen, welche zum Nachlasse gehören, entstehenden Nachlaßverbindlichkeiten (vgl. §§ 833 ff.), insonderheit wenn der Erbe durch Nachlaßverwaltung oder Nachlaßkonkurs von der Einwirkung auf den Nachlaß ausgeschlossen ist.

a. Beerdigungskosten. **§ 1968.** Der Erbe trägt die Kosten der standesmäßigen Beerdigung des Erblassers.

b. Recht d. Dreißigsten. **§ 1969.** Der Erbe ist verpflichtet, Familienangehörigen des Erblassers, die zur Zeit des Todes des Erblassers zu dessen Hausstande gehört und von ihm Unterhalt bezogen haben, in den ersten dreißig Tagen nach dem Eintritte des Erbfalls in demselben Umfange, wie der Erblasser es gethan hat, Unterhalt zu gewähren und die Benutzung der Wohnung und der Haushaltsgegenstände zu gestatten. Der Erblasser kann durch letztwillige Verfügung eine abweichende Anordnung treffen.

Die Vorschriften über Vermächtnisse finden entsprechende Anwendung.

---

IV. **Nachlaßgläubiger. Besondere Gruppen von Nachlaßverbindlichkeiten.**
1. Nachlaßgläubiger ist derjenige, dem gegenüber eine Nachlaßverbindlichkeit begründet ist, insonderheit also auch der Vermächtnißnehmer (vgl. wegen der Abweichung von der bisherigen Terminologie den aufgehobenen § 43 der KO.). Diese Vorschrift, welche den Gläubigern und Vermächtnißnehmern eines Nachlasses, welcher dem Gemeinschuldner vor der Konkurseröffnung anfiel, ein Absonderungsrecht zusprach, ist mit Rücksicht darauf beseitigt, daß die Nachlaßgläubiger berechtigt sind, sich durch den Antrag auf Anordnung der Nachlaßverwaltung oder auf Eröffnung des Nachlaßkonkurses den Gläubigern des Erben gegenüber die abgesonderte Befriedigung aus dem Nachlasse zu sichern (§§ 1981 Abs. 2, 1984 Abs. 2, KO. §§ 217, 219, 226 Abs. 1, 234).

2. Besondere Gruppen von Nachlaßverbindlichkeiten bilden:
a. die gegenständlich gesicherten (§§ 1971, 1974 Abs. 3, 2016 Abs. 2, 2060 Ziffer 2) Verbindlichkeiten gegenüber denjenigen,
α. die Pfandgläubiger sind oder solchen im Konkurse gleichstehen,
β. die ein Recht auf Befriedigung aus dem unbeweglichen Vermögen bei der Zwangsvollstreckung in dasselbe haben, Zw. § 10,
γ. deren Anspruch durch eine Vormerkung gesichert ist (§§ 883 ff., 884),
δ. denen ein Aussonderungsrecht im Konkurse zusteht, KO. §§ 43 ff.;
b. die Verbindlichkeiten aus Pflichttheilsrechten, Vermächtnissen, Auflagen. Vgl. Note II. 1 a;
c. die Verbindlichkeiten gegenüber denjenigen, die zugleich Miterben oder Vorerben sind, § 2063 Abs. 2, § 2144 Abs. 3;
d. die aus einem Strafverfahren gegen den Erblasser entstandenen Verbindlichkeiten.

***StGB.** § 30. In den Nachlass kann eine Geldstrafe nur dann vollstreckt werden, wenn das Urtheil bei Lebzeiten des Verurtheilten rechtskräftig geworden war.* — Vgl. KO. § 226 Ziffer 2.

***StPO.** § 497 Abs. 2. Stirbt ein Verurtheilter vor eingetretener Rechtskraft des Urtheils, so haftet sein Nachlass nicht für die Kosten.*

3. Verjährung von Nachlaßverbindlichkeiten § 207.
4. Gerichtsstand für Klagen aus Nachlaßverbindlichkeiten CPO. §§ 27, 28.

**§ 1968.** 1. Vgl. wegen des Umfanges und der subsidiären Verpflichtung des Unterhaltspflichtigen § 1615 Note 3; §§ 528, 1713, 1580. — Ersatzpflicht des Tödters § 844.

2. Die Beerdigungskosten als Masseschulden im Nachlaßkonkurse KO. § 224 Ziffer 2.

**§ 1969.** 1. Der Anspruch ist kein unentziehbarer. Der Erblasser hat nach Abs. 1 Satz 2 das Recht, abweichende Anordnungen zu treffen.

2. Die entsprechende Anwendbarkeit der Vorschriften über die Vermächtnisse (§§ 2147 ff.) ergiebt insbesondere:
a. Der Berechtigte hat lediglich einen obligatorischen Anspruch gegen den

Erben, § 2174. Geltendmachung des Anspruchs vor Erbschaftsannahme vgl. §§ 1958, 1960 Abs. 2. — Nach Planck sollen gegenüber dem Anspruche aus § 1969 die aufschiebenden Einreden aus §§ 2014 f. nicht zulässig sein.

b. Die Ansprüche der anderen Nachlaßgläubiger gehen den Ansprüchen aus § 1969 vor, vgl. §§ 1973 Abs. 1 Satz 2, 1974 Abs. 2, 1991 Abs. 4, 1992, KO. §§ 219, 222, 226 Abs. 2 Ziffer 5.

I. **Aufgebot der persönlichen Nachlaßverbindlichkeiten.** Zu §§ 1970—1974.

1. Materielle Bedeutung des Aufgebots.

a. Das Gläubigeraufgebot der §§ 1970—1973 gewährt dem Erben die Möglichkeit, sich über die Höhe des Schuldenstandes zuverlässige Kenntniß und damit eine Unterlage für die Entscheidung über sein weiteres Verhalten zu verschaffen, ob er Nachlaßverwaltung bzw. Nachlaßkonkurs beantragen oder die Abwickelung des Nachlasses selbst in der Hand behalten soll. Vgl. Titelvorb. Note III.

b. Das Gläubigeraufgebot erstreckt sich auf alle rein persönlichen Nachlaßverbindlichkeiten (vgl. § 1971) mit Ausnahme (vgl. indeß § 2060 Ziffer 1) der auf Pflichttheilsrechten, Vermächtnissen und Auflagen beruhenden (§ 1972). — Auch dem Erben bekannte rechtshängige oder rechtskräftig festgestellte Forderungen können durch das Aufgebot betroffen werden.

c. Auf die im Aufgebotsverfahren durch Ausschlußurtheil ausgeschlossenen Verbindlichkeiten braucht der Erbe zunächst keine Rücksicht zu nehmen; in Ansehung ihrer haftet er nur auf die noch bei ihm vorhandene Bereicherung (§ 1973). — Prioritätsverhältniß der ausgeschlossenen Gläubiger im Verhältnisse zu nicht ausgeschlossenen Gläubigern und insbesondere zu Pflichttheils-, Vermächtniß- und Auflageverbindlichkeiten § 1973.

d. Im Verhältnisse zu den nicht ausgeschlossenen Gläubigern hat das Aufgebotsverfahren nur die Wirkung,

α. daß bei Beantragung des Aufgebots innerhalb Jahresfrist nach der Erbschaftsannahme die aufschiebende Einrede aus § 2015 bis zur Beendigung des Verfahrens und damit die Beschränkung der Zwangsvollstreckung gegen den Erben gemäß CPO. § 782 (S. 1155) begründet ist;

β. daß er Befriedigung vor den ausgeschlossenen Gläubigern gemäß § 1973 verlangen kann.

Im Uebrigen bleibt für die Frage, ob der Erbe dem nicht ausgeschlossenen Gläubiger beschränkt oder unbeschränkt haftet, das Aufgebotsverfahren völlig außer Betracht.

e. Die Nichtbeantragung des Aufgebots durch den Erben, welcher Grund zur Annahme hat, daß ihm unbekannte Gläubiger vorhanden sind, macht den Erben den Nachlaßgläubigern gegenüber verantwortlich, wenn er sich späterhin nach Berichtigung von Nachlaßverbindlichkeiten auf seine beschränkte Haftung berufen will (§§ 1979 f.); vgl. Titelvorb. III. 2 a γ (S. 1108).

2. Prozessuale Vorschriften.

Die materiell-rechtlichen Vorschriften der §§ 1970—1973 finden ihre Ergänzung in den Vorschriften CPO. §§ 949—959, 989—1000. Hervorzuheben sind folgende Bestimmungen:

a. Der Normalfall (Einzelerbe).

α. Zuständigkeit CPO. § 990. Vgl. auch EG. Art. 147 (Landesgesetzlich bestimmte Nachlaßbehörde).

*CPO. § 990. Zuständig ist das Amtsgericht, dem die Verrichtungen des Nachlassgerichts obliegen. Sind diese Verrichtungen einer anderen Behörde als einem Amtsgericht übertragen, so ist das Amtsgericht zuständig, in dessen Bezirke die Nachlassbehörde ihren Sitz hat.*

β. Antragsberechtigung CPO. § 991, vgl. indeß CPO. § 997 Abs. 2 zu Note b.

*CPO. § 991. Antragsberechtigt ist jeder Erbe, sofern er nicht für die Nachlassverbindlichkeiten unbeschränkt haftet.*

Zu §§ 1970—1974. *Zu dem Antrage sind auch ein Nachlasspfleger und ein Testamentsvollstrecker berechtigt, wenn ihnen die Verwaltung des Nachlasses zusteht.*

*Der Erbe und der Testamentsvollstrecker können den Antrag erst nach der Annahme der Erbschaft stellen.*

γ. Antrag CPO. §§ 947 Abs. 1. 992.

**CPO.** *§ 947 Abs. 1. Der Antrag kann schriftlich oder zum Protokolle des Gerichtsschreibers gestellt werden. Die Entscheidung kann ohne vorgängige mündliche Verhandlung erfolgen.*

**CPO.** *§ 992. Dem Antrag ist ein Verzeichniss der bekannten Nachlassgläubiger mit Angabe ihres Wohnorts beizufügen.*

δ. Aufgebot CPO. §§ 947 Abs. 2, 993 Abs. 1 (s. unter ζ), 948, 949, 950, 994, 995.

**CPO.** *§ 947 Abs. 2. Ist der Antrag zulässig, so hat das Gericht das Aufgebot zu erlassen. In dasselbe ist insbesondere aufzunehmen:*

*1. die Bezeichnung des Antragstellers;*

*2. die Aufforderung, die Ansprüche und Rechte spätestens im Aufgebotstermine anzumelden;*

*3. die Bezeichnung der Rechtsnachtheile, welche eintreten, wenn die Anmeldung unterbleibt;*

*4. die Bestimmung eines Aufgebotstermins.*

**CPO.** *§ 948. Die öffentliche Bekanntmachung des Aufgebots erfolgt durch Anheftung an die Gerichtstafel und durch Einrückung in den Deutschen Reichsanzeiger, ausserdem aber, sofern nicht das Gesetz für den betreffenden Fall eine abweichende Anordnung getroffen hat, nach den im § 204 für Ladungen gegebenen Vorschriften.*

*§ 949. Auf die Gültigkeit der öffentlichen Bekanntmachung hat es keinen Einfluss, wenn das anzuheftende Schriftstück von dem Orte der Anheftung zu früh entfernt ist oder wenn im Falle wiederholter Bekanntmachung die vorgeschriebenen Zwischenfristen nicht eingehalten sind.*

*§ 950. Zwischen dem Tage, an welchem die Einrückung oder die erste Einrückung des Aufgebots in den Deutschen Reichsanzeiger erfolgt ist, und dem Aufgebotstermine muss, sofern das Gesetz nicht eine abweichende Anordnung enthält, ein Zeitraum (Aufgebotsfrist) von mindestens sechs Wochen liegen.*

**CPO.** *§ 994. Die Aufgebotsfrist soll höchstens sechs Monate betragen.*

*Das Aufgebot soll den Nachlassgläubigern, welche dem Nachlassgericht angezeigt sind und deren Wohnort bekannt ist, von Amtswegen zugestellt werden. Die Zustellung kann durch Aufgabe zur Post erfolgen.*

*§ 995. In dem Aufgebot ist den Nachlassgläubigern, welche sich nicht melden, als Rechtsnachtheil anzudrohen, dass sie, unbeschadet des Rechts, vor den Verbindlichkeiten aus Pflichttheilsrechten, Vermächtnissen und Auflagen berücksichtigt zu werden, von dem Erben nur insoweit Befriedigung verlangen können, als sich nach Befriedigung der nicht ausgeschlossenen Gläubiger noch ein Ueberschuss ergiebt.*

ε. Anmeldung CPO. §§ 996, 951. Eine dem § 996 nicht entsprechende Anmeldung ist keine die Ausschließung hindernde Anmeldung, vgl. Begründung zu KO. § 229.

**CPO.** *§ 996. Die Anmeldung einer Forderung hat die Angabe des Gegenstandes und des Grundes der Forderung zu enthalten. Urkundliche Beweisstücke sind in Urschrift oder in Abschrift beizufügen.*

*Das Gericht hat die Einsicht der Anmeldungen Jedem zu gestatten, der ein rechtliches Interesse glaubhaft macht.*

**CPO.** *§ 951. Eine Anmeldung, welche nach dem Schlusse des Aufgebotstermins, jedoch vor Erlassung des Ausschlussurtheils erfolgt, ist als eine rechtzeitige anzusehen.*

ζ. Beim Nachlaßkonkurse wird das Gläubigeraufgebot durch die nach Konkursrecht vorgeschriebenen Bekanntmachungen ersetzt, KO. §§ 110 ff. — Geltung der Aufgebotsanmeldung als Anmeldung im Nachlaßkonkurse, vgl. KO. § 229 (S. 1126).

*CPO. § 993. Das Aufgebot soll nicht erlassen werden, wenn die Eröffnung des Nachlasskonkurses beantragt ist.* Zu §§ 1970—1974.

*Durch die Eröffnung des Nachlasskonkurses wird das Aufgebotsverfahren beendigt.*

η. Vgl. ferner die allgemeinen Vorschriften über das Aufgebotsverfahren CPO. §§ 952—959.

ϑ. Die Kosten des Aufgebots werden der Gerichtskasse gegenüber von dem Antragsteller geschuldet, GKG. § 89. Sie sind im Uebrigen Nachlaßverbindlichkeiten und sind im Konkurs Masseschulden, KO. § 224 Ziffer 4.

b. Aufgebot bei einer Mehrheit von Erben vgl. auch § 2060 Ziffer 1.

*CPO. § 997. Sind mehrere Erben vorhanden, so kommen der von einem Erben gestellte Antrag und das von ihm erwirkte Ausschlussurtheil, unbeschadet der Vorschriften des Bürgerlichen Gesetzbuchs über die unbeschränkte Haftung, auch den anderen Erben zu Statten. Als Rechtsnachtheil ist den Nachlassgläubigern, welche sich nicht melden, auch anzudrohen, dass jeder Erbe nach der Theilung des Nachlasses nur für den seinem Erbtheil entsprechenden Theil der Verbindlichkeit haftet.*

*Die Erlassung des Aufgebots mit Androhung des im Abs. 1 Satz 2 bestimmten Rechtsnachtheils kann von jedem Erben auch dann beantragt werden, wenn er für die Nachlassverbindlichkeiten unbeschränkt haftet.*

c. Nacherbfolge (§§ 2100 ff.).

*CPO. § 998. Im Falle der Nacherbfolge findet die Vorschrift des § 997 Abs. 1 Satz 1 auf den Vorerben und den Nacherben entsprechende Anwendung.*

d. Einfluß des ehelichen Güterrechts.

*CPO. § 999. Ist eine Ehefrau die Erbin und gehört der Nachlass zum eingebrachten Gute oder zum Gesammtgute, so kann sowohl die Ehefrau als der Ehemann das Aufgebot beantragen, ohne dass die Zustimmung des anderen Theiles erforderlich ist. Das Gleiche gilt, wenn der Nachlass zum Gesammtgute gehört, auch nach der Beendigung der Gemeinschaft. Der von dem einen Ehegatten gestellte Antrag und das von ihm erwirkte Ausschlussurtheil kommen auch dem anderen Ehegatten zu Statten.*

e. Erbschaftskauf oder anderweite Erbschaftsveräußerung (§§ 2371 ff.).

*CPO. § 1000. Hat der Erbe die Erbschaft verkauft, so kann sowohl der Käufer als der Erbe das Aufgebot beantragen. Der von dem einen Theile gestellte Antrag und das von ihm erwirkte Ausschlussurtheil kommen, unbeschadet der Vorschriften des Bürgerlichen Gesetzbuchs über die unbeschränkte Haftung, auch dem anderen Theile zu Statten.*

*Diese Bestimmungen finden entsprechende Anwendung, wenn Jemand eine durch Vertrag erworbene Erbschaft verkauft oder sich zur Veräusserung einer ihm angefallenen oder anderweit von ihm erworbenen Erbschaft in sonstiger Weise verpflichtet hat.*

**II. Nachlaßverbindlichkeiten, für welche ein Recht auf Befriedigung aus einem zum Nachlasse gehörenden Grundstücke besteht.**

Hat der Nachlaßgläubiger eine Forderung gegen den Nachlaß, für welche ein Recht auf Befriedigung aus einem zum Nachlasse gehörenden Grundstücke besteht, so kann der Erbe das Maß seiner persönlichen Haftung für die Nachlaßverbindlichkeiten erst dann genau bestimmen, wenn feststeht, ob und in welcher Höhe der Gläubiger aus dem Grundstücke Befriedigung erhält. Um dem Erben diese Möglichkeit zu gewähren, wird ihm durch Zw. § 175 die Befugniß gegeben, auf die Zwangsversteigerung des Grundstücks anzutragen. Wegen der weiteren Regelung des Verfahrens vgl. Zw. §§ 176—178.

*Zw. § 175. Hat ein Nachlassgläubiger für seine Forderung ein Recht auf Befriedigung aus einem zum Nachlasse gehörenden Grundstücke, so kann der Erbe nach der Annahme der Erbschaft die Zwangsversteigerung des Grundstücks beantragen. Zu dem Antrag ist auch jeder Andere berechtigt, welcher das Aufgebot der Nachlassgläubiger beantragen kann.*

1. Gläubigeraufgebot.
a. Zulässigkeit.

**§ 1970.** Die Nachlaßgläubiger können im Wege des Aufgebotsverfahrens zur Anmeldung ihrer Forderungen aufgefordert werden.

b. Nicht betroffene Gläubiger.
α. Gegenständlich Gesicherte.

**§ 1971.** Pfandgläubiger und Gläubiger, die im Konkurse den Pfandgläubigern gleichstehen, sowie Gläubiger, die bei der Zwangsvollstreckung in das unbewegliche Vermögen ein Recht auf Befriedigung aus diesem Vermögen haben, werden, soweit es sich um die Befriedigung aus den ihnen haftenden Gegenständen handelt, durch das Aufgebot nicht betroffen. Das Gleiche gilt von Gläubigern, deren Ansprüche durch eine Vormerkung gesichert sind oder denen im Konkurs ein Aussonderungsrecht zusteht, in Ansehung des Gegenstandes ihres Rechtes.

---

*Diese Vorschriften finden keine Anwendung, wenn der Erbe für die Nachlassverbindlichkeiten unbeschränkt haftet oder wenn der Nachlassgläubiger im Aufgebotsverfahren ausgeschlossen ist oder nach den §§ 1974, 1989 des Bürgerlichen Gesetzbuchs einem ausgeschlossenen Gläubiger gleichsteht.*

III. **Mehrheit von Erben.**

1. Bei einer Mehrheit von Erben hat das Gläubigeraufgebot die besonderen Wirkungen der §§ 2045, 2060 Ziffer 1.

2. Privataufgebot der Nachlaßgläubiger durch einen Miterben § 2061.

3. Wirkung des von einem Erben gestellten Antrags und des von ihm erwirkten Ausschlußurtheils für die anderen Erben CPO. § 997 (S. 1117).

**§ 1970.** 1. Wegen des Verfahrens 2c. vgl. Vorb. S. 1115 ff. In § 1970 wird lediglich die materielle Zulässigkeit des Gläubigeraufgebots ausgesprochen.

2. Voraussetzung des Aufgebots ist weder Errichtung des Inventars noch Beantragung der Inventarerrichtung beim Nachlaßgerichte. Vielmehr ist das Gläubigeraufgebot als Vorbereitungsmaßregel für das Inventar, welches auch die Passiva zu enthalten hat, gedacht. — Voraussetzung ist indeß, daß der Erbe noch nicht das Recht auf Beschränkung seiner Haftung verloren hat (§§ 1994 Abs. 1 Satz 2, 2005 Abs. 1, 2013 Abs. 1, CPO. § 991 Abs. 1 S. 1115). Vgl. auch zu §§ 1971, 1972 Note 1.

3. Das Gläubigeraufgebot ist zeitlich nicht begrenzt, indeß ist die an seine Beantragung geknüpfte aufschiebende Einrede des § 2015 (vgl. zu 4) nur gegeben, wenn der Antrag innerhalb eines Jahres nach der Annahme der Erbschaft gestellt ist.

4. Die durch das Gläubigeraufgebot für den Erben begründete aufschiebende Einrede aus § 2015 (vgl. zu 3) begründet zu Gunsten des Erben die Beschränkung der Zwangsvollstreckung gemäß CPO. §§ 305, 782 S. 1155.

Zu §§ 1971, 1972. 1. Verhältniß des Aufgebots zur unbeschränkten Erbenhaftung.

a. Außer den in §§ 1971 ff. aufgeführten Gläubigern werden durch das Aufgebot diejenigen nicht betroffen, denen gegenüber der Erbe das Recht, die beschränkte Haftung geltend zu machen, verloren hat, gleichgültig ob dieser Verlust allen oder einzelnen Gläubigern gegenüber (vgl. Titelvorb. Note IV. S. 1109) eingetreten ist, vgl. § 2013.

b. Eintritt unbeschränkter Haftung nach Erlassung des Ausschlußurtheils läßt die Wirkung des Ausschlußurtheils unberührt, § 2013 Abs. 1 Satz 2.

c. In Ansehung der Haftung der Miterben nach der Theilung des Nachlasses wird die Wirkung des Ausschlußurtheils durch den Eintritt unbeschränkter Haftung nicht berührt, § 2060 Ziffer 1.

2. Ob der Erbe seine eigenen Forderungen an den Nachlaß (vgl. §§ 1976, 1991 Abs. 2; 1978 Abs. 3, 1979, 1991 Abs. 1; KO. § 225 Abs. 1) anmelden muß, ist bestritten. Verneint von Planck, dagegen Wilke zu § 1970 Note 7. Vgl. hierzu Mot. V S. 647 ff.

3. Die Gläubiger, welche durch das Aufgebot nicht betroffen werden, bleiben kraft Gesetzes nicht ausgeschlossene Gläubiger, auch wenn sie ihre

**§ 1972.** Pflichttheilsrechte, Vermächtnisse und Auflagen werden durch das Aufgebot nicht betroffen, unbeschadet der Vorschrift des § 2060 Nr. 1. β. Pflichttheilsberechtigte, Vermächtnißnehmer 2c.

**§ 1973.** Der Erbe kann die Befriedigung eines im Aufgebotsverfahren ausgeschlossenen Nachlaßgläubigers insoweit verweigern, als der Nachlaß durch die Befriedigung der nicht ausgeschlossenen Gläubiger erschöpft wird. Der Erbe hat jedoch den ausgeschlossenen Gläubiger vor den Verbindlichkeiten aus Pflichttheilsrechten, Vermächtnissen und Auflagen zu befriedigen, es sei denn, daß der Gläubiger seine Forderung erst nach der Berichtigung dieser Verbindlichkeiten geltend macht. c. Wirkung der Ausschließung.

Einen Ueberschuß hat der Erbe zum Zwecke der Befriedigung des Gläubigers im Wege der Zwangsvollstreckung nach den Vorschriften

---

Forderungen nicht angemeldet haben (vgl. CPO. § 995). Eines besonderen Vorbehalts ihrer Rechte in dem Ausschlußurtheile bedarf es nicht.

**§ 1971.** 1. Grund der Bestimmung.
Das Aufgebot soll nur die rein persönlichen Ansprüche, welche auf Befriedigung aus dem Vermögensganzen des Nachlasses gehen, betreffen; es soll hingegen nicht das Recht beeinträchtigt werden, aus einem bestimmten Gegenstande (auf Grund eines dinglichen Rechtes oder einer besonderen Rechtsvorschrift) Befriedigung zu verlangen. Dementsprechend werden die im § 1971 aufgeführten Ansprüche von dem Gläubigeraufgebot insoweit nicht betroffen, als es sich um Befriedigung aus dem haftenden Gegenstande handelt. Insoweit ein persönlicher Anspruch auf Befriedigung geltend gemacht werden soll, greifen die Wirkungen des Gläubigeraufgebots ein.

2. Die einzelnen in § 1971 erwähnten Ansprüche.
a. Pfandgläubiger §§ 1204 ff., 1273 ff. Pfändungspfandgläubiger, CPO. § 804, Arrest und einstweilige Verfügung CPO. §§ 930 ff., 936.
b. Gläubiger, die im Konkurse den Pfandgläubigern gleichstehen KO. § 49 (Bd. I S. 650).
c. Gläubiger, die bei der Zwangsvollstreckung in das unbewegliche Vermögen ein Recht auf Befriedigung aus diesem Vermögen haben Zw. § 10 (Bd. I S. 442 ff.). Wegen des Rechtes des Erben die Zwangsvollstreckung des Nachlaßgrundstücks zu beantragen Zw. § 175 (S. 1117).
d. Sicherung durch Vormerkung:
α. im Grundbuche §§ 883 ff.,
β. im Schiffsregister vgl. zu § 1263 Note 3.
e. Aussonderungsrecht im Konkurse KO. § 43 (Bd. I S. 506).

3. Nach dem Erbfall erlangte Rechte der in § 1971 bezeichneten Art stehen in Ansehung des Gläubigeraufgebots den vor dem Erbfall erlangten gleich. Inwieweit die Realisirung eines im Wege der Zwangsvollstreckung oder der Arrestvollziehung nach dem Erbfall erlangten Rechtes (CPO. § 782) zulässig ist, bestimmt sich während des Aufgebotsverfahrens nach den §§ 2015, 2016 Abs. 2.

4. Darüber, daß die für den Erben als solchen begründete Einrede seiner beschränkten Haftung nicht der anderweiten Geltendmachung des gesicherten Rechtes entgegensteht, vgl. Titelvorb. Note II. 3. (S. 1107.)

**§ 1972.** 1. Pflichttheilsrechte (§§ 2303. 2317), Vermächtnisse (§§ 1939, 2147 ff., 2174), Auflagen (§§ 1940, 2194) unterliegen zwar nicht dem Aufgebote; indeß stehen die aus diesen Gründen Berechtigten gemäß § 1973 Abs. 1 S. 2 den anderen Gläubigern, auch wenn dieselben ausgeschlossen sind, nach. Vgl. hierzu § 1979 Note 2.

2. Die Vorschrift des § 2060 Nr. 1 erstreckt die Wirkung des Aufgebots in Ansehung der Theilung der Haftung der Miterben nach erfolgter Nachlaßtheilung auch auf die in § 1972 bezeichneten Verbindlichkeiten.

71*

über die Herausgabe einer ungerechtfertigten Bereicherung herauszugeben. Er kann die Herausgabe der noch vorhandenen Nachlaßgegenstände durch Zahlung des Werthes abwenden. Die rechtskräftige Verurtheilung des Erben zur Befriedigung eines ausgeschlossenen Gläubigers wirkt einem anderen Gläubiger gegenüber wie die Befriedigung.

2. Der Ausschließung gleichstehende fünfjähr. Nichtgeltendmachung einer Nachlaßverbindlichkeit.

**§ 1974.** Ein Nachlaßgläubiger, der seine Forderung später als fünf Jahre nach dem Erbfalle dem Erben gegenüber geltend macht, steht einem ausgeschlossenen Gläubiger gleich, es sei denn, daß die Forderung dem Erben vor dem Ablaufe der fünf Jahre bekannt geworden oder im Aufgebotsverfahren angemeldet worden ist. Wird

---

**§ 1973.** 1. In § 1973 ist der Fall unmittelbar geregelt, daß der Erbe, welchem die Beschränkung der Haftung zusteht (CPO. § 991 S. 1115), das Aufgebotsverfahren betrieben und ohne Rücksicht auf die ausgeschlossenen Nachlaßgläubiger die Befriedigung der nicht ausgeschlossenen Nachlaßgläubiger bewirkt hat.

2. Meldet sich nachträglich ein ausgeschlossener Gläubiger, so muß er sich gefallen lassen, erst hinter allen nicht ausgeschlossenen Gläubigern, mit Ausnahme der zur Zeit seines Hervortretens noch nicht befriedigten Pflichttheils-, Vermächtniß- und Auflageberechtigten befriedigt zu werden. Hat der Erbe vor Geltendmachung der ausgeschlossenen Nachlaßverbindlichkeit Pflichttheilsansprüche, Vermächtnisse oder Auflagen aus dem Nachlasse erfüllt, so muß der ausgeschlossene Gläubiger im Verhältnisse zum Erben die Erfüllung zwar als für Rechnung des Nachlasses geschehen lassen, er hat aber im Verhältnisse zum Empfänger ein Anfechtungsrecht aus § 3a des Anfechtungsgesetzes (Bd. I S. 75).

3. Kommt es nach Erlassung des Ausschlußurtheils zum Nachlaßkonkurse, so richtet sich der Rang der ausgeschlossenen Gläubiger nach KO. § 2[illegible] Abs. 4. — Wegen der Anfechtung der auf Pflichttheilsansprüche, Vermächtnisse und Auflagen gemachten Leistungen KO. § 222. Der ausgeschlossene Gläubiger kann die Eröffnung des Nachlaßkonkurses nur beantragen, wenn über das Vermögen des Erben der Konkurs eröffnet ist (KO. § 219 Abs. 1 Satz 1).

4. Der Erbe ist für seine Einrede, d. h. inwieweit er die Befriedigung verweigern kann, beweispflichtig. Er kann hierbei das Inventar (vgl. § 20[illegible]) zur Grundlage seiner Beweisführung machen. Ersatzansprüche gemäß § 1978 gehören für diese Berechnung (vgl. den Eingang des § 1978) nicht zum Nachlasse.

5. Die Einrede aus § 1973 bleibt den ausgeschlossenen Gläubigern gegenüber wirksam, auch wenn nach Erlassung des Ausschlußurtheils die unbeschränkte Haftung des Erben eintritt (§ 2013).

6. (Abs. 2.) Herausgabe des Ueberschusses.

a. Die Herausgabepflicht erstreckt sich nur auf den nach den Vorschriften über die ungerechtfertigte Bereicherung verbleibenden Ueberschuß. Die Haftung des Erben gegenüber dem ausgeschlossenen Gläubiger richtet sich demnach nicht nach §§ 1978—1980, sondern nach §§ 818 ff. Vgl. hierzu KO. § 228 Abs. 2 S. 1125 f.

b. Durch Abs. 2 wird auch für die Haftung auf die Bereicherung (insbesondere §§ 818, 819, 822) das Prinzip der Haftung cum viribus hereditatis zur Geltung gebracht.

c. Die Vorschrift ist dahin zu verstehen, daß der Erbe den Nachlaß herauszugeben hat zum Zwecke der Befriedigung des Gläubigers im Wege der Zwangsvollstreckung.

7. Die Vorschrift des § 1973 ist anwendbar bzw. entsprechend anwendbar in den Fällen der §§ 1974, 1989.

der Erblasser für todt erklärt, so beginnt die Frist nicht vor der Erlassung des die Todeserklärung aussprechenden Urtheils.

Die dem Erben nach § 1973 Abs. 1 Satz 2 obliegende Verpflichtung tritt im Verhältnisse von Verbindlichkeiten aus Pflichttheilsrechten, Vermächtnissen und Auflagen zu einander nur insoweit ein, als der Gläubiger im Falle des Nachlaßkonkurses im Range vorgehen würde.

Soweit ein Gläubiger nach § 1971 von dem Aufgebote nicht betroffen wird, finden die Vorschriften des Abs. 1 auf ihn keine Anwendung.

---

**§ 1974.** 1. Die Vorschrift des § 1974 erstreckt sich (unter den zu 2 aufgeführten Einschränkungen) auf alle Forderungen (fällige, bedingte rc., rechtshängige, rechtskräftig festgestellte) mit alleiniger Ausnahme der in Abs. 3 bezeichneten; die in § 1972 erwähnten Verbindlichkeiten fallen unter § 1974.

2. Wird eine Forderung erst nach Ablauf der in § 1974 bezeichneten Frist eingeklagt, so würde der Gläubiger gegenüber der Vorschrift des § 1974 das Vorliegen einer der nachstehenden Thatsachen zu beweisen haben:

a. Früher bereits und zwar fristgemäß erfolgte Geltendmachung der Forderung gegenüber dem Erben, etwa durch Mahnung oder durch die Erklärung, die Forderung in Anspruch zu nehmen. Das Wirksamwerden einer solchen Erklärung würde sich nach §§ 130 ff. richten, also z. B. bei Ersatzzustellung nicht die thatsächliche Kenntniß des Erben (vgl. zu 2) erfordern. — Eine zurückgenommene Klage gilt zwar nach CPO. § 271 als nicht anhängig geworden, immerhin kann, wenn die Zurücknahme nicht auf ein Fallenlassen der Forderung schließen läßt, die in der Klageerhebung liegende Geltendmachung für § 1974 in Betracht kommen. — Die Geltendmachung würde sich immer nur auf die geltend gemachte Forderung (vgl. CPO. §§ 253, 268) beziehen.

b. Fristgemäß von Seiten des Erben erlangte Kenntniß (nicht bloß Kennenmüssen) der Forderung. Solche Kenntniß wird nur anzunehmen sein, wenn und insoweit dem Erben Gegenstand und Grund der Forderung bekannt ist. Vgl. hierzu § 892 Note III. 1.

c. Fristgemäß erfolgte Anmeldung in einem Aufgebotsverfahren. Hat ein Aufgebotsverfahren stattgefunden, so hat § 1974 nur Bedeutung für die Ansprüche aus Pflichttheilsrechten, Vermächtnissen und Auflagen. Da alle anderen nicht angemeldeten Forderungen (mit Ausnahme der weder von § 1973 noch von § 1974 betroffenen Forderungen des § 1971) gemäß § 1973 ausgeschlossen werden.

d. Allgemein oder dem betreffenden Gläubiger gegenüber vor Ablauf der Frist eingetretene Unbeschränkbarkeit der Erbenhaftung § 2013 Abs. 1.

3. Die Wirkung der Säumniß.

a. Der Säumige steht einem im Aufgebotsverfahren ausgeschlossenen Gläubiger gleich, vgl. hierzu § 1973.

b. Die Sonderregelung des Abs. 2 trägt dem Umstande Rechnung, daß in § 1974 auch säumige Pflichttheilsberechtigte und Vermächtnißnehmer mit nichtsäumigen Gläubigern gleicher Art zusammentreffen können. Bei uneingeschränkter Uebernahme des § 1973 Abs. 1 S. 2 würden die Säumigen (als Ausgeschlossene) den Nichtsäumigen vorgehen.

α. Der säumige Pflichttheilsberechtigte rc. aber, welcher sich vor Befriedigung anderer Gläubiger dieser Art meldet, soll nach § 1974 Abs. 2 diesen Anderen nur vorgehen, wenn er ihnen im Nachlaßkonkurse vorgehen würde (vgl. KO. § 226 Abs. 2, Ziffer 4 u. 5, Abs. 3).

β. Hat der säumige Pflichttheilsgläubiger rc. aber mit dem Nichtsäumigen gleichen Rang, so ist nach § 1974 Abs. 2 die Vorschrift des § 1973 Abs. 1 Satz 2 nicht anwendbar. Es bleibt somit bei der Vorschrift des § 1973 Abs. 1 Satz 1, wonach die Säumigen (als Ausgeschlossene) den Nichtsäumigen nachstehen.

γ. Sind mehrere Gläubiger der in § 1972 bezeichneten Art gemäß § 1974

### III. Beschränkung der Haftung des Erben.

1. Zuständigkeit. *KO. § 214. II. Für das Konkursverfahren über einen Nachlass ist das Amtsgericht ausschliesslich zuständig, bei welchem der Erblasser zur Zeit seines Todes den allgemeinen Gerichtsstand gehabt hat.*

2. Erforderniss d. Ueberschuldung. *§ 215. Die Eröffnung des Verfahrens setzt die Ueberschuldung des Nachlasses voraus.*

3. Voraussetzungen der Eröffnung des Verfahrens. *§ 216. Die Eröffnung des Verfahrens wird nicht dadurch gehindert, dass der Erbe die Erbschaft noch nicht angenommen hat, oder dass er für die Nachlassverbindlichkeiten unbeschränkt haftet.*

*Bei dem Vorhandensein mehrerer Erben ist die Eröffnung des Verfahrens auch nach der Theilung des Nachlasses zulässig.*

4. Antragsberechtigung. a. Erbe, Nachlassvertreter und Nachlassgläubiger. *§ 217. Zu dem Antrag auf Eröffnung des Verfahrens ist jeder Erbe, der Nachlassverwalter, sowie ein anderer Nachlasspfleger, ein Testamentsvollstrecker, dem die Verwaltung des Nachlasses zusteht, und jeder Nachlassgläubiger berechtigt.*

*Wird der Antrag nicht von allen Erben gestellt, so ist er zuzulassen, wenn die Ueberschuldung glaubhaft gemacht wird. Das Gericht hat die übrigen Erben, soweit thunlich, zu hören.*

*Steht die Verwaltung des Nachlasses einem Testamentsvollstrecker zu, so ist, wenn der Erbe die Eröffnung des Verfahrens beantragt, der Testamentsvollstrecker, wenn der Testamentsvollstrecker den Antrag stellt, der Erbe zu hören.*

---

ausgeschlossen, so wird im Verhältnisse zu ihnen unter einander an ihrer Rangordnung durch die gemäß § 1974 eingetretene Beschränkung ihres Anspruchs nichts geändert. Vgl. KO. § 226 Abs. 4 Satz 2.

4. Mehrheit von Erben.

Die Voraussetzungen und Wirkungen der Säumniß sind in Ansehung eines jeden Miterben selbständig zu beurtheilen. §§ 2058, 425, 1922 Abs. [illegible]

Zu §§ 1975 ff. 1. Die allgemeine Uebersicht über die Erbenhaftung, insbesondere auch über die Beschränkung der Haftung findet sich in der Titelvorb. (S. 1106 ff.).

2. **Der Nachlaßkonkurs.**

Der Nachlaßkonkurs ist in der KO. in der Weise geregelt, daß im achten Titel (§§ 214—235) diejenigen besonderen Vorschriften aufgenommen sind, welche zur Ergänzung oder Abänderung der allgemeinen Vorschriften dienen.

KO. **§ 214.** Vgl. CPO. §§ 13, 27, FrG. § 72 (S. 1100).

KO. **§ 215.** Vgl. § 1981 Note I. 1.

KO. **§ 216.** 1. Annahme der Erbschaft § 1943, vgl. auch §§ 1958 ff.

2. Die Zulassung des Konkurses trotz unbeschränkter Haftung des Erben (§ 2013) sichert den Nachlaßgläubigern die Möglichkeit, im Verhältnisse zu den sonstigen Gläubigern des Erben, abgesonderte Befriedigung aus dem Nachlasse zu suchen. Vgl. KO. § 226 Note 1 b.

3. (Abs. 2.) Vgl. Vorb. zu §§ 2058 ff. Note B. III. 2 b. β. (S. 1175.)

KO. **§ 217.** 1. Antragsberechtigte Personen.

a. Jeder Erbe. Vgl. indeß wegen der säumigen Gläubiger der §§ 1973 f. sowie wegen der aus Vermächtnissen und Auflagen Berechtigten KO. § 219.

b. Nachlaßverwalter §§ 1985—1987.

c. Nachlaßpfleger §§ 1960 Abs. 2, 1961.

d. Testamentsvollstrecker, dem die Verwaltung des Nachlasses zusteht, §§ 2205 ff. — Vgl. auch Abs. 3.

2. Mehrere Berechtigte.

a. Miterben, vgl. KO. § 217 Abs. 2.

b. Sind mehrere Antragsberechtigte (Nachlaßverwalter, Pfleger, Testamentsvollstrecker) vorhanden, so können sie regelmäßig den Antrag nur gemeinschaftlich stellen (§§ 1797, 1915, 2224).

*§ 218. Ist eine Ehefrau die Erbin und gehört der Nachlass zum eingebrachten Gute oder zum Gesammtgute, so kann sowohl die Ehefrau als der Ehemann die Eröffnung des Verfahrens beantragen, ohne dass die Zustimmung des anderen Theiles erforderlich ist. Das Gleiche gilt, wenn der Nachlass zum Gesammtgute gehört, auch nach Beendigung der Gemeinschaft.* — *b. Einfluss ehelichen Güterrechts.*

*Wird der Antrag nicht von beiden Ehegatten gestellt, so ist er zuzulassen, wenn die Ueberschuldung glaubhaft gemacht wird. Das Gericht hat den anderen Ehegatten, wenn thunlich, zu hören.*

*§ 219. Ein Nachlassgläubiger, der im Aufgebotsverfahren ausgeschlossen ist oder nach § 1974 des Bürgerlichen Gesetzbuchs einem ausgeschlossenen Gläubiger gleichsteht, kann die Eröffnung des Verfahrens nur beantragen, wenn über das Vermögen des Erben das Konkursverfahren eröffnet ist. Das Gleiche gilt von einem Vermächtnissnehmer, sowie von demjenigen, welcher berechtigt ist, die Vollziehung einer Auflage zu fordern.* — *c. Ausgeschlossene Gläubiger. Vermächtnissnehmer etc.*

*Ist eine Ehefrau die Erbin und gehört der Nachlass zum Gesammtgute, so können die im Abs. 1 bezeichneten Gläubiger den Antrag nur stellen, wenn über das Vermögen des Ehemanns das Konkursverfahren eröffnet ist.*

*§ 220. Die Eröffnung des Verfahrens kann von einem Nachlassgläubiger nicht mehr beantragt werden, wenn seit der Annahme der Erbschaft zwei Jahre verstrichen sind.* — *d. Befristung des Antragsrechts d. Gläubiger.*

*§ 221. Auf Grund einer nach dem Eintritte des Erbfalls gegen den Nachlass erfolgten Massregel der Zwangsvollstreckung oder der Arrestvollziehung kann abgesonderte Befriedigung nicht verlangt werden.* — *5. Zwangsvollstreckungsmassregeln nach dem Erbfalle.*

*Eine nach dem Eintritte des Erbfalls im Wege der einstweiligen Verfügung erlangte Vormerkung ist unwirksam.*

*§ 222. Hat der Erbe vor der Eröffnung des Verfahrens aus dem Nachlasse Pflichttheilsansprüche, Vermächtnisse oder Auflagen erfüllt, so ist die Leistung in gleicher Weise anfechtbar wie eine unentgeltliche Verfügung des Erben.* — *6. Anfechtbarkeit von Leistungen des Erben auf Pflichttheilsansprüche oder Vermächtnisse etc.*

---

KO. § 218. 1. Eingebrachtes Gut vgl. §§ 1363, 1369, 1521. — Gesammtgut vgl. §§ 1438, 1440, 1549; 1453.

2. Das selbständige Antragsrecht der Frau entspricht den §§ 1406 Ziffer 1, 1453.

3. Das selbständige Antragsrecht des Mannes trägt den Verpflichtungen Rechnung, welche sich für ihn aus den Verbindlichkeiten der Frau ergeben (§§ 1411 ff., 1459 ff.). — Zu Abs. 1 Satz 2 vgl. §§ 1459, 1530, 1549.

KO. § 219. 1. Die Gewährung des Antragsrechts an die durch §§ 1973 und 1974 betroffenen (säumigen) Gläubiger bezweckt, ihnen die abgesonderte Befriedigung aus dem Nachlasse gegenüber den sonstigen Gläubigern des Erben zu sichern.

2. Dasselbe (vgl. zu 1) gilt für die Vermächtnißnehmer und Auflageforderer, § 1992.

3. Abs. 2 entspricht KO. § 2.

KO. § 220. Vgl. § 1981 Abs. 2.

KO. § 221. Die Vorschrift trägt dem Konkurszwecke gleichmäßiger Befriedigung der Nachlaßgläubiger Rechnung, vgl. § 1984 Abs. 2 (daselbst Note 4).

KO. § 222. 1. Vgl. KO. §§ 32 Ziffer 1, 30 Abs. 2, 41. — Vgl. ferner Anfechtungsgesetz § 3a. (Bd. I. S. 75.)

2. Die Vorschrift trägt dem Umstande Rechnung, daß die in KO. § 222 bezeichneten Gläubiger allen anderen Nachlaßgläubigern im Range nachgehen, KO. § 226.

7. Rechtsverhältnisse des Erben zur Masse.

*§ 223. Dem Erben steht wegen der ihm nach den §§ 1978, 1979 des Bürgerlichen Gesetzbuchs aus dem Nachlasse zu ersetzenden Aufwendungen ein Zurückbehaltungsrecht nicht zu.*

8. Masseschulden.

*§ 224. Masseschulden sind ausser den im § 59 bezeichneten Verbindlichkeiten:*

1. *die dem Erben nach den §§ 1978, 1979 des Bürgerlichen Gesetzbuchs aus dem Nachlasse zu ersetzenden Aufwendungen;*
2. *die Kosten der standesmässigen Beerdigung des Erblassers;*
3. *die im Falle der Todeserklärung des Erblassers dem Nachlasse zur Last fallenden Kosten des Verfahrens;*
4. *die Kosten der Eröffnung einer Verfügung des Erblassers von Todeswegen, der gerichtlichen Sicherung des Nachlasses, einer Nachlasspflegschaft, des Aufgebots der Nachlassgläubiger und der Inventarerrichtung;*
5. *die Verbindlichkeiten aus den von einem Nachlasspfleger oder einem Testamentsvollstrecker vorgenommenen Rechtsgeschäften;*
6. *die Verbindlichkeiten, welche für den Erben gegenüber einem Nachlasspfleger, einem Testamentsvollstrecker oder einem Erben, der die Erbschaft ausgeschlagen hat, aus der Geschäftsführung dieser Personen entstanden sind, soweit die Nachlassgläubiger verpflichtet sein würden, wenn die bezeichneten Personen die Geschäfte für sie zu besorgen gehabt hätten.*

9. Der Erbe als Konkursgläubiger.

*§ 225. Der Erbe kann die ihm gegen den Erblasser zustehenden Ansprüche geltend machen.*

*Hat der Erbe eine Nachlassverbindlichkeit berichtigt, so tritt er, soweit nicht die Berichtigung nach § 1979 des Bürgerlichen Gesetzbuchs als für Rechnung des Nachlasses erfolgt gilt, an die Stelle des Gläubigers, es sei denn, dass er für die Nachlassverbindlichkeiten unbeschränkt haftet.*

*Haftet der Erbe einem einzigen Gläubiger gegenüber unbeschränkt, so kann er dessen Forderung für den Fall geltend machen, dass der Gläubiger sie nicht geltend macht.*

10. Konkursgläubiger. Rangordnung.

*§ 226. In dem Verfahren kann jede Nachlassverbindlichkeit geltend gemacht werden.*

*Nachstehende Verbindlichkeiten werden erst nach allen übrigen Verbindlichkeiten und in folgender Rangordnung, bei gleichem Range nach Verhältniss ihrer Beträge, berichtigt:*

1. *die seit der Eröffnung des Verfahrens laufenden Zinsen der im § 61 bezeichneten Forderungen;*

---

3. Von praktischer Bedeutung ist das Anfechtungsrecht namentlich in den Fällen, in denen die Nachlaßgläubiger die Berichtigung der in KO. § 222 bezeichneten Verbindlichkeiten gemäß § 1979 (vgl. daselbst Note 5) als für Rechnung des Nachlasses erfolgt gelten lassen müssen; ferner, wenn sie dies zwar nicht brauchen, der Erbe aber nicht zahlungsfähig oder seine Kenntniß oder sein Kennenmüssen von der Unzulänglichkeit des Nachlasses schwer nachweisbar ist.

KO. **§ 223**. Vgl. § 1978 Note II. 2bγ.

KO. **§ 224**. 1. ***KO.*** *§ 59. Masseschulden sind:*

1. *die Ansprüche, welche aus Geschäften oder Handlungen des Konkursverwalters entstehen;*
2. *die Ansprüche aus zweiseitigen Verträgen, deren Erfüllung zur Konkursmasse verlangt wird oder für die Zeit nach der Eröffnung des Verfahrens erfolgen muss;*
3. *die Ansprüche aus einer rechtlosen Bereicherung der Masse.*

*2. die gegen den Erblasser erkannten Geldstrafen;*
*3. die Verbindlichkeiten aus einer Freigebigkeit des Erblassers unter Lebenden;*
*4. die Verbindlichkeiten gegenüber Pflichttheilsberechtigten;*
*5. die Verbindlichkeiten aus den vom Erblasser angeordneten Vermächtnissen und Auflagen.*

*Ein Vermächtniss, durch welches das Recht des Bedachten auf den Pflichttheil nach § 2307 des Bürgerlichen Gesetzbuchs ausgeschlossen wird, steht, soweit es den Pflichttheil nicht übersteigt, im Range den Pflichttheilsrechten gleich. Hat der Erblasser durch Verfügung von Todeswegen angeordnet, dass ein Vermächtniss oder eine Auflage vor einem anderen Vermächtniss oder einer anderen Auflage erfüllt werden soll, so hat das Vermächtniss oder die Auflage den Vorrang.*

*Die Verbindlichkeiten, in Ansehung deren der Gläubiger im Wege des Aufgebotsverfahrens ausgeschlossen ist oder nach § 1974 des Bürgerlichen Gesetzbuchs einem ausgeschlossenen Gläubiger gleichsteht, werden erst nach den im Abs. 2 Nr. 1—3 bezeichneten Verbindlichkeiten und, soweit sie zu den im Abs. 2 Nr. 4, 5 bezeichneten Verbindlichkeiten gehören, erst nach den Verbindlichkeiten berichtigt, mit denen sie ohne die Beschränkung gleichen Rang haben würden. Im Uebrigen wird durch die Beschränkungen an der Rangordnung nichts geändert.*

*§ 227. Mit den im § 226 Abs. 2 Nr. 2—5, Abs. 4 bezeichneten Forderungen werden die bis zur Eröffnung des Verfahrens aufgelaufenen und die seit der Eröffnung laufenden Zinsen an derselben Stelle angesetzt.*

*11. Beschränkung der Rechte*
*a. der Pflichttheilsgläubiger u. Vermächtnissnehmer etc.*

*§ 228. Was in Folge der Anfechtung einer von dem Erblasser oder ihm gegenüber vorgenommenen Rechtshandlung zur Konkursmasse zurückgewährt wird, darf nicht zur Berichtigung der im § 226 Abs. 2 Nr. 4, 5 bezeichneten Verbindlichkeiten verwendet werden.*

*b. der ausgeschlossenen Gläubiger etc.*

*Auf dasjenige, was der Erbe auf Grund der Vorschriften der §§ 1978—1980 des Bürgerlichen Gesetzbuchs zu der Masse zu ersetzen hat, haben die Gläubiger, die im Wege des Aufgebotsverfahrens ausgeschlossen sind oder nach § 1974 des Bürgerlichen Gesetzbuchs einem*

---

KO. **§ 225.** 1. Abs. 1, vgl. 1976 und Bemerkungen daselbst.
2. Abs. 2 u. 3, vgl. § 1979 Note 4.

KO. **§ 226.** 1. Abs. 1.
a. Durch KO. § 226 Abs. 1 wird dem Zwecke des Nachlaßkonkurses, eine vollständige Bereinigung des Nachlasses zu ermöglichen, entsprechend, allen Nachlaßgläubigern die Theilnahme am Konkursverfahren ermöglicht (also auch den nach KO. §§ 3 Abs. 2, 63 ausgeschlossenen Forderungen). Durch § 226 Abs. 2 wird verhindert, daß die regulären Konkursgläubiger nicht durch die nur für den Nachlaßkonkurs zugelassenen Gläubiger beeinträchtigt werden. Vgl. weitere Beschränkungen in KO. § 228.
b. Abs. 1 bringt zugleich zum Ausdrucke, daß in dem Verfahren nur Nachlaßverbindlichkeiten (§§ 1967 ff.) geltend gemacht werden können. Es dient somit die Nachlaßmasse ausschließlich zur Befriedigung der Nachlaßgläubiger unter Ausschließung der sonstigen Gläubiger des Erben, KO. § 6, vgl. auch KO. § 234.
2. Zu § 226 Abs. 2 Ziffer 4 u. 5, Abs. 3 Satz 1 vgl. §§ 2318, 2307.
3. Zu § 226 Abs. 3 Satz 2 vgl. § 2189.
4. Abs. 4 entspricht den Regeln des § 1973 Abs. 1, § 1974 Abs. 2 vgl. daselbst. Vgl. auch KO. § 228 Abs. 2.

KO. **§ 227.** Vgl. KO. § 62 Ziffer 3 und § 226 Abs. 2 Ziffer 1.

KO. **§ 228.** 1. (Abs. 1.) Vgl. zu KO. §§ 29 ff., 222. Die Vorschrift des Abs. 1 rechtfertigt sich dadurch, daß die Anfechtbarkeit einer Rechtshandlung

*ausgeschlossenen Gläubiger gleichstehen, nur insoweit Anspruch, als der Erbe auch nach den Vorschriften über die Herausgabe einer ungerechtfertigten Bereicherung ersatzpflichtig sein würde.*

12. *Verhältniss des Nachlasskonkurses zum Gläubigeraufgebot.* *§ 229. Die in dem Aufgebotsverfahren zum Zwecke der Ausschliessung von Nachlassgläubigern angemeldeten und nicht ausgeschlossenen Forderungen gelten als auch im Nachlasskonkurs angemeldet, sofern das Aufgebot von dem Gerichte, bei welchem der Konkurs anhängig wird, erlassen und das Verfahren nicht vor der Eröffnung des Konkursverfahrens ohne Erlassung des Ausschlussurtheils erledigt ist.*

13. *Zwangsvergleich.* *§ 230. Ein Zwangsvergleich kann nur auf den Vorschlag aller Erben geschlossen werden.*

*Die Gläubiger, welchen die im § 226 Abs. 2 Nr. 2—5, Abs. 4 bezeichneten Forderungen zustehen, nehmen an dem Zwangsvergleiche nicht Theil, sie sind jedoch vor der Bestätigung zu hören. Macht einer von ihnen glaubhaft, dass der Zwangsvergleich sein berechtigtes Interesse verletzt, so ist auf seinen Antrag der Zwangsvergleich zu verwerfen; gegen die Bestätigung steht ihm die sofortige Beschwerde nach § 189 zu.*

14. *Vorerbschaft.* *§ 231. Die Vorschriften des § 223, der § 224 Nr. 1 und der § 225 Abs. 2, 3 gelten für den Vorerben auch nach dem Eintritte der Nacherbfolge.*

15. *Erbschaftskauf.* *§ 232. Hat der Erbe die Erbschaft verkauft, so tritt der Käufer in Ansehung des Verfahrens an seine Stelle.*

*Der Erbe ist wegen einer Nachlassverbindlichkeit, die im Verhältnisse zwischen ihm und dem Käufer diesem zur Last fällt, in derselben Weise wie ein Nachlassgläubiger zu dem Antrag auf Eröffnung des Verfahrens berechtigt. Das gleiche Recht steht ihm auch wegen einer anderen Nachlassverbindlichkeit zu, es sei denn, dass er unbeschränkt haftet oder dass eine Nachlassverwaltung angeordnet ist. Die Vorschriften des § 223, des § 224 Nr. 1 und des § 225 gelten für den Erben auch nach dem Verkaufe der Erbschaft.*

---

nur dem Schutze derjenigen dienen soll, welche bereits Gläubiger des Erblassers waren.

2. Abs. 2 verhindert, daß durch die Konkurseröffnung eine Steigerung der durch §§ 1973, 1974 begründeten Haftung des Erben hervorgerufen wird, vgl. § 1973 Note 6a.

KO. **§ 229**. Voraussetzung ist eine vorschriftsmäßige Anmeldung (CPO. § 996, S. 1116). Vgl. übrigens CPO. § 993 (S. 1117).

KO. **§ 230**. Vgl. KO. §§ 173 ff.

KO. **§ 231**. Die Vorschrift stellt gegenüber § 2139, wonach der Vorerbe mit dem Eintritte des Falles der Nacherbfolge aufhört, Erbe zu sein, klar,

a. daß dem Vorerben wegen der ihm aus dem Nachlasse zu ersetzenden Aufwendungen kein Zurückbehaltungsrecht zusteht (KO. § 223), daß sein Ersatzanspruch wegen dieser Forderungen aber als Masseforderung behandelt wird (KO. § 224 Ziffer 1);

b. daß der Vorerbe nicht gehindert ist, die in KO. § 225 Abs. 2, 3 bezeichneten Forderungen im Konkurse zu verfolgen. Die Geltendmachung der dem Vorerben gegen den Erblasser zustehenden Ansprüche (KO. § 225 Abs. 1) ist schon deshalb zulässig, weil er mit dem Eintritte der Nacherbfolge nicht mehr Erbe ist.

KO. **§ 232**. 1. Abs. 1 bezweckt die Vereinfachung des Verfahrens, mit Rücksicht darauf, daß der Erbe, der die Erbschaft veräußert, dennoch Erbe bleibt, andererseits aber die Haftung des Erwerbers gemäß §§ 2382 f. begründet wird.

*§ 233. Die Vorschriften des § 232 finden entsprechende Anwendung, wenn Jemand eine durch Vertrag erworbene Erbschaft verkauft oder sich zur Veräusserung einer ihm angefallenen oder anderweit von ihm erworbenen Erbschaft in sonstiger Weise verpflichtet hat.*

*16. Konkurs über das Vermögen des Erben.*

*§ 234. In dem Konkursverfahren über das Vermögen des Erben finden, wenn auch über den Nachlass das Konkursverfahren eröffnet, oder wenn eine Nachlassverwaltung angeordnet ist, auf Nachlassgläubiger, denen gegenüber der Erbe unbeschränkt haftet, die Vorschriften der §§ 64, 96, 153, 155, 156, des § 168 Nr. 3 und des § 169 entsprechende Anwendung.*

*Das Gleiche gilt, wenn eine Ehefrau die Erbin ist und der Nachlass zum Gesammtgute gehört, auch in dem Konkursverfahren über das Vermögen des Ehemanns.*

*17. Erbtheil.*

*§ 235. Ueber einen Erbtheil findet ein Konkursverfahren nicht statt.*

I. Nachlaßverwaltung und Nachlaßkonkurs.
1. Regelmäßige Mittel d. Beschränkung d. Haftung.

**§ 1975.** Die Haftung des Erben für die Nachlaßverbindlichkeiten beschränkt sich auf den Nachlaß, wenn eine Nachlaßpflegschaft zum Zwecke der Befriedigung der Nachlaßgläubiger (Nachlaßverwaltung) angeordnet oder der Nachlaßkonkurs eröffnet ist.

---

2. Vgl. § 2378; §§ 2376, 2383.

3. Zu Abs. 2 Satz 3 vgl. KO. § 231. Die Heranziehung des ganzen § 225 (einschließlich des Abs. 1, vgl. § 231 Note b) beruht auf der Erwägung, daß der Erbschaftsverkäufer Erbe bleibt.

KO. **§ 233**. Vgl. zu § 2385.

KO. **§ 234**. 1. Abs. 1. Die Vorschrift des § 234 Abs. 1 setzt voraus, daß über das Vermögen eines unbeschränkt haftenden Erben der Konkurs eröffnet ist und daß zugleich in Ansehung des Nachlasses entweder Konkurs eröffnet oder Nachlaßverwaltung angeordnet ist.

In diesem Falle könnten die Nachlaßgläubiger ihre Forderungen in beiden Verfahren geltend machen, während die sonstigen Gläubiger des Erben lediglich auf das Konkursverfahren über das sonstige Vermögen des Erben angewiesen wären (vgl. KO. § 226 Abs. 1 und dazu Note 1 b, §§ 1984 ff.).

In Anwendung der Vorschriften über das Absonderungsrecht soll eine Benachtheiligung der persönlichen Gläubiger des Erben vermieden werden. Es ergiebt sich hieraus insbesondere, daß die Forderungen der Nachlaßgläubiger bei der Schlußvertheilung über das Vermögen des Erben nur dann berücksichtigt werden, wenn sie dem Verwalter den Nachweis ihres Verzichts oder ihres Ausfalls führen.

2. Abs. 2. Vgl. §§ 1459, 1461.

KO. **§ 235**. Vgl. Vorb. zu §§ 2058 ff. Note B. III. 2 b β. (S. 1175).

**§ 1975.** 1. Die beschränkte Erbenhaftung findet trotz Anordnung der Nachlaßpflegschaft oder Eröffnung des Nachlaßkonkurses nicht statt, wenn und insoweit der Erbe das Recht der beschränkten Erbenhaftung verloren hat (§ 2013 Abs. 1). Der Erbe ist zum Antrag auf Anordnung einer Nachlaßverwaltung (§ 1981 Abs. 1) nicht berechtigt, wenn er das Recht auf Beschränkung seiner Haftung allgemein verloren hat (§ 2013 Abs. 1); hat er dieses Recht nur einzelnen Gläubigern gegenüber verloren, so bleibt er zum Antrag auf Anordnung der Nachlaßverwaltung berechtigt (§ 2013 Abs. 2).

2. Die Fälle der beschränkten Erbenhaftung, ohne daß Nachlaßverwaltung oder Nachlaßkonkurs erforderlich ist, vgl. Titelvorb. Note III. 2 b (S. 1108).

3. Die Nachlaßpflegschaft zum Zwecke der Befriedigung der Nachlaßgläubiger (Nachlaßverwaltung) ist von der Nachlaßpflegschaft zur Sicherung des Nachlasses (vgl. §§ 1960 ff.) zu unterscheiden. Im Uebrigen vgl. hierzu §§ 1981 ff.

4. ***CPO.*** *§ 784. Ist eine Nachlassverwaltung angeordnet oder der Nachlasskonkurs eröffnet, so kann der Erbe verlangen, dass Massregeln der Zwangs-*

2. Durch Vereinigung erloschene Rechtsverhältnisse.

**§ 1976.** Ist die Nachlaßverwaltung angeordnet oder der Nachlaßkonkurs eröffnet, so gelten die in Folge des Erbfalls durch Vereinigung von Recht und Verbindlichkeit oder von Recht und Belastung erloschenen Rechtsverhältnisse als nicht erloschen.

3. Aufrechnung gegenüber dem Erben
a. seitens d. Nachlaßgläubigers.

**§ 1977.** Hat ein Nachlaßgläubiger vor der Anordnung der Nachlaßverwaltung oder vor der Eröffnung des Nachlaßkonkurses seine Forderung gegen eine nicht zum Nachlasse gehörende Forderung des Erben ohne dessen Zustimmung aufgerechnet, so ist nach der Anordnung der Nachlaßverwaltung oder der Eröffnung des Nachlaßkonkurses die Aufrechnung als nicht erfolgt anzusehen.

b. seitens d. Nachlaßschuldners.

Das Gleiche gilt, wenn ein Gläubiger, der nicht Nachlaßgläubiger ist, die ihm gegen den Erben zustehende Forderung gegen eine zum Nachlasse gehörende Forderung aufgerechnet hat.

---

*vollstreckung, die zu Gunsten eines Nachlassgläubigers in sein nicht zum Nachlasse gehörendes Vermögen erfolgt sind, aufgehoben werden, es sei denn, dass er für die Nachlassverbindlichkeiten unbeschränkt haftet.*

*Im Falle der Nachlassverwaltung steht dem Nachlassverwalter das gleiche Recht gegenüber Massregeln der Zwangsvollstreckung zu, die zu Gunsten eines anderen Gläubigers als eines Nachlassgläubigers in den Nachlass erfolgt sind.*

**§ 1976.** 1. Die Vorschrift des § 1976 dient der Absonderung des Nachlasses von dem sonstigen Vermögen des Erben (S. 1106 Note I. 1). Die durch Vereinigung von Forderung und Schuld (confusio, Vorb. 1 S. 181), sowie von Belastung und Recht (consolidatio, vgl. §§ 1063, 1072, 1256; §§ 889, 1163, 1177, 1178) erloschenen Rechtsverhältnisse gelten mit Wirkung ex tunc als nicht erloschen. Diese Fiktion hat dingliche Wirkung (ebenso in den §§ 2143, 2175). Es besteht also nicht etwa nur eine obligatorische Verpflichtung auf Wiederherstellung des Rechtsverhältnisses wie in den Fällen des § 1991, Abs. 2, wo die Fiktion nur zwischen dem Gläubiger und dem Erben eintritt, oder in § 2377. — Die dinglich, d. h. Jedermann gegenüber wirksame Fiktion, daß das Erlöschen nicht eingetreten ist, gilt auch in Ansehung der für die Forderungen im Momente der Vereinigung vorhandenen Bürgschaften und Pfänder.

2. § 1976 gilt auch in dem Falle, daß Nachlaßverwaltung oder Nachlaßkonkurs vorhanden ist, obwohl der Erbe unbeschränkt haftet. Vgl. § 2013.

3. Eine Folgerung aus § 1976 zieht KO. § 225, indem er dem Erben die Geltendmachung seiner Forderung gegen den Nachlaß im Nachlaßkonkurse ausdrücklich zugesteht.

**§ 1977.** 1. Die Vorschrift des § 1977 dient der Absonderung des Nachlasses von dem sonstigen Vermögen des Erben (S. 1106 Note I. 1). Aufrechnung §§ 387 ff. Die Vorschrift findet keine Anwendung, wenn der Erbe allgemein unbeschränkt haftet (§ 2013 Abs. 1). Haftet der Erbe nur einzelnen Gläubigern gegenüber unbeschränkt, so bleibt § 1977 anwendbar.

2. Das Aufrechnungsrecht des Erben.

a. Vor der Anordnung der Nachlaßverwaltung (vgl. § 1984) oder der Eröffnung des Nachlaßkonkurses (vgl. KO. § 6) kann der Erbe über die Nachlaßgegenstände verfügen. Hieraus folgt, daß die von ihm vorgenommene Aufrechnung einer eigenen Schuld mit einer Nachlaßforderung oder einer eigenen Forderung mit einer Nachlaßschuld wirksam sein kann.

b. Einer von ihm vorgenommenen Aufrechnung steht die mit seinem Willen von Seiten eines Nachlaßgläubigers vorgenommene Aufrechnung gleich. Vgl. § 1977 Abs. 1 und Note 3.

c. Ist durch die Aufrechnung eine Nachlaßschuld berichtigt, so finden §§ 1978 Abs. 3, 1979, KO. § 225 Abs. 2 Anwendung. Enthält die Aufrechnung eine Verfügung über eine Nachlaßforderung, so findet § 1978 Abs. 1 Anwendung.

**§ 1978.** Ist die Nachlaßverwaltung angeordnet oder der Nachlaßkonkurs eröffnet, so ist der Erbe den Nachlaßgläubigern für die bisherige Verwaltung des Nachlasses so verantwortlich, wie wenn er von der Annahme der Erbschaft an die Verwaltung für sie als Beauftragter zu führen gehabt hätte. Auf die vor der Annahme der Erbschaft von dem Erben besorgten erbschaftlichen Geschäfte finden die Vorschriften über die Geschäftsführung ohne Auftrag entsprechende Anwendung.

4. Rechtsstellung d. Erben vor dem Beginn der Nachlaßverwaltung oder des Nachlaßkonkurses.
a. Verantwortlichkeit des Erben im Allgemeinen.

Die den Nachlaßgläubigern nach Abs. 1 zustehenden Ansprüche gelten als zum Nachlasse gehörend.

Aufwendungen sind dem Erben aus dem Nachlasse zu ersetzen, soweit er nach den Vorschriften über den Auftrag oder über die Geschäftsführung ohne Auftrag Ersatz verlangen könnte.

b. Aufwendungen des Erben.

---

3. Das Aufrechnungsrecht des Nachlaßgläubigers, welcher Schuldner der Erben ist.

a. Nach der Anordnung der Nachlaßverwaltung oder der Eröffnung des Nachlaßkonkurses kann der Nachlaßgläubiger, welcher persönlicher Schuldner des Erben ist, die Aufrechnungserklärung nicht mehr abgeben, weil seinem Anspruche gegen den Erben die Einrede der beschränkten Erbenhaftung entgegensteht (§ 390).

b. Fall des § 1977 Abs. 1.

α. Vor der Anordnung der Nachlaßverwaltung oder Eröffnung des Nachlaßkonkurses würde seitens des Nachlaßgläubigers die Aufrechnung einer Nachlaßschuld gegen eine Forderung des Erben wirksam vorgenommen werden können. Indeß würde hierin eine Vereitelung des Zweckes der beschränkten Erbenhaftung insofern liegen, als der Erbe seine Forderung einbüßen und wegen seiner Ersatzforderung (§ 1978 Abs. 3) auf die in der Masse befindliche Quote angewiesen sein würde. Dieses Ergebniß wird durch § 1977 Abs. 1 ausgeschlossen.

β. Wegen des Falles, daß die Aufrechnung seitens des Nachlaßgläubigers mit Zustimmung des Erben erfolgt ist, vgl. Note 2 b.

γ. Bei einer Mehrheit von Erben, vgl. 387 Note 1 c β.

4. Das Aufrechnungsrecht des Nachlaßschuldners, welcher Gläubiger des Erben ist.

a. Nach Anordnung der Nachlaßverwaltung oder nach Eröffnung des Nachlaßkonkurses kann der Nachlaßschuldner die Aufrechnungserklärung nicht abgeben, dem Erben gegenüber nicht, weil derselbe nicht mehr verfügungsberechtigt ist (§ 1984, KO. § 6; vgl. § 388 Note 2), dem Nachlaßverwalter bezw. dem Konkursverwalter gegenüber nicht, weil die Masse in Ansehung der persönlichen Schuld des Erben nicht Schuldnerin ist.

b. Fall des § 1977 Abs. 2.

α. Ist die Aufrechnungserklärung von dem Nachlaßschuldner vor der Anordnung der Nachlaßverwaltung bezw. der Eröffnung des Nachlaßkonkurses abgegeben, so würde sie wirksam sein. Der von seiner persönlichen Schuld befreite Erbe würde zur Masse gemäß § 1978 Abs. 1 u. 2 Ersatz zu leisten haben. Auf diese Weise könnte an die Stelle der sicheren Forderung gegen den ursprünglichen Schuldner eine unsichere Forderung gegen den Erben treten. Im Interesse der Nachlaßgläubiger greift Abs. 2 ein.

β. Bei einer Mehrheit von Erben, vgl. § 2040 Abs. 2.

5. Da die Aufrechnungen in den Fällen des § 1977 als nicht erfolgt anzusehen sind, so gelten die Forderungen auch nicht als untergegangen und eine für sie bestehende Sicherung (Pfand, Bürgschaft) wird durch die Aufrechnung nicht berührt (vgl. §§ 768, 1252).

c. Berichtigung von Nachlaßverbindlichkeiten durch den Erben.

**§ 1979.** Die Berichtigung einer Nachlaßverbindlichkeit durch den Erben müssen die Nachlaßgläubiger als für Rechnung des Nachlasses erfolgt gelten lassen, wenn der Erbe den Umständen nach annehmen durfte, daß der Nachlaß zur Berichtigung aller Nachlaßverbindlichkeiten ausreiche.

---

**§ 1978:** I. **Anwendungsgebiet der Vorschrift.**

1. Bei allgemein oder einzelnen Gläubigern gegenüber eingetretener unbeschränkter Erbenhaftung vgl. § 2013.

2. Das Rechtsverhältniß gegenüber den im Aufgebotsverfahren ausgeschlossenen und den diesen gleichstehenden Nachlaßgläubigern (§§ 1973, 1974) vgl. KO. § 228 Abs. 2.

3. In den Fällen beschränkter Erbenhaftung ohne amtliches Abwickelungsverfahren (§§ 1990, 1992) findet die Sondervorschrift des § 1991 Anwendung.

II. **Rechtsverhältniß zwischen den Nachlaßgläubigern und dem Erben in Ansehung seiner Nachlaßverwaltung.**

1. Der Erbe kann längere oder kürzere Zeit den Nachlaß selbst verwaltet haben, vgl. Titelvorb. Note III. α—γ (S. 1108).

2. Der Erbe ist Herr des Nachlasses und zur Verfügung über die Nachlaßgegenstände berechtigt. Er hat aber im Falle der Inanspruchnahme der beschränkten Erbenhaftung und der zu diesem Zwecke erfolgten Anordnung der Nachlaßverwaltung oder Eröffnung des Nachlaßkonkurses den Nachlaßgläubigern gegenüber, je nachdem es sich um Besorgung erbschaftlicher Geschäfte vor oder nach Annahme (§ 1943) der Erbschaft handelt, die Stellung eines Geschäftsführers ohne Auftrag (§§ 677 ff., vgl. auch §§ 1959 Abs. 1) oder eines Beauftragten (§§ 662 ff.).

a. Verantwortlichkeit des Erben.

α. Verpflichtung des Erben zur Rechenschaftsablegung, Auskunftsertheilung, Leistung des Offenbarungseides (in diesem Zusammenhange gemäß §§ 259, 260 nicht gemäß §§ 2005 f.), §§ 666, 681.

β. Die Haftung des Erben vgl. § 664 Note 1, § 680 und Note daselbst.

γ. Von der Annahme der Erbschaft (§ 1643) ab ist der Erbe zur Geschäftsbesorgung verpflichtet, „seine Befugniß, sich passiv zu verhalten und das Interesse der Gläubiger unbeachtet zu lassen, hört auf“. Der Erbe kann sich von dieser mit der Beschränkung seiner Erbenhaftung verbundenen Verwaltungspflicht nicht durch die Veräußerung der Erbschaft befreien. Er muß die Verwaltung des Erbschaftserwerbers wie seine eigene gelten lassen, vgl. §§ 2382, 2383, Prot. V S. 827 f.

δ. Die den Nachlaßgläubigern gegen den Erben zustehenden Ansprüche (α—γ) gelten gemäß § 1978 Abs. 2 als zum Nachlasse gehörig; vgl. §§ 1982, 1988, 1990; KO. § 107, 204. Vgl. auch die ähnlichen Vorschriften § 2144 Abs. 1 a. E., § 2383 Abs. 1 Satz 3.

b. Ersatzanspruch des Erben wegen Aufwendungen (§§ 670, 683, 684; §§ 256 f.).

α. Bei Aufwendungen zur Berichtigung von Nachlaßverbindlichkeiten kommt § 1979 in Betracht.

β. Als ersatzpflichtige Aufwendung kann auch die eigene (im Uebrigen unentgeltliche, § 662) Thätigkeit des Erben in Betracht kommen. Vgl. § 670 Note 7.

γ. Für den Fall des Nachlaßkonkurses ist das dem Erben gemäß § 273 wegen seines Aufwendungsanspruchs zustehende Zurückbehaltungsrecht beseitigt (KO. § 223), dafür aber der Verbindlichkeit die Eigenschaft als Masseschuld gegeben (KO. § 224 Ziffer 1).

**§ 1979.** 1. Bei allgemein oder einzelnen Gläubigern gegenüber eingetretener unbeschränkter Erbenhaftung vgl. § 2013. — Das Rechtsverhältniß

**§ 1980.** Beantragt der Erbe nicht unverzüglich, nachdem er von der Ueberschuldung des Nachlasses Kenntniß erlangt hat, die Eröffnung des Nachlaßkonkurses, so ist er den Gläubigern für den daraus entstehenden Schaden verantwortlich. Bei der Bemessung der Zulänglichkeit des Nachlasses bleiben die Verbindlichkeiten aus Vermächtnissen und Auflagen außer Betracht.

d. Verpflichtung des Erben zum Antrag auf Eröffnung des Nachlaßkonkurses.

Der Kenntniß der Ueberschuldung steht die auf Fahrlässigkeit beruhende Unkenntniß gleich. Als Fahrlässigkeit gilt es insbesondere, wenn der Erbe das Aufgebot der Nachlaßgläubiger nicht beantragt, obwohl er Grund hat, das Vorhandensein unbekannter Nachlaßverbindlichkeiten anzunehmen; das Aufgebot ist nicht erforderlich, wenn die Kosten des Verfahrens dem Bestande des Nachlasses gegenüber unverhältnißmäßig groß sind.

---

gegenüber den im Aufgebotsverfahren ausgeschlossenen und den diesen gleichstehenden Gläubigern (§§ 1973, 1974) vgl. KO. § 228 Abs. 2.

2. Ob der Erbe die Zulänglichkeit des Nachlasses annehmen durfte, d. h. ohne Fahrlässigkeit (§ 276) annehmen konnte, ist unter Berücksichtigung des § 1980 Abs. 2 zu beurtheilen, insbesondere kann auch die Nichtaufstellung eines Vermögensverzeichnisses den Umständen nach als Fahrlässigkeit erscheinen.

3. Wenn die Nachlaßgläubiger nach § 1979 die Berichtigung als für Rechnung des Nachlasses erfolgt gelten lassen müssen, so hat der Erbe, der aus eigenen Mitteln die Berichtigung bewirkt hat, dem Nachlasse gegenüber einen Ersatzanspruch (§ 1978 Abs. 3), den er als Masseforderung im Nachlaßkonkurse geltend machen kann (KO. § 224 Ziffer 1).

4. Wenn die Nachlaßgläubiger die Berichtigung gemäß § 1979 nicht als für Rechnung des Nachlasses erfolgt gelten zu lassen brauchen, so ist zwar ein Ersatzanspruch des Erben gemäß § 1978 Abs. 3 ausgeschlossen, der Erbe vielmehr seinerseits gemäß § 1978 Abs. 1 zum Ersatze der zur Berichtigung verwendeten Nachlaßgegenstände verpflichtet; inwieweit dem Erben aber das Recht zusteht, im Nachlaßkonkurs an die Stelle des befriedigten Gläubigers zu treten, darüber vgl. KO. § 225 Abs. 2, 3 (S. 1124).

5. Hat der Erbe Pflichttheilsansprüche, Vermächtnisse oder Auflagen erfüllt, deren Berichtigung gemäß § 1979 als für Rechnung des Nachlasses erfolgt zu gelten hat, so ist zwar der Erbe den Gläubigern dafür außer Verantwortlichkeit und seinerseits ersatzberechtigt (Note 3); dem Empfänger gegenüber kann indeß die Leistung von den ihm bei konkursmäßiger Vertheilung vorgehenden (KO. §§ 61, 226) Nachlaßgläubigern angefochten werden (Anfechtungsgesetz § 3a, Bd. I S. 75). Im Konkurse steht das Anfechtungsrecht dem Konkursverwalter zu (KO. §§ 222, 36).

**§ 1980.** 1. Bei allgemein oder einzelnen Gläubigern gegenüber eingetretener unbeschränkter Erbenhaftung § 2013. — Das Rechtsverhältniß gegenüber den im Aufgebotsverfahren ausgeschlossenen und den diesen gleichstehenden Nachlaßgläubigern (§§ 1973, 1974) vgl. KO. § 228 Abs. 2 (S. 1125).

2. (Abs. 1 Satz 2.) Bei der Bemessung der Zulänglichkeit des Nachlasses kommen zwar Pflichttheilsansprüche, nicht aber Verbindlichkeiten aus Vermächtnissen und Auflagen in Betracht. Beruht die Ueberschuldung nur auf solchen Verbindlichkeiten, so besteht kein Zwang zur Konkursanmeldung für den Erben (vgl. KO. § 219 Abs. 1 Satz 2). Die Vorschrift des § 1992 greift ein. Die Berichtigung dieser Verbindlichkeiten erfolgt nach der konkursmäßigen Rangordnung (§ 1992, 1991 Abs. 4, KO. § 226 Abs. 3).

3. Unverzüglich § 121 Abs. 1. Fahrlässigkeit §§ 276, 664 (Note 1), 1978. — Vor der Annahme der Erbschaft besteht auch keine Verpflichtung des Erben aus § 1980, vgl. § 1978 Note II. 2a γ.

5. Insbesondere d. Nachlaßverwaltung.
a. Antragsrecht des Erben.
b. Antragsrecht der Gläubiger.

**§ 1981.** Die Nachlaßverwaltung ist von dem Nachlaßgericht anzuordnen, wenn der Erbe die Anordnung beantragt.

Auf Antrag eines Nachlaßgläubigers ist die Nachlaßverwaltung anzuordnen, wenn Grund zu der Annahme besteht, daß die Befriedigung der Nachlaßgläubiger aus dem Nachlasse durch das Verhalten oder die Vermögenslage des Erben gefährdet wird. Der Antrag kann nicht mehr gestellt werden, wenn seit der Annahme der Erbschaft zwei Jahre verstrichen sind.

c. Die Person d. Verwalters.

Die Vorschriften des § 1785 finden keine Anwendung.

---

4. Miterben haften gesammtschuldnerisch (wie mehrere Beauftragte § 1978) gemäß § 431. Mit Planck (Note 3) die gesammtschuldnerische Haftung auf § 840 zu stützen, erscheint nicht angängig, weil eine Haftung aus einer unerlaubten Handlung hier nicht in Frage steht. (Vgl. § 1833 Note 1 a u. b).

5. Ein ähnlicher Fall der Schadensersatzpflicht wegen schuldhaft verzögerter Konkursanmeldung findet sich in §§ 42, 53 (Haftung des Vorstandes und der Liquidatoren einer aufgelösten juristischen Person).

§ 1981. I. **Zweck der Nachlaßverwaltung.**

Die Nachlaßverwaltung ist ein durch das BGB. neugeschaffenes, ebenso wie der Nachlaßkonkurs der amtlichen Abwickelung (Liquidation) des Nachlasses dienendes Rechtsinstitut.

1. Für den Erben ist die Nachlaßverwaltung eins der Mittel zur Geltendmachung seiner auf den Nachlaß beschränkten Haftung für die Nachlaßverbindlichkeiten (vgl. § 1975; Titelvorb. Note III. 2 S. 1107). Dementsprechend hat auch nur derjenige Erbe das Recht, die Anordnung der Nachlaßverwaltung zu beantragen, der nicht die Beschränkbarkeit der Haftung allgemein verloren hat (§ 2013). — Neben dem Nachlaßkonkurse, dessen Eröffnung gemäß KO. § 215 (S. 1122) Ueberschuldung des Nachlasses voraussetzt, bleibt für die Nachlaßverwaltung in denjenigen Fällen Platz, in welchen entweder die Zulänglichkeit oder Unzulänglichkeit des Nachlasses nicht feststeht oder in welchen trotz feststehender Zulänglichkeit des Nachlasses der Erbe sich persönlich der Abwickelung des Nachlasses aus irgend einem Grunde nicht unterziehen will oder kann, z. B. weil er sich den Verhältnissen nicht gewachsen fühlt oder weil er bei vorübergehender auf dem Mangel bereiter Mittel beruhender Zahlungsunfähigkeit des Nachlasses sein sonstiges Vermögen nicht dem Zugriffe der Nachlaßgläubiger aussetzen will.

2. Für die Nachlaßgläubiger bietet die Nachlaßverwaltung den Weg, auf welchem sie sich zur Abwendung von Gefährdung das beneficium separationis außerhalb des Nachlaßkonkurses erwirken können (§ 1981 Abs. 2).

II. **Die rechtliche Natur und Gestaltung der Nachlaßverwaltung.**

Die Nachlaßverwaltung ist Nachlaßpflegschaft zum Zwecke der Befriedigung der Nachlaßgläubiger (§ 1975). Es kommen somit, soweit nicht die besonderen Vorschriften über die Nachlaßverwaltung (§§ 1981—1987) eingreifen (vgl. zu 1—3), die allgemeinen Vorschriften über die Pflegschaft (§§ 1909 ff.) sowie die besonderen Vorschriften des § 1962 über die Nachlaßpflegschaft zur Anwendung. Hiernach ergiebt sich für das Recht der Nachlaßverwaltung folgende Gestaltung.

1. Das zuständige Gericht ist das Nachlaßgericht, welches gemäß § 1962 für die Nachlaßpflegschaft an die Stelle des Vormundschaftsgerichts tritt. Wegen des Nachlaßgerichts vgl. Vorb. zu §§ 1960 ff. (S. 1100).

2. Die Anordnung der Nachlaßverwaltung erfolgt (im Gegensatze zu der Nachlaßpflegschaft zur Sicherung des Nachlasses §§ 1960 ff.) stets nur auf Antrag des Erben oder eines Nachlaßgläubigers (§ 1981). Ablehnung des Antrags wegen mangelnder Masse § 1982.

a. Das Antragsrecht des Erben ist nur dann vorhanden, wenn der Erbe nicht allgemein die Beschränkung seiner Haftung verloren hat (§ 2013).

**§ 1982.** Die Anordnung der Nachlaßverwaltung kann abgelehnt werden, wenn eine den Kosten entsprechende Masse nicht vorhanden ist.

---

Eine weitere Einschränkung, namentlich eine Befristung des Antragsrechts (vgl. Abs. 2 Satz 2) besteht für den Erben nicht.

α. Das Nachlaßgericht wird die ihm gemäß FrG. § 12 von Amtswegen zustehende Prüfung der Voraussetzungen regelmäßig nur dahin erstrecken, ob eine von ihm dem Erben etwa gestellte Inventarfrist innegehalten ist (vgl. § 1994).

β. Das Vorhandensein des Antragsrechts ist nicht Bedingung der Rechtsbeständigkeit der Nachlaßverwaltung. Eine auf Antrag eines hierzu nicht mehr berechtigten Erben angeordnete Nachlaßverwaltung ist rechtswirksam und hat insbesondere die Wirkung aus § 1984. Nur ist sie nicht geeignet, dem Erben die verlorene Beschränkbarkeit seiner Haftung wieder zu verschaffen. Vgl. auch CPO. § 784 Abs. 1 (S. 1127).

γ. Von Miterben kann die Nachlaßverwaltung nur gemeinschaftlich und nur vor Theilung des Nachlasses beantragt werden, § 2062.

δ. Antragsrecht im Falle des Erbschaftskonkurses Prot. V S. 825 a. E., KO. § 232.

b. Das Antragsrecht der Nachlaßgläubiger ersetzt das beneficium separationis außerhalb des Nachlaßkonkurses (vgl. Vorb. zu § 1967 Note IV. 1). Bei Ueberschuldung des Nachlasses vgl. KO. §§ 217, 219 f. S. 1122 f.

Voraussetzungen des Antragsrechts eines Gläubigers sind:

α. die Eigenschaft des Antragstellers als Nachlaßgläubigers (§§ 1967 ff.);

β. die Gefährdung der Befriedigung des Nachlaßgläubigers durch das Verhalten oder die Vermögenslage des Erben;

γ. die Innehaltung der zweijährigen Antragsfrist von dem Zeitpunkte der Annahme der Erbschaft (§ 1943; vgl. ferner KO. § 220).

Für die Prüfung dieser Voraussetzungen kommt die Vorschrift FrG. § 12 (Thatbestandsermittelung von Amtswegen) in Betracht. Dem Gerichte wird regelmäßig die Glaubhaftmachung (FrG. § 15 Abs. 2, CPO. § 294) genügen müssen. Die irrthümliche Annahme der Voraussetzungen berührt nicht die Wirksamkeit der Nachlaßverwaltung (vgl. FrG. § 32, S. 984).

3. Die Person des Nachlaßverwalters.

Darauf, daß bei der Nachlaßverwaltung das öffentliche Interesse völlig hinter das Interesse des Erben oder der Nachlaßgläubiger zurücktritt, beruhen die Bestimmungen, daß

a. keine staatsbürgerliche Pflicht (§ 1785) zur Uebernahme des Amtes eines Nachlaßverwalters besteht, § 1981 Abs. 3, vgl. § 1785 Note I. 4;

b. die Führung der Nachlaßverwaltung entgeltlich ist (§ 1987).

4. Beschwerde.

a. Gegen die die Anordnung einer Nachlaßverwaltung ablehnende Verfügung des Nachlaßgerichts steht dem Antragsteller die Beschwerde gemäß FrG. § 20 Abs. 2 zu.

b. Das Beschwerderecht gegen die die Nachlaßverwaltung anordnende Verfügung regelt FrG. § 76.

***FG. § 76.*** *Gegen eine Verfügung, durch die dem Antrage des Erben, die Nachlassverwaltung anzuordnen, stattgegeben wird, ist die Beschwerde unzulässig.*

*Gegen eine Verfügung, durch die dem Antrag eines Nachlassgläubigers, die Nachlassverwaltung anzuordnen, stattgegeben wird, findet die sofortige Beschwerde statt. Die Beschwerde steht nur dem Erben, bei Miterben jedem Erben, sowie dem Testamentsvollstrecker zu, welcher zur Verwaltung des Nachlasses berechtigt ist.*

**§ 1982.** 1. Vgl. die entsprechende Vorschrift KO. § 107.

e. Veröffentlichung der Anordnung.

**§ 1983.** Das Nachlaßgericht hat die Anordnung der Nachlaßverwaltung durch das für seine Bekanntmachungen bestimmte Blatt zu veröffentlichen.

f. Verwaltung u. Verfügungsbeschränkung d. Erben. Prozeßlegitimation.

**§ 1984.** Mit der Anordnung der Nachlaßverwaltung verliert der Erbe die Befugniß, den Nachlaß zu verwalten und über ihn zu verfügen. Die Vorschriften der *§§ 7, 8* der Konkursordnung finden entsprechende Anwendung. Ein Anspruch, der sich gegen den Nachlaß richtet, kann nur gegen den Nachlaßverwalter geltend gemacht werden.

Zwangsvollstreckungen in d. Nachlaß.

Zwangsvollstreckungen und Arreste in den Nachlaß zu Gunsten eines Gläubigers, der nicht Nachlaßgläubiger ist, sind ausgeschlossen.

---

a. Zur Masse gehören nach § 1978 Abs. 2 auch die Ersatzansprüche der Nachlaßgläubiger gegen den Erben, §§ 1978—1980. Der Werth dieser Ansprüche ist ebenso wie der anderer ausstehender Nachlaßforderungen mit Rücksicht auf die Zahlungsfähigkeit des Schuldners zu schätzen.

b. Daß durch Vorschießen eines die Massekosten deckenden Betrags (KO. § 107 Abs. 1 Satz 2) der Abweisung des Antrags begegnet werden könne, wird von Wilke gegen Planck verneint.

2. Beim Mangel genügender Masse wird dem Erben durch die Einrede des § 1990 Schutz gewährt.

**§ 1983.** 1. Die öffentliche Bekanntmachung hat Bedeutung insbesondere für die Anwendung des § 1984 Abs. 1 (KO. § 8 Abs. 2, 3).

2. Wann die Veröffentlichung als erfolgt zu erachten, ist nach den Umständen des einzelnen Falles zu beurtheilen. Vgl. § 130 Note II.

3. Vgl. auch KO. §§ 81, 111.

**§ 1984. Wirkungen der Anordnung der Nachlaßverwaltung.**

Die Vorschrift des § 1984 überträgt auf die Nachlaßverwaltung Vorschriften der KO. theils durch Uebersetzung ihres Inhalts, theils durch Bezugnahme auf dieselben. Das in dem durch das RGBl. veröffentlichten Texte des BGB. enthaltene Citat KO. §§ 6, 7 ist im obigen Gesetzestexte gemäß Ges. btr. die Ermächtigung des Reichskanzlers zur Bekanntmachung der Texte verschiedener Reichsgesetze vom 17. Mai 1898 § 1 Abs. 2 (RGBl. S. 342) durch die entsprechende neue Bezeichnung ersetzt worden (vgl. § 585 Note 2b. ferner EG. Art. 42 zu § 7 Abs. 2 des Haftpflichtgesetzes vom 7. Juni 1871).

1. Zeitpunkt des Wirksamwerdens der die Nachlaßverwaltung anordnenden Verfügung.

Nach dem Zwecke der Nachlaßverwaltung und dem Wortlaute des § 1984 ist, ebenso wie bei dem Eröffnungsbeschluß im Konkursverfahren, der Zeitpunkt der Erlassung der Verfügung, nicht der Zeitpunkt ihrer Bekanntmachung an den Erben (FrG. § 16 Abs. 1) entscheidend. Als der entscheidende Zeitpunkt wird von Wilmowski (KO. § 100 a. F.) der Zeitpunkt bezeichnet, in dem von dem Gerichte die Ausführung des Beschlusses angeordnet bzw. dem Gerichtsschreiber übertragen ist (vgl. hierzu Planck Note 1, Wilke Note 1).

2. Der Erbe verliert die Befugniß, den Nachlaß zu verwalten und über ihn zu verfügen.

a. Das Recht und die Pflicht, den Nachlaß zu verwalten und über denselben zu verfügen, geht auf den Nachlaßverwalter über, § 1985 Abs. 1.

b. Der Erbe, welcher in unverschuldeter Unkenntniß von der Anordnung der Nachlaßverwaltung Geschäfte des Nachlasses besorgt, ist den Nachlaßgläubigern gegenüber durch §§ 674, 1978 Abs. 1 Satz 1 geschützt.

c. Die grundbuchliche Eintragung der Verfügungsbeschränkung des Erben ist vom Nachlaßverwalter gemäß § 1985 Abs. 1 u. 2 zu beantragen. Vgl. § 894 Note V. 3c5 (Bd. I S. 461) und KO. § 7. Eintragung auf Ersuchen des Nachlaßgerichts (vgl. KO. §§ 113, S. 460) ist nicht vorgeschrieben. Die Unterlassung rechtzeitigen Antrags kann den Nachlaßver-

**§ 1985.** Der Nachlaßverwalter hat den Nachlaß zu verwalten und die Nachlaßverbindlichkeiten aus dem Nachlasse zu berichtigen.

Der Nachlaßverwalter ist für die Verwaltung des Nachlasses auch den Nachlaßgläubigern verantwortlich. Die Vorschriften des § 1978 Abs. 2 und der §§ 1979, 1980 finden entsprechende Anwendung.

---

walter verantwortlich machen (§ 1985). Wegen der Löschung der Verfügungsbeschränkung vgl. § 1988 Note 3d.

d. In Ansehung beweglicher Sachen findet Schutz gutgläubigen Erwerbes gegenüber der Verfügungsbeschränkung des Erben nicht statt. Vgl. § 135 Note 4f.

e. Auf die nach Anordnung der Nachlaßverwaltung von oder gegenüber dem Erben vorgenommenen Rechtshandlungen (vgl. Note b—d) finden KO. §§ 7, 8 Anwendung. Die Vorschriften der KO. §§ 7, 8 lauten für die entsprechende Anwendung:

*KO. § 7. Rechtshandlungen, welche der Erbe nach der Anordnung der Nachlassverwaltung vorgenommen hat, sind den Nachlassgläubigern gegenüber unwirksam; die Vorschriften der §§ 892, 893 des Bürgerlichen Gesetzbuchs bleiben unberührt.*

*Dem anderen Theile ist die Gegenleistung aus dem Nachlasse zurückzugewähren, soweit letzterer durch dieselbe bereichert ist.*

*Hat der Erbe Rechtshandlungen am Tage der Anordnung der Nachlassverwaltung vorgenommen, so wird vermuthet, dass sie nach der Anordnung vorgenommen worden sind.*

*§ 8. Eine Leistung, welche auf eine zum Nachlasse zu erfüllende Verbindlichkeit nach der Anordnung der Nachlassverwaltung an den Erben erfolgt ist, befreit den Erfüllenden den Nachlassgläubigern gegenüber nur insoweit, als das Geleistete in den Nachlass gekommen ist.*

*War die Leistung vor der öffentlichen Bekanntmachung der Anordnung erfolgt, so ist der Erfüllende befreit, wenn nicht bewiesen wird, dass ihm zur Zeit der Leistung die Anordnung der Nachlassverwaltung bekannt war.*

*War die Leistung nach der öffentlichen Bekanntmachung erfolgt, so wird der Erfüllende befreit, wenn er beweist, dass ihm zur Zeit der Leistung die Anordnung des Verfahrens nicht bekannt war.*

3. Passivlegitimation des Erben.

Ein Anspruch, der sich gegen den Erben richtet, kann nur gegen den Nachlaßverwalter geltend gemacht werden. Vgl. KO. § 12. Ein bereits anhängiger Rechtsstreit wird unterbrochen, gleichgültig ob der Erbe als Kläger oder Beklagter an demselben betheiligt ist. CPO. §§ 241 Abs. 2, 246.

4. (Abs. 2.) Zwangsvollstreckung in den Nachlaß.

a. Der Ausschluß von Zwangsvollstreckung und Arrest von Seiten eines Nichtnachlaßgläubigers ist eine Folge der mit der Nachlaßverwaltung eintretenden Absonderung (vgl. §§ 1976 ff., Titelvorb. Note II. 2 S. 1106) des Nachlasses von dem sonstigen Vermögen des Erben. KO. § 14 untersagt, über die Vorschrift des § 1984 Abs. 2 hinaus, überhaupt die Zwangsvollstreckung zu Gunsten einzelner Konkursgläubiger mit Rücksicht auf den Konkurszweck der gleichmäßigen Befriedigung aller Konkursgläubiger; diese Rücksicht liegt bei der Nachlaßverwaltung, solange nicht die Ueberschuldung des Nachlasses feststeht, nicht vor. Im Falle des Ueberganges der Nachlaßverwaltung in den Nachlaßkonkurs greift KO. § 221 (S. 1123) ein. Die Zwangsvollstreckung in den Nachlaß wegen einer Nachlaßverbindlichkeit wird durch die Nachlaßverwaltung nicht beeinträchtigt.

b. Widerspruchsklage des Nachlaßverwalters gegen die (vor oder nach der Anordnung der Nachlaßverwaltung) vorgenommenen Vollstreckungsmaßregeln eines Nichtnachlaßgläubigers CPO. §§ 784 Abs. 2, 785 (S. 1127, 1111).

c. Wegen der Zwangsvollstreckung in das sonstige Vermögen des Erben, vgl. CPO. § 784 Abs. 1 (S. 1127).

§ 1985. **§ 1985. I. Der Nachlaßverwalter.**

1. Rechtsstellung und Aufgabe.

a. Der Nachlaßverwalter ist ein der Person des Erben gegebener Pfleger und deshalb in Ansehung der Nachlaßverwaltung gesetzlicher Vertreter des Erben. Vgl. Bd. I S. 88 Note IV. A. 1c Wilke Anm. 1, Planck Vorb. zu §§ 1975 ff. Note 3b.

b. (Abs. 1.) Die Aufgabe des Nachlaßverwalters besteht in der Verwaltung des Nachlasses und der Berichtigung der Nachlaßverbindlichkeiten. Die Berichtigung darf indeß nur erfolgen, wenn und insoweit der Nachlaßverwalter die Zulänglichkeit des Nachlasses annehmen darf. Eine entgegen dieser Voraussetzung erfolgte Berichtigung brauchen die Nachlaßgläubiger nicht als für Rechnung des Nachlasses geschehen gelten zu lassen und macht den Nachlaßverwalter ersatzpflichtig, vgl. Note 3 (§§ 1985 Abs. 2, 1979, 1980).

c. Hat der Nachlaßverwalter seine Aufgabe erledigt, so erfolgt die Aufhebung der Nachlaßverwaltung gemäß § 1919, vgl. zu § 1988.

2. Rechtsverhältniß zwischen dem Nachlaßverwalter und dem Erben.

Der Nachlaßverwalter ist Pfleger (§ 1975) und als solcher (§ 1915) den allgemeinen Vorschriften des Vormundschaftsrechts, insbesondere den Vorschriften über die Vermögensverwaltung §§ 1802, 1804—1834 unterworfen. Als Pfleger des Erben ist er demselben gemäß §§ 1833, 1915 verantwortlich.

3. Das Rechtsverhältniß des Nachlaßverwalters gegenüber den Nachlaßgläubigern.

a. Der Nachlaßverwalter hat als Pfleger des Erben (Note 1a) alle dem Erben den Nachlaßgläubigern gegenüber zustehenden Rechte (vgl. z. B. zu b. ferner zu § 1992 Note 5b). Versteigerung des Nachlaßgrundstücks Zw. § 175 (S. 1117).

b. (Abs. 2.) Durch die Vorschrift des Abs. 2 wird die unmittelbare Verantwortlichkeit des Nachlaßverwalters gegenüber den Nachlaßgläubigern festgesetzt. Ohne diese Vorschrift würde der Nachlaßverwalter nur dem Erben verantwortlich sein und die Nachlaßgläubiger wären darauf angewiesen, sich die Ansprüche des Erben gegen den Nachlaßverwalter überweisen zu lassen (vgl. auch § 53). Der Nachlaßverwalter ist auch den Nachlaßgläubigern verantwortlich, d. h. wenn wegen eines Verschuldens (§ 1833) eine Verantwortlichkeit gegenüber dem Erben begründet ist. Durch das Einverständniß des Erben zu einer schädigenden Handlung des Nachlaßverwalters kann der selbständige Anspruch der Nachlaßgläubiger auf sachgemäße Führung der Verwaltung nicht beseitigt werden. Zu den dem Nachlaßverwalter im Interesse der Gläubiger obliegenden Maßnahmen gehört insbesondere:

α. die Beantragung grundbuchlicher Eintragung der den Erben auf Grund der Nachlaßverwaltung treffenden Verfügungsbeschränkung, vgl. § 1984 Note 2c.

β. die sachgemäße Prüfung, ob die Nachlaßmasse zur Berichtigung der Nachlaßverbindlichkeiten hinreicht, vor Berichtigung derselben § 1979. Seine Verpflichtung und seine Berechtigung zur Beantragung des Gläubigeraufgebots ergiebt sich aus § 1980 Abs. 2, CPO. § 991 Abs. 2 (S. 1116);

γ. die rechtzeitige Anmeldung des Nachlaßkonkurses (vgl. KO. § 217). In Ansehung der Nachlaßverbindlichkeiten aus Vermächtnissen und Auflagen kann indeß auch der Nachlaßverwalter (vgl. Note a) ohne Beantragung des Nachlaßkonkurses nach § 1992, 1991 Abs. 4 verfahren;

δ. die Ausantwortung des Nachlasses an den Erben nicht vor Berichtigung der Nachlaßverbindlichkeiten § 1986.

c. Die Ersatzansprüche der Nachlaßgläubiger gegen den Nachlaßverwalter gelten gemäß §§ 1985 Abs. 2, 1978 Abs. 2 als zum Nachlasse gehörend. Vgl. § 1978 Note II 2aδ, § 1882 Note 1a.

**§ 1986.** Der Nachlaßverwalter darf den Nachlaß dem Erben erst ausantworten, wenn die bekannten Nachlaßverbindlichkeiten berichtigt sind. — h. Ausantwortung des Nachlasses an den Erben.

Ist die Berichtigung einer Verbindlichkeit zur Zeit nicht ausführbar oder ist eine Verbindlichkeit streitig, so darf die Ausantwortung des Nachlasses nur erfolgen, wenn dem Gläubiger Sicherheit geleistet wird. Für eine bedingte Forderung ist Sicherheitsleistung nicht erforderlich, wenn die Möglichkeit des Eintritts der Bedingung eine so entfernte ist, daß die Forderung einen gegenwärtigen Vermögenswerth nicht hat.

**§ 1987.** Der Nachlaßverwalter kann für die Führung seines Amtes eine angemessene Vergütung verlangen. — i. Honorar des Nachlaßverwalters.

**§ 1988.** Die Nachlaßverwaltung endigt mit der Eröffnung des Nachlaßkonkurses.

Die Nachlaßverwaltung kann aufgehoben werden, wenn sich ergiebt, daß eine den Kosten entsprechende Masse nicht vorhanden ist. — k. Beendigung d. Nachlaßverwaltung.

---

4. Ansprüche des Nachlaßverwalters wegen Vergütung und Aufwendungen § 1987.

II. **Fürsorge und Aufsichtspflicht des Nachlaßgerichts.**

1. Das Nachlaßgericht als Vormundschaftsgericht (§ 1962) hat das Recht und die Pflicht der Fürsorge und der Aufsicht nach vormundschaftsrechtlichen Grundsätzen, vgl. §§ 1837 ff. (Ordnungsstrafrecht, Auskunfts-, Rechnungs- und Sicherheitsleistungspflicht des Nachlaßverwalters).

2. Die besondere Haftung des Nachlaßgerichts auf Grund des § 1848 besteht indeß nur gegenüber dem Erben, nicht gegenüber den Nachlaßgläubigern, vgl. Note I 1a und die Bemerkungen zu § 1848.

**§ 1986.** 1. Ueber die Verpflichtung des Nachlaßverwalters in Ansehung der Befriedigung von Nachlaßverbindlichkeiten, vgl. §§ 1985, 1979. Die Berichtigung bekannter Nachlaßverbindlichkeiten kann geeignetenfalls auch durch Hinterlegung gemäß §§ 372 ff. erfolgen.

2. Haftung des Nachlaßverwalters gegenüber den Nachlaßgläubigern bei Verstoß gegen die Vorschrift des § 1986, vgl. zu § 1985 Abs. 2.

3. Die Vorschrift entspricht den §§ 49, 51, 52 (Liquidation des Vermögens einer aufgelösten juristischen Person); indeß ist (anders als der Liquidator der juristischen Person) der Nachlaßpfleger nicht zur Vertheilung des Ueberschusses unter die Miterben berufen. Er hat den Ueberschuß an die Miterben gemeinschaftlich herauszugeben (§§ 2032 ff., 2040 Abs. 1).

4. Wegen der Einschränkung in Abs. 2 Satz 2 vgl. KO. §§ 154, 171; CPO. § 916 Abs. 2.

5. Sicherheitsleistung §§ 232 ff.

6. Haftung des Erben nach Beendigung der Nachlaßverwaltung, vgl. zu § 1989 Note II.

**§ 1987.** 1. Wegen des Grundes für diese Abweichung von §§ 1836, 1915 (§ 1836 Note 1) vgl. § 1981 Note II 3. Im Uebrigen bleibt die Festsetzung der Vergütung dem Nachlaßgerichte vorbehalten. Vgl. die Bemerkungen zu § 1736.

2. Ersatzanspruch des Nachlaßverwalters wegen Aufwendungen, vgl. §§ 1835, 1915.

3. Die Forderungen des Nachlaßverwalters sind Nachlaßverbindlichkeiten, denen im Konkurse die Natur als Masseforderung zukommt, K.O. § 224 Ziffer 4, 6 (S. 1124).

**§ 1988.** 1. Für die Beendigung der Nachlaßverwaltung als einer Pflegschaft (§ 1975) ist zunächst das in § 1919 (vgl. daselbst Note 1) ausgesprochene

6. Nachlaßkonkurs (K.O.) Haftung d. Erben mit dem Ueberschuß.

**§ 1989.** Ist der Nachlaßkonkurs durch Vertheilung der Masse oder durch Zwangsvergleich beendigt, so finden auf die Haftung des Erben die Vorschriften des § 1973 entsprechende Anwendung.

---

Aufhebungsprinzip maßgebend. Durch § 1988 Abs. 2 wird als besonderer Aufhebungsgrund für die Nachlaßverwaltung die Feststellung mangelnder Nachlaßmasse (vgl. § 1982) angeführt. Vgl. KO. § 204.

2. Abs. 1 giebt unter Abweichung von dem Prinzipe des § 1919 (vgl. zu 1) einen Fall kraft Gesetzes eintretender Beendigung der Nachlaßverwaltung. — Voraussetzungen des Nachlaßkonkurses, das Antragsrecht 2c., vgl. KO. §§ 214 ff. — Die Verpflichtung des Nachlaßverwalters zur rechtzeitigen Konkursanmeldung §§ 1985 Abs. 2, 1980.

3. Rechtsverhältnisse bei Beendigung der Nachlaßverwaltung.

a. Die Vorschriften der §§ 1890 ff., 1915 finden Anwendung. Vgl. auch die Bemerkungen zu § 1985.

b. Abgesehen von dem Falle der Beendigung wegen Eröffnung des Nachlaßkonkurses, in welchem das Verwaltungs- und Verfügungsrecht gemäß KO. § 6 durch den Konkursverwalter ausgeübt wird, fällt mit der Beendigung der Nachlaßverwaltung die durch § 1984 in Ansehung der Verwaltung und Verfügung begründete Beschränkung der Erben fort.

Dem Erben oder bei Miterben der Gesammtheit derselben (vgl. §§ 2032 ff., § 1986 Note 3) steht die Verwaltung und Verfügung zu.

c. Zum Nachweise der Beendigung der Nachlaßverwaltung dient das durch FrG. § 34 begründete Mittel der Einsicht der Akten und die Ertheilung beglaubigter Abschriften aus denselben. Bekanntmachung der Beendigung (vgl. § 1983) findet nicht statt.

d. Beseitigung einer grundbuchlich eingetragenen Verfügungsbeschränkung (§ 1984 Note 2c) ist durch Antrag auf Berichtigung des Grundbuchs (vgl. § 894) zu erwirken. Vgl. GO. § 22 (S. 459).

4. Die Erbenhaftung nach Beendigung der Nachlaßverwaltung vgl. zu § 1989 Note II.

**§ 1989. Erbenhaftung nach Beendigung der Nachlaßverwaltung oder des Nachlaßkonkurses.**

I. **Voraussetzungen des Eintritts der unbeschränkten Erbenhaftung.**

1. Auch nach Beendigung der Nachlaßverwaltung und des Nachlaßkonkurses ist (mit Ausnahme des Falles, daß der Nachlaßkonkurs durch Vertheilung der Masse oder durch Zwangsvergleich beendigt ist, § 2000 Satz 3) die Erhaltung des Rechtes auf beschränkte Haftung von der Beobachtung der Inventarpflicht abhängig (§§ 1994 Abs. 1 S. 2, 2005 Abs. 1). Vgl. Titelvorb. Note III und IV (S. 1107 ff.).

2. Wird nach Beendigung der Nachlaßverwaltung oder des Nachlaßkonkurses (vgl. § 2000) dem Erben eine Inventarfrist gesetzt, so wird er regelmäßig nicht in der Lage sein, auf ein bereits von dem Nachlaß- oder Konkursverwalter eingereichtes Inventar Bezug nehmen zu können (§ 2004), da derartige Vermögensverzeichnisse nicht den Vorschriften der §§ 2002, 2003 zu entsprechen pflegen.

3. Wegen des Inhalts der unbeschränkten Haftung, insbesondere auch gegenüber den im Gläubigeraufgebot ausgeschlossenen und den erst fünf Jahre nach dem Erbfalle hervortretenden Gläubigern vgl. § 2013.

II. **Beschränkte Erbenhaftung nach beendigter Nachlaßverwaltung.**

1. Beendigung der Nachlaßverwaltung durch Eröffnung des Nachlaßkonkurses.

Für die Haftung des Erben nach Beendigung des Konkurses kommt der Umstand, daß vor dem Konkurse bereits eine Nachlaßverwaltung bestanden hat, nicht weiter in Betracht. Wegen der Erbenhaftung vgl. zu III.

2. Aufhebung der Nachlaßverwallung wegen mangelnder Masse § 1990.

II. Einredeweise Verweisung d. Nachlaßgläubiger auf den Nachlaß ohne behördliche Nachlaßabwicklung.

1. Mangelnde Masse.

a. Herausgabepflicht des Erben.

**§ 1990.** Ist die Anordnung der Nachlaßverwaltung oder die Eröffnung des Nachlaßkonkurses wegen Mangels einer den Kosten entsprechenden Masse nicht thunlich oder wird aus diesem Grunde die Nachlaßverwaltung aufgehoben oder das Konkursverfahren eingestellt, so kann der Erbe die Befriedigung eines Nachlaßgläubigers insoweit verweigern, als der Nachlaß nicht ausreicht. Der Erbe ist in diesem Falle verpflichtet, den Nachlaß zum Zwecke der Befriedigung des Gläubigers im Wege der Zwangsvollstreckung herauszugeben.

Das Recht des Erben wird nicht dadurch ausgeschlossen, daß der Gläubiger nach dem Eintritte des Erbfalls im Wege der Zwangsvollstreckung oder der Arrestvollziehung ein Pfandrecht oder eine

---

3. Beendigung der Nachlaßverwaltung nach Befriedigung der Nachlaßgläubiger (§ 1986).

a. Gegenüber einem im Gläubigeraufgebot ausgeschlossenen oder erst fünf Jahre nach dem Erbfalle hervortretenden Gläubiger gelten die §§ 1973, 1974.

b. Auf die Verbindlichkeiten aus Vermächtnissen und Auflagen findet § 1992 Anwendung.

c. Bezüglich der sonstigen Gläubiger bestehen zwei Auffassungen (vgl. Planck D. Jur.Ztg. 1899 S. 366):

α. Nach § 1975 ist die beschränkte Erbenhaftung durch Anordnung der Nachlaßverwaltung *dauernd erlangt*, sie bleibt auch nach der Beendigung der Nachlaßverwaltung bestehen. Die Vorschriften der §§ 1990, 1991 finden entsprechende Anwendung.

β. Durch §§ 1975 ff. wird die Beschränkung der Haftung des Erben *nur für die Dauer der Nachlaßverwaltung* gewährt. Nach Beendigung derselben tritt dasselbe Verhältniß wieder ein, das vor Anordnung der Nachlaßverwaltung bestand. Der Erbe kann also die Beschränkung seiner Haftung nur geltend machen, wenn je nach den Umständen entweder von Neuem Nachlaßverwaltung angeordnet oder Nachlaßkonkurs eröffnet wird (§ 1975) oder wenn der in § 1990 bezeichnete Mangel an Masse nunmehr vorliegt (vgl. Titelvorb. Note III. 2 b α αα) oder wenn es sich um den Fall des § 1992 handelt.

III. **Beschränkte Erbenhaftung nach beendigtem Nachlaßkonkurse.** Entscheidend ist die Art und der Grund der Beendigung des Verfahrens.

1. *Für die Fälle der*

a. Aufhebung des Verfahrens nach Aufhebung des Eröffnungsbeschlusses (KO. §§ 109, 116);

b. Einstellung des Nachlaßkonkurses auf Antrag des Erben mit Zustimmung aller Nachlaßgläubiger (KO. § 202)

ist eine Sonderregelung nicht erfolgt. Das Rechtsverhältniß ist entsprechend gemäß Note II. 3 c zu beurtheilen.

2. *Bei Einstellung des Verfahrens wegen mangelnder Masse* (KO. § 204) ist die Erbenhaftung durch § 1990 geregelt.

3. *Die Fälle des* § 1989.

a. Für die Fälle der Beendigung des Nachlaßkonkurses durch Vertheilung der Masse (KO. §§ 161—163) oder durch Zwangsvergleich (KO. §§ 173 ff., 230) wird durch § 1989 die Haftung des Erben einer besonderen Abschwächung in der Art unterzogen, daß der Erbe fortab nur so haften soll, wie er einem im Gläubigeraufgebot ausgeschlossenen Gläubigern gegenüber haften würde (§ 1973).

b. Im Falle unbeschränkter Haftung findet § 1989 keine Anwendung (§ 2013).

c. Miterbenhaftung in den Fällen des § 1989 nach Theilung des Nachlasses (vgl. § 2060 Ziffer 3).

Hypothek oder im Wege der einstweiligen Verfügung eine Vormerkung erlangt hat.

b. Nähere Regelung d. Rechtsverhältnisse.

**§ 1991.** Macht der Erbe von dem ihm nach § 1990 zustehenden Rechte Gebrauch, so finden auf seine Verantwortlichkeit und den Ersatz seiner Aufwendungen die Vorschriften der §§ 1978, 1979 Anwendung.

---

**§ 1990.** 1. Bedeutung der Vorschrift im Allgemeinen. Durch §§ 1990 f. wird die Geltendmachung der beschränkten Erbenhaftung für den Fall geregelt, daß die Wege des § 1975 (Nachlaßverwaltung oder Nachlaßkonkurs) Mangels genügender Masse nicht gangbar sind. Vgl. Titelvorb. Note III. 2 b.

2. Voraussetzungen der Anwendbarkeit des § 1990.

a. Der Erbe darf nicht das Recht der beschränkten Erbenhaftung verloren haben (§ 2013).

b. Mangelnde Masse.

α. Unthunlichkeit der Anordnung der Nachlaßverwaltung oder der Eröffnung des Nachlaßkonkurses wegen mangelnder Masse, vgl. Bemerkungen zu § 1982, KO. § 107 Abs. 1.

β. Aufhebung der Nachlaßverwaltung wegen mangelnder Masse § 1988 Abs. 2.

γ. Einstellung des Nachlaßkonkurses wegen mangelnder Masse KO. § 204.

3. Die dem Erben gegebenen Einreden.

a. Die Geltendmachung der Einrede in der Zwangsvollstreckung setzt den Vorbehalt der beschränkten Erbenhaftung im Urtheil über die Nachlaßverbindlichkeit voraus (CPO. §§ 780, 781, 785, S. 1111 und Titelvorb. Note IX, daselbst). Der Erbe ist beweispflichtig für das Vorliegen der Voraussetzungen des § 1990, der Gläubiger für den Eintritt der unbeschränkten Erbenhaftung (vgl. Titelvorb. Note IV, S. 1109).

b. Der Erbe ist zur Herausgabe des Nachlasses, natürlich nur soweit derselbe zur Befriedigung der andrängenden Gläubiger erforderlich ist, verpflichtet. Wegen des Umfangs der Herausgabepflicht und der mit derselben verbundenen Rechtsverhältnisse vgl. § 1991. Anwendung der Herausgabepflicht durch Zahlung des Werthes ist dem Erben nicht nachgelassen. Haftung cum viribus (vgl. Titelvorb. Note II. 2 b, S. 1106).

c. Die Befriedigung (nicht die Herausgabe des Nachlasses) hat im Wege der Zwangsvollstreckung (CPO. oder Zw.) zu geschehen. Der Gläubiger einer nicht auf einen Geldbetrag gerichteten Forderung muß sich mit dem Schätzungsbetrage seiner Forderung befriedigen (vgl. E. I § 2134).

4. Zu Abs. 2 vgl. KO. § 221. Dem Erben steht das Recht aus Abs. 1 auch gegenüber einem Gläubiger zu, der die in Abs. 2 bezeichneten Maßregeln erwirkt hat, gleichgültig, ob diese Maßregeln in Ansehung von Nachlaßgegenständen oder von sonstigen Vermögensgegenständen des Erben erlangt sind.

5. Als Fälle entsprechender Anwendbarkeit der §§ 1990, 1991 (vgl. CPO. § 786) kommen, abgesehen von den Fällen des § 1992 (§ 2187) und von der allgemeinen Uebertragung der Vorschriften der Erbenhaftung auf die fortgesetzte Gütergemeinschaft (§ 1489) in Betracht:

a. § 419: Haftung des Uebernehmers bei vertragsmäßiger Uebernahme eines Vermögens.

b. § 1480: Persönliche Haftung eines Ehegatten für eine Gesammtgutsverbindlichkeit nach Theilung des Gesammtguts.

c. § 1504: Haftung der antheilsberechtigten Abkömmlinge untereinander in Ansehung der Gesammtgutsschulden nach Beendigung der fortgesetzten Gütergemeinschaft.

d. § 2036: Haftung des Käufers eines Erbtheils bei Ausübung des Vorkaufsrechts durch die Miterben.

e. § 2145 Abs. 2: Haftung des Vorerben nach Eintritt der Nacherbfolge.

Die in Folge des Erbfalls durch Vereinigung von Recht und Verbindlichkeit oder von Recht und Belastung erloschenen Rechtsverhältnisse gelten im Verhältnisse zwischen dem Gläubiger und dem Erben als nicht erloschen.

Die rechtskräftige Verurtheilung des Erben zur Befriedigung eines Gläubigers wirkt einem anderen Gläubiger gegenüber wie die Befriedigung.

Die Verbindlichkeiten aus Pflichttheilsrechten, Vermächtnissen und Auflagen hat der Erbe so zu berichtigen, wie sie im Falle des Konkurses zur Berichtigung kommen würden.

**§ 1992.** Beruht die Ueberschuldung des Nachlasses auf Vermächtnissen und Auflagen, so ist der Erbe, auch wenn die Voraussetzungen des § 1990 nicht vorliegen, berechtigt, die Berichtigung dieser Verbindlichkeiten nach den Vorschriften der §§ 1990, 1991 zu bewirken. Er kann die Herausgabe der noch vorhandenen Nachlaßgegenstände durch Zahlung des Werthes abwenden. 2. Ueberschuldung durch Vermächtnisse u. Auflagen.

---

**§ 1991.** Durch § 1991 wird das im Falle des § 1990 zwischen dem Erben und dem Gläubiger bestehende Rechtsverhältniß geregelt.

1. Die Herausgabe des Nachlasses bewirkt Trennung des Nachlasses von dem sonstigen Vermögen des Erben.

a. (Abs. 1.) Hinsichtlich der Verantwortlichkeit und der Aufwendungen des Erben finden bis zu dem Zeitpunkte der Herausgabe die Vorschriften der §§ 1978, 1979 Anwendung.

b. Abs. 2 entspricht der Vorschrift des § 1976 mit der Maßgabe, daß in § 1991 keine dingliche, sondern eine nur zwischen dem Gläubiger und dem Erben geltende Fiktion vorgesehen ist, vgl. § 1976 Note 1.

2. (Abs. 4.) Eine Rangordnung der Gläubiger ist an sich nicht einmal zu Gunsten der Masseschulden (KO. § 224) vorgesehen. Eine Ausnahme bilden nur die in Abs. 4 bezeichneten Gläubiger.

a. Diese Vorschrift wirkt zu Gunsten der anderen Gläubiger insofern, als sie den in Abs. 4 bezeichneten Gläubigern vorgehen (KO. § 226 Abs. 2).

b. Die Verbindlichkeiten gegenüber Pflichttheilsberechtigten gehen den Verbindlichkeiten aus Vermächtnissen und Auflagen vor, KO. § 226 Abs. 2 Ziffer 4, 5 (S. 1124). Vgl. indeß auch § 226 Abs. 3.

Ueber das Verhältniß des Abs. 4 zu dem in Abs. 1 für anwendbar erklärten § 1979 vgl. Planck zu § 1991 Note 1 f.

**§ 1992.** 1. Die Verbindlichkeiten aus Vermächtnissen und Auflagen sind diejenigen, welche in der konkursmäßigen Rangordnung zuletzt kommen (KO. § 226 Ziffer 4, 5; vgl. § 1967 Note II. 1 a). Den Gläubigern dieser Verbindlichkeiten ist das Recht zu dem Antrag auf Eröffnung des Nachlaßkonkurses regelmäßig vorenthalten, weil es dem Willen des Erblassers nicht entspricht, daß über seinen Nachlaß wegen Ueberlastung mit Vermächtnissen und Auflagen Konkurs eröffnet wird. Das Antragsrecht auf Konkurseröffnung steht diesen Gläubigern nur zu, wenn über das Vermögen des Erben der Konkurs eröffnet ist (KO. § 219 Abs. 1). Vgl. zu 6 und wegen des Rechtes, die Nachlaßverwaltung zu beantragen, zu 5.

2. Der Erbe seinerseits kann wählen, ob er Konkurs beantragen oder die Berichtigung gemäß §§ 1990, 1991 bewirken will. Wählt er letzteres, so ist er zu konkursmäßiger, regelmäßig also gleichmäßiger Erfüllung der Vermächtnisse und Auflagen verpflichtet (§ 1991 Abs. 4; KO. § 226; vgl. jedoch auch KO. § 226 Abs. 3).

3. Die Bedachten müssen sich mit einer Schätzung des Nachlaßbestandes begnügen. Der Grund hierfür liegt einerseits in dem muthmaßlichen Willen

## IV. Inventarerrichtung. Unbeschränkte Haftung des Erben.

1. Inventarerrichtung als Recht des Erben. **§ 1993.** Der Erbe ist berechtigt, ein Verzeichniß des Nachlasses (Inventar) bei dem Nachlaßgericht einzureichen (Inventarerrichtung).

---

des Erblassers, andererseits darin, daß auch die Pflichttheilsberechtigten sich die Ermittelung des Nachlaßwerthes durch Schätzung gefallen lassen müssen (vgl. § 2311 Abs. 2). Vgl. § 1973 Abs. 2 Satz 2; dagegen § 1990 Note 3b.

4. Die Vorschrift des § 1992 findet keine Anwendung, wenn der Erbe unbeschränkt haftet (§ 2013).

5. Nachlaßverwaltung.

a. Nachlaßverwaltung kann auf Antrag des Erben oder mit der Einschränkung des § 1981 Abs. 2 auch auf Antrag des Vermächtnißnehmers oder des Auflageforderers (§§ 1940, 2194) eintreten.

b. Im Falle der Nachlaßverwaltung kann der Nachlaßverwalter als Vertreter (Pfleger) des Erben die Rechte aus § 1992 geltend machen. Vgl. § 1985 Note 3a.

6. Nachlaßkonkurs.

a. Das Antragsrecht vgl. Note 1.

b. Im Konkurse finden nicht die Vorschriften des § 1992, sondern die konkursrechtlichen Grundsätze über Versilberung der Masse und Befriedigung der Konkursgläubiger Anwendung. Hervorzuheben ist, daß im Nachlaßkonkurse — entgegen den allgemeinen konkursrechtlichen Vorschriften, daß Forderungen aus einer Freigebigkeit des Gemeinschuldners unter Lebenden oder von Todeswegen nicht geltend gemacht werden können (KO. § 63 Ziffer 4) — jede Nachlaßverbindlichkeit, also auch die aus Vermächtnissen und Auflagen geltend zu machen ist (KO. § 226 Abs. 1).

Zu §§ 1993 ff. 1. Der Zusammenhang zwischen der Inventarerrichtung und der unbeschränkten Erbenhaftung. Vgl. Titelvorb. Note III. 1b (S. 1107), VII (S. 1110).

a. Die Geltendmachung der beschränkten Erbenhaftung ist zwar an sich von der Errichtung eines Nachlaßinventars unabhängig (vgl. §§ 1975, 1991, 1992), aber der Erbe kann das Recht verlieren, sich auf die Beschränkung seiner Haftung zu berufen, wenn er gegen gewisse Vorschriften über die Inventarerrichtung verstößt. Vgl. §§ 1994 Abs. 1 Satz 2, 2005 Abs. 1; 2006 Abs. 3; § 2013.

b. Fälle, in denen das Recht der Beschränkung der Haftung von der Inventarerrichtung völlig unabhängig ist

α. im Verhältnisse der Miterben zu einander § 2063 Abs. 2;

β. im Verhältnisse des Nacherben zum Vorerben § 2144 Abs. 3;

γ. nach Beendigung des Nachlaßkonkurses durch Vertheilung der Masse oder durch Zwangsvergleich § 2000.

2. Die Inventarfrist ist eine richterlich gesetzte Frist (§ 1994); sie läuft nicht kraft Gesetzes.

3. Die Inventarerrichtung.

a. Die Inventarerrichtung muß unter Zuziehung einer zuständigen Behörde oder eines zuständigen Beamten erfolgen (§ 2002). Ein Privatinventar hat in Ansehung der Erbenhaftung nicht die an die Inventarerrichtung geknüpften rechtlichen Wirkungen.

b. Die Inventarerrichtung der §§ 1994 ff. hat unmittelbare rechtliche Bedeutung im Verhältnisse des Erben zu den Nachlaßgläubigern, vgl. § 2009. Wegen anderweiter Nachlaßverzeichnisse vgl. §§ 2121, 2215, 1640, 1802.

3. Handelsrechtliche Regelung.

a. Unbeschränkte Haftung des Erben für die Geschäftsverbindlichkeiten eines zum Nachlasse gehörigen Handelsgeschäfts HGB. § 27.

***HGB. § 27.*** *Wird ein zu einem Nachlasse gehörendes Handelsgeschäft von dem Erben fortgeführt, so finden auf die Haftung des Erben für die frü-*

*heren Geschäftsverbindlichkeiten die Vorschriften des § 25 [S. 205] entsprechende Anwendung.*

*Die unbeschränkte Haftung nach § 25 Abs. 1 tritt nicht ein, wenn die Fortführung des Geschäfts vor dem Ablaufe von drei Monaten nach dem Zeitpunkt, in welchem der Erbe von dem Anfalle der Erbschaft Kenntniss erlangt hat, eingestellt wird. Auf den Lauf der Frist finden die für die Verjährung geltenden Vorschriften des § 206 des Bürgerlichen Gesetzbuchs entsprechende Anwendung. Ist bei dem Ablaufe der drei Monate das Recht zur Ausschlagung der Erbschaft noch nicht verloren, so endigt die Frist nicht vor dem Ablaufe der Ausschlagungsfrist.*

b. Haftung der Erben eines Gesellschafters der offenen Handelsgesellschaft für die Gesellschaftsschulden HGB. § 139.

4. Verfahren bei der Setzung einer Inventarfrist.

a. Beschwerde FrG. § 77.

*FG. § 77. Gegen eine Verfügung, durch die dem Erben eine Inventarfrist bestimmt wird, findet die sofortige Beschwerde statt.*

*Das Gleiche gilt von einer Verfügung, durch die über die Bestimmung einer neuen Inventarfrist oder über den Antrag des Erben, die Inventarfrist zu verlängern, entschieden wird.*

*In den Fällen der Abs. 1, 2 beginnt die Frist zur Einlegung der Beschwerde für jeden Nachlassgläubiger mit dem Zeitpunkt, in welchem die Verfügung demjenigen Nachlassgläubiger bekannt gemacht wird, welcher den Antrag auf die Bestimmung der Inventarfrist gestellt hat.*

b. Akteneinsicht FrG. § 78 (S. 1101).

**§ 1993.** 1. Das der Erbe berechtigt ist zur Inventarerrichtung, bringt zum Ausdrucke, daß der Erbe ein Inventar mit rechtlichen Wirkungen errichten kann, ohne daß ihm eine Inventarfrist (§ 1994) gesetzt ist. § 1993.

2. Das Interesse des Erben an der Errichtung des Inventars.

a. Durch die frist- und sachgemäße Inventarerrichtung beseitigt der Erbe die Gefahr, das Recht auf die Beschränkung seiner Haftung zu verlieren, vgl. Note 1a zu §§ 1993 ff.

b. Das Inventar begründet die Vermuthung, daß zur Zeit des Erbfalls weitere Nachlaßgegenstände als die im Inventar angegebenen nicht vorhanden gewesen sind § 2009. Hierdurch wird dem Erben namentlich auch der Beweis der Erschöpfung (§ 1973) und der Unzulänglichkeit des Nachlasses (§ 1990) erleichtert.

c. Der Erbe hat das Interesse, nicht vor Ablauf des dritten Monats nach der Annahme der Erbschaft das Inventar errichten zu lassen, da mit der Errichtung des Inventars die aufschiebende Einrede aus § 2014 wegfällt.

3. Inventar. Inhalt und Form vgl. §§ 2001 ff.

4. Inventarerrichtung ist Einreichung des Inventars bei dem Nachlaßgericht. (Nachlaßgericht vgl. S. 1100). — Die Einreichung eines verschlossenen Inventars unter Vorbehalt über Ausschließung oder Beschränkung der Oeffnung ist keine Inventarerrichtung. Vgl. den gleichen Ausdruck in § 1994, also in einem Falle, in welchem ein verschlossenes Inventar keinen Sinn haben würde. Vgl. ferner § 2010.

5. Selbständige Berechtigung der Ehefrau zur Inventarerrichtung.

a. Gesetzlicher Güterstand § 1406 Ziffer 1.

b. Allgemeine Gütergemeinschaft § 1453 Abs. 2.

c. Errungenschaftsgemeinschaft §§ 1519, 1525.

d. Fahrnißgemeinschaft §§ 1549, 1550.

6. Kosten der Inventarerrichtung als Masseschulden im Konkurse KO. § 224 Ziffer 4.

7. Berechtigung des Miterben zur Inventarerrichtung vgl. §§ 1922 Abs. 2, 2063.

2. Richterliche Bestimmung einer Inventarfrist.
a. Vers. Folge: Unbeschränkte Haftung.

**§ 1994.** Das Nachlaßgericht hat dem Erben auf Antrag eines Nachlaßgläubigers zur Errichtung des Inventars eine Frist (Inventarfrist) zu bestimmen. Nach dem Ablaufe der Frist haftet der Erbe für die Nachlaßverbindlichkeiten unbeschränkt, wenn nicht vorher das Inventar errichtet wird.

b. Legitimation d. Antragstellers.

Der Antragsteller hat seine Forderung glaubhaft zu machen. Auf die Wirksamkeit der Fristbestimmung ist es ohne Einfluß, wenn die Forderung nicht besteht.

---

**§ 1994. I. Voraussetzungen des Eintritts der unbeschränkten Erbenhaftung wegen Versäumung der Inventarfrist.** Vgl. ferner §§ 2005, 2006.

1. Bestimmung der Inventarfrist durch das Nachlaßgericht.

a. Wegen des zuständigen Nachlaßgerichts vgl. zu §§ 1960 ff. Die Fristsetzung durch ein örtlich unzuständiges Gericht ist nicht unwirksam (FrG. § 7 (S. 1101); der Erbe hat dagegen nur die sofortige Beschwerde vgl. zu d.

b. Die Bstimmung erfolgt durch Verfügung des Gerichts, deren Wirksamwerden sich nach FrG. § 16 richtet.

c. Dauer der Frist § 1995.

d. Sofortige Beschwerde FrG. § 77 (S. 1143).

2. Bestimmung auf Antrag.

a. Fristsetzung ohne Antrag (ex officio) würde nicht die Inventarfrist im Sinne des Abs. 1 Satz 2 ins Laufen bringen. Es empfiehlt sich deshalb für das Nachlaßgericht, den Namen des Antragstellers in die Fristsetzungsverfügung aufzunehmen. Vgl. auch FrG. §§ 34, 78 (Recht der Akteneinsicht 2c.).

b. Antragsberechtigt ist:

α. jeder Nachlaßgläubiger (vgl. § 1967 Note IV);

β. jeder Nachlaßgläubiger. Der Antragsteller braucht indeß seine Forderung nur zur Ueberzeugung des Nachlaßgerichts glaubhaft zu machen (FrG. § 15 Abs. 2). Thatsächlicher oder rechtlicher Irrthum des Nachlaßgerichts in Ansehung der Beurtheilung, ob die Forderung gegen den Nachlaß besteht, macht die Fristbestimmung nicht unwirksam. Dem Erben steht vielmehr nur das Recht der sofortigen Beschwerde zu, FrG. § 77; Beschwerderecht des Antragstellers bei Ablehnung des Antrags FrG. §§ 19, 20.

c. Eine zeitliche Begrenzung der Antragsberechtigung oder der Zulässigkeit des Antrags besteht nicht.

d. Der Nachlaßgläubiger hat Interesse an der Setzung der Inventarfrist,

α. weil ihm nach fruchtlosem Ablaufe der Frist der Erbe unbeschränkt haftet (vgl. Note 1a zu §§ 1993 ff.);

β. weil die Erlangung der Uebersicht über den Nachlaß ihm für die Beantragung des Nachlaßkonkurses (KO. §§ 215, 217) von Werth ist;

γ. weil sie zur Abkürzung der aufschiebenden Einrede des Erben aus § 2014 dient.

3. Fruchtloser Ablauf der Frist.

a. Die Frist (Berechnung §§ 187 Abs. 1, 188) wird gewahrt

α. durch fristgemäße Einreichung des Inventars bei dem Nachlaßgericht (§§ 1993, 2001 ff.),

β. durch fristgemäße Stellung des Antrags an das Nachlaßgericht, das Inventar aufzunehmen oder die Aufnahme desselben einer zuständigen Behörde oder einem zuständigen Beamten oder Notar zu übertragen, § 2003 Abs. 1. Vgl. indeß §§ 2003 Abs. 2, 2005 Abs. 1 Satz 2,

γ. durch fristgemäße Bezugnahme auf ein bereits bei dem Nachlaßgerichte befindliches vorschriftsmäßiges Inventar § 2004.

b. Beweislast in Ansehung der Fristwahrung vgl. Bd. I S. 102 Note 4d.

**II. Wirkung und Bedeutung des Eintritts unbeschränkter Erbenhaftung** § 2013.

**§ 1995.** Die Inventarfrist soll mindestens einen Monat, höchstens drei Monate betragen. Sie beginnt mit der Zustellung des Beschlusses, durch den die Frist bestimmt wird. — a. Inventarfrist. α. Beginn u. Dauer.

Wird die Frist vor der Annahme der Erbschaft bestimmt, so beginnt sie erst mit der Annahme der Erbschaft.

Auf Antrag des Erben kann das Nachlaßgericht die Frist nach seinem Ermessen verlängern. — β. Verlängerung durch d. Gericht.

**§ 1996.** Ist der Erbe durch höhere Gewalt verhindert worden, das Inventar rechtzeitig zu errichten oder die nach den Umständen gerechtfertigte Verlängerung der Inventarfrist zu beantragen, so hat ihm auf seinen Antrag das Nachlaßgericht eine neue Inventarfrist zu bestimmen. Das Gleiche gilt, wenn der Erbe von der Zustellung des Beschlusses, durch den die Inventarfrist bestimmt worden ist, ohne sein Verschulden Kenntniß nicht erlangt hat. — γ. Erneute Fristbestimmung bei Versäumniß in Folge höherer Gewalt ꝛc.

Der Antrag muß binnen zwei Wochen nach der Beseitigung des Hindernisses und spätestens vor dem Ablauf eines Jahres nach dem Ende der zuerst bestimmten Frist gestellt werden.

Vor der Entscheidung soll der Nachlaßgläubiger, auf dessen Antrag die erste Frist bestimmt worden ist, wenn thunlich gehört werden.

**§ 1997.** Auf den Lauf der Inventarfrist und der im § 1996 Abs. 2 bestimmten Frist von zwei Wochen finden die für die Verjährung geltenden Vorschriften des § 203 Abs. 1 und des § 206 entsprechende Anwendung. — δ. Hemmung des Fristlaufs.

**§ 1998.** Stirbt der Erbe vor dem Ablaufe der Inventarfrist oder der im § 1996 Abs. 2 bestimmten Frist von zwei Wochen, so endigt die Frist nicht vor dem Ablaufe der für die Erbschaft des Erben vorgeschriebenen Ausschlagungsfrist. — ε. Tod des Erben während d. Fristlaufs.

---

§ 1995. 1. Fristberechnung §§ 187 Abs. 1, 188.
2. Zustellung des Beschlusses FrG. § 16 Abs. 2, CPO. §§ 208—213.
a. Wenn der Erbe ohne sein Verschulden keine Kenntniß von der erfolgten Zustellung erlangt § 1996.
b. Zustellung an einen Erben, dem die vollständige Geschäftsfähigkeit mangelt, FrG. § 16 Abs. 2, CPO. § 171.
3. Fristsetzung vor Annahme (§ 1943) der Erbschaft ist nicht ausgeschlossen, wie sich aus Abs. 2 ergiebt.
4. Fristverlängerung vgl. § 190; § 1996 Satz 1. Sofortige Beschwerde gegen die Verfügung, durch welche die Verlängerung ausgesprochen oder abgelehnt wird, FrG. § 77 Abs. 2 (S. 1143).

§ 1996. 1. Höhere Gewalt vgl. §§ 203 Note 2, 701; CPO. § 233.
2. Sofortige Beschwerde gegen die Entscheidung des Nachlaßgerichts FrG. § 77 Abs. 2 (S. 1143).
3. Rechtzeitigkeit des Antrags § 130; vgl. auch CPO. § 234. Hemmung der zweiwöchigen Frist § 1997. — Zu bemerken ist, daß, solange der Erbe von dem an ihn erfolgten Anfall der Erbschaft keine Kenntniß erlangt hat und er in Folge dessen die Erbschaft auch noch nicht angenommen hat (vgl. §§ 1943 ff.), die Inventarfrist nicht läuft, § 1995 Abs. 2.

§ 1997. 1. § 203 Abs. 1: Fall des Stillstandes der Rechtspflege; § 206: Fall des Mangels eines gesetzlichen Vertreters eines nicht vollständig Geschäftsfähigen.

§ 1998. Vgl. § 1952 Abs. 2. — Daneben kann die Anwendung des § 1995 Abs. 3 und des § 1996 Abs. 1 in Frage kommen.

7. Schutz Minderjähriger und Bevormundeter.

**§ 1999.** Steht der Erbe unter elterlicher Gewalt oder unter Vormundschaft, so soll das Nachlaßgericht dem Vormundschaftsgerichte von der Bestimmung der Inventarfrist Mittheilung machen.

Einfluß der Nachlaßverwaltung u. d. Nachlaßkonkurses auf die Inventarfrist.

**§ 2000.** Die Bestimmung einer Inventarfrist wird unwirksam, wenn eine Nachlaßverwaltung angeordnet oder der Nachlaßkonkurs eröffnet wird. Während der Dauer der Nachlaßverwaltung oder des Nachlaßkonkurses kann eine Inventarfrist nicht bestimmt werden. Ist der Nachlaßkonkurs durch Vertheilung der Masse oder durch Zwangsvergleich beendigt, so bedarf es zur Abwendung der unbeschränkten Haftung der Inventarerrichtung nicht.

3. Inhalt des Inventars.

**§ 2001.** In dem Inventar sollen die bei dem Eintritte des Erbfalls vorhandenen Nachlaßgegenstände und die Nachlaßverbindlichkeiten vollständig angegeben werden.

Das Inventar soll außerdem eine Beschreibung der Nachlaßgegenstände, soweit eine solche zur Bestimmung des Werthes erforderlich ist, und die Angabe des Werthes enthalten.

4. Aufnahme des Inventars a. durch d. Erben unter amtlicher Mitwirkung.

**§ 2002.** Der Erbe muß zu der Aufnahme des Inventars eine zuständige Behörde oder einen zuständigen Beamten oder Notar zuziehen.

b. durch das Gericht auf Antrag u. unter Mitw. des Erben.

**§ 2003.** Auf Antrag des Erben hat das Nachlaßgericht entweder das Inventar selbst aufzunehmen oder die Aufnahme einer zuständigen

---

**§ 1999.** 1. Das Vormundschaftsgericht soll den gesetzlichen Vertreter des Erben zur rechtzeitigen Inventarerrichtung anhalten. Erforderlichenfalls ist für diesen Zweck ein Pfleger zu bestellen. Vgl. § 1822 Note 2e.

2. Die Vorschrift gilt auch für den Fall, daß ein Pfleger für den Erben bestellt ist, § 1915 Note I. 1. Die Nachlaßpflege kommt hierfür nicht in Betracht § 2012.

**§ 2000.** 1. Die Vorschrift setzt voraus, daß der Erbe das Recht der Beschränkung seiner Haftung nicht etwa schon durch Versäumung der Inventarfrist (§ 1994 Abs. 1 Satz 2) oder durch einen der Thatbestände des § 2005 Abs. 1 verloren hat.

2. Nachlaßverwaltung oder Nachlaßkonkurs (vgl. § 1975) machen die vorher bestimmte Inventarfrist unwirksam, so daß also nach der Beendigung der Nachlaßverwaltung (vgl. § 1989 Note II) gegebenenfalls die Frist von Neuem bestimmt werden muß. Das Gleiche gilt in den Fällen der Konkursbeendigung gemäß KO. §§ 202 und 204; vgl. zu § 1989 Note III.

3. Beendigung des Nachlaßkonkurses durch Vertheilung der Masse oder durch Zwangsvergleich vgl. § 1989.

**§ 2001.** 1. Maßgebend ist der Zeitpunkt des Erbfalls. Wegen der sich nachträglich zutragenden Veränderungen kann § 1978 (§ 1991) anwendbar werden. — Die Bewerthung einer unverzinslichen Forderung wird nach Maßgabe der Hoffmann'schen Zwischenzinsberechnung zu erfolgen haben; vgl. § 1133 Note A. I. 4.

2. Ein Verstoß gegen diese Sollvorschrift bewirkt nicht Nichtigkeit des Inventars. Vgl. § 2005 Abs. 2.

**§ 2002.** 1. Die amtliche Mitwirkung ist stets erforderlich, selbst wenn ein Nachlaßbestand überhaupt nicht vorhanden ist. Der Erbe, der die Kosten für die Inventarerrichtung nicht aufwenden will, muß rechtzeitig die Erbschaft ausschlagen (§ 1943). Vgl. übrigens FrG. § 14 Armenrecht in Angelegenheiten der freiwilligen Gerichtsbarkeit.

2. Die Zuständigkeit der Behörden und Beamten richtet sich nach den Landesgesetzen.

3. Die Kosten der Inventarerrichtung sind Nachlaßverbindlichkeiten (vgl. indeß § 1967 Note II. 2) und im Konkurse Masseschulden, KO. § 224 Ziffer 4.

Behörde oder einem zuständigen Beamten oder Notar zu übertragen. Durch die Stellung des Antrags wird die Inventarfrist gewahrt.

Der Erbe ist verpflichtet, die zur Aufnahme des Inventars erforderliche Auskunft zu ertheilen.

Das Inventar ist von der Behörde, dem Beamten oder dem Notar bei dem Nachlaßgericht einzureichen.

**§ 2004.** Befindet sich bei dem Nachlaßgerichte schon ein den Vorschriften der §§ 2002, 2003 entsprechendes Inventar, so genügt es, wenn der Erbe vor dem Ablaufe der Inventarfrist dem Nachlaßgerichte gegenüber erklärt, daß das Inventar als von ihm eingereicht gelten soll.

c. Bezugnahme auf ein bereits vorhandenes Inventar.

**§ 2005.** Führt der Erbe absichtlich eine erhebliche Unvollständigkeit der im Inventar enthaltenen Angabe der Nachlaßgegenstände herbei oder bewirkt er in der Absicht, die Nachlaßgläubiger zu benachtheiligen, die Aufnahme einer nicht bestehenden Nachlaßverbindlichkeit, so haftet er für die Nachlaßverbindlichkeiten unbeschränkt.

5. Verletzung der Inventarpflicht durch den Erben bei der Aufnahme.

---

**§ 2003.** 1. Wahrung der Inventarfrist durch Stellung des Antrags. Vgl. § 1994 Abs. 1 Satz 1, § 2005 Abs. 1 Satz 2.

2. Die Zuständigkeit der Behörden beruht auf Landesgesetz. Vgl. Preußen AG. z. GVG. vom 24. April 1878 §§ 70, 74 (Gerichtsschreiber, Gerichtsvollzieher); AG. z. FrG. § 108 (Dorfgerichte). Vgl. ferner EG. Art. 148.

3. Verstoß des Erben gegen die Auskunftspflicht § 2005 Abs. 1 Satz 2.

**§ 2004.** 1. Die fristgemäße Erklärung des § 2004 gegenüber dem Nachlaßgerichte (vgl. § 130 Abs. 3), daß das Nachlaßinventar als von dem Erben eingereicht gelten soll, ist zur Wahrung der Inventarfrist jedenfalls dann nicht erforderlich,

a. wenn das vorhandene Inventar thatsächlich von dem Erben (oder einem legitimirten Vertreter desselben, vgl. zu 2) eingereicht ist. Wenn also der Erbe auf Grund des § 1993 ein Inventar vor Setzung der Inventarfrist errichtet hat, so braucht er nach Setzung der Inventarfrist nicht noch die Erklärung aus § 2004 abzugeben, vielmehr ist durch die sachgemäß erfolgte Inventarerrichtung die Beschränkbarkeit der Erbenhaftung, soweit es sich um die Erfüllung der Pflicht zur Inventarerrichtung handelt, endgültig gesichert;

b. wenn auf Grund besonderer Vorschrift das von einem Dritten errichtete Inventar dem Erben zu Statten kommt. Diese Fälle sind:

α. Errichtung durch den Ehemann der Erbin § 2008 Abs. 1 Satz 2,

β. Errichtung durch einen Miterben § 2063 Abs. 1,

γ. Errichtung durch den Vorerben § 2144 Abs. 2.

δ. Errichtung durch den Käufer oder Verkäufer der Erbschaft § 2383 Abs. 2.

In allen diesen Fällen wirkt das von einem legitimirten Vertreter des Dritten errichtete Inventar ebenso, wie wenn es von dem Dritten selbst errichtet wäre.

2. Die Erklärung aus § 2004 ist jedenfalls dann erforderlich, wenn das vorhandene Inventar nicht von einer der zu 1 bezeichneten Personen, insbesondere also von einem nicht legitimirten Dritten errichtet ist.

3. Zweifelhaft, obwohl von Planck, Wilke u. A. bejaht, ist die Frage, ob die Erklärung aus § 2004 erforderlich ist, wenn das vorhandene Inventar von einem Nachlaßpfleger, Nachlaßverwalter, Testamentsvollstrecker, Konkursverwalter eingereicht ist. Insofern die genannten Personen als Vertreter des Erben bei Einreichung des Inventars anzusehen sind, dürfte die Erklärung sich indeß erübrigen (vgl. Note 1a). Voraussetzung ist aber Beobachtung der Vorschriften der §§ 2002, 2003.

Das Gleiche gilt, wenn er im Falle des § 2003 die Ertheilung der Auskunft verweigert oder absichtlich in erheblichem Maße verzögert.

Ist die Angabe der Nachlaßgegenstände unvollständig, ohne daß ein Fall des Abs. 1 vorliegt, so kann dem Erben zur Ergänzung eine neue Inventarfrist bestimmt werden.

---

§ 2005. I. **Herbeiführung eines unrichtigen Inventars.**

Die „Herbeiführung der Unrichtigkeit" durch den Erben kann sowohl bei der Inventarerrichtung nach § 2002 als auch bei der Errichtung nach § 2003 stattfinden.

1. (Abs. 1 Satz 1.) Der Verlust der beschränkten Haftung tritt allen (vgl. indeß §§ 2063 Abs. 2, 2144 Abs. 3) Nachlaßgläubigern gegenüber ein (vgl. § 2013) — unbeschadet etwaiger weiteren Schadensersatzansprüche gegen den Erben aus §§ 823 ff. —

a. wenn der Erbe absichtlich eine erhebliche Unvollständigkeit der Nachlaßgegenstände, d. h. der Nachlaßaktiva herbeigeführt hat.

α. Falsche Bewerthung oder Beschreibung der Gegenstände (§ 2001 Abs. 2) kommt an sich nicht in Betracht.

β. Nicht erforderlich ist, daß die unvollständige Angabe der Aktiva (vgl. zu b) auf der Absicht des Erben, die Nachlaßgläubiger zu benachtheiligen beruht. Die unbeschränkte Haftung tritt auch ein, wenn die Absicht z. B. auf Verringerung der Erbschaftssteuer geht;

b. wenn der Erbe in der Absicht, die Nachlaßgläubiger zu benachtheiligen, die Aufnahme einer nicht bestehenden Nachlaßverbindlichkeit bewirkt. Dies kann auch durch Angabe zu hoher Beträge geschehen. Vgl. auch die Strafvorschrift StGB. § 263, KO. § 239 Ziffer 2. — Die Weglassung bestehender Verbindlichkeiten begründet weder den Verlust der beschränkten Erbenhaftung noch die Setzung einer neuen Frist § 2005 Abs. 2.

2. (Abs. 2.) Die Gewährung einer neuen Inventarfrist zur Ergänzung ist zulässig.

a. Der Fall des Abs. 2 liegt also vor,

α. wenn die Unvollständigkeit nicht von dem Erben absichtlich herbeigeführt ist;

β. wenn die Unvollständigkeit nicht von dem Erben, aber vielleicht von einem Dritten (vgl. § 2004) absichtlich herbeigeführt ist. Ist das Inventar von einem Vertreter des Erben errichtet, so wird die böse Absicht des Vertreters dem Erben nur schaden können, wenn die Unvollständigkeit mit dem Wissen und dem rechtsbeständigen (§§ 104 ff.) Willen des Erben erfolgt ist;

γ. wenn die Unvollständigkeit zwar auf böser Absicht beruht, aber keine erhebliche ist.

b. Die neue Frist ist ebenfalls Inventarfrist, so daß die Vorschriften der §§ 1994 Abs. 1 Satz 2, 1994—2000 anwendbar sind.

c. Die Ergänzung des Inventars ist als theilweise Inventarerrichtung anzusehen und unterliegt deshalb der Vorschrift der §§ 2001 ff.

d. Beschwerde über die Gewährung oder Ablehnung der neuen Inventarfrist FrG. § 77 (S. 1143).

e. Die Gewährung der neuen Frist durch das Nachlaßgericht greift der Entscheidung des Prozeßgerichts darüber, ob die unbeschränkte Haftung des Erben zur Zeit der Gewährung bereits eingetreten war, nicht vor. Beweispflichtig für das Vorliegen der Voraussetzungen des Abs. 2 ist derjenige, der Rechte hieraus herleitet.

II. **Verletzung der Auskunftspflicht.**

1. Die Auskunftspflicht ist begründet durch § 2003 Abs. 2 und erstreckt sich auf die Ertheilung der zur Aufnahme des Inventars erforderlichen Auskunft. Die Verweigerung oder Verzögerung nicht erforderlicher Auskunft ist demnach unschädlich.

**§ 2006.** Der Erbe hat auf Verlangen eines Nachlaßgläubigers vor dem Nachlaßgerichte den Offenbarungseid dahin zu leisten:

daß er nach bestem Wissen die Nachlaßgegenstände so vollständig angegeben habe, als er dazu im Stande sei.

Der Erbe kann vor der Leistung des Eides das Inventar vervollständigen.

Verweigert der Erbe die Leistung des Eides, so haftet er dem Gläubiger, der den Antrag gestellt hat, unbeschränkt. Das Gleiche gilt, wenn er weder in dem Termine noch in einem auf Antrag des Gläubigers bestimmten neuen Termin erscheint, es sei denn, daß ein Grund vorliegt, durch den das Nichterscheinen in diesem Termine genügend entschuldigt wird.

Eine wiederholte Leistung des Eides kann derselbe Gläubiger oder ein anderer Gläubiger nur verlangen, wenn Grund zu der Annahme besteht, daß dem Erben nach der Eidesleistung weitere Nachlaßgegenstände bekannt geworden sind.

---

2. Die Vorschrift ist vorsichtig anzuwenden, da nicht jede Verweigerung einer Auskunft über einen einzelnen Punkt oder eine vorübergehende Weigerung oder Versäumung eines einzelnen Termins die Anwendung des Abs. 1 Satz 2 begründen soll. Es wird eine der stillschweigenden Zurücknahme des Antrags auf Inventaraufnahme gleichkommende Verweigerung der Auskunft in Bezug auf die gesammte Thätigkeit des Beamten oder doch auf einen wesentlichen Theil derselben vorausgesetzt (Prot. V S. 755 f.).

**§ 2006.** 1. Zuständigkeit und Verfahren.

a. Die Eidesleistung erfolgt vor dem Nachlaßgerichte (§§ 1960 ff.; vgl. auch EG. Art. 147 Abs. 2); sie ist Akt der freiwilligen Gerichtsbarkeit.

b. Nach der allgemeinen Vorschrift FrG. § 15 sind die Vorschriften der CPO. über das Verfahren bei der Abnahme von Eiden (CPO. §§ 478 bis 488) entsprechend anzuwenden. Für einen nicht voll geschäftsfähigen Erben ist der gesetzliche Vertreter nach allgemeinen Grundsätzen zur Eidesleistung berufen. Mangels anderweiter Bestimmung sind die einschlägigen Fragen ebenso wie bei dem Offenbarungseid der CPO. zu beurtheilen. Vgl. Wilmowski-Levy zu CPO. 711 (a. F.) Note 3.

c. Eine besondere Vorschrift enthält FrG. § 79.

***FG.** § 79. Verlangt ein Nachlassgläubiger von dem Erben die Leistung des im § 2006 des Bürgerlichen Gesetzbuchs vorgesehenen Offenbarungseides, so kann die Bestimmung des Termins zur Leistung des Eides sowohl von dem Nachlassgläubiger als von dem Erben beantragt werden. Zu dem Termine sind beide Theile zu laden. Die Anwesenheit des Gläubigers ist nicht erforderlich.*

2. Der Anspruch auf Leistung des Offenbarungseides.

a. Berechtigt, den Offenbarungseid zu verlangen, ist jeder Nachlaßgläubiger, nicht nur derjenige, auf dessen Antrag die Inventarfrist gesetzt ist.

b. Die Eidespflicht ist nicht davon abhängig, daß die Annahme mangelnder Sorgfalt der Inventaraufstellung begründet ist, vgl. § 260 Abs. 2.

3. Der Inhalt des Eides.

Der Eid bezieht sich nur:

a. auf die vollständige Angabe der zur Zeit des Erbfalls vorhandenen Nachlaßgegenstände (§ 2001);

b. auf die Nachlaßaktiva.

4. Vervollständigung des Inventars.

a. Handelt es sich um eine Unvollständigkeit der in § 2005 Abs. 1 bezeichneten Art, so ist bereits unbeschränkte Haftung eingetreten.

b. Handelt es sich um eine Unvollständigkeit anderer Art, so findet § 2005 Abs. 2 Anwendung.

7. Haftung des zu mehreren Erbtheilen berufenen Erben.

**§ 2007.** Ist ein Erbe zu mehreren Erbtheilen berufen, so bestimmt sich seine Haftung für die Nachlaßverbindlichkeiten in Ansehung eines jeden der Erbtheile so, wie wenn die Erbtheile verschiedenen Erben gehörten. In den Fällen der Anwachsung und des § 1935 gilt dies nur dann, wenn die Erbtheile verschieden beschwert sind.

---

5. Nichtleistung des Eides.

a. Die Verweigerung des Eides kann sowohl durch ausdrückliche wie durch stillschweigende Erklärung dem Gerichte gegenüber erfolgen; sie setzt begrifflich ein rechtlich wirksames (§§ 104 ff., 106, 114) Verhalten gegenüber dem Gerichte (§ 130 Abs. 3) voraus. Vgl. Wilmowski-Levy zu § 429 CPO. a. F. Die Verweigerung kann natürlich auch durch einen Bevollmächtigten des Erben wirksam erklärt werden (FrG. § 13).

b. Der Verweigerung des Eides steht gleich das Nichterscheinen in zwei Terminen, deren letzterer indeß auf Antrag des Gläubigers bestimmt sein muß (§ 2006; vgl. FrG. § 79). Der Entschuldigungsbeweis liegt dem Erben ob. Das Nichterscheinen eines nicht voll geschäftsfähigen Erben wird den Verlust der Beschränkung nicht herbeiführen können.

c. Die Wirkungen der Nichtleistung des Eides sind in § 2006 erschöpfend geregelt. Es besteht keine Klage und kein prozessuales Zwangsverfahren auf Eidesleistung. Die Folge der Nichtleistung ist unbeschränkte Haftung gegenüber dem die Eidesleistung verlangenden Gläubiger (vgl. § 2013), natürlich nur in Ansehung derjenigen von mehreren Forderungen, auf Grund deren er das Verfahren betreibt. Bezüglich der anderen Forderungen steht er wie ein anderer Gläubiger und muß, um die unbeschränkte Erbenhaftung wegen derselben herbeizuführen, ein besonderes Eidesleistungsverfahren betreiben.

d. Ob Verweigerung oder Nichtleistung des Eides mit der Wirkung des Abs. 3 vorliegt, insbesondere ob ein entschuldigtes Ausbleiben vorliegt, ist im Streitfalle von Fall zu Fall durch das Prozeßgericht zu entscheiden.

e. Die Eidesweigerung hat in denjenigen Fällen, in welchen die beschränkte Haftung unabhängig von der Inventarerrichtung ist, nicht die Wirkung des § 2006, vgl. § 2000.

6. Wirkung der Eidesleistung.

a. Die Eidesleistung begründet keine formelle Wahrheit nach Maßgabe der CPO. § 463 Abs. 1. Der Gegenbeweis unterliegt nicht den Beschränkungen aus CPO. § 463 Abs. 2. Vgl. auch zu bß.

b. (Abs. 4.) Die Vorschrift über die wiederholte Eidesleistung lehnt sich an die Vorschrift CPO. § 903 Abs. 1 über den Offenbarungseid in der Zwangsvollstreckung an.

α. Ob Grund zu der Annahme besteht, daß dem Erben weitere Nachlaßgegenstände bekannt geworden sind, hat das Nachlaßgericht zu entscheiden.

β. Der Beweis für das Vorhandensein anderweiter Nachlaßgegenstände kann indeß auch ohne das nachträgliche Verfahren vor dem Nachlaßgericht im Prozesse gegen den Erben geführt werden, vgl. zu a.

**§ 2007.** 1. Wegen der Fälle, in denen ein Erbe zu mehreren Theilen berufen sein kann, vgl. § 1951 Note I. — Anwachsung §§ 2094, 2095. Der § 1935 enthält die Erhöhung des gesetzlichen Erbtheils in Folge Wegfalls eines gesetzlichen Erben.

2. Die Vorschrift ist nur auf den Verlust der beschränkten Erbenhaftung aus den in §§ 1993 ff. behandelten Gründen zu beziehen. Im Uebrigen vgl. Wilke zu § 2007.

3. Vgl. auch §§ 1935 und 2095.

**§ 2008.** Ist eine Ehefrau die Erbin und gehört die Erbschaft zum eingebrachten Gute oder zum Gesammtgute, so ist die Bestimmung der Inventarfrist nur wirksam, wenn sie auch dem Manne gegenüber erfolgt. Solange nicht die Frist dem Manne gegenüber verstrichen ist, endigt sie auch nicht der Frau gegenüber. Die Errichtung des Inventars durch den Mann kommt der Frau zu Statten. 8. Ehefrau als Erbin.

Gehört die Erbschaft zum Gesammtgute, so gelten diese Vorschriften auch nach der Beendigung der Gütergemeinschaft.

**§ 2009.** Ist das Inventar rechtzeitig errichtet worden, so wird im Verhältnisse zwischen dem Erben und den Nachlaßgläubigern vermuthet, daß zur Zeit des Erbfalls weitere Nachlaßgegenstände als die angegebenen nicht vorhanden gewesen seien. 9. Vermuthung d. Vollständigkeit des rechtzeitig errichteten Inventars.

---

**§ 2008.** 1. Zu welcher Gütermasse eine einer Ehefrau angefallene Erbschaft gehört, ist nach dem einschlägigen ehelichen Güterrechte zu beurtheilen. § 2008 bezweckt, den Mann dagegen zu schützen, daß seine Rechte in Ansehung des Frauenvermögens durch Versäumung einer nur der Frau gegenüber bestimmten Inventarfrist beeinträchtigt werden. Die Vorschrift gilt auch, wenn der zur Zeit der Bestimmung der Inventarfrist bestehende Güterstand erst nach dem Anfalle der Erbschaft eingetreten ist. Die Wirksamkeit einer vor Eintritt des Güterstandes der Frau — etwa vor ihrer Verheirathung — gesetzten Inventarfrist wird durch den Eintritt eines der in § 2008 erwähnten Güterstände nicht beeinträchtigt.

2. Die Erbschaft gehört zum
a. eingebrachten Gute in den Fällen der §§ 1363, 1521;
b. Gesammtgute in den Fällen des § 1438, vgl. auch § 1440 Abs. 2; §§ 1549 ff.

3. Die Errichtung des Inventars durch den Mann kommt der Frau zu Statten, ohne daß sie es nöthig hat, auf das von dem Manne gelegte Inventar Bezug zu nehmen; vgl. § 2004 Note 1 b α.

4. Abs. 2 beruht auf der fortdauernden Haftung des Mannes für die Gesammtgutsverbindlichkeiten, § 1459.

**§ 2009.** 1. Voraussetzungen der Vermuthung.
a. Die Errichtung eines Inventars. Ob im einzelnen Falle ein Inventar im Sinne des Gesetzes errichtet ist, muß nach den Zwecken, die mit der Inventarerrichtung verfolgt werden, von Fall zu Fall entschieden werden (Prot. V S. 757). Jedenfalls müssen die Erfordernisse der §§ 2002 f. vorliegen.
b. Die Rechtzeitigkeit der Errichtung ist unabhängig von der zwischen dem Erbfalle und der Inventarerrichtung verflossenen Zeit und stets vorhanden, wenn der Erbe nicht wegen Versäumung der Inventarfrist die Beschränkung der Haftung verloren hat (vgl. §§ 1994 ff.).

2. Die Bedeutung der Vermuthung.
a. Die Vermuthung gilt nur im Verhältnisse zwischen dem Erben und dem Nachlaßgläubiger und zwar für und gegen einen jeden von ihnen. Sie gilt nicht im Verhältnisse zwischen dem Erben und dem Erbschaftsbesitzer (§ 2027), zwischen Vorerben und Nacherben (§ 2127), zwischen Erbschaftskäufer und -Verkäufer (§ 2374).
b. Die Vermuthung geht nur dahin, daß nicht andere Nachlaßgegenstände als die angegebenen vorhanden gewesen sind; sie geht nicht dahin, daß die angegebenen Gegenstände auch wirklich zum Nachlasse gehören, unbeschadet einer gegen den Erben aus der im Inventar aufgestellten Behauptung etwa sich ergebenden thatsächlichen Vermuthung.
c. Die Rechtsvermuthung des § 2009 bezieht sich nicht auf die Werthangabe (§ 2001 Abs. 2).

3. Die Widerlegung der Vermuthung (vgl. CPO. § 292) wird nicht dadurch ausgeschlossen, daß das Inventar beschworen ist (vgl. § 2006 Note 7).

73*

10. Oeffentlichkeit d. Inventars.

**§ 2010.** Das Nachlaßgericht hat die Einsicht des Inventars Jedem zu gestatten, der ein rechtliches Interesse glaubhaft macht.

11. Sonderregelung. a. Fiskus als gesetzlicher Erbe.

**§ 2011.** Dem Fiskus als gesetzlichem Erben kann eine Inventarfrist nicht bestimmt werden. Der Fiskus ist den Nachlaßgläubigern gegenüber verpflichtet, über den Bestand des Nachlasses Auskunft zu ertheilen.

b. Nachlaßpfleger und Nachlaßverwalter.

**§ 2012.** Einem nach den §§ 1960, 1961 bestellten Nachlaßpfleger kann eine Inventarfrist nicht bestimmt werden. Der Nachlaßpfleger ist den Nachlaßgläubigern gegenüber verpflichtet, über den Bestand des Nachlasses Auskunft zu ertheilen. Der Nachlaßpfleger kann nicht auf die Beschränkung der Haftung des Erben verzichten.

Diese Vorschriften gelten auch für den Nachlaßverwalter.

12. Bedeutung der unbeschränkten Erbenhaftung.

**§ 2013.** Haftet der Erbe für die Nachlaßverbindlichkeiten unbeschränkt, so finden die Vorschriften der §§ 1973 bis 1975, 1977 bis 1980, 1989 bis 1992 keine Anwendung; der Erbe ist nicht berechtigt, die Anordnung einer Nachlaßverwaltung zu beantragen. Auf eine nach § 1973 oder nach § 1974 eingetretene Beschränkung der Haftung kann sich der Erbe jedoch berufen, wenn später der Fall des § 1994 Abs. 1 Satz 2 oder des § 2005 Abs. 1 eintritt.

---

**§ 2010.** 1. Vgl. FrG. §§ 34, 78, GO. § 11.

2. Gegen die Ablehnung des Gesuchs auf Gestattung der Einsichtnahme ist Beschwerde gemäß FrG. § 19 zulässig.

**§ 2011.** 1. Satz 1 bezweckt den Schutz des Fiskus als gesetzlichen Erben (vgl. § 1936 und Bemerkungen daselbst). Daraus, daß dem Fiskus als gesetzlichem Erben eine Inventarfrist nicht bestimmt werden kann, folgt, daß er das Recht der unbeschränkten Haftung auch nicht durch Versäumung der Inventarfrist verlieren kann. Bei Zwangsvollstreckungen muß der Fiskus wie jeder andere Erbe seine beschränkte Haftung gemäß CPO. §§ 781, 785 (S. 1111) geltend machen. Eines diesbezüglichen Vorbehalts im Urtheile bedarf es hierzu aber nicht, CPO. § 780 Abs. 2 (S. 1111).

2. Die Auskunftspflicht des Satz 2 richtet sich des Näheren nach § 260; der Anspruch auf Auskunftsertheilung ist im Prozesse geltend zu machen. Die Richtertheilung der Auskunft kann einen Schadensersatzanspruch nach allgemeinen Grundsätzen (vgl. § 283 und CPO. § 893) hervorrufen, bewirkt aber nicht, wie die Verweigerung des Offenbarungseides im Falle des § 2006, den Verlust der beschränkten Haftung gegenüber dem andrängenden Gläubiger.

**§ 2012.** 1. Der Nachlaßpfleger (§§ 1960 ff.) und der Nachlaßverwalter (§§ 1975, 1981 ff.) würden an sich als Vertreter des Erben in Ansehung des Nachlasses als berechtigt erachtet werden können, mit Wirkung für die Person des Erben die Inventarfrist ablaufen zu lassen oder auf seine beschränkte Haftung zu verzichten. Durch § 2012 wird dieses Ergebniß im Interesse des Erben ausgeschlossen. Dementsprechend bestimmt CPO. § 780 Abs. 2 (S. 1111), daß die Beschränkung der Haftung in der Zwangsvollstreckung gegen den Erben selbst dann nicht ausgeschlossen wird, wenn ihre Geltendmachung in dem gegen einen Nachlaßverwalter oder einen anderen Nachlaßpfleger ergangenen Urtheile nicht vorbehalten ist.

2. Der in CPO. § 780 Abs. 2 (S. 1111) in gleicher Weise wie Nachlaßverwalter und Nachlaßpfleger erwähnte Testamentsvollstrecker bedurfte der Erwähnung in § 2012 nicht, weil er nach den ihm zugewiesenen Befugnissen ohnehin nicht in der Lage ist, den Erben persönlich zu verpflichten. Vgl. §§ 2205 ff.

**Die Vorschriften der §§ 1977 bis 1980 und das Recht des Erben, die Anordnung einer Nachlaßverwaltung zu beantragen, werden nicht dadurch ausgeschlossen, daß der Erbe einzelnen Nachlaßgläubigern gegenüber unbeschränkt haftet.**

**§ 2013.** I. (Abs. 1.) **Unbeschränkte Haftung gegenüber allen Gläubigern** (§§ 1994 Abs. 1 Satz 2, 2005 Abs. 1).

1. Nachlaßverwaltung und Nachlaßkonkurs.

a. Das Antragsrecht.

α. Der Erbe verliert das Recht, die Anordnung der Nachlaßverwaltung zu beantragen. Das Antragsrecht auf Eröffnung des Nachlaßkonkurses, obwohl für ihn zwecklos, wird ihm belassen (vgl. KO. §§ 216, 217, S. 1122), um nicht von der Entscheidung der zuweilen schwierigen Frage, ob unbeschränkte Haftung eingetreten ist, die Konkurseröffnung abhängig zu machen.

β. Das Antragsrecht der Nachlaßgläubiger wird durch den Eintritt der unbeschränkten Haftung nicht berührt. Ihr Interesse an Nachlaßverwaltung oder Nachlaßkonkurs besteht darin, den Erben und dessen sonstige Gläubiger von dem Nachlasse fernzuhalten. Vgl. § 1981 Abs. 2.

b. Wirkungen der Nachlaßverwaltung und des Nachlaßkonkurses nach Eintritt unbeschränkter Erbenhaftung.

α. Von den mit der Anordnung der Nachlaßverwaltung oder Eröffnung des Nachlaßkonkurses verbundenen Wirkungen fallen fort:

αα. das Recht des Erben, sich während der Nachlaßverwaltung oder des Nachlaßkonkurses oder nach Beendigung des Nachlaßkonkurses durch Vertheilung der Masse oder durch Zwangsvergleich auf die Beschränkung seiner Haftung zu berufen (§§ 1975, 1989);

ββ. die Rückgängigmachung der Aufrechnung, welche ein Nachlaßgläubiger gegen eine nicht zum Nachlasse gehörende Forderung des Erben oder ein Nichtnachlaßgläubiger gegen eine zum Nachlasse gehörende Forderung vorgenommen hat, § 1977. War eine Aufrechnung gemäß § 1977 unwirksam geworden und tritt alsdann die unbeschränkte Haftung des Erben ein, so wird die Aufrechnung wieder wirksam;

γγ. die Verantwortlichkeit und der Aufwendungsanspruch des Erben gegenüber den Nachlaßgläubigern (§§ 1978—1980). Der Erbe haftet mit seinem gesammten Vermögen für die Schulden; er ist aus der Verwaltung des Nachlasses den Gläubigern ebensowenig verantwortlich oder in Ansehung der Aufwendungen erstattungsberechtigt, wie dies irgend ein Schuldner seinen Gläubigern gegenüber auf Grund der Verwaltung seines Vermögens ist;

δδ. der Mangel der Passivlegitimation des Erben (§ 1984 Abs. 1 Satz 2) bzw. die Unzulässigkeit des Zugriffs auf das Vermögen des Erben (KO. § 14); denn von dem Eintritte der unbeschränkten Haftung ab handelt es sich um einen Anspruch nicht allein gegen den Nachlaß, sondern auch gegen den Erben persönlich. Der Gläubiger geht gegen den Erben nicht als Gläubiger des Nachlasses, sondern als persönlicher Gläubiger des Erben vor. Allerdings hat das gegen den Erben persönlich erwirkte Urtheil dem Nachlaßverwalter bzw. dem Konkursverwalter gegenüber keine Wirkung.

β. Von den Wirkungen der Nachlaßverwaltung oder des Nachlaßkonkurses bleiben trotz Eintritts unbeschränkter Erbenhaftung bestehen:

αα. die Wiederaufhebung der Wirkungen der mit dem Erbfall eingetretenen Vereinigung § 1976. Der Erbe kann also im Nachlaßkonkurse die ihm gegen den Erblasser zustehenden Forderungen geltend machen;

ββ. die Verfügungsbeschränkung des Erben in Ansehung der Nachlaß- bzw. der Konkursmasse, § 1984, KO. §§ 6, 7, 8.

γ. Beim Nebeneinanderbestehen des Konkurses über das Vermögen des unbeschränkt haftenden Erben und des Nachlaßkonkurses gewährt KO. § 234 (S. 1127) den Gläubigern des Erben Schutz gegen die Nachlaßgläubiger, welche in beiden Verfahren als Konkursgläubiger auftreten können.

### V. Aufschiebende Einreden.

1. Einreden. a. Dreimonatseinrede.

**§ 2014.** Der Erbe ist berechtigt, die Berichtigung einer Nachlaßverbindlichkeit bis zum Ablaufe der ersten drei Monate nach der Annahme der Erbschaft, jedoch nicht über die Errichtung des Inventars hinaus, zu verweigern.

---

2. Die Einrede der Unzulänglichkeit des Nachlasses aus §§ 1990 bis 1992 steht dem unbeschränkt haftenden Erben nicht zu.

3. Die aufschiebenden Einreden der §§ 2014, 2015, stehen den unbeschränkt haftenden Erben nicht zu § 2016.

4. Gläubigeraufgebot und Säumniß des Gläubigers.

a. Dem unbeschränkt haftenden Erben steht das Antragsrecht für das Gläubigeraufgebot nicht zu CPO. § 991 (S. 1115).

b. Die Beschränkung der Erbenhaftung auf die Bereicherung gegenüber den ausgeschlossenen oder erst fünf Jahre nach dem Erbfalle hervortretenden Gläubiger (§§ 1973, 1974) wird nach Eintritt der unbeschränkten Haftung nicht mehr neu erworben, bleibt aber wenn sie vorher erworben war, bestehen. Planck zu § 1989 Note 4 wendet diese Regelung auch auf den Fall des § 1989 an.

5. Die Zwangsversteigerung des Nachlaßgrundstücks kann von dem unbeschränkt haftenden Erben nicht beantragt werden (Zw. § 175 Abs. 2).

6. Konvaleszenz der Verfügungen des Erblassers über Gegenstände des Erben § 185 Abs. 2.

7. Trotz des Eintritts unbeschränkter Haftung kann sich ein Miterbe dem anderen Miterben und ein Nacherbe dem Vorerben gegenüber auf die Beschränkung der Haftung berufen §§ 2063, 2144.

II. Unbeschränkte Haftung gegenüber einzelnen Gläubigern.

Haftet der Erbe nur einzelnen Gläubigern gegenüber unbeschränkt (Titelvorb. IV. 2. S. 1109), so liegt der Fall, daß der Erbe für die Nachlaßverbindlichkeiten, d. h. für die Nachlaßverbindlichkeiten schlechthin unbeschränkt haftet, nicht vor. Die Rechtsstellung des Erben zu den sonstigen Gläubigern wird dadurch nicht berührt, daß er einzelnen gegenüber unbeschränkt haftet. In Abs. 2 wird zur Vermeidung von Zweifeln hervorgehoben, daß die Anwendbarkeit der §§ 1977—1980 in diesem Falle nicht ausgeschlossen wird (vgl. hierzu Planck zu § 2013 Note 3). Daß die Anwendbarkeit der sonstigen in Abs. 1 erwähnten Vorschriften nicht ausgeschlossen wird, ergiebt sich daraus, daß Abs. 1 den Fall des Abs. 2 nicht trifft.

Zu §§ 2014 f.

Zweck der aufschiebenden Einreden.

Der Erbe ist bis zum Verluste des Rechtes, die Erbschaft auszuschlagen (§§ 1942 ff.), gegen das Andrängen der Nachlaßgläubiger gemäß § 1958 geschützt. Durch die aufschiebenden Einreden der §§ 2914 f. wird dem Erben auch noch nach Annahme der Erbschaft Zeit gegeben, sich über die Verhältnisse des Nachlasses aufzuklären. Er bedarf dieser Aufklärung, um sich in sachgemäßer Weise entscheiden zu können, wie er sich den Nachlaßgläubigern gegenüber zu verhalten hat, ob er insbesondere mit der Berichtigung der Nachlaßverbindlichkeiten selbständig vorgehen kann oder ob er die Anordnung der Nachlaßverwaltung oder des Nachlaßkonkurses zu beantragen hat (vgl. §§ 1978 ff., 1991, Titelvorb. Note VIII. (S. 1110).

**§ 2014.** 1. Der Gläubiger, welcher die Berechtigung der Dreimonatseinrede leugnet, hat nachzuweisen, daß nach der Annahme der Erbschaft (§ 1943) drei Monate verstrichen sind (§§ 187 Abs. 1, 188). Er ist auch erforderlichenfalls dafür beweispflichtig, daß ein Inventar errichtet, d. h. bei dem Nachlaßgericht eingereicht ist (§ 1993). Der Gläubiger kann möglicherweise durch frühzeitige Erwirkung der Bestimmung einer Inventarfrist die Dreimonatsfrist abkürzen vgl. § 1994 Note I. 2d.

2. Die rechtliche Natur und die Wirkung des dem Erben gewährten Schutzes.

b. Einrede des beantragten Gläubigeraufgebots.

**§ 2015.** Hat der Erbe den Antrag auf Erlassung des Aufgebots der Nachlaßgläubiger innerhalb eines Jahres nach der Annahme der Erbschaft gestellt und ist der Antrag zugelassen, so ist der Erbe berechtigt, die Berichtigung einer Nachlaßverbindlichkeit bis zur Beendigung des Aufgebotsverfahrens zu verweigern.

Der Beendigung des Aufgebotsverfahrens steht es gleich, wenn der Erbe in dem Aufgebotstermine nicht erschienen ist und nicht binnen zwei Wochen die Bestimmung eines neuen Termins beantragt oder wenn er auch in dem neuen Termine nicht erscheint.

Wird das Ausschlußurtheil erlassen oder der Antrag auf Erlassung des Urtheils zurückgewiesen, so ist das Verfahren nicht vor dem Ablauf einer mit der Verkündung der Entscheidung beginnenden Frist von zwei Wochen und nicht vor der Erledigung einer rechtzeitig eingelegten Beschwerde als beendigt anzusehen.

---

a. Die Wirkung der Einrede ist eine materiell-rechtliche, insbesondere kommt der Erbe durch die Nichtberichtigung der Verbindlichkeit nicht in Verzug.

b. Die Einrede hemmt nur die Verpflichtung des Erben zur Berichtigung. Dagegen hemmt die Einrede prozeßrechtlich weder die klageweise Belangung noch die Verurtheilung des Erben. Die Einrede hindert nur die Durchführung der Zwangsvollstreckung (Auszahlung des Geldes, Versteigerung der gepfändeten Sache) und gehört deshalb auch zu denjenigen Einreden, welche die Verjährung des Anspruchs, dem sie gegenüber stehen, nicht hemmen § 202 Abs. 2.

***CPO. § 305.*** *Durch die Geltendmachung der dem Erben nach den §§ 2014, 2015 des Bürgerlichen Gesetzbuchs zustehenden Einreden wird eine unter dem Vorbehalte der beschränkten Haftung ergehende Verurtheilung des Erben nicht ausgeschlossen.*

*Das Gleiche gilt für die Geltendmachung der Einreden, die im Falle der fortgesetzten Gütergemeinschaft dem überlebenden Ehegatten nach dem § 1489 Abs. 2 und den §§ 2014, 2015 des Bürgerlichen Gesetzbuchs zustehen.*

***CPO. § 782.*** *Der Erbe kann auf Grund der ihm nach den §§ 2014, 2015 des Bürgerlichen Gesetzbuchs zustehenden Einreden nur verlangen, dass die Zwangsvollstreckung für die Dauer der dort bestimmten Fristen auf solche Massregeln beschränkt wird, die zur Vollziehung eines Arrestes zulässig sind. Wird vor dem Ablaufe der Frist die Eröffnung des Nachlasskonkurses beantragt, so ist auf Antrag die Beschränkung der Zwangsvollstreckung auch nach dem Ablaufe der Frist aufrechtzuerhalten, bis über die Eröffnung des Konkursverfahrens rechtskräftig entschieden ist.*

*§ 783. In Ansehung der Nachlassgegenstände kann der Erbe die Beschränkung der Zwangsvollstreckung nach § 782 auch gegenüber den Gläubigern verlangen, die nicht Nachlassgläubiger sind, es sei denn, dass er für die Nachlassverbindlichkeiten unbeschränkt haftet.*

**§ 2015.** 1. Die Einrede des beantragten Gläubigeraufgebots gewährt dem Erben die zur Ermittelung des Schuldenstandes erforderliche Zeit. Gegenüber der Einrede, zu deren Begründung die Stellung und Zulassung des Aufgebotsantrags durch den Erben oder einen Miterben (§§ 1970 ff., CPO. §§ 947, 997) zu behaupten ist, wird der Gläubiger nachzuweisen haben, daß die Annahme der Erbschaft früher als ein Jahr vor der Zulassung des Antrags (CPO. § 947) erfolgt ist. Die Befristung dieser Einrede soll mit Rücksicht darauf, daß die Zulässigkeit des Aufgebotsverfahrens einer zeitlichen Schranke nicht unterliegt, der mißbräuchlichen Verwendung der Einrede zu Verschleppungszwecken entgegentreten.

2. Daß die Einrede nicht mehr besteht, weil das Aufgebotsverfahren beendigt ist, ist Replik des Gläubigers und ihre Voraussetzungen deshalb von ihm zu beweisen.

2. Repliken.
a. Unbeschränkte Erbenhaftung.

**§ 2016.** Die Vorschriften der §§ 2014, 2015 finden keine Anwendung, wenn der Erbe unbeschränkt haftet.

b. Gegenständliche Sicherung der Forderung.

Das Gleiche gilt, soweit ein Gläubiger nach § 1971 von dem Aufgebote der Nachlaßgläubiger nicht betroffen wird, mit der Maßgabe, daß ein erst nach dem Eintritte des Erbfalls im Wege der Zwangsvollstreckung oder der Arrestvollziehung erlangtes Recht sowie eine erst nach diesem Zeitpunkt im Wege der einstweiligen Verfügung erlangte Vormerkung außer Betracht bleibt.

3. Sondervorschrift bei Nachlaßpflegschaft.

**§ 2017.** Wird vor der Annahme der Erbschaft zur Verwaltung des Nachlasses ein Nachlaßpfleger bestellt, so beginnen die im § 2014 und im § 2015 Abs. 1 bestimmten Fristen mit der Bestellung.

## Dritter Titel.
## Erbschaftsanspruch.

---

a. Abs. 2 ist auch nach der neuen Fassung von CPO. § 952 Abs. 2 gegenüber richtig. Da ein Antrag, welcher vor dem Aufgebotstermine schriftlich gestellt oder zum Protokolle des Gerichtsschreibers erklärt worden ist, einem in der Sitzung gestellten Antrage gleichgeachtet wird, muß nothwendigerweise beim Vorliegen eines Antrags der ersteren Art, das Erscheinen des Antragstellers in der Sitzung fingirt werden.

b. (Abs. 3.) Die zweiwöchige Frist des Abs. 3 entspricht der Frist zur Einlegung der sofortigen Beschwerde gegen den Zurückweisungsbeschluß sowie gegen die Beschränkungen und Vorbehalte, welche dem Ausschlußurtheile beigefügt sind (CPO. §§ 952 Abs. 4. 577 Abs. 2).

c. Erscheint der Antragsteller in der Sitzung, ohne Anträge zu stellen, so gilt er nach CPO. § 333 als nicht erschienen.

3. Rechtliche Natur und die Wirkung der Einrede § 2014 Note 2.

**§ 2016.** 1. Abs. 1 versagt die aufschiebenden Einreden der §§ 2014, 2015 bei Nachlaßverbindlichkeiten, für die der Erbe unbeschränkt haftet. Gleichgültig ist, ob der Verlust der Beschränkung allen oder nur einzelnen Nachlaßgläubigern gegenüber eingetreten ist.

2. Abs. 2 versagt die Einreden bei den gegenständlich gesicherten Forderungen, vgl. § 1967 Note IV. 2a. (S. 1114). Vgl. auch KO. § 221 (S. 1123). Insbesondere fällt z. B. hierunter der Anspruch des Vermiethers auf Exmission des Miethers § 1971, KO. § 43.

**§ 2017.** 1. Daß die Einreden der §§ 2014 ff. auch dem Nachlaßpfleger und dem Testamentsvollstrecker zustehen, welche beide nur die Rechte des Erben wahrnehmen, ist als selbstverständlich unausgesprochen geblieben. Das von dem Nachlaßpfleger oder dem Testamentsvollstrecker erwirkte Aufgebot (CPO. § 991) wirkt auch zu Gunsten des Erben, es begründet die Einrede für den Erben, andererseits kann auch der Testamentsvollstrecker und Nachlaßpfleger jede dem Erben zustehende Einrede geltend machen.

2. Der Nachlaßpfleger ist gesetzlicher Vertreter des Erben d. h. desjenigen, von dem sich herausstellt, daß er Erbe ist. Er beantragt das Aufgebot als gesetzlicher Vertreter und macht die dadurch dem Erben entstehende Einrede aus § 2015 als dessen gesetzlicher Vertreter geltend. Den einzigen Unterschied, daß die Fristen nicht mit der Annahme der Erbschaft, sondern mit der Bestellung des Pflegers beginnen, bringt § 2017 zum Ausdrucke.

3. Daß die Frist mit der Bestellung des Pflegers beginnt, gilt nicht nur für den Pfleger, sondern auch für den Erben. Der Erbe, welcher die Erbschaft von seinem gesetzlichen Vertreter übernimmt, muß den Ablauf der Frist, soweit dieser gegen den gesetzlichen Vertreter erfolgt ist, gegen sich gelten lassen.

Vorbemerkung zum 3. Titel.

Ohne die besonderen Vorschriften der §§ 2018 ff. würde sich das Rechtsverhältniß des Erben zu dem Erbschaftsbesitzer folgendermaßen gestalten:

**§ 2018.** Der Erbe kann von Jedem, der auf Grund eines ihm in Wirklichkeit nicht zustehenden Erbrechts etwas aus der Erbschaft erlangt hat (Erbschaftsbesitzer), die Herausgabe des Erlangten verlangen.

I. Erbschaftsanspruch des Erben.
1. Herausgabeanspruch.
a. Parteien.

---

a. Der Erbe könnte gegen denjenigen, der sein Erbrecht bestreitet, beim Vorliegen der in CPO. § 256 gegebenen Voraussetzungen die Feststellungsklage auf Anerkennung seines Erbrechts erheben.

b. Der Erbe wäre darauf angewiesen, die einzelnen auf ihn als Theile der Erbschaft übergegangenen Rechte (§ 1922) mittelst der einzelnen aus ihnen sich ergebenden Klageansprüche (Singularklagen) geltend zu machen, vgl. § 2029.

c. Der Erbschaftsbesitzer würde in Ansehung der einzelnen von ihm besessenen Erbschaftssachen nach den für den Eigenthumsanspruch geltenden Vorschriften (§§ 985 ff.) haften.

d. Eine Auskunfts- oder Offenbarungspflicht des Erbschaftsbesitzers würde nicht bestehen.

2. Durch die Aufnahme des Erbschaftsanspruchs (hereditatis petitio) als eines einheitlich zu beurtheilenden Gesammtanspruchs (vgl. § 2018 Note 2) wird eine dem besonderen zwischen dem Erben und Erbschaftsbesitzer bestehenden Rechtsverhältnisse mehr entsprechende Regelung eingeführt.

3. Es wird eine besondere Offenbarungspflicht nicht nur dem Erbschaftsbesitzer, sondern auch dem Besitzer von Erbschaftssachen und dem Hausgenossen des Erblassers auferlegt (§§ 2027 f.).

**§ 2018.** 1. Der Erbschaftsanspruch (hereditatis petitio) setzt einen Streit darüber, wer Erbe ist, voraus.

a. Kläger fordert mit der Behauptung, daß er der wahre Erbe sei, von dem Beklagten — dem Erbschaftsbesitzer —, welcher ebenfalls Erbe zu sein behauptet oder von demjenigen, der von dem Erbschaftsbesitzer die Erbschaft erworben hat (§ 2030), Herausgabe desjenigen, was Beklagter aus der Erbschaft erlangt hat. Vgl. § 812 Note B I. Anspruch des wirklichen Erben gegen den Besitzer eines unrichtigen Erbscheins § 2362.

b. Die Voraussetzungen des Erbschaftsanspruchs können auch gegeben sein, wenn ein Streit zwischen dem Vorerben und dem Nacherben darüber besteht, ob der Fall der Nacherbfolge eingetreten ist, vgl. § 2139.

2. Die Klage ist eine Universalklage.

Das, was von dem Beklagten aus der Erbschaft erlangt ist, wird als ein einheitlicher Vermögensinbegriff betrachtet (§ 90 Note III. 4 a β). Beklagt wird nicht, wie beim Eigenthumsanspruche (vgl. § 985 Note 3 a) auf Herausgabe der einzelnen Gegenstände, sondern auf Herausgabe derselben als Theilen der Erbschaft, vgl. §§ 2019, 2022.

3. Klage.

a. Kläger braucht nur nachzuweisen, daß er Erbe ist (gleichgültig, ob gesetzlicher Erbe, Testaments-, Vertragserbe, Miterbe § 1922 Abs. 2) und was der Erbschaftsbesitzer zu irgend einer Zeit aus der Erbschaft erlangt hat. Diesem Nachweise gegenüber muß Beklagter den Wegfall der Bereicherung beweisen.

b. Der Erbschaftsanspruch ist nach allgemeinen Grundsätzen übertragbar, so daß auch der Erbe des Erben, sowie sein Singularsuccessor, dem der Erbschaftsanspruch abgetreten ist (z. B. der Erbschaftskäufer), als Kläger auftreten können.

c. Der Klageantrag muß nach CPO. § 253 Ziffer 2 eine bestimmte Angabe derjenigen Gegenstände, deren Herausgabe verlangt wird, enthalten. Nach CPO. § 254 (Bd. I S. 188) kann bei Verbindung der Klage auf Herausgabe mit der Klage auf Vorlegung eines Vermögensverzeichnisses und auf Leistung des Offenbarungseides (§§ 260, 2027) die bestimmte Angabe der herauszugebenden Gegenstände vorbehalten bleiben.

5. Gerichtsstand für den Erbschaftsanspruch CPO. § 27.

b. Umfang. α. Surrogation.

**§ 2019.** Als aus der Erbschaft erlangt gilt auch, was der Erbschaftsbesitzer durch Rechtsgeschäft mit Mitteln der Erbschaft erwirbt.

Die Zugehörigkeit einer in solcher Weise erworbenen Forderung zur Erbschaft hat der Schuldner erst dann gegen sich gelten zu lassen, wenn er von der Zugehörigkeit Kenntniß erlangt; die Vorschriften der §§ 406 bis 408 finden entsprechende Anwendung.

β. Nutzungen.

**§ 2020.** Der Erbschaftsbesitzer hat dem Erben die gezogenen Nutzungen herauszugeben; die Verpflichtung zur Herausgabe erstreckt sich auch auf Früchte, an denen er das Eigenthum erworben hat.

c. Uebergang in den Bereicherungsanspruch.

**§ 2021.** Soweit der Erbschaftsbesitzer zur Herausgabe außer Stande ist, bestimmt sich seine Verpflichtung nach den Vorschriften über die Herausgabe einer ungerechtfertigten Bereicherung.

---

**§ 2019.** 1. Außer den in § 2019 erwähnten Surrogaten (vgl. Note 2) gehören zu dem aus der Erbschaft Erlangten insbesondere:

a. die im Besitze des Erblassers zur Zeit des Erbfalls befindlich gewesenen Sachen (vgl. § 857; § 812 Note B. I. 1);

b. Gegenstände, welche auf Grund eines zur Erbschaft gehörenden Rechtes oder als Ersatz für die Zerstörung, Beschädigung oder Entziehung eines Erbschaftsgegenstandes erworben werden. Die Nichterwähnung dieser Gegenstände in § 2019 (vgl. mit §§ 2041, 2111) erklärt sich daraus, daß sich die Herausgabepflicht in Ansehung derselben schon aus den hier anwendbaren Vorschriften über die ungerechtfertigte Bereicherung (§ 818 Abs. 1) ergiebt.

2. (Abs. 1.) Die Surrogation des § 2019 tritt mit dinglicher Wirkung ein. Es besteht nicht nur ein Anspruch des Erben gegen den Erbschaftsbesitzer auf Uebertragung der Surrogate, sondern diese Surrogate werden unmittelbar mit der Vornahme derjenigen Handlung des Erbschaftsbesitzers, welche, wenn sie von dem Erben vorgenommen würde, den Rechtserwerb in seiner Person begründen würde, Bestandtheil der Erbschaft. Dies ist von besonderer Wichtigkeit wegen des demnach dem Erben im Konkurse des Erbschaftsbesitzers zustehenden Aussonderungsrechts. Ist die zum Zwecke der Befriedigung eines zur Erbschaft gehörigen Anspruchs an den Erbschaftsbesitzer gemachte Leistung dem Erben gegenüber wirksam, so ist das Geleistete mit Mitteln der Erbschaft — Befreiung des Schuldners von der Forderung — erworben. Ist dagegen die Leistung dem Erben gegenüber unwirksam (vgl. Abs. 2), so besteht die Forderung des Erben fort und das Geleistete fällt nicht in die Erbschaft (Prot. Bd. VI S. 316). Inwieweit in solchem Falle dem Leistenden gegen den Erbschaftsbesitzer Ansprüche aus der ungerechtfertigten Bereicherung zustehen, richtet sich nach §§ 812 ff.

3. (Abs. 2.) Gutgläubige Dritte, welche von dem Erbschaftsbesitzer zu der Erbschaft gehörige Surrogate erwerben, sind, soweit bewegliche Sachen oder Grundstücke in Frage stehen, durch die allgemeinen Vorschriften über den Schutz gutgläubigen Erwerbes geschützt (vgl. Bd. I S. 45 Note 5 c). Bezüglich der Forderungen wird das Prinzip der §§ 406—408 auf den Fall der Surrogation übertragen. Die entsprechende Anwendung dieser Vorschriften hat in der Weise zu geschehen, daß an die Stelle des bisherigen Gläubigers der Erbschaftsbesitzer, an die Stelle des neuen Gläubigers der Erbe tritt.

**§ 2020.** 1. Die Nutzungen (§§ 99, 100) fallen dem Erben nicht dinglich an; vielmehr ist der gutgläubige Erbschaftsbesitzer (vgl. §§ 2023—2025) nur zur Herausgabe verpflichtet. Der gutgläubige Erbschaftsbesitzer kann also nicht nur seine Verwendungen einschließlich der Gewinnungskosten (§ 102) in Abzug bringen (§ 2022), sondern auch einwenden, daß er aus den Nutzungen nicht mehr bereichert sei (§ 2021).

2. Zum zweiten Halbsatz vgl. §§ 955; 987 ff., 993.

**§ 2021.** Ungerechtfertigte Bereicherung vgl. §§ 812 ff., insbesondere § 818

d. Gegenanspruch wegen Verwendungen.

**§ 2022.** Der Erbschaftsbesitzer ist zur Herausgabe der zur Erbschaft gehörenden Sachen nur gegen Ersatz aller Verwendungen verpflichtet, soweit nicht die Verwendungen durch Anrechnung auf die nach § 2021 herauszugebende Bereicherung gedeckt werden. Die für den Eigenthumsanspruch geltenden Vorschriften der §§ 1000 bis 1003 finden Anwendung.

Zu den Verwendungen gehören auch die Aufwendungen, die der Erbschaftsbesitzer zur Bestreitung von Lasten der Erbschaft oder zur Berichtigung von Nachlaßverbindlichkeiten macht.

Soweit der Erbe für Aufwendungen, die nicht auf einzelne Sachen gemacht worden sind, insbesondere für die im Abs. 2 bezeichneten Aufwendungen, nach den allgemeinen Vorschriften in weiterem Umfang Ersatz zu leisten hat, bleibt der Anspruch des Erbschaftsbesitzers unberührt.

e. Einfluß der Rechtshängigkeit.

**§ 2023.** Hat der Erbschaftsbesitzer zur Erbschaft gehörende Sachen herauszugeben, so bestimmt sich von dem Eintritte der Rechtshängigkeit an der Anspruch des Erben auf Schadensersatz, wegen Verschlechterung, Unterganges oder einer aus einem anderen Grunde eintretenden Unmöglichkeit der Herausgabe nach den Vorschriften, die für das Verhältniß zwischen dem Eigenthümer und dem Besitzer von dem Eintritte der Rechtshängigkeit des Eigenthumsanspruchs an gelten.

Das Gleiche gilt von dem Anspruche des Erben auf Herausgabe oder Vergütung von Nutzungen und von dem Anspruche des Erbschaftsbesitzers auf Ersatz von Verwendungen.

f. Einfluß d. Schlechtgläubigkeit d. Erbschaftsbesitzers.

**§ 2024.** Ist der Erbschaftsbesitzer bei dem Beginne des Erbschaftsbesitzes nicht in gutem Glauben, so haftet er so, wie wenn der Anspruch des Erben zu dieser Zeit rechtshängig geworden wäre. Erfährt der Erbschaftsbesitzer später, daß er nicht Erbe ist, so haftet er in gleicher Weise von der Erlangung der Kenntniß an. Eine weitergehende Haftung wegen Verzugs bleibt unberührt.

---

**§ 2022.** 1. Die Vorschrift des § 2022 bezieht sich nur auf den gutgläubigen Erbschaftsbesitzer bis zur Rechtshängigkeit (vgl. §§ 2023, 2024).

2. Der gutgläubige Erbschaftsbesitzer kann Ersatz aller (auch der nicht nothwendigen oder den Werth erhöhenden, vgl. §§ 994—996) Verwendungen beanspruchen. Als Verwendung gilt namentlich auch (Abs. 2) die Tilgung von Nachlaßverbindlichkeiten, selbst wenn sie erst für den Erben aus dem Erbfall entstanden ist (§ 1967 Abs. 2).

3. Insoweit die Verwendungen nicht durch die Bereicherung gedeckt werden, steht dem Erbschaftsbesitzer ein Zurückbehaltungsrecht zu. Wegen der Geltendmachung des Verwendungsanspruchs vgl. §§ 1000—1003.

**§ 2023.** 1. Durch die Fassung: „hat der Erbschaftsbesitzer zur Erbschaft gehörende Sachen herauszugeben" wird klargestellt, daß sich die Bestimmung des § 2023 nur auf den dinglichen Theil des Erbschaftsanspruchs bezieht. Die anwendbaren Vorschriften enthalten

a. zu Abs. 1 § 989.

b. zu Abs. 2 §§ 987, 994 Abs. 2, 995, 996.

2. Für den Bereicherungsanspruch (§ 2021) kommen von der Rechtshängigkeit ab die §§ 818 Abs. 4, 291, 292, 987 ff. zur Anwendung.

**§ 2024.** 1. Die Vorschrift überträgt (im Gegensatze zu § 819) die Grund-

g. Erlangung d. Erbschaftsgegenstandes durch strafbare Handlungen od. verbotene Eigenmacht.

**§ 2025.** Hat der Erbschaftsbesitzer einen Erbschaftsgegenstand durch eine strafbare Handlung oder eine zur Erbschaft gehörende Sache durch verbotene Eigenmacht erlangt, so haftet er nach den Vorschriften über den Schadensersatz wegen unerlaubter Handlungen. Ein gutgläubiger Erbschaftsbesitzer haftet jedoch wegen verbotener Eigenmacht nach diesen Vorschriften nur, wenn der Erbe den Besitz der Sache bereits thatsächlich ergriffen hatte.

h. Einwendung der Ersitzung einzelner Erbschaftssachen.

**§ 2026.** Der Erbschaftsbesitzer kann sich dem Erben gegenüber, solange nicht der Erbschaftsanspruch verjährt ist, nicht auf die Ersitzung einer Sache berufen, die er als zur Erbschaft gehörend im Besitze hat.

---

sätze des Eigenthumsanspruchs (§ 990) auf den Erbschaftsanspruch, gleichviel ob derselbe dinglicher oder persönlicher Natur ist.

a. Der Erbschaftsbesitzer ist bei dem Beginne des Erbschaftsbesitzes nicht im guten Glauben (§ 932 Abs. 2), wenn ihm bekannt war oder in Folge grober Fahrlässigkeit unbekannt war, daß die Erbschaft ihm nicht angefallen ist. Im Uebrigen vgl. zu § 932 Note 4.

b. Zu einer späteren Zeit besteht eine Erkundigungspflicht des Erbschaftsbesitzers nicht. Es ist positive Kenntniß — nicht bloß Kennenmüssen — des Rechtsmangels erforderlich.

2. Verzugswirkungen treten gegen den gutgläubigen Erbschaftsbesitzer nicht ein. Der Anspruch gegen diesen ist erschöpfend in §§ 2020 ff. geregelt. Vgl. § 990 Note 2. Gegen den schlechtgläubigen Erbschaftsbesitzer kann die Verzugswirkung namentlich in seiner Schadensersatzpflicht aus § 286 bestehen.

**§ 2025.** 1. Die Vorschrift bezieht sich nicht nur auf den Erwerb von Nachlaßsachen (§ 90), sondern auch auf die Erlangung von Nachlaßgegenständen überhaupt. Die Erlangung muß durch den Erbschaftsbesitzer als solchen, d. h. auf Grund eines ihm in Wirklichkeit nicht zustehenden Erbrechts erfolgt sein.

2. Im Falle einer strafbaren Handlung tritt Haftung gemäß § 823 ff. ein.

3. Verbotene Eigenmacht (§ 858) liegt, da nach § 857 der Besitz auf den Erben kraft Gesetzes übergeht, immer vor, wenn der Erbschaftsbesitzer ohne Zustimmung des Erben Sachen aus dem Nachlaß an sich genommen hat, gleichviel ob der Erbe bereits thatsächlich von dem Nachlasse Besitz ergriffen hatte oder nicht. Die Haftung des gutgläubigen (§ 2024 Note 1a) Erbschaftsbesitzers wegen verbotener Eigenmacht soll auf Grund des § 2025 nur eintreten, wenn der Erbe den Besitz der Sache bereits thatsächlich ergriffen hatte.

4. Daß die Haftung wegen verbotener Eigenmacht auf Grund des § 2025 nur bei Vorliegen von Verschulden eintritt, ergiebt sich aus der Verweisung auf die Vorschriften über Schadensersatz wegen unerlaubter Handlungen (§§ 823 ff.).

**§ 2026.** 1. Der Erbschaftsanspruch verjährt gemäß §§ 194 ff., 195 in dreißig Jahren. Die Ersitzung der einzelnen Sachen würde sich nach §§ 937 ff. in zehn Jahren vollenden. § 2026 schließt aus, daß der Erbschaftsbesitzer gegenüber dem unverjährten Erbschaftsanspruche sich auf die Ersitzung der einzelnen Sachen berufen kann.

2. Die Beschränkung des § 2026 bezieht sich nur auf das Verhältniß des Erbschaftsbesitzers zum Erben, nicht zu Dritten. Diesen gegenüber unterliegt die Ersitzung den gewöhnlichen Vorschriften.

3. Die zu Gunsten eines Erbschaftsbesitzers verstrichene Ersitzungszeit kommt dem Erben zu Statten, § 944.

2. Anspruch d. Erben auf Auskunftsertheilung
a. gegen den Erbschaftsbesitzer.

**§ 2027.** Der Erbschaftsbesitzer ist verpflichtet, dem Erben über den Bestand der Erbschaft und über den Verbleib der Erbschaftsgegenstände Auskunft zu ertheilen.

b. gegen d. Sachbesitzer.

Die gleiche Verpflichtung hat, wer, ohne Erbschaftsbesitzer zu sein, eine Sache aus dem Nachlaß in Besitz nimmt, bevor der Erbe den Besitz thatsächlich ergriffen hat.

c. gegen die Hausgenossen d. Erblassers.

**§ 2028.** Wer sich zur Zeit des Erbfalls mit dem Erblasser in häuslicher Gemeinschaft befunden hat, ist verpflichtet, dem Erben auf Verlangen Auskunft darüber zu ertheilen, welche erbschaftliche Geschäfte er geführt hat und was ihm über den Verbleib der Erbschaftsgegenstände bekannt ist.

Besteht Grund zu der Annahme, daß die Auskunft nicht mit der erforderlichen Sorgfalt ertheilt worden ist, so hat der Verpflichtete auf Verlangen des Erben den Offenbarungseid dahin zu leisten:

daß er seine Angaben nach bestem Wissen so vollständig gemacht habe, als er dazu im Stande sei.

Die Vorschriften des § 259 Abs. 3 und des § 261 finden Anwendung.

3. Einzelansprüche des Erben.

**§ 2029.** Die Haftung des Erbschaftsbesitzers bestimmt sich auch gegenüber den Ansprüchen, die dem Erben in Ansehung der einzelnen Erbschaftsgegenstände zustehen, nach den Vorschriften über den Erbschaftsanspruch.

4. Veräußerung d. Erbschaft d. d. Erbschaftsbesitzer.

**§ 2030.** Wer die Erbschaft durch Vertrag von einem Erbschaftsbesitzer erwirbt, steht im Verhältnisse zu dem Erben einem Erbschaftsbesitzer gleich.

---

**§ 2027.** 1. Auskunftspflicht, Verpflichtung zur Leistung des Offenbarungseides § 260. Vgl. hinsichtlich des durch Erbschein legitimirten Nichterben § 2362 Abs. 2.

2. Die Auskunftspflicht über den Verbleib der Erbschaftsgegenstände umfaßt nicht nur den örtlichen, sondern auch den wirthschaftlichen Verbleib und kommt somit auf die Rechenschaftspflicht des § 259 hinaus.

3. Ueber die Verbindung des Anspruchs auf Auskunftsertheilung und Offenbarung mit der Klage auf Herausgabe CPO. § 254 (Bd. I S. 138).

4. Abs. 2 vgl. § 857.

**§ 2028.** 1. Vgl. wegen dieser Auskunftspflicht RG. 8 165. — Die Bezugnahme auf § 259 Abs. 3 schließt die Eidespflicht bei Angelegenheiten von geringer Bedeutung aus; § 261 giebt Vorschriften über die Zuständigkeit des Gerichts, über die Abnahme des Offenbarungseides und über die Kosten; vgl. auch bei § 261 die Vorschrift CPO. § 889 und FrG. § 163.

**§ 2029.** 1. Wenn der Erbe, der die Wahl zwischen Erbschaftsklage und Einzelklagen in Ansehung der einzelnen Gegenstände hat, die Einzelklage anstellt, so hat, ohne daß es einer diesbezüglichen Einwendung des Beklagten bedarf, die Beurtheilung nach den Vorschriften über den Erbschaftsanspruch einzutreten. Hieraus ergiebt sich aber nicht ein selbständiges, von Amtswegen sich geltend machendes Untersuchungsrecht des Gerichts. Vielmehr ist die Vorschrift des § 2029 nur anwendbar, wenn der durch die Anführungen der Parteien dem Gericht unterbreitete Thatbestand ergiebt, daß die Voraussetzungen des Erbschaftsanspruchs vorliegen (vgl. S. 102 Note 4c).

2. Gutgläubiger Erwerb von einem durch Erbschein legitimirten Nichterben § 2366.

**§ 2030.** Erwerb einer Erbschaft durch Kauf oder sonstigen Vertrag vgl. §§ 2371 ff., 2385.

II. Anspruch des Vermögensforderers, dessen Tod mit oder ohne Todeserklärung zu Unrecht angenommen ist.

**§ 2031.** Ueberlebt eine für todt erklärte Person den Zeitpunkt, der als Zeitpunkt ihres Todes gilt, so kann sie die Herausgabe ihres Vermögens nach den für den Erbschaftsanspruch geltenden Vorschriften verlangen. Solange der für todt Erklärte noch lebt, wird die Verjährung seines Anspruchs nicht vor dem Ablauf eines Jahres nach dem Zeitpunkte vollendet, in welchem er von der Todeserklärung Kenntniß erlangt.

Das Gleiche gilt, wenn der Tod einer Person ohne Todeserklärung mit Unrecht angenommen worden ist.

## Vierter Titel.

## Mehrheit von Erben.

### I. Rechtsverhältniß der Erben unter einander.

1. Die Erbengemeinschaft bis zur Auseinandersetzung.

**§ 2032.** Hinterläßt der Erblasser mehrere Erben, so wird der Nachlaß gemeinschaftliches Vermögen der Erben.

Bis zur Auseinandersetzung gelten die Vorschriften der §§ 2033 bis 2041.

---

**§ 2031.** 1. Todeserklärung §§ 13 ff. Vgl. wegen des Schutzes Dritter und bei Ertheilung eines Erbscheins § 2370.

a. Unter § 2031 fallen nur die Fälle, in denen der für todt Erklärte den anzunehmenden Todeszeitpunkt (§ 18) überlebt. Ist er bereits früher gestorben, so hat der wahre Erbe den Erbschaftsanspruch aus §§ 2018 ff.

b. Die Hemmung der Verjährung tritt nur dem für todt Erklärten selbst, nicht auch seinem Erben gegenüber ein („so lange er lebt"). Wegen der Ersitzung vgl. § 2026.

2. Fälle der Annahme des Todes einer Person ohne Todeserklärung können vorkommen in Folge unrichtiger Sterbeurkunden, aber auch ohne solche namentlich, wenn Verschollenheit vorliegt und die Verhältnisse des Nachlasses, der etwa nur aus Mobilien besteht, eine Todeserklärung entbehrlich erscheinen lassen. Auch der Fall, daß das Todeserklärungsurtheil in Folge Anfechtungsklage aufgehoben wird, ist unter Abs. 2 zu rechnen. CPO. §§ 957 f., 973 ff.

Vorbemerkung zum 4. Titel.

Die allgemeine Vorschrift des § 1922 Abs. 2, nach welcher auf den Antheil eines Miterben (Erbtheil) die sich auf die Erbschaft beziehenden Vorschriften Anwendung finden, werden im vierten Titel nach zwei Richtungen ergänzt.

1. Die §§ 2032—2057 regeln das Gemeinschaftsverhältniß, in welches die Erben zu einander treten. Bis zur Auseinandersetzung (§§ 2042 ff.) besteht Gemeinschaft zur gesammten Hand (§§ 2038, 2040; vgl. Bd. I S. 328 Note 4). Der Zweck, welchem die Gemeinschaft dient, ist die Berichtigung der Nachlaßschulden. Die Erbengemeinschaft hat die Besonderheit, daß der Miterbe zwar auch nicht über seinen Antheil an den einzelnen Nachlaßgegenständen, wohl aber über seinen Antheil an der Gemeinschaft verfügen kann (vgl. § 2033 Note 1), daß den anderen Miterben indeß ein gesetzliches Vorkaufsrecht in Ansehung dieses Antheils zusteht. Vgl. §§ 2033 ff.

2. Die §§ 2058—2063 regeln das Verhältniß zwischen dem Erben und den Nachlaßgläubigern auf der Grundlage der gesammtschuldnerischen Haftung.

**§ 2032.** 1. Die Vorschrift des § 2032 schließt für die Erbengemeinschaft die Anwendung der allgemeinen Vorschrift des § 741 (Gemeinschaft nach Bruchtheilen) aus.

2. Gemeinschaftliches Vermögen der Miterben vgl. § 718 und § 741 Note 2.

3. Die Eintragung im Grundbuch als Erbengemeinschaft vgl. GO. § 48, Bd. I S. 461.

4. Mitbesitz der Miterben § 857; Besitzschutz der Miterben gegen einander § 866.

**§ 2033.** Jeder Miterbe kann über seinen Antheil an dem Nachlasse verfügen. Der Vertrag, durch den ein Miterbe über seinen Antheil verfügt, bedarf der gerichtlichen oder notariellen Beurkundung. — a. Verfügung über den Antheil an α. dem Nachlasse.

Ueber seinen Antheil an den einzelnen Nachlaßgegenständen kann ein Miterbe nicht verfügen. — β. den einzelnen Nachlaßgegenständen.

**§ 2034.** Verkauft ein Miterbe seinen Antheil an einen Dritten, so sind die übrigen Miterben zum Vorkaufe berechtigt. — b. Vorkaufsrecht der Miterben bei Verkauf des Antheils.

Die Frist für die Ausübung des Vorkaufsrechts beträgt zwei Monate. Das Vorkaufsrecht ist vererblich. — α. Ausübungsfrist.

**§ 2035.** Ist der verkaufte Antheil auf den Käufer übertragen, so können die Miterben das ihnen nach § 2034 dem Verkäufer gegenüber zustehende Vorkaufsrecht dem Käufer gegenüber ausüben. Dem Verkäufer gegenüber erlischt das Vorkaufsrecht mit der Uebertragung des Antheils. — β. Ausübung.

Der Verkäufer hat die Miterben von der Uebertragung unverzüglich zu benachrichtigen.

**§ 2036.** Mit der Uebertragung des Antheils auf die Miterben wird der Käufer von der Haftung für die Nachlaßverbindlichkeiten — γ. Haftung d. Antheilskäufers.

---

**§ 2033.** 1. Die bei den anderen Fällen der Gemeinschaft zur gesammten Hand (§§ 719, 1442, 1471) ausgeschlossene Möglichkeit der Verfügung über den Antheil als solchen ist mit Rücksicht auf die besonderen Verhältnisse der Erbengemeinschaft gewährt.

Erforderniß vormundschaftsgerichtlicher Genehmigung zur Verfügung des gesetzlichen Vertreters eines Miterben über den Antheil an der Erbschaft §§ 1643 Abs. 1, 1822 Ziffer 1.

2. Die Vorschrift des § 2033 Abs. 1 Satz 2 betrifft nur die Form des dinglichen Vertrags, während für den obligatorischen Vertrag §§ 2371, 2385 maßgebend sind. Uebrigens ist die dingliche Verfügung über die Gesammterbschaft durch den Einzelerben nicht zugelassen (§ 2374).

3. Zwangsvollstreckung

a. in den Antheil CPO. § 859 Abs. 2 (S. 335); vgl. § 2059 Note 1. 2aβ.

b. in den Nachlaß CPO. § 747.

*CPO. § 747. Zur Zwangsvollstreckung in einen Nachlass ist, wenn mehrere Erben vorhanden sind, bis zur Theilung ein gegen alle Erben ergangenes Urtheil erforderlich.*

**§ 2034.** 1. Vgl. Vorb. zu §§ 504 ff. Daselbst auch Note II über Anwendbarkeit der Vorschriften über den obligatorischen Vorkauf (§§ 504 ff.) auf das Vorkaufsrecht der Miterben.

2. Kein Vorkaufsrecht beim Verkaufe des Antheils an einen Miterben. Vgl. auch § 312 Abs. 2 (Vertrag bei Lebzeiten des Erblassers).

3. Das Vorkaufsrecht steht nicht einzelnen Miterben zu, sondern nur den übrigen Miterben gemeinschaftlich.

4. Kein Vorkaufsrecht im Falle der Zwangsvollstreckung und des Konkurses, sondern nur im Falle des Verkaufs (vgl. § 512).

5. Die Ausübungsfrist (vgl. § 510) läuft von der Mittheilung ab.

6. Die Vererblichkeit des Vorkaufsrechts ist eine Abweichung von § 514.

**§ 2035.** 1. Die Uebertragung erfolgt durch die rechtsgeschäftliche Verfügung in der in § 2033 Abs. 1 Satz 2 vorgeschriebenen Form.

2. (Abs. 2.) Die Mittheilung des Käufers ersetzt diejenige des Verkäufers § 510 Abs. 1.

**§ 2036.** Die Haftung des Käufers für die Nachlaßverbindlichkeiten beruht auf §§ 2382 f.

frei. Seine Haftung bleibt jedoch bestehen, soweit er den Nachlaßgläubigern nach den §§ 1978 bis 1980 verantwortlich ist; die Vorschriften der §§ 1990, 1991 finden entsprechende Anwendung.

8. Weitere Uebertragung.

**§ 2037.** Ueberträgt der Käufer den Antheil auf einen Anderen, so finden die Vorschriften der §§ 2033, 2035, 2036 entsprechende Anwendung.

c. Verwaltung des Nachlasses.

**§ 2038.** Die Verwaltung des Nachlasses steht den Erben gemeinschaftlich zu. Jeder Miterbe ist den anderen gegenüber verpflichtet, zu Maßregeln mitzuwirken, die zur ordnungsmäßigen Verwaltung erforderlich sind; die zur Erhaltung nothwendigen Maßregeln kann jeder Miterbe ohne Mitwirkung der anderen treffen.

Die Vorschriften der §§ 743, 745, 746, 748 finden Anwendung. Die Theilung der Früchte erfolgt erst bei der Auseinandersetzung. Ist die Auseinandersetzung auf längere Zeit als ein Jahr ausgeschlossen, so kann jeder Miterbe am Schlusse jedes Jahres die Theilung des Reinertrags verlangen.

d. Legitimation d. Miterben in Ansehung der Nachlaßforderungen.

**§ 2039.** Gehört ein Anspruch zum Nachlasse, so kann der Verpflichtete nur an alle Erben gemeinschaftlich leisten und jeder Miterbe nur die Leistung an alle Erben fordern. Jeder Miterbe kann verlangen, daß der Verpflichtete die zu leistende Sache für alle Erben hinterlegt oder, wenn sie sich nicht zur Hinterlegung eignet, an einen gerichtlich zu bestellenden Verwahrer abliefert.

e. Verfügung über Nachlaßgegenstände.

**§ 2040.** Die Erben können über einen Nachlaßgegenstand nur gemeinschaftlich verfügen.

Gegen eine zum Nachlasse gehörende Forderung kann der Schuldner nicht eine ihm gegen einen einzelnen Miterben zustehende Forderung aufrechnen.

f. Surrogationsprinzip.

**§ 2041.** Was auf Grund eines zum Nachlasse gehörenden Rechtes oder als Ersatz für die Zerstörung, Beschädigung oder Ent-

---

**§ 2037.** § 2033: Erforderniß gerichtlicher oder notarieller Beurkundung des weiteren Uebertragungsvertrags.

§ 2035: Ausübung des dem Miterben zustehenden Vorkaufsrechts gegenüber dem späteren Erwerber.

§ 2036: Vgl. §§ 2385 Abs. 1, 2382, 2383.

**§ 2038.** 1. Gemeinschaftliche Verwaltung (vgl. § 744) erfordert Einstimmigkeit der Miterben. Vgl. indeß die Zulässigkeit von Mehrheitsbeschlüssen nach Abs. 2 in Verbindung mit § 745.

2. Die zitirten Paragraphen betreffen:
- § 743: Früchte und Gebrauch.
- § 745: Stimmenmehrheitsbeschlüsse.
- § 746: Bindende Regelung der Verwaltung und Nutzung.
- § 748: Lasten und Kosten.

3. Berechtigung der einzelnen Miterben zur Beantragung des Nachlaßkonkurses § 205.

**§ 2039.** 1. Vgl. § 432 und RG. 20 318 f.

2. Hinterlegung §§ 372 ff., 383; Bestellung des Verwahrers FrG. § 165 (S. 208).

**§ 2040.** Vgl. § 747. Zu Abs. 2 vgl. §§ 719 Abs. 2, 1442 Abs. 2, 1471 Abs. 2.

ziehung eines Nachlaßgegenstandes oder durch ein Rechtsgeschäft erworben wird, das sich auf den Nachlaß bezieht, gehört zum Nachlasse. Auf eine durch ein solches Rechtsgeschäft erworbene Forderung findet die Vorschrift des 2019 Abs. 2 Anwendung.

**§ 2042.** Jeder Miterbe kann jederzeit die Auseinandersetzung verlangen, soweit sich nicht aus den §§ 2043 bis 2045 ein Anderes ergiebt.

2. Auseinandersetzung. a. Zeit der Auseinandersetzung. α. Allgemein.

Die Vorschriften des § 749 Abs. 2, 3 und der §§ 750 bis 758 finden Anwendung.

---

**§ 2041.** Vgl. § 718 Abs. 3; § 1473.

**§ 2042.** 1. Abs. 1 vgl. § 749 Abs. 1. — Gerichtsstand CPO. § 27.

2. Die in Abs. 3 zitirten Vorschriften:

§ 749 Abs. 2, 3: Beschränkte Wirksamkeit vertragsmäßiger Ausschließung der Auseinandersetzung.

§ 750: Die Vereinbarung der Ausschließung tritt im Zweifel beim Tode eines Miterben außer Kraft.

§ 751: Wirksamkeit der Vereinbarung, daß die Aufhebung der Gemeinschaft ausgeschlossen sein soll, gegen den Sondernachfolger. Pfändung des Antheils.

§§ 752 bis 754: Die Theilung.

§§ 755, 756: Die Berichtigung der Schulden.

§ 757: Gegenseitige Gewährleistung bei der Naturaltheilung.

§ 758: Unverjährbarkeit des Anspruchs auf Aufhebung der Gemeinschaft.

3. Erforderniß vormundschaftsgerichtlicher Genehmigung eines durch einen Vormund geschlossenen Erbauseinandersetzungsvertrags § 1822 Ziffer 2. Vgl. auch im Falle ausländischer Vormundschaft FrG. § 97.

4. Auseinandersetzung durch einen Testamentsvollstrecker § 2204.

5. Auseinandersetzungsverfahren vor dem Nachlaßgerichte FrG. §§ 86—98, 192, 193.

*FG. § 86. Hinterlässt ein Erblasser mehrere Erben, so hat das Nachlassgericht auf Antrag die Auseinandersetzung in Ansehung des Nachlasses zwischen den Betheiligten zu vermitteln, sofern nicht ein zur Bewirkung der Auseinandersetzung berechtigter Testamentsvollstrecker vorhanden ist.*

*Antragsberechtigt ist jeder Miterbe, der Erwerber eines Erbtheils sowie derjenige, welchem ein Pfandrecht oder ein Niessbrauch an einem Erbtheile zusteht.*

*§ 87. In dem Antrage sollen die Betheiligten und die Theilungsmasse bezeichnet werden.*

*Hält das Gericht vor der Verhandlung mit den Betheiligten eine weitere Aufklärung für angemessen, so hat es den Antragsteller zur Ergänzung des Antrags, insbesondere zur Angabe der den einzelnen Betheiligten in Ansehung des Nachlasses zustehenden Ansprüche, zu veranlassen. Es kann dem Antragsteller auch die Beschaffung der Unterlagen aufgeben.*

*§ 88. Einem abwesenden Betheiligten kann, wenn die Voraussetzungen der Abwesenheitspflegschaft vorliegen und eine Pflegschaft über ihn nicht bereits anhängig ist, für das Auseinandersetzungsverfahren von dem Nachlassgericht ein Pfleger bestellt werden. Für die Pflegschaft tritt an die Stelle des Vormundschaftsgerichts das Nachlassgericht.*

*§ 89. Das Gericht hat den Antragsteller und die übrigen Betheiligten, diese unter Mittheilung des Antrags, zu einem Verhandlungstermine zu laden. Die Ladung durch öffentliche Zustellung ist unzulässig. Die Ladung soll den Hinweis darauf enthalten, dass ungeachtet des Ausbleibens eines Betheiligten über die Auseinandersetzung verhandelt werden würde und dass, falls der Termin vertagt oder ein neuer Termin zur Fortsetzung der Verhandlung anberaumt werden sollte, die Ladung zu dem neuen Termin unterbleiben könne. Sind*

§ 2042. *Unterlagen für die Auseinandersetzung vorhanden, so ist in der Ladung zu bemerken, dass die Unterlagen auf der Gerichtsschreiberei eingesehen werden können.*

*§ 90. Die Frist zwischen der Ladung und dem Termine muss mindestens zwei Wochen betragen.*

*Diese Vorschrift findet auf eine Vertagung sowie auf einen Termin zur Fortsetzung der Verhandlung keine Anwendung. In diesen Fällen kann die Ladung der zu dem früheren Termine geladenen Betheiligten durch die Verkündung des neuen Termins ersetzt werden.*

*§ 91. Treffen die erschienenen Betheiligten vor der Auseinandersetzung eine Vereinbarung über vorbereitende Massregeln, insbesondere über die Art der Theilung, so hat das Gericht die Vereinbarung zu beurkunden. Das Gleiche gilt, wenn nur ein Betheiligter erschienen ist, in Ansehung der von diesem gemachten Vorschläge.*

*Sind die Betheiligten sämmtlich erschienen, so hat das Gericht die von ihnen getroffene Vereinbarung zu bestätigen. Dasselbe gilt, wenn die nicht erschienenen Betheiligten ihre Zustimmung zu gerichtlichem Protokoll oder in einer öffentlich beglaubigten Urkunde ertheilen.*

*Ist ein Betheiligter nicht erschienen, so hat das Gericht, sofern er nicht nach Abs. 2 Satz 2 zugestimmt hat, ihm den Inhalt der Urkunde, soweit dieser ihn betrifft, bekannt zu machen und ihn gleichzeitig zu benachrichtigen, dass er die Urkunde auf der Gerichtsschreiberei einsehen und eine Abschrift der Urkunde fordern könne. Die Bekanntmachung muss den Hinweis darauf enthalten, dass, wenn der Betheiligte nicht innerhalb einer von dem Gerichte zu bestimmenden Frist die Anberaumung eines neuen Termins beantrage oder wenn er in dem neuen Termine nicht erscheine, sein Einverständniss mit dem Inhalte der Urkunde angenommen werden würde. Beantragt der Betheiligte rechtzeitig die Anberaumung des neuen Termins und erscheint er in diesem Termine, so ist die Verhandlung fortzusetzen. Anderenfalls hat das Gericht die Vereinbarung zu bestätigen.*

*§ 92. War im Falle des § 91 der Betheiligte ohne sein Verschulden verhindert, die Anberaumung eines neuen Termins rechtzeitig zu beantragen oder in dem neuen Termine zu erscheinen, so ist ihm auf Antrag von dem Gerichte die Wiedereinsetzung in den vorigen Stand zu ertheilen, wenn er binnen zwei Wochen nach der Beseitigung des Hindernisses die Anberaumung eines neuen Termins beantragt und die Thatsachen, welche die Wiedereinsetzung begründen, glaubhaft macht. Eine Versäumung, die in dem Verschulden eines Vertreters ihren Grund hat, wird als eine unverschuldete nicht angesehen. Nach dem Ablauf eines Jahres, von dem Ende der versäumten Frist an gerechnet, kann die Wiedereinsetzung nicht mehr beantragt werden.*

*§ 93. Sobald nach Lage der Sache die Auseinandersetzung stattfinden kann, hat das Gericht einen Auseinandersetzungsplan anzufertigen. Sind die erschienenen Betheiligten mit dem Inhalte des Planes einverstanden, so hat das Gericht die Auseinandersetzung zu beurkunden. Sind die Betheiligten sämmtlich erschienen, so hat das Gericht die Auseinandersetzung zu bestätigen; dasselbe gilt, wenn die nicht erschienenen Betheiligten ihre Zustimmung zu gerichtlichem Protokoll oder in einer öffentlich beglaubigten Urkunde ertheilen.*

*Ist ein Betheiligter nicht erschienen, so hat das Gericht nach § 91 Abs. 3 zu verfahren. Die Vorschriften des § 92 finden entsprechende Anwendung.*

*§ 94. Ist vereinbart, dass eine Vertheilung durch das Loos geschehen soll, so wird das Loos, sofern nicht ein Anderes bestimmt ist, für die nicht erschienenen Betheiligten von einem durch das Gericht zu bestellenden Vertreter gezogen.*

*§ 95. Ergeben sich bei den Verhandlungen Streitpunkte, so ist ein Protokoll darüber aufzunehmen und das Verfahren bis zur Erledigung der Streitpunkte auszusetzen. Soweit bezüglich der unstreitigen Punkte die Aufnahme einer Urkunde ausführbar ist, hat das Gericht nach den §§ 91, 93 zu verfahren.*

*§ 96. Gegen den Beschluss, durch welchen eine vorgängige Vereinbarung*

**§ 2043.** Soweit die Erbtheile wegen der zu erwartenden Geburt eines Miterben noch unbestimmt sind, ist die Auseinandersetzung bis zur Hebung der Unbestimmtheit ausgeschlossen.

β. Unbestimmtheit der Erbtheile.

Das Gleiche gilt, soweit die Erbtheile deshalb noch unbestimmt sind, weil die Entscheidung über eine Ehelichkeitserklärung, über die Bestätigung einer Annahme an Kindesstatt oder über die Genehmigung einer vom Erblasser errichteten Stiftung noch aussteht.

**§ 2044.** Der Erblasser kann durch letztwillige Verfügung die Auseinandersetzung in Ansehung des Nachlasses oder einzelner Nachlaßgegenstände ausschließen oder von der Einhaltung einer Kündigungsfrist abhängig machen. Die Vorschriften des § 749 Abs. 2, 3, der §§ 750, 751 und des § 1010 Abs. 1 finden entsprechende Anwendung.

γ. Anordnung des Erblassers.

---

*oder eine Auseinandersetzung bestätigt, sowie gegen den Beschluss, durch welchen über den Antrag auf Wiedereinsetzung in den vorigen Stand entschieden wird, findet die sofortige Beschwerde statt. Die Beschwerde gegen den Bestätigungsbeschluss kann nur darauf gegründet werden, dass die Vorschriften über das Verfahren nicht beobachtet seien.*

*§ 97. Eine vorgängige Vereinbarung sowie eine Auseinandersetzung ist nach dem Eintritte der Rechtskraft des Bestätigungsbeschlusses für alle Betheiligten in gleicher Weise verbindlich wie eine vertragsmässige Vereinbarung oder Auseinandersetzung.*

*Bedarf ein Betheiligter zur Vereinbarung oder zur Auseinandersetzung der Genehmigung des Vormundschaftsgerichts, so ist, wenn er im Inlande keinen Vormund, Pfleger oder Beistand hat, für die Ertheilung oder die Verweigerung der Genehmigung an Stelle des Vormundschaftsgerichts das Nachlassgericht zuständig.*

*§ 98. Aus einer vorgängigen Vereinbarung sowie aus einer Auseinandersetzung findet nach dem Eintritte der Rechtskraft des Bestätigungsbeschlusses die Zwangsvollstreckung statt. Die Vorschriften der §§ 795, 797 der Civilprozessordnung finden Anwendung.*

***FG.** § 192. Unberührt bleiben die landesgesetzlichen Vorschriften, nach welchen, wenn die Auseinandersetzung in Ansehung eines Nachlasses nicht binnen einer bestimmten Frist bewirkt ist, das Nachlassgericht die Auseinandersetzung von Amtswegen zu vermitteln hat; auf die Auseinandersetzung finden die Vorschriften der §§ 88 bis 98 Anwendung.*

6. Auseinandersetzung bezüglich einer Hypothek-, Grund- oder Rentenschuld vgl. GO. § 37.

***GO.** § 37. Soll bei einer zu einem Nachlasse gehörenden Hypothek, Grundschuld oder Rentenschuld einer von mehreren Erben als neuer Gläubiger eingetragen werden, so genügt zum Nachweise der Erbfolge und der Eintragungsbewilligung der Erben ein Zeugniss des Nachlassgerichts.*

*Das Zeugniss darf nur ausgestellt werden, wenn die Voraussetzungen für die Ertheilung eines Erbscheins vorliegen und die Erklärungen der Erben vor dem Nachlassgerichte zu Protokoll gegeben oder durch öffentliche oder öffentlich beglaubigte Urkunden nachgewiesen sind.*

7. Versteigerung eines Nachlaßgrundstücks Theilungshalber Zw. §§ 180 ff. (S. 346 f.).

**§ 2043.** 1. Abs. 1 vgl. § 1923 Abs. 2; vgl. auch § 1963.

2. Ehelichkeitserklärung § 1733. — Annahme an Kindesstatt § 1753; Stiftung § 84.

3. Beim Ausstehen der Entscheidung über eine nach den Landesgesetzen erforderliche Genehmigung des Erbschaftserwerbes durch eine juristische Person oder durch Religiose. EG. Artt. 86, 87.

74*

Die Verfügung wird unwirksam, wenn dreißig Jahre seit de Eintritte des Erbfalls verstrichen sind. Der Erblasser kann je anordnen, daß die Verfügung bis zum Eintritt eines bestimm Ereignisses in der Person eines Miterben oder, falls er eine Na erbfolge oder ein Vermächtniß anordnet, bis zum Eintritte Nacherbfolge oder bis zum Anfalle des Vermächtnisses gelten Ist der Miterbe, in dessen Person das Ereigniß eintreten soll, juristische Person, so bewendet es bei der dreißigjährigen Frist.

a. Aufschub im Interesse der Theilung d. Haftung.

**§ 2045.** Jeder Miterbe kann verlangen, daß die Auseinan setzung bis zur Beendigung des nach § 1970 zulässigen Aufgeb verfahrens oder bis zum Ablaufe der im § 2061 bestimmten meldungsfrist aufgeschoben wird. Ist das Aufgebot noch beantragt oder die öffentliche Aufforderung nach § 2061 noch erlassen, so kann der Aufschub nur verlangt werden, wenn zügli der Antrag gestellt oder die Aufforderung erlassen wird.

b. Berichtigung der Nachlaßverbindlichkeiten.

**§ 2046.** Aus dem Nachlasse sind zunächst die Nachlaßverbindl keiten zu berichtigen. Ist eine Nachlaßverbindlichkeit noch nicht fällig ist sie streitig, so ist das zur Berichtigung Erforderliche zurückzubeh

Fällt eine Nachlaßverbindlichkeit nur einigen Miterben zur so können diese die Berichtigung nur aus dem verlangen, was i bei der Auseinandersetzung zukommt.

Zur Berichtigung ist der Nachlaß, soweit erforderlich, in G umzusetzen.

c. Theilung des Ueberschusses.

**§ 2047.** Der nach der Berichtigung der Nachlaßverbindlichk verbleibende Ueberschuß gebührt den Erben nach dem Verhält der Erbtheile.

d. Familienpapiere.

Schriftstücke, die sich auf die persönlichen Verhältnisse des Er lassers, auf dessen Familie oder auf den ganzen Nachlaß bezie bleiben gemeinschaftlich.

---

**§ 2044.** 1. Abs. 1 vgl. § 2042. — § 1010 Abs. 1 macht die Wirksam des in Ansehung eines Grundstücks angeordneten Theilungsverbots gege dem Sondernachfolger eines Miterben von grundbuchlicher Eintragung Verbots abhängig. Ob den Miterben die Verpflichtung, sich gegenseitig die tragung des Theilungsverbots zu bewilligen, auferlegt ist, ist Auslegungs
2. Abs. 2 vgl. §§ 2109; 2162 f.; 2210.
3. Die Anordnung des Erblassers ist der Konkursmasse des Mit gegenüber unwirksam. KO. § 16 Abs. 2 (S. 345).

**§ 2045.** 1. Das Gläubigeraufgebot hat über die Wirkungen des § hinaus bei einer Mehrheit von Erben die Wirkung des § 2060 Ziffer Vgl. auch CPO. § 997 (S. 1117).
2. Unverzüglich § 121.

**§ 2046.** Vgl. §§ 2042 Abs. 2, 755; 733 Abs. 1; 1967, 2058. — Vorschrift des § 2046 begründet nur Ansprüche der Miterben gegen eina

**§ 2047.** 1. Zu Abs. 1 vgl. §§ 734, 1476. — Grundbuchlicher Nach der Ueberweisung einer zum Nachlasse gehörenden Hypothek-, Grund- Rentenschuld an einen Miterben zwecks Eintragung GO. § 37 (S. 1167).
2. (Abs. 2.) Bezüglich der in Abs. 2 bezeichneten Schriftstücke bleibt Gemeinschaft — natürlich vorbehaltlich anderweiter Vereinbarung — stehen. Wie mit den gemeinschaftlichen Schriftstücken weiter zu verfahren bestimmt sich nach § 745 Abs. 2.

e. Anordnungen des Erblassers.
α. Auseinandersetzung nach dem billigen Ermessen eines Dritten.

**§ 2048.** Der Erblasser kann durch letztwillige Verfügung Anordnungen für die Auseinandersetzung treffen. Er kann insbesondere anordnen, daß die Auseinandersetzung nach dem billigen Ermessen eines Dritten erfolgen soll. Die von dem Dritten auf Grund der Anordnung getroffene Bestimmung ist für die Erben nicht verbindlich, wenn sie offenbar unbillig ist; die Bestimmung erfolgt in diesem Falle durch Urtheil.

β. Gutsübernahme.

**§ 2049.** Hat der Erblasser angeordnet, daß einer der Miterben das Recht haben soll, ein zum Nachlasse gehörendes Landgut zu übernehmen, so ist im Zweifel anzunehmen, daß das Landgut zu dem Ertragswerth angesetzt werden soll.

Der Ertragswerth bestimmt sich nach dem Reinertrage, den das Landgut nach seiner bisherigen wirthschaftlichen Bestimmung bei ordnungsmäßiger Bewirthschaftung nachhaltig gewähren kann.

8. Ausgleichungspflicht.
a. Voraussetzungen u. Inhalt.
α. Gesetzliche Erbfolge.

**§ 2050.** Abkömmlinge, die als gesetzliche Erben zur Erbfolge gelangen, sind verpflichtet, dasjenige, was sie von dem Erblasser bei dessen Lebzeiten als Ausstattung erhalten haben, bei der Auseinandersetzung unter einander zur Ausgleichung zu bringen, soweit nicht der Erblasser bei der Zuwendung ein Anderes angeordnet hat.

Zuschüsse, die zu dem Zwecke gegeben worden sind, als Einkünfte verwendet zu werden, sowie Aufwendungen für die Vorbildung zu einem Berufe sind insoweit zur Ausgleichung zu bringen, als sie das den Vermögensverhältnissen des Erblassers entsprechende Maß überstiegen haben.

Andere Zuwendungen unter Lebenden sind zur Ausgleichung zu bringen, wenn der Erblasser bei der Zuwendung die Ausgleichung angeordnet hat.

---

**§ 2048.** 1. Der Erblasser kann auf Grund des Satz 1 auch ein schiedsrichterliches Verfahren für die bei der Auseinandersetzung hervortretenden Streitpunkte anordnen, vgl. CPO. § 1048.

2. Billiges Ermessen eines Dritten vgl. § 319; vgl. auch § 2065, ferner RG. 21 190.

3. In eine Theilungsanordnung kann auch ein Vermächtniß (Vorausvermächtniß vgl. § 2150) gekleidet sein.

4. Beschränkung des Pflichttheilsberechtigten durch eine Theilungsanordnung § 2306.

**§ 2049.** 1. Im Zweifel soll als Uebernahmepreis der Ertragswerth im Gegensatze zu dem Verkaufswerth angesetzt werden. Die Vorschrift ist eine agrarpolitische; sie will den Uebernehmer eines Landguts begünstigen, da der Ertragswerth regelmäßig nicht unerheblich hinter dem Verkaufswerthe zurückbleibt. Vgl. hierzu § 2312 Note 2.

2. Zur Berechnung des Ertragswerths vgl. EG. Art. 137. Preuß. AG. z. BGB. Art. 83. Bay. AG. z. BGB. Art. 103. Württ. AG. z. BGB. Artt. 39, 40. Bad. AG. z. BGB. Art. 35; V. z. A. d. BGB. §§ 38—42.

3. Verhältniß zum Pflichttheilsrechte.

a. Beschränkung eines Pflichttheilsberechtigten durch eine Theilungsanordnung § 2306.

b. Berechnung des Pflichttheils § 2312.

**§ 2050.** 1. Maßgeblichkeit des Willens des Erblassers für die Ausgleichungspflicht.

a. Der Wille des Erblassers ist, soweit nicht durch das Pflichttheilsrecht

β. Wegfall eines ausgleichungspflichtigen Abkömmlinges.

**§ 2051.** Fällt ein Abkömmling, der als Erbe zur Ausgleic[illegible] verpflichtet sein würde, vor oder nach dem Erbfalle weg, so ist [illegible] der ihm gemachten Zuwendungen der an seine Stelle tretende [illegible] kömmling zur Ausgleichung verpflichtet.

Hat der Erblasser für den wegfallenden Abkömmling einen Er[illegible] erben eingesetzt, so ist im Zweifel anzunehmen, daß dieser nicht [illegible] erhalten soll, als der Abkömmling unter Berücksichtigung der [illegible] gleichungspflicht erhalten würde.

---

§ 2316 Abs. 3) Beschränkungen begründet werden, dafür entscheiden[illegible] eine Ausgleichungspflicht des Empfängers einer unter Lebenden er[illegible] Zuwendung begründet oder nicht begründet sein soll. § 2050 [illegible] lediglich eine beim Fehlen abweichender Bestimmungen dem anzuneh[illegible] den Willen des Erblassers entsprechende Dispositivvorschrift.

b. Der Erblasser kann (vorbehaltlich § 2316 Abs. 3) auch nach der Zu[illegible] dung bestimmen, daß die Ausgleichung nicht stattfinden soll; ob er [illegible] einseitig durch nachträgliche Anordnung die Ausgleichungspflicht begr[illegible] kann, ist bestritten, aber jedenfalls insoweit zu bejahen, als auch [illegible] den anzurechnenden Betrag dem Abkömmlinge der Pflichttheil belas[illegible]

c. Zuwendungen an einen Abkömmling, der erst nach erfolgter Zuwe[illegible] die Eigenschaft eines gesetzlichen Erben des Zuwendenden erlangt § [illegible] Note 2. Zuwendungen an Ersatzerben § 2053 Abs. 1.

2. (Abs. 1.) Die ausgleichungspflichtigen Personen. Ausgleichungspflichtig sind nur:

a. Abkömmlinge des Erblassers. Andere Miterben, insbesondere als [illegible] überlebende Ehegatte, werden von der Ausgleichungspflicht nicht ber[illegible] vgl. § 2055 Abs. 1 Satz 2;

b. Abkömmlinge, welche als gesetzliche Erben (§§ 1924 ff.) zur Erb[illegible] gelangen, nicht also der Testaments- oder Vertragserbe. Testamentar[illegible] Anordnung der gesetzlichen Erbfolge § 2052.

3. Umfang der Ausgleichungspflicht.

a. Ausstattung § 1624. Wer die Ausschließung der Ausgleichungspf[illegible] behauptet, ist hierfür beweispflichtig.

b. (Abs. 2.) Daß und inwieweit die Zuschüsse, die als Einkünfte verw[illegible] zu werden bestimmt sind (z. B. Taschengelder, Unterhaltsbeiträge) und [illegible] aufgewendeten Ausbildungskosten, das den Vermögensverhältnissen [illegible] Erblassers entsprechende Maß übersteigen, hat der die Ausgleichungsp[illegible] in Anspruch Nehmende zu beweisen. Nicht entscheidend ist, ob die [illegible] schüsse oder Aufwendungen aus den Einnahmen oder aus dem Stam[illegible] vermögen des Erblassers entnommen wurden; immerhin kann die E[illegible] nahme aus dem Stammvermögen ein Anzeichen für die Uebersteig[illegible] des entsprechenden Maßes bilden.

c. (Abs. 3.) In Ansehung anderer Zuwendungen ist der die Ausgleichun[illegible] pflicht Behauptende für die Anordnung beweispflichtig. Hat der Er[illegible] lasser für die einzelnen Abkömmlinge ein Konto eingerichtet, so wird [illegible] Belastung des Kontos als Ausgleichungsanordnung, die Verbuchung a[illegible] ein anderes, z. B. das Haushaltskonto des Erblassers als Ausschließu[illegible] der Ausgleichungspflicht aufzufassen sein.

**§ 2051.** 1. (Abs. 1.) Wegfall eines gesetzlichen Erben (vgl. § 19[illegible] Note 2).

a. Fälle des Eintritts eines entfernteren Abkömmlinges an Stelle des [illegible] fallenden § 1924 Note 3.

b. Gleichgültig ist für die Anwendung des Abs. 1, ob der (als Erbe we[illegible] fallende) Empfänger der ausgleichungspflichtigen Zuwendung ein Vo[illegible] fahre des eintretenden Abkömmlinges des Erblassers ist oder nicht. D[illegible] Ausgleichungspflicht tritt z. B. auch dann ein, wenn der Enkel des Er[illegible]

**§ 2052.** Hat der Erblasser die Abkömmlinge auf dasjenige als Erben eingesetzt, was sie als gesetzliche Erben erhalten würden, oder hat er ihre Erbtheile so bestimmt, daß sie zu einander in demselben Verhältnisse stehen wie die gesetzlichen Erbtheile, so ist im Zweifel anzunehmen, daß die Abkömmlinge nach den §§ 2050, 2051 zur Ausgleichung verpflichtet sein sollen.

7. Testamentarische Anordnung der gesetzlichen Erbfolge.

**§ 2053.** Eine Zuwendung, die ein entfernterer Abkömmling vor dem Wegfalle des ihn von der Erbfolge ausschließenden näheren Abkömmlinges oder ein an die Stelle eines Abkömmlinges als Ersatzerbe tretender Abkömmling von dem Erblasser erhalten hat, ist nicht zur Ausgleichung zu bringen, es sei denn, daß der Erblasser bei der Zuwendung die Ausgleichung angeordnet hat.

8. Nach dem Empfange begründete Erbenstellung des Empfängers.

Das Gleiche gilt, wenn ein Abkömmling, bevor er die rechtliche Stellung eines solchen erlangt hatte, eine Zuwendung von dem Erblasser erhalten hat.

---

lassers, nach dem Tode seines die Verwandtschaft mit dem Erblasser vermittelnden Vaters (vgl. § 2053), nach Empfang einer ausgleichungspflichtigen Zuwendung wegfällt und an seine Stelle seine Geschwister treten.

c. Ist der Eintretende auch, abgesehen von dem Wegfalle des Empfängers der Zuwendung, gesetzlicher Erbe des Erblassers, so wird er gegen die nachtheiligen Folgen, der ihn nach § 2051 Abs. 1 treffenden Ausgleichungspflicht durch § 1935 geschützt. (Im Falle des § 2052 vgl. 2095.) — Bei testamentarischer Erbfolge vgl. § 2095.

d. Mehrere an die Stelle des Empfängers tretende Abkömmlinge sind nach Verhältniß der ihnen in Folge des Wegfalls zugefallenen Erbtheile ausgleichungspflichtig.

e. Zuwendungen an den eintretenden entfernteren Abkömmling § 2053.

f. Vgl. auch § 2327 Abs. 2 Berücksichtigung von Schenkungen an den Pflichttheilsberechtigten bei Ergänzung des Pflichttheils wegen Schenkungen.

2. (Abs. 2.) Ersatzerbe.

a. Die Auslegungsregel des Abs. 2 wendet dem Ersatzerben die aus der Ausgleichungspflicht eines anderen Abkömmlinges sich für den wegfallenden Abkömmling ergebenden Vortheile nicht zu. Der Ersatzerbe soll im Zweifel nicht mehr erhalten als der Wegfallende, daß er nicht weniger erhalten soll, ist nicht gesagt. (Vgl. Prot. V S. 892, VI S. 340.)

b. Zuwendungen an den als Ersatzerben miterbenden Abkömmling § 2053.

**§ 2052.** 1. Vgl. § 2050 Note 2b, § 2051 Note 1c.

2. Sind die Erbtheile nur für einzelne Abkömmlinge nach dem gesetzlichen Verhältnisse, für andere anders bestimmt, so findet § 2052 nur auf die ersteren Anwendung (Jacubezky, Bemerkungen S. 338).

**§ 2053.** 1. § 2053 ist wohl dahin zu verstehen, daß auch eine Zuwendung, die ein an die Stelle eines Abkömmlinges als Ersatzerbe tretender Abkömmling vor dem Wegfalle des ihm vorgehenden Abkömmlinges von dem Erblasser erhalten hat, nur zur Ausgleichung zu bringen ist, wenn die Ausgleichung angeordnet ist. — Ist die Zuwendung erst nach dem Wegfalle des näheren bzw. des vorgehenden Abkömmlinges erfolgt, so ist die Ausgleichungspflicht nach §§ 2050, 2052 zu beurtheilen.

2. Abs. 2 betrifft die Zuwendungen, welche die durch Legitimation (§ 1719 Note III 2, § 1736) oder Annahme an Kindesstatt (§ 1757) zu Abkömmlingen (vgl. § 1924 Note 1) gewordenen Erben vor Erlangung der rechtlichen Stellung eines Abkömmlinges des Erblassers von diesem erhalten haben.

c. Zuwendung der Ehegatten aus d. Gesammtgute.

**§ 2054.** Eine Zuwendung, die aus dem Gesammtgute der allgemeinen Gütergemeinschaft, der Errungenschaftsgemeinschaft oder der Fahrnißgemeinschaft erfolgt, gilt als von jedem der Ehegatten zur Hälfte gemacht. Die Zuwendung gilt jedoch, wenn sie an einen Abkömmling erfolgt, der nur von einem der Ehegatten abstammt, oder wenn einer der Ehegatten wegen der Zuwendung zu dem Gesammtgut Ersatz zu leisten hat, als von diesem Ehegatten gemacht.

Diese Vorschriften finden auf eine Zuwendung aus dem Gesammtgute der fortgesetzten Gütergemeinschaft entsprechende Anwendung.

b. Bewirkung d. Ausgleichung. α. Berechnung und Bewerthung.

**§ 2055.** Bei der Auseinandersetzung wird jedem Miterben der Werth der Zuwendung, die er zur Ausgleichung zu bringen hat, auf seinen Erbtheil angerechnet. Der Werth der sämmtlichen Zuwendungen, die zur Ausgleichung zu bringen sind, wird dem Nachlasse hinzugerechnet, soweit dieser den Miterben zukommt, unter denen die Ausgleichung stattfindet.

Der Werth bestimmt sich nach der Zeit, zu der die Zuwendung erfolgt ist.

β. Keine Herauszahlung eines Mehrbetrags.

**§ 2056.** Hat ein Miterbe durch die Zuwendung mehr erhalten, als ihm bei der Auseinandersetzung zukommen würde, so ist er zur

---

**§ 2054.** Vgl. die entsprechende Vorschrift im Pflichttheilsrechte (Schenkung aus dem Gesammtgute) § 2331. Im Einzelnen zu vgl. für die allgemeine Gütergemeinschaft § 1465, Errungenschaftsgemeinschaft § 1538, Fahrnißgemeinschaft § 1549, fortgesetzte Gütergemeinschaft §§ 1483 ff.

**§ 2055.** 1. Die Ausgleichung erfolgt unter den Ausgleichungspflichtigen (§ 2050). Sind ausgleichungspflichtige (§§ 2050, 2051) und nicht ausgleichungspflichtige Miterben vorhanden, so wird zunächst der Erbtheil der Nichtausgleichungspflichtigen auf Grundlage des thatsächlichen Nachlasses festgestellt und von diesem abgerechnet. Der Rest ist der unter die ausgleichungspflichtigen Miterben unter Berücksichtigung der Ausgleichungspflicht zu vertheilende Nachlaß.

2. Beispiel: A hinterläßt als gesetzliche Erben seine Frau und seine drei ausgestatteten Kinder M, N, O.

| | |
|---|---|
| Der thatsächliche Nachlaß beträgt . . . . . . . . | 14000 |
| Der Erbtheil der Frau beträgt $^1/_4$ (§ 1931) mit . . | 3500 |
| Verbleibt für die ausgleichungspflichtigen Kinder ein Nachlaß von . . . . . . . . . . . . . . . . | 10500 |

Ausgleichungspflichtige Zuwendungen haben erhalten:

| | |
|---|---|
| M in Höhe von . . . . . . . . . . . | 1000 |
| N „ „ „ . . . . . . . . . . . | 1500 |
| O „ „ „ . . . . . . . . . . . | 2000 |
| Sa. | 4500 |

Der durch die Ausgleichungswerthe erhöhte, der Auseinandersetzung der Ausgleichungspflichtigen zu Grunde zu legende Nachlaß beträgt 10500 + 4500 = 15000. Hiervon entfallen auf jedes Kind $^1/_3$ mit je 5000, auf welchen Betrag es sich seinen ausgleichungspflichtigen Empfang anzurechnen hat.

Demnach erhält M 5000 — 1000 = 4000
N 5000 — 1500 = 3500 } zusammen 10500.
O 5000 — 2000 = 3000

3. Ist die Ausgleichung bei der Auseinandersetzung unterblieben, so kann der Anspruch aus der ungerechtfertigten Bereicherung bis zur Höhe des dem Ausgleichungspflichtigen aus dem Nachlasse zu viel Gezahlten (vgl. § 2056) begründet sein.

Herauszahlung des Mehrbetrags nicht verpflichtet. Der Nachlaß wird in einem solchen Falle unter die übrigen Erben in der Weise getheilt, daß der Werth der Zuwendung und der Erbtheil des Miterben außer Ansatz bleiben.

**§ 2057.** Jeder Miterbe ist verpflichtet, den übrigen Erben auf Verlangen Auskunft über die Zuwendungen zu ertheilen, die er nach den §§ 2050 bis 2053 zur Ausgleichung zu bringen hat. Die Vorschriften der §§ 260, 261 über die Verpflichtung zur Leistung des Offenbarungseids finden entsprechende Anwendung. c. Offenbarungspflicht der Miterben.

## II. Rechtsverhältniß zwischen den Erben und den Nachlaßgläubigern.

---

**§ 2056.** Für die richtige Anwendung des § 2056 (vgl. Küntzel bei Gruchot **41** 616 ff.) ist zunächst gemäß § 2047 das Verhältniß der Erbtheile der einzelnen Miterben zu einander festzustellen.

Beispiel: Nachlaß 28000. Gesetzliche Erben sind Sohn A, die Enkel X und Y von des Erblassers vorverstorbenem Sohne B. X hat eine ausgleichungspflichtige Zuwendung in Höhe von 12000 erhalten.

Das Verhältniß der Erbtheile ist nach § 1924:

A $^{2}/_{4}$, X $^{1}/_{4}$, Y $^{1}/_{4}$.

Nach § 2055 würde X erhalten $\frac{28000 + 12000}{4} = 10000$. Da er aber bereits durch die Zuwendung von 12000 um 2000 mehr erhalten hat, als ihm zukommen würde, so wird gemäß § 2056 der Nachlaß unter die übrigen Erben in der Weise getheilt, daß der Werth der Zuwendung und der Erbtheil des X außer Ansatz bleiben. Die Theilung unter die übrigen Erben erfolgt gemäß § 2047 in dem Verhältniß ihrer Erbtheile, also vorliegend wie 2 : 1. Dieses Verhältniß wird dadurch, daß X mit seinem Erbtheil außer Betracht bleibt, nicht berührt. Es ändert sich nur der Nenner, nicht der Zähler des Jedem der beiden Anderen gebührenden Bruchtheils der Erbschaft, statt $^{2}/_{4}$ erhält A $^{2}/_{3}$ und Y $^{1}/_{3}$ statt $^{1}/_{4}$. Es erhält also im Beispielsfalle von dem Nachlasse

| | |
|---|---|
| A $^{2}/_{3}$ mit . . . . | 18666,66 |
| Y $^{1}/_{3}$ mit . . . . | 9333,34 |
| | 28000,00 |

**§ 2057.** Vgl. zu §§ 260, 261 und daselbst CPO. § 889; FrG. §§ 163, 79 (S. 138 f.).

**A. Die Haftung der Miterben im Allgemeinen.** Zu §§ 2058 ff.

I. Als leitender Grundsatz bestimmt § 1922 Abs. 2, daß auf den Antheil eines Miterben (Erbtheil) die sich auf die Erbschaft beziehenden Vorschriften Anwendung finden. Demnach sind auch in der Frage der Haftung der Miterben für die Nachlaßverbindlichkeiten die für den Einzelerben gegebenen Vorschriften (§§ 1967 ff.) in der Weise anwendbar, daß an Stelle des Erben der Miterbe, an Stelle der Erbschaft der Erbtheil, an Stelle des Nachlasses der Antheil am Nachlasse (vgl. § 2033) tritt, soweit sich aus den besonderen Vorschriften der §§ 2058 ff. nicht ein Anderes ergiebt.

II. Ausscheidende Fälle.

Für die Darstellung der Haftung der einzelnen Miterben für die gemeinschaftlichen Nachlaßverbindlichkeiten scheiden zwei Fälle aus:

1. die Haftung eines Miterben für eine nicht gemeinschaftliche, sondern ihm allein obliegende Nachlaßverbindlichkeit (z. B. für ein ihm persönlich auferlegtes Vermächtniß, vgl. § 2058 Note 1b). Die allgemeinen Vorschriften der §§ 1967 ff. werden für diesen Fall nur berührt durch §§ 2062, 2063, KO. § 235 (S. 1127), CPO. § 997 (S. 1117);

2. die gegen sämmtliche Miterben gemeinschaftlich sich richtenden Ansprüche auf Befriedigung aus dem ungetheilten Nachlasse vgl. § 2059 Abs. 2.

§§ 2058 ff. **B. Die Haftung des einzelnen Miterben für gemeinschaftliche Nachlaßverbindlichkeiten.**

**I. Allgemeiner Inhalt der Vorschriften.**

1. Die besonderen Vorschriften der §§ 2058 ff. haben einen doppelten Zweck. Sie regeln einerseits das aus der Mehrheit der Schuldner sich ergebende Schuldverhältniß zwischen dem Gläubiger und den einzelnen Miterben (zu II) und ergänzen andererseits die von der Beschränkung der Erbenhaftung auf den Nachlaß handelnden Vorschriften (§§ 1975 ff.) für den besonderen Fall der Beschränkung der Schuldenhaftung des Miterben auf seinen Antheil an dem Nachlasse (zu III).

2. Die für die Anwendung der Vorschriften auf den einzelnen Fall gebotene Fragestellung geht dahin:

a. Haften die einzelnen Miterben für die gemeinschaftliche Nachlaßverbindlichkeit gesammtschuldnerisch oder ist ihre Haftung antheilmäßig getheilt?

b. Haftet der einzelne Miterbe, gleichgültig ob er Gesammtschuldner oder Theilschuldner ist, für seine Verbindlichkeit beschränkt oder unbeschränkt?

3. Beide Fragen sind streng von einander zu scheiden und unabhängig von einander zu beantworten, wenn sich auch Berührungspunkte zwischen ihnen finden.

a. Im Falle des § 2059 Abs. 1 Satz 2 ist der Eintritt der Unbeschränkbarkeit der Haftung eines Miterben Voraussetzung für seine Einrede der Theilung der Haftung; in § 2059 Abs. 1 Satz 1 ist für die Frage der Theilung der Haftung kein Raum (vgl. Note III. 1).

b. In den Fällen des § 2060 Ziffer 1 bis 3 ist die Theilung der Haftung an Thatbestände geknüpft, welche zugleich für die Beschränkung der Haftung erheblich sind. Vgl. § 2060 Note I. 2.

**II. Gesammtschuldnerische Haftung. Theilung der Haftung der einzelnen Miterben.**

1. Der Grundsatz gesammtschuldnerischer Haftung des einzelnen Miterben (§ 2058).

a. Bis zur Theilung des Nachlasses findet grundsätzlich gesammtschuldnerische Haftung statt. Der Miterbe, welchem noch die Beschränkbarkeit seiner Erbenhaftung zusteht, ist durch die Vorschrift des § 2059 Abs. 1 Satz 1 über die Beschränkung der Haftung geschützt; dem unbeschränkbar haftenden Erben steht die Einrede der Theilung nach § 2059 Abs. 1 Satz 2 zu.

b. Nach der Theilung des Nachlasses bleibt es schlechtweg bei der gesammtschuldnerischen Haftung, wenn nicht die Ausnahmen der §§ 2060, 2061 vorliegen.

2. Theilung der Haftung für die Nachlaßverbindlichkeiten nach Maßgabe der Erbtheile tritt ein

a. kraft Einrede nach § 2059 Abs. 1 Satz 2;

b. kraft Gesetzes nach der Theilung des Nachlasses, wenn die Thatbestände der §§ 2060, 2061 vorliegen.

3. Rückgriff der Miterben unter einander §§ 426, 2042, 755, 756. — Vertheilung der Pflichttheilslast unter die Miterben § 2320.

4. Prozessuale Gestaltung vgl. zu IV.

**III. Beschränkung der Haftung der einzelnen Miterben auf ihren Antheil am Nachlasse.**

1. Eine grundsätzliche Verschiedenheit zwischen der beschränkten Haftung eines Einzelerben und eines Miterben besteht darin, daß bis zur Theilung des Nachlasses nach § 2059 die Haftung des Miterben, welcher das Recht der Beschränkbarkeit nicht verloren hat, sich ohne Weiteres (d. h. — S. 1107 f. — ohne Herbeiführung von Nachlaßkonkurs oder Nachlaßverwaltung) auf seinen Antheil am Nachlasse beschränkt, auch wenn in demselben eine zur Deckung der Kosten des Nachlaßkonkurses oder der Nachlaßverwaltung genügende Masse (§ 1990) vorhanden ist. Der gesetzgeberische Grund für diese Regelung liegt darin, daß der Nachlaß in Folge der an ihm bestehenden

Gemeinschaft zur gesammten Hand (§§ 2038 ff.) an sich schon eine dem Vermögen der einzelnen Miterben gegenüber selbständige Masse bildet. §§ 2058 ff.

2. Anwendbarkeit der allgemeinen Vorschriften über die Beschränkung der Erbenhaftung.

Im Uebrigen gelten die Vorschriften über die Beschränkung der Haftung des Einzelerben auch für die Beschränkung der Haftung des Miterben mit folgenden Abweichungen bzw. Ergänzungen:

a. Aufgebot der Nachlaßgläubiger.

α. Antragsberechtigung jedes Miterben CPO. § 991 (S. 1116).

β. Der von einem Miterben gestellte Antrag und das von ihm erwirkte Ausschlußurtheil kommt, unbeschadet der Vorschriften über die unbeschränkte Haftung (§ 2013) auch den anderen Miterben zu Statten. CPO. § 997 (S. 1117).

γ. Erweiterung der Wirkung des Ausschlußurtheils § 2060 Ziffer 1.

b. Beschränkung der Haftung der Erben.

α. Nachlaßverwaltung kann von den Erben nur gemeinschaftlich beantragt werden; sie ist ausgeschlossen, wenn der Nachlaß getheilt ist. Vgl. § 2062 und Bemerkungen daselbst.

β. Nachlaßkonkurs.

αα. Ueber einen Erbtheil findet ein Konkursverfahren nicht statt (KO. § 235, S. 1127).

ββ. Auch noch nach Theilung des Nachlasses kann Nachlaßkonkurs stattfinden (KO. § 216 Abs. 2, S. 1122) und zwar sowohl auf Antrag eines Nachlaßgläubigers als eines Miterben (vgl. KO. § 217, S. 1122). Die getheilte Masse ist in diesem Falle wiederherzustellen. Die Verantwortlichkeit der Miterben dem Nachlaßgläubiger gegenüber richtet sich nach §§ 1978 bis 1980 und bezieht sich auch auf die durch die Theilung etwa herbeigeführte Verminderung des Nachlasses. Nach Theilung des Nachlasses ist, insofern unter Berücksichtigung der Ersatzansprüche gegen die Miterben aus §§ 1978 ff. genügende Masse zur Deckung der Konkurskosten vorhanden ist, der Nachlaßkonkurs das einzige Mittel zur Verwirklichung der beschränkten Erbenhaftung (vgl. § 2060 Note II 3 b β). Ausnahme für Ansprüche aus Vermächtnissen und Auflagen § 1992.

γ. Die Einrede der Unzulänglichkeit aus § 1990.

αα. Vor Theilung des Nachlasses greift für den beschränkt haftenden Erben, auch bei unzulänglicher, die Konkurskosten nicht deckender Masse § 2059 Abs. 1 Satz 1 Platz (vgl. Note III. 1).

ββ. Nach Theilung des Nachlasses sind die §§ 1990 ff. anwendbar, wenn die Kosten für den an sich zulässigen Nachlaßkonkurs sich nicht in der Masse befinden (vgl. Note β), ferner, wenn die Ueberschuldung nur auf Vermächtnissen und Auflagen beruht (§ 1992).

c. Inventarerrichtung. Unbeschränkte Haftung der Erben (§§ 1993 ff.)

α. Inventarerrichtung durch einen Miterben kommt den anderen Miterben, soweit nicht ihre Haftung unbeschränkt ist, zu Statten, § 2063 Abs. 1.

β. Verhältniß der Miterben untereinander in Ansehung der unbeschränkten Haftung § 2063 Abs. 2.

d. Die aufschiebenden Einreden (§§ 2014 f.) stehen den einzelnen Miterben unter denselben Voraussetzungen wie dem Einzelerben zu.

α. Die Inventarerrichtung durch einen Miterben kommt nach § 2063 Abs. 1 den anderen Miterben nur zu Statten, gereicht ihnen aber nicht zum Nachtheil. Durch das von einem Miterben gelegte Inventar wird deshalb die den anderen Miterben an sich noch zustehende aufschiebende Einrede nicht ausgeschlossen, vgl. § 2014.

β. Die Einrede des beantragten Gläubigeraufgebots (§ 2015) wird durch den von einem Miterben rechtzeitig gestellten Aufgebotsantrag für alle Miterben gewahrt (CPO. § 997, S. 1117).

1. Prinzip der Gesammthaftung.

**§ 2058.** Die Erben haften für die gemeinschaftlichen Nachlaßverbindlichkeiten als Gesammtschuldner.

IV. **Prozessuale Gestaltung.**

1. Von grundlegender Bedeutung ist auch für die prozessuale Gestaltung der Miterbenhaftung, die Unterscheidung der Beschränkung der Haftung auf den Nachlaß von der Theilung der (grundsätzlich gesammtschuldnerischen) Haftung.

a. Die Geltendmachung der Beschränkung der Haftung gehört ebenso wie bei einem Einzelerben nicht in den Hauptprozeß, sondern in die Zwangsvollstreckungsinstanz, für welche sie dem beklagten Miterben, ohne daß es eines von seiner Seite gestellten Antrags bedarf, vorzubehalten ist, sofern nicht ein den Verlust der Beschränkbarkeit begründender Thatbestand behauptet und erforderlichenfalls erwiesen ist. Vgl. Titelvorb. Note III. 1 (S. 1107), Note IX (S. 1110).

b. Die Geltendmachung der Theilung der Haftung ist nicht der Zwangsvollstreckung vorbehalten. Die Theilung der Haftung muß vielmehr wie sonstige den Anspruch selbst betreffende Einwendungen in dem Hauptprozesse rechtzeitig zur Vermeidung ihrer Ausschließung (vgl. CPO. § 767) geltend gemacht werden. Vgl. indeß zu 2 a.

2. Die einzelnen Klagen, Einreden und Repliken.

a. Klage gegen den Miterben als solchen ohne Anführung von Thatsachen, welche den Verlust der Beschränkbarkeit begründen. Vgl. die abweichende Ansicht von Eccius, Gruchot **43** S. 801 ff.

Die Verurtheilung der Beklagten erfolgt unter Vorbehalt der Geltendmachung der Beschränkung seiner Haftung; vgl. Note III. 1 (S. 1107) und Note IX (S. 1110).

α. Dieser Vorbehalt verweist die Frage, ob der Beklagte noch beschränkbar haftet oder ob seine Haftung eine unbeschränkte ist, in die Zwangsvollstreckungsinstanz (Widerspruchsklage gemäß CPO. §§ 780, 781, 785 S. 1111). Je nach der Beantwortung dieser Frage findet § 2059 Abs. 1 Satz 1 oder Satz 2 Anwendung. In diesem Falle ist die Einrede der Theilung (§ 2059 Abs. 1 Satz 2) die Folge der unbeschränkten Haftung und deshalb zuzulassen, selbst wenn der Verlust der Beschränkbarkeit der Haftung schon vor dem Urtheile des Hauptprozesses eingetreten war. Vgl. Note 1 b und I 3 a. — Gegenüber der Widerspruchsklage hat der Gläubiger einzuwenden und zu beweisen, daß die Theilung des Nachlasses erfolgt ist, der Schuldner demgegenüber zu behaupten und zu beweisen, daß die die Theilung der Haftung gemäß §§ 2060, 2061 begründenden Thatbestände vorliegen. Vgl. indeß Eccius, Gruchot **43** S. 817.

β. Die Einwendungen der Theilung aus §§ 2060, 2061 müssen, soweit ihre Voraussetzungen schon vor dem Urtheil oder dem Ablaufe der Einspruchsfrist (vgl. CPO. § 767) eingetreten sind, im Hauptprozesse geltend gemacht werden. Als Einwendungen gegen den im Urtheile festgestellten Anspruch unterliegen sie den prozessualen Beschränkungen aus CPO. § 767.

b. Klage gegen den Miterben als solchen mit der Behauptung eines die unbeschränkte Haftung begründenden Thatbestandes.

Wird dieser Thatbestand erwiesen, so ist für den Vorbehalt der Geltendmachung der beschränkten Haftung kein Raum. Beklagter muß die bis zur Erlassung des Urtheils bzw. bis zum Ablaufe der Einspruchsfrist (vgl. CPO. § 767) ihm erwachsenen Einwendungen, welche die Theilung der Haftung begründen (§§ 2059 Abs. 1 Satz 2, 2060, 2061) rechtzeitig vorbringen. Auf die den festgestellten Anspruch betreffenden diesbezüglichen Einwendungen findet die prozessuale Beschränkung aus CPO. § 767 Anwendung.

3. Gerichtsstand CPO. §§ 27, 28.

**§ 2058.** 1. Der Grundbesitz des § 2058 bezieht sich nur auf die gemeinschaftlichen Nachlaßverbindlichkeiten.

**§ 2059.** Bis zur Theilung des Nachlasses kann jeder Miterbe die Berichtigung der Nachlaßverbindlichkeiten aus dem Vermögen, das er außer seinem Antheil an dem Nachlasse hat, verweigern. Haftet er für eine Nachlaßverbindlichkeit unbeschränkt, so steht ihm dieses Recht in Ansehung des seinem Erbtheil entsprechenden Theiles der Verbindlichkeit nicht zu. 2. Theilung der Haftung a. bis zur Theilung des Nachlasses.

Das Recht der Nachlaßgläubiger, die Befriedigung aus dem ungetheilten Nachlasse von sämmtlichen Miterben zu verlangen, bleibt unberührt.

---

a. Nachlaßverbindlichkeiten §§ 1967 ff.

b. Zu den gemeinschaftlichen Nachlaßverbindlichkeiten gehören alle ererbten Schulden des Erblassers, ferner der Pflichttheilsanspruch (§ 2303). Nicht gemeinschaftlich sind die einem einzelnen Erben auferlegten Vermächtnisse und Auflagen (vgl. Vorb. Note A. II. 1).

2. Gesammtschuldnerische Haftung (§§ 421 ff.) ist die Regel; sie tritt stets dann ein, wenn nicht die Voraussetzungen der getheilten Haftung nach §§ 2059, 2060, 2061 vorliegen. Vgl. hierzu Vorb. Note B. II. 1 und 3.

**§ 2059. I. (Abs. 1.) Haftung der einzelnen Miterben bis zur Theilung des Nachlasses.**

1. Die Vorschrift des § 2059 regelt die Haftung der Miterben bis zur Theilung.

a. Wer behauptet, daß die Theilung erfolgt sei, ist hierfür beweispflichtig. (Vgl. Zur Auslegung, Bd. I. S. XLII.) A.M. Eccius, Gruchot 43 S. 817.

b. Ob Theilung des Nachlasses vorliegt, ist von Fall zu Fall zu beurtheilen. Eine Vermuthung der Theilung besteht nicht; rechtlich ist der Nachlaß zunächst ungetheilt. Die Theilung kann erfolgt sein, obwohl einzelne Gegenstände noch ungetheilt sind, andererseits kann die Theilung einzelner Nachlaßgegenstände bereits stattgefunden haben, ohne daß die Theilung des Nachlasses schon vollzogen ist. Vgl. OHG. 11 204, OTr. 35 404, Str. Arch. 47 13. — Das Rechtsverhältniß in Ansehung einzelner ungetheilt gebliebener Gegenstände vgl. § 2047 Abs. 2, RG. 21 252 ff.

2. Der einzelne Miterbe haftet nach § 2058 grundsätzlich als Gesammtschuldner (§§ 421 ff.). Durch § 2059 Abs. 1 wird jedem Miterben die Einrede der Theilung der Haftung gewährt. Die Einrede der Theilung, obwohl an sich unabhängig von der Frage der beschränkten Haftung (vgl. Note B. I. 2 S. 1174), ist hier dennoch in Abhängigkeit davon gebracht, ob der einzelne Miterbe beschränkt oder unbeschränkt haftet.

a. Abs. 1 Satz 1 behandelt, wie der Vergleich mit Satz 2 ergiebt, den Fall des beschränkt haftenden Miterben.

α. Die Einrede der getheilten Haftung wird durch den Vorbehalt der Geltendmachung der beschränkten Haftung gedeckt. Vgl Vorb. Note IV, S. 1176.

β. Der Verweisung auf den Antheil am Nachlasse entspricht die in CPO. § 859 (S. 335) zugelassene Pfändbarkeit dieses Antheils. Die Pfändung des Antheils begründet regelmäßig kein Verkaufsrecht. Die Veräußerung kann aber von dem Vollstreckungsgericht angeordnet werden (CPO. § 857 Abs. 5); solchenfalls muß der Gerichtsvollzieher zum gerichtlichen oder notariellen Abschlusse des Veräußerungsvertrags (vgl. §§ 2033, 2371, 2385) ermächtigt werden (vgl. CPO. § 822). A.M. Eccius, Gruchot 43 S. 805 ff. Der regelmäßige Inhalt des Pfändungsrechts an einem Erbtheil ist nicht ausdrücklich geregelt, dürfte sich aber aus der entsprechenden Anwendung des § 1258 ergeben. Das Recht des Pfändungsgläubigers auf Beantragung der gerichtlichen Auseinandersetzung ergiebt sich aus FrG. § 86 Abs. 2 (S. 1165), verbunden mit CPO. § 804.

b. Abs. 1 Satz 2 regelt den Fall, daß der Miterbe das Recht, sich auf die Beschränkung der Haftung zu berufen, sei es allgemein, sei es dem be-

b. nach der Theilung des Nachlasses.

**§ 2060.** Nach der Theilung des Nachlasses haftet jeder Miterbe nur für den seinem Erbtheil entsprechenden Theil einer Nachlaßverbindlichkeit:

1. wenn der Gläubiger im Aufgebotsverfahren ausgeschlossen ist; das Aufgebot erstreckt sich insoweit auch auf die im § 1972 bezeichneten Gläubiger sowie auf die Gläubiger, denen der Miterbe unbeschränkt haftet;
2. wenn der Gläubiger seine Forderung später als fünf Jahre nach dem im § 1974 Abs. 1 bestimmten Zeitpunkte geltend macht, es sei denn, daß die Forderung vor dem Ablaufe der fünf Jahre dem Miterben bekannt geworden oder im Aufgebotsverfahren angemeldet worden ist; die Vorschrift findet keine Anwendung, soweit der Gläubiger nach § 1971 von dem Aufgebote nicht betroffen wird;
3. wenn der Nachlaßkonkurs eröffnet und durch Vertheilung der Masse oder durch Zwangsvergleich beendigt worden ist.

---

treffenden Gläubiger gegenüber, verloren hat, vgl. Vorb. Note IV (S. 1109). Wegen der Geltendmachung im Prozeß vgl. Vorb. (S. 1109).

II. (Abs. 2.) **Vollstreckung in den ungetheilten Nachlaß.**

1. Vollstreckung auf Grund eines gegen die sämmtlichen Miterben erwirkten Titels. Vgl. §§ 2033 Abs. 2, 2040, CPO. § 747 (S. 1176).

2. Vollstreckung auf Grund eines gegen den Testamentsvollstrecker erwirkten Titels CPO. § 748 (S. 1176).

3. Wegen der Geltendmachung des Pflichttheilsanspruchs vgl. zu § 2319.

**§ 2060.** I. **Theilung der Haftung** (vgl. Vorb. Note B. II. S. 1174).

1. Grundsätzlich haftet jeder Miterbe nach der Theilung des Nachlasses als Gesammtschuldner gemäß § 2058. Durch § 2060 werden gewisse Einwendungen gegeben, bei deren Vorliegen eine quotenmäßige Theilung der Haftung nach Maßgabe der Erbtheile eintritt.

a. Wenn es auch im Interesse des beklagten Miterben liegt, daß der Thatbestand der Einwendungen dem Prozeßgerichte vorgetragen wird, so ist dennoch nicht, wie bei civilrechtlichen Einreden, eine Geltendmachung des Rechtes durch den Beklagten erforderlich, vielmehr ist § 2060 auch anzuwenden, wenn einer der in demselben aufgeführten Thatbestände sich aus den klägerischen Anführungen ergiebt.

b. Bei Nichtberücksichtigung der Einwendungen aus § 2060 in dem Urtheile findet CPO. § 767 Anwendung. Der Beklagte kann die im Hauptprozesse versäumten Einwendungen nicht mehr vorbringen. Dieselben werden auch durch den Vorbehalt der Geltendmachung der beschränkten Haftung nicht gedeckt, vgl. Vorb. Note IV (S. 1176).

2. Die einzelnen Einwendungen, welche nach § 2060 die Theilung der Haftung bewirken, stimmen im Wesentlichen mit den Thatbeständen (§§ 1973, 1974, 1989) überein, an welche der Eintritt der außergewöhnlichen Beschränkung der Erbenhaftung gegenüber säumigen Gläubigern geknüpft ist (vgl. Titelvorb. Note V, S. 1109). Indeß haben diese Thatbestände in Ansehung der Theilung der Haftung eine durchaus selbständige Funktion und die ihnen in § 2060 beigelegte Wirkung auch dann, wenn ihnen in Ansehung der Beschränkung der Haftung eine Wirkung deshalb nicht zukommt, weil zur Zeit ihres Eintritts die Haftung des Miterben bereits eine unbeschränkte geworden ist (§ 2013) oder weil wegen der Natur der Verbindlichkeit die haftungsbeschränkende Wirkung des Aufgebots auf sie nicht erstreckt wird (§ 1972).

a. Ausschließung im Aufgebotsverfahren §§ 1970 ff., 1973.

α. Die dem Ausschlußurtheile beigelegte Wirkung der Haftungstheilung erstreckt sich auch auf die Pflichttheilsrechte, Vermächtnisse und Auflagen, welche durch das Aufgebot in Ansehung der Haftungsbeschränkung nach § 1972 nicht betroffen werden. § 2060.

β. Die Androhung des Rechtsnachtheils der eintretenden Theilung der Haftung hat gemäß CPO. § 997 in dem Aufgebote zu erfolgen.

γ. Die Wirkung des Aufgebots tritt in Ansehung einer ausgeschlossenen Forderung auch dann ein, wenn sie dem Erben bekannt geworden ist. Es soll der Streit, ob eine Verbindlichkeit einzelnen oder allen Miterben bekannt war, abgeschnitten werden.

b. Fünfjährige Säumniß des Nachlaßgläubigers vgl. § 1974. In § 1971 (vgl. § 1974 Abs. 3) wird die Aufgebotswirkung für gewisse gegenständlich gesicherte Ansprüche ausgeschlossen.

c. Eröffnung des Nachlaßkonkurses und Beendigung desselben durch Vertheilung der Masse oder Zwangsvergleich, vgl. § 1989.

d. Privataufgebot § 2061.

3. Recht jedes Miterben auf Aufschiebung der Auseinandersetzung bis nach Erlassung des Ausschlußurtheils § 2045.

4. Sonderregelung für den Pflichttheilsanspruch § 2319.

II. **Beschränkung der Haftung.**

1. Nachdem auf Grund der Vorschriften über die Theilung der Haftung ermittelt ist, ob der einzelne Miterbe gesammtschuldnerisch oder nur antheilig nach Maßgabe seines Erbtheils haftet, gelangen die Vorschriften über die Beschränkung der Erbenhaftung zur Anwendung.

2. Nach Theilung des Nachlasses sind als Mittel der Durchführung der beschränkten Haftung (vgl. Vorb. III. 2. S. 1107) nur gegeben Nachlaßkonkurs (§ 1975, KO. § 216, Abs. 2, S. 1122) und die Einrede der Unzulänglichkeit aus §§ 1990, 1992. Nicht zulässig ist nach erfolgter Theilung die Nachlaßverwaltung (§ 2062).

3. Die einzelnen Fälle gestalten sich folgendermaßen:

a. Der gesammtschuldnerische Miterbe kann haften

α. unbeschränkt. Dann haftet er für die Gesammtverbindlichkeiten mit seinem ganzen Vermögen;

β. beschränkt. Dann haftet er für die Gesammtverbindlichkeiten, indeß nur mit dem Nachlaß in den Fällen der §§ 1975 f., 1990, 1992; auf die Bereicherung in den Fällen der §§ 1973, 1975, 1989.

b. Der antheilig haftende Miterbe haftet für die dem Bruchtheile, zu welchem er Erbe ist, entsprechende Quote der Nachlaßverbindlichkeit

α. unbeschränkt. Dann haftet er für den Betrag dieser Quote schlechthin mit seinem ganzen Vermögen;

β. beschränkt, wie zu aβ.

αα. In den Fällen zu § 2060 Ziffer 1 und 2 wird regelmäßig antheilige Haftung und Beschränkung auf die Bereicherung (§§ 1973 f.) zusammentreffen. Dies braucht aber keineswegs immer der Fall zu sein; so ist diese Beschränkung der Haftung ausgeschlossen in den Fällen des § 1972, ferner in den Fällen, in denen zwar Theilung, nicht aber (gemäß § 2013) Beschränkung der Haftung eintritt.

ββ. Der Fall des § 2060 Ziffer 3 setzt regelmäßig voraus, daß der vor der Theilung eröffnete und gemäß Ziffer 3 erledigte Nachlaßkonkurs einen Ueberschuß ergeben hat, dessen Theilung erfolgt ist. Alsdann sollen die Miterben für die bei der Vertheilung der Masse oder dem Zwangsvergleiche (in Folge von Säumniß, Nichtanmeldung im Konkurse) nicht berücksichtigten Nachlaßverbindlichkeiten nur antheilig haften. Die Beschränkung richtet sich nach § 1989. Aber auch wenn der Nachlaßkonkurs nach der mangels der Voraussetzungen der §§ 2060, 2061 die Gesammthaftung aufrechterhaltenden Theilung des Nachlasses stattfindet, gelangt Ziffer 3 zur Anwendung. Die hiergegen geltend gemachten Bedenken erledigen sich durch die Erwägung, daß durch den nach der Theilung eröffneten Nachlaßkonkurs der Nachlaß, wie er im ungetheilten Zustande war, wiederhergestellt wird (vgl. Vorb. Note B. III. 2 bβ).

III. **Prozessuale Gestaltung** vgl. Vorb. B. IV (S. 1176).

3. Oeffentliche Aufforderung der Nachlaßgläubiger zur Forderungsanmeldung.

**§ 2061.** Jeder Miterbe kann die Nachlaßgläubiger öffentlich auffordern, ihre Forderungen binnen sechs Monaten bei ihm oder bei dem Nachlaßgericht anzumelden. Ist die Aufforderung erfolgt, so haftet nach der Theilung jeder Miterbe nur für den seinem Erbtheil entsprechenden Theil einer Forderung, soweit nicht vor dem Ablaufe der Frist die Anmeldung erfolgt oder die Forderung ihm zur Zeit der Theilung bekannt ist.

Die Aufforderung ist durch den Deutschen Reichsanzeiger und durch das für die Bekanntmachungen des Nachlaßgerichts bestimmte Blatt zu veröffentlichen. Die Frist beginnt mit der letzten Einrückung. Die Kosten fallen dem Erben zur Last, der die Aufforderung erläßt.

4. Nachlaßverwaltung.

**§ 2062.** Die Anordnung einer Nachlaßverwaltung kann von den Erben nur gemeinschaftlich beantragt werden; sie ist ausgeschlossen, wenn der Nachlaß getheilt ist.

---

**§ 2061.** 1. Bei der privaten Aufforderung kommt es im Gegensatze zu dem gerichtlichen Aufgebote (§§ 1970 ff., 2090 Ziffer 1) für die Theilung der Haftung darauf an, daß die Forderung dem einzelnen Miterben zur Zeit der Theilung des Nachlasses nicht bekannt ist.

2. Die von einem Miterben erfolgte Aufforderung ist für alle Miterben wirksam.

3. Recht des einzelnen Miterben auf Hinausschiebung der Auseinandersetzung bis zum Ablaufe der in § 2061 bestimmten Anmeldungsfrist § 2045.

**§ 2062.** 1. Antragsberechtigung.

Die Anordnung der Nachlaßverwaltung kann beantragt werden:

a. von den Miterben (vgl. § 1981 Abs. 1).

α. Der Antrag kann von den Miterben nur gemeinschaftlich gestellt werden (§ 2062).

β. Gegenseitige Mitwirkungspflicht der Miterben, wenn die Beantragung der Nachlaßverwaltung durch eine ordnungsmäßige Verwaltung geboten wird (§ 2038);

b. von einem Gläubiger gemäß § 1981 Abs. 2.

2. Unzulässigkeit der Nachlaßverwaltung nach Theilung des Nachlasses.

a. Die Nachlaßverwaltung nach Theilung des Nachlasses ist nicht zugelassen, weil die Miterben für Berichtigung der Nachlaßverbindlichkeiten und ihre eigene Sicherung sorgen können und sollen, bevor der Nachlaß getheilt ist.

b. Im Falle der Ueberschuldung des Nachlasses ist der Nachlaßkonkurs auch noch nach der Theilung des Nachlasses zulässig. Vgl. hierzu Vorb. Note III. 2 b β.

3. Nachlaßverwaltung in Ansehung eines Erbtheils.

a. Aus dem Prinzipe des § 1922 Abs. 2 würde sich die Zulässigkeit einer Nachlaßverwaltung in Ansehung eines Erbtheils ergeben; sie ist nicht ausdrücklich, wie der Nachlaßkonkurs über einen Erbtheil, durch eine dem § 235 KO. entsprechende Vorschrift ausgeschlossen. Die Beantwortung der Frage, ob die Nachlaßverwaltung hinsichtlich eines Erbtheils zulässig oder auf Grund entsprechender Anwendung des § 235 KO. unzulässig ist, ist der Rechtsprechung und der Rechtswissenschaft überlassen worden (vgl. Prot. V S. 869, VI S. 343).

b. Als Ersatz für die Nachlaßverwaltung auf Antrag eines Gläubigers (§ 1981 Abs. 2) tritt die Pfändung des Erbtheils (CPO. § 859 Abs. 2) ein. Vgl. § 2059 Note I. 2 a β. Auch kann eine Pfändung der auf den Antheil des Miterben während der Dauer der Erbengemeinschaft entfallenden Früchte (vgl. § 2038 Abs. 2) erwirkt werden.

**§ 2063.** Die Errichtung des Inventars durch einen Miterben kommt auch den übrigen Erben zu Statten, soweit nicht ihre Haftung für die Nachlaßverbindlichkeiten unbeschränkt ist. 5. Beschränkung d. Erbenhaftung.

Ein Miterbe kann sich den übrigen Erben gegenüber auf die Beschränkung seiner Haftung auch dann berufen, wenn er den anderen Nachlaßgläubigern gegenüber unbeschränkt haftet.

# Dritter Abschnitt.

## Testament.

---

**§ 2063.** 1. Zu Abs. 1 vgl. §§ 2004, 2013.
2. Zu Abs. 2 vgl. § 2144 Abs. 3.

I. Der dritte Abschnitt enthält das Testamentsrecht. Wegen des Verhältnisses der gewillkürten Erbfolge zur gesetzlichen, ferner wegen des Umfanges der Testirfreiheit vgl. Vorb. zu §§ 1937 bis 1941 (S. 1082). Vorbemerkung zum III. Abschnitt.

II. **Einzelbestimmungen über den zulässigen Inhalt eines Testaments.** Vgl. Vorb. Note 2 zu §§ 1937 bis 1941 (S. 1082).

1. Aus dem Gebiete des Erbrechts.

a. Erbeinsetzung § 1937. Vgl. dazu §§ 2087 ff.
b. Ausschließung eines gesetzlichen Erben ohne anderweite Erbeinsetzung § 1938; vgl. indeß § 2303 (Pflichttheilsanspruch).
c. Einsetzung eines Ersatzerben § 2096.
d. Einsetzung eines Nacherben §§ 2100 ff., 2136, 2137.
e. Gestattung, mehrere Erbtheile zum Theil anzunehmen, zum Theil abzulehnen § 1951 Abs. 3.
f. Ausschließung der Anwachsung unter den eingesetzten Erben oder Vermächtnißnehmern §§ 2094 Abs. 3, 2158.
g. Vermächtnißanordnung §§ 1939, 2147 ff.
h. Gewährung des Vorrangs für ein Vermächtniß oder eine Auflage vor anderen Beschwerungen § 2189.
i. Anordnungen über den Dreißigsten § 1969.
k. Auflage §§ 1940, 2192 ff.
l. Ausschließung oder Einschränkung der Erbauseinandersetzung § 2044.
m. Anordnungen für die Auseinandersetzung der Miterben §§ 2048 f.
n. Ernennung eines Testamentsvollstreckers §§ 2197 ff.
o. Widerruf eines Testaments § 2254.
p. Aufhebung vertragsmäßiger Verfügungen von Todeswegen gemäß §§ 2291, 2297.
q. Pflichttheilsentziehung § 2336; in guter Absicht § 2338.

2. Aus dem Gebiete des Familienrechts.

a. Anerkennung der Ehelichkeit eines Kindes § 1598 Abs. 3.
b. Verwaltungsanordnungen des Vermögenszuwenders in Abänderung gesetzlicher Vorschriften
α. des ehelichen Güterrechts §§ 1369, 1440, 1486, 1526, 1549, 1553 Ziffer 2;
β. der elterlichen Gewalt §§ 1638, 1651, 1909, 1917;
γ. des Vormundschaftsrechts §§ 1803, 1909, 1917.
c. Anordnungen des Vaters über einen der Mutter zu bestellenden Beistand §§ 1687 ff.
d. Ausschließung vormundschaftsgerichtlicher Anordnung über Inventarisirung in Ansehung des Muttererbtheils § 1640 Abs. 2.
e. Letztwillige Verfügungen in Ansehung der fortgesetzten Gütergemeinschaft §§ 1509, 1511—1516, 1518.
f. Vormundschaftsrecht.
Benennung, Ausschließung, Befreiung eines Vormundes, Gegenvormundes §§ 1776 f., 1782, 1797, 1852 ff., 1792.
Anordnungen über einen Familienrath §§ 1858 ff.

## Erster Titel.
### Allgemeine Vorschriften.

1. Unzulässigkeit der Vertretung.
a. in der Erklärung des Willens.
b. im Willen.

**§ 2064.** Der Erblasser kann ein Testament nur persönlich errichten.

**§ 2065.** Der Erblasser kann eine letztwillige Verfügung nicht in der Weise treffen, daß ein Anderer zu bestimmen hat, ob sie gelten oder nicht gelten soll.

Der Erblasser kann die Bestimmung der Person, die eine Zuwendung erhalten soll, sowie die Bestimmung des Gegenstandes der Zuwendung nicht einem Anderen überlassen.

2. Auslegungsregeln.
a. „Gesetzliche Erben".

**§ 2066.** Hat der Erblasser seine gesetzlichen Erben ohne nähere Bestimmung bedacht, so sind diejenigen, welche zur Zeit des Erbfalls seine gesetzlichen Erben sein würden, nach dem Verhältniß ihrer gesetzlichen Erbtheile bedacht. Ist die Zuwendung unter einer aufschiebenden Bedingung oder unter Bestimmung eines Anfangstermins gemacht und tritt die Bedingung oder der Termin erst nach dem Erbfall ein, so sind im Zweifel diejenigen als bedacht anzusehen, welche die gesetzlichen Erben sein würden, wenn der Erblasser zur Zeit des Eintritts der Bedingung oder des Termins gestorben wäre.

---

3. Sonstige Vorschriften.
a. Vornahme des Stiftungsgeschäfts mittelst letztwilliger Verfügung § 83.
b. Letztwillige Bestimmung des Leistungsempfängers bei einem Vertrag über die Leistung an einen Dritten § 332.

**§ 2064.** 1. Die Vorschrift schließt nicht nur Vertretung, d. h. Vertretung im Willen, sondern auch die Vertretung in der Erklärung aus. Bei der Errichtung einer letztwilligen Verfügung ist für die Verwendung jeglicher Mittelsperson, mag sie Vertreter im Willen oder Bote sein, kein Raum. Welche Handlungen für die Errichtung einer letztwilligen Verfügung wesentlich und mithin von dem Verfügenden persönlich vorzunehmen sind, ergeben die §§ 2231 ff.

2. Testirfähigkeit §§ 2229 f.

**§ 2065.** 1. Unter § 2065 fällt auch die in das bloße Wollen eines Dritten gestellte Potestativbedingung, nicht hingegen die Bestimmung, daß ein Dritter als Schiedsrichter oder nach Art eines solchen entscheiden solle, ob eine von dem Erblasser angeordnete Bedingung eingetreten sei. Ob in solchen Fällen richterliche Nachprüfung zulässig sein soll, ist Auslegungsfrage. Vgl. Strieth. Arch. 31 4 ff.

2. Einschränkungen des in § 2065 enthaltenen Prinzips:
a. Bestimmung der Person des Vermächtnißnehmers oder des Auflageempfängers durch einen Anderen §§ 2151, 2193.
b. Bestimmung des Gegenstandes des Vermächtnisses durch einen Anderen §§ 2153 ff.
c. Bestimmung der Person des Testamentsvollstreckers §§ 2198 ff.

Zu §§ 2066 f. 1. Für die Auslegungsregeln der §§ 2066 ff. ist es von besonderer Wichtigkeit, darauf zu achten, daß sie wie alle Auslegungsregeln nur im Zweifel gelten. Hat ihre Anwendung im einzelnen Falle ein so unbefriedigendes Ergebniß, daß festzustellen ist, der Erblasser habe diesen Willen unzweifelhaft nicht gehabt, so entfällt damit auch die Anwendbarkeit der Auslegungsregeln. Vgl. RG. JW. 1900 S. 81[24].

2. Die §§ 2066—2072 geben einzelne Auslegungsregeln für Fälle, in denen die Person des Bedachten nicht durch unmittelbaren Hinweis, sondern durch die Angabe von Merkmalen bezeichnet ist.

**§ 2067.** Hat der Erblasser seine Verwandten oder seine nächsten Verwandten ohne nähere Bestimmung bedacht, so sind im Zweifel diejenigen Verwandten, welche zur Zeit des Erbfalls seine gesetzlichen Erben sein würden, als nach dem Verhältniß ihrer gesetzlichen Erbtheile bedacht anzusehen. Die Vorschrift des § 2066 Satz 2 findet Anwendung. — b. „Verwandte" und „nächste Verwandte".

**§ 2068.** Hat der Erblasser seine Kinder ohne nähere Bestimmung bedacht und ist ein Kind vor der Errichtung des Testaments mit Hinterlassung von Abkömmlingen gestorben, so ist im Zweifel anzunehmen, daß die Abkömmlinge insoweit bedacht sind, als sie bei der gesetzlichen Erbfolge an die Stelle des Kindes treten würden. — c. „Kinder des Erblassers". (Abkömmlinge eines vorverstorbenen Kindes.)

**§ 2069.** Hat der Erblasser einen seiner Abkömmlinge bedacht und fällt dieser nach der Errichtung des Testaments weg, so ist im Zweifel anzunehmen, daß dessen Abkömmlinge insoweit bedacht sind, als sie bei der gesetzlichen Erbfolge an dessen Stelle treten würden. — (Abkömmlinge eines nachverstorb. Abkömmlinges.)

**§ 2070.** Hat der Erblasser die Abkömmlinge eines Dritten ohne nähere Bestimmung bedacht, so ist im Zweifel anzunehmen, daß diejenigen Abkömmlinge nicht bedacht sind, welche zur Zeit des Erbfalls — d. Abkömmlinge eines Dritten.

---

3. Nicht ausgeschlossen ist eine Bezeichnung des Bedachten mittelst Umschreibung, z. B. durch Angabe von Eigenschaften desselben oder des Zweckes der Zuwendung.

4. Die unrichtige Bezeichnung der Person des Bedachten berührt die Gültigkeit der Anordnung nicht, wenn des Erblassers wirklicher Wille sich ermitteln läßt. Vgl. §§ 133, 2084.

**§ 2066.** 1. Im Falle des § 2066 sollen die Berufenen im Zweifel nach den Regeln der gesetzlichen Erbfolge (§§ 1924 ff.) und nicht etwa schlechthin nach Köpfen theilen.

2. Auslegungsregeln über Ausgleichungspflicht, wenn die Abkömmlinge auf ihren gesetzlichen Erbtheil berufen sind, vgl. § 2052.

3. Maßgebender Zeitpunkt ist:

a. bei Berufung der gesetzlichen Erben ohne weiteren Zusatz (Satz 1) der Zeitpunkt des Erbfalls (§ 1922);

b. bei Berufung unter aufschiebender Bedingung (§ 158 Abs. 1) oder Anfangstermin (§ 163) der Zeitpunkt des Eintritts. Häufigster Fall ist die Bestimmung, daß die Zuwendung nach dem Tode einer bestimmten Person, insbesondere des Ehegatten, an die Verwandten des Erblassers fallen soll.

**§ 2067.** 1. Die Auslegungsregel des § 2067 lehnt die Auslegung ab,

a. daß die Gradesnähe (§ 1589) entscheiden solle. Vgl. §§ 1924 ff.

b. daß alle dem Erblasser verwandten Personen zu gleichen Theilen erben sollen.

2. Ob der Ausdruck „Verwandte" im einzelnen Falle völlig die Bedeutung von gesetzlichen Erben haben soll, insbesondere ob auch der Ehegatte einbegriffen ist, muß die Auslegung des Einzelfalls ergeben; ebenso, ob im Einzelfalle unter der Bezeichnung „Verwandte" nach dem Willen des Erblassers Verschwägerte (§ 1590) mitbegriffen sein sollen.

**§ 2068.** Vgl. § 1924 Abs. 3. Vgl. ferner § 1589 Note 4 b ß.

**§ 2069.** 1. Der Auslegung des § 2069 liegt die Annahme einer Ersatzberufung (§§ 2096, 2190) zu Grunde. Eine Konsequenz dieser Bestimmung ist die Vorschrift des § 2107.

2. Die Vorschrift kann anwendbar werden, auch wenn der Bedachte nicht in Folge Todes, sondern aus einem anderen Grunde wegfällt (vgl. § 1935 Note 2).

oder, wenn die Zuwendung unter einer aufschiebenden Bedingung oder unter Bestimmung eines Anfangstermins gemacht ist und die Bedingung oder der Termin erst nach dem Erbfall eintritt, zur Zeit des Eintritts der Bedingung oder des Termins noch nicht erzeugt sind.

e. Klasse von Personen. **§ 2071.** Hat der Erblasser ohne nähere Bestimmung eine Klasse von Personen oder Personen bedacht, die zu ihm in einem Dienst- oder Geschäftsverhältnisse stehen, so ist im Zweifel anzunehmen, daß diejenigen bedacht sind, welche zur Zeit des Erbfalls der bezeichneten Klasse angehören oder in dem bezeichneten Verhältnisse stehen.

f. „Die Armen". **§ 2072.** Hat der Erblasser die Armen ohne nähere Bestimmung bedacht, so ist im Zweifel anzunehmen, daß die öffentliche Armenkasse der Gemeinde, in deren Bezirk er seinen letzten Wohnsitz gehabt hat, unter der Auflage bedacht ist, das Zugewendete unter Arme zu vertheilen.

g. Auf mehrere Personen passende Bezeichnung des Bedachten. **§ 2073.** Hat der Erblasser den Bedachten in einer Weise bezeichnet, die auf mehrere Personen paßt, und läßt sich nicht ermitteln, wer von ihnen bedacht werden sollte, so gelten sie als zu gleichen Theilen bedacht.

h. Bedingte Zuwendungen. α. Aufschiebende Bedingung. **§ 2074.** Hat der Erblasser eine letztwillige Zuwendung unter einer aufschiebenden Bedingung gemacht, so ist im Zweifel anzunehmen, daß die Zuwendung nur gelten soll, wenn der Bedachte den Eintritt der Bedingung erlebt.

---

**§ 2070.** 1. Diese Auslegungsregel bezieht sich nur auf Abkömmlinge einer fremden Person; die Abkömmlinge eines Kindes des Erblassers sind zugleich auch seine Abkömmlinge.

2. Vgl. § 2066 Satz 2.

**§ 2071.** Sonderbestimmung bei Einsetzung der Armen § 2072.

**§ 2072.** 1. Auflage §§ 2192 ff. Die Berechtigung, die Vollziehung der Auflage zu fordern, ist in § 2194 geregelt.

2. Sind mehrere letzte Wohnsitze vorhanden (§ 7 Abs. 2), so greift § 2073 ein.

**§ 2073.** 1. Voraussetzungen der Anwendbarkeit der in § 2073 gegebenen Auslegungsregel sind,

a. daß nicht ein gegentheiliger Wille des Erblassers erhellt;

b. daß die versuchte Ermittelung des nach dem wahren Willen des Erblassers Bedachten ergebnißlos ist;

c. daß einer der Mehreren der Bedachte ist („wer von ihnen"). Es muß also feststehen,

α. daß jede einzelne der in Betracht gezogenen Personen persönlich mit der Bezeichnung von dem Erblasser auch gemeint sein kann. Es ist also z. B. die Bezeichnung des Bedachten mit seinem (vielleicht verbreiteten) Familiennamen nur auf solche Träger des Namens zu beziehen, zu welchen persönliche Beziehungen des Erblassers obwalteten.

β. daß der wirklich Gemeinte sich unter den Mehreren befindet.

Zu §§ 2074—2076. 1. Unsittlicher und unerlaubter Inhalt einer Bedingung vgl. §§ 134, 138, 139.

2. Beschränkungen in Ansehung bedingter und befristeter Verfügungen vgl. §§ 2109, 2162 f.

**§ 2074.** 1. Die Frage, ob nach dem Willen des Erblassers der Bedachte den Eintritt eines beigefügten Anfangstermins erlebt haben müsse, ist der Auslegung des Einzelfalls überlassen; die Beurtheilung wird sich verschieden gestalten, je nachdem die Zeitbestimmung für die Entstehung des Rechtes oder aber lediglich für die Erfüllung Bedeutung haben soll.

2. Widerruf unter Bedingung vgl. Mot. V S. 25.

§ 2075. Hat der Erblasser eine letztwillige Zuwendung unter er Bedingung gemacht, daß der Bedachte während eines Zeitraums on unbestimmter Dauer etwas unterläßt oder fortgesetzt thut, so ist, venn das Unterlassen oder das Thun lediglich in der Willkür des Bedachten liegt, im Zweifel anzunehmen, daß die Zuwendung von er auflösenden Bedingung abhängig sein soll, daß der Bedachte die Handlung vornimmt oder das Thun unterläßt.

β. Willkürliches Thun od. Unterlassen des Bedachten als Bedingung.

§ 2076. Bezweckt die Bedingung, unter der eine letztwillige Zuwendung gemacht ist, den Vortheil eines Dritten, so gilt sie im Zweifel ıls eingetreten, wenn der Dritte die zum Eintritte der Bedingung rforderliche Mitwirkung verweigert.

γ. Bedingung z. Vortheile eines Dritten.

§ 2077. Eine letztwillige Verfügung, durch die der Erblasser seinen Ehegatten bedacht hat, ist unwirksam, wenn die Ehe nichtig oder wenn ie vor dem Tode des Erblassers aufgelöst worden ist. Der Auflösung er Ehe steht es gleich, wenn der Erblasser zur Zeit seines Todes uf Scheidung wegen Verschuldens des Ehegatten zu klagen berechtigt var und die Klage auf Scheidung oder auf Aufhebung der ehelichen Gemeinschaft erhoben hatte.

3. Zuwendungen unter Ehegatten u. Verlobten bei Auflösung ꝛc. der Ehe od. d. Verlöbnisses.

Eine letztwillige Verfügung, durch die der Erblasser seinen Verlobten bedacht hat, ist unwirksam, wenn das Verlöbniß vor dem Tode des Erblassers aufgelöst worden ist.

Die Verfügung ist nicht unwirksam, wenn anzunehmen ist, daß der Erblasser sie auch für einen solchen Fall getroffen haben würde.

§ 2078. Eine letztwillige Verfügung kann angefochten werden, soweit der Erblasser über den Inhalt seiner Erklärung im Irrthume war oder eine Erklärung dieses Inhalts überhaupt nicht abgeben wollte und anzunehmen ist, daß er die Erklärung bei Kenntniß der Sachlage nicht abgegeben haben würde.

4. Anfechtbarkeit letztwill. Verfüg. wegen Willensmangels des Erblassers. a. Anfechtungsgründe. α. Irrthum und Drohung.

Das Gleiche gilt, soweit der Erblasser zu der Verfügung durch die irrige Annahme oder Erwartung des Eintritts oder Nichteintritts eines Umstandes oder widerrechtlich durch Drohung bestimmt worden ist.

Die Vorschriften des § 122 finden keine Anwendung.

---

§ 2075. Die Auslegungsregel deutet die aufschiebende Bedingung in eine auflösende um. Der Fall des § 2075 liegt nur vor, wenn die Bedingung auf ein während eines unbestimmten Zeitraums fortgesetztes Thun oder Unterlassen gestellt ist (z. B. auf Lebenszeit), nicht aber wenn der Zeitraum bestimmt ist. Eine Bedingung, sich drei Jahre eines gewissen Thuns zu enthalten, fällt nicht unter die Auslegungsregel des § 2075.

§ 2076. Vgl. bei Verträgen zu Gunsten Dritter § 333.

§ 2077. 1. Ehegatten.
a. Ehenichtigkeit § 1931 Note 2a.
b. Auflösung der Ehe oder Aufhebung der ehelichen Gemeinschaft durch Urtheil vgl. § 1931 Note 2b.
c. Erhebung der Klage auf Scheidung oder auf Aufhebung der ehelichen Gemeinschaft; vgl. die entsprechende Regelung für das gesetzliche Erbrecht in § 1933 und Note 2 daselbst.

2. Verlobte vgl. 1297 ff., insbesondere § 1301 (Brautgeschenke).

3. Sonderregelung für gemeinschaftliches Testament und Erbvertrag §§ 2268, 2279.

§§ 2078 ff. 1. Die §§ 2078—2083 geben eine Sonderregelung für die Anfechtbarkeit von letztwilligen Verfügungen wegen Willensmängel. Der Hauptunterschied zwischen dieser Regelung und den Vorschriften des allgemeinen Theiles (§§ 119 ff.) besteht in einer strengeren Durchführung des Willensdogmas, vgl. zu § 2078 Note 1.

2. Unberührt durch die Vorschriften der §§ 2078 ff. bleibt die Geltung der §§ 116—118, soweit diese Vorschriften ihrem Inhalt nach auch für letztwillige Verfügungen anwendbar sind (vgl. zu c):

a. Nichtberücksichtigung der Mentalreservation § 116 Abs. 1;
b. Nichtigkeit der nicht ernstlich gemeinten, in der Erwartung, daß der Mangel der Ernstlichkeit nicht verkannt werde, abgegebenen Willenserklärung § 118;
c. §§ 116 Abs. 2, 117 sind nur für empfangsbedürftige Willenserklärungen gegeben und somit auf letztwillige Verfügungen nicht anwendbar.

3. Die Vorschriften des § 122 finden gemäß § 2078 Abs. 3 weder auf den Fall des § 2078 noch auf den Fall des § 118 Anwendung. Der in § 122 ferner erwähnte Fall des § 119 kommt für letztwillige Verfügungen nicht in Betracht.

4. Die Geltendmachung der Nichtigkeit geschieht durch Feststellungsklage auf Anerkennung der Nichtigkeit bzw. durch Leistungsklage auf Herstellung des in Folge der Nichtigkeit der Rechtslage entsprechenden Zustandes. Die gewöhnliche Verjährungsvorschrift gilt für diese Ansprüche.

**§ 2078.** I. (Abs. 1.) **Irrthum des Erblassers.**

1. Irrthum über den Inhalt der Erklärung und Irrthum über die Erklärungshandlung (vgl. § 119 Note 1 a u. b) macht die Erklärung anfechtbar. Der Unterschied zu § 119 liegt darin, daß es nicht auf die objektive Beurtheilung, ob der Erblasser die Erklärung bei verständiger Würdigung des Falles, sondern nur auf die subjektive Beurtheilung, ob der Erblasser die Erklärung bei Kenntniß der Sachlage abgegeben haben würde, ankommt (vgl. Vorb. zu §§ 2078 ff. Note 1).

2. Irrthum des Erblassers im Beweggrunde (vgl. § 119 Note 1a Abs. 2).

a. Irrthum im Beweggrunde macht die letztwillige Verfügung ebenso anfechtbar, wie der zu 1 aufgeführte Irrthum. Die Bestimmung des Abs. 2 will die Anfechtbarkeit aussprechen für den Fall, daß der Erblasser, durch die positive Vorstellung von dem Eintritt oder Nichteintritt eines in der Vergangenheit, Gegenwart oder Zukunft liegenden Ereignisses zu der letztwilligen Verfügung bestimmt worden ist und diese Vorstellung sich als irrig herausstellt (Prot. V S. 51).
b. Ob sich die irrige Annahme oder Erwartung aus der letztwilligen Verfügung selbst oder aus anderen Umständen ergiebt, ist gleichgültig.
c. Sonderfall: Unkenntniß des Erblassers über das Vorhandensein eines Pflichttheilsberechtigten § 2079.

3. Die Vorschriften über Betrug (§ 123) und über Irrthum in Eigenschaften einer Person oder einer Sache (§ 119 Abs. 2) kommen neben der umfassenden Anfechtbarkeit (Abs. 1 u. 2) für die letztwilligen Verfügungen als Besonderheiten nicht mehr in Betracht.

4. Unrichtige Bezeichnung einer Person oder eines Gegenstandes beeinträchtigt an sich nicht die Gültigkeit der letztwilligen Verfügung; § 133 greift ein.

II. **Widerrechtliche Drohung** (vgl. § 123 Note 2) macht die letztwillige Verfügung anfechtbar, nicht nichtig.

III. **Die Anfechtung.**

1. Die Anfechtbarkeit erstreckt sich nur auf den durch den Irrthum betroffenen Theil der Verfügung („soweit"). Die Wirkung der Theilanfechtung auf die Verfügung im Ganzen ist nach § 2085 zu beurtheilen.

2. Anfechtungsberechtigter § 2080, Anfechtungserklärung § 2081, Anfechtungsfrist § 2082.

β. Unbeabsichtigte Uebergehung eines Pflichttheilsberechtigten.

**§ 2079.** Eine letztwillige Verfügung kann angefochten werden, wenn der Erblasser einen zur Zeit des Erbfalls vorhandenen Pflichttheilsberechtigten übergangen hat, dessen Vorhandensein ihm bei der Errichtung der Verfügung nicht bekannt war oder der erst nach der Errichtung geboren oder pflichttheilsberechtigt geworden ist. Die Anfechtung ist ausgeschlossen, soweit anzunehmen ist, daß der Erblasser auch bei Kenntniß der Sachlage die Verfügung getroffen haben würde.

b. Anfechtungsberechtigter.

**§ 2080.** Zur Anfechtung ist derjenige berechtigt, welchem die Aufhebung der letztwilligen Verfügung unmittelbar zu Statten kommen würde.

Bezieht sich in den Fällen des § 2078 der Irrthum nur auf eine bestimmte Person und ist diese anfechtungsberechtigt oder würde sie anfechtungsberechtigt sein, wenn sie zur Zeit des Erbfalls gelebt hätte, so ist ein Anderer zur Anfechtung nicht berechtigt.

Im Falle des § 2079 steht das Anfechtungsrecht nur dem Pflichttheilsberechtigten zu.

c. Anfechtung.

**§ 2081.** Die Anfechtung einer letztwilligen Verfügung, durch die ein Erbe eingesetzt, ein gesetzlicher Erbe von der Erbfolge ausgeschlossen, ein Testamentsvollstrecker ernannt oder eine Verfügung solcher Art aufgehoben wird, erfolgt durch Erklärung gegenüber dem Nachlaßgerichte.

Das Nachlaßgericht soll die Anfechtungserklärung demjenigen mittheilen, welchem die angefochtene Verfügung unmittelbar zu Statten kommt. Es hat die Einsicht der Erklärung Jedem zu gestatten, der ein rechtliches Interesse glaubhaft macht.

Die Vorschrift des Abs. 1 gilt auch für die Anfechtung einer letzt-

---

**§ 2079.** 1. Die Vorschrift regelt einen Sonderfall des Irrthums im Beweggrunde (§ 2078 Abs. 2) und setzt voraus Uebergehung eines zur Zeit des Erbfalls vorhandenen Pflichttheilsberechtigten (§§ 2303 ff.). Wegfall desselben (vgl. § 1935 Note 2) beseitigt die Anwendbarkeit des § 2079.

2. Die Nichtkenntniß des Vorhandenseins eines Pflichttheilsberechtigten kann beruhen auf Nichtkenntniß der Geburt oder auf fälschlicher Annahme des Todes.

3. Nachträgliche Erlangung der Pflichttheilsberechtigung kann — außer dem Falle späterer Geburt — eintreten:

a. durch Legitimation des unehelichen Kindes von Seiten seines Vaters (§§ 1719, 1736);
b. durch Annahme an Kindesstatt § 1757.
c. durch Eheschließung.

4. Theilweise Anfechtung der letztwilligen Verfügung („soweit"), vgl. § 2078 Note III. 1.

5. Person des Anfechtungsberechtigten § 2080 Abs. 3.

**§ 2080.** 1. Der Grundsatz, daß anfechtungsberechtigt Jeder ist, dem die Aufhebung der letztwilligen Verfügung unmittelbar (vgl. dagegen §§ 2341, 2345) zu statten kommt, erleidet in Abs. 2 u. 3 Einschränkungen.

2. Die Anfechtung kommt auch demjenigen zu statten, dessen durch die letztwillige Verfügung gehinderter Rechtserwerb nicht auf erbrechtlichen, sondern auf anderen etwa auf familienrechtlichen Vorschriften beruht, z. B. wenn die letztwillige Verfügung den Erwerb der ehelichen oder elterlichen Nutznießung (§§ 1369, 1638) hindert oder das Recht aus der gesetzlichen Berufung zur Vormundschaft (§§ 1776 ff.) beseitigt.

3. Wirkung der Anfechtung ist gemäß § 142 Nichtigkeit von Anfang an.

willigen Verfügung, durch die ein Recht für einen Anderen nicht begründet wird, insbesondere für die Anfechtung einer Auflage.

d. Anfechtungsfrist. **§ 2082.** Die Anfechtung kann nur binnen Jahresfrist erfolgen.

Die Frist beginnt mit dem Zeitpunkt, in welchem der Anfechtungsberechtigte von dem Anfechtungsgrunde Kenntniß erlangt. Auf den Lauf der Frist finden die für die Verjährung geltenden Vorschriften der §§ 203, 206, 207 entsprechende Anwendung.

Die Anfechtung ist ausgeschlossen, wenn seit dem Erbfalle dreißig Jahre verstrichen sind.

e. Perpetuirung der Anfechtungseinwendung. **§ 2083.** Ist eine letztwillige Verfügung, durch die eine Verpflichtung zu einer Leistung begründet wird, anfechtbar, so kann der Beschwerte die Leistung verweigern, auch wenn die Anfechtung nach § 2082 ausgeschlossen ist.

f. Auslegung im Sinne der Aufrechterhaltung. **§ 2084.** Läßt der Inhalt einer letztwilligen Verfügung verschiedene Auslegungen zu, so ist im Zweifel diejenige Auslegung vorzuziehen, bei welcher die Verfügung Erfolg haben kann.

---

**§ 2081.** 1. Von der Regel, daß die Anfechtung gegenüber dem Anfechtungsgegner durch formlose Anfechtungserklärung erfolgt (§ 143 Abs. 1, 4), enthält § 2081 Ausnahmen für:

a. die Erbeinsetzung (§ 1937);
b. die Ausschließung eines gesetzlichen Erben von der Erbfolge (§ 1938);
c. die Ernennung eines Testamentsvollstreckers § 2197;
d. den Widerruf einer der zu a—c bezeichneten Verfügungen §§ 2254, 2257;
e. (Abs. 3) die Verfügungen, durch die ein Recht für einen Anderen nicht begründet wird (Auflage § 1940). Ohne diese Vorschrift würde es an einem Anfechtungsgegner fehlen (vgl. § 143 Abs. 4).

2. Abs. 2. Vgl. § 1957 Abs. 2.

3. In Ansehung der in § 2081 unerwähnt gebliebenen Verfügungen von Todeswegen bleibt es bei der Regel des § 143 Abs. 4. Insbesondere ist also die Anordnung eines Vermächtnisses von dem Beschwerten dem Vermächtnißnehmer gegenüber, der Widerruf einer Vermächtnißanordnung von dem Vermächtnißnehmer dem Beschwerten gegenüber anzufechten.

**§ 2082.** 1. Wegen der Ausschlußfrist vgl. § 124 und Bd. I S. 102 Note 4. — Wirksamwerden der Anfechtungserklärung § 130.

2. Fristberechnung §§ 187 Abs. 1, 188.

3. Die in Bezug genommenen Vorschriften betreffen:
§ 203: Stillstand der Rechtspflege, höhere Gewalt;
§ 206: Vertretungsbedürftige ohne Vertreter;
§ 207: Anfechtung von Seiten eines Erben des Anfechtungsberechtigten oder gegenüber einem Erben des Anfechtungsgegners.

4. In Abs. 3 wird nicht unterschieden, ob die letztwillige Verfügung verkündet wurde oder nicht, sondern es wird die Frist stets vom Erbfall ab gerechnet.

**§ 2083.** 1. Vgl. §§ 821, 853 und § 194 Note 4c.

2. Die Vorschrift ist nur zu Gunsten des Beschwerten gegeben, bezieht sich mithin nicht auf die Erbeinsetzung, sondern nur auf die anfechtbar angeordneten Vermächtnisse und Auflagen. (Vgl. die Terminologie der §§ 2147 ff.)

**§ 2084.** Die Vorschrift ist dahin zu verstehen, daß wenn einerseits eine Auslegung möglich ist, nach welcher die letztwillige Verfügung hinfällig werden würde, und andererseits eine Auslegung, nach welcher dieselbe aufrecht erhalten werden kann, der letzteren der Vorzug zu geben ist (Prot. V S. 43, 44). Vgl. auch §§ 133, 140, 2101 Note 1.

**§ 2085.** Die Unwirksamkeit einer von mehreren in einem Testa- ent enthaltenen Verfügungen hat die Unwirksamkeit der übrigen erfügungen nur zur Folge, wenn anzunehmen ist, daß der Erb- sser diese ohne die unwirksame Verfügung nicht getroffen haben ürde.

6. Unwirksamkeit einzelner v. mehrer. Verfügungen.

**§ 2086.** Ist einer letztwilligen Verfügung der Vorbehalt einer rgänzung beigefügt, die Ergänzung aber unterblieben, so ist die erfügung wirksam, sofern nicht anzunehmen ist, daß die Wirksamkeit on der Ergänzung abhängig sein sollte.

7. Vorbehalt einer Ergänzung.

## Zweiter Titel.

## Erbeinsetzung.

**§ 2087.** Hat der Erblasser sein Vermögen oder einen Bruch- heil seines Vermögens dem Bedachten zugewendet, so ist die Ver- ügung als Erbeinsetzung anzusehen, auch wenn der Bedachte nicht ls Erbe bezeichnet ist.

Sind dem Bedachten nur einzelne Gegenstände zugewendet, so ist m Zweifel nicht anzunehmen, daß er Erbe sein soll, auch wenn er ls Erbe bezeichnet ist.

1. Unmaßgeblichkeit der Bezeichnung oder Nichtbezeichnung als Erbe.

**§ 2088.** Hat der Erblasser nur einen Erben eingesetzt und die Einsetzung auf einen Bruchtheil der Erbschaft beschränkt, so tritt in Ansehung des übrigen Theiles die gesetzliche Erbfolge ein.

Das Gleiche gilt, wenn der Erblasser mehrere Erben unter Be- schränkung eines jeden auf einen Bruchtheil eingesetzt hat und die Bruchtheile das Ganze nicht erschöpfen.

2. Einsetzung auf Bruchtheile der Erbschaft.
a. das Ganze nicht erschöpfend. Bruchtheile.
α. Pro parte testatus; pro parte intestatus.

---

**§ 2085.** 1. Vgl. § 139; vgl. auch §§ 1161, 2195.

2. Anwendungsfälle zu §§ 2078 Note III, 1, 2079 Note 4, 2235 Abs. 2.

3. Wird durch die Anfechtung die gesammte letztwillige Verfügung be- eitigt, so tritt gesetzliche Erbfolge ein. Zur Geltendmachung des Erbrechts gegenüber dem Erbschaftsbesitzer dient der Erbschaftsanspruch §§ 2018 ff.

**§ 2086.** Eine sich als unvollendet darstellende Willenserklärung, welche urch Auslegung nicht zu vervollständigen ist, ist unwirksam. Vorschriften, ie die für die Vertragsschließung in § 154 gegebenen, bestehen für letztwillige Verfügungen nicht.

**§ 2087.** 1. Die Vorschrift giebt eine dem § 133 entsprechende Auslegungs- egel, wann eine Erbeinsetzung (vgl. §§ 1922, 1937) und wann eine Ver- mächtnißanordnung (§ 1939) vorliegt.

2. (Abs. 2.) Zählt der Erblasser die einzelnen Gegenstände in der Meinung auf, damit den ganzen Nachlaß zu erschöpfen, so will er regelmäßig Erb- einsetzung.

3. Nichtig ist eine Erbeinsetzung, inhalts deren von dem Erblasser einem Dritten die Bestimmung der Person des Erben oder des Gegenstandes, d. i. der Quote des Erbtheils übertragen wird, § 2065 Abs. 2.

**§ 2088.** 1. Die Zulassung der gesetzlichen Erbfolge neben der testamen- tarischen bedeutet die Ablehnung des Satzes nemo paganus pro parte testa- tus pro parte intestatus decedere potest. Wegen der Annahme der Erb- schaft bei Verschiedenheit der Berufungsgründe § 1951.

2. (Abs. 2.) Wollte der Erblasser, daß die eingesetzten Erben die ganze Erbschaft erhalten sollen, hat er sich aber bei Aufstellung der Quoten ver- rechnet, so greift § 2089 ein.

β. Erhöhung d. Bruchtheile d. alleinigen Erben.

**§ 2089.** Sollen die eingesetzten Erben nach dem Willen des Erblassers die alleinigen Erben sein, so tritt, wenn jeder von ihnen auf einen Bruchtheil der Erbschaft eingesetzt ist und die Bruchtheile das Ganze nicht erschöpfen, eine verhältnißmäßige Erhöhung der Bruchtheile ein.

b. Das Ganze übersteigende Bruchtheile.

**§ 2090.** Ist jeder der eingesetzten Erben auf einen Bruchtheil der Erbschaft eingesetzt und übersteigen die Bruchtheile das Ganze, so tritt eine verhältnißmäßige Minderung der Bruchtheile ein.

c. Mehrere Erben ohne Bezeichnung d. Bruchtheile.

**§ 2091.** Sind mehrere Erben eingesetzt, ohne daß die Erbtheile bestimmt sind, so sind sie zu gleichen Theilen eingesetzt, soweit sich nicht aus den §§ 2066 bis 2069 ein Anderes ergiebt.

d. Einsetzung der Erben theils mit, theils ohne Bruchtheilangabe.

**§ 2092.** Sind von mehreren Erben die einen auf Bruchtheile, die anderen ohne Bruchtheile eingesetzt, so erhalten die letzteren den freigebliebenen Theil der Erbschaft.

Erschöpfen die bestimmten Bruchtheile die Erbschaft, so tritt eine verhältnißmäßige Minderung der Bruchtheile in der Weise ein, daß jeder der ohne Bruchtheile eingesetzten Erben so viel erhält wie der mit dem geringsten Bruchtheile bedachte Erbe.

---

3. Gesetzliche Erbfolge §§ 1924 ff.

4. Ausschließung eines einzelnen Vermögensgegenstandes von der Erbschaft gilt als Vermächtniß an die gesetzlichen Erben § 2149.

**§ 2089.** 1. Vgl. § 2088 Abs. 2, § 2092 Abs. 1. — Die Theilung des Restbruchtheils unter die Eingesetzten erfolgt nach Verhältniß der für die Einzelnen bestimmten Bruchtheile, nicht nach Köpfen.

2. Anwendbarkeit der Vorschrift bei Vermächtniß desselben Gegenstandes nach Bruchtheilen § 2157.

**§ 2090.** 1. Voraussetzung für die Anwendbarkeit der Dispositivvorschrift des § 2090 ist, daß der Erblasser nicht ein Anderes gewollt hat, wie z. B. in dem Falle anzunehmen ist, daß der Erblasser in einer späteren Verfügung einen Erbtheil bestimmt hat, nachdem er früher über die ganze Erbschaft verfügt hatte. Beispiel: Der Erblasser, welcher früher A, B, C auf je $^1/_3$ eingesetzt hatte, setzt in einem späteren Testament den D auf $^1/_5$ ein. Nach dem Willen des Erblassers wird zu theilen sein: D $^1/_5$, der Rest von $^4/_5$ ist unter A, B, C zu vertheilen. Es erhalten also A, B, C je $^4/_{15} = ^{12}/_{15}$, D $^3/_{15}$.

2. Vgl. auch § 2092 Abs. 2.

3. Anwendbarkeit der Vorschrift bei Vermächtniß desselben Gegenstandes nach Bruchtheilen § 2157.

**§ 2091.** 1. Die §§ 2066—2069 behandeln die Einsetzung der gesetzlichen Erben, der Verwandten, der Kinder ohne nähere Bestimmung.

2. Anwendbarkeit der Vorschrift bei Vermächtniß desselben Gegenstandes an Mehrere § 2157.

3. Sind mehrere in der Weise berufen, daß nur der Eine oder der Andere Erbe sein soll, so ist der Auslegung völlige Freiheit zu geben. Die Auslegungsregel des E. I § 1769 Abs. 1 ist nicht aufgenommen. Regelmäßig wird die disjunktive Erbeinsetzung Berufung des später Benannten als Ersatzerben bedeuten (vgl. Seufferts Archiv Bd. 17 Nr. 150). Möglicherweise wollte der Erbaffer durch die zweite Benennung die erstere rückgängig machen oder aber es bringt die Fassung zum Ausdrucke, daß der Erblasser mit seinem Willen noch nicht fertig war, in welch letzterem Falle Nichtigkeit anzunehmen ist (vgl. Prot. V S. 24).

**§ 2092.** 1. Die Dispositivvorschrift des § 2092 gilt auch bei Vermächtniß desselben Gegenstandes an Mehrere, § 2157.

**§ 2093.** Sind einige von mehreren Erben auf einen und denselben Bruchtheil der Erbschaft eingesetzt (gemeinschaftlicher Erbtheil), so finden in Ansehung des gemeinschaftlichen Erbtheils die Vorschriften der §§ 2089 bis 2092 entsprechende Anwendung. — a. Gemeinschaftlich. Erbtheil.

**§ 2094.** Sind mehrere Erben in der Weise eingesetzt, daß sie die gesetzliche Erbfolge ausschließen, und fällt einer der Erben vor oder nach dem Eintritte des Erbfalls weg, so wächst dessen Erbtheil den übrigen Erben nach dem Verhältniß ihrer Erbtheile an. Sind einige der Erben auf einen gemeinschaftlichen Erbtheil eingesetzt, so tritt die Anwachsung zunächst unter ihnen ein. — 8. Anwachsung. a. Voraussetzung. b. Wirkung. (Gemeinschaftlicher Erbtheil.)

Ist durch die Erbeinsetzung nur über einen Theil der Erbschaft verfügt und findet in Ansehung des übrigen Theiles die gesetzliche Erbfolge statt, so tritt die Anwachsung unter den eingesetzten Erben nur ein, soweit sie auf einen gemeinschaftlichen Erbtheil eingesetzt sind.

Der Erblasser kann die Anwachsung ausschließen. — c. Ausschließung.

---

2. Beispiel zu Abs. 2. Eingesetzt sind A auf $1/_2$, B auf $1/_4$ und C ohne Quotenangabe. C soll nach § 2092 Abs. 2 ebensoviel erhalten wie A. A erhält die Hälfte von dem, was B erhält. Demnach erhält A 1 Theil = $1/_4$, B 2 Theile = $1/_2$, C 1 Theil = $1/_4$.

**§ 2093.** 1. Ein gemeinschaftlicher Erbtheil liegt z. B. vor bei der Anordnung: A soll die Hälfte, B, C und D die andere Hälfte haben. Vgl. auch die §§ 2094, 2098 Abs. 2.

2. Ob aus der Einsetzung Mehrerer unter einer Gesammtbezeichnung der auf Einsetzung der Mehreren auf einen gemeinschaftlichen Erbtheil gerichtete Wille des Erblassers zu entnehmen ist, ist der Auslegung des einzelnen Falles überlassen, z. B. A, B und die Kinder meines Bruders C sollen meine Erben sein.

3. Anwendbarkeit der Vorschriften bei Vermächtniß desselben Gegenstandes an Mehrere § 2157.

**§ 2094.** I. **Fälle des Wegfalls eines eingesetzten Erben** (vgl. § 1935).

1. Wegfall vor dem Erbfalle kann herbeigeführt werden:
a. durch den Tod des als Erben Eingesetzten § 1923;
b. durch letztwillige Verfügung dahin, daß die in einem früheren Testament erfolgte Einsetzung widerrufen wird;
c. durch Erbverzicht § 2352.

2. Wegfall nach dem Erbfalle kann herbeigeführt werden:
a. durch Ausschlagung § 1953;
b. durch Erbunwürdigkeitserklärung § 2344;
c. durch Versagung der staatlichen Genehmigung an einen Erben, der als Religioser derselben nach vorbehaltenem Landesrechte bedarf. EG. Artt. 87 Abs. 2, 86 Satz 2.

II. **Erbfolge beim Wegfall eines eingesetzten Erben.**

1. Wenn ein eingesetzter Erbe wegfällt, so ist dafür, was mit dem frei werdenden Erbtheile geschehen soll, der Wille des Erblassers maßgebend.

2. Zunächst tritt der als Ersatzerbe Berufene bezw., wenn der Wegfallende ein Abkömmling des Erblassers ist, dessen Abkömmlinge (nach Maßgabe der gesetzlichen Erbfolge) ein, §§ 2099, 2069.

3. Anwachsung.
a. Von Anwachsung spricht das BGB. nur in Ansehung der auf Verfügung von Todeswegen (§§ 2094, 2279) beruhenden Erbfolge, während bei der gesetzlichen Erbfolge (vgl. § 1935) von einer Erhöhung des Erbtheils gesprochen wird.

d. Schutz d. Erben gegen Benachtheiligung durch die Anwachsung.

**§ 2095.** Der durch Anwachsung einem Erben anfallende Erbtheil gilt in Ansehung der Vermächtnisse und Auflagen, mit denen dieser Erbe oder der wegfallende Erbe beschwert ist, sowie in Ansehung der Ausgleichungspflicht als besonderer Erbtheil.

4. Einsetzung eines Ersatzerben.

**§ 2096.** Der Erblasser kann für den Fall, daß ein Erbe vor oder nach dem Eintritte des Erbfalls wegfällt, einen Anderen als Erben einsetzen (Ersatzerbe).

---

b. (Abs. 1.)

α. Die Einsetzung mehrerer Erben schließt die gesetzliche Erbfolge aus,

αα. wenn ihre Einsetzung schlechthin erfolgt ist, ohne auf einen Bruchtheil beschränkt zu sein (§ 2088 Abs. 1);

ββ. wenn die Einsetzung auf Bruchtheile, welche das Ganze erschöpfen (§ 2088 Abs. 2) oder übersteigen (§ 2090), erfolgt ist.

β. Gemeinschaftlicher Erbtheil § 2093.

Beispiel: Eingesetzt sind

A auf $^1/_3$, B auf $^1/_3$, C auf $^1/_3$, D, E, F auf $^2/_3$.

αα. Fällt F fort, so erhalten D und E den gemeinschaftlichen Erbtheil der $^2/_3$.

ββ. Fallen E und F fort, so erhält D $^2/_3$.

γγ. Fallen D, E und F fort, erhalten A, B, C je $^1/_3$.

c. (Abs. 2.)

α. Zum Theil Erbfolge auf Grund einer Verfügung von Todeswegen, zum Theil gesetzliche Erbfolge § 2088.

β. Gemeinschaftlicher Erbtheil § 2093.

Beispiel: Eingesetzt sind

A auf $^1/_3$, B und C zusammen auf $^1/_3$; für das letzte Drittel gilt gesetzliche Erbfolge.

αα. Fällt C fort, so wächst sein Theil dem B an, so daß A und B je $^1/_3$ erhalten und in Ansehung des letzten Drittels die gesetzliche Erbfolge eintritt.

ββ. Fällt außer C (vgl. αα) A fort, so erhält B sein Drittel (vgl. αα), während in Ansehung der beiden anderen Drittel die gesetzliche Erbfolge eintritt.

d. (Abs. 3.) Wird die Anwachsung durch den Erblasser ausgeschlossen, so tritt in Ansehung des frei werdenden Theiles die gesetzliche Erbfolge ein.

e. Wirkungen der Anwachsung § 2095.

f. Recht des Nacherben in Ansehung des dem Vorerben anwachsenden Erbtheils § 2110.

g. Verhältniß zum Erbschaftskäufer § 2373.

h. Anwachsung bei Vermächtnissen §§ 2158 f.

**§ 2095.** 1. Diese Schutzvorschrift (vgl. § 1935 Note 1b. §§ 2161, 2192) ist geboten mit Rücksicht auf die Unzulässigkeit der Ausschlagung des anwachsenden Erbtheils §§ 1950, 1951.

2. Ausgleichungspflicht §§ 2050 ff.

3. Schuldenhaftung § 2007.

4. Vgl. die entsprechende Vorschrift für Anwachsung bei Vermächtnissen § 2159.

**§ 2096.** 1. Gründe für den Wegfall des Erben vgl. § 2094 Note 1.

2. Der Ersatzerbe ist ebenfalls Erbe; der Anfall an ihn gilt als mit dem Erbfall erfolgt § 1953.

3. Dem Ersatzerben (als Erben) kann (Mangels einer gesetzlichen Beschränkung ein weiterer Ersatzerbe substituirt werden. Der Satz substitutus substituto est substitutus instituto ist als in der Logik begründet nicht ausdrücklich ausgesprochen. Der Satz substitutus substituto substitutus huic quoque censetur qua instituto ist als bedenklich nicht aufgenommen. Die Auslegung des einzelnen Falles muß entscheiden.

a. Einsetzung, wenn der Erstberufene nicht Erbe sein will oder kann.

**§ 2097.** Ist Jemand für den Fall, daß der zunächst berufene Erbe nicht Erbe sein kann, oder für den Fall, daß er nicht Erbe sein will, als Ersatzerbe eingesetzt, so ist im Zweifel anzunehmen, daß er für beide Fälle eingesetzt ist.

b. Miterben als Ersatzerben.

**§ 2098.** Sind die Erben gegenseitig oder sind für einen von ihnen die übrigen als Ersatzerben eingesetzt, so ist im Zweifel anzunehmen, daß sie nach dem Verhältniß ihrer Erbtheile als Ersatzerben eingesetzt sind.

Sind die Erben gegenseitig als Ersatzerben eingesetzt, so gehen Erben, die auf einen gemeinschaftlichen Erbtheil eingesetzt sind, im Zweifel als Ersatzerben für diesen Erbtheil den anderen vor.

c. Verhältniß zum Anwachsungsrecht.

**§ 2099.** Das Recht des Ersatzerben geht dem Anwachsungsrechte vor.

## Dritter Titel.

## Einsetzung eines Nacherben.

I. Zulässigkeit und Begriff.

**§ 2100.** Der Erblasser kann einen Erben in der Weise einsetzen, daß dieser erst Erbe wird, nachdem zunächst ein Anderer Erbe geworden ist (Nacherbe).

---

4. Eintritt der Abkömmlinge eines als Erben eingesetzten, aber wegfallenden Abkömmlinges des Erblassers § 2069. Die Abkömmlinge eines zur Zeit der Testamentserrichtung kinderlosen Abkömmlinges des Erblassers treten an die Stelle ihres vor dem Erblasser wegfallenden Parens und schließen somit den diesem bestimmten Ersatzerben aus. Vgl. die entsprechende Vorschrift für die Nacherbschaft § 2107.

5. Auslegungsregel, wenn der Ersatzerbe an die Stelle eines ausgleichungspflichtigen Abkömmlinges tritt, § 2051 Abs. 2.

6. Die Einsetzung als Nacherbe enthält im Zweifel auch die Einsetzung als Ersatzerbe § 2102 Abs. 1. Ist zweifelhaft, ob Einsetzung als Nacherbe oder Ersatzerbe gewollt ist, so ist Einsetzung als Ersatzerbe anzunehmen § 2102 Abs. 2.

7. Behandlung des einem Ersatzerben gewordenen Anfalls
a. bei der Nacherbschaft § 2110;
b. bei dem Erbschaftskauf § 2373.

**§ 2097.** Anwendbarkeit des § 2097 auf die Einsetzung eines Ersatzvermächtnißnehmers § 2190.

**§ 2098.** 1. Unterschied zwischen dieser Art der Berufung und der Anwachsung vgl. § 2007.

2. Die Auslegungsregel § 2098 ist nicht anwendbar, wenn
a. nur einige der Erben für einen oder mehrere der Miterben als Ersatzerben berufen sind;
b. wenn neben Miterben ein Nichterbe als Ersatzerbe berufen ist.

3. Ob der als Ersatzerbe für einen Miterben eingesetzte Erbe, welcher den ihm unmittelbar zugewendeten Erbtheil ausschlägt, den Ersatzerbtheil annehmen kann, vgl. § 1951.

4. Anwendbarkeit auf die Einsetzung eines Ersatzvermächtnißnehmers § 2190.

**§ 2099.** 1. Vgl. § 2094 Note II. 2.

2. Anwendbarkeit auf die Einsetzung eines Ersatzvermächtnißnehmers § 2190.

Zu §§ 2100 f.

1. Zweck der Nacherbschaft.

Das Institut der Nacherbschaft ersetzt die fideikommissarische Substitution des bisherigen Rechtes. Hauptanwendungsfälle:

II. Einsetzung. 1. Auslegungsregeln. a. Erbeinsetzung einer z. Z. d. Erbfalls α. noch nicht erzeugten Person.

**§ 2101.** Ist eine zur Zeit des Erbfalls noch nicht erzeu Person als Erbe eingesetzt, so ist im Zweifel anzunehmen, daß i als Nacherbe eingesetzt ist. Entspricht es nicht dem Willen des Er lassers, daß der Eingesetzte Nacherbe werden soll, so ist die Ei setzung unwirksam.

---

a. Der Erblasser will seine gesetzlichen Erben (Kinder oder sonstige Ve wandte) nicht ausschließen, die Vortheile der Erbschaft aber für bestim Zeit einem Anderen, z. B. seinem Ehegatten zuwenden, ohne ihn de Beschränkungen zu unterwerfen, welche mit der Anordnung eines Nie brauchs an der Erbschaft verbunden sind (vgl. § 1089). Insbesonde kann der Erblasser seinem Ehegatten die Vortheile der Erbschaft sich das Vermögen aber zugleich seiner Familie erhalten wollen.
b. Der Erblasser will eine zur Zeit des Erbfalls noch nicht erzeugte Pers zum Erben einsetzen (z. B. die Deszendenz einer bestimmten Pers (§§ 2201, 1923; Pflegschaft für einen noch nicht erzeugten Nacher § 1913).
c. Der Erblasser besorgt, der zunächst berufene Erbe werde der Fami das Vermögen nicht erhalten (Enterbung in guter Absicht), vg § 2338.

2. Die rechtliche Stellung des Vorerben.
a. Der Vorerbe ist von dem Eintritte des Erbfalls bis zum Eintritte de Falles der Nacherbfolge wirklicher Erbe, vgl. §§ 2100, 2139.
b. Dem Vorerben kommt während der Dauer der Vorerbschaft grundsätzlic die Stellung zu, die er als Erbe haben würde, wenn die Nacherbfolg nicht angeordnet wäre. Er ist daher Eigenthümer der Nachlaßsachen un auch im Uebrigen berechtigt und verpflichtet wie jeder Erbe (§ 211 Zur Sicherung der Rechte des Nacherben ist jedoch das Recht des Vo erben gewissen Beschränkungen unterworfen (§§ 2113 ff.). In Fällen, i welchen der Erblasser das Interesse des Nacherben in den Vordergrun stellen und den Vorerben im Wesentlichen auf die Nutzungen der Er schaft beschränken will, empfiehlt es sich, an Stelle der Anordnung eine Nacherbschaft den Nacherben als Erben einzusetzen und dem Vorerben de Nießbrauch an der Erbschaft zu vermachen (§ 1089).
c. Der Nacherbe hat während der Dauer der Vorerbschaft schon ein regel mäßig vererbliches Recht auf den Anfall der Erbschaft bei Eintritt des Falles der Nacherbfolge (§ 2108 Abs. 2).
d. Bis zum Eintritte des Falles der Nacherbfolge besteht zwischen dem Vo und Nacherben ein Legalschuldverhältniß, auf welches die Vorschriften des zweiten Buches anwendbar sind, vgl. Bd. I S. 128 Note 2.
e. Wegen der Prozeßführung und Zwangsvollstreckung vgl. zu §§ 2112, 2115

3. Anwendbarkeit von Vorschriften über die Nacherbschaft auf das Nach vermächtniß § 2191.

4. Beschränkung des Pflichttheilsberechtigten durch eine Vorerbschaft oder eine Nacherbschaft § 2306.

5. Berücksichtigung der Nacherbschaft im Erbscheine § 2363.

6. Testamentsvollstrecker zur Wahrnehmung der Rechte des Nacherben § 2222.

7. Pfleger für den noch nicht erzeugten Nacherben § 1913 Satz 2.

**§ 2100.** 1. Der zunächst eingesetzte Erbe ist der Vorerbe (vgl. §§ 2111, 2112 u. a. m.).

2. Die Nacherbfolge kann an einem bestimmten Zeitpunkt oder eine Be dingung (Eintritt eines bestimmten Ereignisses) geknüpft sein (vgl. § 2105).

3. Der Nacherbe wird mit dem Eintritte des Falles der Nacherbfolge Erbe kraft Gesetzes § 2139.

4. Die Einsetzung als Nacherbe kann auch in Ansehung eines Bruchtheils der Erbschaft erfolgen, vgl. § 1922 Abs. 2.

Das Gleiche gilt von der Einsetzung einer juristischen Person, die erst nach dem Erbfalle zur Entstehung gelangt; die Vorschrift des § 84 bleibt unberührt.

β. noch nicht bestehenden jurist. Person.

**§ 2102.** Die Einsetzung als Nacherbe enthält im Zweifel auch die Einsetzung als Ersatzerbe.

b. Nacherbe auch Ersatzerbe.

Ist zweifelhaft, ob Jemand als Ersatzerbe oder als Nacherbe eingesetzt ist, so gilt er als Ersatzerbe.

Nacherbe od. Ersatzerbe?

**§ 2103.** Hat der Erblasser angeordnet, daß der Erbe mit dem Eintritt eines bestimmten Zeitpunkts oder Ereignisses die Erbschaft einem Anderen herausgeben soll, so ist anzunehmen, daß der Andere als Nacherbe eingesetzt ist.

2. Dispositivvorschriften.
a. Anordnung, d. Erbschaft herauszugeb.

**§ 2104.** Hat der Erblasser angeordnet, daß der Erbe nur bis zu dem Eintritt eines bestimmten Zeitpunkts oder Ereignisses Erbe sein soll, ohne zu bestimmen, wer alsdann die Erbschaft erhalten soll, so ist anzunehmen, daß als Nacherben diejenigen eingesetzt sind, welche die gesetzlichen Erben des Erblassers sein würden, wenn er zur Zeit des Eintritts des Zeitpunkts oder des Ereignisses gestorben wäre. Der Fiskus gehört nicht zu den gesetzlichen Erben im Sinne dieser Vorschrift.

b. Auflösend bedingte oder befristete Erbeinsetzung.

**§ 2105.** Hat der Erblasser angeordnet, daß der eingesetzte Erbe die Erbschaft erst mit dem Eintritt eines bestimmten Zeitpunkts oder Ereignisses erhalten soll, ohne zu bestimmen, wer bis dahin Erbe sein soll, so sind die gesetzlichen Erben des Erblassers die Vorerben.

c. Aufschiebend bedingte od. befristete Erbeinsetzung.

Das Gleiche gilt, wenn die Persönlichkeit des Erben durch ein erst nach dem Erbfall eintretendes Ereigniß bestimmt werden soll oder wenn die Einsetzung einer zur Zeit des Erbfalls noch nicht erzeugten Person oder einer zu dieser Zeit noch nicht entstandenen juristischen Person als Erbe nach § 2101 als Nacherbeinsetzung anzusehen ist.

---

**§ 2101.** 1. Zu Abs. 1 vgl. § 1923. Vgl. ferner Note zu § 140 und § 2084. Daß die Auslegungsregel des § 2101 dem Willen des Erblassers nicht entspreche, ist gegenüber dem Inhalte des § 2101 zu beweisen.

2. Zu Abs. 2. Die nach dem Tode des Stifters genehmigte Stiftung kann gemäß § 84 Erbe werden.

3. Wegen des in den Fällen des § 2101 berufenen Vorerben vgl. § 2105.

4. Ueber den Zeitpunkt des Eintritts der Nacherbfolge in den Fällen des § 2101 bestimmt § 2106 Abs. 2.

5. Pflegschaft für einen noch nicht erzeugten Nacherben § 1913, Testamentsvollstrecker zur Wahrnehmung der Rechte des Nacherben § 2222.

**§ 2102.** 1. Die allgemeinen Vorschriften des § 2102 werden in Ansehung einer noch nicht erzeugten (bzw. noch nicht zur Entstehung gelangten juristischen) Person durch § 1923 eingeschränkt. Vgl. indeß für die Stiftung des Erblassers § 84.

2. Ersatzerbe § 2096.

**§ 2103.** Die Umdeutung (§ 140) der Anordnung setzt voraus, daß die Herausgabepflicht erst mit dem Eintritt eines bestimmten Zeitpunkts oder Ereignisses eintreten soll, so daß der Nächstberufene die Erbschaft erst einige Zeit behalten und nicht sofort herausgeben soll. Vgl. auch § 2136 Note I. 2.

**§ 2104.** 1. Gesetzliche Erben §§ 1924 ff.

2. Zu Satz 2 vgl. § 1936 Note 1.

d. Zeitpunkt des Eintritts der Nacherbfolge und des Anfalls d. Erbschaft an den Nacherben.

**§ 2106.** Hat der Erblasser einen Nacherben eingesetzt, ohne den Zeitpunkt oder das Ereigniß zu bestimmen, mit dem die Nacherbfolge eintreten soll, so fällt die Erbschaft dem Nacherben mit dem Tode des Vorerben an.

Ist die Einsetzung einer noch nicht erzeugten Person als Erbe nach § 2101 Abs. 1 als Nacherbeinsetzung anzusehen, so fällt die Erbschaft dem Nacherben mit dessen Geburt an. Im Falle des § 2101 Abs. 2 tritt der Anfall mit der Entstehung der juristischen Person ein.

e. Einsetzung eines Nacherben für Abkömmlinge ohne dem Erblasser bekannte Nachkommenschaft.

**§ 2107.** Hat der Erblasser einem Abkömmlinge, der zur Zeit der Errichtung der letztwilligen Verfügung keinen Abkömmling hat oder von dem der Erblasser zu dieser Zeit nicht weiß, daß er einen Abkömmling hat, für die Zeit nach dessen Tode einen Nacherben bestimmt, so ist anzunehmen, daß der Nacherbe nur für den Fall eingesetzt ist, daß der Abkömmling ohne Nachkommenschaft stirbt.

III. Erforderniß der Existenz d. Nacherben bei Eintritt d. Nacherbfolge.
1. Nasciturus.
2. Vorzeitiger Tod des Nacherben.

**§ 2108.** Die Vorschriften des § 1923 finden auf die Nacherbfolge entsprechende Anwendung.

Stirbt der eingesetzte Nacherbe vor dem Eintritte des Falles der Nacherbfolge, aber nach dem Eintritte des Erbfalls, so geht sein Recht auf seine Erben über, sofern nicht ein anderer Wille des Erblassers anzunehmen ist. Ist der Nacherbe unter einer aufschiebenden Bedingung eingesetzt, so bewendet es bei der Vorschrift des § 2074.

---

**§ 2105.** 1. Gesetzliche Erben §§ 1924 ff. Der unter der von dem Erblasser als Bedingung gemeinten Einschränkung si volet Eingesetzte wird somit Nacherbe, bis er seinen Willen, Erbe sein zu wollen, erklärt (Mot. V S. 18).

2. Zu Abs. 2 vgl. § 2101.

**§ 2106.** 1. (Abs. 1.) Vererblichkeit des Rechtes der Nacherben kann schon vor dem Anfall eintreten § 2108 Abs. 2.

2. (Abs. 2.) Ist die noch nicht erzeugte (bzw. noch nicht zur Entstehung gelangte juristische) Person als Nacherbe — nicht als Erbe — berufen, so ist Abs. 2 nicht anwendbar, vielmehr ist der unter Berücksichtigung des Abs. 1 zu ermittelnde Wille des Erblassers entscheidend.

**§ 2107.** 1. Vgl. § 2069 und § 2096 Note 3.

2. Nachkommenschaft im Sinne des § 2107 ist nur die in einem rechtlich anerkannten, nach der väterlichen Seite durch eheliche Geburten begründeten Verwandtschaftsverhältnisse zu dem Erblasser stehende Nachkommenschaft, also z. B. nicht ein angenommenes Kind des Abkömmlings vgl. § 1763. Vgl. § 1589 Note 4. Vorb. zu §§ 1924—1930 Note 2 (S. 1073).

**§ 2108.** (Abs. 1.) 1. Die entsprechende Anwendung des § 1923 ergiebt für die Nacherbfolge die Vorschriften: Nacherbe kann nur werden, wer zur Zeit des Eintritts des Falles der Nacherbfolge lebt. Wer zur Zeit des Eintritts des Falles der Nacherbfolge noch nicht lebt, aber bereits erzeugt war, gilt als vor diesem Zeitpunkte geboren. Im Uebrigen vgl. zu § 1923.

2. (Abs. 2 Satz 1.) Bei der schlechthin erfolgten Einsetzung zum Nacherben geht nach der dispositiven Vorschrift des § 2108 Abs. 2 das Recht auf die Nacherbfolge auf den Erben des als Nacherben Eingesetzten über, wenn dieser zwar nicht den Eintritt des Falles der Nacherbfolge, wohl aber den Erbfall (§ 1922) erlebt hat. Diese Vorschrift umfaßt auch den Fall, daß ein erst nach dem Eintritte des Erbfalls erzeugter und geborener Nacherbe vor dem Eintritte des Falles der Nacherbfolge stirbt. Die Vererblichkeit kann in diesem Falle erst mit der Geburt eintreten. Vgl. § 1923 Note B. II. 2a in Verbindung mit § 2108 Abs. 1.

**§ 2109.** Die Einsetzung eines Nacherben wird mit dem Ablaufe von dreißig Jahren nach dem Erbfall unwirksam, wenn nicht vorher der Fall der Nacherbfolge eingetreten ist. Sie bleibt auch nach dieser Zeit wirksam: IV. Zeitliche Beschränkung der Wirksamkeit einer Nacherbeinsetzung.

1. Wenn die Nacherbfolge für den Fall angeordnet ist, daß in der Person des Vorerben oder des Nacherben ein bestimmtes Ereigniß eintritt, und derjenige, in dessen Person das Ereigniß eintreten soll, zur Zeit des Erbfalls lebt;
2. wenn dem Vorerben oder einem Nacherben für den Fall, daß ihm ein Bruder oder eine Schwester geboren wird, der Bruder oder die Schwester als Nacherbe bestimmt ist.

Ist der Vorerbe oder der Nacherbe, in dessen Person das Ereigniß eintreten soll, eine juristische Person, so bewendet es bei der dreißigjährigen Frist.

---

**§ 2109. I. Die Regel.**

1. Die Bindung des nachgelassenen Vermögens soll regelmäßig den Zeitraum von 30 Jahren (als eines durchschnittlichen Menschenlebens) nicht überdauern. Innerhalb dieser Frist ist die Zahl der zulässigen Nacherbfolgefälle nicht beschränkt (vgl. Note II. 2). Nach dem die Ausnahmen beherrschenden Prinzipe (vgl. Prot. V S. 240) werden nach dem Ablaufe von 30 Jahren nur Ereignisse berücksichtigt, welche in der zur Zeit des Erbfalls lebenden Generation der Betheiligten eintreten, wobei auf Seiten der Bedachten (Ziffer 2) zu dieser Generation auch die nachgeborenen Geschwister gerechnet werden.

II. **Die Ausnahmen.**

1. Ziffer 1.

a. Zu den Ereignissen, die in der Person Jemandes eintreten können, gehört namentlich der Tod des Betreffenden.

b. Durch die Beschränkung, daß derjenige, in dessen Person das Ereigniß eintreten soll, zur Zeit des Erbfalls schon leben muß, wird verhindert, daß die Bindung die Dauer des Lebens eines zur Zeit des Erbfalls bereits lebenden Menschen überdauern kann. Indeß gilt auch im Sinne der Vorschrift des § 2109 ein zur Zeit des Erbfalls vorhandener nasciturus als vor dem Erbfalle geboren § 1923 Note B. II. 2aa (S. 1072). Vgl. auch unter Note 2.

c. Beispiele:

α. Beim Tode des zur Zeit des Erbfalls lebenden oder doch schon erzeugten Vorerben A soll B Nacherbe werden. Die Bestimmung wird nicht dadurch unwirksam, daß A nach Ablauf von 30 Jahren nach dem Erbfalle noch lebt.

β. Die Bestimmung, daß B Nacherbe werden soll, wenn er das 75. Lebensjahr erlebt oder wenn ihm ein Sohn geboren wird ꝛc., wird nicht dadurch unwirksam, daß diese Ereignisse sich erst nach Ablauf von 30 Jahren nach dem Todesfalle zutragen.

2. Ziffer 2. Beispiel (vgl. Rüger Sächs. Archiv Bd. 9 S. 436): Erben sollen die Kinder meines Bruders mit Einschluß der erst nach meinem Tode geborenen sein. Die zur Zeit des Todes noch nicht Erzeugten können nur als Nacherben in Betracht kommen (§§ 1923 Abs. 1, 2101). Nach Ziffer 2 wird die Wirksamkeit der Nacherbfolge nicht dadurch beeinträchtigt, daß die Geburt eines oder mehrerer der Kinder erst in die Zeit nach Ablauf von 30 Jahren nach dem Erbfalle fällt. (Die Erbeinsetzung einer Anzahl von Geschwistern, von denen mehrere erst nach dem Tode des Erblassers erzeugt sind, ist zugleich ein Beispiel für eine mehrfache Nacherbfolge; jedes der nachgeborenen Geschwister, welches zunächst nur als Nacherbe in Betracht kam,

V. Umfang des Rechtes des Nacherben.
1. Anwachsung. Vorausvermächtniß.

**§ 2110.** Das Recht des Nacherben erstreckt sich im Zweifel auf einen Erbtheil, der dem Vorerben in Folge des Wegfalls eines Miterben anfällt.

Das Recht des Nacherben erstreckt sich im Zweifel nicht auf ein dem Vorerben zugewendetes Vorausvermächtniß.

2. Surrogation.

**§ 2111.** Zur Erbschaft gehört, was der Vorerbe auf Grund eines zur Erbschaft gehörenden Rechtes oder als Ersatz für die Zerstörung, Beschädigung oder Entziehung eines Erbschaftsgegenstandes oder durch Rechtsgeschäft mit Mitteln der Erbschaft erwirbt, sofern nicht der Erwerb ihm als Nutzung gebührt. Die Zugehörigkeit einer durch Rechtsgeschäft erworbenen Forderung zur Erbschaft hat der Schuldner erst dann gegen sich gelten zu lassen, wenn er von der Zugehörigkeit Kenntniß erlangt; die Vorschriften der §§ 406 bis 408 finden entsprechende Anwendung.

Zur Erbschaft gehört auch, was der Vorerbe dem Inventar eines erbschaftlichen Grundstücks einverleibt.

VI. Rechtsverhältniß zwischen Vor- und Nacherben.
1. Verfügungsrecht der Vorerben.

**§ 2112.** Der Vorerbe kann über die zur Erbschaft gehörenden Gegenstände verfügen, soweit sich nicht aus den Vorschriften der §§ 2113 bis 2115 ein Anderes ergiebt.

---

erlangt gegenüber jedem einzelnen der nach ihm geborenen Geschwister die Stellung eines Vorerben.

III. **Entsprechende Vorschriften** §§ 2044, 2162 f., 2210.

**§ 2110.** 1. (Abs. 1.) Erhöhung § 1935, Anwachsung § 2094. Vgl. die abweichende Vermuthung beim Erbschaftskaufe § 2373.

2. (Abs. 2.) Vorausvermächtniß § 2150. Vgl. die gleiche Auslegungsregel beim Erbschaftskaufe § 2373.

**§ 2111.** 1. Surrogationsprinzip vgl. §§ 1370, 1381, 2019, 2041.

2. Zu Abs. 1 Satz 2 vgl. § 2019 Note 3. Für die Anwendung der §§ 406 bis 408 ist an Stelle des bisherigen Gläubigers der Vorerbe, an Stelle des neuen Gläubigers der Nacherbe zu setzen.

3. Was als Nutzungen (§ 100) dem Vorerben gebührt, ergiebt sich aus §§ 2130 ff.

4. Einverleibung von Grundstücksinventar, vgl. §§ 588 Abs. 2, 1048, 1378.

5. Sobald durch die Surrogation die Zugehörigkeit der Surrogate zu der Erbschaft eingetreten ist, sind für dieselben die Vorschriften der §§ 2112 ff. maßgebend, insonderheit ist Geld gemäß § 2119 zu behandeln.

**§ 2112.** 1. Das dem Vorerben grundsätzlich zustehende (vgl. Titelvorb. Note 2a und b) Verfügungsrecht erleidet nur die in §§ 2113—2115 enthaltenen Einschränkungen, unbeschadet der Verantwortlichkeit des Vorerben für sachgemäße Verwaltung gegenüber dem Nacherben.

2. Nach den §§ 2113—2115 steht dem Vorerben — mit Ausnahme von unentgeltlichen Verfügungen § 2113 Abs. 2 — insbesondere die freie Verfügung zu in Ansehung

a. von beweglichen Sachen,
b. von Forderungen und Rechten, welche weder zu den in § 2113 Abs. 1 noch § 2114 genannten gehören. Wegen der Inhaberpapiere 2c. und Staatsschuldbuchforderungen vgl. §§ 2116 ff.
c. Zur Frage, ob der Vorerbe ohne die Zustimmung des Nacherben zur Ausschlagung einer dem — während des Laufes der Ausschlagungsfrist verstorbenen (§§ 1943, 1952) — Erblasser angefallenen Erbschaft befugt ist, vgl. Mot. V S. 494; Prot. V S. 618.

3. Der Erblasser (§ 2130) kann den Vorerben zwar von gewissen Beschrän-

**§ 2113.** Die Verfügung des Vorerben über ein zur Erbschaft gehörendes Grundstück oder über ein zur Erbschaft gehörendes Recht an einem Grundstück ist im Falle des Eintritts der Nacherbfolge insoweit unwirksam, als sie das Recht des Nacherben vereiteln oder beeinträchtigen würde.

2. Verfügungsbeschränkungen.
a. Verfügungen über Nachlaßgrundstücke und Liegenschaftsrechte.

Das Gleiche gilt von der Verfügung über einen Erbschaftsgegenstand, die unentgeltlich oder zum Zwecke der Erfüllung eines von dem Vorerben ertheilten Schenkungsversprechens erfolgt. Ausgenommen sind Schenkungen, durch die einer sittlichen Pflicht oder einer auf den Anstand zu nehmenden Rücksicht entsprochen wird.

b. Schenkungen.

Die Vorschriften zu Gunsten derjenigen, welche Rechte von einem Nichtberechtigten herleiten, finden entsprechende Anwendung.

c. Schutz gutgläubiger Dritter.

---

tungen oder Verpflichtungen befreien (vgl. §§ 2136, 2137). Er kann aber die Stellung des Vorerben nicht erschweren; will er dem Vorerben weniger Rechte einräumen, als das Gesetz ihm giebt, so steht anstatt der Anordnung einer Vorerbschaft die Bestellung eines Nießbrauchs an der Erbschaft zu Gebote (§ 1089).

4. Die Prozeßführung ist keine Verfügung im Sinne des BGB. (vgl. Bd. I S. 45 f. Note 5d).

Die CPO. enthält eine Anzahl Sonderbestimmungen.

a. Unterbrechung des Verfahrens bei Eintritt des Falles der Nacherbfolge CPO. § 242 (zu § 2139).

b. Wirksamkeit des Urtheils CPO. § 326.

*CPO. § 326. Ein Urtheil, das zwischen einem Vorerben und einem Dritten über einen gegen den Vorerben als Erben gerichteten Anspruch oder über einen der Nacherbfolge unterliegenden Gegenstand ergeht, wirkt, sofern es vor dem Eintritte der Nacherbfolge rechtskräftig wird, für den Nacherben.*

*Ein Urtheil, das zwischen einem Vorerben und einem Dritten über einen der Nacherbfolge unterliegenden Gegenstand ergeht, wirkt auch gegen den Nacherben, sofern der Vorerbe befugt ist, ohne Zustimmung des Nacherben über den Gegenstand zu verfügen.*

c. Zwangsvollstreckung CPO. §§ 728, 730, 750.

*CPO. § 728. Ist gegenüber dem Vorerben ein nach § 326 dem Nacherben gegenüber wirksames Urtheil ergangen, so finden auf die Ertheilung einer vollstreckbaren Ausfertigung für und gegen den Nacherben die Vorschriften des § 727 [S. 427] entsprechende Anwendung.*

*Das Gleiche gilt, wenn gegenüber einem Testamentsvollstrecker ein nach § 327 [S. 1243] dem Erben gegenüber wirksames Urtheil ergangen ist, für die Ertheilung einer vollstreckbaren Ausfertigung für und gegen den Erben. Eine vollstreckbare Ausfertigung kann gegen den Erben ertheilt werden, auch wenn die Verwaltung des Testamentsvollstreckers noch besteht.*

**§ 2113. I. Dem Verfügungsrechte des Vorerben entzogene Gegenstände und Geschäfte.**

Das dem Vorerben grundsätzlich und unbeschränkt in § 2112 zugesprochene Verfügungsrecht erfährt in § 2113 Einschränkung in Ansehung von

1. Verfügungen über die zu der Erbschaft gehörigen Grundstücke und Rechte an Grundstücken.

Zu den Verfügungen (vgl. Bd. I S. 45 Note 5) gehören nur die den dinglichen Rechtsstand ändernden Rechtsgeschäfte, insbesondere also nicht die Vermiethung und Verpachtung (vgl. Vorb. zu §§ 571—579 S. 261; ferner § 2135).

a. Den Grundstücken stehen gleich das Erbbaurecht (§ 1017) sowie gewisse landesgesetzliche Immobiliarrechte (EG. Artt. 63, 68, 196).

76*

d. Kündigung u. Einziehung von Hypotheken-, Grund- u. Rentenschulden.

**§ 2114.** Gehört zur Erbschaft eine Hypothekenforderung, eine Grundschuld oder eine Rentenschuld, so steht die Kündigung und die Einziehung dem Vorerben zu. Der Vorerbe kann jedoch nur verlangen, daß das Kapital an ihn nach Beibringung der Einwilligung des Nacherben gezahlt oder daß es für ihn und den Nacherben hinterlegt wird. Auf andere Verfügungen über die Hypothekenforderung, die Grundschuld oder die Rentenschuld finden die Vorschriften des § 2113 Anwendung.

---

b. Rechte an Grundstücken:
α. Dienstbarkeiten (§§ 1018 ff., 1030 ff., 1090 ff.);
β. Vorkaufsrecht (§§ 1094 ff.);
γ. Reallasten (§§ 1105 ff.);
δ. Hypotheken, Grund- und Rentenschulden vgl. zu § 2114.

2. Unentgeltliche Verfügungen vgl. §§ 516 ff., 518. Pflicht- und Anstandsschenkungen § 534.

3. Verfügungen von Todeswegen in Ansehung der zur Vorerbschaft gehörenden Gegenstände sind unwirksam, weil bei der bis zum Tode des Vorerben dauernden Vorerbschaft in dem Momente seines Todes die Vorerbschaft dem Nacherben anfällt, also nicht mehr zum Vermögen des Vorerben gehört, vgl. §§ 2139, 1922.

II. **Rechtliche Natur der Verfügungsbeschränkung der Vorerben.**
Die Verfügungsbeschränkung des § 2113 entspricht der durch die dingliche Gebundenheit bei bedingter Verfügung (§ 161), nicht der durch ein zu Gunsten einer bestimmten Person bestehendes Veräußerungsverbot hervorgerufenen Verfügungsbeschränkung. Vgl. §§ 135 Note 4 a γ, 161 Note 2.

1. Absolute Unwirksamkeit der ohne Zustimmung des Nacherben (§ 185 Abs. 1; daselbst Note 4 b) vorgenommenen Verfügung. Anspruch des Vorerben auf Ertheilung der Zustimmung § 2120.

2. Konvaleszenz der unwirksamen Verfügung (§ 185 Abs. 2; daselbst Note 4 b). Konvaleszenz tritt also namentlich dann ein, wenn der Nacherbe unbeschränkt haftender Erbe des Vorerben wird.

III. **Entsprechende Anwendbarkeit der Vorschriften zu Gunsten derjenigen, welche Rechte von einem Nichtberechtigten herleiten.** Vgl. § 816 Note 1.

1. Verfügungen über Grundstücke und grundbuchliche Rechte.
a. Schutzvorschrift GO. § 52.

*GO. § 52. Bei der Eintragung eines Vorerben ist zugleich das Recht des Nacherben und, soweit der Vorerbe von den Beschränkungen seines Verfügungsrechts befreit ist, auch die Befreiung von Amtswegen einzutragen.*

Wegen der in GO. § 52 erwähnten Befreiungen von den Beschränkungen des Verfügungsrechts vgl. §§ 2136 f.

b. Bei Eintragung des Vorerben ohne das Recht des Nacherben hat der Nacherbe den Anspruch auf Berichtigung des Grundbuchs. Vgl. §§ 894 ff. und Bemerkungen daselbst. — Eintragung eines Widerspruchs von Amtswegen (GO. § 54) oder auf Antrag vgl. § 899 und Bemerkungen daselbst.

2. Bei (in Folge der Gutgläubigkeit des Erwerbers) wirksamer Vornahme unentgeltlicher Verfügungen über liegenschaftliche Rechte oder Fahrniß (§§ 932 ff.) seitens des Vorerben hat der Nacherbe (vgl. § 816 Abs. 1 Satz 2) neben seinem Ersatzanspruche gegen den Vorerben (§ 2130) die Bereicherungsansprüche aus §§ 816 Abs. 1 Satz 2.

IV. **Befreiung des Vorerben durch den Erblasser** in Ansehung der im § 2113 Abs. 1 enthaltenen Beschränkung ist zugelassen (§§ 2136, 2137). In Ansehung des Abs. 2 vgl. § 2138 Abs. 2.

**§ 2114.** 1. Hypotheken-, Grund- und Rentenschulden.
a. Zur Kündigung (vgl. §§ 1141, 1193) ist der Vorerbe (aktiv und passiv) legitimirt.

**§ 2115.** Eine Verfügung über einen Erbschaftsgegenstand, die im Wege der Zwangsvollstreckung oder der Arrestvollziehung oder durch den Konkursverwalter erfolgt, ist im Falle des Eintritts der Nacherbfolge insoweit unwirksam, als sie das Recht des Nacherben vereiteln oder beeinträchtigen würde. Die Verfügung ist unbeschränkt wirksam, wenn der Anspruch eines Nachlaßgläubigers oder ein an einem Erbschaftsgegenstande bestehendes Recht geltend gemacht wird, das im Falle des Eintritts der Nacherbfolge dem Nacherben gegenüber wirksam ist.

e. Verfügungen im Wege der Zwangsvollstreckung rc. od. durch den Konkursverwalter.

---

b. Zur Einziehung, d. h. zur Einklagung ist der Vorerbe selbständig aktiv legitimirt, indeß mit der aus Satz 2 sich ergebenden Einschränkung hinsichtlich des Klageantrags (Hinterlegung §§ 372 ff.). Auf andere Verfügungen über diese Rechte, also insbesondere auf Abtretung, Aufhebung (Löschungsbewilligung, Quittungsertheilung, Berichtigung des Grundbuchs mit Rücksicht auf die durch die Erbfolge etwa eingetretene Vereinigung von Recht und Verbindlichkeit oder von Recht und Belastung (vgl. § 2143 Note 2) findet § 2113 Anwendung. Es ist deshalb zu einer wirksamen Vornahme dieser Verfügungen die Einwilligung des Nacherben erforderlich (§ 2113 Note II. 1).

c. Verpflichtung des Nacherben zur Ertheilung der erforderlichen Einwilligung § 2120.

d. Befreiung des Vorerben von der aus § 2114 sich ergebenden Beschränkung durch den Erblasser § 2136.

2. Andere Forderungen, zu denen insbesondere die rückständigen und fälligen Hypotheken-, Grund- und Rentenschuldzinsforderungen gehören (vgl. §§ 1158, 1159, 1178) unterliegen der freien Verfügung des Vorerben, vgl. § 2112 Note 1 u. 2.

**§ 2115. I. (Satz 1.) Unwirksame Verfügungen im Wege der Zwangsvollstreckung.**

1. Wegen des Begriffs der Verfügung, die im Wege der Zwangsvollstreckung, der Arrestvollziehung oder durch den Konkursverwalter erfolgt, vgl. Bd. I S. 45 Note 5 b.

2. Nach § 2115 sollen die aus der Person des Vorerben im Wege der Zwangsvollstreckung, der Arrestvollziehung oder durch den Konkursverwalter vorgenommenen Verfügungen mit Ausnahme der in Satz 2 bezeichneten (vgl. Note II) dem Nacherben gegenüber unwirksam sein. Unter § 2115 fallen auch solche Verfügungen, welche von dem Vorerben selbst (vgl. § 2113), unbeschadet der dem Nacherben zustehenden Sicherungs- und Ersatzansprüche (§§ 2127 ff., 2130), rechtsgeschäftlich wirksam vorgenommen werden können. Der dem § 2115 zu Grunde liegende gesetzgeberische Gedanke ist der, daß es ein Mißbrauch des dem Vorerben zum Zwecke des Genusses und der Verwaltung der Erbschaft gewährten Verfügungsrechts wäre, wenn die Gläubiger des Vorerben es für ihre Zwecke ausbeuten dürften. Vgl. übrigens § 161.

3. Prozessuale Folgesätze.

*CPO. § 773. Ein Gegenstand, der zu einer Vorerbschaft gehört, soll nicht im Wege der Zwangsvollstreckung veräussert oder überwiesen werden, wenn die Veräusserung oder die Ueberweisung im Falle des Eintritts der Nacherbfolge nach § 2115 des Bürgerlichen Gesetzbuchs dem Nacherben gegenüber unwirksam ist. Der Nacherbe kann nach Massgabe des § 771* [S. 506] *Widerspruch erheben.*

*KO. § 128. Ist der Gemeinschuldner Vorerbe, so darf der Verwalter die zur Erbschaft gehörigen Gegenstände nicht veräussern, wenn die Veräusserung im Falle des Eintritts der Nacherbfolge nach § 2115 des Bürgerlichen Gesetzbuchs dem Nacherben gegenüber unwirksam ist.*

3. Behandlung der zur Erbschaft gehörenden Werthpapiere.
a. Hinterlegung.

**§ 2116.** Der Vorerbe hat auf Verlangen des Nacherben die zur Erbschaft gehörenden Inhaberpapiere nebst den Erneuerungsscheinen bei einer Hinterlegungsstelle oder bei der Reichsbank mit der Bestimmung zu hinterlegen, daß die Herausgabe nur mit Zustimmung des Nacherben verlangt werden kann. Die Hinterlegung von Inhaberpapieren, die nach § 92 zu den verbrauchbaren Sachen gehören, sowie von Zins-, Renten- oder Gewinnantheilscheinen kann nicht verlangt werden. Den Inhaberpapieren stehen Orderpapiere gleich, die mit Blankoindossament versehen sind.

Ueber die hinterlegten Papiere kann der Vorerbe nur mit Zustimmung des Nacherben verfügen.

---

4. Ueber die Rechtslage bei Durchführung der Zwangsvollstreckung vgl. § 816 Note IV.

5. Sicherung des Nacherben bei Ueberschuldung des Vorerben § 2128.

II. (Satz 2.) **Wirksame Verfügungen im Wege der Zwangsvollstreckung.**

1. Ausgenommen von der Regel des Satz 1, also wirksam, sind die Zwangsvollstreckungsakte, mittelst deren geltend gemacht wird:

a. eine Nachlaßverbindlichkeit (vgl. § 1967);

b. ein Recht an einem Nachlaßgegenstande, das im Falle des Eintritts der Nacherbfolge dem Nacherben gegenüber wirksam ist. Hiermit sind solche von dem Vorerben bestellte dingliche Rechte gemeint, aus welchen der Nacherbe sich selbst die Zwangsvollstreckung gefallen lassen müßte, wenn sie nicht schon gegen den Vorerben durchgeführt wäre, z. B. aus einem an einer beweglichen Sache von dem Vorerben bestellten Pfandrecht (§ 2112) oder aus einer mit Zustimmung des Nacherben an dem Nachlaßgrundstücke bestellten Hypothek.

2. Wer die Wirksamkeit der Zwangsvollstreckung behauptet, hat die Voraussetzungen der Ausnahmevorschrift des Satz 2 zu beweisen.

3. Von der aus § 2115 sich ergebenden Beschränkung kann der Erblasser den Vorerben nicht befreien, § 2136.

**§ 2116.** 1. Die Hinterlegungspflicht tritt nur auf Verlangen des Nacherben ein.

a. Kommt der Vorerbe mit Erfüllung seiner Hinterlegungspflicht in Verzug, so haftet er für Zufall gemäß § 287; vgl. indeß daselbst Note 2.

b. Der Nacherbe kann auf Hinterlegung klagen; über die prozessuale Lage, wenn der Vorerbe von seinem Recht aus § 2117 Gebrauch macht, vgl. §§ 251 Note 5, 262 Note 1.

2. Andere Fälle der Hinterlegungspflicht vgl. §§ 1082, 1084, 1392, 1814. Zu den Inhaberpapieren (§ 793 ff.) gehören nicht die Legitimationspapiere (vgl. § 808), also insbesondere nicht die Sparkassenbücher. Daß im einzelnen Falle die Papiere verbrauchbare Sachen sind, hat, sofern nicht der Beweis wie bei Banknoten entbehrlich ist, der Vorerbe zu beweisen, z. B. also, daß sie für den Betrieb eines zum Nachlasse gehörenden Bankgeschäfts (vgl. § 92 Note 2) bestimmt sind.

3. Die bei der Hinterlegung getroffene Bestimmung, daß die Herausgabe nur mit Zustimmung des Nacherben verlangt werden kann, hat die Wirkung, daß der Nacherbe eine dieser Bestimmung entgegen erfolgte Rücknahme nicht gelten zu lassen braucht, vgl. Prot. VI S. 93, § 1819 Note 1.

4. (Abs. 2.) Verfügungsbeschränkung vgl. § 1819. Verpflichtung der Nacherben zur Ertheilung der Zustimmung § 2120.

5. Befreiung des Vorerben von der Beschränkung des § 2116 durch den Erblasser § 2136.

**§ 2117.** Der Vorerbe kann die Inhaberpapiere, statt sie nach § 2116 zu hinterlegen, auf seinen Namen mit der Bestimmung umschreiben lassen, daß er über sie nur mit Zustimmung des Nacherben verfügen kann. Sind die Papiere von dem Reiche oder einem Bundesstaat ausgestellt, so kann er sie mit der gleichen Bestimmung in Buchforderungen gegen das Reich oder den Bundesstaat umwandeln lassen.

b. Umschreibung auf d. Namen. Umwandlung in Buchforderungen d. Reiches od. Staates.

**§ 2118.** Gehören zur Erbschaft Buchforderungen gegen das Reich oder einen Bundesstaat, so ist der Vorerbe auf Verlangen des Nacherben verpflichtet, in das Schuldbuch den Vermerk eintragen zu lassen, daß er über die Forderungen nur mit Zustimmung des Nacherben verfügen kann.

c. Vermerk der Verfügungsbeschränkung im Schuldbuche des Reiches oder Staates.

**§ 2119.** Geld, das nach den Regeln einer ordnungsmäßigen Wirthschaft dauernd anzulegen ist, darf der Vorerbe nur nach den für die Anlegung von Mündelgeld geltenden Vorschriften anlegen.

4. Anlegung v. Geldern.

**§ 2120.** Ist zur ordnungsmäßigen Verwaltung, insbesondere zur Berichtigung von Nachlaßverbindlichkeiten, eine Verfügung erforderlich, die der Vorerbe nicht mit Wirkung gegen den Nacherben vornehmen kann, so ist der Nacherbe dem Vorerben gegenüber verpflichtet, seine Einwilligung zu der Verfügung zu ertheilen. Die Einwilligung ist auf Verlangen in öffentlich beglaubigter Form zu erklären. Die Kosten der Beglaubigung fallen dem Vorerben zur Last.

5. Mitwirkungspflicht d. Nacherben.

**§ 2121.** Der Vorerbe hat dem Nacherben auf Verlangen ein Verzeichniß der zur Erbschaft gehörenden Gegenstände mitzutheilen. Das Verzeichniß ist mit der Angabe des Tages der Aufnahme zu versehen und von dem Vorerben zu unterzeichnen; der Vorerbe hat auf Verlangen die Unterzeichnung öffentlich beglaubigen zu lassen.

6. Feststellung der Erbschaft.
a. Bestand.

Der Nacherbe kann verlangen, daß er bei der Aufnahme des Verzeichnisses zugezogen wird.

Der Vorerbe ist berechtigt und auf Verlangen des Nacherben verpflichtet, das Verzeichniß durch die zuständige Behörde oder durch einen zuständigen Beamten oder Notar aufnehmen zu lassen.

Die Kosten der Aufnahme und der Beglaubigung fallen der Erbschaft zur Last.

---

**§ 2117.** 1. Vgl. § 2116 Note 1, 3, § 1815.
2. Befreiung des Vorerben von der Beschränkung des § 2117 durch den Erblasser § 2136.

**§ 2118.** 1. Vgl. § 1816.
2. Befreiung des Vorerben von der Beschränkung des § 2118 durch den Erblasser § 2136.

**§ 2119.** 1. Vgl. §§ 1807, 1808.
2. Befreiung des Vorerben von der Beschränkung des § 2119 durch den Erblasser § 2136.

**§ 2120.** 1. Die die Zustimmung des Nacherben erfordernden Verfügungen vgl. §§ 2113, 2114, 2116 Abs. 2, 2117, 2118.
2. Der Anspruch ist klagbar; der Vorerbe ist für die Erforderlichkeit der Verfügung im Interesse ordnungsmäßiger Verwaltung beweispflichtig. Vgl. §§ 1379, 1447.

b. Zustand.

**§ 2122.** Der Vorerbe kann den Zustand der zur Erbschaft gehörenden Sachen auf seine Kosten durch Sachverständige feststellen lassen. Das gleiche Recht steht dem Nacherben zu.

7. Feststellung eines Wirthschaftsplans.
a. Wälder.

**§ 2123.** Gehört ein Wald zur Erbschaft, so kann sowohl der Vorerbe als der Nacherbe verlangen, daß das Maß der Nutzung und die Art der wirthschaftlichen Behandlung durch einen Wirthschaftsplan festgestellt werden. Tritt eine erhebliche Aenderung der Umstände ein, so kann jeder Theil eine entsprechende Aenderung des Wirthschaftsplans verlangen. Die Kosten fallen der Erbschaft zur Last.

b. Bergwerke.

Das Gleiche gilt, wenn ein Bergwerk oder eine andere auf Gewinnung von Bodenbestandtheilen gerichtete Anlage zur Erbschaft gehört.

8. Kosten und Lasten der Erbschaft.
a. Erhaltungskosten.

**§ 2124.** Der Vorerbe trägt dem Nacherben gegenüber die gewöhnlichen Erhaltungskosten.

Andere Aufwendungen, die der Vorerbe zum Zwecke der Erhaltung von Erbschaftsgegenständen den Umständen nach für erforderlich halten darf, kann er aus der Erbschaft bestreiten. Bestreitet er sie aus seinem Vermögen, so ist der Nacherbe im Falle des Eintritts der Nacherbfolge zum Ersatze verpflichtet.

b. Andere Verwendungen.

**§ 2125.** Macht der Vorerbe Verwendungen auf die Erbschaft, die nicht unter die Vorschrift des § 2124 fallen, so ist der Nacherbe im Falle des Eintritts der Nacherbfolge nach den Vorschriften über die Geschäftsführung ohne Auftrag zum Ersatze verpflichtet.

Der Vorerbe ist berechtigt, eine Einrichtung, mit der er eine zur Erbschaft gehörende Sache versehen hat, wegzunehmen.

---

**§ 2121.** 1. Vgl. § 1035 Note 5, ferner § 2215. — Form § 129.

2. Die Zuständigkeit der Behörde bestimmt sich nach Landesrecht.

3. Abs. 3 betrifft nur das Verhältniß zwischen dem Vorerben und dem Nacherben, vgl. § 1967 Note II. 2.

4. Von der Verzeichnißpflicht kann der Vorerbe durch den Erblasser nicht befreit werden § 2136.

**§ 2122.** 1. Vgl. §§ 1034, 1372 Abs. 2. — Die Feststellung dient der Beweissicherung in Ansehung des Herausgabeanspruchs des § 2130.

2. Verfahren vgl. FrG. § 164 (S. 534).

3. Von der Verpflichtung, die Feststellung des Zustandes durch den Nacherben zu dulden, kann der Vorerbe nicht befreit werden, § 2136.

**§ 2123.** Vgl. § 1038. Befreiung des Vorerben von der sich aus § 2123 ergebenden Beschränkung durch den Erblasser § 2136.

**§ 2124.** 1. Verwendungsanspruch vgl. §§ 256 f. und Bemerkungen daselbst (Gruppe A Note II. 9 S. 135). Vgl. ferner §§ 1041, 1043.

2. Zurückbehaltungsrecht des Vorerben §§ 273 f.

3. Beschränkung der Haftung des Erben auf den Nachlaß § 2144.

**§ 2125.** 1. (Abs. 1.) Verwendungsanspruch.

a. Verwendungsanspruch des Geschäftsführers ohne Auftrag vgl. §§ 256, 257 (Gruppe B Nr. 7 S. 135), ferner §§ 683 ff. Der Vorerbe kann demnach für Verwendungen, welche weder zu den gewöhnlichen Erhaltungskosten (§ 2124 Abs. 1) gehören, noch den Umständen nach als zur Erhaltung von Erbschaftsgegenständen erforderlich gehalten werden durften (§ 2124 Abs. 2), Ersatz nur verlangen, wenn die Aufwendungen dem Interesse und dem wirklichen oder muthmaßlichen Willen des Nacherben entsprechen (§ 683); sonst hat er nur den Bereicherungsanspruch, § 684.

b. Beschränkung der Haftung des Nacherben auf den Nachlaß § 2144.

2. (Abs. 2.) Wegnahmerecht. Vgl. § 258 und Bemerkungen daselbst

**§ 2126.** Der Vorerbe hat im Verhältnisse zu dem Nacherben nicht die außerordentlichen Lasten zu tragen, die als auf den Stammwerth der Erbschaftsgegenstände gelegt anzusehen sind. Auf diese Lasten finden die Vorschriften des § 2124 Abs. 2 Anwendung.

c. Außerordentliche Kapitalbelastungen.

**§ 2127.** Der Nacherbe ist berechtigt, von dem Vorerben Auskunft über den Bestand der Erbschaft zu verlangen, wenn Grund zu der Annahme besteht, daß der Vorerbe durch seine Verwaltung die Rechte des Nacherben erheblich verletzt.

9. Sicherung des Nacherben bei Besorgniß der Rechtsverletzung.
a. Auskunftspflicht d. Vorerben.

**§ 2128.** Wird durch das Verhalten des Vorerben oder durch seine ungünstige Vermögenslage die Besorgniß einer erheblichen Verletzung der Rechte des Nacherben begründet, so kann der Nacherbe Sicherheitsleistung verlangen.

b. Sicherheitsleistungspflicht d. Vorerben.

Die für die Verpflichtung des Nießbrauchers zur Sicherheitsleistung geltenden Vorschriften des § 1052 finden entsprechende Anwendung.

c. Sequestration statt Sicherheitsleistung.

**§ 2129.** Wird dem Vorerben die Verwaltung nach den Vorschriften des § 1052 entzogen, so verliert er das Recht, über Erbschaftsgegenstände zu verfügen.

α. Verfügungsbeschränkung.

Die Vorschriften zu Gunsten derjenigen, welche Rechte von einem Nichtberechtigten herleiten, finden entsprechende Anwendung. Für die zur Erbschaft gehörenden Forderungen ist die Entziehung der Verwaltung dem Schuldner gegenüber erst wirksam, wenn er von der getroffenen Anordnung Kenntniß erlangt oder wenn ihm eine Mittheilung von der Anordnung zugestellt wird. Das Gleiche gilt von der Aufhebung der Entziehung.

β. Schutz dritter Gutgläubiger.

---

**§ 2126.** 1. Vgl. §§ 995, 1047, 1385 Ziffer 1. Zu den außerordentlichen Lasten, welche als auf den Stammwerth gelegt anzusehen sind, gehören auch die durch den Erblasser auferlegten Vermächtnisse und Auflagen (vgl. Prot. V S. 132).

2. Lastenvertheilung hinsichtlich der nicht unter § 2126 fallenden Lasten § 103.

**§ 2127.** 1. Vgl. § 1374. — Die Auskunftspflicht des Vorerben entspricht derjenigen des Beauftragten (§ 666). Die Offenbarungspflicht ergiebt sich aus § 260.

2. Befreiung des Vorerben durch den Erblasser von der aus § 2127 für ihn sich ergebenden Verpflichtung § 2136.

**§ 2128.** 1. Abs. 1 entspricht den §§ 1051, 1391. — Sicherheitsleistung §§ 232 ff.

2. Durch die Uebertragung des § 1052 wird die Einsetzung eines unter Aufsicht des Gerichts stehenden Verwalters zugelassen, wenn der Vorerbe nicht nach rechtskräftiger Verurtheilung innerhalb einer von dem Prozeßgericht im Urtheile (vgl. CPO. § 255) oder nachträglich gesetzten Frist die Sicherheitsleistung bewirkt. Vgl. hierzu im Uebrigen die Bemerkungen zu § 1052, wo für die entsprechende Anwendung statt Nießbraucher Vorerbe und statt Eigenthümer Nacherbe zu lesen ist. Wegen der materiell-rechtlichen Wirkungen § 2129.

3. Anspruch des Nacherben auf Herausgabe eines dem Vorerben ohne Erwähnung der Nacherbschaft ertheilten Erbscheins § 2363.

4. Befreiung des Vorerben von der Verpflichtung zur Sicherheitsleistung durch den Erblasser § 2136.

**§ 2129.** 1. Die Entziehung tritt mit der Zustellung des Entziehungsbeschlusses in Wirksamkeit (vgl. § 1052 Note 3, CPO. § 329); die zulässige

10. Rechtsverhältnisse bei Eintritt der Nacherbfolge.
a. Herausgabepflicht d. Vorerben.

**§ 2130.** Der Vorerbe ist nach dem Eintritte der Nacherbfolge verpflichtet, dem Nacherben die Erbschaft in dem Zustande herauszugeben, der sich bei einer bis zur Herausgabe fortgesetzten ordnungsmäßigen Verwaltung ergiebt. Auf die Herausgabe eines landwirthschaftlichen Grundstücks findet die Vorschrift des § 592, auf die Herausgabe eines Landguts finden die Vorschriften der §§ 592, 593 entsprechende Anwendung.

b. Rechenschaftspflicht.

Der Vorerbe hat auf Verlangen Rechenschaft abzulegen.

c. Sorgfalt.

**§ 2131.** Der Vorerbe hat dem Nacherben gegenüber in Ansehung der Verwaltung nur für diejenige Sorgfalt einzustehen, welche er in eigenen Angelegenheiten anzuwenden pflegt.

d. Veränderungen und Verschlechterungen.

**§ 2132.** Veränderungen oder Verschlechterungen von Erbschaftssachen, die durch ordnungsmäßige Benutzung herbeigeführt werden, hat der Vorerbe nicht zu vertreten.

e. Ordnungswidrige oder übermäßige Fruchtziehung.

**§ 2133.** Zieht der Vorerbe Früchte den Regeln einer ordnungsmäßigen Wirthschaft zuwider oder zieht er Früchte deshalb im Uebermaße, weil dies in Folge eines besonderen Ereignisses nothwendig geworden ist, so gebührt ihm der Werth der Früchte nur insoweit, als durch den ordnungswidrigen oder den übermäßigen Fruchtbezug die ihm gebührenden Nutzungen beeinträchtigt werden und nicht der

---

sofortige Beschwerde (CPO. § 793) hat keine aufschiebende Wirkung (CPO. § 572).

2. Zu den Vorschriften zu Gunsten derjenigen, welche Rechte von einem Nichtberechtigten herleiten, gehören (vgl. § 816 Note I) insbesondere auch die Vorschriften der §§ 406—408, betreffend die Leistung des Schuldners an den bisherigen Gläubiger; der gutgläubige Schuldner einer hypothekarisch nicht gesicherten Forderung (vgl. §§ 2113 f.), welcher dem Vorerben zahlt, ist also geschützt.

3. Die Verfügungsbeschränkung besteht zu Gunsten des Nacherben, so daß eine Verfügung trotz Vorhandenseins des gerichtlichen Verwalters, wirksam ist, wenn sie mit Zustimmung des Nacherben erfolgt oder einer der sonstigen Konvaleszenzfälle des § 185 Abs. 2 vorliegt.

**§ 2130.** 1. Verwaltungspflicht des Vorerben.

Durch § 2130 Abs. 1 wird eine Verwaltungspflicht des Vorerben begründet, für deren Nichtbeobachtung er verantwortlich ist (§§ 280, 2131), vgl. § 591 Note 1. Befreiung des Vorerben von der Verwaltungspflicht durch den Erblasser § 2136.

2. Herausgabepflicht der Vorerben.

a. Bestreitet der Vorerbe seine Herausgabepflicht, weil er das Recht des Nacherben leugnet, dann sind die Voraussetzungen des Erbschaftsanspruchs (§§ 2018 ff.) gegeben.

b. Verzugshaftung des Vorerben § 287; Prozeßhaftung § 292.

c. Veränderung und Verschlechterung § 2131.

d. Zurückbehaltungsrecht des Vorerben §§ 273 f. Vgl. indeß für den Fall der Eröffnung des Nachlaßkonkurses KO. §§ 231, 223 (S. 1126, 1124).

e. Fruchtgewinnungskosten § 102.

f. Auseinandersetzung wegen der Früchte und der Lasten §§ 101, 103.

3. Rechenschaftspflicht § 259. Befreiung des Vorerben von der Rechenschaftspflicht durch den Erblasser § 2136.

**§ 2131.** Vgl. § 277. Befreiung des Vorerben durch den Erblasser von der Verantwortlichkeit gegenüber dem Nacherben § 2136.

**§ 2132.** Vgl. § 1050.

Werth der Früchte nach den Regeln einer ordnungsmäßigen Wirthschaft zur Wiederherstellung der Sache zu verwenden ist.

f. Werthsersatz f. verbrauchte Sachen.

**§ 2134.** Hat der Vorerbe einen Erbschaftsgegenstand für sich verwendet, so ist er nach dem Eintritte der Nacherbfolge dem Nacherben gegenüber zum Ersatze des Werthes verpflichtet. Eine weitergehende Haftung wegen Verschuldens bleibt unberührt.

g. Vermiethung oder Verpachtung von Nachlaßgrundstücken durch den Vorerben.

**§ 2135.** Hat der Vorerbe ein zur Erbschaft gehörendes Grundstück vermiethet oder verpachtet, so finden, wenn das Mieth- oder Pachtverhältniß bei dem Eintritte der Nacherbfolge noch besteht, die Vorschriften des § 1056 entsprechende Anwendung.

II. Befreiung des Vorerben durch den Erblasser.
a. Umfang zulässiger Befreiung.

**§ 2136.** Der Erblasser kann den Vorerben von den Beschränkungen und Verpflichtungen des § 2113 Abs. 1 und der §§ 2114, 2116 bis 2119, 2123, 2127 bis 2131, 2133, 2134 befreien.

---

**§ 2133.** 1. Vgl. die Regelung der übermäßigen Fruchtziehung, welche durch ordnungswidrige Wirthschaft oder durch ein besonderes Ereigniß (Windbruch, Schneebruch u. dgl.) herbeigeführt wird, beim Nießbrauch § 1039. Im Falle ordnungswidriger Wirthschaft vgl. ferner §§ 2128 f.

2. Abgesehen von den Fällen des § 2133 regelt sich die Fruchtvertheilung nach § 101.

3. Abweichende Regelung durch den Erblasser § 2136.

**§ 2134.** 1. Der Stammwerth der Erbschaft soll dem Nacherben zukommen.

2. Haftung wegen Verschuldens vgl. §§ 2131, 277, 280.

3. Befreiung des Vorerben von der Ersatzpflicht durch den Erblasser § 2136.

**§ 2135.** Vgl. §§ 1056, 1423.

**§ 2136.** I. **Abänderung der gesetzlichen Regelung der Nacherbschaft durch den Erblasser.**

1. Der Erblasser kann den der Anordnung einer Nacherbschaft innewohnenden gesetzlichen Inhalt abändern in dem Sinne

a. einer größeren Beschränkung des Vorerben nur insoweit, als ein Erbe überhaupt durch Auflagen u. s. w. beschränkt werden kann;

b. einer größeren Befreiung des Vorerben in den Grenzen des § 2136 (vgl. zu II. 1). Der Erblasser kann den Vorerben von allen oder von einzelnen der in § 2136 aufgeführten Beschränkungen oder Verpflichtungen befreien. Im Falle der Befreiung von allen Bestimmungen wird das Vorliegen der Fälle des § 2137 anzunehmen sein. Diese Anordnung der Befreiungen des § 2136 liegt auch in der Einsetzung des Nacherben auf den Ueberrest (§ 2137 Abs. 1) oder in der Anordnung, daß der Vorerbe zu freier Verfügung über die Erbschaft berechtigt sein soll (§ 2137 Abs. 2).

2. Der Erblasser kann durch Anordnung einer Nacherbschaft den Nacherben nicht ungünstiger stellen, als dies durch § 2136 zugelassen ist (vgl. zu II. 2). Will er den Nacherben ungünstiger stellen, so kann er dies nur durch Anordnung eines Vermächtnisses oder einer Auflage des Inhaltes, daß an den Nachbedachten, ohne daß er Nacherbe wird, die Erbschaft oder Theile derselben herausgegeben werden sollen. Vgl. indeß §§ 2103, 2137 Note 2.

3. Berücksichtigung der Befreiungen bei der Eintragung der Nacherbschaft in das Grundbuch GBO. § 52 (S. 1200). Berücksichtigung der Befreiung im Erbschein § 2363.

II. **Die zulässigen Befreiungen.**

1. Der Vorerbe kann befreit werden:

a. von der Verfügungsbeschränkung in Ansehung der zur Erbschaft gehörigen Grundstücke und Rechte an Grundstücken, § 2113 Abs. 1 einschließlich des Erfordernisses der Mitwirkung des Nacherben bei Einziehung von Hypotheken-, Grund- und Rentenschulden (§ 2114);

b. Nacherbschaft auf den Ueberrest.

**§ 2137.** Hat der Erblasser den Nacherben auf dasjenige eingesetzt, was von der Erbschaft bei dem Eintritte der Nacherbfolge übrig sein wird, so gilt die Befreiung von allen im § 2136 bezeichneten Beschränkungen und Verpflichtungen als angeordnet.

c. Vorerbe mit Berechtigung zur freien Verfügung.

Das Gleiche ist im Zweifel anzunehmen, wenn der Erblasser bestimmt hat, daß der Vorerbe zur freien Verfügung über die Erbschaft berechtigt sein soll.

d. Gestaltung d. Rechtsverhältnisses.

**§ 2138.** Die Herausgabepflicht des Vorerben beschränkt sich in den Fällen des § 2137 auf die bei ihm noch vorhandenen Erbschaftsgegenstände. Für Verwendungen auf Gegenstände, die er in Folge dieser Beschränkung nicht herauszugeben hat, kann er nicht Ersatz verlangen.

Hat der Vorerbe der Vorschrift des § 2113 Abs. 2 zuwider über einen Erbschaftsgegenstand verfügt oder hat er die Erbschaft in der Absicht, den Nacherben zu benachtheiligen, vermindert, so ist er dem Nacherben zum Schadensersatze verpflichtet.

---

b. von der Verpflichtung, Werthpapiere zu hinterlegen (§ 2116) oder anderweit sicher zu stellen (§§ 2117, 2118) und von der mit diesen Maßnahmen verbundenen Verfügungsbeschränkung § 2116 Abs. 2. Hat eine Hinterlegung ꝛc. stattgefunden, obwohl der Nacherbe gemäß §§ 2136 f. von der Verpflichtung dazu befreit ist, so tritt eine Verfügungsbeschränkung aus § 2116 Abs. 2 nicht ein, vgl. § 1853 Note 2;
c. von der Verpflichtung zur mündelmäßigen Anlegung von Erbschaftsgeldern § 2119;
d. von der Verpflichtung, einen Wirthschaftsplan für die Nutzung eines Waldes oder eines Bergwerks aufzustellen § 2123;
e. von der Verpflichtung zur Ertheilung von Auskunft (§ 2127) und zur Bestellung von Sicherheit (§§ 2128 f.);
f. von der Verpflichtung zur Rechenschaftsablegung, von der Vertretung von Verschulden (§§ 2130, 2131), von der Verpflichtung zur Erstattung von übermäßig gezogenen Früchten (§ 2133) sowie von der Verpflichtung zum Ersatze des Werthes verbrauchter Erbschaftsgegenstände (§ 2134).

2. Der Vorerbe kann nicht befreit werden:
a. von der Verfügungsbeschränkung in Ansehung unentgeltlicher Verfügungen § 2113 Abs. 2;
b. von der Verfügungsbeschränkung in Ansehung der aus seiner Person vorgenommenen Zwangsvollstreckungsakte § 2115. Es kann also das dem Vorerben durch den Erblasser gemäß §§ 2136 f. eingeräumte Recht der freien Verfügung über die Nachlaßgegenstände von den Gläubigern des Vorerben nicht gepfändet und ausgeübt werden (vgl. Prot. V S. 153);
c. von der Verpflichtung, ein Vermögensverzeichniß aufzustellen (§ 2121) und die Feststellung des Zustandes der Erbschaftssachen durch den Nacherben zu dulden (§ 2122). Beide Mittel dienen zur etwaigen Durchführung des Schadensersatzanspruchs aus § 2138 Abs. 2.
d. Wegen der Verfügungen von Todeswegen vgl. § 2113 Note I. 3.

**§ 2137.** 1. Vgl. § 2136. Berücksichtigung der Befreiung bei Eintragung des Vorerben und des Nacherben im Grundbuche GO. § 52 (S. 1200), im Erbscheine § 2363.

2. Eine Anordnung, welche nur besagt, daß der Erbe einem Anderen bei Eintritt eines bestimmten Zeitpunktes oder Ereignisses dasjenige, was von der Erbschaft noch übrig sein wird, herauszugeben habe, kann eine nach § 2137 zu beurtheilende Nacherbeinsetzung enthalten (vgl. § 2103). Es kann indeß die Anordnung auch als Auflage oder Vermächtniß gewollt sein. Vgl. § 2136 Note I. 2.

**§ 2139.** Mit dem Eintritte des Falles der Nacherbfolge hört der Vorerbe auf, Erbe zu sein, und fällt die Erbschaft dem Nacherben an.

VII. Eintritt der Nacherbfolge.
1. Aufhören des Erbrechts des Vorerben. Anfall der Erbschaft an den Nacherben.

---

**§ 2138.** 1. Herausgabepflicht.

a. Abs. 1 Satz 1 tritt in Fällen des § 2137 an die Stelle des § 2130.

b. Die Herausgabepflicht erstreckt sich nur auf die bei dem Vorerben (nicht auf die überhaupt noch) vorhandenen Erbschaftsgegenstände. Dabei ist indeß das in § 2111 zum Ausdrucke gebrachte Surrogationsprinzip zu berücksichtigen.

c. Eine Haftung für die Bereicherung ist abgelehnt. Der Vorerbe hat deshalb nicht (unbeschadet der Ersatzpflicht aus Abs. 2) dasjenige herauszugeben oder zu ersetzen, was er z. B. zur Bezahlung seiner bereits vor dem Erbfalle kontrahirten Schulden verbraucht hat. Es wird von Fall zu Fall durch Verfolgung der Vermögenswerthe in ihren verschiedenen Wandelungen und Gestaltungen festzustellen sein, ob ein bestimmter Erbschaftsgegenstand oder sein Surrogat (§ 2111) in dem Vermögen des Vorerben noch vorhanden ist.

2. Verwendungsanspruch des Vorerben.

Abs. 1 Satz 2 beschränkt den Erstattungsanspruch des Vorerben aus §§ 2124 bis 2126 in Ansehung der Verwendungen, welche auf diejenigen Gegenstände gemacht sind, die in Folge der in Abs. 1 (gegenüber dem § 2130, vgl. zu 1a) erfolgten Beschränkung der Herausgabepflicht nicht herauszugeben sind. Der Erstattungsanspruch des Vorerben bleibt also bestehen, wenn der Gegenstand, auf welchen die Verwendung gemacht ist, aus einem anderen Grunde nicht herauszugeben ist, z. B. weil er durch Zufall untergegangen ist. Vgl. Prot. V S. 156.

3. (Abs. 2.) Schadensersatzanspruch.

a. Unentgeltliche Verfügungen.

Die Vorschrift des § 2138 Abs. 2 läßt die Verfügungsbeschränkung des Vorerben in Ansehung unentgeltlicher Verfügung (§ 2113 Abs. 2; vgl. § 2136 Note II. 2a) unberührt. Die unter § 2113 Abs. 2 fallenden Verfügungen sind also im Falle des Eintritts der Nacherbschaft unwirksam. Durch § 2138 Abs. 2 wird dazu dem Nacherben noch ein Schadensersatzanspruch (vgl. § 1456) gegen den Vorerben ohne Rücksicht auf den Grad des in der Ueberschreitung seiner Befugnisse liegenden Verschuldens (vgl. §§ 2131, 2136, 2137) gegeben.

b. Vorsätzliche Schädigung des Nacherben, vgl. § 1456.

c. Der Schadensersatzanspruch (§§ 249 ff.) ist nur soweit begründet, als die unentgeltliche Verfügung bezw. die absichtliche Verminderung die Ursache des Schadens ist, vgl. §§ 249 Note 2, 287 Note 2.

d. Der entscheidende Zeitpunkt für den Werth ist der der Herausgabe (Prot. V S. 157).

**§ 2139. I. Der Fall der Nacherbfolge.**

1. Voraussetzungen des Eintritts.

Wann und unter welchen Voraussetzungen der Fall der Nacherbfolge eintritt und wie die Person des Nacherben sich bestimmt, ergiebt sich aus der die Nacherbschaft anordnenden Verfügung des Erblassers in Verbindung mit der Vorschrift der §§ 2100 ff.

2. Der Eintritt der Nacherbfolge mit der Wirkung des § 2139 erfolgt kraft Gesetzes (vgl. §§ 1922, 1942), ohne daß es der Uebergabe der Erbschaftsgegenstände bedarf.

3. Die Wirkungen des § 2139 treten nur mit dem Eintritte des Falles der Nacherbfolge ein. Sie können nicht im Wege der rechtsgeschäftlichen Vereinbarung zwischen Vor- und Nacherben herbeigeführt werden. Eine auf Herbeiführung dieser Wirkungen gerichtete Vereinbarung kann nur obligatorische Wirkung in der Weise haben, daß die Parteien sich verpflichten, den

2. Verfügungen des gutgläubigen Vorerben nach Eintritt der Nacherbfolge.

**§ 2140.** Der Vorerbe ist auch nach dem Eintritte des Falles der Nacherbfolge zur Verfügung über Nachlaßgegenstände in dem gleichen Umfange wie vorher berechtigt, bis er von dem Eintritte Kenntniß erlangt oder ihn kennen muß. Ein Dritter kann sich auf diese Berechtigung nicht berufen, wenn er bei der Vornahme eines Rechtsgeschäfts den Eintritt kennt oder kennen muß.

3. Unterhaltsanspruch d. Mutter vor der Geburt des Nacherben.

**§ 2141.** Ist bei dem Eintritte des Falles der Nacherbfolge die Geburt eines Nacherben zu erwarten, so finden auf den Unterhaltsanspruch der Mutter die Vorschriften des § 1963 entsprechende Anwendung.

4. Zeit und Wirkung der Ausschlagung der Nacherbschaft.

**§ 2142.** Der Nacherbe kann die Erbschaft ausschlagen, sobald der Erbfall eingetreten ist.

Schlägt der Nacherbe die Erbschaft aus, so verbleibt sie dem Vorerben, soweit nicht der Erblasser ein Anderes bestimmt hat.

---

Zustand herzustellen, welcher vorhanden sein würde, wenn der Fall der Nacherbfolge eingetreten wäre (vgl. §§ 2371 ff., 2385).

II. **Die Wirkung des Eintritts der Nacherbfolge.**

1. Der Vorerbe hört auf Erbe zu sein (Ablehnung des Satzes semel heres, semper heres). Der Satz, daß der Vorerbe aufhört, Erbe zu sein, erfährt gewisse Einschränkungen:

a. Schutzvorschrift zu Gunsten des gutgläubigen Vorerben § 2140.

b. Weitere Haftung des Vorerben für die Nachlaßverbindlichkeiten § 2145.

c. Im Nachlaßkonkurse bleiben gemäß KO. § 231 (vgl. S. 1126) gewisse für den Erben gegebene Vorschriften auch nach dem Eintritte der Nacherbfolge für den Vorerben in Geltung.

2. Die Erbschaft fällt dem Nacherben an.

a. Anfall ist nicht endgültiger Erwerb der Erbschaft (vgl. §§ 1922 f., 2108). Die Vorschriften über Annahme und Ausschlagung der Erbschaft finden Anwendung §§ 1942 ff. Der Beginn der Ausschlagungsfrist bestimmt sich nach § 1944, wobei indeß zu berücksichtigen, daß gemäß § 2139 der Anfall (§ 1944 Abs. 2) an den Nacherben erst mit dem Eintritte des Falles der Nacherbschaft erfolgt. Vgl. im Uebrigen zu § 2142.

b. Das Recht des Nacherben ist unabhängig von dem Rechte des Vorerben. Der Nacherbe ist nicht Rechtsnachfolger des Vorerben (CPO. § 326, vgl. mit CPO. § 325; CPO. § 728 vgl. mit CPO. § 727).

c. Anspruch auf Herausgabe des dem Vorerben ertheilten Erbscheins an das Nachlaßgericht § 2363 Note 3.

3. Prozessuale Vorschriften.

a. Unterbrechung des Verfahrens CPO. § 242.

***CPO.** § 242. Tritt während des Rechtsstreits zwischen einem Vorerben und einem Dritten über einen der Nacherbfolge unterliegenden Gegenstand der Fall der Nacherbfolge ein, so finden, sofern der Vorerbe befugt war, ohne Zustimmung des Nacherben über den Gegenstand zu verfügen, hinsichtlich der Unterbrechung und der Aufnahme des Verfahrens die Vorschriften des § 239 entsprechende Anwendung.*

b. Wirksamkeit des Urtheils CPO. § 326 (S. 1199).

c. Ertheilung der Vollstreckungsklausel CPO. § 728 (S. 1199).

d. Wegen der Wirksamkeit des von dem Vorerben gestellten Antrags auf Gläubigeraufgebot und des von ihm erwirkten Ausschlußurtheils zu Gunsten des Nacherben CPO. § 998 (S. 1117).

**§ 2140.** Vgl. die entsprechend geregelten Fälle § 674 und Note 6 daselbst.

**§ 2141.** Vgl. zu § 1963.

**§ 2142.** 1. Ausschlagung und Annahme der Nacherbschaft.

a. Ausschlagung der Nacherbschaft.

Abs. 1 ergiebt sich wohl schon aus § 1946. Die Vorschrift entspricht

**§ 2143.** Tritt die Nacherbfolge ein, so gelten die in Folge des Erbfalls durch Vereinigung von Recht und Verbindlichkeit oder von Recht und Belastung erloschenen Rechtsverhältnisse als nicht erloschen.

5. Aufhebung d. in der Person der Vorerben eingetretenen Vereinigung.

**§ 2144.** Die Vorschriften über die Beschränkung der Haftung des Erben für die Nachlaßverbindlichkeiten gelten auch für den Nacherben; an die Stelle des Nachlasses tritt dasjenige, was der Nacherbe aus der Erbschaft erlangt, mit Einschluß der ihm gegen den Vorerben als solchen zustehenden Ansprüche.

6. Nachlaßverbindlichkeit.
a. Haftung der Nacherben.

Das von dem Vorerben errichtete Inventar kommt auch dem Nacherben zu Statten.

Der Nacherbe kann sich dem Vorerben gegenüber auf die Beschränkung seiner Haftung auch dann berufen, wenn er den übrigen Nachlaßgläubigern gegenüber unbeschränkt haftet.

---

dem Abs. 2 des § 1832 E. I. Diese Vorschrift begründete eine Abweichung von dem (dem jetzigen § 1946 entsprechenden) § 2033 E. I. Durch die spätere Aenderung des § 2033 E. I ist § 2142 Abs. 1 wohl überflüssig geworden. Diese Abweichung bezweckte, bereits vor dem Eintritte des Falles der Nacherbfolge die Möglichkeit zu schaffen, daß

α. der durch Einsetzung eines Vorerben beschränkte Pflichttheilsberechtigte die Erbschaft ausschlägt und seinen Pflichttheilsanspruch geltend macht (vgl. § 2306);

β. Vor- und Nacherbe sich über einen etwaigen Verzicht des Nacherben auf die Nacherbschaft einigen können. (Ein Vertrag über das nacherbschaftliche Recht ist nach Eintritt des Erbfalls, aber vor Eintritt des Falles der Nacherbfolge nicht unzulässig, § 312.)

b. Die Annahme der Nacherbschaft kann gemäß § 1946 ebenfalls vor Eintritt der Nacherbfolge, aber nach Eintritt des Erbfalls (§ 1922) erfolgen.

2. Die Dispositivvorschrift des Abs. 2.

a. Die Vorschrift gilt nur für den Fall der Ausschlagung der Nacherbfolge, nicht auch für die sonstigen Fälle des Wegfalls des Nacherben (vgl. § 1935 Note 2; RG. JW. 1899 S. 150[30]. — Vgl. übrigens bei Tod des Nacherben vor dem Eintritte der Nacherbfolge § 2108 Abs. 2.

b. Bei Anfechtung des Erbschaftserwerbes wegen Erbunwürdigkeit des Nacherben, welche übrigens erfolgen kann, sobald die Erbschaft dem Vorerben angefallen ist (§ 2340 Abs. 2), finden die §§ 2340 ff., 2344 Anwendung.

**§ 2143.** 1. Vgl. § 1976.

2. Die Fiktion der Aufhebung der durch die Vereinigung eingetretenen Wirkung des Erlöschens wirkt ex tunc. Die Rechte behalten an sich, d. h. soweit nicht anderweit eingetretene Thatbestände (Besitzverlust, Löschung, vgl. indeß § 2114 Note 1 b) dies ausschließen, den alten Rang. Eine Verjährung der nunmehr wieder auflebenden alten Forderungen des Erblassers gegen den Vorerben kann während der Dauer der Vereinigung nicht eingetreten sein, da der Verjährung nur unterliegt das — während der Konfusionslage nicht vorhanden gewesene — Recht, von einem Anderen ein Thun oder ein Unterlassen zu verlangen (§ 194).

**§ 2144.** Die Haftung des Nacherben für die Nachlaßverbindlichkeiten folgt aus §§ 1967, 2100, 2139. Die Vorschriften des zweiten Titels des zweiten Abschnitts (§§ 1957—2017) finden nicht entsprechende, sondern unmittelbare Anwendung, soweit nicht besondere Abänderungsvorschriften eingreifen. Die Anwendung der Vorschriften gestaltet sich folgendermaßen:

1. Das Aufgebot und Säumniß der Nachlaßgläubiger (§§ 1970 ff.).

a. Im Falle der Nacherbfolge kommen der von dem Vorerben gestellte Aufgebotsantrag und das von ihm erwirkte Ausschlußurtheil auch dem Nach-

b Haftung des Vorerben.

**§ 2145.** Der Vorerbe haftet nach dem Eintritte der Nacherbfolge für die Nachlaßverbindlichkeiten noch insoweit, als der Nacherbe nicht haftet. Die Haftung bleibt auch für diejenigen Nachlaßverbindlichkeiten bestehen, welche im Verhältnisse zwischen dem Vorerben und dem Nacherben dem Vorerben zur Last fallen.

---

erben zu Statten, CPO. § 998 (S. 1117). Andererseits kann der Nacherbe, wenn von dem Vorerben ein Ausschlußurtheil noch nicht erwirkt ist, auch selbständig nach Eintritt der Nacherbfolge das Aufgebotsverfahren betreiben, CPO. § 991 (S. 1115). Ein wiederholtes Aufgebotsverfahren dürfte nicht zulässig sein, vgl. Begründung zu CPO. § 998. (§ 836 oo b. E.)

b. Die fünfjährige Säumniß eines Nachlaßgläubigers (§ 1974) steht der Ausschließung im Aufgebotsverfahren gleich. Demnach würde die Wirkung einer bereits während der Dauer der Vorerbschaft stattgehabten fünfjährigen Säumniß endgültig auch dem Nacherben zu Gute kommen; andererseits schließt die dem Vorerben gegenüber erfolgte Geltendmachung oder die diesem innewohnende Kenntniß der Nachlaßverbindlichkeit nicht aus, daß die dem Nacherben gegenüber stattfindende vom Eintritte der Nacherbfolge ab zu berechnende fünfjährige Säumniß die aus § 1974 sich ergebende Wirkung zu Gunsten des Nacherben äußert. Die Anmeldung in dem von dem Vorerben betriebenen Aufgebotsverfahren (vgl. zu a und § 1974) schließt indeß auch die Berufung des Nacherben auf § 1974 aus.

2. Die Beschränkung der Haftung des Nacherben (§§ 1975 ff.).

Die Vorschriften erleiden für die Anwendung auf die Nacherbfolge eine Abänderung nur in dem einen in § 2144 Abs. 1 hervorgehobenen Punkte, daß an die Stelle des Nachlasses dasjenige tritt, was der Nacherbe aus der Erbschaft erlangt, mit Einschluß der ihm gegen den Vorerben als solchen zustehenden Ansprüche.

a. Was der Nacherbe zu erlangen berechtigt ist, ergiebt sich unter Berücksichtigung der nach § 2111 eintretenden Surrogation aus §§ 2130 ff., 2137.

b. Die Ansprüche gegen den Vorerben als solchen sind die aus der Nichterfüllung bzw. nicht ordnungsmäßigen Erfüllung seiner Herausgabepflicht sowie aus rechtswidrigen Verfügungen sich ergebenden Schadensersatzansprüche (vgl. §§ 2130 ff., 2138). Wegen Hinzurechnung der Ansprüche zu dem Nachlasse vgl. §§ 1978, 1988 Abs. 2, § 1982 Note 1 a.

3. Inventarerrichtung. Unbeschränkte Haftung des Erben (§§ 1993 ff.).

a. Auch für die Inventarpflicht und die unbeschränkte Haftung sind Vorerbe und Nacherbe selbständig zu beurtheilende Personen. Der in der Person des Vorerben eingetretene Verlust der beschränkten Haftung (vgl. Vorb. Note IV S. 1109) berührt den Nacherben nicht. Der Nacherbe hat vielmehr selbständig das Recht der Inventarerrichtung (§ 1993). Auch für die Inventarerrichtung tritt gemäß Abs. 1 an die Stelle des Nachlasses dasjenige, was der Nacherbe aus der Erbschaft erlangt einschließlich der ihm gegen den Vorerben als solchen zustehenden Ansprüche (vgl. Note 2). Ebenso ist dem Nacherben selbständig eine Inventarfrist zu setzen (§ 1994). Die Versäumung der Inventarfrist (§ 1994) oder die sonstigen Verstöße gegen die Inventarpflicht (§§ 2005, 2006) bringen in seiner Person die Wirkungen des Verlustes der unbeschränkten Haftung allen oder einzelnen Nachlaßgläubigern gegenüber hervor.

b. Als Besonderheit schreibt Abs. 2 vor, daß das von dem Vorerben errichtete Inventar auch dem Nacherben zu Statten kommt. Vgl. hierzu die Bemerkungen zu § 2004.

c. (Abs. 3.) Die Vorschrift entspricht dem § 2063 und beruht auf der Erwägung, daß der Vorerbe, aus dessen Hand der Erbe den Nachlaß erhält, sich selbst über den Bestand des Nachlasses vergewissern kann.

Der Vorerbe kann nach dem Eintritte der Nacherbfolge die Berichtigung der Nachlaßverbindlichkeiten, sofern nicht seine Haftung unbeschränkt ist, insoweit verweigern, als dasjenige nicht ausreicht, was ihm von der Erbschaft gebührt. Die Vorschriften der §§ 1990, 1991 finden entsprechende Anwendung.

**§ 2146.** Der Vorerbe ist den Nachlaßgläubigern gegenüber verpflichtet, den Eintritt der Nacherbfolge unverzüglich dem Nachlaßgericht anzuzeigen. Die Anzeige des Vorerben wird durch die Anzeige des Nacherben ersetzt.

a. Anzeigepflicht des Vorerben im Interesse der Nachlaßgläubiger.

Das Nachlaßgericht hat die Einsicht der Anzeige Jedem zu gestatten, der ein rechtliches Interesse glaubhaft macht.

---

**§ 2145.** 1. Die Regel, daß der Vorerbe mit dem Eintritte der Nacherbfolge aufhört, für die Nachlaßverbindlichkeiten zu haften, ergiebt sich daraus, daß er nach § 2139 aufhört, Erbe zu sein. Ihm steht gegen ein ihn als Vorerben verurtheilendes Urtheil fortab die den festgestellten Anspruch selbst betreffende Einwendung, daß er aufgehört habe, Erbe zu sein, gemäß CPO. § 767 zu.

2. Ausnahmen von der Regel (zu 1) stellt § 2145 auf. Der Vorerbe haftet nach dem Eintritte der Nacherbfolge für die Nachlaßverbindlichkeiten,

a. insoweit, als der Nacherbe nicht haftet. Daß und inwieweit der Erbe nicht haftet, hat der Nachlaßgläubiger zu beweisen. Die Fälle sind:

α. Der Nacherbe haftet nicht für diejenigen Vermächtnisse und Auflagen, welche dem Vorerben persönlich von dem Erblasser auferlegt sind.

β. Wenn der Vorerbe unbeschränkt, der Nacherbe aber beschränkt haftet, bleibt der Vorerbe in Ansehung der Differenz zwischen dem Betrage des Anspruchs und dem aus dem Nachlasse auf ihn entfallenden Betrag verhaftet.

γ. Wenn der Nachlaß in der Hand des Vorerben vermindert ist, die auf den Nachlaß beschränkte Haftung des Vorerben also eine umfassendere ist als die beschränkte Haftung des Nacherben, bleibt der Vorerbe für den Unterschied verhaftet. Wenn der Nacherbe unbeschränkt haftet, wird der Vorerbe, auch wenn er selbst unbeschränkt haftet, mit dem Eintritte der Nacherbfolge frei (!?)

b. welche im Verhältnisse zwischen dem Vorerben und dem Nacherben dem Vorerben zur Last fallen, vgl. §§ 2124—2126. Vgl. ferner §§ 1088 f. und § 1388.

3. (Abs. 2.) Geltendmachung der beschränkten Haftung durch den Vorerben in den Fällen seiner nach Eintritt der Nacherbfolge ausnahmsweise fortbauernden Haftung.

a. Der Vorerbe ist nach Eintritt der Nacherbfolge nicht mehr Erbe (§ 2139). Er kann fortab weder die Nachlaßverwaltung (§ 1981) noch den Nachlaßkonkurs, KO. §§ 217, 231 (S. 1122 1126), beantragen. Er bleibt für die Geltendmachung seiner beschränkten Haftung auf die Einrede aus § 1990 beschränkt. Diese Einrede steht ihm aber nach § 2145 Abs. 2 auch zu, wenn die besonderen Voraussetzungen des § 1990 (Mangel an Masse) oder des § 1992 (Ansprüche aus Vermächtnissen oder Auflagen) nicht vorliegen.

b. Dem Vorerben gebührt aus der Erbschaft alles, was er nach §§ 2130, 2138 nicht verpflichtet ist, an den Nacherben herauszugeben.

c. Für die Anwendung der §§ 1990, 1991 und der in dem letzten erwähnten §§ 1978, 1979 ist anstatt „Erbschaft", „das was ihm aus der Erbschaft gebührt" und für „Erbe", „Vorerbe" zu setzen.

**§ 2146.** 1. Die Vorschrift bezweckt, den Gläubigern möglichst bald Kenntniß von der für sie erheblichen Thatsache des Eintritts der Nacherbfolge zu geben. Unterlassung unverzüglicher (§ 121) Anzeige macht den Vorerben (oder wenn

## Vierter Titel.
## Vermächtniß.

1. Die Person des Beschwerten.

**§ 2147.** Mit einem Vermächtnisse kann der Erbe oder ein Ver- mächtnißnehmer beschwert werden. Soweit nicht der Erblasser Anderes bestimmt hat, ist der Erbe beschwert.

---

die Nacherbfolge mit dem Tode des Vorerben eintritt dessen Erben) den Nach- laßgläubigern gegenüber schadensersatzpflichtig.

2. Ein Nachlaßschuldner, welcher nach Eintritt der Nacherbfolge dem Vor- erben zahlt, befreit sich nicht, sofern nicht der Fall des § 2140 (unverschuldete Unkenntniß des Vorerben und des Schuldners von dem Eintritte der Nach- erbfolge) vorliegt.

Zu §§ 2147 ff. 1. Nach der Begriffsbestimmung des § 1939 ist das Vermächtniß Zuwendung eines Vermögensvortheils von Todeswegen durch Testament (§ 1939) oder Erbvertrag (§ 1941) an einen Anderen, ohne ihn als Erben einzusetzen, also ohne ihn auf das Ganze oder einen Bruchtheil der Erb- schaft (§ 1922) zu berufen.

Der Vermögensvortheil kann auch in der Befreiung von einer Schuld in der Sicherung von Vermögensrechten (Anerkennung einer Verbindlichkeit, Bürgschaft, Pfandrecht 2c.) oder in dem Verzicht auf solche Sicherungs- bestehen.

2. Durch das Vermächtniß wird ein Anspruch auf Leistung des vermachten Gegenstandes begründet (§ 2174).

a. Das Vindikationslegat, Inhalts dessen das vermachte Recht selbst dem Be- dachten mit dinglicher Wirkung kraft Gesetzes anfällt oder die ver- Befreiung des Bedachten von einer Verbindlichkeit oder Belastung mittelbar eintritt, ist vom BGB. nicht aufgenommen. Will der Erblasser dem Vermächtnißnehmer gegen eine Vereitelung seines Rechtes durch Erben sichern, so ist die Einsetzung eines Testamentsvollstreckers das eignete Mittel (§§ 2197 ff.).

b. In Fällen, in denen für den Bedachten kein Anspruch auf Leistung begründet werden soll, liegt ein Vermächtniß nicht vor. Es kann Auflage (vgl. § 1940) vorliegen.

c. Kein Vermächtniß liegt vor, wenn der Erblasser eine Zuwendung von einer Leistung an einen Dritten abhängig gemacht hat, z. B. A soll Erbe sein, wenn er der Armenkasse eine gewisse Summe giebt. Die Leistung des A an die Armenkasse erfolgt nicht auf Grund einer Vermächtniß- anordnung, sondern conditionis implendae causa.

3. Terminologie.

a. Der Beschwerte ist der Erbe oder Vermächtnißnehmer, welcher mit einem Vermächtnisse beschwert wird (vgl. § 2147).

b. Der Bedachte oder Vermächtnißnehmer ist derjenige, für den die Zuwen- dung bestimmt ist, bezw. für den der Vermächtnißanspruch (§ 2174) be- gründet wird.

c. Vorausvermächtniß vgl. § 2150.

4. Gesetzliche Vermächtnisse.

Die für Vermächtnisse geltenden Vorschriften gelten auch für

a. den Voraus des überlebenden Ehegatten (§ 1932);

b. den Dreißigsten (§ 1969).

c. Vgl. auch EG. Art. 139.

5. Unzulässigkeit eines Vertrags über ein Vermächtniß aus dem Nachlaß eines noch lebenden Dritten § 312.

6. Beschwerung eines Pflichttheilsberechtigten mit einem Ver- mächtnisse § 2306.

**§ 2147.** 1. Wer nichts aus dem Nachlasse von Todeswegen erhält, kann nicht mit Vermächtnissen beschwert werden. Jeder Erbe (Vor- und Nacherbe,

**§ 2148.** Sind mehrere Erben oder mehrere Vermächtnißnehmer mit demselben Vermächtnisse beschwert, so sind im Zweifel die Erben nach dem Verhältnisse der Erbtheile, die Vermächtnißnehmer nach dem Verhältnisse des Werthes der Vermächtnisse beschwert. 2. Mehrere Beschwerte.

**§ 2149.** Hat der Erblasser bestimmt, daß dem eingesetzten Erben ein Erbschaftsgegenstand nicht zufallen soll, so gilt der Gegenstand als den gesetzlichen Erben vermacht. Der Fiskus gehört nicht zu den gesetzlichen Erben im Sinne dieser Vorschrift. 3. Dem eingesetzten Erben vorenthaltene Erbschaftsgegenstände.

**§ 2150.** Das einem Erben zugewendete Vermächtniß (Vorausvermächtniß) gilt als Vermächtniß auch insoweit, als der Erbe selbst beschwert ist. 4. Vorausvermächtniß.

---

der gesetzliche, der Testaments- und der Vertragserbe kann beschwert werden, letzterer natürlich unbeschadet seiner vertragsmäßigen Rechte § 2289.

2. Pflichttheilsberechtigter als Beschwerter § 2306.

3. Anwendbarkeit der Vorschrift des § 2147 auf Auflagen § 2192.

**§ 2148.** 1. Die mehreren mit demselben Vermächtnisse Beschwerten haften, wenn die Leistung theilbar ist, antheilsweise § 420, bei untheilbarer Leistung als Gesammtschuldner § 431.

2. § 2148 bezieht sich nur auf den Fall, daß einzelne Erben beschwert sind. Sind alle Erben beschwert, was auch der Fall ist, wenn kein Beschwerter bezeichnet ist, vgl. § 2147 Satz 2, so greifen die allgemeinen Vorschriften über die Haftung der Miterben ein (§§ 1967 Abs. 2, 2058 ff.).

3. Anwendbarkeit der Vorschrift des § 2148 auf Auflagen § 2192.

**§ 2149.** 1. In dem in § 2149 behandelten Falle, welcher nicht den Fall mitumfaßt, daß eine über einen Gegenstand vorbehaltene letztwillige Verfügung (vgl. § 2086) unterblieben ist, soll der einzelne Gegenstand den gesetzlichen Erben (§§ 1924 ff.) mit Ausschluß des Fiskus (vgl. § 1936 Note 1) als Vermächtniß zufallen. Ist ein anderer gesetzlicher Erbe als der Fiskus nicht vorhanden, so ist kein aus der Vermächtnißanordnung Berechtigter vorhanden, die Anordnung also unwirksam.

2. Im Falle der Nichtverfügung über einen Bruchtheil der Erbschaft vgl. §§ 2088 f.; vgl. auch §§ 2104 f.

**§ 2150.** 1. Zwei Fälle sind zu unterscheiden (vgl. Förster-Eccius § 252).

a. Nur die anderen Miterben des bedachten Miterben sind beschwert; dann unterscheidet sich der Fall nicht von dem Vermächtniß an einen sonstigen Dritten. Der Bedachte erhält seinen Erbtheil und dazu das Vermächtniß, um dessen Betrag sich die Erbtheile der anderen Miterben mindern.

b. Der Bedachte selbst ist mitbeschwert; die Erbmasse, mithin auch der Erbtheil des Bedachten, mindert sich um den Betrag des Vermächtnisses, das er als Voraus aus der Erbschaft erhält. Das BGB. erkennt dieses Rechtsverhältniß an — im Gegensatze zum gemeinen Rechte, nach welchem er den Betrag, um den sich sein Erbtheil mindert, nicht als Vermächtnißnehmer, sondern als Erbe erhält. Der Erbe, der mit einem Vorausvermächtnisse bedacht ist, soll in Ansehung des Gegenstandes oder Betrags, bezüglich dessen sein Erbtheil und das Vermächtniß sich decken, zu dem ihm als Erben zustehenden Rechte noch die Vortheile hinzubekommen, welche ihm die Stellung als Vermächtnißnehmer bietet. Solche Vortheile bestehen:

α. gegenüber den Miterben, insofern der Vermächtnißnehmer dem Erben überhaupt vorgeht. Der Erbe behält nur das, was nach Berichtigung der Vermächtnisse noch übrig bleibt;

β. gegenüber den übrigen Vermächtnißnehmern, insofern das Vorausvermächtniß den damit bedachten Miterben den sonstigen Vermächtnißnehmern gleichstellt (vgl. KO. § 226 Abs. 2 Ziffer 5 und Abs. 3, S. 1125);

77*

5. Zulässige Ergänzungen der Vermächtnißanordnung.
a. Die Person des Bedachten.
α. Bestimmung durch den Beschwerten od. einen Dritten, wer v. mehreren Bedachten der Vermächtnißnehmer sein soll.

**§ 2151.** Der Erblasser kann Mehrere mit einem Vermächtniß in der Weise bedenken, daß der Beschwerte oder ein Dritter zu bestimmen hat, wer von den Mehreren das Vermächtniß erhalten soll.

Die Bestimmung des Beschwerten erfolgt durch Erklärung gegenüber demjenigen, welcher das Vermächtniß erhalten soll; die Bestimmung des Dritten erfolgt durch Erklärung gegenüber dem Beschwerten.

Kann der Beschwerte oder der Dritte die Bestimmung nicht treffen, so sind die Bedachten Gesammtgläubiger. Das Gleiche gilt, wenn das Nachlaßgericht dem Beschwerten oder dem Dritten auf Antrag eines der Betheiligten eine Frist zur Abgabe der Erklärung bestimmt hat und die Frist verstrichen ist, sofern nicht vorher die Erklärung erfolgt. Der Bedachte, der das Vermächtniß erhält, ist im Zweifel nicht zur Theilung verpflichtet.

β. Alternative Benennung des Bedachten.

**§ 2152.** Hat der Erblasser Mehrere mit einem Vermächtniß in der Weise bedacht, daß nur der Eine oder der Andere das Vermächtniß erhalten soll, so ist anzunehmen, daß der Beschwerte bestimmen soll, wer von ihnen das Vermächtniß erhält.

---

γ. gegenüber dem Nacherben § 2110 Abs. 2;
δ gegenüber dem Erbschaftskäufer § 2373;
ε. gegenüber den Nachlaßgläubigern, insoweit sie mit ihren Ansprüchen den Vermächtnißnehmern nicht vorgehen (§§ 1973, 1974, 1989).

2. Das Vorausvermächtniß kann auch in einer Handlung bestehen, wenn dieselbe mit den Kräften des Nachlasses geleistet werden soll. Beispiel: die auf dem Grundstück eines der Miterben für einen Dritten haftende Hypothek soll abgelöst werden (OTr. 11 276; Rehbein Entsch. 2 495).

**§ 2151.** 1. Abs. 1 enthält eine Einschränkung des § 2065 Abs. 2 zum Ausdrucke gelangten Prinzips.

a. Voraussetzung für die Anwendbarkeit des § 2151 ist, daß der Bedachte aus dem beschränkten Kreise der mehreren von dem Erblasser bedachten Personen, zu bestimmen ist; z. B. der Erblasser bedenkt seine Verwandten, Dienstboten 2c. mit dem Zusatze, daß der Vermächtnißnehmer bestimmt werden solle.

b. Die Bestimmung des Vermächtnißnehmers durch den Beschwerten oder einen Dritten schlechthin, ohne Beschränkung der Wahl unter Mehreren ist nichtig, § 2065 Abs. 2.

2. (Abs. 2.) Mit dem Wirksamwerden der Erklärung gegenüber dem Anderen (§§ 130 ff.) ist die Person des Bedachten so bestimmt, wie wenn die getroffene Bestimmung von dem Erblasser unmittelbar ausgegangen wäre.

a. Die Unwiderruflichkeit der wirksam gewordenen Bestimmung ergiebt sich aus allgemeinen Grundsätzen, vgl. § 130 Note B.

b. Ob eine richterliche Nachprüfung (vgl. § 319) der Wahl, wenn gewisse Bedingungen gestellt sind (z. B. der Würdigste, der Bedürftigste) zulässig sein soll, ist dem Willen des Erblassers zu entnehmen.

3. Gesammtgläubiger §§ 428 ff. Die Auslegungsregel, daß der Empfänger nicht zur Theilung verpflichtet sei, ist aufgenommen mit Rücksicht auf § 430.

4. Fristbestimmung durch das Nachlaßgericht (vgl. zu §§ 1960 ff. S. 1100).

**FG.** *§ 80. Gegen eine Verfügung, durch die nach den §§ 2151, 2153 bis 2155, 2192, 2193 und dem § 2198 Abs. 2 des Bürgerlichen Gesetzbuchs dem Beschwerten oder einem Dritten eine Frist zur Erklärung bestimmt wird, findet die sofortige Beschwerde statt.*

**§ 2152.** Der Fall des § 2152 ist ein Unterfall des § 2151 Abs. 1. Es soll

**§ 2153.** Der Erblasser kann Mehrere mit einem Vermächtniß in der Weise bedenken, daß der Beschwerte oder ein Dritter zu bestimmen hat, was jeder von dem vermachten Gegenstand erhalten soll. Die Bestimmung erfolgt nach § 2151 Abs. 2.

b. Die Vertheilung d. Mehreren vermachten Gegenstandes.

Kann der Beschwerte oder der Dritte die Bestimmung nicht treffen, so sind die Bedachten zu gleichen Theilen berechtigt. Die Vorschrift des § 2151 Abs. 3 Satz 2 findet entsprechende Anwendung.

**§ 2154.** Der Erblasser kann ein Vermächtniß in der Art anordnen, daß der Bedachte von mehreren Gegenständen nur den einen oder den anderen erhalten soll. Ist in einem solchen Falle die Wahl einem Dritten übertragen, so erfolgt sie durch Erklärung gegenüber dem Beschwerten.

c. Die Bestimmung d. Gegenstandes. α. Wahlvermächtniß.

Kann der Dritte die Wahl nicht treffen, so geht das Wahlrecht auf den Beschwerten über. Die Vorschrift des § 2151 Abs. 3 Satz 2 findet entsprechende Anwendung.

**§ 2155.** Hat der Erblasser die vermachte Sache nur der Gattung nach bestimmt, so ist eine den Verhältnissen des Bedachten entsprechende Sache zu leisten.

β. Gattungsvermächtniß.

Ist die Bestimmung der Sache dem Bedachten oder einem Dritten übertragen, so finden die nach § 2154 für die Wahl des Dritten geltenden Vorschriften Anwendung.

---

der Beschwerte bestimmen, wer von Mehreren der Bedachte sein soll. Für die Art der Bestimmung und für den Fall des Unterbleibens der Bestimmung finden sonach die Vorschriften des § 2151 Abs. 2, 3 Anwendung.

**§ 2153.** 1. Die Vorschrift enthält — ebenso wie § 2152 — eine Einschränkung des in § 2065 Abs. 2 enthaltenen Prinzips in Ansehung des Gegenstandes der Zuwendung. Vgl. RG. 30 287.

2. Die Verweisung auf § 2151 Abs. 2 besagt, daß die Bestimmung seitens des Beschwerten durch Erklärung gegenüber dem Bedachten (§ 130), die Bestimmung seitens des Dritten durch Erklärung gegenüber dem Beschwerten erfolgt.

3. (Abs. 2.) Die Verweisung auf § 2151 Abs. 3 Satz 2 ergiebt, daß, wenn die durch das Nachlaßgericht gemäß § 2151 Abs. 3 gesetzte Frist fruchtlos verstrichen ist, die Bedachten zu gleichen Theilen berechtigt sind.

**§ 2154.** 1. Auf das Wahlvermächtniß, dessen Zulässigkeit mit Rücksicht auf § 2065 Abs. 2 besonders hervorgehoben ist, finden die Vorschriften über die Alternativobligation (§§ 262—265) Anwendung, so daß im Zweifel der Beschwerte wahlberechtigt ist und das Wahlrecht bei Säumniß des Beschwerten bis zur Zwangsvollstreckung auf den Bedachten übergeht (§ 264).

2. Das Wahlrecht kann durch den Erblasser auch dem Bedachten übertragen werden. In solchem Falle wird gemäß § 242 die Vorlegung der Sachen Zwecks Auswahl zum Inhalte des Schuldverhältnisses gehören. Legt der Beschwerte nicht alle Sachen vor, so wird der Bedachte unter Umständen die getroffene Wahl wegen Irrthums oder Betrugs nach den allgemeinen Vorschriften (§§ 119 ff.) anfechten können.

3. (Abs. 2.) Die Bezugnahme auf § 2151 Abs. 3 Satz 2 ergiebt, daß, wenn die dem Dritten bzw. dem Beschwerten gemäß § 2151 Abs. 3 gesetzte Frist fruchtlos verstrichen ist, das Wahlrecht auf den Beschwerten übergeht. Auf diese Alternativobligation finden dann §§ 262 ff. Anwendung, vgl. Note 1.

4. Wegen der Gewährleistung beim Wahlvermächtnisse vgl. § 2182 Note 1.

5. Anwendbarkeit der Vorschrift des § 2154 auf Auflagen § 2192.

Entspricht die von dem Bedachten oder dem Dritten getroffene Bestimmung den Verhältnissen des Bedachten offenbar nicht, so hat der Beschwerte so zu leisten, wie wenn der Erblasser über die Bestimmung der Sache keine Anordnung getroffen hätte.

γ. Bestimmung der Leistung nach billigem Ermessen in Gemäßheit eines bestimmten Zweckes.

**§ 2156.** Der Erblasser kann bei der Anordnung eines Vermächtnisses, dessen Zweck er bestimmt hat, die Bestimmung der Leistung dem billigen Ermessen des Beschwerten oder eines Dritten überlassen. Auf ein solches Vermächtniß finden die Vorschriften der §§ 315 bis 319 entsprechende Anwendung.

6. Gemeinschaftliches Vermächtniß.
a. Bestimmung der Bruchtheile.

**§ 2157.** Ist Mehreren derselbe Gegenstand vermacht, so finden die Vorschriften der §§ 2089 bis 2093 entsprechende Anwendung.

b. Wegfall eines der Bedachten.
α. Anwachsung.

**§ 2158.** Ist Mehreren derselbe Gegenstand vermacht, so wächst, wenn einer von ihnen vor oder nach dem Erbfalle wegfällt, dessen Antheil den übrigen Bedachten nach dem Verhältniß ihrer Antheile an. Dies gilt auch dann, wenn der Erblasser die Antheile der Bedachten bestimmt hat. Sind einige der Bedachten zu demselben Antheile berufen, so tritt die Anwachsung zunächst unter ihnen ein.

Der Erblasser kann die Anwachsung ausschließen.

---

**§ 2155.** 1. Nach § 2155 kommt für das Gattungsvermächtniß als Maßstab in erster Linie das Bedürfniß des Bedachten zur Anwendung. Erst wenn sich hieraus kein Anhalt ergiebt, bleibt es bei der allgemeinen Regel des § 243, wonach eine Sache von mittlerer Art und Güte zu leisten ist.

2. (Abs. 2.) Die Verweisung auf § 2154 ergiebt:

a. Die dem Bedachten oder einem Dritten übertragene Wahl erfolgt durch Erklärung gegenüber dem Beschwerten.

b. Kann der Bedachte oder der Dritte die Wahl nicht treffen oder ist die von dem Nachlaßgerichte gemäß § 2151 Abs. 3 gesetzte Frist fruchtlos verstrichen, so geht das Wahlrecht auf den Beschwerten über.

3. (Abs. 3.) Vgl. § 319. — Abs. 1 wird anwendbar.

4. Gewährleistung bei Gattungsvermächtnissen §§ 2182 Abs. 1, 2183.

5. Anwendbarkeit der Vorschrift des § 2155 bei Auflagen § 2192.

**§ 2156.** 1. Die Vorschrift ist nur anwendbar, wenn der Zweck des Vermächtnisses bestimmt ist.

2. Bei Auflagen vgl. zu §§ 2192, 2193.

**§ 2157.** Durch die dispositive Vorschrift des § 2157 werden die Theilungsgrundsätze, welche bei der Erbeinsetzung gelten, auf den Fall übertragen, daß Mehrere mit einem und demselben Gegenstand ohne oder ohne ausreichende Theilbestimmung bedacht sind. Vgl. im Uebrigen zu §§ 2089 bis 2093.

**§ 2158.** 1. Vgl. § 2094.

2. Gründe des Wegfalls eines Bedachten:

a. Tod des Bedachten vor dem Erblasser § 2160;

b. Ausschlagung § 2180;

c. Erbunwürdigkeit § 2345;

d. Verzicht auf die Zuwendung durch Vertrag des Vermächtnißnehmers mit dem Erblasser § 2352;

e. Widerruf der Zuwendung an einen der Bedachten durch letztwillige Verfügung § 2253.

3. Das Recht eines Ersatzvermächtnißnehmers geht dem Anwachsungsrechte vor §§ 2190, 2099.

β. Schutz geg. Nachtheile aus der Anwachsung.

**§ 2159.** Der durch Anwachsung einem Vermächtnißnehmer anfallende Antheil gilt in Ansehung der Vermächtnisse und Auflagen, mit denen dieser oder der wegfallende Vermächtnißnehmer beschwert ist, als besonderes Vermächtniß.

7. Die Wirksamkeit des Vermächtnisses berührende Umstände.
a. Tod des Bedachten vor dem Erbfalle.

**§ 2160.** Ein Vermächtniß ist unwirksam, wenn der Bedachte zur Zeit des Erbfalls nicht mehr lebt.

b. Wegfall des Beschwerten.

**§ 2161.** Ein Vermächtniß bleibt, sofern nicht ein anderer Wille des Erblassers anzunehmen ist, wirksam, wenn der Beschwerte nicht Erbe oder Vermächtnißnehmer wird. Beschwert ist in diesem Falle derjenige, welchem der Wegfall des zunächst Beschwerten unmittelbar zu Statten kommt.

c. Zeitliche Beschränkung der Wirksamkeit.
α. Regel.

**§ 2162.** Ein Vermächtniß, das unter einer aufschiebenden Bedingung oder unter Bestimmung eines Anfangstermins angeordnet ist, wird mit dem Ablaufe von dreißig Jahren nach dem Erbfall unwirksam, wenn nicht vorher die Bedingung oder der Termin eingetreten ist.

Ist der Bedachte zur Zeit des Erbfalls noch nicht erzeugt oder wird seine Persönlichkeit durch ein erst nach dem Erbfall eintretendes Ereigniß bestimmt, so wird das Vermächtniß mit dem Ablaufe von dreißig Jahren nach dem Erbfall unwirksam, wenn nicht vorher der Bedachte erzeugt oder das Ereigniß eingetreten ist, durch das seine Persönlichkeit bestimmt wird.

β. Ausnahme.

**§ 2163.** Das Vermächtniß bleibt in den Fällen des § 2162 auch nach dem Ablaufe von dreißig Jahren wirksam:

1. wenn es für den Fall angeordnet ist, daß in der Person des Beschwerten oder des Bedachten ein bestimmtes Ereigniß eintritt, und derjenige, in dessen Person das Ereigniß eintreten soll, zur Zeit des Erbfalls lebt;
2. wenn ein Erbe, ein Nacherbe oder ein Vermächtnißnehmer für den Fall, daß ihm ein Bruder oder eine Schwester geboren wird, mit einem Vermächtnisse zu Gunsten des Bruders oder der Schwester beschwert ist.

Ist der Beschwerte oder der Bedachte, in dessen Person das Ereigniß eintreten soll, eine juristische Person, so bewendet es bei der dreißigjährigen Frist.

---

**§ 2159.** Vgl. zu § 2095.

**§ 2160.** 1. Vgl. § 1923 Abs. 1; bei bedingter Zuwendung § 2074.

2. Vermächtniß an einen **noch** nicht Lebenden § 2178.

**§ 2161.** 1. Vgl. § 2085. „Zu Statten kommen“ ist lediglich im Rechtssinne zu verstehen, ohne Rücksicht darauf, ob mit dem in Folge des Wegfalls des zunächst Beschwerten eintretenden erbschaftlichen Erwerb ein wirthschaftlicher Vortheil verbunden ist oder nicht.

2. Wegen der Haftung des demnächst Beschwerten § 2187 Abs. 2; vgl. auch §§ 1935 Note 1b, 2095.

3. Anwendbarkeit der Vorschrift des § 2161 auf Auflagen § 2192.

4. Einfluß eines späteren Erbvertrags § 2161 Note 1a.

**§ 2162.** 1. Zu Abs. 1 vgl. §§ 2109, 2074.

2. Zu Abs. 2 vgl. § 2178.

**§ 2163.** Vgl. § 2109.

3. Umfang des Vermächtnisses.
a. Zubehör der Sache.

**§ 2164.** Das Vermächtniß einer Sache erstreckt sich im Zweifel auf das zur Zeit des Erbfalls vorhandene Zubehör.

b. Ersatzanspruch wegen Beschädigung der Sache.

Hat der Erblasser wegen einer nach der Anordnung des Vermächtnisses erfolgten Beschädigung der Sache einen Anspruch auf Ersatz der Minderung des Werthes, so erstreckt sich im Zweifel das Vermächtniß auf diesen Anspruch.

c. Vermächtniß eines belasteten Gegenstandes.
α. Allgemein.

**§ 2165.** Ist ein zur Erbschaft gehörender Gegenstand vermacht, so kann der Vermächtnißnehmer im Zweifel nicht die Beseitigung der Rechte verlangen, mit denen der Gegenstand belastet ist. Steht dem Erblasser ein Anspruch auf die Beseitigung zu, so erstreckt sich im Zweifel das Vermächtniß auf diesen Anspruch.

Ruht auf einem vermachten Grundstück eine Hypothek, Grundschuld oder Rentenschuld, die dem Erblasser selbst zusteht, so ist aus den Umständen zu entnehmen, ob die Hypothek, Grundschuld oder Rentenschuld als mitvermacht zu gelten hat.

---

**§ 2164.** 1. Ist eine individuell bestimmte Sache vermacht, so ist davon auszugehen, daß sie so, wie sie zur Zeit des Erbfalls beschaffen ist, zugewendet werden sollte. Es wird nicht auf die Aenderungen (Verbesserungen oder Verschlechterungen) gesehen, welche zwischen der Anordnung und dem Erbfall eingetreten sind. Vgl. auch § 2182 Note 1.

2. Zubehör vgl. §§ 97, 98; wegen der entsprechenden Vorschriften § 97 Note II. 1. — Umfang des Anspruchs wegen der Früchte und Nutzungen § 2184.

3. (Abs. 2.) In Ansehung des vermachten Gegenstandes bestehende Ansprüche.

a. Abs. 2 bezieht sich auf Ansprüche wegen Beschädigung der Sache einschließlich des Ersatzanspruchs des Erblassers wegen Verbindung, Vermischung oder Vermengung, § 2172 Abs. 3.

b. Anspruch auf Werthersatz bei Untergang oder Entziehung der Sache § 2169 Abs. 3.

c. Rechtsverhältniß bei Verbindung, Vermischung, Vermengung vgl. § 2172 Abs. 2.

d. Anspruch auf Beseitigung einer auf dem vermachten Gegenstande ruhenden Belastung § 2165 Abs. 1 Satz 2.

4. Sind die dem Erblasser zustehenden Ansprüche zur Zeit des Erbfalls (durch Erfüllung ꝛc. §§ 362 ff.) bereits erloschen, so greift § 2173 ein.

**§ 2165.** 1. Die Vorschrift betrifft nur das Vermächtniß eines zur Erbschaft gehörenden Gegenstandes (nicht das Verschaffungsvermächtniß § 2170).

a. Der Gegenstand ist im Zweifel so, wie er sich in der Erbschaft befindet (cum suo onere), vermacht; vgl. § 2164 Note 1.

b. Die Mitvermachung des Beseitigungsanspruchs (Abs. 1 Satz 2) vgl. § 2164 Note 3.

2. Die Vorschrift des Abs. 1 erstreckt sich auch auf die in Abs. 2 erwähnten Belastungen, insofern als der Vermächtnißnehmer im Zweifel nicht berechtigt sein soll, die Beseitigung zu verlangen; dagegen wird eine Auslegungsregel darüber nicht gegeben, ob das Vermächtniß sich im Zweifel auf die dem Erblasser zustehende Hypothek (S. 564 Note III), Grund- und Rentenschuld (§§ 1192, 1196, 1177, 1199) erstreckt. Wenn den Umständen nicht zu entnehmen ist, daß das Vermächtniß sich hierauf bezieht, so gelten diese Rechte nicht als mitvermacht, vgl. RG. 23 189.

3. Die Vorschrift bezieht sich nur auf dingliche Belastungen.

a. Miethe und Pachtrechte, welche in Ansehung des vermachten Grund-

β. Vermächtniß eines mit einer Hypothek belasteten Grundstücks.

**§ 2166.** Ist ein vermachtes Grundstück, das zur Erbschaft gehört, mit einer Hypothek für eine Schuld des Erblassers oder für eine Schuld belastet, zu deren Berichtigung der Erblasser dem Schuldner gegenüber verpflichtet ist, so ist der Vermächtnißnehmer im Zweifel dem Erben gegenüber zur rechtzeitigen Befriedigung des Gläubigers insoweit verpflichtet, als die Schuld durch den Werth des Grundstücks gedeckt wird. Der Werth bestimmt sich nach der Zeit, zu welcher das Eigenthum auf den Vermächtnißnehmer übergeht; er wird unter Abzug der Belastungen berechnet, die der Hypothek im Range vorgehen.

Ist dem Erblasser gegenüber ein Dritter zur Berichtigung der Schuld verpflichtet, so besteht die Verpflichtung des Vermächtnißnehmers im Zweifel nur insoweit, als der Erbe die Berichtigung nicht von dem Dritten erlangen kann.

Auf eine Hypothek der im § 1190 bezeichneten Art finden diese Vorschriften keine Anwendung.

---

stücks bestehen, sind im Verhältnisse des Vermächtnißnehmers zu dem Miether oder Pächter nach §§ 571 ff. zu beurtheilen. Regelmäßig wird der Bedachte die Beseitigung des Mieth- oder Pachtverhältnisses von dem Beschwerten nicht verlangen können.

b. Ob Zurückbehaltungsrechte (vgl. S. 411 Note V) in Ansehung des vermachten Gegenstandes von dem Beschwerten zu beseitigen sind, ist Auslegungsfrage des einzelnen Falles und dürfte regelmäßig zu bejahen sein.

**§ 2166.** I. **Allgemeine Bedeutung der Auslegungsregel des § 2166.**

1. Nach der Auslegungsregel des § 2165 hat der Vermächtnißnehmer im Zweifel die dingliche Belastung der Vermächtnißsache zu übernehmen. § 2166 legt das Vermächtniß eines mit einer Hypothek belasteten Grundstücks im Zweifel, d. h. wenn nicht ein anderer Wille des Erblassers erhellt, dahin aus, daß der Vermächtnißnehmer dem Erben gegenüber auch zur Berichtigung der der Hypothek zu Grunde liegenden persönlichen Schuld (vgl. § 1113) des Erblassers, welche gemäß § 1967 auf den Erben übergeht, insoweit verpflichtet sein soll, als er durch den Werth des Grundstücks gedeckt wird. Das Rechtsverhältniß gestaltet sich ähnlich, wie wenn der Vermächtnißnehmer bei dem Erwerbe des Grundstücks (vgl. §§ 2174, 925) eine Schuldübernahme mit dem Erben vereinbart hätte (vgl. § 415 und Note 4 daselbst).

2. Die Rechtslage gestaltet sich bei Anwendung der Auslegungsregel des § 2166 folgendermaßen:

a. Der Vermächtnißnehmer, welcher nach Auflassung des Grundstücks als Eigenthümer gemäß § 1142 zur Befriedigung des Gläubigers befugt ist und gemäß § 1143 die Forderung nach Maßgabe der Befriedigung erwirbt, kann, insoweit als er dem Erben gegenüber gemäß § 2166 zur Befriedigung des Gläubigers verpflichtet ist, die Forderung dem Erben gegenüber nicht geltend machen.

b. Befriedigt der Erbe als persönlicher Schuldner den Gläubiger, so wird die Hypothek nicht nach § 1163 Abs. 1 Satz 2 von dem Vermächtnißnehmer als Eigenthümerhypothek, sondern von dem Erben gemäß § 1164 als Regreßhypothek erworben.

3. (Abs. 3.) Die Auslegungsregel des § 2166 gilt auch für Sicherungshypotheken (§§ 1184 ff.) mit Ausnahme der in § 1190 behandelten Höchst- oder Kautionshypothek. In Ansehung der letzteren ist durch Auslegung des einzelnen Falles zu ermitteln, ob dem Vermächtnißnehmer die dem § 2166 entsprechende Verpflichtung nach dem Willen des Erblassers auferlegt sein soll oder nicht.

7. Vermächtniß eines mit einer Gesammthypothek belasteten Grundstücks.

**§ 2167.** Sind neben dem vermachten Grundstück andere zur Erbschaft gehörende Grundstücke mit der Hypothek belastet, so beschränkt sich die im § 2166 bestimmte Verpflichtung des Vermächtnißnehmers im Zweifel auf den Theil der Schuld, der dem Verhältnisse des Werthes des vermachten Grundstücks zu dem Werthe der sämmtlichen Grundstücke entspricht. Der Werth wird nach § 2166 Abs. 1 Satz 2 berechnet.

II. **Im Einzelnen.**

1. Die persönliche Schuld des Erblassers kann sein

a. eine Schuld des Erblassers, für welche dieser dem Gläubiger gegenüber haftet:

α. eine von dem Erblasser selbst kontrahirte Verbindlichkeit (z. B. ein von ihm aufgenommenes Darlehen, Restkaufgeld aus einem von ihm kontrahirten Kaufe);

β. eine von dem Erblasser ererbte Schuld (§ 1967);

γ. eine von dem Erblasser mit Zustimmung des Gläubigers übernommene Schuld (§§ 414, 415, 416.);

b. eine persönliche Schuld eines Dritten, zu deren Berichtigung der Erblasser dem Schuldner gegenüber verpflichtet ist. (Hauptfall: Die zwischen dem Schuldner und dem Erblasser vereinbarte Schuldübernahme wird von dem Gläubiger nicht genehmigt, §§ 414, 415, 416).

2. Die Verpflichtung des Vermächtnißnehmers gegenüber dem Erben.

a. Der Vermächtnißnehmer ist dem Erben gegenüber zur rechtzeitigen Befriedigung des Gläubigers insoweit verpflichtet, als er durch den Werth des Grundstücks gedeckt wird.

α. Maßgebender Zeitpunkt für die Werthsermittelung ist der Uebergang des Eigenthums (§§ 2174, 925).

β. Die Werthsermittelung geschieht durch Schätzung. Von dem Schätzungswerthe des Grundstücks sind die der Hypothek im Range vorgehenden Belastungen (nach ihrem Nenn- bzw. bei Nießbrauch u. dgl. nach ihrem Schätzungswerthe) abzuziehen.

b. Der Vermächtnißnehmer ist dem Erben gegenüber zur rechtzeitigen Befriedigung des Gläubigers (vgl. § 415 Abs. 3) verpflichtet und hat dafür zu sorgen, daß der Erbe, soweit die Verpflichtung des Vermächtnißnehmers reicht (zu a), von dem Gläubiger nicht in Anspruch genommen wird; dies kann er z. B. auch durch eine mit dem Gläubiger vereinbarte Schuldübernahme bewirken (vgl. § 414). Daß der Vermächtnißnehmer für den aus der Nichterfüllung seiner Verpflichtung dem Erben entstehenden Schaden haftet, ergiebt sich aus § 280.

c. (Abs. 2.) Gegenüber der von dem Vermächtnißnehmer zu beweisenden Einwendung, daß ein Dritter dem Erblasser gegenüber zur (gänzlichen oder theilweisen) Berichtiguug der Schuld verpflichtet ist, hat der Erbe zu beweisen, inwieweit er die Berichtigung von dem Dritten nicht erlangen kann. Die Fälle der Verpflichtung eines Dritten zu Berichtigung der Schuld des Erblassers können mannigfach sein, z. B.

α. Gesammtschuld; dem Erben als Gesammtschuldner sind seine Mitschuldner regreßpflichtig (§ 426);

β. Bürgschaftsschuld; dem Erben haftet der Bürge (§ 774 Note 4 b);

γ. Vereinbarung einer Schuldübernahme zwischen dem Dritten und dem Erben, welcher der Gläubiger nicht zugestimmt hat (§ 415 Abs. 3).

d. Gesammthypothek vgl. § 2167.

**§ 2167.** 1. Vgl. § 2166 nnd Bemerkungen daselbst.

2. § 2167 betrifft den Fall der Gesammthypothek (§ 1132) und findet nur Anwendung, wenn andere zur Erbschaft gehörende Grundstücke mithaften. Gegenüber der diesbezüglichen, von dem Vermächtnißnehmer zu erhebenden Einwendung hat der Erbe nachzuweisen, daß das von ihm be-

**§ 2168.** Besteht an mehreren zur Erbschaft gehörenden Grundstücken eine Gesammtgrundschuld oder eine Gesammtrentenschuld und ist eines dieser Grundstücke vermacht, so ist der Vermächtnißnehmer im Zweifel dem Erben gegenüber zur Befriedigung des Gläubigers in Höhe des Theiles der Grundschuld oder der Rentenschuld verpflichtet, der dem Verhältnisse des Werthes des vermachten Grundstücks zu dem Werthe der sämmtlichen Grundstücke entspricht. Der Werth wird nach § 2166 Abs. 1 Satz 2 berechnet.

9. Vermächtniß eines mit einer Gesammtgrundschuld belasteten Grundstücks.

Ist neben dem vermachten Grundstück ein nicht zur Erbschaft gehörendes Grundstück mit einer Gesammtgrundschuld oder einer Gesammtrentenschuld belastet, so finden, wenn der Erblasser zur Zeit des Erbfalls gegenüber dem Eigenthümer des anderen Grundstücks oder einem Rechtsvorgänger des Eigenthümers zur Befriedigung des Gläubigers verpflichtet ist, die Vorschriften des § 2166 Abs. 1 und des § 2167 entsprechende Anwendung.

---

hauptete Werthverhältniß der mehreren Grundstücke obwaltet. Vgl. § 2166 Note II. 2 c, ferner § 1172 und Bemerkungen daselbst.

**§ 2168. I. Gesammtgrundschuld an mehreren zur Erbschaft gehörenden Grundstücken.**

1. Nach Abs. 1 ist in dem Falle, daß eins von mehreren zur Erbschaft gehörenden, mit einer Gesammtgrundschuld oder Gesammtrentenschuld (§§ 1132, 1192, 1199) belasteten Grundstücken vermacht ist, der Vermächtnißnehmer dem Erben gegenüber im Zweifel nur verpflichtet, die Last im Verhältnisse des Werthes des vermachten Grundstücks zu dem Werthe sämmtlicher verhafteter Grundstücke zu tragen. Diese Vertheilung ist maßgebend, gleichgültig ob der Erbe oder der Vermächtnißnehmer den Gläubiger befriedigt. In beiden Fällen greifen §§ 1173 Abs. 2, 1192 (vgl. § 1173 Note B) ein, d. h. der Befriedigende erwirbt in Höhe seines Ersatzanspruchs die Grundschuld an dem Grundstücke des Andern als Gesammtgrundschuld mit der auf dem eigenen Grundstücke haftenden Grundschuld.

2. Sind einzelne der mehreren haftenden Grundstücke an verschiedene Vermächtnißnehmer vermacht, so ist zwar der einzelne Vermächtnißnehmer nur dem Erben gegenüber berechtigt oder verpflichtet, während ein obligatorisches Rechtsverhältniß unter den mehreren Vermächtnißnehmern an sich nicht begründet ist. Der Erbe ist indeß Rechtsvorgänger des einzelnen Vermächtnißnehmers (§§ 2174, 925); daraus ergiebt sich die Anwendbarkeit der §§ 1173, 1192 (vgl. zu 1 und § 1173 Abs. 2 Note B).

**II. Gesammtgrundschuld an dem vermachten und einem nicht zur Erbschaft gehörenden Grundstücke.**

1. Ist der Erblasser dem Eigenthümer des fremden Grundstücks oder einem Rechtsvorgänger des Eigenthümers gegenüber zur Befriedigung des Gläubigers nicht verpflichtet, so scheidet der Erbe mit der Auflassung des vermachten Grundstücks an den Vermächtnißnehmer aus dem durch die Gesammtgrundschuld begründeten Rechtsverhältnisse zu den Eigenthümern anderer mithaftender Grundstücke endgültig aus. Im Falle der Befriedigung des Gläubigers findet § 1173 Anwendung.

2. Der Erblasser ist dem Eigenthümer des anderen mitverhafteten Grundstücks oder einem Rechtsvorgänger des Eigenthümers gegenüber zur (gänzlichen oder theilweisen) Befriedigung des Gläubigers verpflichtet.

a. Ist außer dem vermachten Grundstücke kein weiteres zur Erbschaft gehörendes Grundstück für die Gesammtgrundschuld mitverhaftet, so ist der Vermächtnißnehmer im Zweifel dem Erben gegenüber verpflichtet, dessen dem Eigenthümer des anderen Grundstücks gegenüber bestehende Ver-

9. Vermächtniß eines bestimmten nicht zur Erbschaft gehörenden Gegenstandes.
a. Regelmäßige Unwirksamkeit.

**§ 2169.** Das Vermächtniß eines bestimmten Gegenstandes ist unwirksam, soweit der Gegenstand zur Zeit des Erbfalls nicht zur Erbschaft gehört, es sei denn, daß der Gegenstand dem Bedachten auch für den Fall zugewendet sein soll, daß er nicht zur Erbschaft gehört.

b. Vermachung d. Besitzes.

Hat der Erblasser nur den Besitz der vermachten Sache, so gilt im Zweifel der Besitz als vermacht, es sei denn, daß er dem Bedachten keinen rechtlichen Vortheil gewährt.

c. Anspruch des Erblassers auf Leistung oder auf Werthersatz.

Steht dem Erblasser ein Anspruch auf Leistung des vermachten Gegenstandes oder, falls der Gegenstand nach der Anordnung des Vermächtnisses untergegangen oder dem Erblasser entzogen worden ist, ein Anspruch auf Ersatz des Werthes zu, so gilt im Zweifel der Anspruch als vermacht.

d. Verpflichtung des Erblassers zur Veräußerung des vermachten Gegenstandes.

Zur Erbschaft gehört im Sinne des Abs. 1 ein Gegenstand nicht, wenn der Erblasser zu dessen Veräußerung verpflichtet ist.

e. Verschaffungsvermächtniß.

**§ 2170.** Ist das Vermächtniß eines Gegenstandes, der zur Zeit des Erbfalls nicht zur Erbschaft gehört, nach § 2169 Abs. 1 wirksam, so hat der Beschwerte den Gegenstand dem Bedachten zu verschaffen.

Ist der Beschwerte zur Verschaffung außer Stande, so hat er den Werth zu entrichten. Ist die Verschaffung nur mit unverhältnißmäßigen Aufwendungen möglich, so kann sich der Beschwerte durch Entrichtung des Werthes befreien.

---

pflichtung zur rechtzeitigen Befriedigung des Gläubigers insoweit zu erfüllen, als der Vermächtnißnehmer durch den Werth des Grundstücks gedeckt ist, vgl. § 2166 Abs. 1.

b. Sind neben dem vermachten Grundstücke noch andere zur Erbschaft gehörende Grundstücke mit der Gesammtgrundschuld belastet, so beschränkt sich die zu a beschriebene Verpflichtung des Vermächtnißnehmers im Zweifel auf den Theil der Schuld, der dem Verhältnisse des Werthes des vermachten Grundstücks zu dem Werthe der sämmtlichen zum Nachlasse gehörenden mithaftenden Grundstücke entspricht (§ 2167).

**§ 2169.** 1. Die dispositive Natur der Vorschrift ergiebt sich aus dem den Grundsatz enthaltenden Abs. 1.

a. Vorausgesetzt wird das Vermächtniß einer bestimmten Sache.
b. Wirksamkeit des Vermächtnisses einer fremden Sache vgl. § 2170.
c. Rückforderungsrecht des Erben, der in Unkenntniß der Nichtzugehörigkeit der Sache zur Erbschaft an den Bedachten geleistet hat, vgl. § 2182 Note 4.

2. (Abs. 2.) Einen rechtlichen Vortheil kann der Besitz z. B. durch den Uebergang der Verwendungsansprüche aus § 999 bieten. Vgl. ferner RG. 4 261 ff.

3. (Abs. 3.) Vgl. § 2164 Abs. 2. — § 281.

4. Abs. 4 trägt der vermuthlichen Willensmeinung des Erblassers Rechnung. Die Zulässigkeit des Gegenbeweises ergiebt Abs. 1.

5. Die entsprechende Anwendung der Vorschrift auf den Fall, daß die Begründung eines Rechtes an einem Gegenstande durch Vermächtniß angeordnet ist (vgl. E. I § 1852), ist als selbstverständlich erachtet. Prot. V S. 172.

**§ 2170.** 1. Voraussetzung für die Anwendbarkeit des § 2170 ist, daß der Anordnung der Wille des Erblassers zu entnehmen ist, der Gegenstand solle dem Vermächtnißnehmer verschafft werden; vgl. § 2169 Abs. 1. — Gewährleistung bei Verschaffungsvermächtniß § 2182 Abs. 2.

**§ 2171.** Ein Vermächtniß, das auf eine zur Zeit des Erbfalls unmögliche Leistung gerichtet ist oder gegen ein zu dieser Zeit bestehendes gesetzliches Verbot verstößt, ist unwirksam. Die Vorschriften des § 308 finden entsprechende Anwendung.

10. Vermächtniß einer unmöglichen od. verbotenen Leistung. a. Allgemein.

**§ 2172.** Die Leistung einer vermachten Sache gilt auch dann als unmöglich, wenn die Sache mit einer anderen Sache in solcher Weise verbunden, vermischt oder vermengt worden ist, daß nach den §§ 946 bis 948 das Eigenthum an der anderen Sache sich auf sie erstreckt oder Miteigenthum eingetreten ist, oder wenn sie in solcher Weise verarbeitet oder umgebildet worden ist, daß nach § 950 derjenige, welcher die neue Sache hergestellt hat, Eigenthümer geworden ist.

b. Verbindung, Vermischung, Verarbeitung der vermachten Sache.

Ist die Verbindung, Vermischung oder Vermengung durch einen Anderen als den Erblasser erfolgt und hat der Erblasser dadurch Miteigenthum erworben, so gilt im Zweifel das Miteigenthum als vermacht; steht dem Erblasser ein Recht zur Wegnahme der verbundenen Sache zu, so gilt im Zweifel dieses Recht als vermacht.

Im Falle der Verarbeitung oder Umbildung durch einen Anderen als den Erblasser bewendet es bei der Vorschrift des § 2169 Abs. 3.

---

2. (Abs. 2.) Befreiung des Beschwerten durch Entrichtung des Werthes.

a. Unmöglichkeit der Erfüllung vgl. § 275 Note II.

b. Ueber die dem Vermächtnißnehmer wegen unverhältnißmäßiger Aufwendungen eingeräumten facultas alternativa vgl. § 262 Note 1.

3. Vermächtniß eines dem Bedachten gehörigen Gegenstandes vgl. Prot. V S. 171.

**§ 2171.** 1. Ursprüngliche Unmöglichkeit der Leistung.

a. Unmöglichkeit schlechthin.

Die Vorschrift betrifft den Fall der ursprünglichen Unmöglichkeit, bzw. Verbotswidrigkeit der Leistung (vgl. §§ 306, 309), wobei der entscheidende Zeitpunkt durch den Erbfall, nicht durch die Errichtung der Anordnung bestimmt wird. — Ausnahme für das Vermächtniß einer zur Zeit des Erbfalls bereits eingezogenen Forderung § 2173; Vermächtniß einer dem Erblasser gegen den Erben zustehenden Forderung § 2175.

b. Hypothetische Unmöglichkeit.

Durch die Bezugnahme auf § 308 (vgl. auch § 309) wird ausgedrückt, daß die Unmöglichkeit oder die Verbotswidrigkeit der Leistung der Wirksamkeit des Vermächtnisses nicht entgegensteht, wenn

α. die Unmöglichkeit gehoben werden oder das Verbot fortfallen kann und das Vermächtniß für diese Fälle angeordnet ist. Vermächtniß einer dem Beschwerten künftig zufallenden Erbschaft vgl. RG. 35 147;

β. bei aufschiebend bedingter oder befristeter Vermächtnißanordnung (vgl. § 2177) die Unmöglichkeit oder das Verbot vor Eintritt der Bedingung oder des Termins gehoben wird.

2. Nachträgliche Unmöglichkeit. Die Regelung ergiebt sich unmittelbar aus §§ 275 ff.

3. Gegen die guten Sitten verstoßende Vermächtnisse sind nach § 138 nichtig.

4. Anwendbarkeit der Vorschrift des § 2171 auf die Auflage § 2192.

**§ 2172.** 1. Die in § 2172 behandelten Fälle sind:

a. Die vermachte bewegliche Sache wird als wesentlicher Bestandtheil mit einem Grundstücke verbunden, § 946.

b. Die vermachte bewegliche Sache wird mit einer anderen beweglichen

c. Vermächtniß einer vor dem Erbfall erfüllten Forderung des Erblassers.

**§ 2173.** Hat der Erblasser eine ihm zustehende Forderung vermacht, so ist, wenn vor dem Erbfalle die Leistung erfolgt und der geleistete Gegenstand noch in der Erbschaft vorhanden ist, im Zweifel anzunehmen, daß dem Bedachten dieser Gegenstand zugewendet sein soll. War die Forderung auf die Zahlung einer Geldsumme gerichtet, so gilt im Zweifel die entsprechende Geldsumme als vermacht, auch wenn sich eine solche in der Erbschaft nicht vorfindet.

II. Rechtsverhältnisse zwischen d. Beschwerten und d. Bedachten.
a. Vermächtnißanspruch.

**§ 2174.** Durch das Vermächtniß wird für den Bedachten das Recht begründet, von dem Beschwerten die Leistung des vermachten Gegenstandes zu fordern.

---

Sache zu einer einheitlichen Sache dergestalt verbunden, daß sie beide wesentliche Bestandtheile der neuen Sache werden, ohne daß aber die vermachte Sache als Hauptsache anzusehen ist, § 947.

c. Die vermachte bewegliche Sache wird, ohne daß sie als Hauptsache anzusehen ist, mit anderen beweglichen Sachen derart vermischt oder vermengt, daß die Trennung ausgeschlossen oder doch mit unverhältnißmäßigen Kosten verbunden wäre, § 948.

d. Der Werth der mit der vermachten Sache vorgenommenen Verarbeitung oder Umbildung ist nicht erheblich geringer als der Werth der vermachten Sache (§ 950).

2. Ist in den zu 1 genannten Fällen die Einwirkung auf die vermachte Sache erfolgt

a. von dem Erblasser, so ist das Vermächtniß unwirksam. Es liegt Entziehung des Vermächtnisses durch den Erblasser vor. Dies insbesondere auch, wenn der Erblasser die Sache in der zu 1 d bezeichneten Weise umgebildet oder verarbeitet hat. Ist indeß der Stoff erheblich werthvoller, so wird das Vermächtniß durch die Verarbeitung oder Umbildung überhaupt nicht betroffen;

b. von einem Dritten, so tritt an die Stelle der vermachten Sache das sich aus der Einwirkung ergebende Recht:

α. das Miteigenthum in den Fällen der §§ 947, 948 (Note 1b, c);

β. das Wegnahmerecht §§ 951, 258;

γ. der Ersatzanspruch bei Verarbeitung und Umbildung vgl. § 2169 Abs. 3.

**§ 2173.** 1. Die Vorschrift enthält in Anlehnung an den § 2169 Abs. 3 eine Ausnahme von der Vorschrift des § 2171.

2. Ist eine Forderung des Beschwerten oder des Dritten vermacht, so finden §§ 2169 Abs. 1, 2170 Anwendung.

**§ 2174.** 1. Der Vermächtnißnehmer hat lediglich einen obligatorischen Anspruch gegen den Beschwerten auf Leistung des Vermächtnißgegenstandes. Das sog. Vindikationslegat, kraft dessen die dingliche Rechtsänderung ipso iure eintritt, ist nicht aufgenommen. Vgl. Titelvorb. Note 2a (S. 1214).

2. Der Anspruch aus dem Vermächtnisse richtet sich gegen den Beschwerten. Unwirksamkeit des Vermächtnisses kommt somit dem Beschwerten zu Gute.

3. Auf den Anspruch auf Leistung finden die allgemeinen Vorschriften des allgemeinen Theiles (Anspruchsverjährung §§ 194 ff.) sowie des zweiten Buches Anwendung.

a. Wegen der Kosten der Erfüllung vgl. zu § 242 Note 3.

b. Wer die auf den Erwerb des Vermächtnisses gelegte Staatssteuer zu tragen hat, ist den steuerrechtlichen Vorschriften zu entnehmen vgl. § 449 Note 1.

4. Sicherung des Vermächtnißnehmers.

a. Der Erblasser kann die Sicherung des Vermächtnißnehmers in erster Linie durch Ernennung eines Testamentsvollstreckers (§§ 2197 ff.) bewirken.

**§ 2175.** Hat der Erblasser eine ihm gegen den Erben zustehende Forderung oder hat er ein Recht vermacht, mit dem eine Sache oder ein Recht des Erben belastet ist, so gelten die in Folge des Erbfalls durch Vereinigung von Recht und Verbindlichkeit oder von Recht und Belastung erloschenen Rechtsverhältnisse in Ansehung des Vermächtnisses als nicht erloschen.

b. Vereinigung i. Folge des Erbfalls gilt in Ansehung des Vermächtnisses als nicht erfolgt.

**§ 2176.** Die Forderung des Vermächtnißnehmers kommt, unbeschadet des Rechtes, das Vermächtniß auszuschlagen, zur Entstehung (Anfall des Vermächtnisses) mit dem Erbfalle.

c. Anfall des Vermächtnisses.

---

b. Der Vermächtnißnehmer kann seinen Anspruch nur nach den allgemeinen Vorschriften sichern,

α. wenn der Anspruch auf Einräumung oder Aufhebung eines Rechtes an einem Grundstück oder an einem das Grundstück belastenden Rechte oder auf Aenderung des Inhalts oder des Ranges eines solchen Rechtes gerichtet ist, durch Erwirkung einer Vormerkung, §§ 883 ff.;

β. sonst nach den Grundsätzen des Arrestes und der einstweiligen Verfügung, CPO. §§ 916 ff., 935.

5. Die Verbindlichkeit des Erben aus Vermächtnissen gehört zu den Nachlaßverbindlichkeiten.

a. Wegen der auf den Vermächtnißanspruch anwendbaren Vorschriften vgl. zu § 1967 Note II. 1a.

b. Kürzung des Vermächtnißanspruchs mit Rücksicht auf das Pflichttheilsrecht §§ 2306, 2318, 2322, 2323.

c. Haftung des Vorerben nach dem Eintritte der Nacherbfolge wegen der ihm persönlich auferlegten Vermächtnisse § 2145.

d. Haftung des mit einem Untervermächtnisse beschwerten Vermächtnißnehmers vgl. § 2186.

6. Anfechtbarkeit des Anspruchs aus dem Vermächtnisse wegen Erbunwürdigkeit § 2345.

7. Gerichtsstand der Erbschaft für die Geltendmachung des Vermächtnißanspruchs CPO. § 27.

**§ 2175.** 1. Vermächtniß einer dem Erblasser gegen den Erben zustehenden Forderung.

a. Die Forderung gilt trotz der durch den Erbfall an sich eintretenden Vereinigung nicht als erloschen (vgl. §§ 1976, 2143, 2377), indeß nur in Ansehung des Vermächtnisses (relatives Nichterlöschen). Es bleiben also auch die akzessorischen Rechte (Bürgschaft, Pfandrecht) in Ansehung des Vermächtnisses bestehen. In anderen Beziehungen bewirkt die Vereinigung das Erlöschen der Forderung, die insbesondere also als erloschen nicht mehr von dem Gläubiger des Erben gepfändet werden kann.

b. Die Forderung ist, ebenso wie die gegen einen Dritten bestehende Forderung, an den Vermächtnißnehmer abzutreten. Ein Uebergang kraft Gesetzes findet nicht statt (vgl. § 2174).

c. Bestreitet der Erbe die Forderung, so kann

α. der Erbe gegenüber der Klage des Vermächtnißnehmers auf Abtretung das Nichtbestehen der Forderung und damit die Unwirksamkeit des Vermächtnisses (§ 2169 Abs. 1, vgl. indeß § 2170 Abs. 1) geltend machen;

β. der Vermächtnißnehmer zugleich mit dem Anspruch auf Abtretung den Anspruch auf Anerkennung des Bestehens oder bei Fälligkeit der Forderung den Anspruch auf Leistung verbinden (vgl. Wilke zu § 2174 Note 1d).

2. Bei Vermächtniß eines anderen Rechtes des Erblassers, welches in Folge des Erbfalls durch Vereinigung aufgehoben wird, findet das zu 1 Gesagte entsprechende Anwendung.

**§ 2176.** 1. Vgl. § 1942 (Anfall der Erbschaft) und die Bemerkungen da-

α. bei aufschiebend. bedingtem oder befristetem Vermächtnisse.

**§ 2177.** Ist das Vermächtniß unter einer aufschiebenden Bedingung oder unter Bestimmung eines Anfangstermins angeordnet und tritt die Bedingung oder der Termin erst nach dem Erbfall ein, so erfolgt der Anfall des Vermächtnisses mit dem Eintritte der Bedingung oder des Termins.

β. Vermächtniß an eine noch nicht erzeugte oder nicht bestimmte Person.

**§ 2178.** Ist der Bedachte zur Zeit des Erbfalls noch nicht erzeugt oder wird seine Persönlichkeit durch ein erst nach dem Erbfall eintretendes Ereigniß bestimmt, so erfolgt der Anfall des Vermächtnisses im ersteren Falle mit der Geburt, im letzteren Falle mit dem Eintritte des Ereignisses.

γ. Rechtsverhältniß in den Fällen §§ 2177, 2178.

**§ 2179.** Für die Zeit zwischen dem Erbfall und dem Anfalle des Vermächtnisses finden in den Fällen der §§ 2177, 2178 die Vorschriften Anwendung, die für den Fall gelten, daß eine Leistung unter einer aufschiebenden Bedingung geschuldet wird.

d. Annahme und Ausschlagung des Vermächtnisses.

**§ 2180.** Der Vermächtnißnehmer kann das Vermächtniß nicht mehr ausschlagen, wenn er es angenommen hat.

Die Annahme sowie die Ausschlagung des Vermächtnisses erfolgt durch Erklärung gegenüber dem Beschwerten. Die Erklärung kann erst nach dem Eintritte des Erbfalls abgegeben werden; sie ist unwirksam, wenn sie unter einer Bedingung oder einer Zeitbestimmung abgegeben wird.

Die für die Annahme und die Ausschlagung einer Erbschaft geltenden Vorschriften des § 1950, des § 1952 Abs. 1, 3 und des § 1953 Abs. 1, 2 finden entsprechende Anwendung.

---

selbst. Von dem Anfall ab ist der Vermächtnißanspruch nach allgemeinen Grundsätzen vererblich.

2. Anfall und Erwerb des Vermächtnisses sind unabhängig von dem Erwerbe der Erbschaft seitens des eingesetzten Erben (vgl. § 2161). Geltendmachung des Vermächtnißanspruchs vor Annahme der Erbschaft vgl. §§ 1958, 19[illegible]

3. Fälligkeit des Vermächtnisses §§ 271, 2181.

**§ 2177.** Vgl. §§ 158 ff., 163, 2074, 2171; §§ 2162 f.

**§ 2178.** 1. Der zur Zeit des Erbfalls bereits Erzeugte, aber noch nicht Geborene gilt auch in Ansehung des Vermächtnißanfalls als schon vor dem Erbfalle geboren (vgl. § 1923 Note B. II. 2aa S. 1072). Der Anfall erfolgt also, wenn es zu einer lebenden Geburt kommt, mit dem Erbfalle. Ebenso bei der von dem Stifter bedachten Stiftung, welche erst nach dem Tode des Stifters genehmigt wird; vgl. § 84 und Note 2 daselbst.

2. Wegen der in § 2178 erwähnten Fälle vgl. §§ 2162 f.

**§ 2179.** 1. Vgl. §§ 158 ff., insbesondere § 160; ferner S. 84 Note 4.

2. Wahrnehmung der Rechte durch einen den unbekannten Betheiligten zu bestellenden Pfleger, § 1913.

**§ 2180.** 1. Die Ausschlagung des Vermächtnisses.

a. Keine Ausschlagungsfrist (§ 1944). — Vgl. Fristsetzung gegenüber dem mit einem Vermächtnisse bedachten Pflichttheilsberechtigten § 2307 Abs. [illegible]

b. Kein Formzwang. Die Ausschlagung ist dem Beschwerten gegenüber zu erklären (§§ 130 ff.) und kann auch stillschweigend erfolgen (vgl. § 130 Note A. I. 2).

c. Die vor dem Eintritte des Erbfalls (§ 1922) abgegebene Ausschlagungserklärung ist unwirksam (vgl. § 1946).

d. Unzulässigkeit von Bedingung oder Zeitbestimmung (vgl. Bd. I S. 8[illegible] Note 2).

e. Leistungszeit.

**§ 2181.** Ist die Zeit der Erfüllung eines Vermächtnisses dem freien Belieben des Beschwerten überlassen, so wird die Leistung im Zweifel mit dem Tode des Beschwerten fällig.

f. Gewährleistung des Beschwerten beim Gattungsvermächtniß

α. wegen Mängel im Rechte.

**§ 2182.** Ist eine nur der Gattung nach bestimmte Sache vermacht, so hat der Beschwerte die gleichen Verpflichtungen wie ein Verkäufer nach den Vorschriften des § 433 Abs. 1, der §§ 434 bis 437, des § 440 Abs. 2 bis 4 und der §§ 441 bis 444.

Dasselbe gilt im Zweifel, wenn ein bestimmter nicht zur Erbschaft gehörender Gegenstand vermacht ist, unbeschadet der sich aus dem § 2170 ergebenden Beschränkung der Haftung.

Ist ein Grundstück Gegenstand des Vermächtnisses, so haftet der Beschwerte im Zweifel nicht für die Freiheit des Grundstücks von Grunddienstbarkeiten, beschränkten persönlichen Dienstbarkeiten und Reallasten.

---

2. Die in Bezug genommenen Vorschriften.

a. § 1950: Unwirksamkeit der Beschränkung der Annahme oder der Ausschlagung auf einen Theil des Vermächtnisses (vgl. indeß zu b). — Im Falle der Anwachsung (vgl. §§ 2158 f.) kann, wie sich aus §§ 1950, 2180, 2159 ergiebt, der anwachsende Theil nicht besonders angenommen oder ausgeschlagen werden. Schutz für den Vermächtnißnehmer bietet § 2159. Von mehreren äußerlich unabhängig von einander und ohne erkennbaren innerlichen Zusammenhang angeordneten Vermächtnissen kann das eine angenommen, das andere ausgeschlagen werden. Ist das eine der mehreren Vermächtnisse beschwert, so wird das freie Vermächtniß allein nur angenommen werden können, wenn sich aus dem Willen des Erblassers die Zulässigkeit einer solchen Auswahl ergiebt. Vgl. Prot. V S. 219.

b. § 1952 Abs. 1, 3: Das Recht des Vermächtnißnehmers, das Vermächtniß auszuschlagen, ist vererblich. Von mehreren Erben des Vermächtnißnehmers kann jeder den seinem Erbtheil entsprechenden Theil des Vermächtnisses ausschlagen.

c. § 1953 Abs. 1, 2: Wird das Vermächtniß ausgeschlagen, so gilt der Anfall an den Ausschlagenden als nicht erfolgt. Das Vermächtniß fällt demjenigen an, welcher berufen sein würde, wenn der Ausschlagende zur Zeit des Erbfalls (§ 1922) nicht gelebt hätte. Der zweite Halbsatz des § 1953 Abs. 2: „der Anfall gilt als mit dem Erbfall erfolgt" — muß für die entsprechende Anwendung durch die §§ 2176—2179 ersetzt werden.

3. Die rechtliche Natur der Ausschlagung und die Ausschlagung durch die Ehefrau, den gesetzlichen Vertreter, den Gemeinschuldner vgl. § 1942 Note II. 2 und 3.

**§ 2181.** 1. Die Vorschrift ist eine den besonderen Verhältnissen des Vermächtnisses angepaßte Ergänzung der allgemeinen Vorschrift des § 271. Eine Anwendung der Vorschrift auf das Recht der Schuldverhältnisse im Uebrigen ist nicht zulässig. — Vermächtnißanspruch gegen einen beschwerten Vermächtnißnehmer § 2186.

2. Anwendbarkeit der Vorschrift des § 2181 auf die Auflage § 2192.

**§ 2182.** 1. Bei dem Vermächtniß eines zum Nachlasse gehörenden bestimmten Gegenstandes findet Gewährleistung nicht statt, vgl. § 2164 Note 1. Das Gleiche gilt auch bei dem Wahlvermächtnisse nach Konkretisirung des Schuldverhältnisses (§ 263 Abs. 2). Ist die Wahl auf Sachen, welche zum Nachlasse gehören, beschränkt, die gewählte Sache aber eine fremde, dann stand diese Sache nicht zur Wahl, so daß von Neuem zu wählen ist.

2. Für das Gattungsvermächtniß (vgl. § 2155) ist die Gewähr-

β. wegen Mängel der Sache.

**§ 2183.** Ist eine nur der Gattung nach bestimmte Sache vermacht, so kann der Vermächtnißnehmer, wenn die geleistete Sache mangelhaft ist, verlangen, daß ihm an Stelle der mangelhaften Sache eine mangelfreie geliefert wird. Hat der Beschwerte einen Fehler arglistig verschwiegen, so kann der Vermächtnißnehmer statt der Lieferung einer mangelfreien Sache Schadensersatz wegen Nichterfüllung verlangen. Auf diese Ansprüche finden die für die Gewährleistung wegen Mängel einer verkauften Sache geltenden Vorschriften entsprechende Anwendung.

---

leistung durch die dispositive Vorschrift des Abs. 1 entsprechend der den Schenker eines erst zu erwerbenden Gegenstandes treffenden Haftung (§ 523 Abs. 2) geregelt. Wegen Abs. 3 vgl. zu b. Die in Bezug genommenen Vorschriften betreffen:

a. § 433 Abs. 1: Pflicht zur Uebergabe und Rechtsverschaffung.

b. §§ 434—437: Umfang der Rechtsverschaffungspflicht. Die Vorschrift des § 436, nach welcher in Ansehung (eines der Gattung nach bestimmten) Grundstücks nur die Haftung des Beschwerten für die Freiheit des Grundstücks von öffentlichen Abgaben und von anderen öffentlichen zur Eintragung in das Grundbuch nicht geeigneten Lasten ausgeschlossen wird, erfährt durch § 2182 Abs. 3 zu Gunsten des Beschwerten die Erweiterung, daß er im Zweifel auch nicht für die Freiheit des Grundstücks von Grunddienstbarkeiten (§§ 1018 ff.), beschränkten persönlichen Dienstbarkeiten (§§ 1090 ff.) und Reallasten (§§ 1106 ff.) zu haften hat.

c. § 440 Abs. 2—4, § 441: Evictionsprinzip bei beweglichen Sachen.

d. § 442: Beweislast des Vermächtnißnehmers für den von ihm behaupteten Rechtsmangel.

e. § 443: Eine abweichende Vereinbarung über die Gewährleistung zwischen dem Beschwerten und Bedachten ist nichtig bei Arglist des Beschwerten. Daß von dem Erblasser anderweite Bestimmungen getroffen werden können, ergiebt sich aus der dispositiven Natur des § 2182 Abs. 1.

f. § 444: Auskunftspflicht der Beschwerten.

3. Auf das Verschaffungsvermächtniß (§ 2170) ist die Regelung des Abs. 1, 3 durch die Auslegungsregel des Abs. 2 übertragen, unbeschadet der Bestimmung des § 2170 Abs. 2, inhalts deren der Beschwerte, wenn die Beschaffung unmöglich oder doch nur mit unverhältnißmäßigen Aufwendungen möglich ist, nur zum Werthersatze verpflichtet ist.

4. Die Vorschriften zu Gunsten derjenigen, welche Rechte von Nichtberechtigten herleiten, finden auf den Erwerb des Vermächtnißnehmers Anwendung.

a. Vgl. dazu § 816 und Bemerkungen daselbst.

b. Das Rückforderungsrecht des Erben, welcher in Unkenntniß des fremden Eigenthums und der dadurch bewirkten Unwirksamkeit der Vermächtnißanordnung (vgl. §§ 2169 Abs. 1, 2170) geleistet hat, richtet sich nach §§ 812 ff.

**§ 2183.** 1. Eine Gewährleistung für Mängel einer bestimmten Sache findet nicht statt; sie ist vermacht, so wie sie beschaffen ist (vgl. § 2164 Note I).

2. Für die Gewährleistung wegen Mängel der nur der Gattung nach bestimmten Sache kann bei dem Vermächtnisse die Wandelung der Minderung mangels einer Gegenleistung nicht in Betracht kommen.

a. Nach § 2183 ist gegeben:

α. der Anspruch auf Nachlieferung einer mangelfreien Sache (vgl. § 480 Abs. 1);

β. bei Arglist des Beschwerten der Anspruch auf Schadensersatz wegen Nichterfüllung (vgl. §§ 480 Abs. 2, 463 Satz 2.

b. Auf diese beiden Ansprüche finden die für die Gewährleistung wegen

**§ 2184.** Ist ein bestimmter zur Erbschaft gehörender Gegenstand vermacht, so hat der Beschwerte dem Vermächtnißnehmer auch die seit dem Anfalle des Vermächtnisses gezogenen Früchte sowie das sonst auf Grund des vermachten Rechtes Erlangte herauszugeben. Für Nutzungen, die nicht zu den Früchten gehören, hat der Beschwerte nicht Ersatz zu leisten.

g. Fruchtziehung seit dem Anfalle des Vermächtnisses.

**§ 2185.** Ist eine bestimmte zur Erbschaft gehörende Sache vermacht, so kann der Beschwerte für die nach dem Erbfall auf die Sache gemachten Verwendungen sowie für Aufwendungen, die er nach dem Erbfalle zur Bestreitung von Lasten der Sache gemacht hat, Ersatz nach den Vorschriften verlangen, die für das Verhältniß zwischen dem Besitzer und dem Eigenthümer gelten.

h. Nach dem Erbfalle von dem Beschwerten auf die Sache gemachte Verwendungen.

**§ 2186.** Ist ein Vermächtnißnehmer mit einem Vermächtniß oder einer Auflage beschwert, so ist er zur Erfüllung erst dann verpflichtet, wenn er die Erfüllung des ihm zugewendeten Vermächtnisses zu verlangen berechtigt ist.

12. Beschwerung eines Vermächtnißnehmers mit Vermächtniß oder Auflage.
a. Leistungszeit.

---

Mängel einer verkauften Sache geltenden Vorschriften (§§ 459 ff.) entsprechende Anwendung.

α. Entscheidender Zeitpunkt und Umfang der Haftung § 459.

β. Vgl. die in § 480 Abs. 1 zitirten Paragraphen und die Bemerkungen bei § 480.

γ. Bei Viehmängeln sind die besonderen Vorschriften der §§ 481 ff. zu berücksichtigen.

**§ 2184.** 1. Die dispositive Vorschrift des § 2184 bezieht sich nur auf bestimmte zur Erbschaft gehörende Sachen (vgl. auch § 2164). Nach Eintritt des Verzugs oder der Rechtshängigkeit greifen die allgemeinen Vorschriften §§ 284 ff., 291 ff., andererseits bei Annahmeverzug §§ 293 ff. ein.

2. Nach § 2184 besteht eine Verpflichtung des Beschwerten zur Herausgabe der seit dem Anfalle des Vermächtnisses (§§ 2176—2178) gezogenen Früchte (§ 99), sowie des sonst auf Grund des vermachten Rechtes Erlangten. Ist das hiernach Herauszugebende nicht mehr vorhanden, so liegt Unmöglichkeit der Erfüllung vor. Ist diese Unmöglichkeit von dem Beschwerten zu vertreten (§§ 275 ff.), so ist er ersatzpflichtig (§ 280), hat er die Früchte verbraucht, so haftet er auf die Bereicherung gemäß §§ 812 ff.

3. Eine Verpflichtung zur Fruchtziehung besteht vor Eintritt von Verzug oder Rechtshängigkeit nicht, von da ab vgl. §§ 284 ff., 292, 293 ff.

4. Nutzungen, die nicht zu den Früchten gehören, § 100.

5. Ersatz der auf die Fruchtgewinnung verwendeten Kosten § 102.

**§ 2185.** 1. Verwendungsanspruch vgl. §§ 256 f.

2. Vorschriften über das Verhältniß zwischen dem Eigenthümer und dem Besitzer §§ 994 ff.

a. Bei der entsprechenden Anwendung dieser Vorschriften ist „Besitzer“ durch „Beschwerter“, „Eigenthümer“ durch „Bedachter“ zu ersetzen.

b. Als der Zeitpunkt der gesteigerten Haftung (§§ 994 Abs. 2, 990) wird, abgesehen von dem Falle der Rechtshängigkeit, der Zeitpunkt anzusehen sein, in welchem der Beschwerte Kenntniß davon erlangt, daß die Sache dem Bedachten herauszugeben ist (vgl. §§ 1978, 1979, 1991, 1992). Vgl. hierzu Wilke zu § 2185 Note 4.

**§ 2186.** 1. Vgl. §§ 271, 2181.

2. Ernennung eines Testamentsvollstreckers, der für Ausführung des Untervermächtnisses sorgt § 2223.

78*

b. Unzulänglichkeitseinrede.

§ 2187. Ein Vermächtnißnehmer, der mit einem Vermächtniß oder einer Auflage beschwert ist, kann die Erfüllung auch nach der Annahme des ihm zugewendeten Vermächtnisses insoweit verweigern, als dasjenige, was er aus dem Vermächtniß erhält, zur Erfüllung nicht ausreicht.

Tritt nach § 2161 ein Anderer an die Stelle des beschwerten Vermächtnißnehmers, so haftet er nicht weiter, als der Vermächtnißnehmer haften würde.

Die für die Haftung des Erben geltenden Vorschriften des § 1992 finden entsprechende Anwendung.

c. Kürzungseinrede d. beschwerten Vermächtnißnehmers wegen selbsterlittener Kürzung.

§ 2188. Wird die einem Vermächtnißnehmer gebührende Leistung auf Grund der Beschränkung der Haftung des Erben, wegen eines Pflichttheilsanspruchs oder in Gemäßheit des § 2187 gekürzt, so kann der Vermächtnißnehmer, sofern nicht ein anderer Wille des Erblassers anzunehmen ist, die ihm auferlegten Beschwerungen verhältnißmäßig kürzen.

13. Vorrangsanordnung für ein Vermächtniß.

§ 2189. Der Erblasser kann für den Fall, daß die dem Erben oder einem Vermächtnißnehmer auferlegten Vermächtnisse und Auflagen auf Grund der Beschränkung der Haftung des Erben, wegen eines Pflichttheilsanspruchs oder in Gemäßheit der §§ 2187, 2188 gekürzt werden, durch Verfügung von Todeswegen anordnen, daß ein Vermächtniß oder eine Auflage den Vorrang vor den übrigen Beschwerungen haben soll.

14. Ersatzberufung eines Vermächtnißnehmers.

§ 2190. Hat der Erblasser für den Fall, daß der zunächst Bedachte das Vermächtniß nicht erwirbt, den Gegenstand des Vermächtnisses einem Anderen zugewendet, so finden die für die Einsetzung eines Ersatzerben geltenden Vorschriften der §§ 2097 bis 2099 entsprechende Anwendung.

15. Nachvermächtniß.

§ 2191. Hat der Erblasser den vermachten Gegenstand von einem nach dem Anfalle des Vermächtnisses eintretenden bestimmten Zeitpunkt oder Ereigniß an einem Dritten zugewendet, so gilt der erste Vermächtnißnehmer als beschwert.

Auf das Vermächtniß finden die für die Einsetzung eines Nach-

---

§ 2187. Für die beschränkte Haftung des beschwerten Vermächtnißnehmers gelten CPO. § 786 die Vorschriften CPO. §§ 780 Abs. 1, 781, 785 (S. 111).

§ 2188. 1. Kürzung auf Grund der Beschränkung der Haftung des Erben §§ 1975 ff., 1992, 1991 Abs. 4.

2. Kürzung wegen einer Pflichttheilslast oder eines Pflichttheilsanspruchs § 2318.

§ 2189. Vgl. zu §§ 2188. — Wirksamkeit der Vorrangsanordnung im Nachlaßkonkurse KO. § 226 Abs. 3 Satz 2 S. 1125.

§ 2190. 1. Nach § 2097 gilt für die Fälle, daß der Erstbedachte die Zuwendung nicht erwerben kann oder nicht erwerben will, angeordnete Ersatzberufung im Zweifel für beide Fälle.

2. § 2098 giebt Auslegungsregeln für den Fall gegenseitiger Ersatzberufung mehrerer Bedachter.

3. Nach § 2099 geht das Recht des Ersatzberufenen dem Anwachsungsrechte (§§ 2158 f.) vor.

erben geltenden Vorschriften des § 2102, des § 2106 Abs. 1, des § 2107 und des § 2110 Abs. 1 entsprechende Anwendung.

## Fünfter Titel.

## Auflage.

**§ 2192.** Auf eine Auflage finden die für letztwillige Zuwendungen geltenden Vorschriften der §§ 2065, 2147, 2148, 2154 bis 2156, 2161, 2171, 2181 entsprechende Anwendung. 1. Anwendbare Vorschriften.

---

**§ 2191.** Die für das Nachvermächtniß (die sog. fideikommissarische Substitution in Ansehung eines Vermächtnisses) in Bezug genommenen Vorschriften haben für die entsprechende Anwendung folgenden Inhalt:

§ 2102: Die Nachberufung ist im Zweifel auch Ersatzberufung. Im Zweifel liegt Ersatzberufung vor.

§ 2106 Abs. 1: Die Nachfolge tritt mangels Bestimmung eines Zeitpunktes oder Ereignisses mit dem Tode des Erstbedachten ein.

§ 2107: Ist von dem Erblasser einem Abkömmlinge, der zur Zeit der Testamentserrichtung nach Kenntniß des Erblassers kinderlos ist, ein Nachvermächtnißnehmer bestimmt, so ist anzunehmen, daß diese Anordnung nur für den Fall getroffen ist, daß der Abkömmling ohne Nachkommenschaft verstirbt.

§ 2110 Abs. 1: Das Nachvermächtniß erstreckt sich im Zweifel auf den in Folge Wegfalls eines Mitvermächtnißnehmers eintretenden Zuwachs (vgl. § 2158).

**§ 2192.** 1. Nach der in § 1940 gegebenen Begriffsbestimmung ist die Auflage eine Anordnung von Todeswegen (vgl. §§ 1941, 2278, 2279), durch welche der Erblasser den Erben (Vor- oder Nacherben, den Einzelerben, alle oder einen einzelnen Miterben) oder einen Vermächtnißnehmer zu einer Leistung verpflichtet, ohne einem Anderen ein Recht auf diese Leistung zuzuwenden.

2. Wegen des Rechtes, die Vollziehung der Auflage zu fordern, vgl. § 2194.

3. Die Verbindlichkeit des Erben aus der Auflage ist Nachlaßverbindlichkeit (§§ 1967 ff.) und unterliegt somit den Vorschriften über die Beschränkung der Haftung. Wegen der beschränkten Haftung des mit einer Auflage beschwerten Vermächtnißnehmers vgl. §§ 2186 bis 2188.

4. Die entsprechende Anwendung der in Bezug genommenen Vorschriften:

a. § 2065 Abs. 1 schließt aus, daß die Bestimmung, ob die angeordnete Auflage gelten oder nicht gelten soll, durch einen Dritten getroffen wird. Wegen des Abs. 2 § 2065 vgl. zu § 2193 Note 1.

b. § 2147: Mit einer Auflage kann der Erbe oder ein Vermächtnißnehmer beschwert werden. Soweit nicht der Erblasser ein Anderes bestimmt hat, ist der Erbe beschwert.

c. § 2148: Sind mehrere Erben oder mehrere Vermächtnißnehmer mit derselben Auflage beschwert, so sind im Zweifel die Erben nach dem Verhältnisse der Erbtheile, die Vermächtnißnehmer nach dem Verhältnisse des Werthes der Vermächtnisse beschwert.

d. § 2154 regelt den durch §§ 2154, 2192 zugelassenen Fall, daß der Erblasser eine Auflage in der Art anordnet, daß der Beschwerte nur zu einer von mehreren Leistungen verpflichtet sein soll.

e. § 2155 regelt den durch §§ 2155, 2192 zugelassenen Fall, daß der Erblasser die auf Grund der Auflage zu leistende Sache nur der Gattung nach bestimmt hat. Die zu leistende Sache soll den Verhältnissen dessen, an den die Leistung erfolgen soll, entsprechen. An Stelle des „Bedachten" ist für die entsprechende Anwendung des § 2155 der „Kläger" zu setzen (vgl. § 2193).

2. Zulässigkeit der Bestimmung d. Leistungsempfängers durch den Beschwerten od. durch einen Dritten.

**§ 2193.** Der Erblasser kann bei der Anordnung einer Auflage, deren Zweck er bestimmt hat, die Bestimmung der Person, an welche die Leistung erfolgen soll, dem Beschwerten oder einem Dritten überlassen.

Steht die Bestimmung dem Beschwerten zu, so kann ihm, wenn er zur Vollziehung der Auflage rechtskräftig verurtheilt ist, von dem Kläger eine angemessene Frist zur Vollziehung bestimmt werden; nach dem Ablaufe der Frist ist der Kläger berechtigt, die Bestimmung zu treffen, wenn nicht die Vollziehung rechtzeitig erfolgt.

Steht die Bestimmung einem Dritten zu, so erfolgt sie durch Erklärung gegenüber dem Beschwerten. Kann der Dritte die Bestimmung nicht treffen, so geht das Bestimmungsrecht auf den Beschwerten über. Die Vorschrift des § 2151 Abs. 3 Satz 2 findet entsprechende Anwendung; zu den Betheiligten im Sinne dieser Vorschrift gehören der Beschwerte und diejenigen, welche die Vollziehung der Auflage zu verlangen berechtigt sind.

---

f. § 2156 regelt den durch §§ 2156, 2192 zugelassenen Fall, daß der Erblasser bei Anordnung einer Auflage, deren Zweck er bestimmt hat, die Bestimmung der Leistung dem billigen Ermessen des Beschwerten oder eines Dritten überlassen hat. Vgl. auch § 2193.

g. § 2161: Fortdauernde Wirksamkeit einer Auflage beim Wegfalle des Beschwerten.

h. § 2171: Unwirksamkeit einer Auflage, die auf eine zur Zeit des Erbfalls unmögliche Leistung gerichtet ist oder gegen ein zu dieser Zeit bestehendes Verbotsgesetz verstößt. Hypothetische Unmöglichkeit.

i. § 2181: Fälligkeit der in das freie Belieben des Beschwerten gestellten Erfüllungszeit.

5. Beschwerung eines Pflichttheilsberechtigten mit einer Auflage § 2306.

6. Auflage unter Lebenden §§ 525 ff.; 330.

**§ 2193.** Nach der durch § 2192 ausdrücklich für anwendbar erklärten Vorschrift des § 2065 Abs. 2 würde der Erblasser die Bestimmung der Person, an welche die durch die Auflage angeordnete Leistung erfolgen soll, sowie die Bestimmung des Gegenstandes der Zuwendung nicht einem Anderen überlassen können. Während die Vorschrift des § 2065 Abs. 2 für den Fall, daß der Zweck der Auflage bestimmt ist, bezüglich der Bestimmung des Gegenstandes durch §§ 2192, 2156 abgeschwächt wird, schränkt § 2193 dieselbe für den gleichen Fall bezüglich der Bestimmung der Persönlichkeit des Empfängers ein.

1. Bestimmung des Auflageempfängers durch den Beschwerten.

a. Kläger ist derjenige, der nach § 2194 die Vollziehung der Auflage zu verlangen berechtigt ist, oder der Testamentsvollstrecker gemäß §§ 2203, 2208 Abs. 2, 2223.

b. Der Klagantrag kann nur auf Vollziehung der Auflage ohne Bestimmung eines bestimmten Empfängers gerichtet werden. Der Kläger kann nach CPO. § 255 Abs. 2 indeß verlangen, daß die Frist zur Vollziehung der Auflage im Urtheil gesetzt wird.

c. Nach dem Ablaufe der Frist (vgl. S. 102 Note 4 d, f) erfolgt die Bestimmung von Seiten des Klägers durch Erklärung gegenüber dem Beschwerten (vgl. Abs. 3 Satz 1).

2. Bestimmung durch einen Dritten.

a. Wirksamwerden der Bestimmung §§ 130 ff.

b. Das Bestimmungsrecht des Dritten geht auf den Beschwerten über,

α. (Abs. 3 Satz 2) wenn der Dritte die Bestimmung nicht treffen kann, vgl. § 319;

**§ 2194.** Die Vollziehung einer Auflage können der Erbe, der Miterbe und derjenige verlangen, welchem der Wegfall des mit der Auflage zunächst Beschwerten unmittelbar zu Statten kommen würde. Liegt die Vollziehung im öffentlichen Interesse, so kann auch die zuständige Behörde die Vollziehung verlangen. 3. Klageberechtigte.

**§ 2195.** Die Unwirksamkeit einer Auflage hat die Unwirksamkeit der unter der Auflage gemachten Zuwendung nur zur Folge, wenn anzunehmen ist, daß der Erblasser die Zuwendung nicht ohne die Auflage gemacht haben würde. 4 Folgen der Unwirksamkeit einer Auflage.

**§ 2196.** Wird die Vollziehung einer Auflage in Folge eines von dem Beschwerten zu vertretenden Umstandes unmöglich, so kann derjenige, welchem der Wegfall des zunächst Beschwerten unmittelbar zu Statten kommen würde, die Herausgabe der Zuwendung nach den Vorschriften über die Herausgabe einer ungerechtfertigten Bereicherung insoweit fordern, als die Zuwendung zur Vollziehung der Auflage hätte verwendet werden müssen. 5. Von dem Beschwerten zu vertretende Unmöglichkeit der Vollziehung.

Das Gleiche gilt, wenn der Beschwerte zur Vollziehung einer Auflage, die nicht durch einen Dritten vollzogen werden kann, rechtskräftig verurtheilt ist und die zulässigen Zwangsmittel erfolglos gegen ihn angewendet worden sind.

β. (Abs. 3 Satz 3) nach fruchtlosem Ablaufe der Frist (§ 2151 Abs. 3 Satz 2), welche das Nachlaßgericht dem Dritten zur Abgabe der Erklärung auf Antrag des Beschwerten oder eines die Vollziehung der Auflage zu verlangen Berechtigten (§ 2194) bestimmt hat. Sofortige Beschwerde gegen die Fristbestimmung des Nachlaßgerichts FrG. § 80 (S. 1216).

c. Ist das Bestimmungsrecht des Dritten gemäß b auf den Beschwerten übergegangen und giebt dieser die erforderliche Erklärung nicht ab, so findet § 2193 Abs. 3 Anwendung.

**§ 2194.** 1. **Die Person des Klageberechtigten.**

a. Die Vorschrift des § 2194 trägt dem Umstande Rechnung, daß nach der Begriffsbestimmung der Auflage (§ 1940) demjenigen, an den die Leistung erfolgen soll, kein Recht auf die Leistung zugewendet ist.

b. Außer den in § 2194 Bezeichneten ist der Testamentsvollstrecker gemäß §§ 2203, 2208 Abs. 2, 2223 legitimirt.

c. Als zuständig ist diejenige Reichs-, Landes-, Gemeinde-, Kirchen-Behörde anzusehen, welche nach der Behördenverfassung zur Wahrnehmung des im einzelnen Falle betheiligten öffentlichen Interesses berufen ist. Vgl. RG. 19 257 und Begründung des Pr. AG. z. BGB. hinter Art. 17 d. Entw. Art. 7 d. KV. v. 16. November 1899 (GS. S. 562). Preuß. V. z. A. des BGB. Art. 7. Bay. AG. z. BGB. Art. 107. Sächs. V. z. A. d. BGB. § 10. Bad. V. z. A. d. BGB. § 87.

d. Auf mehrere Berechtigte findet der § 428 entsprechende Anwendung.

e. Die Klageberechtigten des § 2194 sind nach § 2193 Abs. 2, 3 auch zur Herbeiführung der dem Beschwerten oder einem Dritten überlassenen Bestimmung der Person des Auflageempfängers berechtigt.

2. Wegen der auf den erlangten Vortheil beschränkten Haftung des Beschwerten vgl. zu § 2192 Note 3. — Kürzungseinrede wegen einer Pflichttheilslast oder eines Pflichttheilsanspruchs § 2318; vgl. auch § 2188.

3. Fälligkeit §§ 271, 2181, 2192.

**§ 2195.** Vgl. die allgemeine Vorschrift des § 2085.

**§ 2196.** 1. Vgl. § 527 und Bemerkungen daselbst.

2. Die zulässigen Zwangsvollstreckungsmaßregeln vgl. CPO. §§ 888, 890.

3. Ein Anspruch auf das Interesse wegen Nichterfüllung (vgl. §§ 280, 283, CPO. § 893) besteht nicht, da ein für sich forderungsberechtigter Gläubiger nicht vorhanden ist (§§ 1940, 2194).

## Sechster Titel.
## Testamentsvollstrecker.

Vorbemerkung zum 6. Titel.

1. Die Zulässigkeit der Ernennung eines Testamentsvollstreckers bedeutet eine Erweiterung der Testirbefugniß des Erblassers (vgl. Note 2 zu §§ 1937 bis 1941 S. 1082). Der Erblasser kann aber nicht durch die Anordnung der Testamentsvollstreckung die Vorschriften über die Nachlaßverwaltung und den Nachlaßkonkurs außer Anwendung setzen, sondern höchstens dem Erben auflegen (vgl. § 2306), die bezüglichen Anträge dem Testamentsvollstrecker zu überlassen. — Durch den Nachlaßkonkurs oder die Nachlaßverwaltung werden die Befugnisse des Testamentsvollstreckers eingeschränkt; ihm bleiben nur diejenigen Rechte, welche sonst dem Erben neben dem Verwalter zustehen würden (Beschwerderecht, Rechenschaftsansprüche 2c.) Nach Beendigung des Verfahrens kann das unbeschränkte Recht des Testamentsvollstreckers wieder wach werden. — Vgl. das Verhältniß des Vormundes des Erben zum Testamentsvollstrecker § 1909 Note I. 2e γ.

2. Charakteristisch für das Institut des Testamentsvollstreckers ist, daß die Ernennung des Testamentsvollstreckers nicht nur den Erben obligatorisch dem Testamentsvollstrecker gegenüber bindet, sondern eine dingliche Wirkung hat und (unbeschadet der entsprechenden Anwendbarkeit der Vorschriften zu Gunsten derjenigen, die Rechte von Nichtberechtigten ableiten) Dritten gegenüber wirksame Verfügungsbeschränkungen des Erben hervorbringt (§ 2211).

3. Das Vorhandensein eines Testamentsvollstreckers begründet eine Beschränkung des Erben (vgl. in Ansehung des Pflichttheilsberechtigten § 2306) Der Inhalt dieser Beschränkung bestimmt sich nach dem Willen des Erblassers innerhalb der durch die gesetzlichen Vorschriften gezogenen Grenzen.

a. Der Erblasser kann dem Testamentsvollstrecker zuweisen:
   α. die Ausführung seiner letztwilligen Anordnungen, die Auseinandersetzung der Miterben und die zu diesem Zwecke erforderliche Verwaltung des Nachlasses (§§ 2203, 2205 bis 2208); vgl. auch §§ 2222, 2223;
   β. lediglich die Verwaltung des Nachlasses als Selbstzweck (§ 2209), z. B. aus Rücksichten der Enterbung in guter Absicht (§ 2338).

b. Der Erblasser kann den Testamentsvollstrecker nicht von den demselben dem Erben gegenüber obliegenden Verpflichtungen über das in § 2220 bestimmte Maß hinaus befreien.

4. Der Testamentsvollstrecker ist weder gesetzlicher Vertreter des Erben noch des Erblassers. Er vertritt den Nachlaß (§§ 2207 f.) kraft seines **Amtes**. Vgl. § 2202; Prot. V S. 296, 299; RG. 32 152 ff. Der Testamentsvollstrecker hat kraft eigenen Rechtes die Anordnungen des Erblassers zur Ausführung zu bringen. Das BGB. (vgl. Prot. VI S. 348) schließt sich der in dem Beschlusse der vereinigten Civilsenate des Reichsgerichts vom 13. Januar 1890 (RG. 25 292) zum Ausdrucke gekommenen Rechtsanschauung an, daß die Anordnung einer Testamentsvollstreckung in ihrer Wirksamkeit nicht davon abhängig ist, daß ein **Dritter** an der Aufrechterhaltung der Beschränkung ein Interesse hat. Der Testamentsvollstrecker kann demnach auch die von dem Erblasser im **Interesse des Erben** getroffenen Anordnungen gegen den Willen des Erben durchsetzen. Vgl. auch zu § 2204 Note 2.

5. Berücksichtigung des Testamentsvollstreckers im Erbschein § 2364; Legitimation des Testamentsvollstreckers durch Zeugniß des Nachlaßgerichts Dritten gegenüber § 2368, dem Grundbuchamte gegenüber GO. § 36 (zu §§ 2353 ff.)

6. Testamentsvollstrecker im Prozesse vgl. zu §§ 2212 ff.

7. **Konkursrechtliche Vorschriften.**

a. Recht des Testamentsvollstreckers zur Beantragung des Nachlaßkonkurses KO. § 217 (S. 1122). Rechtsstellung des Testamentsvollstreckers im Konkurse vgl. zu 1.

b. Verbindlichkeiten aus den Rechtsgeschäften des Testamentsvollstreckers sind Masseschulden KO. § 224 Ziffer 5 (S. 1124).

c. Inwieweit die Ansprüche des Testamentsvollstreckers aus seiner Geschäftsführung Masseschulden sind, KO. § 224 Ziffer 6 (S. 1124).

**§ 2197.** Der Erblasser kann durch Testament einen oder mehrere Testamentsvollstrecker ernennen.

I. Anordnung der Testamentsvollstreckung.

1. Ernennung des Testamentsvollstreckers d. den Erblasser.

Der Erblasser kann für den Fall, daß der ernannte Testamentsvollstrecker vor oder nach der Annahme des Amtes wegfällt, einen anderen Testamentsvollstrecker ernennen.

2. Bestimmung d. Person durch einen Dritten.

**§ 2198.** Der Erblasser kann die Bestimmung der Person des Testamentsvollstreckers einem Dritten überlassen. Die Bestimmung erfolgt durch Erklärung gegenüber dem Nachlaßgerichte; die Erklärung ist in öffentlich beglaubigter Form abzugeben.

Das Bestimmungsrecht des Dritten erlischt mit dem Ablauf einer ihm auf Antrag eines der Betheiligten von dem Nachlaßgerichte bestimmten Frist.

---

d. Bei Konkurs über das Vermögen des Testamentsvollstreckers vgl. § 2227.

8. **Grundbuchliche Vorschriften. Schiffsregister.**

a. Legitimation des Testamentsvollstreckers geschieht ausschließlich durch Zeugniß des Nachlaßgerichts, GO. § 36 (S. 1313). Entsprechende Vorschrift für das Schiffsregister FrG. § 107 Abs. 2 (S. 684).

b. Eintragungen auf Grund der Bewilligung eines Testamentsvollstreckers oder auf Grund eines gegen diesen vollstreckbaren Titels ohne vorherige Eintragung des Erben GO. § 41 (S. 435). Entsprechend für das Schiffsregister FrG. § 111 (S. 684).

c. Eintragung des Testamentsvollstreckers GO. § 53 (S. 461). Entsprechend für das Schiffsregister FrG. § 118 (S. 684).

9. **Strafrechtlicher Schutz gegen untreue Testamentsvollstrecker** StGB. § 266 Ziffer 4 (S. 985), wo sie Vollstrecker letztwilliger Verfügungen heißen.

**§ 2197.** 1. Vgl. die Titelvorbemerkung.

2. Die Ernennung kann nur durch Testament, nicht auch durch Erbvertrag (§ 2278 Abs. 2) geschehen. Nicht ausgeschlossen ist, daß die Ernennung letztwillig, d. h. stets widerruflich in einem Erbvertrag erfolgt (§ 2299).

3. Die Bestimmung der Person des Testamentsvollstreckers kann durch den Erblasser einem Dritten oder dem Nachlaßgericht (§ 2198) oder dem Testamentsvollstrecker (vgl. § 2199) überlassen bleiben. Auch eine juristische Person (nicht aber eine Behörde, vgl. Wilke zu § 2197 Note 5) kann zum Testamentsvollstrecker ernannt werden. Vgl. § 2210 in Verbindung mit § 2263 Abs. 2.

4. Mehrere Testamentsvollstrecker § 2224.

5. Anfechtung der die Ernennung eines Testamentsvollstreckers enthaltenden letztwilligen Verfügung § 2081 Abs. 1.

6. Unwirksamkeit der Ernennung bei Verletzung des Pflichttheils des als Erben berufenen Pflichttheilsberechtigten § 2306; vgl. indeß § 2338.

7. (Abs. 2.) Vgl. § 2096. Der Erblasser kann mehrere Ersatzmänner — ohne Beschränkung auf eine bestimmte Zahl — bestimmen.

**§ 2198.** 1. Die Vorschrift bildet eine Ausnahme von § 2065.

2. Beglaubigte Form vgl. § 129. — Erklärung gegenüber (§ 130 Abs. 3) dem Nachlaßgerichte (vgl. zu §§ 1960ff., S. 1100). Den Interessenten ist Einsicht in die Erklärung zu gewähren, § 2228.

3. (Abs. 2.) Vgl. § 2202 Abs. 3. Sofortige Beschwerde des Dritten gegen die Fristsetzung FrG. § 80 (S. 1216).

4. Das Bestimmungsrecht des Dritten erschöpft sich mit der Ausübung. Ist das Bestimmungsrecht gemäß Abs. 3 erloschen, ohne daß von demselben Gebrauch gemacht ist, so ist die Anordnung der Testamentsvollstreckung ebenso unwirksam, wie wenn sie ohne Bestimmung der Person des Vollstreckers erfolgt. Es empfiehlt sich bei Abfassung des Testaments, für alle Fälle in dem Testamente das Ersuchen an das Nachlaßgericht gemäß § 2200 zu richten.

3. Ernennung von Mitvollstreckern u. Nachfolgern durch den Testamentsvollstrecker.

**§ 2199.** Der Erblasser kann den Testamentsvollstrecker ermächtigen, einen oder mehrere Mitvollstrecker zu ernennen.

Der Erblasser kann den Testamentsvollstrecker ermächtigen, einen Nachfolger zu ernennen.

Die Ernennung erfolgt nach § 2198 Abs. 1 Satz 2.

4. Ernennung durch das Nachlaßgericht.

**§ 2200.** Hat der Erblasser in dem Testamente das Nachlaßgericht ersucht, einen Testamentsvollstrecker zu ernennen, so kann das Nachlaßgericht die Ernennung vornehmen.

Das Nachlaßgericht soll vor der Ernennung die Betheiligten hören, wenn es ohne erhebliche Verzögerung und ohne unverhältnißmäßige Kosten geschehen kann.

5. Unwirksamkeit der Ernennung wegen Unfähigkeit des Ernannten.

**§ 2201.** Die Ernennung des Testamentsvollstreckers ist unwirksam, wenn er zu der Zeit, zu welcher er das Amt anzutreten hat, geschäftsunfähig oder in der Geschäftsfähigkeit beschränkt ist oder nach § 1910 zur Besorgung seiner Vermögensangelegenheiten einen Pfleger erhalten hat.

II. Beginn und Annahme des Amtes.

**§ 2202.** Das Amt des Testamentsvollstreckers beginnt mit dem Zeitpunkt, in welchem der Ernannte das Amt annimmt.

Die Annahme sowie die Ablehnung des Amtes erfolgt durch Erklärung gegenüber dem Nachlaßgerichte. Die Erklärung kann erst nach dem Eintritte des Erbfalls abgegeben werden; sie ist unwirksam, wenn sie unter einer Bedingung oder einer Zeitbestimmung abgegeben wird.

Das Nachlaßgericht kann dem Ernannten auf Antrag eines der

---

**§ 2199.** 1. Abgesehen von den besonderen Fällen des § 2199, kann der Testamentsvollstrecker sein Amt nicht einem Dritten übertragen, wohl aber kann der Testamentsvollstrecker für einzelne Geschäfte Vertreter bestellen. Es ergiebt sich dies aus dem Begriffe der Verwaltung, vgl. §§ 2218 Abs. 1, 664.

2. (Abs. 3.) Die Ernennung erfolgt durch öffentlich beglaubigte Erklärung gegenüber dem Nachlaßgerichte (§ 2198 Abs. 1 Satz 2); den Interessenten ist Einsicht in die Erklärung zu gewähren, § 2228.

**§ 2200.** 1. Als „Betheiligter" gilt Jeder, der ein rechtliches Interesse an der Testamentsvollstreckung hat (Prot. V S. 251).

2. Sofortige Beschwerde FrG. § 81.

*FG. § 81. Gegen eine Verfügung, durch die von dem Nachlassgericht ein Testamentsvollstrecker ernannt oder einem zum Testamentsvollstrecker Ernannten eine Frist zur Erklärung über die Annahme des Amtes bestimmt wird, findet die sofortige Beschwerde statt.*

*Das Gleiche gilt von einer Verfügung, durch die ein Testamentsvollstrecker gegen seinen Willen entlassen wird.*

3. Gegen die die Ernennung ablehnende Verfügung findet die Beschwerde gemäß FrG. § 20 statt.

4. Den Interessenten ist Akteneinsicht und Ertheilung von Abschriften zu gewähren, FrG. § 78 (S. 1101), § 85 (S. 1313).

**§ 2201.** 1. Der Zeitpunkt, in welchem das Amt nach dem Willen des Erblassers anzutreten ist, ist entscheidend. Nach diesem Zeitpunkt eintretender Wegfall der Hinderungsgründe läßt die Ernennung nicht wieder wirksam werden.

2. Geschäftsunfähigkeit § 104; beschränkte Geschäftsfähigkeit §§ 106, 114. In § 1910 wird die Gebrechlichkeitspflegschaft geregelt.

3. Nachträglicher Eintritt eines Unfähigkeitsgrundes § 2225; vgl. auch § 2227.

Betheiligten eine Frist zur Erklärung über die Annahme bestimmen. Mit dem Ablaufe der Frist gilt das Amt als abgelehnt, wenn nicht die Annahme vorher erklärt wird.

III. Rechtsstellung des Testamentsvollstreckers. 1. Regelm. Aufgaben. a. Ausführung des Testaments. b. Auseinandersetzung der Miterben.

**§ 2203.** Der Testamentsvollstrecker hat die letztwilligen Verfügungen des Erblassers zur Ausführung zu bringen.

**§ 2204.** Der Testamentsvollstrecker hat, wenn mehrere Erben vorhanden sind, die Auseinandersetzung unter ihnen nach Maßgabe der §§ 2042 bis 2056 zu bewirken.

Der Testamentsvollstrecker hat die Erben über den Auseinandersetzungsplan vor der Ausführung zu hören.

---

**§ 2202.** 1. Die Erklärung der Annahme und der Ablehnung.

a. Die Erklärung gegenüber dem Nachlaßgerichte (§ 130 Abs. 3) kann auch stillschweigend erfolgen. Eine Bethätigung des Annahmewillens, welche nicht gegenüber dem Nachlaßgericht erfolgt, ist indeß keine Annahme.

b. Unzulässigkeit von Bedingung und Zeitbestimmung vgl. Bd. I S. 84 Note 2.

c. Akteneinsicht der Interessenten § 2228.

2. Die Fristbestimmung.

a. Das Antragsrecht steht den Betheiligten zu (vgl. § 2200 Note 1). Zu denselben gehört auch der neben einem Anderen ernannte Testamentsvollstrecker (Mot.).

b. Sofortige Beschwerde gegen die Fristbestimmung des Nachlaßgerichts FrG. § 81 (S. 1238).

3. Eine Annahmepflicht des Ernannten besteht an sich nicht.

a. Eine Annahmepflicht kann aber durch einen nach allgemeinen Grundsätzen zu beurtheilenden Vertrag zwischen dem Erblasser oder den Erben und dem Ernannten über die zukünftige Uebernahme des Amtes begründet sein. Vgl. indeß § 671; § 675 Note 3 b.

b. Die Uebernahme des Amtes kann auch einem Bedachten als Auflage (§§ 2192 ff.) auferlegt werden.

**§ 2203.** 1. Dem Testamentsvollstrecker steht nicht nur die Aufsicht über die Ausführung der letztwilligen Verfügung, sondern die Ausführung selbst zu. Soweit dies nach dem Willen des Erblassers oder der Natur der zu bewirkenden Leistung nicht der Fall ist, greift sein Aufsichtsrecht gemäß § 2208 Abs. 2 ein.

2. Meinungsverschiedenheiten zwischen dem Testamentsvollstrecker und dem Erben über die Auslegung und Gültigkeit des Testaments können durch Feststellungsklage nach allgemeinen Grundsätzen zur Entscheidung gebracht werden (vgl. Prot. V S. 269 f.). Die Befugniß, das Testament mit Verbindlichkeit für den Erben auszulegen, kann dem Testamentsvollstrecker nicht beigelegt werden (vgl. § 2065).

3. Der Testamentsvollstrecker ist zwar nicht verpflichtet, dem Erben von der beabsichtigten Erfüllung von Vermächtnissen, Auflagen und sonstigen Nachlaßverbindlichkeiten Anzeige zu machen. Er wird sich aber zur Vermeidung von Regreßansprüchen in zweifelhaften Fällen der Zustimmung des Erben versichern oder über die Verbindlichkeit gegen sich unter Streitverkündung an den Erben erkennen lassen. Vgl. auch RG. 32 152 ff. Vgl. ferner wegen Vertretung von schuldhaftem Rechtsirrthum § 276 Note 1.

4. Nachsuchung der staatlichen Genehmigung einer vom Erblasser angeordneten Stiftung durch den Testamentsvollstrecker § 83.

5. Die dispositive Natur der Vorschrift des § 2203 ergiebt sich aus § 2208.

**§ 2204.** 1. Ist der Testamentsvollstrecker zur Auseinandersetzung der Miterben nicht berechtigt (§§ 2208, 2209, 2222, 2223), so greift auf Antrag gemäß FrG. § 86 (S. 1165) die vermittelnde Thätigkeit des Nachlaßgerichts ein.

2. Verwaltung. Besitz. Verfügungsbefugniß.

**§ 2205.** Der Testamentsvollstrecker hat den Nachlaß zu verwalten. Er ist insbesondere berechtigt, den Nachlaß in Besitz zu nehmen und über die Nachlaßgegenstände zu verfügen. Zu unentgeltlichen Verfügungen ist er nur berechtigt, soweit sie einer sittlichen Pflicht oder einer auf den Anstand zu nehmenden Rücksicht entsprechen.

3. Verpflichtungsbefugniß. a. Kausale Beschränkung.

**§ 2206.** Der Testamentsvollstrecker ist berechtigt, Verbindlichkeiten für den Nachlaß einzugehen, soweit die Eingehung zur ordnungsmäßigen Verwaltung erforderlich ist. Die Verbindlichkeit zu einer Verfügung über einen Nachlaßgegenstand kann der Testamentsvollstrecker für den Nachlaß auch dann eingehen, wenn er zu der Verfügung berechtigt ist.

Einwilligungspflicht des Erben.

Der Erbe ist verpflichtet, zur Eingehung solcher Verbindlichkeiten seine Einwilligung zu ertheilen, unbeschadet des Rechtes, die Beschränkung seiner Haftung für die Nachlaßverbindlichkeiten geltend zu machen.

---

2. Der Testamentsvollstrecker ist auch dann nicht verpflichtet, von den Auseinandersetzungsgrundsätzen der §§ 2042 bis 2056 abzuweichen, wenn die Miterben einig sind (vgl. Titelvorb. Note 4). Die Beachtlichkeit der Theilungsanordnungen des Erblassers ergiebt sich aus § 2048. Natürlich kann sich der Testamentsvollstrecker in allen Fällen mit den Betheiligten über eine von den Anordnungen des Erblassers abweichende Auseinandersetzung einigen.

3. Die Auseinandersetzungsbefugniß umfaßt die Befugniß, den einzelnen Miterben die ihnen bestimmten Gegenstände zum Zwecke der Auseinandersetzung zu übertragen. Prot. V S. 274.

4. Schuldhafter Verstoß des Testamentsvollstreckers gegen die sich aus § 2204 ergebenden Verpflichtungen begründet Schadensersatzpflicht gemäß § 2219.

**§ 2205.** 1. Die dem Verwaltungsrechte des Testamentsvollstreckers unterliegenden Gegenstände sind der Verfügungsbefugniß des Erben entzogen. § 2211. Rechtsgeschäftliche Verfügungen, wie Aufrechnungserklärungen, Kündigungen 2c., sind dem Testamentsvollstrecker gegenüber vorzunehmen (vgl. § 388 Note 2).

2. Der Testamentsvollstrecker ist zu Verfügungen über die Nachlaßgegenstände (vgl. S. 45 Note 5) mit alleiniger Ausnahme unentgeltlicher Verfügungen (vgl. § 1804) befugt. Vgl. indeß die Zulässigkeit einschränkender Anordnungen des Erblassers § 2208.

3. Die Pflicht zu ordnungsmäßiger Verwaltung und zur Berücksichtigung von Verwaltungsanordnungen des Erblassers sowie zur Besitzergreifung § 2216. — Verpflichtung zur Ueberlassung von Gegenständen an den Erben zur freien Verfügung § 2217.

4. Der Testamentsvollstrecker, welcher auf Grund des § 2205 besitzt, ist unmittelbarer Besitzer, der Erbe (§ 857) mittelbarer Besitzer. Hiernach ist der den Betheiligten zustehende Besitzschutz zu beurtheilen, vgl. §§ 868 ff.

5. Befugniß des (verwaltenden) Testamentsvollstreckers zur Beantragung des Nachlaßkonkurses KO. § 217 (S. 1122). Vgl. hierzu Titelvorb. Note 1 u. 7 S. 1236.

6. Zur Beantragung des Gläubigeraufgebots ist der Testamentsvollstrecker erst nach der Annahme der Erbschaft berechtigt CPO. § 991 (S. 1115 f.).

7. Prozeßführung und Zwangsvollstreckung vgl. § 2213.

Zu §§ 2206 f. 1. Die Vertretungsmacht des Testamentsvollstreckers zur Eingehung von Verbindlichkeiten für den Nachlaß bestimmt sich umfänglich nach dem Willen des Erblassers.

2. Die dispositiven Vorschriften, welche den nicht erkennbaren Willen des Erblassers ergänzen (§§ 2206—2209), machen den Umfang der Vertretungs-

**§ 2207.** Der Erblasser kann anordnen, daß der Testamentsvollstrecker in der Eingehung von Verbindlichkeiten für den Nachlaß nicht beschränkt sein soll. Der Testamentsvollstrecker ist auch in einem solchen Falle zu einem Schenkungsversprechen nur nach Maßgabe des § 2205 Satz 3 berechtigt.

---

macht abhängig von den dem Testamentsvollstrecker im einzelnen Falle gestellten Aufgaben (vgl. Titelvorb. Note 3a, S. 1236).

a. Der Testamentsvollstrecker, welchem die Verwaltung lediglich zur Erreichung seiner sonstigen Aufgaben (§§ 1203 f.) zusteht, ist in der Eingehung von Verbindlichkeiten kausal beschränkt (§ 2206). Seine Vertretungsmacht kann nach dem Willen des Erblassers eine erweiterte (§ 2207) oder eine noch beschränktere (§ 2208) sein.

b. Der Testamentsvollstrecker, dem die Verwaltung als Selbstzweck aufgetragen ist, hat, abgesehen von Schenkungsversprechen, im Zweifel eine unbeschränkte Vertretungsmacht (§§ 2209, 2207).

3. Für die Beurtheilung der von dem Testamentsvollstrecker unter Ueberschreitung seiner Vertretungsmacht kontrahirten Verbindlichkeiten greifen die §§ 177 ff. (Vertretung ohne Vertretungsmacht) ein. Gegen den Erben kann ein Bereicherungsanspruch aus §§ 812 ff. begründet sein (vgl. § 1399 Abs. 2, § 1455 und Bemerkungen daselbst).

4. Die Verbindlichkeiten aus dem von einem Testamentsvollstrecker vorgenommenen Rechtsgeschäfte sind im Nachlaßkonkurse Masseschulden KO. § 224 Ziffer 5 (S. 1124).

**§ 2206.** 1. Die Vertretungsmacht des Testamentsvollstreckers zur Eingehung von Verbindlichkeiten ist regelmäßig (vgl. Vorb. zu §§ 2206 ff.) vorhanden

a. soweit die Eingehung von Verbindlichkeiten zur ordnungsmäßigen Verwaltung erforderlich ist. Die dem Gläubiger obliegende Beweislast wird im Anschluß an ROH. **13** 226, **21** 307, RG. **4** 65 dahin zu beschränken sein, daß er die Erforderlichkeit habe annehmen können. Vgl. § 49 Note 2 und HGB. § 149.

b. für die Eingehung von Verbindlichkeiten zur Verfügung über einen seinem Verfügungsrecht unterliegenden Nachlaßgegenstand. Da der Testamentsvollstrecker unbeschränkt zu Verfügungen gegen Entgelt befugt ist (§ 2205), ist er auch zur Eingehung von Verbindlichkeiten, welche auf die Verfügung über Nachlaßgegenstände gerichtet sind, mit Ausnahme von Schenkungsversprechen (§ 2205 Satz 2) berechtigt.

2. (Abs. 2.) Die Verpflichtung des Erben zur Ertheilung der Einwilligung.

a. Die Verpflichtung des Erben zur Ertheilung der Einwilligung (vgl. §§ 182 ff.) bezweckt die Sicherung des Dritten und des Testamentsvollstreckers (vgl. § 2203 Note 3), wenn zweifelhaft ist, ob nach Abs. 1 die Vertretungsmacht des Testamentsvollstreckers begründet ist.

b. Die ertheilte Einwilligung ist, weil der Erbe nach dem zu Grunde liegenden Rechtsverhältnisse zur Ertheilung verpflichtet ist, nicht widerruflich, § 183. Vgl. auch § 2120.

c. (Abs. 2.) Die Beschränkung der Haftung des Erben ergiebt sich aus §§ 1967 ff., 2058 ff.

3. Abweichende Anordnungen des Erblassers über die Vertretungsmacht des Testamentsvollstreckers §§ 2207, 2208, 2209.

**§ 2207.** 1. Vgl. Vorb. zu §§ 2206 ff. Note 2a und b.

2. Der mit der alleinigen Aufgabe der Verwaltung bestellte Testamentsvollstrecker hat nach § 2209 Satz 2 im Zweifel die Ermächtigung aus § 2207.

3. Der Testamentsvollstrecker bleibt trotz der durch § 2207 nach außen ihm gegebenen Vertretungsmacht dem Erben gegenüber zur ordnungsgemäßen Verwaltung verpflichtet, §§ 2216, 2220.

4. Einschränkung der gesetzlichen Aufgaben u. Befugnisse des Testamentsvollstreckers durch d. Erblasser.

**§ 2208.** Der Testamentsvollstrecker hat die in den §§ 2203 bis 2206 bestimmten Rechte nicht, soweit anzunehmen ist, daß sie ihm nach dem Willen des Erblassers nicht zustehen sollen. Unterliegen der Verwaltung des Testamentsvollstreckers nur einzelne Nachlaßgegenstände, so stehen ihm die im § 2205 Satz 2 bestimmten Befugnisse nur in Ansehung dieser Gegenstände zu.

Hat der Testamentsvollstrecker Verfügungen des Erblassers nicht selbst zur Ausführung zu bringen, so kann er die Ausführung von dem Erben verlangen, sofern nicht ein anderer Wille des Erblassers anzunehmen ist.

5. Lediglich verwaltender Testamentsvollstrecker. a. Zulässigkeit.

**§ 2209.** Der Erblasser kann einem Testamentsvollstrecker die Verwaltung des Nachlasses übertragen, ohne ihm andere Aufgaben als die Verwaltung zuzuweisen; er kann auch anordnen, daß der Testamentsvollstrecker die Verwaltung nach der Erledigung der ihm sonst zugewiesenen Aufgaben fortzuführen hat. Im Zweifel ist anzunehmen, daß einem solchen Testamentsvollstrecker die im § 2207 bezeichnete Ermächtigung ertheilt ist.

b. Rechtsstellung.

---

**§ 2208.** 1. Gegenüber der Regelvorschrift der §§ 2203 bis 2206 ist derjenige, welcher eine Beschränkung des Testamentsvollstreckers behauptet, beweispflichtig dafür, daß und inwieweit dem Testamentsvollstrecker das Recht vorenthalten ist,

a. die letztwillige Verfügung des Erblassers auszuführen (§ 2203); einem beschränkten Testamentsvollstrecker steht regelmäßig das Aufsichtsrecht gemäß § 2208 Abs. 2 zu (vgl. Note 3);
b. die Auseinandersetzung der Miterben zu bewirken (§ 2204);
c. den Nachlaß zu verwalten und in Besitz zu nehmen sowie über die Nachlaßgegenstände entgeltlich zu verfügen (§ 2205);
d. Verbindlichkeiten einzugehen, welche durch eine ordnungsmäßige Verwaltung erfordert werden oder auf eine entgeltliche Verfügung über Nachlaßgegenstände gerichtet sind (§ 2206).

2. Der Testamentsvollstrecker, welchem gemäß Note 1 nachgewiesen ist, daß seiner Verwaltung nicht der ganze Nachlaß, sondern nur einzelne Nachlaßgegenstände unterliegen, hat das Recht zum Besitze und zur Verfügung (vgl. § 2205 Satz 2) nur in Ansehung dieser Gegenstände.

**§ 2209.** 1. Die Uebertragung der Verwaltung an den Testamentsvollstrecker ohne Zuweisung anderer Aufgaben oder die Anordnung der Fortdauer seiner Verwaltung für die Zeit nach Erledigung der ihm sonst zugewiesenen Aufgaben kann bezwecken (vgl. § 2210),

a. dem Erben die Verwaltung vorzuenthalten (z. B. § 2338 Abs. 1 Satz 2);
b. dem Testamentsvollstrecker die Verwaltung zuzuweisen (z. B. mit Rücksicht auf seine Stellung als Familienoberhaupt, wenn etwa Vater und Kinder zusammen erben).

2. Die dem lediglich verwaltenden Testamentsvollstrecker zustehende Verfügungsmacht ergiebt sich:
a. für Verfügungen über Nachlaßgegenstände aus § 2205;
b. für die Eingehung von Verbindlichkeiten aus §§ 2209 Satz 2, 2207.

3. Ueber das Verhältniß, wenn das Vermögen einem Bevormundeten oder unter elterlicher Gewalt Stehenden zugewendet, die Verwaltung aber einem Testamentsvollstrecker übertragen und zugleich angeordnet ist, daß dem Gewalthaber oder dem Vormunde die Verwaltung nicht zustehen soll, vgl. zu § 1909 Note I. 2 c γ.

**§ 2210.** Eine nach § 2209 getroffene Anordnung wird un- rksam, wenn seit dem Erbfalle dreißig Jahre verstrichen sind. Der ·blasser kann jedoch anordnen, daß die Verwaltung bis zum Tode s Erben oder des Testamentsvollstreckers oder bis zum Eintritt ies anderen Ereignisses in der Person des einen oder des anderen rtdauern soll. Die Vorschrift des § 2163 Abs. 2 findet entsprechende ıwendung. c. Zeitl. Beschränkung.

**§ 2211.** Ueber einen der Verwaltung des Testamentsvollstreckers ıterliegenden Nachlaßgegenstand kann der Erbe nicht verfügen. 6. Verfügungsbeschränkg. des Erben.

Die Vorschriften zu Gunsten derjenigen, welche Rechte von einem ichtberechtigten herleiten, finden entsprechende Anwendung.

**§ 2212.** Ein der Verwaltung des Testamentsvollstreckers unter- :gendes Recht kann nur von dem Testamentsvollstrecker gerichtlich :ltend gemacht werden. 7. Prozeßführung. a. Aktivprozesse.

---

**§ 2210.** 1. Vgl. wegen der zeitlichen Beschränkung der lediglich zum wecke der Verwaltung des Nachlasses angeordneten Testamentsvollstreckung ; 2109, 2162, 2163; 2338 Abs. 1 Satz 2.

2. Wenn der Erbe oder der Testamentsvollstrecker, in dessen Person das e Testamentsvollstreckung beendigende Ereigniß eintreten soll (Satz 2), eine ıristische Person ist, bleibt die Testamentsvollstreckung nicht länger als reißig Jahre nach dem Erbfalle wirksam (§ 2163 Abs. 2).

**§ 2211.** 1. Welche Nachlaßgegenstände dem Verfügungsrechte des Testa- ıentsvollstreckers unterliegen, ergiebt sich aus §§ 2205, 2208 Abs. 1, 2217.

2. Die den Erben nach § 2211 treffende Verfügungsbeschränkung ist eine bsolute, gegen Jedermann wirksame. Vgl. § 135 Note 4c.

3. Verfügung des Erben mit Zustimmung des Testamentsvollstreckers; :onvaleszenz § 185 Note 4b.

4. (Abs. 2.) Wegen der Vorschrift zu Gunsten derjenigen, welche Rechte on einem Nichtberechtigten herleiten, vgl. die Bemerkungen zu § 816. Der :estamentsvollstrecker kann der Gefahr, daß ein Gutgläubiger von dem Erben rwirbt, durch Eintragung der Testamentsvollstreckung in das Grundbuch, BO. § 53 (S. 461) bzw. in das Schiffsregister, FrG. § 118 (S. 684) begegnen.

**§ 2212.** 1. Die Aktivlegitimation zur Geltendmachung eines der Verwal- ung des Testamentsvollstreckers unterliegenden (§§ 2205, 2208 Abs. 1, 2217) Rechtes (mittelst Klage oder Widerklage) steht der Vorschrift des § 2211 ent- prechend n u r dem Testamentsvollstrecker unter Ausschluß des Erben zu.

2. Der Testamentsvollstrecker hat die Aktivlegitimation kraft seines Amtes ınd kraft eigenen Rechtes (vgl. Titelvorb. Note 4); er ist nicht Vertreter des Erben. Daß ein zwischen dem Testamentsvollstrecker und einem Dritten er- gangenes Urtheil für und gegen den Erben wirksam ist, ist deshalb aus- ›rücklich in CPO. § 327 ausgesprochen.

***CPO. § 327.*** *Ein Urtheil, das zwischen einem Testamentsvollstrecker und inem Dritten über ein der Verwaltung des Testamentsvollstreckers unterliegendes Recht ergeht, wirkt für und gegen den Erben.*

*Das Gleiche gilt von einem Urtheile, welches zwischen einem Testamentsvoll- strecker und einem Dritten über einen gegen den Nachlass gerichteten Anspruch ergeht, wenn der Testamentsvollstrecker zur Führung des Rechtsstreits be- rechtigt ist.*

3. Ertheilung der für und gegen den Erben vollstreckbaren Ausfertigung eines gegenüber dem Testamentsvollstrecker ergangenen, nach CPO. § 327 dem Erben gegenüber wirksamen Urtheils CPO. § 728 Abs. 2 (S. 1199).

4. Prozesse des Erblassers.

a. Aufnahme eines durch den Tod des Erblassers unterbrochenen Verfahrens

**§ 2213.** Ein Anspruch, der sich gegen den Nachlaß richtet, kann sowohl gegen den Erben als gegen den Testamentsvollstrecker gerichtlich geltend gemacht werden. Steht dem Testamentsvollstrecker nicht die Verwaltung des Nachlasses zu, so ist die Geltendmachung nur gegen den Erben zulässig. Ein Pflichttheilsanspruch kann, auch wenn dem Testamentsvollstrecker die Verwaltung des Nachlasses zusteht, nur gegen den Erben geltend gemacht werden.

Die Vorschrift des § 1958 findet auf den Testamentsvollstrecker keine Anwendung.

Ein Nachlaßgläubiger, der seinen Anspruch gegen den Erben geltend macht, kann den Anspruch auch gegen den Testamentsvollstrecker dahin geltend machen, daß dieser die Zwangsvollstreckung in die seiner Verwaltung unterliegenden Nachlaßgegenstände dulde.

---

bei Vorhandensein eines zur Führung des Rechtsstreits berechtigten Testamentsvollstreckers CPO. § 243.

b. Ertheilung einer vollstreckbaren Ausfertigung eines für oder gegen den Erblasser ergangenen Urtheils für oder gegen den Testamentsvollstrecker CPO. § 749.

**§ 2213.** 1. Prozessuale Vorschriften.

a. Das gegen den Testamentsvollstrecker über ein seiner Verwaltung unterliegendes Recht oder über einen gegen den Nachlaß gerichteten Anspruch ergangenes Urtheil ist gegen den Erben wirksam, CPO. § 327 (zu § 2212). Ertheilung einer vollstreckbaren Ausfertigung des gegen den Testamentsvollstrecker ergangenen Urtheils gegen den Erben CPO. § 728 Abs. 2 (S. 1199).

b. Den Vorschriften des § 2213 entsprechen die Vorschriften CPO. § 748. Vgl. Pr. JMBl. 1900 S. 22 ff.

***CPO.** § 748. Unterliegt ein Nachlass der Verwaltung eines Testamentsvollstreckers, so ist zur Zwangsvollstreckung in den Nachlass ein gegen den Testamentsvollstrecker ergangenes Urtheil erforderlich und genügend.*

*Steht dem Testamentsvollstrecker nur die Verwaltung einzelner Nachlassgegenstände zu, so ist die Zwangsvollstreckung in diese Gegenstände nur zulässig, wenn der Erbe zu der Leistung, der Testamentsvollstrecker zur Duldung der Zwangsvollstreckung verurtheilt ist.*

*Zur Zwangsvollstreckung wegen eines Pflichttheilsanspruchs ist im Falle des Abs. 1 wie im Falle des Abs. 2 ein sowohl gegen den Erben als gegen den Testamentsvollstrecker ergangenes Urtheil erforderlich.*

c. Die Verurtheilung des Testamentsvollstreckers zur Duldung der Zwangsvollstreckung in die seiner Verwaltung unterliegenden Nachlaßgegenstände wird dadurch ersetzt, daß er die Zwangsvollstreckung in einer gerichtlichen oder notariellen Urkunde bewilligt, CPO. § 794 Abs. 2.

d. Der Testamentsvollstrecker kann die Beschränkung der Erbenhaftung auch geltend machen, wenn ein diesbezüglicher Vorbehalt in dem Urtheile nicht enthalten ist, CPO. § 780 Abs. 2 (S. 1111).

2. (Abs. 2.) Die Nichtanwendbarkeit des § 1958 ergiebt, daß auch vor der Annahme der Erbschaft seitens des Erben ein gegen den Nachlaß sich richtender Anspruch dem Testamentsvollstrecker gegenüber gerichtlich geltend gemacht werden kann. Vgl. § 1958 Note II.

3. Führung von Prozessen über Erbrecht und Pflichttheilsrecht. Vgl. RG. 9 208, 16 139, 32 152.

a. Bezüglich des Erbrechts ist eine Vorschrift nicht gegeben und damit dem Testamentsvollstrecker die Legitimation zur Führung von Streitigkeiten, deren unmittelbarer Gegenstand das Erbrecht selbst ist, nicht ertheilt. Für diese Streitigkeiten ergiebt sich die Aktiv- und Passivlegitimation

**§ 2214.** Gläubiger des Erben, die nicht zu den Nachlaßgläubigern gehören, können sich nicht an die der Verwaltung des Testamentsvollstreckers unterliegenden Nachlaßgegenstände halten.

c. Zwangsvollstreckung seitens d. Nichtnachlaßgläubiger.

**§ 2215.** Der Testamentsvollstrecker hat dem Erben unverzüglich nach der Annahme des Amtes ein Verzeichniß der seiner Verwaltung unterliegenden Nachlaßgegenstände und der bekannten Nachlaßverbindlichkeiten mitzutheilen und ihm die zur Aufnahme des Inventars sonst erforderliche Beihülfe zu leisten.

8. Rechtsverhältniß zwischen Testamentsvollstrecker und Erben.
a. Verzeichnißpflicht des Testamentsvollstreckers.

Das Verzeichniß ist mit der Angabe des Tages der Aufnahme zu versehen und von dem Testamentsvollstrecker zu unterzeichnen; der Testamentsvollstrecker hat auf Verlangen die Unterzeichnung öffentlich beglaubigen zu lassen.

Der Erbe kann verlangen, daß er bei der Aufnahme des Verzeichnisses zugezogen wird.

Der Testamentsvollstrecker ist berechtigt und auf Verlangen des Erben verpflichtet, das Verzeichniß durch die zuständige Behörde oder durch einen zuständigen Beamten oder Notar aufnehmen zu lassen.

Die Kosten der Aufnahme und der Beglaubigung fallen dem Nachlasse zur Last.

---

aus den §§ 2018 ff. — Andererseits wird die nach sonstigen Vorschriften begründete Legitimation des Testamentsvollstreckers nicht dadurch beeinträchtigt, daß in dem Rechtsstreite die Frage des Erbrechts einen Incidentstreitpunkt bildet. Der Testamentsvollstrecker ist in solchem Falle auch zur Prozeßführung über das Erbrecht mit der Maßgabe befugt, daß die Entscheidung nur unter den Parteien und nur in Ansehung des Anspruchs, über den entschieden ist (CPO. § 322), wirksam ist. Beispiel: Der beklagte Testamentsvollstrecker, welcher auf Rechnungslegung belangt ist, bestreitet, daß der Kläger Erbe ist. Vgl. Prot. V S. 300.

b. Für das Pflichttheilsrecht ergiebt sich die Entscheidung unmittelbar aus § 2213 Abs. 1 Satz 3, Abs. 3, CPO. § 748 Abs. 3.

4. Berechtigung des Testamentsvollstreckers zum Antrag auf Erlassung des Aufgebots der Nachlaßgläubiger tritt nach erfolgter Erbschaftsannahme ein, CPO. § 991 Abs. 3 (S. 1115 f.).

5. Die konkursrechtlichen Vorschriften vgl. zu Titelvorb. Note 7 (S. 1236).

**§ 2214.** Vgl. die entsprechenden Vorschriften für die Nachlaßverwaltung § 1984 und CPO. § 784 Abs. 2 (S. 1127 f.). Für den Testamentsvollstrecker besteht neben § 2214 keine weitere Vorschrift. Die Verschiedenheit der Regelung beruht darauf, daß der Nachlaßverwalter Vertreter des Erben ist, während der Testamentsvollstrecker seine Rechtsstellung kraft eigenen Rechtes (vgl. Titelvorb. Note 4, S. 1236) hat. Der zur Zwangsvollstreckung in den Nachlaß erforderliche Titel gegen den Testamentsvollstrecker (CPO. § 748) ist den Gläubigern des Erben, die nicht Nachlaßgläubiger sind, gemäß § 2214 versagt.

**§ 2215.** 1. Verzeichnißpflicht des Testamentsvollstreckers.

a. Die Mittheilung des Verzeichnisses hat unverzüglich (§ 121) zu erfolgen, eine Aufforderung des Erben hat der Testamentsvollstrecker nicht abzuwarten.

b. Das Verzeichniß hat die der Verwaltung des Testamentsvollstreckers unterliegenden Nachlaßgegenstände und die ihm bekannten Nachlaßverbindlichkeiten zu enthalten.

c. Im Uebrigen vgl. zu § 2121.

b. Verwaltungspflicht des Testamentsvollstreckers.

**§ 2216.** Der Testamentsvollstrecker ist zur ordnungsmäßigen Verwaltung des Nachlasses verpflichtet.

Anordnungen, die der Erblasser für die Verwaltung durch letztwillige Verfügung getroffen hat, sind von dem Testamentsvollstrecker zu befolgen. Sie können jedoch auf Antrag des Testamentsvollstreckers oder eines anderen Betheiligten von dem Nachlaßgericht außer Kraft gesetzt werden, wenn ihre Befolgung den Nachlaß erheblich gefährden würde. Das Gericht soll vor der Entscheidung soweit thunlich die Betheiligten hören.

c. Herausgabepflicht d. Testamentsvollstreck. während der Dauer seines Amtes.

**§ 2217.** Der Testamentsvollstrecker hat Nachlaßgegenstände, deren er zur Erfüllung seiner Obliegenheiten offenbar nicht bedarf, dem Erben auf Verlangen zur freien Verfügung zu überlassen. Mit der Ueberlassung erlischt sein Recht zur Verwaltung der Gegenstände.

Wegen Nachlaßverbindlichkeiten, die nicht auf einem Vermächtniß oder einer Auflage beruhen, sowie wegen bedingter und betagter Vermächtnisse oder Auflagen kann der Testamentsvollstrecker die Ueberlassung der Gegenstände nicht verweigern, wenn der Erbe für die Berichtigung der Verbindlichkeiten oder für die Vollziehung der Vermächtnisse oder Auflagen Sicherheit leistet.

d. Anwendbarkeit von Vorschriften über den Auftrag.

**§ 2218.** Auf das Rechtsverhältniß zwischen dem Testamentsvollstrecker und dem Erben finden die für den Auftrag geltenden

---

2. Pflicht des Testamentsvollstreckers, die zur Inventaraufnahme erforderliche Beihülfe zu leisten.

a. Der Erbe hat das zur Erhaltung der beschränkten Erbenhaftung dienende Inventar (§ 1994 Abs. 1 Satz 2) zu errichten. Das vom Testamentsvollstrecker errichtete Inventar ist ohne die Bezugnahme des Erben (§ 2004 Note 3) hierzu nicht ausreichend.

b. Für den Inhalt und die Aufnahme des Inventars durch den Testamentsvollstrecker gelten nicht die für das Nachlaßinventar in §§ 2001—2005 gegebenen Vorschriften.

3. Der Erblasser kann den Testamentsvollstrecker von den ihm nach § 2215 obliegenden Verpflichtungen nicht befreien.

4. Haftung des Testamentsvollstreckers bei Nichterfüllung seiner Verpflichtungen § 2220.

**§ 2216.** 1. Der Testamentsvollstrecker ist verpflichtet, den Nachlaß zu verwalten und zwar ordnungsmäßig zu verwalten. Was eine ordnungsmäßige Verwaltung erfordert, ist von Fall zu Fall nach den gesammten Umständen zu beurtheilen. Der Testamentsvollstrecker, welchem überhaupt eine Vermögensverwaltung zusteht (vgl. § 2208), kann von der Pflicht, diese Verwaltung ordnungsmäßig zu führen nicht befreit werden, § 2220.

2. Zu Abs. 2 vgl. §§ 1803 Abs. 2, 1847.

3. Beschwerde gegen die Verfügung des Nachlaßgerichts FrG. §§ 19, 20; Beschwerderecht eines jeden von mehreren Testamentsvollstreckern FrG. § 82 (S. 1249).

**§ 2217.** 1. Mit dem Erlöschen des Verwaltungsrechts erlischt auch das Recht zum Besitze der Nachlaßgegenstände und zur Verfügung über dieselben (§ 2205) sowie die Legitimation zur Führung von Rechtsstreitigkeiten (§§ 2211 ff.) in Ansehung der dem Erben zur freien Verfügung überlassenen Gegenstände.

2. Sicherheitsleistung §§ 232 ff.

3. Der Erblasser kann den Testamentsvollstrecker von der Verpflichtung aus § 2217 befreien, § 2220.

Vorschriften der §§ 664, 666 bis 668, 670, des § 673 Satz 2 und des § 674 entsprechende Anwendung.

Bei einer länger dauernden Verwaltung kann der Erbe jährlich Rechnungslegung verlangen.

**§ 2219.** Verletzt der Testamentsvollstrecker die ihm obliegenden Verpflichtungen, so ist er, wenn ihm ein Verschulden zur Last fällt, für den daraus entstehenden Schaden dem Erben und, soweit ein Vermächtniß zu vollziehen ist, auch dem Vermächtnißnehmer verantwortlich. e. Haftung des Testamentsvollstreckers für Verschulden.

Mehrere Testamentsvollstrecker, denen ein Verschulden zur Last fällt, haften als Gesammtschuldner.

**§ 2220.** Der Erblasser kann den Testamentsvollstrecker nicht von den ihm nach den §§ 2215, 2216, 2218, 2219 obliegenden Verpflichtungen befreien. f. Befreiende Anordnungen des Erblassers.

---

**§ 2218.** 1. Die in Bezug genommenen Vorschriften betreffen:

§ 664: Der Testamentsvollstrecker darf im Zweifel die Testamentsvollstreckung nicht einem Dritten übertragen. Ist die Uebertragung gestattet (vgl. auch § 2199 Note 1), so hat er nur ein ihm bei der Uebertragung zur Last fallendes Verschulden zu vertreten. Das Verschulden eines Gehülfen hat er im gleichen Umfange zu vertreten wie eigenes Verschulden (§ 278), doch kann anderweite Bestimmung getroffen werden und namentlich auch von vornherein Haftung wegen Vorsatzes des Gehülfen erlassen werden, § 278 Satz 2.

§ 666: Auskunftspflicht des Testamentsvollstreckers gegenüber dem Erben.

§ 667: Pflicht zur Herausgabe des aus der Testamentsvollstreckung Erlangten.

§ 668: Zinspflicht bei eigennütziger Verwendung von Geld.

§ 670: Aufwendungen. Aufwendungen des Testamentsvollstreckers als Masseschulden KO. § 224 Ziffer 6 (S. 1124).

§ 673 Satz 2: Beim Tode des Testamentsvollstreckers (vgl. § 2225) ist sein Erbe zur Anzeige erforderlichenfalls zu Fürsorge verpflichtet.

§ 674: Schutz des gutgläubig sein erloschenes Amt fortführenden Testamentsvollstreckers.

2. Die Rechenschafts- und Offenbarungspflicht ergiebt sich aus §§ 666, 259.

3. Die aus § 2218 sich ergebenden Verpflichtungen des Testamentsvollstreckers können von dem Erblasser nicht ausgeschlossen werden, § 2220.

**§ 2219.** 1. Verschulden § 276; Vertretung von Rechtsirrthum vgl. daselbst Note 1.

2. (Abs. 2.) Vgl. §§ 53, 1833. — Die gesammtschuldnerisch haftenden (§§ 421 ff.) Testamentsvollstrecker haben unter einander den Rückgriff gemäß § 426. Ist der eine von ihnen nur wegen Versäumung der Aufsichtspflicht, der andere aber für die Schadenszufügung unmittelbar verantwortlich, so kann die entsprechende Anwendung des § 1833 Abs. 2 oder des § 840, nicht aber die unmittelbare Anwendung des § 840 Abs. 2 in Frage kommen, vgl. Bemerkungen zu § 1833.

3. Keine Befreiung von der Haftung aus § 2219 durch den Erblasser.

**§ 2220.** Nach § 2220 kann der Erblasser den Testamentsvollstrecker nicht befreien von der Verpflichtung zur

1. Aufnahme und Mittheilung des Nachlaßverzeichnisses sowie zur Leistung der zur Inventarerrichtung erforderlichen Beihülfe § 2215;
2. ordnungsmäßigen Verwaltung § 2216;
3. Auskunftsertheilung, Rechenschaftsablegung und Leistung des Offenbarungseids und von den sonstigen dem Auftragsverhältniß in § 2218

79*

g. Vergütung.

**§ 2221.** Der Testamentsvollstrecker kann für die Führung seines Amtes eine angemessene Vergütung verlangen, sofern nicht der Erblasser ein Anderes bestimmt hat.

9. Testamentsvollstrecker bei Nacherbschaft.

**§ 2222.** Der Erblasser kann einen Testamentsvollstrecker auch zu dem Zwecke ernennen, daß dieser bis zu dem Eintritt einer angeordneten Nacherbfolge die Rechte des Nacherben ausübt und dessen Pflichten erfüllt.

10. Testamentsvollstrecker hinf. d. Beschwerungen des Vermächtnißnehmers.

**§ 2223.** Der Erblasser kann einen Testamentsvollstrecker auch zu dem Zwecke ernennen, daß dieser für die Ausführung der einem Vermächtnißnehmer auferlegten Beschwerungen sorgt.

11. Mehrere Testamentsvollstrecker.

**§ 2224.** Mehrere Testamentsvollstrecker führen das Amt gemeinschaftlich; bei einer Meinungsverschiedenheit entscheidet das Nachlaßgericht. Fällt einer von ihnen weg, so führen die Uebrigen das Amt allein. Der Erblasser kann abweichende Anordnungen treffen.

Jeder Testamentsvollstrecker ist berechtigt, ohne Zustimmung der anderen Testamentsvollstrecker diejenigen Maßregeln zu treffen, welche zur Erhaltung eines der gemeinschaftlichen Verwaltung unterliegenden Nachlaßgegenstandes nothwendig sind.

---

entnommenen Pflichten. Der hierbei von dem Testamentsvollstrecker zu vertretende Grad von Sorgfalt kann vermindert werden, vgl. § 2218 Note 1 zu § 664;

4. Haftung für Verschulden gemäß § 2219.

**§ 2221.** 1. Die anderweite Bestimmung des Erblassers ist maßgebend, gleichgültig ob eine Vergütung ausgeschlossen oder in anderer als der in § 2221 vorausgesetzten Weise bestimmt ist. Wenn der als Testamentsvollstrecker Ernannte mit der diesbezüglichen Anordnung des Erblassers nicht einverstanden ist, mag er das Amt nicht annehmen.

2. Ob eine dem Testamentsvollstrecker von dem Erblasser gemachte Zuwendung einen Anspruch auf Vergütung ausschließen soll, ist Auslegungsfrage für den einzelnen Fall.

3. Der dem Testamentsvollstrecker durch Anordnung des Erblassers oder gemäß § 2221 zustehende Anspruch ist weder Vermächtniß noch, insoweit die angeordnete Vergütung die Angemessenheit nicht überschreitet, eine auf Freigebigkeit beruhende Nachlaßverbindlichkeit. Dies ist erheblich für die Rangordnung im Konkurse. Vgl. KO. § 226 (S. 1124); vgl. ferner § 2235 Note 2. Bei Uebermäßigkeit der zugewendeten Vergütung kann Freigebigkeit (vgl. Bd. I S. 240 Note 4 c) und ein verschleiertes Vermächtniß vorliegen, auch Verletzung von Pflichttheilsrechten in Frage kommen.

4. Inwieweit durch den Anspruch des Testamentsvollstreckers eine Masseschuld im Nachlaßkonkurse begründet wird, ist nach KO. § 224 Ziffer 6 (S. 1124) zu beurtheilen.

**§ 2222.** 1. Recht des Nacherben §§ 2127—2129; als Verpflichtung des Nacherben ergiebt sich aus § 2120 die Pflicht zur Ertheilung gewisser Einwilligungen.

2. Vgl. wegen der Wahrnehmung der Rechte eines noch nicht vorhandenen oder unbekannten Nacherben durch einen Pfleger §§ 1912, 1913.

**§ 2223.** Vgl. §§ 2147, 2186 ff.

**§ 2224.** 1. Gemeinschaftliche Amtsführung vgl. § 1797 (mehrere Vormünder).

2. Entscheidung von Meinungsverschiedenheiten durch das Nachlaßgericht FrG. § 82, vgl. zu 6, ferner § 1797 Note 1 d.

3. Die Bestimmung eines Ersatzmanns für einen wegfallenden Testaments=

**§ 2225.** Das Amt des Testamentsvollstreckers erlischt, wenn er stirbt oder wenn ein Fall eintritt, in welchem die Ernennung nach § 2201 unwirksam sein würde. IV. Beendigung des Amtes. 1. Erlöschen bei Tod oder Unfähigkeit.

**§ 2226.** Der Testamentsvollstrecker kann das Amt jederzeit kündigen. Die Kündigung erfolgt durch Erklärung gegenüber dem Nachlaßgerichte. Die Vorschriften des § 671 Abs. 2, 3 finden entsprechende Anwendung. 2. Kündigung seitens des Testamentsvollstreckers.

**§ 2227.** Das Nachlaßgericht kann den Testamentsvollstrecker auf Antrag eines der Betheiligten entlassen, wenn ein wichtiger Grund 3. Entlassung durch das Nachlaßgericht.

---

vollstrecker kann insbesondere auch nach Maßgabe der §§ 2197 bis 2200 erfolgen.

4. Zu Abs. 2 vgl. §§ 744 Abs. 2, 2038 Abs. 1 Satz 2.

5. Gesammtschuldnerische Haftung der mehreren Testamentsvollstrecker § 2219 Abs. 2.

6. **FG.** *§ 82. Führen mehrere Testamentsvollstrecker das Amt gemeinschaftlich, so steht gegen eine Verfügung, durch die das Nachlassgericht Anordnungen des Erblassers für die Verwaltung des Nachlasses ausser Kraft setzt oder bei einer Meinungsverschiedenheit zwischen den Testamentsvollstreckern entscheidet, jedem Testamentsvollstrecker die Beschwerde selbständig zu.*

*Auf eine Verfügung, durch die bei einer Meinungsverschiedenheit zwischen den Testamentsvollstreckern über die Vornahme eines Rechtsgeschäfts das Nachlassgericht entscheidet, finden die Vorschriften des § 53* [S. 748] *und des § 60 Abs. 1 Nr. 6 entsprechende Anwendung.*

Die Verweisungen auf FrG. §§ 53, 60 Abs. 1 Nr. 6 bringen zum Ausdrucke, daß die Verfügung des Nachlaßgerichts, gegen welche die sofortige Beschwerde stattfindet, erst mit Rechtskraft in Wirksamkeit tritt, daß das Gericht aber bei Gefahr im Verzuge die sofortige Wirksamkeit anordnen kann.

**§ 2225.** 1. **Kraft Gesetzes eintretende Erlöschungsgründe.**

a. Tod des Testamentsvollstreckers.

α. Das Amt des Testamentsvollstreckers ist nicht vererblich.

β. Die Anzeige- und Fürsorgepflicht des Erben des Testamentsvollstreckers ergiebt sich aus §§ 2218, 673 Satz 2.

b. Eintritt eines der Gründe des § 2201 in der Person des Testamentsvollstreckers.

α. Eintritt der Geschäftsunfähigkeit § 104.

β. Eintritt beschränkter Geschäftsfähigkeit § 114.

γ. Gebrechlichkeitspflegschaft § 1910.

c. Eintritt einer auflösenden Bedingung oder eines Endtermins §§ 158, 163.

2. **Gutgläubige Fortführung des erloschenen Amtes durch den bisherigen Testamentsvollstrecker** §§ 2218, 674.

3. Kraftloswerden des dem Testamentsvollstrecker ertheilten gerichtlichen Zeugnisses § 2368.

4. Nicht kraft Gesetzes eintretender Erlöschungsgrund ist insbesondere Konkurs des Testamentsvollstreckers vgl. § 2227 Note 2.

**§ 2226.** 1. Mit dem Wirksamwerden der dem Nachlaßgerichte gegenüber abgegebenen, an eine Form nicht gebundenen Erklärung des Testamentsvollstreckers (§ 130 Abs. 3) erlischt das Amt. Kündigung ist Rücktritt für die Zukunft, vgl. Vorb. Note II S. 175. — Kraftloswerden des dem Testamentsvollstrecker ertheilten gerichtlichen Zeugnisses § 2368.

2. Die freie Kündbarkeit tritt auch beim Vorliegen eines Vertrags (vgl. § 2202 Note 3a, § 675) ein. Vgl. § 675 Note 3b.

3. Die Verweisung auf § 671 Abs. 2, 3 betrifft die unzeitige Kündigung.

4. Den Interessenten ist Einsicht der Kündigungserklärung zu gestatten § 2228.

vorliegt; ein solcher Grund ist insbesondere grobe Pflichtver[illegible] oder Unfähigkeit zur ordnungsmäßigen Geschäftsführung.

Der Testamentsvollstrecker soll vor der Entlassung wenn th[illegible] gehört werden.

V. Akteneinsicht durch die Interessenten.

**§ 2228.** Das Nachlaßgericht hat die Einsicht der nach § [illegible] Abs. 1 Satz 2, § 2199 Abs. 3, § 2202 Abs. 2, § 2226 [illegible] abgegebenen Erklärungen Jedem zu gestatten, der ein rechtliche[illegible] teresse glaubhaft macht.

## Siebenter Titel.

## Errichtung und Aufhebung eines Testaments.

A. Testirfähigkeit.

1. Beschränkt. Geschäftsfähige.

**§ 2229.** Wer in der Geschäftsfähigkeit beschränkt ist, b[illegible] zur Errichtung eines Testaments nicht der Zustimmung seines g[illegible] lichen Vertreters.

Ein Minderjähriger kann ein Testament erst errichten, we[illegible] das sechzehnte Lebensjahr vollendet hat.

2. Wirkung des Entmündigungsantrags.

Wer wegen Geistesschwäche, Verschwendung oder Trunksuch[illegible] mündigt ist, kann ein Testament nicht errichten. Die Unfä[illegible] tritt schon mit der Stellung des Antrags ein, auf Grund desse[illegible] Entmündigung erfolgt.

---

**§ 2227.** 1. Die Entlassung findet nicht, wie im Vormundschaft[illegible] von Amtswegen, sondern nur auf Antrag eines Betheiligten statt.

2. Wichtige Gründe können insbesondere Konkurs oder sonstiger [illegible] mögensverfall oder Verlust der bürgerlichen Ehrenrechte oder sonstige [illegible] rührige Bestrafungen sein.

3. Sofortige Beschwerde gegen die Verfügung des Gerichts, durch [illegible] die Entlassung ausgesprochen wird, FrG. § 81 Abs. 2 (S. 1238). Gegen ablehnende Verfügung findet die gewöhnliche Beschwerde gemäß FrG. §§ 20 statt.

4. Akteneinsicht der Interessenten FrG. §§ 78, 85.

5. Dem Nachlaßgerichte steht eine weitere Aufsicht über die Geschäftsführung des Testamentsvollstreckers nicht zu.

**§ 2228.** 1. Die in § 2228 erwähnten Erklärungen betreffen:

a. § 2198 Abs. 1 Satz 2: die Bestimmung der Person des Testamentsvollstreckers durch den Dritten, welchem diese Bestimmung überlassen i[illegible];

b. § 2199 Abs. 3: die Ernennung eines Mitvollstreckers oder eines [illegible] folgers durch den Testamentsvollstrecker;

c. § 2202 Abs. 2: die Annahme oder Ablehnung des Amtes als Testamentsvollstrecker;

d. § 2226 Satz 2: die Kündigung des Amtes durch den Testamentsvollstrecker.

2. Glaubhaftmachung des Interesses FrG. § 15 Abs. 2.

3. Einsicht der Gerichtsakten, Ertheilung von Abschriften FrG. §§ 3[illegible]

**§ 2229.** I. **Die Testamentsfähigkeit überhaupt.**

1. Die Errichtung eines Testaments, d. i. einer einseitigen Verfügung von Todeswegen (vgl. § 1937), ist ein Rechtsgeschäft und unterliegt als sol[illegible] den allgemeinen Vorschriften über Rechtsgeschäfte, insbesondere über die Geschäftsfähigkeit (§§ 104 ff.), soweit nicht besondere Vorschriften eingreifen [illegible] Note II. 1).

2. Wegen der besonderen Vorschriften für Erbverträge § 2275.

II. **Geschäftsunfähigkeit.** § 2229.

1. Besondere Vorschriften über die Testamentsfähigkeit sind nur gegeben in Ansehung der in der Geschäftsfähigkeit beschränkten Personen, vgl. zu III. Im Uebrigen bleibt es für die Errichtung von Testamenten einschließlich des Widerrufs derselben (vgl. §§ 2253 f.) bei den allgemeinen Vorschriften des § 105, wonach nichtig sind

a. die Testamente Geschäftsunfähiger (§ 104) und zwar ohne Rücksicht auf etwaige während der Dauer der Entmündigung wegen Geisteskrankheit eintretende Gesundung oder lichte Zwischenräume;

b. die Testamente, die im Zustande der Bewußtlosigkeit oder vorübergehender Störung der Geistesthätigkeit errichtet sind (§ 105 Abs. 2).

2. Dementsprechend kann die Vorschrift des § 2229 Abs. 3 auch nicht auf die wegen Geisteskrankheit Entmündigten bezogen werden (vgl. Wilke gegen Endemann). Die Unfähigkeit zur Testamentserrichtung tritt nicht erst mit Stellung des Antrags ein, sondern besteht bei bereits vorhandener Geisteskrankheit schon vor diesem Zeitpunkte.

III. **Beschränkte Geschäftsfähigkeit.**

1. Die Minderjährigkeit (§§ 2, 3).

a. Vor Vollendung des 16. Lebensjahrs (Altersberechnung § 187 Abs. 2) kann der Minderjährige ein Testament nicht errichten; das von ihm errichtete Testament ist dauernd nichtig (§ 141). Vgl. auch § 2247 Note 2.

b. Der über 16 Jahre alte Minderjährige ist als solcher, d. h. sofern er nicht zugleich als Geisteskranker oder Entmündigter in Betracht kommt, zur Errichtung eines Testaments fähig.

α. Er bedarf zur Testamentserrichtung nicht der Zustimmung seines gesetzlichen Vertreters (§§ 107, 2229 Abs. 1). Einzige Ausnahme bildet der Fall des § 2292 in Verbindung mit § 2290 Abs. 3. (Aufhebung eines Erbvertrags durch gemeinschaftliches Testament.)

β. Er ist in den Testamentsformen gewissen Beschränkungen unterworfen §§ 2238 Abs. 2, 2247; 2240, 2250, 2251; 2238 Abs. 2.

2. Entmündigung wegen Geistesschwäche, Verschwendung oder Trunksucht (§ 114).

a. In der Zeit nach Eintritt der Unanfechtbarkeit des Entmündigungsbeschlusses bis zur Stellung eines Antrags auf Wiederaufhebung der Entmündigung (vgl. § 2230) sind die Entmündigten unfähig zur Errichtung eines Testaments, behalten aber die Fähigkeit, ein Testament ohne Zustimmung ihres Vertreters zu widerrufen (§§ 2229 Abs. 1, 2253 ff.).

b. In der Zeit vor Eintritt der Unanfechtbarkeit und von Stellung des Wiederaufhebungsantrags ab vgl. § 2230 und zu IV.

3. Die unter vorläufige Vormundschaft Gestellten. (Vgl. zu IV.)

IV. **Antrag auf Entmündigung wegen Geistesschwäche, Verschwendung, Trunksucht, Stellung unter vorläufige Vormundschaft.**

1. Für die Testamentsfähigkeit ist es — anders als für die Geschäftsfähigkeit überhaupt (vgl. § 114) — gleichgültig, ob der zu Entmündigende unter vorläufige Vormundschaft (§ 1910) gestellt ist oder nicht. Es kommt nur darauf an, ob auf Grund desjenigen Antrags, mit dessen Stellung der Eintritt der Testamentsunfähigkeit behauptet wird, die Entmündigung erfolgt oder nicht erfolgt.

a. Ist die Entmündigung erfolgt und der Entmündigungsbeschluß unanfechtbar geworden, so war der Entmündigte schon seit der Stellung des Entmündigungsantrags testamentsunfähig (§§ 2229 Abs. 3, 2230), unbeschadet seiner fortdauernden Fähigkeit zum Widerruf eines Testaments (§§ 2353 ff.).

b. Ist die Entmündigung nicht erfolgt oder der Entmündigungsbeschluß auf Anfechtungsklage aufgehoben worden (CPO. §§ 664, 672, 684), so hat der Entmündigungsantrag eine Beeinträchtigung der Testamentsfähigkeit nicht bewirkt.

2. Wer wegen eines gegen ihn gerichteten Entmündigungsantrags unter vorläufige Vormundschaft gestellt (§ 1910), aber nach a testamentsfähig ist,

2. Testamentserrichtung a. während der Anfechtbarkeit des Entmündigungsbeschlusses.

**§ 2230.** Hat ein Entmündigter ein Testament errichtet, bevor der die Entmündigung aussprechende Beschluß unanfechtbar geworden ist, so steht die Entmündigung der Gültigkeit des Testaments nicht entgegen, wenn der Entmündigte noch vor dem Eintritte der Unanfechtbarkeit stirbt.

b. nach beantragter Wiederaufhebung der Entmündigung.

Das Gleiche gilt, wenn der Entmündigte nach der Stellung des Antrags auf Wiederaufhebung der Entmündigung ein Testament errichtet und die Entmündigung dem Antrage gemäß wiederaufgehoben wird.

B. Errichtung des Testaments.

I. Die ordentlichen Testamentsformen.

**§ 2231.** Ein Testament kann in ordentlicher Form errichtet werden:
1. vor einem Richter oder vor einem Notar;
2. durch eine von dem Erblasser unter Angabe des Ortes und Tages eigenhändig geschriebene und unterschriebene Erklärung.

---

bedarf zur Errichtung eines Testaments nicht der Zustimmung des gesetzlichen Vertreters, §§ 2229, 114.

V. **Gebrechliche** (§ 1910) sind als solche nicht testamentsunfähig, wenn sie nur in der Lage sind, ihren letzten Willen in Gemäßheit der Vorschriften über die Errichtung von Testamenten mündlich oder schriftlich auszudrücken. Die Errichtung mittelst Zeichensprache (zu unterscheiden von Zeichenschrift vgl. § 2231 Note II aβ) ist nicht zugelassen.

1. Auf Taube, welche sprechen können, finden die allgemeinen Vorschriften Anwendung. Dem pflichtgemäßen Ermessen des Richters oder Notars ist es überlassen, wie er sich dem Erblasser gegenüber verständlich macht, sei es durch Schrift oder Zeichen oder einen Dolmetscher (vgl. FrG. § 8, GVG. § 188).

2. Blinde sind nicht besonders erwähnt; sie gehören in Ansehung der gewöhnlichen Schrift zu den Personen, die Geschriebenes nicht lesen können (§§ 2238, 2247); dies ist indeß nicht der Fall, soweit es sich um Blindenschrift handelt, welche der Blinde lesen kann, vgl. zu § 2231 Note II. 1b.

3. Es sind thatsächlich nicht in der Lage, ein Testament zu machen:
a. Taubstumme, welche nicht schreiben können;
b. Stumme oder aus anderen Gründen am Sprechen verhinderte Personen, welche minderjährig sind oder Geschriebenes nicht lesen oder nicht schreiben können (§§ 2238, 2247, 2243).

**§ 2230.** 1. Vgl. zu § 2229 Note III. 2b und IV. 1a. Ferner § 115.
2. Frist für die Anfechtungsklage CPO. §§ 664, 684.
3. Wiederaufhebung der Entmündigung CPO. §§ 675, 685.
4. Uebergangsvorschrift: Anwendbarkeit des § 2230 auf ein Testament, das ein nach dem 1. Januar 1900 verstorbener Erblasser vor dem Jahre 1900 errichtet hat. EG. Art. 215 Abs. 2.

Zu §§ 2231 f. I. Die Testamentsformen.
a. Die ordentlichen Testamentsformen (§ 2231)
α. vor einem Richter oder Notar §§ 2232 bis 2246.
β. das holographische Testament §§ 2247, 2248.
b. Die außerordentlichen Testamentsformen:
α. bei naher Todesgefahr das Testament vor d. Vorsteher d. Gemeinde § 2249;
β. bei Absperrung des Ortes von Gericht und Notar:
αα. das Testameut vor dem Vorsteher der Gemeinde §§ 2250, 2249.
ββ. das mündliche vor drei Zeugen zu Protokoll erklärte Testament § 2250.
γ. das während einer Seereise mündlich vor drei Zeugen zu Protokoll erklärte Testament § 2251.
c. Das Testament vor einem Reichskonsul:
α. Bundeskonsulatsgesetz §§ 16, 17a (S. 1577);
β. Konsulargerichtsbarkeitsgesetz v. 7. April 1900 § 7 Ziff. 2 (Bd. III S. 1579).

**§ 2232.** Für die Errichtung eines Testaments vor einem Richter oder vor einem Notar gelten die Vorschriften der §§ 2233 bis 2246.

1. Errichtung vor Richter oder Notar.

---

d. Das Militärtestament nach § 44 des Reichsmilitärgesetzes vom 2. Mai 1874 ist nunmehr auch für die Angehörigen der Kaiserlichen Marine durch EG. Art. 44 zugelassen. Vgl. daselbst.

2. Uebergangsbestimmung EG. Art. 214 Abs. 1.

3. Internationales Privatrecht EG. Art. 11; vgl. auch Art. 24 Abs. 3 Satz 2.

**§ 2231.** I. Für die Errichtung des Testamentes vor einem Richter oder Notar vgl. §§ 2232 ff.

II. **Das holographische Testament.**

1. Unzulässig ist das holographische Testament (§ 2247).

a. für Minderjährige, nicht auch für sonstige beschränkt Geschäftsfähige. Vgl. § 2229, 114, 1910;

b. für Personen, die Geschriebenes nicht zu lesen vermögen. Der Grund der Lesensunfähigkeit ist gleichgültig; die Vorschrift trifft sowohl in Ansehung der gewöhnlichen Schrift den Blinden, welcher die Schrift nur deshalb nicht lesen kann, weil er sie nicht sieht, als auch denjenigen, der des Lesens unkundig ist (vgl. zu 2aβ, ferner §§ 2229 Note V. 2, 2247 Note 1).

2. Formerfordernisse.

a. Das Testament muß geschrieben und unterschrieben sein.

α. Aus dem Erfordernisse der eigenhändigen Schrift des Erblassers ergiebt sich, daß das Testament handschriftlich gefertigt sein muß, es darf also nicht mechanisch oder mit der Schreibmaschine hergestellt sein.

β. Daß die Niederschrift in einer lebenden Sprache und in den Schriftzeichen einer solchen erfolgen muß, ist nicht vorgeschrieben. Stenographische Niederschrift und Verwendung von Blindenschrift, wenn die Deutung mit genügender Sicherheit erfolgen kann, erscheint nicht unzulässig. Vgl. Mot. V S. 270.

b. Das Testament muß von dem Erblasser eigenhändig geschrieben sein. Zusätze von fremder Hand gelten als nicht geschrieben. Die Gültigkeit des Testamentes wird durch diese Zusätze nicht beeinträchtigt, sofern nicht anzunehmen ist, daß die Wirksamkeit von den Zusätzen abhängig sein sollte (vgl. § 2086). Für die Errichtung eines gemeinschaftlichen Testamentes der Ehegatten vgl. § 2267.

c. Unterschrift ist Namensunterschrift vgl. hierzu § 126 Note I. 2.

d. Angabe des Ortes und des Tages.

Ob die Angaben richtig sein müssen, ist eine für das alte Recht noch ungelöste Streitfrage. Vgl. die strenge Beurtheilung dieses Erfordernisses in RG. 7 292 (zustimmend Mantey bei Gruchot **43** 641 ff. gegen Strohal Erbrecht S. 22 und Tränkner Sächs. Archiv 7 349, 354). Vgl. ferner RG. **29** 330, **43** 378, JW. 1895 S. 234[39], 1896 S. 182[63], 1899 S. 173[41].

e. Die Beweislast, daß das Testament von dem Erblasser herrührt, liegt demjenigen ob, der sich auf das Testament beruft. Der Erblasser wird gut thun, durch Beglaubigung seiner Unterschrift oder durch Zuziehung von Zeugen diesen Beweis zu sichern. Vgl. auch § 2248; ferner RG. 7 292, **12** 315.

3. Zulässigkeit amtlicher Verwahrung § 2248. Pflicht des Besitzers des Testamentes, es nach dem Tode des Erblassers an das Nachlaßgericht abzuliefern, § 2259.

4. Wenn das privatschriftliche Testament zum Nachweise einer Rechtsnachfolge nicht ausreicht, weil hierzu eine öffentliche oder öffentlich beglaubigte Urkunde erfordert wird (vgl. CPO. § 727, GO. § 36), so muß ein Erbschein beschafft werden, vgl. §§ 2353 ff.

**§ 2232.** 1. Sachliche Zuständigkeit.

a. Reichsrechtlich sind für die gerichtliche Beurkundung eines Rechtsgeschäfts die Amtsgerichte zuständig, FrG. § 167.

a. Mitwirk. Personen. **§ 2233.** Zur Errichtung des Testaments muß der Richter einen Gerichtsschreiber oder zwei Zeugen, der Notar einen zweiten Notar oder zwei Zeugen zuziehen.

a. Unfähigkeitsgründe. Verwandte 2c. des Erblassers. **§ 2234.** Als Richter, Notar, Gerichtsschreiber oder Zeuge kann bei der Errichtung des Testaments nicht mitwirken:

1. der Ehegatte des Erblassers, auch wenn die Ehe nicht mehr besteht;
2. wer mit dem Erblasser in gerader Linie oder im zweiten Grade der Seitenlinie verwandt oder verschwägert ist.

---

b. Die Landesgesetze können bestimmen, daß entweder nur die Gerichte oder nur die Notare zuständig sind, EG. Art. 141. Dem Verstoße gegen eine derartige landesgesetzliche Vorschrift ist nicht der Einfluß auf die Gültigkeit abgesprochen, vgl. EG. Art. 151 Satz 2.

2. Die örtliche Zuständigkeit ist der landesgesetzlichen Regelung überlassen. Ein Verstoß gegen derartige Vorschriften beeinträchtigt indeß nicht die Gültigkeit des Testamentes, vgl. EG. Art. 151 Satz 2, vgl. auch FrG. § 7.

3. Der Errichtungsakt.

Die allgemeinen Vorschriften der Landesgesetze über die Errichtung gerichtlicher oder notarieller Urkunden (vgl. z. B. Pr. AG. z. FrG. Art. 40 ff.) bleiben neben den reichsrechtlichen Vorschriften als ergänzendes Recht in Geltung. Ein Verstoß gegen dieselben ist indeß ohne Einfluß auf die Gültigkeit des Testaments EG. Art. 151.

4. Die Vorschriften des BGB. über die Errichtung des Testaments sind zugleich vorbildlich gewesen für die Vorschriften, welche in FrG. §§ 167 ff. (S. 62 ff.) über gerichtliche und notarielle Urkunden gegeben sind. Bei den einzelnen Paragraphen ist auf die entsprechenden Vorschriften verwiesen.

5. Von besonderer Wichtigkeit ist für Notare § 2246. (!)

**§ 2233.** 1. Während bei Testamenten die Zuziehung weiterer Personen durch den Richter oder Notar gemäß § 2233 zur Vermeidung der Nichtigkeit des Testaments stets stattfinden muß, ist nach FrG. § 169 (S. 62) für sonstige Beurkundungen die Zuziehung nur erforderlich, wenn ein Betheiligter taub, blind, stumm oder sonst am Sprechen verhindert ist.

2. Landesgesetzlicher Vorbehalt über Zuziehung einer besonderen, dazu bestellten Urkundsperson (Gerichtsschöffe 2c.) an Stelle des Gerichtsschreibers oder der zwei Zeugen EG. Art. 149, 151.

3. Wenn bei der Testamentserrichtung gemäß §§ 2232, 2233 zwei Notare thätig sind, so wird der eine der beurkundende Notar (§§ 2236, 2237), der andere, d. i. der zugezogene, der zweite Notar genannt. Die Vorschriften der §§ 2234, 2235 erstrecken sich auf beide Notare, während in §§ 2238, 2243, 2246 naturgemäß nur der beurkundende Notar gemeint ist.

4. Gerichtsschreiber vgl. GVG. § 154 in Verbindung mit den landesgesetzlichen Vorschriften. Für Preußen Ges. betr. die Dienstverhältnisse der Gerichtsschreiber vom 3. März 1879 (GS. S. 99). Nach § 9 dieses Gesetzes kann die Vertretung eines behinderten Gerichtsschreibers durch eine jede von dem Richter berufene (beeidigte oder zu beeidigende) Person erfolgen.

**§ 2234.** 1. Die Zuwiderhandlung gegen die zwingende Vorschrift des § 2234 bewirkt Nichtigkeit. Vgl. FrG. § 170 Ziffer 2 u. 3 (S. 63).

2. Die Vorschrift des § 2234 erschöpft reichsrechtlich das hier geregelte Verhältniß, namentlich kommt die Vorschrift FrG. § 6 hierneben nicht mehr in Betracht. Weitergehende landesgesetzliche Ausschließungsgründe würden zu berücksichtigen sein; ihre Vernachlässigung würde indeß Nichtigkeit des Testaments nicht zur Folge haben, EG. Art. 151.

3. Verwandtschaft und Schwägerschaft nach Linien und Graden vgl. §§ 1589, 1590 und Bemerkungen daselbst. In der Seitenlinie erstreckt sich

**§ 2235.** Als Richter, Notar, Gerichtsschreiber oder Zeuge kann bei der Errichtung des Testaments nicht mitwirken, wer in dem Testamente bedacht wird oder wer zu einem Bedachten in einem Verhältnisse der im § 2234 bezeichneten Art steht. Bedachte u. deren Verwandte ꝛc.

Die Mitwirkung einer hiernach ausgeschlossenen Person hat nur zur Folge, daß die Zuwendung an den Bedachten nichtig ist. Verwandte d. Urkundsperson.

**§ 2236.** Als Gerichtsschreiber oder zweiter Notar oder Zeuge kann bei der Errichtung des Testaments nicht mitwirken, wer zu dem Richter oder dem beurkundenden Notar in einem Verhältnisse der im § 2234 bezeichneten Art steht.

**§ 2237.** Als Zeuge soll bei der Errichtung des Testaments nicht mitwirken: β. Untaugl. Zeugen.

1. ein Minderjähriger;
2. wer der bürgerlichen Ehrenrechte für verlustig erklärt ist, während der Zeit, für welche die Aberkennung der Ehrenrechte erfolgt ist;
3. wer nach den Vorschriften der Strafgesetze unfähig ist, als Zeuge eidlich vernommen zu werden;
4. wer als Gesinde oder Gehülfe im Dienste des Richters oder des beurkundenden Notars steht.

---

das Hinderniß also nur auf voll- und halbbürtige Geschwister und deren Ehegatten.

4. Daß der Erblasser nicht selbst als Urkundsperson mitwirken kann, ist als selbstverständlich unausgesprochen geblieben.

**§ 2235.** 1. Vgl. FrG. § 171 (S. 63). — § 2235 findet auch Anwendung, wenn das Testament verschlossen übergeben wird (vgl. § 2238).

2. Die Ernennung zum Testamentsvollstrecker ist keine Bedenkung. Als solche kommen nur in Betracht Erbeinsetzung, Vermächtniß, Auflage. Wenn indeß die dem Testamentsvollstrecker in dem Testamente bestimmte Vergütung über das angemessene Maß hinausgeht, vgl. § 2221 Note 3.

3. Die Einwirkung der theilweisen Nichtigkeit (Abs. 2) auf das gesammte Testament ist nach § 2085 zu beurtheilen.

**§ 2236.** Vgl. FrG. § 172 (S. 63). Zuwiderhandlung gegen § 2236 macht das Testament nichtig.

**§ 2237.** I. Vgl. FrG. § 173 (S. 63). Die Zuwiderhandlung gegen die Sollvorschrift des § 2237 bewirkt nicht Nichtigkeit.

II. **Die einzelnen Fälle.**

1. Zu den Minderjährigen (§ 2) gehören nicht die für volljährig Erklärten (§ 3).

2. Verlust der bürgerlichen Ehrenrechte StGB. § 34 Ziffer 5.

3. Unfähigkeit zu eidlichen Zeugnissen StGB. § 161 (Verurtheilung wegen Meineids).

4. Ob Jemand im Gesindeverhältnisse steht, ist nach Landesrecht zu beurtheilen, EG. Art 95.

III. **Nichtberücksichtigte Eigenschaften.**

1. Entmündigte, Gebrechliche, Geisteskranke.

Entmündigte und Bevormundete sind nicht ausgeschlossen. Als selbstverständliches Erforderniß ist unausgesprochen geblieben, daß die zugezogenen Zeugen die Vorgänge, die sie bezeugen sollen, wahrnehmen und begreifen können, so daß des Vernunftsgebrauchs beraubte, blinde, taube oder der deutschen Sprache (vgl. §§ 2240; 2245) unkundige Personen ausgeschlossen erscheinen (Mot.).

b. Die Errichtung. α. Der Errichtungsakt.

**§ 2238.** Die Errichtung des Testaments erfolgt in der Weise, daß der Erblasser dem Richter oder dem Notar seinen letzten Willen mündlich erklärt oder eine Schrift mit der mündlichen Erklärung übergiebt, daß die Schrift seinen letzten Willen enthalte. Die Schrift kann offen oder verschlossen übergeben werden. Sie kann von dem Erblasser oder von einer anderen Person geschrieben sein.

Wer minderjährig ist oder Geschriebenes nicht zu lesen vermag, kann das Testament nur durch mündliche Erklärung errichten.

β. Anwesenheit der Mitwirkenden.

**§ 2239.** Die bei der Errichtung des Testaments mitwirkenden Personen müssen während der ganzen Verhandlung zugegen sein.

---

2. Schreibensunkundige können nicht zugezogen werden, wenn sie nicht mindestens ihren Namen schreiben können, § 2242 Abs. 3. Die für Rechtsgeschäfte des Erklärenden gegebene Vorschrift des § 126, wonach die Unterschrift durch gerichtlich oder notariell beglaubigtes Handzeichen ersetzt werden kann, bezieht sich nicht auf Vollziehung des Protokolls durch den Zeugen, weil es sich hier nicht um ein Rechtsgeschäft des Zeugen handelt.

3. Ausländer sind als solche nicht unfähig, als Zeugen zu dienen. Erforderniß der Kenntniß der deutschen Sprache vgl. zu 1.

4. Frauen können als Zeugen zugezogen werden.

IV. **Landesgesetzliche Vorschriften.**

Weitergehende landesgesetzliche Vorschriften sind nach EG. Art. 151 zulässig. Ihre Nichtbeobachtung kann wohl disziplinare Maßnahmen und möglicherweise auch Schadensersatzansprüche gegen den beurkundenden Beamten, nicht aber die Nichtigkeit des Testaments nach sich ziehen. Vgl. EG. Art. 151.

**§ 2238.** 1. Der normale Fall der Testamentserrichtung vor einem Richter oder Notar ist in den §§ 2238—2242 geregelt. § 2243 behandelt dann die Verhinderung des Testators am Sprechen, §§ 2244 f. die Testamentserrichtung durch einen der deutschen Sprache nicht mächtigen Erblasser.

2. Die beiden Arten der normalen Testamentserrichtung.

a. Mündliche Erklärung des Testaments vor Richter oder Notar. Für die Frage, ob Nicken mit dem Kopf auf die Frage des Richters oder Notars genügend ist, vgl. RG. **31** 225 ff. Diese Entscheidung ist wohl noch zutreffend für den Fall, daß nicht etwa § 2243 eingreift, also wenn der Testator zwar nicht am Sprechen absolut verhindert ist, ihm das Sprechen aber schwer fällt.

b. Uebergabe einer offenen oder verschlossenen Schrift. Ueber die Begriffe der Schrift vgl. § 2231 Note II. 2a. Will der Erblasser ein holographisches Testament übergeben, so findet nicht § 2238, sondern § 2248 Anwendung. Vgl. auch § 2256 Note I. 3c.

3. Die Vorschrift des Abs. 2, daß Minderjährige (vgl. § 2229 Abs. 2) und diejenigen, die Geschriebenes nicht zu lesen vermögen, ihr Testament nur durch mündliche Erklärung errichten können (vgl. auch § 2247), gilt — entgegen den Bemerkungen Prot. V S. 336 — auch für die außerordentlichen Testamentsformen (§§ 2249; 2250 Abs. 1). — Stumme § 2243. Taubstumme, die nicht schreiben können, vgl. § 2229 Note V. 3a. — Blinde gehören in Ansehung der gewöhnlichen Schrift zu denen, die Geschriebenes nicht lesen können, nicht aber in Ansehung der Blindenschrift, vgl. § 2229 Note V. 2.

**§ 2239.** 1. Vgl. FrG. § 174 (S. 63). — Die Vorschrift ist nicht bloß Ordnungs-, sondern wesentliche Formvorschrift, deren Nichtbefolgung Nichtigkeit des Testaments bewirkt.

2. Wird die Entfernung einer der mitwirkenden Personen erforderlich, so muß die Verhandlung während ihrer Abwesenheit unterbrochen werden.

3. Die Vorschrift des § 2246, welche die Anwesenheit aller Mitwirkenden auch während der Versiegelung und Beschreibung gebietet, ist nur Ordnungsvorschrift, deren Nichtbefolgung die Gültigkeit des Testaments nicht beeinträchtigt.

**§ 2240.** Ueber die Errichtung des Testaments muß ein Protokoll in deutscher Sprache aufgenommen werden. — α. Das Protokoll.

**§ 2241.** Das Protokoll muß enthalten: — a. Inhalt.

1. Ort und Tag der Verhandlung;
2. die Bezeichnung des Erblassers und der bei der Verhandlung mitwirkenden Personen;
3. die nach § 2238 erforderlichen Erklärungen des Erblassers und im Falle der Uebergabe einer Schrift die Feststellung der Uebergabe.

**§ 2242.** Das Protokoll muß vorgelesen, von dem Erblasser genehmigt und von ihm eigenhändig unterschrieben werden. Im Protokolle muß festgestellt werden, daß dies geschehen ist. Das Protokoll soll dem Erblasser auf Verlangen auch zur Durchsicht vorgelegt werden. — β. Verlesung, Genehmigung, Unterschrift.

Erklärt der Erblasser, daß er nicht schreiben könne, so wird seine Unterschrift durch die Feststellung dieser Erklärung im Protokoll ersetzt.

Das Protokoll muß von den mitwirkenden Personen unterschrieben werden.

**§ 2243.** Wer nach der Ueberzeugung des Richters oder des Notars stumm oder sonst am Sprechen verhindert ist, kann das Testament nur durch Uebergabe einer Schrift errichten. Er muß die Erklärung, daß die Schrift seinen letzten Willen enthalte, bei der Verhandlung eigenhändig in das Protokoll oder auf ein besonderes Blatt schreiben, das dem Protokoll als Anlage beigefügt werden muß. — d. Besondere Fälle. a. Stummer od. sonst am Sprechen verhindert. Erblasser.

---

**§ 2240.** 1. Vgl. FrG. § 175 (S. 63). Ueber Inhalt und Aufnahme des Protokolls geben die §§ 2241, 2242 eine Anzahl von Mußvorschriften, deren Nichtbeobachtung das Testament nichtig macht.

2. Die deutsche Sprache als Gerichtssprache FrG. § 8, GVG. § 187. Testament Fremdsprachiger §§ 2244, 2245. Diese Sprachenvorschriften gelten auch für die außerordentlichen Testamentsformen der §§ 2249—2251.

**§ 2241.** 1. Vgl. FrG. § 176 (S. 63).

2. Zu dem sich aus § 2241 ergebenden Inhalte des Protokolls kommt ferner die Feststellung, daß das Protokoll vorgelesen, von dem Erblasser genehmigt und von ihm eigenhändig unterschrieben ist, sowie die Vollziehung des Protokolls, § 2242.

3. Vgl. ferner für Testamentserrichtung in den besonderen Fällen der Verhinderung am Sprechen und der Fremdsprachigkeit die §§ 2243 bis 2245.

4. Die Feststellung der Persönlichkeit richtet sich nach den ergänzenden Ordnungsvorschriften FrG. § 176 Abs. 3 (Bd. I S. 63 f.).

**§ 2242.** 1. Vgl. FrG. § 177 (S. 64). Im Falle der Erklärung des Erblassers, nicht schreiben zu können, wird die Unterschrift durch die Feststellung dieser Erklärung ersetzt. Der Hinzufügung eines Handzeichens (vgl. § 126 Abs. 1) bedarf es nicht. Die Vorschrift des Abs. 2 trifft sowohl den Fall, daß Jemand des Schreibens unkundig ist, als auch den Fall, daß er durch Krankheit, Verletzung ꝛc. nicht in der Lage ist, schreiben zu können.

2. Der Schluß des Protokolls lautet in Gemäßheit des § 2242:

„Das Protokoll ist vorgelesen, von dem Erblasser genehmigt und von ihm, wie folgt, eigenhändig unterschrieben.

(Unterschrift des Erblassers.)

Unterschrift des Richters oder Notars.

Unterschrift des Gerichtsschreibers oder des zweiten Notars oder der beiden Zeugen.

Vgl. Rausnitz D. JZtg. 1899 S. 458.

Das eigenhändige Niederschreiben der Erklärung sowie die Ueberzeugung des Richters oder des Notars, daß der Erblasser am Sprechen verhindert ist, muß im Protokolle festgestellt werden. Das Protokoll braucht von dem Erblasser nicht besonders genehmigt zu werden.

β. Der deutschen Sprache nicht mächtiger Erblasser. Errichtung in deutscher Sprache mit Dolmetscher.

**§ 2244.** Erklärt der Erblasser, daß er der deutschen Sprache nicht mächtig sei, so muß bei der Errichtung des Testaments ein vereideter Dolmetscher zugezogen werden. Auf den Dolmetscher finden die nach den §§ 2234 bis 2237 für einen Zeugen geltenden Vorschriften entsprechende Anwendung.

Das Protokoll muß in die Sprache, in der sich der Erblasser erklärt, übersetzt werden. Die Uebersetzung muß von dem Dolmetscher angefertigt oder beglaubigt und vorgelesen werden; die Uebersetzung muß dem Protokoll als Anlage beigefügt werden.

Das Protokoll muß die Erklärung des Erblassers, daß er der deutschen Sprache nicht mächtig sei, sowie den Namen des Dolmetschers und die Feststellung enthalten, daß der Dolmetscher die Uebersetzung angefertigt oder beglaubigt und sie vorgelesen hat. Der Dolmetscher muß das Protokoll unterschreiben.

---

**§ 2243.** 1. FrG. § 178 (S. 64). Voraussetzung ist nicht wirkliches Stummsein oder eine absolute Verhinderung am Sprechen, sondern nur die im Protokolle festzustellende Ueberzeugung des Richters oder Notars von dem Vorliegen eines dieser Hinderungsgründe. Unter § 2243 gehört auch der Fall, daß dem Testator etwa ärztlicherseits das Sprechen verboten ist.

2. Die Erklärung, daß die übergebene Schrift seinen letzten Willen enthalte, hat der Erblasser bei der Verhandlung, also in Gegenwart aller Mitwirkenden (§§ 2233, 2239) eigenhändig zu schreiben.

3. Wer nicht sprechen und nicht schreiben kann, kann ein Testament nicht machen. Testamentserrichtung mittelst Gesten oder Zeichen ist nicht zugelassen, vgl. § 2229 Note V. Ueber Verwendung von Blindenschrift vgl. indeß § 2231 Note II. 2 a.

4. Wegen Vorlesung und Vollziehung des Protokolls gilt § 2242; nur der besonderen Genehmigung des Erblassers bedarf es nicht.

5. Ist der Erblasser im Falle des § 2243 der deutschen Sprache nicht mächtig, so kommen §§ 2244, 2245 in Verbindung mit § 2243 zur Anwendung

**§ 2244.** 1. Voraussetzung der Anwendbarkeit.

a. Nach FrG. § 8, GVG. § 187 ist die Gerichtssprache die deutsche Sprache (vgl. FrG. §§ 179, 180, S. 64). § 2244 regelt den Fall, daß der Erblasser der deutschen Sprache nicht mächtig ist und daß andererseits nicht sämmtliche mitwirkenden Personen die Sprache, in der sich der Erblasser erklärt, beherrschen (vgl. § 2245).

b. Entscheidend ist, daß der Erblasser erklärt, der deutschen Sprache nicht mächtig zu sein. Unwahrheit der Erklärung beeinträchtigt nicht die Gültigkeit des Testaments.

c. Gegen Mißbrauch schützt die Erhöhung der Kosten, wenn sich ein Betheiligter in einer fremden Sprache erklärt (vgl. Pr. Gerichtskostengesetz § 55: Erhöhung um ein Viertheil, GS. 1899 S. 344).

2. Die Person des Dolmetschers.

Die Zuziehung eines vereidigten, nicht gerade eines gerichtlich vereidigten Dolmetschers ist vorgeschrieben. Die Regelung des Dolmetscherwesens ist der Landesgesetzgebung überlassen. Vgl. für Preußen Gesetz btr. die Geschäftssprache bei Behörden vom 28. August 1876 (GS. S. 389) und Pr. Dolmetscher-Ordnung vom 18. Dezember 1899 (JMBl. S. 856), Pr. AG. z.

**§ 2245.** Sind sämmtliche mitwirkende Personen ihrer Versicherung nach der Sprache, in der sich der Erblasser erklärt, mächtig, so ist die Zuziehung eines Dolmetschers nicht erforderlich. Errichtung in fremder Sprache ohne Dolmetscher.

Unterbleibt die Zuziehung eines Dolmetschers, so muß das Protokoll in der fremden Sprache aufgenommen werden und die Erklärung des Erblassers, daß er der deutschen Sprache nicht mächtig sei, sowie die Versicherung der mitwirkenden Personen, daß sie der fremden Sprache mächtig seien, enthalten. Eine deutsche Uebersetzung soll als Anlage beigefügt werden.

FrG. Art. 86 (Beeidigung durch den Notar in dringenden Fällen); Pr AG. z. BGB. Art. 80 (Beeidigung durch die Urkundsperson bei Nothtestament).

3. Die rechtliche Behandlung des Dolmetschers.

a. Der Dolmetscher ist nach der Auffassung des BGB. das Organ, durch welches der Erblasser zu den übrigen Mitwirkenden redet. Was der Dolmetscher als den Willen des Erblassers mittheilt, wird so angesehen, wie wenn es von dem Erblasser selbst in deutscher Sprache erklärt wäre (Mot.).

b. Der Dolmetscher kann nicht zugleich die Rolle einer der sonst bei der Testamentserrichtung mitwirkenden Personen (§ 2233) bekleiden. Vgl. Pr. JMBl. 1900 S. 80 f.

4. Das Protokoll.

Das in deutscher Sprache abzufassende Protokoll, welches den Gang des Verfahrens erkennen läßt, hat demnach folgenden Inhalt:

a. Ort und Tag der Verhandlung (§ 2241 Ziffer 1).

b. Die Bezeichnung des Erblassers und der bei der Verhandlung mitwirkenden Personen, einschließlich des Dolmetschers (§§ 2241 Ziffer 2, 2244 Abs. 3).

c. Die durch den Dolmetscher in deutscher Sprache wiederzugebende Erklärung des Erblassers, daß er der deutschen Sprache nicht mächtig sei (§ 2244 Abs. 3).

d. Die nach § 2238 erforderliche Erklärung (§ 2241 Ziffer 3), in der ihm durch den Dolmetscher gegebenen deutschen Uebersetzung (§ 2244).

e. Die Feststellung, daß der Dolmetscher die dem Protokoll als Anlage beigefügte Uebersetzung des Protokolls in die Sprache des Erblassers angefertigt oder, wenn sie von einem Anderen angefertigt ist, beglaubigt und sie auch vorgelesen hat (§ 2244 Abs. 3).

f. Die Feststellung (§ 2242), daß das (deutsche) Protokoll vorgelesen, von dem Erblasser (durch den Mund des Dolmetschers) genehmigt und von ihm eigenhändig unterschrieben ist, wobei bei Schreibensunkunde die Unterschrift durch die Feststellung der Erklärung, daß der Erblasser nicht schreiben kann, ersetzt wird (§ 2242).

g. Die Unterschrift der mitwirkenden Personen (§ 2242 Abs. 3) einschließlich des Dolmetschers (§ 2244 Abs. 3).

5. Ist der Fremdsprachige nach der Ueberzeugung des Richters stumm oder sonst am Sprechen verhindert, so ergiebt sich das Verfahren unter weiterer Berücksichtigung des § 2243.

**§ 2245.** 1. In § 2245 wird der Fall geregelt, daß der Erblasser der deutschen Sprache nicht mächtig ist (vgl. Abs. 2), sämmtliche Mitwirkende aber (vgl. § 2233) die Sprache des Erblassers beherrschen. Entscheidend ist die Versicherung der Mitwirkenden. Unrichtigkeit dieser Erklärung beinträchtigt nicht die Gültigkeit des Testaments, sondern kann gegebenenfalls Schadensersatzansprüche nach allgemeinen Grundsätzen begründen (§§ 823 ff.).

2. Das in der fremden Sprache aufzunehmende Protokoll hat den sich aus §§ 2241, 2242 (bzw. 2243) ergebenden Inhalt. Das fremdsprachige Protokoll ist maßgebend. Daß die deutsche Uebersetzung beizufügen ist, ist lediglich unwesentliche Ordnungsvorschrift.

3. Ist der Erblasser stumm oder sonst am Sprechen verhindert, so ergiebt sich Verfahren und Protokoll aus § 2243 in Verbindung mit § 2245.

c. Versiegelung und Verwahrung des Testaments.

**§ 2246.** Das über die Errichtung des Testaments aufgenommene Protokoll soll nebst Anlagen, insbesondere im Falle der Errichtung durch Uebergabe einer Schrift nebst dieser Schrift, von dem Richter oder dem Notar in Gegenwart der übrigen mitwirkenden Personen und des Erblassers mit dem Amtssiegel verschlossen, mit einer das Testament näher bezeichnenden Aufschrift, die von dem Richter oder dem Notar zu unterschreiben ist, versehen und in besondere amtliche Verwahrung gebracht werden.

Dem Erblasser soll über das in amtliche Verwahrung genommene Testament ein Hinterlegungsschein ertheilt werden.

2. Holographisches Testament.
a. Minderjährige Lesensunfähige.
b. Amtl. Verwahrung.

**§ 2247.** Wer minderjährig ist oder Geschriebenes nicht zu lesen vermag, kann ein Testament nicht nach § 2231 Nr. 2 errichten.

**§ 2248.** Ein nach § 2231 Nr. 2 errichtetes Testament ist auf Verlangen des Erblassers in amtliche Verwahrung zu nehmen. Die Vorschrift des § 2246 Abs. 2 findet Anwendung.

II. Außerordentliche Testamentsformen.
1. Besorgniß nahen Todes. Errichtung vor dem Gemeindevorsteher.

**§ 2249.** Ist zu besorgen, daß der Erblasser früher sterben werde, als die Errichtung eines Testaments vor einem Richter oder vor einem Notar möglich ist, so kann er das Testament vor dem Vorsteher der Gemeinde, in der er sich aufhält, oder, falls er sich in dem Bereich eines durch Landesgesetz einer Gemeinde gleichgestellten Verbandes oder Gutsbezirkes aufhält, vor dem Vorsteher dieses Verbandes oder Bezirkes errichten. Der Vorsteher muß zwei Zeugen zuziehen. Die Vorschriften der §§ 2234 bis 2246 finden Anwendung; der Vorsteher tritt an die Stelle des Richters oder des Notars.

---

**§ 2246.** 1. Die Testamentserrichtung ist beendet, wenn alle für dieselbe in §§ 2238—2245 bestimmten Erfordernisse vorliegen.

2. Die Ordnungsvorschrift des § 2246 bestimmt, wie mit dem fertigen Testamente zu verfahren ist. Danach darf der beurkundende Richter oder der Notar nicht etwa das fertiggestellte Testament dem Erblasser auf sein Verlangen aushändigen, sondern hat dasselbe in der sich aus seinem pflichtgemäßen Verhalten ergebenden Zeit und Art in die besondere amtliche Verwahrung gelangen zu lassen (vgl. § 2256).

3. Die Regelung der amtlichen Verwahrung, sowie die Ertheilung des Hinterlegungsscheins ist der Landesgesetzgebung überlassen FrG. § 200. Vgl. für Preußen AG. z. BGB. Art. 81.

Preuß. AG. z. BGB. Art. 81.
Bay. Notariatsg. v. 9. Juni 1899 Art. 7.
Sachs. V. z. A. d. BGB. §§ 49, 50.
Württ. AG. z. BGB. Artt. 79 f.

4. Unterschied von Siegel und Stempel vgl. Pr. JMBl. 1900 S. 45.

**§ 2247.** 1. Der Blinde, welcher die Blindenschrift lesen und schreiben kann, wird in Ansehung eines in solcher Schrift von ihm selbst gefertigten Testaments nicht unter § 2247 fallen. Vgl. §§ 2231 Note II. 1b.

2. Ein holographisches Testament (§ 2231 Ziffer 2), welches dem § 2247 zuwider errichtet ist, ist nichtig. Die nach dem Fortfalle des Unzulässigkeitsgrundes erfolgende Bestätigung ist als Neuvornahme zu beurtheilen (vgl. § 141). Die auf die alte Niederschrift gesetzte Erklärung, daß ihr Inhalt als das Testament des Erblassers gelten solle, ist hierzu nicht ausreichend. Vgl. die ausdrückliche Vorschrift in § 2267.

**§ 2248.** 1. Die gesetzliche Regelung der amtlichen Verwahrung einschließlich der in §§ 2246 Abs. 2 vorgeschriebenen Ertheilung eines Hinterlegungsscheins ist der Landesgesetzgebung überlassen, vgl. Pr. AG. z. BGB. Art. 81.

2. Die Rückgabe des holographischen Testaments aus der amtlichen Verwahrung, welche auf jederzeitiges Verlangen des Erblassers an diesen selbst zu erfolgen hat, gilt nicht als Widerruf, vgl. § 2256 Abs. 3.

Die Besorgniß, daß die Errichtung eines Testaments vor einem Richter oder vor einem Notar nicht mehr möglich sein werde, muß im Protokolle festgestellt werden. Der Gültigkeit des Testaments steht nicht entgegen, daß die Besorgniß nicht begründet war.

**§ 2250.** Wer sich an einem Orte aufhält, der in Folge des Ausbruchs einer Krankheit oder in Folge sonstiger außerordentlicher Umstände dergestalt abgesperrt ist, daß die Errichtung eines Testaments vor einem Richter oder vor einem Notar nicht möglich oder erheblich erschwert ist, kann das Testament in der durch den § 2249 Abs. 1 bestimmten Form oder durch mündliche Erklärung vor drei Zeugen errichten. 2. Verkehrssperre. a. Errichtung vor dem Gemeindevorsteher.

Wird die mündliche Erklärung vor drei Zeugen gewählt, so muß über die Errichtung des Testaments ein Protokoll aufgenommen werden. Auf die Zeugen finden die Vorschriften der §§ 2234, 2235 und des § 2237 Nr. 1 bis 3, auf das Protokoll finden die Vorschriften der §§ 2240 bis 2242, 2245 Anwendung. Unter Zuziehung eines Dolmetschers kann ein Testament in dieser Form nicht errichtet werden. b. Errichtung durch mündl. Erklärung vor drei Zeugen.

---

**§ 2249.** 1. An Stelle der außerordentlichen Testamentsform des § 2249 wird häufig das holographische Testament des § 2131 Ziff. 2 zur Anwendung gelangen.

2. **Als Urkundsperson ist berufen:**

a. **reichsrechtlich:**

α. Der Vorsteher der Gemeinde, in der sich der Erblasser aufhält. Außerhalb seines Gemeindebezirks ist der Vorsteher nicht als Urkundsperson zu erachten; die von ihm erfolgte Testamentserrichtung wäre nichtig. Die Vorschrift FrG. § 7 ist trotz der Bestimmung, daß der Vorsteher an die Stelle des Richters tritt, auf diesen Fall wohl nicht anzuwenden. Vgl. Pr. G. ü. d. FrG. Art. 39.

Als Vorsteher ist auch der Vertreter des Gemeindevorstehers innerhalb seiner Vertretungsbefugnisse anzusehen (Mot.).

β. Ob andere Verbände den Gemeinden gleichgestellt sind, ist nach Landesrecht zu beurtheilen; für Preußen ist das nicht der Fall.

γ. Ob ein Gutsbezirk der Gemeinde gleichgestellt ist, entscheidet das Landesrecht; für Preußen hinsichtlich der selbständigen Gutsbezirke bejaht (AG. z. BGB. Art. 80).

b. **Landesgesetzlicher Vorbehalt** für die Vorschriften, nach welchen im Falle des § 2249 an Stelle des Vorstehers oder neben demselben eine andere amtlich bestellte Person zuständig ist EG. Art. 150, vgl. für Preußen AG. z. BGB. Art. 80 Abs. 2.

3. **Die Errichtung des Testaments.**

a. Die Urkundsperson (vgl. zu 2) muß zwei Zeugen hinzuziehen; der Ersatz der zwei Zeugen durch eine etwa vorhandene zweite Urkundsperson im Sinne der Note 1 (vgl. § 2233) ist nicht zugelassen.

b. Wegen der Anwendung der §§ 2234—2246 vgl. zu diesen Paragraphen. Insbesondere also ist das aufgenommene Protokoll nebst Anlagen verschlossen und versiegelt gemäß § 2246 zu der besonderen amtlichen Verwahrung zu bringen. Für Preußen vgl. AG. z. BGB. Art. 81 § 2 Ziffer 3. Wegen Rückgabe des Testaments vgl. § 2256.

c. Feststellung der Besorgniß im Protokoll (Abs. 2) ist **Mußvorschrift.**

4. Das gemäß § 2249 errichtete Testament ist eine öffentliche Urkunde im Sinne des § 415 CPO.

5. Zeitliche Beschränkung der Gültigkeit des außerordentlich errichteten Testaments § 2252.

§ 2250. **§ 2250.** 1. An Stelle der außerordentlichen Testamentsformen des § 2250 bietet sich das holographische Testament des § 2231 Ziffer 2.

2. Die Voraussetzungen des § 2250 sind von demjenigen zu beweisen, der auf das gemäß § 2250 außerordentlich errichtete Testament Rechte stützt. Eine den Beweis des objektiven Vorliegens der Voraussetzungen ersetzende Feststellung zu Protokoll (§ 2249 Abs. 2) ist in § 2250 nicht zugelassen. Absperrung im Gesundheitsinteresse vgl. Ges. z. Bekämpfung gemeingef. Krankh. v. 30. Juni 1900 (RGBl. S. 306) § 11 ff.; Zulassung v. Urkundspersonen § 14.

3. Die beiden in § 2250 zugelassenen Formen sind:

a. Die Errichtung vor einer außerordentlichen Urkundsperson (vgl. zu § 2249 Abs. 1). Auch wenn das Testament nach § 2249 auf Grund der Voraussetzungen des § 2250 errichtet wird, liegt dennoch ein nach § 2249 errichtetes Testament vor (vgl. § 2256).

b. Die Errichtung des Testaments durch mündliche Erklärung vor drei Zeugen.

Die Anwendung der in Bezug genommenen Vorschriften auf diese Testamentsform ergiebt:

α. die Person der Zeugen.

αα. Unfähige Zeugen sind: der Ehegatte des Erblassers, auch wenn die Ehe nicht mehr besteht, ferner wer mit dem Erblasser in gerader Linie oder im zweiten Grade der Seitenlinie verwandt oder verschwägert ist. Zuwiderhandlung bewirkt Nichtigkeit des Testaments § 2234.

ββ. Untaugliche Zeugen sind diejenigen, die in dem Testamente bedacht werden oder wer zu einem Bedachten in dem Verhältniß als Ehegatte steht oder stand, oder mit einem Bedachten in gerader Linie oder im zweiten Grade der Seitenlinie verwandt ist. Zuwiderhandlung hat nur zur Folge, daß die Zuwendung an den Bedachten nichtig ist, § 2235.

γγ. Untaugliche Zeugen sind ferner Minderjährige, der bürgerlichen Ehrenrechte oder der Fähigkeit, als Zeuge eidlich vernommen zu werden, Entbehrende. Ordnungsvorschrift § 2237.

β. Protokoll.

αα. Das Protokoll ist in deutscher Sprache (§ 2240) abzufassen. Von wem es abgefaßt wird, ob von dem Erblasser selbst oder auch von einem als Zeugen Ausgeschlossenen, ist gleichgültig, wenn nur einer der Zeugen sich den Entwurf als Protokoll aneignet.

ββ. Das Protokoll muß enthalten: Ort und Tag der Verhandlung, die Bezeichnung des Erblassers und der Zeugen, die Erklärung des letzten Willens durch den Erblasser, § 2241.

γγ. Das Protokoll muß vorgelesen, von dem Erblasser genehmigt und von ihm eigenhändig unterschrieben werden. Im Protokolle muß festgestellt werden, daß dies geschehen ist. Erklärt der Erblasser, daß er nicht schreiben könne, so wird seine Unterschrift durch die Feststellung dieser Erklärung im Protokoll ersetzt. § 2242 Abs. 1, 2.

Das Protokoll muß von den drei Zeugen unterschrieben werden. § 2242 Abs. 3.

δδ. Das Protokoll ist lediglich eine Privaturkunde. Vgl. § 2231 Note II. 4.

γ. Fremdsprachigkeit des Erblassers.

Ist der Erblasser der deutschen Sprache nicht mächtig, so kann er mangels Zulässigkeit der Zuziehung eines Dolmetschers (vgl. § 2250 Abs. 2 Satz 3) vor drei Zeugen nur gemäß § 2245 testiren, wenn die drei Zeugen der Sprache, in der sich der Erblasser erklärt, mächtig sind. In diesem Falle wird das Protokoll in der fremden Sprache aufgenommen und muß außer dem Inhalte zu β die Erklärung des Erblassers enthalten, daß er der deutschen Sprache nicht mächtig ist, sowie die Versicherung der Zeugen, daß sie der fremden Sprache mächtig sind. § 2245.

δ. Verhinderung des Erblassers am Sprechen.

Ist der Erblasser stumm oder sonst am Sprechen verhindert, so kann er nicht vor drei Zeugen sein Testament errichten. Uebergabe eines Schriftstücks ist nicht zugelassen; § 2243 nicht mitzitirt.

3. Seetestament. Errichtung durch mündliche Erklärung vor drei Zeugen.

**§ 2251.** Wer sich während einer Seereise an Bord eines deutschen, nicht zur Kaiserlichen Marine gehörenden Fahrzeugs außerhalb eines inländischen Hafens befindet, kann ein Testament durch mündliche Erklärung vor drei Zeugen nach § 2250 errichten.

4. Zeitlich beschränkte Wirksamkeit d. außerordentl. Testamente.

**§ 2252.** Ein nach § 2249, § 2250 oder § 2251 errichtetes Testament gilt als nicht errichtet, wenn seit der Errichtung drei Monate verstrichen sind und der Erblasser noch lebt.

Beginn und Lauf der Frist sind gehemmt, solange der Erblasser außer Stande ist, ein Testament vor einem Richter oder vor einem Notar zu errichten.

Tritt im Falle des § 2251 der Erblasser vor dem Ablaufe der Frist eine neue Seereise an, so wird die Frist dergestalt unterbrochen, daß nach der Beendigung der neuen Reise die volle Frist von neuem zu laufen beginnt.

Wird der Erblasser nach dem Ablaufe der Frist für todt erklärt, so behält das Testament seine Kraft, wenn die Frist zu der Zeit, zu welcher der Erblasser den vorhandenen Nachrichten zufolge noch gelebt hat, noch nicht verstrichen war.

C. Aufhebung letztwilliger Verfügungen.

I. Widerruf.

**§ 2253.** Ein Testament sowie eine einzelne in einem Testament enthaltene Verfügung kann von dem Erblasser jederzeit widerrufen werden.

Die Entmündigung des Erblassers wegen Geistesschwäche, Verschwendung oder Trunksucht steht dem Widerruf eines vor der Entmündigung errichteten Testaments nicht entgegen.

---

4. Zeitliche Beschränkung des in außerordentlicher Form nach § 2250 errichteten Testaments § 2252.

5. Militärtestament § 44 MilGes. vom 2. Mai 1874, vgl. zu EG. Art. 44

**§ 2251.** 1. Für Personen auf deutschen Kriegsschiffen vgl. EG. Art. 44

2. Ein Deutscher kann auf einem nicht deutschen, außerhalb eines inländischen Hafens befindlichen Schiffe außer in der holographischen Form auch in der durch die Gesetze des Staates, dem das Schiff angehört, vorgeschriebenen Form testiren (EG. Art. 11 vgl. mit EG. Art. 1 Note I 1 b.).

3. Wegen Errichtung des Testaments vor drei Zeugen vgl. § 2250 Note 3 b.

**§ 2252.** 1. (Abs. 1.) Die Fiktion, daß das Testament als nicht errichtet gilt, hat Wirkung ex tunc. Es wird zugleich die aufhebende Wirkung des Nothtestaments gegenüber einem früher errichteten Testamente beseitigt, vgl. §§ 2254 Note 2, 2258 Note 3.

2. Die Beweislast für die die Hemmung oder Unterbrechung der Frist begründenden Thatbestände hat derjenige, der ihr Vorliegen behauptet. Entscheidend ist, ob der Erblasser außer Stande ist, ein Testament vor einem Richter oder Notar zu errichten.

a. Die Hemmung tritt auch ein, wenn der Erblasser sich zwar im Inlande befindet, aber wegen Krankheit außer Stande ist, ein Testament zu errichten.
b. Auch die Möglichkeit, vor einem mit dem Rechte der Notare ausgestatteten Konsul oder einem Richterkonsul des Deutschen Reichs ein Testament zu errichten, beseitigt die Hemmung der Frist gemäß Abs. 2. Vgl. Ges. über die Bundeskonsulate § 16 (Bd. III S. 1576), Konsulargerichtsbarkeitsgesetz § 7 Ziffer 2 (Bd. III S. 1580).
c. Für den § 2252 kommt nur die Möglichkeit, vor einem deutschen Richter, Notar (oder Konsul) zu testiren, in Betracht.

3. Todeserklärung vgl. §§ 13 ff., 14 Abs. 3.

80*

1. Ausdrücklicher Widerruf des Testaments.
2. Widerruf durch Einwirkung auf die Testamentsurkunde (Vernichtung ꝛc.).

**§ 2254.** Der Widerruf erfolgt durch Testament.

**§ 2255.** Ein Testament kann auch dadurch widerrufen werden, daß der Erblasser in der Absicht, es aufzuheben, die Testamentsurkunde vernichtet oder an ihr Veränderungen vornimmt, durch die der Wille, eine schriftliche Willenserklärung aufzuheben, ausgedrückt zu werden pflegt.

Hat der Erblasser die Testamentsurkunde vernichtet oder in der bezeichneten Weise verändert, so wird vermuthet, daß er die Aufhebung des Testaments beabsichtigt habe.

---

**§ 2253.** 1. Die Widerruflichkeit des Testaments wird durch eine sie ausschließende Erklärung des Erblassers im Testamente nicht beeinträchtigt. Vgl. auch § 2302.

2. Wegen Widerrufs eines gemeinschaftlichen Testaments der Ehegatten vgl. § 2271.

3. Durch den Widerruf eines späteren Testaments kann ein etwaiges früheres Testament wieder wirksam werden, vgl. § 2258 Abs. 2.

4. (Abs. 2.) Die Vorschrift des Abs. 2 in Verbindung mit § 2254 begründet eine Ausnahme von § 2229 Abs. 3. Nach § 2229 Abs. 1 bedarf der Entmündigte zur Aufhebung eines vor der Entmündigung errichteten Testaments nicht der Zustimmung seines gesetzlichen Vertreters.

**§ 2254.** 1. Durch § 2254 wird zum Ausdrucke gebracht, daß selbst in dem Falle, daß sich der Widerruf lediglich auf den Widerruf — ohne positive Neuregelung — beschränkt (vgl. § 2258 Note 1) die Testamentsform gewahrt sein muß. Ausnahmen von der Regel des § 2254 enthalten §§ 2255, 2256.

2. Auch der Widerruf eines formalisirten Testaments kann durch ein holographisches oder durch ein Nothtestament erfolgen. Für das Nothtestament ist indeß die zeitlich beschränkte Wirksamkeit (§ 2252) zu beachten. Mit dem Wegfalle der Wirksamkeit tritt das widerrufene Testament wieder in Kraft. Vgl. § 2252 Note 1.

3. Widerruf eines Testaments in einem Erbvertrage § 2299; vgl. auch § 2289.

**§ 2255.** 1. Ob Vernichtung (Zerreißen, Verbrennen ꝛc.) oder eine Veränderung, durch welche der Aufhebungswille ausgedrückt zu werden pflegt, (Durchstreichen ꝛc.) vorliegt, ist Thatfrage. Jedenfalls muß die Einwirkung am Originale selbst, nicht an einer Abschrift vorgenommen sein. Beim Vorhandensein mehrerer gleichwerthiger Exemplare vgl. RG. 14 184.

2. Persönliches Handeln des Erblassers.

a. Der Erblasser muß die Vernichtung oder Veränderung der Testamentsurkunde (z. B. Zerreißen, Verbrennen, Durchstreichen) vorgenommen haben. Daß eine derartige, objektiv festgestellte Einwirkung auf die Urkunde von dem Erblasser herrührt, muß bewiesen werden. Eine Rechtsvermuthung besteht nicht, jedoch spricht, wenn die Einwirkung erfolgt ist, während die Urkunde sich im Besitze des Erblassers befand, regelmäßig eine thatsächliche Vermuthung für seine persönliche Einwirkung.

b. Vertretung im Willen ist ausgeschlossen. Der Wille des Erblassers muß ausgedrückt sein (Abs. 1). Nicht ausgeschlossen aber ist, daß der Erblasser zu der Einwirkung sich eines Dritten als Instruments bedient.

c. Anders als in § 2255 wird bei nachträglicher ausdrücklicher oder stillschweigender Genehmigung der ohne Auftrag des Erblassers geschehenen Einwirkung auf die Testamentsurkunde der Widerrufswille nicht aus der Einwirkung selbst, sondern aus einem späteren Handeln des Erblassers entnommen. Die Errichtung eines neuen formnichtigen, inhaltlich von dem früheren Testament abweichenden Testaments ist eine Handlung, welche ihrer rechtlichen Natur nach nicht geeignet ist, den Widerrufs-

**§ 2256.** Ein vor einem Richter oder vor einem Notar oder nach § 2249 errichtetes Testament gilt als widerrufen, wenn die in amtliche Verwahrung genommene Urkunde dem Erblasser zurückgegeben wird.

8. Zurückgabe aus der amtlich. Verwahrung. a. Das vor Richter, Notar oder Urkundsperson errichtete Testament.

Der Erblasser kann die Rückgabe jederzeit verlangen. Die Rückgabe darf nur an den Erblasser persönlich erfolgen.

Die Vorschriften des Abs. 2 gelten auch für ein nach § 2248 hinterlegtes Testament; die Rückgabe ist auf die Wirksamkeit des Testaments ohne Einfluß.

b. Das holographische Testament.

---

willen des Erblassers in Ansehung des früheren Testaments zum Ausdrucke zu bringen RG. 29 329 ff.

3. Die auf die Aufhebung des Testaments gerichtete Absicht des Erblassers ist erforderlich. Widerlegung der nach Abs. 2 begründeten Vermuthung CPO. § 292.

Aufbewahrung eines Exemplars nach Zerstörung eines anderen Exemplars desselben Testaments kann gegen die Aufhebungsabsicht sprechen.

4. Gegenstand der Aufhebung in der in § 2255 vorgesehenen Form kann ein Testament jeder Art sein, nicht nur ein holographisches und ordnungsgemäß in Händen des Erblassers befindliches Testament der §§ 2250, 2251, sowie das Militärtestament (R.Mil.Ges. § 44 Bd. III S. 1395), sondern auch ein Testament, welches sich in amtlicher Verwahrung zu befinden hat, sofern es aus irgend einem Grunde der Einwirkung des Erblassers zugänglich wird. Vgl. § 2256 Note I 3b. Die Aufhebung gemäß § 2255 kann sich auch auf einen Theil des Testaments beschränken.

5. Eine nicht unter § 2255 fallende Einwirkung auf das Testament beeinträchtigt seine Gültigkeit nicht, wenn nur sein Inhalt und seine Rechtsbeständigkeit nach allgemeinen Beweisregeln dargethan wird.

**§ 2256.** I. **Die nach Rechtsvorschrift in besondere amtliche Verwahrung zu bringenden Testamente.**

1. Nach gesetzlicher Vorschrift sind in besondere amtliche Verwahrung zu bringen (§ 2246):

a. die vor einem Richter oder Notar gemäß §§ 2233 ff. errichteten Testamente vgl. § 2246 Note 2.

b. die vor einer an die Stelle des Richters oder Notars tretenden Urkundsperson errichteten Testamente §§ 2249 Abs. 1, 2246; 2250 Abs. 1; EG. Art. 150.

2. Die Rückgabe des Testaments.

a. Der Erblasser kann die Rückgabe aus der amtlichen Verwahrung nicht etwa von dem beurkundenden Beamten (Note 1) als solchem jederzeit verlangen. Der beurkundende Beamte hat das Testament in die besondere Verwahrung gelangen zu lassen und den Erblasser, welcher die Zurückgabe verlangt, an die hierfür zuständige Stelle zu verweisen (vgl. § 2246 Note 2).

b. Die Rückgabe darf nur an den Erblasser persönlich erfolgen, Stellvertretung im Willen und in der thatsächlichen Entgegennahme ist ausgeschlossen.

α. Bei weiter Entfernung des Erblassers von dem Orte der Niederlegung greifen die Vorschriften über Rechtshülfe ein. FrG. § 2, GVG. §§ 158 ff.

β. Der Erblasser muß im Zeitpunkte der Rückgabe mit Rücksicht auf die mit dieser verbundenen Wirkung zum mindesten die zum Widerruf erforderliche Geschäftsfähigkeit (§§ 2229 f., 2253 Abs. 2) besitzen.

γ. Ehegatten kann ein gemeinschaftliches Testament nur gemeinschaftlich zurückgegeben werden § 2272.

3. Die Wirkung der Rückgabe.

a. Die Wirkung des Rückgabethatbestandes (vgl. zu 2) ist die Fiktion des

4. Widerruf des Widerrufs.

**§ 2257.** Wird der durch Testament erfolgte Widerruf einer letztwilligen Verfügung widerrufen, so ist die Verfügung wirksam, wie wenn sie nicht widerrufen worden wäre.

II. Widersprechendes späteres Testament.
1. Errichtung.

**§ 2258.** Durch die Errichtung eines Testaments wird ein früheres Testament insoweit aufgehoben, als das spätere Testament mit dem früheren in Widerspruch steht.

2. Widerruf.

Wird das spätere Testament widerrufen, so ist das frühere Testament in gleicher Weise wirksam, wie wenn es nicht aufgehoben worden wäre.

---

Widerrufs, ohne Rücksicht darauf, ob der Erblasser den Widerrufswillen oder einen entgegengesetzten Willen hat oder nicht. — Diese Fiktion ist indeß erst an die Rückgabe, nicht schon an das Rückgabeverlangen des Erblassers geknüpft. Ueber Anfechtbarkeit der Rückgabe wegen Irrthums oder Drohung vgl. Küntzel, Gruchot 41 601.

b. Nur die Zurückgabe aus der amtlichen Verwahrung (vgl. Note 2a und § 2246 Note 2) hat die Widerrufswirkung gemäß § 2256. Ist ordnungswidrig ein Testament von der Urkundsperson zurückgegeben, so gilt eine solche Rückgabe an sich nicht als Widerruf. Der Erblasser kann indeß durch Einwirkung auf die Urkunde gemäß § 2255 den Widerruf zum Ausdrucke bringen. Vgl. § 2255 Note 4.

c. Ist ein holographisches Testament gemäß § 2238 anstatt gemäß § 2248 übergeben, so würde die Rückgabe des Testaments aus der amtlichen Verwahrung gemäß § 2256 Abs. 3 zu beurtheilen sein. Vgl. Küntzel, Gruchot 41 603.

II. **In amtlicher Verwahrung befindliche privatschriftliche Testamente.**

1. Ist ein holographisches Testament gemäß § 2248 zur amtlichen Aufbewahrung übergeben, so wird es durch die Rückgabe (vgl. zu I 2) in seiner Gültigkeit nicht beeinträchtigt. Vgl. hierzu Küntzel, Gruchot 41 602 f. Dasselbe wird gelten müssen, wenn ein nach §§ 2250 Abs. 2, 2251 errichtetes Testament in amtliche Verwahrung gebracht und daraus zurückgegeben ist.

2. Ueber den Fall, daß ein holographisches Testament gemäß § 2238 übergeben ist vgl. Note I 3c.

**§ 2257.** 1. Nur der Widerruf des durch Testament erfolgten Widerrufs hat die Wirkung des § 2257. Ist der Widerruf gemäß §§ 2255, 2256 erfolgt, so muß der Erblasser, welcher das widerrufene Testament wieder in Geltung setzen will, von Neuem testiren. Dabei kann er natürlich das gemäß § 2256 zurückerhaltene Testament wieder gemäß § 2238 überreichen.

2. Der Widerruf des widerrufenen Testaments kann auch in den Formen der §§ 2255, 2256 erfolgen.

**§ 2258.** 1. Im Gegensatze zu § 2254 (vgl. daselbst Note 1) trifft § 2258 den Fall, daß der Widerruf des Testaments nicht der unmittelbare Gegenstand der letztwilligen Verfügung ist, sondern daß sich der Widerruf des früheren Testaments aus dem abweichenden Inhalte des späteren Testaments im Wege der Auslegung ergiebt.

2. Die Aufhebung des früheren Testaments tritt nur insoweit ein, als das spätere Testament mit dem früheren in Widerspruch steht.

a. Wer Aufhebung behauptet, ist für das Vorhandensein und den Umfang dieses Widerspruchs beweispflichtig.

b. Es können, wenn nicht die ausschließliche Geltung des späteren Testaments durch seinen Inhalt nothwendig gemacht wird, mehrere Testamente neben einander bestehen.

3. (Abs. 2.) Widerruf des späteren Testaments §§ 2254—2256. Ungültigwerden des abändernden Nothtestaments bei Fristablauf § 2252 vgl. daselbst Note 1.

4. Aufhebung des Testaments durch einen später errichteten Erbvertrag § 2289.

**§ 2259.** Wer ein Testament, das nicht in amtliche Verwahrung gebracht ist, im Besitze hat, ist verpflichtet, es unverzüglich, nachdem er von dem Tode des Erblassers Kenntniß erlangt hat, an das Nachlaßgericht abzuliefern.

D. Behandlung des Testaments nach dem Tode des Erblassers.

I. Ablieferung des Testaments von Privaten od. nicht richterlichen Behörden an das Nachlaßgericht.

Befindet sich ein Testament bei einer anderen Behörde als einem Gericht oder befindet es sich bei einem Notar in amtlicher Verwahrung, so ist es nach dem Tode des Erblassers an das Nachlaßgericht abzuliefern. Das Nachlaßgericht hat, wenn es von dem Testamente Kenntniß erlangt, die Ablieferung zu veranlassen.

**§ 2260.** Das Nachlaßgericht hat, sobald es von dem Tode des Erblassers Kenntniß erlangt, zur Eröffnung eines in seiner Verwahrung befindlichen Testaments einen Termin zu bestimmen. Zu dem Termine sollen die gesetzlichen Erben des Erblassers und die sonstigen Betheiligten soweit thunlich geladen werden.

II. Testamentseröffnung 1. durch das Nachlaßgericht.

In dem Termin ist das Testament zu öffnen, den Betheiligten zu verkünden und ihnen auf Verlangen vorzulegen. Die Verkündung darf im Falle der Vorlegung unterbleiben.

Ueber die Eröffnung ist ein Protokoll aufzunehmen. War das Testament verschlossen, so ist in dem Protokolle festzustellen, ob der Verschluß unversehrt war.

---

**§ 2259.** 1. (Abs. 1.) Nicht in amtlicher Verwahrung befindliche Testamente.

a. Es kommen in Betracht:
α. die holographischen Testamente des § 2231 Ziffer 2; vgl. indeß § 2248;
β. die Nothtestamente vor drei Zeugen §§ 2250 Abs. 2, 2251;
γ. die Militärtestamente § 44 R.Mil.Ges. (Bd. III S. 1395). Vgl. indeß daselbst § 44 Ziffer 4.

b. *FG. § 83. Das Nachlassgericht kann im Falle des § 2259 Abs. 1 des Bürgerlichen Gesetzbuchs den Besitzer des Testaments durch Ordnungsstrafen zur Ablieferung des Testaments anhalten.*

*Besteht Grund zu der Annahme, dass Jemand ein Testament im Besitze hat, zu dessen Ablieferung er nach § 2259 Abs. 1 des Bürgerlichen Gesetzbuchs verpflichtet ist, so kann er von dem Nachlassgerichte zur Leistung des Offenbarungseids angehalten werden; die Vorschriften des § 883 Abs. 2, 3, des § 900 Abs. 1 und der §§ 901, 902, 904 bis 910, 912, 913 der Civilprozessordnung finden entsprechende Anwendung.*

c. Strafrechtlichen Schutz bietet die Vorschrift des § 274 StGB. über Urkundenunterdrückung. Schadenersatz §§ 823 ff.

2. In amtlicher Verwahrung befindliche Testamente.
a. Bei Gericht befindliche Testamente § 2261.
b. Bei anderen Behörden oder bei Notaren in amtlicher Verwahrung befindliche Testamente vgl. § 2246 Note 3; Verwahrung des Militärtestaments bei einer vorgesetzten Militärbehörde des Erblassers R.Mil.Ges. § 44 Ziffer 4 (EG. Art. 44).

**§ 2260.** 1. Die Vorschrift des § 2260 umfaßt auch die gemäß § 2259 bei dem Nachlaßgerichte verschlossen oder unverschlossen eingereichten Testamente. Auf das in § 2260 geordnete Verfahren finden ergänzend die Vorschriften des FrG.Gesetzes Anwendung.

2. Eröffnung gemeinschaftlicher Testamente § 2273, Eröffnung von Erbverträgen § 2300.

2. durch ein anderes Gericht.

**§ 2261.** Hat ein anderes Gericht als das Nachlaßgericht das Testament in amtlicher Verwahrung, so liegt dem anderen Gerichte die Eröffnung des Testaments ob. Das Testament ist nebst einer beglaubigten Abschrift des über die Eröffnung aufgenommenen Protokolls dem Nachlaßgerichte zu übersenden; eine beglaubigte Abschrift des Testaments ist zurückzubehalten.

III. Benachrichtigung der Betheiligten.

**§ 2262.** Das Nachlaßgericht hat die Betheiligten, welche bei der Eröffnung des Testaments nicht zugegen gewesen sind, von dem sie betreffenden Inhalte des Testaments in Kenntniß zu setzen.

IV. Verbot der Testamentseröffnung.

**§ 2263.** Eine Anordnung des Erblassers, durch die er verbietet, das Testament alsbald nach seinem Tode zu eröffnen, ist nichtig.

V. Testamentseinsicht und Abschrift.

**§ 2264.** Wer ein rechtliches Interesse glaubhaft macht, ist berechtigt, von einem eröffneten Testament Einsicht zu nehmen sowie eine Abschrift des Testaments oder einzelner Theile zu fordern; die Abschrift ist auf Verlangen zu beglaubigen.

## Achter Titel.
## Gemeinschaftliches Testament.

---

3. Die Kosten der Eröffnung als Masseschulden im Nachlaßkonkurse KO. § 224 Ziffer 4 (S. 1124).

Preuß. AG. z. BGB. Art 82. Bay. AG. z. BGB. Art. 108. Sächs. V. z. A. d. BGB. § 17.

4. Landesgesetzliche Bestimmung über Eröffnung lange hinterlegter Testamente und Erbverträge. Vgl. für Preußen AG. z. BGB. Art. 82 (54 Jahre nach der Hinterlegung; 54 + 16 (§ 2229) = 70 Jahre).

5. Das in einer öffentlichen Urkunde enthaltene Testament in Verbindung mit dem Eröffnungsprotokolle genügt regelmäßig zum Nachweise der Erbfolge beim Grundbuche GO. § 36.

**§ 2261.** Die Regelung bezweckt, die nicht ungefährliche Versendung einer noch nicht eröffneten Testamentsurkunde zu vermeiden.

**§ 2262.** 1. Die Nichtbeobachtung der Ordnungsvorschrift des § 2262 kann Schadensersatzpflicht gemäß § 839 begründen.

2. Die Betheiligten können auf die Benachrichtigung verzichten.

3. Den unbekannten Betheiligten kann gemäß § 1913 durch das Vormundschaftsgericht (etwa auf Ersuchen des Nachlaßgerichts) ein Pfleger bestellt werden.

**§ 2263.** Durch diese Vorschrift soll im öffentlichen Interesse vermieden werden, daß längere Zeit Ungewißheit über die Person des Erben besteht.

**§ 2264.** Vgl. §§ 1953 Abs. 3, 2228. — FrG. §§ 34, 78, 85.

Vorbemerkung zum 8. Titel.

1. Das nur für Ehegatten zugelassene (§ 2265) gemeinschaftliche Testament ist eine Zusammensetzung zweier einseitiger letztwilliger Verfügungen (Testamente) in einem Akte. Es unterscheidet sich von dem vorbehaltlos (vgl. § 2293) geschlossenen Erbvertrage, welcher eine Bindung des Erblassers begründet, dadurch, daß es zu Lebzeiten beider Ehegatten, unbeschadet der Formalisirung des Widerrufs in §§ 2271, 2296, frei widerruflich ist und steht im rechtlichen Erfolg im Wesentlichen einem Erbvertrage gleich, bei welchem der Erblasser sich den Rücktritt vorbehalten hat; vgl. § 2293.

2. Die Vorschriften der §§ 2265 ff. sind als Ergänzungen der für das Testament überhaupt geltenden Vorschriften der §§ 2229 ff. zu betrachten.

3. Verfügungen der Ehegatten über die fortgesetzte Gütergemeinschaft durch gemeinschaftliches Testament § 1516 Abs. 2.

4. Aufhebung eines Erbvertrags unter Ehegatten durch gemeinschaftliches Testament § 2292.

5. Uebergangsvorschrift betreffend alte gemeinschaftliche Testamente EG. Art. 214 Abs. 2.

**§ 2265.** Ein gemeinschaftliches Testament kann nur von Ehegatten errichtet werden. 1. Zulässigkeit nur für Ehegatten.

**§ 2266.** Ein gemeinschaftliches Testament kann nach § 2249 auch dann errichtet werden, wenn die Voraussetzung des § 2249 nur auf Seiten eines der Ehegatten vorliegt. 2. Testamentserrichtung. a. Nothtestament.

**§ 2267.** Zur Errichtung eines gemeinschaftlichen Testaments nach § 2231 Nr. 2 genügt es, wenn einer der Ehegatten das Testament in der dort vorgeschriebenen Form errichtet und der andere Ehegatte die Erklärung beifügt, daß das Testament auch als sein Testament gelten solle. Die Erklärung muß unter Angabe des Ortes und Tages eigenhändig geschrieben und unterschrieben werden. b. Holographisches Testament.

**§ 2268.** Ein gemeinschaftliches Testament ist in den Fällen des § 2077 seinem ganzen Inhalte nach unwirksam. 3. Auflösung der Ehe rc. vor dem Tode eines der Ehegatten.

Wird die Ehe vor dem Tode eines der Ehegatten aufgelöst oder liegen die Voraussetzungen des § 2077 Abs. 1 Satz 2 vor, so bleiben die Verfügungen insoweit wirksam, als anzunehmen ist, daß sie auch für diesen Fall getroffen sein würden.

---

**§ 2265.** 1. Ein gemeinschaftliches Testament, d. h. die gemeinschaftliche Errichtung eines Testaments in ein und demselben Errichtungsakte bezw. in einer und derselben Urkunde ist nur Ehegatten gestattet. Ein von Nichtehegatten, insbesondere also auch von Verlobten errichtetes Testament ist nichtig und wird nicht dadurch gültig, daß die Eheschließung nachträglich erfolgt (§ 141).

2. Voraussetzung der Zulässigkeit eines gemeinschaftlichen Testaments ist eine im Momente der Testamentserrichtung bestehende gültige Ehe (vgl. §§ 1323 ff., 1931 Note 2, 2268). — Unwirksamkeit des Testaments mit Rücksicht auf später eintretende eherechtliche Vorgänge § 2268 Note 1.

3. Wegen der Zulässigkeit der Aufnahme letztwilliger Verfügungen in einen Erbvertrag § 2299.

**§ 2266.** Durch § 2266 wird die außerordentliche Form der Errichtung des Testaments vor dem Gemeindevorsteher oder einer diesem gleichgestellten Urkundsperson (§ 2249) zugelassen, wenn auch nur für die Person eines der Ehegatten zu besorgen ist, daß er früher sterben werde, als die Errichtung des Testaments vor Richter oder Notar möglich ist. Im Uebrigen vgl. zu § 2249. Wegen der zeitlich beschränkten Gültigkeit eines solchen Nothtestaments vgl. § 2252.

**§ 2267.** Ohne die Vorschrift des § 2267 würde jeder der Ehegatten das gemeinschaftliche Testament vollständig eigenhändig schreiben und unterschreiben müssen; die Vorschrift befreit von dieser lästigen Form in dem es die Bestätigungserklärung, welche natürlich auf dieselbe Urkunde wie das Testament gesetzt werden muß, für genügend erklärt. Nicht zulässig erscheint die Errichtung in der Art, daß das Testament theilweise von dem einem und theilweise von dem anderen Ehegatten geschrieben wird; auch nicht, wenn die Theilung derart geschieht, daß jeder die von ihm herrührenden Bestimmungen niederschreibt.

**§ 2268.** 1. Die Fälle des § 2077 sind (ohne Rücksicht darauf, ob die Ehegatten sich in dem gemeinschaftlichen Testamente gegenseitig bedacht haben oder nicht):

a. Nichtigkeit der Ehe §§ 1323 ff., §§ 1330 ff.

b. Auflösung der Ehe vor dem Tode des einen der Ehegatten; der Auflösung steht es gleich, wenn der Erblasser zur Zeit seines Todes auf Scheidung wegen Verschuldens des anderen Ehegatten zu klagen berechtigt war und die Klage auf Scheidung oder auf Aufhebung der ehelichen Gemeinschaft erhoben hatte. Vgl. im Uebrigen zu § 2077 Note 1; ferner zu § 1933.

2. Die Wirkung der zu 1 aufgeführten Thatbestände ist die Unwirksamkeit der ganzen Verfügung, nicht bloß der wechselseitigen (korrespektiven) Bestandtheile des Testaments.

4. Zuwendungen an einen Dritten für den Todesfall des überlebenden Ehegatten.

**§ 2269.** Haben die Ehegatten in einem gemeinschaftlichen Testamente, durch das sie sich gegenseitig als Erben einsetzen, bestimmt, daß nach dem Tode des Ueberlebenden der beiderseitige Nachlaß an einen Dritten fallen soll, so ist im Zweifel anzunehmen, daß der Dritte für den gesammten Nachlaß als Erbe des zuletzt versterbenden Ehegatten eingesetzt ist.

Haben die Ehegatten in einem solchen Testament ein Vermächtniß angeordnet, das nach dem Tode des Ueberlebenden erfüllt werden soll, so ist im Zweifel anzunehmen, daß das Vermächtniß dem Bedachten erst mit dem Tode des Ueberlebenden anfallen soll.

---

a. Im Falle der Ehenichtigkeit, mag dieselbe unmittelbar auf Gesetz (§§ 1323 ff.) oder auf Anfechtung (§§ 1330 ff.) beruhen, bleibt es schlechthin bei der Unwirksamkeit des gemeinschaftlichen Testaments, weil in beiden Fällen die Ehe schon zur Zeit der Testamentserrichtung nichtig war (vgl. § 1343 Abs. 2).

b. Im Falle der Auflösung der Ehe oder der Anhängigkeit einer auf Auflösung der Ehe gerichteten Klage (vgl. zu 1 b) behält das wirksam errichtete Testament insoweit Wirksamkeit, als anzunehmen ist, daß die Verfügungen auch für den Fall der Eheauflösung getroffen sein würden (vgl. § 2077 Abs. 3). Die Beweislast hat der die Wirksamkeit Behauptende.

**§ 2269.** 1. (Abs. 1.) Erbeinsetzung eines Dritten.

a. Die Auslegungsregel des § 2269 trägt dem Umstande Rechnung, daß die Ehegatten bei ihren gemeinschaftlichen letztwilligen Verfügungen regelmäßig von der Annahme ausgehen, daß ihr Vermögen ein einheitliches sei. Die Regelung entspricht der gemeinrechtlichen Praxis des Reichsgerichts RG. **27** 150, **38** 217.

Als praktische Folgen ergeben sich in den Fällen der Anwendbarkeit der Auslegungsregel des § 2269:

α. der Dritte ist nicht, wie nach ALR. und der Preußischen Praxis, Nacherbe in Ansehung des vom Erstverstorbenen herrührenden Vermögens und (an die Stelle des vorverstorbenen Ehegatten tretender) Ersatzerbe (§ 2096) in Ansehung des vom zweitverstorbenen Ehegatten herrührenden Nachlasses, sondern lediglich Erbe aus dem Willen des letztverstorbenen Ehegatten, dessen Recht zum Widerrufe des gemeinschaftlichen Testaments nach dem Tode des Erstverstorbenen indeß gemäß §§ 2271 Abs. 2, 2270 eingeschränkt ist.

Der Dritte ist dem überlebenden Ehegatten gegenüber also nicht wie der Vorerbe (§§ 2112 ff., 2127 ff.) geschützt. — Vgl. die nicht mehr zutreffende Entscheidung RG. **41**, 168 ff.

β. Der Anfall an den Dritten erfolgt erst mit dem Tode des Zweitversterbenden (vgl. §§ 1942 ff.). Der Dritte hat vorher kein vererbliches Recht.

γ. Ein Vertrag über die Erbschaft ist nichtig, solange der Erblasser, d. i. der zweitsterbende Ehegatte noch am Leben ist, § 312.

δ. Der Dritte, welcher Pflichttheilsberechtigter ist, ist natürlich in der Geltendmachung seines Pflichttheilsanspruchs ungehindert. §§ 2303 ff., vgl. § 2303 Note 3 a β.

ε. Der überlebende Ehegatte kann in Ansehung des gemeinschaftlichen Vermögens die nach § 2338 zulässige Beschränkung des Pflichttheils anordnen (Enterbung in guter Absicht) vgl. § 2271 Abs. 3.

ζ. Für die Erbschaftssteuer wird das Verwandtschaftsverhältniß des Dritten zu dem zweitsterbenden Ehegatten zu Grunde gelegt, vgl. RG. **38**, 217.

b. Die Auslegungsregel des § 2169 schließt die letztwillige Regelung im Sinne der bisherigen Preußischen Praxis, daß der Dritte in Ansehung des Nachlasses des Erstversterbenden Nacherbe und in Ansehung des Nachlasses des Zweitversterbenden Ersatzerbe wird, nicht aus. Nur muß dieser

**§ 2270.** Haben die Ehegatten in einem gemeinschaftlichen Testamente Verfügungen getroffen, von denen anzunehmen ist, daß die Verfügung des einen nicht ohne die Verfügung des anderen getroffen sein würde, so hat die Nichtigkeit oder der Widerruf der einen Verfügung die Unwirksamkeit der anderen zur Folge.

Ein solches Verhältniß der Verfügungen zu einander ist im Zweifel anzunehmen, wenn sich die Ehegatten gegenseitig bedenken oder wenn dem einen Ehegatten von dem anderen eine Zuwendung gemacht und für den Fall des Ueberlebens des Bedachten eine Verfügung zu Gunsten einer Person getroffen wird, die mit dem anderen Ehegatten verwandt ist oder ihm sonst nahe steht.

Auf andere Verfügungen als Erbeinsetzungen, Vermächtnisse oder Auflagen findet die Vorschrift des Abs. 1 keine Anwendung.

**§ 2271.** Der Widerruf einer Verfügung, die mit einer Verfügung des anderen Ehegatten in dem im § 2270 bezeichneten Verhältnisse steht, erfolgt bei Lebzeiten der Ehegatten nach den für den Rücktritt von einem Erbvertrage geltenden Vorschriften des § 2296. Durch eine neue Verfügung von Todeswegen kann ein Ehegatte bei Lebzeiten des anderen seine Verfügung nicht einseitig aufheben.

Das Recht zum Widerruf erlischt mit dem Tode des anderen Ehegatten; der Ueberlebende kann jedoch seine Verfügung aufheben, wenn er das ihm Zugewendete ausschlägt. Auch nach der Annahme der Zuwendung ist der Ueberlebende zur Aufhebung nach Maßgabe des § 2294 und des § 2336 berechtigt.

Ist ein pflichttheilsberechtigter Abkömmling der Ehegatten oder

---

Wille gegenüber der Auslegungsregel des § 2269 genügend deutlich zum Ausdrucke gebracht werden.

2. (Abs. 2.) Vermächtnißanordnung.

a. Anfall des Vermächtnisses § 2176, vgl. auch §§ 2074, 2177.

b. Vgl. RG. 11 258, 27 150.

c. Anwendbarkeit des § 2269 auf Verfügungen, welche in einem Erbvertrage der Ehegatten getroffen sind § 2280.

**§ 2270.** 1. Der zwischen den gegenseitig von einander abhängigen (korrespektiven) Verfügungen bestehende Zusammenhang wird in Prot. V S. 450 als „Zusammenhang des Motivs" bezeichnet.

2. Die Auslegungsregel des Abs. 2 gilt sowohl für die Verfügungen, durch welche sich die Ehegatten gegenseitig bedenken, als auch für diejenigen, welche gemeinschaftlich über den Nachlaß des Ueberlebenden (vgl. § 2269) getroffen werden.

3. Abs. 1 giebt für Erbeinsetzungen, Vermächtnisse und Auflagen (vgl. Abs. 3), welche sich in gegenseitiger Abhängigkeit befinden, die dispositive Vorschrift, daß die Nichtigkeit oder der Widerruf (vgl. § 2271) der einen Verfügung auch die Unwirksamkeit der anderen (korrespektiven) Verfügung zur Folge haben soll.

(Abs. 3.) Für andere Verfügungen (vgl. Vorb. Note II. S. 1181), insbesondere solche familienrechtlichen Karakters (vgl. daselbst Note 2), die Anordnung einer Testamentsvollstreckung u. a. m. wird nicht ein so inniger Zusammenhang angenommen, um die Dispositivvorschrift des Abs. 1 auf sie zu erstrecken. Es bleibt hier vielmehr bei den allgemeinen Vorschriften über die Auslegung und den Einfluß des Irrthums (vgl. § 2078 Abs. 2). Vgl. hierzu Küntzel, Gruchot 41 453.

4. Entsprechende Regelung für den Erbvertrag vgl. §§ 2298, 2278 Abs. 2.

eines der Ehegatten bedacht, so findet die Vorschrift des § 2289 Abs. 2 entsprechende Anwendung.

7. Zurücknahme aus der Verwahrung. **§ 2272.** Ein gemeinschaftliches Testament kann nach § 2256 nur von beiden Ehegatten zurückgenommen werden.

---

**§ 2271.** 1. Der Widerruf einer korrespektiven (§ 2270) Verfügung bei Lebzeiten beider Ehegatten ist wie der Rücktritt vom Erbvertrage geregelt. Die nicht korrespektiven Verfügungen sind frei widerruflich.

a. Form § 2296 Abs. 2. Die Erklärung bedarf der gerichtlichen oder notariellen Erklärung und erfolgt gegenüber dem anderen Ehegatten §§ 130, 132 Note 1. — Diese Formalisirung bezweckt, mit Rücksicht auf die tiefgreifende Folge des Widerrufs (§ 2270) jedem der Ehegatten eine authentische Urkunde über den erfolgten Widerruf in die Hand zu geben.

b. Persönliches Handeln: Ausschließung der Mitwirkung eines Vertreters § 2296 Abs. 1.

c. Abs. 1 Satz 2 schließt aus, daß ein Ehegatte bei Lebzeiten des anderen durch eine neue Verfügung von Todeswegen einseitig seine Verfügungen aufhebt. Zugelassen bleibt die Aufhebung der ersten Verfügung in einem neuen, von den Ehegatten gemeinschaftlich errichteten Testamente (§§ 2253 ff.).

Der Widerruf in einer letztwilligen Verfügung eines Ehegatten genügt zur Aufhebung korrespektiver Verfügungen eines gemeinschaftlichen Testaments auch dann nicht, wenn der andere Ehegatte formlos, d. h. nicht in einer Testamentsform zugestimmt hat. Vgl. zu dieser Frage und zur Auslegung des ganzen Paragraphen Küntzel, Gruchot 41 604 ff.

d. Die Wirkung des Widerrufs ergiebt sich aus § 2270.

2. Widerruf einer korrespektiven Verfügung nach dem Tode eines Ehegatten.

Abs. 2 bezieht sich ebenso wie Abs. 1 nur auf korrespektive Verfügungen im Sinne des § 2270; andere Verfügungen sind nach dem Tode des Erstversterbenden frei widerruflich.

a. Regelmäßige Voraussetzung des Widerrufs ist Ausschlagung des Zugewendeten. Nach Ablauf der Ausschlagungsfrist (§§ 1942 ff.) ist demnach auch das Widerrufsrecht erledigt. Das Recht des Erblassers, seine eigene letztwillige Verfügung zu widerrufen, ist naturgemäß nicht vererblich.

b. Ausnahmsweise kann der überlebende Ehegatte auch nach der Annahme der Zuwendung eine korrespektive Verfügung widerrufen.

α. Voraussetzung solchen Widerrufs ist, daß sich (§ 2294) der bedachte Dritte einer Verfehlung schuldig gemacht hat, welche den überlebenden Ehegatten zur Entziehung des Pflichttheils (§§ 2333 f.) berechtigt oder berechtigen würde, wenn im Verhältnisse zu ihm der Dritte pflichttheilsberechtigt wäre.

β. Der Widerruf erfolgt durch letztwillige Verfügung (§ 2336 Abs. 1). Wegen des Inhalts und der Voraussetzungen dieser Anordnung vgl. § 2336.

3. Abs. 3 ergiebt die Zulässigkeit der Beschränkung des Pflichttheils in guter Absicht sowohl gegenüber den gemeinschaftlichen Abkömmlingen der Ehegatten als auch gegenüber den einseitigen Abkömmlingen eines von ihnen.

4. Uebergangsvorschrift. Die Bindung des Erblassers bei einem vor 1900 errichteten gemeinschaftlichen Testament ist nach altem Rechte zu beurtheilen, EG. Art. 214 Abs. 2.

**§ 2272.** 1. Die Bezugnahme auf § 2256 ergiebt, daß das in amtliche Verwahrung genommene gemeinschaftliche Testament, vorausgesetzt natürlich, daß es als gemeinschaftliches in Verwahrung gebracht ist (vgl. § 2248) nur an die Ehegatten persönlich und gemeinschaftlich zurückgegeben werden darf.

2. Die Wirkung der Rückgabe richtet sich nach § 2256 Abs. 1 und Abs. 3 je nach der Art des Testaments.

3. Nach dem Tode eines der Ehegatten ist, wie die Vorschrift des § 2272 ergiebt, die Rückgabe überhaupt nicht mehr zulässig.

**§ 2273.** Bei der Eröffnung eines gemeinschaftlichen Testaments sind die Verfügungen des überlebenden Ehegatten, soweit sie sich sondern lassen, weder zu verkünden noch sonst zur Kenntniß der Betheiligten zu bringen. Von den Verfügungen des verstorbenen Ehegatten ist eine beglaubigte Abschrift anzufertigen. Das Testament ist wieder zu verschließen und in die besondere amtliche Verwahrung zurückzubringen. 8. Eröffnung eines gemeinschaftl. Testaments.

## Vierter Abschnitt.

## Erbvertrag.

---

**§ 2273.** 1. Eröffnung des Testaments vgl. § 2260.

2. Amtliche Verwahrung §§ 2246, 2248 und Bemerkungen daselbst.

3. Testamentsrückgabe an den Ueberlebenden ist ausgeschlossen § 2272 Note 3.

4. Verfügungen, welche die Ehegatten gemeinschaftlich für den Fall des Todes des Zweitsterbenden getroffen haben, sind nicht zu verkünden (vgl. § 2269). Insoweit solcher Inhalt einer Urkunde dem Nachlaßgerichte glaubhaft gemacht wird, bedarf es auch nicht der Testamentseröffnung. Bay. Oberstes Landesgericht 19. April 1900 (Rechtspr. d. OLG. 1 73).

1. Nach der allgemeinen Vorschrift über die Zulässigkeit und den Inhalt des Erbvertrags (§ 1941) kann der Erblasser durch den Erbvertrag einen Erben einsetzen sowie Vermächtnisse und Auflagen anordnen. Andere Verfügungen (Anordnung einer Testamentsvollstreckung, familienrechtliche Bestimmungen 2c. vgl. Vorb. Note II. 2 S. 1181) können zwar räumlich in einem Erbvertrag, aber nicht als vertragsmäßige Bestandtheile desselben getroffen werden, § 2278. Als Vertragserbe oder als Vermächtnißnehmer kann sowohl der andere Vertragschließende als auch ein Dritter bedacht werden. Vorbemerkung zum IV. Abschnitt.

2. Der Erbvertrag begründet eine Bindung des Erblassers in Ansehung:

a. seiner Verfügungen von Todeswegen, insoweit als durch dieselben das Recht des vertragsmäßig Bedachten verletzt werden würde, § 2289; an Verfügungen, durch welche eine solche Verletzung nicht erfolgt, ist der Erblasser nicht gebunden;

b. seines Verhaltens unter Lebenden nur in Gemäßheit der §§ 2286 bis 2288.

3. Die Vorschriften der §§ 2274 ff. bezeichnen als Erblasser denjenigen Vertragschließenden, welcher mittelst des Erbvertrags über seinen Nachlaß oder Theile desselben verfügt.

a. Bei einem wechselseitigen Erbvertrage kommen beide Theile als Erblasser in Betracht; vgl. auch §§ 2278, 2298, 2299.

b. Insofern ein Vertragschließender lediglich als erwerbend, nicht als über seinen Nachlaß verfügend auftritt, finden auf ihn in Ansehung der Geschäftsfähigkeit (vgl. § 2275) und der Vertretung (vgl. §§ 2274, 2276) die allgemeinen Vorschriften (§§ 104 ff., 164 ff.) Anwendung.

4. Der Erbvertrag bildet wie Gesetz (§ 1924 ff.) und Testament (§ 1937) lediglich einen Grund für die Berufung des Bedachten als Erben oder Vermächtnißnehmer. Auch auf den Berufungsgrund des Erbvertrags finden die allgemeinen Vorschriften, insbesondere über der Koexistenz von Erblasser und Erben (§ 1923; vgl. Bemerkungen zu §§ 1922, 1923 S. 1068) sowie über den Anfall und das Recht der Ausschlagung (§§ 1942 ff., 2176 ff.) Anwendung; KO. § 9 (S. 1086). Vgl. RG. 4 171, ferner § 2279 Abs. 1.

5. Von dem Erbvertrage zu unterscheiden ist

a. der Vertrag über die Erbschaft eines lebenden Dritten § 312;

b. der Erbverzicht §§ 2346 ff.;

c. das gemeinschaftliche Testament der Ehegatten. Vgl. §§ 2265 ff. — Wegen der für den Erbvertrag zwischen Ehegatten und Verlobten bestehenden Sondervorschriften vgl. §§ 2275, 2276, 2279, 2280, 2290, 2292.

6. Uebergangsvorschrift EG. Artt. 214, 215.

I. Vertragsschließung.
1. Keine Vertretung des Erblassers.

**§ 2274.** Der Erblasser kann einen Erbvertrag nur persönlich schließen.

2. Erfordernisse in der Person d. Erblassers.

**§ 2275.** Einen Erbvertrag kann als Erblasser nur schließen, wer unbeschränkt geschäftsfähig ist.

Ein Ehegatte kann als Erblasser mit seinem Ehegatten einen Erbvertrag schließen, auch wenn er in der Geschäftsfähigkeit beschränkt ist. Er bedarf in diesem Falle der Zustimmung seines gesetzlichen Vertreters; ist der gesetzliche Vertreter ein Vormund, so ist auch die Genehmigung des Vormundschaftsgerichts erforderlich.

Die Vorschriften des Abs. 2 gelten auch für Verlobte.

3. Formvorschriften a. Abschluß.

**§ 2276.** Ein Erbvertrag kann nur vor einem Richter oder vor einem Notar bei gleichzeitiger Anwesenheit beider Theile geschlossen werden. Die Vorschriften der §§ 2233 bis 2245 finden Anwendung; was nach diesen Vorschriften für den Erblasser gilt, gilt für jeden der Vertragschließenden.

Für einen Erbvertrag zwischen Ehegatten oder zwischen Verlobten, der mit einem Ehevertrag in derselben Urkunde verbunden wird, genügt die für den Ehevertrag vorgeschriebene Form.

---

**§ 2274.** 1. Durch die Vorschrift des § 2274 wird in Uebereinstimmung mit § 2064 die Vertretung (vgl. S. 87 Vorb. Note II), nicht aber die Mitwirkung von Beiständen ꝛc. (vgl. FrG. § 13) ausgeschlossen. Vgl. ferner S. 90 Nr. 19 ff.

2. Der nicht als Erblasser auftretende Vertragschließende kann durch einen Vertreter handeln. Hierüber und über gegenseitige Erbverträge vgl. Vorb. Note 3.

**§ 2275.** 1. Die Regel des Abs. 1 versagt nicht nur dem Geschäftsunfähigen (§ 104), sondern auch dem in der Geschäftsfähigkeit Beschränkten (§§ 106, 114) die Fähigkeit als Erblasser (vgl. Vorb. Note 3) einen Erbvertrag (vgl. §§ 2229 ff.) zu schließen.

2. Erbverträge zwischen Ehegatten und Verlobten.

a. Die Ausnahme des Abs. 2 besteht nicht für Geschäftsunfähige, sondern nur für beschränkt Geschäftsfähige; für diese aber ohne Unterschied, ob die Beschränkung der Geschäftsfähigkeit auf Minderjährigkeit, Entmündigung oder Stellung unter vorläufige Vormundschaft (§§ 106, 114) beruht.

b. Als Vertragschließender tritt der in der Geschäftsfähigkeit beschränkte Ehegatte, nicht sein gesetzlicher Vertreter auf (§ 2275). Die Zustimmung des gesetzlichen Vertreters richtet sich nach §§ 107 ff., 182 ff.

c. Die Genehmigung des Vormundschaftsgerichts (vgl. §§ 1828 ff.) ist erforderlich, wenn der gesetzliche Vertreter ein Vormund oder Pfleger (§ 1915) ist, nicht aber wenn die gesetzliche Vertretung auf der elterlichen Gewalt (vgl. §§ 1624 ff., 1684) beruht.

d. Sonstige Vorschriften für Erbverträge unter Ehegatten vgl. Vorb. Nr. 5 c.

e. Verlobte vgl. § 1297 Note II. 2; vgl. ferner §§ 2276, 2279, 2290. — Gemeinschaftliches Testament der Verlobten ist nicht zugelassen, § 2265.

**§ 2276.** 1. Formmangel begründet Nichtigkeit § 125.

2. Wegen der Form „bei gleichzeitiger Anwesenheit beider Theile" vgl. § 128 Note 3. — Unzulässigkeit der Vertretung vgl. § 2275 und daselbst Note 2 b.

3. Die zur Anwendung gelangenden §§ 2233 bis 2245.

a. Nach § 2233 muß der Richter einen Gerichtsschreiber oder zwei Zeugen, der Notar einen zweiten Notar oder zwei Zeugen hinzuziehen.

b. Die §§ 2234 bis 2237, welch von den zur Mitwirkung unfähigen oder

**§ 2277.** Die über einen Erbvertrag aufgenommene Urkunde soll nach Maßgabe des § 2246 verschlossen, mit einer Aufschrift versehen und in besondere amtliche Verwahrung gebracht werden, sofern nicht die Parteien das Gegentheil verlangen. Das Gegentheil gilt im Zweifel als verlangt, wenn der Erbvertrag mit einem anderen Vertrag in derselben Urkunde verbunden wird. b. Verschließung und Verwahrung.

Ueber einen in besondere amtliche Verwahrung genommenen Erbvertrag soll jedem der Vertragschließenden ein Hinterlegungsschein ertheilt werden.

**§ 2278.** In einem Erbvertrage kann jeder der Vertragschließenden vertragsmäßige Verfügungen von Todeswegen treffen. II. Inhalt. 1. Zulässigkeit vertragsmäßiger Verfügungen von Todeswegen.

Andere Verfügungen als Erbeinsetzungen, Vermächtnisse und Auflagen können vertragsmäßig nicht getroffen werden.

**§ 2279.** Auf vertragsmäßige Zuwendungen und Auflagen finden die für letztwillige Zuwendungen und Auflagen geltenden Vorschriften entsprechende Anwendung. 2. Anwendbarkeit von Vorschriften über letztwillige Verfügungen.

Die Vorschriften des § 2077 gelten für einen Erbvertrag zwischen Ehegatten oder Verlobten auch insoweit, als ein Dritter bedacht ist.

---

untauglichen Personen handeln, gelten nicht nur für die Beziehungen zum Erblasser, sondern zu jedem der Vertragschließenden.

c. §§ 2238 f. geben Vorschriften über den Errichtungsakt selbst.

d. §§ 2240 bis 2242 betreffen das Protokoll.

e. §§ 2243 bis 2245 regeln die Fälle, daß einer oder beide Erblasser stumm oder sonst am Sprechen verhindert oder der deutschen Sprache nicht mächtig sind.

f. Vgl. ferner wegen der allgemeinen landesgesetzlichen Vorschriften über die Errichtung gerichtlicher oder notarieller Urkunden EG. Art. 151.

4. (Abs. 2.) Eheverträge vgl. §§ 1432 ff., 1434.

5. Nicht zugelassen sind für die Errichtung eines Erbvertrags die holographische Form (§ 2231 Ziffer 2) und die Formen des Nothtestaments (§§ 2249 bis 2251).

**§ 2277.** Vgl. § 2246. Als Vertrag, welcher mit einem Erbvertrag in derselben Urkunde verbunden wird, wird namentlich der Ehevertrag (§ 2276 Abs. 2) in Betracht kommen.

Wegen der Verbindung der Annahme an Kindesstatt mit dem Erbvertrage vgl. § 1767 Note 2 c.

**§ 2278.** 1. Außer den vertragsmäßigen Verfügungen können auch letztwillige, d. h. einseitig jederzeit widerrufliche Verfügungen von Todeswegen im Erbvertrage getroffen werden. Auf diese finden die Vorschriften über Testamente Anwendung (§ 2299 Abs. 2).

2. Zu Abs. 2 vgl. § 2270 Abs. 3.

**§ 2279.** 1. Es finden nach Maßgabe des § 2279 insbesondere Anwendung

a. auf die vertragsmäßige Erbeinsetzung und auf die vertragsmäßige Einsetzung eines Nacherben die §§ 2064 ff., 2087 ff.; 2100 ff;

b. auf die vertragsmäßige Vermächtnißanordnung die §§ 2064 ff.; 2147 ff.;

c. auf die vertragsmäßige Auflageanordnung die §§ 2064 ff., 2192 ff.

2. Vgl. ferner Vorb. Note 4 (S. 1273).

3. (Abs. 2.) Die entsprechende Anwendung des § 2077 (wo zu vgl.) ergiebt:

a. Ein zwischen Ehegatten oder Verlobten geschlossener Erbvertrag ist unwirksam, wenn die Ehe nichtig oder vor dem Tode des Erblassers aufgelöst worden ist. Der Auflösung der Ehe steht die wegen Verschuldens des anderen Ehegatten begründete Erhebung der Klage auf Scheidung oder auf Aufhebung der ehelichen Gemeinschaft gleich.

3. Zuwendungen an einen Dritten für den Todesfall des überlebenden Gatten.

§ 2280. Haben Ehegatten in einem Erbvertrage, durch den sie sich gegenseitig als Erben einsetzen, bestimmt, daß nach dem Tode des Ueberlebenden der beiderseitige Nachlaß an einen Dritten fallen soll, oder ein Vermächtniß angeordnet, das nach dem Tode des Ueberlebenden zu erfüllen ist, so finden die Vorschriften des § 2269 entsprechende Anwendung.

III. Anfechtung des Erbvertrags
1. durch den Erblasser.
a. Anfechtungsgründe.

§ 2281. Der Erbvertrag kann auf Grund der §§ 2078, 2079 auch von dem Erblasser angefochten werden; zur Anfechtung auf Grund des § 2079 ist erforderlich, daß der Pflichttheilsberechtigte zur Zeit der Anfechtung vorhanden ist.

b. Anfechtungsgegner.

Soll nach dem Tode des anderen Vertragschließenden eine zu Gunsten eines Dritten getroffene Verfügung von dem Erblasser angefochten werden, so ist die Anfechtung dem Nachlaßgerichte gegenüber zu erklären. Das Nachlaßgericht soll die Erklärung dem Dritten mittheilen.

c. Vertretung.

§ 2282. Die Anfechtung kann nicht durch einen Vertreter des Erblassers erfolgen. Ist der Erblasser in der Geschäftsfähigkeit beschränkt, so bedarf er zur Anfechtung nicht der Zustimmung seines gesetzlichen Vertreters.

Für einen geschäftsunfähigen Erblasser kann sein gesetzlicher Vertreter mit Genehmigung des Vormundschaftsgerichts den Erbvertrag anfechten.

d. Form.

Die Anfechtungserklärung bedarf der gerichtlichen oder notariellen Beurkundung.

---

b. Ein Erbvertrag zwischen Verlobten ist unwirksam, wenn das Verlöbniß vor dem Tode des Erblassers aufgelöst worden ist.

c. Der Erbvertrag zwischen Ehegatten und Verlobten ist in den vorstehend (zu a und b) bezeichneten Fällen nicht unwirksam, wenn anzunehmen ist, daß er auch für diesen Fall geschlossen worden sein würde.

4. Zu Abs. 2 vgl. § 2085 und § 2298 Abs. 1.

**§ 2280.** Aus § 2269 ergiebt sich die Auslegungsregel, daß im Zweifel der Dritte als Erbe des zuletzt versterbenden Ehegatten eingesetzt ist, sowie daß das Vermächtniß dem Bedachten erst mit dem Tode des Ueberlebenden anfallen soll; vgl. hierüber zu § 2269.

**§ 2281.** 1. Die Befugniß des Erblassers, den Erbvertrag wegen Irrthums anzufechten, richtet sich nach den für letztwillige Verfügungen gegebenen, das Anfechtungsrecht des Erklärenden gegenüber den allgemeinen Vorschriften (§§ 119 ff.) erweiternden Vorschriften des § 2078 vgl. daselbst.

2. Die Anfechtung wegen Uebergehung eines Pflichttheilsberechtigten § 2079 wird, wenn der Pflichttheilsberechtigte zur Zeit der Anfechtung (vgl. §§ 2281 f.) vorhanden war, durch seinen späteren Wegfall nicht beeinträchtigt.

3. Anfechtungsgegner ist der andere Vertragschließende, solange er lebt (§ 143 Abs. 1, 2); nach dessen Tode greift § 2281 Abs. 2 Platz.

4. Die Wirkung der Anfechtung ergiebt sich aus § 142.

5. Anfechtung durch denjenigen, welchem die Aufhebung des Erbvertrags unmittelbar zu Statten kommen würde, § 2285.

**§ 2282.** 1. Wegen des höchstpersönlichen Karakters der Anfechtung vgl. §§ 2274, 2275, 2284, 2290, 2296 und Bd. I S. 90 Nr. 21.

2. (Abs. 2.) Anfechtung ohne die Genehmigung des Vormundschaftsgerichts ist unwirksam § 1831.

3. Gerichtliche oder notarielle Beurkundung vgl. § 2271 Note 1 a.

e. Anfechtungsfrist.

**§ 2283.** Die Anfechtung durch den Erblasser kann nur binnen Jahresfrist erfolgen.

Die Frist beginnt im Falle der Anfechtbarkeit wegen Drohung mit dem Zeitpunkt, in welchem die Zwangslage aufhört, in den übrigen Fällen mit dem Zeitpunkt, in welchem der Erblasser von dem Anfechtungsgrunde Kenntniß erlangt. Auf den Lauf der Frist finden die für die Verjährung geltenden Vorschriften der §§ 203, 206 entsprechende Anwendung.

Hat im Falle des § 2282 Abs. 2 der gesetzliche Vertreter den Erbvertrag nicht rechtzeitig angefochten, so kann nach dem Wegfalle der Geschäftsunfähigkeit der Erblasser selbst den Erbvertrag in gleicher Weise anfechten, wie wenn er ohne gesetzlichen Vertreter gewesen wäre.

f. Bestätigung.

**§ 2284.** Die Bestätigung eines anfechtbaren Erbvertrags kann nur durch den Erblasser persönlich erfolgen. Ist der Erblasser in der Geschäftsfähigkeit beschränkt, so ist die Bestätigung ausgeschlossen.

2. durch Erbinteressenten.

**§ 2285.** Die im § 2080 bezeichneten Personen können den Erbvertrag auf Grund der §§ 2078, 2079 nicht mehr anfechten, wenn das Anfechtungsrecht des Erblassers zur Zeit des Erbfalls erloschen ist.

IV. Rechtsstellung d. Erblassers.

1. Verfügungen unter Lebenden.

**§ 2286.** Durch den Erbvertrag wird das Recht des Erblassers, über sein Vermögen durch Rechtsgeschäft unter Lebenden zu verfügen, nicht beschränkt.

a. Böswillige Schenkungen.

**§ 2287.** Hat der Erblasser in der Absicht, den Vertragserben zu beeinträchtigen, eine Schenkung gemacht, so kann der Vertragserbe, nachdem ihm die Erbschaft angefallen ist, von dem Beschenkten die Herausgabe des Geschenkes nach den Vorschriften über die Herausgabe einer ungerechtfertigten Bereicherung fordern.

Der Anspruch verjährt in drei Jahren von dem Anfalle der Erbschaft an.

---

**§ 2283.** 1. Wegen der Ausschlußfrist vgl. Bd. I S. 102 Note 4.
2. Abs. 3 vgl. § 1340 und Bemerkungen daselbst.

**§ 2284.** Bestätigung erfordert keine Form § 144. Vgl. § 2274.

**§ 2285.** 1. Das Recht derjenigen, denen die Aufhebung des Erbvertrags unmittelbar zu Statten kommen würde, den Vertrag wegen Irrthums, Drohung und Uebergehung eines Pflichttheilsberechtigten anzufechten, ergiebt sich aus §§ 2279, 2080. Ihr Anfechtungsrecht ist ausgeschlossen, wenn das Anfechtungsrecht des Erblassers in Folge Fristablaufs (§ 2283) oder Bestätigung (§ 2284) erloschen ist.

2. Das Anfechtungsrecht der in §§ 2285, 2080 bezeichneten Personen ist gegenüber dem Anfechtungsrechte des Erblassers insofern selbständig, als eine Anrechnung der zu Lebzeiten des Erblassers zum Theile abgelaufenen Anfechtungsfrist nicht stattfindet.

3. Dadurch, daß die Anfechtung wegen Uebergehung eines Pflichttheilsberechtigten (§ 2079) nicht mehr zulässig ist, wird der Pflichttheilsanspruch (§§ 2303 ff.) des Uebergangenen nicht beeinträchtigt.

**§ 2286.** 1. Eine neben den Erbvertrag tretende, obligatorische Verpflichtung des Erblassers, über sein Vermögen unter Lebenden nicht zu verfügen, ist zulässig § 137 Satz 2.

2. Ueber die durch einen vor 1900 abgeschlossenen Erbvertrag hervorgerufene Bindung des Erblassers entscheidet das alte Recht EG. Art. 214 Abs. 2.

**§ 2287.** 1. Der Anspruch des Vertragserben entsteht erst mit dem Erb-

b. Böswillige Vereitelung vertragsmäßig angeordneter Vermächtnisse.

**§ 2288.** Hat der Erblasser den Gegenstand eines vertragsmäßig angeordneten Vermächtnisses in der Absicht, den Bedachten zu beeinträchtigen, zerstört, bei Seite geschafft oder beschädigt, so tritt, soweit der Erbe dadurch außer Stand gesetzt ist, die Leistung zu bewirken, an die Stelle des Gegenstandes der Werth.

Hat der Erblasser den Gegenstand in der Absicht, den Bedachten zu beeinträchtigen, veräußert oder belastet, so ist der Erbe verpflichtet, dem Bedachten den Gegenstand zu verschaffen oder die Belastung zu beseitigen; auf diese Verpflichtung finden die Vorschriften des § 2170 Abs. 2 entsprechende Anwendung. Ist die Veräußerung oder die Belastung schenkweise erfolgt, so steht dem Bedachten, soweit er Ersatz nicht von dem Erben erlangen kann, der im § 2287 bestimmte Anspruch gegen den Beschenkten zu.

2. Verfügungen von Todeswegen.

**§ 2289.** Durch den Erbvertrag wird eine frühere letztwillige Verfügung des Erblassers aufgehoben, soweit sie das Recht des vertragsmäßig Bedachten beeinträchtigen würde. In dem gleichen Umfang ist eine spätere Verfügung von Todeswegen unwirksam, unbeschadet der Vorschrift des § 2297.

Ist der Bedachte ein pflichttheilsberechtigter Abkömmling des Erblassers, so kann der Erblasser durch eine spätere letztwillige Verfügung die nach § 2338 zulässigen Anordnungen treffen.

---

schaftsanfalle (§ 1942, vgl. ferner Abs. 3 u § 198). Vorher kann gegen den Erblasser unter Umständen aus § 826 vorgegangen werden. — Vgl. RG 28 175.

2. Ungerechtfertigte Bereicherung §§ 812 ff., wenn der Empfänger den Mangel der Schenkung kennt § 819.

3. Wegen der Absicht, den Vertragserben zu beeinträchtigen vgl. die Judikatur zu KO. § 31 und Anfechtungsgesetz § 3 Bd. I. S. 74).

4. Verjährung §§ 194 ff. Perpetuirung der Einrede vgl. zu 5.

5. Ist das Schenkungsversprechen des Erblassers noch nicht erfüllt, so steht dem Erben gegen die Klage des Beschenkten auch nach Ablauf der Verjährungsfrist die Einrede aus § 821 zu.

**§ 2288.** 1. Abs. 1 handelt von thatsächlichen, Abs. 2 von rechtlichen Verfügungen über den vermachten Gegenstand.

2. Abs. 2 ist nicht auf unentgeltliche Veräußerung oder Belastung beschränkt. Die entsprechende Anwendung des § 2170 Abs. 2 verpflichtet den Erben, welcher zur Verschaffung des Gegenstandes oder zur Beseitigung der Belastung außer Stande ist, zur Entrichtung des Werthes. Ist die Verschaffung oder Beseitigung nur mit unverhältnißmäßigen Aufwendungen möglich, so kann sich der Erbe durch Entrichtung des Werthes befreien.

**§ 2289.** 1. Das Verhältniß des Erbvertrags zu früheren Verfügungen von Todeswegen.

Eine bereits vorhandene Verfügung von Todeswegen schließt an sich den Abschluß eines Erbvertrags nicht aus. Das Verhältniß des Erbvertrags zu solchen früheren, den Erblasser bindenden Verfügungen kann unter Wahrung der Rechte Dritter im Erbvertrage geregelt werden. Es greifen folgende Vorschriften ein:

a. Die bereits vorhandene letztwillige Verfügung wird nicht nur aufgehoben, wenn und insoweit der Erbvertrag mit dem Testament in Widerspruch steht (§ 2258 Abs. 1), sondern auch wenn und insoweit ohne das Vorliegen eines Widerspruchs das Recht des vertragsmäßig Bedachten (etwa durch ihm nicht bekannt gewesene Zuwendungen an Dritte) beeinträchtigt

**§ 2290.** Ein Erbvertrag sowie eine einzelne vertragsmäßige Verfügung kann durch Vertrag von den Personen aufgehoben werden, die den Erbvertrag geschlossen haben. Nach dem Tode einer dieser Personen kann die Aufhebung nicht mehr erfolgen. V. Aufhebung des Erbvertrags. 1. durch Aufhebungsvertrag.

Der Erblasser kann den Vertrag nur persönlich schließen. Ist er in der Geschäftsfähigkeit beschränkt, so bedarf er nicht der Zustimmung eines gesetzlichen Vertreters.

Steht der andere Theil unter Vormundschaft, so ist die Genehmigung des Vormundschaftsgerichts erforderlich. Das Gleiche gilt, wenn er unter elterlicher Gewalt steht, es sei denn, daß der Vertrag unter Ehegatten oder unter Verlobten geschlossen wird.

Der Vertrag bedarf der im § 2276 für den Erbvertrag vorgeschriebenen Form.

---

werden würde § 2289 Abs. 1 Satz 1. Die Vorschrift des § 2161 kommt also gegenüber einem späteren Erbvertrage nicht zur Anwendung.

b. Ein bereits vorhandenes gemeinschaftliches Testament kann nicht durch einen ohne Mitwirkung des anderen Ehegatten abgeschlossenen Erbvertrag aufgehoben werden, § 2271 Abs. 1 Satz 2.

c. Ein bereits vorhandener Erbvertrag macht einen späteren Erbvertrag insoweit unwirksam, als er das Recht des früheren Vertragserben beeinträchtigen würde. § 2289 Abs. 1 Satz 2.

2. **Spätere Verfügungen von Todeswegen** sind insoweit unwirksam, als sie das Recht des Vertragserben beeinträchtigen würden (§ 2289 Abs. 1 Satz 2).

Eine Ausnahme bildet die nach § 2289 Abs. 2 fortdauernde Zulässigkeit der in guter Absicht erfolgenden Beschränkung (§ 2338) des pflichttheilsberechtigten Abkömmlinges trotz eines mit demselben geschlossenen Erbvertrags. Die Beschränkung kann auf die gesammte vertragsmäßige Zuwendung erstreckt werden.

3. Ob die Aufhebung einer früheren letztwilligen Verfügung und die Unwirksamkeit einer späteren Verfügung auch eintritt, wenn eine Beeinträchtigung des Vertragserben nur deshalb nicht stattfindet, weil der Vertragserbe durch früheren Tod, Ausschlagung ꝛc.) wegfällt und deshalb der Erbvertrag nicht zur Ausführung gelangt, ist bestritten (vgl. Wilke § 2289 Note 2; dazu E. I. §§ 1953, 1936).

4. Für Erbverträge, welche vor 1900 geschlossen sind, bleibt es bei dem alten Rechte EG. Art. 214 Abs. 2.

**§ 2290.** 1. Die Aufhebung eines Erbvertrags kann nur zu Lebzeiten der Vertragschließenden erfolgen. Nach dem Tode des einen von ihnen findet auf das Recht des Anderen zur Aufhebung des Vertrags § 2297 Anwendung.

2. **Die Abschließung des Aufhebungsvertrags.**

a. Auf Seiten des Erblassers kann der Aufhebungsvertrag nur persönlich durch diesen geschlossen werden (vgl. § 2274). Da der Erblasser nur von Verbindlichkeiten, nämlich von der Bindung an seine Verfügung, frei wird, so bedarf der beschränkt geschäftsfähige Erblasser nicht der Zustimmung seines gesetzlichen Vertreters, vgl. § 107. Da der geschäftsunfähige Erblasser nicht auftreten kann (§ 105), andererseits Vertretung ausgeschlossen ist, so kann ein Aufhebungsvertrag mit ihm überhaupt nicht geschlossen werden. Einen Ausweg kann unter Umständen der Erbverzicht des Bedachten bilden, welcher zwischen diesem und dem gesetzlichen Vertreter des Erblassers abgeschlossen werden kann (§§ 2352, 2347 Abs. 2). Vgl. hierzu Künzel bei Gruchot 41 610.

b. Auf Seiten des anderen Theiles ist Vertretung nach allgemeinen Grund-

81*

2. durch letztwillige Verfügung mit Zustimmung des anderen Theiles.

**§ 2291.** Eine vertragsmäßige Verfügung, durch die ein Vermä… niß oder eine Auflage angeordnet ist, kann von dem Erblasser du… Testament aufgehoben werden. Zur Wirksamkeit der Aufhebung … die Zustimmung des anderen Vertragschließenden erforderlich; die V… schriften des § 2290 Abs. 3 finden Anwendung.

Die Zustimmungserklärung bedarf der gerichtlichen oder notari… Beurkundung; die Zustimmung ist unwiderruflich.

3. durch gemeinschaftl. Testament der Ehegatten.

**§ 2292.** Ein zwischen Ehegatten geschlossener Erbvertrag ka… auch durch ein gemeinschaftliches Testament der Ehegatten aufgeho… werden; die Vorschriften des § 2290 Abs. 3 finden Anwendung.

4. durch Rücktritt des Erblassers.
a. Rücktrittsgründe.
α. auf Grund eines Vorbehalts.

**§ 2293.** Der Erblasser kann von dem Erbvertrage zurücktre… wenn er sich den Rücktritt im Vertrage vorbehalten hat.

β. weg. Verfehlung des Bedachten.

**§ 2294.** Der Erblasser kann von einer vertragsmäßigen Ve… fügung zurücktreten, wenn sich der Bedachte einer Verfehlung schul… macht, die den Erblasser zur Entziehung des Pflichttheils berech… oder, falls der Bedachte nicht zu den Pflichttheilsberechtigten gehö… zu der Entziehung berechtigen würde, wenn der Bedachte ein Ab… kömmling des Erblassers wäre.

---

sätzen zulässig (vgl. § 2274 Note 2). Wegen des Erfordernisses vorm… schaftsgerichtlicher Genehmigung §§ 1828 ff.

3. Außer der Formvorschrift des Abs. 4 (vgl. § 2276) kommen in Betr… für Eheleute § 2292, und für Aufhebung vertragsmäßiger Verfügun… welche nur Vermächtnisse und Auflagen, nicht aber eine Erbeinsetzung zu… Gegenstande haben, § 2291.

**§ 2291.** 1. Nach § 2291 können vertragsmäßige Verfügungen (mit Aus… nahme der Erbeinsetzung vgl. § 2278 Abs. 2 in Verbindung mit § 2291) v… Seiten des Erblassers in jeder Testamentsform (§§ 2231, 2249 bis 22… aufgehoben werden.

2. Die Zustimmung des anderen Theiles erfordert gerichtliche oder notari… Beurkundung, § 128. Unwiderruflichkeit vgl. § 130 Note B und § 183 Not… Das Erforderniß vormundschaftsgerichtlicher Genehmigung zur Zustimmun… wenn der Zustimmende unter Vormundschaft oder elterlicher Gewalt ste… richtet sich nach § 2290 Abs. 3.

**§ 2292.** 1. Die Aufhebung kann in jeder für das gemeinschaftliche Test… ment zulässigen Form, also auch holographisch (§ 2267) geschehen.

2. § 2292 in Verbindung mit § 2290 Abs. 3 bildet den einzigen Fall, i… welchem die Zustimmung des gesetzlichen Vertreters bzw. des Vormundschaf… gerichts zu einer letztwilligen Verfügung erforderlich ist. Diese Bestimmun… kann nur in Ansehung einer minderjährigen Ehefrau praktisch werden (vg… § 2229).

**§ 2293.** 1. Der Vorbehalt des Rücktritts (vgl. §§ 346 ff.) nimmt de… Rechtsgeschäfte nicht den Charakter eines Erbvertrags. Es ist, was Fo… und Inhalt anlangt, trotz des vorbehaltenen Rücktritts als Erbvertrag u… nicht als letztwillige Verfügung zu beurtheilen.

2. Ausübung des Rücktrittsrechts § 2296.

3. Der Erbvertrag kann auch bedingt oder befristet geschlossen werde… Die allgemeinen Vorschriften sind maßgebend, §§ 158 ff.

**§ 2294.** 1. Die in Betracht kommenden Verfehlungen ergeben sich a… §§ 2333 bis 2335.

2. Nachträgliche Beschränkung der vertragsmäßigen Zuwendung in gu… Absicht § 2289 Abs. 2.

3. Die Ausübung des Rücktrittsrechts § 2296.

**§ 2295.** Der Erblasser kann von einer vertragsmäßigen Verfügung zurücktreten, wenn die Verfügung mit Rücksicht auf eine rechtsgeschäftliche Verpflichtung des Bedachten, dem Erblasser für dessen Lebenszeit wiederkehrende Leistungen zu entrichten, insbesondere Unterhalt zu gewähren, getroffen ist und die Verpflichtung vor dem Tode des Erblassers aufgehoben wird.

γ. wegen Aufhebung d. Gegenverpflichtung, insbesond. beim Verpfründungsvertrage.

**§ 2296.** Der Rücktritt kann nicht durch einen Vertreter erfolgen. Ist der Erblasser in der Geschäftsfähigkeit beschränkt, so bedarf er nicht der Zustimmung seines gesetzlichen Vertreters.

b. Rücktritt bei Lebzeiten des anderen Theiles.

Der Rücktritt erfolgt durch Erklärung gegenüber dem anderen Vertragschließenden. Die Erklärung bedarf der gerichtlichen oder notariellen Beurkundung.

**§ 2297.** Soweit der Erblasser zum Rücktritte berechtigt ist, kann er nach dem Tode des anderen Vertragschließenden die vertragsmäßige Verfügung durch Testament aufheben. In den Fällen des § 2294 finden die Vorschriften des § 2336 Abs. 2 bis 4 entsprechende Anwendung.

c. Rücktritt nach dem Tode des anderen Theiles.

**§ 2298.** Sind in einem Erbvertrage von beiden Theilen vertragsmäßige Verfügungen getroffen, so hat die Nichtigkeit einer dieser Verfügungen die Unwirksamkeit des ganzen Vertrags zur Folge.

VI. Gegenseitige Erbverträge.

Ist in einem solchen Vertrage der Rücktritt vorbehalten, so wird durch den Rücktritt eines der Vertragschließenden der ganze Vertrag aufgehoben. Das Rücktrittsrecht erlischt mit dem Tode des anderen Vertragschließenden. Der Ueberlebende kann jedoch, wenn er das ihm durch den Vertrag Zugewendete ausschlägt, seine Verfügung durch Testament aufheben.

Die Vorschriften des Abs. 1 und des Abs. 2 Satz 1, 2 finden keine Anwendung, wenn ein anderer Wille der Vertragschließenden anzunehmen ist.

---

**§ 2295.** 1. Der in § 2295 zugelassene, objektiv wirkende Rücktritt von dem Erbvertrage betrifft namentlich den mit Rücksicht auf einen sog. Verpfründungsvertrag abgeschlossenen Erbvertrag.

2. In anderen Fällen, in denen ein Erbvertrag auf Grund eines gegenseitigen Vertrags geschlossen worden ist, kann der Erblasser bei ausbleibender Gegenleistung nicht schlechtweg zurücktreten, vielmehr wird er in den Prot. V S. 411 auf den Umweg verwiesen, von dem anderen Vertragschließenden nach den Grundsätzen über die ungerechtfertigte Bereicherung die Einwilligung in die Aufhebung des Erbvertrags zu verlangen; vgl. § 812 Note B. I. 1.

**§ 2296.** 1. Vgl. § 2282. — §§ 130 ff., 132 Note 1.

2. Nach dem Tode des anderen Vertragschließenden tritt an Stelle des ihm gegenüber nicht mehr möglichen Rücktritts die Aufhebung des Erbvertrags gemäß § 2297.

**§ 2297.** Nach dem Tode des anderen Vertragschließenden kann der Ueberlebende von dem Erbvertrage nur abgehen, wenn und soweit sein Rücktrittsrecht begründet ist (§§ 2293, 2294, 2295) und ausschließlich in der Form des Testaments (vgl. aber § 2299).

**§ 2298.** 1. Die Vorschrift ist eine dem synallagmatischen Charakter des in § 2298 vorausgesetzten Erbvertrags entsprechende Dispositivvorschrift. Vgl. § 2085; §§ 2270, 2271. — Wegen derjenigen Anordnungen, welche nicht

VII. Letztwillige Verfügungen in einem Erbvertrage.

**§ 2299.** Jeder der Vertragschließenden kann in dem Erbvertrag einseitig jede Verfügung treffen, die durch Testament getroffen werden kann.

Für eine Verfügung dieser Art gilt das Gleiche, wie wenn sie durch Testament getroffen worden wäre. Die Verfügung kann auch in einem Vertrag aufgehoben werden, durch den eine vertragsmäßige Verfügung aufgehoben wird.

Wird der Erbvertrag durch Ausübung des Rücktrittsrechts oder durch Vertrag aufgehoben, so tritt die Verfügung außer Kraft, sofern nicht ein anderer Wille des Erblassers anzunehmen ist.

VIII. Eröffnung des Erbvertrags.

**§ 2300.** Die für die Eröffnung eines Testaments geltenden Vorschriften der §§ 2259 bis 2263, 2273 finden auf den Erbvertrag entsprechende Anwendung, die Vorschriften des § 2273 Satz 2, 3 jedoch nur dann, wenn sich der Erbvertrag in besonderer amtlicher Verwahrung befindet.

IX. Schenkung auf den Todesfall.

**§ 2301.** Auf ein Schenkungsversprechen, welches unter der Bedingung ertheilt wird, daß der Beschenkte den Schenker überlebt, finden die Vorschriften über Verfügungen von Todeswegen Anwendung. Das Gleiche gilt für ein schenkweise unter dieser Bedingung ertheiltes Schuldversprechen oder Schuldanerkenntniß der in den §§ 780, 781 bezeichneten Art.

Vollzieht der Schenker die Schenkung durch Leistung des zugewendeten Gegenstandes, so finden die Vorschriften über Schenkungen unter Lebenden Anwendung.

---

einen vertragsmäßigen Charakter haben, sondern nur räumlich mit dem Erbvertrage verbundene letztwillige Verfügungen sind, vgl. § 2299.

**§ 2299.** 1. Die Verfügungen, die überhaupt durch Testament getroffen werden können (vgl. Vorb. II S. 1181), können auch räumlich in dem Erbvertrage getroffen werden. (Vgl. Titelvorb. Note 1 S. 1273.)

2. Durch die Bestimmung ist im gewissen Sinne eine Ausnahme von § 2265 zugelassen. Voraussetzung ist aber ein gültiger Erbvertrag. Ist der Erbvertrag nicht gültig, so ist auch die einseitige Verfügung jedenfalls dann nicht gültig, wenn sie nicht den für die Errichtung von Testamenten vorgeschriebenen Formen entspricht.

3. (Abs. 2.) Aufhebungsvertrag § 2290.

4. Ausübung des Rücktrittsrechts §§ 2293 bis 2296.

**§ 2300.** Wegen der in Bezug genommenen Vorschriften vgl. zu den einzelnen Paragraphen. Hervorzuheben ist, daß für die Verschließung und Verwahrung des Erbvertrags § 2277 maßgebend ist.

**§ 2301.** 1. Die Schenkung von Todeswegen oder auf den Todesfall wird verschieden beurtheilt, je nachdem es sich um ein Schenkungsversprechen oder um eine vollzogene Schenkung handelt. Vgl. § 518 und Bemerkungen daselbst.

2. Das Schenkungsversprechen, welches unter der Bedingung erfolgt, daß der Beschenkte den Schenker überlebt, wird umgedeutet in eine Verfügung von Todeswegen.

a. Dieselbe erfordert somit, je nachdem das Versprechen letztwillig oder verbindlich abgegeben werden soll, die Form eines Testaments oder eines Erbvertrags. Einerseits reicht also die gewöhnliche Schenkungsform der gerichtlichen oder notariellen Beurkundung nicht aus, andererseits genügt für die letztwillige Schenkung von Todeswegen die holographische (§ 2231 Ziffer 2) Form.

**§ 2302.** Ein Vertrag, durch den sich Jemand verpflichtet, eine Verfügung von Todeswegen zu errichten oder nicht zu errichten, aufzuheben oder nicht aufzuheben, ist nichtig. X. Gegen die Testirfreiheit verstoßende Verpflichtungen.

# Fünfter Abschnitt.
## Pflichttheil.

---

b. Die Gleichstellung des schenkungsweise ertheilten abstrakten Schuldversprechens und Schuldanerkenntnisses der §§ 780, 781 mit dem Schenkungsversprechen entspricht der Vorschrift des § 518, woselbst zu vergleichen.

3. Die vollzogene Schenkung von Todeswegen untersteht den Vorschriften über die Schenkung unter Lebenden (§§ 516 ff.). Ob dieselbe auf den Pflichttheil des Beschenkten anzurechnen ist, ist Auslegungsfrage von Fall zu Fall vgl. § 2315.

**§ 2302.** 1. Der § 2302 bezieht sich nur auf den obligatorischen Vertrag, eine Verfügung von Todeswegen zu errichten oder nicht zu errichten, aufzuheben oder nicht aufzuheben. Darunter fällt auch die Verpflichtung zur Eingehung eines Erbvertrags, nicht aber die Abschließung eines Erbvertrags selbst. Vgl. Prot. V S. 5.

2. Die Unzulässigkeit eines Strafversprechens (vgl. RG. 19 232) folgt aus § 344.

Vorbemerkung zum V. Abschnitt.

1. Pflichttheilsberechtigte.

a. Pflichttheilsberechtigte sind (§ 2303) nur:

α. die Abkömmlinge (vgl. § 1589 Note 4) des Erblassers;

β. die Eltern des Erblassers;

γ. der Ehegatte des Erblassers.

b. Nicht pflichttheilsberechtigt sind insbesondere die Großeltern und die weiteren Vorfahren des Erblassers, sowie seine Geschwister.

c. Das uneheliche Kind ist seinem Vater gegenüber nicht pflichttheilsberechtigt §§ 2303, 1924; Vorb. zu §§ 1924 bis 1930 Note 2 (S. 1073), kann aber in Ansehung seines Unterhaltsanspruchs bei dem Tode des Vaters mit dem Betrag abgefunden werden, der ihm als Pflichttheil gebühren würde, wenn es ehelich wäre § 1712.

2. Die Größe des Pflichttheils ist gleichmäßig für alle Fälle auf die Hälfte des gesetzlichen Erbtheils festgesetzt. Für die Berechnung des Pflichttheils ist derjenige Erbtheil maßgebend, welcher dem Pflichttheilsberechtigten bei unverändertem Eintritte der gesetzlichen Erbfolge gebühren würde. Es werden demgemäß diejenigen mitgezählt, welche durch letztwillige Verfügung ausgeschlossen sind, die Erbschaft ausgeschlagen haben oder für erbunwürdig erklärt sind (§ 2310). Ausnahme für Erbverzicht (§ 2310 Satz 2).

3. Die rechtliche Natur des Pflichttheilsanspruchs.

a. Der Pflichttheilsanspruch ist nicht als Erbfolgerecht gestaltet, sondern in Uebereinstimmung mit der preußischen Praxis als ein unentziehbarer persönlicher Anspruch auf Zahlung eines bestimmten Werthbetrags aus dem Nachlasse. Vgl. im Uebrigen zu § 2303 Note 3. (RG. 6 247, 21 272, 23 224, 228, 229.)

b. Das BGB. kennt kein formales Notherbenrecht, sondern nur ein materielles Pflichttheilsrecht. Durch die Verletzung des Pflichttheilsrechts wird nicht die Ungültigkeit des Testaments, sondern nur der Anspruch auf Auskehrung des Pflichttheilsbetrags begründet.

c. Der Pflichttheilsanspruch schränkt seiner Natur nach die Testirfreiheit des Erblassers ein. Den gesetzlichen Inhalt des Pflichttheilsanspruchs kann der Erblasser nicht mindern; er kann insbesondere den Erben von der Auskunfts- und Offenbarungspflicht des § 2314 nicht befreien. Wegen

1. Pflichttheilsberechtigte. Pflichttheilsanspruch des von der Erbfolge ausgeschlossenen Pflichttheilsberechtigten.

**§ 2303.** Ist ein Abkömmling des Erblassers durch Verfügung von Todeswegen von der Erbfolge ausgeschlossen, so kann er von dem Erben den Pflichttheil verlangen. Der Pflichttheil besteht in der Hälfte des Werthes des gesetzlichen Erbtheils.

Das gleiche Recht steht den Eltern und dem Ehegatten des Erblassers zu, wenn sie durch Verfügung von Todeswegen von der Erbfolge ausgeschlossen sind.

---

des Erbverzichts in Ansehung einzelner aus dem Pflichttheilsrechte folgender Befugnisse vgl. zu 5.

d. Ueber Entstehung, Vererblichkeit, Uebertragbarkeit, Pfändbarkeit des Pflichttheilsanspruchs vgl. zu § 2317.

e. Der Pflichttheilsanspruch begründet eine Nachlaßverbindlichkeit § 1967.

α. Wegen der für die Erbenhaftung in Ansehung des Pflichttheilsanspruchs geltenden besonderen Vorschriften des BGB. und der KO. vgl. zu § 1967 Note II. 1 a.

β. Die Geltendmachung des Pflichttheilsanspruchs geschieht gegenüber dem Erben, nicht gegenüber dem Testamentsvollstrecker § 2213 Abs. 1, unbeschadet des Erfordernisses der Verurtheilung des Testamentsvollstreckers zur Duldung der Zwangsvollstreckung in den Nachlaß CPO. § 748 Abs. 3 (S. 1244).

γ. Ueber die Vertheilung der Pflichttheilslast unter die von dem Erblasser Bedachten §§ 2318 ff.

4. Entziehung des Pflichttheils.

a. Als Gründe für die Entziehung des Pflichttheils werden gewisse, einzeln aufgeführte schwere Verfehlungen des Pflichttheilsberechtigten gegen den Erblasser sowie die Führung eines ehrlosen oder unsittlichen Lebenswandels in § 2333 anerkannt. — Anfechtung des Pflichttheilsanspruchs wegen Erbunwürdigkeit des Pflichttheilsberechtigten § 2345 Abs. 2.

b. Enterbung in guter Absicht vgl. § 2338.

c. Unabsichtliche Entziehung des Pflichttheils §§ 2079 bis 2081; 2281.

5. Verzicht auf das Pflichttheilsrecht durch Vertrag mit dem Erblasser §§ 2346, 2349 kann auch auf einzelne aus dem Pflichttheilsrechte folgende Befugnisse z. B. den Anspruch auf Auskunft oder Offenbarung, beschränkt werden. Vgl. zu § 2346.

6. Pflichttheilsrecht bei gütergemeinschaftlicher Erbfolge

a. des Ehegatten § 1509.

b. der Abkömmlinge §§ 1511 ff.

7. Der Vertrag über den Pflichttheil aus dem Nachlaß eines noch lebenden Dritten ist nichtig, mit Ausnahme des der gerichtlichen oder notariellen Beurkundung bedürfenden Vertrags unter zukünftigen gesetzlichen Erben § 312.

8. Landesgesetzliche Vorbehalte.

a. Befreiung gewisser ritterschaftlicher Familien von der Beschränkung durch das Pflichttheilsrecht EG. Art. 216.

b. Pflichttheilsanspruch des Fiskus oder einer anderen juristischen Person in Ansehung des Nachlasses einer verpflegten oder unterstützten Person EG. Art. 139.

9. Uebergang: Das Pflichttheilsrecht des BGB. findet auf alle Erbfälle Anwendung, wenn der Tod des Erblassers nach dem Beginne des 1. Januar 1900 eingetreten ist, vgl. EG. Art. 213.

**§ 2303.** 1. Die pflichttheilsberechtigten Personen (vgl. Vorb. Note 1).

a. Abkömmlinge des Erblassers einschließlich der Legitimirten und an Kindesstatt Angenommenen vgl. Vorb. zu §§ 1924 ff. Note 2 (S. 1073). Wegen der unehelichen Kinder vgl. Vorb. Note 1 c (S. 1283).

b. Eltern des Erblassers vgl. § 1925 Note I. 1. Der Vater, welchem bei der

Eheschließung die Nichtigkeit der Ehe bekannt ist, hat kein Pflichttheilsrecht gegenüber dem Kinde § 1701. § 2303.

c. Ehegatte des Erblassers vgl. § 1933. Insoweit die Anhängigkeit der Klage auf Scheidung oder auf Aufhebung der ehelichen Gemeinschaft das gesetzliche Erbrecht ausschließt (vgl. § 1933), entfällt auch der auf eine Quote des Werthes des gesetzlichen Erbtheils gehende Pflichttheilsanspruch.

2. Die Hinterlassungspflicht des Erblassers.

Eine Hinterlassungspflicht ist nicht ausdrücklich ausgesprochen, ergiebt sich aber daraus, daß für den Fall ihrer Nichterfüllung dem Pflichttheilsberechtigten der Pflichttheilsanspruch trotz und gegen den Inhalt der Verfügung des Erblassers zusteht.

3. Der Pflichttheilsanspruch (vgl. Vorb. Note 3, S. 1283).

Der Pflichttheilsanspruch gestaltet sich verschieden, je nach dem Inhalte der von dem Erblasser getroffenen Verfügung von Todeswegen.

a. Der Pflichttheilsanspruch ist ein Anspruch auf Zahlung eines der Hälfte des Werthes des gesetzlichen Erbtheils gleichkommenden Betrags,

α. wenn dem Pflichttheilsberechtigten der Pflichttheil ungerechtfertigterweise entzogen ist (§§ 2333 bis 2337);

β. wenn der Pflichttheilsberechtigte von der Erbfolge durch Testament ausgeschlossen ist, sei es ohne Einsetzung eines anderen Erben (§ 1938) oder durch Einsetzung anderer ihn ausschließender Erben. Dieser Fall liegt auch in Ansehung der Kinder, rücksichtlich des Nachlasses des erstversterbenden Elterntheils vor, wenn die Eltern sich in einem gemeinschaftlichen Testamente gegenseitig als Erben eingesetzt und bestimmt haben, daß der beiderseitige Nachlaß nach dem Tode des Ueberlebenden an die Kinder fallen soll (§ 2269, vgl. daselbst Wilke Note 4).

Wegen der Fälle, in denen die Uebergehung des Pflichttheilsberechtigten unbeabsichtigt ist, vgl. §§ 2079 bis 2081, 2281.

b. Wegen der sonstigen Gestaltungen des Pflichttheilsanspruchs vgl. §§ 2305 bis 2308.

c. Der Pflichttheilsberechtigte, welchem der ihm gebührende Bruchtheil der Erbschaft unbeschränkt und unbeschwert hinterlassen ist, erlangt nicht durch die Ausschlagung der Erbschaft einen Pflichttheilsanspruch. Es kann demnach ein solcher Pflichttheilsberechtigter nicht von seinen Miterben Auskehrung seines Pflichttheils in Geld fordern, vielmehr hat er sich den Pflichten eines Miterben (§§ 2032 ff.) zu unterziehen.

d. Einwendung der Erbunwürdigkeit des Pflichttheilsberechtigten (§§ 2345, 2083).

4. Der Pflichttheil des überlebenden Ehegatten (vgl. zu Note 1c).

a. Der dem Ehegatten zustehende Voraus gehört nicht zu seinem gesetzlichen Erbtheil und bleibt bei der Pflichttheilsberechnung außer Berücksichtigung, vgl. §§ 1932 Note 3, 1933.

b. Der Pflichttheil des überlebenden Ehegatten beträgt:

α. neben Verwandten der ersten Ordnung (Abkömmlingen des Erblassers) $^1/_8$ der Erbschaft;

β. neben Verwandten der zweiten Ordnung (Eltern des Erblassers und deren Abkömmlingen) sowie neben Großeltern des Erblassers $^1/_4$ der Erbschaft. Treffen mit den Großeltern Abkömmlinge von Großeltern zusammen, so erhält der Ehegatte auch noch die Hälfte des Antheils, der nach § 1926 den Abkömmlingen zufallen würde, die andere Hälfte erhalten diese Abkömmlinge;

γ. wenn weder Verwandte der ersten oder der zweiten Ordnung noch Großeltern vorhanden sind, $^1/_2$ der Erbschaft.

c. Wegen der Uebergangsvorschriften für die zur Zeit des Inkrafttretens des BGB. bestehenden Ehen vgl. EG. Art. 200.

2. „Zuwendung d. Pflichttheils". **§ 2304.** Die Zuwendung des Pflichttheils ist im Zweifel nicht als Erbeinsetzung anzusehen.

3. Pflichttheilsanspruch bei Hinterlassung eines zu geringen Erbtheils. **§ 2305.** Ist einem Pflichttheilsberechtigten ein Erbtheil hinterlassen, der geringer ist als die Hälfte des gesetzlichen Erbtheils, so kann der Pflichttheilsberechtigte von den Miterben als Pflichttheil den Werth des an der Hälfte fehlenden Theiles verlangen.

4. Pflichttheilsanspruch bei Erbeinsetzung unter Beschränkungen oder Beschwerungen. **§ 2306.** Ist ein als Erbe berufener Pflichttheilsberechtigter durch die Einsetzung eines Nacherben, die Ernennung eines Testamentsvollstreckers oder eine Theilungsanordnung beschränkt oder ist er mit einem Vermächtniß oder einer Auflage beschwert, so gilt die Beschränkung oder die Beschwerung als nicht angeordnet, wenn der ihm hinterlassene Erbtheil die Hälfte des gesetzlichen Erbtheils nicht übersteigt. Ist der hinterlassene Erbtheil größer, so kann der Pflichttheilsberechtigte den Pflichttheil verlangen, wenn er den Erbtheil ausschlägt; die Ausschlagungsfrist beginnt erst, wenn der Pflichttheilsberechtigte von der Beschränkung oder der Beschwerung Kenntniß erlangt.

Einer Beschränkung der Erbeinsetzung steht es gleich, wenn der Pflichttheilsberechtigte als Nacherbe eingesetzt ist.

---

**§ 2304.** Die Zuwendung des Pflichttheils soll im Zweifel nicht bedeuten, daß der so Bedachte Erbe in Höhe der Hälfte seines gesetzlichen Erbtheils sein soll, sondern nur, daß er von dem Erben die Hälfte des durch Schätzung (§ 2311) zu ermittelnden Werthes seines gesetzlichen Erbtheils zu fordern berechtigt sein soll.

**§ 2305.** 1. Die Vorschrift trifft unmittelbar den Fall, daß dem Pflichttheilsberechtigten nur (vgl. zu 2) ein zu geringer Bruchtheil der Erbschaft unbeschränkt und unbeschwert (vgl. zu 3) hinterlassen ist. Ist er z. B. anstatt auf das ihm gebührende $^1/_4$ auf ein $^1/_8$ eingesetzt, so hat er daneben den Anspruch gegen die Miterben auf Leistung des Geldwerths des fehlenden Achtels; er ist aber nicht berechtigt, das ihm hinterlassene Achtel, wie eine Theilleistung zurückzuweisen und das Ganze in Geld zu fordern.

2. Wenn der Pflichttheilsberechtigte neben dem unzureichenden Erbtheile noch mit einem Vermächtnisse bedacht ist, so greift in Ansehung des Vermächtnisses § 2307 Platz.

3. Wenn der unzureichende Erbtheil beschränkt oder beschwert ist, so gilt die Beschränkung oder Beschwerung als nicht angeordnet gemäß § 2306.

4. Ueber das Verhältniß eines pflichttheilsberechtigten Miterben zu andern Pflichttheilsberechtigten vgl. § 2319 und Bemerkungen daselbst.

**§ 2306.** 1. Im Sinne des § 2306 kommen als Beschränkungen oder Beschwerungen nur in Betracht:

a. Einsetzung des Pflichttheilsberechtigten als Vorerben oder als Nacherben (Abs. 2) §§ 2100 ff. Zu Abs. 2 vgl. § 2142;
b. Ernennung eines Testamentsvollstreckers §§ 2197 ff.;
c. Theilungsanordnung § 2048;
d. Vermächtniß §§ 2147 ff.;
e. Auflage §§ 2192 ff.

2. Beschränkungen und Beschwerungen im Sinne des § 2306 sind insbesondere nicht:

a. (wenn die pflichttheilsberechtigte Person eine Ehefrau ist,) die Bestimmung, daß das Zugewendete sein soll:
α. Vorbehaltsgut §§ 1369, 1440, 1486, 1526, 1549.
β. Eingebrachtes Gut § 1553 Ziffer 2;

**§ 2307.** Ist ein Pflichttheilsberechtigter mit einem Vermächtnisse bedacht, so kann er den Pflichttheil verlangen, wenn er das Vermächtniß ausschlägt. Schlägt er nicht aus, so steht ihm ein Recht auf den Pflichttheil nicht zu, soweit der Werth des Vermächtnisses reicht; bei der Berechnung des Werthes bleiben Beschränkungen und Beschwerungen der im § 2306 bezeichneten Art außer Betracht. 5. Pflichttheilsanspruch bei Zuwendung eines Vermächtnisses.

Der mit dem Vermächtnisse beschwerte Erbe kann den Pflichttheilsberechtigten unter Bestimmung einer angemessenen Frist zur Erklärung über die Annahme des Vermächtnisses auffordern. Mit dem Ablaufe der Frist gilt das Vermächtniß als ausgeschlagen, wenn nicht vorher die Annahme erklärt wird.

---

b. die Bestimmung, daß das Zugewendete entzogen sein soll der Verwaltung oder Nutznießung
α. des elterlichen Gewalthabers §§ 1638, 1651, 1686, 1909, 1917.
β. des Vormundes §§ 1909, 1794;
c. die Bestimmung, daß das Zugewendete nach Maßgabe bestimmter Anordnungen des Zuwendenden durch den elterlichen Gewalthaber oder Vormund verwaltet werden soll, §§ 1639, 1686, 1803, 1917;
d. die Einsetzung eines Ersatzerben an Stelle des Pflichttheilsberechtigten oder die Einsetzung des Pflichttheilsberechtigten als Ersatzerben (§ 2096). Im ersten Falle ist die Ersatzberufung erledigt, wenn der Pflichttheilsberechtigte Erbe wird, im anderen Falle ist, wenn der Erstberufene Erbe geworden ist, der Pflichttheilsberechtigte nicht Erbe geworden, so daß § 2303 anwendbar ist;
e. wenn die Ehegatten sich in einem gegenseitigen Testament oder Erbvertrage gegenseitig als Erben einsetzen, die Bestimmung, daß der beiderseitige Nachlaß an die Kinder nach dem Tode des Ueberlebenden fallen soll, vgl. § 2303 Note 3aß.

3. Die Wirkung der Beschränkungen und Beschwerungen (zu I) ist eine verschiedene, je nachdem der damit behaftete, dem Pflichttheilsberechtigten hinterlassene Erbtheil die Hälfte des gesetzlichen Erbtheils übersteigt oder nicht übersteigt.

a. Uebersteigt der hinterlassene Erbtheil die Hälfte des gesetzlichen Erbtheils nicht, so gilt die Beschränkung und Beschwerung als nicht angeordnet.
α. Kommt der so befreite Erbtheil dem Pflichttheile gleich, so ist damit dem Pflichttheilsanspruche genügt (§ 2300).
β. Bleibt der so befreite Erbtheil hinter dem Pflichttheile zurück, so findet nunmehr § 2305 Anwendung.
γ. Ist außer dem zu geringen Erbtheile dem Pflichttheilsberechtigten noch ein Vermächtniß zugewendet, so findet in Ansehung dieses § 2307 Anwendung.

b. Ist der hinterlassene Erbtheil größer, so greift die der cautela Socini entsprechende Regelung des Abs. 1 Satz 2 ein.
α. Die Bestimmung über den Beginn der Ausschlagungsfrist ist eine Sondervorschrift gegenüber dem § 1944 (vgl. daselbst Note II. 3d). Ist die Annahme der Erbschaft vor dem Beginne der Ausschlagungsfrist, weil vor Kenntniß von den Beschwerungen erklärt (vgl. § 1946), so bleibt dem Pflichttheilsberechtigten nur die Möglichkeit (vgl. § 1943) die Annahme wegen Irrthums gemäß §§ 1954, 1957 anzufechten. Die Versäumung der Ausschlagungsfrist (§ 1943) kann nach der Regelung in § 2306 nicht vor Erlangung der Kenntniß von den Beschränkungen eintreten.
β. Als selbstverständlich ist der Zusatz weggelassen (Prot. VI S. 319), daß eine Beschränkung, welche vor der Ausschlagung mit allen Wirkungen weggefallen ist, als von Anfang an nicht vorhanden anzusehen ist.

**§ 2307.** 1. Ist der Pflichttheilsberechtigte mit einem Vermächtnisse (§§ 1939,

6. Anfechtung der Ausschlagung wegen Irrthums des Pflichttheilsberechtigten über den Wegfall von Beschränkungen ꝛc.

**§ 2308.** Hat ein Pflichttheilsberechtigter, der als Erbe oder als Vermächtnißnehmer in der im § 2306 bezeichneten Art beschränkt oder beschwert ist, die Erbschaft oder das Vermächtniß ausgeschlagen, so kann er die Ausschlagung anfechten, wenn die Beschränkung oder die Beschwerung zur Zeit der Ausschlagung weggefallen und der Wegfall ihm nicht bekannt war.

Auf die Anfechtung der Ausschlagung eines Vermächtnisses finden die für die Anfechtung der Ausschlagung einer Erbschaft geltenden Vorschriften entsprechende Anwendung. Die Anfechtung erfolgt durch Erklärung gegenüber dem Beschwerten.

---

2147 ff.) bedacht, so hat er ein Wahlrecht, ob er das Vermächtniß als Erfüllung oder Theilerfüllung seines Pflichttheilsanspruchs gelten lassen will oder nicht.

a. Für seine Entscheidung ist insbesondere von Bedeutung, daß er sich bei der Wahl des Vermächtnisses nicht nur eine Schätzung des Werthes seines Pflichttheilsanspruchs (§ 2311), sondern auch des Vermächtnißgegenstandes gefallen lassen muß und daß dazu noch etwaige Beschränkungen und Beschwerungen der in § 2306 (vgl. daselbst Note 1) gedachten Art aufrecht erhalten bleiben, während andererseits der Pflichttheilsanspruch auf eine reine Geldleistung geht. Die letztere Rücksicht fällt allerdings bei einem Geldvermächtnisse fort, so daß im Hinblick auf die Vorschriften der KO. über den Nachlaßkonkurs (vgl. zu b) kaum ein nennenswerther Unterschied zwischen dem gemäß § 2307 angenommenen — im Uebrigen unbeschränkten und unbeschwerten — Geldvermächtniß und dem Pflichttheilsanspruch ersichtlich ist.

b. Das Rangverhältniß zwischen Vermächtnissen und Pflichttheilsrechten ist im allgemeinen derart geregelt, daß die Pflichttheilsrechte den Vorrang vor Vermächtnissen haben (vgl. § 2318, KO. § 226 Abs. 2 Ziffer 4 u. 5 S. 1124 f.). Nur dasjenige Vermächtniß, durch welches nach § 2307 das Recht des Bedachten auf den Pflichttheil ausgeschlossen und ersetzt wird, steht, soweit es den Pflichttheil nicht übersteigt, für den Nachlaßkonkurs den Pflichttheilsrechten im Range gleich KO. § 226 Abs. 3 Satz 1 (S. 1125).

2. Die Ausschlagungserklärung kann auch bezüglich aufschiebend bedingter und befristeter Vermächtnisse alsbald nach dem Erbfall ohne Rücksicht darauf, ob der Anfall des Vermächtnisses (§§ 2176 ff.) schon erfolgt ist oder nicht, abgegeben werden (§ 2180). Da nach derselben Vorschrift eine Ausschlußfrist für die Abgabe der Ausschlagungserklärung nicht besteht, so giebt § 2307 Abs. 2 zum Zwecke der Beseitigung eines längeren Schwebezustandes das Mittel der Fristsetzung (vgl. hierzu Bd. I S. 102 Note 4).

3. Die Uebertragbarkeit und Vererblichkeit des Rechtes, gemäß § 2307 anzunehmen oder auszuschlagen, ergiebt sich aus § 2317.

**§ 2308** 1. Die Anfechtung der Annahme- und Ausschlagungserklärung wegen Willensmängel erfolgt nach den allgemeinen Vorschriften vgl. zu § 1954 und zu § 2180 Note 2. In § 2308 wird die Anfechtung der Ausschlagung auch wegen eines sich als Irrthum im Beweggrunde darstellenden Willensmangels zugelassen.

2. Die Anfechtung erfolgt gemäß §§ 1954 f. Die Hervorhebung, daß die Anfechtung dem Beschwerten gegenüber zu erfolgen hat, soll nur die aus der Bezugnahme auf die Vorschriften über die Anfechtung der Erbschaftsausschlagung herzuleitende Meinung ausschließen, als ob auch in Ansehung von Vermächtnissen die Anfechtungserklärung gegenüber dem Nachlaßgerichte (§ 1955) zu erfolgen habe.

**§ 2309.** Entferntere Abkömmlinge und die Eltern des Erblassers sind insoweit nicht pflichttheilsberechtigt, als ein Abkömmling, der sie im Falle der gesetzlichen Erbfolge ausschließen würde, den Pflichttheil verlangen kann oder das ihm Hinterlassene annimmt.

7. Pflichttheilsrecht entfernterer Abkömmlinge und der Eltern des Erblassers.

**§ 2310.** Bei der Feststellung des für die Berechnung des Pflichttheils maßgebenden Erbtheils werden diejenigen mitgezählt, welche durch letztwillige Verfügung von der Erbfolge ausgeschlossen sind oder die Erbschaft ausgeschlagen haben oder für erbunwürdig erklärt sind. Wer durch Erbverzicht von der gesetzlichen Erbfolge ausgeschlossen ist, wird nicht mitgezählt.

8. Berechnung des Pflichttheils.
a. Feststellung des maßgebenden Erbtheils.

---

**§ 2309.** 1. Die Vorschrift des § 2309 verhütet eine Vervielfältigung der Pflichttheilslast, indem sie Vorsorge trifft, daß der Pflichttheil nicht in demselben Erbstamme mehrfach zu gewähren ist.

2. Die Vorschrift ergiebt zunächst, daß entferntere Abkömmlinge und die Eltern des Erblassers pflichttheilsberechtigt sind, wenn ein Abkömmling, der sie im Falle der gesetzlichen Erbfolge ausschließen würde, nicht vorhanden ist. Der Fall, daß ein zur Zeit des Erbfalls lebender Abkömmling die entfernteren Abkömmlinge oder die Eltern von der gesetzlichen Erbfolge nicht ausschließt, so daß der Pflichttheilsanspruch eines entfernteren Abkömmlings oder, wenn auch ein solcher nicht vorhanden, der Pflichttheilsanspruch der Eltern gegeben ist, liegt vor, wenn der Abkömmling nicht zur Erbfolge gelangt, weil er

a. die Erbschaft ausschlägt § 1953;
b. für erbunwürdig erklärt wird § 2344;
c. für seine Person auf das gesetzliche Erbrecht verzichtet hat §§ 2346, 2349;
d. als Mitglied eines religiösen Ordens ꝛc. die zum Erwerbe von Todeswegen erforderliche staatliche Genehmigung nicht erhält EG. Artt. 87 Abs. 2, 86 Satz 2.

3. Die Vorschrift des § 2309 versagt den entfernteren Abkömmlingen und den Eltern des Erblassers das Pflichttheilsrecht, wenn ein (nicht unter Note 2 a—d fallender) sie von der gesetzlichen Erbfolge ausschließender Abkömmling des Erblassers zur Zeit des Erbfalls am Leben ist und den Pflichttheil aus dem Grunde verlangen kann, weil er durch Verfügung von Todeswegen von der Erbfolge ausgeschlossen ist (§ 2303) oder mit einem zu geringen Erbtheile bedacht ist (§ 2305) oder die ihm gemachte Zuwendung gemäß §§ 2306, 2307 ausgeschlagen hat. In diesen Fällen ist der unmittelbar Pflichttheilsberechtigte allein in der Lage, zu entscheiden, ob er den Pflichttheilsanspruch geltend machen will oder nicht. Stirbt er, so geht der in seiner Person entstandene Pflichttheilsanspruch auf seine Erben über (§ 2317).

4. Wenn zwar ein den entfernteren Abkömmling oder die Eltern des Erblassers von der gesetzlichen Erbfolge ausschließender Abkömmling des Erblassers vorhanden ist, dieser aber den Pflichttheil nicht zu verlangen berechtigt ist, weil ihm derselbe mit Grund entzogen ist (§§ 2333 ff.), so sind seine entfernteren Abkömmlinge oder in Ermangelung solcher die Eltern des Erblassers pflichttheilsberechtigt, indeß (§ 2309) mit der Einschränkung, daß ihr Pflichttheilsanspruch insoweit nicht besteht, als dem Abkömmlinge trotz der Entziehung des Pflichttheils etwas (vielleicht ein Erbtheil oder Vermächtniß von geringerem Werthe als die Pflichttheilsportion darstellen würde) hinterlassen und von ihm angenommen ist.

**§ 2310.** 1. Die Vorschrift des § 2310 bezweckt nur, die Berechnung des Pflichttheilsbruchtheils zu regeln, keineswegs ist sie anwendbar für die Frage, ob einer Person das Pflichttheilsrecht zusteht. Vgl. § 2309 Note 2.

b. Feststellung d. Nachlaßwerthes. a. Umfang und Zeitpunkt d. Schätzung.

**§ 2311.** Der Berechnung des Pflichttheils wird der Bestand und der Werth des Nachlasses zur Zeit des Erbfalls zu Grunde gelegt. Bei der Berechnung des Pflichttheils der Eltern des Erblassers bleibt der dem überlebenden Ehegatten gebührende Voraus außer Ansatz

Der Werth ist, soweit erforderlich, durch Schätzung zu ermitteln. Eine vom Erblasser getroffene Werthbestimmung ist nicht maßgebend.

---

2. Die Vorschrift entspricht der bereits in § 2303 zum Ausdrucke gelangten Auffassung des Pflichttheils als einer Quote des gesetzlichen Erbtheils, den der Pflichttheilsberechtigte bekommen hätte, wenn die gesetzliche Erbfolge in voller Reinheit eingetreten wäre.

a. Deshalb werden (zum Nachtheile des Pflichttheilsberechtigten) auch diejenigen gesetzlichen Erben mitgezählt, welche
α. durch letztwillige Verfügung ausgeschlossen sind (§ 1938);
β. die Erbschaft ausgeschlagen haben §§ 1943 ff.;
γ. für erbunwürdig erklärt sind § 2344;
δ. als Religiose die zum Erwerbe von Todeswegen landesgesetzlich erforderte staatliche Genehmigung nicht erlangt haben (vgl. EG. Art. 87 Abs. 2, 86 Satz 2.

b. Daß die durch Erbverzicht (§§ 2346, 2349) von der Erbfolge Ausgeschlossenen (zum Vortheile des Pflichttheilsberechtigten) nicht mitgezählt werden, beruht im Wesentlichen auf der Erwägung, daß ein Erbverzicht regelmäßig nicht ohne eine Gegenleistung (Abfindung) erfolgt, und es unbillig sein würde, wenn der Pflichttheilsberechtigte sich gefallen lassen müßte, daß einerseits das Vermögen des Erblassers durch die Auszahlung der Abfindung gemindert wird und daß andererseits noch der für die Pflichttheilsermittelung maßgebende Erbtheil so berechnet wird, als wenn der Verzichtende Erbe geworden wäre.

3. Die Vorschrift ist nicht nur anwendbar für die Feststellung des Pflichttheils der Abkömmlinge, sondern auch des überlebenden Ehegatten (vgl. § 2303 Note 4).

4. Ist noch die Geburt eines Miterben zu erwarten, so ist die Feststellung der Erbtheile und somit auch die des Pflichttheils gemäß § 2043 auszusetzen.

**§ 2311.** 1. Die Vorschrift des § 2311 entspricht grundsätzlich der Vorschrift des § 2001 über den Inhalt des Nachlaßinventars. Der Pflichttheilsberechtigte ist für die Höhe seines Pflichttheilsanspruchs beweispflichtig. Wegen der Auskunfts- und Offenbarungspflicht des Erben § 2314.

2. Als Pflichttheilsberechtigte, neben denen dem überlebenden Ehegatten der Voraus gebührt, kommen gemäß § 1932 nur die Eltern des Erblassers in Betracht.

a. Bei der Berechnung des Pflichttheils der Eltern wird der Voraus zu Gunsten des Ehegatten außer Ansatz gelassen (Abs. 1 Satz 2). In den Fällen, in denen sich der Nachlaß in dem Voraus erschöpft, ist der Pflichttheilsanspruch der Eltern gegenstandslos.

b. Bei der Berechnung des Pflichttheils des Ehegatten wird, wie sich arg. e contr. aus Abs. 1 Satz 2 ergiebt, der in § 1932 bezeichnete Voraus als zum Nachlasse gehörend mitberechnet. Der Voraus als solcher gehört nicht zum gesetzlichen Erbtheil und wird deshalb auch bei der Berechnung der Pflichttheilsquote des Ehegatten nicht berücksichtigt. Die an sich zum Voraus gehörigen Gegenstände werden vielmehr ebenso wie die sonstigen Nachlaßgegenstände als Theile der Gesammterbschaft behandelt.

3. Die Vorschrift, daß die Werthsermittelung durch Schätzung erfolgt, schließt ein Recht des Pflichttheilsberechtigten, den Verkauf der Nachlaßgegenstände zwecks Werthsermittelung (vgl. dagegen §§ 753, 2042) oder die Uebernahme der Gegenstände zu den Werthansätzen verlangen zu können, aus.

**§ 2312.** Hat der Erblasser angeordnet oder ist nach § 2049 anzunehmen, daß einer von mehreren Erben das Recht haben soll, ein zum Nachlasse gehörendes Landgut zu dem Ertragswerthe zu übernehmen, so ist, wenn von dem Rechte Gebrauch gemacht wird, der Ertragswerth auch für die Berechnung des Pflichttheils maßgebend. Hat der Erblasser einen anderen Uebernahmepreis bestimmt, so ist dieser maßgebend, wenn er den Ertragswerth erreicht und den Schätzungswerth nicht übersteigt.

β. Anordnung eines Uebernahmepreises für ein Landgut durch den Erblasser.

Hinterläßt der Erblasser nur einen Erben, so kann er anordnen, daß der Berechnung des Pflichttheils der Ertragswerth oder ein nach Abs. 1 Satz 2 bestimmter Werth zu Grunde gelegt werden soll.

Diese Vorschriften finden nur Anwendung, wenn der Erbe, der das Landgut erwirbt, zu den im § 2303 bezeichneten pflichttheilsberechtigten Personen gehört.

**§ 2313.** Bei der Feststellung des Werthes des Nachlasses bleiben Rechte und Verbindlichkeiten, die von einer aufschiebenden Bedingung abhängig sind, außer Ansatz. Rechte und Verbindlichkeiten, die von einer auflösenden Bedingung abhängig sind, kommen als unbedingte in Ansatz. Tritt die Bedingung ein, so hat die der veränderten Rechtslage entsprechende Ausgleichung zu erfolgen.

γ. Bedingte Rechte u. Verbindlichkeiten.

Für ungewisse oder unsichere Rechte sowie für zweifelhafte Verbindlichkeiten gilt das Gleiche wie für Rechte und Verbindlichkeiten, die von einer aufschiebenden Bedingung abhängig sind. Der Erbe ist dem Pflichttheilsberechtigten gegenüber verpflichtet, für die Feststellung eines ungewissen und für die Verfolgung eines unsicheren Rechtes zu sorgen, soweit es einer ordnungsmäßigen Verwaltung entspricht.

δ. Ungewisse und unsichere Rechte. Zweifelhafte Verbindlichkeiten.

---

a. Schätzung ist nicht erforderlich z. B. bei Baarbeständen, sicheren Forderungen, kursfähigen Werthen ꝛc.

b. Schätzung kann auch erforderlich sein in Ansehung von Nachlaßverbindlichkeiten und Lasten, welche auf Nachlaßgegenständen ruhen.

4. Die Werthbestimmung des Erblassers ist ausnahmsweise maßgebend im Falle des § 2312.

**§ 2312.** 1. Nach § 2049 ist im Zweifel anzunehmen, daß das Landgut zum Ertragswerth angesetzt werden soll, wenn der Erblasser angeordnet hat, daß einer der Miterben das Recht haben soll, ein zum Nachlasse gehörendes Landgut zu übernehmen.

2. Durch die agrarpolitische Vorschrift des § 2312 (vgl. §§ 1515, 2049) wird der Erblasser hinaus über die allgemeinen Grundsätze des Pflichttheilsrechts (wonach er allen Pflichttheilsberechtigten die Hälfte ihres gesetzlichen Erbtheils entziehen und sie Einem zuwenden kann) ermächtigt, auch noch den Ertragswerth anstatt des regelmäßig nicht unbedeutend höheren Schätzungswerths zur Ansetzung vorzuschreiben. Vgl. über die Bedenklichkeit dieser Vorschrift Rüger im Sächs. Archiv f. bürgerl. Recht und Praxis Bd. 9 S. 458 ff.

3. Wegen der Ermittelung des Ertragswerths EG. Art. 137.

4. Vgl. die landesgesetzlichen Vorschriften über das Anerbenrecht, welchem die Vorschrift des § 2312 verwandt ist EG. Art. 64.

**§ 2313.** 1. Bedingte Rechte und Verbindlichkeiten.

a. Die Regelung des Abs. 1 Satz 1 bezweckt, dem Pflichttheilsberechtigten materiell in Geld so viel zuzuweisen (§ 2303), wie er erhalten haben

c. Auskunfts- und Verzeichnißpflicht des Erben.

**§ 2314.** Ist der Pflichttheilsberechtigte nicht Erbe, so hat ihm der Erbe auf Verlangen über den Bestand des Nachlasses Auskunft zu ertheilen. Der Pflichttheilsberechtigte kann verlangen, daß er bei der Aufnahme des ihm nach § 260 vorzulegenden Verzeichnisses der Nachlaßgegenstände zugezogen und daß der Werth der Nachlaßgegen-

---

würde, wenn er zu dem dem Pflichttheil entsprechenden Bruchtheil Erbe wäre. Als Erbe würde er aber den Betrag einer auflösend bedingten Forderung zunächst ganz erhalten; eine aufschiebend bedingte Verbindlichkeit würde er als Erbe zunächst nicht zu erfüllen haben; eine auflösend bedingte Verbindlichkeit würde er sofort zu erfüllen haben.

b. Bei Eintritt der Bedingung (§§ 158 ff.) tritt das umgekehrte Verhältniß und die Verpflichtung zur Ausgleichung ein.

α. Insoweit der Pflichttheilsberechtigte danach noch mehr zu erhalten hat, also wenn aufschiebend bedingte Rechte unbedingt werden oder auflösend bedingte Verbindlichkeiten wegfallen, hat der Pflichttheilsberechtigte ein Nachforderungsrecht aus dem Grunde des Pflichttheilsanspruchs.

β. Insoweit der Pflichttheilsberechtigte zurückzugewähren hat, also wenn aufschiebend bedingte Verbindlichkeiten unbedingt werden oder wenn auflösend bedingte Rechte wegfallen, haftet er aus dem Grunde der ungerechtfertigten Bereicherung; seine Haftung bestimmt sich nach § 820.

c. Die beiderseitigen Ansprüche stehen unter der umgekehrten Bedingung wie das Recht oder die Verbindlichkeit; sie sind also bedingt und nach §§ 158 ff., insbesondere §§ 160, 162 zu beurtheilen.

d. Vermächtnisse und Auflagen, welche dem Pflichttheilsrecht im Range nachstehen (vgl. § 2318, KO. § 226 Ziffer 4 u. 5 S. 1124 f.) bleiben bei der Feststellung des Werthes des Nachlasses unberücksichtigt.

2. Ungewisse oder unsichere Rechte und zweifelhafte Verbindlichkeiten.

a. Die ihrem Bestand und die ihrer Realisirung nach ungewissen und unsicheren Rechte bleiben zum Nachtheile des Pflichttheilsberechtigten, die ihrem Bestande nach noch zweifelhaften Verbindlichkeiten zu Gunsten des Pflichttheilsberechtigten außer Ansatz. Liegt die Unsicherheit oder Ungewißheit nur in Ansehung eines Theiles eines Rechtes oder einer Verbindlichkeit vor, so ist in Ansehung des anderen Theiles gleich die endgültige Regulirung vorzunehmen. Wegen des Ausgleichungsanspruchs vgl. zu 1 b.

b. Der Anspruch des Pflichttheilsberechtigten auf Feststellung eines ungewissen und auf die Verfolgung eines unsicheren Rechtes, sowie die Umwandlung dieses auf ein Thun gerichteten Anspruchs (vgl. CPO. §§ 887 ff.) ist nach den allgemeinen Vorschriften der §§ 275 ff., 280, 283 zu beurtheilen.

α. Der Pflichttheilsberechtigte hat nachzuweisen, daß die Rechtsverfolgung einer ordnungsmäßigen Verwaltung entspricht.

β. Bei der Erfüllung seiner Verbindlichkeit hat der Erbe für Sorgfalt gemäß § 276 zu haften. Vgl. § 1967 Note III. 1. — Der Pflichttheilsberechtigte hat das Recht des Beitritts als Nebenintervenient CPO. § 66, der Erbe hat das Recht der Streitverkündung. CPO. § 72, 68.

3. Betagte und auf wiederkehrende Handlungen gehende Forderungen und Verbindlichkeiten sind mangels besonderer Vorschriften für die Zwecke der Pflichttheilsberechnung zu schätzen (§ 2411). Die Vorschriften der §§ 65, 70 KO. sind nicht schlechthin anwendbar, wenn sie auch in einzelnen Fällen einen geeigneten Schätzungsmaßstab bieten können.

4. Ueber die Sicherheitsleistung in Ansehung des zwischen dem Erben und dem Pflichttheilsberechtigten bestehenden Verhältnisses ist eine besondere Regelung nicht erfolgt. Die allgemeinen Vorschriften finden Anwendung. Vgl. Bd. I S. 34 Note 4.

stände ermittelt wird. Er kann auch verlangen, daß das Verzeichniß durch die zuständige Behörde oder durch einen zuständigen Beamten oder Notar aufgenommen wird.

Die Kosten fallen dem Nachlasse zur Last.

**§ 2315.** Der Pflichttheilsberechtigte hat sich auf den Pflichttheil anrechnen zu lassen, was ihm von dem Erblasser durch Rechtsgeschäft unter Lebenden mit der Bestimmung zugewendet worden ist, daß es auf den Pflichttheil angerechnet werden soll. 9. Anrechnung von Zuwendungen, welche unter Lebenden auf d. Pflichttheil gemacht sind.

Der Werth der Zuwendung wird bei der Bestimmung des Pflichttheils dem Nachlasse hinzugerechnet. Der Werth bestimmt sich nach der Zeit, zu welcher die Zuwendung erfolgt ist.

Ist der Pflichttheilsberechtigte ein Abkömmling des Erblassers, so findet die Vorschrift des § 2051 Abs. 1 entsprechende Anwendung.

---

**§ 2314.** 1. In den Fällen, in welchen der Pflichttheilsberechtigte Erbe (Miterbe) ist (vgl. § 2305), hat er nicht nur gemäß §§ 2038, 1993 das Recht, sondern unter Umständen zur Vermeidung seiner unbeschränkten Haftung für Nachlaßverbindlichkeiten die Pflicht (§ 1994), selbst ein Nachlaßverzeichniß zu errichten.

2. Der Fall des § 2314, daß der Pflichttheilsberechtigte nicht Erbe ist.

a. Die Vorschrift ist insbesondere auch anwendbar, wenn der Pflichttheilsberechtigte als gesetzlicher oder eingesetzter Erbe wegen der ihm auferlegten Beschränkungen und Beschwerungen ausschlägt (§ 2306 Abs. 1), nicht aber, wenn er gemäß § 2305 auf einen zu niedrigen Erbtheil eingesetzt ist und neben seinem Erbtheil einen ergänzenden Pflichttheilsanspruch hat, alsdann vgl. zu 1.

b. Der Pflichttheilsberechtigte, welcher nicht Erbe ist, kann in seiner Eigenschaft als Nachlaßgläubiger dem Erben eine Inventarfrist setzen lassen (§ 1994) und von ihm die Ableistung des Offenbarungseides (§ 2006) verlangen. Dieses Verlangen ist indeß nicht klagbar, vielmehr besteht die Folge der Nichterfüllung dieser Inventarpflichten gemäß §§ 1994, 2006 lediglich in dem Eintritte der unbeschränkten Haftung. Dem Pflichttheilsberechtigten wird durch § 2314 dazu der klagbare Anspruch auf Ertheilung der Auskunft und auf Offenbarung (vgl. § 260) gegeben. Vgl. § 1967 Note III. 1. — Daß der Erblasser den Erben von dieser Vorschrift nicht befreien kann vgl. Titelvorb. Note 3c. — Wegen der Möglichkeit eines auf die Beseitigung der Auskunfts- und Offenbarungspflicht des Erben beschränkten Erbverzichts mittels Vertrags zwischen Erblasser und Pflichttheilsberechtigten vgl. zu § 2346.

c. Wegen der Aufnahme des Nachlaßverzeichnisses vgl. § 2002, ferner FrG. § 164 (S. 534).

**§ 2315.** 1. Die Vorschrift des § 2315 bestimmt, welche Anrechnungen sich der Pflichttheilsberechtigte auf den als Pflichttheil ermittelten Betrag gefallen lassen muß. Die Regel gilt zunächst allgemein, gleichgültig ob es sich um einen pflichttheilsberechtigten Aszendenten, Ehegatten oder Abkömmling handelt. Nur im letzteren Falle, wenn es sich um den Pflichttheil eines von mehreren ausgleichungspflichtigen Abkömmlingen handelt, greift § 2316 Abs. 4 abändernd ein.

2. Der Pflichttheilsberechtigte hat sich auf den Pflichttheil eine ihm unter Lebenden gemachte Zuwendung nur anrechnen zu lassen, wenn der Erblasser dies — ausdrücklich oder stillschweigend — bestimmt hat. Ob eine stillschweigende Bestimmung dieser Art vorliegt, ist auch dann von Fall zu Fall nach den Gesammtumständen zu entscheiden, wenn der Erblasser dem Pflichttheilsberechtigten eine Schenkung von Todeswegen gemacht und dieselbe

10. Pflichttheil eines von mehrer. ausgleichungspflichtigen Abkömmlingen.

**§ 2316.** Der Pflichttheil eines Abkömmlinges bestimmt sich, wenn mehrere Abkömmlinge vorhanden sind und unter ihnen im Falle der gesetzlichen Erbfolge eine Zuwendung des Erblassers zur Ausgleichung zu bringen sein würde, nach demjenigen, was auf den gesetzlichen Erbtheil unter Berücksichtigung der Ausgleichungspflicht bei der Theilung entfallen würde. Ein Abkömmling, der durch Erbverzicht von der gesetzlichen Erbfolge ausgeschlossen ist, bleibt bei der Berechnung außer Betracht.

Ist der Pflichttheilsberechtigte Erbe und beträgt der Pflichttheil nach Abs. 1 mehr als der Werth des hinterlassenen Erbtheils, so kann der Pflichttheilsberechtigte von den Miterben den Mehrbetrag als Pflichttheil verlangen, auch wenn der hinterlassene Erbtheil die Hälfte des gesetzlichen Erbtheils erreicht oder übersteigt.

Eine Zuwendung der im § 2050 Abs. 1 bezeichneten Art kann der Erblasser nicht zum Nachtheil eines Pflichttheilsberechtigten von der Berücksichtigung ausschließen.

Ist eine nach Abs. 1 zu berücksichtigende Zuwendung zugleich nach § 2315 auf den Pflichttheil anzurechnen, so kommt sie auf diesen nur mit der Hälfte des Werthes zur Anrechnung.

---

unter Lebenden vollzogen hat (vgl. § 2301), oder wenn die Anrechnung auf den Erbtheil (nicht Pflichttheil) von dem Erblasser vorgeschrieben ist. Vgl. Reichstagskomm. Nr. 440c S. 21.

3. Beispiel für Abs. 1 u. 2.

a. Nachlaß 15 000. Der Sohn A, welchem 5000 auf den Pflichttheil zugewendet sind, ist auf den Pflichttheil gesetzt. X ist Alleinerbe.
Nach Abs. 2 wird der Pflichttheil berechnet von 15 000 + 5 000 = 20000
Hiervon beträgt der Pflichttheil $^1/_2$ mit 10 000,
auf welchen Betrag anzurechnen sind . 5 000,
sonach hat A noch zu erhalten . . . 5 000, während den Rest X erhält.

b. Nachlaß 15 000. Der Ehegatte B, welchem unter Lebenden 5000 auf den Pflichttheil zugewendet sind, und der Sohn A, welcher 5000 erhalten hat, sind auf den Pflichttheil gesetzt. X ist Alleinerbe.

α. Der Pflichttheil des Ehegatten ist zu berechnen von 15000 + 5000 = 20000. Pflichttheil (§§ 1931, 2303) $^1/_8$ = 2500. Da B schon 5000 fort hat, bekommt er nichts aus dem Nachlasse.

β. Pflichttheil des A.
Der Pflichttheil ist zu berechnen von einer Masse von 15 000 + 5 000 = 20 000.
Bei der gesetzlichen Erbfolge würde der Ehegatte $^1/_4$ mit 5 000 erhalten.
A würde erhalten 20 000 — 5000 = 15 000.
Pflichttheil $^1/_2$ = 7 500
hierauf hat er bereits erhalten . . . . . . . 5000
und erhält noch . . . . . . . . . . . . . 2500
X erhält 15 000 — 2500 = 12 500.

4. Abs. 3 lautet unter entsprechender Einsetzung des § 2051 Abs. 1: Fällt ein Abkömmling, der eine auf den Pflichttheil anzurechnende Zuwendung erhalten hat, vor oder nach dem Erbfalle weg, so ist der an seine Stelle tretende Abkömmling verpflichtet, sich die Zuwendung auf seinen Pflichttheil anrechnen zu lassen.

**§ 2316.** 1. Die Frage, was sich ein pflichttheilsberechtigter Abkömmling auf den Pflichttheil anrechnen zu lassen habe, ist in § 2315 behandelt. Zu § 2316 wird der in § 2303 Abs. 1 Satz 2 enthaltene Satz, daß der Pflichttheil in der Hälfte des Werthes des gesetzlichen Erbtheils besteht, näher dahin erläutert, daß unter Abkömmlingen für die Berechnung des Pflichttheils der gesetzliche Erbtheil in der Gestaltung zu Grunde gelegt wird, die er im Falle der gesetzlichen Erbfolge unter Berücksichtigung der Einwerfungsposten nach den für die Ausgleichungspflicht geltenden Grundsätzen (§§ 2050ff.) erhält. Die Vorschrift bezweckt, das, was der Erbe herauszugeben hat, unter die pflichttheilsberechtigten Abkömmlinge gerecht zu vertheilen. Die Voraussetzung, wenn mehrere Abkömmlinge vorhanden sind, ist von denjenigen Abkömmlingen zu verstehen, die bei der Bestimmung des gesetzlichen Erbtheils gemäß § 2310 in Betracht kommen. Der Schlußsatz des Abs. 1: „Ein Abkömmling, der verzichtet hat" deutet auf § 2310 hin. Die nachstehenden Beispiele sind dem Berichte der Reichstagskommission entnommen. § 2316.

I. Nachlaß = 20 000.

Sohn 1 (S') 8000 Ausstattung, Sohn 2 (S") 2000 Ausstattung; A Erbe. Nach § 2316 gestaltet sich, unter der Voraussetzung, daß der Erbe A ein Fremder ist, die Berechnung des Pflichttheils für die auf den Pflichttheil beschränkten S' und S" so:

S' Erbtheil: $\frac{20\,000 + 8000 + 2000}{2} = 15\,000 - 8000 = 7000.$

Pflichttheil: $\frac{7000}{2} = 3500.$

S" Erbtheil: $\frac{20\,000 + 8000 + 2000}{2} = 15\,000 - 2000 = 13\,000.$

Pflichttheil: $\frac{13\,000}{2} = 6500.$

Der Erbe A zahlt also von den 10 000, die er zur Deckung der stets die Hälfte des Nachlasses in Anspruch nehmenden Pflichttheilslast herauszugeben hat, 3500 an S', 6500 an S". Ohne den § 2316 erhielten, da der Voreempfang alsdann außer Betracht bliebe, S' und S" als Pflichttheil je 5000 $\left(\frac{20\,000}{2\,.\,2} = \frac{10\,000}{2} = 5000\right)$. Der S' wäre darnach erheblich bevorzugt.

II. Nachlaß = 20 000.

S' 8000, S" 2000, Sohn 3 (S"') Erbe mit 12 000 Voreempfang. Nach § 2316:

S' Erbtheil: $\frac{20\,000 + 8000 + 2000 + 12\,000}{3} = 14\,000 - 8000 = 6000.$

Pflichttheil: $\frac{6000}{2} = 3000.$

S" Erbtheil: $\frac{20\,000 + 8000 + 2000 + 12\,000}{3} = 14\,000 - 2000 = 12\,000.$

Pflichttheil: $\frac{12\,000}{2} = 6000.$

S"' Erbtheil: $\frac{20\,000 + 8000 + 2000 + 12\,000}{3} = 14\,000 - 12\,000 = 2000.$

Pflichttheil: $\frac{2000}{2} = 1000.$

S"' zahlt also als Pflichttheil 3000 an S', 6000 an S", während für seinen Pflichttheil von der Pflichttheilsmasse 1000 bleiben. Ohne den § 2316 erhielten S' und S" als Pflichttheil je 3333 1/3

$$\left(\frac{20\,000}{3\,.\,2} = \frac{6666\,^2/_3}{2} = 3333\,^1/_3\right)$$

und S"' behielte ebenfalls trotz des hohen Voreempfangs 3333 1/3 als Pflichttheil für sich.

Hätte in dem gewählten Beispiele der Erblasser dem S" die Anrechnung

82*

11. Der Pflichttheilsanspruch.

**§ 2317.** Der Anspruch auf den Pflichttheil entsteht mit dem Erbfalle.

Der Anspruch ist vererblich und übertragbar.

---

von 2000 Vorempfang zur Pflicht gemacht, so würde S'' nach § 2315 im Falle I statt 6500 nur 4500, im Falle II statt 6000 nur 4000 erhalten. Das wäre ungerecht gegen S'', denn der Vorempfang der 2000 ist zu einer Hälfte schon berücksichtigt bei der Berechnung des Pflichttheils des S''; er ist ganz in Rechnung gestellt bei der Bestimmung des gesetzlichen Erbtheils und der Pflichttheil ist die Hälfte. Der Vorempfang kann daher nur mit der anderen Hälfte zur Anrechnung kommen. Dies bringt § 2316 Abs. 4 zum Ausdrucke (RKomm.Bericht 440c S. 21 f.).

2. Beispiel zu Abs. 2 (Prot. VI S. 320).

Nachlaß beträgt 16 000. Als Erbe eingesetzt ist der Sohn auf $^{3}/_{16}$, die zweite Ehefrau auf $^{13}/_{16}$. Die Tochter hat sich anrechnen zu lassen 8000 und ist ausgeschlossen. Die Ehefrau erhält als gesetzlichen Erbtheil $^{1}/_{4}$ = 4000; bleiben 12 000, dazu 8000 conferendum = 20 000; Kindestheil = 10 000; Pflichttheil des Sohnes = 5000.

Der Sohn ist aber auf $^{3}/_{16}$ = 3000 eingesetzt, kann nach Abs. 2 über die Vorschrift des § 2305 hinaus noch 2000 verlangen.

3. Zu den verschiedenen Streitfragen, zu welchen § 2316 bereits Anlaß gegeben vgl. Küntzel, Gruchot 41, 620 bis 638.

**§ 2317.** 1. Die Entstehung des Pflichttheilsanspruchs.

a. Der Anspruch entsteht auch dann mit dem Erbfalle (§ 1922), wenn noch ungewiß ist, wer als Erbe eintreten wird, oder wenn die Ausschlagung einer Zuwendung (§§ 2306, 2307) Voraussetzung für die Geltendmachung des Pflichttheilsanspruchs bildet, sowie in den Fällen der §§ 2325 ff. (vgl. § 2332).

b. Unter keinen Umständen entsteht der Pflichttheilsanspruch vor dem Erbfalle. Der Pflichttheilsberechtigte ist durch die Vorschriften der §§ 2325 ff., sowie durch die Vorschriften über die Entmündigung wegen Verschwendung 2c. (vgl. § 6) geschützt.

c. Der Pflichttheilsanspruch entsteht kraft Gesetzes mit dem Erbfall, ohne daß es einer Annahmeerklärung (vgl. § 1943) bedarf. Die Nichtentstehung des Pflichttheilsanspruchs aus dem Grunde des Erbverzichts (§ 2346), sowie der begründeten Entziehung des Pflichttheils (§§ 2333 ff.) sind Einwendungen, deren Nachweis demjenigen obliegt, der den Verzicht oder die Entziehung geltend macht (vgl. § 2336 Abs. 3).

2. Der Inhalt des Pflichttheilsanspruchs.

a. Der Inhalt des Pflichttheilsanspruchs bestimmt sich nach den Vorschriften der §§ 2303 ff. Vgl. insbesondere auch §§ 2313, 2314 und Titelvorb. Note 3c u. 5. Der Anspruch richtet sich gegen den Erben als solchen (vgl. zu c).

b. Die Verzinslichkeit des Pflichttheils richtet sich nach den allgemeinen Vorschriften, so daß eine vierprozentige Verzinsung mit dem Eintritte des Verzugs oder der Rechtshängigkeit stattfindet §§ 284 ff., 291.

c. Der Pflichttheilsanspruch begründet eine Nachlaßverbindlichkeit (§ 1967 Abs. 2), welche den für die Nachlaßverbindlichkeiten überhaupt geltenden Vorschriften (§§ 1967 ff.) unterworfen ist. Vgl. indeß die für den Pflichttheilsanspruch geltenden besonderen Vorschriften § 1967 Note II 1a. Die Beschränkung der Erbenhaftung kann namentlich von Bedeutung werden, wenn bei der Feststellung der Höhe des Pflichttheils von zu hohen Schätzungen ausgegangen ist oder wenn der für den Pflichttheil maßgebende Werth und Bestand des Nachlasses zur Zeit des Erbfalls (vgl. § 2311) sich nachträglich vermindert hat. Vgl. § 2319 Note II.

3. Die Geltendmachung des Pflichttheilsanspruchs.

a. Passiv legitimirt ist der Erbe, nicht auch der Testamentsvollstrecker (§ 2213);

**§ 2318.** Der Erbe kann die Erfüllung eines ihm auferlegten Vermächtnisses soweit verweigern, daß die Pflichttheilslast von ihm und dem Vermächtnißnehmer verhältnißmäßig getragen wird. Das Gleiche gilt von einer Auflage. 12. Die Pflichttheilslast a. Abwälzung auf Vermächtnisse und Auflagen.

Einem pflichttheilsberechtigten Vermächtnißnehmer gegenüber ist die Kürzung nur soweit zulässig, daß ihm der Pflichttheil verbleibt.

Ist der Erbe selbst pflichttheilsberechtigt, so kann er wegen der Pflichttheilslast das Vermächtniß und die Auflage soweit kürzen, daß ihm sein eigener Pflichttheil verbleibt.

---

letzterer ist nur auf Duldung der Zwangsvollstreckung in den Nachlaß zu belangen CPO. § 748 Abs. 3 (S. 1241).

b. Vor Annahme der Erbschaft (§§ 1958 ff.) ist der Anspruch, selbst wenn ein Testamentsvollstrecker vorhanden ist (vgl. zu a), nur gegen einen gemäß § 1961 zu bestellenden Nachlaßpfleger geltend zu machen.

c. Gerichtsstand für den Pflichttheilsanspruch CPO. § 27.

d. Verjährung des Pflichttheilsanspruchs § 2332.

e. Im Uebrigen vgl. die für Nachlaßverbindlichkeiten überhaupt bestehenden Vorschriften (§§ 1967 ff. und daselbst § 1967 Note II 1 a).

4. Abs. 2. Die Uebertragbarkeit und Vererblichkeit des Pflichttheilsanspruchs, welche sich mangels einer besonderen Vorschrift, schon aus den allgemeinen Grundsätzen (§§ 398 ff.; 1922 ff.) ergeben würde, ist mit Rücksicht auf abweichende Vorschriften bisheriger Rechte zur Vermeidung von Zweifeln ausgesprochen.

5. Die Pfändbarkeit des Pflichttheilsanspruchs CPO. § 852 Abs. 1.

*CPO. § 852 Abs. 1. Der Pflichttheilsanspruch ist der Pfändung nur unterworfen, wenn er durch Vertrag anerkannt oder rechtshängig geworden ist.*

6. Der Pflichttheilsanspruch im Konkurse.

a. Im Konkurse des Pflichttheilsberechtigten gehört der Pflichttheilsanspruch zur Konkursmasse nur (KO. § 1, CPO. § 852), wenn er zur Zeit der Konkurseröffnung durch Vertrag anerkannt oder rechtshängig geworden ist.

b. Im Nachlaßkonkurse.

α. Anfechtbarkeit der Erfüllung von Pflichttheilsansprüchen durch den Erben aus dem Nachlasse vor Eröffnung des Verfahrens KO. §§ 222, 228 (S. 1123 ff.). Vgl. auch Anf.G. § 3 a (S. 75).

β. Rang vor den Vermächtnissen und Auflagen, aber hinter allen anderen Konkursforderungen KO. § 226 Abs. 2 Ziffer 4 (S. 1124).

γ. Zwangsvergleich KO. § 230 (S. 1126).

7. Verzicht auf den Pflichttheil.

a. Terminologie. Das BGB. unterscheidet zwischen dem Verzicht auf den Pflichttheil in dem Sinne des Verzichts auf den bereits gemäß § 2317 entstandenen Anspruch und Verzicht auf das Pflichttheilsrecht durch Vertrag mit dem Erblasser (§ 2346).

b. Der persönlichen Natur des Pflichttheilsanspruchs (vgl. Note 5) entsprechen die Vorschriften der §§ 1406 Ziffer 1, 1453 Abs. 1, nach welchen die Ehefrau, welche in gesetzlichem Güterstande oder in Gütergemeinschaft lebt, zum Verzicht auf den (angefallenen) Pflichttheil der ehemännlichen Zustimmung nicht bedarf.

c. Gesetzliche Vertreter (elterlicher Gewalthaber und Vormund) bedürfen zum Verzicht auf den Pflichttheil vormundschaftsgerichtlicher Genehmigung §§ 1643 Abs. 2, 1822 Ziffer 2. (Vgl. auch § 1822 Ziffer 1 und § 1643 Abs. 1.)

**§ 2318.** 1. Abs. 1. Durch die dispositive Vorschrift § 2318 Abs. 1 (vgl. § 2324) wird lediglich die Frage entschieden, wer in dem Verhältnisse zwischen dem Erben und den Vermächtnißnehmern sowie den Auflageberechtigten die

b. Einrede des einzelnen Miterben wegen Verletzung des eigenen Pflichttheils.

**§ 2319.** Ist einer von mehreren Erben selbst pflichttheilsberechtigt, so kann er nach der Theilung die Befriedigung eines anderen Pflichttheilsberechtigten soweit verweigern, daß ihm sein eigener Pflichttheil verbleibt. Für den Ausfall haften die übrigen Erben.

---

Pflichttheilslast zu tragen hat; inwieweit also der Erbe den Gegenstand der Vermächtnisse zur Deckung der Pflichttheilslast verwenden und deshalb die Vermächtnisse kürzen kann. Nach Abs. 1 soll der Vermächtnißnehmer die Pflichttheilslast in dem Verhältnisse mittragen, in welchem der dem Erben verbleibende Reinwerth des Nachlasses zu dem dem Vermächtnißnehmer zugewendeten Werthe steht. Er muß also insoweit eine Kürzung des Vermächtnisses dulden. Beispiel: Nachlaß 16000; Erbe Sohn A; Vermächtnisse 4000; Pflichttheil der Ehefrau 2000.

Die Pflichttheilslast ist zu tragen zu $^{12}/_{16}$ vom Erben, zu $^{4}/_{16} = ^{1}/_{4}$ von dem Vermächtnißnehmer, so daß auf die 4000 nur $4000 - \frac{2000}{4} = 3500$ zu zahlen sind.

2. (Abs. 2.) Durch die der Abänderungsbefugniß des Erblassers entzogene (§ 2324) Vorschrift des Abs. 2 wird das Kürzungsrecht des Erben eingeschränkt gegenüber einem pflichttheilsberechtigten Vermächtnißnehmer. Ihm gegenüber ist die Kürzung nur soweit zulässig, daß ihm der Pflichttheil verbleibt. Ist ihm von vornherein weniger vermacht als sein Pflichttheil beträgt, so kann ihm überhaupt nichts gekürzt werden. Will er sich die Verletzung seines Pflichttheilsrechts nicht gefallen lassen, so muß er gemäß § 2307 verfahren.

3. (Abs. 3.) Durch die der Abänderungsbefugniß des Erblassers entzogene (§ 2324) Vorschrift des Abs. 3 ist das Kürzungsrecht des pflichttheilsberechtigten Erben soweit erweitert, als er durch das Hinzutreten der (einem anderen Pflichttheilsberechtigten gegenüber bestehenden) Pflichttheilslast in seinem Pflichttheilsrecht verletzt werden würde. Die Vorschrift berechtigt nicht etwa den, unabhängig von einer einem anderen Pflichttheilsberechtigten gegenüber bestehenden Pflichttheilslast in seinem Pflichttheilsrechte verletzten Erben, diese Verletzung einem Vermächtnißnehmer aufzubürden; will er sich gegen eine solche Verletzung überhaupt wehren, so muß er nach § 2306 verfahren. — Vgl. über das dem Abs. 3 zu Grunde liegende Prinzip § 2319 Note I.

Beispiel: (Vgl. Küntzel gegen Strohal Gruchot 41 614 f.)

a. Nachlaß 16000; Sohn A ist Erbe und mit 12000 Vermächtnissen belastet; die ausgeschlossene Ehefrau ist pflichttheilsberechtigt in Höhe von 2000. Der Erbe hat nach Abs. 1 von dem zur Deckung des Pflichttheils erforderlichen Betrage von 2000 zu tragen $^{4}/_{16}$, die Vermächtnißnehmer $^{12}/_{16}$. Nach Abs. 3 kann der Erbe, welchem schon ohne die in Ansehung der Ehefrau bestehende Pflichttheilslast weniger als der Pflichttheil zugewendet ist, auch diese $^{4}/_{16}$ auf die Vermächtnißnehmer abwälzen.

b. Betragen die Vermächtnisse nur 9800, verbleiben dem Erben also, abgesehen von dem Pflichttheilsanspruche der Wittwe, 6200 (200 mehr als sein Pflichttheil), so würde er von den zur Deckung des Pflichttheils der Wittwe erforderlichen 2000 nach Abs. 1 beitragen müssen $^{62}/_{160} = 775$, nach Abs. 3 aber nur zu zahlen haben 200, die Vermächtnisse also um 1800 M. kürzen dürfen.

4. Der Vermächtnißnehmer kann die ihm gegenüber eingetretene Kürzung auf die ihm auferlegten Beschwerungen übertragen § 2188.

5. Bei irrthümlicher Uebergehung des Pflichttheilsberechtigten durch den Erblasser findet nicht § 2318, sondern § 2079 Anwendung.

**§ 2319. I. Der Zweck der Vorschrift.**

Durch die von dem Erblasser nicht abänderliche (§ 2324) Vorschrift des § 2319 wird ebenso wie durch die Vorschriften der §§ 2318 Abs. 2, 3, 2328 vorgesehen, daß nicht derjenige, welchem der Erblasser nicht mehr als den

**§ 2320.** Wer an Stelle des Pflichttheilsberechtigten gesetzlicher Erbe wird, hat im Verhältnisse zu Miterben die Pflichttheilslast und, wenn der Pflichttheilsberechtigte ein ihm zugewendetes Vermächtniß annimmt, das Vermächtniß in Höhe des erlangten Vortheils zu tragen.

c. Die auf dem dem Pflichttheilsberechtigten entzogenen Erbtheile ruhende Pflichttheilslast.

Das Gleiche gilt im Zweifel von demjenigen, welchem der Erblasser den Erbtheil des Pflichttheilsberechtigten durch Verfügung von Todeswegen zugewendet hat.

---

Pflichttheil zugewendet hat, zur Deckung von Ansprüchen anderweiter Pflichttheilsberechtigter beitragen und alsdann wegen dieses Beitrags den Pflichttheilsanspruch seinerseits geltend machen muß.

II. **Die Haftung der Miterben für den Pflichttheilsanspruch.**

1. Die Haftung der Miterben für den Pflichttheilsanspruch richtet sich nach den allgemeinen Vorschriften der §§ 2058 ff. Vgl. § 2317 Note 2 c. Ueber die Bedeutung des § 2319 vgl. zu 3.

Für die Anwendung der allgemeinen Vorschriften kann der Umstand, ob der Pflichttheilsberechtigte zugleich Miterbe ist (§ 2305) oder ausschließlich als Forderungsberechtigter (§§ 2306, 2307, 2317, 2325 bis 2328) in Betracht kommt, insofern von Erheblichkeit sein, als im ersteren Falle eine Berufung des Pflichttheilsberechtigten auf den Eintritt unbeschränkter Erbenhaftung ausgeschlossen ist (§ 2063 Abs. 2).

2. Bis zur Theilung des Nachlasses finden §§ 2058, 2059 unmittelbare Anwendung.

a. Der Pflichttheilsberechtigte kann Befriedigung seines Pflichttheilsanspruchs (im Falle des § 2305 wegen der Differenz) aus dem ungetheilten Nachlasse gemäß § 2059 Abs. 2 verlangen.

b. Inanspruchnahme der einzelnen Miterben.

α. Der in Anspruch genommene Miterbe, welcher beschränkt haftet, kann den Pflichttheilsberechtigten auf seinen Antheil am ungetheilten Nachlasse verweisen; der Pflichttheilsberechtigte kann mittelst Zwangsvollstreckung in diesen Antheil das Recht erlangen, die Auseinandersetzung der Miterbengemeinschaft zu betreiben (vgl. § 2059 Note I. 2 a β).

β. Haftet der in Anspruch genommene Miterbe unbeschränkt (vgl. indeß zu 1 Abs. 2.), so kann er, gleichgültig ob er selbst pflichttheilsberechtigt ist oder nicht, in Höhe des seinem Erbtheil entsprechenden Antheils den Pflichttheilsberechtigten nicht auf den Antheil am Nachlasse verweisen, sondern muß in dieser Höhe aus eigenen Mitteln zahlen (§ 2059 Abs. 1 Satz 2). Der Rückgriffsanspruch des zahlenden Miterben ist den anderen Miterben gegenüber gesichert durch §§ 2042 Abs. 2, 755, 756.

3. Nach der Theilung des Nachlasses.

Ohne die Vorschrift des § 2319 würde der Pflichttheilsberechtigte von jedem einzelnen Miterben, je nachdem die Voraussetzungen der §§ 2060, 2061 vorliegen oder nicht vorliegen, als Gesammtschuldner oder Theilschuldner die Bezahlung des Pflichttheilsanspruchs verlangen können. § 2319 giebt ihm aus dem in Note 1 bezeichneten Grunde zu den sonstigen Einreden (vgl. § 2060 Note II. 3) die Einrede der Verletzung des eigenen Pflichttheilsrechts.

**§ 2320.** 1. Durch die Vorschrift des § 2320 wird die Pflichttheilslast im Verhältnisse der mehreren Miterben unter einander (vgl. zu 3) nach Maßgabe des vermuthlichen Willens des Erblassers vertheilt.

a. Die Dispositivvorschrift des Abs. 1 (vgl. § 2324) betrifft den gesetzlichen Erben, welcher dadurch, daß der Pflichttheilsberechtigte von der Erbschaft ohne Ernennung eines anderen Erben ausgeschlossen wird (§ 1938), an die Stelle des ausgeschlossenen Pflichttheilsberechtigten tritt. Er hat zu tragen:

α. die Pflichttheilslast d. i. das auf Grund des Pflichttheilsanspruchs (§ 2317) zu Gewährende;

d. Die auf dem durch Vermächtnißausschlagung einem Dritten entstehenden Vortheile ruhende Pflichttheilslast.

**§ 2321.** Schlägt der Pflichttheilsberechtigte ein ihm zugewendetes Vermächtniß aus, so hat im Verhältnisse der Erben und der Vermächtnißnehmer zu einander derjenige, welchem die Ausschlagung zu Statten kommt, die Pflichttheilslast in Höhe des erlangten Vortheils zu tragen.

e. Zusammentreffen von Pflichttheilslast und Beschwerungen bei Unzulänglichkeit der ausgeschlagenen Zuwendung.

**§ 2322.** Ist eine von dem Pflichttheilsberechtigten ausgeschlagene Erbschaft oder ein von ihm ausgeschlagenes Vermächtniß mit einem Vermächtniß oder einer Auflage beschwert, so kann derjenige, welchem die Ausschlagung zu Statten kommt, das Vermächtniß oder die Auflage soweit kürzen, daß ihm der zur Deckung der Pflichttheilslast erforderliche Betrag verbleibt.

---

β. dasjenige, was auf Grund des den Pflichttheilsanspruch ganz oder theilweise ausschließenden, vom Pflichttheilsberechtigten angenommenen Vermächtnisses (vgl. § 2307) an den Pflichttheilsberechtigten zu leisten ist. Wegen des Falles der Ausschlagung des Vermächtnisses vgl. § 2321.

b. Die Auslegungsregel des Abs. 2 betrifft den durch Verfügung von Todeswegen berufenen Erben, welchem der Erblasser den Erbtheil des Pflichttheilsberechtigten zugewendet hat.

2. Treten an die Stelle verschiedener Pflichttheilsberechtigten verschiedene Erben gemäß Abs. 1 oder Abs. 2, so hat jeder Ersatzmann hinsichtlich des zu seinem Vortheile fortgefallenen Pflichttheilsberechtigten die auf seinem Erbtheile liegenden Lasten zu tragen.

3. Der Anspruch des Pflichttheilsberechtigten wird durch die nur das innere Verhältniß der Miterben betreffende Vorschrift des § 2320 nicht berührt. Ihm haften die Miterben gemäß §§ 2058 ff., 2319.

**§ 2321.** 1. Der Pflichttheilsberechtigte, der gemäß § 2307 ein ihm zugewendetes Vermächtniß ausschlägt, kann seinen Pflichttheilsanspruch gegen die Miterben gemäß §§ 2058 ff., 2319 geltend machen. Hieran wird durch § 2321 nichts geändert. Die dispositive (§ 2324) Vorschrift des § 2321 bestimmt vielmehr lediglich für das Verhältniß der Erben und Vermächtnißnehmer zu einander, daß die Pflichttheilslast derjenige zu tragen habe, welcher durch die Ausschlagung des Vermächtnisses von dem Vermächtnißanspruch befreit wird. Nach § 2321 soll nur der von dem Gewinnenden durch die Ausschlagung erlangte Vortheil mit der Pflichttheilslast beschwert sein, nicht aber dasjenige, was ihm sonst aus dem Nachlasse zugefallen ist.

2. Für den seltenen Fall, daß mehrere Vermächtnißnehmer (Vermächtnißnehmer und Untervermächtnißnehmer) sich untereinander gemäß § 2321 auseinanderzusetzen haben, wird in Prot. V S. 550 ein Beispiel angeführt.

**§ 2322.** 1. Der Pflichttheilsberechtigte kann unter Ausschlagung

a. des ihm beschwert oder beschränkt hinterlassenen, die Hälfte des gesetzlichen Erbtheils übersteigenden Erbtheils (§ 2306 Abs. 1 Satz 2);

b. des ihm hinterlassenen Vermächtnisses (§ 2307)

den Pflichttheil verlangen. Nach §§ 2320, 2321 hat im Verhältnisse der Bedachten unter einander derjenige, welchem die Ausschlagung zu Gute kommt, die Pflichttheilslast in Höhe des erlangten Vortheils zu tragen. Die dispositive (§ 2324) Vorschrift des § 2322 stellt klar, daß, wenn die von dem Pflichttheilsberechtigten ausgeschlagene Zuwendung nicht ausreicht, um die auf ihr ruhende Pflichttheilslast und die auf ihr ruhenden Beschwerungen (Vermächtnisse und Auflagen) zu decken, zunächst die Pflichttheilslast aus der Zuwendung zu entnehmen ist und erst der Ueberrest zur Deckung der sonstigen Beschwerungen zu verwenden ist, diese Beschwerungen aber auf den Ueberrest zu kürzen sind (vgl. §§ 2187, 2188, 2318).

f. Berufung der Vermächtnißnehmer rc. auf §§ 2320 ff. gegenüber dem Erben.

**§ 2323.** Der Erbe kann die Erfüllung eines Vermächtnisses oder einer Auflage auf Grund des § 2318 Abs. 1 insoweit nicht verweigern, als er die Pflichttheilslast nach den §§ 2320 bis 2322 nicht zu tragen hat.

g. Dispositive Natur d. Vorschriften.

**§ 2324.** Der Erblasser kann durch Verfügung von Todeswegen die Pflichttheilslast im Verhältnisse der Erben zu einander einzelnen Erben auferlegen und von den Vorschriften des § 2318 Abs. 1 und der §§ 2320 bis 2323 abweichende Anordnungen treffen.

13. Ergänzung d. Pflichttheils wegen Schenkungen.
a. Anspruch gegen den Erben.
α. Ergänzungsanspruch neben dem ordentlich. Pflichttheilsanspruch.

**§ 2325.** Hat der Erblasser einem Dritten eine Schenkung gemacht, so kann der Pflichttheilsberechtigte als Ergänzung des Pflichttheils den Betrag verlangen, um den sich der Pflichttheil erhöht, wenn der verschenkte Gegenstand dem Nachlasse hinzugerechnet wird.

Eine verbrauchbare Sache kommt mit dem Werthe in Ansatz, den sie zur Zeit der Schenkung hatte. Ein anderer Gegenstand kommt mit dem Werthe in Ansatz, den er zur Zeit des Erbfalls hat; hatte er zur Zeit der Schenkung einen geringeren Werth, so wird nur dieser in Ansatz gebracht.

Die Schenkung bleibt unberücksichtigt, wenn zur Zeit des Erbfalls zehn Jahre seit der Leistung des verschenkten Gegenstandes verstrichen sind; ist die Schenkung an den Ehegatten des Erblassers erfolgt, so beginnt die Frist nicht vor der Auflösung der Ehe.

---

**§ 2323.** Nach der dispositiven Vorschrift des § 2318 Abs. 1 kann der Erbe die Erfüllung ihm auferlegter Vermächtnisse oder Auflagen soweit verweigern, daß die Pflichttheilslast von ihm und dem Vermächtnißnehmer verhältnißmäßig getragen wird. Auf Grund der §§ 2320 bis 2322 kann gegenüber dem Erben ein Dritter verpflichtet sein, die Pflichttheilslast zu tragen. Ohne die Vorschrift des § 2323 würde sich der Vermächtnißnehmer dem Erben gegenüber nicht darauf berufen können, daß diesem ein Dritter nach §§ 2320 bis 2322 zur Tragung der Pflichttheilslast verpflichtet ist (res inter tertios). Aus Billigkeitsrücksichten wird den Vermächtnißnehmern und Auflageberechtigten die Berufung auf dieses Rechtsverhältniß durch § 2323 gestattet; sie sind für die Voraussetzungen der Replik beweispflichtig.

**§ 2324.** Die Vorschrift stellt die dispositive Natur der aufgeführten Vorschriften klar. Vgl. zu den einzelnen Paragraphen. Hervorzuheben ist, daß §§ 2318 Abs. 2, 3 und 2319 von dem Erblasser nicht abgeändert werden können.

**§ 2325.** 1. Das BGB. gewährt dem Pflichttheilsberechtigten den Schutz nur gegen Schenkungen des Erblassers und zwar gegen alle Schenkungen (vgl. indeß § 2330), welche innerhalb zehn Jahren vor dem Erbfall erfolgt sind, ohne Rücksicht auf ihre Größe und darauf (vgl. § 2287), ob die Schenkung in der Absicht, den Pflichttheilsberechtigten zu benachtheiligen oder ohne solche Absicht gemacht ist.

a. Begriff der Schenkung vgl. §§ 516 f.
b. Inwieweit eine Ausstattung Schenkung § 1624.
c. Durch Sitte oder Anstand gebotene Schenkungen § 2330.
d. Negotium mixtum cum donatione Vorb. S. 240 Note 4c kann besonders in Frage kommen in Ansehung einer beim Erbverzichte (§§ 2346 ff.) gewährten Abfindung.
e. Schenkung auf den Todesfall fällt, wenn sie vollzogen ist, unter §§ 2325 ff., anderenfalls gilt sie als Verfügung von Todeswegen § 2301.

2. Das Recht des Pflichttheilsberechtigten richtet sich zunächst gegen den Erben, welcher für den regelmäßigen Pflichttheilsanspruch haftet oder haften

β. Ergänzungsanspruch ohne ordentlichen Pflichttheilsanspruch.

§ 2326. Der Pflichttheilsberechtigte kann die Ergänzung des Pflichttheils auch dann verlangen, wenn ihm die Hälfte des gesetzlichen Erbtheils hinterlassen ist. Ist dem Pflichttheilsberechtigten mehr als die Hälfte hinterlassen, so ist der Anspruch ausgeschlossen, soweit der Werth des mehr Hinterlassenen reicht.

γ. Berücksichtigung von Schenkungen des Erblassers an den Pflichttheilsberechtigten.

§ 2327. Hat der Pflichttheilsberechtigte selbst ein Geschenk von dem Erblasser erhalten, so ist das Geschenk in gleicher Weise wie das dem Dritten gemachte Geschenk dem Nachlasse hinzuzurechnen und zugleich dem Pflichttheilsberechtigten auf die Ergänzung anzurechnen. Ein nach § 2315 anzurechnendes Geschenk ist auf den Gesammtbetrag des Pflichttheils und der Ergänzung anzurechnen.

Ist der Pflichttheilsberechtigte ein Abkömmling des Erblassers, so findet die Vorschrift des § 2051 Abs. 1 entsprechende Anwendung.

δ. Einrede d. Erben wegen Verletzung seines Pflichttheils.

§ 2328. Ist der Erbe selbst pflichttheilsberechtigt, so kann er die Ergänzung des Pflichttheils soweit verweigern, daß ihm sein eigener Pflichttheil mit Einschluß dessen verbleibt, was ihm zur Ergänzung des Pflichttheils gebühren würde.

b. Anspruch gegen den Beschenkten.

§ 2329. Soweit der Erbe zur Ergänzung des Pflichttheils nicht verpflichtet ist, kann der Pflichttheilsberechtigte von dem Beschenkten die Herausgabe des Geschenkes zum Zwecke der Befriedigung wegen des fehlenden Betrags nach den Vorschriften über die Herausgabe einer ungerechtfertigten Bereicherung fordern. Ist der Pflichttheilsberechtigte der alleinige Erbe, so steht ihm das gleiche Recht zu.

Der Beschenkte kann die Herausgabe durch Zahlung des fehlenden Betrags abwenden.

---

würde, wenn der Pflichttheilsanspruch nicht in Folge einer Zuwendung (§§ 2305 ff.) ausgeschlossen wäre. Gegen den Beschenkten richtet sich der Anspruch nur unter den besonderen Voraussetzungen des § 2329.

3. Berechtigt zur Geltendmachung des Anspruchs aus §§ 2325 ff. sind die zur Zeit des Erbfalls vorhandenen (oder doch wenigstens erzeugten § 1923) Pflichttheilsberechtigten, auch wenn sie zur Zeit der Schenkung als Pflichttheilsberechtigte noch nicht in Betracht kamen. Dies gilt nicht nur von den nach Vornahme der Schenkung Erzeugten und Geborenen, sondern auch von denjenigen Personen, welche erst durch nachträgliche Eheschließung, Annahme an Kindesstatt oder Legitimation in das Verhältniß eines Pflichttheilsberechtigten zum Erblasser gekommen sind.

**§ 2326.** Die Vorschrift des § 2326 Satz 2 stellt klar, daß dem Pflichttheilsberechtigten der außerordentliche Pflichttheilsanspruch auch dann zusteht, wenn ein ordentlicher Pflichttheilsanspruch für ihn deshalb nicht begründet ist, weil ihm die Hälfte des gesetzlichen Erbtheils oder mehr unbeschränkt und unbeschwert hinterlassen ist (§§ 2305, 2306).

**§ 2327.** 1. § 2315 betrifft die dem Pflichttheilsberechtigten von dem Erblasser unter Lebenden mit der Bestimmung der Anrechnung auf den Pflichttheil gemachte Zuwendung.

2. (Abs. 2.) § 2051 Abs. 1 lautet für die entsprechende Anwendung: Fällt ein Abkömmling, der als Pflichttheilsberechtigter eine Anrechnung in Gemäßheit des Abs. 1 zu dulden verpflichtet sein würde, vor oder nach dem Erbfalle weg, so muß der an seine Stelle als Pflichttheilsberechtigter tretende Abkömmling sich die dem Weggefallenen gemachten Geschenke anrechnen lassen.

**§ 2328.** Soweit der Erbe gemäß § 2328 zur Ergänzung nicht verpflichtet ist, greift § 2329 ein. — Zu § 2328, vgl. 2319 Note I.

Unter mehreren Beschenkten haftet der früher Beschenkte nur insoweit, als der später Beschenkte nicht verpflichtet ist.

**§ 2330.** Die Vorschriften der §§ 2325 bis 2329 finden keine Anwendung auf Schenkungen, durch die einer sittlichen Pflicht oder einer auf den Anstand zu nehmenden Rücksicht entsprochen wird. c. Pflicht- u. Anstandsschenkungen.

**§ 2331.** Eine Zuwendung, die aus dem Gesammtgute der allgemeinen Gütergemeinschaft, der Errungenschaftsgemeinschaft oder der Fahrnißgemeinschaft erfolgt, gilt als von jedem der Ehegatten zur Hälfte gemacht. Die Zuwendung gilt jedoch, wenn sie an einen Abkömmling, der nur von einem der Ehegatten abstammt, oder an eine Person, von der nur einer der Ehegatten abstammt, erfolgt oder wenn einer der Ehegatten wegen der Zuwendung zu dem Gesammtgut Ersatz zu leisten hat, als von diesem Ehegatten gemacht. d. Schenkung aus einem Gesammtgute der Ehegatten.

Diese Vorschriften finden auf eine Zuwendung aus dem Gesammtgute der fortgesetzten Gütergemeinschaft entsprechende Anwendung.

**§ 2332.** Der Pflichttheilsanspruch verjährt in drei Jahren von dem Zeitpunkt an, in welchem der Pflichttheilsberechtigte von dem Eintritte des Erbfalls und von der ihn beeinträchtigenden Verfügung 14. Verjährung d. Pflichttheilsanspruchs.

---

**§ 2329.** 1. Der Anspruch gegen den Beschenkten auf Herausgabe des Geschenkes ist seiner rechtlichen Natur nach ein Pflichttheilsanspruch, auf den insbesondere die Vorschrift über die Entstehung, Uebertragbarkeit, Vererblichkeit, Pfändbarkeit (vgl. § 2317), die Entziehung (§§ 2333 ff.), den Gerichtsstand CPO. § 27 Anwendung finden. Wegen der Sonderregelung des Verjährungsbeginns vgl. § 2332 Abs. 2.

2. Der Pflichttheilsberechtigte hat zur Klagebegründung anzuführen und zu beweisen, daß bezw. inwieweit der Erbe zur Ergänzung des Pflichttheils nicht verpflichtet ist.

a. Es kommt nicht darauf an, ob der an sich verpflichtete Erbe thatsächlich wegen unzureichenden Vermögens (vgl. § 279) nicht im Stande ist, die Ergänzung zu gewähren, sondern darauf, ob er dazu verpflichtet ist.

b. Nicht verpflichtet ist der Erbe,

α. soweit er die Ergänzung gemäß § 2328 verweigern kann;

β. soweit nach den Vorschriften über die beschränkte Erbenhaftung die Haftung des Erben auf den Nachlaß beschränkt ist und der Nachlaß nicht ausreicht.

c. Ist der Pflichttheilsberechtigte selber Erbe, so greift, wenn er Alleinerbe ist, Abs. 1 Satz 2 ein; wenn er Miterbe ist, muß er darlegen, daß und inwieweit die Miterben nicht zur Ergänzung verpflichtet sind (vgl. § 2319).

3. Die Herausgabepflicht ist in Ansehung ihres Umfanges nach den Vorschriften über die ungerechtfertigte Bereicherung (vgl. §§ 818 ff.) zu beurtheilen. Wegen der dem Beschenkten in Abs. 2 gewährten facultas alternativa vgl. § 262.

4. Mehrere Beschenkte haften gemäß Abs. 3. — Sämmtliche nach § 2325 zu berücksichtigenden Geschenke werden dem Nachlasse hinzugerechnet. Dem früher Beschenkten muß nachgewiesen werden, daß und inwieweit der später Beschenkte nicht haftet. Ist der Beschenkte nicht verpflichtet, z. B. weil die Bereicherung weggefallen ist, so tritt Haftung des früher Beschenkten ein. Diese Haftung tritt nicht ein, wenn der Beschenkte zwar verpflichtet, aber nicht leistungsfähig ist (vgl. Abs. 3, §§ 818 Abs. 2, 279).

**§ 2330.** 1. Vgl. Vorb. zu S. 240 Note 4b.

2. Wegen der sonstigen Arten von Schenkungen, insbesondere auch wegen der Ausstattung vgl. zu § 2325 Note 1.

**§ 2331.** Vgl. die entsprechende Bestimmung über die Ausgleichung § 2054.

Kenntniß erlangt, ohne Rücksicht auf diese Kenntniß in dreißig Jahren von dem Eintritte des Erbfalls an.

Der nach § 2329 dem Pflichttheilsberechtigten gegen den Beschenkten zustehende Anspruch verjährt in drei Jahren von dem Eintritte des Erbfalls an.

Die Verjährung wird nicht dadurch gehemmt, daß die Ansprüche erst nach der Ausschlagung der Erbschaft oder eines Vermächtnisses geltend gemacht werden können.

15. Entziehung d. Pflichttheils. a. Entziehungsgründe α. gegenüber einem Abkömmlinge.

**§ 2333.** Der Erblasser kann einem Abkömmlinge den Pflichttheil entziehen:

1. wenn der Abkömmling dem Erblasser, dem Ehegatten oder einem anderen Abkömmlinge des Erblassers nach dem Leben trachtet;
2. wenn der Abkömmling sich einer vorsätzlichen körperlichen Mißhandlung des Erblassers oder des Ehegatten des Erblassers schuldig macht, im Falle der Mißhandlung des Ehegatten jedoch nur, wenn der Abkömmling von diesem abstammt;
3. wenn der Abkömmling sich eines Verbrechens oder eines schweren vorsätzlichen Vergehens gegen den Erblasser oder dessen Ehegatten schuldig macht;
4. wenn der Abkömmling die ihm dem Erblasser gegenüber gesetzlich obliegende Unterhaltspflicht böswillig verletzt;
5. wenn der Abkömmling einen ehrlosen oder unsittlichen Lebenswandel wider den Willen des Erblassers führt.

---

**§ 2332.** 1. Verjährung §§ 194 ff.; Wirkung § 222.

2. Beginn der Verjährung des Pflichttheilsanspruchs

a. (Abs. 1) gegen den Erben.

α. Die Vorschrift bezieht sich sowohl auf den ordentlichen als auch auf den außerordentlichen (§§ 2325 ff.) Pflichttheilsanspruch.

β. Die kurze Frist beginnt mit Erlangung der Kenntniß von dem Erbfalle und von der den Pflichttheilsberechtigten beeinträchtigenden Verfügung. Es genügt einerseits nicht die Verkündung und es ist andererseits nicht die Kenntniß von der Beeinträchtigung erforderlich. Als Verfügung kommen nicht nur Verfügungen von Todeswegen, sondern für den außerordentlichen Pflichttheilsanspruch auch die Schenkungen unter Lebenden in Betracht.

γ. Wegen der doppelten (objektiv und subjektiv bestimmten) Verjährungsfrist vgl. §§ 852, 1571, 2082.

b. (Abs. 2) gegen den Beschenkten (§ 2329). Ihm gegenüber kommt es auf den Zeitpunkt der von der Schenkung erlangten Kenntniß (vgl. a β) nicht an.

3. Die Vorschrift des Abs. 3 über die Hemmung der Verjährung macht für die Fälle der §§ 2306, 2307 eine Ausnahme von § 202 Abs. 1.

4. Die Vollendung der Verjährung in Fällen, in welchen der Nachlaß ohne Vertreter ist, richtet sich nach § 207. Diese Vorschrift ist in Mot. V S. 427, 428 im Widerspruch mit Mot. I S. 323) unzutreffend behandelt. Vgl. Prot. V S. 551.

**§ 2333.** I. **Allgemeines.**

1. Die Entziehung des Pflichttheils umfaßt die vollständige Entziehung, die Hinterlassung einer den Pflichttheil nicht erreichenden Zuwendung, sowie die Anordnung einer den Pflichttheil verletzenden Beschwerung oder Beschränkung (vgl. z. B. § 2309 Note 4).

**§ 2334.** Der Erblasser kann dem Vater den Pflichttheil entziehen, wenn dieser sich einer der im § 2333 Nr. 1, 3, 4 bezeichneten Verfehlungen schuldig macht. Das gleiche Recht steht dem Erblasser der Mutter gegenüber zu, wenn diese sich einer solchen Verfehlung schuldig macht. β. gegenüber den Eltern.

**§ 2335.** Der Erblasser kann dem Ehegatten den Pflichttheil entziehen, wenn der Ehegatte sich einer Verfehlung schuldig macht, auf Grund deren der Erblasser nach den §§ 1565 bis 1568 auf Scheidung zu klagen berechtigt ist. γ. gegenüber dem Ehegatten.

Das Recht zur Entziehung erlischt nicht durch den Ablauf der für die Geltendmachung des Scheidungsgrundes im § 1571 bestimmten Frist.

---

2. Die Thatbestände der Ziffer 1 bis 3 liegen vor, gleichgültig ob der Abkömmling als Thäter, Mitthäter, Anstifter oder Gehülfe gehandelt hat. Bloßes Nichtverhindern genügt nicht; es kann das Nichtverhindern aber unter Umständen als Mitthäterschaft ꝛc. sich darstellen. Das strafgerichtliche Urtheil ist für den Civilrichter nicht bindend, CPO. § 259, EG. z. CPO. § 14 Ziffer 1.

3. Die in § 2333 aufgeführten Thatbestände sind durch Bezugnahme für erheblich erklärt in

a. § 1509 Ausschließung der fortgesetzten Gütergemeinschaft;

b. § 1611 Abs. 2 Beschränkung des Unterhaltsanspruchs auf den nothdürftigen Unterhalt;

c. § 1621 Abs. 2 Verweigerungsrecht der Eltern gegenüber dem Aussteueranspruche der Tochter;

d. §§ 2271 Abs. 2, 2294 Aufhebung einer an sich unwiderruflichen Zuwendung (Gemeinschaftliches Testament, Erbvertrag).

4. Erbunwürdigkeit des Pflichttheilsberechtigten § 2345 Abs. 2.

5. Beschränkung des Pflichttheils aus guter Absicht § 2338.

**II. Die einzelnen Verfehlungen.**

1. Lebensnachstellung (Note 1. 2 und § 1566).

2. Vorsätzliche körperliche Mißhandlung (vgl. StGB. § 223). Ein sich schuldig machen liegt im Falle der Nothwehr nicht vor (vgl. § 227).

3. Verbrechen (StGB. § 1 Abs. 1) oder vorsätzliches schweres Vergehen (StGB. § 1 Abs. 2) gegen den Erblasser (vgl. § 1680 „an dem Kinde"). — Meineid als Verbrechen gegen denjenigen, zu dessen Nachtheil er geleistet, vgl. Prot. VI S. 320. — Ob ein Vergehen schwer ist, ist der richterlichen Beurtheilung von Fall zu Fall überlassen. — Daß Ehebruch mit dem Ehegatten des Erblassers ein gegen diesen gerichtetes Vergehen ist, ergiebt sich aus dem Erforderniſſe seines Antrags zur Strafverfolgung StGB. § 172 Abs. 2.

4. Böswillige (vgl. § 324 Note 2) Verletzung der Unterhaltspflicht §§ 1601 ff.

5. Führung eines ehrlosen oder unsittlichen Lebenswandels wider den Willen des Erblassers (vgl. §§ 1568, 1666). Besserung des Abkömmlinges § 2336 Abs. 4.

**§ 2334.** Vgl. zu § 2333. Die Beschränkung des Pflichttheils der Eltern aus guter Absicht ist nicht zugelassen, vgl. § 2338.

**§ 2335.** 1. Wegen der Ehescheidungsgründe vgl. §§ 1565 bis 1568 ff.

2. Die Verfehlungen, welche verziehen (§ 1570) oder durch prozessuale Konsumption der Eigenschaft eines selbständigen Scheidungsgrundes entkleidet sind (vgl. § 1573), rechtfertigen nicht die Entziehung des Pflichttheils.

3. Der überlebende Ehegatte hat auch dann keinen Pflichttheilsanspruch, wenn ihm gemäß § 1933 kein gesetzliches Erbrecht zusteht.

b. Form und Begründung d. Entziehung.

**§ 2336.** Die Entziehung des Pflichttheils erfolgt durch letztwillige Verfügung.

Der Grund der Entziehung muß zur Zeit der Errichtung bestehen und in der Verfügung angegeben werden.

c. Beweis d. Grundes.

Der Beweis des Grundes liegt demjenigen ob, welcher die Entziehung geltend macht.

d. Besserung des entarteten Abkömmlinges.

Im Falle des § 2333 Nr. 5 ist die Entziehung unwirksam, wenn sich der Abkömmling zur Zeit des Erbfalls von dem ehrlosen oder unsittlichen Lebenswandel dauernd abgewendet hat.

e. Verzeihung d. Erblassers.

**§ 2337.** Das Recht zur Entziehung des Pflichttheils erlischt durch Verzeihung. Eine Verfügung, durch die der Erblasser die Entziehung angeordnet hat, wird durch die Verzeihung unwirksam.

16. Beschränkung des Pflichttheilsrechts in guter Absicht.

**§ 2338.** Hat sich ein Abkömmling in solchem Maße der Verschwendung ergeben oder ist er in solchem Maße überschuldet, daß sein späterer Erwerb erheblich gefährdet wird, so kann der Erblasser das Pflichttheilsrecht des Abkömmlinges durch die Anordnung beschränken, daß nach dem Tode des Abkömmlinges dessen gesetzliche Erben das ihm Hinterlassene oder den ihm gebührenden Pflichttheil als Nacherben oder als Nachvermächtnißnehmer nach dem Verhältniß ihrer gesetzlichen Erbtheile erhalten sollen. Der Erblasser kann auch für die Lebenszeit des Abkömmlinges die Verwaltung einem Testamentsvollstrecker übertragen; der Abkömmling hat in einem solchen Falle Anspruch auf den jährlichen Reinertrag.

Auf Anordnungen dieser Art finden die Vorschriften des § 2336 Abs. 1 bis 3 entsprechende Anwendung. Die Anordnungen sind

---

4. Keine Beschränkung des dem Ehegatten zukommenden Pflichttheils aus guter Absicht, vgl. § 2338.

5. Vgl. die entsprechende Regelung für die letztwillige Ausschließung der fortgesetzten Gütergemeinschaft § 1509.

6. Wegen sonstiger erbrechtlicher Wirkungen des Güterstandes der vor dem 1. Januar 1900 geschlossenen Ehen vgl. EG. Art. 200; Preuß. AG. z. BGB. Art. 59 § 7.

**§ 2336.** 1. Die letztwillige Verfügung kann zwar räumlich in einem Erbvertrag enthalten sein (§ 2299), nicht aber als eine den Erblasser bindende vertragsmäßige Anordnung getroffen werden (§ 2278 Abs. 2); vgl. auch RG. **11** 215, **24** 172.

2. Abs. 2 schließt die bedingte Entziehung aus einem zur Zeit der Anordnung noch nicht bestehenden, bis zum Erbfall etwa eintretenden Grunde aus. Nicht ausgeschlossen ist eine auflösend bedingte Entziehung wegen eines bereits gegebenen Grundes. Wird ein gesetzlicher oder erweislicher (Abs. 3) Grund nicht angegeben, so entfällt die Entziehung, auch wenn andere sie rechtfertigende Gründe erwiesen werden könnten, aber nicht angegeben sind.

3. Nach den Mot. soll es — unbeschadet der Anfechtbarkeit der Anordnung wegen Irrthums § 2078 Abs. 2 — bei Wegfall des Entziehungsgrundes, sofern der Erblasser nicht ein Anderes bestimmt hat, der Pflichttheilsberechtigte nur Anspruch auf den Pflichttheil haben. Auslegung der Gesammtumstände von Fall zu Fall dürfte entscheidend sein.

**§ 2337.** 1. Ueber Verzeihung vgl. die Bemerkungen zu § 1570, vgl. auch § 532.

2. Satz 2 richtet sich gegen RG. **15** 167.

unwirksam, wenn zur Zeit des Erbfalls der Abkömmling sich dauernd von dem verschwenderischen Leben abgewendet hat oder die den Grund der Anordnung bildende Ueberschuldung nicht mehr besteht.

---

**§ 2338.** 1. Allgemeine Bedeutung der Vorschrift.

Die Vorschrift giebt dem Erblasser das Recht, im wohlverstandenen Interesse des Abkömmlinges und der Familie eine Beschränkung des Pflichttheilsrechts nach Maßgabe des § 2338 anzuordnen. Der Regelung liegt die Auffassung zu Grunde, daß der künftige Erbtheil eines Menschen als Grundlage für einen gesunden Kredit nicht anzuerkennen ist und daß die Gläubiger es sich selbst zuzuschreiben haben, wenn sie sich in ihren Hoffnungen, aus der Substanz der ihrem Schuldner in Aussicht stehenden Erbschaft befriedigt zu werden, getäuscht sehen.

2. Prozessuale Ergänzung.

Die Vorschrift des § 2338 erhält ihre Ergänzung durch die Pfändungsbeschränkung des § 863 CPO.

***CPO.** § 863. Ist der Schuldner als Erbe nach § 2338 des Bürgerlichen Gesetzbuchs durch die Einsetzung eines Nacherben beschränkt, so sind die Nutzungen der Erbschaft der Pfändung nicht unterworfen, soweit sie zur Erfüllung der dem Schuldner seinem Ehegatten, seinem früheren Ehegatten oder seinen Verwandten gegenüber gesetzlich obliegenden Unterhaltspflicht und zur Bestreitung seines standesmässigen Unterhalts erforderlich sind. Das Gleiche gilt, wenn der Schuldner nach § 2338 des Bürgerlichen Gesetzbuchs durch die Ernennung eines Testamentsvollstreckers beschränkt ist, für seinen Anspruch auf den jährlichen Reinertrag.*

*Die Pfändung ist unbeschränkt zulässig, wenn der Anspruch eines Nachlassgläubigers oder ein auch dem Nacherben oder dem Testamentsvollstrecker gegenüber wirksames Recht geltend gemacht wird.*

*Diese Vorschriften finden entsprechende Anwendung, wenn der Antheil eines Abkömmlinges an dem Gesammtgute der fortgesetzten Gütergemeinschaft nach § 1513 Abs. 2 des Bürgerlichen Gesetzbuchs einer Beschränkung der im Abs. 1 bezeichneten Art unterliegt.*

3. Dauer der Beschränkung.

Die Beschränkung durch Einsetzung der gesetzlichen Erben des Abkömmlinges als Nacherben (§ 2100) oder Nachvermächtnißnehmer (§ 2191) bleibt auch wirksam, wenn der Abkömmling den Erblasser länger als 30 Jahre überlebt (vgl. §§ 2109 Ziffer 1, 2163 Ziffer 1: der Tod des Abkömmlinges ist ein in seiner Person eintretendes Ereigniß).

4. Auf die Anordnung einer Testamentsvollstreckung (§§ 2197 ff.), welche keine andere Aufgaben als die Vermögensverwaltung hat, findet insbesondere die Vorschrift der §§ 2209, 2210 Anwendung. Wegen der Wirkung der Anordnung vgl. §§ 2211, 2214.

5. Der Abkömmling kann die Hinterlassung des Pflichttheils gemäß §§ 2303 ff. verlangen. Er kann nur nicht verlangen, daß beim Vorliegen der Voraussetzungen des § 2338 der Pflichttheil ihm frei von den in § 2338 zugelassenen Beschränkungen hinterlassen wird.

6. Fälle sonstiger Anwendbarkeit des § 2338.

Die Anordnung der Beschränkungen gemäß § 2338 ist auch zulässig in Ansehung:

a. eines pflichttheilsberechtigten Abkömmlinges eines der Ehegatten, welcher in einem gemeinschaftlichen Testamente bedacht ist, § 2271 Abs. 3;
b. eines durch Erbvertrag bedachten pflichttheilsberechtigten Abkömmlinges, § 2289 Abs. 2;
c. des Antheils des Abkömmlinges am Gesammtgute der fortgesetzten Gütergemeinschaft, vgl. § 1513 Abs. 2 und CPO. § 863 Abs. 3.

7. Nur pflichttheilsberechtigte Abkömmlinge des Erblassers, nicht auch seine Eltern oder sein Ehegatte können den Beschränkungen der in § 2338 gedachten Art unterworfen werden.

## Sechster Abschnitt.

## Erbunwürdigkeit.

1. Erbunwürdigkeit des Erben.
1. Voraussetzungen der Erbunwürdigkeit.

**§ 2339.** Erbunwürdig ist:

1. wer den Erblasser vorsätzlich und widerrechtlich getödtet oder zu tödten versucht oder in einen Zustand versetzt hat, in Folge dessen der Erblasser bis zu seinem Tode unfähig war, eine Verfügung von Todeswegen zu errichten oder aufzuheben;
2. wer den Erblasser vorsätzlich und widerrechtlich verhindert hat, eine Verfügung von Todeswegen zu errichten oder aufzuheben;
3. wer den Erblasser durch arglistige Täuschung oder widerrechtlich durch Drohung bestimmt hat, eine Verfügung von Todeswegen zu errichten oder aufzuheben;
4. wer sich in Ansehung einer Verfügung des Erblassers von Todeswegen einer nach den Vorschriften der §§ 267 bis 274 des Strafgesetzbuchs strafbaren Handlung schuldig gemacht hat.

Die Erbunwürdigkeit tritt in den Fällen des Abs. 1 Nr. 3, 4 nicht ein, wenn vor dem Eintritte des Erbfalls die Verfügung, zu deren Errichtung der Erblasser bestimmt oder in Ansehung deren die strafbare Handlung begangen worden ist, unwirksam geworden ist, oder die Verfügung, zu deren Aufhebung er bestimmt worden ist, unwirksam geworden sein würde.

---

Vorbemerkung zum VI. Abschnitt.

1. Die Vorschriften über die Erbunwürdigkeit (Indignität) ergänzen die Vorschriften über die Anfechtung letztwilliger Verfügungen (§§ 2078 ff.) und über die Entziehung des Pflichttheils (§§ 2333 ff.). Sie sind nicht als civilrechtliche Ergänzung des Strafrechts aufzufassen (vgl. § 2343), sondern behandeln die in § 2339 aufgeführten Thatbestände lediglich als Eingriffe in die Testirfreiheit des Erblassers, durch welche entweder der Erblasser verhindert wird, seinen letzten Willen zu errichten, oder aber eine Ungewißheit über den letzten Willen des Erblassers herbeigeführt wird oder herbeigeführt werden kann (vgl. § 2339 Abs. 2).

2. Eine absolute Unfähigkeit, Erbe zu werden, kennt das BGB. nicht. Vgl. § 1923 Note B. I. 2.

3. Entsprechende Anwendbarkeit der Vorschriften bei der gütergemeinschaftlichen Erbfolge § 1506.

**§ 2339.** 1. Zu Ziffer 1. Hierunter fällt die Tödtung im Duell, nicht aber Tödtung in Nothwehr, im Kriege, als Strafvollzug durch den Scharfrichter ꝛc.

Zu Ziffer 3. Aufhebung einer letztwilligen Verfügung umfaßt nicht nur den Widerruf des § 2254, sondern auch die Aufhebung gemäß §§ 2255, 2256. Vgl. auch die Vorschriften über Anfechtung der letztwilligen Verfügung §§ 2078 ff.

Zu Ziffer 4. Die in Bezug genommenen Vorschriften des StGB. betreffen:

a. die Verfälschung oder fälschliche Anfertigung und den betrügerischen Gebrauch einer Verfügung des Erblassers von Todeswegen StGB. §§ 267, 268;
b. die Ausfüllung eines mit der Namensunterschrift des Erblassers versehenen Papiers mit einer Verfügung des Erblassers von Todeswegen ohne oder gegen seinen Willen StGB. § 269;
c. den Gebrauch einer falschen oder verfälschten Verfügung von Todeswegen in Kenntniß der Fälschung StGB. § 270.

2. Geltendmachung der Erbunwürdigkeit.
a. Anfechtung d. Erbschaftserwerbs.

**§ 2340.** Die Erbunwürdigkeit wird durch Anfechtung des Erbschaftserwerbes geltend gemacht.

Die Anfechtung ist erst nach dem Anfalle der Erbschaft zulässig. Einem Nacherben gegenüber kann die Anfechtung erfolgen, sobald die Erbschaft dem Vorerben angefallen ist.

Die Anfechtung kann nur innerhalb der im § 2082 bestimmten Fristen erfolgen.

b. Anfechtungsberechtigter.

**§ 2341.** Anfechtungsberechtigt ist Jeder, dem der Wegfall des Erbunwürdigen, sei es auch nur bei dem Wegfall eines Anderen, zu Statten kommt.

c. Anfechtungsklage.

**§ 2342.** Die Anfechtung erfolgt durch Erhebung der Anfechtungsklage. Die Klage ist darauf zu richten, daß der Erbe für erbunwürdig erklärt wird.

Die Wirkung der Anfechtung tritt erst mit der Rechtskraft des Urtheils ein.

3. Verzeihung des Erblassers.

**§ 2343.** Die Anfechtung ist ausgeschlossen, wenn der Erblasser dem Erbunwürdigen verziehen hat.

---

d. die Fälle der intellektuellen Urkundenfälschung in Ansehung einer Verfügung des Erblassers von Todeswegen (StGB. §§ 271, 272) und den Gebrauch der Fälschung in Kenntniß derselben StGB. § 273.

e. die Vernichtung, Beschädigung, Unterdrückung einer Verfügung des Erblassers von Todeswegen in der Absicht, einem Anderen Nachtheile zuzufügen StGB. § 274.

2. Abs. 2 schließt die Erbunwürdigkeit nicht nur für die Fälle aus, in denen der Erblasser selbst die Wirksamkeit der letztwilligen Verfügung, zu deren Errichtung er bestimmt worden ist oder in Ansehung deren eine der zu Ziffer 3 und 4 aufgeführten Handlungen begangen worden ist, beseitigt hat, sondern auch für die Fälle, in denen die Unwirksamkeit aus anderen Ursachen eingetreten ist (z. B. Zeitablauf beim Nothtestamente § 2252, Ableben des Bedachten vor dem Erblasser rc.). Vgl. R.Komm.Bericht 440c S. 23.

**§ 2340.** 1. Zu Abs. 2 vgl. §§ 1942, 2142 Abs. 1.

2. Die Anfechtung kann gemäß Abs. 3 in Verbindung mit § 2082 nur binnen Jahresfrist nach dem Zeitpunkt, in welchem der Anfechtungsberechtigte (vgl. § 2341) von dem Anfechtungsgrunde Kenntniß erlangt hat, aber nicht mehr nach Ablauf von dreißig Jahren seit dem Erbfall erfolgen. Auf die einjährige Frist finden die Hemmungsvorschriften der §§ 203, 206, 207 Anwendung. Vgl. Bd. I S. 102 Note 4.

**§ 2341.** Vgl. mit § 2080 Abs. 1. — Nicht nur der unmittelbar Interessirte, sondern Jeder, der auch nur ein mittelbares Interesse an der Anfechtung hat, ist anfechtungsberechtigt, auch wenn er nicht beim Wegfalle des Erbunwürdigen Erbe werden würde; der Fiskus ist also in allen Fällen als letzter gesetzlicher Erbe legitimirt. Die Wirkung der Anfechtung ist in § 2344 geregelt.

2. Anfechtungsgegner ist der Unwürdige bzw. sein Universalnachfolger.

**§ 2342.** 1. Die Vorschrift bezieht sich nur auf die Erbunwürdigkeit des Erben, nicht auch auf diejenige des Vermächtnißnehmers und des Pflichttheilsberechtigten vgl. § 2345.

2. Die Wirkung des Urtheils, welches die Erbunwürdigkeit ausspricht, muß für und gegen alle wirksam sein (vgl. § 2344), nicht aber das die Klage abweisende Urtheil.

**§ 2343.** Vgl. § 2337.

4. Wirkung der Erbunwürdigkeitserklärung. **§ 2344.** Ist ein Erbe für erbunwürdig erklärt, so gilt der Anfall an ihn als nicht erfolgt.

Die Erbschaft fällt demjenigen an, welcher berufen sein würde, wenn der Erbunwürdige zur Zeit des Erbfalls nicht gelebt hätte; der Anfall gilt als mit dem Eintritte des Erbfalls erfolgt.

II. Erbunwürdigkeit des Vermächtnißnehmers u. des Pflichttheilsberechtigten. **§ 2345.** Hat sich ein Vermächtnißnehmer einer der im § 2339 Abs. 1 bezeichneten Verfehlungen schuldig gemacht, so ist der Anspruch aus dem Vermächtniß anfechtbar. Die Vorschriften der §§ 2082, 2083, des § 2339 Abs. 2 und der §§ 2341, 2343 finden Anwendung.

Das Gleiche gilt für einen Pflichttheilsanspruch, wenn der Pflichttheilsberechtigte sich einer solchen Verfehlung schuldig gemacht hat.

## Siebenter Abschnitt.

## Erbverzicht.

I. Verzicht auf das gesetzliche Erbrecht und das Pflichttheilsrecht.
1. Zulässigkeit und Wirkungen. **§ 2346.** Verwandte sowie der Ehegatte des Erblassers können durch Vertrag mit dem Erblasser auf ihr gesetzliches Erbrecht verzichten. Der Verzichtende ist von der gesetzlichen Erbfolge ausgeschlossen, wie wenn er zur Zeit des Erbfalls nicht mehr lebte; er hat kein Pflichttheilsrecht.

Der Verzicht kann auf das Pflichttheilsrecht beschränkt werden.

---

**§ 2344.** Vgl. § 1953; ferner § 2310 Abs. 1 Satz 1.

**§ 2345.** Die Geltendmachung der Erbunwürdigkeit eines Vermächtnißnehmers oder Pflichttheilsberechtigten erfolgt nicht nothwendig im Wege der Klage, sondern auch durch Erklärung gegenüber dem Erbunwürdigen. Die Frist bestimmt sich nach § 2082; als Einrede ist die Anfechtung an eine Frist nicht gebunden § 2083.

Vorbemerkung zum VII. Abschnitt. 1. Der Erbverzicht und der einen Erbverzicht aufhebende Vertrag (§ 2351) sind Rechtsgeschäfte von Todeswegen, und zwar Verträge erbrechtlichen Charakters; ihr Gegenstand ist nicht sowohl die Verpflichtung des Verzichtenden, die Erbfolge nicht geltend machen zu wollen, als vielmehr die durch den Erblasser (unter Zustimmung des Verzichtenden) herbeigeführte Aenderung der gesetzlichen (§§ 2346 ff.) oder der gewillkürten (§ 2352) Erbfolge. Die dem Verzichtenden etwa gewährte Abfindung gehört an sich nicht zum Erbverzichte; sie bildet für den Verzichtenden nur das Motiv zur Abschließung und ist als selbständiges Rechtsgeschäft zu beurtheilen.

2. Unzulässigkeit eines Vertrags über den Nachlaß eines noch lebenden Dritten vgl. § 312.

3. Ausschließung des Erbrechts des an Kindesstatt angenommenen Kindes gegenüber dem Annehmenden im Annahmevertrage § 1767.

4. Die Vorschriften gelten entsprechend für den Verzicht eines Abkömmlinges auf seinen Antheil an der fortgesetzten Gütergemeinschaft § 1517.

5. Uebergangsvorschrift EG. Art. 217.

**§ 2346.** 1. Der Fiskus kann, wie eine Erbschaft nicht ausschlagen, so auch auf dieselbe nicht verzichten, vgl. § 1952.

2. Nicht pflichttheilsberechtigte Verwandte kann der Erblasser, ohne daß es eines Erbverzichtsvertrags bedarf, von der Erbschaft ausschließen. Vgl. auch § 2352.

3. Eine Ehefrau bedarf zum Erbverzichtsvertrage weder bei gesetzlichem Güterstande, noch bei Gütergemeinschaft der Zustimmung des Ehemanns, weil durch den Erbverzicht nicht über einen der Frau gegenwärtig schon ge-

**§ 2347.** Zu dem Erbverzicht ist, wenn der Verzichtende unter Vormundschaft steht, die Genehmigung des Vormundschaftsgerichts erforderlich; steht er unter elterlicher Gewalt, so gilt das Gleiche, sofern nicht der Vertrag unter Ehegatten oder unter Verlobten geschlossen wird.

2. Die Abschließung des Erbverzichts. a. Persönliche Erfordernisse. α. Verzichtender.

Der Erblasser kann den Vertrag nur persönlich schließen; ist er in der Geschäftsfähigkeit beschränkt, so bedarf er nicht der Zustimmung seines gesetzlichen Vertreters. Ist der Erblasser geschäftsunfähig, so kann der Vertrag durch den gesetzlichen Vertreter geschlossen werden; die Genehmigung des Vormundschaftsgerichts ist in gleichem Umfange wie nach Abs. 1 erforderlich.

β. Erblasser.

**§ 2348.** Der Erbverzichtsvertrag bedarf der gerichtlichen oder notariellen Beurkundung.

b. Form.

**§ 2349.** Verzichtet ein Abkömmling oder ein Seitenverwandter des Erblassers auf das gesetzliche Erbrecht, so erstreckt sich die Wirkung des Verzichts auf seine Abkömmlinge, sofern nicht ein Anderes bestimmt wird.

3. Erstreckung der Wirkungen auf Abkömmlinge d. Verzichtenden.

---

hörenden Vermögensgegenstand verfügt wird. Vgl. Note 3 und § 1406 Note II. 1 bα; §§ 1453, 1519, 1549.

4. Verzicht auf das Pflichttheilsrecht.

a. Das BGB. unterscheidet terminologisch zwischen dem Verzicht auf einen Pflichttheil im Sinne des Verzichts auf einen bereits entstandenen Pflichttheilsanspruch (§ 2317; §§ 1643 Abs. 2, 1822 Ziffer 2) und dem Verzicht auf das Pflichttheilsrecht oder einen künftigen Pflichttheil (§§ 1643 Abs. 2, 1822 Ziffer 1 sowie die in Note 3 aufgeführten Paragraphen). Vgl. Prot. VI S. 394 Nr. 38, 39.

b. Die Beschränkung des Erbverzichts auf das Pflichttheilsrecht kann bezwecken, dem Erblasser die unbeschränkte Freiheit der Verfügung über seinen Nachlaß zu verschaffen. Wenn er von dieser Freiheit nicht dahin Gebrauch macht, daß er den Verzichtenden von der Erbschaft ausschließt, so bleibt dessen gesetzliches Erbrecht bestehen.

**§ 2347.** 1. In § 1822 Ziffer 1 (§ 1643) handelt es sich um einen Vertrag mit einem Dritten über die Verpflichtung zur Verfügung über den künftigen Erbtheil oder Pflichttheil des Mündels (§ 312 Abs. 2), in § 2347 um den Erbverzicht gegenüber dem Erblasser.

2. Wegen der Genehmigung durch das Vormundschaftsgericht vgl. §§ 1828 ff. — Wegen der Sonderregelung für Ehegatten und Verlobte vgl. §§ 2275 Abs. 2, 3; 2290 Abs. 3.

3. Wegen der Unzulässigkeit der Vertretung vgl. Bd. I S. 89 Note 7 Ziffer 25.

**§ 2348.** 1. Vgl. §§ 125, 128, 152.

2. Uebergangsvorschrift EG. Art. 217.

3. Internationales Privatrecht EG. Art. 11.

**§ 2349.** 1. Durch die Dispositivvorschrift des § 2349 wird aus Zweckmäßigkeitsgründen (namentlich für den Fall der Auswanderung) das Prinzip, daß dem entfernteren Abkömmlinge bei Wegfall des zwischen ihm und dem Erblasser stehenden Vorfahren ein selbständiges Erbrecht zusteht (vgl. § 1924 Note 3), durchbrochen.

2. Ist ein Vorfahre des Erblassers der Verzichtende, so tritt die ausdehnende Vorschrift des § 2349 nicht ein. Der Erbverzicht des Bruders des Erblassers bindet regelmäßig dessen Söhne, hingegen bindet der Erbverzicht des Vaters nicht dessen Abkömmlinge (die Geschwister des Erblassers).

3. Auf Erbverzichte, die vor dem 1. Januar 1900 geschlossen sind, findet das alte Recht Anwendung EG. Art. 217.

4. Erbverzicht zu Gunsten eines Anderen.

**§ 2350.** Verzichtet Jemand zu Gunsten eines Anderen auf das gesetzliche Erbrecht, so ist im Zweifel anzunehmen, daß der Verzicht nur für den Fall gelten soll, daß der Andere Erbe wird.

Verzichtet ein Abkömmling des Erblassers auf das gesetzliche Erbrecht, so ist im Zweifel anzunehmen, daß der Verzicht nur zu Gunsten der anderen Abkömmlinge und des Ehegatten des Erblassers gelten soll.

5. Aufhebung eines Erbverzichts.

**§ 2351.** Auf einen Vertrag, durch den ein Erbverzicht aufgehoben wird, findet die Vorschrift des § 2348 und in Ansehung des Erblassers auch die Vorschrift des § 2347 Abs. 2 Anwendung.

II. Verzicht auf rechtsgeschäftliche Zuwendungen von Todeswegen.

**§ 2352.** Wer durch Testament als Erbe eingesetzt oder mit einem Vermächtnisse bedacht ist, kann durch Vertrag mit dem Erblasser auf die Zuwendung verzichten. Das Gleiche gilt für eine Zuwendung, die in einem Erbvertrag einem Dritten gemacht ist. Die Vorschriften der §§ 2347, 2348 finden Anwendung.

## Achter Abschnitt.
## Erbschein.

---

**§ 2350.** 1. Nach der Auslegungsregel des Abs. 1 soll der Erbverzicht unwirksam sein, wenn der Dritte nicht Erbe wird, d. h. als Erbe aus irgend einem Grunde wegfällt (vgl. § 1935 Note 2).

2. Nach der Auslegungsregel des Abs. 2 in Verbindung mit derjenigen des Abs. 1 soll der Erbvertrag unwirksam sein, wenn nicht ein anderer Abkömmling des Erblassers oder sein Ehegatte Erbe wird. Es soll also der Verzichtende trotz seines Verzichts den Eltern des Erblassers, den sonstigen gesetzlichen Erben und dem Fiskus vorgehen.

**§ 2351.** 1. Durch § 2348 wird die gerichtliche oder notarielle Beurkundung erfordert.

2. Die Vorschrift des § 2347 Abs. 2 betrifft nur den Erblasser; für den anderen Vertragschließenden, welcher aus der Aufhebung des Erbverzichts lediglich einen rechtlichen Vortheil erlangt, gelten die allgemeinen Vorschriften (vgl. § 107).

3. Uebergangsvorschrift EG. Art. 217.

**§ 2352.** Die Vorschrift dürfte zur praktischen Verwendung für Fälle kommen, in denen ein Dritter auf die ihm in einem Erbvertrage gemachte Zuwendung verzichtet. Für den Vertrag über Verzicht eines der Vertragschließenden ist § 2290 maßgebend. Vgl. daselbst Note 2a.

Vorbemerkung zum VIII. Abschnitt.

1. Der Erbschein ist ein von dem Nachlaßgericht ertheiltes Zeugniß über das Erbrecht oder über die Größe des Erbtheils eines Miterben. Er kann nicht nur dem gesetzlichen, sondern auch dem eingesetzten Erben ertheilt werden. Der Erbschein gewährt dem Erben nicht eine festerworbene Rechtsstellung, sondern enthält nur eine einstweilige Legitimation, vgl. § 2361. Dem Erbscheine kommt die Vermuthung für die Richtigkeit seines Inhaltes (§ 2365) und öffentlicher Glaube zu Gunsten des gutgläubigen Dritten (§ 2366) zu.

2. Die Vorschriften über den Erbschein finden auf das dem überlebenden Ehegatten auf seinen Antrag von dem Nachlaßgericht über die Fortsetzung der Gütergemeinschaft zu ertheilende Zeugniß entsprechende Anwendung. § 1507, FrG. § 85, GO. § 38.

3. Die Einsicht in den Erbschein ist von dem Nachlaßgerichte, Jedem der ein rechtliches Interesse glaubhaft macht, zu gestatten FrG. § 78 (S. 1101).

**§ 2353.** Das Nachlaßgericht hat dem Erben auf Antrag ein Zeugniß über sein Erbrecht und, wenn er nur zu einem Theile der Erbschaft berufen ist, über die Größe des Erbtheils zu ertheilen (Erbschein).

I. Erbschein.
1. Sonderschein eines Erben.

---

4. *FG. § 85. Wer ein rechtliches Interesse glaubhaft macht, kann verlangen, dass ihm von dem Gericht eine Ausfertigung des Erbscheins ertheilt werde. Das Gleiche gilt in Ansehung der im § 84 Satz 2* [S. 1318] *bezeichneten Zeugnisse sowie in Ansehung der gerichtlichen Verfügungen, die sich auf die Ernennung oder die Entlassung eines Testamentsvollstreckers beziehen.*

5. Nachweis der Erbfolge bei Grundbuch und Schiffsregister.

a. *GO. § 36. Der Nachweis der Erbfolge kann nur durch einen Erbschein geführt werden. Beruht jedoch die Erbfolge auf einer Verfügung von Todeswegen, die in einer öffentlichen Urkunde enthalten ist, so genügt es, wenn an Stelle des Erbscheins die Verfügung und das Protokoll über die Eröffnung der Verfügung vorgelegt werden; erachtet das Grundbuchamt die Erbfolge durch diese Urkunden nicht für nachgewiesen, so kann es die Vorlegung eines Erbscheins verlangen.*

*Das Bestehen der fortgesetzten Gütergemeinschaft sowie die Befugniss eines Testamentsvollstreckers zur Verfügung über einen Nachlassgegenstand ist nur auf Grund der in den §§ 1507, 2368 des Bürgerlichen Gesetzbuchs vorgesehenen Zeugnisse als nachgewiesen anzunehmen; auf den Nachweis der Befugniss des Testamentsvollstreckers finden jedoch die Vorschriften des Abs. 1 Satz 2 entsprechende Anwendung.*

b. Nach FrG. § 107 (S. 683 f.) gehört GO. § 36 zu denjenigen Vorschriften der Grundbuchordnung, welche auf das Schiffspfandrecht entsprechende Anwendung finden.

c. Vgl. für die Zwangsvollstreckung in das unbewegliche Vermögen Zw. § 17.

6. Nachweis der Erbfolge beim Reichsschuldbuch vgl. Reichsschuldbuchgesetz § 11 zu EG. Art. 50 und Bd. III S. 1613.

7. Besondere Uebergangsvorschriften bezüglich des Erbscheins bestehen nicht. Nach der allgemeinen Vorschrift des Art. 213 EG. finden die bisherigen Gesetze, einschließlich der für das Verfahren geltenden (FrG. § 189) Anwendung, wenn der Erbfall vor dem 1. Januar 1900 eingetreten ist.

8. Internationales Privatrecht vgl. zu § 2369.

**§ 2353.** 1. Nachlaßgericht vgl. zu §§ 1960 ff. S. 1100.

2. Das Antragsrecht steht zu:

a. jedem Erben, sowohl dem gesetzlichen (§ 2354) als auch dem eingesetzten Erben (§ 2355). Auch der Fiskus als gesetzlicher Erbe kann sich einen Erbschein ausstellen lassen, vgl. § 1964. — Miterben vgl. Note 3 b.

b. jedem Gläubiger des Erben. Vgl. Note 5.

3. Der Gegenstand des Erbscheins kann sein:

a. das Erbrecht eines Einzelerben — oder,

b. wenn Miterben vorhanden sind,

α. die Größe des einzelnen Erbtheils. Solange die Größe sich nicht feststellen läßt (vgl. § 2043), kann auch ein Zeugniß hierüber nicht ertheilt werden (vgl. § 2359). Ein Interesse kann der Erbe an einem solchen Erbschein, insbesondere mit Rücksicht auf die Theilung der Haftung (§§ 2059 f., 2365) haben.

β. das Erbrecht aller Miterben (gemeinschaftlicher Erbschein) § 2357.

4. Der Inhalt des Erbscheins.

In dem Erbscheine wird durch das Nachlaßgericht das dem Erben zustehende Erbrecht bzw. die Größe seines Erbtheils bezeugt. Vgl. über die Wirkung des Erbscheins §§ 2365 f.

a. Antrag
α. des gesetzlichen Erben.

**§ 2354.** Wer die Ertheilung des Erbscheins als gesetzlicher Erbe beantragt, hat anzugeben:

1. die Zeit des Todes des Erblassers;
2. das Verhältniß, auf dem sein Erbrecht beruht;
3. ob und welche Personen vorhanden sind oder vorhanden waren, durch die er von der Erbfolge ausgeschlossen oder sein Erbtheil gemindert werden würde;
4. ob und welche Verfügungen des Erblassers von Todeswegen vorhanden sind;
5. ob ein Rechtsstreit über sein Erbrecht anhängig ist.

Ist eine Person weggefallen, durch die der Antragsteller von der Erbfolge ausgeschlossen oder sein Erbtheil gemindert werden würde, so hat der Antragsteller anzugeben, in welcher Weise die Person weggefallen ist.

β. des eingesetzten Erben.

**§ 2355.** Wer die Ertheilung des Erbscheins auf Grund einer Verfügung von Todeswegen beantragt, hat die Verfügung zu bezeichnen, auf der sein Erbrecht beruht, anzugeben, ob und welche sonstigen Verfügungen des Erblassers von Todeswegen vorhanden sind, und die im § 2354 Abs. 1 Nr. 1, 5, Abs. 2 vorgeschriebenen Angaben zu machen.

---

5. Antragsrecht eines Gläubigers.

CPO. §§ 792, 896 (S. 436). Vgl. GO. §§ 14, 40 (S. 435), Zw. § 17.

***CPO. § 792.*** *Bedarf der Gläubiger zum Zwecke der Zwangsvollstreckung eines Erbscheins oder einer anderen Urkunde, die dem Schuldner auf Antrag von einer Behörde, einem Beamten oder einem Notar zu ertheilen ist, so kann er die Ertheilung an Stelle des Schuldners verlangen.*

Nach der Begründung zu CPO. § 792 soll es sich von selbst verstehen, daß wenn der Gläubiger die Ertheilung eines Erbscheins gemäß § 792 verlangt, er die nach § 2356 erforderliche Versicherung an Eidesstatt an Stelle des Schuldners abzugeben hat. Die eidesstattliche Versicherung findet ihre Ergänzung in den von Amtswegen anzustellenden richterlichen Ermittelungen (§ 2358), wobei nicht ausgeschlossen ist, daß der Erbe (Schuldner) als Zeuge zeugeneidlich vernommen wird, vgl. FrG. § 12.

**§ 2354.** 1. Die Zeit des Todes braucht, wenn sie nicht gerade für das Erbrecht erheblich ist, nicht immer mit kalendermäßiger Genauigkeit angegeben zu werden. — Im Falle der Todeserklärung vgl. § 18.

2. Das Verhältniß, auf dem das gesetzliche Erbrecht beruht, kann sein Verwandtschaft einschließlich Legitimation und Annahme an Kindesstatt (§§ 1924 ff.), Ehe (§ 1931) oder die Stellung als Fiskus §§ 1936, 1964, vgl. auch EG. Art. 138. — Beweis der Thatsachen vgl. § 2356.

3. Zu Abs. 2 vgl. § 1935 Note 2 und § 2356 Note 1c.

4. Die Verfügungen von Todeswegen (letztwillige und vertragsmäßige) sind von dem Nachlaßgerichte darauf zu prüfen, ob sie etwa eine Erbeinsetzung enthalten.

5. Die Mittheilung eines Rechtsstreits soll dem Nachlaßgerichte Gelegenheit geben, die geltend gemachten Angriffe auf das Erbrecht kennen zu lernen und den Gegner zu hören, § 2360.

**§ 2355.** Der Antrag kann sich auf eine letztwillige Verfügung oder auf einen Erbvertrag stützen. In beiden Fällen wird durch Ertheilung des Erbscheins dem Dritten, welcher sich mit dem Erben einläßt, die Prüfung der Rechtsbeständigkeit sowie die Auslegung des Testaments abgenommen. Vgl. § 2366.

**§ 2356.** Der Antragsteller hat die Richtigkeit der in Gemäßheit des § 2354 Abs. 1 Nr. 1, 2, Abs. 2 gemachten Angaben durch öffentliche Urkunden nachzuweisen und im Falle des § 2355 die Urkunde vorzulegen, auf der sein Erbrecht beruht. Sind die Urkunden nicht oder nur mit unverhältnißmäßigen Schwierigkeiten zu beschaffen, so genügt die Angabe anderer Beweismittel.

In Ansehung der übrigen nach den §§ 2354, 2355 erforderlichen Angaben hat der Antragsteller vor Gericht oder vor einem Notar an Eidesstatt zu versichern, daß ihm nichts bekannt sei, was der Richtigkeit seiner Angaben entgegensteht. Das Nachlaßgericht kann die Versicherung erlassen, wenn es sie für nicht erforderlich erachtet.

Diese Vorschriften finden keine Anwendung, soweit die Thatsachen bei dem Nachlaßgericht offenkundig sind.

---

**§ 2356.** 1. Durch öffentliche Urkunden (vgl. CPO. § 415) sind regelmäßig (vgl. Abs. 1 Satz 2, Abs. 3) zu beweisen:

a. die Zeit des Todes des Erblassers.

α. Sterbeurkunde (Personenstandsgesetz §§ 15, 56 ff., 61 ff. Bd. III S. 1600 ff.).

β. Das die Todeserklärung des Erblassers aussprechende Urtheil § 18. CPO. § 970.

b. das dem Erbrechte zu Grunde liegende Verhältniß des Antragstellers zum Erblasser. Bezüglich der Miterben vgl. § 2357.

α. Geburtsurkunden, Heirathsurkunden (Personenstandsgesetz §§ 15, 17 ff., 61 ff., 54 Bd. III S. 1600 ff.); Legitimation, Annahme an Kindesstatt vgl. Personenstandsgesetz §§ 25, 26; §§ 1723, 1750 Abs. 2, 1741 Satz 2. Bei Miterben hat der Antragsteller den Nachweis für jeden derselben zu führen § 2357.

β. Der Fiskus als gesetzlicher Erbe hat die behauptete Staatsangehörigkeit in einem Bundesstaate oder ihren Mangel nach den Grundsätzen des öffentlichen Rechtes nachzuweisen, vgl. § 1936; EG. Art. 41, Bd. III S. 1555 ff.

c. den Wegfall einer Person, durch welche der Antragsteller von der Erbfolge ausgeschlossen oder sein Erbtheil gemindert werden würde.

α. Tod der Person vor dem Erbfalle vgl. zu 1a. Eine Todesvermuthung ohne Todeserklärung besteht nach dem BGB. nicht vgl. §§ 13 ff.

β. Letztwillige Verfügung, durch welche der Andere von der Erbfolge ausgeschlossen wird (§ 1938) fällt unter § 2355. Es genügt deshalb die Vorlegung eines holographischen Testaments oder eines Nothtestaments, welches mündlich vor drei Zeugen erklärt ist (vgl. §§ 2250 Abs. 2, 2251). Vgl. hierüber zu § 1360 Abs. 2.

γ. Erbverzicht § 2348.

δ. Ausschlagung § 1945; vgl. indeß Abs. 3.

ε. Erbunwürdigkeitserklärung § 2342 Abs. 2.

ζ. Versagung der landesgesetzlich erforderten staatlichen Genehmigung des Erbschaftserwerbes EG. Artt. 86, 87 (Juristische Person, Religiose).

2. Beruht das in Anspruch genommene Erbrecht auf einer Verfügung von Todeswegen, so genügt die Vorlegung der Urkunde (vgl. zu cβ). Nicht erforderlich ist, daß das Testament in einer öffentlichen Urkunde enthalten ist. Vgl. §§ 2231 Ziffer 2, 2250 Abs. 2, 2251, 2360 Abs. 2.

a. Es ist Sache des Erben, dem Nachlaßgerichte die Echtheit des Privattestaments nachzuweisen.

b. Bei Nothtestamenten hat das Nachlaßgericht festzustellen, ob die Wirksamkeit des Testaments bis zum Tode des nach Ablauf von drei Monaten nach der Testamentserrichtung verstorbenen Erblassers (vgl. § 2252) fortgedauert hat. Vgl. § 2358.

3. Eidesstattliche Versicherung.

a. Der Inhalt der eidesstattlichen Versicherung würde, unbeschadet einer im

2. Gemeinschaftlicher Erbschein mehrerer Erben.

**§ 2357.** Sind mehrere Erben vorhanden, so ist auf Antrag ein gemeinschaftlicher Erbschein zu ertheilen. Der Antrag kann von jedem der Erben gestellt werden.

In dem Antrage sind die Erben und ihre Erbtheile anzugeben. Wird der Antrag nicht von allen Erben gestellt, so hat er die Angabe zu enthalten, daß die übrigen Erben die Erbschaft angenommen haben. Die Vorschriften des § 2356 gelten auch für die sich auf die übrigen Erben beziehenden Angaben des Antragstellers.

Die Versicherung an Eidesstatt ist von allen Erben abzugeben, sofern nicht das Nachlaßgericht die Versicherung eines oder einiger von ihnen für ausreichend erachtet.

---

einzelnen Falle zur Ueberzeugung des Gerichts (§ 2359) erforderlichen konkreteren Fassung, etwa dahin gehen, daß dem Antragsteller nichts bekannt ist, was der Richtigkeit seiner Angaben entgegensteht

α. über das gegenwärtige oder frühere Vorhandensein sowie über den Wegfall von Personen, durch welche er von der Erbfolge ausgeschlossen oder sein Erbtheil gemindert werden würde § 2354 Ziffer 3.

β. über das Vorhandensein von Verfügungen des Erblassers von Todeswegen §§ 2354 Ziffer 4, 2355.

γ. über die Anhängigkeit eines Rechtsstreits über das Erbrecht §§ 2354 Ziffer 5, 2355.

b. Die Form ist die notarielle oder gerichtliche Beurkundung. Beglaubigung der Unterschrift genügt nicht.

c. Der Antragsteller hat die Versicherung abzugeben; der gesetzliche Vertreter vertritt auch hierbei den von ihm Vertretenen. Die Unzulässigkeit rechtsgeschäftlicher Vertretung ergiebt sich daraus, daß die eidesstattliche Versicherung kein Rechtsgeschäft ist, mithin jedenfalls die §§ 164 ff. unmittelbar nicht anwendbar sind, nach allgemeinen Grundsätzen aber eine rechtsgeschäftliche Vertretung im Gewissen nicht anerkannt ist.

d. Strafrechtlicher Schutz der eidesstattlichen Versicherung StGB. § 156.

4. Entbehrlichkeit des Beweises.

a. Offenkundigkeit (CPO. § 291) beseitigt nach Abs. 3 die Beweispflicht.

b. Einen geeigneten Fall für den Erlaß der eidesstattlichen Versicherung nehmen die Mot. an, wenn der Erblasser im testirunfähigen Alter gestorben ist (§ 2229) und seine Eltern noch leben; indeß ist der Fall nicht ausgeschlossen, daß Mädchen unter 16 Jahren bereits uneheliche Nachkommenschaft haben. Erlaß kann auch angezeigt sein, wenn die eidesstattliche Versicherung bereits von einem oder mehreren Miterben abgegeben ist.

**§ 2357.** 1. Ein Miterbe kann die Ertheilung eines gemeinschaftlichen Erbscheins oder aber eines Erbscheins über sein Erbrecht und die Größe seines Erbtheils gemäß § 2353 beantragen. Das letztere wird der Miterbe wählen, wenn er nicht nachweisen kann, daß die Miterben die Erbschaft angenommen haben § 1943. Die Annahme der Erbschaft durch den Antragsteller bedarf keines Nachweises, da sie, wenn nicht schon vorher erfolgt, stillschweigend jedenfalls durch die Stellung des Antrags auf Ertheilung des Erbscheins erklärt wird.

2. Die Miterben des Antragstellers sind an sich zur Abgabe der eidesstattlichen Versicherung nicht verpflichtet (vgl. indeß § 2038). Wird die eidesstattliche Versicherung eines weiteren Miterben vom Nachlaßgerichte für erforderlich erachtet, von dem Miterben aber verweigert, so braucht das Nachlaßgericht, wenn sein Bedenken nicht etwa durch Benennung von Zeugen ꝛc. behoben wird, den Erbschein nicht zu ertheilen (vgl. §§ 2358, 2359).

3. Thätigkeit des Nachlaßgerichts.
a. Ermittelung des Thatbestandes von Amtswegen.

**§ 2358.** Das Nachlaßgericht hat unter Benutzung der von dem Antragsteller angegebenen Beweismittel von Amtswegen die zur Feststellung der Thatsachen erforderlichen Ermittelungen zu veranstalten und die geeignet erscheinenden Beweise aufzunehmen.

Das Nachlaßgericht kann eine öffentliche Aufforderung zur Anmeldung der anderen Personen zustehenden Erbrechte erlassen; die Art der Bekanntmachung und die Dauer der Anmeldungsfrist bestimmen sich nach den für das Aufgebotsverfahren geltenden Vorschriften.

b. Prüfungspflicht.

**§ 2359.** Der Erbschein ist nur zu ertheilen, wenn das Nachlaßgericht die zur Begründung des Antrags erforderlichen Thatsachen für festgestellt erachtet.

c. Anhörung von Interessenten.

**§ 2360.** Ist ein Rechtsstreit über das Erbrecht anhängig, so soll vor der Ertheilung des Erbscheins der Gegner des Antragstellers gehört werden.

Ist die Verfügung, auf der das Erbrecht beruht, nicht in einer dem Nachlaßgerichte vorliegenden öffentlichen Urkunde enthalten, so soll vor der Ertheilung des Erbscheins derjenige über die Gültigkeit der Verfügung gehört werden, welcher im Falle der Unwirksamkeit der Verfügung Erbe sein würde.

Die Anhörung ist nicht erforderlich, wenn sie unthunlich ist.

4. Unrichtigkeit des Erbscheins.
a. Einziehung u. Kraftloserklärung durch das Nachlaßgericht.

**§ 2361.** Ergiebt sich, daß der ertheilte Erbschein unrichtig ist, so hat ihn das Nachlaßgericht einzuziehen. Mit der Einziehung wird der Erbschein kraftlos.

Kann der Erbschein nicht sofort erlangt werden, so hat ihn das Nachlaßgericht durch Beschluß für kraftlos zu erklären. Der Beschluß ist nach den für die öffentliche Zustellung einer Ladung geltenden Vorschriften der Civilprozeßordnung bekannt zu machen. Mit dem

---

**§ 2358.** 1. Offizialmaxime vgl. FrG. § 12.

2. Die öffentliche Aufforderung vgl. CPO. §§ 948, 949. Die Anmeldungsfrist beträgt mindestens 6 Wochen, § 950. Vgl. übrigens § 1965.

**§ 2359.** Bei fahrlässiger Ertheilung eines falschen Erbscheins haftet der Nachlaßrichter dem wahren Erben gemäß § 839. Vgl. indeß daselbst Note II (error in judicando).

**§ 2360.** 1. Die Anhängigkeit des Rechtsstreits wird regelmäßig dem Nachlaßgerichte durch die Angaben des Antragstellers bekannt, vgl. § 2354 Abs. 1 Ziffer 5, § 2356 Abs. 2. Uebrigens wird die eine der Prozeßparteien regelmäßig ein Interesse daran haben, dem Nachlaßgericht Anzeige von dem Rechtsstreite zu machen. Die Ertheilung des Erbscheins ist zwar trotz der Anhängigkeit eines Rechtsstreits zugelassen, um den Erben gegen die Chikane des Klägers zu schützen, indeß wird eine besonders vorsichtige Prüfung durch das Nachlaßgericht angezeigt sein.

2. Als nicht in öffentlichen Urkunden enthaltene Verfügungen kommen in Betracht: die holographischen Testamente des § 2231 Ziffer 2, die Nothtestamente vor drei Zeugen §§ 2150, 2151, die Militärtestamente des § 44 des RMilGes. (vgl. EG. Art. 44). Ferner kann der Fall vorkommen, daß ein öffentlich errichtetes Testament durch Brand 2c. zerstört und seine Existenz in anderer Weise dargethan ist. In allen derartigen Fällen empfiehlt sich, wenn die nächsten Interessenten nicht gehört werden (Abs. 3), die Veranlassung einer öffentlichen Aufforderung gemäß § 2358 Abs. 2.

Ablauf eines Monats nach der letzten Einrückung des Beschlusses in die öffentlichen Blätter wird die Kraftloserklärung wirksam.

Das Nachlaßgericht kann von Amtswegen über die Richtigkeit eines ertheilten Erbscheins Ermittelungen veranstalten.

b. Ansprüche d. wirklichen Erben. α. auf Herausgabe des Erbscheins β. auf Auskunftsertheilung.

**§ 2362.** Der wirkliche Erbe kann von dem Besitzer eines unrichtigen Erbscheins die Herausgabe an das Nachlaßgericht verlangen.

Derjenige, welchem ein unrichtiger Erbschein ertheilt worden ist, hat dem wirklichen Erben über den Bestand der Erbschaft und über den Verbleib der Erbschaftsgegenstände Auskunft zu ertheilen.

5. Erbschein des Vorerben.

**§ 2363.** In dem Erbscheine, der einem Vorerben ertheilt wird, ist anzugeben, daß eine Nacherbfolge angeordnet ist, unter welchen Voraussetzungen sie eintritt und wer der Nacherbe ist. Hat der

---

**§ 2361.** 1. Die Unrichtigkeit des Erbscheins liegt nicht nur vor, wenn das bezeugte Erbrecht überhaupt nicht oder nicht in dem bezeugten Umfange vorhanden ist, sondern auch dann, wenn eine angeordnete Nacherbfolge oder Testamentsvollstreckung nicht angegeben ist, vgl. §§ 2363 f.

2. Die Einziehung des Erbscheins erfolgt auf Grund eines Beschlusses im Wege des landesgesetzlich für die freiwillige Gerichtsbarkeit geregelten Vollstreckungsverfahrens, Pr. AG. z. FrG. Artt. 15—17. Bei Ertheilung mehrerer Ausfertigungen (vgl. FrG. § 85 S. 1313) wird die Kraftlosigkeit nur in Ansehung der eingezogenen Exemplare eintreten bzw. die Einziehung erst als vollendet anzusehen sein, wenn sie bezüglich aller Exemplare durchgeführt ist.

3. Die Kraftloserklärung ist in Anlehnung an die Vorschrift des § 176 Abs. 1 (Kraftloserklärung einer Vollmacht) geregelt. Vgl. CPO. § 204. Ein Versuch der Einziehung braucht der Kraftloserklärung nicht vorauszugehen und wird bei voraussichtlicher Erfolglosigkeit unterbleiben.

**FG.** § 84. *Gegen einen Beschluss, durch den ein Erbschein für kraftlos erklärt wird, findet die Beschwerde nicht statt. Das Gleiche gilt von einem Beschlusse, durch den eines der in den §§ 1507, 2368 des Bürgerlichen Gesetzbuchs und den §§ 37, 38 der Grundbuchordnung vorgesehenen gerichtlichen Zeugnisse für kraftlos erklärt wird.*

4. Vorsichtsmaßregeln für den Verkehr.

a. Da der Erbschein mit Einziehung der Ausfertigung kraftlos wird (vgl. zu 2), kann eine bloße (einfache oder beglaubigte) Abschrift für die Legitimation des Erben nicht als genügend anerkannt werden.

b. Mit Rücksicht auf die Möglichkeit einer Kraftloserklärung wird bei wichtigeren Geschäften und in Fällen, welche besondere Vorsicht angezeigt erscheinen lassen, eine nicht über einen Monat alte Feststellung aus den Gerichtsakten erfordert werden müssen, daß ein die Kraftloserklärung aussprechender Beschluß nicht veröffentlicht ist (FrG. §§ 34, 78, 85).

**§ 2362.** 1. Der Herausgabeanspruch steht dem wahren Erben (dem Nacherben § 2363 Abs. 2, dem Testamentsvollstrecker § 2364 Abs. 2, dem zu Unrecht für todt Angenommenen § 2370 Abs. 2) gegen den jeweiligen Besitzer als solchen, nicht nur gegen denjenigen, zu dem der Erbschein ertheilt ist (vgl. Abs. 2).

Beantragung einer einstweiligen Verfügung gemäß CPO. §§ 935 ff. wird regelmäßig angezeigt sein.

2. Die Auskunftspflicht des § 2362 Abs. 2, welche derjenigen des Erbschaftsbesitzers (vgl. § 2027 und Bemerkungen daselbst) entspricht, ist mit Rücksicht darauf festgesetzt, daß der durch Erbschein als Erbe Legitimirte auch, ohne Erbschaftsbesitzer zu sein, die Möglichkeit der Verfügung über Erbschaftsgegenstände hat (§§ 2366, 2367). Die Auskunftspflicht umfaßt gemäß § 260 die Offenbarungspflicht.

Erblasser den Nacherben auf dasjenige eingesetzt, was von der Erbschaft bei dem Eintritte der Nacherbfolge übrig sein wird, oder hat er bestimmt, daß der Vorerbe zur freien Verfügung über die Erbschaft berechtigt sein soll, so ist auch dies anzugeben.

Dem Nacherben steht das im § 2362 Abs. 1 bestimmte Recht zu.

**§ 2364.** Hat der Erblasser einen Testamentsvollstrecker ernannt, so ist die Ernennung in dem Erbschein anzugeben. 6. Erbschein bei Vorhandensein eines Testamentsvollstreckers.

Dem Testamentsvollstrecker steht das im § 2362 Abs. 1 bestimmte Recht zu.

**§ 2365.** Es wird vermuthet, daß demjenigen, welcher in dem Erbschein als Erbe bezeichnet ist, das in dem Erbschein angegebene Erbrecht zustehe und daß er nicht durch andere als die angegebenen Anordnungen beschränkt sei. 7. Wirkungen des Erbscheins. a. Vermuthung der Richtigkeit.

---

**§ 2363.** 1. Nacherbschaft §§ 2100 ff. — Der Erbschein wird dem Vorerben, nicht dem Nacherben ertheilt. Die Aufnahme der die Nacherbschaft betreffenden Angaben dient einerseits zum Schutze des Nacherben gegen unberechtigte Verfügungen des Vorerben (§§ 2112 ff., 2365 bis 2367), andererseits zur Legitimation des Nacherben als solchen.

2. Nacherbschaft auf den Ueberrest § 2137 Abs. 1; Vorerbe mit freier Verfügung § 2137 Abs. 2.

3. (Abs. 2.) Der Anspruch des Nacherben auf Herausgabe des Erbscheins an das Nachlaßgericht ist sowohl im Falle des Eintritts der Nacherbfolge begründet als auch, wenn ein falscher Vorerbe benannt oder die Nacherbschaft übergangen oder in den in § 2363 erwähnten Beziehungen falsch bezeichnet ist.

4. Einziehung und Kraftloserklärung des Erbscheins durch das Nachlaßgericht von Amtswegen § 2361.

5. Die Auskunftspflicht (vgl. § 2362 Abs. 2) liegt dem Vorerben gemäß § 2127 ob.

**2364.** 1. Die in § 2364 vorgeschriebene Erwähnung des Testamentsvollstreckers in dem Erbscheine des Erben bezweckt, die durch Testamentsvollstreckung regelmäßig (vgl. §§ 2203—2209) begründete Verfügungsbeschränkung des Erben kundbar zu machen (vgl. §§ 2365—2367). — Wegen des hiervon verschiedenen, dem Testamentsvollstrecker zu seiner Legitimation zu ertheilenden Zeugnisses, vgl. § 2368.

2. Nähere Angaben über die, — möglicherweise dem Wechsel unterworfene, vgl. § 2197 Abs. 2, 2199 Abs. 2 — Person des Testamentsvollstreckers, sowie über den Inhalt der Testamentsvollstreckung im einzelnen Falle sind in den dem Erben zu ertheilenden Erbschein nicht aufzunehmen. Die Angabe, daß ein Testamentsvollstrecker vorhanden ist, bietet einen Hinweis darauf, daß das Nähere aus der letztwilligen Verfügung des Erblassers bzw. aus dem dem Testamentsvollstrecker gemäß § 2368 ertheilten Zeugnisse festzustellen ist.

3. Der Anspruch des Testamentsvollstreckers wegen Herausgabe des Erbscheins an das Nachlaßgericht (§ 2362 Abs. 1) ist nicht nur bei falscher Bezeichnung des Erben, sondern namentlich auch bei Nichtberücksichtigung der Testamentsvollstreckung in dem Erbscheine gegeben.

4. Einziehung und Kraftloserklärung des Erbscheins durch das Nachlaßgericht von Amtswegen § 2361.

**§ 2365.** 1. Der Erbschein begründet, wie die Eintragung im Grundbuche § 891, die frei widerlegbare (CPO. § 292) Vermuthung dafür,

a. daß dem im Erbschein als Erben Bezeichneten das angegebene Erbrecht (vgl. §§ 2353, 2357) zusteht,

b. daß der bezeichnete Erbe nicht durch andere als die angegebenen Anordnungen (§§ 2363, 2364) beschränkt ist.

b. Oeffentlich. Glaube. a. Gutgläubiger Erwerb.

**§ 2366.** Erwirbt Jemand von demjenigen, welcher in einem Erbschein als Erbe bezeichnet ist, durch Rechtsgeschäft einen Erbschaftsgegenstand, ein Recht an einem solchen Gegenstand oder die Befreiung von einem zur Erbschaft gehörenden Rechte, so gilt zu seinen Gunsten der Inhalt des Erbscheins, soweit die Vermuthung des § 2365 reicht, als richtig, es sei denn, daß er die Unrichtigkeit kennt oder weiß, daß das Nachlaßgericht die Rückgabe des Erbscheins wegen Unrichtigkeit verlangt hat.

---

2. Die Vermuthung ist begründet für und gegen Jedermann, insbesondere kann sich der bezeichnete Erbe auch einem Dritten gegenüber, der selbst Erbe zu sein behauptet, auf diese Vermuthung berufen. Wer sich auf den Inhalt des Erbscheins beruft, ist in der Vertheidigungslage; ihm muß die Unrichtigkeit des Erbscheins nachgewiesen werden. Der Nachweis dieser Unrichtigkeit steht auch dem bezeichneten Erben frei, gegen den etwa auf Grund des Erbscheins vorgegangen wird (vgl. § 2353 Note 5).

3. Die Regel, daß die durch den Erbschein begründete Vermuthung frei widerlegbar ist, erleidet eine Einschränkung durch den dem Erbschein in §§ 2366, 2367 beigelegten öffentlichen Glauben.

4. Ueber die Bedeutung des Erbscheins beim Grundbuche, Schiffsregister, Reichsschuldbuche vgl. Titelvorb. Note 5 u. 6. Im Uebrigen ist bei denjenigen reichs- oder landesgesetzlichen Sondergesetzen zu vergleichen, welche andere öffentliche Bücher 2c. regeln.

5. Der Erbschein ist nicht ausschließliches Mittel zum Nachweise der Erbfolge, vgl. indeß GO. § 36 (S. 1313). Außerdem vgl. für Leistungen des Nachlaßschuldners an den Erben § 2367 Note I. 1 b a.

**§ 2366.** I. **Der öffentliche Glaube des Erbscheins.** Die Regelung, welche der öffentliche Glaube des Erbscheins in den §§ 2366, 2367 gefunden hat, entspricht der für das Grundbuch in den §§ 892, 893 gegebenen.

1. Geschützt ist lediglich der rechtsgeschäftliche (entgeltliche oder unentgeltliche vgl. zu II) Erwerb. Vgl. Bd. I S. 45 Nr. 5c. Nicht geschützt ist also der Erwerb im Wege der Zwangsvollstreckung in das Vermögen. Wegen des Schutzes des Erwerbes, welcher sich nach CPO. §§ 894, 897 durch Verurtheilung zur Abgabe einer Willenserklärung vollzieht, vgl. CPO. § 898 (Bd. I S. 437).

2. Der Schutz erstreckt sich lediglich auf Verfügungen (Bd. I S. 45 Note 5 vgl. auch § 2367) des im Erbschein als Erben Bezeichneten über Nachlaßgegenstände.

a. Der Schutz erstreckt sich nicht auf obligatorische Rechtsgeschäfte. Die Verpflichtungen, die der im Erbschein als Erbe Bezeichnete eingeht, geht er nicht als Vertreter des wirklichen Erben ein. Er allein ist dem Gegenkontrahenten daraus verantwortlich. Etwaige Ersatzansprüche gegen den wirklichen Erben richten sich nach dem zwischen ihnen bestehenden Rechtsverhältnisse, etwa Geschäftsführung ohne Auftrag; vgl. § 1959 Note II.

b. Zu den Nachlaßgegenständen gehört nicht die Erbschaft oder der Erbtheil als Ganzes. Der Erbschaftserwerber ist somit nicht auf Grund des § 2366 geschützt. Vgl. Vorb. zum 9. Abschnitte Note 4 (S. 1324).

3. Nur der gutgläubige Erwerber ist geschützt. Dem Inhalte des Erbscheins gegenüber wird der Schutz des Erwerbers (auch bei beweglichen Sachen, vgl. § 932 Abs. 2) lediglich ausgeschlossen durch die Kenntniß, nicht schon durch Kennenmüssen

a. von der Unrichtigkeit des Erbscheins vgl. hierzu § 892 Note III;

b. von dem Verlangen des Nachlaßgerichts, daß der Erbschein zurückgegeben werde vgl. § 2361 und zu 4.

Die Beweislast trifft in beiden Beziehungen den wahren Erben.

**§ 2367.** Die Vorschriften des § 2366 finden entsprechende Anwendung, wenn an denjenigen, welcher in einem Erbschein als Erbe bezeichnet ist, auf Grund eines zur Erbschaft gehörenden Rechtes eine Leistung bewirkt oder wenn zwischen ihm und einem Anderen in Ansehung eines solchen Rechtes ein nicht unter die Vorschrift des § 2366 fallendes Rechtsgeschäft vorgenommen wird, das eine Verfügung über das Recht enthält.

β. Gutgläubige Leistung und Vornahme sonstiger Rechtsgeschäfte.

**§ 2368.** Einem Testamentsvollstrecker hat das Nachlaßgericht auf Antrag ein Zeugniß über die Ernennung zu ertheilen. Ist der Testamentsvollstrecker in der Verwaltung des Nachlasses beschränkt

II. Zeugniß d. Testamentsvollstreckers.

4. Voraussetzung des Schutzes ist der wirksame Bestand (vgl. § 2361) des Erbscheins in dem Zeitpunkt, in welchem der Erwerb des Rechtes oder die Befreiung von der Verbindlichkeit vollendet sein würde, wenn dem als Erben Bezeichneten das angegebene Erbrecht wirklich zustehen würde; vgl. auch CPO. § 897 (S. 437). — Ob der Dritte sich den Erbschein hat vorlegen lassen oder überhaupt auch nur von seiner Existenz Kenntniß hatte, ist gleichgültig.

5. Der Schutz besteht in der Fiktion, daß der Inhalt des Erbscheins, soweit die Vermuthung des § 2365 reicht, richtig ist, d. h. der Dritte darf annehmen, daß dem im Erbschein als Erben Bezeichneten das Erbrecht in dem angegebenen Umfange (§§ 2353, 2357) zusteht und daß er keiner anderen Beschränkung (§§ 2363, 2364) unterworfen ist, als den im Erbschein angegebenen.

II. Die Ausgleichungsansprüche.

1. Die Vorschrift des § 2366 gehört zu den Vorschriften, zu Gunsten derjenigen, welche Rechte von einem Nichtberechtigten ableiten, vgl. § 816 Note I.

2. Dem wahren Erben steht gegen den im Erbschein als Erben Bezeichneten außer den sonst etwa begründeten Ersatzansprüchen (§§ 823 ff., 677 ff., 687) der Bereicherungsanspruch aus § 816, bzw. der Erbschaftsanspruch (§§ 2018 ff.) zu; auch hat er einen Bereicherungsanspruch aus § 816 gegen den Dritten, welcher unentgeltlich erworben hat.

**§ 2367.** I. Die geschützten Rechtsgeschäfte.

1. Die Fälle des § 2366 (vgl. § 892).

a. Der rechtsgeschäftliche Erwerb eines Nachlaßgegenstandes, d. h. einer körperlichen Sache (§ 90) oder eines Rechtes oder eines Rechtes an einem solchen Gegenstande vgl. § 816 Note I. 2 (§§ 398, 873, 925, 929 u. s. w.).

b. Der Erwerb einer Befreiung von einem zum Nachlasse gehörenden Rechte und zwar entweder von einem Forderungsrecht oder von einem Rechte an einer Sache vgl. §§ 362 ff. bis 397, 875 u. s. w.

α. Wer an einen Erben, welcher nicht durch Erbschein legitimirt ist, leistet, thut dies, für den Fall der Nichtigkeit oder Anfechtbarkeit des Testaments auf eigene Gefahr, auch wenn er sich im guten Glauben an die Richtigkeit des Testaments befindet.

β. Dem Kläger, der als Erbe klagt und dem Beklagten auf sein Verlangen die Erbfolge nicht durch Erbschein nachgewiesen hat, sind die durch die Unterlassung des Nachweises entstandenen Kosten aufzuerlegen, CPO. § 94.

2. Die Fälle des § 2367 (vgl. § 893).

a. Die Bewirkung einer Leistung auf Grund eines zur Erbschaft gehörenden Rechtes, ohne daß eine Befreiung von dem Rechte eintritt, vgl. § 893 Note 3.

b. Verfügungen über ein Recht, welche nicht unter Note 1a u. b fallen, sind z. B. Kündigung, Vorrangseinräumung 2c.

II. Nicht geschützt ist die Prozeßführung eines Dritten mit dem in dem Erbschein als Erben Bezeichneten. Vgl. § 893 Note 2c. Wegen der auf Grund des rechtskräftigen Urtheils eingetretenen Verfügungen über Nachlaßgegenstände gemäß CPO. §§ 894, 897, vgl. § 2366 Note I. 1.

oder hat der Erblasser angeordnet, daß der Testamentsvollstrecker in der Eingehung von Verbindlichkeiten für den Nachlaß nicht beschränkt sein soll, so ist dies in dem Zeugniß anzugeben.

Ist die Ernennung nicht in einer dem Nachlaßgerichte vorliegenden öffentlichen Urkunde enthalten, so soll vor der Ertheilung des Zeugnisses der Erbe wenn thunlich über die Gültigkeit der Ernennung gehört werden.

Die Vorschriften über den Erbschein finden auf das Zeugniß entsprechende Anwendung; mit der Beendigung des Amtes des Testamentsvollstreckers wird das Zeugniß kraftlos.

III. Beschränkter (Inlands-) Erbschein.

**§ 2369.** Gehören zu einer Erbschaft, für die es an einem zur Ertheilung des Erbscheins zuständigen deutschen Nachlaßgerichte fehlt, Gegenstände, die sich im Inlande befinden, so kann die Ertheilung eines Erbscheins für diese Gegenstände verlangt werden.

Ein Gegenstand, für den von einer deutschen Behörde ein zur Eintragung des Berechtigten bestimmtes Buch oder Register geführt

---

**§ 2368.** 1. Während die in § 2364 vorgeschriebene Erwähnung des Testamentsvollstreckers im Erbscheine des Erben der aus dem Vorhandensein des Testamentsvollstreckers sich ergebenden Verfügungsbeschränkung des Erben gegenüber dem öffentlichen Glauben des Erbscheins Rechnung trägt, dient das dem Testamentsvollstrecker selbst gemäß § 2368 zu ertheilende Zeugniß seiner Legitimation Dritten gegenüber.

2. Zur entsprechenden Anwendbarkeit eignen sich von den Vorschriften über den Erbschein die folgenden:—
a. §§ 2355 f. über den Antrag auf Ertheilung des Zeugnisses.
b. § 2357 Gemeinschaftliches Zeugniß mehrerer Testamentsvollstrecker.
c. Von den §§ 2358—2361 erleiden Abänderungen:
α. § 2360 Abs. 2 durch § 2368 Abs. 2;
β. § 2361 durch § 2368 Abs. 3 zweiter Halbsatz. Die Fälle der Beendigung des Amtes des Testamentsvollstreckers vgl. zu §§ 2225 bis 2227.
d. Der Anspruch des § 2362 auf Herausgabe eines in Ansehung der Testamentsvollstreckung falschen Erbscheins oder eines falschen Testamentsvollstreckerzeugnisses sowie auf Auskunftsertheilung kann sowohl dem Erben als auch dem wahren Testamentsvollstrecker gemäß §§ 2362, 2368 Abs. 3 Halbsatz 1 zustehen.

2. Die Uebertragung der Wirkungen des Erbscheins (§§ 2365 bis 2367) auf das Zeugniß des Testamentsvollstreckers ergiebt:
a. die Vermuthung, daß der in dem Zeugniß als Testamentsvollstrecker Bezeichnete Testamentsvollstrecker ist und nicht durch andere als die angegebenen Anordnungen beschränkt ist (vgl. zu 3);
b. ferner, daß dem Zeugnisse in Ansehung der in §§ 2366, 2367 bezeichneten Rechtsgeschäfte und im Umfange der Vermuthung zu a öffentlicher Glaube zu Gunsten des Dritten zukommt, welchem nicht die Kenntniß der Unrichtigkeit oder des auf Rückgabe des Zeugnisses gerichteten Verlangens des Nachlaßgerichts nachgewiesen wird. § 2366.

3. Abs. 1 geht bei der Bestimmung des dem Zeugnisse zu gebenden Inhaltes davon aus, daß dem Testamentsvollstrecker regelmäßig die in §§ 2203, 2206 eingeräumten Befugnisse zustehen, so daß, wenn seine Befugnisse weder nach § 2208 eingeengt noch nach §§ 2207, 2209 erweitert sind, im Zeugnisse über die Machtbefugnisse des Testamentsvollstreckers nichts gesagt zu werden braucht.

4. Ueber den Nachweis der Legitimation des Testamentsvollstreckers vor dem Grundbuchamte, vgl. GO. § 36 (S. 1313).

wird, gilt als im Inlande befindlich. Ein Anspruch gilt als im Inlande befindlich, wenn für die Klage ein deutsches Gericht zuständig ist.

**§ 2370.** Hat eine für todt erklärte Person den Zeitpunkt überlebt, der als Zeitpunkt ihres Todes gilt, oder ist sie vor diesem Zeitpunkte gestorben, so gilt derjenige, welcher auf Grund der Todeserklärung Erbe sein würde, in Ansehung der in den §§ 2366, 2367 bezeichneten Rechtsgeschäfte zu Gunsten des Dritten auch ohne Ertheilung eines Erbscheins als Erbe, es sei denn, daß der Dritte die Unrichtigkeit der Todeserklärung kennt oder weiß, daß die Todeserklärung in Folge einer Anfechtungsklage aufgehoben worden ist.

IV. Unrichtige Annahme des Todes einer Person. 1. Schutz gutgläubiger Dritter bei fälschlicher Todeserklärung.

Ist ein Erbschein ertheilt worden, so stehen dem für todt Erklärten, wenn er noch lebt, die im § 2362 bestimmten Rechte zu. Die gleichen Rechte hat eine Person, deren Tod ohne Todeserklärung mit Unrecht angenommen worden ist.

2. Anspruch des vermeintlichen Erblassers auf Herausgabe des Erbscheins und auf Auskunftsertheilung.

---

**§ 2369.** 1. Nach der Zuständigkeitsvorschrift FrG. § 73 Abs. 1 und 2 (S. 1100) ist ein deutsches Nachlaßgericht für die Erbschaft eines Deutschen stets und für die Erbschaft eines Ausländers nur dann nicht vorhanden, wenn er zur Zeit des Erbfalls weder Wohnsitz noch Aufenthalt im Inlande hatte. Für den Fall und die Zwecke des § 2369 geben FrG. §§ 73, 4 (S. 1101) die erforderlichen Zuständigkeitsvorschriften.

2. Das für den Erbfall anwendbare materielle Erbrecht ergiebt sich aus EG. Artt. 25, 28.

3. Der Erbschein hat diejenigen Gegenstände aufzuführen, für welche er gilt. Im Uebrigen finden die Vorschriften, welche für den gewöhnlichen Erbschein gelten, in Beschränkung auf die aufgeführten Gegenstände, auch auf den Erbschein des § 2369 Anwendung.

4. Als Gegenstände, die sich im Inlande befinden, kommen in Betracht:

a. Räumlich im Gebiete des Deutschen Reiches (vgl. EG. Art. 1 Note I. 1) befindliche körperliche Sachen.

b. Gegenstände (Sachen oder Rechte, vgl. § 90), für die von einer deutschen (reichs- oder bundesstaatlichen) Behörde ein zur Eintragung des Berechtigten bestimmtes Buch oder Register geführt wird, § 2369 Abs. 2 (Grundbuch, Schiffsregister, Reichs- oder Staatsschuldbuch), ferner die Urheberrechte, welche gemäß §§ 11, 43, 45, 52, 39 des Ges. vom 11. Juni 1870 btr. das Urheberrecht in der Eintragsrolle verzeichnet sind. Vgl. ferner § 9 des Ges. vom 9. Januar 1876 ꝛc.; ferner Patente, Musterschutz; Firmenrecht.

c. Ansprüche, wenn für die Klage aus denselben ein deutsches Gericht zuständig ist (§ 2369 Abs. 2), vgl. CPO. § 23.

Zu den deutschen Gerichten und Behörden gehören auch die deutschen Konsulargerichte und die deutschen Gerichte in den Schutzgebieten.

**§ 2370.** 1. (Abs. 1.) Schutz Dritter im Falle der Todeserklärung.

a. Vgl. Todeserklärung §§ 13 ff.; Gesammt-(Erbschafts-)Anspruch des zu Unrecht für todt Erklärten gegen den vermeintlichen Erben § 2031.

b. Durch Abs. 1 wird der Dritte geschützt, der sich mit demjenigen eingelassen hat, welcher Erbe des für todt Erklärten wäre, wenn der nach § 18 Abs. 2 angenommene Todeszeitpunkt zuträfe. Ohne die Vorschrift des Abs. 1 würde er der Klage des wirklichen Erben ausgesetzt und auf Ersatz- oder Gewährleistungsansprüche gegen den vermeintlichen Erben angewiesen sein. Ein Schutz des Dritten findet, abgesehen von den allgemeinen Vorschriften über den gutgläubigen Erwerb, außerhalb der Fälle der Todeserklärung und der Ertheilung eines Erbscheins nicht statt.

## Neunter Abschnitt.
## Erbschaftskauf.

I. Verkauf der Erbschaft durch den Erben.
1. Form.

**§ 2371.** Ein Vertrag, durch den der Erbe die ihm angefallene Erbschaft verkauft, bedarf der gerichtlichen oder notariellen Beurkundung.

---

2. (Abs. 2.) Schutz des irrthümlich für todt Angenommenen.
Abs. 2 giebt den Anspruch auf Herausgabe des falschen Erbscheins an das Nachlaßgericht (§ 2362) dem noch lebenden vermeintlichen Erblasser, gleichgültig ob sein Tod auf Grund einer Todeserklärung oder ohne solche zu Unrecht angenommen ist, vgl. § 2031 Note 2.

Vorbemerkung zum IX. Abschnitt.

1. Erbschaftskauf ist der obligatorische Veräußerungsvertrag. Die dingliche Uebertragung der Nachlaßgegenstände muß, sofern nicht der Abtretungsvertrag genügt (vgl. zu §§ 398, 413) und in dem obligatorischen Vertrag enthalten ist, nach Maßgabe der für die einzelnen Gegenstände bestehenden Uebertragungsarten besonders bewirkt werden. Für die Uebertragung des Erbtheils vgl indeß zu 2.

2. Nach § 1922 Abs. 2 finden die sich auf die Erbschaft beziehenden Vorschriften auch auf den Erbtheil Anwendung. Für den Erbtheil eines Miterben kommt aber als Besonderheit die in § 2033 zugelassene Möglichkeit dinglicher Verfügung über den Erbtheil als solchen in Betracht. Wegen des den Miterben zustehenden gesetzlichen Vorkaufsrechts vgl. §§ 2034 ff.

3. Haftung des Erbschaftskäufers, welcher vom Erbschaftsbesitzer erworben, gegenüber dem wahren Erben § 2030.

4. Erbschaft und Erbtheil als Inbegriff gehören nicht zu den Nachlaßgegenständen. Der gutgläubige Erbschaftskäufer wird deshalb nicht in Ansehung dieser Gesammtheit, sondern nur insoweit geschützt, als die Voraussetzungen des Schutzes in Ansehung der einzelnen Gegenstände vorliegen, vgl. § 2366 Note I. 2 b.

5. Nichtigkeit des vor dem Tode des Erblassers über seine Erbschaft von Dritten geschlossenen Vertrags § 312.

**§ 2371.** 1. Gegenstand des Erbschaftskaufs als des obligatorischen auf Uebertragung einer Erbschaft gerichteten Vertrags ist eine dem Verkäufer bereits angefallene (§ 1942) Erbschaft.

a. Erbschaft (vgl. § 1922 Note B. II. 1) bedeutet nicht das Erbrecht, sondern den Inbegriff der einzelnen zur Erbschaft gehörigen Vermögensstücke. Der Erbschaftskäufer wird nicht Universalnachfolger des Erblassers, sondern Rechtsnachfolger des Erben in Ansehung der einzelnen Erbschaftsgegenstände.

b. Daß der Anfall der veräußerten Erbschaft (§ 1942) bereits stattgefunden hat, ist charakteristisch für den Erbschaftskauf. Deshalb ist kein Erbschaftskauf die (nach dem Tode des Erblassers gemäß § 312 zulässige) Veräußerung einer Erbschaft durch den Nacherben vor Eintritt der Nacherbfolge § 2139.

c. Mit Rücksicht auf den eigenthümlichen Kaufgegenstand sind für das Verhältniß der Parteien zu einander gewisse Besonderheiten gegenüber den allgemeinen Regeln über den Kauf in den §§ 2371 ff. vorgesehen.

d. Als Vertrag auf Uebertragung eines Vermögensinbegriffs wird die Haftung des Erwerbers für die auf dem Vermögen wirthschaftlich ruhenden Schulden festgesetzt, vgl. §§ 2382 ff.

2. Wegen der Form vgl. §§ 118, 152.

3. Erbschaftsverkauf durch einen Vormund oder elterlichen Gewalthaber erfordert vormundschaftsgerichtliche Genehmigung §§ 1822 Ziffer 1, 1643 Abs. 1.

**§ 2372.** Die Vortheile, welche sich aus dem Wegfall eines Vermächtnisses oder einer Auflage oder aus der Ausgleichungspflicht eines Miterben ergeben, gebühren dem Käufer.

2. Gegenstand d. Kaufes.
a. Dem Käufer gebührende Vortheile.

**§ 2373.** Ein Erbtheil, der dem Verkäufer nach dem Abschlusse des Kaufes durch Nacherbfolge oder in Folge des Wegfalls eines Miterben anfällt, sowie ein dem Verkäufer zugewendetes Vorausvermächtniß ist im Zweifel nicht als mitverkauft anzusehen. Das Gleiche gilt von Familienpapieren und Familienbildern.

b. Im Zweifel nicht mitverkaufte Gegenstände.

**§ 2374.** Der Verkäufer ist verpflichtet, dem Käufer die zur Zeit des Verkaufs vorhandenen Erbschaftsgegenstände mit Einschluß dessen herauszugeben, was er vor dem Verkauf auf Grund eines zur Erbschaft gehörenden Rechtes oder als Ersatz für die Zerstörung, Beschädigung oder Entziehung eines Erbschaftsgegenstandes oder durch ein Rechtsgeschäft erlangt hat, das sich auf die Erbschaft bezog.

3. Verpflichtungen des Verkäufers.
a. Herausgabe d. Erbschaftsgegenstände u. ihrer Surrogate.

**§ 2375.** Hat der Verkäufer vor dem Verkauf einen Erbschaftsgegenstand verbraucht, unentgeltlich veräußert oder unentgeltlich belastet, so ist er verpflichtet, dem Käufer den Werth des verbrauchten oder veräußerten Gegenstandes, im Falle der Belastung die Werthminderung zu ersetzen. Die Ersatzpflicht tritt nicht ein, wenn der

b. Werthersatz.
α. Verbrauch u. unentgeltliche Verfügungen vor d. Verkauf.

---

**§ 2372.** Die Vorschrift ist dispositiv. Wegfall eines Vermächtnisses oder einer Auflage vgl. §§ 2160, 2162; 2196. — Vortheile, welche sich aus der Ausgleichungspflicht ergeben, vgl. § 2050.

**§ 2373.** Nach der Auslegungsregel des § 2373 sollen im Zweifel als mitverkauft nicht anzusehen sein

1. der nach dem Abschlusse des Kaufvertrags durch Nacherbfolge dem Verkäufer gewordene Anfall (vgl. § 2139);
2. der nach dem Abschlusse des Kaufvertrags dem Verkäufer gewordene Zuwachs, welcher durch den Wegfall eines Miterben verursacht wird; gleichgültig ist, ob der Zuwachs beruht auf:
   a. Erhöhung des gesetzlichen Erbtheils § 1935,
   b. Anwachsung § 2094,
   c. Ersatzberufung § 2096;
3. das Vorausvermächtniß § 2150;
4. Familienpapiere und Familienbilder. Diese Sachen sind nur als die wichtigsten Stücke, mit denen ein Pietätsinteresse verbunden ist, besonders benannt. Es können aus dem gleichen Gesichtspunkt im einzelnen Falle auch andere Sachen als nicht mitverkauft anzusehen sein (§ 157).

**§ 2374.** 1. Das maßgebende Prinzip ist, daß der Verkäufer dem Käufer das zu gewähren verpflichtet sein soll, was er haben würde, wenn der Käufer an Stelle des Verkäufers Erbe geworden wäre (vgl. E. I § 488). Der Verkäufer ist verpflichtet dem Käufer die einzelnen zur Erbschaft gehörigen Gegenstände nach den für dieselben geltenden Vorschriften (Uebergabe, Auflassung, Abtretung, Indossament) zu übertragen.

2. Wegen des Surrogationsprinzips vgl. die Note zu § 2019. Zu den Surrogaten gehören auch die Ansprüche des Erben gegen einen Testamentsvollstrecker, Nachlaßpfleger, Miterben oder sonstigen Dritten auf Herausgabe einer Nachlaßsache.

3. Die Verpflichtung zur Auskunftsertheilung, Leistung des Offenbarungseids und Herausgabe der Urkunden folgt aus §§ 259, 260, 402, 403, 444.

4. Die dingliche Uebertragung des Erbtheils ist zugelassen in § 2033, vgl. Bemerkungen daselbst und Abschnittvorbemerkung Note 2 u. 4.

Käufer den Verbrauch oder die unentgeltliche Verfügung bei dem Abschlusse des Kaufes kennt.

β. Anderweite Verringerung.

Im Uebrigen kann der Käufer wegen Verschlechterung, Unterganges oder einer aus einem anderen Grunde eingetretenen Unmöglichkeit der Herausgabe eines Erbschaftsgegenstandes nicht Ersatz verlangen.

c. Gewährleistung.
α. Mängel im Rechte.

**§ 2376.** Die Verpflichtung des Verkäufers zur Gewährleistung wegen eines Mangels im Rechte beschränkt sich auf die Haftung dafür, daß ihm das Erbrecht zusteht, daß es nicht durch das Recht eines Nacherben oder durch die Ernennung eines Testamentsvollstreckers beschränkt ist, daß nicht Vermächtnisse, Auflagen, Pflichttheilslasten, Ausgleichungspflichten oder Theilungsanordnungen bestehen und daß nicht unbeschränkte Haftung gegenüber den Nachlaßgläubigern oder einzelnen von ihnen eingetreten ist.

β. Mängel der Erbschaftssachen.

Fehler einer zur Erbschaft gehörenden Sache hat der Verkäufer nicht zu vertreten.

---

**§ 2375.** 1. Die dispositive Vorschrift des § 2375 ist Ausfluß des zu § 2374 Note 1 angegebenen Prinzips und bezieht sich nur auf die Zeit vor Abschluß des Kaufvertrags.

2. Nach dem Abschlusse des Kaufvertrags bestimmen sich die Verpflichtungen des Verkäufers nach den allgemeinen Vorschriften, vgl. Vorb. Bd. I S. 218.

**§ 2376. I. Charakter der Vorschrift.**

Die Pflichten des Erbschaftsverkäufers richten sich, wie diejenigen des Verkäufers überhaupt nach den allgemeinen Vorschriften der §§ 433 ff. Die dispositive Vorschrift des § 2376 ergänzt die allgemeinen Vorschriften, läßt dabei aber die Anwendbarkeit der allgemeinen Vorschriften (vgl. zu II. 3) unberührt.

**II. Die Haftung des Verkäufers.**

Die Gewährleistungspflicht des Verkäufers (vgl. §§ 434 ff.) ist durch § 2376 dispositiv (vgl. zu 3), aber erschöpfend geregelt.

1. In Ansehung des Erbrechts als solchen hat der Verkäufer dafür zu haften,
a. daß das Erbrecht ihm zusteht;
b. daß das Erbrecht nicht beschränkt oder beschwert ist durch:
α. eine Nacherbschaft (§§ 2100 ff. insbesondere vgl. auch § 2104);
β. die Ernennung eines Testamentsvollstreckers (§§ 2197 ff.);
c. daß das Erbrecht nicht belastet ist mit:
α. Vermächtnissen und Auflagen (§§ 2147 ff., 2192 ff.);
β. Pflichttheilslasten §§ 2303 ff., 2318 ff.;
γ. Ausgleichungspflichten (§§ 2050 ff.);
δ. Theilungsanordnungen (§ 2048);
d. daß die Haftung des Verkäufers für die Nachlaßverbindlichkeiten (§§ 2382, 2383, 2378) weder allgemein noch einzelnen Nachlaßgläubigern gegenüber eine unbeschränkte und unbeschränkbare geworden ist. Vgl. Vorb. Note IV (S. 1109).

2. In Ansehung der einzelnen zu der Erbschaft gehörenden Gegenstände ist der Erblasser durch die dispositive Vorschrift des § 2376 befreit von der Haftung für:
a. Rechtsmängel (§§ 434 ff. Entwehrung 2c.);
b. (physische) Mängel der Sache (§§ 459 ff.).

**§ 2377.** Die in Folge des Erbfalls durch Vereinigung von Recht und Verbindlichkeit oder von Recht und Belastung erloschenen Rechtsverhältnisse gelten im Verhältnisse zwischen dem Käufer und dem Verkäufer als nicht erloschen. Erforderlichen Falles ist ein solches Rechtsverhältniß wiederherzustellen. d. Vereinigung.

**§ 2378.** Der Käufer ist dem Verkäufer gegenüber verpflichtet, die Nachlaßverbindlichkeiten zu erfüllen, soweit nicht der Verkäufer nach § 2376 dafür haftet, daß sie nicht bestehen. 4. Verpflichtungen des Käufers gegen den Verkäufer.

Hat der Verkäufer vor dem Verkauf eine Nachlaßverbindlichkeit erfüllt, so kann er von dem Käufer Ersatz verlangen.

**§ 2379.** Dem Verkäufer verbleiben die auf die Zeit vor dem Verkaufe fallenden Nutzungen. Er trägt für diese Zeit die Lasten, mit Einschluß der Zinsen der Nachlaßverbindlichkeiten. Den Käufer 5. Nutzungen und Lasten für die Zeit vor dem Verkaufe.

---

3. Die dispositive Natur der Vorschrift und die Anwendbarkeit für allgemeine Vorschriften ergiebt die Zulässigkeit vertragsmäßiger Erweiterung und Beschränkung der Haftung. Insbesondere:
a. Keine Haftung des Verkäufers für Mängel im Rechte (vgl. zu 1), welche der Käufer bei Abschluß des Vertrags gekannt hat (§ 439).
b. Zulässigkeit der Begründung einer Gewährleistungspflicht für Rechts- und Sachmängel der einzelnen Nachlaßgegenstände. Ob der Verkauf auf Grund eines über die Erbschaft aufgenommenen Verzeichnisses die Uebernahme der Gewährleistung für Rechtsmängel in Ansehung der einzelnen Gegenstände bedeutet, ist Thatfrage.

4. Die Haftung des Verkäufers für Arglist in Ansehung rechtlicher oder physischer Mängel richtet sich nach den allgemeinen Vorschriften §§ 443, 476.

**§ 2377.** Anders als in § 1976 gilt das durch Vereinigung eingetretene Erlöschen von Rechtsverhältnissen nur im Verhältnisse des Käufers und des Verkäufers als nicht erfolgt. Diese Fiktion gilt unter diesen Parteien zwar rückwärts, berührt aber nicht die von Dritten erworbenen Rechte, z. B. Befreiung von Bürgen und Pfändern. Vgl zu § 1976 Note 1.

**§ 2378.** 1. Die Vorschrift des § 2378 betrifft lediglich das obligatorische Verhältniß zwischen dem Erbschaftskäufer und dem Erbschaftsverkäufer in Ansehung der Nachlaßverbindlichkeiten (§§ 1967 bis 1969). Das Verhältniß zu den Nachlaßgläubigern ist in §§ 2382 f. geregelt. Recht des Erbschaftsverkäufers zur Beantragung des Nachlaßkonkurses KO. § 232 (S. 1126).

2. Nach Abs. 1 kann der Verkäufer, soweit er nicht eine anderweite Vereinbarung oder Kenntniß des Käufers nachweist, von dem Käufer nicht verlangen die Erfüllung
a. von Nachlaßverbindlichkeiten, welche auf Vermächtnissen, Auflagen oder Pflichttheilslasten beruhen:
b. von Nachlaßverbindlichkeiten über das Maß hinaus, welches sich bei Beschränkung der Haftung auf den Nachlaß ergiebt.(?)

3. Die Verpflichtung des Käufers dem Verkäufer gegenüber geht dahin, die Nachlaßverbindlichkeiten zu erfüllen, d. h. den Gläubiger rechtzeitig zu befriedigen (vgl. § 415 Abs. 3) oder wenigstens dafür zu sorgen, daß der Verkäufer von dem Gläubiger nicht in Anspruch genommen wird. Die Verpflichtung, den Verkäufer aus der Schuldverbindlichkeit zu setzen, liegt dem Käufer nicht ob.

4. Abs. 2 beruht auf dem zum § 2374 Note 1 bezeichneten Prinzipe.

5. Die Verpflichtung des Käufers zur Zahlung und Verzinsung des Kaufpreises ergiebt sich aus §§ 433 Abs. 2, 452. — Abnahmepflicht des Käufers. § 433 Abs. 2.

84*

treffen jedoch die von der Erbschaft zu entrichtenden Abgaben sowie die außerordentlichen Lasten, welche als auf den Stammwerth der Erbschaftsgegenstände gelegt anzusehen sind.

6. Uebergang von Gefahr, Nutzungen und Lasten.

**§ 2380.** Der Käufer trägt von dem Abschlusse des Kaufes an die Gefahr des zufälligen Unterganges und einer zufälligen Verschlechterung der Erbschaftsgegenstände. Von diesem Zeitpunkt an gebühren ihm die Nutzungen und trägt er die Lasten.

7. Verwendungen des Verkäufers vor dem Verkaufe.

**§ 2381.** Der Käufer hat dem Verkäufer die nothwendigen Verwendungen zu ersetzen, die der Verkäufer vor dem Verkauf auf die Erbschaft gemacht hat.

Für andere vor dem Verkaufe gemachte Aufwendungen hat der Käufer insoweit Ersatz zu leisten, als durch sie der Werth der Erbschaft zur Zeit des Verkaufs erhöht ist.

8. Haftung des Käufers für die Nachlaßverbindlichkeiten gegenüber den Gläubigern.

**§ 2382.** Der Käufer haftet von dem Abschlusse des Kaufes an den Nachlaßgläubigern, unbeschadet der Fortdauer der Haftung des Verkäufers. Dies gilt auch von den Verbindlichkeiten, zu deren Erfüllung der Käufer dem Verkäufer gegenüber nach den §§ 2378, 2379 nicht verpflichtet ist.

Die Haftung des Käufers den Gläubigern gegenüber kann nicht durch Vereinbarung zwischen dem Käufer und dem Verkäufer ausgeschlossen oder beschränkt werden.

**§ 2383.** Für die Haftung des Käufers gelten die Vorschriften über die Beschränkung der Haftung des Erben. Er haftet unbeschränkt, soweit der Verkäufer zur Zeit des Verkaufs unbeschränkt haftet. Beschränkt

---

**§ 2379.** 1. Nutzungen §§ 100, 101. — Lasten § 103.

2. Zu den von der Erbschaft als solcher zu entrichtenden Abgaben gehört insbesondere die Erbschaftssteuer. Wegen der auf den Stammwerth gelegten außerordentlichen Lasten vgl. § 995 Note 2.

**§ 2380.** Als entscheidender Zeitpunkt für den Uebergang der Gefahr, Nutzungen und Lasten wird in Abweichung von § 446 der Zeitpunkt des Kaufabschlusses festgesetzt. Im Uebrigen vgl. die Bemerkungen zu § 2379.

**§ 2381.** 1. (Abs. 1.) Nothwendige Verwendungen vgl. §§ 994 f. Der Verwendungsanspruch (vgl. §§ 256 f.) des Erbschaftsverkäufers aus § 2381 ist selbständig klagbar und entspricht den dem Verkäufer in §§ 2374 f. auferlegten Verpflichtungen.

2. (Abs. 2.) Vgl. § 996.

3. Der Anspruch des Verkäufers für die nach Schließung des Kaufes gemachten Verwendungen ist nach §§ 450, 2380 zu beurtheilen.

**§ 2382.** 1. Den Gläubigern gegenüber wird die Haftung des Verkäufers wegen der Nachlaßverbindlichkeiten durch den Erbschaftskauf nicht berührt. Der Käufer tritt als selbständig haftend neben den bisherigen Schuldner (vgl. § 419). Beide haften als Gesammtschuldner (§§ 421 ff.).

2. Bei Verkauf des Erbtheils haftet der Käufer ebenso, wie wenn er von vornherein in Höhe des verkauften Erbtheils Erbe geworden wäre. Bei Ausübung des dem Miterben zustehenden Vorkaufsrechts vgl. über die Wiederaufhebung der Haftung § 2036.

3. Bei Anfechtung eines anfechtbaren Erbschaftskaufs ist der Erbschaftskauf von Anfang an nichtig (§ 140), so daß auch die Haftung des Erbschaftskäufers fortfällt. Relative Anfechtung der Schuldenhaftung gegenüber dem Gläubiger, welcher durch Täuschung den Erbschaftskauf herbeigeführt hat, § 123 Abs. 2 Satz 2, vgl. daselbst Note 1 c.

sich die Haftung des Käufers auf die Erbschaft, so gelten seine Ansprüche aus dem Kaufe als zur Erbschaft gehörend.

Die Errichtung des Inventars durch den Verkäufer oder den Käufer kommt auch dem anderen Theile zu Statten, es sei denn, daß dieser unbeschränkt haftet.

9. Verpflichtung d. Verkäufers zur Anzeige des Erbschaftsverkaufs beim Nachlaßgerichte.

**§ 2384.** Der Verkäufer ist den Nachlaßgläubigern gegenüber verpflichtet, den Verkauf der Erbschaft und den Namen des Käufers unverzüglich dem Nachlaßgericht anzuzeigen. Die Anzeige des Verkäufers wird durch die Anzeige des Käufers ersetzt.

Das Nachlaßgericht hat die Einsicht der Anzeige Jedem zu gestatten, der ein rechtliches Interesse glaubhaft macht.

II. Anderweite Veräußerung einer Erbschaft. 1. Weiterveräußerung einer Erbschaft.

**§ 2385.** Die Vorschriften über den Erbschaftskauf finden entsprechende Anwendung auf den Kauf einer von dem Verkäufer durch Vertrag erworbenen Erbschaft sowie auf andere Verträge, die auf die Veräußerung einer dem Veräußerer angefallenen oder anderweit von ihm erworbenen Erbschaft gerichtet sind.

2. Schenkung einer Erbschaft.

Im Falle einer Schenkung ist der Schenker nicht verpflichtet, für die vor der Schenkung verbrauchten oder unentgeltlich veräußerten

---

**§ 2383.** 1. Die Vorschriften über die Beschränkung der Haftung des Erben auf den Nachlaß (§§ 1975 ff.) gelten auch für den Erbschaftskäufer mit folgenden Besonderheiten:

a. In demselben Umfange, in welchem der Erbe zur Zeit des Erbschaftskaufs bereits allgemein oder einzelnen Gläubigern gegenüber unbeschränkt haftet (vgl. Vorb. Note IV S. 1109), haftet auch der Erbschaftskäufer unbeschränkt. Ob ein Irrthum oder eine Täuschung des Käufers den Erbschaftskauf anfechtbar macht, ist nach §§ 119 ff. zu beurtheilen, vgl. auch § 2382 Note 3.

b. Ist bei dem Abschlusse des Kaufvertrags die Haftung des Verkäufers noch nicht eine unbeschränkte, so hat fortab die Haftung des Käufers und die des Verkäufers ihre eigenen Schicksale. Der Eintritt der Voraussetzungen unbeschränkter Erbenhaftung in der Person eines von ihnen wirkt nicht zum Nachtheile des Anderen. Umgekehrt aber kommt die Inventarerrichtung des einen dem Anderen zu Statten, vgl. § 2004 Note 1 b.

2. (Abs. 1 Satz 3.) Die Ansprüche des Käufers aus dem Kaufe, welche als zur Erbschaft gehörend gelten (vgl. § 1978 Abs. 2), sind insbesondere die Ansprüche aus §§ 2374 bis 2377, 2379 ff.

3. Berechtigung des Käufers und Verkäufers zur Beantragung des Gläubigeraufgebots CPO. § 1000 (S. 1117).

4. Stellung des Erbschaftskäufers und Verkäufers im Nachlaßkonkurse KO. § 232 (S. 1126).

**§ 2384.** 1. Schuldhafte Unterlassung unverzüglicher (§ 121) Anzeige begründet Schadensersatzpflicht gegenüber den Nachlaßgläubigern.

2. Die Ersatzverbindlichkeit des Erben ist nicht Nachlaßverbindlichkeit, sondern eine persönliche Verbindlichkeit des Erben, vgl. § 1967 Note III. 1.

**§ 2385.** 1. Abs. 1 trägt der Möglichkeit Rechnung, daß eine Erbschaft oder ein Erbtheil Gegenstand einer Weiterveräußerung (vgl. ROH. 12, 43), eines Tausches oder einer Schenkung ist. Vgl. auch CPO. § 1000 Abs. 2 (S. 1117), KO. § 233 (S. 1127).

2. Abs. 2 regelt die Haftung des Schenkers einer Erbschaft in Abweichung von der in § 2375 dem Erbschaftsverkäufer auferlegten Haftung und bringt die Gewährleistungspflicht des Schenkers in Uebereinstimmung mit den Vorschriften der §§ 523 f.

Erbschaftsgegenstände oder für eine vor der Schenkung unentgeltlich vorgenommene Belastung dieser Gegenstände Ersatz zu leisten. Die im § 2376 bestimmte Verpflichtung zur Gewährleistung wegen eines Mangels im Rechte trifft den Schenker nicht; hat der Schenker den Mangel arglistig verschwiegen, so ist er verpflichtet, dem Beschenkten den daraus entstehenden Schaden zu ersetzen.

Urkundlich unter Unserer Höchsteigenhändigen Unterschrift und beigedrucktem Kaiserlichen Insiegel.

Gegeben Neues Palais, den 18. August 1896.

(L. S.) **Wilhelm.**

Fürst zu Hohenlohe.

Printed
in
Germany

Zeitfracht Medien GmbH
Ferdinand-Jühlke-Straße 7
99095 Erfurt, Deutschland
produktsicherheit@kolibri360.de